KB179102

춘추공양학사 하

This book is translated into Korean from the original 《春秋公羊学史》 with subsidy from the Chinese Fund for the Humanities and Social Sciences.

春秋公羊学史
曾亦 郭晓东 著
Copyright ⓒ 2017 by East China Normal University Press Ltd
The Korean Translation Copyright ⓒ 2022 by YEMOONSEOWON
All rights reserved.

이 책의 한국어판 관권은
East China Normal University Press와 독점 계약한 예문서원에 있습니다.
저작권법에 의해 한국 내에서 보호를 받는 저작물이므로
무단 전재와 무단 복제를 금합니다.

중국학총서 4
춘추공양학사 하

지은이 曾亦 · 郭曉東
옮긴이 김동민
펴낸이 오정혜
펴낸곳 예문서원

편집 유미희
인쇄 및 제책 주) 상지사 P&B

초판 1쇄 2022년 4월 25일

출판등록 1993년 1월 7일(제307-2010-51호)
주소 서울시 성북구 안암로 9길 13, 4층
전화 925-5913~4 ｜ 팩스 929-2285
전자우편 yemoonsw@empas.com

ISBN 978-89-7646-472-9 94150
ISBN 978-89-7646-470-5 (세트)
YEMOONSEOWON 13, Anam-ro 9-gil, Seongbuk-Gu, Seoul, KOREA 02857
Tel) 02-925-5913~4 ｜ Fax) 02-929-2285

값 46,000원

중국학총서 4

춘추공양학사 하

曾亦 · 郭曉東 지음
김동민 옮김

예문서원

저자 서문

중국 고대 사람들은 『시詩』·『서書』·『예禮』·『역易』과 『춘추春秋』를 '오경五經'이라고 했다. 오경은 본래 국가 기관으로부터 나왔지만, 춘추시대 이후로 왕실이 진작되지 못하자 오경이 점점 민간에 전파됨으로써 제자백가諸子百家의 학문이 출현하게 되었다. 오경은 진실로 중국 문명의 원천이며, 후세 2,000여 년의 학술은 오경에서 기원하지 않은 것이 없다.

그런데 공자孔子 이전에는 본래 '경經'이라는 명칭이 없었다. 공자의 손질과 수정을 거침으로써 『시詩』·『서書』·『예禮』와 『춘추春秋』는 마침내 사람이 지켜야 할 떳떳한 도리가 되었고, 영원히 변하지 않는 지극한 도의 응결체로 여겨졌다. 공자 당시 주周나라의 문식(文)이 피폐해진 상황에서, 공자는 비록 그 문식의 아름다움과 흥성함에 감탄했지만, 오히려 은殷나라의 도를 빌어서 그 문식에 손익損益을 가했다. 이것이 공자가 추구한 제도개혁(改制)의 큰 요지이며, 오직 『춘추』만이 그것을 드러내 밝혔다.

『춘추』는 본래 노나라의 옛 역사서인데, 혹자는 여러 나라의 역사 기록도 『춘추』라는 명칭으로 부를 수 있다고 생각했다. 이러한 역사 기록들은 모두 공자가 『춘추』를 손질할 때의 저본이다. 공자가 말했다. "내가 추상적인 말로 기재하고자 했지만, 실제 일을 통해 드러내는 것이 깊고 절실하고 분명하고 밝은 것만 못하였다."(『사기』, 「태사공자서」) 이것이 공자가 『춘추』에 가탁하여 왕법王法을 담아 놓은 이유이다. 공자는 덕은 있지만 지위가 없었고, 행동은 준엄하게 하되 말은 겸손하게 하였으며, 또 존귀한 이를 위해 숨겨 주고 은혜를 높였기 때문에 평소에 당시의 대인大人에 대해 곧바로 비판하고자 하지 않았다. 따라서 역사 사건을 빌어서 포폄褒貶을 담아 놓았기 때문에 "당사자가 자신과 관련된 기록을 보고 그 내용의 의미를 물으니, 자신에게 죄가 있다는 것을 모른 것이다."(『공양전』, 정공 원년) 이것도 또한 『춘추』가 왕을 가탁한 이유이며, 공자가 옛 역사서를 필삭한 이유이다.

　한漢나라가 흥기하자, 진秦나라가 학문을 없애 버린 재앙을 경계로 삼아서 오경박사五經博士를 설치하였다. 이에 옛것을 좋아하고 문장을 상고할 줄 아는 선비들이 화려하게 조정에 진출하였다. 학자들은 진나라가 두 세대 만에 멸망한 것을 거울로 삼아서, 만세萬世를 위한 법도를 세우고자 하였다. 따라서 공자의 『춘추』에 가탁하여 한나라를 위한 법도를 제정하였다. 이것이 한나라 시대에 『춘추』가 존숭을 받았던 이유이다. 그런데 『춘추』의 문장은 간략하면서도 심오하기 때문에 만약 전傳을 가지고 그 뜻을 소통하지 않으면 독해할 수가 없으니, 어찌 성인이 필삭한 요지를 이해할 수 있겠는가! 옛날 사람들 중에 경전을 해석한 전傳은 단지 공양씨公羊氏·곡량씨穀粱氏 및 추씨鄒氏·협씨夾氏 등의 몇 사람뿐이다. 그런데 추씨鄒氏는 스승이 없었고, 협씨夾氏는 책이 없었으며, 곡량씨穀粱氏는 단지 대의大義를 조금 밝혔을 뿐이다. 그 후에 또 『좌씨전左氏傳』이 출현했는데, 이 책은 비록 전傳에는 속할 수 있지만, 단지 기사 기록이 상세하다는 장점이 있을 뿐이다. 오직 공양자公羊子가 전한 책만이 진정으로 성인의 미언대의微言大義를 이해하지 않았겠는가!

　한대 학자들의 『공양전』 연구는 '삼과구지三科九旨'라는 조목을 세웠는데, 그것이 『춘추』를 이해하는 사다리나 배와 같은 중간 매개라고 생각하였다. '삼과구지'는 곧 삼통의 소통(通三統)·삼세의 확장(張三世)·내외의 구별(異外內)이다. 삼통의 소통(通三統)은 새로운 왕조와 옛 왕조의 관계를 처리하는 방식이다. 새로운 왕이 천명天命을 받아서 제도를 개혁할 때는 여전히 앞선 두 왕조의 후예를 보존해 둠으로써 새로운 왕이 법도를 취할 대상을 갖추어 두는 것이다. 삼세의 확장(張三世)은 왕자王者 한 사람이 자신을 어떻게 혁신할 것인가의 문제를 처리하는 방식이다. 왕자 한 사람은 자신이 다스리는 다양한 대상에 대해 각각 은혜의 친함과 소원함이 있고, 다스리는 방법도 상세함과 간략함이 있다. 따라서 왕자가 난리를 바로잡아 올바른 데로 되돌릴 때, 그 다스림의 법도도 각각의 대상마다 자연히 서로 같지 않게 된다. 내외의 구별(異內外)은 사실상 고대 중국의 국제 관계와 관련된 학설이다. 『춘추』는 천하를 중국中國·제하諸夏·이적夷狄으로 나눈다. 왕자는 중국에 거처하면서 제하를 끌어와서 왕실을 보호하는 울타리로 삼아서, 외부의 적이나 먼 지역에서 오는 사람들을 방어하고자 하였다. 한대 사람들은 난폭한 진나라의 뒤를 이어서 흥기했기 때문에 하늘을 받들지 않고 옛것을 본받지 않으며 오직 스스로를 종주로 삼았던 진나라의 정치를 크게 경계하였다. 따라서 삼통의 소통(通三統) 의리를 더욱 중시하여, 멀리는 오제五帝·삼왕三王에까지 미루어 올라갔고, 가까이는 현성玄聖, 즉 공자의 제도를 따랐다.

청대淸代 말기에 국내의 혼란과 함께 외부의 환란까지 겹쳐서 발생하였다. 이러한 상황에서 공양학公羊學이 다시 흥기했는데, 그 요지는 왕의 정통성을 지키면서 새로운 변화를 시도하는 것이다. 강유위康有爲의 삼세의 확장(張三世) 이론은 변법變法의 의리를 밝히고, 또 공자가 제도를 개혁한 요지를 드러내 밝힌 것이다. 그는 『춘추』의 미언微言이 공자의 개제改制에 담겨 있다고 생각하고, 공자가 주나라의 문식을 덜어 내고 은나라의 질박함을 더한 뜻을 본받아서, 중국과 서양의 사이에서 절충하고자 하였다. 따라서 강유위가 추구했던 변법變法은 청대 왕조가 종주로 삼았던 법도를 바꾸는 데 그치지 않고, 중국에서 수천 년간 이어져 온 법도를 바꾸고자 한 것이다. 그것은 공자의 본래 마음을 추론하여, 만세를 위한 태평太平의 시대를 열고자 생각한 것이다.

옛날에 주공周公이 은나라와 주나라의 교체기에 임금의 자리를 자손에게 전하는 법도를 세웠는데, 주나라 왕조의 문물과 전장제도가 여기로부터 나오지 않은 것이 없었다. 공자는 그 도를 계승하여 친한 이를 친하게 대하는 의리(親親)의 큰 요지를 드러내 밝혔다. 그것은 주나라가 추구했던 존귀한 이를 존귀하게 대하는 의리(尊尊)를 조금씩 덜어 내거나 더하는 방식이다. 그 후의 중국의 역사는 2,000여 년 동안 이 길을 통해 전개되었다. 만청晩淸 시기 이후에, 서방의 자유自由·평등平等과 민권民權 관념이 중국으로 전해져 들어오자, 전통적인 가정과 종족은 마침내 붕괴되었으며, 그 과정에서 인간 개체는 해방되어 순수하게 자유로운 존재가 되었다. 그런데 현대 국가는 이러한 자유 개체의 기초 위에서 형성됨으로써 '자유인의 연합체'가 되었으므로 이것은 사실상 현대 중국 건립의 기본 목표이다. 주나라와 공자 이래로 이것은 이전의 중국에는 없었던 대변혁이며, 중국은 새로운 길을 선택해야 하는 기로에 직면해 있다. 은나라와 주나라의 교체기에, 인간 개체는 씨족氏族으로부터 점점 해방되어 개체 가정을 구성하였고, 가정은 마침내 사회의 기본 단위가 되었다. 그런데 지금은 그와는 다르다. 개체는 다시 한 번 해방되어 국가의 공민公民이 되었지만, 가정은 마치 나그네의 숙소처럼 되어 버렸고, 가정의 해체는 한 가닥의 가는 선처럼 위태로운 상태이다. 주나라 이전의 개체는 단지 혈연血緣에 의거하여 씨족을 형성했지만, 지금은 지연地緣에 의지하여 국가를 형성하였다. 3,000년마다 인류의 역사는 크게 순환하는데, 강유위가 추진한 개제改制는 단지 그 단서를 열었을 뿐이다. 이후 강유위의 뜻을 계승한 사람 중에 혹 적임자가 있을 것이다. 이것으로 서문을 삼는다.

증역曾亦·곽효동郭曉東이 상해上海에서 쓰다

역자 서문

유교 경전 중에서 『춘추』는 책 자체의 학문적 성격뿐만 아니라 역사 무대에서의 전개 양상이 다른 경전에 비해 매우 독특하다. 학문 내적인 측면에서는 다양한 학파가 공존하면서 끊임없는 논쟁과 대립을 통해 학문의 변화와 성장이 진행되었고, 학문 외적인 측면에서는 각 시대의 정치와 사회문화의 변화에 민감하게 반응하면서 현실적 시대 요구에 적응하려는 모습을 보였다. 이러한 『춘추』 경전의 역사는 유교 경전의 성립과 전개 과정을 압축적으로 보여 주기 때문에 '춘추학사春秋學史'가 곧 중국경학사中國經學史를 이해하는 관건이라고 해도 과언이 아니다. 중국경학사를 관통하는 가장 핵심적인 주제 중의 하나가 한대漢代부터 청말민초淸末民初까지 이어진 경학금고문經學今古文 논쟁이며, 공양학公羊學과 좌씨학左氏學으로 대표되는 춘추학이 이 논쟁의 중심에 있었기 때문이다. 특히 이 논쟁은 단순한 이론상의 토론이라는 학술적 성격을 뛰어넘어, 학관學官의 설립을 둘러싼 정치적 갈등, 학문의 주도권 장악을 위한 학파 간의 대립, 시대적 요구에 대응하기 위한 학문의 현실적 변용과 굴절 등 학문 내외적 요소들이 복잡하게 얽혀서 전개되었다. 따라서 이 논쟁의 역사적 전개를 이해하기 위해서는 개별 인물이나 저서를 분석하는 미시적인 접근으로는 불가능하며, 학술과 정치, 사회문화 등 역사 현장 전체를 관통하는 거시적인 접근이 필요하다.

이 책은 거시적인 관점에서 '공양학公羊學'의 형성과 그 역사를 다룬 역작이다. 책의 제목은 '춘추공양학사春秋公羊學史'이지만, 공양학을 중심으로 전개된 춘추학의 전체 역사를 다루고 있기 때문에 넓은 의미에서의 '춘추학사春秋學史'라고 할 수 있다. 기존에 이미 '춘추학사'라는 이름으로 중국에서 몇 권의 책이 출판되었지만, 그 책들은 각 시대별 『춘추』 관련 주요 인물이나 저서, 그들의 이론이나 학문의 성격 등을 개별적으로 소개하는 형식이다. 그에 비해 이 책은 '공양학'이라는 하나의 일관된 시각을 가지고, 춘추학 내부에 존재하는 다양한 학문들이 상호 대립과 통합 등의 과정을 통해 그 이론이나 학문적 성격이 어떻게 변화되었는지, 그리고 역사 현장에서 각 학문들이 시대의 변화에 어떻게 대응했는지 등에 주목하였다. 다만 저자의 말처럼, 수천 년 역사의 학술사를 다루는 과정에서 그 넓이나 깊이에 한계가 있을 수밖에 없다. 그럼에도 불구하고, 이 책은 통사通史의 관점에서 춘추학의 전체 역사를 통찰할 수 있고, 나아가 '공양학'이라는 하나의 학술 사조를 통해 중국철학사 전체를 관망할 수 있는 시각을 마련해 준다는 점에서 일독의 가치가 있는 중요한 저술이다.

이 책은 원래 총 3권으로 구성되어 있고, 1,600쪽에 달하는 방대한 분량의 저술이다. 책의 저자가 책 전체를 번역하는 것은 현실적으로 쉽지 않다고 판단하여 560쪽 분량의 요약본을 보내왔으며, 이 번역본은 그 요약본을 번역한 것이다. 그러므로 긴 역사 속의 수많은 인물과 저술, 역사적 사건 등을 다루고 있는 '학사學史'라는 책의 특성상 번역의 과정에서 특정 인물과 관련된 그 시대의 역사적 맥락이나 인용한 원문 자료의 전체 요지 등을 제대로 이해하지 못한 채 오역한 부분이 많을 것으로 염려된다. 이 점에 대해서는 독자들의 엄중한 지적과 질정을 부탁드린다. 다만 중국 경학에서 특히 춘추학 분야는 연구자가 거의 없고 연구 성과도 매우 드문 형편이기 때문에 이 책이 『춘추』에 대한 이해와 학문적 관심을 촉진하는 데 조그마한 도움이라도 될 수 있기를 기대한다.

마지막으로 번역자의 게으름으로 인해 번역과 교정에 오랜 시간이 걸렸음에도 불구하고 끝까지 기다려 주신 예문서원 관계자분들께 고마운 마음을 전한다. 특히 인문학 분야의 열악한 출판 환경에도 항상 좋은 책의 발굴과 번역을 통해 학문의 발전에 일조하시는 오정혜 사장님의 노고에 깊은 감사를 드린다.

명륜동 성균관대에서
김동민

■ 춘추공양학사 상_ 차례

제10장 명대明代 및 청대淸代 전기의 춘추학

명대 학술은 송원대 사람들의 옛것을 답습했을 뿐이다. 명대 전기에 정자와 주자의 학문을 존숭하여, 천하의 선비들이 읽은 책은 단지 『성리대전性理大全』·『황극경세皇極經世』·『근사록近思錄』 및 주돈이周敦頤·정이程頤·장재張載·주희朱熹 네 사람의 책뿐이다. 나머지 경전經傳의 주소注疏에 대해 관심을 가지는 사람이 적었다. 중기 이후에 진백사陳白沙·왕양명王陽明 등이 정좌명심靜坐明心을 선도하자 정자·주자의 학문도 쇠퇴했으니, 경학은 더더욱 논할 필요도 없다.

명대의 과거시험도 당·송시대의 옛것을 많이 따랐고, 시험 방법을 조금 바꾸어서 팔고문八股文을 사용했다. 과목의 경우에는 『명사』에서 다음과 같이 말했다.

> 사서四書는 주자의 『사서집주四書集注』를 위주로 하고, 『역』은 정자의 『역전易傳』과 주자의 『역본의易本義』를 위주로 했다. 『서』는 채침蔡沈의 『서집전書集傳』 및 옛 주소注疏를 위주로 하고, 『시』는 주자의 『시집전詩集傳』을 위주로 했다. 『춘추』는 『좌씨전』·『공양전』·『곡량전』 삼전 및 호안국胡安國·장흡張洽의 『춘추전春秋傳』을 위주로 하고, 『예기』는 옛 주소注疏를 위주로 했다.[1]

영락永樂 연간에 이르러, "『사서오경대전四書五經大全』을 반포하자 주소注疏를 폐기하고 사용하지 않았다. 그 후에 『춘추』도 또한 장흡의 『춘추전』을 사용하지 않았고, 『예기』는 단지 진호陳澔의 『예기집설禮記集說』만 사용하였다."[2]

명대 초기의 황제들은 유술儒術에 많은 뜻을 두었지만, 경학의 쇠퇴가 이때보다

---

1) 『明史』, 「選擧志 二」.
2) 『明史』, 「選擧志 二」.

더한 시대는 없었다. 그 이유를 따져 보면, 팔고문八股文으로 선비를 선발하는 폐단이 인재를 가로막은 것을 제외하면, 사실상 『오경대전』의 반포 및 시행과 막대한 관계가 있다. 따라서 고염무顧炎武는 "팔고문이 행해지자 고학古學이 폐기되었고, 『오경대전』이 나오자 경설經說이 사라졌다"3)고 했다.

피석서는 송·원·명 삼대의 경학에 대해 다음과 같이 논했다.

> 송·원·명 삼대의 경학을 논해 보면, 원대는 송대에 미치지 못하고, 명대는 또
> 원대에 미치지 못한다.…… 송대 학자들은 근본이 있기 때문에 비록 옛 뜻을
> 버렸더라도 여전히 스스로 일가를 이룰 수 있었다. 원대 사람들은 송대 학자들의
> 책을 굳게 지켰고, 주소注疏에서 얻은 것은 매우 천박했다.…… 명대 사람들은
> 또 원대 사람들의 책을 굳게 지켰고, 송대 학자들에 대해서는 또한 연구가 적었다.4)

명대 사람이 편찬한 『오경사서대전』은 대부분 원대 사람들이 남긴 이론을 표절한 것이며, "법도를 중간에서 취하면, 단지 최하를 얻을" 뿐이다. 당대의 『오경정의』가 잘 갖추어져서 볼만했던 것과 비교하면 『오경사서대전』은 천박하고 고루함이 너무 심했다. 명대 학술의 경박하고 허술함은 그 이유가 바로 여기에 있는 것이다.

영락永樂 12년(1414) 11월, 칙령을 내려 호광胡廣·양영楊榮·김유자金幼孜 등에게 『오경사서대전』을 찬수하도록 했다. 이것은 진실로 한 시대의 성대한 사업으로, 당대에 『오경정의』를 찬수한 이후에 800여 년을 뛰어넘어 다시 나온 것이다. 그런데 다음 해 9월에 이르러 이미 완성되었으므로 경과한 시간은 단지 11개월밖에 안 된다. 『주역대전』 24권, 『서전대전』 10권, 『시경대전』 20권, 『예기대전』 30권, 『춘추대전』 70권 및 『사서대전』 36권이 모두 완성되었다. 성대한 사업이라고 할 수 있지만, 원대 사람들의 책을 표절하지 않은 것이 없었다.

『춘추』에 대해 말하면, 앞서 홍무洪武 11년(1378), 조칙을 내려 부조傅藻 등에게

---

3) 顧炎武, 『日知錄』, 권18.
4) 皮錫瑞, 『經學歷史』, 205쪽.

『춘추대전』 30권을 편찬하도록 했고, 또 고윤헌高允憲·양반楊磐에게 명하여 『춘추서법대지春秋書法大旨』 1권을 편찬하도록 했다. 영락 12년에 칙령을 내려 호광 등 42인에게 『춘추대전』 70권을 편찬하도록 했다.

『춘추대전』의 「범례」에서 말했다. "기년紀年은 왕극관汪克寬의 『춘추호전부록찬소春秋胡傳附錄纂疏』에 의거했고, 지명地名은 이렴李廉의 『춘추제전회통春秋諸傳會通』에 의거했으며, 경문經文은 호안국을 근거로 삼았고, 예例는 임요수林堯叟에 의거하였다." 청대 오임신吳任臣은 "사실 『춘추호전부록찬소』를 전부 베껴서 책을 지었으니, 비록 칙령을 받들어 찬수했지만 사실은 찬수하지 않은 것이다"[5]라고 했다. 『춘추호전부록찬소』는 호안국의 『춘추전』을 위주로 하였고, 또 경문 아래에 삼전의 핵심 내용 및 정자의 『춘추전』을 부록하고, 진부량의 『춘추후전春秋後傳』을 함께 채록하였다. 그 당시 호안국의 『춘추전』은 이미 과거시험의 범위에 속해 있었고, 왕극관의 책은 호안국의 『춘추전』에 전문적으로 소疏를 단 것이기 때문에 선비들의 큰 환영을 받았다. 따라서 사고관신은 『춘추대전』에 대해 다음과 논했다.

이 책에서 채록한 여러 이론들은 오직 왕극관汪克寬에 의지하여 취사선택을 결정했고, 그 옳고 그름을 다시 살펴서 논의하지 않았다. 명대의 200여 년 동안, 비록 경문經文으로써 시험 문제를 채택했을지라도, 사실은 전문傳을 가지고 의미를 설명하였다. 원대의 합제合題 제도의 경우는 그래도 경문의 차이를 고찰할 수는 있었지만, 명대에는 전傳 가운데의 글자 하나 문구 하나를 쪼개서 견강부회하고, 그것을 합제라고 하였다. 『춘추』의 대의를 날로 쇠퇴하게 만든 것은 모두 호광胡廣 등이 그 물결을 인도한 것이다.[6]

따라서 『춘추대전』이 반포되어 유통된 이후에는 천하의 선비들이 오직 『춘추대전』만 알고 『춘추』 본래의 경문經文 및 삼전三傳을 알지 못했다. 명대 중후기에

---

5) 朱彝尊, 『經義考』, 권200에서 인용.
6) 『四庫全書總目提要』, 「經部·春秋類 三」, '春秋大全' 조목.

또한 왕양명王陽明의 심학心學이 있어서 학풍이 더욱 공소해졌다. 이 때문에 명대가 끝날 때까지 춘추학은 계속 쇠퇴하였다.

청대에 이르러, 심지어 어떤 학자는 『춘추』의 쇠퇴의 원인을 위로 호안국의 『춘추전』으로까지 거슬러 올라갔다. 나이풍아那爾豐阿의 『춘추삼전합참春秋三傳合參』 「자서」에서 다음과 같이 말했다.

> 옛날에 『춘추』를 전한 것은 5명이었는데, 추씨鄒氏와 협씨夾氏는 먼저 없어지고, 삼전三傳이 다행히 남아 있다. 『좌씨전』은 사건 기록에 상세하고, 『공양전』·『곡량전』은 의리를 세우는 데 정밀하다. 한대 이후로 『춘추』를 말하는 자들이 무려 수백 명이었지만, 삼전三傳을 근본으로 삼지 않는 사람이 없었다. 호안국胡安國의 이론이 학관에 세워진 이후로 제가의 이론은 모두 폐기되었고, 삼전도 마침내 내버려 두고 보지 않았다. 살펴보면, 호안국의 이론은 천착이 한도를 넘었고, 한 글자의 필삭筆削의 사이에서 성인의 정미한 의리를 찾았다. 따라서 한 편마다 매번 그것이 나오지만, 믿고 따를 수가 없다. 대체로 호안국의 『춘추』가 성인의 『춘추』를 폐기한 것이다.[7]

단지 춘추학의 쇠퇴뿐만 아니라 경학 전체가 쇠퇴했다는 것은 말할 필요도 없다. 『명사』 「유림전」의 「서문」에 의하면, 청대 사람들은 또한 명대 경학이 쇠퇴한 책임을 백사白沙·양명陽明의 학문으로 돌렸다.

제1절 명대의 춘추학

명대 사람들의 춘추학 저술은 대체로 호안국 『춘추전』의 영향을 많이 받았다. 사고관신이 말했다.

---

7) 那爾豐阿, 『春秋三傳合參』, 「自序」.

명대 사람들이 『춘추』를 말할 때는 대체로 호안국의 『춘추전』을 모범으로 삼는다. 그것이 과거시험을 위한 계책이 된다는 것은 진실로 말할 필요도 없다. 의론을 주장하기 좋아하는 자들은 또한 호안국의 신랄한 이론을 그대로 따라서 더욱 미루어 탐구하여, 교묘하게 비난하면서 신랄한 글을 만들고, 앞다퉈 가혹한 글을 만드니, 필삭의 은미한 요지를 더욱 잃어버렸다.[8]

명대 사람들의 『춘추』 연구는 『공양전』·『곡량전』·『좌씨전』과 호안국 『춘추전』을 함께 '사전四傳'으로 삼았으니, 명대에 호안국의 『춘추전』을 존중했다는 것을 알 수 있다. 그런데 학자들은 호안국의 『춘추전』을 해석하는 자는 물론이고, 혹 그것을 변론하고 반박하는 자들도 모두 호안국 『춘추전』의 잘못을 지적하지 않는 사람이 없었다.

명대 학자들 중에 호안국 『춘추전』의 잘못을 논한 것은 대체로 주자를 종주로 삼는 일파이다. 예를 들어 장이녕張以寗·석광제石光霽·담약수湛若水·육찬陸粲·왕초 王樵·서학모徐學謨 등은 모두 『춘추』는 사건을 기록하면 선악이 저절로 드러나는 것이지, 포폄褒貶에 뜻을 둔 것은 아니라고 주장하였다. 또 부손傅遜·풍시가馮時可 등은 『좌씨전』을 전문적으로 연구하였다. 또 삼전의 잘못을 많이 논했는데, 예를 들어 동품童品이 『공양전』·『곡량전』을 반박하였고, 웅과熊過·고반룡高攀龍은 경經을 믿고 전傳을 믿지 않았다. 그 중에 말류에 해당되는 자는 "마음으로 마음을 탐구한다"(以心求心)고 주장한 계본季本이라는 인물로, 그는 단지 왕학王學의 말류일 뿐만 아니라, 담조·조광의 말류이다.

계본季本(1485~1563)은 자가 명덕明德이고, 호가 팽산彭山이며, 산음山陰 사람이다. 정덕正德 11년(1517)에 진사가 되었다. 『춘추사고春秋私考』 36권을 저술하였다. 계본은 일찍이 왕양명을 스승으로 섬겼고, 그의 『춘추』 연구는 큰 요지가 한결같이 왕양명에 근본을 두고 있다. 당순지唐順之의 「서문」에서 말했다. "(계본은) 자신이 지은 『춘추사고春秋私考』를 꺼내서 나에게 보여 주었는데, 『공양전』·『곡량전』의 의례義例와 『좌씨

---

8) 『四庫全書總目提要』, 「經部·春秋類 三」, '春秋輯傳·春秋宗旨·春秋凡例' 조목.

전』의 사실事實, 여러 학자들의 다양한 이론 등 일체를 타파하고, 자기만의 개인적인 입장에서 당시 일의 실정을 미루어 보고서 그 시비를 정하였다."9) 계본은 가깝게는 왕양명의 '치지致知' 이론을 근본으로 삼고, 멀게는 '전傳을 버리고 경經을 탐구하는' 송대 사람들의 습속을 이어받았다. 성인의 마음은 우둔한 사내나 우둔한 여인의 마음과 같기 때문에 비록 천년 이후에 거처하더라도『춘추』의 요지를 탐구하고자 하는 자는 다만 우둔한 사내나 우둔한 여인의 곧은 마음에 근거하여 그것을 미루어 탐구할 수 있다고 생각했다. 그 주장은 후인들에게 크게 비난을 받았다. 전겸익錢謙益은 다음과 같이 논했다. "근대의 경학은 쓸데없이 천착하고 제멋대로 글을 지어서 잘못되고 이치에 맞지 않는데, 계본보다 더 심한 사람은 없었다.…… 계본은『시경』· 삼례三禮에 대한 책이 있는데, 그 천박하고 어긋남이 대략 비슷하다. 경학에 뜻을 둔 사람은 그 책들을 보는 즉시 불태워 버려서, 그릇된 책이 후대에 전해져서 후생들에게 화를 끼치지 못하도록 해야 한다."『사고전서총목제요』에서도 다음과 같이 말했다. "계본은 삼전三傳을 신뢰하지 않기 때문에 경經을 해석한 곳의 오류를 이루 다 거론할 수 없다.…… 손복孫復 등 여러 사람이 전傳을 버린 것은 단지 그 포폄褒貶의 의례義例를 따르지 않은 것일 뿐이다. 정단학程端學 등 여러 사람들이 전傳을 의심한 것은 단지 전傳에 기록된 것을 사실이 아니라고 여긴 것일 뿐이다. 2천여 년 이후까지 사적事迹을 제멋대로 기록하여 옛 문장을 고친 경우는 없었다. 대체로 강학자들이 방자하게 제멋대로 강의했던 것은 명대에 이르러 극에 달했다."10) 심학心學에서의 경전 연구는 그 폐단이 결국 이러한 지경에까지 이르렀다!

부손傅遜은 자가 사개士凱이고, 태창太倉 사람이다. 과거 시험에서 곤란을 겪었고, 일찍이 귀유광歸有光(1506~1571)을 스승으로 섬겼다.『좌씨전』을 좋아했고, 저술로는 『춘추좌전속사春秋左傳屬事』20권,『춘추좌전주해변오春秋左傳注解辨誤』2권,『좌전기자 고자음석左傳奇字古字音釋』1권,『춘추고기도春秋古器圖』1권이 있다.『춘추좌전속사』라

---

9) 朱彛尊,『經義考』, 卷201,「春秋」, '季氏春秋私考' 조목에서 인용.
10)『四庫全書總目提要』,「經部·春秋類 存目 一」, '春秋私考' 조목.

는 책은 원추袁樞의 『통감기사본말通鑑紀事本末』의 체제를 모방하여, 연대별로 기사를 기록하는 편년編年의 체제를 사건별로 기사를 기록하는 속사屬事의 체제로 바꾸었다. 사건은 제목별로 나누고, 제목은 나라별로 나누었다. 『좌씨전』의 전문 뒤에는 각각 대의를 포괄하여 논의했다. 또한 두예의 『춘추좌씨전집해』의 부적절한 내용을 고쳐서 바로잡은 것이 매우 많다. 이 때문에 왕세정王世貞의 「서문」에서 "부손은 좌씨에게는 사랑받는 자손이고, 두예에게는 간언하는 신하이다"[11]고 말했다. 그리고 왕석작王錫爵의 「서문」에서 말했다. "사개士凱 부손傅遜이 자부한 것은 특히 훈고訓詁에 있는데, 천년의 잘못을 고칠 수 있다고 스스로 말했다. 내가 보기에, 그 내용이 명확하고 간략하며 바르고 곧으며, 대부분이 자기의 생각으로 깨달은 것이다. 주석가들에게 진실로 좋다고 칭찬받을 만하다."[12] 명대 사람들이 부손을 존중했다는 것을 알 수 있다.

『춘추좌전주해변오春秋左傳注解辨誤』라는 책은 두예의 『춘추좌전집해』를 반박하여 바로잡고, 간간히 고증한 내용이 있다. 『사고전서총목제요』에서 말했다. "자기의 생각을 가지고 미루어 탐구한 것이 많다. 후대의 고염무顧炎武ㆍ혜동惠棟이 『좌씨전』을 교정한 것과 비교하면, 필적할 만한 수준은 아니다."[13] 『춘추좌전속사春秋左傳屬事』와 『춘추좌전주해변오』의 관계에 대해서는 『춘추좌전속사』 「범례」에서 다음과 같이 말했다. "대체로 주注는 혹은 그대로 따르고 혹은 고쳤는데, 결코 의심이 없는 것은 그 내용을 그대로 해석하고 다시 변론하지 않았다. 의심스러워서 해석하기 어려운 것이나 옛 제도 중에서 변론하기 어려운 것, 반드시 상세하게 고증해야만 확실한 것, 깊이 생각해야만 이해할 수 있는 것 등이 있으면, 취사선택하거나 독창적으로 해석하는 과정에서 모두 되는대로 결정하지 않았다. 따라서 별도로 『춘추좌전주해변오』 2권을 지어서, 학문이 넓고 마음이 바른 학자로부터 올바름을 구했다."[14]

---

11) 朱彛尊, 『經義考』, 卷203, 「春秋」, '傅氏春秋左傳屬事' 조목에서 인용.

12) 傅遜, 『春秋左傳屬事』, 「序」.

13) 『四庫全書總目提要』, 「經部ㆍ春秋類 存目 一」, '春秋左傳注解辨誤' 조목.

14) 傅遜, 『春秋左傳屬事』, 「凡例」.

제2절 청대 학자의 『춘추호씨전春秋胡氏傳』에 대한 공격과 반박

양한시대 이후 천여 년이 지나서, 경학은 청대에 이르러 다시 한 번 극성기에 도달하였다. 청대 초기에 만명晚明시대의 텅 비고 쓸모없는 학문을 경계하고, 주자의 독실한 학문을 조금씩 회복하여, 학문적 풍토가 깨끗이 일변하였다. 이때는 송학宋學과 한학漢學을 함께 채용한 시기이다. 옹정雍正과 건륭乾隆 이후, 혜동惠棟·대진戴震 등의 학자들이 한학漢學의 대종大宗이 되어, 송宋의 규율을 전부 버리고 오직 한漢의 기치만을 내걸었다. 경학은 이때에 이르러 후한後漢의 고문학古文學으로 돌아갔다. 가경嘉慶·도광道光 연간 이후, 상주常州의 많은 학자들이 가법家法을 중시하고, 하나의 경전을 전문적으로 연구하는 학문을 귀하게 여겨서, 위로 한대 박사의 학문을 계승하니, 경학은 또한 점차적으로 전한前漢의 금문학今文學으로 돌아갔다.

위원魏源이 다음과 같이 말했다.

> 전한시대의 미언대의微言大義의 학문은 후한시대에 무너졌고, 후한시대의 전장제도典章制度의 학문은 수당시대에 끊어져 버렸다. 양한시대의 훈고訓詁와 성음聲音의 학문은 위진시대에 사라졌으니, 그 도道는 과연 어떻게 흥성하고 쇠퇴하는가? 또한 문질文質은 한 세대가 지나서 반드시 되돌아오고, 천도天道는 세 번 은미했다가 한 번 드러나게 된다. 지금 복고復古의 요지는 훈고訓詁와 성음聲音으로부터 후한의 전장제도典章制度로 나아가니, 이것은 제齊나라가 한번 변화하여 노魯나라에 이르는 것이다. 전장제도로부터 전한시대의 미언대의微言大義로 나아가서, 경술經術·정사政事·문장文章을 하나로 관통하니, 이것은 노나라가 한번 변화하여 지극한 도에 이르는 것이다.[15]

청대의 학술은 복고復古를 목표로 삼지 않음이 없으니, 전후로 모두 네 차례의 변화가 있었다. 양계초梁啓超는 청대 학술의 변천을 다음과 같이 논했다.

---

15) 魏源, 『劉禮部集』, 「敍」.

200여 년간의 학술사를 종합하면, 그것이 중국 사상계 전체에 미친 영향은 한마디로 말하면 '복고復古로써 해방解放을 삼는 것'이다. 첫째 단계는 송대宋代의 옛것으로 돌아가 왕학王學으로부터 해방되는 것이다. 둘째 단계는 한당漢唐의 옛것으로 돌아가 정주程朱로부터 해방되는 것이다. 셋째 단계는 전한前漢의 옛것으로 돌아가 허신許愼과 정현鄭玄으로부터 해방되는 것이다. 넷째 단계는 선진先秦의 옛것으로 돌아, 일체의 전주傳注로부터 해방되는 것이다. 이미 선진의 옛것으로 돌아가면, 공자와 맹자로부터 해방되는 데 이르지 않으면 그치지 않을 것이다. 그런데 이처럼 해방의 효과를 현저하게 나타낼 수 있었던 이유는 과학적인 연구 정신이 그 길을 열었기 때문이다.[16)]

청나라 초기의 학자들은 송학의 옛것으로 돌아갔다. 건륭·가경의 경학에 이르러서는 혜동惠棟·대진戴震을 대표로 하며, 후한시대의 옛것으로 돌아갔다. 가경·도광 이후에는 장존여莊存與·유봉록劉逢祿을 대표로 하며, 전한시대의 옛것으로 돌아갔다. 이로 인해서 200여 년의 청대 경학은 모두 세 번의 변화가 있었는데, 그 속에는 실로 복고 정신이라는 내재적인 동력이 있었다.

이러한 복고 정신의 추동에 기초하여, 청대 학술은 최종적으로 경학의 울타리를 뛰어넘음으로써 청말민초 시기 선진 제자학諸子學 연구를 이끌어냈다. 단지 이와 같을 뿐만 아니라, 또한 전목錢穆은 다음과 같이 생각했다. "선진시대의 옛것으로 돌아가는 것은 여전히 그치지 않았다. 이것을 이어서 나아가니, 장차 본원을 탐색하여 상商·주周의 옛것으로 돌아가고, 다시 위로 나아가서 황고皇古의 옛것으로 돌아갔다. 옛것을 숭상하는 일체의 견해가 모두 해방됨으로써 학술사상이 새로운 계기를 맞이하게 되었다."[17)] 이로써 알 수 있듯이, 지금 고고학考古學의 성행도 또한 청대 경학의 복고라는 큰 조류의 여파이다.

청대 춘추학도 또한 대체로 세 단계를 거쳤다. 첫 번째 단계는 『춘추호씨전春秋胡氏傳』을 공격하고 반박하는 것을 위주로 하였고, 그에 따라 『좌씨전』의 지위를 회복하였

---

16) 梁啓超, 『淸代學術槪論』 二(朱維錚 校注, 『梁啓超論淸學史二種』, 6쪽에 실려 있음).
17) 錢穆, 『國學槪論』(北京: 商務印書館, 1997), 330쪽.

다. 두 번째 단계는 두예에 대한 비판을 위주로 함으로써 점점 『좌씨전』의 한대 스승의 옛 이론으로 회귀하였다. 세 번째 단계는 『공양전』의 의례義例 연구를 빌어서 마침내 전한시대 금고문의 부흥을 이끌었다.

몽원蒙元 때, 과거시험의 규정에 사서四書로 선비를 선발했는데, 주자의 『대학중용장구』와 『논어맹자집주』를 사용하였다. 한인漢人·남인南人의 경우에는 또 오경五經의 경의經義를 더해서 시험을 보았는데, "『시』는 주자를 위주로 했고, 『상서』는 채침蔡沈을 위주로 했으며, 『주역』은 정자와 주자를 위주로 했다. 이상의 세 경전은 옛 주소注疏를 함께 사용했다. 『춘추』는 삼전 및 호안국의 『춘추전』을 허용했고, 『예기』는 옛 주소를 사용했다."18) 그 후에 『예기』도 또한 진호陳澔의 『예기집설禮記集說』을 사용했는데, 진호는 주자의 사전四傳 제자이다. 이로써 알 수 있듯이, 『춘추』 이외의 과목에서는 모두 주자의 이론을 사용했기 때문에 주자의 학문이 이때에 이르러 마침내 독존의 지위를 얻게 되었다.

주자는 『춘추』에 관한 전문 저술이 없고, 또한 그의 이론은 옛날 삼전 및 당송시대 이래 춘추학의 주류와도 합치되지 않는다. 그런데 『춘추호씨전』은 남송 이후로 이미 크게 유행하였고, 또 호안국은 정이程頤의 사숙 제자였으며, 주자는 『춘추호씨전』에 대해 칭찬하는 말을 했다. 이 때문에 『춘추호씨전』은 결국 관방의 정통 지위를 획득하였다. 비록 그렇지만, 원·명시대에는 주자의 『춘추』 이론에 근거하여 『춘추호씨전』을 공격하고 반박하는 자들이 사실상 적지 않았다.

그런데 원·명시대에 『춘추호씨전』을 공격한 자들은 대부분 그의 '일자포폄一字褒貶'의 서법을 좋게 여기지 않았고, 또 그의 '하시관주월夏時冠周月' 이론을 반박하였다. 그가 존왕양이尊王攘夷의 대의大義를 천명한 것은 비록 모두 다 경經의 요지에 부합되지는 않았지만, 지론이 올바르고 컸기 때문에 대부분 후대의 학자들에 의해 용인되었다. 만청滿淸이 중원의 통치자가 되어, '만한대동滿漢大同'을 제창했는데, 『춘추호씨전』의 이러한 의리는 청나라 조정의 지향과는 점점 괴리되었다.

---

18) 『元史』, 「選擧志 一」.

청대의 과거 제도는 대체로 원·명시대의 옛것을 계승하였다. 순치順治 2년(1645)에 시사試士의 예例를 정할 때, 사서는 주자의 『사서집주』를 위주로 하였고, 『역』은 정자와 주자를 위주로 하였으며, 『시』는 주자의 『시집전』을 위주로 하였고, 『서』는 채침의 『서집전』을 위주로 하였으며, 『춘추』는 『춘추호씨전』을 위주로 하였고, 『예기』는 진호의 『예기집설』을 위주로 하였다. 이로써 알 수 있듯이, 『춘추』는 처음부터 『춘추호씨전』을 여전히 사용하였다.

강희康熙는 유술儒術을 매우 숭상하여, 일찍이 유신儒臣들에게 조칙을 내려 '어찬제경御纂諸經'을 편찬하도록 했다. 춘추학의 경우에는 『일강춘추해의日講春秋解義』 64권과 『흠정춘추전설휘찬欽定春秋傳說彙纂』 38권이 있다.

『일강춘추해의』는 강희제 때의 경연강의經筵講義로, 유신儒臣이 제왕을 위해 진강했던 『춘추』의 강의 원고이다. 이에 앞서, 송나라 학자들은 경연을 더욱 중시하여, 그것을 임금의 덕이 성취되는 근본이라고 여겼다. 예를 들어 왕보王葆의 『춘추강의春秋講義』 2권, 장구성張九成의 『춘추강의春秋講義』 1권, 대계戴溪의 『춘추강의春秋講義』 등은 모두 이러한 종류이다. 그 성격은 "모두 경문經文을 연역하여 정치의 이치를 설명하니, 장구章句의 학문과는 크게 다르다."[19] 이로써 알 수 있듯이, 『일강춘추해의』는 학자들의 『춘추』 저술과는 같지 않고, 그 요지는 삼전을 함께 종합하는 것이다. 『일강춘추해의』가 편찬된 이후, 강희의 시대가 끝날 때까지 반포되지 않았다. 옹정雍正 7년(1729)에 이르러, 대학사大學士 장정옥張廷玉·내각학사內閣學士 방포方苞 등에게 조칙을 내려, 상세하게 교정하도록 한 다음 편집하여 책을 완성하였다. 건륭乾隆 2년(1737)에 처음으로 판각하여 간행하였다. 『일강춘추해의』는 『춘추호씨전』을 종주로 삼았는데, 강희는 주자를 존숭하였기 때문에 『춘추호씨전』에 대해 혹 불만을 가지고 있었다.

강희 38년(1699), 유신儒臣 왕섬王掞·장정옥張廷玉 등에 조칙을 내려 『춘추전설휘찬』을 편찬하도록 하여, 20여 년이 지나서 완성되었다. 60년(1721), 강희가 이 책의

---

19) 『四庫全書總目提要』, 「經部·春秋類 四」, '日講春秋解義' 조목.

「서문」을 지었는데, 그 내용 중에 『춘추호씨전』에 대한 깊은 불만을 드러내었고, 또 "짐이 『춘추』에 대해서는 오직 주자의 논의만을 마음으로 따른다"고 했다. 『사고전서총목제요』에 의하면, 칙명을 받들어 『춘추전설휘찬』을 편찬한 왕섬 등의 사람들이 『춘추호씨전』의 내용을 바꾼 것이 많았는데, "유신들에게 지시하여 상세하게 고증하고, 그 내용 중에 경의經義와 괴리된 것이 있으면 하나하나 교정하여 바로잡아서 삭제한 내용이 많았다."[20] 『춘추호씨전』 이외에 앞선 학자들의 옛 이론에 대해서는 "세상에서 『춘추호씨전』과 부합되지 않는다는 이유로 버려져서 공부하지 않는 것도 하나하나 채록하여 드러냄으로써 고학古學을 밝혔다."[21] 그 후에 "『춘추』는 『춘추호씨전』을 사용하지 않았으며, 『좌씨전』에 기록된 일을 문장으로 삼고, 『공양전』·『곡량전』을 참고로 사용하였다."[22] 이로써 알 수 있듯이, 『춘추전설휘찬』의 취지는 『일강춘추해의』와 크게 다르니, 여기에 이르러 원·명시대 이래로 『춘추호씨전』만을 존중하던 국면이 마침내 종결을 고하였다.

건륭 연간에 이르러, 『춘추전설휘찬』의 분량이 지나치게 많은 것을 경계하여, 또 『춘추직해春秋直解』 15권을 지었다. 『사고전서총목제요』에서는 이 책이 "호안국 『춘추전』의 견강부회와 억단을 드러내어 천하에 밝게 알리는 것"이라고 했고, 또 "학자들이 『어찬춘추전설휘찬禦纂春秋傳說彙纂』을 읽고서 그 시비를 변증하여 바로잡고, 다시 이 책을 읽고서 그 정미한 핵심을 자세히 이해한다면, 『춘추』의 학문은 남은 이치가 결코 없을 것"[23]이라고 했다. 이로써 알 수 있듯이, 『춘추직해』와 『춘추전설휘찬』은 그 종지는 서로 같고, 내용이 많음과 간략함의 차이가 있을 뿐이다.

『춘추전설휘찬』과 『춘추직해』가 『춘추호씨전』을 반박하여 바로잡거나 내용을 삭제한 것은 포폄褒貶의 의례義例를 비평한 것 이외에, 가장 분명하게 드러나는

---

20) 『四庫全書總目提要』, 「經部·春秋類 四」, '欽定春秋傳說彙纂' 조목.
21) 『四庫全書總目提要』, 「經部·春秋類 四」, '欽定春秋傳說彙纂' 조목.
22) 『淸史稿』, 「選擧志」.
23) 『四庫全書總目提要』, 「經部·春秋類 四」, '御纂春秋直解' 조목.

것은 『춘추호씨전』에 보이는 '양이攘夷'와 관련된 글보다 더 한 것이 없다. 예를 들어 은공 2년, 은공이 잠에서 오랑캐와 회합했다(公會戎於潛)에 대해, 『춘추전설휘찬』에서는 『춘추호씨전』에서 드러내 밝힌 양이攘夷의 의리를 한 글자도 기록하지 않았다. 또 양공 30년, 채나라 경공을 장례지냈다(葬蔡景公)에 대해, 『춘추호씨전』에서는 "사람이 금수와 다른 이유와 중국이 이적보다 귀한 이유는 부자父子의 친함이 있고, 군신君臣의 의리가 있기 때문이다"라고 말한 내용이 있는데, 『춘추전설휘찬』에서는 모두 삭제해 버렸다.

이러한 관방 사상의 영향을 받아서, 당시의 학자들도 덩달아 그것을 그대로 따라서 『춘추호씨전』에 대한 시비를 많이 논했다. 유여언俞汝言·서정원徐庭垣·초원 희焦袁熹·장자초張自超 등과 같은 사람이 메아리가 치듯이 일어났다고 말할 수 있다.

청대 학자들 중에 『춘추호씨전』을 가장 격렬하게 공격한 사람은 모기령만한 사람이 없다. 모기령毛奇齡(1623~1713)은 다른 이름이 신甡이고, 자는 대가大可이다. 또한 군郡에서 명망이 있어서 서하西河라고 불렸다. 젊었을 때 청나라에 대항했다가 군대가 패배하자 삭발하고 산속으로 들어갔다. 강희 18년(1679)에 박학홍사과博學宏詞 科에 응시하여 한림원검토翰林院檢討를 제수받았고, 『명사明史』 찬수관纂修官을 맡았다. 24년(1685)에 휴가를 신청하여 남쪽으로 돌아왔는데, 여기에 이르러 다시 나가지 않았다.

모기령은 재주가 뛰어나다고 스스로 자부하였고, 남과는 다른 의견을 내세우기를 좋아했다. 변론과 반박에 뛰어나서, 저술도 편파적인 내용을 벗어나지 못했다. 저술로는 『춘추모씨전春秋毛氏傳』 36권, 『춘추간서간오春秋簡書刊誤』 2권,[24] 『춘추속사 비사기春秋屬辭比事記』 4권, 『춘추조관春秋條貫』 11권, 『춘추점서서春秋占筮書』 3권, 『경문 經問』 15권이 있다. 그 중에서 『춘추속사비사기』는 그의 문인이 편집했는데, 책이 완성되지 못했다. '침벌侵伐'이라는 분야는 내용이 전체의 반도 되지 않는다. 원본은

---

24) 『春秋簡書刊誤』 卷首에서 말했다. "이에 조카인 毛文輝에게 명하여, 三傳의 聖經에서 각각 다른 것을 취하여, 簡書를 위주로 하고, 틀린 곳에 각각 주를 달아서, '刊誤'라고 분명하게 표시하였다." 이에 근거하면, 이 책은 그의 조카인 모문휘가 지은 것이다.

10권인데, 지금은 단지 4권만 보인다.[25] 옛날에 『춘추』를 연구한 자들이 다만 의례義例 만을 밝힌 이후로, 송대의 장대형張大亨에 이르러 처음으로 오례五禮를 나누었고, 원대의 오징吳澄이 그것을 그대로 따랐지만 대략적인 모습만 대충 갖추고 있을 뿐이었다. 모기령은 『춘추모씨전春秋毛氏傳』을 지어서, 22개의 분야로 상세하게 나누어서, 옛 사관이 역사를 기록하는 법식으로 삼았다. 또 네 가지 예例를 종합적으로 갖추어 두었는데, 예례禮例·사례事例·문례文例·의례義例이다. 『사고전서총목제요』에서는 "다른 사람의 체례體例와 비교하면 이 책의 체례가 좋다"고 했고, 또 "오징의 『춘추찬언春秋纂言』 이후로 『춘추』를 말한 자들 중에서 필적할 만한 자가 드물다"고 했다.[26]

그의 『춘추』 연구는 『좌씨전』을 위주로 하고, 간간히 다른 사람을 언급했는데, 『춘추호씨전』을 가장 강하게 공격하였다. 『춘추호씨전』이 "경經을 어긴 것이 더욱 심하다"고 여긴 것이다. 『사고전서총목제요』에서는 『춘추모씨전』에 대해, 그가 "『춘추호씨전』의 신랄한 문장을 한결같이 반대하고 사리事理로써 저울질했는데, 대부분이 공평하고 타당한 뜻을 잃지 않았다"[27]고 인정하였다. 그런데 『춘추모씨전』은 여전히 『춘추』의 12명의 임금을 책의 차례로 삼았으며, 『춘추속사비사기』에서는 『춘추모씨전』의 22개 분야를 근거로 삼아서 사사史事로써 예속시켜 놓았는데, 조리가 밝고 고증이 정밀하여 침비沈棐·조방趙汸의 체례와 같다. 『사고전서총목제요』에는 모기령이 예禮의 변별에 뛰어나기 때문에 "『춘추속사비사기』는 예禮를 근거로 삼아서 『춘추』를 판단했으므로 질서정연하게 체계가 있는 것이 마땅하다"고 말했다. 또 "비록 완성된 책은 아니지만, 그 체례의 핵심을 살펴보면 그가 지은 『춘추모씨전』보다 오히려 낫다"고 말했다.[28] 『춘추속사비사기』에 대한 사고관신의 존중을 알 수 있다.

---

25) 朱彛尊의 『經義考』에는 오직 6권만 수록하였고, 또 보이지 않는다고 말했다.
26) 『四庫全書總目提要』, 「經部·春秋類 四」, '春秋毛氏傳' 조목.
27) 『四庫全書總目提要』, 「經部·春秋類 四」, '春秋毛氏傳' 조목.
28) 『四庫全書總目提要』, 「經部·春秋類 四」, '春秋屬辭比事記' 조목.

제3절 청대의 『좌씨전』 연구와 두예杜預 주注에 대한 보충과 정정

청대 학자들의 『춘추호씨전』에 대한 비평은 점점 삼전三傳에 대한 중시, 그 중에서도 특히 『좌씨전』에 대한 연구로 회귀하였다. 그런데 청대의 『좌씨전』 연구는 앞선 학자들과는 같지 않았다. 『좌씨전』의 의례義例에는 그다지 뜻을 두지 않은 반면, 훈고訓詁·음의音義·지리地理·제도制度의 고증과 해석을 위주로 하였다. 고염무 顧炎武·주학령朱鶴齡·왕부지王夫之·마숙馬驌·고사기高士奇·진후요陳厚耀·고동고 顧棟高·마종련馬宗璉·혜동惠棟과 같은 학자들이 모두 이러한 학문에 종사한 자들이다.

고염무顧炎武(1613~1682)는 초명이 강絳인데, 국변國變 이후에 염무炎武로 개명하였고, 자는 영인甯人이며, 학자들은 정림선생亭林先生이라고 불렀다. 강소江蘇 곤산昆山 사람이다. 평생 동안 학문을 논하면서, "글을 통해 학문을 넓히고, 행동에 부끄러움이 있어야 한다"는 두 말을 종지로 내걸었다. 고염무는 두예의 『좌전집해』에 때때로 빠지거나 잘못된 내용이 있다고 여겨서, 『좌전두해보정左傳杜解補正』 3권을 지었다. 이 외에 『일지록日知錄』 4권도 그의 『춘추』 사상을 볼 수 있는 저서이다.

고염무는 『춘추』를 역사로 보았고, 앞선 학자들이 공자의 특필特筆 혹은 필삭筆削 이라고 말한 부분에 대해, 그것은 단지 노나라 역사서의 옛 문장일 뿐이라고 주장했다. 예를 들어 고염무는 「경불서족卿不書族」 조목에서 포폄褒貶의 이론에 반대하고, 『춘추』 에서 족族을 기록하지 않은 것은 두 가지 의미가 있다고 말했다. 즉 아직 씨氏를 하사받지 않았거나 혹은 "한 가지 일이 두 번 보이면 앞 문장에 있기 때문에 그 말을 생략한 것"이라고 하였다. 고염무는 또 말했다. "『춘추』의 은공과 환공 시대에는 경대부卿大夫가 씨氏를 하사받는 경우는 여전히 적었다. 따라서 무해無駭가 죽었을 때 우보羽父가 그를 위해 족族을 요청했으니, 협挾·유柔·익溺과 같은 경우는 모두 씨족氏族이 없었던 자들이다. 장공과 민공 이후로는 경문에 다시는 보이지 않으니, 그 당시에는 씨氏를 하사받지 않은 사람이 없었기 때문이다."[29] 이로써 알 수

---

29) 顧炎武, 『日知錄』, 권4, 「卿不書族」.

있듯이, 『춘추』에서 족族을 기록한 것은 성인의 포폄襃貶과 무관하며, 옛 역사서에 그렇게 기록된 것에 근거했을 뿐이다.

『북사北史』에서는 북주北周의 악손樂遜이 『춘추서의春秋序義』를 지어서 가규賈逵 · 복건服虔의 이론을 소통시키고, 두예의 잘못된 부분을 드러내었다고 했다. 그런데 가규 · 복건의 이론은 전해지지 않고, 악손의 책도 보이지 않는다. 따라서 고염무는 『좌전두해보정』을 지어서 두예의 잘못을 바로잡았다. 비록 이 책이 두예의 잘못을 바로잡는 것을 요지로 삼았지만, 문자文字의 훈고訓詁와 명물名物의 고정考訂을 위주로 하였다. 『사고전서총목제요』에서는 이 책이 "문장의 의미를 미루어 탐구하고, 훈고訓詁를 연구했으니, 또한 『좌씨전』의 뜻을 많이 이해하였다"고 말했다. 또 "고염무는 두예의 『좌전집해』를 매우 중시했지만, 두예가 빠뜨리거나 잘못한 부분을 보완했기 때문에 문호門戶를 일소하고 시비是非의 공평함을 유지하였다"고 말했다.[30] 고염무의 『좌씨전』 연구는 부손傅遜을 본받아서 "두예에게 간언하는 신하"가 되고자 한 것이다. 또 『일지록』에서 말했다.

공손公孫 영寧과 의행보儀行父는 영공靈公을 따라서 나라에서 공공연히 음란한 짓을 하였고, 충간한 설야洩冶를 죽였으며, 임금이 시해되었을 때 함께 죽지도 못했고, 초나라 임금을 따라서 진陳나라로 들어가니, 『춘추』의 죄인이다. 따라서 경문(선공 11년)에 "공손 영과 의행보를 진나라로 들여보냈다"(納公孫寧 · 儀行父於陳)고 기록한 것이다. 그런데 두예는 두 사람이 초나라에 의탁하여 임금의 원수를 보복하고, 영공靈公의 장례를 치렀으며, 도적을 토벌하여 나라를 회복시켰으므로 공적이 허물을 덮기에 충분하다고 말했다.(『좌씨전』, 선공 11년, 두예 주) 아! 만약 신숙시申叔時의 말이 없었다면, 진陳나라는 초나라의 현縣이 되었고, 두 사람은 초나라의 신복臣僕이 되었을 것이니, 무슨 공적이 있겠는가? 다행히 초나라 임금이 진陳나라를 다시 봉해 주어 (영공의 아들인) 성공成公이 나라로 돌아갔다. 두 사람은 추호의 노력도 없었는데, 두예는 그들을 위해 왜곡된 말을 함으로써 후세에 남을 속이고 불충한

---

30) 『四庫全書總目提要』, 「經部 · 春秋類 四」, ‘春秋杜解補正’ 조목.

신하들이 이 사례를 가지고 자기를 변명할 수 있도록 만들었다. 아! 그것은 또한 이미 다른 사람의 군현郡縣이 되었는데도 그래도 복수를 말하는 자보다 낫다는 것인가?[31]

고염무는 두예가 난신적자를 위해 변호한 것을 단죄하였으니, 단지 '두예에게 간언하는 신하'에 그치지 않는다. 그 후에 초순焦循·심흠한沈欽韓 등이 불충불효不忠不孝라는 말로써 두예를 공격했으니, 고염무가 이러한 풍조를 이끈 면도 있지 않겠는가?

주학령朱鶴齡(1606~1683)은 자가 장유長孺이고, 별호는 우암愚庵이며, 절강浙江 오강吳江 사람이다. 저술로는 『독좌일초讀左日鈔』·『좌씨춘추집설左氏春秋集說』이 있는데, 모두 『좌씨전』을 귀착점으로 삼았다. 주자 이후에 『춘추』를 말하는 자들은 두 개의 유파로 나누어진다. 하나는 『춘추호씨전』을 종주로 삼아서 『춘추』는 성인이 포폄한 책이라고 여기는 것이다. 다른 하나는 주자를 종주로 삼아서 『춘추』는 사실에 근거하여 있는 그대로 기록하여 선악이 저절로 드러나는 책이라고 여기는 것이다. 주학령은 두 유파의 위에 올라타서, 성인의 뜻과 의리에 근거하여 『춘추』의 은미한 문장과 깊은 뜻을 탐구하고자 하였다. 진실로 이와 같다면, 주학령은 범례도 다 폐기할 필요가 없으며, 『춘추』의 은미한 문장이나 깊은 뜻과 서로 드러내 밝힐 수 있다고 주장하였다.

『좌씨춘추집설』의 「서문」에서 말했다. "『좌씨전』을 위주로 하여, 두예 주와 공영달 소 및 『공양전』·『곡량전』·담조·조광 등 수십 명의 논의를 취하여, 그것을 함께 모아서 살펴보고 상호 참고하여 가늠하였다."[32] 이 책의 의도는 두예 주의 입장으로 회귀하는 데 있으니, 곧 『좌씨전』도 또한 의례義例가 있다고 주장한 것이다. 장수림張壽林의 『속사고전서총목제요續四庫全書總目提要』에서 이 책에 대해 다음과 같이 말했다. "대체로 옛 이론을 모은 것이 열에 일곱에서 여덟이고, 자기의 생각을 드러낸 것이 열에 셋에서 넷이다. 따라서 '집설集說'이라고 책의 이름을 지은 것이다.

---

31) 顧炎武, 『日知錄』, 권4, 「納公孫寧儀行父于陳」.
32) 朱彝尊, 『經義考』, 권208, 「春秋」, '朱氏左氏春秋集說' 조목.

채록한 것을 살펴서 장점을 택하고 단점을 버렸으며, 아교로 붙인 것처럼 단단한 고금의 학자들의 이론을 잘라서 버릴 줄도 알았다. 그가 두예의 빠지거나 잘못된 이론을 공격한 것도 종종 이치에 들어맞았다."『독좌일초』는 『춘추집설』보다 뒤에 지어졌는데, 여러 학자들의 이론을 채록하여 두예의 『춘추좌씨경전집해』에서 빠지거나 잘못된 내용을 보완했고, 조방趙汸 · 육찬陸粲 · 부손傅遜 · 소보邵寶 · 왕초王樵 등 다섯 사람의 책에서 채택한 것이 많다. 대체로 옛날 해석을 모은 것이 열에 일곱이고, 자기 뜻을 드러낸 것이 열에 셋이기 때문에 '초鈔'라고 책의 이름을 지은 것이다. 보충한 두 권에서는 고염무의 『좌전두해보정左傳杜解補正』 이론을 많이 채용하였다. 주학령은 『좌씨전』도 서법書法이 있는데, 그것이 비록 공자로부터 나오지는 않았지만 사가史家로부터 나왔으며, 공자가 지은 『춘추』의 특필特筆과는 같지 않다고 여겼다. 두예가 밝힌 것은 사법史法일 뿐이므로 주학령은 그것을 근거로 성인의 서법을 탐구하고자 하였다. 이러한 입장은 황택黃澤 · 조방趙汸과 사실상 다르지 않다. 이로써 알 수 있듯이, 주학령은 범례凡例로 경經을 해석하는 것을 결코 반대하지 않았으며, 그가 만족하지 않은 것은 단지 당 · 송시대 이후 학자들이 『춘추』를 해설한 범례일 뿐이다.

고동고顧棟高(1679~1759)는 자가 복초復初 또는 진창震滄이고, 만년에야 비로소 『춘추』를 연구했다. 자호는 좌여左畬이며, 강소江蘇 무석無錫 사람이다. 고동고는 유명한 경학 전문가로서 명성이 매우 높았다. 저술 중에서는 『춘추대사표春秋大事表』 50권이 가장 정밀하다.

고동고의 『춘추대사표』 권수卷首에 '춘추강령春秋綱領'이라는 편이 있다. 구양수歐陽修 · 주희朱熹 · 정초鄭樵 · 황진黃震 · 여대규呂大圭 · 정단학程端學 · 장자초張自超 및 외삼촌인 화하봉華霞峰 등 여러 사람들의 이론을 갖추어 나열했고, '일자포폄一字褒貶'의 서법書法을 반대했다. 비록 고동고는 여전히 『춘추』에 포폄이 있다고는 여겼지만, 성인이 의례義例를 미리 설치하여 포폄을 만든 것은 아니라고 주장하였다. 즉 성인은 "사실에 근거하여 기록한 것이지", 기록할 때 포폄에 뜻을 둔 것은 아니며, 일에 따라서 포폄이 저절로 드러나는 것이다. 이로써 그의 학문도 또한 주자와 같은 계열이라는 것을 알 수 있다.

고동고는 『춘추호씨전』을 크게 비평하였다. '하시관주월夏時冠周月' 이론은 공자가 "포의布衣의 신분으로서 당시 왕의 정삭正朔을 제멋대로 고쳤다"고 무고하는 것이라고 말했다.33) 『춘추대사표』「시령표時令表」에서는 상商·주周가 모두 시時를 고치고 월月을 고친 것을 밝혔는데, 이것은 『춘추호씨전』의 이론을 반박한 것이다. 『춘추호씨전』에 '복수復讐'로써 논의를 세운 것이 많은 것에 대해, 고동고는 결코 그렇지 않다고 말하고, "그것은 호안국의 『춘추』이지 공자의 『춘추』가 아니다"라고 주장했다.34)

사서史書에 있는 표表는 사마천에 의해 처음 만들어졌고, 그 후에 반고가 그것을 계승하였다. 청대 초기에 만사동萬斯同이 표表가 빠진 여러 사서史書에 60편의 표를 보충하여 『역대사표歷代史表』 53권을 지었다. 주이존이 그 책을 다음과 같이 크게 칭찬하였다. "편년編年을 바꾸어서 기전紀傳을 만들자, 옛 사관의 법이 은미해졌다. 옛 사관이 남긴 뜻이 여전히 남아 있는데, 나는 그것을 표表에서 취하였다. 표表는 혹은 연도를 경經으로 하고 나라를 위緯로 하였고, 혹은 나라를 경으로 하고 연도를 위로 하였다. 혹은 땅을 위주로 하고, 혹은 계절을 위주로 하며, 혹은 세계世系를 위주로 하였다. 일이 은미하여 드러나지 않는 것을 기록하여 드러내었다."35) 고동고는 이러한 체재를 계승하여 『춘추』 열국의 여러 일들을 나란히 세워서 표를 만들었다. 시령時令·삭윤朔閏·장력습유長曆拾遺·강역疆域 등 모두 50개의 표이다. 매 표의 앞에 모두 서언敍言을 두었고, 뒤에는 안어案語를 두었다. 모든 표에서 고동고가 가장 많은 노력을 기울인 것은 당연히 지리류地理類이다. 예를 들어 「열국강역列國疆域」·「열국도읍列國都邑」·「산천山川」·「험요險要」·「견아상착犬牙相錯」 등이다. 이 외에 「삭윤표朔閏表」·「장력습유표長曆拾遺表」·「씨족氏族」·「세계世系」 및 「관제官制」는 그의 문인인 화사도華師道가 지은 것이다.

---

33) 顧棟高, 『春秋大事表』, 「自序」.
34) 顧棟高, 『春秋大事表』, 「自序」.
35) 朱彝尊, 『歷代史表序』, 乾隆 留香閣 판각본.

고동고의 이 책은 당시에 이미 매우 존중을 받았다. 당시 사람인 양춘楊椿은 『춘추대사표』가 "증거가 정밀하고 분명하며, 의론이 좋고 바르다. 바라보면 마치 탁 트인 큰 바다와 같고, 나아가면 마치 끌어다 댈 수 있는 강하江河와 같으니, 진실로 고금의 기이한 장관이며, 유림儒林의 성대한 사업이다"36)라고 말했다. 최근 사람인 양계초梁啓超도 이 책에 대해 다음과 같이 극찬했다.

이 책의 체례體例는 『좌씨전』 전체를 쪼개서 흩어놓고, 그 중 몇 가지의 주요한 제목을 집어내고, 책 속의 수많은 자잘한 사실事實 기록들을 제목에 따라 모아서, 표표表의 형식으로 나열하여 비교 연구하였다.……『예기』에서 "속사비사屬辭比事는 『춘추』의 가르침이다"라고 했다. 역사 연구의 가장 좋은 방법은 수많은 사실事實 기록을 나란히 이어 놓고 비교하여 연구하는 것인데, 그것이 곧 '속사비사'이다. 이러한 사실 기록은 하나하나가 자잘하게 늘려 있기 때문에 마치 어떠한 의미도 없는 것처럼 보이지만, 한 번 문장을 모아서 연결하고 한 번 사례를 비교하면 곧 새롭게 드러나는 것이 매우 많을 것이다. 이러한 방법으로 역사를 연구하는 사람이 예전에는 매우 적었는데, 고동고의 이 책은 그 연구를 첫 번째로 성공한 셈이다.37)

그런데 장태염章太炎은 이 책을 크게 경시하여 다음과 같이 말했다. "고동고의 『춘추대사표』는 그 고증은 취할 만하다. 그러나 사실事實의 전거는 비록 조사하여 밝혔지만, 그 전례典禮를 말한 곳이 엉성하고 천박하여 너무 가소롭다. 더욱이 「독춘추우필讀春秋偶筆」 및 표표表 안에서 경經을 해설한 곳은 자의적으로 제멋대로 결단하였고, 선사先師는 안중에도 없으니, 실로 『춘추』의 거대한 좀벌레이다."38) 심지어 고동고는 "세속을 따르는 천박한 학자"로서, "학문은 어둡고 행동은 무턱대고 하며, 붓을 휘두르면서 부끄러움이 없다. 이른바 시골구석의 학문에 대해 깊이 화내고 미워할

---

36) 楊椿, 「答顧震滄書」(『孟鄰堂文鈔』, 권10, 嘉慶 23년 판각본).
37) 梁啓超, 『中國近三百年學術史』(朱維錚 校注, 『梁啓超論淸學史二種』, 95쪽에 실려 있음).
38) 章太炎, 『章太炎全集』, 제2책, 899쪽.

수도 있지만, 비유하자면 두소斗筲와 같으니 어찌 따질 것이 있겠는가?"39) 장태염이 가혹한 비판을 좋아하는 것이 이와 같았다.

당대唐代 이후, 『좌씨전』을 연구한 자들은 모두 두예의 주를 종주로 삼았고, 두예를 『좌씨전』의 충신으로 여겼다. 따라서 다소 차이는 있지만, 청대 전기의 『좌씨전』을 연구한 자들에 이르기까지 대부분이 단지 두예의 『춘추좌씨경전집해』를 보완하고 바로잡는 데 그칠 뿐이었다. 그러는 사이에, 비록 두예의 잘못을 많이 고증하고 바로잡기는 했지만, 여전히 두예의 주를 『좌씨전』으로 가는 사다리와 배로 여겼다. 그러나 "두예에게 간언하는 신하"가 되고자 했을 뿐이기 때문에 그 논의는 그나마 공평하고 타당하였다. 건륭·가정 이후에 학자들은 점점 두예를 『좌씨전』의 죄인으로 여겼고, 심지어 두예의 품격이 말할 가치도 없다고 비천하게 여겼다. 따라서 점점 위로 거슬러 올라가서 후한시대 가규賈逵와 복건服虔의 『좌씨전』 옛 이론에까지 이르렀다. 대표적인 인물은 홍량길洪亮吉·심흠한沈欽韓·초순焦循·이 이덕李貽德·유문기劉文淇 등이 있다.

홍량길洪亮吉(1746~1809)은 자가 군직君直 또는 치존稚存이고, 호가 북강北江이며, 만년의 호는 갱생更生이다. 건륭 55년(1790)에 진사가 되었고, 한림원편수翰林院編修에 제수되었다. 뒤에 상소로 인하여 이리伊犁로 유배되었다가 풀려나, 고향으로 돌아와서 주로 양천서원洋川書院에서 강론하였다. 박학하고 경전에 능통했으며, 『춘추』에 조예가 깊었다. 저술로는 『춘추좌전고春秋左傳詁』가 있다. 또 『청조한학사승기淸朝漢學師承記』에 의하면, 『공양곡량고의公羊穀梁古義』 2권도 있는데, 이 책은 이미 없어졌다.

『춘추좌전고』 20권은 경經 4권, 전傳 16권으로 나누어져 있는데, 『한서』 「예문지」의 체례를 따른 것이다. 전자는 『춘추』 경문의 훈고이고, 후자는 『좌씨전』의 훈고이다. 그가 두예 주의 잘못을 논한 것은 대체로 한대 학자들의 옛 해석과 이론을 근거로 삼은 것이다. 이 책의 큰 요지는 "전고前古의 사람들로써 중고中古의 문장을 바로잡는 것"이다. 즉 가규·허신·정현·복건의 학문으로써 두예의 잘못을 바로잡는 것이다.

---

39) 章太炎, 『檢論·淸儒』(『章太炎全集』 제3책, 479~480쪽).

이 때문에 책의 이름에 있는 '고詁'라는 글자는 "고詁·고古·고故자가 통용되므로 『춘추좌전』의 고학古學을 보존하고자 한 것일 뿐이다." 이 주장은 사실상 이후의 좌씨학이 한사漢師로 돌아가는 선하를 열었다. 또 두예 주의 잘못은 대부분 훈고訓詁와 지리地理에 있다고 여겼고, 두예 주에서 앞선 사람의 이론을 인용하면서 주를 달아서 밝히지 않은 것을 모두 하나하나 지적하였다. 비록 그렇지만, 그의 제자 여배呂培는 오히려 이 책이 "두예를 비난한 것이 아니라 사실은 두예를 바로잡은 것이니, 두예에게 큰 공적이 있다"[40]고 했다. 그렇다면 이 책도 또한 "두예에게 간언하는 신하"가 되고자 한 것인가? 여조충呂朝忠은 "위진시대 이후의 날조와 견강부회가 한꺼번에 씻겨 내려가 없어졌다. 그 뜻의 정확함과 공적의 위대함은 곤산昆山의 고염무顧炎武와 장주長洲의 혜동惠棟에 비해 아마도 더 클 것이다"[41]고 하여, 이 책의 가치를 높이 평가했다.

초순焦循(1763~1820)은 자가 이당里堂이고, 강소江蘇 감천甘泉 사람이다. 가경嘉慶 6년(1801)에 거인擧人이 되었다. 『청사고淸史稿』에 의하면, 그는 견문이 넓고 기억력이 뛰어나며, 인식능력이 탁월하여, "경사經史·역산曆算·성음聲音·훈고訓詁에 정밀하지 않음이 없었고", 전대흔錢大昕·왕명성王鳴盛·정요전程瑤田 등에게 깊이 추앙을 받았다. 죽은 후에 완원阮元이 전傳을 지어서, 그의 학문이 "정밀하고 깊으며 넓고 커서, 통유通儒라고 명명하였다"고 했다.[42] 초순의 저서는 『춘추좌전보소春秋左傳補疏』 5권이 있다.

초순은 두예의 사람됨을 깊이 미워했는데, "두예가 부친의 원한을 잊고 원수를 섬겼으며, 성인의 경전을 어기고 세상을 기만한 것을 괴이하게 여겼기" 때문에 두예의 책은 별도로 딴 마음을 품고 지은 것이라고 말했다. 『춘추』의 역사적인 사실이나 인물에 대한 두예의 해석은 항상 『좌씨전』의 전문 및 한사漢師의 옛 이론을 벗어나 있으며, 그 의도는 사마의司馬懿·사마사司馬師·사마소司馬昭 부자를 위해

---

40) 呂培, 『春秋左傳詁』, 「跋」.
41) 呂朝忠, 『春秋左傳詁』, 「後記」.
42) 『淸史稿』, 「儒林傳」.

그들이 임금을 무시하고 임금을 시해한 죄를 숨겨 주고자 한 것일 뿐이다.

예를 들어『춘추』환공 5년, 주周나라와 정鄭나라가 교전할 때(蔡人 · 衛人 · 陳人從王伐鄭), 정나라 대부 축담祝聃이 주왕周王에게 활을 쏘아 어깨에 부상을 입혔다. 두예 주에서 말했다. "정나라 임금의 뜻이 화란을 면하고자 하는 데 있었으니, 주왕이 그를 토벌한 것은 잘못이다."[43] 초순이 말했다. "주왕에게 활을 쏘아 어깨에 부상을 입혔으니, 신하답지 않음이 심하다. 주왕을 위로하고 그 좌우 신하들에게 안부를 물은 것은 간사한 것이다. 그런데 두예는 주왕이 그를 토벌한 것이 잘못이라고 여기니, 분명히 고귀高貴가 사마소司馬昭를 토벌한 일 때문에 이렇게 해석한 것이다. 다행히 축담이 활을 쏘아서 단지 주왕의 어깨에 부상을 입혀서, 성제成濟의 악행에 이르지 않았을 뿐이다.[44] 정나라 임금이 '스스로를 구제한 것'이라고 말한 것은 원래 듣기 좋게 꾸며서 한 말로써,『좌씨전』에서 그것을 그대로 서술한 것이지,[45] 『좌씨전』에서 정나라 임금의 뜻이 화란을 면하고자 하는 데 있었다고 여긴 것이 아니다. 두예는 오생寤生, 즉 정나라 임금이 축담에게 대답한 말을 인용하여, 사마소가 자기의 잘못을 해명하도록 하였고, 곧바로 주왕의 토벌은 잘못이라고 지적했으니, 어찌 잘못됨이 이러한 지경에 이르렀는가?"[46]

또『춘추』환공 2년, 송나라 화보독華父督이 자기 임금 여이與夷를 시해하고, 그 대부 공보孔父에게까지 미쳤다.(宋督弑其君, 與夷及其大夫孔父)『공양전』에서는 공보의

---

43)『左氏傳』, 桓公 5년, 杜預 注.
44) 역자 주: 高貴는 魏文帝의 손자인 高貴鄕公을 말한다. 고귀가 司馬昭의 전횡을 미워하여 황제의 몸으로 직접 칼을 들고, 아랫사람 수백 명을 지휘하여 사마소를 치러 나가자 상대편 군사들이 멈칫하며 물러나려고 하였다. 이때 太子의 舍人으로 있던 成濟가 賈充에게 어떻게 대처할지 물어보았다. 가충이 "너희들을 기른 것은 오늘을 위해서이니, 물어 볼 것도 없다"고 하였다. 그러자 성제는 앞으로 나아가 사마소를 칼로 찔러 등까지 관통시켰다고 한다. 이 내용은『三國志 · 魏書』권4「高貴鄕公傳」의 注에 보인다.
45) 역자 주:『좌씨전』에서 "군자는 남보다 올라가기를 바라지 않는다. 하물며 감히 천자를 능멸할 수 있겠는가? 스스로를 구제하여 나라가 망하지 않으면 그것으로 만족한다"는 寤生, 즉 정나라 임금의 말을 기록하고 있다.
46) 焦循,『春秋左傳補疏』, 권1, 桓公 5년 조목.

"의리가 얼굴에 드러난 것"을 칭찬했고, 『곡량전』에서는 공보가 "임금을 보호한 것"을 칭찬했다. 그리고 『좌씨전』에서는 비록 화보독의 말을 서술했지만,[47] 그것을 근거로 공보를 비판할 수는 없을 것 같다. 그런데 두예 주에서는 "공보라고 이름을 부른 것은 안으로는 그 가정을 잘 다스리지 못하고, 밖으로는 백성들에게 원망을 사서, 자신도 죽고 화가 그 임금에게까지 미치게 하였기 때문이다"[48]고 하였다. 그리고 장공 12년, 송만이 자기 임금 첩을 시해하고, 그 대부 구목에게까지 미쳤다.(宋萬 弑其君捷, 及其大夫仇牧) 『공양전』에서는 구목을 칭찬하여, "포악하고 권세 있는 자를 두려워하지 않았다"고 여겼다. 『좌씨전』에서도 구목을 비판한 말은 없다. 그런데 두예의 주에서 "구목이라는 이름을 말한 것은 경계하지 않고 있다가 역적을 만나 죽었고, 드러낼 만한 선한 행위도 없었기 때문이다"[49]라고 했다. 이에 대해 초순은 다음과 같이 말했다. "사마의司馬懿 · 사마사司馬師는 화독華督 · 송만宋萬이다. 조상曹爽 · 하안何晏 · 왕릉王淩 · 이풍李豐 · 장집張緝 등은 공보孔父 · 구목仇牧이다. 반역을 음모하였다거나 대신들을 폐출하려고 음모를 꾸몄다거나 황태후의 칙령을 빌어서 제왕齊王 조방曹芳이 전적으로 희첩姬妾만을 총애한다는 등등을 말했으니,[50] 바로 화독이 말한 '사마가 그렇게 만든 것이다'라는 것과 『좌씨전』에서 말한 '백성들이 명령을 감내할 수 없었다'는 것이다.…… 두예가 공보를 비판한 것은 곧 이로써 왕릉王淩을 비판한 것이다. 구목을 비판한 것은 곧 이로써 이풍李豐을 비판한 것이다. …… 사마소는 화독 · 송만이다. 무구검毋丘儉 · 제갈탄諸葛誕 · 왕경王經은 공보 · 구목이다. 제갈탄이 반란을 일으켰다거나 왕태후의 칙령을 빌어서 왕자모王子髦가 패역무도하다는 등등을 말했으니,[51] 바로 화독이 말한 '사마가 그렇게 만든 것이다'라는

---

47) 역자 주: 『좌씨전』의 기록에 의하면, 송나라 殤公이 즉위하여 10년 동안 열 번이나 전쟁을 하니, 백성들이 그 명령을 감내할 수 없었다. 이때 공보는 司馬였고, 화보독은 太宰였다. 화보독은 백성들이 명령을 감내하지 못한 것을 근거로, 먼저 "사마가 그렇게 만든 것이다"라고 선언하였다. 그리고 얼마 지나지 않아서 공보를 살해하고 이어 상공을 시해하였다.

48) 『左氏傳』, 桓公 2년, 杜預 注.

49) 『左氏傳』, 莊公 12년, 杜預 注.

50) 역자 주: 『三國志 · 魏志』, 4권, 「三少帝紀」 참조.

것과 『좌씨전』에서 말한 '백성들이 명령을 감내할 수 없었다'는 것이다.…… 두예가 공보를 선하지 않다고 여긴 것은 이로써 왕릉·하안·이풍·장집·무구검·제갈탄의 충성을 엄폐한 것이다. 여러 사람들의 충성이 엄폐되면 두예의 불효不孝와 불충不忠이 드러나지 않는다."52) 이로써 알 수 있듯이, 두예가 공보·구목을 비난한 것은 그 의도가 사마씨를 위해 말을 꾸며 주고, 아울러 자기의 불효와 불충을 벗어나기 위해서이다.

초순은 심지어 두예杜預와 유흠劉歆을 다음과 같이 비교하였다.

유흠劉歆과 왕망王莽의 관계는 두예杜預와 사마소司馬昭의 관계와 같다. 유흠은 좌씨左氏가 좋아하고 싫어하는 것이 성인과 같았다고 말함으로써 좌씨를 드러내었고, 두예는 마침내 좌씨를 소신素臣으로 여겨서 존중하였다. 두예가 두서杜恕를 배반하고 사마소司馬昭에게 아첨한 것은 유흠이 유향劉向을 배반하고 왕망에게 아첨한 것과 같으니, 그 실정이 사실상 같다. 그들이 좌씨를 끌어와서 난신적자의 처지로 만들었으니, 그 실정이 사실상 같다. 유학자들은 모두 유흠에 대해 말하는 것을 부끄러워하면서도 두예에게 복종하는 것은 달갑게 여겼다. 어찌 왕망이 한나라에 의해 주살되고, 왕망을 따르는 자들이 마침내 나라의 역적이 되었는데, 사마씨는 마침내 위나라에 의해 선양禪讓되고, 사마씨를 따르는 자들은 마침내 임금을 도와 정권을 세운 사람이 되었단 말인가?53)

초순은 또 『좌씨전』을 강하게 공격하여, 『좌씨전』이 『춘추』의 난신적자를 토벌하는 대의를 잃어버렸다고 주장했다. 『좌씨전』에는 "그 임금이 사실상 너무 심했다"(其君實甚)라는 사광師曠의 말(양공 14년)과 "군신 사이에는 그 지위가 영원히 고정된 적이 없다"(君臣無常位)라는 사묵史墨의 말(소공 32년)이 실려 있다. 또 "임금의 이름을 말한 것은 임금이 무도했기 때문이다"(稱君, 君無道, 선공 4년)라는 예例를 드러냈으니, 두예가

---

51) 역자 주: 『三國志·魏志』, 4권, 「三少帝紀」 참조.
52) 焦循, 『春秋左傳補疏』, 권1, 桓公 2년 조목.
53) 焦循, 『春秋左傳補疏』, 권3, 宣公 4년 조목.

듣기 좋게 꾸민 말은 원래 『좌씨전』에 근본을 둔 것이다.

초순 이전에 만사대萬斯大의 『학춘추수필學春秋隨筆』, 혜사기惠士奇의 『춘추설春秋說』, 고동고顧棟高의 『춘추대사표春秋大事表』, 홍량길洪亮吉의 『춘추좌전고春秋左傳詁』가 있어서, 이미 두예의 잘못을 많이 바로잡았다. 그러나 그 태도가 『춘추좌전보소春秋左傳補疏』처럼 직설적이고 격렬한 사람은 없었다. 최근 사람인 양종희楊鍾羲는 다음과 같이 말했다. "비록 그렇다고 하더라도, 사마사司馬師·사마소司馬昭 이후에 송宋·제齊·양梁·진陳·수隋가 나라를 얻었고, 석호石虎·염민冉閔·부견苻堅 및 고환高歡·고양高洋·고태高泰·고광高廣이 찬탈을 일상적인 관례로 여겼으며, 당나라가 수나라의 남은 습속을 따라서, 세상의 변고가 그대로 이어졌는데도 괴이하게 여기지 않았다. 그런데 초순의 이 주장 덕분에 공자가 『춘추』를 지은 의리가 밝혀지고, 난신적자가 거의 두려워할 줄 알게 되었다."54) 따라서 초순의 책이 명교名敎에 보탬이 되었으니, 그 공적이 결코 적지 않다.

심흠한沈欽韓(1775~1831)은 자가 문기文起이고, 호는 소완小宛이며, 강소江蘇 오현吳縣 사람이다. 여러 경전에 정통했는데, 『예』와 『춘추』에 더욱 뛰어났다. 저서로는 『춘추좌전보주春秋左傳補注』와 『춘추좌전지리보주春秋左傳地理補注』가 있다.

『춘추좌전보주』는 12권이고, 『고이考異』 10권이 부록으로 붙어 있다. 이 책은 『좌씨전』의 문호 확장을 요지로 삼았다. 단지 『공양전』·『곡량전』만 공격한 것이 아니라, 두예를 『좌씨전』의 죄인으로 여겨서 다음과 같이 말했다. "두예의 주가 나와서, 비록 학관에 배열되었지만, 사설邪說을 많이 집어넣고 예교禮敎를 은근히 파괴했으니, 그가 『좌씨전』을 좀먹은 것은 드러내 놓고 공격한 것보다 더 심하다."55) 그 「자서」에서 『공양전』·『곡량전』의 재앙을 말했으며, 또 두예가 『좌씨전』의 두 번째 재앙이고 공영달의 『좌전정의』가 『좌씨전』의 세 번째 재앙이며 담조·조광의 학문이 『좌씨전』의 네 번째 재앙이라고 말했다.

---

54) 『續四庫提要』, '春秋左傳補疏 조목.
55) 『淸史列傳』, 권69.

심흠한의 학문은 본래 고염무·혜동의 뒤를 계승했지만, 그래도 그들을 비난한 말이 매우 많다. 그는 『좌씨전』의 전문가가 되는 데 뜻을 두었기 때문에 고염무를 비난하면서 "고염무가 다른 사람들의 논의를 끌어넣어서 『좌씨전』에 타박상을 입혔다"[56]고 주장했다. 또 능서凌曙를 비판하여 "장인어른이 유봉록劉逢祿의 무리들에 의해 잘못되어, 『공양전』에 빠져들었다"[57]고 했다. 이때의 금고문의 진영이 이미 점점 분명해졌기 때문에 심흠한도 "『공양전』·『곡량전』 두 전을 함께 믿는 혜동의 학풍을 한 번 바꾸어서, 도리어 하나의 경전을 공부하는 전문적인 학문을 강조하였다."[58]

또 그의 「자서」에 의하면, 심흠한은 『좌씨전』을 중시했다. "예禮는 천하를 반석에 올려놓는 것"인데, 『좌씨전』은 "예禮의 원류에 대해 반복해서 상세함을 다했다. 주공과 공자의 막히거나 통하는 정치의 도리가 『좌씨전』이라는 책 한권에 다 모여 있다."[59] 두예는 비록 『좌씨전』의 문호를 세우는 것을 뜻으로 삼았지만, 그래도 심흠한의 비판을 받은 것은 사실상 두예가 군신과 부자의 예의禮義를 몰랐기 때문이다. 심흠한이 말했다.

두예는 이익을 챙기는 무리로서 어리석게도 예문禮文을 모르는 자이다. 그런데 갑자기 『좌씨전』을 해석하여 그 책이 당당하게 세상에 유행하니, 인심人心을 해치고 천리天理를 없애 버려서 『좌씨전』의 거대한 좀벌레가 되었다.[60]

옛날 가규賈逵가 『공양전』의 의리를 단점으로 여기고, 『좌씨전』은 "군부君父의 의리에 깊다"고 여겼다. 지금 『춘추좌전보주』라는 책을 보면, 두예가 이러한 『좌씨전』의 의리를 어긴 것이 있음을 지적한 내용이 많다. 『춘추』 환공 5년, 왕이 제후들을 거느리고 정나라를 정벌했다.(蔡人·衛人·陳人從王伐鄭) 정나라 임금이 채족祭足을 보내

---

56) 沈欽韓, 『春秋左氏傳補注』, 권1.
57) 沈欽, 「與劉孟瞻書」(『幼學堂文稿』에 실려 있음).
58) 張素卿, 『淸代漢學與左傳學』, 191쪽.
59) 沈欽韓, 『春秋左氏傳補注』, 「自序」.
60) 沈欽韓, 『春秋左氏傳補注』, 「自序」.

왕을 위로하고, 또 그 좌우 신하들에게 안부를 물었다. 두예의 주에서 말했다. "정나라 임금의 뜻은 화란을 면하고자 하는 데 있었으니, 주왕周王이 그를 토벌한 것은 잘못이다." 심흠한이 말했다. "살펴보건대, 왕이 정나라를 토벌한 것을 잘못이라고 여겼으니, 정나라가 왕과 맞붙어 전쟁하면서 왕에게 활을 쏜 것을 마땅하게 여긴 것이다. 진실로 사람의 마음이 있다면 결코 이런 지경에 이르지 않을 것이니, 아마도 사마소司馬昭를 곤경에서 벗어나도록 한 것일 뿐이다." 환공 15년, 정나라 임금 돌突이 채蔡나라로 도망쳤다.(鄭伯突出奔蔡) 두예의 주에서 말했다. "돌突이 임금의 자리를 빼앗아 스스로 임금이 되었지만, 권세가 자기 위치를 스스로 굳히기에는 부족했고, 또 채중祭仲을 신임하지 않고서 도리어 신하들과 모의하여 그를 해칠 계획을 꾸몄다. 따라서 '스스로 도망친 것'으로 문장을 만들어서 죄를 그에게로 돌린 것이다."[61] 심흠한이 말했다. "만약 신하가 임금을 축출했는데, 축출을 당한 임금을 더욱 깊이 책망한다면, 어찌 양陽을 북돋우고 음陰을 억누르는 의리이겠는가! 『좌씨전』의 의리는 군부君父에 깊은데, 두예는 스스로 그것을 좀먹었다."[62] 이것은 모두 두예가 한사漢師의 옛 뜻을 잃어버렸음을 드러낸 것이다.

따라서 이 책의 큰 요지는 다음과 같다. "『좌씨전』의 완곡하고 함축적인 요지를 드러내 밝히고, 전장典章의 요점을 자세히 진술하며, 천문과 지리 등의 자질구레한 내용은 부견附見에 드러냈다. 주소注疏의 오류는 조목별로 바로잡아서 반박했는데, 각각의 권에 보인다. 『좌씨전』의 억울한 죄는 어느 정도 밝혀졌고, 두예의 추한 형상은 모두 다 드러났다." 심흠한의 관점에서 보면, 그는 『좌씨전』의 공신功臣이 되고자 했기 때문에 두예의 죄를 깊이 바로잡지 않을 수 없었다. 『좌씨전』을 연구하는 이러한 입장은 청대 초기 학자들과 사실상 그 취지를 크게 달리한다. 심흠한은 또 말했다.

---

61) 『左氏傳』, 桓公 15년.
62) 沈欽韓, 『春秋左氏傳補注』, 권1.

옛날 가규賈逵가 『좌씨전』의 장단점을 따질 때, 『좌씨전』의 장점을 다 망라하지 못했다. 유현劉炫이 두예를 바로잡을 때, 또한 두예의 단점을 숨기기에는 부족했다. 따라서 훌륭한 사람은 드날려서 아름다워지지 못하고, 악한 사람은 완전히 없어지지 않았다. 내가 어떤 사람인지는 모르겠지만, 감히 이 일에 참여하여, 지금에서 전철前哲이 열어주고 인도한 것을 하고자 한다.[63]

심흠한이 한사漢師의 옛 이론으로 회귀한 것은 사실 한사漢師가 『좌씨전』의 의리를 밝혔기 때문인데, 두예는 그 요지를 잃어버렸다. 그런데 심흠한의 이 책을 살펴보면, 끊임없이 남을 비방하여, 항상 시정잡배와 같은 태도를 면치 못하고 있다. 따라서 왕류王鎏가 지은 「묘지墓誌」에서 그는 "타고난 성격이 강경하고 편협하며, 경박하고 천박한 말로 남을 헐뜯는 나쁜 습관이 있었다. 세상에서도 그 때문에 그를 비천하게 여겼다"고 했다. 이자명李慈銘의 『월만당독서기越縵堂讀書記』에서는 그가 특별히 과격한 병통이 있어서 유학자의 말 같지 않다"고 하였다. 심흠한은 평생 힘든 처지에 있었기 때문에 결국 그의 성격과 학술이 이와 같은 지경에 이르렀다.

청대 초기 이후로 『춘추』의 지리地理를 연구하는 학자들이 매우 많았다. 예를 들어 고사기高士奇는 『춘추지명고략春秋地名考略』 14권을 지었고, 강영江永은 『춘추지리고실春秋地理考實』 4권을 지었다. 그리고 고동고顧棟高의 『춘추대사표春秋大事表』 안에도 고금지명古今地名을 함께 나열했는데, 모두 13편이다. 그리고 정정조程廷祚의 『춘추식소록春秋識小錄』에는 「춘추지명변이春秋地名辨異」 세 권이 있다. 지금 심흠한이 지은 『좌전지명보주左傳地名補注』 12권은 강영·고동고 등 여러 사람의 뒤를 이어서, 깊숙하게 감추어져 있던 문제를 들추어내어 논쟁을 해결한 것이다. 심흠한은 견문이 넓고 기억력이 비상하며, 특히 지리地理에 뛰어났기 때문에 이 책은 두예의 지명地名의 잘못을 바로잡을 수 있다.

유문기劉文淇(1789~1854)는 자가 맹첨孟瞻이다. 어려서부터 외삼촌인 능서凌曙에게 경전을 배웠으며, 능서는 『공양전』과 정현의 『예』에 정통하였다. 그런데 유문기는

---

63) 沈欽韓, 『春秋左氏傳補注』, 「自序」.

스스로 "학문에 대한 소양이 거칠어서, 외삼촌이 없었으면 변변한 것이 하나도 없었을 것이다"[64]고 말했다. 또 심흠한을 스승으로 섬겼는데, 유문기의 『좌씨전』 연구와 두예에 대한 태도는 아마도 심흠한의 영향을 많이 받은 것 같다. 『청사고清史稿』 에서 말했다. 그는 "옛 서적을 정밀하게 연구하고, 여러 경전을 줄줄이 꿰뚫었으며, 모장毛萇·정현鄭玄·가규賈逵·공영달孔穎達의 책 및 송원시대 이래의 경전 해석을 두루 보고 깊이 찾아서 일치된 견해로 절충하였다."[65] 유문기는 『좌씨전』에 더욱 진력했으며, 저서로는 『좌씨춘추장편左氏春秋長編』·『좌전구소고증左傳舊疏考證』·『좌전구주소증左傳舊注疏證』 등이 있다.

유문기의 『좌씨전』 연구는 가규賈逵·복건服虔의 옛 주를 종주로 삼는다. 그에 앞서 고염무의 『좌전두해보정左傳杜解補正』에서 이미 복건의 옛 주를 채록하였다. 건가乾嘉 이후, 혜동惠棟의 『좌전보주左傳補注』, 심동沈彤의 『좌전소주左傳小疏』, 요내姚鼐 의 『좌전보주左傳補注』, 마종련馬宗璉의 『좌전보주左傳補注』가 모두 가규·복건의 주를 진술함으로써 두예 주의 잘못을 바로잡았다. 그보다 더 뒤에는 또 초순焦循·홍량길洪 亮吉·양리승梁履繩·이부손李富孫·심흠한沈欽韓·이이덕李貽德 등이 모두 옛 주를 상 세하게 설명했다. 그 중에서도 이이덕(1783~1832)의 『춘추좌씨전가복주집술春秋左氏傳 賈服注輯述』을 가장 완비된 책으로 여긴다.

유문기는 본래 『오경정의』를 차례대로 고증하고 바로잡아서 육조시대 의소義疏 의 옛 모습을 회복하려고 하였다. 그 중에서 가장 먼저 『좌전구소고정左傳舊疏考正』 8권을 완성하였다. 이 책의 요지는 공영달의 『좌전정의』를 공격하는 것인데, 공영달의 책이 유현劉炫의 『춘추좌씨전술의春秋左氏傳述義』에서 나온 것이라고 여겼다. 대체로 당대 사람이 지은 『오경정의』는 대부분 옛 소疏를 사용했지만, 사용한 소의 이름을 없애 버렸으며, 『좌전정의』가 가장 심했다. 『좌전정의』에서 육조시대의 옛 소 중에서 표절한 것은 "심문아沈文阿의 『좌씨경전의략左氏經傳義略』과 유현의 『춘추좌씨전술의』

---

64) 劉文淇, 「陳立『句溪雜著』序」(『青溪舊屋文集』, 卷6).
65) 『淸史稿』, 「儒林傳」.

인데, 마치 옛날 비석을 깨끗하게 깎아내듯이 은밀하게 하였다."66) 이로써 이 책에서 말한 '옛 소'(舊疏)는 육조시대 학자들의 경설經說을 가리킨다는 것을 알 수 있다.

유문기는 공영달의 소를 공격하고, 더 나아가 두예의 주를 공격하였다. 도광道光 8년(1828), 유문기는 유보남劉寶楠·매식지梅植之·포신언包愼言·유흥은柳興恩·진립陳立과 새로운 소疏를 짓자고 약속했다. 유문기는 『좌씨전』의 소를 지으려고 했지만, 오랫동안 책을 완성하지 못했다. 그의 아들 유육숭劉毓崧은 유문기가 "그 일을 시작하지 40년이 되어 『좌씨춘추장편左氏春秋長編』이 갖추어진 이후에, 그것을 차례대로 배열하여 80권의 책을 완성하였다"67)고 말했다. 『청사열전淸史列傳』에서는 "유문기가 『좌씨춘추장편』을 짓고, 만년에 편집하여 소疏를 완성하고자 했지만, 겨우 한 권만을 완성하고서 죽었다"고 했다. 유문기가 처음에 지은 『좌씨춘추장편』은 모두 80권이며, 또 이 책에 근거하여 『좌전구주소증左傳舊注疏證』을 지으려고 했지만, 다만 한 권만을 완성하고 죽었다는 것이다.

유문기의 아들 유육숭(1818~1867)은 자가 백산伯山이고, 도광道光 20년(1840)에 공생貢生이 되었다. 유문기가 죽은 후에 가학을 전수하여 부친의 학문을 계승했으며, 『좌씨전』에 매우 심혈을 기울였다. 유문기가 『오경정의』를 고증하여 바로잡고자 했던 뜻을 계승하여, 『주역구소고정周易舊疏考正』·『상서구소고지尙書舊疏考志』 각 1권을 완성하였다. 또 『춘추좌씨전대의春秋左氏傳大義』 2권을 저술하였고, 아울러 『좌전구주소주左傳舊注疏注』라는 책을 정리하였다. 그런데 유육숭은 수명이 길지 못하여, "그 일을 끝내려고 생각하지만 완수하지 못했다."68) 그의 아들인 유수증劉壽曾(1838~1882)은 자가 공보恭甫 또는 지운芝雲이다. 그도 또한 가학을 전수하여, "발분하여 부친의 뜻을 계승하여 연구를 계속하는 것을 임무로 삼았다. 매우 엄격하게 규정을 정하고, 부지런히 힘써 게을리하지 않았다. 그러나 『좌씨전』 양공 4년까지 저술하다가 죽으니, 향년 45세였다." 지금 전하는 『좌전구주소증』은 대부분 유수증의 손에서

---

66) 沈欽韓, 「『劉文淇左傳疏考證』序」(『幼學堂文稿』, 권6, 道光 판각본).
67) 劉毓崧, 『先考行略』(『通義堂文集』, 권6).
68) 『淸史列傳』, 권69, 「儒林下」.

나온 것이다. 또한 스스로 지은 저술로는 『독좌차기讀左劄記』와 『춘추오십범례표春秋五十凡例表』 등이 있다.

유육숭은 또 『선고행략先考行略』을 지었는데, 거기서 다음과 같이 말했다. 유문기가 "일찍이 『좌씨전』의 뜻이 두예의 주에 의해 벗겨지고 침식된 것이 이미 오래되었다. 그 중에서 그나마 조금 볼만한 것은 모두 옛 이론을 그대로 취한 것이다. 이에 『좌전구주소증』이라는 책을 편집했다.…… 실사구시에 목적이 있었기 때문에 『좌씨전』의 대의가 환히 드러나도록 하였다." 이 말을 통해 『좌전구주소증』이라는 책의 요지를 알 수 있다. 그에 앞서, 심흠한이 두예를 강하게 공격했고, 유문기는 심흠한을 공경하여 "최근에 『좌씨전』을 연구한 학자들 중에 선생을 뛰어넘은 자가 없었다"[69]고 했다. 따라서 심흠한이 두예를 공격한 것을 유문기도 깊이 찬동했으므로 그의 『좌씨전』 연구의 큰 요지도 심흠한과 서로 합치된다는 것을 알 수 있다.

건륭乾隆 이전에 청대 사람들의 『춘추』 연구는 대부분 『좌씨전』을 위주로 했고, 『공양전』·『곡량전』을 언급하는 사람은 적었다. 그런데 가도嘉道 이후로 『공양전』 연구를 주체로 한 금문학이 흥기하기 시작하였다. 이러한 학술 변화는 안으로 두 가지의 큰 이유에 의해 초래되었다. 최근 학자인 왕범삼王汎森이 다음과 같이 논했다.

첫째, 청대 학문의 목적은 공자의 도道의 진면목을 밝히는 것이다. 따라서 문헌 자료가 공자의 시대와 가까울수록 신뢰도도 더욱 높다. 청대 중엽 이후, 마침내 후한의 허신許愼·정현鄭玄의 학문으로부터 그 근원을 더욱더 거슬러 올라갔다. 『시』는 삼가三家를 종주로 삼고 모공毛公을 배척했다. 『서』는 복생伏生·구양생歐陽生·대소하후씨大小夏侯氏를 종주로 삼고 고문古文을 버렸다. 『예』는 『의례儀禮』를 종주로 삼고 『주관周官』을 무너뜨렸다. 『역』은 시수施讎를 종주로 삼아서 맹희孟喜를 탐구하였다. 『춘추』는 『공양전』을 종주로 삼고 『좌씨전』을 배척했다. 전한시대 14박사의 이론이 이때에 이르러 다시 밝혀졌다. 둘째, 도광道光·함풍咸豊 연간

---

69) 劉文淇, 「與沈小宛先生書」(『靑溪舊屋文集』, 권3, 光緒 9년 판각본).

이후, 안으로 태평천국太平天國의 난이 있었고, 밖으로 아편전쟁鴉片戰爭이 있었기 때문에 지식계급은 더욱더 명물훈고名物訓詁를 벗어나려고 도모했다. 『공양전』의 미언대의微言大義를 펼쳐서 세상을 경영함으로써 세상의 운명을 조정하기를 희망했다.[70]

청대 경학의 발전은 본래 복고復古라는 내재적인 동력이 있었다. 그것은 곧 후한의 허신·정현의 학문으로부터 위로 거슬러 올라가서 전한의 복생伏生·동중서董仲舒의 학문에 이르렀다. 이 외에 외재적인 동력도 있었다. 가경嘉慶·도광道光 연간 이후로 국가의 기강이 날로 해이해졌고, 함풍咸豊·동치同治 연간에 또 태평천국의 난을 만났으며, 중간에 아편전쟁을 거치면서 재차 서양 오랑캐의 침략을 받았다. 이러한 다양한 원인이 결국 특별한 분위기를 조성함으로써 지난날의 실증實證의 학문은 시대의 어려움에 대응하여 시대를 구제하기에 부족하다고 여겨졌으며, 그것은 도리어 공소하고 무용한 학문이 되어 버렸다. 당시의 정치에 대한 공자진龔自珍·위원魏源의 비판 및 강유위康有爲·양계초梁啓超의 변법과 제도개혁은 모두 공양학에 의해 추동되었다. 이것은 당시 학술의 핵심 임무가 경세치용經世致用이었다는 것을 증명해 주는 것이다.

청대 금문학은 장존여莊存與의 『춘추정사春秋正辭』와 공광삼孔廣森의 『춘추공양통의春秋公羊通義』에서 발단되었다. 처음으로 조례條例를 위주로 『춘추』를 연구했지만, 하휴의 '삼과구지三科九旨' 이론에 대해서는 여전히 제대로 이해하지 못했다. 그 후에 유봉록劉逢祿이 장존여의 가학을 계승하여 하휴의 조례를 독자적으로 드러내 밝힌 것이 있었으며, 이때에 이르러 금문과 고문의 진영이 비로소 엄격하게 구분되었다. 송상봉宋翔鳳·공자진龔自珍·위원魏源에 이르러, 『공양전』의 의리로써 여러 경전을 두루 소통시켰으며, 또 위로 동중서까지 거슬러 올라가서 연구하였다. 세상에서는 이러한 학문 유파를 상주학파常州學派라고 불렀다. 『공양전』에는 '소왕이 제도를

---

70) 周予同, 『經今古文學』(臺北: 商務印書館, 1967), 30쪽(王汎森, 『章太炎的思想』, 44쪽에서 재인용).

개혁했다'(素王改制)는 이론이 있는데, 1,500년 동안 세상의 학자들 중에 그것을 강론한 자가 없었다. 남해南海 강유위康有爲가 오로지 이 의리에 근거하여 『공양전』의 대의大義를 천명함으로써 마침내 만청시대의 유신변정維新變政을 열었다. 그런데 청대 금문학에는 별도의 유파도 있었으며, 그에 대해 장태염章太炎은 다음과 같이 논했다.

> 금문학은 오로지 상주常州에만 있지는 않았다. 장존여·유봉록·송상봉·대진 등의 여러 사람들이 금문학을 고수하여, 다른 학문을 거부한 채 완고하게 고집했지만, 견강부회한 말도 많았다. 그것이 상주常州의 가법이다. 능서凌曙의 『공양전』 해석, 진립陳立의 『백호통의』 해설, 진교종陳喬樅의 삼가三家 『시』 및 삼가三家 『상서』 편집은 단지 고서古書가 이해하기 어려워서 그것을 드러내 밝힌 것이지, 본래 특별한 하나의 종지를 정립한 것은 아니다. 이러한 학문들은 또한 상주로부터 나온 것이 아니다. 이러한 학문은 오로지 한학漢學을 위주로 했던 오파吳派와 같은 부류가 되며, 상주학파와 함께 두어서는 안 된다.…… 금문의 경전經傳을 우연히 말했다는 이유로 마침내 그러한 학문을 상주의 가법으로 포괄해서는 안 된다. 『춘추』 삼전三傳 중에 『곡량전』이 가장 미미했는데, 유향柚鄕의 종문증鍾文烝(1818~1877)과 단도丹徒의 유흥은柳興恩(1795~1880), 그리고 번우番禺의 후강侯康(1798~1875)은 모두 그 미미한 것을 떠받치고, 끊어진 것을 이으려는 마음을 가지고 있었을 뿐이다. 그들은 한 학파를 군게 지켰을 뿐 육예六藝 전체를 포괄하려고 한 학자들이 아니므로 상주의 가법과는 절대적으로 다르다. 요컨대 그들은 모두 오파吳派의 변천일 뿐이다.[71]

상주학파 이외에 또 능서·진립의 무리가 있었는데, 이들은 동중서의 '예禮로써 경經을 해석한다'는 요지를 근본으로 삼아서 고증하여 바로잡고 밝게 살피는 학문을 했으므로 가장 박학博學을 했던 학자들이다.

1923년, 여사면呂思勉의 「무진서영유씨청분록서武進西營劉氏淸芬錄序」에서 청대 금문학의 영향을 다음과 같이 논했다.

---

71) 支偉成, 『淸代樸學大師列傳·章太炎先生論訂書』.

우리 무진武進의 장존여莊存與와 유봉록劉逢祿은 『춘추』의 학문이 이미 끊어진 상황에서 처음으로 그 학문을 계승하였고, 그것을 다시 전하여 인화仁和의 공자진龔自珍과 소양邵陽의 위원魏源에 이르러 그 이론이 더욱 창성하였다. 근세의 뛰어난 학자들이 그 이론을 추론하여 현실의 일에 드러냄으로써 최근 수십 년 사이에 큰 변화가 있었다. 하늘과 인간의 관계는 그런 줄을 알지 못하는 사이에 그렇게 되는 것이다. 그런데 세상의 운명은 장차 극에 달하면 반드시 먼저 징조가 있으니, 몇 명의 뛰어난 학자의 공적이 어찌 적겠는가?

금문학의 부흥은 여전히 이와는 별도의 중요한 결과를 초래했으니, 그것은 바로 양한시대 금고문 논쟁이 1천여 년이 지난 청나라 말기에 재현됨으로써 학술과 사상 및 정치가 이로 인해 크게 분열되었다는 점이다. 만청시기의 금고문 논쟁은 양한시대와는 크게 다른 양상을 보인다. 고문학이 '육경은 모두 역사'(六經皆史)라고 주장했고, 금문학은 '옛것에 가탁하여 제도를 개혁함'(託古改制)을 주장했으니, 이것이 청나라 말기 금고문 논쟁의 큰 요점이다. 또 경학 논쟁은 실제 정치에서 개량파改良派와 혁명파革命派에게까지 파급되었고, 시간이 가면 갈수록 더욱더 강렬해짐으로써 마침내 그것이 쌓여서 물과 불처럼 용납하지 못하는 형세가 되어 버렸다. 이것은 경학이 뒤집어져서 전복된 것이니, 내재적인 원인에 의해 초래된 것이 아니라고 말할 수는 없다.

제11장 장존여莊存與
─청대 공양학의 시작

　장존여莊存與(1719~1788)는 자가 방경方耕이고, 호가 양념養恬이다. 건륭乾隆 10년 (1745)에 최우등의 성적으로 제이명第二名 진사進士에 합격하여 편수編修에 제수되었다. 13년에 서길사庶吉士 산관散館 중에서 성적이 '한서漢書' 이등지말二等之末이었는데, 건륭제는 그가 "학문을 마음에 두고 있지 않다"고 지적하고, 편수編修의 직책에서 쫓아냈다. 그런데 얼마 있다가 그가 경학에 조예가 있다는 이유로 다시 건륭제의 눈에 들어서 시독侍讀으로 발탁되었다. 20년, 내각학사內閣學士 겸 예부시랑禮部侍郎으로 승진하였다. 그 후에 직례直隸와 호남湖南·산동山東 등지의 학정學政을 역임하였다. 33년에 상서방행주上書房行走가 되어, 황십이자皇十一子 영리永理를 가르쳤다. 『청사고淸史稿』에서 그가 "건륭 연간에 상서방上書房에 근무했던 여러 신하 중에서 학문과 품행으로 칭송받은 자"라고 했다. 51년에 본래의 관직으로 벼슬을 그만두었다.

　장존여는 생전에 경학으로 이름을 떨치지는 못했다. 동사석董士錫의 「역설서易說序」에서 "그 당시 장존여 선생은 조정에서 시랑侍郎의 관직에 있었는데, 경학으로 자부한 적이 없었다. 저서도 또한 판각되어 세상에 유통되지 않았기 때문에 그 이름이 세상에 알려지지 않았다"고 했다. 완원阮元의 「장방경종백설경서莊方耕宗伯說經序」에서는 그의 "학문은 당시의 강론과 서로 맞지 않았기 때문에 자신의 학문을 숨겨서 사람들에게 보여 주지 않았다"고 했다. 그런데 장존여가 자기 학문을 스스로 감추고 드러내지 않은 것은 본래 학술적인 이유가 있지만, 또한 정치적 측면에서도 매우 큰 이유가 있었다. 위원魏源의 「무진장소종백유서서武進莊少宗伯遺書序」에 의하면, 장존여는 만년에 화신和珅과 조정에 같이 있었는데, 그와는 "너무나도 맞지 않았다."

"따라서 『시』·『역』에 군자와 소인의 진퇴進退와 소장消長 관련 내용이 나올 때, 종종 화를 내면서 격앙되었고, 눈물을 줄줄 흘리면서 크게 한숨을 내쉬었다. 그의 책을 읽어 보면 그의 뜻을 가엾게 여길 것이다."

장존여의 주요 저술은 『춘추정사春秋正辭』, 『상서기견尙書旣見』, 『팔괘관상해八卦觀象解』, 『괘기해卦氣解』, 『주관기周官記』, 『모시설毛詩說』, 『사서설四書說』 등이 있으며, 모두 『미경재유서味經齋遺書』에 수록되어 있다. 도광道光 7년(1827)에 처음으로 간행되어 세상에 유통되었다.

제1절 건가乾嘉 경학經學의 별도 유파

장존여는 육경에 대해 모두 드러내 밝힌 것이 있으며, 그의 저술은 『역』·『시』·『서』·『악』·『춘추』 등을 폭넓게 다루었다. 그러나 그의 학술은 당시 사람들에게 결코 인정받지 못했다. 호옥진胡玉縉은 그의 경학이 "『춘추정사春秋正辭』를 제외하면, 대체로 억측에 따라 말한 것이기 때문에 별도로 하나의 유파가 된다"[1]고 하였다. 이자명李慈銘은 특히 『상서기견尙書旣見』을 강하게 비판하여 다음과 같이 말했다. "『상서』의 진위眞僞를 변증한 것이 한 글자도 없을 뿐만 아니라, 『상서』의 의리를 드러내 밝힌 것도 없으며", "견강부회하고 뒤죽박죽이며, 터무니없이 말하고 제멋대로 결론을 내니, 건륭 연간의 여러 학자들의 경설經說 중에서 가장 수준이 낮다."[2]

확실히 건가乾嘉 고증학考據學의 관점에서 보면, 이러한 비평은 매우 자연스러운 것이다. 그런데 이와 같은 주류 학술의 양식에 대해, 장존여는 결코 동의하지 않았다. 그는 다음과 같이 말했다.

---

1) 胡玉縉, 『續四庫提要三種』, 415쪽.
2) 李慈銘, 『越縵堂讀書記』, 19~20쪽.

실사實事를 징험하고 훈고訓詁를 전하는 것은 껍데기이고 말단이니, 어찌 그것을
통해 성인의 학문을 알 수 있겠는가!3)

장존여의 관점에서 보면, 당시에 학문의 큰 줄기로 여겨졌던 고증考證과 훈고訓詁,
옛 서적의 진위眞僞 변별 등의 학문은 단지 천박한 학문이자 비천한 학술이지 학문의
근본이 아니다. 그는 심지어 이러한 학문은 공부에 도움이 되지 않을 뿐만 아니라,
또한 공맹孔孟의 정미한 뜻을 가려서 드러나지 않게 하고, 있는 듯 없는 듯 만들어
버린다고 주장하였다. 그는 또 말했다.

문자를 나누고 분석하며 말을 번거롭고 자질구레 하는 것이 날로 더 심해지자,
성인의 큰 가르침이 마치 있는 듯 없는 듯 되어 버렸다. 도道는 억지로 말할
수 없는데, 겉으로 옳은 것처럼 보이는 거짓된 것을 익혀서 항상된 이치로 여기면서
그것이 이치에 어긋남을 알지 못하고, 정도에 지나친 말을 가지고 너무나 당연하다
고 말하고서 그것이 남을 속이는 것임을 모른다. 근고近古의 말 중에서 육예六藝에
합치되지 않는 것을 이루 다 바로잡을 수가 없다.4)

이로 인해서, 장존여는 성인의 학문이 "문자를 나누고 분석하며, 말을 번거롭고
자질구레 하는 것"을 통해서 세워져서는 안 되며, 마땅히 문자 배후에서 성인이
드러내고자 했던 뜻을 탐구해야 한다고 생각했다. 예를 들어 그는 『춘추』에 대해
다음과 같이 논했다.

『춘추』는 말로써 형상을 이루고, 형상으로써 법도를 드리워서, 천하 후세에 성인의
표준을 보여 준다.5)

---

3) 莊存與, 『四書說』.
4) 莊存與, 『四書說』.
5) 莊存與, 『春秋要指』.

여기에서 알 수 있듯이, 『춘추』의 뜻은 사실상 '성인의 표준'을 체현하는 데 있을 뿐이다. 따라서 『춘추』를 잘 말하는 자는 마땅히 문자 배후에 있는 '성인의 마음'과 '지성至聖의 법도'를 체득해야 한다. 그는 또 말했다.

『춘추』는 일을 기록한 역사가 아니다. 문장을 요약하여 뜻을 보여 준 것이다.[6]

건가乾嘉의 학자들이 표방한 경학은 '일'(事)에 바탕을 두고 '진리'(是)를 탐구하는 것이다. 그러나 장존여의 입장에 말하면, 『춘추』 경전의 뜻과 가치를 알기 위해서는 '일'(事)과의 관계를 완전히 끊어 버려야 하며, 아울러 '성인의 마음'(聖心)과 '성인의 법도'(聖法)를 체현할 수 있는 '의리'(義)라는 글자를 집어내어 그것을 대신해야 한다. 이러한 주장은 당시에 사람들을 크게 각성시켜서, 사실상 이미 은연중에 건가의 문 앞을 뚫고 지나가서, 별도로 하나의 새로운 길을 열었다고 말할 수 있다. 이에 대해 상주常州 학자인 동사석董士錫은 매우 높게 평가하여, '건가 연간 경학의 정통의 본류'라고 칭찬했는데(「易說序」), 이 말은 다소 과장된 말이다. 장존여는 생전에 경학으로 이름이 알려지지도 않았고, 그가 연 경전 연구의 새로운 방식은 결코 당시 학계의 인정을 받지도 못했다. 따라서 '건륭 연간 경학의 별도 유파'라고 말하는 것이 혹 더욱 적합할 것이다.

제2절 미언대의微言大義와 통경치용通經致用

장존여가 열어 놓은 경전 연구의 방향에 대해, 완원阮元의 스승인 이도남李道南이 매우 예리하게 논단한 적이 있다. 완원의 「장방경종백경설서莊方耕宗伯經說序」에서 스승인 이도남의 다음과 같은 말을 인용하였다.

---

6) 莊存與, 『春秋要指』.

종백宗伯 장존여는 실천이 독실하고, 육경六經에 대해 모두 깊은 요지를 드러내 밝혔다. 한대漢代와 송대宋代의 전주箋注의 학문을 위주로 하지 않고, 언어와 문자의 밖에서 선성先聖의 미언대의微言大義를 홀로 터득했으니, 이 시대의 큰 학자이다.

이도남은 장존여가 '선성先聖의 미언대의微言大義'를 터득했다고 말했는데, 이 주장은 사실 근거가 있는 말이다. 장존여가 주자를 비판할 때 다음과 같은 말을 한 적이 있다.

> 주자의 학문은 송대宋代의 정공鄭公, 즉 정현鄭玄이니, 그의 학문은 모두 70명의 제자가 전수한 대의大義가 아니니, 하물며 미언微言은 어떻겠는가?[7]

장존여의 관점에서 보면, 대체로 장구章句와 훈고訓詁의 학문은 정현鄭玄으로 대표되는 한학漢學뿐만 아니라, 주자로 대표되는 송학宋學도 모두 문자에 구속되어, 성인의 '미언대의微言大義'를 진정으로 이해하지 못했다. 이로 인해서 이도남은 '미언대의'로써 장존여의 학술을 평가했는데, 그 정미한 뜻을 깊이 이해했다고 말할 수 있다. 완원의 선창을 거쳐서, 후세 학자들 중에 '미언대의'를 드러내 밝히는 것을 장존여 경학의 가장 큰 특징으로 보지 않는 사람이 없었다. 예를 들어 양계초梁啓超는 장존여가 "훈고명물訓詁名物의 말단을 삭제하고 오로지 미언대의를 추구하니, 대진戴震·단옥재段玉裁 일파가 취한 노선과는 전혀 같지 않았다"[8]고 했다. 주여동周予同은 "금문경학의 부흥을 처음으로 제창한 것은 당연히 장존여를 추천해야 한다. 그는 대진과 동시대의 인물이지만, 학문의 방향은 대진과 완전히 달랐다. 그는 『춘추정사』라는 책을 저술하여, 한학漢學 학자들이 연구했던 명물훈고를 강론하지 않고, 오로지 이른바 '미언대의'를 강론했다."[9] 이러한 측면에서 말하면, 장존여는 만청시기 금문

---

7) 莊存與, 『四書說』.
8) 梁啓超, 『淸代學術槪論』 22(朱維錚 校注, 『梁啓超論淸學史二種』, 61쪽에 실려 있음).
9) 周予同, 『經今古文學』(朱維錚 編, 『周予同經學史論著選集』, 19쪽에 실려 있음).

학의 계몽자이자 창도자로 여겨진다.

지금 사람들이 청대 금문학의 계보를 정리할 때, 대부분 강유위康有爲를 근거로 삼아서, 위로 공자진龔自珍·위원魏源으로 거슬러 올라가고, 또 공자진·위원으로부터 위로 유봉록劉逢祿·송상봉宋翔鳳까지 거슬러 올라가며, 다시 유봉록·송상봉으로부터 위로 장존여까지 거슬러 올라간다. 이러한 상향식의 결론은 어느 정도 검토해 볼만한 것이다. 우리가 『미경재유서味經齋遺書』를 조사해 보았을 때, 결코 이러한 결론을 확실하게 의심 없이 도출할 수는 없다. 장존여는 『공양전』에 정통했을 뿐만 아니라 또한 『춘추』의 의리를 지극히 중시했는데, 그의 『춘추정사』가 바로 "『춘추』의 의리를 올바르게 나열하려고" 한 것이다.(『春秋正辭』, 「敍目」) 그와 동시에, 장존여는 또한 "『춘추』는 사실을 기록한 역사가 아니며, 기록하지 않은 것이 기록한 것보다 많다. 기록하지 않은 것으로써 기록한 것을 알고, 기록한 것으로써 기록하지 않은 것을 안다"(『춘추요지』)고 주장했다. 이러한 측면에서 보면, 장존여는 확실히 『춘추』 속에 '미언대의'가 있다고 인정한 것이다. 그러나 다른 한편으로, 그는 '미언대의'를 결코 『공양전』을 대표로 하는 '일상적이지 않은 이상한 의리와 괴이하게 여길 만한 논의'(非常異義可怪之論)로 국한하지 않았다. 이와는 상반되게, 호무생胡母生과 하휴何休가 참위讖緯를 끌어와 뒤섞어서 『공양전』을 견강부회한 방법에 대해서는 매우 완곡하게 비평하였다. "『춘추』 삼전 중에서 오직 『공양전』만이 하휴가 호무도자胡母子都의 『조례條例』를 근본으로 삼아서 참위讖緯를 뒤섞어 놓았다."[10] 장존여는 유가의 육경은 성인의 '미언대의'를 체현하지 않은 것이 없다고 여겼다. 확실히 이것은 넓은 의미에서 미언대의를 해석한 용법이다. 이에 대해 완원은 매우 분명하게 파악하였다. 그의 「장방경종백경설서莊方耕宗伯經說序」에서 장존여의 경학 성과에 대해 다음과 같이 평가하였다.

『역』은 여러 경전을 관통하고 있으니, 비록 천관天官·분야分野·기후氣候를 두루

---

10) 莊存與, 『四書說』.

섭렵했지만, 한대와 송대 학자들이 술수術數를 제멋대로 연역하거나 사사史事를 견강부회한 것과는 같지 않다. 『춘추』는 『공양전』·동중서를 위주로 하고 있으니, 비록 좌씨·곡량씨 및 송·원대의 여러 학자들의 이론을 간략하게 채용했지만, 하휴가 비판한 것처럼 경經을 믿어서 제멋대로 해석하거나 전傳에 위배되어 어긋나는 것과는 같지 않다. 『상서』는 금고문 문자의 차이를 구분하지 않고 의심스러운 뜻을 분석했으니, 공자가 『서』를 차례매기고 맹자가 세상을 논한 뜻을 깊이 이해하였다. 『시』는 변아變雅, 즉 주나라의 정치가 혼란했을 때 지어진 「소아小雅」와 「대아大雅」의 일부분의 시를 상세하게 연구하여 대의大義를 드러내 밝혔으니, 대부분 진술할 만한 강연講筵이다. 『주관周官』은 서적을 널리 고증하고, 도술道術과 관련된 문장에서 없어지고 빠진 부분을 보완했으니, 대부분 법도를 취하여 실제에 응용할 만하다. 『악樂』은 그 소리를 계통에 따라 기록하고 그 이치를 논했으니, 옛 『악경樂經』의 빠진 부분을 보완할 수 있다. 『사서설四書說』은 사서四書의 본래 요지를 널리 진술했으니, 주자와 서로 잘못을 충고해 주는 벗이 될 수 있다.

완원은 '미언대의'로써 장존여의 학문을 평가했는데, 이 말은 거의 그러한 평가에 대한 해석으로 볼 수 있다. 확실히 완원이 여기에서 사용한 "대의大義를 드러내 밝혔다"거나 "의심스러운 뜻을 분석했다", "본래 요지를 널리 진술했다" 등의 어휘는 당연히 그가 이해한 "언어와 문자의 밖에서 선성先聖의 미언대의를 홀로 터득했다"는 의미의 말이다. 완원은 여기에서 장존여의 『춘추』는 『공양전』·동중서를 위주로 했다고 말했는데, 그것은 금문학 계통이다. 그런데 또 "『상서』는 금고문 문자의 차이를 구분하지 않고 의심스러운 뜻을 분석했으니, 공자가 『서』를 차례매기고 맹자가 세상을 논한 뜻을 깊이 이해하였다"고 분명하게 말했다. 이로써 이도남·완원의 시각에서 보면, 장존여의 '미언대의'는 사실상 강렬한 금문학 색채가 없는 것이다. 장존여의 입장에서 말하면, '미언대의'는 단지 경문의 '본지本旨'·'대의大義'를 정확하게 이해하는 것을 뿐이다. 이조락李兆洛은 장존여의 학문이 "성인의 깊은 뜻을 두루 소통하여, 지극히 마땅한 곳으로 귀결시켰다"[11]고 말했다. 이러한 평가는 상대적으로

---

11) 李兆洛, 「監生考取州吏目莊君行狀」(『養一齋文集』, 권14).

공평하고 실질적이라고 할 수 있다. 당연히 장존여의 경經에 대한 해석은 결코 '지극히 마땅한'(至當) 표준이 없는 것이 아니니, 곧 "한결같이 경세經世로써 귀결점을 삼으며", "경세經世에 기초를 두고서 특별히 경서經書의 대의大義를 중시하였다."[12] 상주常州의 경세經世 학문은 명나라 말기의 당순지唐順之와 설응기薛應旂에 근원을 두고 있으며, 장존여의 가학은 사실상 그들의 영향을 많이 받았다.[13] 이로 인해 장존여는 『시』·『서』·『춘추』 등에 대해, 그 실용적인 가치는 성인의 '미언대의'를 드러내 밝히는 데 있다고 여겼다. 『주례』의 경우, 장존여는 "서적을 널리 고증함"으로써 "법도를 취하여 실제에 응용할 만하기"를 기대하였다. 『악경』에 대해서는 "그 소리를 계통에 따라 기록하고 그 이치를 논했으니", 또한 경세치용을 귀착점으로 삼은 것이다.

이상에서 알 수 있듯이, 장존여는 비록 금문학의 계몽자로 여겨지지만, 그 본인의 입장에서 말한다면 엄격한 의미에서의 금문학자는 아니다. 적어도 장존여는 금문학이라는 문호 의식이 없었다고 말할 수 있다. 장존여의 관점에서 보면, 육경은 단지 "성인의 깊은 뜻을 두루 소통하여, 지극히 마땅한 곳으로 귀결시키며", "한결같이 경세를 귀결점으로 삼은" 것일 뿐이다. 그렇다면 금문학은 물론이고 고문학도 모두 똑같이 성인의 언설言說로 여겨질 수 있고, 그 언설 중에는 모두 성인의 미언대의가 담겨 있기 때문에 금고문 모두 동일한 합법성을 갖추고 있다. 따라서 장존여는 금문학의 성과를 대표하는 『춘추정사』가 있을 뿐만 아니라, 또 고문경전인 『주례』·『모시』, 내지는 당시 사람들에게 비난받던 고문 『상서』 연구에도 힘을 쏟았다.

장존여는 한학漢學이 극성하던 시기에 살았다. 당시의 한학이라는 것은 사실상 후한시대의 훈고학訓詁學을 그 길로 삼았는데, 장존여는 전한시대의 학문을 더욱 중시하였다. 이에 대해, 장용성莊勇成의 『소종백양념형전少宗伯養恬兄傳』에서 다음과 같이 말했다.

---

12) 湯志鈞, 『莊存與年譜』, 59쪽.
13) 이와 관련된 내용은 艾爾曼의 『經學·政治和宗族』, 제3장 참조.

한대에 있어서는 동중서董仲舒를 숭상했고, 유향劉向·장형張衡을 함께 채택했다.

이로써 알 수 있듯이, 장존여의 학문은 위로 전한시대의 동중서·유향·장형 등을 본받았을 뿐이다. 후한시대의 학자들은 훈고訓詁를 중시했는데, 전한시대의 학자들은 대의大義를 진술하였다. 장존여는 비록 "후한시대를 전한시대로 되돌린다"고 명확하게 말하지는 않았지만, 그가 전한시대를 중시하고 후한시대를 경시한 경향은 결코 가볍게 볼 수 없는 영향력을 지니고 있었다. 그 이후에 금문학이 다시 흥기한 것은 사실상 이것이 하나의 큰 계기가 되었기 때문이다.

장존여의 경전 연구는 비록 전한시대의 학문을 모범으로 삼았지만, 그와 동시에 또한 어려서부터 송학宋學의 영향을 많이 받고 있었다.

어려서는 부친의 가르침을 받아서, 주자의 『소학小學』·『근사록近思錄』을 익혔다.[14]

송대宋代에 있어서는 오자五子의 좋은 점을 취했고, 명대에 있어서는 염대念臺 유종주劉宗周와 석재石齋 진헌장陳獻章을 흠모하였다.[15]

이로써 알 수 있듯이, 장존여는 전한시대의 학문을 정밀하게 연구했을 뿐만 아니라, 동시에 매우 좋은 송학의 학문적 소양을 가지고 있었다. 따라서 그의 경전 연구는 언제나 한학과 송학을 함께 채용하되, 그 사이에서 양쪽 모두의 근원을 만날 수 있었다. 장용臧庸의 『예부시랑장공소전禮部侍郎莊公小傳』에서 장존여의 "『역』은 주자의 『역본의易本義』를 위주로 했다"고 했으니, 송학을 위주로 한 것이다. "『춘추』는 『공양전』·『곡량전』을 종주로 삼았다"고 했으니, 또한 한학을 종주로 삼은 것이다. 설령 동일한 경전을 해석하더라도, 장존여는 항상 경의經義에 대한 자신의 해석을 근거로 삼되, 한대와 송대 학자들의 이론을 널리 채용하였다. 예를

---

14) 臧庸, 『禮部侍郎莊公小傳』.
15) 莊勇成, 『少宗伯養恬兄傳』.

들어 그의 『춘추』 연구는 『공양전』·『곡량전』과 동중서·하휴의 의리 해석을 종주로 삼았으며, 거기에 또 호안국胡安國·정이程頤 등 송대 학자들의 해석을 다양하게 채록하였다. 이러한 경전 해석의 경향은 문호로써 자신의 학문에 스스로 한계를 긋지 않는 것이다. 따라서 이조락李兆洛은 다음과 같이 말했다. "넓고 깊이 스스로 통달하되 한학과 송학을 구분하지 않았으며, 반드시 성인의 깊은 뜻을 두루 소통하여 지극히 마땅한 곳으로 귀결시켰다."16) 이러한 측면에서 말하면, 장존여가 상주常州의 후학에 끼친 영향은 지극히 심원하다. 이후 유봉록·송상봉으로 대표되는 상주학파常 州學派는 한학과 송학을 하나의 용광로에 녹여서 융합하지 않음이 없었기 때문이다.

제3절 장존여의 춘추학

주관적인 입장에서 말하면, 장존여는 금문경학에는 뜻이 없었던 것 같다. 그의 경학 체계에서, 『역』·『서』『춘추』·『주관』, 그리고 사서四書 중에서 무엇이 그의 학술의 핵심을 구성하고 있는지 말하기가 매우 어렵다. 청대 학술사 전체의 발전이라 는 측면에서 보면, 오직 그의 춘추학만이 상주학파 내지는 청대 금문학에 심원한 영향력을 끼쳤다. 그의 모든 저작 중에서 오직 『춘추정사春秋正辭』만이 『황청경해皇淸 經解』에 수록되었고, 아울러 각 방면에서 높은 평가를 받았다. 금문가들이 이 책을 청대 금문학을 창시한 역작으로 여긴 것은 당연하고, 현대의 학자들도 『춘추』 분야의 전문적인 학문으로 인정하지 않을 수 없었다. 따라서 전목錢穆은 다음과 같이 말했다. "완원阮元이 『황청경해』를 판각할 때 다만 『춘추정사』만을 수록했다. 그 의도는 이 책이 『춘추』 분야의 전문적인 책이기 때문에 취한 것이며, 이 책의 대의大義를 취한 것이 아니다."17)

---

16) 李兆洛, 「監生考取州吏目莊君行狀」(『養一齋文集』, 권14).
17) 錢穆, 『中國近三百年學術史』 下冊, 582쪽.

1. 조방趙汸의 『춘추속사春秋屬辭』에 대한 수정

장존여의 춘추학은 직접적으로 원말명초의 조방趙汸으로까지 거슬러 올라갈 수 있다. 조방은 『춘추』의 '속사비사屬辭比事'를 매우 중시하여, 『춘추속사春秋屬辭』라는 저술이 있다. 그 「서문」에서 말했다. "속사비사屬辭比事는 『춘추』의 가르침이니, 오경五經과는 같을 수가 없다." 이 책의 연구 방법이 장존여의 춘추학에 미친 영향은 매우 크다. 장존여의 『춘추정사春秋正辭』 「서목敍目」에서 말했다.

> 나는 조방 선생의 『춘추속사』를 읽고 좋다고 여겨서, 문득 나 자신의 역량을 헤아리지 못한 채, 그 책의 조목을 수정하고, 그 책의 의리를 바르게 나열하여, '정사正辭'라고 이름을 고치고 그 책이 없어질 것에 대비하였다. 성인을 존중하고 현인을 높이며 옛것을 믿음으로써 혼란해지지 않기를 혹 바란다.

이로써 알 수 있듯이, 장존여는 자신의 『춘추정사』가 실제로 조방의 『춘추속사』에 근본을 두고 있다는 것을 스스로 인정하였다. 다만 자신의 책과 조방의 책이 구별되는 점을 분명히 표명하였다.

조방의 『춘추』 연구 방법은 그의 「여조백우서與趙伯友書」에서 "단지 속사비사의 방법일 뿐이다"[18]라고 스스로 말했다. 즉 같은 종류의 사례를 열거하여 귀납하는 방법인데, 『춘추정사』는 확실히 『춘추속사』의 영향을 받았다. 조방의 『춘추속사』 「서문」에서 "『춘추』는 노나라의 역사를 손질하면서, 기록하거나 삭제함으로써 난리를 바로잡는 권한을 담아 두었으니, 불이부작述而不作하는 일과는 다르다"고 여겼다. 즉 『춘추』를 사건을 기록한 책으로만 보아서는 안 된다는 것이다. 이로 인해 조방은 『좌씨전』이 "필삭筆削의 요지에 대해 드러내 밝힌 것이 없다"고 비평하였다. 『공양전』· 『곡량전』의 경우에는 성인의 '속사屬辭'의 뜻을 크게 드러내 밝혔기 때문에 조방은 두 전이 "그나마 '속사屬辭'의 남겨진 뜻이 있다"고 말했다. 이로써 알 수 있듯이,

---

18) 『四庫全書總目提要』, 「經部·春秋類 三」, '春秋屬辭' 조목에서 인용.

조방은 총체적으로는 비록 『좌씨전』으로 기울어 있었지만, 그래도 삼전의 절충을 위주로 하였으며, 『공양전』· 『곡량전』에서 탐구하여 『춘추』의 은미한 뜻을 드러내 밝혔다. 이러한 경향은 당연히 장존여에게 매우 큰 영향을 끼쳤지만, 장존여는 더욱더 멀리 달려갔다. 그가 '속사屬辭'를 '정사正辭'로 고친 것이 비록 한 글자의 차이에 지나지 않지만, 그 의미는 크게 다르다. 조방이 『춘추속사』를 지은 것은 당연히 필삭의 '뜻'을 드러내 밝히려고 한 것이지만, 그는 '속사비사'라는 그 방법 자체를 더욱 중시한 것 같다. 따라서 그 핵심은 필삭을 종류별로 구별함으로써 예법例法을 포괄하는 데 있었고, 『춘추』의 뜻을 드러내 밝히는 것은 오히려 그 다음이었다. 그런데 『춘추정사』에 대해 말한다면, "말이 다르면 뜻이 다른"(『春秋要指』) 이유를 근본으로 삼아서, 그 문사를 바로잡아서 그 뜻을 밝히는 데 힘을 쏟았다. 이로 인해 장존여는 조방과 마찬가지로 같은 종류의 사례를 열거하여 종류별로 귀납하는 방법을 사용하고 있었지만, 그가 중심을 둔 것은 『춘추』의 뜻을 드러내 밝히는 것이다.

조방의 기본 입장은 여전히 『좌씨전』이다. 그가 보기에 "성인의 뜻이 귀착되는 것"은 마땅히 『좌씨전』이 제공하는 역사적 사실을 근거로 삼아야 한다. 이로 인해 『춘추속사』에서 나열한 8가지 예(八例)에서 가장 첫 번째 예(首例)는 곧 '책서策書의 큰 체제를 보존하는 것'이다. 이른바 '책서策書의 체제'(策書之體)는 곧 역사가가 일을 기록하는 방법이다. 노나라의 '정사正史의 일상적인 기록 법칙'(正史之常)은 "필삭筆削을 기다리지 않고도 뜻이 이미 드러나는 것"임을 체현하는 것이다.(『춘추속사』, 권1) 이로 인해 조방은 책서策書의 체제를 상례常例로 삼고, 성인의 필삭의 요지는 '특필特筆'에 배속했는데, 그것은 곧 '권력'(權)과 '문장의 변화'(變)이다. 따라서 '책서策書의 큰 체제를 보존하는 것'의 기초 위에서 비로소 "필삭筆削을 빌어서 권력을 행하는 것"이나 "문장을 바꾸어서 의리를 드러내는 것", "특별히 기록하여 명분을 바로잡는 것" 등등이 있게 된다. 그런데 장존여의 관점에서 보면, 『춘추』의 측면에서 사관의 '책서策書의 체제'는 결코 주목할 만한 가치가 없다. 그는 다음과 같이 말했다.

『춘추』의 언사는 12명 임금의 책서策書로 재단하여 나열했으니, 12명 임금의 행적을 드러내지 않음이 없다. 언사 중에는 한 임금의 책서에 자주 보이는 경우도 있고, 한 해의 책서에 자주 보이는 경우도 있으며, 비워 놓고 기록하지 않는 경우도 있고, 비워 놓되 한 번 기록하는 경우도 있으니, 살피지 않을 수 없다.[19]

만약 조방의 '책서策書의 체제'라는 범주에 근거하면, 『춘추』 기사의 상세함과 간략함은 말할 만한 깊은 뜻이 전혀 없다. 그러나 장존여가 보기에는 오히려 그것이 바로 "살피지 않을 수 없는" 관건이 되는 곳이다. 사실상 장존여는 조방이 말한 '책서策書의 체제'를 전혀 인정하지 않았다. 예를 들어『춘추』 "원년, 봄, 왕의 정월"(元年, 春, 王正月)이라는 조목에 대해, 조방은 그것이 곧 '책서策書의 큰 체제'라고 생각하여 다음과 같이 말했다.

> 대를 이은 임금은 1년을 넘겨서 즉위하니, "원년, 봄, 왕의 정월, 공이 즉위하다"(元年, 春, 王正月, 公即位)라고 기록한다. 즉위即位의 예법을 거행하지 않으면, '즉위即位'라고 기록하지 않는다. 종묘에 삭일朔日을 고하고서 조정에서 정사政事를 살폈다면, '왕의 정월'(王正月)이라고 기록한다.[20]

조방이 시각에서 보면, '원년, 춘, 왕의 정월'은 단지 사법史法의 일상적인 기록 법칙에 지나지 않는다. 그러나 장존여는 그것을 반드시 '오시를 세운다'(建五始)는 공양학자들의 시각에서 해석함으로써 이 조목의 경문에 "하늘을 받들고 왕을 존중한다"는 특별한 함의를 부여해야 한다고 주장하였다.(『춘추정사』, 권1) 이 조목의 경문에서 즉위即位를 기록하지 않은 경우에 대해, 조방은 '책서策書의 큰 체제'에 근거하여 단지 "공이 즉위하여 즉위의 예법을 거행하지 않은 것"일 뿐이라고 여겼다. 그러나 장존여의 시각에서 보면, '오시五始'는 『춘추』의 큰 가르침인데, 은공 원년은 곧

---

19) 莊存與, 『春秋要指』.
20) 莊存與, 『春秋屬辭』, 권1.

『춘추』의 첫 해이므로 '공즉위公卽位'라는 기록이 본래 빠져서는 안 된다. 따라서 은공이 즉위의 예법을 거행하지 않은 것을 가리킨 것이 결코 아니며, 그 안에는 실로 깊은 뜻이 별도로 담겨 있다. 즉 은공에 대한 비평이 포함되어 있는 것이다. 장존여가 말했다.

> 『춘추』의 뜻을 추론하여 말할 수 있으니, 그것은 천륜天倫이 중시되고 부명父命이 존중되는 것이다. 나라를 양보하는 것이 진실하다면, 그것은 천리天理를 따르고 부명父命을 받드는 것이다. 진실하지 않다면, 비록 즉위卽位의 일을 행하더라도 아무런 일이 없는 것과 같다. 이 때문에 즉위를 기록하지 않은 것이다. 임금의 자리는 나라의 근본이다. 임금의 자리에 있는 자는 임금 노릇할 마음이 없고, 신하의 자리에 있는 자는 두 임금을 섬기려는 뜻을 가지고 있으니, 그 자리가 또한 어찌 존재할 수 있겠는가? 은공의 10년 동안 정월正月을 기록하지 않은 것은 은공이 스스로를 올바르게 하지 않아서 나라가 올바르지 않았기 때문이다. 은공 원년에 정월正月을 기록한 것은 은공이 마땅히 올바르게 해야 하는데도 스스로를 올바르게 하지 않은 것을 바로잡은 것이니, 하루라도 올바르게 하지 않아서는 안 된다.21)

이곳에서 장존여는 『곡량전』의 이론을 채용하였다. 즉 은공 원년에 '공즉위公卽位'를 기록하지 않은 것은 사실 "은공이 스스로가 올바른 임금이라고 생각하지 않아서", "임금 노릇할 마음이 없었기" 때문에 마침내 환공桓公의 큰 악을 조장한 것이라고 여겼다. 이로써 알 수 있듯이, 장존여의 입장에서 말하면, 조방이 말한 '책서策書의 체제', 즉 이른바 사관史官의 기록법에 국한되어서는 안 되며, 마땅히 문사의 배후에 숨겨져 있는 '성인 마음의 표준'(聖心之極)을 탐구해야 한다. 장존여는 조방의 학설을

---

21) 莊存與, 『春秋正辭』, 권3.
역자 주: 『곡량전』 은공 11년에 "隱十年無正, 隱不自正也(범녕 주: "無正, 謂不書正月), 元年有正, 所以正隱也(범녕 주: 隱宜立)"라는 문장이 보인다. 『춘추』 은공 조목에서는 원년에만 '正月'을 기록하였고, 2년부터 11년까지 총 10년간은 '正月'을 기록하지 않았다.

수정함으로써 청대 공양학의 큰 문을 열었다고 말할 수 있다.

2. 『공양전』을 위주로 하고 삼전三傳을 함께 채용함

한학漢學과 송학宋學을 구분하지 않고 금문今文과 고문古文을 함께 채용한 장존여의 연구 방식은 그의 춘추학 속에 충분히 체현되어 있다. 청대 금고문 논쟁은 주로 『공양전』과 『좌씨전』 사이에서 표출되었다. 『좌씨전』은 사실 기록을 위주로 하고, 『공양전』 및 『곡량전』은 의리를 밝히는 데 뛰어나다. 장존여의 관점에서 보면, "『춘추』는 사실을 기록한 역사서가 아니며", "문장을 요약하여 뜻을 보여 준 것이다."[22] 그렇다면 『좌씨전』의 지위는 자연스럽게 대의大義를 천명한 『공양전』·『곡량전』만 못하게 된다. 이로 인해 장존여는 『춘추』의 의례義例를 드러내 밝힐 때 자연히 『공양전』을 위주로 했고, 『좌씨전』을 매우 크게 비평하였다.

> 만약 『좌씨전』에서 전傳을 단 내용과 같다면, 공보孔父는 자신을 위태롭게 함으로써
> 그 임금에게까지 화를 미치게 했는데도, 『춘추』에서 속이고 거짓말을 한 것이다.
> 성인에게 죄를 짓는 것은 좌구씨左丘氏를 전수한 자들이다.[23]

---

22) 莊存與, 『春秋要指』.
23) 莊存與, 『春秋正辭』, 권10.
　　역자 주: 『춘추』 환공 2년. "송독이 그 임금 여의를 시해하고, 그 대부 공보에게까지
　　미쳤다"(宋督弑其君與夷, 及其大夫孔父)의 『좌씨전』에서 말했다. "송독이 孔氏를 공격
　　하여 孔父를 죽이고 그 아내를 취했다. 송나라 殤公이 크게 노하니, 송독은 자신에게
　　화가 미칠 것을 두려워하여, 송나라 상공을 시해하였다." 그리고 두예의 주에서 다
　　음과 같이 풀이했다. "송독이 시해했다고 말한 것은 죄가 송독에게 있기 때문이다.
　　孔父라고 이름을 부른 것은 안으로는 그 가정을 잘 다스리지 못하고, 밖으로는 백성
　　들에게 원망을 삼으로써 자신도 죽고 화가 그 임금에게까지 미치게 했기 때문이다."
　　그런데 『공양전』과 『곡량전』에서는 모두 공보의 字를 부른 것은 그가 君父를 지킨
　　것을 현명하게 여겼기 때문이라고 해석하였다. 그리고 장존여도 『춘추』에서는 孔
　　父·仇牧·荀息 세 사람이 임금을 따라 죽은 것을 숭상하였다고 풀이하였다. 결국
　　『좌씨전』의 해석을 따른다면, 『춘추』에서 그를 현명하게 여기거나 숭상한 것은 孔父
　　의 죄를 속이고 거짓말을 한 것이 된다.

이것은 『좌씨전』의 의리에 대한 장존여의 가장 명확한 비평이다. 그는 또 말했다.

공양가는 전수받은 것이 있지만, 저들 좌씨가는 다만 좌구左丘에게만 근거하고 있으니, 경經에 대해 장차 무엇을 가지고 밝힐 수 있겠는가?[24]

장존여는 단지 『좌씨전』만을 비평한 것이 아니라, 『곡량전』도 함께 비평하였다.

『공양전』은 심오하면서 또한 분명하니, 배우지 않아서는 안 된다. 『곡량전』·『좌씨전』은 장님보다 눈이 더 흐리다![25]

그렇지만 이러한 비평이 장존여가 『좌씨전』과 『곡량전』의 가치를 완전히 부정하고 『공양전』 한 학파만을 묵수했다는 것을 의미하는 것은 결코 아니다. 장존여는 사실상 『공양전』에 대해서도 크게 비평하였다. 환공 6년, "정월, 식이 왔다"(正月, 寔來)에 대해, 『공양전』에서 말했다. "식寔이 왔다는 것은 무슨 뜻인가? 이 사람이 왔다는 말과 같다. 누구를 말하는가? 주州나라 임금을 말한다. 어째서 식이 왔다고 했는가? 그를 무시한 것이다. 어째서 그를 무시했는가? 우리나라에 무례하게 굴었기 때문이다."[26] 이에 대해, 장존여는 "우리나라에 무례하게 굴었다고 여긴 것은 공양씨가 해석을 제대로 하지 못한 것이다"[27]라고 하였다.

장존여는 비록 삼전을 각각 비평하기는 했지만, 삼전의 장점을 더욱 많이 보았다.

옛 전장제도와 예禮의 대법大法은 『좌씨전』이 들은 것이 많다. 『공양전』을 깊이 이해하면 옛것을 익혀서 새로운 것을 알게 된다. 『곡량전』에서 잘못을 바로잡은

---

24) 莊存與, 『春秋正辭』, 권5.
25) 莊存與, 『春秋正辭』, 권7.
26) 『公羊傳』, 桓公 6년.
27) 莊存與, 『春秋正辭』, 권9.

것은 자하子夏가 전수한 것이다. 남겨진 것을 모으고 빠진 것을 보충한 것은 역대로
많은 현인賢人들이 있었다.[28]

이로써 알 수 있듯이, 장존여는 『좌씨전』의 "들은 것이 많음"을 강조했으니,
『좌씨전』이 사실史實의 상세한 기록에 장점이 있음을 긍정한 것이다. 확실히 장존여는
경전 해석에 있어서 『좌씨전』의 가치를 여전히 긍정하였다. 이러한 태도는 이후의
유봉록 등과 비교하면 전혀 다른 모습이다. 또한 장존여는 『좌씨전』의 경전 해석에
문제가 있는 것은 그 죄가 두예에 있을 뿐이기 때문에 『좌씨전』 자체에 허물을
돌려서는 안 된다고 주장하였다.

두예는 경經을 버렸는데, 핵심은 전傳도 몰랐다는 점이다. 두예를 믿는 자들은
경經을 단란조보斷爛朝報라고 주장했고, 두예를 비난하는 자들은 좌구명이 의리를
전혀 몰랐다고 주장했다.[29]

장존여의 관점에서 보면, 좌구명은 "의리를 전혀 모른 것"이 결코 아니다.
이것은 실제로 『좌씨전』이 단지 사실을 기록한 '역사史'만이 아니라 그 의리도
『춘추』 경문의 이해에 도움이 됨을 인정한 것이다. 사실 『춘추정사』는 『좌씨전』의
의리를 자주 인용하여 『춘추』를 해석하였다. 장공 원년, "3월, 부인이 제나라로
도망갔다."(三月, 夫人孫於齊) 이에 대해 장존여는 다음과 같이 해석했다.

좌구씨左丘氏가 말했다. "강씨姜氏라고 말하지 않고 부인夫人이라고 말한 것은 관계
를 단절하여 친속親屬으로 여기지 않은 것이니, 예禮에 맞다." 장공莊公의 상구喪柩가
이르렀는데 부인이 오지 않았다. 시기에 미쳐서 오지 않은 것이지 도망간 것이
아니다. 그런데 경문에 도망갔다고 말한 것은 다시 돌아올 수 없다는 것을 표현한
말이니, 관계를 단절한 것이다. 관계를 단절했다면 어째서 도망갔다고 기록했는가?

---

28) 莊存與, 『春秋正辭』, 권1.
29) 莊存與, 『四書說』.

노나라에 대해 도망간 것(奔)을 숨겨서 기록하지 않는데, 부인夫人이라고 불렀기 때문에 도망갔다(孫)고 말하지 않을 수 없었던 것이다.[30]

『좌씨전』의 관점에서 보면, 문강文姜은 남편인 환공桓公을 죽인 죄가 있다. 따라서 장공莊公은 부친이 피살된 것을 몹시 슬퍼하여 모자母子의 친함을 끊어 버렸으니, 이것은 예에 합치하는 것이다.[31] 『공양전』은 장공이 "어머니를 그리워한" 마음을 인정하지 않았다. 따라서 장공을 비판한 말이 있는 것이다. 이로써 알 수 있듯이, 이 경문 조목의 해석에서 장존여는 사실상 『좌씨전』의 의리가 『공양전』·『곡량전』 두 학파보다 더 뛰어나다고 여긴 것이다.

『춘추정사』에서는 또 삼전을 함께 채용한 경우도 있다. 『춘추』 은공 9년, "3월, 계유일, 크게 비가 내리며 천둥과 번개가 쳤다."(三月, 癸酉, 大雨震電) 장존여가 말했다.

> 좌씨가 말했다. "계유일에 크게 장마비가 내리며 천둥이 쳤다(癸酉, 大雨霖以震)는 것은(장존여 注: 『좌씨전』의 문장이 경문과 다른 것은 큰 비[大雨]가 곧 장마비[霖雨]라고 해석한 것이다.) 시작한 날을 기록한 것이다. 경진일에 큰 눈이 내렸다는 것도 또한 이와 같다. 계절이 정상을 잃어버린 것을 기록한 것이다. 비가 3일 이상 내리는 것을 장마(霖)라 하고, 눈이 평지에 한 자 이상 쌓이는 것을 큰 눈(大雪)이라고 한다." 곡량자가 말했다. "진震은 천둥이고, 전電은 번개이다. 이것은 기상이변이 불규칙하게 발생했다는 기록이다. 계유일에서 경진일까지 8일간 거듭 큰 변고가 있었다. 이것은 음양陰陽이 어그러져서 운행한 것이기 때문에 신중하게 여겨서 날짜를 기록한 것이다." 공양자가 말했다. "무엇 때문에 기록했는가? 이변을 기록한 것이다."[32]

---

30) 莊存與, 『春秋正辭』, 권3.
31) 두예의 해석은 이와 같지 않다. 그는 다음과 같이 말했다. "姜氏는 제나라의 성이다. 文姜의 도리로는 남편을 죽인 제나라와 절교하는 것이 마땅한데도 다시 제나라로 도망갔기 때문에 그녀가 도망간 것에 대해 '姜氏'를 삭제하여 기록하지 않았다." 한 대 『좌씨전』 학자의 해석은 다음과 같다. "장공이 어머니와 절교하여, 다시는 그녀를 친속으로 여기지 않았으니, 부친을 위해 어머니와 절교한 것은 부친을 존중하는 의리를 얻은 것이다." 이로써 알 수 있듯이, 장존여는 여기에서 비록 『좌씨전』을 인용했지만, 두예의 이론을 취하지 않고 후한시대 학자의 옛 이론을 채용하였다.

여기에서 장존여는 『좌씨전』을 전부 인용하였고, 『공양전』·『곡량전』에서는 부분적으로 인용하여 증명하였다. 이로써 알 수 있듯이, 장존여는 결코 드러내 놓고 『공양전』·『곡량전』을 높이고 『좌씨전』을 억누르지 않았다. 그의 경전 해석은 사실상 문호의 견해가 없다는 것을 보여 준다.

그런데 장존여는 『춘추』 경문을 인용할 때는 대부분 『좌씨전』을 취하고, 『공양전』· 『곡량전』을 취하지 않았다. 예를 들어, '공회제후公會諸侯' 항목 아래의 "3월, 은공이 주의보와 멸에서 맹약을 맺었다"(三月, 公及邾儀父盟於蔑, 은공 원년) 조목에서, 『공양전』·『곡량전』에는 '멸蔑'이 모두 '매眜'로 되어 있는데, 장존여는 『좌씨전』의 경문을 사용하였다. 또 『공양전』에는 '주의보邾儀父'가 '주루의보邾婁儀父'로 되어 있는데, 장존여는 『좌씨전』·『곡량전』의 경문을 사용했다. 또 "은공이 거나라 사람과 부래에서 맹약을 맺었다"(公及莒人盟於浮來, 은공 8년) 조목에서, 『공양전』·『곡량전』은 '부래浮來'가 모두 '포래包來'로 되어 있다. 여기에서도 『좌씨전』의 경문을 사용하였다. 이로써 장존여의 『춘추정사』에서 근거로 삼은 경문이 『좌씨전』에서 나왔다는 것을 알 수 있다.

경문을 해석할 때, 장존여는 『좌씨전』보다는 『곡량전』을 더욱 중시하였다. 그는 다음과 같이 말했다.

> 『곡량전』은 사실상 『공양전』과 서로 잘못을 충고해 주는 벗이다. 그 말은 간략하고 그 요지는 은미하다. 모두가 그것을 단점으로 여기는데, 누가 더불어 그 뜻을 계승하겠는가?[33]

장존여의 관점에서 보면, 『곡량전』은 비록 말이 간략하고 은미하지만, 그 의리는 결코 '단점'이 아니다. 장존여는 대체로 『곡량전』을 표장할 목적으로 항상 『곡량전』을 단독으로 인용하여 경전을 해석하였다. 예를 들어 그가 은공隱公에 대해 논할 때는 『공양전』을 취하지 않고, 『곡량전』의 뜻을 단독으로 인용하였다.

---

32) 莊存與, 『春秋正辭』, 권1.
33) 莊存與, 『四書說』.

곡량자가 말했다. "은공의 10년 동안 정월을 기록하지 않은 것은 은공 스스로가 올바르게 하지 않았기 때문이다. 은공 원년에 정월을 기록한 것은 은공을 바로잡은 것이다."[34]

또 『춘추』 은공 2년, "부인 자씨가 죽었다"(夫人子氏薨)에 대해, 장존여는 다음과 같이 해석하였다.

부인夫人 자씨子氏는 은공隱公의 아내이다. 『곡량전』에서 전傳을 달아서 해석한 것이 틀릴 수가 없다.[35]

『공양전』은 자씨子氏를 은공의 어머니라고 여겼기 때문에 그녀의 장례를 기록하지 않은 것을 은공이 나라를 양보하려는 뜻을 밝힌 것으로 여겼다.[36] 『곡량전』에는 자씨를 은공의 아내로 여겼으며, 장례를 기록하지 않은 것은 부인의 의리는 반드시 남편을 따르기 때문이다.[37] 이로써 장존여는 『공양전』을 인정하지 않고, 오직 『곡량전』을 취했다는 것을 알 수 있다.

그런데 장존여의 관점에서 보면, 『곡량전』의 지위는 결국 『공양전』보다 낮다. 그는 『곡량전』이 "『공양전』과 서로 잘못을 충고해 주는 벗"이라고 말했다. 또 "『곡량전』에서 잘못을 바로잡았다"거나 "남겨진 것을 모으고 빠진 것을 보충했다"고

---

34) 莊存與, 『春秋正辭』, 권1.
35) 莊存與, 『春秋正辭』, 「序」.
36) 역자 주: 『공양전』 은공 2년에서 다음과 같이 해석했다. "부인 자씨는 누구인가? 은공의 어머니이다. 무엇 때문에 장례를 기록하지 않았는가? 은공의 뜻을 이루어 준 것이다. 어떻게 은공의 뜻을 이루어 준 것인가? 은공이 임금으로 생을 마치려고 하지 않았기 때문에 그 어머니도 또한 부인으로 생을 마치지 않아서 장례를 기록하지 않은 것이다."(夫人子氏者何? 隱公之母也. 何以不書葬? 成公意也, 何成乎公之意? 將不終爲君, 故母亦不終爲夫人也)
37) 역자 주: 『곡량전』 은공 2년에서 다음과 같이 해석했다. "부인이 죽으면 장소를 기록하지 않는다. 부인은 은공의 아내이다. 죽었는데 장례를 기록하지 않은 것은 부인의 장례는 임금을 따르기 때문이다."(夫人薨, 不地, 夫人者, 隱之妻也. 卒而不書葬, 夫人之義, 從君者也)

말한 것38)도 장존여가 『곡량전』을 단지 『공양전』을 보충해 주는 책으로 여겼다는 것을 분명히 보여 준다. 이로 인해 『춘추정사』라는 책에서 동중서와 하휴의 이론을 포함한 『공양전』을 인용하여 경전을 해석한 것이 가장 많고, 그 다음이 『곡량전』이다. 『좌씨전』을 인용한 경우는 상대적으로 매우 적다.39) 따라서 주규朱珪의 『춘추정사』 「서문」에서 다음과 같이 말했다.

> 의례義例는 한결같이 『공양전』을 종주로 삼았고, 한층 더 호응되는 것은 하휴의 해석을 서술하였다. 일은 또한 좌씨를 함께 의지하였고, 의리는 혹 『곡량전』에서 모아서 보충했다.40)

주규朱珪의 이 말은 마땅히 객관적이고 공정하다. 한편으로는 이조락李兆洛이 말한 것처럼 "삼전三傳을 취하여 의지하고, 여러 학자들의 이론을 회통했다."41) 장존여는 삼전 내지는 송대 학자들의 『춘추』 이론에 대해 모두 개방적인 태도를 가졌다. 당연히 그의 춘추학의 주요 이념은 여전히 『공양전』 및 동중서·하휴의 해석에 근본을 두고 있으며, 여러 이론을 함께 채용하는 태도는 단지 "성인의 깊은 뜻을 두루 소통하여, 지극히 마땅한 곳으로 귀결시키는"42) 사고 방식에서 나온 것이다. 다른 한편으로 그의 『춘추』 연구는 "의례義例는 한결같이 『공양전』을 종주로 삼았지만", 그가 『좌씨전』과 『곡량전』 이론을 다양하게 채용한 것은 적어도 그가 아직까지는 뒤에 오는 상주학파 학자들과 같은 문호의 견해와 가법 의식이 없었다는 것을 보여 준다.

---

38) 莊存與, 『春秋正辭』, 권1.
39) 金榮奇의 통계에 의하면, 『춘추정사』에서 『곡량전』을 인용한 것은 27회, 『좌씨전』을 인용한 것은 15회, 『좌씨전』과 『곡량전』을 함께 인용한 것은 7조목이다. 김영기, 「莊存與春秋公羊學硏究」, 제5장(臺灣政治大學 中文系 碩士論文) 참조.(黃開國, 『淸代今文經學的興起』, 114쪽에서 재인용)
40) 莊存與, 『春秋正辭』, 권3.
41) 李兆洛, 「禮部劉君傳」(『養一齋文集』, 권16).
42) 李兆洛, 「監生考取州吏目莊君行狀」(『養一齋文集』, 권14).

3. 『춘추정사春秋正辭』의 사상 및 『공양전』 의례義例에 대한 해석

장존여의 공양학에는 '가법家法' 의식이 없기 때문에 『공양전』의 의례義例에 대한 그의 해석은 위로 동중서·하휴의 뒤를 이었을 뿐만 아니라, 또 동중서·하휴의 기존 이론을 묵수하지 않고 자기의 독특한 견해를 많이 제시하였다. 『춘추정사春秋正辭』에서 장존여는 '정사正辭' 아홉 가지를 열거하였다. 즉 「봉천사奉天辭」, 「천자사天子辭」, 「내사內辭」, 「이백사二伯辭」, 「제하사諸夏辭」, 「외사外辭」, 「금포사禁暴辭」, 「주란사誅亂辭」, 「전의사傳疑辭」이다.

이 아홉 가지의 '정사正辭'를 중심에 두고, 장존여는 자신의 춘추학 이론 체계를 구축하였다. 그리고 이 아홉 가지 '정사' 중에서 또 한결같이 '서로 몸체를 이루는' 두 가지의 큰 주제로 표현되는 것이 바로 '봉천奉天'과 '존왕尊王'이다.

1) 왕을 높임(尊王)

'존왕尊王'은 본래 『춘추』에 당연히 있어야 하는 의리인데, 장존여는 조정의 어용 신하로서 "경전 연구를 통해 실용을 추구하여", 더욱 온 힘을 다하여 '존왕'의 의리를 드러내 밝혔다. 그는 여러 가지 구체적인 논술 속에서 이 정신을 관철시키지 않은 적이 없었다. 『춘추』은공 3년, "가을, 무씨의 아들이 노나라에 와서 부의를 요구했다."(秋, 武氏子來求賻) 장존여가 말했다.

> 노나라에 와서 부의를 요구했는데, 무엇 때문에 기록했는가? 노나라가 부의를 보내지 않은 것을 비판한 것이다. 천자의 상사喪事에 작은 일 하나라도 갖추어지지 않으면, 삼가 그것을 기록하니, 존귀한 이를 존중하는 의리가 돈독하기 때문이다.[43]

『춘추』 삼전에는 모두 이와 같은 뜻이 없다. 『공양전』에서는 단지 "상사喪事에

---

43) 莊存與, 『春秋正辭』, 권2.

다른 사람에게 부의를 요구할 수 없다"는 시각에 따라, 주나라 왕실의 '비례非禮'를 비평하였다.44) 이로써 알 수 있듯이, 장존여는 사실상 새로운 이론을 스스로 만듦으로써 '존왕'의 뜻을 논증하였다.

공양가의 관점에서 보면, 『춘추』의 존왕 의리는 제후가 제멋대로 나라를 봉하거나 제멋대로 토벌하는 것을 용납하지 않는 형태로 표현된다. 장존여도 이 이론을 계승하였고, 아울러 한 단계 더 나아가 해석하였다. 장공 16년, "겨울, 12월, 제나라 임금·송나라 임금·진나라 임금·위나라 임금·정나라 임금·허나라 임금·조나라 임금·활나라 임금·등나라 임금과 회합하여, 유에서 동맹을 맺었다."(冬, 十有二月, 會齊侯·宋公·陳侯·衛侯·鄭伯·許男·曹伯·滑伯·滕子同盟於幽) 장존여가 말했다.

> 『춘추』에서 동맹同盟이라고 말한 적이 없는데, 여기에서는 유에서 동맹을 맺었다고 말한 것은 무엇 때문인가? 제나라 환공桓公이 이때부터 제후의 주관자가 된 것이다. 제후들이 맹약하는 말을 제나라가 명령한 것이다. 제나라가 명령을 주관했는데, 동맹을 맺었다고 말한 것은 무엇 때문인가? 제나라가 주관자가 되는 권한을 빼앗았다는 의미의 말이다. 마치 다른 말이 없는 것을 다행으로 여긴다고 말하는 것과 같다. 어째서 권한을 빼앗았는가? 천자가 있으면 제후는 제후에게 내리는 명령을 주관할 수 없기 때문이다.45)

이 예例는 『공양전』과 하휴의 『춘추공양전해고』 모두에 제나라 임금을 비평하는 말이 없다. 『공양전』에서 "동맹이라는 것은 무엇인가? 바라는 것이 같다는 의미이다"라고 했고, 하휴는 "같은 마음으로 맹약을 맺고자 했다"46)고 풀이했다. 두 해석은 완전히 중립적인 평가로써 어떠한 포폄의 뜻도 없는 것 같다. 그런데 장존여는

---

44) 역자 주: 『공양전』 은공 3년에서 다음과 같이 해석했다. "무엇 때문에 기록했는가? 비난한 것이다. 무엇을 비난했는가? 상사에 다른 사람에게 부의를 요구할 수 없다. 부의를 요구하는 것은 禮가 아니니, 천자 아래의 모두에게도 통용된다."(何以書? 譏, 何譏爾? 喪事無求, 求賻, 非禮也. 蓋通於下)

45) 莊存與, 『春秋正辭』, 권6.

46) 『公羊傳』, 莊公 16년, 何休 注.

제후는 제멋대로 나라를 봉하거나 제멋대로 땅을 주거나 제멋대로 토벌할 수 없다는 원칙에 근거하여, 이것은 제나라 임금이 제멋대로 제후에게 내리는 명령을 주관한 것에 대해 비평한 것이라고 여겼다. 따라서 경문에서 '동맹을 맺었다'고 기록함으로써 제나라 임금이 명령을 주관하는 주관자가 되는 권리를 빼앗아 버렸다.

선공 11년, "겨울, 10월, 초나라 사람이 진나라의 하징서를 죽였다."(冬, 十月, 楚人殺陳夏徵舒) 장존여가 말했다.

> 이것은 초나라 임금인데, '사람'(人)이라고 말한 것은 무엇 때문인가? 도적을 토벌했다는 의미의 말이다. 중국에 판결하기 어려운 큰 옥사가 있는데, 천자도 주살하지 못하고 제후도 바로잡지 못했는데, 초나라 사람이 그 일을 했기 때문에 인정해 준 것이다. 이것은 진陳나라를 침입하여 죽인 것인데, 진나라 하징서를 죽였다고 먼저 기록한 것은 무엇 때문인가?[47] 진나라를 침입한 일을 도적을 토벌한 일과 연루시키지 않은 것이다. 달을 기록한 것은 무엇 때문인가? 달을 기록하는 것으로써 토벌이 올바르다는 의미로 삼은 것이다.[48]

정통적인 『공양전』 이론에서 보면, '초나라 사람이 진나라 하징서를 죽였다'는 조목은 제후는 제멋대로 나라를 봉하거나 제멋대로 땅을 주거나 제멋대로 토벌할 수 없다는 『춘추』의 의법義法을 드러내 밝힌 것이다. 예를 들어 『공양전』에서 말했다. "이것은 초나라 임금인데, 사람이라고 말한 것은 무엇 때문인가? 외국의 나라가 토벌하는 것을 용납하지 않기 때문이다."[49] 동중서가 말했다. "초나라 장왕莊王이 진나라 하징서를 죽였는데, 『춘추』에서는 그 문장을 비판의 형식으로 기록했으니, 제멋대로 토벌하는 것을 용납하지 않기 때문이다."[50] 이로써 알 수 있듯이, 『춘추』에

---

47) 역자 주:『춘추』 선공 12년의 기록을 살펴보면, "겨울, 10월, 초나라 사람이 진나라의 하징서를 죽였다"(冬, 十月, 楚人殺陳夏徵舒)는 기록이 먼저 나오고, 그 뒤에 이어서 "정해일, 초나라 임금이 진나라를 침입했다"(丁亥, 楚子入陳)는 기록이 나온다.

48) 莊存與, 『春秋正辭』, 권10.

49) 『公羊傳』, 宣公 11년.

50) 『春秋繁露』, 「楚莊王」.

서 초나라 장왕을 '초인楚人'으로 기록한 것은 "외국의 나라가 토벌하는 것을 용납하지 않고", "제멋대로 토벌하는 것을 용납하지 않기" 때문이다. 그런데 이 사건에 대한 장존여의 평가는 『공양전』 전문傳文 및 동중서·하휴의 이론을 전혀 돌아보지 않고, '초나라 사람이 잔나라 하징서를 죽였다'는 것은 비판한 말이 아니라 초나라 임금을 칭찬한 것이라고 주장했다. 왜냐하면 이 문장은 초나라 장왕이 '도적을 토벌한 것'을 잘 표현하고 있기 때문이다. 장존여의 관점에서 보면, 비록 초나라 장왕이 제멋대로 토벌한 것은 죄가 되지만, 당시 천자가 군주를 시해한 중죄를 토벌하지 못하는 상황에서 초나라 장왕이 도적을 토벌한 일은 세상에 널리 알려 칭찬할 만한 가치가 있기 때문이다.

앞에서 서술한 여러 가지 사례들은 모두 장존여가 '존왕尊王'의 의리를 드러내 밝힌 것을 잘 보여 주고 있다. 공평한 마음으로 논한다면, 즉 『공양전』 해석의 개방성이라는 측면에서 말한다면, 장존여의 주장은 『공양전』에 내재한 정신과 합치된다. 비록 그렇다고 하더라도, 이러한 해석이 실제로 『공양전』의 '가법家法'과 꼭 합치하는 것은 아니다.

2) 오시五始를 세움(建五始)

중국 전통의 정치 사유 중에, '천天'은 왕권 합법성의 가장 근본적인 근거이다. 오직 하늘의 운행을 받들어야만 '존왕尊王'의 가능성을 담론할 수 있다. 동중서를 시작으로 하늘을 받든다는 '봉천奉天' 사상은 공양학의 이론으로 흡수되었다. 예를 들어 동중서는 다음과 같이 말했다. "『춘추』의 도는 하늘을 받들고 옛것을 본받는 것이다."[51] 이것으로부터 왕권에는 명확한 합법성의 근거가 제공되었다. 장존여는 이런 점에서 확실히 동중서의 영향을 받았기 때문에 아홉 가지의 '정사正辭' 중에서 「봉천사奉天辭」를 가장 앞에 세웠다.

『춘추』에서 강론한 '봉천奉天'에 대해 말한다면, 가장 먼저 '오시를 세움'(建五始)으

---

51) 『春秋繁露』, 「楚莊王」.

로 표현된다. 이른바 '오시를 세운다'는 것은 『춘추』의 첫 편인 은공 '원년, 봄, 왕의 정월'(元年, 春, 王正月)에 대한 공양가의 특수한 해석을 가리킨다. 『좌씨전』에서는 이 말이 단지 『춘추』에서 주왕조의 역법을 채용한 것을 설명한 것일 뿐이라고 해석했다. 그리고 『곡량전』에서도 대충 "비록 일이 없더라도 반드시 정월을 거론하니, 시작을 삼가는 것이다"라고 언급했다. 오직 공양가만이 이 말이 『춘추』의 '오시五始' 즉 원元·춘春·왕王·정월正月·공즉위公卽位를 대표한다고 해석했다. 하휴의 해석에 따르면, '원元'은 '천지天地의 시작'(天地之始)을 가리키고, '춘春'은 '한 해의 시작'(歲之始)을 가리키며, '왕王'은 '인도의 시작'(人道之始)을 가리키고, '정월正月'은 '정교의 시작'(政敎之始)을 가리키며, '공즉위公卽位'는 '한 나라의 시작'(一國之始)을 가리킨다. 이 다섯 가지가 같은 날에 함께 세워졌기 때문에 '건오시建五始'라고 하였다.[52] 이것은 공양가의 매우 중요한 의법義法인데, 장존여가 '건오시'를 『춘추정사』의 시작으로 삼았으므로 그가 『공양전』의 정밀한 의리를 깊이 터득했다고 말할 수 있다.

'오시'에 대해 말하면, 장존여는 그 중에서도 특히 천인天人 관계에 더욱 관심을 가졌다. 그는 하휴의 이론을 인용하여 다음과 같이 말했다.

하휴가 말한다.[53] "정교政敎는 처음을 바로잡는 것보다 큰 것이 없다. 따라서 『춘추』에서는 원元의 기氣를 가지고 하늘의 시작(春)을 바로잡고, 하늘의 시작을 가지고 왕王의 정교를 바로잡으며, 왕의 정교를 가지고 제후의 즉위卽位를 바로잡고, 제후의 즉위를 가지고 국경 안의 정치를 바로잡는다. 제후가 위로 왕의 정교를 받들지 않으면 즉위할 수 없다. 따라서 정월正月을 먼저 말하고 즉위卽位를 뒤에 말한 것이다. 정교가 왕으로부터 나오지 않으면 정교가 될 수 없다. 따라서 왕王을 먼저 말하고 정월正月을 뒤에 말한 것이다. 왕자가 하늘을 받들어 정치 명령을 제정하지 않으면 법도가 없다. 따라서 춘春을 먼저 말하고 왕王을 뒤에 말한 것이다. 하늘이 그 원기元氣를 깊이 바로잡지 않으면 그 조화를 이룰 수 없다. 따라서 원元을 먼저 말하고 춘春을 뒤에 말한 것이다. 이 다섯 가지는 같은 날에 함께

---

52) 『公羊傳』, 隱公 원년, 何休 注.
53) 『公羊傳』, 隱公 원년, 何休 注.

세워지고 서로 의존하여 한 몸을 이루니, 하늘과 인간의 큰 근본(元年·春, 王·正月·公 卽位)이자 만물이 매여 있는 것을 살피지 않을 수 없다."[54]

'오시五始'는 비록 "같은 날에 함께 세워지고 서로 의존하여 한 몸을 이루는 것"이지만, 그 관건은 "하늘의 시작을 가지고 왕王의 정교를 바로잡는 것"에 달려 있다. 왕자가 만약 "하늘을 받들어서" 정치 명령을 제정하지 않으면, 그것은 "법도가 없는 것"이 된다. 따라서 '건오시建五始'의 핵심적인 뜻은 현실의 정치 질서에서 합법적 근거를 건립하는 데 있으며, 그것이 곧 '천天'이다.

3) 문왕文王을 종주로 삼음(宗文王)

장존여의 논술 구성에서, '건오시建五始'와 이어져 있는 것이 바로 '종문왕宗文王'이다. '종문왕'은 본래 '건오시'의 기본적인 함의에 속한다. '오시' 중의 '왕王'을 『좌씨전』에서는 '당시의 왕'(時王)이라고 했고, 『공양전』에서는 '문왕文王'이라고 했다. 하휴는 '왕王'을 '인도의 시작'(人道之始)으로 여김으로써 '종문왕'의 원칙을 확립하였다. 그런데 하휴의 입장에서 '종문왕' 원칙의 확립은 결코 글자 표면상의 뜻에만 그치지 않고, "천명을 받아 정월을 제정한 일을 막 진술했기 때문에 문왕이 법도를 처음으로 만든 것을 빌어서 왕법王法으로 삼은 것이다." 서언徐彦 소疏의 해설에 따르면, "공자가 새로운 왕이 하늘의 명을 받아 정월을 제정한 일을 막 진술했기 때문에 그것을 빌어서 문왕이 처음으로 천명을 받아 정삭正朔을 제정한 것을 빌어서 취한 것이다."[55] 그런데 장존여는 이 이론을 채택하지 않고, 다음과 같이 말했다.

내가 듣기에, 천명을 받은 왕을 태조大祖라고 하고, 왕위를 계승한 왕을 왕의 자리를 이어받은 자(繼體)라고 한다. 계체繼體라는 것은 태조大祖를 이어받은 것이다. 감히 왕위를 하늘로부터 받지 않았고 조상으로부터 받았다고 말하는 것이다.

---

54) 莊存與, 『春秋正辭』, 권1.
55) 『公羊傳』, 隱公 원년, 徐彦 疏.

옛날부터 그렇게 생각하였다. 문왕文王은 천명을 받은 태조이고, 성왕成王과 강왕康王 이후는 문왕의 자리를 이어받는 자들이다. 무왕武王은 밝은 덕이 있었지만, 천명을 받는 것은 반드시 문왕에게 귀속시키니, 이것을 천도天道라고 한다. 무왕武王은 또한 감히 제멋대로 천명을 받았다고 하지 않았는데, 자손들 중에 혹 감히 어기는 경우가 있었다. 천명은 문왕의 천명이라고 하고, 자리는 문왕의 자리라고 하며, 법도는 문왕의 법도라고 하니, 조상을 높이고 하늘을 높이기 때문이다.[56]

이로써 알 수 있듯이, 장존여의 입장에서 '종문왕'은 단지 왕의 자리를 이어받는 자(繼體)와 상대해서 말한 것이다. '조상을 높이는 것'을 통해서 '하늘을 높이는 것'을 실현한 것이다. 여기에서 우리는 '종문왕'에 포함된 '새로운 왕이 법도를 세운다'(新王立法)는 의미를 전혀 볼 수 없다. 사실 공양학 자체의 측면에서 말하면, 후자야말로 '종문왕'이라는 원칙의 진정한 의의가 있는 곳이다. 장존여는 이러한 뜻을 인정하지 않을 뿐만 아니라, 이 원칙과 '건오시'를 한데 섞어서 논했다. 그것은 확실히 『공양전』 의법義法 자체에 구애받지 않고 자기만의 사고를 펼친 것이다. 즉 현실의 황제 권력과 정치 질서를 위해 일종의 규범적인 원칙을 제시하려고 시도한 것이다.

4) 대일통大一統

'건오시建五始'와 '종문왕宗文王'이라는 양대 원칙을 기초로 삼아서, 장존여는 더 나아가 '대일통大一統'이라는 핵심 원칙을 토론하였다.

공양자公羊子가 말했다. "무엇 때문에 왕의 정월(王正月)을 말했는가? 하나로의 통일을 크게 여긴 것(大一統)이다."[57] 『예기』에서 말했다. "하늘에는 두개의 태양이 없고, 땅에는 두 명의 임금이 없으며, 집에는 두 명의 존귀한 이가 없으니, 하나로써

---

56) 莊存與, 『春秋正辭』, 권1.
57) 『公羊傳』, 隱公 원년.

다스리는 것이다."58) 공자가 말했다. "내가 하夏나라의 예禮를 말할 수 있지만, 기杞나라에서 충분히 증명하지 못했다. 내가 은殷나라의 예를 배웠는데 송宋나라가 존재하고 있다. 내가 주나라의 예를 배웠는데, 지금 그것을 사용하고 있으니 나는 주나라를 따르겠다."59) "천하의 왕 노릇하는 데 세 가지 중요한 것이 있으니, (그것을 잘 행하면 사람들이) 허물이 적을 것이다."60) 왕길王吉이 말했다. "『춘추』가 대일통大一統이 되는 이유는 천하가 똑같이 천자天子의 교화를 받고, 구주九州에도 모두 관통되기 때문이다."61) 동중서가 말했다. "『춘추』에서 하나로의 통일을 중시한 것은 그것이 천지天地의 변함없는 법칙이요 고금古今에 통용되는 올바른 법도이기 때문입니다. 현재는 스승마다 추구하는 도를 달리하고 사람마다 논의를 달리하여, 백가百家가 방향을 달리하고 지향하는 뜻이 같지 않습니다. 이러한 요인으로 인해 위에서는 통일을 유지하는 대책을 세우지 못하고 있습니다. 법제가 자주 변하기 때문에 아래에서는 무엇을 지켜야 할지 알지 못하고 있습니다. 어리석은 신이 생각하기로는, 육예六藝의 학과에 속하지 않는 것과 공자의 학술에 속하지 않는 여러 가지 모든 학술은 그 길을 끊어 버림으로써 나란히 함께 나아가지 못하게 해야 합니다. 사악하고 편벽된 학설이 사라진 이후에야 통치의 기강이 통일될 수 있고 법도가 밝혀질 수 있으니, 그렇게 되면 백성들도 따라야 할 도리를 알게 될 것입니다."62)63)

공양가의 입장에서 '대일통'은 본래 '건오시가 당연히 가지고 있는 논리의 결과이다. 따라서 『공양전』에서는 '왕의 정월'(王正月)로부터 '대일통'이라는 결론을 직접 도출하였다. 하휴는 '통統'을 '시始'로 해석했는데, 노온서路溫舒도 "『춘추』에서는 즉위卽位를 바로잡으니, 하나로의 통일을 중시하여 시작을 삼간 것이다"라고 하였다.64)

---

58) 『禮記』, 「曾子問」.
59) 『中庸』 제28장.
60) 『中庸』 제29장.
61) 『漢書』, 「王吉傳」.
62) 『漢書』, 「董仲舒傳」.
63) 莊存與, 『春秋正辭』, 권1.
64) 『漢書』, 「路溫舒傳」.

따라서 장존여는 '대일통'을 '건오사' 뒤에 두었으니, 이것은 『공양전』의 의법義法과 합치된다. 장존여의 관점에서 보면, '대일통'은 먼저 "하늘에는 두개의 태양이 없고, 땅에는 두 명의 임금이 없으며, 집에는 두 명의 존귀한 이가 없다"는 것으로 표현된다. 이것은 "천하가 똑같이 천자天子의 교화를 받고, 구주九州에도 관통됨"으로써 황제 권력의 절대성에 대한 요구를 구현하였다. 또한 이러한 절대성에 대한 요구는 '건오사'라는 논리가 전제되어 있어야 하며, 또한 '천명天命'이라는 합법적인 근거가 부여되어야 한다. 이러한 측면에서 말하면, '봉천奉天'과 '존왕尊王'은 사실상 한 몸의 양면이며, 두 가지는 "서로 의존하여 한 몸을 이루는 것"[65]이다. 다른 한편, '봉천奉天'은 '존왕尊王'에 합법성의 근거를 제공하기 때문에 소수민족으로서 중국을 통치하는 청淸 왕조의 입장에서는 더욱 중요하다. 이것은 만청 왕조의 통치는 곧 천명을 받은 것이며, 정통성을 이어받았다(法統)는 측면에서의 합리성을 가지고 있다는 것을 의미한다. 다른 한편으로, '봉천'은 필연적으로 '존왕'이라는 결론을 도출하므로 "왕실을 받드는 것"은 곧 천명의 요구가 된다. 이것이 장존여가 온 힘을 다해 증명하려고 한 것이다 이로써 '봉천'과 '존왕' 양자의 관계는 '대일통'의 명제 속에서 완전하게 표현되었다고 말할 수 있다. 따라서 『춘추정사』 전체의 논리 구조 속에서, 바로 '대일통'이라는 전체적인 원칙을 내놓아야만 비로소 천자를 바로잡는 것(正天子), 두 패자를 바로잡는 것(正二伯), 제하를 바로잡는 것(正諸夏), 내외를 바로잡는 것(正內外), 난폭함을 금지하고 난리를 주살하는 것(禁暴誅亂) 등의 구체적인 원칙을 전개할 수 있다.[66]

5) 삼통三統의 소통(通三統)

공양학에서 '삼통의 소통'(通三統) 이론은 '대일통' 이론과 밀접한 관계가 있다.

---

65) 莊存與, 『春秋正辭』, 권1.
66) 湯志均은 다음과 같이 생각했다. 장존여와 유봉록 등의 금문학자들은 "실제적인 측면에서 '대일통'을 하기 위해 『춘추』를 찾아서 의지했다. 또한 『춘추』의 '은미한 말'(微言)을 드러내 밝힘으로써 '대일통'을 지키려고 했다."(湯志鈞, 『經學史論集』, 18쪽)

바로 유봉록劉逢祿이『공양해고전公羊解詁箋』에서 말한 것과 같다. "대일통大一統은 삼통의 소통(通三統)이 일통一統이 된다." 따라서 장존여는 '대일통' 이론을 논술한 이후에 바로 '삼통의 소통'(通三統)을 다음과 같이 논했다.

삼대三代 때 세운 정삭正朔은 하늘에서 받은 것이니, 문질文質이 재차 반복되어 제도가 완비되었다. 이러한 사법師法의 의리는 옛날에 있었고, 공경과 겸양의 예의는 성인을 본받아야 한다. 하물며 거울로 삼아야 되는 것은 단지 하나의 성姓을 가진 왕조만이 아니다.[67]

장존여의 관점에서 보면, '삼통의 소통'(通三統)은 가장 먼저 삼대三代의 역법曆法 및 예제禮制의 순환과 손익을 의미하며, 그것은 단지 문질文質의 반복일 뿐이다. 그것은 구체적으로 "춘왕정월春王正月, 춘왕이월春王二月, 춘왕삼월春王三月"이라는 하나의 특정한 서법書法으로 표현된다. 따라서 장존여는 한 걸음 더 나아가 하휴의 이론을 인용하여 다음과 같이 말했다.

하휴가 말했다. "하나라는 북두칠성의 자루가 인방寅方을 가리키는 달(斗建寅之月)을 정월正月로 삼고, 날이 밝을 무렵(平旦)을 초하루(朔)로 삼으며, 사물의 맹아가 처음으로 드러나는 것을 본받고, 색은 흑색을 숭상한다. 은나라는 북두칠성의 자루가 축방丑方을 가리키는 달(斗建丑之月)을 정월로 삼고, 닭이 우는 시간을 초하루로 삼으며, 사물의 맹아가 생기는 것을 본받고, 색은 흰색을 숭상한다. 주나라는 북두칠성의 자루가 자방子方을 가리키는 달(斗建子之月)을 정월로 삼으며, 한밤중(夜半)을 초하루로 삼고, 사물의 맹아가 움직이는 것을 본받으며, 색은 적색을 숭상한다."[68]

---

67) 莊存與,『春秋正辭』, 권1.
  역자 주:『공양전』은공 3년, 하휴 주에서 다음과 같이 말했다. "2월과 3월에 모두 王者가 있는 것은 2월은 殷나라의 정월이고, 3월은 夏나라의 정월이기 때문이다. 왕자는 앞선 두 왕조의 후예를 보존하여, 그들이 자신들의 正朔을 통일하고, 자신들의 服色을 입고, 자신들의 禮樂을 시행함으로써 先聖을 높이고 三統을 소통하도록 하였다. 師法의 의리와 공경・겸양의 예의를 여기에서 볼 수 있다."
68)『公羊傳』, 隱公 원년, 何休 注.

"2월과 3월에 모두 왕王자가 있는 것은 2월은 은殷나라의 정월이고, 3월은 하夏나라의 정월이기 때문이다. 왕자는 앞선 두 왕조의 후예를 보존하여, 그들이 자신들의 정삭正朔을 통일하고, 자신들의 복색服色을 입고, 자신들의 예악禮樂을 시행함으로써 선성先聖을 높이고 삼통三統을 소통하도록 하였다. 사법師法의 의리와 공경·겸양의 예의를 여기에서 볼 수 있다."[69][70]

이로써 알 수 있듯이, 장존여는 이와 같은 한 가지 점에서는 단지 한나라 학자들의 기존 이론을 그대로 답습하였을 뿐, 깊이 들어가서 새롭게 해석한 것은 결코 없다. 더욱 중요한 점은 동중서·하휴의 '삼통의 소통'(通三統) 이론에서 드러내 밝혔던 신왕개제新王改制의 이론은 의식적이든 무의식적이든 장존여에게 등한시된 것처럼 보인다. 앞에서 서술했던 "하나라는 북두칠성의 자루가 인방寅方을 가리키는 달(斗建寅之月)을 정월正月로 삼는다"는 단락의 인용문 앞에, 하휴는 이와는 별도로 다음과 같이 다른 말을 하였다.

왕자는 천명을 받으면 반드시 거처를 옮기고, 정삭正朔을 고치며, 복색服色을 바꾸고, 휘호徽號를 달리하며, 희생犧牲을 바꾸고, 예악의 기구와 병기를 달리하니, 하늘로부터 천명을 받은 것이지 사람으로부터 받은 것이 아님을 밝힌 것이다.[71]

장존여는 앞에서 든 하휴의 주를 인용하는 동시에, 지금 이 단락의 글은 생략해 버렸으니, 분명히 의도적으로 그렇게 한 것이다. 그런데 동중서·하휴의 입장에서 말하면, '삼통의 소통'(通三統)은 단지 역사의 순환으로만 표현되는 것이 결코 아니며, 그것은 신왕新王의 일통一統을 앞선 두 왕조의 왕자 후예로서의 양통兩統과 통하게 한다는 것을 의미한다. 신왕이 흥기하면, 앞선 두 왕조의 후예에 대해 비록 "사법師法의 의리, 공경과 겸양의 예절"을 두기는 하지만, 다만 여기에만 한정되는 것은 결코

---

69) 『公羊傳』, 隱公 3년, 何休 注.
70) 莊存與, 『春秋正辭』, 권1.
71) 『公羊傳』, 隱公 원년, 何休 注.

아니다. 더욱 중요한 것은 스스로 일통—統을 이룬 신왕이 천명을 받는 것은 신통新統이 되므로 반드시 천명을 받아서 제도를 개혁하여 앞선 왕과는 다른 것이 있어야 한다. 그것은 『춘추』속에 구체적으로 표현되어 있는데, 양한시대의 공양가들은 '삼통의 소통'(通三統)을 "주나라를 새로운 나라로 여기고, 송나라를 옛 나라로 여기고, 『춘추』를 신왕에 해당시킨다"(新周, 故宋, 以『春秋』當新王)72)는 의미로 구체화시켰다. 예를 들어 장공 27년, "기나라 임금이 노나라에 와서 조회하였다"(杞伯朝)에 대해, 동중서는 "『춘추』는 위로 하夏나라를 축출하고, 아래로 주周나라를 보존하며, 『춘추』 로써 신왕에 해당시켰다"고 해석했다.73) 하휴는 다음과 같이 해석했다. "기杞나라는 하夏나라의 후예인데도 공公이라고 말하지 않은 것은 『춘추』가 기杞나라를 축출하고, 주周나라를 새로운 나라로 여기며, 송나라를 옛 나라로 여기고, 『춘추』를 새로운 왕에 해당시킨 것이다."74) 이로써 알 수 있듯이, "『춘추』를 신왕에 해당시켰다"는 말의 뜻은 양한시대 공양가의 '삼통의 소통'(通三統) 이론 속에서 가장 중요한 함의 중의 하나이다. 그런데 장존여는 여기에 대해서는 끝내 조금도 드러내 밝힌 것이 없다. 따라서 그는 「내사內辭」의 '내조來朝' 조목에서, "기나라 임금이 노나라에 와서 조회하였다"(杞伯來朝)는 내용을 소홀히 다루었을 뿐만 아니라, 또 기나라 임금(杞 伯)을 '백伯'이라고 부른 것이 "천왕이 그를 축출한 것"이고, "그 예禮를 따른 것"이라고 여겼다.75) 장존여의 이러한 해석은 하휴의 『춘추공양전해고』를 전혀 보지 않은 것이며, 확실히 그 중심이 이미 동중서·하휴의 취지에서 벗어나 있는 것이다.

'개제改制'를 말한 부분에서, 장존여는 기본적으로 동중서·하휴와는 반대의 태도를 유지했는데, 그는 '개제'의 의미를 다음과 같이 논했다.

제도를 개혁하는 것을 반역(畔)이라고 하니, 군주는 토벌하면서 꺼리지 않으며,76)

---

72) 『公羊傳』, 莊公 27년, 何休 注.
73) 『春秋繁露』, 「三代改制質文」.
74) 『公羊傳』, 莊公 27년, 何休 注.
75) 莊存與, 『春秋正辭』, 권7.
76) 역자 주: 『예기』 「왕제」에 다음과 같은 말이 보인다. "예악을 바꾸는 것은 복종하지

배반하는 자는 아랫자리에 있다. 백성을 병들게 하는 정치는 하루도 지탱할 수가 없으니, 애공哀公에 이르러 극에 달했고, 10여 세대 이후에 멸망했는데, 예교禮教와 신의信義는 다 없어지지 않았다. 제도개혁의 방법을 말하지 않는 것은 무엇 때문인 가? 법에서 그 조문을 깊이 숨겨두는 것과 같으니, 후세에 혹 또한 그것을 모방해서 시행할까 염려되기 때문이다. 십일什一의 세법稅法이 천하의 공정하고 올바른 법도 라는 것을 알 뿐이다. 누군가 물으면 반드시 그 제도를 알려주고, 제도개혁의 방법에 대해 물으면 반드시 모른다고 알려주니, 성인에게는 경건한 마음이 있기 때문이다. 다섯 번째, 제도개혁(改制).[77]

이로써 알 수 있듯이, 장존여의 '개제改制' 이론은 단지 양한시대 공양가 '삼통의 소통'(通三統) 이론에서 확대 해석했던 특정한 함의가 없을 뿐만 아니라, 또한 "제도를 개혁하는 것을 반역"이라고 여겨서, 성인은 "제도개혁의 방법에 대해 물으면 반드시 모른다고 알려준다"고 말함으로써 그의 '개제' 이론이 전통적인 공양가가 드러내 밝힌 그러한 혁명적인 함의가 전혀 없다는 것을 알 수 있다.

당연히 장존여는 '삼통三統' 이론에서 신왕개제新王改制라는 특정한 함의를 소홀히 다루었다. 그렇지 않다면 혹 현실 정치의 고려라는 측면에서 의도적으로 그것을 말하는 것을 꺼렸을 수도 있다. 그런데 확실한 점은 공양학에서 『춘추』를 신왕에 해당시킨다거나 소왕素王의 제도개혁 등과 같은 여러 가지 이론은 매우 강한 혁명성과 비판성을 갖추고 있다는 것이다. 『춘추』가 신왕의 지위에 올라 신왕의 권력을 행사하고, 하나의 새로운 법도를 세워서 발란반정撥亂反正을 하는 것이다. 역사에 왕의 마음을 더하는 이러한 방법은 실제로 현실 정치에서 제왕의 통제를 벗어나는 새로운 권위를 세우는 것이기 때문에 제왕의 입장에서는 받아들일 수 없는 것이며, 후세의 유학자들도 그러한 이유로 대부분 말하기를 꺼렸다. 특히 만청 제국의

않는 것이 되니, 복종하지 않는 경우 그 군주를 유배 보낸다. 제도와 의복을 개혁하
는 것은 반역이 되니, 반역한 경우 그 군주를 토벌한다."(變禮易樂者, 爲不從, 不從者,
君流. 革制度衣服者, 爲畔, 畔者, 君討)
77) 莊存與, 『春秋正辭』, 권4.

전제통치 하에서, 어용 신하이자 황실을 지도하는 스승으로서의 장존여가 이 방면과 관련된 이론을 지나치게 드러내어 해석하는 것은 마땅하지 않았을 것이다.

「봉천사奉天辭」의 논술 구성으로부터 보면, 장존여는 '건오시建五始'·'종문왕宗文王'·'대일통大一統'·'통삼통通三統' 네 가지의 조목을 통해 정치 활동 중의 '봉천奉天'의 의미를 논증함으로써 현실의 왕조 정치를 위해 합법성의 근거를 확립하였다. 이것은 동중서의 '봉천' 이론이 지닌 하나의 함의이다. 동중서의 입장에서 말하면, 하늘은 왕권 합리성의 근거일 뿐만 아니라, 또한 왕권을 제한하는 최대의 요소이다. 이로 인해 동중서는 "임금을 굽혀서 하늘을 펼 것"78)을 요구했는데, 이것도 마찬가지로 '봉천'의 기본적인 함의 중의 하나이다. 따라서 동중서는 다음과 같이 말했다. "천자天子는 하늘의 명을 받들지 못하면 폐출하여 공公이라고 부르니, 앞선 왕조의 왕자의 후예가 그것이다."79) 이로 인해 '삼통의 소통'(通三統) 이론 중에는 확실히 군주의 권력을 제한하는 요소가 은연중에 내포되어 있다. 그런데 장존여는 '삼통의 소통'(通三統)에 대한 서술에서 또한 이러한 함의에 주의를 기울였다. 따라서 유향劉向의 주장을 인용하여 다음과 같이 말했다. "왕자는 반드시 삼통三統을 소통해야 하니, 천명이 부여되는 대상이 매우 넓어서 단지 하나의 성姓을 가진 왕조만이 아님을 밝힌 것이다."80) 이것은 아마도 장존여가 앞에서 "하물며 거울로 삼아야 되는 것"81)이라고 한 말의 뜻이 담긴 것일 수도 있다.

이상을 종합하면, 장존여의 입장에서 '삼통의 소통'(通三統)은 확실히 그의 논술의 중심이 아니며, 그 의미는 단지 '대일통' 이론을 보충한 것에 지나지 않는다.

6) 오행五行의 상서와 이변을 살핌(察五行祥異)

재이災異 이론은 공양가의 주요 이론이며, 재이는 곧 하늘과 인간이 감응하는

---

78) 『春秋繁露』, 「玉杯」.
79) 『春秋繁露』, 「順命」.
80) 莊存與, 『春秋正辭』, 권11.
81) 莊存與, 『春秋正辭』, 권1.

기미로서, 하늘이 임금에게 경고하여 그 행동의 잘못을 깨닫도록 하는 것이다. 따라서 동중서는 "재해(災)는 하늘의 경고이고, 이변(異)은 하늘의 위엄이다"[82]라고 했고, 또 "하늘과 인간의 상관관계는 매우 두려워할 만하다"[83]라고 했다. 장존여도 동중서의 이론을 그대로 서술하였다.

하늘과 인간의 관계는 매우 두려워할 만하다.[84]

천명天命은 비록 불가사의하여 알기가 어렵지만, 장존여는 "그렇지 않다(하늘과 인간이 관계는 두려워할 필요가 없다.)고 말하지 말라"[85]라고 훈계하였다. 하늘과 인간의 감응이 "공허한 것이 아니라 실제적인 것"이라면, "하늘을 섬기는 것"은 마치 부모를 섬기는 것처럼 해야 한다. 하늘이 화를 낼 때는 "반드시 그 이유를 성심으로 찾아서 다방면으로 헤아리고 의론해야 하니" 이것이 바로 "마음을 수양하고 반성하는 것"이다. 그렇게 하지 않고, "화를 내는데도 두려워할 줄 모르는 것은 무딘 것이고, 두려워하면서도 바로잡을 줄 모르는 것은 게으른 것이다. 바로잡으면서도 화낸 이유를 살피지 않는 것은 어그러진 것이며, 부당한데도 그 사람을 문책하지 않는 것은 오만한 것이다. 무디면 끊어 버리고, 게으르면 멀리하고, 어그러지면 꾸짖고, 오만하면 싫어한다."[86] 이와 같이 하면 천명은 다시는 여기에 있지 않는다.

그런데 "천지天地의 큰 것은 오행五行에 있다." 따라서 또 오행의 상서와 이변의 원인을 잘 살펴야 한다. 장존여가 말했다.

오행五行이 잘못 운행되는 것은 마치 질병과 같으니, 기운이 비록 혼란스럽지만 각각 주관하는 바가 있다. 오행의 뜻을 보존하고, 오행의 이치를 관통하지 않으면서

---

82) 『春秋繁露』, 「必仁且智」.
83) 『漢書』, 「董仲舒傳」, "天人三策."
84) 莊存與, 『春秋正辭』, 권1.
85) 莊存與, 『春秋正辭』, 권1.
86) 莊存與, 『春秋正辭』, 권1.

그로써 하늘을 섬긴다면, 허許나라 세자世子 지止가 약을 맛본 것[87]과 무엇이 다르겠는가[88]

장존여의 '봉천奉天' 이론에서는 재이災異를 매우 중시한다. 따라서 「봉천사奉天辭」에서 '오행의 상서와 이변을 살핌'(察五行詳異)이라는 내용이 절대 다수를 차지하고, 또 『춘추정사』 전체에서도 그 분량이 가장 많은 항목이다. 따라서 이것은 장존여 『춘추』 해석의 가장 큰 특색을 보여 준다. 그는 이 내용을 가지고 '하늘로써 임금을 바로잡는' 목적을 이루려고 시도했는데, 그것은 매우 깊은 경세經世의 의도를 가지고 있다고 말할 수 있다. 그런데 『공양전』의 '가법家法'이라는 측면에서 말하면, 장존여의 『춘추』 해석은 또한 이곳에서 가장 난잡하고 조리가 없다. 이 내용 속에는 『공양전』· 『곡량전』의 뜻이 잡다하게 많으며, 특별히 유향劉向의 『오행전五行傳』의 이론을 대량으로 채용함으로써 정통 공양가들의 외면을 받았다.[89]

7) 삼세三世의 확장(張三世)

하휴의 '삼과구지三科九旨' 중의 하나인 '삼세의 확장'(張三世) 이론은 만청시기 공양학 논술의 중심적인 이론이었다. 다만 장존여의 입장에서 '삼세의 확장'(張三世)은 단지 「봉천사奉天辭」의 여러 항목 중의 하나였으며, 확실히 중요한 위치를 차지하지는 못했다. 따라서 제목만 있고 글이 없는데, 오직 「봉천사奉天辭」 앞부분의 전체 내용을 설명한 부분에서 다음과 같이 말했다.

---

87) 역자 주: 『춘추』 소공 19년에 "허나라 세자 지가 그 임금 매를 시해했다"(許世子止弑 其君買)는 사건이다. 許나라 세자 止는 자신의 부친이 병이 들자, 평소에 부친을 위해 직접 약을 올렸다. 그런데 어느 날 부주의하게 약을 맛보자 않아서 그 부친이 약을 마시고 독살된 사건이다.

88) 莊存與, 『春秋正辭』, 권1.

89) 段熙仲은 이러한 이유 때문에 災異를 논하면서 장존여의 이론을 취하지 않았고, 아울러 장존여의 이론은 『공양전』의 가법'이 아니라고 말했다.(段熙仲, 『春秋公羊學講疏』, 64쪽 참조)

애공哀公의 시대에 근거하여 은공隱公의 시대를 기록했으니, 예법을 융성하게 하거나 감소시키는 것은 은혜에 따라 하는 것, 굽히거나 펴는 뜻, 상세하게 기록하거나 간략하게 생략하는 문장, 지혜로워서 자기 몸을 높게 하지 않는 것, 의리에 입각하여 윗사람을 비방하지 않는 것, 죄가 있는 것을 알지 못하는 것, 이러한 말들을 찾아볼 수 있다. 난리를 바로잡아 다스림을 열고, 점진적으로 승평升平으로 나아가며, 12명의 임금에게 형상이 있어서 태평太平이 이로써 완성된다.90)

이로써 알 수 있듯이, 장존여는 단지 하휴의 이론을 간단하게 중복했을 뿐, 어떠한 새로운 해석이 결코 없다. 『공양전』 및 하휴의 논의에서 '삼세三世' 학설은 은공 원년 "공자 익사가 죽었다"(公子益師卒)라는 조목에 가장 잘 드러난다. 그런데 『공양전』 및 하휴가 해석한 '삼세이사三世異辭'의 의리에 대해 장존여가 기본적으로 특별한 뜻을 둔 것이 없다. 그는 "공자 익사가 죽었다"에 대해, 다만 임금과 대부의 관계에 착안했으며, '내사內辭' 항목에 두고서 토론했을 뿐이다.91)

선공 11년, "가을, 진나라 임금이 찬함에서 오랑캐와 회합하였다."(秋, 晉侯會狄於攢 函) 여기에서 하휴는 '승평세升平世'의 뜻을 밝히는 데 역점을 두었다. 즉 '외국의 두 나라가 제삼국에서 회합하는 것'(外離會)을 기록하지 않는 '전해들은 세대'(所傳聞世)로부터, 나아가서 '외국의 두 나라가 제삼국에서 회합하는 것'을 기록하는 데 이르니, 그것이 곧 '승평세升平世'이다. 그런데 장존여는 하휴의 이론을 인정하지 않았다. 그가 여기에서 가장 먼저 제기한 문제는 곧 "외국 국가들의 회합은 기록하지 않는데, 진晉나라 임금이 오랑캐와 회합한 것은 무엇 때문에 기록했는가?"92)이다. 이 문제를

---

90) 莊存與, 『春秋正辭』, 권1.
역자 주: 공양학의 '三世' 이론은 은공 원년, "公子益師卒"이라는 기사의 『공양전』에서 "何以不日? 遠也. 所見異辭, 所聞異辭, 所傳聞異辭"라는 말에 보이고, 그 구체적인 내용은 하휴의 주에서 자세하게 언급하였다. 그 내용 중에 "『春秋』據哀錄隱, 上治祖禰. 所以二百四十二年者, 取法十二公, 天數備足, 著治法式, 又因周道始壞絶於惠·隱之際"라는 말이 보인다.
91) 莊存與, 『春秋正辭』, 권5.
92) 莊存與, 『春秋正辭』, 권10.

제기한 것을 통해서 그가 하휴의 해석을 부정하고 있다는 것을 알 수 있다. 더 나아가 그것은 단지 "진晉나라가 도적을 토벌하지 않은 것을 병통으로 여긴 것"[93]일 뿐이라고 해석하였다. 이것은 장존여가 하휴의 '삼세' 이론에 보이는 실질적인 내용에 대해 기본적으로 가볍게 여겼거나 또는 부정했다는 것을 알 수 있다. 사실상, '삼세의 확장'(張三世)이 「봉천사奉天辭」에 포함된 항목이라는 측면에서 말하면, 장존여의 의도도 그다지 분명하지 않다. 그가 결국은 '삼세' 이론을 제시했다는 것은 그가 『공양전』의 이러한 의법義法을 그나마 최소한은 인정하고 있다는 것을 의미한다. 비록 그렇기는 하지만, 이 의법에 대한 그의 해석은 사실상 표면적으로 흘러 버렸다.

8) 내외內外의 구별(異內外)

『춘추정사』에 「내사內辭」・「제하사諸夏辭」・「외사外辭」 등의 여러 조목을 두었는데, 그 근거는 확실히 공양학에서의 '내외의 구별'(異內外)의 예例이다. 또한 하휴에 있어서 '내외의 구별'(異內外)의 예는 '삼세설三世說'과 밀접한 관계를 가지고 있다. 즉 전해들은 세대(傳聞世)의 '그 나라를 안으로 여기고 제후를 밖으로 여기는 것'(內其國而外諸夏), 직접 들은 세대(所聞世)의 '제하를 안으로 여기고 이적을 밖으로 여기는 것'(內諸夏而外夷狄), 직접 본 세대(所見世)의 '이적이 나아가서 관작을 기록하는 데 이르는 것'(夷狄進至於爵)이다. 다만 장존여의 '내외內外' 논의는 하휴의 '삼세' 이론을 취하지 않고, 일에 입각하여 일을 논하면서 이적과의 관계 문제를 다루었다. 그는 『춘추정사』 「서목」에서 「외사外辭」를 다음과 같이 논했다.

넓고 커서 만물을 덮고 실으니, 성인은 사사로움이 없다. 이적의 무리는 일에 나아가지 않으니, 성인은 그것을 생각하고 있었다. 밝고 밝은 이 중국은 아름다운 덕이 행해지니, 완악하고 어리석은 것은 이적의 행위이다.[94]

---

93) 莊存與, 『春秋正辭』, 권10.
94) 莊存與, 『春秋正辭』, 「敍書」.
　　역자 주: 『서』 「益稷」에 夷狄인 三苗에 대해, "三苗는 흉악하여 일에 나아가지 않는

장존여의 관점에서 보면, 마땅히 "성인은 사사로움이 없는" 태도를 근본으로 삼아서 이적夷狄을 대해야 한다. 그런데 이적夷狄과 제하諸夏의 구별이 있는 것은 혹은 "아름다운 덕이 행해는 것"에 달려 있고, 혹은 "완악하고 어리석은 것"에 달려 있다. 즉 중국의 예禮를 따르는지의 여부에 근거하여 이적과 중국을 판정한다. 따라서 중국의 예의禮義 법도를 잘 지키면 중국으로 여기고, 중국이 만약 "완악하고 어리석어지면" 이적으로 여긴다. 장존여는 초楚나라에 대해 다음과 같이 논했다.

초나라는 네 가지 호칭이 있으니, 근본으로부터 말단에 이르기까지 허물이 없으면 자작(子)이라고 한다. 중국을 심하게 침범하고, 중국과 나란히 하며, 지극히 낮은 것을 근본을 삼으니, 초나라가 제멋대로 왕王이라고 부른 것을 미워하였다. 사람(人)이라는 호칭이 「회공」편에 있으니, 제나라 환공桓公이 우호관계를 맺고, 왕에게 공물을 바쳤다. 자작(子)이라는 호칭은 「성공成公」편으로부터 시작된다. 그런데 진晉나라 경공景公이 올바르지 않았고, 초楚나라는 진陳나라를 토벌하였으며, 노나라의 양공襄公과 소공昭公도 그곳으로 갔는데, 초나라를 밖으로 여긴 것은 어째서인가? 공자가 그곳으로 가면서 제하諸夏를 어떻게 말했는가? "이적夷狄에 임금이 있는 것이 제하諸夏에 없는 것과는 같지 않다"(『論語』, 「八佾」)고 했으니, 초나라 임금 진軫이 큰 도를 알았던 것이다.95)

<hr>

다"(苗頑, 弗卽工)라고 한 말이 보인다.
95) 莊存與, 『春秋正辭』, 권8.
역자 주:『논어』의 이 문장은『춘추』관련 해석서에서 인용할 경우에 주로 이적을 밖으로 여겨서 禮義가 없는 나라로 폄하하고, 제하와 구분할 때 사용한다. 따라서 "이적에 임금이 있는 것이 제하에 임금이 없는 것만 못하다"고 풀이하는 것이 일반적이다. 그런데 장존여는 초나라 임금이 큰 도를 알았음에도 불구하고 밖으로 여긴 것에 의문을 제기하면서, 그 근거로 이 문장을 인용하고 있다. 따라서 그는 이 문장을 "이적에 임금이 있는 것이 제하에 없는 것과는 같지 않다"고 해석한 것으로 보인다.『논어집주』에서 인용한 程子도 "이적에게도 또한 임금이 있으니, 제하가 분수를 벗어나고 어지러워서 도리어 상하의 구분이 없는 것과는 같지 않다"고 풀이하였다. 한편『춘추』애공 6년, "초나라 임금 진이 죽었다"(楚子軫卒)는 기사의『좌씨전』에 "공자가 '초나라 昭王은 大道를 알았으니, 그가 나라를 잃지 않은 것은 당연하다'고 하였다"(孔子曰, 楚昭王知大道矣, 其不失國也宜哉)는 말이 보인다.

공양가의 이론에 의하면, 『춘추』에서는 주州·국國·씨氏·사람(人)·이름(名)·자字·자子 등 일곱 등급으로써 이적의 지위를 높여주거나 강등한다.[96] 따라서 '사람(人)이라는 호칭은'(人之)·'자子라는 호칭은'(子之) 등의 말은 초나라가 이적으로부터 제하로 점진적으로 나아간 것을 의미한다. 따라서 장존여는 "초나라를 밖으로 여기는 것은 어째서인가?"라고 질문한 것이다.

희공 15년, "초나라 사람이 누림에서 서나라를 패배시켰다."(楚人敗徐於婁林) 여기에서 초나라는 사람(人)이라고 명명하였고, 서나라는 서徐라는 나라 이름(國)으로 명명하였다. 일곱 등급의 예에 의하면, 서나라는 이적이고 초나라는 중국이다. 따라서 장존여는 "이적이 서로 공격했는데, 무엇 때문에 기록했는가? 중국이 서나라를 구제했으니, 초나라도 또한 중국이다"라고 평론했다. 또 "언사가 중국이 이적을 패배시킨 것과 같다"고 했다.[97] 살펴보건대, 이 조목의 『공양전』 및 하휴의 『춘추공양전해고』에는 모두 그와 같은 뜻이 없으니, 장존여가 스스로 해석한 것이다. 그가 해석한 뜻에 근원하면, 이적이 나아가 중국이 되는 것을 인정한 것이다.

이와는 반대로, 제하가 만약 이적의 행동을 하면 이적으로 취급한다. 장존여는 문공 10년, "초나라 임금·채나라 임금이 궐맥에 주둔하였다"(楚子·蔡侯次於厥貉)는 조목에서 다음과 같이 논했다.

> 초나라가 초나라가 되는 이유는 군신君臣의 의리와 부자父子의 친함과 부부夫婦의 구별을 모르기 때문이다. 채蔡나라가 실제로 초나라와 친해져서 익숙해졌는데, 오래되어도 알지 못했으니, 그들과 동화된 것이다.[98]

장존여가 말한 '동화'(化)라는 것은 중국이 변화하여 이적이 된 것을 의미한다. 따라서 그는 또 명확하게 다음과 같이 말했다.

---

96) 『公羊傳』, 莊公 10년.
97) 莊存與, 『春秋正辭』, 권8.
98) 莊存與, 『春秋正辭』, 권8.

중국이면서 이적의 행위를 하면 이적으로 취급하니, 같으면서도 다르게 행동하기 때문이다.99)

따라서 장존여는 「외사外辭」라는 조목에서 이적의 목록을 서술했는데, 초楚나라와 진秦나라 등이 있을 뿐만 아니라, 또 정鄭나라와 진晉나라 등 제하諸夏의 나라들도 포함되어 있다. 예를 들어 그는 진晉나라에 대해 다음과 같이 논했다.

왕의 군대를 몰래 패배시키고, 살아서는 부친의 작위에 앉아 있었으니, 진晉나라가 이적이 된 것은 오래되었다. 그들이 심해졌기 때문에 그 이후에 이적이라고 비판했으니, 애처롭게 여긴 것이다. 남의 임금을 거절하고 남의 신하를 받아들였으며, 진陳나라와 채蔡나라를 버려두고 돌보지 않았으며, 진晉나라 대부인 범길사范吉射와 순인荀寅에게 제멋대로 하도록 놓아두고 막지 않았다.(『공양전』, 정공 13년) 평공平公이 죽자 진나라는 더욱더 올바른 임금이 없었으니, 올바른 대부가 있을 수 없는 것이다. 나라 이름(晉)으로 기록한 것은 올바른 임금이 없고 대부가 없다는 의미의 말이다.100)

장존여가 서술한 것은 매우 분명하게 바로 『공양전』의 "중국도 또한 새로운 이적"(中國亦新夷狄)이라는 뜻이다. 종합하면, 장존여의 관점에서 보면, 이적과 화하로 높아지거나 강등되는 것은 그 표준이 중국의 예의禮義를 시행하는가의 여부에 달려 있으니, 이른바 "반드시 중국의 가법家法으로써 그 가법을 삼아야 한다."101) 초나라가 중국의 예의를 흠모했기 때문에 높여서 군자로 삼았다. 진晉나라는 중국의 예의를 시행하지 못했기 때문에 이적과 동일하게 취급하였다. 이것은 사실상 공양가의 일관된 관점이다. 선공 12년, 필邲 땅의 전쟁에 대해, 『공양전』에서는 진晉나라를

---

99) 莊存與, 『春秋正辭』, 권10.
　　역자 주: 『역』 「睽卦·象傳」에 "위는 불이고 아래는 못이 규이니, 군자는 이 괘를 본받아서 같으면서도 다르게 행동한다"(上火下澤睽, 君子以同而異)는 말이 보인다.
100) 莊存與, 『春秋正辭』, 권8.
101) 莊存與, 『春秋正辭』, 권8.

미워하고 초楚나라를 칭찬하여, "진나라를 인정하지 않고, 초나라 임금이 예의禮義에 맞게 행동한 것을 인정하였다"고 했다.[102] 동중서는 다음과 같이 평론했다.

『춘추』의 일반적인 문장은 이적을 인정하지 않고, 중국은 예의禮義가 있다고 인정한다. 그런데 필邲의 전쟁에서 뒤집어서 반대로 기록한 것은 무엇 때문인가? 대답했다. 『춘추』는 어디에나 통용되는 문장은 없으니, 사건의 변화에 따라서 문장이 바뀐다. 지금 진晉나라는 변하여 이적이 되었고, 초楚나라는 변하여 군자가 되었다. 따라서 그 문장을 바꾸어서 그 일을 따른 것이다.[103]

이와 같은 관점은 소수민족으로서 중국의 주재자가 된 만청 정권의 입장에서 말한다면, 두말할 필요 없이 가장 적합한 이론이다. 이로 인해 많은 학자들이 장존여의 이론은 만청 정권의 합법성 문제를 해결하기 위한 것이라고 여겼다. 따라서 이것을 『춘추정사』의 중심 사상 중의 하나로 간주하였다.[104]

9) 경대부의 세습을 비판함(譏世卿)

『춘추』는 왕을 높이기 때문에 대대로 경대부卿大夫의 자리를 세습하는 세경世卿을 비판한다. 세경世卿 제도는 유가의 상현尙賢 이론과 서로 위배되고, 또 세경의 권력 농단도 "임금의 위엄과 권위를 빼앗을" 수 있기 때문에 '세경에 대한 비판'은 『공양전』의 중요한 의리 중의 하나로 여겨진다.[105] 그리고 세경 제도는 '존왕尊王의 정신'과

---

102) 역자 주: 『춘추』선공 12년, "진나라 순림보가 군대를 거느리고 초나라 임금과 필에 서 전쟁했다. 진나라 군대가 크게 패배하였다"(晉荀林父帥師, 及楚子戰于邲, 晉師敗績) 는 기사에 대해, 『공양전』에서 "진나라를 인정하지 않고, 초나라 임금이 禮義에 맞 게 행동한 것을 인정하였다"고 해석하였다.

103) 『春秋繁露』, 「竹林」.

104) 孫春在, 『淸末的公羊思想』, 27∼28쪽 및 汪暉, 『現代中國思想的興起』上卷, 제2부, 569∼ 573쪽 참조.

105) 역자 주: 예를 들어 『춘추』은공 3년, "윤씨가 죽었다"(尹氏卒)의 『공양전』에서 말했 다. "尹氏는 누구인가? 천자의 대부이다. 윤씨라고 말한 것은 무엇 때문인가? 폄하 한 것이다. 어째서 폄하했는가? 경대부의 세습을 비판한 것이다. 경대부의 세습은

분명하게 위배되기 때문에 장존여는 『춘추』의 '경대부의 세습에 대한 비판' 이론을 매우 중시하였다.

> 『춘추』는 성공과 실패를 고찰하고 화복禍福을 기록하는데, 경대부의 세습에 대한 비판이 가장 심하다.[106]

또 은공 원년, "공자 익사가 죽었다"(公子益師卒)는 기록에 대해, 장존여는 다음과 같이 논했다.

> 경대부의 세습은 집안을 해치고 나라를 흉하게 하기 때문에 왕법王法에 의해 반드시 금지해야 한다.[107]

장존여의 관점에서 보면, '경대부의 세습' 제도는 '친친親親'·'현현賢賢'의 정치 원칙과 서로 위배된다. 따라서 "가정을 해치고 나라를 흉하게 하기" 때문에 왕법에 의해 반드시 금지해야 한다.

위원魏源의 말에 의하면, 장존여는 만년에 권신權臣인 화신和珅과 조정에 같이 있었는데, "너무나 맞지 않았다."[108] 이에 근거하면, 장존여의 '경대부 세습에 대한 비판' 이론은 혹시 특별한 감정이 있어서 드러낸 것일 수도 있다.[109] 당연히 이러한

禮가 아니다." 또한 하휴의 주에서도 다음과 같이 말했다. "禮에 의하면, 公卿大夫나 士는 모두 현명한 자를 선발하여 등용한다. 卿大夫는 책임이 막중하고 직책이 크기 때문에 대대로 세습해서는 안 되니, 그가 오랫동안 정권을 잡고 있으면 은덕이 광대해지기 때문이다. 소인이 그 자리에 있으면 반드시 임금의 위엄과 권위를 빼앗게 된다. 따라서 尹氏가 대대로 세습하여 王子 朝를 천자로 세웠고, 齊나라 崔氏도 대대로 세습하여 자기 임금인 光을 시해했으니, 군자는 그 말단을 싫어하기 때문에 근본을 바로잡는다."

106) 莊存與, 『八卦觀象解』 下.
107) 莊存與, 『春秋正辭』, 권5.
108) 魏源, 「武進莊少宗伯遺書序」(『魏源集』, 238쪽에 실려 있음).
109) 艾爾曼은 『經學·政治和宗族』에서 다음과 같이 제시하였다. 常州의 장존여의 춘추학을 연구하고자 한다면, 마땅히 和珅이 정치권력을 농단했던 정치적 배경과 연계지어

구체적인 현실 정치와 관련된 고려가 없을 수는 없지만, 단지 그것만 가지고 장존여의 '경대부 세습에 대한 비판' 이론을 해독할 수는 없을 것이다. 장존여는 유가 학자로서, 동시에 또 어용 신하로서 그가 직면한 현실 정치의 많은 문제에 대해, 반드시 구체적 상황을 초월하여 보편적인 의의를 갖춘 원칙을 제시해야 한다. 그런데 『공양전』은 두말할 필요 없이 매우 좋은 이론적 근거를 제공해 주었다. 당연히 건륭 조정의 정치 현상, 내지는 그와 화신和珅 사이의 갈등은 말할 것도 없이 이러한 보편적인 이론에 더욱 많은 현실적 함의를 부여해 줌으로써 '경대부 세습에 대한 비판'이 장존여의 춘추학에서 매우 중요한 하나의 '대의大義'가 되도록 하였다.

이상과 같은 논의를 통해, 장존여의 『춘추』 해석이 대체로 『공양전』 사상을 근거로 삼고 있다는 것을 알 수 있다. 따라서 주규朱珪는 그의 "의례義例는 한결같이 『공양전』을 종주로 삼았고, 한층 더 호응되는 것은 하휴의 해석을 서술하였다"[110]고 했다. 완원阮元은 그의 "『춘추』는 『공양전』·동중서를 위주로 하였다"[111]고 했다. 이것이 대체로 장존여 춘추학의 정신이 담겨 있는 곳이다. 다만 엄격한 『공양전』 가법에 입각해서 말하면, 그는 공양학에 많이 미치지 못하는 듯하다. 하휴의 '삼과구지' 를 자기 논술의 중심으로 삼지 않았을 뿐만 아니라, 많은 구체적인 논설에서도 『곡량전』의 뜻을 채택하거나 『좌씨전』의 뜻을 채택했으며, 혹은 송대 학자들의 뜻을 채택하였다.[112] 심지어 스스로 새로운 이론을 세운 것도 매우 많다. 이것은 진실로 주일신朱一新이 말한 것과 같이, "간간히 순수하지 않은 점이 있지만, 큰 체제는 이미 갖추어진 것이다."[113] 그러나 장존여가 만청시기에 온갖 고생을 다하면

서 살펴보아야 한다. 애이만은 이후에 또 글을 지어서 한층 더 이 관점을 강조하였다.(艾爾曼, 「和珅莊存與關係的重新考察」[『復旦學報』, 2009년 제3기], 59~63쪽 참조). 그런데 또한 많은 학자들이 여기에 반대하는 의견을 제시했는데, 이에 대해서는 徐 俊義, 「莊存與與復興今文經學起因"與和珅對立"說辨析」(『清史研究』, 2007년 제1기), 9~ 17쪽 참조.

110) 莊存與, 『春秋正辭』, 권3.
111) 阮元, 「莊方耕宗伯經説序」(『味經齋遺書』 卷首, 1쪽 아래).
112) 阮元, 「莊方耕宗伯經説序」(『味經齋遺書』 卷首, 1쪽 아래 참조).
113) 朱一新, 『朱御史答康有爲第二書』(蘇輿 編, 『翼教叢編』, 권1에 수록되어 있음).

서 가장 앞에서 만청 공양학을 창도한 공적은 실로 없앨 수가 없다. 다만 그가 "위로 동중서 · 하휴와 이어져서"[114] "선진 및 양한시대 공양학의 직계 정통이 되었다"[115]고 말하는 것은 다소 지나친 칭찬의 말인 것 같다. 또한 학문의 이치라는 측면에서 그러한 평가가 정당한지의 여부는 제쳐 두고, 최소한 장존여 본인의 입장에서 말한다면, 자기 스스로는 그렇게 느끼지 않았을 것이다. 그가 관심을 가졌던 것은 본래 가법家法의 전승이 아니며, 그가 경전을 연구한 목적은 경세치용經世致用이었다. 따라서 학문의 깊은 뜻을 탐구하여 스스로 터득하는 데 뜻을 두었지, 자질구레하게 '가법家法'을 따지는 데는 뜻이 없었다. 그는 공양학과 동중서 · 하휴의 해석이나 이론에서 대부분 인사人事와 밀접한 관계가 있는 내용만을 선택함으로써 경세經世라는 자신의 이상을 더욱 잘 수행하였다. 이로 인해 그의 『춘추』해석 중에서, 비록 『공양전』 및 동중서 · 하휴의 경설經說을 항상 인용했지만, 공양학 중에서 가장 깊은 부분, 예를 들어 '삼과구지' 및 이른바 '일상적이지 않은 이상한 의리와 괴이하게 여길 만한 논의'(非常異義可怪之論)에 대해서는 대부분 말을 얼버무려 버린 채, 결코 깊이 들어가서 이해하거나 한 걸음 더 나아가 드러내 밝힌 것이 없다.

사실상 '존왕尊王'이야말로 『춘추정사』에서 구현한 장존여 춘추학의 가장 중요한 핵심 의리이다. 기타 방면의 논술에서 '존왕'을 중심에 놓고 전개하지 않은 경우가 없다. '존왕'이 단지 제왕 한 사람을 높여서 받든다는 좁은 의미는 결코 아니다. 이것은 제왕으로 대표되는 일련의 왕권王權의 정치 윤리와 질서이다. 『춘추』에는 '천왕天王'에서 '천天'자를 삭제하는 서법書法을 둠으로써 '천자天子를 비판하는' 의리를 밝혔는데, 이에 대해서 장존여는 다음과 같이 말했다.

천天이라고 부르는 않은 것은 무엇 때문인가? 펌하한 것이다. 천자天子를 펌하할 수 있는가? 대답했다. 천도天道로써 천자를 대하는 것은 괜찮다. 군신君臣의 의리와

---

114) 陳其泰, 「莊存與: 淸代『公羊』學的開山」(『晚淸常州地區的經學』, 212쪽에 수록되어 있음).
115) 田漢雲, 「試論莊存與的『春秋正辭』」(『淸史硏究』, 2000년 제1기, 65쪽에 실려 있음).

적첩嫡妾의 분별은 사람이 무엇보다 가장 크고, 하늘이 무엇보다 가장 크다.116)

장존여의 관점에서 보면, '천자를 폄하한다'는 이론은 단지 "천도天道로써 천자를 대해야"만 비로소 가능하며, 그 의리는 곧 "사람이 무엇보다 가장 크며, 하늘이 무엇보다 가장 크다"는 것이다. 이른바 '천도天道'라는 전제는 어떤 의미에서 말하면 바로 제왕으로 대표되는 일련의 왕권王權의 정치 윤리와 질서이다. 그것은 바로 장존여가 말한 것과 같이, "천하에 하루라도 왕이 없을 수 없으니, 이것을 천도天道라고 한다"117)는 것이다. 『춘추정사』의 아홉 개의 '정사正辭' 중에서, 「정봉천사正奉天辭」에서 말한 것이 곧 '봉천奉天'이며, '봉천奉天'의 실질은 곧 '존왕尊王'이니, 이것이 바로 왕권을 위해 합리성을 제공하는 근거이다. 이로 인해 「정봉천사」 조목에 '삼통의 소통'(通三統)과 '삼세의 확장'(張三世) 등의 세부 항목이 있다고 하더라도, 그 내용은 공양학 이론 중의 '삼통의 소통'(通三統)과 '삼세의 확장'(張三世)에 포함되어 있는 깊은 뜻이 결코 갖추고 있지 않으며, 장존여는 그것을 단지 '존왕'의 이론적 근거로 여길 뿐이다. 이 외에 「정천자사正天子辭」·「정내사正內辭」·「정이백사正二伯辭」 등은 왕권 정치를 보장하기 위해 마땅히 있어야 하는 정치 이론을 제시한 것이다. 예를 들어 '경대부의 세습에 대한 비판'(譏世卿) 이론이 그것이다. 「정제하사正諸夏辭」·「정외사正外辭」의 경우에는 이적夷狄과 제하諸夏의 변별에 대한 새로운 해석이며, 그 목적은 현실 정치에서의 '왕王'을 '높이기'(尊) 위한 것이다. '주란誅亂'·'금포禁暴' 등의 여러 이론은 그 의도가 '존왕尊王'에 있다는 것은 말할 필요도 없다. 이로 인해 『춘추정사』 전체는 장존여가 경전 해설을 빌어서 제시한 체계적인 정치 사상과 정치 모델이자, 아울러 경학經學을 자신의 '존왕' 이론을 펼치는 방안으로 삼은 것이다.

---

116) 莊存與, 『春秋正辭』, 권1.
117) 莊存與, 『春秋正辭』, 권8.

제12장 공광삼孔廣森과 『춘추공양통의春秋公羊通義』

공광삼孔廣森(1752~1786)은 자가 중중衆仲 또는 휘약撝約이고, 호는 손헌巽軒이며, 산동山東 곡부曲阜 사람이다. 공자의 후예이다. 건륭 36년(1771) 진사가 되었고, 앞뒤로 한림원서기사翰林院庶起士 · 검토檢討 · 문림랑文林郎 등의 관직을 제수받았다. 관직에 있은 지 오래되지 않아서, 모친의 병을 이유로 사직하고 고향으로 돌아갔다. 곡부성曲阜城 동문리東門里에 '의정당儀鄭堂'을 세워 거처하면서 저술에 마음을 쏟았다. 이후에 가정의 변고로 인해서, 그의 부친인 공계분孔繼汾이 충군充軍, 즉 유형流刑에 처해져서 그곳의 병영에 복역하는 형법을 받고 있었는데, 공광삼은 부친의 죄를 면제받기 위해 병을 무릅쓰고 강준江淮 · 하락河洛의 사이에 있는 지역으로 달려갔다. 오래지 않아, 조모와 부친이 연이어 병으로 죽자, 공광삼은 극도의 슬픔으로 몸을 해쳐서, 불행히도 젊은 나이에 세상을 떠났다.

공광삼은 젊었을 때 대진戴震을 스승으로 섬겨서, 경사經史의 고훈故訓과 문자음운文字音韻의 학문에 마음을 다했다. 능정감淩廷堪은 "대진의 학문을 모두 전수했다"[1]고 말했고, 강번江藩은 "젊었을 때 대진에게 경전을 배웠으며, 삼례三禮 및 『춘추공양전』의 학문을 공부했다"[2]고 말했다. 이러한 측면에서 말한다면, 공광삼은 한학漢學의 정통이며, 강번의 『한학사승기漢學師承記』와 지위성支偉成의 『청대박학대사열전淸代朴學大師列傳』에서는 모두 그러한 이유로 그를 '완파晥派 경학가'에 배열하였다. 공광삼 본인도 자신의 거처를 '의정당儀鄭堂'이라고 스스로 지었으니, 진실로 지위성이 말한 것처럼 "강성康成 정현鄭玄을 마음으로 흠모하여, 우러러 존경함을 기록하였다"[3]고

---

1) 淩廷堪, 「孔檢討誄並序」.
2) 江藩, 『漢學師承記』, 권6.
3) 支偉成, 『淸代朴學大師列傳』, 163쪽.

하니, 건가乾嘉 학자로서의 자각을 볼 수 있다.

그러나 그의 사승관계에 대해 말하면, 공광삼은 또한 장존여莊存與에게 배운 적이 있기 때문에 그의 영향을 받았다. 저서로는 『춘추공양경전통의春秋公羊經傳通義』가 있고, 그 외에 『대대예기보주大戴禮記補注』, 『예학치언禮學巵言』, 『경학치언經學巵言』, 『시성류詩聲類』, 『소광정부술少廣正負術』 등의 저서가 있다. 그 중에 『춘추공양경전통의』 11권과 별도의 『춘추공양경전통의서春秋公羊經傳通義敍』 1권은 건륭 48년(1783) 겨울에 완성되었으며, 이 책은 공광삼이 "마음을 집중한 작품"이다. 엄격한 의미에서 볼 때, 청대 공양학의 가장 중요한 전문 저술이며, 청대 공양학의 부흥에 매우 중요한 의미를 가지고 있다.

제1절 『춘추』는 의리를 중시하고 일을 중시하지 않음

청대 건륭 연간 이후, 한학漢學이 크게 유행하고, '실사구시實事求是'의 학풍을 크게 숭상하였다. 『춘추』 연구도 문자의 교감校勘·훈고訓詁와 명물도수名物度數의 고증에 집중하였다. 이러한 유풍이 파급됨으로써 마침내 춘추학자들은 대부분 『좌씨전』에 주석을 다는 것을 전문적으로 하고, 『공양전』·『곡량전』에는 그다지 뜻을 두지 않았다. 따라서 금문학의 부흥은 먼저 『좌씨전』과 『춘추』의 관계를 처리해야만 했다. 이에 대해 장존여는 가장 먼저 "『춘추』는 일을 기록한 역사가 아니며, 문장을 요약하여 뜻을 보여 준 것이다"[4]는 주장을 제시하였다. 장존여의 제자로서 공광삼은 한층 더 나아가 경經·사史 관계로부터 『춘추』의 위치를 확정하였다. 공광삼이 말했다.

대체로 학자들은 『춘추』에 기록된 일은 간략하고 『좌씨전』에 기록된 일은 상세하므

---

4) 莊存與, 『春秋要指』.

로 경經과 전傳은 반드시 서로를 기다려서 행해져야 한다고 말하는데, 이것은 크게 미혹된 것이다.…… 성인이 경經을 지을 때, 말은 뜻이 세워지는 것으로써 하고, 뜻은 말이 소통되는 것으로써 하였으니, 비록 세 사람의 전傳이 없더라도, 해와 달을 치켜들 듯이 어둡지 않고, 영원토록 이어가서 가려지지 않는다. 노나라의 『춘추』는 역사(史)이다. 군자가 그것을 손질한 것이 경전(經)이다. 경전은 의리를 위주로 하고, 역사는 일을 위주로 한다. 일이기 때문에 번잡하고, 의리이기 때문에 문장은 적지만 쓰임은 넓다. 세속에서는 『춘추』의 의리를 구할 줄 모르고, 다만 『춘추』의 일만 구할 줄 알아서, 성인의 경전을 마침내 『좌씨전』 기사의 표제 목록처럼 간주하니, 『춘추』라는 이름은 있지만 실질은 없게 된다.[5]

공광삼의 관점에서 보면, 학자들이 『춘추』에 대해 가지고 있는 생각은 대체로 다음과 같은 두 가지 미혹됨이 있다. 첫째, 이른바 "경經은 옛 역사를 이어서 기록했고, 역사는 부고赴告를 이어서 기록한 것"이라는 주장이다. 공자가 손질한 『춘추』와 노나라의 옛 역사서가 실질적으로 차별이 없다고 여긴 것이다. 둘째, 『춘추』에 기록된 일은 간략하고 『좌씨전』에 기록된 일은 상세하기 때문에 『춘추』의 의리를 탐구하고자 한다면 반드시 『좌씨전』에 의지해야 한다고 여긴다. 사실 이 두 가지 폐단은 모두 경經과 사史를 분별하지 않은 데서 생긴 것이다. 공광삼은 경과 사의 분별은 경은 의리를 위주로 하고 사는 일을 위주로 하는 데 달려 있다고 생각했다. 따라서 순전히 사법史法에만 의존하여 『춘추』를 논하는 것에 대해 다음과 같이 의문을 제기했다.

군자가 『춘추』를 손질했다는 것은 가르침을 전했다는 것을 말하는 것이지, 어찌 일을 기록했다는 것을 말하는 것이겠는가?[6]

다시 말하면, 공자가 『춘추』를 지은 것은 일반적인 의미의 역사 저술이 결코

---

5) 孔廣森, 『春秋公羊經傳通義』, 「敍」.
6) 孔廣森, 『春秋公羊經傳通義』, 隱公 3년.

아니다. 그것은 이 책을 근거로 삼아서 만세의 법도를 세운 것이다. 공광삼은 말했다.

> 『춘추』의 문장은 공연히 기록된 것이 아니니, 모두가 후세를 위해 법도를 세운 것이다.[7)]

따라서 공광삼의 입장에서 말하면, 『춘추』는 비록 본래 노나라의 옛 역사서지만, 공자의 필삭을 거쳤기 때문에 이미 노나라의 옛 역사서에 '새로운 의리' 혹은 '새로운 뜻'을 부여한 것이다. 따라서 다시는 그것을 '역사'(史)로 보아서는 안 되며, 이미 '경전'(經)이다. 이 때문에 공광삼은 비천한 학자들이 노나라 역사를 『춘추』로 여기는 주장을 다음과 같이 비평하였다.

> 비천한 학자들은 『춘추』가 오직 노나라의 역사를 드러낸 것이며, 또 문장의 상세함과 간략함, 버리거나 취한 것이 모두 다른 뜻이 없으며, 한결같이 부고(赴告)에 의거하였다고 말한다. 『춘추』에 대해 말한 것이 어찌 그리도 천박한가?[8)]

'비천한 학자'라고 말한 것은 당연히 『좌씨전』을 연구하는 학자들을 가리킨다. 『춘추공양경전통의』에서 공광삼은 공자가 지은 『춘추』가 노나라의 옛 역사서의 내용을 빼거나 더했다는 전제 하에서, '새로운 의리' 혹은 '새로운 뜻'을 담아 놓음으로써 만세를 위해 법도를 세우는 목적을 달성했다고 자주 언급하였다. 그는 말했다.

> 『춘추』를 제작한 것은 군자가 새로운 뜻을 붙여 놓은 것이니, 주나라의 제도를 빼거나 더함으로써 후세의 왕의 법도로 만들었다.[9)]

---

7) 孔廣森, 『春秋公羊經傳通義』, 宣公 5년.
8) 孔廣森, 『春秋公羊經傳通義』, 隱公 9년.
9) 孔廣森, 『春秋公羊經傳通義』, 定公 6년.

『춘추』은공 6년, "가을. 7월"(秋七月)에 대해, 『공양전』에서 말했다. "여기에서는 일이 없는데, 무엇 때문에 기록했는가? 『춘추』는 비록 일이 없더라도, 한 계절이 지나가면 그 첫 달을 기록한다. 한 계절이 지나가면 그 첫 달은 무엇 때문에 기록하는가? 『춘추』는 연대 순서에 따라 기록하기 때문에 사계절이 갖추어진 이후에야 한 해가 된다."10) 사법史法의 측면에서 말하면, 아무런 일이 없는데도 기록하는 것은 쓸데없는 군더더기처럼 보인다. 그러나 공광삼의 관점에서 보면, "『춘추』는 비록 일이 없더라도 각 계절의 첫 달이 지나면 기록하니", 바로 이러한 '통용되는 예'(達例)와 '일상적인 법도'(常法)를 세운 이후에야 비로소 공자가 옛 역사서를 빼거나 더하는 과정에서 '변문變文'을 통해 표현하고자 했던 '새로운 의리'를 이해할 수 있다. 은공 원년, "3월, 은공이 주루나라 의보와 멸에서 맹약을 맺었다."(公及邾婁儀父盟于眛) 『공양전』에서 말했다. "의보는 누구인가? 주루나라의 임금이다. 무엇 때문에 이름을 불렀는가? 자字이다. 어째서 자字를 불렀는가? 그를 칭찬한 것이다. 어째서 그를 칭찬했는가? 그가 은공과 맹약을 맺었기 때문이다."11) 주루나라의 의보는 『춘추』 기록 이전에 작위를 잃었는데, 지금 자字를 부른 것은 그가 은공과 맹약을 맺었기 때문에 칭찬한 것이다. 공광삼은 다음과 같이 주장했다. 주루나라는 「은공」편에서는 본래 부용국附庸國이었다. 부용국은 씨氏·사람(人)·이름(名)·자字 네 가지 등급이 있다. 주루나라를 「환공」편에서는 '사람'(人)이라고 불렀는데, 그 이유는 "이적으로 취급한 것"이라고 했다. 「은공」편에서는 '자字'를 불렀는데, 그 이유는 "칭찬한 것"이라고 했다. 따라서 실제로는 주루나라가 본래 '이름'(名)의 등급에 배열되어야 하는데, 그 뒤 「장공」편에서 처음으로 왕명을 받아서 제후로 진입하였다. 그 '일'(事)의 측면에서 말하면, 주루나라의 등급을 높여준 것은 확실히 은공과 맹약을 맺었기 때문이 아니라 다른 원인이 있다. 공광삼이 보기에, 『춘추』가 여기에서 자字를 기록하여 칭찬한 것,

---

10) 『公羊傳』, 隱公 6년.
   역자 주: 하휴의 주에 의하면, 봄은 정월, 여름은 4월, 가을은 7월, 겨울은 10월을 시작으로 삼는다. 한 계절이 아무런 일이 없이 지나가더라도 각 계절의 첫 달은 반드시 기록한다.
11) 『公羊傳』, 隱公 원년.

그것이 바로 공자의 '새로운 의리'이다. 그는 한 단계 더 나아가 "『춘추』는 모두 일을 빌어서 의리를 붙여 둔 것이니, 그 의리를 얻으면 일을 생략할 수 있다"고 해석하였다.[12] 즉 『춘추』에서 중요하게 여기는 것은 결코 '일'이 아니라 '의리'라는 의미이다. 이른바 '일'이라는 것은 단지 '빌어서'(假) '의리'(義)를 밝힐 때 의탁하는 것에 지나지 않을 뿐이다. 따라서 일단 그 '의리'를 얻으면 '일'은 생략해서 말하지 않아도 되며, 심지어 일의 진상에 대해서도 놓아두고 논하지 않아도 된다. 따라서 공광삼은 제齊나라 양공襄公과 노魯나라 장공莊公의 복수[13]에 대해 다음과 같이 논했다.

> 제나라와 노나라는 모두 진실된 마음으로 복수하지 못한 자들이다. 그러나 제나라 양공襄公을 빌어서 복수를 잘한 것을 보여 주고, 또 노나라 장공莊公을 빌어 복수를 하지 못한 책임을 용서하였다. 이것은 모두 일에 근거하여 의리를 가탁함으로써 후세를 위해 법도를 드러낸 것이다.[14]

공광삼의 견해에 의하면, 『춘추』는 '대복수大復讐'의 의리를 밝히기 위해 마침내 제나라 양공의 기紀나라 정벌과 노나라 장공의 제나라 정벌을 빌어서 그것을 밝혔다. 그러나 제나라 양공과 노나라 장공이 성심을 다해 복수했는지의 여부는 사실 중요하지 않으며, 중요한 것은 이 일에 의탁하여 밝힌 큰 의리이다. 따라서 공광삼은 다음과 같이 말했다.

> 『춘추』는 일을 기록한 책이 아니라 의리를 밝힌 책이다. 진실로 그 의리를 밝혔으면 그 일은 생략할 수 있다.[15]

---

12) 孔廣森, 『春秋公羊經傳通義』, 隱公 원년.
13) 역자 주: 제나라 양공의 복수와 관련된 내용은 『춘추』 장공 4년, "기나라 임금이 자기 나라를 영원히 떠났다"(紀侯大去其國)에 대한 『공양전』의 해석에 보인다. 그리고 노나라 장공의 복수와 관련된 내용은 『춘추』 장공 4년, "장공이 제나라 사람과 곡에서 사냥하였다"(公及齊人狩于郜)에 대한 『공양전』의 해석에 보인다.
14) 孔廣森, 『春秋公羊經傳通義』, 「敍」.

'일을 기록하는 것'(記事)이라는 측면에서 말하면, 당연히 상세하게 기록할수록 더 좋다. 그러나 공자가 『춘추』를 지은 목적은 결코 '일을 기록하는 것'이 아니며, '가르침을 전하기' 위해서였다. 따라서 이른바 '가르침이 될 수 없는' 모든 것은 당연히 생략할 수 있다. 이 때문에 『좌씨전』이 비록 일을 기록한 것이 매우 상세하지만, 공자의 관점에서 보면 경經의 뜻을 드러내 밝힌 측면에서의 가치는 도리어 『공양전』보다 못하다. 이에 대해 공광삼은 다음과 같이 말했다.

> 『좌씨전』은 일이 상세하고, 『공양전』은 의리가 뛰어나다. 『춘추』는 의리를 중시하고 일을 중시하지 않으니, 이에 『공양전』은 더욱이 폐기해서는 안 된다.16)

이상을 종합하면, 공광삼이 입장에서 전통적으로 『좌씨전』을 가지고 『춘추』의 예例로 삼는 것은 사실 '크게 미혹된 것'이다. "경經은 옛 역사를 이어서 기록했고, 역사는 부고赴告를 이어서 기록한 것"이라는 주장은 단지 공자와 옛 역사서의 전승관계만 아는 것일 뿐, 공자가 『춘추』를 지은 요지가 '새로운 의리'를 널리 드러내는 데 있다는 것을 모른 것이다. 공자가 '새로운 의리'를 널리 드러낸 것은 결코 기사를 위해 일을 기록한 것이 아니며, 가르침을 전하고 법도를 세우려는 목적을 위해서이다. 따라서 공자가 손질한 『춘추』는 경經이지 결코 사史가 아니며, 『춘추』가 중시한 것은 의리에 있지 일에 있지 않다. 이러한 측면에서 말하면, 『좌씨전』의 기사가 비록 상세하지만, 『춘추』가 경經이 되는 것이 사실상 『좌씨전』과 '서로를 기다려서 행해져야 하는 것'이 아니다. 만약 그렇지 않고 "『춘추』의 의리를 탐구할 줄 모르고, 다만 『춘추』의 일만을 안다면", 공광삼이 은연중에 모기령毛奇齡을 비판했던 것처럼, "성인의 경전을 마침내 『좌씨전』 기사의 표시 목록처럼 간주하니, 『춘추』라는 이름은 있지만 실질은 없게 된다."

---

15) 孔廣森, 『春秋公羊經傳通義』, 「敍」.
16) 孔廣森, 『春秋公羊經傳通義』, 「敍」.

제2절 『좌씨전』·『곡량전』으로써 『공양전』과 소통함

공광삼의 『춘추공양경전통의』에서 말했다.

> 70명의 제자가 죽자 은미한 말이 끊어졌고, 삼전三傳이 지어지자 큰 의리가 어그러졌
> 으니, 『춘추』의 불행이다. 다행히 서로 통하는 것이 여전히 있었지만, 삼가三家의
> 스승들이 기필코 고의로 각각 그것을 달리 해석하여, 시간이 오래되면 될수록
> 더욱더 갈라지게 만들었다.[17]

공광삼은 다음과 같이 생각했다. 삼전三傳이 세상에 행해짐으로써 『춘추』의
미언대의微言大義에 대한 후대 사람들의 이해가 갈라지게 만들었다. 특히 삼가三家의
스승의 이론이 각각 하나의 말만을 고집함으로써 결국 "시간이 오래되면 될수록
더욱 갈라지게 만들었으니", 그것이 바로 "『춘추』의 불행"이라고 할 수 있다.

그렇지만 성인은 이미 죽었기 때문에 성인의 미언대의를 전하고자 한다면
사실상 삼전에 의뢰하지 않을 수 없다. 또한 삼전의 전수자는 결국 성인과의 거리가
멀지 않은 시대에 살았던 사람들이다. 이것은 공광삼이 말한 것처럼, "하물며 공양·곡
량·좌구명은 모두가 주진周秦의 사이에서 출현하여 70제자의 무리에 그 근원을
두고 있다. 그러므로 학자들은 세 사람에 대해 한쪽으로 편중되게 숭상하거나
한쪽으로 치우쳐서 비판해서는 안 된다."[18] 따라서 공광삼은 삼전이 비록 서로
장단점이 있지만, "다행히 서로 통하는 것이 여전히 있으니", 성경聖經을 이해하는
데 충분히 서로 의지하여 사용할 수 있을 것이라고 생각했다. 공광삼의 관점에서
보면, 하휴의 『춘추공양전해고』가 부족한 점은 곧 『좌씨전』·『곡량전』의 이론을
인용하여 『공양전』을 해석하려고 하지 않는 점에 있다. 이런 까닭으로 그의 『춘추공양
경전통의』는 "여러 학자들을 두루 소통하고, 『좌씨전』·『곡량전』을 함께 채용함으로

---

17) 孔廣森, 『春秋公羊經傳通義』, 「敍」.
18) 孔廣森, 『春秋公羊經傳通義』, 「敍」.

써 좋은 것을 선택하여 따르려고" 시도하였다.[19]

1. 『좌씨전』으로써 『공양전』을 증명함

공광삼은 『공양전』이 비록 『좌씨전』보다 의리가 뛰어나지만, 일은 상세하지 않다고 여겼다. 비록 『춘추』가 의리를 중시하고 일을 중시하지 않지만, 『춘추』가 의리를 드러내는 것이 '속사비사'와 떨어질 수 없기 때문에 『좌씨전』의 장점으로 『공양전』의 단점을 보완하고, 『좌씨전』의 일로 『공양전』의 의리를 증명해야 한다. 공광삼은 다음과 같이 말했다.

> 『좌씨전』은 그 일을 얻었지만 그 의리를 알지 못한다. 『공양전』은 그 의리를 얻었지만 그 일이 상세하지 않다. 매번 『좌씨전』의 일로써 『공양전』의 의리를 증명하니, 『공양전』의 신뢰성이 더욱 분명해졌다.[20]

따라서 공광삼은 『춘추공양경전통의』에서 『좌씨전』 이론으로써 『공양전』을 보완하거나 증명한 경우가 많다. 동시에 하휴의 『춘추공양전해고』에 대해, 혹은 『좌씨전』의 이론으로써 서로 인증하거나, 혹은 『좌씨전』의 이론으로써 서로 바로잡았다. 구체적으로 말하면, 다음과 같은 세 가지 방면으로 드러난다.

1) 공양公羊 선사先師가 전하지 않은 것을 보완함

공광삼은 『좌씨전』으로써 『공양전』을 증명했는데, 가장 먼저 『좌씨전』의 이론을 자주 인용하여, 공양 선사가 전하지 않은 것을 보완하였다.

『춘추』은공 2년, "기자백과 거나라 임금과 밀에서 맹약을 맺었다."(紀子伯‧莒子盟 於密) 그런데 '기자백紀子伯'이 『공양전』에는 상세하게 해석되어 있지 않고, 곧바로

---

19) 阮元, 『春秋公羊經傳通義』, 「序」.
20) 孔廣森, 『春秋公羊經傳通義』, 「敍」.

"알려진 바가 없다"[21]고 말했다. 이에 대해 공광삼은 다음과 같이 말했다.

알려진 바가 없다는 것은 『공양전』의 경사經師가 전하지 못한 것이다. 내가 생각하기
에, 『좌씨전』의 경문에 '자백子帛'이라고 기록되어 있는 것이 옳으니, 옛 글자에서는
'백伯'자와 '백帛'자는 모두 간략하게 줄여서 단지 '백白'자로 썼는데, 예서隷書의
기록에서 마침내 달라졌을 뿐이다.[22]

2) 『좌씨전』의 기사로써 『공양전』의 의리를 증명함

『좌씨전』으로 공양 선사가 전하지 않는 것을 보충하는 것 이외에, 공광삼은
『좌씨전』의 기사로써 『공양전』에서 말한 의리를 더욱 많이 증명하였다.

『춘추』은공 원년, "3월, 은공이 주루나라 의보와 멸에서 맹약을 맺었다."(三月,
公及邾婁儀父盟于昧) 『공양전』에서 말했다. "급及은 내가 원했다는 의미이다. 기暨는
부득이해서 그렇게 했다는 의미이다."[23] 그런데 『공양전』에서는 경문에서 사용한
급及의 의미는 결코 완전하게 해석하지 못했다. 그런데 공광삼은 다음과 같이 말했다.

『좌씨전』에서는 "은공이 자리를 섭정하여 주邾나라와 우호관계를 맺자고 하였다"
고 하니, 이 맹약은 내가 원한 것이기 때문에 급及이라는 문장 형식을 따랐다.[24]

이와 유사한 사례는 소공 7년, "봄, 왕의 정월, 제나라와 화평을 맺었다"(春,
王正月, 暨齊平)에 보인다. 공광삼이 말했다. "『공양전』의 예例에 '기暨는 부득해서
그렇게 했다는 의미이다'고 했다. 『좌씨전』에서도 '제나라가 요구했다'고 했다."[25]
이것도 또한 『좌씨전』의 일로써 이 사례를 증명한 것이다.

---

21) 『公羊傳』, 隱公 2년.
22) 孔廣森, 『春秋公羊經傳通義』, 隱公 2년.
23) 『公羊傳』, 隱公 원년.
24) 孔廣森, 『春秋公羊經傳通義』, 隱公 원년.
25) 孔廣森, 『春秋公羊經傳通義』, 昭公 7년.

민공 2년, "오랑캐가 위나라를 침입했다."(狄入衛) 공광삼이 말했다.

『좌씨전』에서 말했다. "위衛나라 의공懿公이 오랑캐와 형택熒澤에서 전쟁하다가 위나라 군대가 크게 패하니, 오랑캐가 마침내 위나라를 멸망시켰다." 그런데 경문에서는 단지 "위나라를 침입했다"고만 말했으니, 공양자公羊子가 제나라 환공桓公을 위해 숨긴 것이라고 말한 것이 믿을 만하다.[26]

살펴보건대, 경문에서 "오랑캐가 위나라를 침입했다"고 기록했는데, 『공양전』에는 전傳이 없다. 그런데 공광삼은 『좌씨전』의 기록을 가지고 사실상 오랑캐가 위나라를 멸망시킨 것을 증명하였다. 그리고 "오랑캐가 위나라를 멸망시켰다"고 기록하지 않고, "오랑캐가 위나라를 침입했다"고 기록한 이유에 대해, 공광삼은 희공 2년 『공양전』에서 말한 것[27]을 근거로, 여기에서도 위나라를 멸망시켰다고 말하지 않은 것이 "환공을 위해 숨긴 것"이라고 여겼다. 이것은 『좌씨전』의 이론을 가지고 『공양전』이 믿을 만함을 증명한 것이다.

『춘추』 성공 7년, "성공이 진나라 임금·제나라 임금·송나라 임금·위나라 임금·조나라 임금·거나라 임금·주루나라 임금·기나라 임금과 회합하여 정나라를 구원했다. 8월, 무진일, 마릉에서 동맹을 맺었다. 성공이 회합에서 돌아왔다."(公會晉侯·齊侯·宋公·衛侯·曹伯·莒子·邾婁子·杞伯救鄭. 八月, 戊辰, 同盟于馬陵. 公至自會) 공광삼이 말했다.

『좌씨전』에서 말했다. "제후들이 정나라를 구원하였다. 정나라 공중共仲과 후우侯羽

---

26) 孔廣森, 『春秋公羊經傳通義』, 昭公 7년.
27) 역자 주: 『춘추』 희공 2년, "초구에 성을 쌓았다"(城楚丘)는 기사에 대해, 『공양전』에서 말했다. "어디에 성을 쌓았는가? 위나라에 성을 쌓았다. 어째서 위나라에 성을 쌓았다고 말하지 않았는가? 멸망했기 때문이다. 누가 멸망시켰는가? 오랑캐가 멸망시켰다. 어째서 오랑캐가 멸망시켰다고 말하지 않았는가? 환공을 위해 숨겨서 기록하지 않은 것이다."(孰城之? 城衛也. 曷爲不言城衛? 滅也. 孰滅之? 蓋狄滅之, 曷爲不言狄滅? 爲桓公諱也)

가 초나라 군대를 공격하여, 운공鄖公 종의鍾儀를 사로잡아 진晉나라에 바쳤다."
따라서 목적을 달성하면 만난 장소에서 돌아왔다고 기록한다.[28]

살펴보건대, 『공양전』에는 본래 "목적을 달성하면 회합에서 돌아왔다고 기록하
고, 목적을 달성하지 못하면 어떤 나라의 정벌에서 돌아왔다고 기록한다"[29]는
예例가 있다. 이른바 "목적을 달성하면 회합에서 돌아왔다고 기록한다"는 해석에
대해, 하휴는 다음과 같이 말했다. "정벌한 나라가 복종하면, 군대를 해산하고
나라는 편안하기 때문에 군대가 출정했다가 돌아온 지역을 다시 기록하지 않고,
오직 본래 회합했을 당시만을 중복해서 기록한다."[30] 그런데 이 조목에서는 단지
제후가 정나라를 구제한 것만 기록하고, 제후가 제나라를 구제한 일의 성공 여부를
기록하지 않았다. 공광삼은 결국 『좌씨전』의 기록에 근거하여, 경문의 "성공이
회합에서 돌아왔다"는 말이 사실상 "목적을 달성하면 회합에서 돌아왔다고 기록한
다"는 예例와 서로 합치된다는 것을 증명하였다.

3) 하휴를 증명·보완하고 바로잡음

공광삼은 하휴가 『좌씨전』·『곡량전』을 끌어다 사용하지 않는 것에 불만을
가지고 있었기 때문에 『좌씨전』을 인용하여 『공양전』을 증명하고, 또 거기에서
더 나아가 『좌씨전』의 이론을 인용하여 하휴를 증명하고 보완하거나 또는 하휴를
바로잡았다.

'하휴를 증명한 것'은 공광삼이 비록 하휴의 주석에 찬성하더라도 또한 『좌씨전』

---

28) 孔廣森, 『春秋公羊經傳通義』, 成公 7년.
29) 『公羊傳』, 莊公 6년.
   역자 주: 여기에서는 "성공이 회합에서 돌아왔다"(公至自會)고 기록했는데, 장공 6년
   에는 "장공이 정나라 정벌에서 돌아왔다"(公至自伐衛)고 기록했다. 두 문장을 비교해
   보면, '至自伐衛'와 '至自會'의 기록 방식이 다르다. 이에 대해 『공양전』 장공 6년에서,
   출국한 목적을 달성하면 '회합(會)에서 돌아왔다'고 기록하고, 목적을 달성하지 못하
   면 '정벌(伐)에서 돌아왔다'고 기록한다고 해석하였다.
30) 『公羊傳』, 莊公 6년, 何休 注.

의 이론을 인용하여 서로 인증한 것이다.『춘추』환공 3년, "제나라 임금이 강씨를 환에서 전송했다."(齊侯送姜氏於讙)『공양전』에서 말했다. "무엇 때문에 기록했는가? 비난한 것이다. 어째서 비판했는가? 제후가 국경을 넘어 여식을 전송하는 것은 예禮가 아니기 때문이다." 하휴가 말했다. "예법에 시집가는 여식을 전송할 때, 부모는 당堂을 내려가지 않고, 고모와 자매는 문門을 나가지 않는다."31) 하휴가 말한 예제禮制에 대해, 공광삼은『좌씨전』의 이론을 인용하여 다음과 같이 증명하였다. "『좌씨전』에서 말했다. '대체로 임금의 여식이 대등한 나라로 시집갈 경우, 그 여식이 임금의 자매이면 상경上卿이 호송하여 돌아가신 부모님을 예우하고, 임금의 딸이면 하경下卿이 호송한다. 큰 나라로 시집갈 경우에는 비록 임금의 딸이라고 해도 상경이 호송하고, 천자에게 시집갈 경우에는 모든 경卿이 다 함께 호송하되, 임금이 스스로 호송하지는 않는다. 작은 나라로 시집갈 경우에는 상대부上大夫가 호송한다.'32)"33) 이와 같은 사례처럼, 하휴의 주에 대해 공광삼은『좌씨전』을 인용하여 증명하는 경우가 많다.

'하휴를 보완한 것'은『공양전』의 문장에 대해 하휴가 당연히 주를 달아야 되는데 주를 달지 않은 경우가 있다. 공광삼은『좌씨전』의 이론을 인용하여 그것을 보완하여 주를 달았다. 그것은 또한『춘추공양경전통의』「서」에서 말한 "드러나지 않거나 빠진 내용을 더한 것"이다.

『춘추』양공 26년, "양공이 진나라 사람·정나라 양소·송나라 사람·조나라 사람과 단연에서 회합하였다."(公會晉人·鄭良霄·宋人·曹人於澶淵) 이 조목의 경문에서 진나라와 송나라, 그리고 조나라에 대해서는 모두 '사람'(人)이라고 기록했는데, 유독 정나라에 대해서만 '양소'라고 이름을 기록했다. 그 속에 담긴 서법이 명확하지 않은데, 하휴는 아무런 주를 달지 않았다. 이것은 당연히 주를 달아야 되는데도 주를 달지 않은 경우에 속하기 때문에 공광삼은 다음과 같이 말했다.

---

31) 『公羊傳』, 桓公 3년, 何休 注.
32) 『左氏傳』, 桓公 3년.
33) 孔廣森, 『春秋公羊經傳通義』, 桓公 3년.

유독 정나라만 이름이 보이는 것은 본래 당연히 진晉나라 조무趙武를 말해야 함을 부각시킨 것이다. 『좌씨전』에서 말했다 "경문에 진晉나라 조무趙武를 기록하지 않은 것은 노나라 양공襄公을 높이기 위해서이다." 이것은 대부는 임금을 대적할 수 없다는 의리를 드러내 밝힌 것이다. 진晉나라의 존귀한 경卿도 오히려 노나라 양공과 대적할 수 없으니, 정나라 양소良霄가 양공과 대적했다는 혐의를 두지 않는다.[34]

살펴보건대, 『공양전』의 서법에 따라 말한다면, 정나라에 대해 이름을 기록한 것은 노나라 임금과 대등하게 맞선 혐의가 있는 것 같다. 그런데 진나라는 제후의 영수이고, 조무는 진나라의 존귀한 경卿인데, 조무의 이름을 기록하지 않고 사람(人)이라고 기록했다. 이것은 『좌씨전』의 이론에 의하면, "노나라 양공을 높이기 위해서"이니, 바로 대부는 임금과 대적할 수 없다는 『춘추』의 뜻을 얻은 것이다. 조무도 오히려 노나라 양공과 대적할 수 없는데, 정나라 양소는 당연히 양공과 대적할 수 없다. 따라서 정나라 양소에 대해 비록 이름을 기록했지만, 대부가 임금과 대적했다는 혐의는 없는 것이다. 『공양전』에서 "(『춘추』는 전후 사정이 분명할 때) 귀천貴賤에 대해 동일한 호칭을 사용하는 것을 꺼리지 않고, 미악美惡에 대해 동일한 표현을 쓰는 것을 꺼리지 않는다"[35]는 것이 바로 이 의리이다.

'하휴를 바로잡은 것'은 하휴는 '지리멸렬하고' '구애되고 막힌 곳'이 있는데, 공광삼이 그것을 바로잡아 수정한 것이다. 그는 하휴를 다음과 같이 비평하였다.

『공양전』의 '떠난 사람이 다섯 명이었다'(叛者五人)에 대해, 하휴는 『좌씨전』을 취하여 증명하지 않고, "간언하되 예禮로써 하지 않았다"는 주장으로 천착하였다.[36]

살펴보건대, "떠난 사람이 다섯 명이다"는 것은 『공양전』 정공 8년의 문장이다.

---

34) 孔廣森, 『春秋公羊經傳通義』, 襄公 26년.
35) 『公羊傳』, 隱公 7년.
36) 孔廣森, 『春秋公羊經傳通義』, 「敍」.

하휴는 "간언하되 예禮로써 하지 않고 떠나가는 것을 반叛이라고 한다"고 했다.[37]
그런데 공광삼은 이 주장을 만족스럽게 여기지 않고, 마침내 『좌씨전』의 이론을
취하여 다음과 같이 해석했다.

『좌씨전』에서 말했다. "계오季寤·공서극公鉏極·공산불뉴公山不狃는 모두 계씨季氏
에게 뜻을 얻지 못했고, 숙손첩叔孫輒은 숙손씨叔孫氏에게 총애를 받지 못했으며,
숙중지叔仲志는 노나라에서 뜻을 얻지 못했다. 따라서 다섯 사람이 양호陽虎에게
의지하니, 양호는 삼환三桓을 제거하고 계오季寤로 계씨를 대체시키고, 숙손첩으로
숙손씨를 대체시키며, 자신은 맹씨孟氏를 대체하고자 하였다. 겨울, 11월에 선공先公
인 민공閔公과 희공僖公을 선후의 순서에 따라 제사지내고 소원을 빌었다. 신유辛酉에
희공의 사당에서 체禘 제사를 지냈다."『공양전』에서는 "떠난 사람이 다섯 명이었다"
고 말했는데, 양호가 떠난 것은 이미 그 다음 문장에 보이기 때문에 그 무리를
대략적으로 거론했으니, 바로 계오·공서극·공산불뉴·숙손첩·숙중지이다.[38]

이 사례는 곧 『좌씨전』의 기사로써 하휴의 잘못을 바로잡은 것이다. 이와
유사한 사례는 민공 원년, "계자가 돌아왔다"(季子來歸)에서도 보인다. 하휴는 계자가
낙고洛姑에서 돌아왔다고 풀이했는데, 공광삼은 『좌씨전』에 근거하여 다음과 같이
말했다.

---

37) 역자 주: 『춘추』 정공 8년에 "선공들을 종사하였다"(從祀先公)는 기사에 대해, 『공양
   전』에서 다음과 같이 해석했다. "從祀는 무엇인가? 즉위한 순서대로 제사를 지내는
   것(順祀)이다. 文公이 閔公과 僖公의 순서를 뒤집어 제사(逆祀)를 지냈을 때, 떠난 사
   람이 세 명이었다. 이번에 定公이 순서대로 제사를 지내자, 떠난 사람이 다섯 명이었
   다."(從祀者何? 順祀也. 文公逆祀, 去者三人. 定公順祀, 叛者五人) 이에 대해 하휴는 '去'
   는 '간언했는데 임금이 따르지 않아서 떠나가는 것'이고, '叛'은 '간언하되 예禮로써
   하지 않고 떠나가는 것'이라고 풀이하였다.
38) 孔廣森, 『春秋公羊經傳通義』, 定公 8년.
   역자 주: 앞의 『춘추』 8년, "선공들을 종사하였다"(從祀先公)는 문장을 바로 이어서
   "도적이 보옥과 대궁을 훔쳤다"(盜竊寶玉大弓)는 문장이 보인다. 이것은 陽虎가 국보
   를 훔쳐서 달아난 사건이다. 공광삼은 양호가 떠난 것은 『춘추』의 다음 문장에 바로
   보이기 때문에 『좌씨전』에서 양호를 제외한 나머지 무리들을 거론했다고 해석한 것
   이다.

하휴는 『좌씨전』을 절대로 믿지 않으니, 앞의 『공양전』에서 "계자가 돌아왔다"(季子 至)고 말한 것을 집에서 조정으로 돌아온 것으로 여겼고,[39] 이 경문의 '돌아왔다(來歸) 는 것을 낙고洛姑에서 돌아왔다고 여겼으니, 지리멸렬한 주장은 지금 모두 취하지 않는다.

살펴보건대, 『좌씨전』의 이론에 근거하면, 장공 32년에 경보慶父가 자반子般을 시해한 이후, "성계成季, 즉 계자季子가 진陳나라로 도망갔다." 민공 원년의 낙고洛姑의 맹약(公及齊侯盟于洛姑)에 이르러, "민공이 제나라 임금에게 계우季友, 즉 계자가 나라로 돌아올 수 있도록 도와주기를 요청하니, 제나라 임금이 그것을 허락하였다." 따라서 『춘추』 경문에서는 "계자가 돌아왔다"고 말했으니, 마땅히 계자는 진나라로부터 노나라로 돌아온 것이지 낙고로부터 돌아온 것이 아니다. 이 때문에 공광삼은 하휴가 『좌씨전』을 믿지 않아서 지리멸렬함에 이르렀다고 바로 지적하였다.

2. 『곡량전』으로써 『공양전』을 해석함

『곡량전』과 『공양전』은 모두 금문 경전이며, 그 경전 해석도 비슷한 곳이 매우 많다. 따라서 공광삼은 『춘추공양경전통의』에서 다방면으로 취사선택했는데, 혹은 『곡량전』과 『공양전』을 서로 드러내 밝혔고, 혹은 『곡량전』의 의리를 바로 취하여 『춘추』를 해석하기도 했다.

1) 『공양전』의 의리와 서로 드러내 밝힘

『춘추공양경전통의』는 『곡량전』의 의리를 들어서 『공양전』과 서로 드러내

---

39) 역자 주:『춘추』 민공 원년의 "元年, 春, 王正月"의 『공양전』에서 "계자가 돌아왔지만 그 결론을 바꿀 수는 없었다"(季子至而不變也)고 했고, 하휴의 주에서 다음과 같이 풀이했다. "돌아왔다는 것은 임금이 시해되었다는 소식을 듣고 집으로부터 조정에 이른 것이다. 계자는 鄧扈樂의 세력이 혼자서 임금을 시해할 수 없다는 것을 알았지 만, 그 진위를 바꾸어서 바로잡을 수는 없었다."

밝힌 것이 많다. 은공 원년, "여름, 5월, 정나라 임금이 언에서 단을 이겼다."(夏, 五月, 鄭伯克段于鄢) 『공양전』에서는 "정나라 임금의 악惡을 크게 여겼다"고 말했는데, 공광삼은 더 나아가 『곡량전』을 인용하여, "정나라 임금이 온갖 궁리를 다하여, 동생을 죽이는 데 성공한 것을 심하게 여긴 것이다"라고 하였다.[40]

은공 3년, "가을, 무씨의 아들이 노나라에 와서 부의를 요구했다."(秋, 武氏子來求賻) 『공양전』에서 말했다. "무씨의 아들이 노나라에 와서 부의를 요구한 것을 무엇 때문에 기록했는가? 비난한 것이다. 무엇을 비난한 것인가? 부의를 요구하는 것은 예禮가 아니니, 천자 아래의 모두에게도 통용된다." 공광삼은 『곡량전』을 인용하여 다음과 같이 말했다. "주나라가 비록 요구하지 않더라도 노나라는 보내지 않을 수 없다. 노나라가 비록 보내지 않더라도 주나라는 요구할 수 없다. 요구했다는 말은 부의를 얻었는지의 여부를 알 수 없다는 말이다. 양쪽 모두 비난한 것이다." 살펴보건대, 『공양전』의 의리는 상사喪事에 부의를 요구할 수 없으며, 단지 군신만이 아니라 모두가 요구할 수 없기 때문에 아래에도 통용되는 예이다. 즉 신하 중에 요구하는 자가 있어도 마땅히 비판한다. 따라서 공광삼은 『곡량전』의 "양쪽 모두 비난한 것이다"라는 뜻을 인용하여 『공양전』의 요지를 드러낸 것이다.[41]

공광삼은 또 『곡량전』에서 예禮를 설명한 것을 가지고 『공양전』을 소통시켰다. 장공 23년, "가을, 환공桓公의 신위를 모신 사당의 기둥에 붉은 칠을 하였다."(秋, 丹桓宮楹) 『공양전』에서 말했다. "환공의 신위를 모신 사당의 기둥에 붉은 칠을 한 것은 예禮가 아니다." 공광삼은 『곡량전』을 인용하여 다음과 같이 말했다. "예법에, 천자와 제후는 사당의 기둥을 흑색, 벽을 백색으로 칠한다. 대부는 청색, 사는 황색을 칠한다. 환공 사당의 기둥을 붉게 칠한 것은 예에 합당하지 않다."[42] 또 장공 24년, "봄, 왕의 3월, 환공 사당의 서까래에 조각을 했다."(春, 王三月, 刻桓宮桷) 『공양전』에서 말했다. "환공 사당의 서까래에 조각을 한 것은 예禮가 아니다."

---

40) 孔廣森, 『春秋公羊經傳通義』, 隱公 원년.
41) 孔廣森, 『春秋公羊經傳通義』, 隱公 3년.
42) 孔廣森, 『春秋公羊經傳通義』, 莊公 23년.

공광삼은 또『곡량전』을 인용하여 다음과 같이 말했다. "천자의 서까래는 깎아서 갈아낸 후 고운 돌로 문질러 광을 낸다. 제후의 서까래는 깎아서 갈아내고, 대부는 깎아내기만 하고, 사士는 밑을 깎기만 한다. 서까래에 조각을 한 것은 예禮가 아니다."[43]

2)『곡량전』의 의리로써『춘추』를 해석함

공광삼은 비록 학문적으로『공양전』을 종주로 삼았지만, 어떤 경우에는『곡량전』의 의리가『공양전』보다 낫다고 여겼다. 따라서『곡량전』의 의리를 바로 취하여『춘추』를 해석하였다. 환공 3년, "봄, 정월, 환공이 제나라 임금과 영에서 회합했다." (春, 正月, 公會齊侯於嬴)『공양전』·『곡량전』두 전의 관점에서 보면, 노나라 환공은 임금인 형을 시해한 악한 사람이다.『곡량전』에서는 다시 서법書法의 측면에서 환공이 "왕을 무시했다"고 천명하였다. 환공 원년, "봄, 왕의 정월, 환공이 즉위하였다"(春, 王正月, 公卽位)에 대해『곡량전』에서 말했다. "환공은 왕을 무시했는데, '왕王'이라고 말한 것은 무엇 때문인가? 시작을 삼간 것이다. 왕을 무시했다는 것은 무엇을 말하는가? 환공은 동생으로서 형을 시해하고, 신하로서 임금을 시해했는데, 천자는 바로잡지 못하고, 제후는 구제하는 못했으며, 백성들은 떠나가지 못했다. 왕을 무시할 정도가 되어야 이러한 지경에 이를 수 있다고 여긴 것이다." 공광삼은『곡량전』에서 의리를 해석한 것이『공양전』보다 낫다고 여겨서, 마침내 "『공양전』에서는 환공이 왕을 무시한 의리에 대해 말하지 않았다"고 비평하였다. 또 대놓고 "지금『곡량전』을 취하여 해석하였다"고 말했다.[44]

환공 4년, "봄, 정월, 환공이 랑에서 사냥을 했다."(春, 正月, 公狩于郞)『공양전』에서 말했다. "제후는 어째서 반드시 사냥을 하는가? 첫 번째 최상등의 고기는 제물로 바치고, 두 번째 차등의 고기는 손님을 접대하며, 세 번째 하등의 고기는 임금의 주방을 채운다." 살펴보건대,『공양전』의 이론은 제후가 사냥하는 의리가 제사에

---

43) 孔廣森,『春秋公羊經傳通義』, 莊公 24년.
44) 孔廣森,『春秋公羊經傳通義』, 桓公 元年.

제물로 갖추는 것, 빈객 대접과 주방 충당이라는 것이다. 공광삼은 비록 중간에 주를 달아서 하휴의 이론을 인용하여 『공양전』의 문장을 해석했지만, 또 『곡량전』(소공 8년)을 인용하여 다음과 같이 말했다. "봄과 가을의 사냥을 통해 군사 연습을 하는 것은 예법의 큰 것이다."[45] 확실히 『곡량전』의 의리가 『공양전』의 이론보다 낫다고 여긴 것이다.

이상에서 알 수 있듯이, 공광삼은 『좌씨전』과 『곡량전』에 대해, 확실히 완원阮元이 말한 것과 같이, "『좌씨전』・『곡량전』을 함께 채용함으로써 좋은 것을 선택하여 따랐다." 공광삼이 "좋은 것을 선택하여 따른 것"이 또한 단지 『좌씨전』・『곡량전』에만 한정되지는 않는다. 비록 공광삼이 삼전三傳 이후 후사後師들의 『춘추』 해석을 비판한 경우가 많지만, 『춘추공양경전통의』에서는 여전히 당・송・원・명대 경사經師의 『춘추』 이론을 많이 인용하였다.[46] 이러한 측면에서 말한다면, 공광삼은 스승인 장존여의 입장과 일맥상통한다고 말할 수 있다.

제3절 여러 경전으로써 『공양전』을 소통함

완원은 공광삼이 "여러 학자들을 두루 소통하고, 『좌씨전』・『곡량전』을 함께 채용함으로써 좋은 것을 선택하여 따랐다"고 하였다. 그와 동시에 또 공광삼이 "모든 경적經籍의 뜻 중에서 『공양전』과 소통될 수 있는 것은 대부분 기록하였다"고 했다.[47] 공광삼도 다음과 같이 말했다.

---

45) 孔廣森, 『春秋公羊經傳通義』, 桓公 4年.
46) 정확하지는 않지만 필자가 집계한 통계에 의하면, 공광삼이 『춘추공양경전통의』에서 인용한 당・송・원・명대 학자들의 논의 중에서 원대 趙汸이 21회로 가장 많았다. 그 다음은 송대 劉敞이 16회, 胡安國이 14회, 啖助가 6회, 趙匡이 5회, 黃道周가 5회, 蕭楚가 4회, 孫覺이 3회, 高閌이 3회, 家鉉翁이 3회, 朱子와 崔子方이 각각 2회, 孫復과 張洽이 각각 1회이다.
47) 阮元, 『春秋公羊經傳通義』, 「序」.

군자가 『춘추』를 지을 때, 육경六經을 갖추어서 본보기를 드리웠으니, 『춘추』에서 비판(刺) · 비난(譏) · 칭찬(褒) · 폄하(貶)를 설치한 것은 『시詩』와 같다. 네 계절(四序)을 차례매기고 오행五行을 자세히 살핀 것은 『역易』과 같다. 왕자의 정사政事와 열국의 일을 기록한 것은 『서書』와 같다. 토지의 면적에 따라 부세하는 제도(稅畝)와 부세賦稅의 사용을 통해 전제田制를 보여 주고, 중군中軍을 만들거나 폐지하는 것을 통해 군제軍制를 보여 주며, 졸卒 · 장葬 · 함含 · 봉賵을 통해 상제喪制를 보여 주고, 공公 · 경卿 · 대부大夫 · 사士의 이름과 자(名字)의 등급을 통해 관제官制를 보여 주며, 서궁西宮을 통해 침제寢制를 보여 주고, 세실世室 · 무궁武宮을 통해 묘제廟制를 보여 주었다. 체禘 · 교郊 · 중烝 · 상甞의 제사 예절과 소목昭穆의 자리, 사당의 기둥과 서까래의 장식에 이르기까지 모두 거론하지 않은 것이 없으니, 주공周公이 예禮를 제정한 뜻을 함께 겸한 것인가?[48]

공광삼의 관점에서 보면, 『춘추』는 여러 경전과 소통할 수 있으니, 『시』 · 『서』 · 『예』 · 『역』을 갖추지 않은 것이 없다. 그것은 바로 공광삼이 인용한 혜사기惠士奇의 말처럼, "육경六經은 모두 성현聖賢의 말이니, 어찌 서로 통할 수 없겠는가?"[49] 따라서 공광삼이 자신의 책을 『춘추공양경전통의』라고 지은 것도 여러 경전과 통한다는 뜻으로써 말한 것이다.

1. 『시詩』로써 『공양전』을 해석함

공광삼은 『춘추』에서 "비판(刺) · 비난(譏) · 칭찬(褒) · 폄하(貶)를 설치한 것은 『시詩』와 같다"고 했다. 즉 『춘추』의 비판(刺) · 비난(譏) · 칭찬(褒) · 폄하(貶)는 『시』의 찬미(美)와 비판(刺)과 같다는 말이다. 그는 다음과 같이 말했다.

『시』는 「이남二南」에서 시작되고, 「이남」은 「관저關雎」에서 시작된다. 「대아大雅」

---

48) 孔廣森, 『春秋公羊經傳通義』, 僖公 22년.
49) 孔廣森, 『春秋公羊經傳通義』, 文公 14년.

에서 문왕文王에 대해 "나의 처에게 모범이 되어, 형제에까지 이르러서 나라를 맞아 다스렸다"고 했으니, 문왕이 천하를 교화한 방법은 본래 부부의 관계를 바르게 하는 것으로부터 시작된다. 부부의 관계가 바르지 않으면 정녀貞女가 있을 자리를 잃게 되고, 음란한 풍속이 유행하여 (「國風」에 포함된) 15개국의 폐단이 극에 이르게 될 것이다. 진陳나라 영공靈公의 시대에 이르러, 「주림株林」이 위의 임금을 비판하였고, 「택피澤陂」·「월출月出」이 아래의 백성들을 풍자하였다. 100여 년간 점점 심해져서, 소인은 다시는 염치가 있다는 것을 모르게 되고, 군자는 다시는 찬미와 비판이 있다는 것을 모르게 되니, 『시』의 가르침이 마침내 없어져 버렸다. 『시』가 진나라 영공에서 없어진 것을 두려워하여 『춘추』가 지어진 것이다. 따라서 위로는 문왕의 가르침을 근본으로 삼아서, 은공·환공의 시대에는 가장 먼저 안으로 비필妃匹을 바로잡고, 여인의 현명함과 불초함을 반드시 삼가 구별하였 다. 증鄫나라 계희季姬의 음란함을 살펴보면, 수년 사이에 부인은 스스로 상을 당하고 남편은 그 몸을 해쳤으며, 원수가 여러 세대에 미치고 자손은 찢겨 죽임을 당했으니, 이것이 『춘추』에서 경계로 삼은 이유이며, 또한 「주림」의 뜻이다. 송宋나 라 백희伯姬의 정숙하고 신실함을 살펴보면, 환난을 만나도 그 법도를 잃지 않았고, 해를 넘겨 한거하면서도 그 절개를 바꾸지 않았다. 따라서 살아서는 세 나라에서 잉첩을 보내왔고, 죽어서는 제후들의 슬픔을 불러일으켰으니, 이것이 『춘추』에서 권면한 이유이며, 「한광漢廣」·「행로行露」의 뜻이다.[50]

공광삼의 시각에서 보면, 문왕의 천하 교화는 부부로부터 시작된다. 그런데 진나라 영공의 군신들이 하희夏姬와 음란한 짓을 하니, 시인이 「주림」·「택피」·「월출」 시를 지어서 비판하였다. 그렇지만 그 음란한 유풍이 파급되었기 때문에 소인들은 염치를 모르고 군자는 찬미와 비판을 몰라서 『시』의 가르침이 마침내 없어져 버렸다. 공자가 그것을 두려워하여 『춘추』를 지었으니, 『시』에서 가장 먼저 비필妃匹을 바로잡고, 여인의 현명함과 불초함을 구별하는 데 삼간 것과 같다. 공광삼은 마침내 증나라 계희季姬를 예로 삼아서 그것을 증명하였다. 증나라 계희는 본래 백희의

---

50) 孔廣森, 『春秋公羊經傳通義』, 襄公 30년.

잉첩인데, 당시 노나라는 계회를 주루邾婁나라로 보냈다. 그녀는 주루나라로 가다가 방防땅에 이르러, 증자鄫子를 만나서 사랑하여 마침내 다시 증나라로 시집을 갔다.(희공 14년) 증나라와 주루나라는 이 일로 인해서 여러 세대 동안 원수가 되었다. 그 후 희공 19년에 "주루나라 사람이 증나라 임금을 잡아서 제사의 희생으로 사용하였다."(邾婁人執鄫子, 用之) 즉 『공양전』에서 말한 "그의 코를 깨부수어 그 피를 토지신을 제사지내는 제기에 칠했다"(叩其鼻, 以血祀)는 것이다. 이것이 바로 공광삼이 말한 "남편은 그 몸을 해쳤다"는 것이다. 선공 18년, "가을, 7월, "주루나라 사람이 증나라에서 증나라 임금을 찢어 죽였다."(邾婁人戕鄫子於鄫) 이것이 바로 공광삼이 말한 "자손은 찢겨 죽임을 당했다"는 것이다. 따라서 공광삼은 "이것이 『춘추』에서 경계로 삼은 이유이며, 또한 「주림」의 뜻이다"라고 말했다. 이와 상반된 사례는 『춘추』 양공 30년 송나라 백희의 기록이다. 백희는 화재를 만났지만, 그 법도를 잃지 않았고 예禮를 지키면서 죽었다. 『공양전』에서는 현명하다고 여겼는데, 공광삼은 『춘추』가 이 사례로써 권면한 것은 『시』 「한광漢廣」·「행로行露」의 뜻과 같다고 여겼다. 따라서 그는 "『시』에 찬미와 비난이 있는 것과 『춘추』에 칭찬과 비판이 있는 것은 그 뜻이 한 가지이다"[51]라고 했다.

공광삼은 『시』의 찬미·비난이 『춘추』의 칭찬·비판과 같다고 여겼기 때문에 『시』를 많이 인용하여 『춘추』의 포폄을 증명하였다. 민공 2년, "정나라가 자기 군대를 버렸다."(鄭棄其師) 『공양전』에서 말했다. "정나라가 자기 군대를 버렸다는 것은 무슨 의미인가? 자기 장수를 미워한 것이다. 정나라 임금이 고극高克을 미워하여, 그에게 군대를 통솔하도록 하고 쫓아내서 받아들이지 않았으니, 군대를 버린 행동이다." 이에 대해 공광삼은 다음과 같이 말했다.

「모시서毛詩序」에서 말했다. "「청인淸人」은 문공文公을 비난한 것이다. 고극高克이 이익을 좋아하고 그 군주를 돌보지 않으니, 문공이 그를 미워하여 멀리하려 했지만

---

51) 孔廣森, 『春秋公羊經傳通義』, 襄公 30년.

할 수가 없었다. 이에 고극에게 군사를 거느리고 오랑캐를 막게 하여, 군사들을 진열한 하수河水 가에서 하는 일 없이 놀며 돌아다니게 하였다. 오래도록 부르지 않자 군사들이 해산하여 돌아가니, 고극은 진陳나라로 도망갔다. 공자公子 소素가 고극이 나아가 등용되기를 예禮로써 하지 않고, 문공이 물리쳐 쫓아내기를 도道로써 하지 아니하여, 나라를 위태롭게 하고 군대를 멸망시키는 근본이 된 것을 미워하였다. 따라서 이 시를 지은 것이다." 그러므로 경문에서 "정나라가 자기 군대를 버렸다"고 말한 것은 「청인」의 뜻과 같은 것이다.[52]

살펴보건대, 정나라 임금이 고극을 미워하여, 고극이 군대를 버리고 진나라로 도망하는 사태를 초래했다. 『춘추』의 "정나라가 자기 군대를 버렸다"는 기록에서, 사실상 군대를 버린 것은 정나라 문공이다. 「청인」의 시도 또한 문공이 "물리쳐서 쫓아내기를 도道로써 하지 않았다"고 비난했기 때문에 공광삼은 "정나라가 자기 군대를 버렸다"는 것이 「청인」의 뜻과 같다고 말한 것이다.

공광삼은 『시』의 찬미 · 비난을 가지고 『춘추』의 포폄褒貶을 소통시키는 것 이외에, 『춘추공양경전통의』에서는 또 자주 『시』로써 『공양전』을 증명하거나, 『시』의 예제禮制로써 『공양전』을 증명하거나, 『시』의 문자에 대한 성음聲音과 훈고訓詁로써 『공양전』을 해석했으며, 또 『시』의 지명地名으로써 『공양전』을 해석한 경우도 있다.

은공 2년, "9월, 기나라 이수가 노나라에 와서 여자를 맞이하였다."(紀履綸來逆女) 『공양전』에서 말했다. "외국에서 여자를 맞이하는 것은 기록하지 않는데, 여기에서는 무엇 때문에 기록했는가? 비판한 것이다. 처음으로 친영親迎하지 않은 것을 비판한 것이다." 이에 대해 공광삼이 말했다.

내가 『시』로써 고찰해 보니, 문왕文王은 위수渭水에서 부인을 직접 맞이했고, 한韓나라 임금은 궐보蹶父의 마을에서 부인을 맞이해 왔으니, 제후가 직접 신부를 맞이하는 것은 분명한 문장이 더 있다. 「제풍齊風 · 저著」편은 당시에 친영親迎을 하지 않은

---

52) 孔廣森, 『春秋公羊經傳通義』, 閔公 2년.

것을 비난한 것인데, 가장 앞 장의 "귀막이를 흰 명주실로써 끈을 만들었다"(充耳以素)는 것은 사士의 복장이고, 다음 장의 푸른 명주실은 경대부卿大夫의 복장이며, 마지막 장의 노란 명주실은 임금의 복장이니, 임금이 친영하지 않으면 당연히 비난이 있다는 것을 밝힌 것이다. 또 「저著」시는 제나라 애공衰公의 시대에 지어졌으니, 『공양전』에서 친영하지 않았다고 말한 것이 이 시의 사례보다 시대적으로 앞이라는 것도 또한 충분히 증명된다.[53]

살펴보건대, 『공양전』은 친영하지 않는 것을 예禮가 아니라고 여겼는데, 공광삼은 「저」시에서 친영하지 않은 것을 비난한 것으로써 임금은 마땅히 친영해야 함을 밝혔다. 이것은 『시』의 예제禮制로써 『공양전』을 해석한 것이다.

장공 28년의 『공양전』에서 말했다. "『춘추』에서는 다른 나라를 정벌한 사람을 객체로 삼고, 정벌을 당한 사람을 주체로 삼는다." 이에 대해 하휴는 "다른 나라를 정벌한 사람을 객체로 삼는다는 것은 정벌이라는 글자를 읽을 때 길게 말하는 것이며", "정벌을 당한 사람을 주체로 삼는다는 것은 정벌이라는 글자를 읽을 때 짧게 말하는 것이다"라고 해석했다. 공광삼은 "길게 말한다는 것은 지금의 거성去聲과 같고, 짧게 말한다는 것은 지금의 입성入聲과 같다"고 했다. 또 말했다. "『시』에서 '위나라와 고나라를 이미 정벌하고, 곤오와 하나라 걸왕도 정벌하였다'(韋·顧既伐, 昆吾·夏桀, 「魯頌·長發」)고 한 것은 짧게 말한 것이니, '벌伐'자가 '걸桀'자와 운韻이 된다. 『육도六韜』에서 '해가 중천에 있거든 반드시 물건을 말리고, 도끼를 잡았으면 반드시 쳐야 한다'(日中必彗, 執斧必伐, 「守土」)고 한 것은 길게 말한 것이니, '벌伐'자가 '혜彗'자와 운이 된다."[54] 이것이 바로 『시』의 음독音讀으로써 『공양전』을 증명한 것이다.

『춘추』은공 4년, "여름, 은공이 송나라 임금과 청에서 만났다."(夏, 公及宋公遇於淸) 공광삼이 말했다. "청淸이라는 땅은 정鄭나라와 위衛나라의 경계에 있으니, 『시』에서

---

53) 孔廣森, 『春秋公羊傳通義』, 隱公 2년.
54) 孔廣森, 『春秋公羊傳通義』, 莊公 28년.

읊은 「청인淸人」이라는 시이다." 이것은 곧 『시』의 지명地名으로써 『춘추』의 지명을 증명한 것이다.

2. 『서書』로써 『공양전』을 해석함

공광삼은 『춘추』가 "왕자의 정사政事와 열국의 일을 기록한 것"이 『상서』와 같다고 말했다. 이것은 단지 『춘추』·『상서』가 일을 기록한 역사라는 측면에서 말한 것이다. 따라서 그는 『상서』의 일로써 『공양전』을 증명한 경우가 많다.

『공양전』 은공 5년에서 말했다. "주나라 성왕成王 때부터 섬陝의 동쪽은 주공周公이 주관했고, 섬의 서쪽은 소공召公이 주관했다. 다른 한 명의 재상은 국내 조정을 주관했다." 공광삼이 말했다. "성왕의 초기에 주공은 태사太師였고, 소공은 태보太保였으며, 국내 조정에 거처한 것은 태부太傅 필공畢公이다. 주공이 죽자, 필공이 그를 계승하여 섬의 동쪽 지역을 주관했다. 따라서 『서』에서 말했다. '태보는 서방의 제후를 거느리고 응문應門으로 들어와 왼쪽에 서고, 필공은 동방의 제후를 거느리고 응문으로 들어와 오른쪽에 섰다.'(「康王之誥」)"[55] 이것은 곧 필공의 이야기를 가지고 동방과 서방 각각에 제후의 우두머리가 있었다는 것을 증명한 것이다. 『공양전』 문공 13년에서 말했다. "주나라 성왕이 노공魯公을 봉한 것은 주공을 제시지내려고 한 것이었다. 주공을 먼저 봉했고 노공을 뒤에 봉했다." 공광삼이 말했다. "『춘추공양전해고』에서 '처음 봉해졌을 때, 문왕의 사당에서 봉해졌다. 주공과 노공 부자가 함께 봉해진 것은 주공의 공적 때문에 노공을 봉했다는 것을 밝힌 것이다.' 살펴보건대, 『시』에서 말했다. '왕(成王)께서 말씀하시기를, 숙부(周公)여! 당신의 큰 아들을 세워 노나라에 제후가 되도록 하노라.'(「閟宮」) 『서』에서 말했다. '왕이 주공의 후계자를 명하시고, (有司에게) 책서冊書를 짓게 하고 (사관인) 일逸에게 고하도록 하였다.'(「洛誥」) 이것이 바로 그 일이다. 주공의 후계자를 명했다는 것은 노공에게 명하여 주공의

---

55) 孔廣森, 『春秋公羊經傳通義』, 隱公 5년.

후계자로 삼았다는 것을 말한다."⁵⁶⁾ 이것은 바로『시』·『서』의 문장을 인용하여
『공양전』을 증명한 것이다.

『상서』의 일로써『공양전』을 증명한 것 이외에,『춘추공양경전통의』에서는
또『서』의 예제禮制로써『공양전』을 증명한 경우도 있다.

『춘추』정공 원년, "무진일, 정공이 즉위하였다."(戊辰, 公卽位)『공양전』에서
말했다. "즉위에 대해 날짜를 기록하지 않는데, 여기에서는 무엇 때문에 날짜를
기록했는가? 노나라의 일을 기록한 것이다." 공광삼이 말했다. "즉위에 대해 날짜를
기록하지 않는 것은 일정한 날짜가 있기 때문이다. 지금은 일정한 날짜가 아니기
때문에 기록한 것이다. 일정한 날짜가 있다는 것은 무엇을 말하는가? 올바른 시작은
반드시 달의 초하루로써 하기 때문이다.『서』에서 '정월 초하루'(月正元日, 「舜典」)라고
한 것이 그것이다."⁵⁷⁾ 살펴보건대, 공광삼은『공양전』에서 즉위에 대해 날짜를
기록하지 않는다고 한 것은 즉위에는 일정한 날짜가 있기 때문이니, 바로 해당되는
달의 초하루이다. 또『서』의 '정월 초하루'라는 말을 인용하여 그것을 증명하였다.
『춘추』정공 원년, "여름, 6월, 계해일, 소공昭公의 상구喪柩가 간후에서 돌아왔다."(夏,
六月, 癸亥, 公之喪至自乾侯)『공양전』에서 말했다. "계해일에 소공의 상구가 간후에서
돌아왔는데, 어째서 무진일이 된 이후에 즉위했는가?" 공광삼이 말했다. "상구가
외부로부터 오면, 당연히 처음 죽었을 때 신위神位를 마련하고 곡하는 애례哀禮
의식을 다해야 한다. 따라서 5일이 지난 후에 대렴大殮을 하고, 그 다음 날에 즉위한다.
『서』「고명顧命」편에서 '성왕成王이 을축일에 붕어하였고, 강왕康王이 계유일에 즉위하
였다'고 했는데, 정현鄭玄은 대렴大殮을 한 다음 날이라고 하였다."⁵⁸⁾ 살펴보건대,
정공 원년, 6월, 계해일에 노나라 소공의 상구가 이르렀고, 5일 후에 대렴을 하고,
대렴한 다음 날 즉 무진일에 정공이 즉위하였다. 공광삼은 여기에서 성왕이 붕어하자
강왕이 대렴을 한 다음 날에 즉위했다는『상서』「고명」편의 내용을 인용하여 그것을

---

56) 孔廣森, 『春秋公羊經傳通義』, 文公 13년.
57) 孔廣森, 『春秋公羊經傳通義』, 定公 원년.
58) 孔廣森, 『春秋公羊經傳通義』, 定公 원년.

증명하였다.

『춘추공양경전통의』에서는 또 『상서』를 빌어서 『공양전』의 문자를 고증하여 바로잡거나 풀이하였다.

『춘추』 문공 12년의 "잔나라 임금이 수를 노나라에 보내 빙문하도록 했다"(秦伯使 遂來聘)의 『공양전』에 "군자를 해이하게 만들었다"(俾君子易怠)는 말이 나온다. 공광삼이 말했다. "『춘추공양전해고』에서 말했다. '비俾는 하여금(使)이라는 뜻이다. 이태易怠는 경솔하고 게으르다(輕惰)는 말과 같다.' 혜동惠棟이 『상서』에 태怠는 사辭로 되어 있는데, 주문籒文에 사辭는 대台로 구성되어 있다. 『사기』 「삼왕세가三王世家 · 제왕책齊王策」에서 '군자를 게으르게 만들었다'(俾君子怠)고 한 것이 『공양전』과 합치한다'고 했다."59) 이것은 혜동의 입을 빌어서 『상서』의 '태怠'로써 『공양전』의 '태怠'를 해석한 것이다. 또 이어서 『공양전』에서 "과거에 나도 가볍게 그들을 믿었다"(而況乎我多有之)라는 말에 대해, 공광삼이 말했다. "『서』 「진서秦誓」에서 '내가 어느 겨를에 많이 소유하겠는가?'(我皇多有之)라고 했는데, 여기에서 '황況'을 '황皇'으로 풀이하였다. 목천자穆天子의 「황죽지시黃竹之詩」에서 '아! 나의 공후公侯여! 모든 제후와 총경塚卿이니, 하물며 나의 만민萬民이랴'(嗟! 我公侯, 百辟塚卿, 皇我萬民)라고 했고, 『상서대전尙書大傳』 「보형甫刑」에서 '그 말이 있으면 듣지 않음이 없는데, 하물며 옥사를 듣는 것에 있어서랴!'(有其語也, 無不聽者, 皇於聽獄!)라고 했고, 정현의 주에서 '황皇은 황況과 같다'고 했다. 따라서 「무일無逸」편에서 '크게 스스로 덕을 공경하다'(則皇自敬德)고 했는데, 왕숙王肅의 판본에는 '황皇'이 '황況'으로 되어 있고, 희평석경熹平石經에는 또 '형兄'으로 되어 있다. 「대아大雅」의 '창형倉兄'은 그 뜻이 또한 '창황倉皇'과 같다. '황況'이 '형兄'이 되는 것은 옛 문장이고, '황皇'을 '황況'이라고 말하는 것은 옛 글자 풀이이다."60) 이것은 곧 『상서』를 인용하여 '황皇'을 '황況'이라고 말한 것이 옛 풀이임을 밝힌 것이다.

---

59) 孔廣森, 『春秋公羊經傳通義』, 文公 12년.
60) 孔廣森, 『春秋公羊經傳通義』, 文公 12년.

3. 삼례=禮로써 『공양전』을 증명함

동중서는 『춘추』가 '예의禮義의 대종大宗'이라고 말했는데, 공광삼은 다음과 같이 말했다. "토지의 면적에 따라 부세하는 제도(稅畝)와 부세賦稅의 사용을 통해 전제田制를 보여 주고, 중군中軍을 만들거나 폐지하는 것을 통해 군제軍制를 보여 주며, 졸卒·장葬·함含·봉賵을 통해 상제喪制를 보여 주고, 공公·경卿·대부大夫·사士의 이름과 자(名字)의 등급을 통해 관제官制를 보여 주며, 서궁西宮을 통해 침제寢制를 보여 주고, 세실世室·무궁武宮을 통해 묘제廟制를 보여 주었다. 체禘·교郊·증烝·상嘗의 제사 예절과 소목昭穆의 자리, 사당의 기둥과 서까래의 장식에 이르기까지 모두 거론하지 않은 것이 없으니, 주공周公이 예禮를 제정한 뜻을 함께 겸한 것인가?"[61] 이것은 곧 『춘추』가 전제田制·군제軍制·상제喪制·관제官制·침제寢制·묘제廟制 등등에서 주공이 예를 제정한 뜻을 체현하지 않음이 없다는 것을 말한 것이다. 이러한 측면에서 말하면, 삼례=禮도 『춘추』와 소통된다. 『춘추』 은공 9년, "은공이 거나라 사람과 포래에서 맹약을 맺었다."(公及莒人盟于包來) 『공양전』에서 말했다. "은공이 어째서 미천한 자와 맹약을 맺었는가? 사람(人)이라고 부르면 그들이 은공을 쫓아서 맹약을 맺었다는 것을 의심하지 않게 된다."(公曷爲與微者盟? 稱人則從, 不疑也)[62] 이에 대해 공광삼은 다음과 같이 말했다.

'의疑'자의 뜻은 "백성에게 의심하지 않음을 보여 주는 것이다"(示民不疑)[63]에서의

---

61) 孔廣森, 『春秋公羊經傳通義』, 僖公 22년.

62) 『公羊傳』, 隱公 8년.
   역자 주: 하휴의 주에서 다음과 같이 풀이했다. "사실은 거나라 임금이다. 거나라 임금이라고 말하면, 은공의 행동이 비천하고 불초하여, 제후들이 은공을 쫓아서 맹약을 맺으려고 하지 않았는데, 은공이 도리어 그들을 쫓아서 맹약을 맺었다는 혐의가 있다. 따라서 만약 사람(人)이라고 부르면 그들이 은공을 쫓아서 맹약을 맺었다는 것을 의심하지 않게 된다."

63) 역자 주: 『예기』 「坊記」편에 "임금의 상에 삼년복을 입는 것은 백성에게 의심하지 않음을 보여 주는 것이다"(喪君三年, 示民不疑)라는 말이 보인다.

'의疑'자와 같다. 옛날에 임금이 연회를 베풀면, 대부大夫는 손님이 되고 경卿은 손님이 되지 않는다. 임금이 제사를 지내면, 대부가 시동(尸)이 되고, 경은 시동이 되지 않는다. 모두 자리가 가까우면 의심하고 멀면 의심하지 않기 때문이다. 예禮에서 "높은 자의 것을 따라서 취해 쓴다"는 말이 있는데,[64] 그 뜻이 『춘추』와 통한다.[65]

　살펴보건대, 『춘추』의 서법에 의하면, 노나라 임금이 맹약에 참여하면 상대방의 지위가 서로 비슷해야 한다. 그런데 지위가 비슷하지 않으면 '공公'자를 없애 버린다. 예를 들어 문공 2년에 진晉나라 양처보陽處父와 맹약을 맺었는데, 『춘추』에서는 "진나라 처보와 맹약을 맺었다"(及晉處父盟)고 하여, '공公'자를 기록하지 않았다. 은공 9년에 은공이 미천한 자와 맹약을 맺었는데, '공公'자를 그대로 기록한 것에 대해, 『공양전』에서는 은공과 미천한 자의 지위가 현격하게 차이가 나기 때문에 의심할 여지가 없게 된다고 해석하였다. 공광삼은 또한 예禮로써 그것을 증명하였다. 임금이 연회를 베풀면 대부는 손님이 되고 경은 손님이 되지 않는다. 경은 가깝고 대부는 멀어서, 멀면 의심하지 않기 때문이다. 이를 통해 『예』와 『춘추』가 모두 혐의를 풀고 의심을 밝히는 뜻을 가지고 있음을 알 수 있다. 따라서 공광삼은 또 『예기』「예기禮器」편의 "높은 자의 것을 따라서 그대로 쓴다"는 말을 인용하고, "그 뜻이 『춘추』와 통한다"고 말했다.

　공광삼은 정현鄭玄의 학문을 좋아했고, 예禮에 깊은 조예가 있었다. 따라서 『춘추공양경전통의』에서는 자주 삼례三禮의 문장으로써 『공양전』을 증명하였다.

---

64) 역자 주: 『예기』「禮器」에 다음과 같은 말이 보인다. "군자가 禮에 있어서 감정대로 곧바로 행하는 경우가 있고, 굽혀서 줄이는 경우가 있으며, 經常의 예를 따라 똑같이 행하는 경우가 있고, 순차적으로 제거하는 경우가 있으며, 윗사람의 것을 떼어내어 아랫사람에게 나누어 주는 경우가 있고, 낮은 자를 밀어서 등급을 올리는 경우가 있으며, 본받아서 문채가 나게 하는 경우가 있고, 본받되 문채를 지극히 하지 않는 경우가 있으며, 높은 자의 것을 따라서 취해 쓰는 경우가 있다."(君子之於禮也, 有直而行也, 有曲而殺也, 有經而等也, 有順而討也, 有撕而播也, 有推而進也, 有放而文也, 有放而不致也, 有順而撫也)

65) 孔廣森, 『春秋公羊經傳通義』, 隱公 9년.

『춘추』은공 원년, "천왕이 총재 훤을 노나라에 보내 혜공과 중자의 부의 물품을 보내주었다."(天王使宰咺來歸惠公仲子之賵)『공양전』에서 말했다. "부의 물품(賵)은 말(馬)로써 보내는데, 네 마리 말과 한 묶음의 비단으로 예禮를 표시한다."66) 이에 대해 공광삼은 다음과 같이 말했다.

두 가지로 말한 것은 부의 물품이 혹은 특별히 말을 가지고 하고, 혹은 한 묶음의 비단을 더한 것이다. 「사상례士喪禮」에서 "군주가 검은색과 분홍색의 비단 한 묶음과 말 두 필을 부의로 하사한다"고 했으니, 대부 이상은 비단 한 묶음과 네 필의 말이다. 계강자季康子가 송나라에 부의 물품을 보냈는데, "선인先人의 목지牧地에서 생산된 변변치 못한 마필馬匹"(『좌씨전』, 애공 23년)이라고 치사했으니, 이것이 특별히 말(馬)로써 보낸 것이다. 『예기』「잡기雜記」에 제후들이 서로 "황색 말 네 필과 임금의 수레(大輅)"를 부의로 보냈다고 하니, 또한 부의 물품에 수레도 있을 수 있는 것이다.67)

살펴보건대, 부의 물품은 장례를 돕는 것이다. 『공양전』의 문장에서 "말(馬)로써 보낸다"고 말하고, 또 "네 필의 말과 한 묶음의 비단"이라고 말했다. 따라서 공광삼은 "두 가지로 말한 것"이라고 한 것이다. 그는 『좌씨전』애공 23년에 계강자季康子의 치사致辭를 인용하여 부의 물품을 특별히 말로써 보내는 것을 증명하였고, 또『의례儀禮』「기석례旣夕禮」의 "군주가 검은색과 분홍색의 비단 한 묶음과 말 두 필을 부의로 하사한다"는 말을 인용하여, 부의 물품에는 네 필의 말에 한 묶음의 비단을 더하는 경우도 있다는 것을 증명하였다. 또『예기』「잡기雜記」에서 제후들이 서로 "황색 말 네 필과 임금의 수레(大輅)"를 부의로 보냈다는 내용을 인용하여, 부의 물품에 또한 수레도 있다는 것을 증명하였다. 따라서『공양전』의 다음 문장에서 "수레와 말을 봉賵이라고 한다"고 말한 것이다.

---

66) 『公羊傳』, 隱公 원년.
67) 孔廣森, 『春秋公羊經傳通義』, 隱公 원년.

『공양전』 선공 원년에서 "1년 후에 소상을 지내고 나면 관복을 입고 전쟁의 일에 종사할 수 있다"(已練, 可以弁冕, 服金革之事)고 했는데, 공광삼이 말했다.

이것은 상황에 맞게 조치한 것이다. 『예기』 「상대기喪大記」에서 말했다. "군주는 장례를 마쳤으면 천자의 정사를 나라로 들여오고, 졸곡卒哭을 마쳤으면 천자의 일에 종사한다. 대부와 사는 장례를 마쳤으면 임금의 정사를 집안으로 들여오고, 졸곡을 마쳤으면 소변素弁에 환질環絰을 하고 마대麻帶를 하고서 전쟁의 일을 피하지 않는다."[68]

살펴보건대, 대부와 사의 삼년상의 기한은 정사를 따르지 않는 것이 올바른 예법이다. 『공양전』에서는 대신大臣에게 상사喪事가 있으면, 복상한 지 1년 후의 소상小祥을 지낸 후에, 만약 국가를 위해 출정해야 한다면 "관복을 입고 전쟁의 일에 종사할 수 있다"고 하였다. 공광삼은 『예기』 「상대기」의 "졸곡을 마쳤으면 소변素弁 환질環絰을 하고 마대麻帶를 하고서 전쟁의 일을 피하지 않는다"는 말을 인용하여 그것을 증명하였다. 비록 「상대기」의 문장에서 "졸곡을 마쳤으면"이라고 말해서 『공양전』의 "1년 후에 소상을 지내고 나면"이라는 말과 같지 않지만, 권도權道의 의리를 따른 것은 같다.

4. 『역易』으로써 『공양전』을 소통함

유가의 천인관계에 관한 정밀한 논의는 『역』과 『춘추』에 보인다. 따라서 반고班固는 "『역』과 『춘추』는 천인天人의 도道이다"[69]라고 했다. 사마천司馬遷도 "『춘추』는 드러난 사실을 추론하여 은미한 것에 이르고, 『역』은 은미한 것을 근본으로 삼아서 사실을 드러낸다"[70]고 했다. 이로써 알 수 있듯이, 『역』은 천도天道를 근본으로

---

68) 孔廣森, 『春秋公羊經傳通義』, 宣公 원년.
69) 『漢書』, 「律曆志」.
70) 『史記』, 「司馬相如列傳」.

삼아서 인간의 일을 드러내고, 『춘추』는 인간의 일을 추론하여 천도를 드러낸다. 따라서 공광삼은 『춘추』가 "네 계절(四序)을 차례매기고, 오행五行을 자세히 살핀 것"이 『역』과 같다고 했다. 『춘추공양경전통의』 은공 6년에서 말했다.

『역』에서 "역법曆法을 제정하여 사시四時를 밝힌다"(「革卦·象傳」)고 했다. 『서』에서 "하늘을 공경히 따라서, 일월日月과 성신星辰이 운행하는 법칙을 책력으로 기록하고 관찰하여, 농민이 경작하는 농사철을 경건하게 알려주도록 하였다"(「堯典」)고 했다. 이것은 다음을 말한다. 왕자가 밝은 곳을 향하여 정치를 하며, 반드시 사시四時의 올바름을 받들고 따르니, 천도天道는 위에서 올바르고, 인간의 일은 아래에서 올바르다. 따라서 『춘추』는 시時·월月·일日을 삼가 살펴서, 중도中道에 맞는 일과 맞지 않는 일을 나아가게 하거나 물러나게 한다.[71]

살펴보건대, 공광삼은 『춘추』가 시·월·일로써 천도를 드러내고, 사시의 올바름을 받들어 따르니, 바로 "천도가 위에서 올바르면" 인간의 일이 아래에서 올바르게 될 수 있다고 여겼다. 이것이 곧 『춘추』가 『역』의 도道와 통하는 것이다.

『춘추』 문공 14년, "진나라 사람이 접치를 주루나라에 들여보내 즉위시키려고 했지만, 들여보내지 못했다."(晉人納接菑于邾婁, 弗克納) 『공양전』에서는 "진나라가 접치를 들여보내지 못한 것을 크게 여긴 것이다"(大其弗克納也)고 했다. 공광삼은 혜사기惠士奇의 「반농춘추설半農春秋說」 전체를 인용하였다.[72] 『역』 「동인同人」 구사九四에서 "그 담을 올라가지만 공격하지 못하니, 길하다"(乘其墉, 弗克攻, 吉)고 했다. 혜사기는 다음과 같이 생각했다. 구사九四가 육이六二와 함께하고자 했지만, 구삼九三이 담이 되어 가로막고 있다. 따라서 "그 담을 올라간다"고 했다. 진晉나라의 전차 8백승이 천리千里를 가서 주루나라에 이른 것은 담을 올라간 형상이다. 『역』에서는 「동인」 구사에 대해, 곤궁해져서 원칙으로 돌아왔기 때문에 그것을 좋게 여겨서 길하다고

---

71) 孔廣森, 『春秋公羊經傳通義』, 隱公 6년.
72) 孔廣森, 『春秋公羊經傳通義』, 文公 14년.

말한 것이다. 『춘추』에서는 진나라 사람이 의리상 접치를 주루나라에 들여보내지 못했다는 이유로 칭찬했다. 이것은 단지 조광趙匡이 말한 것처럼 "진나라가 자기의 힘을 헤아리지 못하여 군대를 수고롭게 한 것을 비난한 것"뿐만이 아니다. 공광삼이 여기에서 혜사기의 문장을 인용한 것은 그가 혜사기와 뜻이 같다는 것을 볼 수 있다. 이것은 하나의 일을 가지고 『춘추』가 『역』과 통한다는 것을 보여 준 것이다.

공광삼은 『춘추』가 『역』과 통한다고 여겼으며, 그것은 또한 그가 『춘추』의 예例를 논한 데에서 구체적으로 드러난다. 『춘추』에 예例가 있는지의 여부는 학자들마다 의견이 분분하여 하나의 이론으로 절충할 수 없는데, 공광삼은 다음과 같이 말했다.

> 『역』은 궁하면 변하고 변하면 통한다. 『춘추』의 예例에서도 또한 이와 같다.[73]

> 동중서董仲舒가 말하지 않았던가? "『시』는 확정된 해석이 없고, 『역』은 확정된 점占이 없으며, 『춘추』는 확정된 예例가 없다."[74]

살펴보건대, 역대로 『춘추』를 말한 자들은 『좌씨전』은 예例를 중시하지 않았고, 『곡량전』은 예例가 특히 상세하다고 여겼다. 그런데 공광삼은 다음과 같이 생각했다. 『춘추』는 물론 예例를 강론하지 않을 수 없지만, 또한 예에 구애될 필요는 없다. 마치 후세의 비천한 학자들처럼 "의미가 통하지 않는 예例를 함부로 인용하여, 끝까지 따지고 물어서"[75]는 안 되는 것이다. 공광삼이 관점에서 보면, 『춘추』의 예例를 논하는 것은 당연히 『역』처럼 보아야 하니, 이른바 "궁하면 변하고 변하면 통한다"는 것이다. 그것은 또한 그가 인용한 "『역』은 확정된 점占이 없으며, 『춘추』는

---

73) 孔廣森, 『春秋公羊經傳通義』, 隱公 10년.
74) 孔廣森, 『春秋公羊經傳通義』, 「敍」.
　　역자 주: 『춘추번로』 「精華」편에 "『詩』無達詁, 『易』無達占, 『春秋』無達辭"라는 문장이 보인다. 공광삼이 인용한 '達例'가 '達辭'로 되어 있다.
75) 孔廣森, 『春秋公羊經傳通義』, 「敍」.

확정된 예(例)가 없다"는 의미이다.

5. 『맹자孟子』로써 『공양전』을 소통함

육경六經 이외에 공광삼은 『공양전』과 가장 합치되는 것이 『맹자』보다 더한
것이 없다고 여겼다.

그런데 맹자가 이러한 말을 하였다. "『춘추』는 천자의 일이다." 경문에는 주나라의
문식(文)을 바꾸어서 은나라의 질박함(質)을 따르는 내용이 있으니, 천자가 개혁한
것이 아니겠는가? 왕성王城 주위 500리 이내의 땅에 봉해진 제후는 3등급이고,
천자를 보호하는 제후는 7등급이며, 대부는 대를 이어 세습하지 않고, 소국의
대부는 명씨名氏를 가지고 교류하지 않으니, 천자의 작록爵祿이 아니겠는가? 위로는
기杞나라를 억누르고, 아래로는 송宋나라를 보존하며, 등滕나라·설薛나라·주루邾
婁나라 의보儀父를 칭찬하며, 곡穀나라·등鄧나라를 천하게 여기고 성盛나라·고郜
나라를 귀하게 여기니, 천자의 출척黜陟이 아니겠는가? 노나라를 안으로 여기고
제하諸夏를 밖으로 여기며, 제하를 안으로 여기고 사방 오랑캐를 밖으로 여기니,
거의 "천하의 근본은 나라(國)에 있고, 나라의 근본은 가(家)에 있다"는 것이 아니겠는
가? 내가 생각하기에, 공양가의 학문은 유독 『맹자』와 합치된다. 예를 들어 제나라
선왕宣王이 소국이 대국을 섬기는 것을 말한 것(「양혜왕하」)과 대비해 보면, 기계紀季가
잘한 이유가 된다.(장공 3년) 등滕나라 문공文公이 목숨을 바치고 떠나지 말라고
말한 것(「양혜왕하」)과 대비해 보면, 내萊나라 임금이 올바른 이유가 된다.(양공 6년)
이성異姓의 경卿을 논한 것은 조기曹羈가 현명한 이유가 되며, 귀척貴戚의 경卿을
논한 것은 또한 진실로 표剽가 임금이 된 것을 말하지 않음으로써 간衎을 미워한
뜻에 근본을 둔 것이다.(양공 26년) 또한 『논어』에서는 첩輒이 나라를 양보한 것을
책망했는데,(「자로」) 『공양전』에서는 석만고石曼姑가 척戚을 포위한 것을 인정하였
다.(애공 3년) 지금 석만고는 고요皐陶에 비견할 수 있으니, 고수瞽瞍가 살인을 했다면
어떻게 할 것인지에 대한 맹자의 대답(「진심상」)과 딱 부합한다. 따라서 맹자가
『춘추』를 가장 잘 말했으니, 어찌 단지 토지의 면적에 따라 부세하는 제도(稅畝)나

백우양(伯于陽)(소공 12년) 두 전문(傳文)의 구절이 우연히 합치되는 것만 보는가?[76]

공광삼의 관점에서 보면, 맹자는 앞선 학자들 중에서 『춘추』를 가장 잘 말한 사람이다. 『춘추』 장공 3년, "기계가 휴읍을 가지고 제나라로 들어갔다."(紀季以酅入于齊) 『공양전』에서는 기계에 대해 이름을 기록하지 않은 것은 그를 현명하게 여겼기 때문이라고 해석했다.[77] 공광삼은 이것이 곧 맹자가 제나라 선왕에게 "오직 지혜로운 자만이 소국을 가지고 대국을 섬길 수 있다"(「양혜왕하」)고 말한 것과 같다고 여겼다. 양공 6년, "12월, 제나라 임금이 내나라를 멸망시켰다."(十有二月, 齊侯滅萊) 『공양전』에서 말했다. "어째서 내나라 임금이 도망쳤다고 말하지 않았는가? 나라가 멸망하면 임금은 거기에서 죽는 것이 올바르다."[78] 즉 『공양전』에서는 내나라 임금이 임금의 자리에서 죽는 것이 올바르다고 여겼다. 공광삼의 관점에서 보면, 맹자가 등나라 문공에게 "목숨을 바치고 떠나지 말라"라고 말한 것과 같은 뜻이다. 또 괴외(蒯聵)와 그의 아들 괴첩(蒯輒)이 나라를 두고 다툰 사건과 같은 경우, 공광삼은 다음과 같이 생각했다. 『논어』에서 괴첩이 나라를 양보한 것을 책망했는데, 『공양전』에서는 석만고(石曼姑)가 괴첩을 도와 척(戚)을 포위하고서 괴외를 토벌한 것을 인정하였다. 이것은 석만고가 『맹자』에서 예로 든 고수(瞽瞍)가 사람을 죽인 사례에서의 고수와 유사하다. 고수가 사람을 죽였는데, 고요가 사(士)였기 때문에 의리상 마땅히 고수를 법에 따라 처벌해야 하며, 순임금이 아버지를 몰래 업고 도망가는 것에 구애받지 않는다. 괴첩이 괴외에게는 자식이 되므로 자식은 마땅히 아버지에게 양보해야 한다. 그렇지 않으면 "친친(親親)의 의리가 드러나지 않는다." 그러나 괴첩은 조부인 영공(靈公)에게 명을 받아 임금이 되었다. 만약 괴외에게 그 자리를 주면, "존존(尊尊)의 의리가 드러나지 않는다." 이러한 두 가지 어려움 사이에서 오직 "제나라 임금에게 맡겨서 토벌하고", "석만고는 영공의 유명(遺命)으로 괴외를 막는 것이 옳다."[79] 따라서

---

76) 孔廣森, 『春秋公羊經傳通義』, 「敍」.
77) 『公羊傳』, 莊公 3년.
78) 『公羊傳』, 襄公 6년.

"석만고를 고요에 비견할" 수 있다고 말한 것이다.

공광삼은 또 "맹자는 『춘추』를 가장 잘 말했으니, 어찌 단지 토지의 면적에 따라 부세하는 제도(稅畝)나 백우양伯于陽 두 전문傳文의 구절이 우연히 합치되는 것만 보는가?'라고 말했다. 이 두 가지 사례는 마침 『맹자』가 『춘추』와 합치되는 것을 볼 수 있는 사례일 뿐이다. 『춘추』 선공 15년, '토지의 면적에 따라 부세하는 제도'에 대해 기록했는데(初稅畝), 『공양전』에서는 비판하기 위해 기록한 것이라고 여겼고, 또 "옛날에는 백성의 힘으로 공전公田을 경작해 수확의 10분의 1을 세금으로 거두는 자藉 제도를 시행했다"고 말했다.80) 『맹자』에서는 "하후씨夏后氏는 50무畝에 공법貢法을 썼고, 은나라 사람은 70무에 조법助法을 썼으며, 주나라 사람은 100무에 철법徹法을 썼으니, 그 실제는 모두 10분의 1을 세금으로 거두는 것이다"81)고 하였다. 소공 12년, "제나라 고언이 군대를 거느리고 북연의 백우양을 들여보냈다."(齊高偃率師, 納北燕伯于陽) 『공양전』에서 말했다. "『춘추』는 믿을 수 있는 역사서이다. 제후의 서열은 오직 제나라 환공桓公과 진나라 문공文公이 (덕의 우열과 나라의 대소에 따라) 정했고, 제후의 회합은 회합을 주재한 자가 서열을 정했다. 『춘추』의 말에 (잘못된 것이 있으면) 그것은 나의 죄이다."82) 그리고 『맹자』에서 말했다. "왕자의 자취가 사라지자 『시詩』가 없어졌다. 『시』가 없어진 이후에 『춘추』가 지어졌다. 진晉나라의 『승乘』과 초楚나라의 『도올檮杌』과 노魯나라의 『춘추春秋』는 모두 동일한 것이다. 그곳에 기록된 일은 제齊나라 환공桓公과 진晉나라 문공文公에 관한 것이며, 그 글은 사관의 기록이다. 공자가 '그 의리는 내가 잠시 취했다'고 말했다."83) 또 공자의 말을 빌어서 "나를 알아주는 것도 오직 『춘추』때문일 것이며, 나를 죄주는 것도 오직 『춘추』때문일 것이다"84)라고 했다. 따라서 공광삼은 다음과

---

79) 孔廣森, 『春秋公羊經傳通義』, 哀公 3년.
80) 『公羊傳』, 宣公 15년.
81) 『孟子』, 「滕文公上」.
82) 『公羊傳』, 昭公 12년.
83) 『孟子』, 「離婁下」.
84) 『孟子』, 「滕文公下」.

같이 말했다. "말에 칭찬과 비판이 있고, 천자의 일을 빌었기 때문에 겸손하게 그것을 죄로 여긴 것이니, 또한 맹자가 말한 '나를 죄주는 것도 오직 『춘추』 때문일 것이다'는 것과 같다."[85]

이 외에 『춘추공양경전통의』에서는 또 『맹자』를 인용하여 『공양전』을 해석한 경우도 있다. 『춘추』 환공 8년, "봄, 정월, 기묘일에 증제사를 지냈다."(春, 正月, 己卯, 烝) 『공양전』에서 말했다. "증烝은 무엇인가? 겨울 제사이다. 봄 제사를 사祠라고 하고, 여름 제사를 약礿이라고 하며, 가을 제사를 상嘗이라고 하고, 겨울 제사를 증烝이라고 한다." 또 말했다. "선비가 이 네 가지 제사에 참여하지 못하면, 겨울에는 가죽옷을 입지 않고, 여름에는 갈옷을 입지 않는다."[86] 공광삼이 말했다. "『춘추공양전해고』에서 말했다. '네 가지라는 것은 사계절의 제사이다. 가죽옷과 갈옷이라는 것은 추위와 더위를 막는 아름다운 옷이다. 선비가 나라의 일을 하면서도 이 사계절의 제사에 참여하지 못하면, 감히 그 복장을 아름답게 꾸밀 수 없으니, 부모를 생각하는 것이 지극한 것이다. 따라서 공자는 『내가 제사에 참여하지 않으면 제사를 지내지 않은 것과 같다』고 하였다.' 삼가 살펴보건대, 『맹자』가 '선비가 제사에 바칠 곡식을 마련할 밭이 없으면 또한 제사를 지내지 못한다. 희생 고기와 제사 그릇, 그리고 제사용 의복을 구비하지 못하여 감히 제사를 지내지 못하면, 감히 연회를 열 수 없다'고 말한 것이 바로 이 뜻이다."[87] 맹자는 선비가 만약 제사에 바칠 곡식을 마련할 밭이 없거나, 혹은 희생 고기·제사 그릇·제사용 의복이 구비되지 않으면 제사를 지낸 것이 아니라고 논했는데, 『공양전』에서는 반대로 선비가 만약 제사를 지내지 못하면 감히 그 의복을 아름답게 꾸밀 수 없다고 논했다. 따라서 그 뜻은 한 가지이다.

---

85) 孔廣森, 『春秋公羊經傳通義』, 昭公 12년.
86) 『公羊傳』, 桓公 8년.
87) 孔廣森, 『春秋公羊經傳通義』, 桓公 8년.

제4절 삼과구지三科九旨를 별도로 설치함

한대 공양학의 전통 중에는 '세 가지 조목과 아홉 가지 뜻'(三科九旨)이라는 이론이 있다. 서언徐彦의 『공양전』 소疏에서 하휴何休의 '삼과구지'를 드러내 밝히는 것 이외에, 또 송균宋均의 '삼과구지' 이론이 있다. 공광삼의 『춘추공양경전통의』에서도 '삼과구지'라는 명칭과 뜻을 계승했지만, 그 구체적인 함의에 대해서는 별도의 해석을 내놓았다.

> 『춘추』라는 책은 위로는 천도天道를 근본으로 삼고, 중간으로는 왕법王法을 사용하며, 아래로는 인정人情을 다스린다. 천도를 받들지 않으면 왕법이 올바르게 되지 않는다. 인정에 합치되지 않으면 왕법이 시행되지 않는다. 천도天道는 첫째 시時, 둘째 월月, 셋째 일日이다. 왕법王法은 첫째 기譏, 둘째 폄貶, 셋째 절絶이다. 인정人情은 첫째 존尊, 둘째 친親, 셋째 현賢이다. 이러한 삼과구지三科九旨가 이미 펼쳐져 있는데, 내외內外에 대한 서로 다른 예例, 원근遠近에 대한 서로 다른 말을 하나로 재량하고, 종합하고 조합하여 서로 합하여 한 몸이 된 것이 그것이다.[88]

이로써 알 수 있듯이, 이 '삼과구지' 이론은 하휴와는 완전히 다르다. '구지九旨' 중의 시時·월月·일日과 기譏·폄貶·절絶은 송균宋均으로부터 취했고, 또 천도天道·왕법王法과 인정人情의 '삼과三科'를 세운 것은 공광삼이 밝힌 것이다.

1. 천도 조목(天道科)과 시時·월月·일日

'삼과三科'는 천도天道를 근본으로 삼는다. 『춘추공양경전통의』에서는 천도天道와 인사人事를 서로 상대해서 자주 거론하였다. 예를 들어 "『춘추』는 천도를 근본으로 삼아서 인사를 바로잡는다"(환공 14년)거나, "천도가 위에서 두루 미치고, 인사가

---

88) 孔廣森, 『春秋公羊經傳通義』, 「敍」.

아래에서 갖추어져 있다"(애공 14년) 등등이다. 그리고 '천도'는 '삼과'의 하나인데, 곧 시·월·일의 서법 중에서 구체적으로 표현된다.

『역』에서 "역법曆法을 제정하여 사시四時를 밝힌다"(「革卦·象傳」)고 했다. 『서』에서 "하늘을 공경히 따라서, 일월日月과 성신星辰이 운행하는 법칙을 책력으로 기록하고 관찰하여, 농민이 경작하는 농사철을 경건하게 알려주도록 하였다"(「堯典」)고 했다. 이것은 다음을 말한다. 왕자가 밝은 곳을 향하여 정치를 하며, 반드시 사시의 올바름을 받들고 따르니, 천도는 위에서 올바르고, 인간의 일은 아래에서 올바르다. 따라서 『춘추』는 시時·월月·일日을 삼가 살펴서, 중도中道에 맞는 일과 맞지 않는 일을 나아가게 하거나 물러나게 한다.[89]

천도天道가 위에서 올바르기를 바라기 때문에 『춘추』는 반드시 사시四時의 올바름을 받들어 따르고, 시·월·일의 서법을 삼간다. 그러나 당·송시대 이후로 학자들은 대부분 『춘추』에서 시·월·일의 예例가 있다는 것을 믿지 않았고, 공광삼은 『춘추공양경전통의』「서」에서 그것을 반박하였다. 공광삼의 관점에서 보면, 『춘추』는 기사가 너무 간단하기 때문에 시·월·일과의 연계를 통해서 그 성대함과 간략함을 드러내고, 나아가 그로써 그 포폄을 드러낸다. 따라서 공광삼은 그것이 "사전史傳의 논찬論贊과 같다"고 했다.

『춘추공양경전통의』「서」에서는 또 역사적인 일을 거론함으로써 그것을 밝힌 경우가 많다. 예를 들어 문공 14년 "제나라 사람이 선백을 붙잡았다"(齊人執單伯)거나, 소공 16년 "진나라 사람이 계손행보를 붙잡았다"(晉人執季孫行父)는 기사가 있다. 계손행보는 죄가 없는데도 체포되었기 때문에 달(月)을 기록했고, 선백은 죄가 있었기 때문에 달을 기록하지 않았다. 두 사건 모두 노나라의 대부가 체포된 경우인데, 죄의 유무에 따라서 달을 기록하거나 기록하지 않는 것으로 구별한 것이다. 또 예를 들어 『춘추』의 일반적인 기록법에서는 정규 전쟁(偏戰)은 날짜를 기록하고,

---

89) 孔廣森, 『春秋公羊經傳通義』, 隱公 6년.

기습 전쟁(詐戰)은 날짜를 기록하지 않는다.[90] 그런데 『춘추』에서 유독 효殽의 전쟁에 대해, 기습 전쟁(詐戰)인데도 날짜를 기록했다.(희공 30년, "夏, 四月, 辛巳, 晉人及姜戎敗秦於 殽") 이것은 날짜를 기록하여 진晉나라 양공襄公이 부친의 빈소殯所를 뒤로하고 출정한 죄를 더욱더 드러낸 것이다.

2. 왕법 조목(王法科)과 기諱 · 폄貶 · 절絶

'삼과三科' 중에서 비록 이론상으로는 천도과天道科를 가장 근본으로 삼지만, 사실상 왕법과王法科를 더욱 핵심으로 삼는다. 왕법王法은 위로 천도天道를 근본으로 삼고, 아래로 인정人情을 다스린다. 따라서 "천도를 받들지 않으면 왕법이 바르게 되지 않고, 인정에 합치되지 않으면 왕법이 시행되지 않는다"고 한 것이다. 그러므로 천도를 받드는 것은 왕법을 바로잡는 것이 되며, 인정을 다스리는 것도 왕법을 시행하는 것이 된다. 공광삼의 관점에서 말하면, 공자가 『춘추』를 지은 것은 그 본래의 마음이 후세를 위해 왕의 법도를 세우는 것이다. 따라서 공광삼은 "『춘추』의 기사는 모두 후세의 왕을 위해 법도를 보여 준다"(『춘추공양경전통의』, 소공 20년)고 했다. 또 말했다. "『춘추』는 왕자의 일을 가탁하여 주살誅殺과 포상襃賞의 법도를 드러내었다."(『춘추공양경전통의』, 선공 6년) 따라서 그는 공자가 '춘추春秋'로써 경전의 이름을 지은 뜻을 다음과 같이 해석했다. "춘春이라는 것은 양중陽中으로, 만물이 이로써 생겨난다. 추秋라는 것은 음중陰中으로, 만물이 이로써 완성된다. 선善은 춘春으로써 포상하고, 악惡은 추秋로써 형벌을 준다. 따라서 이것으로써 그 경전의

---

90) 역자 주: 『공양전』 소공 23년, 서언의 소에서 다음과 같이 말했다. "『춘추』의 범례에 서 偏戰은 날짜를 기록하고, 詐戰은 달을 기록한다." 偏戰은 날짜와 장소를 정해서 싸우는 정규 전쟁이다. 『공양전』 환공 10년, 하휴 주에서 "偏은 한쪽 방향(一面)이다. 날짜를 결정하고 장소를 확정하여, 각자가 한쪽 방향에 서서 북을 치면서 전쟁하는 것이니, 서로 속이지 않는 것이다"라고 하였다. 詐戰은 상대가 모르게 불의에 습격하 는 기습 전쟁이다. 『공양전』 희공 33년, 하휴 주에서 "詐는 갑자기(卒)라는 의미이니, 제나라 사람들의 말이다"라고 했다.

이름을 지은 것이다." 이것은 곧 '춘추'라는 이름의 뜻이 선을 포상하고 악을 벌주는 데 있다는 것을 말한다. "생살生殺은 서로 어그러지지 않으니, 하늘은 이로써 그 베풂을 이룬다. 형상刑賞은 한쪽만 폐기되지 않으니, 왕은 이로써 그 교화를 이룬다. 『춘추』가 아니면 누가 그것을 본받을 수 있겠는가? 난리를 바로잡는 방법은 비난(譏)·펌하(貶)·지위박탈(絶)이 갖추어져 있다."[91] 공광삼은 비난(譏)·펌하(貶)·지위박탈(絶)을 난리를 바로잡는 방법이라고 여겼기 때문에 왕법과王法科의 삼지三旨를 비난(譏)·펌하(貶)·지위박탈(絶)로 삼은 것이다.

송균宋均은 비난(譏)·펌하(貶)·지위박탈(絶)을 경중輕重의 뜻(旨)으로 삼았는데, 공광삼도 죄악罪惡의 경중輕重에 근거하여 소과小過와 대악大惡으로 나누었다.

> 『춘추』에서 비난(譏)과 펌하(貶)를 사용할 때, 일에 맞닥뜨려서 시행하는 것은 작은 과실이나 악행일 뿐이다. 아직 일이 발생하지 않았는데도 먼저 펌하하거나 이미 일이 발생한 이후에 끝에 지위를 박탈하는 경우는 반드시 명교名敎의 큰 죄를 저지르거나 고금의 대역죄를 범한 것이니, 비록 효성스럽고 자애로운 자손이 있더라도 백세토록 고칠 수가 없는 것이다.[92]

공광삼의 관점에서 보면, 『춘추』에서 비난(譏)과 펌하(貶)를 사용할 때 본래의 일에 근거하여 시행하는 것은 모두 작은 과실이나 악행에 대해서이다. 예를 들면 비난(譏)은 모두 작은 악행을 비난한 것이다. 따라서 그는 "비난은 모두 본래의 일에 대한 비난이다"라고 했다. 다만 『춘추』의 서법 중에는 또 이른바 "아직 일이 발생하지 않았는데도 먼저 펌하하거나 이미 일이 발생한 이후에 끝에 지위를 박탈하는 것"이 있으니, 이것은 대죄大罪나 극악極惡을 저질렀을 때이다. 따라서 공자휘公子翬가 환공을 유도하여 은공을 시해한 일이 은공 11년에 보인다. 그런데 『춘추』에서는 은공 4년에 "휘가 군대를 이끌고 송나라 임금·진나라 임금·채나라 사람·위나라

---

91) 孔廣森, 『春秋公羊經傳通義』, 「敍」.
92) 孔廣森, 『春秋公羊經傳通義』, 「敍」.

사람과 회합하여 정나라를 정벌하였다"(翬率師會宋公·陳侯·蔡人·衞人伐鄭)고 기록했으니, 여기에서 '공자公子'라고 기록하지 않음으로써 그를 미리 폄하한 것이다. 또 공자수公子遂가 노나라 선공宣公을 도와서 자적子赤을 시해한 일은 문공 18년에 보인다. 그런데 『춘추』에서는 선공 8년에 "중수가 수에서 죽었다"(仲遂卒於垂)고 기록하였고, 『공양전』에서는 "무엇 때문에 공자라고 부르지 않았는가? 자적을 시해했기 때문에 폄하한 것이다"라고 하였다. 공광삼은 "수遂가 죽었을 때 폄하했으니, 종신토록 폄하한 것과 같다"[93]고 했다. 공자휘·공자수와 같은 경우는 모두 명교名敎의 죄인이다. "따라서 휘翬·초招는 처음에 그를 폄하하였고, 중수仲遂는 끝에 그를 폄하했으니, 모두 죄악이 지극이 커서 그 죄악이 그들의 일생을 충분히 관통함을 말한 것이다." 이로 인해 공광삼은 담조·조광 등의 사람들이 "모든 일은 각각 본래의 일에 대해 포폄을 한다"는 주장에 동의하지 않고, "아직 일이 발생하지 않았는데도 먼저 폄하하거나 이미 일이 발생한 이후에 끝에 지위를 박탈하는 것"이 곧 『춘추』의 "깊음 중의 깊음이고, 은미함 중의 은미함이다"고 여겼다.[94]

그는 더 나아가 비난(譏)·폄하(貶)·지위박탈(絶)의 실시는 "매번 인정人情에서 의혹되기 쉬운 일에 나아가서 밝게 드러내는 방법"[95]이라고 여겼다. 이것이 곧 『공양전』에서 말한 것이다. "『춘추』에서 폄하와 지위박탈(貶絶)을 기다리지 않고 죄악이 드러나는 것은 폄절貶絶하지 않음으로써 죄악을 드러낸다. 폄절한 이후에 죄악이 드러나는 것은 폄절함으로써 죄악을 드러낸다."[96] 이른바 "폄절을 기다리지 않고 죄악이 드러나는 것"은 죄악이 매우 분명하여, 그 일을 있는 그대로 기록하고 폄절의 문장을 별도로 가할 필요가 없는 것을 가리킨다. 즉 이미 그 죄악이 분명하게 드러나기 때문에 사람들이 쉽게 볼 수 있는 것이다. "폄절한 이후에 죄악이 드러나는 것"은 죄악이 분명하게 드러나지 않기 때문에 어떤 사람들은 그것을 잘한 일이라고

---

93) 孔廣森, 『春秋公羊經傳通義』, 「敍」.
94) 孔廣森, 『春秋公羊經傳通義』, 「敍」.
95) 孔廣森, 『春秋公羊經傳通義』, 「敍」.
96) 『公羊傳』, 昭公 원년.

여겨서 악惡이 그 속에 숨겨져 있는 경우를 가리킨다. 예를 들어 초나라 장왕莊王이 진陳나라 하징서夏徵舒를 토벌한 사건의 경우, 어진 임금이 중죄를 토벌한 것으로 여겨서 사람들이 모두 잘한 일이라고 생각하지만, 장왕이 제멋대로 토벌한 죄가 있다는 것을 모른 것이다. 따라서 『춘추』에서는 "초나라 사람이 진나라 하징서를 토벌하였다"(楚人殺陳夏徵舒, 선공 11년)고 기록했으니, 이것은 초나라 임금(楚子)을 폄하하여 초나라 사람(楚人)이라고 호칭함으로써 폄절로써 장왕의 죄를 드러낸 것이다.[97] 이러한 사례들에 대해, 공광삼은 "인정人情에서 의혹되기 쉬운 일"이며, 마땅히 "사람들이 쉽게 이해하는 것을 간략하게 기록하고, 사람들이 알기 어려운 일을 드러내어야 한다"[98]고 했다. 따라서 공광삼은 또한 그것이 "이 경전을 읽는 핵심적이 방법"이라고 강조했다.

3. 인정 조목(人情科)과 존尊·친親·현賢

공광삼이 『춘추공양경전통의』에서 말했다.

『춘추』에서는 의리로써 다스린 경우도 있고, 은혜로써 다스린 경우도 있다. 은혜가 의리에 근본하지 않으면 사사로운 은혜이다. 의리가 은혜에 근본하지 않으면 또한 공정한 의리가 아니다. 비록 법도가 있더라도 천하를 하나로 통일하기에는 부족하며, 천하는 오직 인정人情이 하나에서 나오기 때문에 의리는 반드시 사람의 인정人情에 맞추어 제정해야 한다.[99]

일반적으로 말하면, 왕법의 설치는 의리를 위주로 한다. 그런데 공광삼은 "의리가

---

97) 역자 주: 『공양전』 선공 11년에서 楚子를 楚人으로 기록한 이유를 다음과 같이 해석하였다. "이것은 초나라 임금(楚子)인데, 초나라 사람(楚人)이라고 말한 것은 무엇 때문인가? 비판한 것이다. 어째서 비판했는가? 외국에서 토벌하는 것을 용납하지 않기 때문이다."

98) 孔廣森, 『春秋公羊經傳通義』, 哀公 8년.

99) 孔廣森, 『春秋公羊經傳通義』, 文公 15년.

은혜에 근본하지 않으면 또한 공정한 의리가 아니다"고 여겼다. 따라서 비록 법도가 있더라도 여전히 천하를 하나로 통일할 수 없으며, "천하는 오직 인정人情이 하나에서 나온다"는 주장을 함께 제시함으로써 왕법의 실시는 당연히 인정人情으로써 제정해야 한다고 주장했다. 이로 인해 공광삼은 천도天道와 왕법王法 이외에 또 인정과人情科를 세웠으니, "인정에 합치되지 않으면 왕법이 시행되지 않는다"는 것이다.

인정人情이라는 것은 『춘추』의 서법에서 구현된다. 즉 "『춘추』는 존귀한 자를 위해 숨기고, 친한 자를 위해 숨기며, 현명한 자를 위해 숨긴다"는 것이다.[100] 그것이 바로 공광삼이 말한 존尊·친親·현賢의 삼지三旨이다. 공광삼이 말했다.

> 유우씨有虞氏는 덕德을 귀하게 여겼고, 하후씨夏后氏는 작위(爵)를 귀하게 여겼으며, 은殷·주周는 친한 자親)를 귀하게 여겼다. 『춘추』는 4대의 훌륭한 본보기를 거울로 삼아서, 모든 왕들에게 통용되는 법도를 세웠으니, 존귀한 자를 존중하고, 친한 자를 친하게 여기며, 현명한 이를 현명하게 대하는 것이다. 존귀한 자는 과실이 있더라도 감히 비난하지 않고, 친한 자는 과실이 있더라도 비난해서는 안 되며, 현명한 자는 과실이 있더라도 차마 비난할 수 없다. 이에 그 문장을 바꾸어서 그들을 위해 숨겨 주니, 숨기는 것(諱)은 비난하는 것(譏)과 같다.[101]

이로써 알 수 있듯이, 존귀함(尊)·친함(親)·현명함(賢)이라는 삼지三旨의 성립은 우虞·하夏·은殷·주周 4대에서 덕을 귀하게 여기는 것과 작위를 귀하게 여기는 것, 친한 자를 귀하게 여기는 것을 절충한 것이다. 따라서 『춘추』는 존귀한 자를 존중하고, 친한 자를 친하게 여기며, 현명한 자를 현명하게 대하였다. 이른바 "존귀한 자를 존중하고, 친한 자를 친하게 여기며, 현명한 자를 현명하게 대하였다"는 것은 "존귀한 자는 과실이 있더라도 감히 비난하지 않고, 친한 자는 과실이 있더라도 비난해서는 안 되며, 현명한 자는 과실이 있더라도 차마 비난할 수 없다"는 것에서

---

100) 역자 주: 『공양전』민공 원년에 "『春秋』, 爲尊者諱, 爲親者諱, 爲賢者諱"라는 말이 보인다.
101) 孔廣森, 『春秋公羊經傳通義』, 「敍」.

구체적으로 구현된다. 이미 사람의 인정人情을 따라서 "감히 비난하지 않고" "비난할 수 없으며" "차마 비난할 수 없기" 때문에 『춘추』에서는 마침내 문장을 바꾸어서, 그들을 위해 '숨겨 준' 것이다. 공광삼이 존귀함(尊) · 친함(親) · 현명함(賢)의 삼지三旨를 설치한 것은 한마디로 말하면 '숨겨 주기' 위한 것이라고 말할 수 있다. 그는 또 다음과 같이 말했다.

> 존귀한 자를 위해 숨겨 주는 것은 굴욕적인 것을 숨겨 주는 것이니, 노나라에 대해서는 패배했다고 말하지 않고, 다른 나라의 대부와 맹약했을 때 공公이라고 부르지 않는 부류가 그것이다. 친한 자를 위해 숨겨 주는 것은 애통한 것을 숨겨 주는 것이니, 시해되었을 때 죽었다(薨)고 말하고, 도망갔을 때 손孫이라고 말하는 부류가 그것이다. 현명한 자를 위해 숨겨 주는 것은 잘못을 숨겨 주는 것이다.[102]

　"존귀한 자를 위해 숨겨 주는 것"을 공광삼은 "굴욕적인 것을 숨기는 것"이라고 풀이했다. 예를 들어 노나라가 외국과 전쟁했을 때, 패배하더라도 패배했다고 말하지 않으니, 전쟁에서 패배한 수치를 숨겨 준 것이다. 임금이 다른 나라의 대부와 맹약을 맺을 때, 공公이라는 글자를 없애서 기록하지 않으니, 임금이 수치스럽게 대부와 맹약을 맺은 것을 숨겨 준 것이다. "친한 자를 위해 숨겨 주는 것"을 공광삼은 "애통한 것을 숨겨 주는 것"이라고 풀이했다. 예를 들어 은공이 환공에 의해 시해를 당했을 때 『춘추』에서는 "은공이 죽었다"(公薨)고 기록했고, 또 소공이 제나라로 도망갔을 때 "소공이 제나라로 도망갔다"(公孫於齊)고 기록한 부류이다. "현명한 자를 위해 숨겨 주는 것"을 공광삼은 "잘못을 숨겨 주는 것"이라고 했다. 곧 현명한 자의 잘못을 숨겨 주는 것이니, 예를 들어 제나라 환공을 위해 그가 형邢나라와 위衛나라를 구제하지 못한 것을 숨겨 준 부류이다.

　그렇지만 '숨겨 주는 것'이 비록 "감히 비난하지 않고" "비난할 수 없으며" "차마 비난할 수 없기" 때문에 "문장을 바꾸는 것"이지만, "문장을 바꾸는 것"이

---

102) 孔廣森, 『春秋公羊經傳通義』, 閔公 원년.

'비난'(譏)의 실질을 바꾸는 것은 결코 아니다. 따라서 "숨겨 주는 것은 비난하는 것과 같다"고 말한 것이다. 이로 인해 '숨겨 주는 것'이 비록 "문장을 바꾸는 것"이지만, 그것을 존귀한 자·친한 자·현명한 자에 대한 "바르지 못한 아첨이나 허물을 덮어 주는 것"으로 간단하게 간주해서는 결코 안 된다. 이에 대해 공광삼은 다음과 같이 말했다.

『공양전』에서 "원수와 함께 사냥한 것을 숨긴 것"을 가장 엄중한 것을 선택하여 비난한 것이라고 여긴 것이 그것이다. 이른바 "부모와 자식은 서로 숨겨 주니, 정직함은 그 가운데에 있다"는 것이 어찌 "바르지 못한 아첨이나 허물을 덮어 주는 것"을 말하겠는가? 무해無駭에 대해 씨氏를 제거하여 폄하했기 때문에(은공 2년, "無駭帥師入極") 극極나라를 침입한 것이 멸망시킨 것이 아닐 것이라고 의심할 여지는 없다. 서나라 사람이 영씨를 정벌한 일(희공 17년, "春, 齊人·徐人伐英氏")을 이어서 항나라를 멸망시킨 일(희공 17년, "夏, 滅項")이 있으므로 제나라가 항나라를 멸망시킨 것이 아닐 것이라고 의심할 여지는 없다. 뒤의 문장에서 "정나라 호뢰를 수비했다"(양공 10년, "戍鄭虎牢")고 기록했으므로 이전에 호뢰에 성을 쌓은 것(양공 2년, "遂城虎牢")을 정나라와 연계하지 않아도 되는 것이다.[103] 뒤의 문장에서 "맹자가 죽었다"(애공 12년, "孟子卒")라고 기록했기 때문에 소공昭公이 부인(孟子)을 얻은 것을 기록하지 않아도 되는 것이다. 문장을 숨기고 실질을 보존한 것이 이와 같은 것이 있다.[104]

『춘추』 장공 4년, "장공이 제나라 사람과 곡에서 사냥하였다."(公及齊人狩于郜) 『공양전』에서는 장공이 실제로는 제나라 임금과 사냥을 했는데, '제나라 임금'(齊侯)을 '제나라 사람'(齊人)이라고 문장을 바꾼 것은 "원수와 사냥한 것을 숨긴 것"이라고 해석했다. 『공양전』에서는 또 "원수와 함께 한 일은 한 번만 비난하면 그만이다. 그 일들 중에서 가장 엄중한 것을 선택하여 비난하였다"고 했다.[105] 따라서 공광삼은

---

103) 역자 주: 양공 10년에 '정나라 호뢰'(鄭虎牢)라고 기록했기 때문에 이보다 앞선 양공 2년의 "호뢰에 성을 쌓았다"(城虎牢)는 기록에서 '虎牢'를 '정나라 회뢰'(鄭虎牢)라고 기록하지 않더라도, 그것이 정나라의 읍이라는 사실을 알 수 있다는 의미이다.

104) 孔廣森, 『春秋公羊經傳通義』, 「敍」.

"『공양전』에서는 원수와 함께 사냥한 것을 숨긴 것을 가장 엄중한 것을 선택하여 비난한 것이라고 여긴 것"이라고 말했다. 그러므로 숨겨 주는 것은 곧 비난한 것과 같으며, "바르지 못한 아첨이나 허물을 덮어 주는 것"이 아니다.

공광삼은 이보다 더욱 중요한 것은 『춘추』에서 숨겨 주는 예例는 곧 "문장을 숨겨 주고 실질을 보존하는 것"이라고 여겼다. 따라서 그는 희공 17년 "여름, 항나라를 멸망시켰다"(夏, 滅項)는 기록을 예로 들었다. 실제로는 제나라가 멸망시켰지만, 『춘추』에서 누가 멸망시켰는지 기록하지 않은 것은 제나라 환공桓公을 위해 숨겨 주려고 했기 때문이라고 해석하였다. 그런데 『공양전』에서는 이 조목이 앞 문장의 "제나라 사람·서나라 사람이 영씨를 정벌하였다"(齊人·徐人伐英氏)라는 문장을 이어서 기록한 것이기 때문에 실제로 제나라가 항나라를 멸망시켰다는 것을 알 수 있다고 여겼다. 따라서 『춘추』에서 비록 "항나라를 멸망시킨 것"에 대해 환공을 위해 숨겨 주었지만, 사실상 그 앞 문장인 "제나라 사람·서나라 사람이 영씨를 정벌했다"는 기록에서 그 실제가 분명하게 드러나는 것이다. 그러므로 공광삼은 "대체로 『춘추』에서 숨겨 주는 것은 반드시 문장으로 하여금 실질을 없애도록 하지 않는다"[106]고 하였다. 이로써 알 수 있듯이, 『춘추』는 비록 숨겨 주는 말이 있지만, 항상 사실을 없애지는 않는다.

이 외에 공광삼은 비록 "숨겨 주는 것은 비난하는 것과 같다"고 말했지만, 오히려 또한 '숨겨 주는 것'도 일정한 한도가 있다고 주장했다. "숨겨 주는 것과 비난하는 것은 쓰임이 한 가지이다. 그 일은 비난하는 데 한계가 있기 때문에 그 사람이 존귀한 자·친한 자·현명한 자의 조목(科)에 속하는 경우에만 그에

---

105) 역자 주: 『공양전』 장공 4년에서 다음과 같이 말했다. "장공은 어째서 미천한 사람과 사냥했는가? 사냥한 사람은 제나라 임금이다. 제나라 임금인데, 제나라 사람이라고 말한 것은 무엇 때문인가? 원수와 함께 사냥한 것을 숨긴 것이다. 이전에도 이런 일이 있었고, 이후에도 이런 일이 있는데, 어째서 유독 여기에서만 비난했는가? 원수와 함께 한 일은 한 번만 비난할 뿐이다. 그 일들 중에서 가장 엄중한 일을 선택하여 비난하는데, 원수와 함께 사냥하는 것보다 더 엄중한 일은 없기 때문이다."

106) 孔廣森, 『春秋公羊經傳通義』, 閔公 원년.

따라 숨겨 준다."[107] 즉 맞닥뜨린 일을 숨겨 주는 것은 "비난의 한계가 있기" 때문에 숨겨 주는 것은 단지 작은 악행에 지나지 않으며, 큰 악행의 경우에는 숨겨 주는 것의 범위에 속하지 않는다. 숨겨 주는 사람은 "존귀한 자·친한 자·현명한 자의 조목으로 제한되니, 그런 사람이 아니라면 또한 숨겨 주지 않고 기록하는 대열에 속하는 것이다.

제5절 하휴의 『춘추공양전해고』에 대한 수정

공광삼은 비록 하휴의 『춘추공양전해고』가 "체재가 크고 사고가 정밀하다"고 여겼지만, 또한 "때때로 잘못된 것을 이어받아서 경솔하게 억측하여, 전傳의 뜻을 순수하게 이해하지 못함"으로써 그 잘못은 두 가지가 "통하지 않는 것"에 있다고 비평하였다. 따라서 『춘추공양경전통의』를 지을 때, "이 두 가지 의혹을 제거하여, 크게 통하는 데로 귀결시켰다."[108] 공광삼의 관점에서 보면, 『춘추공양전해고』가 통하지 않는 첫 번째는 『좌씨전』·『곡량전』을 인용하여 『공양전』을 해석하려고 하지 않은 것이다. 통하지 않는 두 번째는 『춘추공양전해고』 중에 약간의 잘못된 이론이 있다고 여겨진다. 이에 대해 공광삼은 다음과 같이 말했다.

> 삼세三世 이론의 한계는 잘못하여 직접 들은 세대를 문공文公에서 시작하고, 직접 본 세대를 소공昭公에서 시작하므로 결국 비아鼻我를 쾌快와 억지로 구별하였다.[109]

---

107) 孔廣森, 『春秋公羊經傳通義』, 閔公 원년.
108) 孔廣森, 『春秋公羊經傳通義』, 「敍」.
109) 역자 주: 『춘추』 양공 23년에 "주루나라의 비아가 노나라로 도망쳐 왔다"(邾婁鼻我 來奔)는 기록과 소공 27년에 "주루나라의 쾌가 노나라로 도망쳐 왔다"(邾婁快來奔)는 기록이 보인다. 두 기록에 대한 『공양전』의 해석은 동일하다. 즉 "주루나라의 비아 (또는 쾌)는 누구인가? 주루나라의 대부이다. 주루나라에는 대부가 없는데, 여기에 서 무엇 때문에 기록했는가? 가까운 시대의 일이기 때문에 기록했다."(邾婁鼻我(快) 者何? 邾婁大夫也, 邾婁無大夫, 此何以書, 以近書也) 공광삼에 의하면, 두 사건에 대한

그리고 계희季姬·계우季友·공손자公孫慈에 대해 죽은 날짜를 기록한 것은 모두 그 해석을 이해할 수 없다. 외국의 대부가 도망쳤을 때는 계절을 기록하는 것이 예例이고, 제후가 도망쳤을 때 죄가 없으면 계절을 기록하고, 죄가 있으면 달을 기록하며, 노나라의 대부가 나갔을 때는 죄가 없으면 달을 기록하고 죄가 있으면 날짜를 기록하였다. 공과功過의 구별과 내외內外의 차별이 마땅히 그러한데, 하휴는 스스로 예例를 설치하여 경문과 어긋나며, 손오孫敖는 날짜를 기록하고 귀보歸父는 날짜를 기록하지 않아서 양쪽에서 말을 소비하였다. 숙술叔術이 형수를 처로 삼은 것에 대해, 『공양전』에서는 믿지 않는데도 하휴는 도리어 그것을 과장하고 확대함으로써 '일상적이지 않은 이상한 의리와 괴이하게 여길 만한 논의'(非常異義可怪之論)라고 지목받았다. 그것은 또한 『공양전』에서는 본래 위나라 괴첩蒯輒이 아버지인 괴외蒯聵를 막은 것을 인정하지 않았는데, 준불의雋不疑는 그것을 이상하게 인용하여 위태자衛太子의 옥사를 결단함으로써 『공양전』을 제대로 이해하지 못한 자들이 『공양전』을 욕하는 사태를 초래한 것과 같다. 이것이 『춘추공양전해고』가 통하지 않는 첫 번째 실마리이다.[110]

이상의 비평에서, 숙술叔術이 형수를 처로 삼은 일과 괴첩蒯輒이 아버지를 막은 두 가지 사건은 구체적인 경문에 대한 서로 다른 해석과 관련이 있다. 삼세三世 이론의 차이점이라는 측면에서는 원칙적으로 구별이 된다. 서로 비교해서 말한다면, 완원阮元은 공광삼과 하휴의 차이를 다음과 같이 더욱 분명하게 파악하였다.

공광삼이 『춘추공양전해고』와 다른 점은 대략 몇 가지 일이 있다. 공광삼이 말했다. "옛날에 제후들은 땅을 나누어 지키고 백성을 나누어 다스려서, 천자의 순전한 신하가 아니라는 의리가 있기 때문에 각각 자신들의 국내에서 기년紀年할 수 있었다. 그런데 하휴는 오직 왕자王者라야만 개원改元하고 호칭을 세운다고 함부로

『공양전』의 해석이 동일하기 때문에 사실한 동일한 세대의 일로 여겨진다. 그런데 하휴의 三世 이론에 근거하면, 鼻我의 일은 직접 들은 세대(所聞)에 속하고, 快는 직접 본 세대(所見)에 속하기 때문에 서로 다른 세대의 일로 억지로 나누어질 수밖에 없다는 것이다.
110) 孔廣森, 『春秋公羊經傳通義』, 「敍」.

말하고, 경문에서 원년元年을 기록한 것을 노나라에 왕을 가탁한 것이라고 여기니, 자신이 말한 '전傳에 위배되어 잘못되는' 실수를 스스로 저질렀다." 이것이 서로 다른 첫 번째이다. 공광삼이 말했다. "『춘추』는 12명의 노나라 임금을 나누어 삼세三世로 삼았다. 옛 이론에서는 '전해들은 세대는 은공·환공·장공·민공·희공이고, 직접 들은 세대는 문공·선공·성공·양공이며, 직접 본 세대는 소공·정공·애공이다라고 했다. 안안락顏安樂은 다음과 같이 생각했다.111) 『춘추』 양공 23년, '여름, 주루邾婁나라의 비아가 노나라로 도망쳐 왔다(夏, 邾婁鼻我來奔)의 『공양전』에서 말했다. '주루邾婁나라는 대부가 없는데, 여기에서 무엇 때문에 기록했는가? 가까운 시대의 일이기 때문에 기록하였다.' 또 소공 27년, '주루나라의 쾌가 노나라로 도망쳐 왔다'(邾婁快來奔)의 『공양전』에서 말했다. '주루나라는 대부가 없는데, 여기에서 무엇 때문에 기록했는가? 가까운 시대의 일이기 때문에 기록하였다.' 두 문장은 다름이 없기 때문에 두 사건 모두 마땅히 한 세대이다. 따라서 '공자가 태어났다'(孔子生, 양공 21년)에서 끊어서 그 이후로는 직접 본 세대로 삼아야 한다고 했다. 나는 이 주장을 따른다." 이것이 서로 다른 두 번째이다. 공광삼이 말했다. "환공 17년 경문에 '여름'(夏)이 없는데, 『좌씨전』과 『곡량전』의 경문에는 모두 '여름'(夏)이 있으니, 『공양전』만 글자가 빠졌을 뿐이다. 그런데 하휴는 '여름(夏)은 양陽이고, 달(月)은 음陰이다. 여름을 제거한 것은 부인이 환공과 관계가 없다는 것을 밝힌 것이다고 했으니, 감히 그렇게 말해서는 안 된다." 이것이 서로 다른 세 번째이다. 공광삼이 말했다. "『춘추』는 위로는 천도天道를 근본으로 삼고, 중간으로는 왕법王法을 사용하며, 아래로는 인정人情을 다스린다. 천도天道는 첫째가 시時, 둘째가 월月, 셋째가 일日이다. 왕법王法은 첫째가 기譏, 둘째가 폄貶, 셋째가 절絶이다. 인정人情은 첫째가 존尊, 둘째가 친親, 셋째가 현賢이다. 이것이 삼과구지三科九旨이다." 그런데 하휴의 『문시례文諡例』에서 말했다. "삼과구지三科九旨라는 것은 주나라를 새로운 나라로 여기고(新周), 송나라를 옛 나라로 여기며(故宋), 『춘추』를 새로운 왕에 해당시키는 것(以春秋當新王)이니, 이것이 일과삼지一科三旨이다." 또 말했다. "직적 본 세대에 대해 말을 달리하고, 직접 들은 세대에 대해 말을 달리하며, 전해들은 세대에 대해 말을 달리하니, 이것이 이과육지二科六旨이다." 또 "자기

---

111) 역자 주: 이 내용은 『춘추공양전해고』 「서」, 서언 소에 보인다.

150   춘추공양학사 하

나라를 안으로 여기고 제하를 밖으로 여기며, 제하를 안으로 여기고 이적을 밖으로 여기니, 이것이 삼과구지三科九旨이다." 이것이 서로 다른 네 번째이다.[112]

완원이 나열한 네 조목 중에서, 세 번째 조목에서 언급한 것은 구체적인 경문에 대한 해석이지 원칙과는 무관하다. 네 번째 조목에서 '삼과구지'가 서로 다르다고 말했는데, 당연히 이것이 공광삼과 하휴의 가장 큰 차이점이다. 사실상 공광삼은 '삼과구지'를 별도로 설치했으니, 하휴의 '삼과구지' 이론에 대한 부정과 포기를 의미한다. 구체적으로 말하면, 다음과 같은 두 가지 방면으로 드러난다.

1. 『춘추』를 새로운 왕에 해당시킨다'(以春秋當新王)와 '노나라를 왕으로 삼는다'(王魯)는 이론에 대한 비판

하휴의 '삼통의 소통'(通三統) 이론은 '주나라를 새로운 나라로 여기고, 송나라를 옛 나라로 여기며, 『춘추』를 새로운 왕에 해당시키는 것'(新周, 故宋, 以『春秋』當新王)이다. '『춘추』를 새로운 왕에 해당시키는 것은 그 중에서도 가장 중요한 내용이다. 그런데 『춘추』도 결국은 한 권의 책에 지나지 않기 때문에 공자는 『춘추』를 빌어서 왕王의 뜻을 밝히고, 또 어쩔 수 없이 노나라에 가탁하여 왕으로 삼음으로써 마침내 '왕노王魯'의 이론을 두게 되었다. 이러한 관점은 사실상 양한시대 공양가의 공통된 인식이다. 그런데 공광삼은 다음과 같이 생각하였다.

후한시대가 되자 황제들은 경술經術로써 천하를 다스리겠다고 큰소리를 쳤는데, 박사 제자들은 그것을 계기로 삼아서 아첨하는 글을 올려서, 서수획린西狩獲麟이 서성庶姓 유계劉季, 즉 유방劉邦의 상서祥瑞로써, 성인이 부명符命에 호응하여 한나라를 위해 『춘추』를 제작하고, 주나라를 축출하고 노나라를 왕으로 삼았으며, 『춘추』를 새로운 왕에 해당시켰다는 등등의 이론을 제멋대로 말했다. 이런 이론들은

---

112) 孔廣森, 『春秋公羊經傳通義』, 「序」.

『공양전』본전本傳에는 결코 보이지 않는다. 거듭 자신의 스승을 속임으로써 좌씨학자들과 곡량학자들의 규탄과 지적을 초래했다.[113]

　　공광삼의 관점에서 보면, '주나라를 축출하고 노나라를 왕으로 삼는 갓과 『춘추』를 새로운 왕에 해당시키는 것' 등의 여러 이론은 "『공양전』본전本傳에는 결코 보이지 않는다." 확실히 글자만 놓고 말하면, '주나라를 새로운 나라로 여긴다'(新周)는 것을 제외하면, 『공양전』본문에는 이와 관련된 글자가 전혀 없다. 따라서 공광삼은 하휴의 글자 밖의 독해에 대해 하나하나 반박하였다.

　　선공 16년, "주나라 수도의 동쪽에 있는 성주의 선사에 화재가 발생했다."(成周宣謝災) 『공양전』에서 말했다. "외국의 재해는 기록하지 않는데, 여기에서 무엇 때문에 기록했는가? 주周나라를 새로운 나라로 여겼기 때문이다."[114] 이에 대해 하휴는 다음과 같이 생각했다. 선사宣謝에 "선왕宣王의 중흥 시대에 제작된 악기樂器"가 보관되어 있어서, "공자가 『춘추』를 새로운 왕으로 삼고, 위로는 기杞나라를 축출하고, 아래로는 주周나라를 새로운 나라로 여기고, 송宋나라를 옛 나라로 여겼는데, 하늘이 중흥의 악기에 재해를 내리는 것을 통해 주나라가 다시는 부흥하지 못할 것을 보여 주었다. 따라서 성주成周의 선사宣謝를 연계시켜 기록함으로써 마치 (송나라나 제나라와 같이) 하나의 국가와 관련된 일처럼 문장을 만들어서, 주나라를 축출하고 새로운 나라로 여김으로써 왕자(주나라)의 후손을 위해 재해를 기록한 것이다."[115] 하휴의 뜻을 따져 보면, 『공양전』에서 '주나라를 새로운 나라로 여긴다'(新周)는 것은 공자가 『춘추』를 새로운 왕에 해당시킨 것을 말한다. 삼통三統이 번갈아가면서 순환하는 예例를 살펴보면, 삼통의 원래 순서 중의 주周·상商·하夏가 마침내 변해서 『춘추』·주周·상商이 되었다. 따라서 "주나라를 새로운 나라로 여기고, 송나라를 옛 나라로 여기며, 『춘추』를 새로운 왕에 해당시킨 것"이다. 이처럼 하나라는 삼통의

---

113) 孔廣森, 『春秋公羊經傳通義』, 「敍」.
114) 『公羊傳』, 宣公 16년.
115) 『公羊傳』, 宣公 16년, 何休 注.

순서에서 축출되었으니, 이것이 기杞나라를 축출한 것이다. 주나라는 제후의 하나로 강등되었으므로 '주나라를 새로운 나라로 여긴다'(新周)는 것은 곧 신왕新王인 『춘추』가 새롭게 책봉한 열국이 되는 것이다. 이에 대해, 공광삼은 다음과 같이 반박하였다. '신주新周'는 하휴가 말한 뜻이 전혀 없다. 대체로 주나라 경왕敬王이 왕자조王子朝의 난리를 피해서 성주成周로 옮겨갔는데, 성주로 새로 옮겨갔기 때문에 '신주新周'라고 말한 것이며, 신정新鄭·신강新絳과 같은 종류이다. 따라서 공광삼은 "'신주'는 비록 『공양전』에서 나왔지만, 사실상 하휴 주의 해석과 같은 뜻이 아니니", 곧 하휴가 말한 것처럼 "마치 (송나라나 제나라와 같이) 하나의 국가와 관련된 일처럼 문장을 만들어서, 주나라를 축출하고 새로운 나라로 여긴 것"이 아니라고 말했다. '고송故宋' 이론은 『공양전』에 보이지 않고, 『곡량전』에 "공자는 옛 송나라의 사람이다"(孔子故宋也)는 말이 보이고, 범녕의 주에서 "공자는 옛 송나라의 사람으로, 공보孔父의 현손玄孫이다"라고 풀이했다. 따라서 공광삼은 "의미상 더욱 서로 관계가 없다"고 말했다. 이 때문에 신주新周·고송故宋은 모두 하휴의 해석과 같지 않다. 따라서 삼통三統의 전이轉移가 그 자체로 성립하지 않기 때문에 "『춘추』를 새로운 왕에 해당시킨다"는 이론도 그 자체로 성립할 수 없는 것이다. 이와 유사한 사례는 장공 27년에 보인다. "기나라 임금이 노나라에 와서 조회하였다"(杞伯來朝)에 대해 하휴가 말했다. "기杞나라는 하夏나라의 후예인데, 공公이라고 부르지 않은 것은 『춘추』에서 기나라를 축출하고, 주나라를 새로운 나라로 여기고, 송나라를 옛 나라로 여겼기" 때문이라고 했다. 그런데 공광삼은 이 주장을 사용하지 않고, "기나라는 하후씨夏后氏의 후예로서 주나라 초기에 공公으로 봉해졌는데, 어느 시기에 백伯으로 작위가 강등되었는지 모르겠다"고 했다. 기나라 임금(杞伯)이 공작公爵으로부터 백작伯爵이 된 것은 결국 하나의 역사적 사실이지, 『춘추』의 신왕에 의해 축출된 것이 아니라는 것이다. 즉 삼통三統의 전이에 의한 결과가 아니라는 것이다.

하휴의 『춘추공양전해고』에 있는 『춘추』를 새로운 왕에 해당시킨다'(『春秋』當新王)는 이론은 '왕노王魯' 이론에서 더욱 많이 구현되니, 『춘추』가 노나라에 왕을 가탁하고, 노나라를 빌어서 왕의 뜻을 드러낸다는 의미이다. 공광삼은 『춘추』를 새로운 왕에 해당시킨다'(『春秋』當新王)는 이론을 인정하지 않기 때문에 '왕노' 이론에 대해서도 크게 비평하였다. 『공양전』은공 원년에서 "원년은 무엇인가? 임금의 첫 해이다"라고 했는데, 여기에 대해 공광삼은 다음과 같이 말했다.

> 『이아爾雅』에서 말했다. "원元은 시작(始)이다." 천자의 제후는 '군君'이라고 통칭하는데, 옛날에 제후들은 땅을 나누어 지키고 백성을 나누어 다스려서, 천자의 순전한 신하가 아니라는 의리가 있기 때문에 각각 자신들의 국내에서 기년紀年할 수 있었다. 그런데 하휴는 오직 왕자王者라야만 개원改元하고 호칭을 세운다고 함부로 말하고, 경문에서 원년元年을 기록한 것을 노나라에 왕을 가탁한 것이라고 여기니, 자신이 말한 '전傳에 위배되어 잘못되는' 실수를 스스로 저질렀다.[116]

살펴보건대, 『공양전』에서 '원元'자를 '임금의 첫 해'(君之始年)라고 해석하고, '은공隱公의 첫 해'(公之始年)라고 말하지 않았기 때문에 하휴는 "오직 왕자가 된 이후에 개원하고 호칭을 세울 수 있는데", 노나라 은공은 본래 왕자가 아니기 때문에 이치상 개원하고 호칭을 세울 수가 없다고 여겼다. 그래서 『춘추』가 "노나라에 왕을 가탁했기" 때문에 은공을 빌어서 처음으로 천명을 받은 왕으로 세운 것이다. 은공을 처음으로 명을 받은 왕으로 빌어 왔으므로 '원년'은 '은공의 첫 해'라고 말할 수 없다. "왕자와 제후는 모두 임금(君)이라고 부르니", 임금(君)은 "왕자와 그 의미가 통할" 수 있기 때문에 '임금의 첫 해'라고 말한 것이다. 이것은 은공이 실제로 제후라는 것을 표명할 것일 뿐만 아니라, 은공은 『춘추』에 가탁한 왕자라는 것을 의미하기도 한다. 그런데 공광삼은 다음과 같이 주장했다. 오직 왕자가 된 이후에 개원하고 호칭을 세울 필요가 없으며, "제후들은 땅을 나누어 지키고 백성을 나누어 다스려서, 천자의 순전한 신하가 아니라는 의리가 있기 때문에 각각 자신들의 국내에서 기년紀年할 수 있었다." 이 때문에 '왕노王魯'를 증명하는 이론은 하휴 자신이 말한 "전傳에 위배되어 잘못되는" 실수를 스스로 저지른 것이다.

---

116) 孔廣森, 『春秋公羊經傳通義』, 隱公 원년.

공광삼은 '왕노' 이론을 반대했기 때문에 마침내 하휴가 '왕노'로써 『공양전』을 해석한 것 전체를 '내노內魯'로 대체하였다. 예를 들어 은공 원년, "은공이 주루나라 의보와 멸에서 맹약을 맺었다"(公及邾婁儀父盟於昧)에 대해 『공양전』에서는 의보가 솔선하여 은공과 맹약을 맺었기 때문에 『춘추』에서 칭찬한 것이라고 여겼으며, 이에 대해 하휴는 다음과 같이 말했다.

『춘추』는 노나라를 왕으로 삼으니, 은공에 가탁하여 처음 천명을 받은 왕으로 삼는다. 의보가 가장 먼저 은공과 맹약을 맺었기 때문에 노나라를 빌어서 포상의 법도를 드러낼 수 있다. 따라서 그렇게 말한 것이다.[117]

공광삼이 말했다.

『춘추』는 노나라를 안으로 여기니, 노나라와 접촉한 것이 이 일에서 시작된다. 은공은 현명함과 겸양으로써 자리에 거처했고, 주루나라의 임금은 현명한 이를 친애하고 의리가 있는 이를 흠모하며, 신의를 강론하고 화목을 닦았으니, 법도의 측면에서 마땅히 칭찬할 만하다.[118]

의보를 칭찬할 만한 것은 그가 어진 이를 친애하고 의리가 있는 이를 흠모한 데에 있으니, 이것은 하휴와 공광삼 두 사람이 공통적으로 인정하는 것이다. 그런데 하휴의 요지는 '왕노'의 의미를 드러내 밝히는 데 있으니, 은공을 『춘추』가 가탁한 새롭게 천명을 받은 왕으로 여겼고, 의보는 은공이 새롭게 천명을 받은 즈음에 조회를 하였기 때문에 칭찬할 만한 것이다. 그러나 공광삼은 단지 '노나라를 안으로 여기는' 입장에서, 의보를 제후 중에서 처음으로 노나라와 접촉한 사람이기 때문에 칭찬했다고 여김으로써 하휴의 '왕노' 이론을 철저하게 없애 버렸다.

---

117) 『公羊傳』, 隱公 원년, 何休 注.
118) 孔廣森, 『春秋公羊經傳通義』, 隱公 원년.

이 사례에서 알 수 있듯이, 공광삼은 '내노'를 가지고 '왕노' 이론 중에서 『춘추』를 새로운 왕에 해당시킨다'(以『春秋』當新王)는 뜻을 없애 버리려고 하였다. 그런데 『춘추』에 만약 '신왕新王'의 뜻이 없다면, 공자가 지은 『춘추』가 또 공광삼이 자주 말한 '신의新義'를 어떻게 구현할 수 있는가? 또 공자가 "후대의 왕을 위해 법도를 보여 준 것"을 어떻게 구현할 수 있는가? 삼과구지의 '왕법王法'은 또 어디로부터 올 수 있는가? 공광삼의 관점에 보면, 공자가 지은 『춘추』는 주나라 문왕文王의 법도로써 후세에 임하는 것이다. 따라서 『공양전』 은공 원년의 "왕자王者는 누구를 말하는가? 문왕을 말한다"는 말을 다음과 같이 해석했다.

> 주나라 초기에는 문왕文王의 사당에서 달력을 반포하였다. 따라서 "왕정월王正月이라는 것은 문왕의 정월이다'라고 했다. 주나라 사람이 천명을 받은 것은 문왕으로부터 시작되니, 비록 지금 대를 이은 왕이라고 하더라도 문왕의 법도를 지키고, 문왕의 정삭을 시행한다. 『춘추』는 노나라를 안으로 여기고, 문왕은 또한 노나라가 나온 근원이니, 봄(春)에 왕王을 연계시키고, 문왕文王에 정월正月을 연계시켰다. 존귀함으로는 하늘의 일을 총괄하고 친애함으로는 조상을 따르니, 존귀한 이를 높이고 친한 이를 친애하는 것이 인도人道의 시작이다. 공자가 일찍이 "문왕文王이 이미 죽었으니, 주나라의 문화 제도가 여기 나에게 있지 않겠는가?'[119]라고 했으니, 이것이 대체로 『춘추』를 지은 본의일 것이다.[120]

살펴보건대, 하휴는 다음과 같이 생각했다. 『춘추』의 시작인 "원년, 봄, 왕의 정월"(元年, 春, 王正月) 여섯 글자에서, '봄'(春) 다음에 '왕王'을 이어 놓았으니, 문왕이 주나라에서 처음으로 천명을 받은 왕이기 때문에 '왕'이 곧 '문왕'이라는 것을 알 수 있다. 공광삼도 이 주장에 동의한다. 그런데 하휴는 더 나아가 다음과 같이 생각하였다. '왕'을 '문왕'으로 삼은 것은 "막 하늘의 명을 받아서 정월을 제정했다는 것을 진술했기 때문에 문왕을 빌어서 왕법으로 삼은 것이다." '문왕'이라는 것은

---

119) 『論語』, 「子罕」.
120) 孔廣森, 『春秋公羊經傳通義』, 隱公 원년.

공자가 『춘추』를 지을 때 문왕이라는 이름에 가탁하여 왕법을 세웠다는 것을 의미한다. 나중에 서언이 『공양전』의 소를 지으면서, 심지어 다음과 같이 생각했다. "공자가 신왕의 법도를 지어서 주나라 시대를 담당하니, 이치상 당연히 문왕의 법도를 임시로 빌린 것이다." 따라서 '문왕'은 단지 주나라 시대이기 때문에 임시로 빌린 이름에 지나지 않을 뿐이며, 사실은 『춘추』에 있는 '신왕'이다. 그런데 공광삼은 여기에서는 오히려 실제로 문왕을 가리키기 때문에 "대를 이은 왕이라고 하더라도 문왕의 법도를 지키고, 문왕의 정삭을 시행한다"고 말하고, 또 "『춘추』는 노나라를 안으로 여기고, 문왕은 또한 노나라가 나온 근원"이라고 여겼다. 따라서 『춘추』의 법도는 곧 문왕이 세운 법도이며, 이것이 곧 공자가 『춘추』를 지은 본의이다. 공광삼은 『춘추공양경전통의』에서 이와 유사한 주장이 자주 제시하였다.

> 왕의 자취가 사라지자, 『춘추』는 문왕의 법도로써 거기에 임하여, 그 뜻을 가탁하였다.[121]

한편 단지 이와 같을 뿐만 아니라, 양한시대 공양가가 말한 '삼통의 소통'(通三統)도 공광삼에 의해 '문왕의 뜻'으로 여겨졌다. 『춘추』의 2월·3월에 '왕王'이라고 기록한 것이 하휴에 의해 '삼통의 소통'(通三統) 이론의 가장 기본적인 특징으로 여겨졌다. 그런데 공광삼은 '문왕을 종주로 삼는다'(宗文王)는 각도에서 다른 해석을 제시하였다.

> 삼통의 보존(存三統)은 문왕의 뜻과 같다. 주나라를 계승하여 왕이 된 자는 마땅히 건인建寅을 세수로 삼는 정삭正朔으로 되돌아가야 한다. 따라서 안연이 나라를 다스리는 방법을 물었을 때, 공자는 "하나라의 역법을 시행하겠다"(行夏之時)고 말했다. 『춘추』를 지어 후왕의 법도로 삼으려고 할 때, 다만 노나라 역법의 월일月日을 고칠 수가 없고, 단지 여기에 그 뜻을 가탁할 수 있을 뿐이다. '왕이월王二月'이라고 기록한 것은 "문왕이 땅에 근거하여 가르침을 베푼 달이니, 후대에 지통地統으로써

---

121) 孔廣森, 『春秋公羊經傳通義』, 桓公 12년.

왕이 된 자가 있으면 마땅히 취하여 정월로 삼아야 한다"고 말하는 것과 같다. '왕삼월王三月'이라고 기록한 것은 "문왕이 백성들에게 공경스럽게 준 인시人時의 달이니, 후대에 인통人統으로써 왕이 된 자가 있으면 마땅히 취하여 정월로 삼아야 한다."[122]

이상에서 서술한 바와 같이, 공광삼은 공양학 이론 중의 '문왕을 종주로 삼는다'(宗文王)는 색채를 강하게 드러냈고, 아울러 '문왕을 종주로 삼는다'는 것을 가지고 '『춘추』를 신왕에 해당시킨다'는 이론을 대체했으며, '내노' 이론을 가지고 '왕노' 이론을 대체하였다. 이와 같이 『춘추공양경전통의』는 양한시대 공양가의 '삼통의 소통'(通三統) 학설을 철저하게 부정하고 버렸다.

2. 삼세설三世說에 대한 수정

하휴의 '삼통의 소통'(通三統) 이론에 대해, 공광삼은 기본적으로 부정적인 태도를 견지했고, 하휴의 '삼세의 확장'(張三世) 이론의 경우에는 부분적으로 받아들였지만 많은 수정을 가했다.

'삼세三世'의 이론은 『공양전』 은공 원년 · 환공 2년 및 애공 14년에서 세 차례 언급했던 "직적 본 세대에 대해 말을 달리하고, 직접 들은 세대에 대해 말을 달리하고, 전해들은 세대에 대해 말을 달리한다"(所見異辭, 所聞異辭, 所傳聞異辭)는 내용에 근본하며, 하휴는 소견所見 · 소문所聞 · 소전문所傳聞이 같지 않은 것에 근거하여 『춘추』를 3개의 역사 시기로 나누었다. 즉 소공 · 정공 · 애공 세 임금을 직접 본 세대, 문공 · 선공 · 성공 · 양공 네 임금을 직접 들은 세대, 은공 · 환공 · 장공 · 민공 · 희공 다섯 임금을 전해들은 세대로 나누었다. 그런데 공광삼은 이러한 분할을 결코 동의하지 않고, 전한시대 안안락顔安樂의 이론을 채용하여, 양공 21년 공자의 탄생을 기점으로 직접 본 세대와 직접 들은 세대를 나누었다. 그는 다음과 같이 말했다.

---

122) 孔廣森, 『春秋公羊經傳通義』, 隱公 3년.

안안락은 다음과 같이 생각했다.[123] 『춘추』 양공 23년, "여름, 주루邾婁나라의 비아가 노나라로 도망쳐 왔다"(夏, 邾婁鼻我來奔)의 『공양전』에서 말했다. "주루나라는 대부가 없는데, 여기에서 무엇 때문에 기록했는가? 가까운 시대의 일이기 때문에 기록하였다." 또 소공 27년, "주루나라의 쾌가 노나라로 도망쳐 왔다"(邾婁快來奔)의 『공양전』에서 말했다. "주루나라는 대부가 없는데, 여기에서 무엇 때문에 기록했는가? 가까운 시대의 일이기 때문에 기록하였다." 두 문장은 다름이 없기 때문에 두 사건 모두 마땅히 한 세대이다. 따라서 "공자가 태어났다"(孔子生, 양공 21년)에서 끊어서 그 이후로는 직접 본 세대로 삼아야 한다고 했다. 나는 이 주장을 따른다. 세 세대가 말을 달리한다는 것은 은혜에 깊음과 얕음이 있고, 의리에 융성함과 덜어냄이 있다는 것을 드러내는 것이다. 직접 본 세대는 마땅히 양공을 경계로 삼아야 하며, 성공·선공·문공·희공 네 왕조가 미치는 시대이다. 직접 들은 세대는 희공을 경계로 삼아야 하며, 민공·장공·환공·은공 네 왕조가 미치는 시대이다. 친함과 소원함의 조절은 대체로 여기에서 취한 것이다.[124]

살펴보건대, 양공 23년 "주루나라의 비아가 노나라로 도망쳐 왔다"와 소공 27년의 "주루나라의 쾌가 노나라로 도망쳐 왔다"는 두 조목에서, 경문 중에 있는 주루나라의 대부는 모두 이름을 기록하였고, 『공양전』에서는 모두 "주루나라는 대부가 없는데, 여기에서 무엇 때문에 기록했는가? 가까운 시대의 일이기 때문에 기록하였다"고 했다. 따라서 안안락은 두 조목의 서법이 서로 같기 때문에 마땅히 같은 세대의 일이라고 여겼다. 공광삼도 이 주장에 동의하였다. 그리고 더 나아가 하휴가 "결국 비아를 쾌와 억지로 구별하였다"고 비평하였다.[125] 따라서 공광삼이 나눈 세 세대는 은공·환공·장공·민공을 전해들은 세대로 삼고, 희공·문공·선공·성공을 직접 들은 세대로 삼고, 양공·소공·정공·애공을 직접 본 세대로 삼았다.

---

123) 역자 주: 이 내용은 『춘추공양전해고』 「서」, 서언 소에 보인다.
124) 孔廣森, 『春秋公羊經傳通義』, 隱公 원년.
125) 孔廣森, 『春秋公羊經傳通義』, 「敍」.

그런데 『공양전』 삼세설三世說의 입장에서 말하면, 삼세三世로 나누는 경계가 중요한 것이 아니라, 그 관건은 삼세에 대해 무엇 때문에 말을 달리하는가에 있다. 하휴의 입장에서 삼세이사三世異辭의 근거는 두 가지가 있다. 첫째, 인정人情의 각도에서 고려하는 것, 즉 "은혜에 두터움과 박함이 있고, 의리에 얕음과 깊음이 있다"는 것이다. 둘째, 삼세를 쇠란衰亂·승평升平·태평太平의 세 가지 시대로 삼아서, 각 시대의 치란治亂이 같지 않기 때문에 다스리는 방법도 또한 같지 않다. 이것이 『춘추』에 서로 다른 말이 있는 이유이다.

하휴의 첫 번째 주장에 대해, 공광삼은 기본적으로 받아들이면서 다음과 같이 말했다.

> 대체로 대부가 죽었을 때 날짜를 기록하는 것은 은혜의 애통함을 위주로 기록한 것이다. 전해들은 세대는 은혜가 줄어들어서 항상 날짜를 기록하지 않는데, 공자公子 구彄(은공 5년, "冬, 十有二月, 辛巳, 公子彄卒")와 공자 아牙(장공 32년, "秋, 七月, 癸巳, 公子牙卒")에 대해 날짜를 기록한 것은 특별한 이유가 있었기 때문이다. 직접 들은 세대에는 항상 날짜를 기록하는데, 득신得臣(선공 5년, "叔孫得臣卒")과 중수仲遂(선공 8년, "仲遂卒于垂")는 죄가 있었기 때문에 날짜를 기록하지 않았다. 직접 본 세대는 비록 죄가 있더라도 모두 죽었을 때 날짜를 기록한다.[126]

살펴보건대, 이 주장은 기본적으로 하휴와 동일하다. 즉 서법의 상세함과 간략함으로써 은혜와 의리의 깊고 얕음을 드러낸 것이다. 그런데 공광삼은 이 주장의 기초 위에서 또 한 단계 더 나아가 다음과 같이 확대 해석하였다.

> 직접 들은 것은 자신이 살던 시대에 직접 들은 것이다. 조부가 살던 시대에 직접 들었던 것은 아버지가 조부로부터 그것을 받았고, 자신은 아버지로부터 그것을 받았으니, 전해들은 것이다. 세대가 소원해지면 그 은혜가 줄어드니, 환공桓公이

---

126) 孔廣森, 『春秋公羊經傳通義』, 隱公 원년.

왕을 무시한 일이나 장공莊公이 복수하지 않은 일, 뇌물로 받은 큰 솥을 태묘太廟에 들여놓은 일, 위衛나라에서 빼앗은 보물을 돌려준 일, 문강文姜의 음탕함 등과 같은 일은 모두 사실대로 말해서 그 의리를 세울 수 있다. 직접 본 세대로 옮겨가면, 의리의 측면에서 존중해야 할 대상이 있고, 은혜의 측면에서 숨겨 주어야 할 일이 있으니, 정공定公이 계씨季氏에게 나라를 받았을 때 감히 그 찬탈을 밝힐 수가 없고, 소공昭公이 동성同姓의 제후국에 장가들었을 때 차마 그 악을 지적할 수 없다. 이 때문에 『춘추』에서 명분을 바로잡고 난신적자를 주살하는 큰 작용은 반드시 전해들은 세대에서 그 시작을 가탁한 이후에 시행될 수 있다. 가까이 있는 것은 말을 은미하게 하고, 멀리 있는 것은 바로 지목해서 말하며, 의義로써 시작해서 인仁으로써 끝을 맺는다. 그 세대를 구별하여 혼란스럽지 않으니, 이것은 그 말을 달리해서 뒤섞지 않는 것이다.[127]

공광삼의 관점에서 보면, 삼세三世는 친소親疏에 구별이 있고, 은혜의 애통함에 차등이 있기 때문에 삼과三科의 '인정과人情科'와 서로 결합하여 다음과 같이 생각했다. 전해들은 세대는 경과한 시간이 오래되고 멀어서 은혜가 줄어들기 때문에 비록 죄가 있더라도 『춘추』에서는 그것을 사실 그대로 말해서 숨기지 않을 수 있다. 직접 본 세대의 경우에는 "의리의 측면에서 존중해야 할 대상이 있고, 은혜의 측면에서 숨겨 주어야 할 일이 있기" 때문에 차마 임금의 악을 곧바로 지적할 수 없다. 전해들은 세대에는 사실 그대로 말해서 임금을 위해 숨기지 않기 때문에 "『춘추』에서 명분을 바로잡고 난신적자를 주살하는 큰 작용은 반드시 전해들은 세대에서 그 시작을 가탁한 이후에 시행될 수 있는 것이다." 공광삼은 또 말했다. "위로는 은공·환공을 다스려서 폄절貶絶의 법도가 확립되고, 아래로는 정공·애공을 기록하여 존친尊親에 대한 의리가 드러났다." 또한 삼세이사는 '기譏·폄貶·절絶'의 왕법과王法科 및 '존尊·친親·현賢'의 인정과人情科와 서로 대응되니, 전해들은 세대는 '기·폄·절'의 왕법과를 더욱더 드러낼 수 있고, 직접 본 세대는 '존·친·현'의

---

127) 孔廣森, 『春秋公羊經傳通義』, 哀公 14년.

인정과를 더욱더 체현할 수 있다. 이로써 공광삼의 논술은 하휴의 삼세설과 비교하면 더욱 정밀해 보인다고 할 수 있다.

그러나 하휴가 쇠란·승평·태평으로써 『춘추』의 삼세를 논한 것에 대해, 공광삼은 한마디 말도 제시하지 않았다. 이것은 확실히 그가 하휴의 이 이론을 전혀 인정하지 않다는 것을 의미한다. 사실상, 공광삼은 『춘추』를 새로운 왕에 해당시킨다'(以『春秋』當新王)는 이론을 받아들이지 않았기 때문에 자연스럽게 『춘추』가 세상을 다스러서 승평·태평에 이른다는 이론을 인정할 수는 없는 것이다. 이러한 측면에서 말하면, 공광삼의 삼세설은 또한 단지 삼세三世의 서법에서 말을 달리하는 것을 설명할 뿐이니, 이것을 그의 '삼과구지'에 집어넣어서는 안 된다.

청대 공양학의 첫 번째 전문 저작으로서의 『춘추공양경전통의』는 상당히 중요한 지위를 가지고 있다. 이에 대해 유봉록은 다음과 같이 칭찬하였다.

> 청나라가 흥기한 지 백여 년에 곡부曲阜의 공광삼 선생이 처음으로 『공양춘추』를 가법家法으로 삼아서, 그것을 가지고 부고趕告를 근거로 삼거나 좌씨左氏를 근거로 삼거나 『주관周官』을 근거로 삼은 학자들의 적폐를 일소하였다. 그리고 일월日月이 없다거나 이름과 자(名字)가 없다거나 포폄褒貶이 없다고 주장하는 진부한 여러 주장들을 경계하고 비판하였다. 이것을 어찌 소왕素王, 즉 공자의 총명한 후손이며, 인경麟經, 즉 끊어져 전하지 않던 학문인 『춘추』라고 말하지 않을 수 있겠는가![128]

유봉록이 위원魏源의 『시고미詩古微』에 대해서 지은 「서문」에서도 말했다.

> 청대 한학漢學이 창성하여 뛰어난 학자들이 많이 배출되었다. 무진武進의 장혜언張惠言(1761~1802)이 처음으로 『우씨역虞氏易』을 연구했고, 곡부曲阜의 공광삼孔廣森이 『공양춘추』를 연구하여, 금문학의 맹아가 점점 다시 회복되었다.

---

128) 劉逢祿, 『春秋論』 下.

주의할 만한 점은 장존여莊存與의 『춘추정사春秋正辭』는 청대 금문학을 계몽시킨 작품으로 인정받았고, 그가 유봉록의 외조부임에도 불구하고, 유봉록은 끝내 장존여를 인정하지 않았다. 그런데 유봉록이 공광삼을 비평한 경우도 많았지만, 그가 공광삼을 "처음으로 『공양춘추』를 가법을 삼았다"고 인정하고, "금문학의 맹아가 점점 다시 회복되었다"고 여겼으니, 청대 공양학에서 차지하는 공광삼의 선구적인 지위를 확인할 수 있다

공광삼의 뜻은 『공양전』을 "크게 통하는 데로 귀결시키는 것"[129]에 있었기 때문에 『춘추공양경전통의』를 지었다. 따라서 그가 비록 『좌씨전』·『곡량전』, 내지는 당송시대 이후의 『춘추』 이론을 많이 비평했지만, 오히려 또한 하휴가 『좌씨전』·『곡량전』을 인용하려고 하지 않은 것을 비평하였다. 따라서 『춘추공양경전통의』는 『좌씨전』·『곡량전』을 『공양전』과 통하도록 하고자 했을 뿐만 아니라, 심지어 여러 경전을 인용하여 『공양전』을 소통시키려고 하였다. 그것은 청대에 여러 경전으로써 『공양전』을 증명한 시작이 되었다. 이러한 경향은 완원阮元에게 크게 인정을 받았다. 그는 공광삼이 "여러 학자들을 두루 소통하고, 『좌씨전』·『곡량전』을 함께 채용함으로써 좋은 것을 선택하여 따랐다"[130]고 칭찬하였다. 그러나 그가 삼전三傳을 뒤섞어서 금문과 고문을 구분하지 않은 것은 또한 학자들의 비판을 받았다. 이에 대해 피석서는 다음과 같이 비평하였다. "만약 한 조목은 『좌씨전』을 따르고, 한 조목은 『공양전』을 따르며, 한 조목은 『곡량전』을 따르고, 한 조목은 당·송시대의 학자들을 따른다면, 비록 옛 뜻이 대략적으로 전해지더라도, 『춘추』가 본의를 잃고 혼란해지는 폐단을 결코 면할 수 없을 것이다."(『經學通論·春秋通論』)

하휴에서 유봉록으로 이어지는 대표적인 공양가의 계보로부터 본다면, 공광삼은 『좌씨전』으로써 『공양전』을 설명하여 금고문을 뒤섞었기 때문에 당연히 가법을 스스로 혼란스럽게 한 혐의가 있다. 또한 단지 이것뿐만이 아니라, 공광삼은 하휴와는

---

129) 孔廣森, 『春秋公羊經傳通義』, 「敍」.
130) 阮元, 『春秋公羊經傳通義』, 「序」.

별도로 '삼과구지'의 이론을 세웠기 때문에 이후의 유봉록과 피석서 등 청대 금문학자들이 모두 그를 종주로 삼지 않았다. 유봉록의 『춘추론春秋論』에서는 공광삼의 잘못을 다음과 같이 논했다.

그의 삼과구지三科九旨는 한대 학자들이 전수한 옛것을 사용하지 않고, 시時·월月·일日을 천도과天道科, 기讖·폄貶·절絶을 왕법과王法科, 존尊·친親·현賢을 인정과人情科로 별도로 세웠다. 이와 같다면 『공양전』이 『곡량전』과 어찌 다르며, 어찌 대의大義가 있겠는가? 그 뜻을 미루어 보면, 단지 노나라를 근거로 삼아서, 주나라를 새로운 나라로 여기고 송나라를 옛 나라로 여긴다(據魯·新周·故宋는 문장을 가지고 윗사람을 의심하고 위배했으며, 치평治平·승평升平·태평太平의 예例를 터무니없는 천착처럼 만들어 버렸다.

피석서는 다음과 같이 말했다.

공광삼이 『춘추공양경전통의』를 지었는데, 완원阮元은 '고가전학孤家專學'이라고 했다. 그런데 그가 하휴의 의례義例를 지키지 않고, 후대 학자들의 이론을 많이 채용했으며, 또 '출주黜周'·'왕노王魯'의 과지科旨를 믿지 않고, '신주新周'를 '신정新鄭'에 비유했다. 비록 온갖 고생을 하면서 공양학을 개척한 공적이 있지만, 근본을 버리고 말단만 쫓은 것에 유감이 없지는 않다.

대체로 현대의 학자들도 대부분 유봉록·피석서의 영향을 받아서, 공광삼이 가법家法을 지키지 않았다는 이유로 비평하였다.[131] 그런데 공광삼의 경전 연구가

---

131) 梁啓超가 말했다. "巽軒 공광삼은 『공양전』의 가법을 통하지 않았으며, 그 책은 『공양전』의 요지를 위배한 것이 매우 많다."(梁啓超, 『中國近三百年學術史』[朱維錚, 『梁啓超論淸學二種』, 314쪽에 실려 있음) 또 楊向奎가 말했다. "공광삼은 하휴를 드러내 밝혔고, 또 하휴를 벗어났다. 스스로 '삼과구지'의 이론을 제시함으로써 마침내 다변적인 『공양전』을 보수적이고 낙후한 『공양전』으로 변모시켜 버렸다.(楊向奎, 『巽軒學案』[『淸儒學案新編』 제4권, 92쪽에 실려 있음)

가법을 완전히 경시한 것은 결코 아니다. 그의 『경학치언經學巵言』에서 말했다 "조금 장성하자, 당나라 이전의 전소箋疏에 마음을 쏟아서, 이에 경전 연구는 가법이 있는 것을 귀하게 여긴다는 것을 알게 되었다." 따라서 "『춘추』에서는 한결같이 『공양전』의 사설師說을 지켰다." 이로써 알 수 있듯이, 공광삼이 불만을 가졌던 것은 단지 하휴의 학문일 뿐이다. 그가 "『춘추』에서는 한결같이 『공양전』의 사설을 지켰다"는 것은 진실로 『춘추공양경전통의』 「서敍」에서 말한 것과 같이, "호무생胡母生·동중서董仲舒는 모두 이 경전의 선사先師이니, 비록 그들의 뜻이 전傳의 밖으로 나왔다고 하더라도 탁월하여 믿을 수 있다"는 것이다. 그런데 '왕노王魯', '『춘추』를 새로운 왕에 해당시킨다'(以『春秋』當新王)는 이론, 내지는 '삼과구지三科九旨' 등의 여러 이론은 다만 하휴만이 그것을 주장한 것이 아니라, 동중서의 『춘추번로』에서도 분명하게 말한 것이므로 공광삼도 동중서를 온전히 다 믿는 것은 아니었다. 따라서 유봉록의 입장에서 말하면, 공광삼은 확실히 "장구章句를 전했지 미언微言을 전하지는 않았다." 혹 "그 뜻을 미루어 보면, 단지 노나라를 근거로 삼아서, 주나라를 새로운 나라로 여기고, 송나라를 옛 나라로 여긴다(據魯·新周·故宋)는 문장을 가지고 윗사람을 의심하고 배반했다"고 유봉록이 말한 것과 같다. 공광삼의 그러한 태도가 혹 명교名敎를 지키려는 마음에서 나왔는지, 아니면 시대를 두려워하고 해를 멀리 하려는 생각이 있었는지 모르겠다.[132]

---

132) 張勇, 「孔廣森與『公羊』'家法'」(『中國史硏究』, 2007년 제4기에 실려 있음) 참조. 그런데 유봉록은 또 다음과 같이 말했다. "또한 공광삼의 책은 『춘추』를 新王에 해당시킨다는 명분을 물리쳤지만 그 실질을 폐기한 적은 없다. 그가 말했다. '『춘추』는 주나라의 문식을 바꾸어서 은나라의 질박함을 따르는 내용이 있으니, 천자의 개혁이 아니겠는가? 王城 주위 500리 이내의 땅에 봉해진 제후는 3등급이고, 천자를 보호하는 제후는 7등급이며, 대부는 대를 이어 세습하지 않고, 소국의 대부는 名氏를 가지고 교류하지 않으니, 천자의 爵祿이 아니겠는가? 위로는 杞나라를 억누르고, 아래로는 宋나라를 보존하며, 滕나라·薛나라·邾婁나라 儀父를 칭찬하며, 穀나라·鄧나라를 천하게 여기고 盛나라·鄫나라를 귀하게 여기니, 천자의 紐綏이 아니겠는가? 노나라를 안으로 여기고 諸夏를 밖으로 여기며, 제하를 안으로 여기고 이적을 밖으로 여기니, 천자가 안을 존중하고 근본을 중시하는 것이 아니겠는가?'(孔廣森, 『春秋公羊經傳通義』, 哀公 3년) 王魯의 명분을 물리쳤지만 王魯의 실질을 사용했으니, 나는 그가 윗사람을 위배하지 않은 것을 본 적이 없다."(『春秋論』) 만약 유봉록의 주장과 같다

공광삼은 대진戴震의 제자로서, 또한 정현을 마음속으로 흠모하였다. 따라서 그의 『공양전』 연구는 경문의 훈고와 고증에 힘을 쏟았으니, 그것이 또한 그 학술의 특징이다. 공광삼은 『춘추공양경전통의』에서 널리 자료를 인용하여 증명하고, 두루 소통하고 증명함으로써 앞사람들이 드러내지 못한 것을 많이 밝힐 수 있었다. 게다가 그가 『시』로써 『공양전』을 증명하고 『예』로써 『공양전』을 증명한 것은 대부분이 모두 뛰어난 논의이다. 따라서 양향규楊向奎는 그가 "박학樸學, 즉 고증학으로 『공양전』을 강론할 때, 오히려 뛰어난 점이 있었다"[133]고 평가했다. 또 그는 "취할 만한 곳이 있다"[134]고 칭찬하였다. 당연히 대진의 제자로서 공광삼은 고증이나 훈고 등에 지나치게 얽매였지만, 사실은 당시의 한학漢學 가풍이 그렇게 하도록 만든 것이다. 설사 그렇다고 하더라도, 공광삼은 훈고와 고증에 대해, 오히려 '천박하고 말단적인' 학문이라고 여겼는데,[135] 이러한 태도는 거의 장존여의 영향을 받은 것이다. 확실히 『춘추공양경전통의』는 고증학 방면의 성과가 눈에 띄게 크지만, 공광삼은 의리 방면에 더욱 관심을 두었다. 예를 들어 그가 제시한 '삼과구지三科九旨'의 논의, 혹은 '왕노王魯'나 『춘추』를 새로운 왕에 해당시킨다'(以『春秋』當新王)는 이론에 대한 비평을 통해서, 그의 『춘추』 연구에서 "의리가 그의 뛰어난 점이 아니다"[136]고 간주해서는 안 될 뿐만 아니라, 그가 순전히 "박학樸學의 정신으로 『공양전』을 연구했다"[137]고 말해서도 안 된다는 것을 알 수 있다.

면, 공광삼은 진정으로 名敎를 지킨 것이 아니며, 또한 시대를 두려워하고 해를 멀리 하려는 생각을 드러낸 적이 없다.
133) 楊向奎, 『淸儒學案新編』 제4권, 91쪽.
134) 楊向奎, 『淸儒學案新編』 제4권, 92쪽.
135) 공광삼의 『經學卮言』 附記에서 『좌씨전』에 대한 자신의 고증과 교정을 "『좌씨전』에 서 말한 훈고의 천박하고 말단적인 것을 대충 알아서, 다른 경전에 그것을 붙여 두었다"고 말했다.
136) 楊向奎, 『淸儒學案新編』 제4권, 92쪽.
137) 楊向奎, 『淸代的今文經學』(『繹史齋學術文集』, 336쪽 및 趙伯雄, 『春秋學史』, 702쪽에 실 려 있음).

제13장 유봉록劉逢祿
─청대 공양학의 대종大宗

제1절 일생과 학술

유봉록劉逢祿(1776~1829)은 자가 신수申受 또는 신보申甫이고, 호는 사오거사思誤居士이며, 강소江蘇 무진武進 사람이다. 조부는 유륜劉綸이며, 관직은 문연각대학사文淵閣大學士·군기대신軍機大臣에 이르렀고, 현량사賢良祠에 입사入祀되었다. 부친은 유소양劉召揚이며, 벼슬살이에 뜻이 없어서 누차 호남湖南·섬서陝西·산동山東의 강의 자리를 주관하면서 생도들에게 수업을 했다. 외조부인 장존여莊存與와 외삼촌인 장술조莊述祖는 모두 경술經術로 세상에 이름을 떨쳤는데, 유봉록은 그들의 학문을 모두 전수받았다. 유봉록은 어렸을 때부터 학문을 좋아했으며, 13세 때 "13경 및 주진周秦의 옛 서적을 모두 읽었다." 일찍이 『한서』「동중서전董仲舒傳」을 읽다가 동중서를 사모하게 되었다. 이에 『춘추번로春秋繁露』를 구해서 보고서 70명 제자들의 미언대의를 더욱 잘 알게 되자, 마침내 발분하여 하휴의 『춘추공양전해고春秋公羊傳解詁』를 연구했는데, 몇 개월이 되지 않아서 그 조례條例를 모두 통달하였다.

도광道光 4년(1824), 의제사주사儀制司主事에 임용되었다. 그의 아들 유승관劉承寬의 『선부군행술先府君行述』에 의하면, 유봉록은 예부禮部에서 20년 동안 관직 생활을 했는데, 항상 "옛날의 예禮에 근거하여 지금의 제도를 제정하고, 경의經義를 추론하여 의심나는 일을 결단했으니", 단지 관청의 장부나 문서, 재물의 출납 등 서리胥吏가 아는 것만이 아니었다. 『선부군행술』에서는 유봉록이 "경전에 근거하여 일을 결단하니, 전한시대 동중서董仲舒의 풍격이 있었다"고 하니, 경전을 통달하여 실제에 활용할 줄 안 학자라고 말할 수 있다.

　유봉록의『춘추』연구는 대의大義를 통달하되 장구章句를 전문으로 하지 않는다. 유봉록이 일찍이 다음과 같이 말했다. "세상에서 경전을 말할 경우, 전한시대에는 고문『시』의 모공毛公, 후한시대에는 금문『역』의 우번虞翻이 있어서, 문사文詞는 어느 정도 완전히 갖추어졌다. 그러나 모공은 고훈古訓에는 상세하지만 미언微言이 간략하고, 우번은 상象의 변화에는 정밀하지만 대의를 밝힌 것이 드물다. 비슷한 부류를 알아서 통달하고, 경문에 드러낸 일을 은미하게 기록하고 경문에 숨긴 일을 드러내 밝히는 것을 탐구하는 것은『공양전』분야에서는 전한시대의 동중서가 있고 후한시대의 하휴가 있으며, 자하子夏의『상복전喪服傳』분야에서는 정현이 있을 뿐이다. 전한시대의 학문은 대체大體에 힘썼기 때문에 동중서가 전한 것은 장구章句와 훈고訓詁의 학문이 아니다. 후한시대에는 조리條理가 정밀했는데, 결론적으로 하휴와 정현을 종주로 삼지만, 상복喪服 분야가 오례五禮에서 단지 하나의 실마리일 뿐이다. 『춘추』의 문장은 수만이고 그 요지는 수천이며, 천도天道가 두루 미치고 인사人事가 갖추어져 있다. 그것으로 여러 경전을 관통하면 어딜 가든 그 근원을 얻지 않음이 없다. 그것으로 역사를 결단하면 천하의 의심스러운 일을 해결할 수 있다. 그것으로 스스로 처신하는 방법을 찾고 세상을 다스리면 선왕의 도를 회복할 수 있다."[1] 또『선부군행술』에 의하면, 유봉록은『공양전』의 조리를 찾고 그 통일적인 체계를 바로잡아서『공양춘추하씨석례公羊春秋何氏釋例』30편을 지었다. 또『공양전』에서 의심스럽거나 막힌 내용을 풀어내고,『공양전』에서 지키거나 고수한 것을 견고하게 만들어서『공양해고전公羊解詁箋』1권과『답난答難』2권을 지었다. 또 곡량씨·좌씨의 장단점을 탐구하여『신하난정申何難鄭』4권을 지었다. 역사에서의 여러 형벌과 예법 중에서 들어맞지 않는 것을 널리 찾아서『예의결옥禮議決獄』4편을 지었다. 또 그 뜻을 추론하여『논어술하論語述何』·『중용숭례론中庸崇禮論』·『하시경전전夏時經傳箋』·『한기술례漢紀述例』각 1권을 지었다. 잡다한 내용을 다룬 것으로는『위략緯略』

---

1) 劉逢祿,『公羊解詁箋』.

1권과 『춘추상벌격春秋賞罰格』 2권이 있다. 저술은 모두 11종이다. 유봉록은 또 당시의 학자들이 『춘추』를 말하는 것이 모두 "그 일을 있는 그대로 기록하고, 포폄에 구애받지 않는다"는 송나라 학자들의 말을 답습하고, 오직 공광삼만이 『춘추공양경 전통의』를 지어서 그 폐단을 들추어내었지만 여전히 '삼과구지三科九旨'가 미언대의가 있는 곳임을 믿지 않는 것을 걱정하여, 『춘추론春秋論』을 지어서 성인의 권위를 펼쳤다. 또 『좌씨춘추고증左氏春秋考證』 2권을 지으니, 지식인들은 염약거閻若璩(1636~ 1704)와 혜동惠棟(1697~1758)이 『고문상서』를 변별한 것과 동등하다고 평가하였다.

도광 9년(1829) 8월, 유봉록은 경사京師에서 죽었다. 이 해 9월에 『황청경해皇淸經解』 가 판각되어 책이 완성되었는데, 그의 『춘추공양경하씨석례春秋公羊經何氏釋例』 10권, 『발묵수평發墨守評』 1권, 『곡량폐질신하穀梁廢疾申何』 2권, 『좌씨춘추고증左氏春秋考證』 2권, 『잠고황평箴膏肓評』 1권, 『논어술하論語述何』 2권 등 모두 7종이 수록되었다. 10년 5월에, 아들 유승관劉承寬이 위원魏源·공자진龔自珍·능곤凌堃·진조陳潮에게 부탁 하여 유봉록의 유집遺集을 교정했는데, 위원은 유봉록의 유서遺書에 대해 논하고서 『유예부집劉禮部集』이라고 제목을 붙이니, 모두 12권이다. 1923년, 무진武進 서영西營 유씨劉氏의 29세손인 유기劉祺가 『무진서영유씨청분록武進西營劉氏淸芬錄』 제1집을 편찬 하면서, 그 속에 유봉록의 대부분의 저작을 수록했는데, 『춘추공양경하씨석례』 10권, 『석례후록釋例後錄』 6권, 『논어술하』 2권 등 춘추학 저술이 모두 그 속에 들어 있다.

유봉록의 학문은 당시 사람들에게 매우 큰 존경을 받았다. 완원阮元이 『황청경해』 를 간행할 때, 유봉록의 저서를 많이 수록하였다. 같은 읍邑의 이광락李光洛은 유봉록과 함께 매우 유명하여, '상주이신常州二申'이라고 불렸다. 이광락은 일찍이 『예부유군전 禮部劉君傳』을 지어서, "그가 비록 동중서董仲舒와 서로 겨루려고 하지 않았지만, 동중서의 제자인 영공嬴公과 비교하면 남음이 있다"고 말했다. 위원의 『유예부집劉禮部 集』 「서敍」에서는 유봉록이 건가乾嘉 고증학 분야의 앞선 현인들을 뛰어넘어서 전한시 대의 미언대의로 들어갔다고 격찬하였다. 또 『선부군행술先府君行述』에서는 유봉록의 학문 연구가 세상의 학자들과는 달랐으며, "공공이 옳다고 여기는 것을 추구하고 문호門戶를 떨쳐 없앴다"고 했다. 그런데 금고문 논쟁은 사실상 유봉록으로 인해서 일어난 것이다. 그 후에 청대 사람들은 유봉록의 학문에 대해 혹은 칭찬하고 혹은 비판했는데, 그것의 태반은 모두 문호의 견해에서 나온 평가이다. 예를 들어 유문기劉文淇는 비록 『좌씨전』을 연구했지만, 외삼촌인 능서凌曙와 갑인閘人 진립陳立 때문에 오히려 공평한 마음으로 유봉록의 학문을 논했다. 그는 진립의 『구계잡저句溪雜著』 「서문」을 지었는데, 유봉록이 "하휴의 이론을 삼가 지켜서, 의례義例를 상세하게 하고 전례典禮를 간략하게 하였다"고 말했으니, 공평하고 타당한 논의라고 말할 수 있다. 심흠한沈欽韓은 능서가 "유봉록의 무리들에 의해 잘못되어 『공양전』에 빠져들었다"[2]고 대놓고 비판하였다.

대망戴望은 송상봉宋翔鳳을 스승으로 모셨는데, 유봉록을 보지는 못했지만 그의 학문을 깊이 흠모하여 「행장行狀」을 지어서 다음과 같이 말했다.

> 공양학의 선사先師 하휴何休 이후에, 성현의 경전經傳이 2천 년 동안 가려지고 막혔다. 서언徐彦, 반유般侑, 육전陸佃, 가현옹家鉉翁, 황도주黃道周, 왕정중王正中이 모두 수백 년 동안 서로 이어져서, 비록 주요한 뜻은 대략적으로 엿볼 수 있지만, 밝게 드러내지는 못했다. 직접 들은 시대에 이르러서는 장시랑莊侍郞(莊存與)·공검토孔檢討(孔廣森)가 일어나서 그것을 펼쳤다. 유봉록 선생에 이르러 공양학을 지켜서 그 도가 크게 빛남으로써 동중서·하휴로 하여금 차례대로 나와서 다시 밝아지도록 하였다. 거의 성인이 그 속마음을 깨우쳐 주어서, 눈이 먼 자가 의지하여 볼 수 있도록 도와준 것이 아니겠는가?[3]

그 당시에 이자명李慈銘의 『월만당독서기越縵堂讀書記』에서 유봉록의 책에 대해 논하면서 다음과 같이 말했다. "예禮를 말하고 학문을 논한 것은 모두 『공양전』 및 하휴를 근본으로 추론했으며, 정밀하게 연구하고 폭넓게 변론하여, 스스로 전문가가 되었다." 그리고 "저서는 10여 종에 이르렀는데, 모두 깊은 조예가 있고 터득함이

---

2) 沈欽韓, 「與劉孟瞻書」.
3) 戴望, 「故禮部儀制司主事劉先生行狀」(『謫麐堂遺集』, 「文一」, 光緒 원년 간행본).

있으며, 정밀하고 깊으며 넓고 광대하여 장구章句만을 일삼지 않았다. 조리와 질서가 있고, 뜻이 깊고 우아하여, 이전에 문장을 고수하면서 같은 이야기만 반복한 것과는 다르다고 말할 수 있다." 이것은 그에 대한 칭찬이다. 또 말했다. "하휴를 지나치게 높여서, 위로 『좌씨전』・『곡량전』으로부터 아래로 허신・정현 등의 학자들에 이르기까지 모두 공격하고 반박했으니, 이것이 그의 폐단이다." 또 말했다. "유봉록의 문집을 살펴보면, 그 재주와 능력은 한 시대에 충분히 뛰어날 수 있지만, 그 학술은 본받기에 부족하다." 그리고 "유봉록은 옛 필사본 『북당서초北堂書鈔』는 읽을 줄 알지만, 주소注疏를 읽을 줄 몰랐으니, 이제까지 견강부회한 것이 이처럼 가소로운 것이 없었다." 또한 비판이 이와 같은 지경에 이르렀다.

또 주중부周中孚의 『정당독서기鄭堂讀書記』에서는 유봉록의 『춘추공양경하씨석례』를 크게 비판하여, "단지 수개월이면 끝마칠 수 있는" 책이라고 말했다. 또 그 서술은 "스스로의 능력을 헤아리지 못한 것이 가소롭다"고 말했다.[4] 『논어술하』에 대해서는, "천착과 견강부회를 면하지 못했고", "경전의 본래 요지가 아니다"라고 비판하였다.[5]

그 이후에 진례陳澧의 『동숙독서기東塾讀書記』가 나왔는데, 이 책에서 유봉록의 잘못을 상세하게 논했다. 예를 들어 "『좌씨전』은 『춘추』에 전傳을 단 것이 아니다"거나, '신주新周' 이론이나 '혜공중자惠公仲子'에 대한 해석, 『좌씨전』이 후대에 덧붙여진 것이라는 유봉록의 주장을 반박하였다.

그런데 이 몇 사람들은 비록 많은 책들을 매우 폭넓게 연구했지만, 사실상 『춘추』의 전문가는 아니기 때문에 반드시 그들의 말을 깊이 인용하여 믿을 만한 근거로 삼을 필요는 없다. 청대 말기에 이르러, 장소長素 강유위康有爲가 경술經術을 끼고서 정사政事를 논했는데, 처음에는 군헌君憲을 시행함으로써 청나라의 정치를 바꾸고, 이어서 군주제(保皇)를 외치고 혁당革黨을 막았으며, 끝에는 군주君主를 지키고

---

4) 周中孚, 『鄭堂讀書記』, 권11.
5) 周中孚, 『鄭堂讀書記』, 권13.

공화共和를 해쳤다. 따라서 조정과 재야에서 강유위를 공격한 자들이 결국 그 때문에 유봉록의 학문을 원수로 여겼다.

먼저 주일신朱一新은 『좌씨춘추고증左氏春秋考證』이 "대부분 제멋대로 쓴 말이며, 억지로 끼워 맞춘 문장"6)이라고 했다. 또 유봉록의 『논어술하』를 불만스럽게 여겨서, "유봉록이 하휴가 감히 말하지 않은 것에 대해 의연하게 말했으니, 지리멸렬한 말이 날마다 나오고, 폐단이 매우 크다. 『공양전』과 『논어』는 애초부터 서로 관계가 없는데도 『논어술하』를 지어서 둘을 소통시켰다"7)고 하였다. 심지어 유봉록이 "이상한 말을 하고 규칙을 파괴했으며, 명분을 문란하게 하고 제도를 함부로 고쳐서, 성인이 다시 일어나면 아마도 공자의 처벌(兩觀之誅)을 면치 못할 것"8)이라고 하였다. 또 섭덕휘葉德輝는 무술戊戌의 화禍를 애통하게 여겨서, 유봉록이 "문호 의식이 너무 지나쳤기 때문에 반고班固를 배척하고 좌씨左氏를 가짜로 여기고 『좌씨전』을 가짜로 여겼다. 화禍가 묵수墨守에서 이루어졌는데, 해害는 분서갱유焚書坑儒보다 더 심했다"고 하여, 유봉록의 학문을 진시황의 분서갱유에 비유하였다.

그 후에 장태염章太炎이 유봉록의 이론을 극렬하게 공격했는데, 그가 지은 『춘추』 관련 저서는 모두 강유위를 비판하고 유봉록을 반박하는 것을 일로 삼았다. 처음에 장태염은 유봉록이 "처음에는 오로지 동중서董仲舒・이육李育을 위주로 하여 『춘추공양경하씨석례春秋公羊經何氏釋例』를 지었고, 문장을 모아서 연결하고 사례를 비교하며, 종류별로 나열하여 분명하게 드러냈으니, 또한 구차하게 황당하고 이상한 말을 하고자 하지 않았다. 그래서 그 말의 뜻이 부드럽고 풍족하여 보는 사람들을 기쁘게 해 줄 수 있었다"9)고 하여, 그나마 그의 학문을 중시하였다. 그러나 "유봉록은 『공양전』을 가지고 만주滿洲에 아첨하였다. 대동大同의 이론이 흥기하자, 중화와

---

6) 朱一新, 「答康長孺書」(張榮華, 『康有爲往來書信集』, 99쪽에 실려 있음).

7) 朱一新, 「答康長孺書」(張榮華, 『康有爲往來書信集』, 100쪽에 실려 있음).

8) 朱一新, 「復長孺第四書」(張榮華, 『康有爲往來書信集』, 107쪽에 실려 있음).
   역자 주: 兩觀之誅는 공자가 少正卯를 兩觀, 즉 궐문 아래에서 죽인 것을 말한다. 그와 관련된 내용은 『한서』 「楚元王傳」에 보인다.

9) 章太炎, 『檢論・淸儒』(『章太炎全集』 제3책, 476쪽).

오랑캐의 경계가 없어졌다"10)고 했는데, 이것은 유봉록의 마음을 심하게 꾸짖은 말이라고 할 수 있다. 심지어 다음과 같이 말했다. "『공양춘추』의 학문을 근세에 명확하게 밝힌 것은 유봉록으로부터 시작된다. 유봉록의 조부인 유륜劉綸은 만주滿洲 정권에서 집정執政의 벼슬을 하면서 집안이 대대로 만주 정권에 길들여져서 자신의 종국宗國을 잊어버렸다. 『공양전』에서 오나라와 초나라의 지위를 높여 준 말을 제멋대로 취하여, 만주 정권의 임금에게 비위를 맞추어 견강부회하였다."11) 이 주장은 마치 유물론자의 계급분석법과 같은데, 그 입장을 가지고 옳고 그름을 논한 것이다.

또한 유사배劉師培라는 사람은 유문기劉文淇의 증손이다. 유사배는 비록 혁당革黨을 옹호했지만, 4대에 걸친 가학家學 때문에 사실에 토대를 두고 옳음을 탐구하는 논의를 할 수 있었다. 따라서 그는 장태염과 같은 문호의 견해는 비교적 적은 편이다. 비록 그렇기는 하지만, 그는 상주常州 학자들이 "학술의 선택은 지극히 높지만, 책의 저술은 지극히 평이하다. 밖으로 치용致用이라는 이름에 가탁하지만, 안에서는 철저하게 따지고 헤아리는 공부를 답습하여 경술經術이 지리멸렬하니, 이것을 심하다고 여기는 것이다"12)라 하였다. 이것은 또한 문호의 말일 뿐이다.

신해혁명에 이르러, 경학은 쇠퇴하였고 금고문 논쟁도 점점 사라져 버렸다. 이후의 학자들은 어느 정도 공평하고 타당한 태도로써 유봉록의 학문을 논의하였다.

1920년, 양계초梁啓超는 『청대학술개론淸代學術槪論』를 지었는데, 유봉록의 『춘추 공양경하씨석례』가 과학적인 방법으로 하휴의 『춘추공양전해고』의 조례條例를 귀납 했다고 말했다. 또 『좌씨춘추고증』은 위서僞書를 변별辨僞하는 성과를 갖추고 있다고 말했다. 1931년, 전현동錢玄同은 『좌씨춘추고증서후左氏春秋考證書後』를 지어서, 유봉록 의 『좌씨춘추고증』이 100년 이래 변위학辨僞學 운동의 선구이며, 그 가치는 염약거閻若 璩의 『상서고문소증尙書古文疏證』과 동등하다고 평가하였다. 이것은 모두 사상사의 측면에서 유봉록의 공헌을 긍정한 것이다.

---

10) 章太炎, 『檢論·學隱』(『章太炎全集』 제3책, 481쪽).
11) 章太炎, 「與劉揆一書」(『章太炎全集』 제4책, 187쪽).
12) 劉師培, 『近代漢學變遷論』(『劉申叔先生遺書·左盦外集』).

1936년에 이르러, 전목錢穆이 『국학개론國學槪論』을 출판했는데, 유봉록에 대해 "단지 하휴 한 사람의 이론만을 지켰을 뿐"이라고 말했다. 또 "그가 스승이 전한 것을 독실하게 믿고 가법을 지켜서, 오학吳學의 정통 전수자가 되었다. 그는 조례條例로써 경전을 탐구하니, 환학皖學의 색채를 띠었다. 장구와 훈고를 연구하기를 원하지 않고 큰 본체의 연구에 힘쓰니, 장태염章太炎 등 여러 사람들이 한학漢學을 공격한 것에 영향을 받은 것이다."13) 1937년, 전목은 또 『중국근삼백년학술사中國近三百學術史』를 출판했는데, 그 책에서 유봉록이 "학문을 논한 것은 가법을 위주로 했으니, 그것은 소주蘇州 혜동惠棟의 유풍이다. 조례條例를 위주로 했으니, 그것은 휘주徽州 대진戴震의 이론이다. 또 미언대의微言大義와 발란반정撥亂反正을 위주로 했으니, 그것은 그의 외가의 전통을 계승한 것이다. 급변하는 시대를 만나 경전 연구 작업이 좌절되자 『춘추』 연구에만 집중했으며, 『춘추』 연구가 또 좌절되자 『공양전』 연구에 집중하였다"14)라고 하였다. 1940년, 손해파孫海波가 『장방경학기莊方耕學記』를 지었는데, 다음과 같이 말했다. 유봉록이 "처음으로 오로지 가법만을 위주로 하여 조례를 만들고, 하휴 한 사람의 말을 다시 새롭게 만드니, 그 이후의 금문경학은 그 진영이 비로소 엄중해졌다."15) 1952년, 모윤손牟潤孫이 『춘추좌전변의春秋左傳辨疑』를 지어서 유봉록의 이론을 크게 반박하였다. 그는 유봉록의 논의가 "제멋대로 말한 망령된 주장"이라고 주장하였다. 이것은 모두 경학의 입장에서 유봉록의 저서를 평가한 것이며, 감정이 담긴 신랄한 평가는 비교적 적은 편이다.

제2절 하휴의 '삼권三闕'과 유봉록의 '하휴를 확장하고 정현을 비판함'(申何難鄭)

후한시대 이후 금문학의 세력이 쇠퇴하고 고문학이 점점 성행했다. 예를 들어

---

13) 錢穆, 『國學槪論』, 제9장.
14) 錢穆, 『中國近三百年學術史』 下冊, 585쪽.
15) 存粹學社 編, 『中國近三百年學術思想論集』(香港崇文書局, 1971)에 실려 있음.

가규賈逵의 무리들은 제왕의 보호를 발판으로 삼은 채, 그 기회를 이용하여 붓을 떨침으로써 『공양전』의 지위를 거의 빼앗았다. 금문학은 비록 쇠미했지만, 앞에는 이육李育이 있어서 "『공양전』의 의리로써 가규를 비판했는데, 논쟁을 주고받는 과정에서 모두 합리적인 증거가 있었다." 뒤에는 하휴가 있어서 "그의 스승인 박사 양필羊弼과 함께 이육의 뜻을 미루어 서술하여 『좌씨전』・『곡량전』을 비판하고, 『공양묵수公羊墨守』・『좌씨고황左氏膏肓』・『곡량폐질穀梁廢疾』을 지었다."16) 진晉나라의 왕가王嘉는 『습유기拾遺記』에서 하휴의 세 책을 '삼궐三闕'이라고 했는데, 그 "말의 이치가 그윽하고 은미하여, 기미를 알아서 지나간 것을 축적하지 않으면 통할 수 없다"17)고 하였다. 그 후에 정현은 이 책들에 대응하여, 『발묵수發墨守』・『잠고황箴膏肓』・『기폐질起廢疾』 세 책을 지었다. 하휴가 그것을 보고 탄식하면서 "정현이 나의 방으로 들어와서, 나의 창을 쥐고서 나를 공격했구나!"라고 말했다.18) 그런데 현존하는 역사 사적에 근거하면, 하휴는 정현의 책에 대해 다시 변론을 하지 않고, 도리어 『공양전』을 정밀하게 연구하여 『춘추공양전해고』를 완성하였다.

후대 사람들은 대부분 하휴가 탄식한 말에 근거하여, 하휴와 정현의 논쟁에서 정현이 다소 우위를 점한 것 같다고 판단하였다. 그러나 하휴는 본래 『공양전』에 근거하여 『좌씨전』과 『곡량전』을 공격했으며, 정현이 하휴의 '삼궐'을 반박한 것이 무엇을 근거로 한 것인지 알 수 없으므로 하휴와 정현의 논쟁과 관련된 세세한 사정을 다시 논할 필요는 없을 것이다. 가경嘉慶 원년(1796)에 이르러, 유봉록의 나이 21세 때, 『곡량폐질신하穀梁廢疾申何』를 저술하여, 처음으로 하휴와 정현의 논쟁에 대해 다시 한 번 반성을 진행하였고, 또 "방으로 들어와 창을 쥐었다"는 하휴의 말은 정현을 "크게 격려한 풍격"일 뿐이라고 말했다.

『곡량폐질신하』라는 책은 『황청경해皇淸經解』에 2권으로 되어 있으며, 『후록後錄』에는 『곡량신폐질穀梁申廢疾』과 『광폐질廣廢疾』 각각 1권으로 나누어져 있다. 상권은

---

16) 『後漢書』, 「儒林傳」.
17) 王先謙, 『後漢書集解』에서 인용.
18) 『後漢書』, 「鄭玄傳」.

모두 41조목이고, 겨우 4조목만이 정현의 『기폐질』의 말을 모아서 권말에 붙여 두었다. 그 나머지 36조목은 혹은 경문을 기록하고 혹은『곡량전』의 전문을 기록했으며, 그 아래에 모두 하휴의 『곡량폐질』과 범녕의 해석을 붙여 두었다. 그리고 그 아래에는 유봉록이 비판한 말을 두고서 그가 "정현을 비판한"(難鄭) 뜻을 밝혔다. 하권은 151조목으로, 모두 『곡량전』의 전문을 발췌하여 인용하였다. 그 내용은 모두『곡량폐질』에 갖추어져 있지 않은 것이며, 스스로 뽑아내서 진술한 것이다. 중간에는 범녕의 주를 언급하고, 뒤는 유봉록이 진술한 말이며, "하휴를 확장하는 것"(申何)을 요지로 삼았다. 주중부周中孚는 이 책이 "여전히 공양가의 말로써 금골리禽骨釐와 묵적墨翟의 방어를 만들었을 뿐"[19]이라고 했다. 그리고 양종희楊鍾羲는 다음과 같이 말했다. "유봉록은 임성任城의 하휴何休를 보호하고 지키면서 금식禽息[20]의 방어를 만들었고, 『좌씨전』과 『곡량전』을 배척했으며, 그 말을 자유롭게 하면서 스스로 감히 같은 편을 감싸지 않았다고 말했지만 믿을 수가 없다."[21]

이 책의 「서敍」에 의하면, 유봉록은 『춘추』에 미언대의가 있고, 그 대강은 자유子游·자사子思와 맹자의 책에 보이며, 그것은 바로 『예기』「예운」·『중용』과 『맹자』라고 생각했다. 『춘추』에서 드러내 놓고 말하지 못한 것은 자하 이후로 공양씨公羊氏에 의해 대대로 전해졌다. 『곡량전』의 경우는 건오시建五始·통삼통通三統·장삼세張三世·이내외異外內의 요지를 전하지 못했기 때문에 하휴의 '삼과구지三科九旨'가 거의 『춘추』에서 "드러내 놓고 말하지 못한 것"이다. 『곡량전』의 일월례日月例와 재변災變 이론, 그리고 포폄襃貶의 법은 비록 『공양전』과 같지만, "대부분 차이가 있다." 「서敍」에서 또 말했다. "『곡량전』은 탁왕託王 등의 여러 예例를 전하지 않았고, 입으로 전수한 미언微言이 아니기 때문에 『공양전』에서 앞서 책에 기록될 수 있었다." 여기에 근거하면, 『곡량전』은 대의를 밝히되 미언을 전하지 않았으며, 그것이 죽백竹帛

---

19) 周中孚, 『鄭堂讀書記』, 권11.
20) 역자 주: 王充의 『論衡』 「儒增」편에 의하면, 秦나라 대부였던 禽息이 진나라 穆公에게 百里奚를 천거했지만 받아들여지지 않자, 물러나서 대문에 머리를 찧어서 죽었다. 그러자 목공이 애통하게 여겨서 백리해를 등용했다고 한다.
21) 『續四庫提要』, '穀梁廢疾申何' 조목.

에 기록된 것은 전국시대 말기이기 때문에 『공양전』보다 앞선다.

유봉록의 「서敍」를 살펴보면, 『곡량전』이 비록 『공양전』과 차이가 있지만, 여전히 『공양전』의 "남겨진 것을 모으고 빠진 것을 보완할" 수 있기 때문에 "아름답고 좋은 것을 골라 뽑아서" 이 책을 지은 것일 뿐이다. 이로써 알 수 있듯이, 유봉록은 당시에 비록 금골리와 묵적처럼 공양학을 묵수하려는 뜻이 있었지만, 삼전三傳을 절충한 것이 사실이다. 그 후에 유봉록은 『공양해고전公羊解詁箋』과 『좌씨춘추고증左氏春秋考證』을 지었는데, 모두 『좌씨전』과 『곡량전』이 『공양전』의 빠진 부분을 보충할 수 있다는 뜻을 밝힌 것이다. 이러한 입장이 극히 분명하기 때문에 진립陳立의 『공양의소公羊義疏』에서 유봉록이 "스스로 가법을 혼란스럽게 했다"고 말한 것이 이상할 것이 전혀 없는 것이다.

유봉록은 『곡량전』으로써 『공양전』의 빠진 내용을 보완했지만, 결국은 『공양전』을 위주로 하였으며, 그 요지는 "하휴를 확장하는 것"(申何)에 있었다. 그런데 『곡량폐질신하』와 비교해 보면, 유봉록이 나중에 지은 『공양해고전』은 『곡량전』과 『좌씨전』에 대한 흡수가 사실상 더욱 멀리 달려가 버렸다.

『곡량폐질신하』는 유봉록의 가장 빠른 『공양전』 관련 저술이다. 그 후에 진립의 『공양의소』는 오로지 "하휴를 확장하는 것"을 요지로 삼아서, 유봉록의 책에 대해 많은 변론과 반박을 진행한 것이다.

제3절 『춘추공양경하씨석례春秋公羊經何氏釋例』

건륭 55년(1790), 유봉록은 나이 15세 때 이미 『공양전』 조례條例의 학문을 연구하였다. 가경 10년(1805), 30세 때에는 연주兗州의 강론 자리를 주관하였고, 동노강사東魯講舍에서 『춘추공양경하씨석례春秋公羊經何氏釋例』를 지었는데, 모두 10권 30책이다.

이 책은 호무생胡毋生의 『춘추조례春秋條例』를 편집하는 것을 일로 삼았다. 살펴보건대, 『춘추공양경하씨석례』 「서敍」에서 하휴가 "동중서와 호무생이 남긴 것을 탐색했다"고 했고, 또 "동중서와 하휴의 책이 마치 부절이 합치되는 듯하다"고 했다. 이로써 알 수 있듯이, 이 당시에 유봉록은 여전히 "온성溫城의 동중서와 제齊의 호무생, 그리고 임성任城의 하휴 세 군자가 도를 같이 하여 서로 계승했다"[22]고 여겼다. 이것은 그의 뜻이 비록 호무생의 『조례』를 편집하는 데 있었지만, 도리어 '하씨석례何氏釋例'라고 책의 이름을 지었고, 또 "온성溫城 동중서의 끊어진 사업이 진주가 한데 꿰이듯이 모여서 빛을 발하였다"고 말하니, 『석례』는 사실상 또한 호무생·동중서를 종주로 삼은 것이다. 그러나 만청시기 공양학의 발전을 살펴보면, 동중서·하휴의 학문은 사실상 차이가 있기 때문에 유봉록의 책은 "은미하고 희미한 것을 홀로 찾아 연구하여 동중서를 만났다"[23]고 말할 수 있다.

이 책의 「서敍」에서 또 말했다.

청나라가 천하를 소유한 지 100년, 책을 바치는 길을 열고 문학文學의 선비를 초빙하여, 육경을 널리 알리는 것을 최우선으로 삼았다. 이에 사람들은 터무니없이 날조된 것을 부끄럽게 여겨서, 앞 다투어 한대 스승의 가법家法을 지켰다. 예를 들어 원화元和의 혜동惠棟이 『역』 분야에서, 흡歙의 금방金榜이 『예』 분야에서 학문을 잘한 자들이다. 나는 학문을 시작하여 경전을 배울 때, 동중서·하휴의 책이 마치 부절처럼 합치되는 것을 좋아하였다. 일찍이 생각하기를, 학자들 중에 성인을 알려고 탐구하지 않은 자가 없는데, 성인의 도는 오경五經에 갖추어져 있고, 『춘추』가 오경 중에서 핵심이다. 전한시대의 스승 학자들은 대체로 모두 사라졌는데, 오직 『시』의 모공毛公과 『예』의 정현鄭玄, 『역』의 우번虞翻만이 말할 만한 의례義例가 있고, 발란반정撥亂反正은 『춘추』보다 더 가까운 것이 없다. 동중서·하휴의 말은 명을 받은 것이 마치 메아리와 같으니, 그렇다면 성인의 뜻과 70명의 제자가 전한 것을 찾아서 보려면, 그것을 버리고 어디로 가겠는가? 따라서 『공양전』의 조리를 찾고, 그 통일적인 체계를 바로잡아서 『춘추공양경하씨석례』 30편을 지었다.[24]

---

22) 劉逢祿, 『穀梁廢疾申何』, 「序」.
23) 梁啓超, 『淸代學術槪論』 22(朱維錚 校注, 『梁啓超論淸學史二種』, 61쪽에 실려 있음).

이로써 알 수 있듯이, 유봉록의 뜻은 "한대 스승의 가법家法을 지키는 것"에 있었다. 이런 점에서 말한다면, 건륭 시기의 한학漢學과 다른 점이 없는 듯하다. 그러나 그는 또 한대 사람들의 경전 연구는 조례條例를 더욱 숭상했는데, 그것은 단지 『춘추』만이 아니라고 생각했다. 그런데 위진시대 이후로 사법師法과 가법家法이 "대체로 모두 사라져 버렸고", 후세에 남아 있는 것은 오직 『시』의 모공毛公과 『예』의 정현鄭玄, 『역』의 우번虞翻과 『춘추』 삼전三傳뿐이다. 따라서 유봉록은 전한의 학문, 즉 조례條例의 학문을 회복하고자 했으며, 그것이 바로 건륭 시기 한학과 같지 않은 점이다.

유봉록의 『춘추공양경하씨석례』는 학자들의 큰 존숭을 받았다. 이조락李兆洛은 이 책이 "한대 이후로 있었던 적이 없었다"고 말했고, 강번江藩의 『국조한학사승기國朝漢學師承記』에서는 그가 "경전經傳에 정통하였다"고 평가하였다. 양계초梁啓超는 이 책을 지극히 중시하여, "이 책은 또한 과학적인 귀납 연구 방법론을 사용하여 조리가 있고 결단이 있으니, 청대 사람들의 저술 중에서 가장 가치가 있는 창작이다"[25]라고 했다. 금문학을 강하게 비난했던 장태염章太炎도 어느 정도 찬사를 보냈는데, 유봉록이 "처음에는 오로지 동중서董仲舒·이육李育을 위주로 하여 『춘추공양경하씨석례』를 지었고, 문장을 모아서 연결하고 사례를 비교하며, 종류별로 나열하여 분명하게 드러냈으니, 또한 구차하게 황당하고 이상한 말을 하고자 하지 않았다. 그래서 그 말의 뜻이 부드럽고 풍족하여 보는 사람들을 기쁘게 해 줄 수 있었다"[26]고 하였다.

이 책의 체례에 관해서는, 일반적으로 경전經傳 및 『춘추공양전해고』의 내용을 먼저 열거하고, 서로 관련된 조례에 나누어서 포함시켰다. 유봉록 자신의 견해는 '해석하기를'(釋曰)이라는 형식으로 매 편의 끝에 붙여 두었다. 책 전체는 모두 30편이며, 유봉록이 하휴의 『춘추공양전해고』를 30개의 예例로 총결하여 나누어 놓았다.

---

24) 劉逢祿, 『春秋公羊經何氏釋例』, 「敍」.
25) 梁啓超, 『淸代學術槪論』 22(朱維錚 校注, 『梁啓超論淸學史二種』, 61쪽에 실려 있음).
26) 章太炎, 『檢論·淸儒』(『章太炎全集』 제3책, 476쪽).

1. 『춘추론春秋論』에서 논한 '삼과구지三科九旨'

『춘추론春秋論』은 상하 두 편으로 구성되어 있다. 일찍이 위원魏源의 『문집』에 수록되었고, 위원이 『유예부집劉禮部集』을 편찬하면서 이 두 편의 글을 또 실어 놓았다. 살펴보건대, 책 속에 유봉록과 문답을 주고받은 가정전첨사嘉定錢詹事는 전대흔錢大昕인데, 글 속에 작은 글자로 '잠연당문답潛硏堂問答'이라고 주를 단 것을 통해 알 수 있다. 또 전대흔이 1804년에 죽었고, 위원은 1794년에 태어났기 때문에 『춘추론』이 위원의 손에서 나올 수가 없으므로 이 글은 당연히 유봉록의 작품이다.

유봉록은 조례條例를 가지고 『춘추』를 연구해야 한다고 주장했고, 전대흔은 주자의 "선악이 저절로 드러난다"(善惡自見)는 주장을 펼쳤다. 상편에서는 유봉록이 전대흔의 이 논의를 전문적으로 반박하면서 다음과 같이 주장했다. 『춘추』는 그 자체로 서법書法이 있어서 "의리를 중시하지 일을 중시하지 않는다." 그렇지 않다면 "오히려 『좌씨전』 기사의 표제 목록이 되기에도 부족하다." 따라서 마땅히 조례로써 『춘추』를 탐구해야 한다. 유봉록은 또 주자의 『자치통감강목資治通鑑綱目』도 서법이 있다고 여겼는데, 예를 들어 이적夷狄 · 적신賊臣에 대해 사死라고 기록하는 것과 계한季漢 · 중당中唐을 정통正統으로 받드는 부류이다. 따라서 전대흔의 논의는 또한 주자의 이론과 배치된다고 말했다.

하편에서는 공광삼이 밝힌 『공양전』의 조례條例를 공격하고, 하휴의 '삼과구지'의 예例를 진술하였다. 대체로 상편의 요지는 『공양전』과 『좌씨전』을 구별하는 데 있고, 하편은 『공양전』과 『곡량전』을 구별하는 데 있다.

담조 · 조광 이후로, 비록 삼전을 절충하거나 전傳을 버리고 경經을 탐구하는 것을 『춘추』 연구의 요지로 삼았지만, 대부분의 학자들은 『춘추』에는 탐구할 만한 조례가 있다고 생각하였다. 그 중에서 송대 최자방崔子方과 원대 조방趙汸 등은 가장 두드러진 학자라고 할 수 있다. 공광삼은 『공양전』의 조례를 드러내 밝혔지만, 거의 그들이 남긴 것을 계승했을 뿐이다. 그런데 『공양전』에 말한 예例는 근본적으로 『곡량전』과 같지 않은 것이 있다. 최자방 · 조방 · 공광삼 등은 모두 시월일례時月日例

를 잘 연구했으며, 이것은 본래『공양전』·『곡량전』의 공통점이다. 그러나『공양전』의 대의미언大義微言은 여기에 보이지 않고, 오직 하휴의『춘추공양전해고』에서 밝힌 '삼과구지'가 진정으로『공양전』의 서법을 터득한 것이다.

따라서 유봉록은『춘추』의 서법을 파악하는 데 있어서 하휴의 '삼과구지'가 지닌 중요성을 다음과 같이 강조하였다.

삼과구지三科九旨가 없으면『공양전』이 없고,『공양전』이 없으면『춘추』가 없으니, 어찌 미언微言이 있을 수 있겠는가?

이로써 알 수 있듯이, 유봉록은 '삼과구지'가『춘추』의 미언微言이 있는 곳이며,『공양전』과『곡량전』서법의 차이점이 바로 여기에 있다고 보았다.

『춘추론』이라는 책은『춘추공양경하씨석례』보다 앞서 지어졌으며,『곡량폐질신하』와 마찬가지로 '하휴를 확장하는 것'을 요지로 삼고 있다. 따라서『춘추공양경하씨석례』는 오로지 하휴의『춘추공양전해고』를 근거로 해서『공양전』의 조례를 밝히기 위해 지어진 것이다. 그 후에 양계초의『청대학술개론』에서는 공광삼이 "가법家法을 밝히지 않았기 때문에 금문학을 연구하는 학자들이 그를 종주로 삼지 않았다"고 했으니, 바로 이것을 말한 것이다.

2. 삼과례三科例 해석

하휴의 '삼과구지'에 대해, 서언徐彦은 삼과三科와 구지九旨가 "바로 하나의 사물이다"[27]라고 했다. 그런데 서언이 인용한 송균宋均의『춘추설春秋說』에서는 다음과 같이 말했다.

---

27)『公羊傳』, 隱公 원년, 徐彦 疏.

삼과三科는 첫째 장삼세張三世, 둘째 존삼통存三統, 셋째 이내외異外內, 이것이 삼과이다. 구지九旨는 첫째 시時, 둘째 월月, 셋째 일日, 넷째 왕王, 다섯째 천왕天王, 여섯째 천자天子, 일곱째 기譏, 여덟째 폄貶, 아홉째 절絶이다. 시時와 일월日月은 상세하게 기록하거나 간략하게 기록하는 요지이다. 왕王과 천왕天王·천자天子는 원근遠近과 친소親疏를 기록하는 요지이다. 기譏와 폄貶·절絶은 일의 경중輕重을 재는 요지이다.[28]

지금 『춘추공양경하씨석례』에 의하면, 유봉록은 거의 송균末均의 입장에서 서서 삼과와 구지를 두 가지로 나누었다. 『유예부집劉禮部集』에서는 '구지九旨'를 시時·월月·일日과 작爵·씨氏·명名·자字, 포褒·기譏·폄貶·절絶이라고 분명하게 말했으므로 송균의 이론과 모두 같다.

먼저 동중서의 입장이든 아니면 하휴의 입장이든 상관없이, 가장 중요한 것은 '삼통의 소통'(通三統)의 예例이다. 청대 말기의 주일신朱一新·소여蘇輿 등은 이 이론을 견지하였다. 주일신의 『무사당답無邪堂答』에서는 "『공양전』의 대의大義는 삼통의 소통(通三統)에 있다"고 했으며, 소여의 『춘추번로의증春秋繁露義證』에서는 "사실상 『공양전』의 가언家言 중에서 오직 삼세의 확장(張三世)만이 전혀 아무런 뜻이 없다"고 했다. 그러나 유봉록의 『춘추공양경하씨석례』에서는 '삼세의 확장'(張三世)을 삼과三科의 처음으로 바꾸어 배치했으며, 그 뒤에 공자진·위원·강유위 등의 무리들이 그 뒤를 계승하여 삼세의 확장(張三世)의 예例를 확대해서 전개하였다.

또한 '삼세의 확장'(張三世)의 예는 본래 두 가지 뜻이 있다. 첫째, 세대에는 원근遠近이 있고, 은혜에는 후박厚薄이 있으며, 감정에는 친소親疏가 있다. 따라서 말이 감정과 함께하기 때문에 말을 달리하는 것(異辭)이 있는 것이다. 둘째, 말은 상세함과 간략함이 있다. 이를 통해 다스림에 내외內外와 선후先後가 있음을 드러내고, 쇠란衰亂·승평升平·태평太平 세 세대의 요지를 밝힌다. 이러한 두 가지 뜻은 동중서·하휴가 모두 명확하게 말한 것이다. 그런데 유봉록이 이 예를 해석한 것을 살펴보면,

---

28) 『公羊傳』, 隱公 원년, 徐彦 疏.

『시詩』를 통해서 "왕도王道의 근원"로부터 "왕도의 태평太平"까지 논하고, 『서書』를 통해서 삼대三代의 종시終始의 운수를 규명하며, 『역易』을 통해서 천지天地는 "평평하기만 하고 기울지 않는 것은 없으며, 가기만 하고 돌아오지 않는 것은 없다"는 것을 드러내니, 이것은 모두 두 번째 뜻을 발휘하는 데 있다. 이 때문에 소여는 공자진이 말한 '삼세의 확장'(張三世)을 배척하고, "하휴 주의 '왕부王父에 대한 은혜'와 관련된 주장29)에 대해서도 다시는 말하지 않았다." 이것은 그가 오로지 두 번째 뜻을 위주로 했음을 말한 것이다. 그런데 이러한 경향은 사실상 유봉록으로부터 시작되었다.

'삼통의 소통'(通三統)이라는 것은 공자가 지은 『춘추』를 통해, 주례周禮의 옛것을 묵수하지 않고, 이제二帝·삼왕三王의 법도를 함께 취하여 한 세대의 새로운 제도를 완성하는 것이다. 한대 사람들은 공자의 제도개혁의 정신이 바로 여기에 있다고 말하기를 좋아하였다. 그러나 동중서와 하휴의 이론에 근거하면, 한대 사람들이 말한 '삼통의 소통'(通三統)은 그 뜻이 지극히 풍부하지만, 유봉록은 이 예例를 해석하면서 오직 '제도개혁'(改制)의 이론만을 취했을 뿐이다.

'개제改制'에 대해 말한다면, 한대 사람들에게는 또한 두 가지 뜻이 있다. 첫째, '삼정三正'의 이론을 통해 왕자의 개제가 곧 "하늘의 뜻을 순종함으로써 밝음이 저절로 드러난다"는 것을 밝히는 것이다. 이로써 "천명을 밝히고", "하늘의 일을 드러내는 것"이니, 이것은 동중서가 말한 "선왕을 본받는 것"이다.30) 유봉록이 말한 '삼정三正'은 오직 "삼왕三王의 도는 마치 순환하는 것 같다"는 뜻을 취했을 뿐이다. "삼왕의 도는 마치 순환하는 것 같다"는 뜻을 말한 것은 곧 "끝나면 다시

---

29) 역자 주: 『공양전』 환공 2년의 하휴 주에 다음과 같은 말이 보인다. "직접 본 세대에는 臣子가 자신의 君父에 대한 은혜가 더욱 두텁기 때문에 은미한 말이 많은 것이 그것이다. 직접 들은 세대에는 王父에 대한 은혜가 다소 감소하기 때문에 煬宮을 세웠을 때 날짜를 기록하지 않은 것(정공 원년)과 武宮을 세월 때 날짜를 기록한 것(성공 16년)이 그것이다. 전해들은 세대에는 高祖와 曾祖에 대한 은혜가 또 조금 감소하기 때문에 子赤이 죽었을 때 날짜를 기록하지 않은 것(문공 18년)과 子般이 죽었을 때 날짜를 기록한 것(장공 32년)이 그것이다."

30) 董仲舒, 『春秋繁露』, 「楚莊王」 참조.

시작하고, 궁하면 근본으로 돌아가서", 『역』의 "궁하면 변하고, 변하면 통하고, 통하면 오래간다"는 상태에 이른다는 것을 말하기 위해서이다. 이것은 공자진·위원 이후에 개제의 미언微言을 받들어서 말하는 자들의 기원이 된다. 둘째, 하·은·주의 삼교三教의 차이점을 통해 "문식(文)을 덜어 내고 충심(忠)을 사용하며", "문식(文)을 바꾸어서 질박함(質)을 따르는" 뜻을 드러내 밝혔다. 그래서 마침내 "후왕을 본받는다"(法後王)는 것으로써 주장을 삼았지만, "왕자는 명분상으로는 제도를 고치지만, 실제로는 도를 바꾸지 않는다"[31]는 동중서의 말은 빼놓고 말하지 않았으니, 이것은 본래 청나라 말기 공양가들이 즐겨 말한 것이다. 이로써 알 수 있듯이, 공자의 개제는 사실상 이 두 가지 뜻을 겸하고 있다. 그런데 유봉록은 오직 문질손익文質損益의 뜻만 드러내 밝혔는데, 이것은 청나라 말기 강유위·양계초가 경박하게 말한 변법이니, 유봉록도 그 잘못을 변명할 수 없을 것이다.

유봉록이 '삼세의 확장'(張三世)을 해석할 때, 이미 『시』·『역』·『서』의 내용을 인용하여 『춘추』의 뜻을 밝혔는데, '삼통의 소통'(通三統)을 해석할 때도 또한 이와 같았다. 그는 단지 『공양전』만을 연구하지 않고 『서』·『역』을 함께 연구했기 때문에 그가 『춘추』를 여러 경전의 대의大義를 총괄하는 "오경의 핵심"이라고 여긴 것은 매우 자연스러운 결과이다. 그 후에 송상봉宋翔鳳·대망戴望·공자진龔自珍·위원魏源 등의 무리는 그가 남긴 것을 계승하여 추론하고 연역하였다.

'왕노王魯' 이론의 경우, 본래 '삼통의 소통'(通三統)에서 연역되어 나온 것이지만, 후세에 『공양전』을 비난하는 자들은 대부분 여기에 비난의 화살을 집중하였다. '왕노' 이론에 의하면, 노나라는 본래 제후인데, 『춘추』가 노나라를 왕에 견주고, 주왕周王을 대국으로 퇴출시켜 버렸으므로 참람됨이 이보다 심할 수는 없다. 만약 공자가 실제로 군신의 명분을 바로잡는 것을 앞세웠다면 아마도 이와 같지는 않았을 것이다. 『춘추』에서 말한 '왕노'를 살펴보면, 실제로 두 가지의 의미가 있다. 첫째, 노나라 역사에 근거하여 『춘추』를 지었으므로 노나라 일에 나아가 왕법을 밝히는

---

31) 『漢書』, 「董仲舒傳」.

것은 진실로 서법에서 가차假借의 필수적인 방법이다. 또한 노나라는 본래 공자의 종국宗國이기 때문에 노나라를 위주로 일을 서술할 수밖에 없다. 둘째, 공자는 주나라의 도가 영원하지 않는 것을 슬퍼하여, 항상 "나는 동쪽의 주나라를 만들겠다"[32]는 뜻을 가지고 있었다. 공자가 회복하고자 했던 주나라 도의 옛것은 또한 요堯·순舜·우禹·탕湯의 도이니, 이른바 "하늘이 변하지 않으니, 도道 또한 변하지 않는다"[33]는 것이다. 그런데 주나라의 도가 다시 진작되더라도, 그것은 또한 주나라가 담당할 수 있는 것이 아니며, 또한 오직 주나라만이 그것을 담당할 수 있는 것도 아니다. 따라서 공자가 유왕幽王과 여왕厲王에 대해 슬퍼한 것은 단지 주나라의 도가 쇠퇴한 것을 슬퍼한 것만이 아니라, 또한 주나라가 다시는 흥기하지 못할 것을 슬퍼한 것이다. 서수획린西狩獲麟이 바로 그 상징이다. 한편으로는 그 때문에 기뻐하고 한편으로는 그 때문에 슬퍼했으니, 주나라가 다시는 흥기하지 못할 것을 슬퍼했을 뿐만 아니라, 또한 『춘추』가 주나라를 계승한 것을 기뻐한 것이다. 공자가 스스로 "문왕文王이 이미 죽었으니, 주나라의 문화 제도가 여기 나에게 있지 않겠는가?"[34]라고 말했으니, 주나라의 도를 흥기시키는 것을 스스로의 임무라고 생각한 것이다. 그런데 공자는 덕은 있지만 지위가 없었기 때문에 겸손하게 감히 그 일을 담당하지 못하고, 마침내 노나라에 가탁하여 왕자가 세상을 다스리는 법도를 밝혔다. 또한 한선자韓宣子가 노나라에 갔을 때, "주공의 덕과 주나라가 왕이 된 이유"를 알았으니[35], 노나라가 한 번 변하여 도에 이르는 것은 노나라가 주공의 나라로서 그 기초가 여기에서 시작된 것이다.

　　유봉록의 '왕노'에 대한 변론을 살펴보면, 이 두 가지 뜻을 밝히고 있다. 공자가 『춘추』를 지어서 만세에 법도를 드리우니, 이것이 '『춘추』를 새로운 왕에 해당시킨다'(『春秋』當新王)는 뜻이다. 그런데 『춘추』의 법도는 단지 추상적인 말에 가탁하였기

---

32) 『論語』, 「陽貨」.
33) 『漢書』, 「董仲舒傳」.
34) 『論語』, 「子罕」.
35) 『左氏傳』, 昭公 2년.

때문에 실제 일을 통해 드러내는 것이 깊고 절실하고 분명하고 밝은 것만 못하다. 따라서 노나라의 일에 가탁하여 그것을 밝혔으니, 이것이 『춘추』가 노나라를 왕으로 삼은 이유이다. 이에 근거하면, 왕노王魯는 노나라를 위주로 한다(主魯)는 뜻이다. 이것이 첫 번째 뜻을 밝힌 것이다. 또한 공자는 성인으로서 아랫자리에 있었기 때문에 도를 밝히되 도를 시행할 수는 없다. 따라서 공자가 기록한 춘추시대의 일은 단지 노나라뿐만 아니라, 천왕과 제후에 이르기까지 모두 『춘추』라는 불(火)을 때는 땔나무(薪燕)와 같은 것이니, 그것을 가지고 『춘추』의 도를 밝혔을 뿐이다. 또한 노나라의 12명의 임금은 왕법에 의하면 모두 주살과 지위 박탈의 죄가 있어서, "『춘추』의 비판과 축출을 면할 수 있는 자가 드물다." 그러나 비록 화火의 덕이 없더라도, 또한 불의 밝음을 밝히고 신왕新王의 법도를 남기는 데 무슨 장애가 있겠는가! 이것은 또한 두 번째 뜻을 밝힌 것이다.

따라서 '왕노' 이론은 한편으로는 『춘추』에 주나라의 도를 붙여 두고, 다른 한편으로는 장래의 밝은 왕을 기대하였다. 비록 도를 행할 수 없었던 당시의 왕을 축출한다는 뜻이 있지만, 그래도 유왕과 여왕을 안타까워하는 마음이 있으니, '일상적이지 않은 이상한 의리와 괴이하게 여길 만한 논의'(非常異義可怪之論)라고 해서 놀라면서 의아해할 필요는 없다.

동중서와 하휴가 내외內外를 말한 것은 거의 두 가지 의미가 있다. 첫째, 내외를 구별하는 것으로, 이로써 왕을 높이고 이적을 물리치는 것이다. 둘째, 내외를 합하는 것으로, 다스림은 가까운 데로부터 시작함을 말한다. 그런데 유봉록이 하휴의 예例를 해석한 것을 살펴보면, 단지 내외를 합하는 뜻만을 강조하고 있다. 이와 같다면, 내외의 구별은 중화와 이적을 엄격하게 구분하는 함의는 결코 없고, 다만 왕자가 세상을 다스리는 선후의 차례일 뿐이다. 먼저 중국을 다스리고 뒤에 제하를 다스리니, 먼 지역과 가까운 지역, 큰 나라와 작은 나라의 구별이 없는 데 이르는 것, 이것이 천하의 대동大同이다. 그 후에 장태염은 유봉록이 "『공양전』을 가지고 만주滿洲에 아첨하였다"[36]고 공격하면서, 그가 "대대로 만주의 조정에서 벼슬살이하면서 오랑캐의 우두머리인 청나라 황제를 옹호하여 추대하려는 마음을 가지고 있었고, 『공양전』

을 확대 해석하여 부명符命을 진술하였으니, 오히려『공양전』의 옛 이론이 아니다"[37]라고 말했다. 또한 강유위의 "대동大同 이론이 흥기하자, 중화와 오랑캐의 경계가 없어졌다"[38]고 말했다. 이러한 비평은 비록 너무 각박하지만, 청나라 조정에서 만주족과 한족의 대동大同을 제창했기 때문에 유봉록이 '내외의 구별'(異內外)의 예例를 해석할 때 혹 그 영향을 받지 않을 수 없었을 것이다.

또 「진초오진출표서秦楚吳進黜表序」에 의하면, 유봉록은 이적夷狄을 폄하하고 퇴출시킬 뜻이 조금도 없었던 것 같다. 또한 이적이 주나라의 땅을 취하고 주나라의 법도를 고치고, 내치內治를 강하게 추진하는 것을 인정하였다. 진秦·초楚·오吳 "삼국을 확장하여 백 세대를 다스리는 것"에 이르러서는 이적이 나아가 중국이 되고, 중국이 도리어 이적이 된다. 이로써 알 수 있듯이, 유봉록은 만청滿淸이 예의禮義로써 화하華夏의 주인이 될 수 있다고 찬미했으니, 장태염의 비판이 진실로 그럴 만한 이유가 있는 것이다.

'삼과례三科例'에 대한 유봉록의 해석을 종합하면, 비록 '하휴를 확장하는 것'(申何)을 요지로 삼고, 또 동중서·하휴가 "마치 부절처럼 합치된다"고 말했지만, 하휴의 일부분만을 강조했을 뿐이다.『공양전』의 의례義例에 대한 유봉록의 해석은 또한 이후 경세치용經世致用의 풍조와 서로 강하게 자극을 줌으로써 만청시대 정치사상과 현실운동의 기본 방향에 매우 깊은 영향을 끼쳤다.

3. 구지례九旨例 해석

유봉록은 송균宋均의 이론에 근거하여, 시時·월月·일日과 작爵·씨氏·명名·자字, 포褒·기譏·폄貶·절絶을 구지九旨로 삼았다.『춘추』의 여러 예例 중에서, 시월일례時月日例는 가장 복잡하고, 또한 가장 비난을 많이 받기 때문에 천착과 견강부회가

36) 章太炎,『檢論·學隱』(『章太炎全集』제3책).
37) 章太炎,『中華民國解』(『太炎文錄初編』別錄, 권1,『章太炎全集』제4책).
38) 章太炎,『檢論·學隱』(『章太炎全集』제3책).

이보다 더 심한 것이 없다고 여겨졌다. 앞서 두예가 『좌씨전』을 연구할 때는 시월일時月日을 예로 삼지 않았다. 그것이 후세에 이어져서 관습이 형성됨으로써 이 예를 중시하는 사람이 별로 없었다. 오직 최자방崔子方의 『춘추본례春秋本例』와 조방趙汸의 『춘추속사春秋屬辭』가 그 중에서 걸출한 인물이라고 할 수 있을 뿐이다.

시월일時月日은 천문天文이지만, 또한 인사人事와 관련이 있다. 따라서 『춘추』에서는 시월일時月日로써 보여 주되, 혹은 상세하게 기록하거나 간략하게 기록하며, 혹은 다른 것과 다르게 기록하거나 반대로 기록함으로써 성인의 포褒·기譏·폄貶·절絶의 뜻을 밝혔다. 그런데 『춘추』를 연구하는 자들은 대부분 이 이치를 제대로 밝히지 못했다. 따라서 두예와 주희와 같은 경우에는 "그 군더더기를 없애려고 하여 모두 제쳐 두고 다루지 않았다." 최자방·조방과 같은 경우에는 "그 이론을 이해하지 못하면서 고집하였다." 유봉록은 『공양전』에서 말한 시월일례時月日例를 정리하여, 50여 개의 항목을 나열하였다. 예를 들어 조朝·빙聘·회會·맹盟·침侵·벌伐·전戰·위圍·입入은 모두 시時를 기록하는 것이 예이다. 맹盟은 또 크게 신뢰할 때는 시時, 작게 신뢰할 때는 월月, 신뢰하지 않을 때는 일日을 기록하는 것으로 나누었다. 전戰은 또 정식 전쟁(偏戰)은 일日, 기습 전쟁(詐戰)은 월月을 기록하는 것으로 나누었다. 대국의 임금이 죽으면 죽은 날짜를 기록하고 장례지낸 달을 기록하며, 소국은 죽음과 장례의 계절을 기록하는데, 마지막 애공哀公에 대해서도 죽은 날짜를 기록하고 장례지낸 달을 기록하였다. 노나라의 대부가 죽었을 때, 전해들은 세대일 때는 날짜를 기록하지 않고, 직접 본 세대일 때는 날짜를 기록한다. 직접 들은 세대일 경우에는 죄가 있는지 없는지의 여부에 따라 구별하였다. 이를 통해 『춘추공양경하씨석례』가 정밀하면서도 또한 상세하다는 것을 알 수 있다.

작씨명자례爵氏名字例의 경우, 살펴보건대 옛날 자로子路가 정치에 대해 물었을 때, 공자가 '정명正名'으로 대답하였다. 정명이라는 것은 군신의 명분을 분별하고 바로잡는 것인데, 『춘추』보다 더 잘 드러나는 것이 없다. 『장자』 「천하天下」편에서 "『춘추』는 명분을 말했다"고 했고, 『사기』 「태사공자서太史公自序」에서 동중서의 말을 인용하여, 『춘추』는 "천자를 폄하하고 제후를 강등하고 대부를 토벌함으로써 왕의 일을 이루었을 뿐이다"라고 했다. 성인이 명례名例를 빌어서 포폄진퇴褒貶進退의 법도를 달성한 것이다.

포기폄절례褒譏貶絶例는 『춘추』에서 천자·제후·대부를 높이거나 강등시키는 것이다. 『춘추』는 사실 현명한 이를 칭찬하는 법도가 있는데, 그것이 곧 "인심을 모으고, 풍속을 두텁게 하며, 기강을 보존하는 핵심적인 방법이다." 손복係復 등의 무리들이 『춘추』에는 비판만 있고 칭찬은 없다고 말하는 그런 것이 아니다.

『춘추』는 또한 기례譏例도 있다. 기譏라는 것은 작은 악惡을 비판하는 것이다. 그러나 아주 작은 잘못이라고 하더라도 서리를 밟으면 장차 단단한 얼음이 얼듯이 점진적으로 악이 커지기 때문에 신중하게 살피지 않을 수 없다. 따라서 『춘추』에서는 국내의 정치에 대해서는 상세하게 기록하여 난리의 맹아를 막으려고 하였다. 그러므로 『춘추』에서 국내의 작은 악을 기록한 것은 관대한 말이 아니다. 노나라를 천하를 교화하는 시작으로 삼아서, 자기를 바르게 한 이후에 제하와 이적을 바르게 하는 것이다.

『춘추공양경하씨석례』에는 폄貶과 주절誅絶 두 가지 예가 있다. 그런데 문장을 해석하면서 둘을 하나로 합쳐서 폄절례貶絶例가 되었다. 유봉록은 그 의미를 다음과 같이 해석했다.

> 폄하와 지위박탈(貶絶)이라는 것은 간악하고 사특함을 꾸짖고 난신적자를 제거하는 것이다. 왕의 기강이 진작되지 않자,…… 주나라가 쇠퇴하였다. 처음에는 예악禮樂과 정벌征伐이 제후로부터 나와서 제후가 제멋대로 나라를 봉하고 제멋대로 토벌했는데, 천자가 문책할 수가 없었다. 이어서 대부로부터 나와서 대부가 제멋대로 위력威力으로 벌을 내리거나 복록福祿으로 상을 내리기도 했는데, 천자는 마치 장대 끝에 매달린 깃발처럼 아무런 실권이 없었다. 아래로 배신陪臣에 이르러 그 짓을 그대로 따랐고, 하인이나 지위가 낮은 사람들이 위세를 빌어 높은 자리에 앉는 계기를 열었다. 밖으로는 사방 오랑캐에까지 이르러서, 그러한 형세를 틈타서 몸에 문신을 하고 왼쪽으로 옷깃을 여미며, 신분을 벗어난 호칭을 사용하거나 우두머리가 되려고 경쟁하는 마음을 키웠다.…… 양陽을 북돋우고 음陰을 억누르

는 마음과 천지天地를 돕는 도리는 만세가 지나도 변할 수 없다. 그러나 그래도 추상적인 말에 가탁하는 것이 실제 일을 통해 드러내는 것이 깊고 절실하고 분명하고 밝은 것만 못하다고 여겼다. 이에 천명을 받아 책을 제작하면서, 120개국의 귀중한 책을 취하여 242년간의 실제의 일로 범위를 끊어서, 위로 왕을 주살하여 아래로 서인에까지 미치고, 안으로 노나라 임금을 주살하여 밖으로 오나라와 초나라에게까지 미치니, 비록 만세의 죄를 범하더라도 감히 피할 수가 없으므로 갖추어졌다고 말한 것이다. 대체로 의사가 병을 치료할 때, 그 병이 이미 그렇게 된 결과를 치료하지 않고, 그 병이 난 원인을 치료한다. 「소아小雅」가 모두 폐기되자, 난신적자 가 제멋대로 날뛰었다. 『춘추』는 오랑캐를 물리치고자 하면서 먼저 제하를 바로잡 았고, 제하를 바로잡고자 하면서 먼저 경사京師를 바로잡았다. 사서인士庶人을 바로잡고자 하면서 먼저 대부를 바로잡았고, 대부를 바로잡고자 하면서 먼저 제후를 바로잡았다. 제후를 바로잡고자 하면서 먼저 천자를 바로잡았다. 경사京師와 천자天子를 바로잡을 수 없으므로 노나라에 왕을 가탁하여 노나라를 바로잡았다. 제후와 대부를 바로잡을 수 없으므로 그들 중 현명한 자에게 의리를 가탁하여 제후와 대부 모두를 바로잡았다.…… 그렇다면 주살(誅)만 있고 지위박탈(絶)은 없는 경우는 오직 으뜸이 되는 큰 공적을 세운 신하 및 성인의 자손인데, 기록할 때 나라 이름을 제거하지 않는 경우는 드물다. 지위박탈(絶)만 있고 주살(誅)이 없는 경우는 오직 자식이 자신을 낳은 어머니에 대해서만 해당되니, 비록 부친에게 는 가볍게 적용하고 임금에게는 무겁게 적용하더라도 주살을 피할 수 있는 경우는 드물다. 대체로 주살(誅)이라는 것은 작게는 꾸짖어서 벌을 주는 것이고, 심한 것은 오형五刑을 가하는 것이며, 또 그보다 심한 것은 화형을 하거나 죽여서 시체를 길거리에 버리거나, 창으로 찔러죽이거나 사지를 잘라 죽이는 것이니, 이것은 선왕의 법도이다. 지위박탈(絶)이라는 것은 가벼운 경우는 귀향을 보내서 그 몸을 차단시키는 것이다. 무거운 경우는 제후는 그 임금을 바꾸어 세워서 그 자손을 끊어 버리고, 경대부는 그 소종小宗을 끊어 버린다.[39]

살펴보건대, 폄하(貶)와 지위박탈(絶)은 같지 않다. 폄하(貶)는 예를 들어 무해無駭가

---

39) 劉逢祿, 『春秋公羊經何氏釋例』, 권4, 「誅絶例」.

극極나라를 침입한 일과 휘輩가 은공을 시해한 일과 같은 경우이다. 따라서 씨氏를 없앰으로써 비판한 것이다. 문강文姜이 제나라로 도망친 일과 애강哀姜의 상구喪柩가 제나라로부터 이른 일은 모두 강씨姜氏라고 부르지 않음으로써 비판한 것이다. 제나라 사람이 산융山戎을 정벌한 일과 초나라 사람이 진陳나라 하징서夏徵舒를 죽인 일은 작위를 부르지 않음으로써 비판한 것이다. 진晉나라 사람이 위衛나라 임금과 영희寗喜를 붙잡은 일은 제후의 토벌을 용인하지 않고서 비판한 것이다. 이것은 모두 혹은 비판하여 제후로 여기지 않고, 혹은 비판하여 임금으로 여기지 않고, 혹은 비판하여 부인夫人으로 여기지 않고, 혹은 비판하여 대부로 여기지 않은 것이니, 모두 작위의 등급으로써 높이거나 강등시키는 법도로 삼은 것이다.

주살誅과 지위박탈絶의 경우도 다 같지는 않다. 주살誅은 가볍게는 꾸짖어서 벌주는 것에 지나지 않고, 무겁게는 그 몸에 형벌을 가하는 것이며, 화형을 하거나 죽여서 시체를 길거리에 버리거나, 창으로 찔러죽이거나 사지를 잘라 죽이는 것에까지 이른다. 지위박탈絶은 가볍게는 그 자신의 지위를 박탈하는 것에 지나지 않고, 무겁게는 그 후손의 지위를 박탈하거나 그 나라에서의 지위를 박탈하는 것이다. 주살誅에서 가벼운 경우는 예를 들어 송나라 사람이 정나라 채중祭仲을 붙잡고서, 정나라를 위협하여 찬탈한 사람을 임금으로 세운 것이니, 악행의 주모자는 당연히 주살되어야 한다. 주살誅에서 무거운 경우는 송만宋萬이 곧 포악한 도적으로서 그 화를 예측할 수 없기 때문에 당연히 신속하게 주살해야 한다. 지위박탈絶 중에 가벼운 경우는 위衛나라 임금 삭朔이 제나라로 도망갔다가 위나라로 들어간 일로, 왕명을 어겨서 그의 임금으로서의 지위를 박탈하였다. 진타陳佗가 채蔡나라에서 음란한 짓을 한 일에 대해, 살殺이라고 기록함으로써 그의 지위를 박탈하였다. 지위박탈絶 중에 무거운 경우는 중수仲遂가 임금을 시해한 일은 마땅히 소종小宗의 지위를 박탈해야 한다. 따라서 귀보歸父는 후손을 가질 수 없었다. 기紀나라 임금이 주나라에 제나라를 모함한 일, 곡穀나라 임금과 등鄧나라 임금이 땅을 잃은 일, 위衛나라 임금 삭朔이 왕명을 어긴 일은 그 자손도 또한 나라를 소유할 수 없다 주살誅은 있지만 지위박탈絶은 없는 경우는 주루邾婁나라의 의보儀父가 가장 먼저 은공과 맹약을 맺었으니, 으뜸이 되는 큰 공적을 세운 신하이다. 하夏나라의 후손인 기杞나라와 성인의 자손은 모두 작위를 잃지 않는다. 지위박탈(絶)은 있지만 주살(誅)은 없는 경우는 문강文姜이 환공의 시해에 참여했지만,『춘추』에서는 장공이 어머니인 문강을 그리워하는 것을 인정하지는 않지만, 장공은 또한 어머니를 원수로 삼을 수 없으니, 지위만 박탈하고 주살할 수는 없는 것이다.

제4절 『춘추공양해고전春秋公羊解詁箋』의 '하휴를 바로잡음'(匡何)과 『곡량전』을 따름'(從穀)

가경嘉慶 14년(1809), 유봉록은 『공양춘추하씨해고전公羊春秋何氏解詁箋』을 저술하였다. 이에 앞서 그는 『춘추공양경하씨석례』를 지어서 "오로지 묵수墨守의 학문을 밝혔고", 『공양춘추하씨해고전』에 이르러서는 "그 조리條理를 펼치고, 그 이의異義를 넓힘으로써 하휴가 갖추지 못한 것을 보완하였다."[40] 이로써 알 수 있듯이, 유봉록의 『공양춘추하씨해고전』의 입장은 『춘추공양경하씨석례』와 같지 않다. 비록 하휴와 서로 위배되려고 하지 않았지만, "미비한 것을 보완하고 잘못된 것을 바로잡는" 뜻이 있었다. 따라서 유봉록은 다음과 같이 말했다.

> 정현鄭玄의 『육예론六藝論』에서 말했다. "『시』의 주석은 모공毛公을 종주로 삼고 그것을 위주로 하였다. 모공의 뜻이 만약 희미하거나 간략하면 다시 드러내 밝혔다. 만약 다른 점이 있으면 나의 의견을 기록하여 식별할 수 있도록 하였다." 나는 하휴를 드러내 밝히면서 이러한 뜻을 살짝 취함으로써 후세에 이 학문을 묵수할 수 있는 자들이 바로잡아 주기를 기다린다.[41]

---

40) 劉逢祿, 『公羊春秋何氏解詁箋』, 「原敍」.
41) 劉逢祿, 『公羊春秋何氏解詁箋』, 「原敍」.

이로써 알 수 있듯이, 유봉록의 『공양춘추하씨해고전』은 "하휴를 드러내 밝히는 것"을 요지로 삼지만, 또한 정현이 『시』에 전箋을 단 뜻을 취하여, 하휴를 "바로잡는 것"을 일로 삼았다. 따라서 주중부周中孚는 이 책이 "여러 학자들을 절충함으로써 옳은 데로 귀결시켰다. 혹은 상세하게 기록하고 혹은 간략하게 기록한 것이 모두 지극히 정밀하다. 하휴의 법도와 차이나는 것이 적으니, 『춘추공양경하씨석례』를 저술한 뜻과 같다."[42] 양종희楊鍾羲는 다음과 같이 말했다. 이 책은 "전체가 93조목인데, 모두 『공양전』 전문傳文 및 『춘추공양전해고』를 발췌하여 그 대의를 펼쳐서 논했다. 그리고 다른 이론 중에서 겸할 수 있는 것을 함께 언급하고, 여러 학자들을 절충함으로써 옳은 데로 귀결시켰다. 정현이 『시』에 전箋을 단 뜻을 취하여 책의 이름을 명명하였다."[43]

살펴보건대, 정현은 육경에 두루 주석을 달았는데, 항상 일가一家를 위주로 하되, 다른 이론을 함께 취하여 금고문을 뒤섞었다. 이러한 방법은 만청시기 금문학자들에게 큰 비평을 받았다. 그 후에 피석서가 정현의 학문에 대해 논하면서, 또한 "정현은 금고문을 채용하고 다시 분별하지 않았다. 양한시대의 가법이 사라져서 고찰할 수 없도록 만들어 버렸으니, 또한 잘못이 없을 수 없다"고 했다. 또 "정현은 한대의 학자들 중에서 가법家法을 무너뜨린 학문이며", "정현의 학문이 나오자 한학漢學이 쇠퇴하였다"고 하였다.[44]

그런데 유봉록은 오히려 『공양춘추하씨해고전』에서 "하휴의 갖추어지지 않은 것"이라고 분명하게 말했고, 또 정현이 경전에 주석을 단 방법을 본보기로 취하였다. 살펴보건대, 유봉록은 본래 "한대 스승의 가법家法을 쫓아서 지키는 것"을 지향했으며, 『공양전』의 가법은 당연히 하휴를 종주로 삼는다. 그런데 이 책에 대해 말하면, 그 속에는 『공양전』에 근거하여 하휴의 잘못을 논한 내용이 있고, 심지어 『공양전』의 전문傳文을 믿지 않는 경우도 있다. 이 책의 입장은 『춘추공양경하씨석례』가 『춘추공

---

42) 周中孚, 『鄭堂讀書記』, 권11.
43) 『續四庫提要』, '公羊春秋何氏解詁箋' 조목.
44) 皮錫瑞, 『經學歷史』(周予同 注釋, 中華書局, 2004), 제5부분.

양전해고』를 묵수한 것과 비교해 보면 분명하게 차이점이 있는 것 같다. 그러나 『곡량폐질신하穀梁廢疾申何』가 "남겨진 것을 모으고 빠진 것을 보충한다"는 하휴의 경향이라는 점에서 본다면 일관된다고 말할 수 있다. 따라서 금문가의 가법 의식은 장존여·공광삼으로부터 시작하여 끊임없이 증강될 수 있었고, 유봉록은 더욱더 명확하게 진술하였다. 그러나 유봉록은 또한 당·송시대 이래의 "삼전三傳을 함께 채용하는" 옛 습속을 유지함으로써 마침내 만청시대 금문학이 『공양전』의 대의大義로 써 여러 경전을 두루 해석하는 풍조에 영향을 끼쳤다.

그의 아들 유승관의 『선부군행술』에서 『공양춘추하씨해고전』에 대해 다음과 같이 논했다.

> 논평하는 자들은 부군府君이 하휴의 학문을 묵수했다고 말하지만, 『공양춘추하씨해 고전』에서 하휴의 50여 가지 일을 바로잡았다. 모이자귀母以子貴 및 부인자씨夫人子 氏, 혜공중자惠公仲子의 부류에 대해서는 모두 『공양전』을 버리고 『곡량전』을 따랐 다. 심지어 '송재고宋災故' 조목에서는 삼전三傳을 모두 버리고 송대 학자인 유창劉敞 과 호안국胡安國의 이론을 따랐다.

이 말은 사실이지만, "공평하고 옳은 것을 구하고 문호를 없앴다"고 유봉록을 찬미한 것에 대해서는 이후의 금문가들이 반드시 찬동하지만은 않을 것이다.

1. 『공양전』을 버리고 『곡량전』을 따름

유승관劉承寬의 『선부군행술先府君行述』에 의하면, 『공양춘추하씨해고전』은 『곡량 전』의 뜻으로써 『공양전』을 반박한 것이 세 가지 있다. 즉 모이자귀母以子貴 및 부인자씨 夫人子氏, 그리고 혜공중자惠公仲子이다. 여기에서 하나하나 살펴보면 다음과 같다.

먼저 '모이자귀母以子貴'에 관한 내용이다. 『춘추』 은공 원년, "봄, 왕의 정월"(春, 王正月)의 『공양전』에서 말했다. "어머니가 귀하면 자식은 무엇 때문에 귀해지는가?

자식은 어머니 때문에 귀해지고, 어머니는 자식 때문에 귀해진다." 하휴의 『춘추공양전해고』에서는 『공양전』의 뜻을 다음과 같이 진술했다.

> 예禮에 의하면, 첩妾의 자식이 즉위하면 그 어머니는 부인夫人이 될 수 있다.
> 부인夫人 성풍成風이 그것이다.[45)

『공양춘추하씨해고전』에서는 먼저 허신許愼과 정현鄭玄의 논쟁을 인용하였다. 허신은 『공양전』과 『좌씨전』의 입장에 서서, 첩의 자식이 임금이 되면 그 어머니를 높여서 부인으로 삼을 수 있다고 여겼다. 또 노나라 희공僖公의 "우리 소군 성풍을 장례지냈다"(葬我小君成風)는 일을 인용하여 그 예로 삼았다. 정현은 『곡량전』의 입장에 서 서서, "첩을 아내로 삼는 것은 예禮가 아니다"라고 여겼으며, "첩의 자식 중에 임금에 오른 자는 자기의 어머니를 높일 수 있지만, 예禮에는 그런 경우가 있지 않았다"고 하였다. 또한 한나라의 여후呂后・박후薄后의 고사를 인용하여, 노나라 희공이 첩이었던 어머니를 부인의 신분으로 높인 것은 그가 서자庶子로서 임금이 되었기 때문이 아니라, 사실은 부인이었던 애강哀姜이 죄가 있어서 폐출되었기 때문임을 증명하였다.

유봉록은 완전히 『곡량전』과 정현의 입장에 섰고, 아울러 예禮와 관련된 문장을 참고함으로써 『곡량전』의 주장이 예禮의 올바름을 얻었다는 것을 보여 주었다. 그는 단지 이와 같을 뿐만 아니라, 심지어 양한시대 공양가들의 경사經師를 엄격하게 배척하고, "바르지 못한 학문으로 세속의 인기에 영합하려 했다"거나, "속된 스승들이 제멋대로 고쳤다"고 비판하였다. 또 유봉록은 동중서를 위해 해명하려고 했으므로 그 비판 속에는 동중서는 없고 하휴가 포함되어 있다는 것을 알 수 있다.

다음으로 '부인자씨夫人子氏'에 관한 내용이다. 『춘추』 은공 2년, "12월, 을묘일, 부인 자씨가 죽었다."(十又二月, 乙卯, 夫人子氏薨) 『공양전』에서 말했다. "부인 자씨子氏는

---

45) 『公羊傳』, 隱公 원년, 何休 注.

누구인가? 은공의 어머니이다. 무엇 때문에 장례를 지냈다고 기록하지 않았는가? 은공의 뜻을 이루어 준 것이다. 어떻게 은공의 뜻을 이루어 준 것인가? 자식이 장차 끝까지 임금이 되려고 하지 않았기 때문에 어머니도 또한 끝까지 부인이 될 수 없는 것이다." 하휴의 『춘추공양전해고』에서는 『공양전』의 뜻을 다음과 같이 진술했다.

> 당시 은공은 자신의 어머니를 낮추어서, 부인의 예禮로써 장례지내지 않고 첩의
> 예禮로써 장례를 지냄으로써 환공의 어머니보다 낮추었으니, 끝까지 임금이 되려는
> 마음이 없었기 때문이다. 일의 마땅함을 얻었기 때문에 좋게 여겨서 장례를 기록하
> 지 않았으니, 이로써 은공의 뜻을 일으키고 은공의 어짊을 이루어 준 것이다.46)

유봉록은 『곡량전』의 이론을 인용하여 『공양전』과 『춘추공양전해고』의 이론을 반박하였다. 두 이론의 차이점은 네 가지이다. 첫째, 『공양전』에서는 '부인자씨夫人子氏'가 은공의 어머니를 가리킨다고 했지만, 『곡량전』에서는 은공의 부인이라고 해석하였다. 둘째, 유봉록은 『춘추』에서 장례를 기록하지 않는 경우는 세 가지의 예例가 있다고 했다. 신자臣子에게 죄를 지은 경우가 하나이고, 임금에게 죄를 지은 경우가 하나이며, 부인의 경우에는 부인이든 어머니든 상관없이 모두 이 예禮에 속하지 않는다. 셋째, 설령 자씨가 은공의 어머니라고 하더라도, 그녀의 장례를 기록하지 않은 것은 은공을 어질게 여겼기 때문이 아니라 바로 은공을 죄준 것인데, 어찌 "은공의 뜻을 이루어 준 것"이라고 말할 수 있겠는가? 넷째, 살펴보건대 『춘추』 은공 원년에 "천왕이 총재 훤을 노나라에 보내 혜공과 중자의 부의 물품을 보내주었다" (天使宰咺歸惠公仲子之賵)고 하여, 환공의 어머니인 중자仲子도 여전히 부인夫人이라고 부를 수 없으니, 은공의 어머니는 비천하기 때문에 더더욱 부인이라고 부를 수 없다.

마지막으로 '혜공중자惠公仲子'에 관한 내용이다. 『춘추』 은공 원년, "가을, 7월, 천왕이 총재 훤을 노나라에 보내 혜공과 중자의 부의 물품을 보내주었다."(秋, 七月,

---

46) 『公羊傳』, 隱公 2년, 何休 注.

天王使宰咺來歸惠公仲子之賵)『공양전』에서 말했다. "중자仲子는 누구인가? 환공의 어머니이다. 무엇 때문에 부인이라고 부르지 않았는가? 환공이 아직 임금이 되지 않았기 때문이다.…… 환공이 아직 임금이 되지 않았는데, 제후들이 어째서 부의 물품을 보냈는가? 은공은 환공을 위해서 임금이 되었다. 따라서 환공의 어머니의 상을 제후들에게 알렸다. 그렇다면 무엇 때문에 이 일을 말했는가? 은공의 뜻을 이루어 준 것이다. 혜공중자라고 말한 것은 무엇 때문인가? 두 사람의 부의 물품을 겸해서 보낸 것이다. 부의 물품을 겸해서 보내는 것은 예禮가 아니다. 무엇 때문에 '및 중자'(及仲子)라고 말하지 않았는가? 중자는 지위가 낮았기 때문이다." 하휴의 『춘추공양전해고』에서 말했다.

> 성풍成風은 시호諡號를 불렀는데, 지금 중자는 시호가 없기 때문에 그녀가 살아 있을 때 부인이라고 부르지 않았다는 것을 알 수 있다. 환공의 어머니를 존귀하게 여겨서, 천자와 제후들에게 부고하여, 환공이 마땅히 임금이 되어야 함을 드러냈으니, 일의 마땅함을 얻은 것이다. 따라서 좋게 여겨 중자를 기록함으로써 은공의 뜻을 부각시키고 은공의 어짊을 이루어 준 것이다. 예禮에 의하면, 첩에게는 부의 물품을 보내지 않는데, 여기에서는 좋게 여겨서 부의 물품을 보냈으니, 마땅히 혜공惠公과 중자 각각에게 한 명의 사신을 보냄으로써 존귀함과 비천함을 달리해야 한다. 부의 물품이라고 말한 것은 두 번의 부의 물품을 보내야 함을 부각시킨 것이다. '급及'이 임금과 부인의 존비尊卑를 구별하는 문장이라는 점에 근거하여 질문한 것이다. 중자는 비천한 호칭이다. 부인에 비해 지위가 낮기 때문에 임금과 나란히 함께할 수 없는 것이다.[47]

유봉록은 『곡량전』에 근거하여 『공양전』을 반박하고, 아울러 『춘추공양전해고』를 반박하였다. 중자의 신분에 대해서 논자들은 삼전의 차이점에 주목하였다. 즉 『공양전』과 『좌씨전』은 중자를 환공의 어머니로 여겼고, 『곡량전』은 혜공惠公의

---

47) 『公羊傳』, 隱公 元年, 何休 注.

어머니이자 효공孝公의 첩으로 여겼다.

이 경문은 두 가지 문제와 관련되어 있다. 즉 중자는 무엇 때문에 부인이라고 부르지 않았으며, 두 사람의 부의 물품을 겸해서 보낸 이유가 무엇인가라는 점이다. 먼저 전자에 대해 말하면, 『공양전』에서는 중자를 부인이라고 부르지 않은 이유가 환공이 아직 임금이 되지 않았기 때문이라고 했다. 그러나 은공은 환공을 위해 즉위했기 때문에 환공 어머니의 상을 천자와 제후들에게 부고하여, 환공이 마땅히 임금이 되어야 함을 드러내고, 중자를 기록함으로써 은공의 뜻을 부각시키고 은공의 어짊을 이루어 준 것이다. 『공양춘추하씨해고전』에서는 "첩인 어머니는 부인이 될 수 없다"는 『곡량전』의 예例에 근거하여, 중자를 부인이라고 부르지 않은 것은 천왕이 그 상에 임하여 바름을 드러내었기 때문이라고 하였다. 후자에 대해 말하면, 『공양전』에서는 부의 물품을 겸해서 보낸 것을 예禮가 아니라고 여겼고, '급及'이라고 말하지 않은 것은 중자가 첩으로서 비천하기 때문에 혜공과 나란히 함께 할 수 없기 때문이라고 하였다. 『곡량전』에서는 부의 물품을 겸해서 보낸 것에 대해 비판한 문장이 없는데, 『공양춘추하씨해고전』에서는 조광趙匡의 이론을 인용하여 『공양전』 이론의 잘못을 밝혔다.

이상에서 알 수 있듯이, 『곡량폐질신하』라는 책은 여전히 『곡량전』이 『공양전』의 "남겨진 것을 모으고 빠진 것을 보충할" 수 있다고 여긴 것에 지나지 않는다. 또한 여기의 몇 조목에 대해 모두 변론하여 바로잡은 적이 없다. 『공양춘추하씨해고전』의 경우에는 『곡량전』을 인용하여 『공양전』을 바로잡고, 아울러 『춘추공양전해고』의 잘못을 바로잡는 데까지 미쳤으니, 확실히 유봉록은 이때에 『곡량전』의 가치를 더욱 중시하였다. 이러한 태도는 만청시기 공양학의 발전에 상당히 중요한 영향을 끼쳤다. 예를 들어 요평廖平은 『곡량전』을 『공양전』보다 더 높였고, 강유위는 『공양전』·『곡량전』이 모두 공자의 구설口說을 전수한 것이며, 그 지위가 다르지 않다고 말했다. 또한 동중서가 강공江公을 공격한 것과 하휴가 『곡량폐질』을 지은 것에 대해 깊은 유감을 표명하였다.

2. 하휴의 50여 가지 일을 바로잡음

유봉록의 하휴에 대한 비평은 앞에서 인용한 것 이외에 또 50여 가지의 일이 있으며, 대부분 『공양전』에 근거하여 하휴를 비평한 것이다.

『공양춘추하씨해고전』은 분량이 많지 않은데, 하휴를 비평한 것은 모두 50여 조목이 있으며, 그 속에는 본래 '바로잡는다'는 직접적인 의도가 있다. 그러나 그것은 유봉록이 젊었을 때 '하휴를 확장하고 정현을 비판한다'고 했던 학문의 요지와는 다소간 위배된다. 또한 그것은 만청시기 공양학의 발전에 매우 깊고 큰 영향을 끼쳤다. 대체적으로 말하면, 그 영향은 두 가지 방면이다. 첫째, 진립陳立을 대표로 하여, 호무생·동중서·하휴의 일치를 강조하고, 하휴로의 회귀가 곧 전한시대의 가법으로 돌아가는 것으로 여겼다. 둘째, 공자진·위원·강유위 등의 무리와 같은 경우에는, 동중서·하휴의 차이를 강조하고, 하휴로부터 더 나아가 동중서로 돌아갈 것을 주장하였다. 비평가들은 똑같이 동중서와 하휴의 차이점을 주장하였고, 삼세三世·개제改制 등의 여러 이론이 모두 『공양전』의 말단적인 학문에서 나온 것이라고 비판하였다.

먼저 '기자백紀子伯'에 관한 내용이다. 『춘추』은공 2년, 기자백과 거나라 임금이 밀에서 맹약을 맺었다.(紀子伯·莒子盟於密) 『공양전』에서 말했다. "기자백은 누구인가? 알려진 바가 없다." 하휴의 『춘추공양전해고』에서 말했다.

알려진 바가 없다고 말한 것은 『춘추』에는 주나라를 바꾸어 천명을 받은 제도가 있다. 그러나 공자는 시대를 두려워하고 해를 멀리했으며, 또한 진秦나라에서 장차 『시』·『서』를 불태우는 일이 있을지 알고 있었다. 그 이론을 입으로 전하여 서로 전수했는데, 한대 공양씨公羊氏 및 제자 호무생胡毋生 등에 이르러 비로소 죽백竹帛에 기록하였다. 따라서 없어진 내용이 있다.[48]

---

48) 『公羊傳』, 隱公 2년, 何休 注.

확실히 하휴는 『공양전』의 뜻을 단지 진술한 것이 결코 아니며, 그것을 공양가가 주장하는 개제改制의 미언微言과 결합하였다. 또한 "진나라에서 장차 『시』·『서』를 불태우는 일이 있을지 알고 있었다"는 한대 참기讖記의 주장이 뒤섞여 있으니, 너무 지나친 해석에 속한다.

'기자백紀子伯'에 대한 삼전의 해석은 같지 않다. 『좌씨전』에는 '기자백紀子帛'으로 되어 있고, 이 문장 앞의 은공 2년, "9월, 기나라 열수가 노나라에 와서 여자를 맞이하였다"(九月, 紀裂繻來逆女)는 조목이 있다. 따라서 『좌씨전』에서 마침내 '기자백紀子帛'이 곧 '기열수紀裂繻'이며, 기紀나라 대부大夫라고 해석하였다. 이로써 이 조목은 사실상 기나라 대부가 거나라 임금과 맹약을 맺은 것을 말한 것임을 알 수 있다. 『곡량전』은 의심하는 말을 하기는 했지만, 기나라 임금과 거나라 임금 두 임금이 맹약을 맺은 것으로 여겼다. '백伯'자의 뜻에 대해 혹자는 기나라 임금이 거나라 임금을 연장자로 추대하여 그와 함께 맹약을 맺은 것이라고 했다. 그리고 혹자는 기나라 임금이 자신을 연장자로 여겨서 먼저 맹약의 의식을 행했기 때문에 앞에 쓴 것이라고 했다. 『공양전』에서는 의심스러운 것은 빼놓고 믿을 만한 것만 전하여, 단지 질문만 두었을 뿐이다. 그런데 서언의 소에는 『춘추공양전해고』의 뜻을 제대로 진술하지 못한 듯하다. "기나라 임금(紀君)이라고 말하고 싶지만, 경문에서는 기후紀侯라고 말하지 않았다. 기나라 대부라고 말하고 싶지만, 다른 임금의 앞에 기록되어 있다. 따라서 질문한 것이다."49) 대체로 『좌씨전』·『곡량전』 두 이론을 취하여 『공양전』에서 질문한 뜻을 밝혔을 뿐이다.

유봉록은 분명하게 '기자백'을 기나라 임금으로 여겼으니, 『곡량전』의 이론을 취했으며, 『공양전』은 다만 질문만 했을 뿐 대답하지는 않았다. 그는 또 기나라 임금의 본래 작위가 자작(子)이기 때문에 기후紀侯는 작위를 더 높인 것이라고 여겼다. 그러나 이 주장은 근거로 삼은 것이 무엇인지 알 수 없다. 경문에서 고찰해 보면, 기나라 임금은 후작(侯)으로 호칭한 것이 모두 7번이며, 단지 환공 2년(紀侯來朝)에만

---

49) 『公羊傳』, 隱公 2년, 徐彦 疏.

보이는 것이 아니니, 작위를 더 높였다는 주장은 이상하게 여겨진다. 유봉록은 또 "백伯을 남겨둔 것은 의심나는 것을 빼놓은 것이다"라고 말했는데, 이 말은 거의 『공양전』의 뜻을 진술한 것이다. 그렇지 않으면 혹 '백伯'도 또한 작위의 명칭인데, 『공양전』에서는 의심하여 빼놓았으니, 기나라 임금의 작위가 자작(子)인지 아니면 혹 백작(伯)인지 알 수 없기 때문이다.

"초나라 사람이 정나라를 정벌했다"(楚人伐鄭)에 대해, 하휴의 『춘추공양전해고』에서 말했다.

초나라에 대해 사람(人)이라고 부른 것은 희공僖公을 위해 그가 이적夷狄과 서로 혼인한 것을 숨겨 준 것이다. 따라서 초나라의 지위를 높여서 마치 중국처럼 대우했고, 또 혼인에서는 마땅히 어진 이를 사모해야 함을 밝힌 것이다.[50]

이 조목에 대해 『공양전』에는 전문이 없고, 『춘추공양전해고』의 이론은 근거가 없는 듯하다. 이 조목은 장공 28년 "가을, 형나라가 정나라를 정벌했다"(秋, 荊伐鄭)는 조목과 함께 서로 비교 대상이 되는 문장이다. 『공양전』·『곡량전』은 모두 이 기록 속에 이적을 높이거나 강등하는 『춘추』의 법이 체현되었다고 말했다. 그런데 『좌씨전』의 두예 주에 의하면, 이 조목은 사실상 깊은 뜻이 없다. 단지 "형나라에 대해 처음으로 '초楚'라고 호칭을 바꾼 것"에 지나지 않기 때문이다.

『공양전』에는 7등급의 신분 위계를 세웠는데, 주州·국國·씨氏·인人·명名·자字·자子이다. 따라서 초나라에 대해 말하면, 형荊이라고 부른 경우가 있으니, 예를 들어 장공 10년, "형나라가 채나라 군대를 신에서 패배시키고, 채나라 임금 헌무를 데리고 돌아갔다"(荊敗蔡師於莘, 以蔡侯獻舞歸)라는 문장이 있다. 여기에서 처음으로 형荊이라고 불렀다. 초楚라고 부른 경우가 있으니, 예를 들어 문공 10년, "초나라가 그 대부 의신을 죽였다"(楚殺其大夫宜申)는 문장이 그것이다. 형인荊人이라고 부른

50) 『公羊傳』, 僖公 원년, 何休 注.

경우가 있으니, 예를 들어 장공 23년, "형나라 사람이 노나라에 와서 빙문하였다"(荊人來聘)는 문장이 그것이다. 초인楚人이라고 부른 경우가 있으니, 예를 들어 희공 원년 "초나라 사람이 정나라를 정벌했다"(楚人伐鄭)는 문장이 그것이다. 『공양전』의 서법에 의하면, 마땅히 형荊·초楚·초인楚人을 가지고 높이거나 강등한 차례로 삼아야 하니, '형인荊人'이라고 부른 것에 대해 하휴는 다음과 같이 말했다. "사람(人)이라고 부를 경우에는 마땅히 나라(楚)와 연결해야 하는데, 형荊과 연결한 것은 이적夷狄을 용인하는 것이 한두 가지 경우가 아니라 매우 많기 때문이다."[51] '형인'은 '초인'이라는 명칭에 비하면 다소 비판적이 의미가 있다. 따라서 이곳에서의 '초인'은 점점 높게 대우해 준 문장으로, 나라 이름(楚)을 가지고 높게 대우해 준 것이 아니라, 사람(人)이라는 글자로 높게 대우해 준 것이다. 따라서 하휴는 "초나라에 대해 사람(人)이라고 부른 것"을 이적을 높여 준 것이라고 말한 것이다.

또 유봉록은 『공양전』의 문장 중에 노나라 임금이 초나라에 장가든 일이 없다고 말했는데, 잘못된 주장이다. 살펴보건대, 희공 8년에 "태묘에서 체제사를 지내고서 부인의 신주를 태묘에 들여 놓았다"(禘於太廟, 用致夫人)라는 일이 있다. 『공양전』에서 말했다. "부인에 대해 무엇 때문에 강씨姜氏라고 부르지 않았는가? 비판한 것이다. 어째서 비판했는가? 희공僖公이 첩을 처로 삼은 것을 비난한 것이다. 첩을 처로 삼았다고 말한 것은 무슨 의미인가? 제나라의 협박을 받아서 (초나라의 嫡妻보다) 먼저 노나라로 온 제나라의 잉첩媵妾을 부인으로 삼은 것이다."[52] 이것은 곧 희공이 초나라 여인에게 장가를 든 일을 말한다. 그런데 『곡량전』의 양사훈楊士勛 疏疏를 살펴보면, "『곡량전』에는 서로 혼인한 일에 관한 기록이 없으니, 하휴의 말은 여기에서 통할 수 없다"고 하였으니[53], 유봉록은 하휴를 믿지 않고 『곡량전』의 이론을 취한 것이다.

---

51) 『公羊傳』, 莊公 23년, 何休 注.
52) 『公羊傳』, 僖公 8년.
　　역자 주: 하휴의 주에 의하면, 僖公이 본래 초나라의 여인을 嫡妻로, 제나라의 여인을 媵妾으로 불렀다. 그런데 제나라가 초나라보다 먼저 여인을 보내서 희공에게 제나라의 媵妾을 적처로 삼도록 협박하여, 어쩔 수 없이 그녀를 부인으로 삼았다고 한다.
53) 역자 주: 앞에서 살펴보았듯이, 『춘추』 희공 원년, "초나라 사람이 정나라를 정벌했

3. 삼전三傳을 버리고 송인宋人을 따름

유승관劉承寬의 『선부군행술先府君行述』에서 『공양춘추하씨해고전』이 "심지어
'송재고宋災故' 조목에서는 삼전을 모두 버리고 송대 학자인 유창劉敞과 호안국胡安國의
이론을 따랐다"고 했다. 지금 이에 대해 살펴보면 다음과 같다.

『춘추』 양공 30년: 진나라 사람·제나라 사람·송나라 사람·위나라 사람·정나라
사람·조나라 사람·거나라 사람·주루나라 사람·등나라 사람·설나라 사람·기
나라 사람·소주루나라 사람이 전연에서 회합했는데, 송나라의 화재 때문이었다.(晉
人·齊人·宋人·衛人·鄭人·曹人·莒人·邾婁人·滕人·薛人·杞人·小邾婁人會于澶淵, 宋
災故)

『공양전』: 이것은 중대한 일인데, 어째서 미천한 자를 시켜서 회합했는가? (미천한
자가 아니라) 경卿이다. 경인데 사람(人)이라고 부른 것은 무엇 때문인가? 비판한
것이다. 어째서 비판했는가? 경卿은 제후의 일을 근심할 수 없기 때문이다.

『춘추공양전해고』: 당시에 비록 각 제후들이 사신을 보냈지만, 은혜는 사실상
경卿으로부터 베풀어진 것이다. 따라서 그 일을 시작한 것을 비판하여, 대부의
의리는 국내의 일을 근심할 수 있지 국외의 일을 근심할 수 없음을 밝힌 것이니,
신하의 도를 억누른 것이다. 송나라는 자국의 일을 근심했는데도 함께 비판한
것은 위망危亡을 구제하지 못하고, 외국의 경卿의 권력 남용을 금지하지 못했기
때문이다.

하휴의 『춘추공양전해고』는 『공양전』의 뜻을 확장하여 진술한 것이다. 그런데

다"(楚人伐鄭)에 대해, 하휴는 "초나라에 대해 사람(人)이라고 부른 것은 僖公을 위해
그가 夷狄과 서로 혼인한 것을 숨겨 준 것이다. 따라서 초나라의 지위를 높여서 마치
중국처럼 대우했다"고 해석했다. 그런데 『곡량전』의 양사훈 소에서는 하휴의 이 말
을 인용한 다음, "『곡량전』에는 서로 혼인한 일에 관한 기록이 없으니, 하휴의 말은
여기에서 통할 수 없다"고 말했다.

『공양춘추하씨해고전』에서는 유창劉敞의 이론을 따랐는데, 유창은 다음과 같이 풀이했다. 각 국가의 대부들이 전연澶淵에서 회합한 것은 사실 채蔡나라 세자世子 반般이 그 임금을 시해했기 때문이니, 이것은 큰 악惡이다. 송나라의 화재에 곡식을 보낸 경우는 『춘추』 대의大義와 관련된 것이 아니다. 따라서 이 조목은 대부가 외국의 일을 근심한 것을 비난한 것이 아니라, 사실은 그들이 도적을 토벌하지 않은 것을 비난한 것이다.

『춘추』 경문의 기록에 의하면, 양공 30년을 전후로 다음과 같은 일들이 발생했다.

여름, 4월, 채나라 세자 반이 그 임금 고를 시해했다.(夏, 四月, 蔡世子般弑其君固)

5월, 갑오일, 송나라에 화재가 발생했다. 송나라 백희가 죽었다.(五月, 甲午, 宋災. 宋伯姬卒)

7월, 숙궁이 송나라에 가서, 송 공희를 장례지냈다.(七月, 叔弓如宋, 葬宋共姬)

겨울, 10월, 채나라 경공을 장례지냈다.(冬, 十月, 葬蔡景公)

진나라 사람·제나라 사람·송나라 사람·위나라 사람·정나라 사람·조나라 사람·거나라 사람·주루나라 사람·등나라 사람·설나라 사람·기나라 사람·소주루나라 사람이 전연에서 회합했는데, 송나라의 화재 때문이었다.(晉人·齊人·宋人·衛人·鄭人·曹人·莒人·邾婁人·滕人·薛人·杞人·小邾婁人會于澶淵, 宋災故)

살펴보건대, 『춘추』 경문에서 전연澶淵의 회합을 기록한 서법에 매우 이상한 점이 있는데, 『공양전』·『곡량전』과 두예 주에서 모두 그것을 주목하였다. 예를 들어 양공 30년의 『공양전』에서는 "회합했을 경우에 회합하여 한 일을 말한 적이 없다"고 했고, 『곡량전』에서도 "회합했을 경우에 회합하여 한 일을 말하지 않는다"고 했으며, 두예도 또한 "회합했을 경우에 그 일을 말한 적이 없다"고 했다. 다시 말하면, 『춘추』에서 제후·대부가 서로 회합한 것을 기록할 때, 모두 회합한 이유를 말하지 않는다. 그런데 오직 이 조목에서만 "송나라의 화재 때문이었다"고 분명하게 말했다. 이와 같이 일상적인 사례에서 벗어난 서법에 대해 삼전에서는 모두 해석을 제시했고, 『공양전』에서는 다음과 같이 말했다.

> 회합했을 경우에 회합하여 한 일을 말한 적이 없는데, 여기에서 한 일을 말한 것은 무엇 때문인가? 백희伯姬와 관련된 일을 기록했기 때문이다. 제후들이 서로 재물을 거두고, 송나라에서 화재로 잃어버린 재물을 회복시켜 주면서, "죽은 사람을 다시 살릴 수 없지만, 송나라가 잃어버린 재물은 다시 회복시켜 줄 수 있다"고 했다.54)

『공양전』에서는 송나라 백희伯姬가 예를 지키면서 화재에서 죽은 것을 현명하다고 여겼다. 따라서 제후들이 송나라의 화재 때문에 회합한 것이 마치 백희의 일 때문인 것처럼 기록하였다. 따라서 전연의 회합은 한편으로는 백희를 칭찬하고, 다른 한편으로는 대부가 국정을 제멋대로 농단한 것을 비판한 것이다.

『곡량전』에서 말했다.

> 회합했을 경우에 회합하여 한 일을 말하지 않는데, "송나라의 화재 때문이다"라고 말한 것은 무엇 때문인가? 화재 때문이라고 말하지 않으면 그 선善을 드러낼 방법이 없기 때문이다. 경문에 사람(人)이라고 말한 것은 무엇 때문인가? 많은 사람이 화재를 구제했기 때문이다. 어떻게 구제했는가? 송나라가 화재로 인해 잃어버린 재물을 다시 회복시켜 주었다. 전연의 회합 이후에, 중국은 이적을 침략하거나 정벌하지 않았고, 이적은 중국으로 들어오지 않아서, 8년 동안 침략과 정벌이 없었기 때문에 이 회합을 좋게 여긴 것이다. 그것은 진晉나라 조무趙武와 초楚나라 굴건屈建의 공로이다.55)

---

54) 『公羊傳』, 襄公 30년.
55) 『穀梁傳』, 襄公 30년.

『곡량전』에서는 사람(人)이라고 기록하고 화재(災)라고 기록한 것은 비판의 뜻이 전혀 없으며, 도리어 회합에 참여한 대부를 칭찬하고 그들이 재난을 걱정하고 환란을 구휼한 것을 좋게 여긴 것이라고 풀이하였다. 양사훈의 소에서는 또한 서막徐邈의 다음과 같은 말을 인용하였다. "진晉나라 조무趙武와 초楚나라 굴건이 백희伯姬의 예절에 감동하였기 때문에 그녀를 위해 전쟁을 멈추었다." 이 주장은 『공양전』에 나오지만, 전쟁을 멈춘 효과를 백희에게 돌린 것은 사실상 반드시 그런 것은 아닐 것이다.

그리고 『좌씨전』에서 말했다.

송나라가 화재를 당한 일로 제후의 대부들이 모여 송나라에 재물을 보내줄 것을 상의하였다. 겨울 10월에 숙손표叔孫豹가 진晉나라 조무趙武·제齊나라 공손채公孫蠆·송宋나라 상술向戌·위衛나라 북궁타北宮佗·정鄭나라 한호罕虎 및 소주小邾나라 대부와 모여서, 전연에서 회합하였다. 회합하고 나서 송나라에 재물을 보내주지 않았다. 따라서 회합에 참여한 경卿의 이름을 기록하지 않았다. 군자가 말했다. "약속은 삼가 지키지 않아서는 안 된다! 전연의 회합에서 참가한 경들의 이름을 기록하지 않은 것은 약속을 지키지 않았기 때문이다 제후의 상경上卿으로서 회합하고서 약속을 지키지 않아서 존귀한 족명族名을 모두 버렸으니, 약속을 지키지 않아서는 안 되는 것이 이와 같다."[56]

『좌씨전』에서는 비록 백희와 전연의 회합을 연계시키지는 않았지만, 송나라 및 제후에게 모두 비판의 뜻을 취했으니, 하나는 화재(災)라고 기록함으로써 "송나라 사람이 사욕을 억제하지도 자책하지도 않고서 회합에 나와서 재물을 요구한 것을 미워하였다."[57] 다른 하나는 사람(人)이라고 호칭함으로써 제후의 대부들이 약속을 어기고 송나라에 재물을 보내주지 않은 것을 비판하였다.

이로써 알 수 있듯이, 전연의 회합과 송나라의 화재는 직접적인 관련이 있다.

---

56) 『左氏傳』, 襄公 30년.
57) 『左氏傳』, 襄公 30년, 杜預 注.

다만 『춘추』에서 이 일을 기록한 독특한 서법으로써 말한다면, 오히려 반드시 들어맞는 것은 아니다. 이로 인해, 유창劉敞을 시작으로, 전연의 회합을 그와 동시에 발생한 또 다른 사건, 즉 "채나라 세자가 그 임금 고를 시해했다"(蔡世子般弑其君固)는 사건과 연계시킴으로써 "송나라의 화재 때문이었다"(宋災故)는 서법에 대한 합리적인 해석을 진행하려고 하였다.

대체로 유창·호안국의 입장에서 보면, 송나라 화재는 단지 작은 일로써 당장 힘써야 할 급선무는 아니다. 채나라 세자의 임금 시해 사건이야말로 천리天理나 사람의 도리와 관련된 큰일이다. 『춘추』에서는 난신적자의 토벌을 대의로 삼고 있지만, 제후들이 전연에서 서로 회합하여, 단지 송나라의 화재만을 상의하고 채나라의 난리를 구휼하지 않았다. 이것은 지혜롭지 못하고 어질지 못함이 심하며, 심지어 『춘추』에서 힘써야 할 대의를 잃어버린 것이다. 이러한 측면에서 말하면, 유창·호안국과 유봉록의 논의는 혹 『춘추』의 일관된 입장과 더욱 부합되는지도 모른다. 송대 사람들이 비록 "삼전三傳을 잡다하게 채용하고, 자신의 뜻으로 취사선택하여", 한 학파의 학문만을 전문적으로 하지 않았지만, 그 해석 중에서 사실상 취할 만한 것이 어느 정도 있는 것이다. 유봉록이 여기에서 송대 사람들의 이론만을 모두 사용한 경우는, 단지 주注만을 반박한 것이 아니라, 또한 전傳을 위배한 것이다.

제5절 『좌씨춘추고증左氏春秋考證』과 『좌씨춘추후증左氏春秋後證』

건륭 52년(1787) 유봉록의 나이 20세 때, 『좌씨춘추』를 읽다가 마침내 다음과 같이 말했다. "홀연히 『춘추』는 일을 기록한 책이 아니라는 것에 대해, 굳이 『좌씨전』을 기다려서 밝힐 필요가 없었다. 좌씨左氏는 전국시대 사람이기 때문에 그 책은 삼가三家가 진晉나라를 분할하는 데서 끝이 나는데, 이어져 있는 경문은 곧 유흠劉歆이 제멋대로 지은 것이다." 젊었을 때의 신비스러운 깨달음이 결국 그의 일생의 저작인 『좌씨춘추고증左氏春秋考證』의 큰 요지가 되었는가?

가경 17년(1812), 유봉록은 『좌씨춘추고증』 1권과 『좌씨춘추후증左氏春秋後證』 1권, 『잠고황평箴膏肓評』 1권을 지었으며, 세 책에 하나의 「서敍」가 있다. 「서敍」에 의하면, 『좌씨춘추고증』은 모두 119조목으로, 전문傳文을 발췌하여 기록하고, 그 문장이 『좌씨전』의 옛 문장이 아니라 유흠이 위조한 것임을 증명하였다. 『좌씨춘추후증』은 모두 24조목으로, 『사기』·『한서』·『후한서』·『설문해자』 및 공영달孔穎達의 소疏와 유향劉向의 『별록別錄』 등 여러 책을 발췌 인용하여, 『좌씨전』이 『춘추』에 전傳을 단 것이 아니며, 결국은 유흠이 제멋대로 고친 것임을 증명하였다. 『잠고황평』 1권은 전문을 강령으로 삼고, 하휴의 『좌씨고황』과 정현의 『잠고황』을 덧붙여 두고, 각각에 대해 평론하였다. 혹은 그 내용이 가짜임을 평론하고, 혹은 그 내용이 거짓임을 평론했으며, 혹은 그 내용이 전례典禮가 아님을 평론했는데, 그 요점은 하휴를 확장하고 정현을 비판하는 데 있을 뿐이다.

『춘추공양경하씨석례』·『공양춘추하씨해고전』과 비교하면, 유봉록은 여기에서 더욱 강렬한 금문학 의식을 표현하였다. 그의 『좌씨전』에 대한 공격은 사실상 전한시대 박사와 그 맥을 같이 한다. 먼저 전한시대 박사들은 "『좌씨전』은 『춘추』에 전傳을 단 것이 아니다"라고 주장하였다. 진대晉代 왕접王接에 이르러서는 "『좌씨전』의 사의辭義는 매우 풍부하여 스스로 일가의 책이 되지, 경전을 드러내 밝히는 것을 위주로 하지 않았다"고 했다. 그 후에 당대의 진상陳商·조광趙匡은 또한 경經과 사史로써 『춘추』와 『좌씨전』을 구별하고, 심지어 좌씨左氏는 구명丘明이 아니라고까지 주장하였다. 송·명대 사람들 중에 『좌씨전』을 의심하는 자들이 많았으며, 『좌씨전』이 일을 상세하게 기록했지만 의리를 밝히지 않았다고 여겼다. 명대 학경郝敬은 또한 『좌씨전』이 "사실상 이리저리 뒤섞이고 잘못된 것이 이루 헤아릴 수 없을 정도로 많아서", "성인의 가르침을 직접 계승한" 좌구명의 작품이 아니라고 말했다.[58] 이것은 모두 유봉록이 『좌씨전』의 근본적인 부분을 공격한 것이다.

『잠고황평』은 위로 『곡량폐질신하穀梁廢疾申何』를 이었으므로 또한 "하휴를 확장

---

58) 朱彛尊, 『經義考』, 권205에서 인용.

하고 정현을 비판하는 것"(申何難鄭)을 요지로 삼았다. 앞서 하휴는 『좌씨고황左氏膏肓』 10권을 지었고, 정현은 『잠고황箴膏肓』을 지었는데, 현재 남아 있는 것은 그 중의 100분의 1~2 정도에 지나지 않는다. 또한 복건服虔이 『고황석아膏肓釋痾』 20권을 지었는데, 현재 모두 없어졌다. 하휴와 정현의 『좌씨전』에 관한 논쟁에서는 유흠이 위서僞書를 만든 일에 대해서는 언급하지 않았고, 후세에 『좌씨전』을 공격하거나 반박할 경우에는 대부분 경經·사史의 분별이라는 측면에서 글을 썼다. 이로 인해 유봉록은 한편으로는 하휴가 이육의 뜻을 확장하여 진술함으로써 『좌씨전』을 논파한 것을 긍정하면서도, 다른 한편으로는 "하휴가 『좌씨전』에 대해 그 근원을 깊이 드러내지 못했고, 유흠 등의 견강부회에 대해서는 본래 비난하되 변론하지 않는 분야로 두었다"[59]고 말했다. 따라서 『잠고황평』은 단지 "여러 책에서 인용한 하휴· 정현의 논의 30여 편을 끌어와서 평론하고, 다시 거기에서 다루지 않은 것을 추론하여 증명한 것"[60]일 뿐이다. 따라서 유흠이 거짓으로 짓거나 제멋대로 고친 것에 대해, 비록 어느 정도 다루고는 있지만, 이 책의 중심 내용은 『곡량폐질신하』와 마찬가지이다. 그 요점은 정현을 비판하고 하휴를 확장하는 데 있을 뿐이다.

『좌씨춘추고증』과 『좌씨춘추후증』은 "전문적으로 유흠의 거짓을 반박함으로써 하휴의 『좌씨고황』에서 미비한 것을 보완하였다."[61] 이것은 위로 진·당대의 여러 학자들이 경經·사史를 구분한 이론을 이어받았으니, 곧 『좌씨전』은 사史에 속해야 한다고 여긴 것이다.

『좌씨신고황左氏申膏肓』 「서敍」에서 말했다.

좌씨는 훌륭한 사관史官의 재능을 가지고 있고 박학다식했으며, 본래 『춘추』의 의리에 내용을 덧붙이려고 한 적이 없다. 그런데 후인들이 조례條例를 더해서 설치하고, 사적事蹟을 미루어 연역하여, 억지로 『좌씨전』을 『춘추』에 전傳을 단

---

59) 劉逢祿, 『左氏申膏肓』, 「敍」.
60) 劉逢祿, 『左氏申膏肓』, 「敍」.
61) 劉逢祿, 『左氏廣膏肓』, 「原敍」.

책으로 만들어서 『공양전』 박사의 사법師法의 자리를 빼앗으려고 기대하였다. 명분상으로는 좌씨를 높였지만 실제로는 그를 속였으니, 좌씨는 그 잘못에 대한 책임이 없다.[62]

이것은 『좌씨전』의 잘못이 그것을 경經에 두려고 한 점에 있다는 것을 논한 것이다. 유봉록은 『좌씨전』이 본래 일을 기록한 역사인데, 후인들이 "조례를 더해서 설치하고 사적을 미루어 연역하여", 『춘추』 경문과 서로 억지로 끼워 맞추었기 때문에 잘못된 것이라고 여겼다.

살펴보건대, 『좌씨전』에서 경문과 전문을 합친 것은 본래 두예의 『춘추좌전경전집해』에서 기원한다. 이에 앞서 유흠은 비록 전문을 끌어와서 경문을 해석했지만, 경문과 전문이 여전히 별도로 통행되었다. 그 후에 가규는 경문과 전문을 함께 해석했고, 복건은 『좌씨전』에 주를 달았는데, 오직 전문만을 해석하고 경문은 해석하지 않았다. 두예에 이르러, 경문과 전문을 함께 해석했을 뿐만 아니라, 또한 경문과 전문을 합쳐서 한 몸으로 만들었다. 이 주장은 그 근원이 송대의 유안세劉安世로부터 나왔고, 피석서는 유안세의 이 논의가 "유봉록에게 길을 인도하였다"[63]고 했다. 그런데 단지 유안세만이 아니라, 당·송시대의 학자들은 대부분 『춘추』를 경經, 『좌씨전』을 사史로 여겼다. 이러한 입장에 기초하여, 유봉록은 더 나아가 다음과 같이 말했다.

일 중에는 본래 분리하면 두 가지 모두 아름답지만 합치면 두 가지 모두 해로운 경우가 있다. 나는 『춘추』를 『춘추』로 돌려놓고, 『좌씨전』을 『좌씨전』으로 돌려놓고자 하였다. 그 서법書法의 범례凡例 및 논단論斷 중에서 대의大義와 어긋나는 것, 고장孤章과 절구絶句 중에서 경문과 서로 억지로 끼워 맞춘 것을 삭제함으로써 『좌씨전』의 본래 진면목을 보존해 두기를 기대하였다.[64]

---

62) 劉逢祿, 『左氏申膏肓』, 「敍」.
63) 皮錫瑞, 『經學通論·春秋通論』.
64) 劉逢祿, 『左氏申膏肓』, 「敍」.

『좌씨전』의 본래 진면목은 역사이니, 그 중에 경문을 해석한 내용은 모두 삭제해야 한다. 진실로 이와 같이 하면, 단지 『공양전』의 공신功臣이 될 뿐만 아니라, 또한 『좌씨전』의 공신이 된다.

그러나 『좌씨신고황左氏申膏肓』의 「서敍」는 원래 『황청경해』에서 간행되었고, 그것은 『잠고황평』·『좌씨춘추고증』·『좌씨춘추후증』 등 여러 책의 공통된 「서敍」이다. 이 당시에 유봉록은 아직까지는 자기의 이론을 드러내 밝히고자 하지 않았기 때문에 오직 "『좌씨전』의 본래 진면목을 보존해 둔다"고 말한 것이다. 도광道光 8년에 이르러 양일재본養一齋本이 간행되었는데, 유봉록이 죽는 날과 겨우 1년밖에 차이가 나지 않는다. 이때에는 거의 꺼리는 것이 없었기 때문에 「원서原敍」로써 『광고황廣膏肓』의 서敍로 삼았으며, 그 글 속에서 『좌씨전』에서 경문을 해석한 글은 모두 유흠의 위작이라고 분명하게 말했다. 그 이후로 금고문 논쟁은 점점 물과 불처럼 서로 용납하지 못하는 형세가 되었다.

유봉록은 다음과 같이 주장했다. 오직 유흠이 위조한 '군자왈君子曰'·'서왈書曰'이라는 말과 서書·불서不書의 예例를 삭제해야만, 비로소 『좌씨전』의 본래 진면목을 보존할 수 있다. 유봉록의 이러한 주장은 만청시기 금고문 문호의 형성에 지극히 깊은 영향을 끼쳤다 대망戴望은 유봉록이 "『좌씨춘추고증』 2권을 완성하자, 지식인들은 염약거·혜동이 『고문상서』를 변별한 것과 동등하다고 말했다"[65]고 평가했다. 그리고 전현동錢玄同은 비록 장태염을 스승으로 섬겼지만, 그가 옛 이론을 의심한 것은 유봉록으로부터 나온 것이다. 그는 다음과 같이 말했다. "이 『좌씨춘추고증』이 가짜를 변별한 가치는 실로 염약거의 『상서고문소증尙書古文疏證』과 서로 동등하다. 염약거의 책이 나오자 위서僞書 『고문상서』의 사안이 명백하게 밝혀졌다. 유봉록의 책이 나오자 위서僞書 『춘추좌씨전』의 사안도 또한 명백하게 밝혀졌다."[66] 양계초梁啓超도 또한 말했다. "염약거가 『위고문상서僞古文尙書』의 공격에서 승리하자, 학자들이

---

65) 戴望, 「故禮部儀制司主事劉先生行狀」(『續碑傳集』[臺北: 大化書局, 1984], 권72, 15쪽).
66) 錢玄同, 「重論經今古文問題—重印『新學僞經考』序」(康有爲 著, 『新學僞經考』[北京: 中華書局, 1988]에 보임).

경經을 의심하는 풍조가 점점 열렸다. 이에 유봉록이 『춘추좌씨전』을 크게 의심하였고, 위원이 『시모씨전詩毛氏傳』을 크게 의심하였다. 『주관周官』의 경우에는 송대 이래로 본래부터 많은 사람들이 의심하였다. 강유위는 여러 학자들의 이론을 종합하여 금문과 고문의 분야를 엄격하게 나누니, 후한시대에 뒤늦게 나온 고문 경전經傳이 모두 유흠이 위조한 것이다. 정통파가 가장 존숭하는 허신·정현도 모두 배격의 대상이 되었다."[67] 유봉록을 종주로 삼은 금문학자들은 스스로 그의 말을 깊이 연구하고 미루어 연역하는 데 온힘을 다했다. 심지어 유흠이 여러 경전을 두루 조작하여, 그 폐단이 성경聖經의 권위를 동요시킴으로써 마침내 일체의 고서古書를 모두 믿을 수 없는 지경을 초래하였다고 말했다.

유봉록을 공격하거나 반박한 학자들은 그 이유가 여러 가지이다. 주일신朱一新의 「답강장유서答康長孺書」에서는 다음과 같이 말했다. "유봉록이 『좌씨춘추고증』을 지어서, 그것을 근거로 삼아 경전의 진위眞僞를 분별하였다. 나는 오히려 그가 자기 멋대로 해석한 말이나 억지로 끌어다 붙인 말이 많은 것을 병통으로 여기니, 나는 그것을 취하지 않을 것이다." 섭덕휘葉德輝의 『유헌금어평輶軒今語評』에서 말했다. "유봉록의 책에서 지적한 『좌씨전』의 거짓은 실제적인 증거가 결코 없다. 단지 『공양전』·『좌씨전』을 가지고 그 득실을 비교하여 고찰한 것일 뿐이며, 쓸데없는 글을 가지고 『한서』 「예문지」를 공박한 것일 뿐이다. 어린아이가 해(日)를 변별한 것을 가지고, 어찌 좌씨의 마음을 복종시킬 수 있겠는가?"[68] 이것은 여전히 겉으로 드러난 현상만 가지고 사물을 논한 것일 뿐 그 본질과는 관련이 없다. 섭덕휘는 심지어 유봉록이 『좌씨전』의 거짓을 변별한 것은 그 재앙이 진시황의 분서갱유焚書坑儒보다 더 심함이 있다고까지 말했다.

그 이후에 또 유사배·장태염 등이 있었는데, 당쟁으로 인해 유봉록에 대한 유감이 매우 심했다. 그들은 『좌씨춘추고증』·『좌씨춘추후증』의 잘못을 강력하게

---

67) 梁啓超, 『淸代學術槪論』 2(朱維錚 校注, 『梁啓超論淸學史二種』, 5쪽에 실려 있음).
68) 載蘇輿, 『翼敎叢編』, 권6.

변론했을 뿐만 아니라, 또한 서슴없이 공자의 성스러움을 무고하는 데까지 미쳤다. 여기에 이르러 공자와 경학의 신성함은 티끌 속으로 와르르 무너져 내렸다.

그런데 1930년대 이후로 경학은 이미 쇠퇴했지만, 유봉록에 대한 긍정도 점점 많아졌다. 1931년, 전현동이 『좌씨춘추고증서후左氏春秋考證書後』를 지었는데, 그 책에서 다음과 같이 말했다.

> 위서僞書 경전을 전복시킨 것은 유봉록의 이 책이 가장 중요한 책이다. 이 책이 나오자, 그 이후로 위고문경僞古文經을 고증하고 변별한 저작이 서로 이어서 일어났다. 강유위康有爲가 『신학위경고新學僞經考』를 짓는 데 이르자, 위경僞經과 관련된 사안이 이에 안정되었다.…… 이처럼 한 걸음 한 걸음 나아간 변위辨僞운동은 사실상 유봉록의 이 책을 출발점으로 삼는다.…… 나는 유봉록의 『좌씨춘추고증』에 지극히 탄복하였다.…… 강유위·최적崔適 두 사람의 이론이 정밀하지만, 사실상 이 책은 백년 금문학에서 고증하고 변별한 것을 집대성하여, 거기에 정밀한 수정을 가한 것이니, 위경僞經에 대한 이러한 고증과 변별에서 가장 앞선 사람이 바로 유봉록이다.…… 위고문僞古文 경전의 큰 속임수가 사람들을 1,800년 동안 속였는데, 유봉록이 조사를 시작한 이후로, 100여 년의 오랜 시간이 경과하여, 최적에 이르러서 마침내 그것을 완전히 해결하였다.

또 말했다.

> 나는 100년 이래의 '금문학운동今文學運動'이 우리 근대 학술사에서 하나의 지극히 영광스러운 일이라고 생각한다. 그것의 성과는 두 가지 방면이 있다. 첫째는 사상의 해방, 둘째는 위경僞經과 사료史料의 전복이다.[69]

이로써 알 수 있듯이, 전현동은 온전히 사상사의 측면에서 유봉록의 이 책의

---

69) 錢玄同, 『左氏春秋考證書後』(『古史辨』 제5책[臺北: 藍燈文化事業公司, 1987], 3쪽에 수록되어 있음).

가치를 다시 긍정하였다.

1932년, 장서당張西堂은 고힐강顧頡剛이 표점한 『좌씨춘추고증』에 「서문」을 지어서 다음과 같이 말했다.

유봉록은 앞선 사람들이 드러내지 못한 것을 드러내 밝혔는데, 대략 네 가지 점이 있다. 첫째, 그는 『좌씨전』의 옛 이름이 '『좌씨춘추』'라는 것을 드러내 밝혔다. 그래서 『좌씨춘추전左氏春秋傳』이라는 명칭은 이와 같은 그의 파괴를 거쳐서, 그 위신이 이미 완전히 사라졌다. 우리는 『좌씨전』이라는 명칭을 신뢰할 수 없고, 그 책도 당연히 문제가 있다는 것을 안다. 따라서 유봉록이 비록 강유위·최적 두 사람처럼 한 걸음 더 나아가 증명하지는 못했지만, 그가 드러내 밝힌 것도 또한 매우 중요한 가치가 있다. 둘째, 그는 『좌씨전』의 체례가 『국어』와 비슷하다는 것을 증명하였다.…… 그는 『좌씨전』에서 매년의 기록에서 빠진 일과 연월年月에 고증이 없는 것을 일일이 들어서, 그것이 『국어』와 서로 비슷하다는 것을 증명하였고, 『좌씨전』이 반드시 공자의 경문과 관련되어 있는 것은 아니라는 확증을 제출하였다.…… 이것은 확실히 그의 두 번째 큰 공헌이다.…… 셋째, 그는 위조한 『좌씨전』의 전수 계통을 공격하여 논파하였다. 『사기』 중에는 이른바 『좌씨춘추전』이라고 말한 것이 없고, 『한서』 「유림전」에 오히려 『좌씨전』 전수의 원류가 있다.…… 이것은 당연히 유흠의 무리들이 제멋대로 조작한 것인데, 유봉록은 그들을 하나하나 논박하여 물리쳤다!…… 넷째, 그는 위경僞經을 고증하여 바로잡는 새로운 길을 열었다.…… 그는 확실히 유흠의 위고문학僞古文學을 고증하여 바로잡는 최선봉이었다.…… 유봉록의 『좌씨춘추』에 대한 고증은 여전히 철저하지 못한 부분이 많이 있었는데, 뒤에 나온 강유위의 『신학위경고』와 최적의 『사기심원史記探源』·『춘추복시春秋復始』의 보정補正을 거쳐서, 유흠이 『좌씨전』을 위조한 사안이 비로소 천천히 판결되었다.

이로써 알 수 있듯이, 이 당시 학자들은 이미 경학의 측면에서 유봉록 『좌씨춘추고증』의 합리성을 다루지 않고, 그것을 중국 근대사의 의고疑古 사조 속으로 집어넣어서, 그 사조에서의 영향이라는 측면에서 이 책의 가치를 논하였다.

지금 유봉록의『좌씨춘추고증』과『좌씨춘추후증』과 관련해서, 만청시기 경학 금고문논쟁과 관련된 여러 가지 문제를 하나하나 분석해 보자.

1.『좌씨전』 작자와 두 명의 구명丘明

『좌씨전』의 작자에 관해서는 조광趙匡 이전에는 금문학과 고문학 할 것 없이 모두 좌구명左丘明이 지은 것으로 여겼다. 단지 의심한 것은 좌구명과 공자의 관계뿐이었다. 조광에 이르러, 처음으로『좌씨전』의 작자와『논어』속에서 공자가 말한 좌구명이 결코 동일한 인물이 아닐 것이라는 의심을 품었다. 또한『사기』가 믿을 만한지에 대해서도 의심하였다. 그 후에 정초鄭樵 · 왕안석王安石 · 섭몽득葉夢得 · 왕응린王應麟 · 학경郝敬 등이 대부분 사마천의 말에 동의하지 않았고,『좌씨전』은 육국六國 시대 사람의 작품이지, 공자와 동시대 혹은 조금 앞선 시기의 좌구명이 아니라고 생각하였다.

당 · 송시대 사람들의『사기』에 대한 비평과 비교해 보면, 유봉록은 한편으로는 사마천의 말을 완전히 긍정하였다. 즉 「태사공자서」에서 언급한 「국어」를 지은 좌구명은 「십이제후연표」에서 언급한 "공자의 제자들마다 다른 이론을 제기하고, 제각기 자신의 생각에 안주하여 진실을 잃어버릴까 염려하여"『좌씨춘추』를 지은 좌구명과 사실한 동일인이라는 것이다. 다른 한편으로, 또『좌씨전』에 기록된 노나라 도공悼公의 일에 근거하여, 여기 노나라의 군자 좌구명은 도공 이후에 태어났다고 단언하였다. 이처럼 두 명의 좌구명이 출현하였다. 한 명은『논어』속에서 공자가 인용하여 자기와 비교한, 공자보다 조금 앞선 시기의 좌구명이다. 다른 한 명은 공자보다 늦은, 대체로 노나라 도공 시대 이후에 태어난 좌구명이다. 이로써 알 수 있듯이, 유봉록은 이처럼『좌씨전』의 작자와 공자의 관계를 부정했기 때문에 새로운 국면을 열었다고 말할 수 있다.

만약『좌씨전』의 작자가 도공 이후에 태어나서, 성인이 입으로 전수한 은미한 요지를 얻지 못했다면, 그는『춘추』의 전傳을 지을 수가 없다. 살펴보건대,『좌씨전』의 기사가 노나라 애공 27년에 이르고, 끝부분이 "도공 4년, 진나라 순요가 군대를 거느리고 가서 정나라를 포위하였다"(悼之四年, 晉荀瑤帥師圍鄭)는 문장이므로『좌씨전』을 지은 구명丘明은 반드시 도공 이후에 있어야 한다. 그런데 이 시기는 공자가 죽은 시점에서 이미 50년이 지난 시기이다. 그리고 "좋아하고 싫어하는 것이 성인과 같았던"[70]『논어』에서 언급한 좌구명의 경우, 그 연배가 당연히 공자보다 조금 앞선다. 그는 결코 도공의 죽음을 보지 못했을 것인데, 어떻게 도공의 시호를 기록할 수 있겠는가? 이와 같이『좌씨전』이 또 다른 한 명의 좌구명이 지은 것이라면, 『좌씨전』의 지위와 가치는 자연스럽게 자하子夏로부터 나온『공양전』·『곡량전』과 서로 비교할 수 없을 것이다.

아울러 후한시대 이후로,『좌씨전』을 배척한 학자들, 예를 들어 범승范升·조광趙匡 등, 그들의 칼끝이 향한 곳에는 항상 사마천을 연루시켰다. 그러나 사마천이 논한 것은 동중서의 학문에서 터득한 것이 많기 때문에 결국은 공양가들이 사마천의 도움을 받는 경우가 많다. 따라서 유봉록이 유흠의 위조를 공격할 때, 단지 유흠의 영향을 받은『한서』등의 사적史籍에만 미칠 뿐이며, 유흠보다 앞선 시기의『사기』, 더욱이 선진 시기의 고서는 말할 필요도 없이, 그 책들의 진실성은 의심할 여지가 없는 것이다. 유흠이 여러 경전을 두루 조작하였다고 기어코 말하고자 했던 강유위·최적 등과는 같지 않다. 그 후에 피석서는 말했다. "태사공의 책이 한나라 무제 때 경학이 처음으로 흥성하여 지극히 순정純正한 시대에 지어졌기 때문에, 거기에서 경학에 대해 언급한 내용은 모두 확실한 근거로 삼을 수 있다."[71] 아울러『사기』에 기록된 경설經說을 일일이 인용하여 고문가의 말을 반박했으니, 피석서의 논의는 유봉록이 위서를 변별한 올바름을 이해한 것이다.

---

70) 『漢書』,「楚元王傳」.
71) 皮錫瑞,『經學歷史』, 58쪽.

2. 『좌씨춘추左氏春秋』와 『춘추좌씨전春秋左氏傳』

사마천의 「십이제후연표서十二諸侯年表序」에 의하면, 『좌씨전』의 본명은 『좌씨춘추左氏春秋』이며, 또 그 책을 『탁씨춘추鐸氏春秋』・『우씨춘추虞氏春秋』・『여씨춘추呂氏春秋』 등의 책과 함께 거론하였다. 따라서 이 책은 성인의 은미한 요지를 전했다고 말할 수 없으며, 그 자체가 경전을 해석한 전傳이 아니다.

금문가의 입장에서 말하면, 이러한 말은 좌씨학을 공박하는 유력한 증거가 된다. 유봉록은 다음과 같이 말했다.

공자의 경經이 죽백竹帛에 기록되었지만, 미언대의微言大義는 써서 드러낼 수 없었기 때문에 자유와 자하의 무리들이 그것을 입으로 전수하였다. 구명邱明은 대체로 노나라 도공悼公 이후에 태어났으므로 다만 공자의 경經 및 역사 기록인 진晉나라의 승乘과 같은 부류를 보았을 뿐이며, 공자가 입으로 전수한 은미한 요지는 듣지 못했다. 당시의 구설口說은 서로 다른 것이 많았기 때문에 그 사실을 갖추어 논하되 갖추지 못한 것은 빼놓고 기록하지 않았다. '노군자魯君子'라고 말한 것은 공자의 제자가 아니다. ·『좌씨춘추左氏春秋』라는 책이 『탁씨춘추鐸氏春秋』・『우씨춘추虞氏春秋』・『여씨춘추呂氏春秋』와 함께 나열되었으므로 그 책은 『춘추』에 전傳을 단 것이 아니다. 따라서 『좌씨춘추左氏春秋』라는 것은 옛 명칭이고, 『춘추좌씨전春秋左氏傳』이라는 것은 유흠이 고친 명칭이다.[72]

또 말했다.

태사공太史公 때 『좌씨춘추』라고 명명한 것은 안자晏子・탁씨鐸氏・우씨虞氏・여씨呂氏의 책과 동일한 명칭이지 『춘추』 전傳의 체례는 아니다. 『좌씨전』이라는 명칭은 대체로 유흠의 『칠략七略』에서 시작되었다.[73]

---

72) 劉逢祿, 『左氏春秋後證』.
73) 劉逢祿, 『左氏春秋後證』.

여러 책에서 대부분 『춘추』에 전傳을 단 것은 공자의 70제자의 대열에 있다고 말했는데, 좌씨학자들도 이 주장을 대부분 인정하였다. 따라서 좌씨학자들은 단지 『좌씨전』 작자의 지위를 높이 들어 올리는 방법을 통해 『공양전』·『곡량전』을 눌러서 복종시킬 수밖에 없었다. 예를 들어 「십이제후연표서」에서 "노나라의 군자 좌구명이 공자의 제자들마다 다른 이론을 제기하고, 제각기 자신의 생각에 안주하여 진실을 잃어버릴까 염려하였다"고 했다. 『한서』 「예문지」에서는 구명丘明과 공자가 함께 노나라 역사책을 살펴보았다고 했고, 「유흠전」에서는 "좌구명이 좋아하고 싫어하는 것이 성인과 같았고, 공자를 직접 보았다"고 했다. 『공자가어孔子家語』 「관주편觀周篇」에서는 이 이야기를 더욱 확대시켜, "공자가 『춘추』를 손질하려고 할 때, 좌구명과 함께 수레를 타고 주나라로 가서, 주나라 사관에게서 책을 보았다. 돌아와서 『춘추』의 경經을 손질했고, 좌구명은 그 전傳을 지었으니, 두 가지가 서로 표리가 된다"[74)]고 했다. 이것은 모두 좌씨학자들이 즐겨 말하는 사례들이다.

그러나 공양가의 입장에서 말하면, 사적史籍에서 이미 구명丘明을 '노군자魯君子'라고 말했기 때문에 공자의 제자 대열에 포함되지 않으며, 또한 성인이 입으로 전수한 은미한 요지를 듣지도 못했다. 따라서 그가 지은 『좌씨전』은 단지 『좌씨춘추』라고 부를 수 있지 『춘추좌씨전』이라고 명명해서는 안 된다.

사실 『사기』 「십이제후연표서」에서 '『좌씨춘추』'라고 말한 것 이외에, 『한서』 「유림전」에서는 "한나라가 흥기하자, 북평후北平侯 장창張蒼 및 양태부梁太傅 가의賈誼, 태중대부太中大夫 유공자劉公子가 모두 『춘추좌씨전春秋左氏傳』을 손질하였다"고 했다. 또 "가의가 『좌씨전훈고左氏傳訓故』를 지었다"고 했다. 「유흠전」에서는 "처음에 『좌씨전』은 대부분 옛 글자와 옛말이었다"고 했고, 「오행지五行志」에서는 "유향의 아들 유흠이 『좌씨전』을 연구했다"고 했다. 「예문지」에서는 "『좌씨전』 30권"이라고 했다. 여기에서는 모두 '『좌씨전』'이라고 불렀다. 그런데 유봉록은 "『좌씨전』이라고 부른 것은 유흠의 『칠략』으로부터 시작되었고", "유흠이 초년에는 아직까지 옛 명칭을

---

74) 『左氏傳』, 「序」, 孔穎達 疏.

고치지 않았으니", 『한서』에서 '『좌씨전』'이라고 부른 것은 유흠의 조작임을 보여주는 증거이다. 유봉록의 이러한 주장은 그 단서가 이미 그의 외삼촌인 장술조莊述祖에게서 보인다. 이로써 알 수 있듯이, 유봉록의 『춘추』 연구는 사실상 장술조로부터 얻은 것이 있으며, 그가 『좌씨전』을 공박한 것도 장술조가 그 단서를 먼저 연 것이다.

『사기』의 『좌씨전』 관련 기록은 가장 오래되었기 때문에 자연히 가장 믿을 만하다. 『사기』의 기록이 진실이라면, 그 이후의 여러 사적史籍들은 유흠의 조작에 어느 정도 영향을 받았기 때문에 좌씨학자들이 그것을 인용하여 주장에 도움이 되는 증거로 삼더라도 그다지 큰 힘을 발휘하지 못한다. 이것이 아마도 유봉록이 온힘을 다해 『사기』을 옹호하는 이유일 것이다.

또한 『좌씨전』 그 자체를 놓고 말한다면, 궐문闕文이 매우 많고, 경문은 있는데 전문이 없는 것도 수백 곳에 달한다. 이처럼 경문과 전문이 서로 호응하지 않기 때문에 『좌씨전』은 자연히 경을 해석한 책이 아니다. 따라서 '『좌씨전』'이라고 명명해서는 안 된다.

그 후에 유봉록의 주장을 반박하는 사람도 매우 많았다. 진풍陳澧이 다음과 같이 말했다.

내가 살펴보건대, 『한서』 「적방진전翟方進傳」에서 "적방진이 비록 『곡량전』을 공부했지만 『좌씨전』을 좋아하였다"고 했다. 이것은 전한시대 사람들이 『좌씨전』이라고 분명하게 말한 것이다. 혹자는 그 명칭이 반고班固의 붓에서 나왔다고 했는데, 그가 거짓으로 『좌씨전』이라고 했단 말인가? 그런데 적방진이 『곡량전』을 공부했지만 『좌씨전』을 좋아했다면, 『곡량전』은 전傳이고, 『좌씨전』은 전傳이 아니라는 것은 어째서인가? 『좌씨전』은 일을 기록한 것이 많고 경經을 해석한 것이 적은데, 한대 박사들은 경經을 해석해야만 그것을 전傳이라고 말할 수 있다고 생각하였다. 따라서 『좌씨전』은 『춘추』에 전傳을 단 것이 아니라고 말한다. 그런데 복생伏生의 『상서대전尙書大傳』은 전체가 모두 경經을 해석한 것이 아니다. 『좌씨전』은 경經에 의거하여 그 일을 서술했는데, 어째서 그것을 전傳이라고 할 수 없는가? 또한

좌씨는『국어』를 지어서 주나라 목왕穆王 이후로부터 나라를 나누어 그 일을
서술했다. 그리고 그가 『좌씨전』을 지을 때는 『춘추』에 의거하여 연대순으로
엮었으며, 노나라를 위주로 하여 은공隱公을 시작으로 삼았으니, 이것은 분명히
『춘추』의 전傳이다. 예를 들어 『안자춘추』·『여씨춘추』가 비록 거짓을 가지고
거짓을 전했다고 하더라도, 그것을 『춘추안씨전春秋晏氏傳』이나 『춘추여씨전春秋呂
氏傳』라고 말할 수 있는가?[75]

진풍의 시각에서 보면, 『좌씨전』은 『춘추』에 의거하여 연대순으로 엮어서 일을
서술하였으므로 분명히 『안자춘추』·『탁씨춘추』와는 다르다. 그렇다면 어째서 그것
을 전이라고 말할 수 없는가? 또한 『상서대전』은 전체가 모두 경經을 해석한 것이
아닌데도 또한 '전傳'이라고 명명할 수 있으므로 『좌씨전』이 『춘추』에 전을 달았다는
것은 실로 믿을 만한 근거가 있는 것이다.

요평廖平은 그의 경학의 첫 번째 변화기에 『좌씨전』을 금문학으로 여겼고, 『좌씨
전』을 경經을 해석한 책으로 여겼다. 1886년, 요평은 『춘추좌전고의범례春秋左傳古義凡
例』를 지었는데, 이 책에서 다음과 같이 말했다.

유봉록의 『좌씨춘추고증』에서는 『좌씨전』이 전傳으로서 경經을 해석했다는 것은
유흠이 더한 것이라고 여겨서 상세하게 고증하였다. 살펴보건대, 유봉록의 주장은
잘못되었다. 다른 것을 말할 것도 없고, 유흠의 해설은 항상 전傳의 뜻을 제대로
이해하지도 못했는데, 어떻게 전傳을 보완할 수 있겠는가? 『좌씨전』은 전국시대에
완성되었고, 한나라 초기에는 세상에 나오지 않았을 뿐이다. 유흠이 그것을 읽고
다 해석하지도 못했는데, 어떻게 전을 지을 수 있었겠는가? 『한서漢書』 및 유향劉向의
『별록別錄』에서 말한 『좌씨전』의 전수 관계는 또한 고문가들이 앞 다투어 세운
거짓 이론이다. 『좌씨전』은 경經을 해석하지 않은 곳이 없는데, 어찌 다만 '서왈書曰'
몇 글자만 말하는가? 유봉록의 말은 분명하지 않다.[76]

---

75) 陳澧,『東塾讀書記』, 권10.
76) 廖平,『春秋左傳古義凡例』.

이 당시에 분명히 유봉록의 주장을 잘못이라고 여기고, 『좌씨전』은 "전체가 경문에 근거하여 지어졌다"고 생각하였다.

1890년에 요평은 또 『춘추좌씨고경설소증春秋左氏古經說疏證』이라는 책을 간행했는데, "『좌씨전』의 전傳 전체가 경經을 해석했다는 이론을 채택하여, 별도로 하나의 책을 지어 『고경설독본古經說讀本』이라고 명명하였다." 『한서』 「예문지」에 『좌씨미左氏微』라는 책이 실려 있다. 요평은 이 책으로부터 계발되어, 마침내 『좌씨전』의 기사記事와 의례義例를 나누고, 기사는 '전傳'으로 삼고, 의례는 '설說'로 삼았다. 『좌씨전左氏傳』은 비록 『춘추』에 전을 단 것이 아니라고 하더라도, 『좌씨설左氏說』은 『춘추』에 전을 단 것이다. 이 책에는 또한 송육인宋育仁의 「서序」가 있는데, 다음과 같이 말했다. "이 책의 뛰어난 뜻을 종합해 보면" 20개의 근본이 있으며, 그 중에서 첫 번째 의리는 "『좌씨전』이 경經을 해석하기 위해 지어졌다"는 것이고, 그 다음의 의리는 "『좌씨전』을 금문학으로 귀환시킨 것"이다.[77] 이로써 알 수 있듯이, 이때의 요평은 여전히 "금문과 고문을 공평하게 나누는 것"을 요지로 삼았다. 따라서 『좌씨전』에 대한 그의 태도도 금문학과 고문학의 이론을 함께 취하는 것이었다.

그런데 무술戊戌 연간에 이르러, 요평은 이미 경학의 두 번째 변화기에 진입하였다. 그의 『고학고古學考』에서는 8가지 일을 들어서 『좌씨전』이 『춘추』에 전傳을 단 것이 아니라는 것을 증명하였다. 즉 『좌씨전』은 『국어』에서 나왔다고 주장하였다. 그 이후에 강유위가 유흠의 조작을 공격할 때 요평의 이 주장을 크게 확대하였다.

광서光緒 33년(1907), 피석서가 『경학통론·춘추통론』을 지었는데, 이 책에서 유봉록을 위해 많은 변론을 하였다. 그의 논의를 살펴보면, 유봉록의 주장을 모두 다 옹호한 것은 아닌 듯하다. 예를 들어 유흠이 전문傳文을 제멋대로 고쳐서 기록했다는 부류에 대해, "반드시 그런지 알 수 없다"고 여겼다. 『좌씨전』이 경經을 해석하지 않았다는 것에 대해서는 전한시대 박사 이후로 그것을 주장하는 사람이 대대로 있었다. 그런데 지금 진풍과 유봉록의 논박을 살펴보면, 확실히 "근거가 부족한

---

77) 李耀仙 編, 『廖平選集』 下冊, 184쪽에 실려 있음.

억지 주장"이라는 혐의가 있다.

장태염章太炎은 별도로 다른 주장을 하였다. 대체로 당·송시대 이후로, 모두 『좌씨전』은 서사敍事에 상세하여, 『공양전』·『곡량전』과 같지 않다고 여겼다. 청대 금문가들이 『좌씨전』은 『춘추』에 전을 단 것이 아니라고 공격한 것은 모두 이것을 근거로 입론한 것이다. 그 후에 『좌씨전』을 위주로 연구한 학자들은 대부분 금문과 고문의 문호가 서로 논쟁한 핵심을 밝히지 못했기 때문에 그들의 변설도 모두 힘을 얻지 못하는 듯하였다. 장태염의 경우에는 문호 의식을 강하게 가지고 있었으며, 그는 다음과 같이 생각했다. 전傳의 형태는 다양한 종류가 있는데, 예를 들어 『모시전毛詩傳』은 "훈고訓故가 많고 뜻을 해설한 것이 적다." 복생伏生의 『상서대전尙書大傳』은 일을 기록한 것이 8할이고 뜻을 해설한 것이 2할이며, 『좌씨전』은 복생의 『상서대전』과 같다. 공자의 『역전易傳』의 경우는, 예를 들어 「단象」·「상象」·「문언文言」·「계사繫辭」·「설괘說卦」·「서괘序卦」가 전傳인데, 그 체계는 각각 다르다. 따라서 『좌씨전』의 체계는 비록 『공양전』·『곡량전』과 다르지만, 세 책은 모두 『춘추』의 전傳이다. 이 주장은 『좌씨전』의 입장을 충분히 옹호할 수 있는 것처럼 보인다. 장태염은 또 말했다. 전傳은 본래 경經을 해석한 것이 아니다. 전傳은 마땅히 '전專'으로 읽어야 하며, 6촌(六寸)으로 된 문서를 가리킨다. 그런데 경經은 모두 승편繩編과 죽간竹簡으로 이름을 얻었는데, 예를 들어 『춘추』와 『상서』는 2척尺4촌寸의 죽간에 기록하였고, 『효경』은 1척2촌의 죽간에 기록하였다. 그 후에 경經을 천하를 다스리는 책으로 여겼고, 전傳은 경의 뜻을 전하여 서술하는 것으로 여겼다.[78] 장태염은 또 말했다. 육경의 책策은 2척4촌인데, 『효경』은 그것의 반이며, 『논어』는 단지 8촌으로 책을 만드니, 3분의 1에 지나지 않는다.[79] 금문가들은 『공양전』·『곡량전』이 경에 전을 달았다는 이유로 자긍심을 가졌는데, 장태염은 『좌씨전』의 가치를 군이 『춘추』와 연결시킬 필요가 없다고 여긴 듯하다. 그는 「좌씨전」을 발양하고 『공양전』·『곡량전』

---

78) 章太炎, 『春秋左傳讀敍錄』(『章太炎全集』 제2책, 821~822쪽).
79) 章太炎, 『檢論·淸儒』(『章太炎全集』 제3책, 479쪽).

을 억누르고자 하였고, 심지어 공자가 지은 『춘추』의 신성함을 헐뜯는 것조차 서슴없이 하였다. 이 때문에 만청시기 경학이 와해된 것에 대해, 장태염은 자신의 잘못을 변명할 수 없을 것이다.

현대의 학자들은 이 문제에 대해 한 단계 더 나아가 토론하였다. 그런데 모두 만청시기 학자들처럼 문호 의식은 없으며, 단지 『좌씨전』의 문장과 선진시대 고서를 가져다 서로 비교함으로써 『좌씨전』 안에서 경經을 해석한 글이 유흠의 조작에서 나온 것이 아님을 증명하였다. 『좌씨전』이 경을 해석한 것을 반박하는 경우에도 그 사고의 방향이 이와 같았다. 사수문謝秀文은 『춘추』와 『좌씨전』에서 시時를 기록한 것 중에 서로 다른 곳이 모두 37개가 있다고 했는데, 예를 들면 다음과 같다.

『춘추』: "봄, 왕의 3월, 경술, 천왕이 죽었다."(春, 王三月, 庚戌, 天王崩) 『좌씨전』에는 '임술壬戌'로 되어 있다.

『춘추』: "겨울, 송나라 사람이 장갈을 취했다."(冬, 宋人取長葛) 『좌씨전』에는 '가을' (秋)로 되어 있다.

『춘추』: "여름, 곡나라 임금 수가 노나라에 와서 조회하였다."(夏, 穀伯綏來朝) 『좌씨전』 에는 '봄'(春)으로 되어 있다.

이와 같이 서로 같지 않은 기록에 대해, 『좌씨전』에서는 오직 두 조목에만 설명이 있고, 그 나머지 35곳에서는 모두 설명이 없다. 이를 통해 『좌씨전』이 경經을 해석한 작품이 아님을 알 수 있다. 이러한 기록의 차이가 생긴 원인에 대해서는 다음과 같이 말했다. 『춘추』는 모두 주나라의 역법을 사용했지만, 『좌씨전』은 여러 나라의 역사를 채용하였다. 따라서 『좌씨전』에서는 하나라의 역법 혹은 상나라의 역법을 잡다하게 채용할 수밖에 없었으며, 그것을 하나로 통일시키지 못하였다.[80]

---

80) 謝秀文, 『春秋左傳疑異考釋』, 77~84쪽 참조.

3. 비부秘府의 『좌씨전』과 민간民間의 『좌씨전』

『사기』에서는 『좌씨전』의 전수 문제를 언급한 적이 없다. 범승范升이 『좌씨전』은 "스승과 제자가 서로 전수했지만 그 학문을 전수한 전문가가 없었다"[81]고 말했을 때 고학파古學派도 또한 어찌할 수가 없었고, 오직 전기傳記의 신빙성만을 강조할 뿐이었다. 이로써 유흠이 황실의 비부秘府에 보관되어 있던 책을 교감하면서 고문 『좌씨전』을 발견하기 전에, 민간에 일찍부터 이미 『좌씨전』이 유전되고 있었는지의 여부는 의심할 만하다.

그런데 『한서』의 기록에서 오히려 비부에 있던 『좌씨전』의 존재를 긍정하는 것 이외에, 민간에 이미 『좌씨전』이 유행하고 있었고, 또한 『좌씨전』을 전수한 경사經師가 있었다는 것을 언급하였다. 이러한 『한서』의 기록에 대해, 설사 금문가의 입장에서 말하더라도 대부분 두 가지 태도로 나누어지며, 유봉록도 또한 마찬가지이다.

> 이 『춘추』와 『국어』는 사마천이 근거로 삼은 고문古文의 옛 판본이지 『한서』 「예문지」에서 말한 『춘추고경春秋古經』 12편과 『좌씨전左氏傳』 30권이 아니다. 연표年表에 기록된 사실事實이 지금 『좌씨전』과 많이 다르기 때문에 지금 판본이 사마천이 보았던 옛 판본이 아님을 알 수 있다.[82]

유봉록은 『사기』의 진실성을 지키기 위해 반드시 『좌씨전』을 긍정해야 했고, 또 그것이 고문의 옛 판본이라고 여겼다. 오직 『한서』 「예문지」에 기록된 『춘추고경春秋古經』과 『좌씨전左氏傳』에 동의하지 않을 뿐이다. 또 말했다.

> 『춘추고경』 12편은 유흠이 비부의 고문古文을 가지고 기록한 것이다. 박사들이 공부하던 책을 조금 변형시켜, 혹은 「민공閔公」에서 끊어서 그 자체로 한 편을

---

81) 『後漢書』, 「范升傳」.
82) 劉逢祿, 『左氏春秋後證』.

만들고, 혹은 속경續經을 붙여서 한 편을 만들었는데, 모두 왜 그렇게 했는지는
알 수 없지만, 종합하면 고본古本이 아니다.[83]

유봉록은 『한서』에서 기록된 『춘추고경』은 사마천이 본 고본이 아니며, 아마도
유흠에 의해 조작된 것일 뿐이라고 여겼다. 또 말했다.

『좌씨춘추』라는 책은 공벽孔壁에서 나온 것이 아니며, 민간에도 또한 있었다.
다만 전傳의 문장을 끌어다 경經을 해석하고 경문과 전문을 서로 드러내 밝힌
것이 아니다. 예를 들어 유흠이 붙여 놓은 장구章句의 의리를 천박하게 『춘추좌씨전』
이라고 명명한 것과는 같지 않다.[84]

살펴보건대, 『한서』 「유흠전」에서 유흠이 적방진翟方進에게 『좌씨전』을 배웠으
며, 대의大義를 질문하였다고 기록되어 있다. 이것은 유흠이 위서를 만들기 전에
민간에 전해지던 『좌씨전』이 있었다는 것을 의미한다. 유봉록은 『한서』의 이 주장을
결코 부정하지 않는다. 그러나 『한서』에서는 또 유흠이 "『좌씨전』을 연구하면서
『좌씨전』의 문장을 끌어와서 『춘추』의 경문을 해석하고, 경문과 전문을 서로 드러내
밝힘으로써 장구의 의리가 갖추어졌다"[85]고 했다. 유봉록은 "현행본 『좌씨전』의
서법 및 매년마다 경문에 의거하여 『좌씨전』을 장식하거나 『좌씨전』을 연결시키거나
『좌씨전』을 더한 것이 유흠이 덧붙였다는 명확한 증거가 아닌가?" 다시 말해서,
고본 『좌씨전』은 원해 경經을 해석하지 않았는데, 현행본 『좌씨전』에는 서법이
있고, 또한 경經에 의거하여 전傳을 붙였으므로 그것이 바로 유흠이 위서를 만들었다는
것을 증명하는 것이다.

따라서 유봉록은 한편으로는 『한서』가 유흠의 『칠략』의 영향을 받았다는 것을
인정하였다. 예를 들어 「예문지」에 기록된 『좌씨전左氏傳』 30권, 『좌씨미左氏微』

---

83) 劉逢祿, 『左氏春秋後證』.
84) 劉逢祿, 『左氏春秋後證』.
85) 『漢書』, 「楚元王傳」.

2편, 『장씨미張氏微』 10편, 『우씨미虞氏微』 2편은 모두 유흠이 거짓으로 가탁한 책이다. 다른 한편으로 유봉록은 또한 『한서』의 몇몇 기록을 긍정하였다. 예를 들어 비부의 『좌씨전』 이외에 또 고문 『좌씨전』이 있었으며, 단지 민간에서만 전수하여 익혔을 뿐만 아니라, 태사공과 한대 박사들도 모두 보았던 책이다. 유봉록의 관점에서 보면, 이러한 주장은 『좌씨전』의 진실성을 부정하는 것은 결코 아니며, 또한 유흠이 위서를 만들었다는 것을 충분히 증명할 수 있다. 이처럼 유봉록은 고문가가 즐겨 말하는 『한서』의 관련 자료를 최대한 이용하였고, 그와 동시에 또 고문가들이 의거한 『좌씨전』이 단지 유흠이 거짓으로 만든 것에 지나지 않다는 것을 증명하였다.

이상의 논의를 통해, 만청시기 금문가의 『좌씨전』 공격은 모두 유흠의 허위 조작을 증명하고자 하는 것일 뿐이며, 그것은 사실상 『한서』에 대한 유봉록의 두 가지의 태도에서 시작된 것이다.

4. 『좌씨전』 전수 순서의 허위

『한서』에서 처음으로 『좌씨전』 사도師徒의 전수 순서를 서술하였다. 예를 들어 「유흠전」에서는 유흠이 유함尹咸·적방진翟方進에게 『좌씨전』을 배웠다고 말했다. 그리고 유흠의 「이양태상박사서移讓太常博士書」에서 노국魯國의 백공柏公과 조국趙國의 관공貫公, 교동膠東의 용생庸生이 『좌씨전』을 전했다고 말했다. 「유림전」에서는 한나라 초기의 장창張蒼·가의賈誼 이하 『좌씨전』의 전수 관계를 일일이 기록하였다. 이에 대해 유봉록은 하나하나 반박하면서, 장창張蒼·가의賈誼·장창張敞의 열전에는 모두 『좌씨전』을 공부했다는 분명한 문장이 없기 때문에 그것은 거의 유흠의 계략에서 나온 것이라고 주장했다. 왜냐하면 "그것을 명신대유名臣大儒에게 가탁하지 않으면 그 책은 존중받지도 신뢰받지도 못하기 때문이다."

또 유향의 『별록別錄』에서 말했다. "좌구명左邱明은 증신曾申에게 전수했고, 증신은 오기吳起에게 전수했다. 오기는 자기 아들 오기吳期에게 전수했고, 오기는 초楚나라 사람 탁초鐸椒에게 전수했다. 탁초는 『초촬抄撮』 8권을 지어서 우경虞卿에게 전수했고,

우경은 『초찰』 9권을 지어서 순경荀卿에게 전수했다. 순경은 장창張蒼에게 전수했다." 유봉록은 다음과 같이 말했다. 『초찰』은 유흠이 가탁한 책이며, 순자의 책은 대부분 『곡량전』을 근본으로 삼았다. 유향에 이르러서 또한 "유향이 『공양전』을 연구했으며, 후에 조칙을 받들어 『곡량전』을 연구했다. 그의 『별록』은 『공양전』을 근본으로 한 것이 열 중의 아홉이고, 『곡량전』을 근본으로 한 것이 열 중의 하나이며, 『좌씨전』을 말한 적은 없다."[86] 이상을 종합하면 『별록』은 위서僞書이다.

육덕명陸德明은 유향의 위서 『별록』과 『한서』 「유림전」의 이론을 채록하고, 그 이론을 미루어 연역하여 다음과 같이 말했다.

> 좌구명左邱明이 전傳을 지어서 증신曾申에게 전수했고, 증신은 위衛나라 사람 오기吳起에게 전수했다. 오기는 자기 아들 오기吳期에게 전수했고, 오기는 초楚나라 사람 탁초鐸椒에게 전수했다. 탁초는 조趙나라 사람 우경虞卿에게 전수했고, 우경은 같은 군郡의 이름이 황況인 순경荀卿에게 전수했다. 순황은 무위武威의 장창張蒼에게 전수했고, 장창은 낙양洛陽의 가의賈誼에게 전수했다. 가의는 자기의 손자인 가가賈嘉에게 전수했고, 가가는 조趙나라 사람 관공貫公에게 전수했다. 관공은 자기의 막내아들 장경長卿에게 전수했고, 장경은 경조윤京兆尹 장창張敞 및 시어사侍御史 장우張禹에게 전수했다.[87]

『좌씨전』의 전수 순서는 이 기록이 가장 완비된 것이지만, 가장 늦게 나온 기록이다. 『좌씨전』의 전수와 관련 기록의 시작은 범승이 『좌씨전』은 "스승과 제자가 서로 전수했지만 그 학문을 전수한 전문가가 없었다"[88]고 말한 것인데, 한흠韓歆・진원陳元도 그 주장에 대해 변론하지 못했다. 그 후에 또 정흥鄭興 부자와 가규賈逵・정현鄭玄 등이 모두 『좌씨전』을 신장하는 데 공적이 있는 학자들인데, 일찍이 그들에 대한 언급은 한마디도 없었다. 유봉록은 이에 근거하여 『경전석문』에 서술된 『좌씨전』의

---

86) 劉逢祿, 『左氏春秋後證』.
87) 『經典釋文』, 「敍錄」.
88) 『後漢書』, 「范升傳」.

전수 순서는 유흠 무리들의 조작에서 나온 것일 뿐이라고 주장했다.

유봉록의 주장은 믿을 만한 근거가 있는 듯하지만, 장태염은 다음과 같이 반박했다.

유흠의 「이양태상박사서移讓太常博士書」에서 일찍이 가생賈生·관공貫公을 거론했으니, 『좌씨전』의 전수 관계를 상세하게 기록하지 않은 것이 아니다. 『후한서』 「범승전范升傳」에 범승이 한흠韓歆·허숙許淑 등과 서로 논쟁하면서 한낮이 되어서야 토론이 끝이 났다고 기록되어 있다. 「진원전陳元傳」에 범승과 진원의 논쟁이 모두 10여 차례 이상이었다고 기록되어 있다. 그런데 모두 그들이 변론한 말은 기록하지 않았다. 서로 돌아가면서 증거를 대면서 변론하고, 의론한 내용이 매우 많았지만, 사관이 갖추어 기록할 겨를이 없었던 것이다. 오히려 『염철론鹽鐵論』은 그 말을 풍부하게 기록하여 책을 만들었지만, 『한서』는 그 말을 기록하지 않았다. 염철 논의는 그 책이 아직까지 남아 있지만, 진원과 범승의 변론은 그 책이 끝내 끊어져 버렸다. 어찌 후대의 억측에 따라서 그들이 전수 관계를 거론하지 않았다고 말하고, 그것을 증거로 삼을 수 있겠는가?[89]

장태염은 유흠이 이미 『좌씨전』의 전수 관계를 상세하게 말했다고 했는데, 진실로 그러하다. 그런데 『한서』에서 진원의 말을 다 기록하지 않았다고 말한 것은 단지 억측에 지나지 않는다. 『한서』에 진원의 상소를 기록하고 있는데, 다음과 같은 내용이 보인다. "폐하께서는 좌구명이 지극한 현인으로서 공자로부터 직접 전수받았고, 『공양전』·『곡량전』이 『좌씨전』보다 더 늦게 세상에 전해졌다는 것을 알고 계셨습니다. 따라서 조서를 내려서 『좌씨전』의 박사 설립이 옳은지의 여부를 널리 자문함으로써 폐하가 독단한 것이 아님을 보여 주고, 모든 것을 신하들이 토론하여 결정하도록 했습니다. 그런데 지금 토론하는 자들은 자신이 배운 것에 매몰되어 옛 지식만을 익숙하게 여겨 고수하면서, 자신이 전수받은 실속 없는 이론만을 굳게 집착함으로써 직접 본 실제의 도리를 비난합니다. 『좌씨전』은 고립된

---

89) 章太炎, 『春秋左傳讀敍錄』(『章太炎全集』 제2책, 859~860쪽).

학문으로 연구에 참여하는 사람이 적기 때문에 마침내 다른 학파의 모함을 받게 되었습니다."[90] 이로써 알 수 있듯이, 진원은 이미 『좌씨전』이 전수 관계가 없다는 것을 분명하게 말했다. 따라서 오직 좌구명이 공자를 직접 보았다는 것을 들어서 근거로 삼았다. 또한 『공양전』이 구설口說을 중시한 까닭은 옛날의 학문은 반드시 스승과 제자가 서로 전수하면서, 입으로 나와서 귀로 들어가야만 비로소 신비하고 깊은 뜻을 이해할 수 있다고 여겼기 때문이다. 장인들의 작은 기술과 같은 경우도 대부분 구설을 숭상하는데, 경전의 요지는 말할 필요가 있겠는가?

장태염은 또한 여러 책들을 널리 인용하여, 순자荀子 · 장창張蒼 · 가의賈誼가 서로 전수했다는 것을 힘써 증명하였다. 그러나 그 중에 대부분은 미루어 연역한 말이기 때문에 그것을 근거로 삼아 분명한 증거라고 제시할 수 없을 뿐이다. 장태염의 『좌씨전』을 위한 변론을 종합하면, 결국 사마천의 문장이 너무 간략한 데로 그 허물을 돌린 것일 뿐이다.

5. 『좌씨전』의 범례凡例 증설과 『공양전』 의리의 혼란

유흠 이후로 『좌씨전』을 연구하는 자들 중에 조례條例를 위주로 경經을 연구하지 않는 자가 없었다. 예를 들어 가규賈逵의 부친인 가휘賈徽는 『좌씨조례左氏條例』 21편을 지었으며, "가규가 부친의 학업을 모두 전수받았다"[91]고 했으니, 가규도 또한 조례를 밝혔다. 정흥鄭興은 "젊었을 때는 『공양춘추』를 배웠고, 만년에는 『좌씨전』을 좋아하여, 마침내 집중적으로 연구하고 깊이 사고하여 그 요지를 통달했으며, 동학들이 모두 그를 스승으로 여겼다. 왕망王莽이 천봉天鳳 연간에 문인을 거느리고 가서 유흠에게 『좌씨전』의 대의大義에 대한 강론을 들었다. 유흠이 정흥의 재능을 아름답게 여겨서, 그에게 『좌씨전』의 조례條例와 장구章句, 훈고訓詁를 짓고, 『삼통력三統曆』을 교정하도록 하였다. 세상에서 『좌씨전』을 말하는 자들은 대부분 정흥을 종주로

---

90) 『後漢書』, 「陳元傳」.
91) 『後漢書』, 「賈逵傳」.

삼았다. 정홍의 아들 정중鄭衆이『춘추잡기조례春秋雜記條例』를 지었다."[92] 따라서 정홍과 정중 부자가『좌씨전』의 조례에 대해 또한 덧붙인 내용이 있었다. 유흠이 정홍에게 조례를 편찬하게 한 기록을 통해, 유흠이 단지 장구와 훈고만으로『좌씨전』을 연구한 것이 아니라 조례도 주요한 대상이었다는 알 수 있다.

그런데 사적史籍에는 유흠이 조례를 증설했다는 문장이 보이지 않는다.「유흠전」에 의하면, 그 이전에『좌씨전』을 연구한 자들은 "훈고訓故를 전했을 뿐이며", 유흠에 이르러 "『좌씨전』의 문장을 인용하여『춘추』의 경문을 해석하고, 경문과 전문을 서로 드러내 밝힘으로써 장구章句의 의리가 갖추어졌다." 따라서『좌씨전』의 장구는 유흠으로부터 시작된다. 아니면 혹 유흠이 정홍·가휘가 조례를 연구하기를 기대하였고, 그 이후에 처음으로『좌씨전』의 조례가 생겼으며, 유흠 본인은 그것을 연구할 겨를이 없었을 수도 있다.『한서』에서 "유흠이『좌씨전』의 문장을 끌어와서『춘추』의 경문을 해석하고, 경문과 전문을 서로 드러내 밝힘으로써 장구章句의 의리가 갖추어졌다"고 했는데, 유봉록의 시각에서 보면 이것은 유흠이 덧붙였다는 것을 설명할 수 있는 증거가 될 수 있다. 그 후에 강유위·최적·고힐강 등이 모두 이 주장을 종주로 삼았다. 유흠이 덧붙인 것은 매년의 경문에 의거하여 장구의 학문을 만든 것 이외에, 또 '50개의 범례'(五十凡)와 '서왈書曰' 등의 서법이 있는데, 이것도 또한 유흠이 증설한 것이다. 유봉록은 또『한서』「예문지」에 실려 있는『좌씨미左氏微』 2편은 "유흠이 조작한 서법과 범례의 부류"라고 했다. 이로써 알 수 있듯이, 유봉록은 유흠이 조례도 만들었다고 생각했다.『좌씨전』이『공양전』과 서로 맞서고자 했기 때문에 단지『좌씨전』의 문장을 끌어와서『춘추』의 경문을 해석하는 데 그치지 않고, 반드시 범례를 조작해야만 했을 것이다. 그래야만『공양전』·『곡량전』과 마찬가지로 비로소『춘추』의 전傳이 될 수 있기 때문이다. 이 때문에 유흠의 조작은 반드시 범례를 증설하는 데 이른 이후에야 그쳤다고 할 수 있다.

유흠은 경문을 나누어 전문에 붙이고, 심지어 경문을 고치거나 경문을 이어서

---

92)『後漢書』,「鄭興傳」.

기록한 경우도 있었다. 따라서 『좌씨전』의 경문과 전문은 합치되지 않는 경우가 많다. 『좌씨전』의 경문과 전문이 서로 호응되지 않는 것은 그로 인해서 문제가 생길 수밖에 없다. 따라서 두예는 "혹 경문이 있는 그대로 기록한 문장이기 때문에 전傳을 기록할 필요가 없거나, 혹은 사책史策의 글이 비록 남아 있지만 죽간이 흩어지고 떨어져 나가서 그 일의 본말을 고찰할 수 없어서 전傳을 다시 기록하지 않은 것"이라고 변명하고자 하였다.93) 그러나 유봉록은 『좌씨전』이 본래 『춘추』를 해석하지 않았는 데, 유흠에 이르러 처음으로 전문을 끌어와서 경문을 해석했기 때문에 "매년 일을 빠뜨릴" 수밖에 없었고, "더해 넣거나 고치거나 제멋대로 지은 자취가 또한 분명하다" 고 말했다.

유흠은 경문을 분리하여 전문에 붙여서 장구의 학문을 만든 것 이외에, 또 서법과 조례를 증설하였다. 유봉록은 『좌씨춘추고증左氏春秋考證』에서 유흠이 서법을 증설한 것이 도리어 『춘추』 대의大義의 혼란을 초래했다고 말했다. 예를 들어 『좌씨전』 은공 원년에서 말했다. "원년, 봄, 주나라 왕의 정월, 즉위를 기록하지 않은 것은 섭정했기 때문이다."(元年, 春, 王周正月, 不書卽位, 攝也) 유봉록이 말했다.

이러한 부류는 모두 『공양전』을 답습했지만, 그 의례義例에는 어두우니, '주周'자를 더해 넣은 것도 설명하지 않았다.94)

'주周'자 한 글자를 더해 넣었는데, 『공양전』의 '정오시正五始' 의리가 분명하지

---

93) 역자 주: 『춘추』 장공 26년의 경문에 "가을, 장공이 송나라 사람·제나라 사람과 회합하여 서나라를 정벌하였다"(秋, 公會宋人齊人, 伐徐)는 문장이 보인다. 그런데 이 기사에 대한 『좌씨전』은 "가을, 괵나라 사람이 진나라를 침략하였다"(秋, 虢人侵晉) 고 하여, 경문과는 전혀 상관없는 글을 기록하고 있다. 이에 대해 두예는 경문과 전문이 각각 서로 관계가 없는 별개의 사건을 말한 이유가 경문에 사실 그대로 기록 되어 있기 때문에 전문에서 더 이상 기록할 내용이 없거나, 혹은 史策의 자료가 불완 전하여 경문을 해설할 수 없기 때문에 부득이하게 전문을 기록하지 않았다고 해명 하였다.

94) 劉逢祿, 『左氏春秋考證』.

않다.

또 『좌씨전』 은공 3년에서 말했다. "군자가 말했다. 송나라 선공은 사람을 안다고 말할 수 있다."(君子曰, 宋宣公可謂知人矣) 유봉록이 말했다.

> 또한 선공宣公의 아들인 상공殤公이 시해를 당했으니, 어찌 나라를 향유할 수 있겠는가? 이것으로 의리를 삼았으니, 어찌 적자嫡子에게 자리를 전해 주는 법도를 중시하는 대거정大居正의 군자가 할 말이겠는가? 이것은 고의로 『공양전』과 논변한 것이니, 은殷나라의 예법에 형이 세상을 떠나면 아우가 그 뒤를 잇는 도리를 가지고 말한 것이다. 사실은 올바른 도리가 아닌데, '위험이 잠복해서 편히 장례를 지내지 못한'(危不得葬) 예例(『공양전』, 은공 3년)를 논파하고자 한 것일 뿐이다. 「송세가宋世家」에서도 또한 이 문장을 인용하였고, 논찬論贊에서는 『공양전』의 의리를 그대로 인용하여 바로잡았다. 주자도 또한 『공양전』으로써 군자의 대의大義로 삼고서 이 논의의 망령됨을 지적했으니, 탁월하도다![95]

여기의 '군자왈君子曰'은 『공양전』의 '대거정大居正'의 의리와 '위험이 잠복해서 편히 장례를 지내지 못한'(危不得葬) 예例를 논파하고자 한 것이다.

이로써 알 수 있듯이, 유흠이 『좌씨전』의 서법을 증설한 것은 단지 사서史書의 진실을 혼란스럽게 만들었을 뿐만 아니라, 또한 공자의 『춘추』 대의에 대해, 혹은 파괴하고 혹은 잘못되게 하고 혹은 미혹되게 하고, 혹은 혼란스럽게 함으로써 세상의 도리와 인심에 심각한 해를 끼쳤다. 따라서 유봉록의 『좌씨춘추고증』에서는 유흠의 조작이 끼친 피해를 극론하여, "거짓 서법書法이 나온 이후로, 진회秦檜가 간교함을 제멋대로 부려서, 무목왕武穆王 악비岳飛의 권위를 억누름으로써 이루 말할 수 없는 화가 생긴 것이다"라고 했다. 또 말했다. "유흠이 '여분의 순정純正하지 못한 자리'[96]를 정통으로 여긴 것은 당연히 그가 국사國師가 되어 신공新公, 즉

---

95) 劉逢祿, 『左氏春秋考證』.
96) 역자 주: 『한서』 「王莽傳 · 贊」에 "純正하지 못한 색깔과 순정하지 못한 소리이니, 여분의 순정하지 못한 지위이다"(紫色蠅聲, 餘分閏位)라는 말이 보인다. 왕망의 자리가

왕망王莽을 기린 것이다." 유흠의 사람됨을 보면 그 학술을 알 수 있다. 그 후에 만청시기 금문가들 중에 이 내용을 가지고 유흠을 비난한 자들이 많았다.

그런데 유봉록의 이러한 주장에 반대하는 학자들도 많았다. 진풍陳澧이 말했다.

> 『공양전』에 '자심자왈子沈子曰' · '자사자왈子司子曰'이 있고, 『곡량전』에 '심자왈沈子曰' · '시자왈尸子曰' · '곡량자왈穀梁子曰' 등의 부류가 있으니, 모두 후사後師의 말이다. 어찌 『좌씨전』에는 후인들이 덧붙인 말이 결코 없을 것이라고 보는가? 『좌씨전』에서 통하지 않는 내용을 후인들이 덧붙인 것이라고 지적하니, 후인들이 『좌씨전』을 깊이 사랑한 것이지 『좌씨전』을 공격한 것이 아니다.[97]

『좌씨전』의 '군자왈君子曰'은 사실 유흠에 이르러 반드시 처음으로 조작된 것은 아니며, 단지 스승과 제자가 전수하면서 경經에 전傳을 달 때의 일상적인 일일 뿐이다. 『공양전』 · 『곡량전』도 또한 그러하기 때문에 유독 『좌씨전』만을 탓할 필요는 없다. 따라서 진풍은 "유봉록의 『좌씨춘추고증』에서 '서왈書曰'이라고 쓴 『좌씨전』의 모든 문장을 유흠이 더해 넣은 것이라고 주장했는데, 분명하지 않다"고 하였다.

최근 사람인 양향규楊向奎는 '군자왈君子曰'이라는 말이 선진시대의 고서에 항상 보이며, 사실상 후인들이 더해 넣은 것이 아니라고 주장했다.[98] 임경창林慶彰은 그 주장을 부연 설명하여, 고서 속에서 언급한 『좌씨전』의 '군자왈君子曰' · '서왈書曰' 및 범례凡例는 이루 다 거론할 수가 없다고 하였다.[99] 이 외에 임경창은 또 다음과 같이 생각했다. 『좌씨전』의 '군자왈' 중에 적지 않은 『시』 · 『서』의 일문逸文을 인용했는데, 모두 현행본 『시』 · 『서』 속에 보이지 않는 내용들이다. 이러한 일문은 아마도

正統의 지위를 물려받은 것이 아니라, 자투리로 생긴 제위라는 의미이다.

97) 陳澧, 『東塾讀書記』, 권10.

98) 楊向奎, 「論左傳'君子曰'」(『文瀾學報』, 1936년 2권 1기). 이 글은 晁嶽佩, 『春秋學研究』 下冊, 603~610쪽에 실려 있다.

99) 林慶彰, 「劉逢祿『春秋左氏考證』的辨僞方法」(『淸代經學研究論集』, 422~426쪽에 실려 있음).

유흠·가규가 거짓으로 지을 수 있는 것은 아닐 것이다.

최근의 학자들 중에 유봉록 및 강유위·최적을 반박하는 자들은 다음과 같이 생각하였다. 유흠의 조작이라고 여겨지는 것이 사실 유흠 이전에 일찍부터 이미 존재하고 있었고, 또 증거로 많이 인용되었기 때문에 "유흠이 덧붙였다"는 금문가들의 주장을 대부분 찬성하지 않는다. 사실상 금문가들의 이러한 주장의 배후에는 하나의 공통된 논리가 있다. 즉 『좌씨전』은 "두 번에 걸쳐 책이 완성되었고" 심지어 "여러 번에 걸쳐 책이 완성되었다." 유흠 이전에 본래 『좌씨춘추』라는 책이 있었으며, 그 책은 『춘추』에 전傳을 단 것이 아니다. 그 후에 유흠이 '군자왈'··'서왈'이라는 말을 그 책 속에 더해 넣어서, 『좌씨전』을 경經을 해석한 책으로 만들었다. 따라서 설령 유흠 이전의 고서 속에서 『좌씨전』과 유사한 기록이 발견되더라도, 그것이 『좌씨전』에 후인의 덧붙인 내용이 없었다는 것을 증명하기에는 부족하다. 도리어 『좌씨전』의 말이 이러한 부류의 고서에서 베껴서 나왔다는 것을 설명해 준다. 이렇게 『좌씨전』에 내용을 덧붙인 사람을 꼭 유흠 한 사람에게만 한정할 필요는 없다.

제6절 『논어술하論語述何』

가경嘉慶 17년(1812), 유봉록은 『논어술하論語述何』 2권을 지었다. 이 책의 요지는 그의 『춘추공양경하씨석례春秋公羊經何氏釋例』에서 '통삼통례通三統例'를 해석하면서 이미 분명하게 말했다.

『춘추』에 밝지 않으면 함께 오경五經을 말할 수 없다. 『춘추』는 오경의 열쇠이다.[100]

---

100) 劉逢祿, 『春秋公羊經何氏釋例』, 권1, 「通三統例」.

유봉록은 『춘추』의 대의大義로써 오경을 관통하고, 피차 서로 참고하고 증명했는데, 이러한 "여러 경전의 공양학적 해석"(群經釋義公羊化) 방법은 사실상 청대 금문학의 기본 정신이다. 한대 사람들은 오경을 중시하였다. 『논어』라는 책은 단지 70제자의 후학이 성인의 언행을 기록한 것에 지나지 않으며, 성인이 처음으로 제작한 책이 아니다. 따라서 '경經'에 배열되지 않고 단지 '전傳'이 될 뿐이다. 그런데 『논어』의 지위는 사실상 매우 특수하다. 유봉록의 『논어술하』「서敍」에서 『논어』는 "육경六經의 대의大義를 종합하고, 『춘추』의 은미한 말을 밝힌 것"이라고 했다.

따라서 하휴는 공양학의 대사大師로서 또한 『논어』에 주를 달거나 해석한 적이 있다. 그러나 양梁나라 완효서阮孝緒의 『칠록七錄』과 수隋나라 「경적지」에는 그 책의 목록이 실려 있지 않으니, 없어진 지 오래되었다. 유봉록의 관점에서 보면, 오직 우세남虞世南의 『북당서초北堂書鈔』에 하휴의 『논어』 '여위군자유女爲君子儒'라는 한 조목이 있는데, "동중서의 '의리를 바르게 하고 도를 밝힌다'(正誼明道)는 요지와 매우 유사하다." 이로써 알 수 있듯이, 유봉록은 하휴가 남긴 것을 소급하여 『논어술하』를 저술하였다. 따라서 다음과 같이 말했다.

하휴는 이전의 학설을 묵수하는 학문을 하지 않았고, 그 학문은 본래 『제논어齊論語』·『노논어魯論語』·『고논어古論語』에 의거했는데, 장후張侯, 즉 장우張禹가 정한 『논어』에 의거했는지는 알 수 없다.[101] 만약 하휴 책이 아직까지 남아 있었다면, 육예六藝에 대해 이론을 펼친 것이 어찌 적었겠는가! 지금 하휴의 『춘추공양전해고』의 뜻을 소급하여 서술하면서 동중서의 이론을 참조하고, 없어진 것을 모으고 빠진 것을 보완하여, 그 큰 것을 보존해 두려고 한다.[102]

---

101) 역자 주: 『論語注疏』「序解」 邢昺의 疏에 의하면, 한대에 『논어』를 전수한 것은 세 학파가 있었다. 노나라 사람이 전한 『魯論語』와 제나라 사람이 전한 『齊論語』, 그리고 孔氏 집안의 벽에서 나온 『古論語』이다. 그리고 安昌侯 張禹가 夏侯建에게 『노논어』를 배우고, 또 庸生과 王吉에게 『제논어』를 배웠는데, 그 중의 좋은 것을 선택하여 『張侯論』이라는 책을 지었다. 이 책은 가장 뒤에 나와 한나라 때 유행하였다. 장우는 이 『논어』를 成帝에게 전수했다고 한다.

102) 劉逢祿, 『論語述何』, 「敍」.

유봉록은 하휴가 『논어』에 주를 달고 해석한 것이 단지 한 조목밖에 남아 있지 않다고 했다. 그가 비록 하휴의 "없어진 것을 모으고 빠진 것을 보완하고자" 했지만, 사실은 자기만의 새로운 결과물이다.

『논어술하』는 상·하 두 편으로 나누어져 있다. 상편은 『논어』 40조목(사실은 42조목이 있음)을 열거하였고, 하편은 『논어』 27조목을 열거하였다. 그런 뒤에 『공양전』의 뜻을 참조하여, 서로 인용하고 드러내 밝혔다. 그 아래로는 『공양전』의 의리에 의거하여 종류별로 나누고서 다음과 같은 내용을 토론하였다.

1. 공자가 『춘추』를 지음

맹자가 "공자가 『춘추』를 지었다"고 말한 이후로, 이것은 마침내 정론이 되었다. 또한 『공양전』에도 분명한 문장이 있는데, '서수획린西狩獲麟'의 해석에서 다음과 같이 말했다.

> 군자는 어째서 『춘추』를 지었는가? 어지러운 세상을 바로잡아서 올바른 데로 되돌리는 것은 『춘추』보다 더 가까운 것이 없다. 잘 모르겠지만, 『춘추』를 지은 것이 그것을 위한 것인가? 군자가 요순堯舜의 도를 말하는 것을 즐거워했기 때문인 가? 아니면 요순과 같은 사람이 군자를 알아주는 것을 즐거워했기 때문이 아니겠는 가? 『춘추』의 의리를 제정하여 후세의 성인을 기다렸으니, 군자가 『춘추』를 지은 것은 또한 이것을 즐거워했기 때문이다.[103]

살펴보건대, 『논어』에서 말했다. "배우고 때에 맞추어 그것을 익히면 또한 기쁘지 않겠는가? 벗이 먼 곳으로부터 오면 또한 즐겁지 않겠는가? 다른 사람이 알아주지 않더라도 화내지 않으면 또한 군자답지 않겠는가?"[104] 『논어술하』에서는

---

103) 『公羊傳』, 哀公 14년.
104) 『論語』, 「學而」.

이 조목이 공자가 육경六經을 손질한 일을 말한 것이며, 공자가 기뻐하고 즐거워한 것은 『공양전』에서 "『춘추』의 의리를 제정하여 후세의 성인을 기다렸으니, 군자가 『춘추』를 지은 것은 또한 이것을 즐거워했기 때문이다"라고 말한 것과 같다고 했다. 『논어술하』에서 또 말했다.

"그 사람됨이 발분하면 먹는 것을 잊어버리고, 즐거워서 근심을 잊으며, 늙음이 장차 이르러 옴을 알지 못한다"[105]고 했는데, 무슨 말인가? 대답했다. 앞 장에서 『역』·『시』·『서』·『예』를 말했고, 여기에서 『춘추』의 제작을 말했다. 오나라와 초나라가 중국을 어지럽히고, 난신적자가 잇달아 일어났기 때문에 발분하여 책을 저술한 것이다. 『춘추』가 완성되자, 요순堯舜과 같은 사람이 나를 알아주는 것을 즐거워했으니, 또한 말년에 있었던 일이다.

살펴보건대, 『논어』 「술이述而」에서 말했다. "섭공葉公이 자로子路에게 공자에 대해 물었는데, 자로가 대답하지 못했다. 공자가 말했다. '너는 어찌 말하지 않았느냐? 그 사람됨이 발분하면 먹는 것을 잊어버리고, 즐거워서 근심을 잊으며, 늙음이 장차 이르러 옴을 알지 못한다고.'" 『논어술하』에서는 이 조목도 공자가 『춘추』를 짓고서 기뻐한 것을 말한 것이라고 풀이했다.

2. 삼정의 보존(存三正)

『춘추』는 오직 정월·2월·3월 앞에만 '왕王'자를 두는데, 이 세 달은 하夏·은殷·주周의 정월正月이다. 『춘추』에서는 이로써 삼왕三王의 정교政敎의 시작을 밝혔으니, 이것이 '삼정의 보존'(存三正)이다. 공양가는 '삼정三正'의 이론이 경문에 분명한 글이 있다고 생각했고, 『논어술하』에서는 이 이론을 인용하여 『논어』를 해석하였다. 살펴보건대, 『논어』에서 말했다. "안연顏淵이 나라를 다스리는 것에 대하여 묻자,

---

105) 『論語』, 「述而」.

공자가 말했다. '하夏나라의 역법을 시행하고, 은殷나라의 수레를 타며, 주周나라의 면류관을 착용한다. 음악은 순임금의 소무韶舞를 사용하며, 정鄭나라 음악을 추방하고, 말재주 있는 사람을 멀리해야 하니, 정나라 음악은 음탕하고 말 잘하는 사람은 위태로운 것이다.'"106) 그런데 공양가는 『춘추』에서 하·은·주의 정삭正朔을 보존해 둔 것에 근거하여, 삼대의 정치 방법에 충심(忠)·질박함(質)·문식(文)의 차이가 있음을 밝히고, 겸양謙讓의 예禮를 드러내었다. 또 이제二帝·삼왕三王이 서로 계승했으며, 모두 성인의 후예이기 때문에 『춘추』의 사법師法을 충분히 갖추었다고 말했다. 『논어』는 성인이 삼대를 함께 취한 뜻을 대략적으로 서술하였다. "음악은 순임금의 소무韶舞를 사용하니", 이것은 『춘추』가 난리를 바로잡는 공적이 이루어져서 기린이 출현한 것을 성인이 즐거워한 것이다. "정鄭나라 음악을 추방하고, 말재주 있는 사람을 멀리하니", 이것은 『춘추』가 세상에 행해지지 못하여, 비록 왕자의 법도를 갖추고 있지만 다만 한나라를 위해 법도를 제정했을 뿐임을 성인이 한탄한 것이다. 따라서 공자가 『춘추』를 지어서 즐거워한 것과 한탄한 것이 모두 『논어』의 이 한 장 속에 있는 것이다.

3. 문질文質의 손익損益

한대 사람들은 『춘추』가 삼정三正을 보존함으로써 하나라의 충심(夏忠)·은나라의 질박함(殷質)·주나라의 문식(周文)의 삼교三敎가 순환한다고 여겼다. 또 『춘추』는 주나라의 문식을 덜어 내고 은나라의 질박함을 사용했다고 말하니, 이것은 문질文質이 다시 반복되는 것이다. 유봉록은 『논어』에서 이미 '문질文質의 손익損益'의 요지를 논했다고 생각했다. 『논어술하』에서 말했다.

"하夏나라의 예禮는 내가 말할 수 있지만 기杞나라에서 충분히 증명하지 못하며,

---

106) 『論語』, 「衛靈公」.

은殷나라의 예는 내가 말할 수 있지만 송宋에서 충분히 증명하지 못하는 것은 문헌이 충분하지 않기 때문이다. 충분하다면 내가 증명할 수 있다."[107] 이것은 무엇을 말하는가? 『춘추』는 열국의 역사서 문장을 고찰하여, 『하시夏時』의 등급(等)과 『곤건坤乾』의 의리(義)를 취하여[108], 노나라에 왕법王法을 담아 두고, 기杞나라를 축출하고, 송宋나라를 옛 나라로 여겼다. 주례周禮를 근거로 삼아서 덜어 내거나 더함으로써 백세를 다스렸다. 따라서 "내가 하夏나라의 도를 살펴보니, 기杞나라에서 충분히 증명하지 못했다. 내가 은殷나라의 도를 살펴보니, 송宋나라에서 충분히 증명하지 못했다. 내가 주周나라의 도를 살펴보니, 유왕幽王과 여왕厲王이 그것을 무너뜨렸도다. 내가 노魯나라를 버려두고 어디로 가겠는가?"라고 했다.

공자가 말했다. "주나라는 하나라와 은나라를 거울로 삼았으니, 찬란하게 빛나기 때문에 나는 주나라를 따르겠다."[109] 이것은 무엇을 말하는가? 대답했다. 정삭正朔이 세 번에 걸쳐 바뀌니, 문질文質이 다시 반복되는 것이 계절이 순환하는 것과 같다. 따라서 왕자는 반드시 삼통三統을 소통하게 한다. 주나라가 하나라와 은나라를 거울로 삼았으니, 은나라의 질質을 바꾸어서 하나라의 문文을 사용하였다. 공자가 『춘추』를 제작할 때, 주나라의 문文을 바꾸어서 은나라의 질質을 따랐으니, 이른바 주나라를 따르겠다는 것이다. 은나라의 수레를 탄다는 것은 질質을 따른 것이다. 주나라의 면류관을 쓴다는 것은 문文을 따른 것이다.

공자가 말했다. "질質이 문文을 이기면 거칠고, 문文이 질質을 이기면 호화로우니, 문文과 질質이 어우러진 다음에야 군자이다."[110] 이것은 무엇을 말하는가? 대답했

---

107) 『論語』, 「八佾」.
108) 역자 주: 『夏時』는 하나라의 曆法을 기록한 책으로, 『夏小正』이라고도 한다. 『禮記正義』에서 鄭玄은 "하나라의 四時에 관한 책을 입수했는데, 그 책이 남아 있는 것 중에 『小正』이 있다"라고 했다. 『坤乾』은 은나라의 역법을 기록한 책이다. 『예기정의』에서 정현은 "은나라의 陰陽에 관한 책을 입수했는데, 그 책이 남아 있는 것 중에 『歸藏』이 있다"라고 했다. 정현은 『坤乾』이 곧 『歸藏』이라고 했다.
109) 『論語』, 「八佾」.
110) 『論語』, 「雍也」.

다. 문질文質이 서로 반복되는 것은 추위와 더위가 반복되는 것과 같다. 은나라가 하나라를 개혁할 때, 질質로써 문文을 구제했는데, 그 폐단은 거친 것이다. 주나라가 은나라를 개혁할 때, 문文으로써 질質을 구제했는데, 그 폐단은 호화로운 것이다. 은나라와 주나라의 시작에는 모두 문文과 질質이 잘 어우러졌다. 『춘추』는 주나라의 폐단을 구제해야 하니, 마땅히 은나라의 질質을 다시 되돌려서, 점차로 군자의 도에 이르게 해야 한다. 따라서 "만약 예악禮樂을 쓴다면, 나는 선진先進을 따르겠다"[111]고 했으니, 야인野人 같은 질質을 앞세우고 군자君子 같은 문文을 뒤로 한 것이다.

이상과 같이 『논어술하』의 문장을 인용해 보았다. 살펴보건대, 『논어』에서 문文·질質을 분명하게 말한 것은 오직 「옹야」편의 "질質이 문文을 이기면 거칠고, 문文이 질質을 이기면 호화로우니, 문文과 질質이 어우러진 다음에야 군자이다"라는 문장과 「안연」편의 "문文은 질質과 같고, 질質은 문文과 같다"는 문장이다. 이것을 『공양전』의 이론과 비교해 보면, 그 뜻이 그다지 분명하지 않고, 또한 하·은·주 삼대의 제도의 손익損益과는 더더욱 무관하다. 유봉록은 『공양전』의 이론을 인용하여 『논어』를 해석했는데, 그 논의가 명확하게 잘 통하여 공자의 개제改制의 실질을 충분히 드러내 밝힐 수 있다.

4. 소왕素王과 개제改制

『중용』에서 말했다. "천자天子가 아니면 예禮를 의론하지 않으며, 제도를 만들지 않으며, 문자를 상고하지 않는다."[112] 또 말했다. "비록 천자의 지위를 가지고 있더라도, 만약 성인의 덕이 없으면 감히 예악禮樂을 제정하지 못하며, 비록 성인의 덕이 있더라도, 만약 천자의 지위가 없으면 또한 감히 예악禮樂을 제정하지 못한다."[113]

---

111) 『論語』, 「先進」.
112) 『中庸』 28장.
113) 『中庸』 28장.

공자는 성인의 덕이 있지만 천자의 지위를 얻지 못했기 때문에 소왕素王이다. 따라서 비록 스스로 사문斯文의 수호자로 자임했지만, 그래도 개제改制를 드러내 놓고 말할 수는 없다. 이에 노나라의 역사서에 가탁하여 왕법을 담아 놓았으니, 이것이 『춘추』가 지어진 까닭이다. 유봉록은 『논어』에서 이 요지를 크게 드러내었다고 주장하고, 『논어술하』에서 다음과 같이 말했다.

> "선생님은 본래 하늘이 내신 성인일 것인데, 또한 다재다능하다."[114] 이것은 무엇을 말하는가? 대답했다. 하늘이 내었다는 것은 천하를 소유하지 않음을 말한 것이다. 성인이면서 또한 다재다능하다는 것은 주공周公과 공자孔子 두 성인일 뿐이다.

유봉록은 "성인이면서 또한 다재다능하다"는 것은 공자가 덕이 있음을 말하고, "하늘이 내었다"는 것은 공자가 천자의 지위를 얻지 못함을 말한 것이라고 여겼다. 덕은 있지만 지위가 없는 것, 이것이 공자가 소왕素王이 되는 까닭이다. 또 말했다.

> "50세에 천명을 알았다."[115] 이것은 무엇을 말하는가? 공자가 천명天命을 받아 예악禮樂을 제정하여 만세에 가르침을 드리웠다. 『서書』에서 "문왕이 천명을 받은 것이 중년의 나이였다"(「無逸」)고 했다. 공자가 말했다. "문왕文王이 이미 죽었으니, 주나라의 문화 제도가 여기 나에게 있지 않겠는가?"[116]라고 하였다. 이것은 천명을 안 것을 말한다.

공자가 『춘추』를 지은 것은 왕자가 천명을 받아 제도를 개혁하는 것과 같으니, 개인의 저술과 비교할 수 있는 것이 아니다. 또 말했다.

공자가 말했다. "전하여 서술하기만 하지 새롭게 창작하지 않으며, 옛것을 믿고서

---

114) 『論語』, 「子罕」.
115) 『論語』, 「爲政」.
116) 『論語』, 「子罕」.

좋아하는 것을 내가 가만히 우리 노팽老彭에게 견주어 본다."[117] 대체로 『시』·『서』·『예』는 모두 옛것을 전하여 서술한 것이고, 『역易』「계사繫辭」와 『춘추』는 공자가 지은 것인데, 전하여 서술하는 것만을 오로지 하지 않은 것은 무엇 때문인가? 대답했다. 명분상으로는 제도를 고치지만, 실제로는 도를 바꾸지 않으니, 그 뜻은 요순堯舜의 도를 종주로 이어받고, 문왕文王과 무왕武王의 법을 지키는 것(『중용』 30장)일 뿐이다.

공자는 천자의 지위가 없었기 때문에 겸손하게 전하여 서술했다고 말했다. 덕이 있기 때문에 실제로 예악禮樂을 제정하였다. 또 말했다.

공자가 말했다. "봉황이 오지 않으며, 황하에서 하도河圖가 나오지 않으니, 나는 끝났구나!"[118] 이것은 무엇을 말하는가? 대답했다. 이것은 아마도 기린을 잡은 일(獲麟) 이후의 일일 것이다. 기린을 잡았는데 죽은 것은 하늘이 공자에게 장차 죽을 징조를 알려준 것이다. 주나라 왕실이 장차 망하려고 하고, 성인이 일어나지 않았기 때문에 "누구를 위해서 왔는가?"라고 하고, 또 "나의 도가 다했구나!"라고 하였다.(『공양전』, 애공 14년)

공자는 자신이 지위가 없음을 탄식하였다. 따라서 『춘추』가 당세에 행해지지 않았고, 오직 후세를 위해 법도를 제정했을 뿐이다. 또 말했다.

공산불요公山不擾가 비費읍을 근거로 반란을 일으키고 공자를 부르니, 공자가 가려고 하면서 말했다. "나를 부르는 자가 어찌 공연히 그러겠느냐? 나를 써 주는 자가 있다면, 나는 동쪽의 주나라를 만들 것이다."[119] 공산불요는 양호陽虎의 무리인데, 공자가 양호를 보지 않고서 공산불요에게 가려고 한 것은 무엇 때문인가? 대답했다. 공자는 공산불요를 배려한 적이 없다. "어찌 공연히 그러겠는가?"라는 말은 나의

---

117) 『論語』, 「述而」.
118) 『論語』, 「子罕」.
119) 『論語』, 「陽貨」.

무리가 아니라는 말과 같다. "나를 써 주는 자가 있다면"이라는 것은 천명天命이다. 주나라가 평왕平王이 동천한 이후로 동주東周라고 했다. 『춘추』를 지은 것은 평왕이 난신적자의 화를 열었기 때문이니, 노나라 정공定公·계평자季平子·양호陽虎·공산 불요公山弗擾는 모두 반역자들이다. 하늘이 공자를 써서 마땅히 서주西周의 다스림을 회복해야지 어찌 오히려 동주東周를 만들려는가? 『사기』에서 다음과 같은 공자의 말을 서술하였다. "옛날 주나라 문왕과 무왕은 풍豐이나 호鎬와 같은 작은 땅에서 일어나 왕이 되었다. 지금 비읍이 비록 작지만, 풍과 호 정도는 되지 않는가!"(「공자세 가」) 이것이 동쪽의 주나라를 만들겠다는 뜻이 아니겠는가?

『논어』에 "나는 동쪽의 주나라를 만들 것이다"라는 장은 역대로 여러 학자들의 의론이 일치하지 않는다. 지금 유봉록은『공양전』의 뜻을 빌어서 그것을 해석했다. 공자가 문왕의 100리의 땅이나 탕왕의 50리의 땅을 가지고 스스로를 기약했으니, 자신이 자리가 없음을 탄식한 것이나 마찬가지이다.

5. 미언대의微言大義

『춘추』에는 미언微言이 있고 대의大義가 있다. 대의는 난신적자亂臣賊子를 주살하 고 토벌하는 것을 말한다. 사마천이 "천자를 폄하하고 제후를 강등하고 대부를 토벌한다"[120]고 한 것이 바로 이것을 말한다. 미언은『춘추』를 왕법王法에 해당시키고, 역사적 사실에 가탁하여 제도개혁을 밝힌 것이다. 『논어술하』에서 말했다.

주나라가 평왕平王이 동천한 이후로 동주東周라고 했다. 『춘추』를 지은 것은 평왕이 난신적자의 화를 열었기 때문이니, 노나라 정공定公·계평자季平子·양호陽虎·공산 불요公山弗擾는 모두 반역자들이다. 하늘이 공자를 써서 마땅히 서주西周의 다스림을 회복해야지 어찌 오히려 동주를 만들려는가? 『사기』에서 다음과 같은 공자의 말을 서술하였다. "옛날 주나라 문왕과 무왕은 풍豐이나 호鎬와 같은 작은 땅에서

---

120)『史記』,「太史公自序」.

일어나 왕이 되었다. 지금 비읍이 비록 작지만, 풍과 호 정도는 되지 않는가!'(「공자세가」) 이것이 동쪽의 주나라를 만들겠다는 뜻이 아니겠는가?

주나라가 평왕平王이 동천한 이후 처음으로 찬탈과 혼란의 맹아를 열었다. 공자가 "나는 동쪽의 주나라를 만들 것이다"라고 말한 것은 사실상 『논어』에서 천자를 폄하한 것이다. 또 말했다.

염유冉有가 말했다. "선생님이 위衛나라 임금을 도우실까?" 자공이 말했다. "좋다. 내가 여쭈어 보겠다." 여쭈어 보고 나와서 말했다. "선생님은 돕지 않으실 것이다."[121] 그런데 『공양전』에서 괴외蒯聵를 막고 첩輒을 임금으로 세운 것(애공 3년)은 무엇을 말하는가? 대답했다. 『춘추』에서는 괴외가 도망친 것에 대해 끊어 버렸다. 또 그가 위나라로 들어오는 것을 인정하지 않고, 제齊나라 국하國夏를 앞세워서 패자인 제나라가 괴외를 토벌한 것임을 밝혔다.[122] 이것은 위나라 석만고石曼姑가 왕의 의리를 힘써 실천한 것을 용납한 것이지 아버지를 막은 위나라 첩을 용납한 것은 아니다. 첩은 본래 아버지인 괴외를 막을 수가 없지만, 조부인 영공靈公에게 명을 받아서 임금이 되었으므로 또한 조부를 배반하고서 사사로이 그 자리를 아버지에게 양보할 수는 없다. 따라서 첩의 의리는 단지 상주喪主가 되지 않고, 임금 자리를 피하고서 아버지에게 사죄를 해야 할 뿐이다. 석만고의 의리는 단지 괴외가 들어오는 것을 막아야 하니, 의리를 지켜서 그를 막아야 한다. 그리고 만약 첩이 임금 자리를 피하면 (영공의 둘째 아들) 공자公子 영郢을 도와서 그를 임금으로 세울 뿐이다. 그 화는 영공이 공자 영을 세우지 않고 첩을 세운 데에서 시작되었다. 따라서 공자는 『춘추』에서는 괴외를 끊어 버렸고 『논어』에서는 첩을 도와주지

---

121) 『論語』, 「述而」.
122) 역자 주: 『춘추』 애공 3년에 "제나라 국하와 위나라 석만고가 군대를 이끌고 척을 포위하였다"(齊國夏·衛石曼姑帥師圍戚)는 기록이 보인다. 『공양전』에서 다음과 같이 풀이했다. "제나라 國夏는 어째서 위나라 石曼姑와 함께 군대를 이끌고 척을 포위했는가? 패자의 토벌이기 때문이다. 이것이 패자의 토벌이 되는 것은 어째서인가? 석만고는 위나라 靈公의 명을 받고 輒을 임금으로 세웠다. 석만고의 의리에서는 괴외가 위나라로 들어오는 것을 막을 수 있다."

않았으니, 의리의 측면에서 두 사람 모두 잘못되었다고 여겼기 때문이다.

이것은 제후가 천자의 예악禮樂을 제멋대로 사용한 것을 말한 것이니, 『논어』에서 제후를 강등한 것이다. 또 말했다.

공자가 태묘太廟에 들어가서 모든 일을 묻자, 어떤 사람이 말했다. "누가 추인鄒人의 아들이 예禮를 안다고 말했는가? 태묘에 들어가서 모든 일을 묻는구나." 공자가 그 말을 듣고 말했다 "이것이 예禮이다."123) 이것은 무엇을 말하는가? 대답했다. 노나라는 희공僖公이 태묘에서 신분에 맞지 않는 체禘제사를 지내면서, 당唐·우虞· 하夏·상商 사대四代의 복식과 기물과 관직을 겸하여 사용한 이후로부터,124) 대부들 이 마침내 대례大禮를 제멋대로 사용하였다. 모든 일을 물은 것은 그 예禮의 참람됨을 곧바로 지적하여 말하지 않은 것이니, 만약 몰라서 물은 것이라면, "이 일은 어느 때에 처음 시작되었고, 그 뜻은 어디에 있는가?"와 같이 말할 뿐이다. 이것을 통해 천자의 일을 노나라가 소유해서는 안 된다는 것을 보여 준 것이다. 어떤 사람이 익숙해져서 살피지 않았기 때문에 올바른 말로써 고해 준 것이다.

제나라 경공景公이 정치에 대해 물었다. 공자가 말했다. "임금은 임금답고 신하는 신하다우며, 아버지는 아버지답고 자식은 자식다워야 한다."125) 이것은 무엇을 말하는가? 대답했다. 당시 경공이 막내아들인 사荼를 총애하여 양생陽生을 쫓아냈고, 뒤에 양생이 진걸陳乞을 통해서 사를 시해하고 즉위했다. 큰 혼란이 수 세대 동안 이어져서 나라는 진씨陳氏에게로 넘어갔다. 이것은 임금이 임금답지 않기 때문에 신하가 신하답지 않은 것이며, 아버지가 아버지답지 않기 때문에 자식이 자식답지 않은 것이다.

---

123) 『論語』, 「八佾」.
124) 역자 주: 『예기』 「明堂位」에 다음과 같은 내용이 보인다. "四代의 복식과 기물과 관 직을 魯나라가 겸하여 사용하였다. 이 때문에 노나라는 왕의 禮였는데, 천하에서 그것을 전한 것이 오래되었다."(凡四代之服·器·官, 魯兼用之. 是故魯, 王禮也, 天下傳 之久矣)
125) 『論語』, 「顏淵」.

이것은 제후가 천자에게 신분을 벗어난 짓을 하여, 결국 대부가 제후에게 신분을 벗어난 짓을 하도록 길을 연 것을 말한다. 위에서 행하면 아래에서 본받으니, 그 기미가 이와 같다. 따라서 자리에 앉은 자는 조금이라도 삼가지 않으면 안 된다. 『논어』에서 "정치는 올바름이다"(「안연」)라고 했다. 군자는 스스로 자책하기를 두텁게 하고 남을 책망하기를 적게 하며, 정치는 가까운 곳으로부터 시작하니, 바로 이것을 말한다. 이것은 또한 『논어』에서 제후를 강등시킨 것이다. 또 말했다.

> 공자가 계씨季氏에 대해 말했다. "팔일무八佾舞를 뜰에서 추니, 이 일을 차마 한다면 무엇을 차마 하지 못하겠는가?"[126] 이것은 무엇을 말하는가? 이 편은 명분을 바로잡고 본분을 분별하는 일을 종류별로 기록한 것이다. 『공양전』에서 말했다. "천자는 여덟 줄의 팔일무, 천자의 삼공三公은 여섯 줄의 육일무六佾舞, 제후는 네 줄의 사일무四佾舞이다."(은공 5년) 은공隱公이 혜공惠公의 사당에서 처음으로 신분을 벗어나서 팔일무를 추었고, 또 중자仲子의 궁宮에서 신분을 벗어나서 육일무를 추었다. 이때부터 여러 제후들의 궁에서 모두 신분을 벗어나서 팔일무를 추었다. 악무樂舞는 공덕功德을 상징하는 것이다. 대부大夫와 사士는 묘악廟樂이 없고, 향음례鄉飲禮·향사례鄉射禮에서 생황笙簧 반주에 맞추어 노래하고, 거문고와 비파를 탈 뿐이다. 『춘추』에서 제후의 신분을 벗어난 짓을 비판하고, 그 비판이 대부에게까지는 미치지 않았다. 따라서 『논어』에서 대부를 비판한 것이다.

이것은 『논어』에서 대부를 토벌한 것이다.

『춘추』에서는 개제改制를 미언微言으로 삼았는데, 해를 피해서 몸을 의탁하는 계책도 또한 그 말을 은미하게 했다. 『논어술하』에서 말했다.

> "(너는 그 羊을 아까워하느냐?) 나는 그 예禮를 아까워한다."[127] 이것은 무엇을 말하는가? 『춘추』 경문에서 "문공文公이 넉 달째 곡삭告朔의 예법을 거행하지

---

126) 「論語」, 「八佾」.
127) 『論語』, 「八佾」.

않았다"(문공 16년)고 기록했다. 임금이 병이 들었으면 그나마 사실대로 기록할 수 있다. 그러나 이때부터 병이 들지 않았는데도 조묘朝廟에서 곡삭의 예법을 거행하지 않았다. 큰 악을 사실 그대로 말할 수 없기 때문에 『논어』에서 희생犧牲에 사용하는 양羊에 대해 말하면서 그 뜻을 드러낸 것이다. 대체로 『논어』와 『춘추』는 서로 표리가 되니, 모두 성인이 입으로 전수한 미언微言이며, 죽간에 기록하지 않은 것이다.

『춘추』에서는 노나라의 큰 악은 기록하지 않는다. 따라서 문공文公이 병이 없는데도 곡삭의 예법을 거행하지 않은 것을 비판하지 않았다. 희생에 사용하는 양에 대해 말하면서 그 뜻을 드러내니, 노나라의 작은 악을 기록한 것이다. 또 말했다.

"선생님의 문장文章은 들을 수 있으나, 선생님이 성性과 천도天道를 말한 것은 들을 수 없다."[128] 이것은 무엇을 말하는가? 대답했다. 『시』·『서』와 예禮를 지키는 것은 공자가 평소에 늘 말한 것이다.(「술이」) 그런데 성性과 천도天道는 『역』·『춘추』에 갖추어져 있다. 이것은 미언微言이기 때문에 중인中人 이하의 사람이 윗사람에게 말하기 어려운 것이다.

은미함(微)라는 것은 적음(少)이다. 공자가 차근차근히 사람을 잘 이끌지만, 성性과 천도天道와 관련된 일은 고의로 드물게 말했다. 이것도 또한 미언이지만, 『춘추』에는 이러한 뜻이 없는 듯하다.

6. 삼세의 확장(張三世)

『공양전』에서는 소견所見·소문所聞·소전문所傳聞을 세 개의 세대로 삼고, 은혜에 따라 말을 달리함으로써 의리를 드러내고, 해를 피하여 말을 은미하게 함으로써

---

128) 『論語』, 「公冶長」.

지혜를 드러냈다. 『논어술하』에서 말했다.

"많이 듣고서 의심나는 것을 제쳐 놓으며, 많이 보고서 위태로운 것을 제쳐 놓는다."129) 이것은 무엇을 말하는가? 많이 듣는다는 것은 『춘추』가 120개국의 귀중한 책을 역사서의 문장에 채록한 것과 같은 것이다. 제쳐 놓는다는 것은 믿을 만한 것은 믿을 만한 대로 전하고, 의심스러운 것은 의심스러운 대로 전하는 것이니(『곡량전』, 환공 5년), 신중의 지극함이다. 많이 본다는 것은 직접 본 세대의 일이다. '태殆'는 위태롭다는 것이다. 『춘추』의 정공定公과 애공哀公 시대의 기록은 은미한 말이 많으니, 그것을 통해 위로는 존귀한 이를 위해 숨겨 주고 은혜를 높여서 기록하고, 아래로는 해를 피하고 몸을 의탁하니, 신중의 지극함이다.

'많이 듣고서 의심나는 것을 제쳐 놓는다'는 것은 『춘추』에서 전해들은 세대의 일에 대해서는 기록하지 않은 것이 더욱 많기 때문에 의심나는 것을 제쳐 놓고 믿을 만한 것을 전하며, 좋은 것을 선택해서 따르는 것이다. '많이 보고서 위태로운 것을 제쳐 놓는다'는 것은 『춘추』에서 직접 본 세대의 일에 대해서는 노나라를 위해 숨기는 문장이 많으니, 한편으로는 이로써 은혜를 깊이 드러내는 것이고, 다른 한편으로는 이로써 위태로움을 피하는 것이다. 따라서 "그 일을 알지만, 그 이야기를 드러내지 않으며", 보존해 두되 논의하지는 않으니, 감히 그 악을 드러내 놓고 말하지 못하는 것이다.

또 『논어』에서 말했다.

공자가 말했다. "천하에 도가 있으면 예악과 정벌이 천자로부터 나오고, 천하에 도가 없으면 예악과 정벌이 제후로부터 나온다. 제후로부터 나오면 열 세대 만에 정권을 잃지 않는 자가 드물고, 대부로부터 나오면 다섯 세대 만에 정권을 잃지 않는 자가 드물고, 가신이 권세를 잡으면 세 세대 만에 정권을 잃지 않는 자가 드물다."130)

---

129) 『論語』, 「爲政」.

공자가 말했다. "봉록이 조정을 떠난 지 다섯 세대가 되었고, 정치가 대부에게 맡겨진 지 네 세대가 되었다. 그러므로 저 삼환三桓의 자손이 미약해진 것이다."[131]

『논어술하』에서 다음과 같이 해석했다.

제齊나라는 희공僖公이 소패小霸가 되고, 환공桓公이 제후들을 연합한 이후로, 효공孝公 · 소공昭公 · 의공懿公 · 혜공惠公 · 경공頃公 · 영공靈公 · 장공莊公 · 경공景公 등 모두 10세대를 거쳐서, 진씨陳氏가 권력을 장악했다. 진晉나라는 헌공獻公이 국토를 개척한 이후, 혜공惠公 · 회공懷公 · 문공文公을 거치면서 제나라를 대신하여 패자가 되었고, 양공襄公 · 영공靈公 · 성공成公 · 경공景公 · 여공厲公 · 도공悼公 · 평공平公 · 소공昭公 · 경공頃公을 거쳐서, 공족公族이 다시 강력한 신하에 의해 멸망되었으니, 모두 10세대다. 노魯나라는 은공隱公이 예악을 신분을 벗어나서 시행하였고, 극極나라를 멸망시킨 일부터 소공昭公이 도망치는 일에 이르기까지 모두 10세대이다. "대부로부터 나오면 다섯 세대 만에 정권을 잃지 않는 자가 드물다"는 것은 오직 삼환三桓에게서만 검증되었고, 제나라 진씨陳氏와 진나라 삼가三家는 나라를 훔치는 것으로 끝이 났으니, 어떻게 된 것인가? 대답했다. 진씨와 삼가三家는 모두 이성異姓의 공족公族(公侯)의 후예로서, 그 본국이 망했기 때문에 그 처음을 다시 시작한 것이다. "가신이 권세를 잡는다"는 것은 남괴南蒯 · 공산불요公山弗擾 · 양호陽虎와 같은 사람들이 모두 목숨을 잃는 데 이르렀는데, "세 세대 만에 정권을 잃는다"고 말한 것은 무엇 때문인가? 대답했다. 그들과 동일한 악이 서로 이어진 것을 계산했기 때문에 세 세대라고 말한 것이다.

『춘추』에서는 노나라의 242년을 3세대로 나누었는데, 『논어』에서 말한 것은 예악禮樂이 붕괴된 것을 시작으로 해서 또 세 번의 변화가 있었다. 곧 예악과 정벌이 제후로부터 나오는 것을 첫 번째 변화, 대부로부터 나오는 것을 두 번째 변화, 가신이 권세를 잡는 것을 세 번째 변화로 여겼다. 유봉록은 『춘추』의 삼세를 『논어』의

---

130) 『論語』, 「季氏」.
131) 『論語』, 「季氏」.

세 번의 변화로 해석하여, 첫 번째 변화가 10세대, 두 번째 변화가 5세대, 세 번째 변화가 3세대라고 여겼다. 이것은 『춘추』의 삼세가 노나라 은공에서 시작되어 노나라 애공 14년에 끝나는데, 『논어술하』에서는 위로 평왕平王의 동천까지 미루어 올라갔다. 강유위康有爲의 경우에는 삼세 이론을 취하여, 『예기』 「예운禮運」의 대동大同과 소강小康을 해석했으니, 242년을 미루어서 전체 인류의 역사에 이른 것이다.

7. 내외의 구별(異內外)

『춘추』의 삼세이사三世異辭는 어떤 경우는 기록하고 어떤 경우는 기록하지 않는 방식이니, 『춘추』를 새로운 왕에 해당시켜서 노나라 일을 가탁하여 왕법을 펼치는 것이다. 따라서 정치의 방법이 당연히 상세함과 간략함, 멀고 가까움의 차이가 있는 것이다. 『논어술하』에서는 『논어』를 인용하여 그 뜻을 다음과 같이 밝혔다.

> 섭공葉公이 정치에 대해 물었다. 공자가 말했다. "가까이 있는 자들이 기뻐하고, 먼 곳에 있는 자들이 오는 것이다."[132] 이것은 무엇을 말하는가? 대답했다. 『춘추』는 하나로의 통일을 크게 여기는데, 반드시 가까운 곳으로부터 시작한다. 『묵자』 「비유非儒」편에서는 그 뜻을 이해하지 못했기 때문에 비난한 것이다.

> "스스로 자책하기를 두텁게 하고, 남을 책망하기를 적게 하다면 원망이 멀어질 것이다."[133] 이것은 무엇을 말하는가? 『춘추』에서는 노나라의 작은 악은 상세하게 기록하고, 외국의 작은 악은 간략하게 기록하니, 자신을 바르게 함으로써 천하를 위해 솔선수범하는 것이다.

살펴보건대, 『춘추』 은공 원년 "송나라 사람과 숙에서 맹약을 맺었다"(及宋人盟於宿)는 사건과 성공 15년 "오나라와 종리에서 회합하였다"(會吳於鍾離)는 사건에 대해,

---

132) 『論語』, 「子路」.
133) 『論語』, 「衛靈公」.

하휴의 『춘추공양전해고』에서는 모두 "가까이 있는 자들이 기뻐하고 먼 곳에 있는 자들이 오는 것이다"라는 말을 인용하였다. 또 은공 2년 "융과 잠에서 회합하였다"(會戎 於潛)는 사건과 "기나라 이수가 노나라에 와서 여인을 맞이하였다"(紀履緰來逆女)는 사건, 그리고 희공 27년 "공자 수가 군대를 이끌고 기나라를 침입했다"(公子遂帥師入杞) 는 사건에 대해, 하휴는 모두 "스스로 자책하기를 두텁게 하고, 남을 책망하기를 적게 한다"라는 말을 인용했다. 이것은 모두 "정치는 가까운 데로부터 시작한다"는 의리를 밝힌 것이다. 이로써 알 수 있듯이, 하휴는 이미 『논어』를 많이 인용하여 『공양전』의 뜻을 밝혔으며, 유봉록의 『논어술하』에서는 그 뒤를 계승하였을 뿐이다.

『춘추』에서는 존귀한 자를 위해 숨겨 주고 은혜를 높이기 때문에 내외內外의 구별을 명확하게 한다. 노나라의 큰 악은 숨겨서 기록하지 않고, 노나라의 작은 악을 기록할 뿐이다. 『논어술하』에서 말했다.

> 『춘추』에서 맹자가 죽은 것을 기록한 것(애공 12년, "孟子卒")이 진陳나라 사패司敗의
> 공자와의 문답[134]과 같은가 다른가? 대답했다. 『춘추』에서는 맹자에 대해 (그녀가
> 시집올 때) 여인을 맞이한 일을 기록하지 않았고, 죽어서 장례지낸 일을 기록하지
> 않았으며, 죽었을 때도 (그녀의 본국인) 오吳나라를 기록하지 않았으니, 숨겨서
> 문장으로 기록하지 않은 것이 가득 차 있다. 노나라를 위해 숨겨서 기록하지
> 않는 것은 모두 그것을 말할 수 없었기 때문이니, 큰 악이다. (사패의 질문에)
> 공자는 소공昭公이 예禮를 안다고 대답한 것을 자신의 허물이라고 여겼으니, 소공이
> 예를 잃은 것이 드러나기 때문이다. 만약 진나라 사패가 소공이 동성同姓의 나라에

---

134) 역자 주: 『논어』 「술이」에 다음과 같은 내용이 보인다. "진나라 사패가 '소공이 예를
   알았습니까?'라고 물었다. 공자가 '예를 알았다'고 대답했다. 공자가 물러나자, 사패
   가 무마기에게 읍하여 나오도록 하고 말했다. '내가 들으니, 군자는 편당을 짓지
   않는다고 하는데, 군자도 편당을 짓는가? 소공이 오나라에 장가들었으니, 同姓이기
   때문에 부인을 吳孟子라고 불렀다. 이 사람이 임금으로서 예를 알았다면 누가 예를
   알지 못하겠는가? 무마기가 그것을 고하자, 공자가 말했다. '나는 다행이다. 만약
   잘못이 있으면 다른 사람이 반드시 아는구나!'"(陳司敗問, 昭公知禮乎? 孔子曰, 知禮.
   孔子退, 揖巫馬期而進之曰, 吾聞, 君子不黨, 君子亦黨乎? 君取於吳, 爲同姓, 謂之吳孟子, 君
   而知禮, 孰不知禮? 巫馬期以告, 子曰, 丘也幸. 苟有過, 人必知之)

장가를 간 것이 예를 아는 것인지에 대해 물었다면, 공자는 결코 대답하지 않았을 것이다.

『춘추』에서 외국의 큰 악을 기록한 것은 대체로 그 나라를 축출한 것이니, 왕의 교화에 참여하지 않았다고 여겼기 때문이다. 외국이 잘한 경우에는 칭찬하니, 점진적으로 중국으로 나아가는 뜻을 보존해 둔 것이다. 오나라와 초나라가 중국을 어지럽히고, 번갈아 중국의 패자 역할을 한 것에 대해, 『춘추』에서는 항상 그들의 악에 대해서도 그 말을 은미하게 한 경우가 있다. 따라서 유봉록은 『춘추』에서 오나라와 초나라를 높이거나 강등시킨 사정을 살펴보고, 이에 "성인이 이적을 제어하는 뜻이 지극히 깊고 또한 치밀함에 감탄하였다."[135] 『논어술하』에서 이 뜻을 다음과 같이 밝혔다.

> 공자는 용맹을 좋아하고 가난을 싫어하는 것을 경계하였고, 또 사람으로서 어질지 못한 것을 너무 미워한다고 경계하였다.[136] 이것은 무엇을 말하는가? 대답했다. 『춘추』는 반역을 하거나 임금을 죽인 도적에 대해서는 주살한다. 그런데 오나라와 초나라에 대해서는 먼저 작은 악을 다스리고 너무 심하게 하지 않았으니, 바로 이 뜻이다.

살펴보건대, 『춘추』 장공 10년, "가을, 9월, 형나라가 신에서 채나라 군대를 패배시키고, 채나라 임금 헌무를 데리고 돌아갔다."(秋, 九月, 荊敗蔡師于莘, 以蔡侯獻舞歸) 하휴가 말했다. "초楚라고 말하지 않고 형荊이라고 말한 것은 초나라가 강력하면서 중국에 접근했는데, 갑자기 세차게 책망하면 해가 심할까 두렵기 때문이다. 따라서 그들을 점진적으로 나아가게 하여, 이러한 7등급의 지극한 다스림을 따른 것이다."[137]

---

135) 劉逢祿, 『春秋公羊經何氏釋例』, 「秦楚吳進黜表序」.
136) 『論語』, 「泰伯」.
137) 역자 주: 『공양전』 장공 10년에 "荊者何? 州名也, 州不若國, 國不若氏, 氏不若人, 人不若名, 名不若字, 字不若子"라고 하여, 이적을 중국으로 진입시키는 7등급의 단계를 말했다.

『춘추』는 오나라와 초나라의 악에 대해서, 혹은 미워하지 않고 혹은 간략하게 기록함으로써 깊이 책망하는 문장이 없으니, 멀리 있는 사람을 회유하고자 한 것이다.

『춘추』에서 이적을 제어할 때, 혹은 억누르고 혹은 발양시키며, 혹은 주고 혹은 빼앗는데, 주州·국國·씨氏·인人·명名·자字·자子의 7등급의 방법이다. 따라서 이적이 제하로 나아가면 제하로 취급하고, 제하가 이적으로 들어가면 이적으로 취급하니, 모두 예의禮義가 있는지를 보는 것이다. 따라서 『논어술하』에서 말했다.

『춘추』의 의리는 제하諸夏가 이적夷狄으로 들어가면 이적으로 취급한다. 위衞나라가 천자의 사신을 겁박하자 융戎이라고 기록했고, 주邾나라·모牟나라·갈葛나라 삼국이 노나라 환공桓公을 조회하자, 그들을 비판하여 인人이라고 부른 부류가 그것이다. 로潞나라 임금 영아嬰兒가 이적으로부터 벗어나려고 했는데, 비록 망했지만 오히려 작위를 올려서 자子라고 기록했으니, 이른바 이적이 제하로 나아가면 제하로 취급한다는 것이다. 위衞나라와 주邾나라에 임금이 있는 것이 로潞나라 임금이 망한 것보다 못한 것은 무엇 때문인가? 『춘추』에서 멸망했다(滅)고 기록하는 것은 망한 나라를 좋게 여겨서 한 말이니(『공양전』, 희공 5년), 왕자가 마땅히 그 나라를 일으켜 주어야 함을 말한 것이다.

살펴보건대, 『논어』에서 말했다. "이적夷狄에 임금이 있는 것이 제하諸夏에 없는 것과는 같지 않다."[138] 이것은 『논어』에서 군신 관계를 대의大義로 삼아서, 이적과 중국을 높이거나 강등시키는 것이다.

8. 칭찬(襃)·비난(譏)·폄하(貶)·지위박탈(絶)

손복孫復은 『춘추』에는 폄하(貶)만 있고 칭찬(襃)은 없다고 했는데, 그렇지 않을

---

138) 『論語』, 「八佾」.

것이다!『춘추』의 발란반정撥亂反正은 이미 비난(譏)·폄하(貶)·지위박탈(絶)의 법도를 세우고, 또 칭찬(褒)하고 지위를 높이는(進) 도리를 두었으니, 모두 예의禮義를 보고서 높이거나 강등시키는 것이다. 성인의 논의는 가혹한 비판에만 힘쓰지 않으니, 『논어』를 살펴보면 알 수 있다.

> 천하에 도가 있으면 정치가 대부大夫에게 있지 않고, 천하에 도가 있으면 일반 백성들이 의론하지 않는다.[139]

『논어술하』에서 다음과 같이 해석했다.

> '의론한다'(議)는 것은 『춘추』에서 위로 왕공王公과 경대부卿大夫를 비난하는 것을 말한다. 정치가 대부에게 있기 때문에 휘가 군대를 이끈 일(翬帥師)과 중수가 제멋대로 진나라로 간 일(仲遂逡如晉), 계손숙이 제멋대로 거나라의 운땅을 침입한 일(季孫宿遂入運), 신성의 맹약에서 신의信義가 조순에 있었던 일(新城之盟信在趙盾), 격량의 맹약에서 신의가 대부에게 있었던 일(澳梁之盟信在大夫), 주나라 윤씨 세대에 왕자 조를 왕으로 세운 일(周尹氏世立王子朝), 제나라 최씨가 세대에 그 임금 광을 죽인 일(齊崔氏世弑其君光)이 있었다. 그 말단을 미워하기 때문에 그 근본을 바로잡는 것이 난리를 바로잡는 요지이다.

당시 천하는 무도하여 정치가 대부에게 있었다. 이 때문에 공자는 소왕素王으로서 『춘추』를 지어서 천하의 대부들을 두루 비판한 것이다.

또 『논어』에서 말했다.

> 호향互鄉 사람과는 더불어 말하기 어려웠는데, 호향의 동자童子가 공자를 찾아와서 뵙자 문인이 의심하였다. 공자가 말했다. "사람이 몸을 깨끗하게 해서 찾아오면, 그 몸을 깨끗하게 한 것을 인정할 뿐 지난날의 잘잘못을 보장할 수 없으며, 그가

---

139) 『論語』, 「季氏」.

찾아온 것을 인정할 뿐 물러난 뒤에 잘못하는 것을 인정하는 것은 아니다. 어찌 심하게 할 것이 있겠는가?"[140]

『논어술하』에서 다음과 같이 해석했다.

『춘추』의 열국 중에 예의禮義로 나아가는 자는 인정해 주고, 예의에서 벗어나면 그것을 근거로 비판하니, 선한 사람을 좋게 여길 때는 최대한 길게 칭찬하고, 악한 사람을 미워할 때는 최대한 짧게 비판한다.[141] 제후와 경대부는 동일한 절도로써 법도를 세울 수 있으니, 성인은 남겨 두고 평가하지 않는 대상이 없다.

이 조목은 성인이 너그럽고 후덕함에 힘쓰고, 다른 사람을 책망하기를 적게 하며, 칭찬할 만한 것을 칭찬하여, 항상 장려하고 권면하는 뜻을 가지고 있음을 보여 주는 것이다.

9. 기록함과 기록하지 않음(書不書)

공자는 노나라 역사서를 근거로 삼아서 『춘추』를 지었다. 그 문장은 수만 글자를 이루었고 그 요지는 수천 가지인데, 항상 한 글자를 가지고 포폄褒貶을 드러내었다. 이것은 『춘추』의 문장은 간략하지만 요지는 무궁한 것이다. 따라서 그 서법을 살펴보면, 기록한 것도 있고 기록하지 않은 것도 있는데, 기록하지 않은 것이 기록한 것보다 많다. 따라서 『논어술하』에서 말했다.

"한 모퉁이를 들어주었는데, 그것을 가지고 세 모퉁이를 반증하지 못하면 다시 더 말해 주지 않았다."[142] 이것은 무엇을 말한 것인가? 대답했다. 성인의 말은

---

140) 『論語』,「述而」.
141) 『公羊傳』, 昭公 20년.
142) 『論語』,「述而」.

모두 한 모퉁이를 들어서 상대방이 세 모퉁이를 증명하기를 기다린다. 따라서 문장은 간략하지만 요지는 무궁하다. 동중서가 『춘추』에 대해 다음과 같이 말했다. "살피지 못하면 적막하여 없는 것 같다. 깊이 살피면 있지 않는 사물이 없다."(『춘추번로』, 「精華」) 이것은 기록하지 않은 것이 기록한 것보다 많음을 말한다.

또 말했다.

"세 사람이 갈 때 반드시 나의 스승이 있으니, 그 중의 좋은 자를 선택하여 따르고, 그 중의 좋지 않은 자를 선택하여 잘못을 고쳐야 한다."[143] 이것은 『춘추』의 측면에서 마땅함이 있는 것인가? 대답했다. 『춘추』에서 외국의 두 나라가 제삼국에서 회합한 것을 기록하지 않는 것은 선악善惡을 구별하기에 충분하지 않음을 말한 것이니, 이것이 그 의미이다.

『춘추』는 일을 기록한 책이 아니며, 선악을 구별하고 시비를 밝힌 책이다. 따라서 역사서의 일에 대해 기록하거나 기록하지 않는 것은 모두 이것을 기준으로 삼는다. 『춘추』에서 외국의 두 나라가 제삼국에서 회합한 경우에 현지의 임금이 참여하지 않았을 때 리雕라고 하지 회합했다(會)라고 기록하지 않는 것은 외국에서 보고한 글이 갖추어지지 않은 것이 아니라, 사실은 그것으로 선악과 시비를 구별하기에 충분하지 않기 때문이다. 그것은 바로 군자가 친구를 선택하는 것이 모두 자기의 덕성을 보완하는 방법인 것과 같은 의미이다.

또 말했다.

공자가 말했다. "그대들은 내가 숨긴다고 여기는가? 나는 그대들에게 숨기는 것이 없다. 나는 행하고서 그대들에게 보여 주지 않음이 없는 자이니, 그것이 바로 나이다."[144] 이것은 무엇을 말하는가? 대답했다. 『역』은 본래 숨겨진 것을 겉으로

---

143) 『論語』, 「述而」.
144) 『論語』, 「述而」.

드러내며, 『춘추』는 드러난 것을 추론하여 은미한 것에 이른다. 은미한 것에 이르기에 부족한 것은 기록하지 않는다. 따라서 "내가 추상적인 말로 기재하고자 했지만, 실제 일을 통해 드러내는 것이 깊고 절실하고 분명하고 밝은 것만 못하였다" (『사기』, 「태사공자서」)고 했다. 제자들이 모두 몸소 통했기 때문에 "행하고서 보여 주지 않음이 없다"고 말한 것이다.

공자는 차근차근히 사람을 잘 이끌기 때문에 『춘추』를 연구하는 자들은 마땅히 드러난 것을 추론하여 은미한 것에 이르러야 하며, 항상 기록하지 않은 것에서 그 의리를 보아야 한다. 공자가 노나라 역사서의 문장을 손질할 때 여전히 스승과 제자 사이에 "행하고서 보여 주지 않음이 없었다." 따라서 『춘추』를 지은 뜻이 그 속에 갖추어져 있지 않음이 없으니, 그것이 아니면 기록하지 않았다.

또 말했다.

"나는 오히려 사관史官들이 글을 빼놓고 기록하지 않은 것을 보았다."[145] 이것은 무엇을 말하는가? 『춘추』에서 "제나라 고언이 군대를 거느리고 가서, 북연의 백우양을 들여보냈다"(齊高偃帥師, 納北燕伯于陽, 소공 12년)고 기록했다. 『공양전』에서 말했다. "공자가 말했다. '나는 이때 무슨 일이 있었는지 알고 있다.' 곁에 있던 자가 물었다. '선생님이 기록에 착오가 있다는 것을 알았다면, 왜 고치지 않았습니까?' 대답했다. '너희들이 알지 못하는 일을 내가 어떻게 마음대로 하겠는가?'"

학자들은 대부분 궐문闕文을 『춘추』에서 기록하지 않은 것으로 여기는데, 이것은 『춘추』의 서법에 밝지 못한 것이다. 살펴보건대, 『춘추』 소공 12년, "제나라 고언이 군대를 거느리고 가서, 북연의 백우양을 들여보냈다"(齊高偃帥師, 納北燕伯于陽)는 기사를 『공양전』에서 다음과 같이 해석했다. "백우양伯于陽은 누구인가? 공자公子 양생陽生이다. 공자가 말했다. '나는 이때 무슨 일이 있었는지 알고 있다.' 곁에 있던 자가

---

145) 『論語』, 「衛靈公」.

물었다. '선생님이 기록에 착오가 있다는 것을 알았다면, 왜 고치지 않았습니까?' 대답했다. '너희들이 알지 못하는 일을 내가 어떻게 마음대로 하겠는가? 『춘추』는 믿을 수 있는 역사서이다. 제후의 서열은 오직 제나라 환공桓公과 진나라 문공文公이 (덕의 우열과 나라의 대소에 따라) 정했고, 제후의 회합은 회합을 주재한 자가 서열을 정했다. 『춘추』의 말은 (잘못된 것이 있으면) 그것은 나의 죄이다.'"146)
공자는 노나라 역사서의 옛 문장에서 혹은 고치고 혹은 고치지 않았는데, 이 조목의 기록에는 분명히 오류가 있다. '백우양'은 당연히 '공자양생公子陽生'이 되어야 하는데, 공자가 옛 문장을 곧바로 고치지 않은 이유는 믿을 만한 것을 전하기 위해서이지 역사서에 궐문이 있다는 것을 모른 것이 아니다. 필삭한 대의大義는 몰래 그 속에 담아 두되 말하지는 않았으니, 이것은 공자가 스스로의 죄라고 여긴 까닭이다.

그런데 공자가 노나라 역사서의 옛 문장을 곧바로 고친 경우도 있다. 『춘추』 장공 7년, 별이 비처럼 쏟아졌다.(星實如雨) 『공양전』에서 말했다. "비처럼 쏟아졌다는 것은 무슨 의미인가? 비처럼 쏟아졌다는 것은 진짜 비가 아니다. 진짜 비가 아닌데 어째서 비처럼 쏟아졌다고 말했는가? 손질하지 않은 『춘추』에서 '별이 비처럼 내리다가 땅의 한 자쯤 떨어진 곳에 미치지 못해서 다시 위로 올라갔다'고 했다. 군자가 그것을 손질하여 '별이 비처럼 쏟아졌다'고 기록하였다." 『춘추』에서 '백우양'이라는 문장에 대해서는 고치지 않고, 여기에서는 '별이 비처럼 쏟아졌다'고 곧바로 고쳤으니, 공자가 역사서를 손질한 것이 일을 기록한 것이 아니라, 그것을 통해 의리를 밝히고자 한 것임을 알 수 있다.

유봉록은 『춘추』의 의리로써 『논어』를 해석했는데, 그것이 후세에 끼친 영향은 지극히 컸으며, 만청시기 『공양전』으로써 여러 경전에 주석을 다는 풍조를 열었다. 그 후에 송상봉宋翔鳳의 『논어설의論語說義』, 대망戴望의 『논어주論語注』, 왕개운王闓運의 『논어훈論語訓』, 강유위康有爲의 『논어주論語注』가 모두 유봉록의 뒤를 계승하여 지어진 것이다. 그런데 그를 비판한 학자들도 또한 많았다. 예를 들어 유사배劉師培는

---

146) 『公羊傳』, 昭公 12년.

다음과 같이 말했다.

유봉록·송상봉의 무리들이 모두 장존여의 이론을 전수하여, 고문古文을 버리고
금문今文을 연구했으며, 훈고訓詁를 버리고 의례義例를 탐구하였다. 모두 『공양전』
의 의리를 추론하여 『논어』 및 『중용』을 증명하였다. 위원·공자진이 그 뒤를
답습하여, 모두가 공양학으로 자긍심을 가지고 여러 경전을 억지로 끌어다 『공양전』
으로 나아가 맞추었다. 선택한 방법이 지극히 혼잡하며 뒤섞이고 어지러워서
순서가 없다. 대체로 여러 경전에서 『공양전』과 서로 비슷한 부류는 넓으면서도
자세하게 통하게 하지 않은 것이 없다. 결코 서로 비슷하지 않는 것도 내용을
다듬어서 억지로 갖다 붙여서 부합되도록 만들었다. 육경 각각에는 의례義例가
있는데, 그것은 『예기』 「경해經解」편에 보인다. 한대 학자들의 경설經說은 가법家法
을 가장 숭상하여, 이 경전을 끌어와서 저 경전을 증명하는 경우는 있지만, 모든
경전을 소통시켜서 하나로 만든 경우는 없다.[147]

이것은 유봉록의 『공양전』 연구가 비록 하나의 경전을 전문적으로 연구하는
학문으로서는 높이 평가받지만, 『공양전』을 끌어와서 『논어』를 해석한 것은 그
요지를 잃어버린 것이다. 호초생胡楚生도 일찍이 다음과 같이 논했다. "유봉록의
『논어술하』라는 책은 『공양전』의 요지를 모아서 『논어』를 해석함으로써 가법家法을
멸시하여 폐기하고, 전문적인 학문을 파괴하였다. 이러한 전례가 열리자 후진들이
그것을 좇아서 끝도 없이 길게 이어졌다."[148]

---

147) 劉師培, 「論孔子無改制之事」(『劉申叔先生遺書』 3).
148) 胡楚生, 「劉逢祿論語述何析評」(張廣慶, 『武進劉逢祿年譜』, 231쪽에서 재인용).

제14장 송상봉宋翔鳳과 대망戴望
—『공양전』으로써 『논어』를 해석함

제1절 송상봉宋翔鳳의 『논어설의論語說義』

상주常州 금문학은 장존여莊存與와 장술조莊述祖에서 시작되었지만, 그것을 밝게
발양하여 더욱 빛나고 성대하게 한 것은 유봉록劉逢祿과 송상봉宋翔鳳이다. 송상봉(1779~
1860)은 자가 우정于庭 또는 우정虞庭이며, 강소江蘇 장주長洲 사람이다. 송상봉의
모친이 장술조의 누이동생인데, 가경嘉慶 4년(1799) 송상봉은 모친이 친정으로 올
때 따라왔다가 상주에 머물면서 외삼촌에게 배워서, 마침내 장씨莊氏 금문경학의
'가법家法'의 실마리를 들을 수 있었다. 아울러 장술조로부터 "유봉록 조카는 스승으로
삼을 만하고, 송상봉 조카는 벗으로 삼을 만하다"[1]는 호평을 받았다. 가경 5년에
향시에 급제하였고, 태주학정泰州學正·정덕훈도旌德訓導·호남흥녕湖南興寧, 그리고
뢰양耒陽 등 지역의 지현知縣을 역임하였다. 함풍咸豊 9년(1859)에 다시 발탁되어 지부함
知府銜에 올랐다. 그의 주요한 저술은 『주역고이周易考異』 2권, 『상서약설尙書略說』
2권, 『대학고의설大學古義說』 2권, 『논어설의論語說義』 10권, 『맹자조주보정孟子趙注補正』
6권, 『소이아훈찬小爾雅訓纂』 6권, 『과정록過庭錄』 16권 등이 있으며, 모두 『황청경해속
편皇淸經解續編』에 수록되어 있다. 이 외에 『사서석지변증四書釋地辨證』 2권, 『박학재문
록樸學齋文錄』 4권, 『향초사香草詞』 2권, 『벽운암사碧雲庵詞』 2권 등 많은 저서가 있다.

그의 부친의 학문이 허신許愼·정현鄭玄을 종주로 삼아서 삼례三禮와 『설문해자說
文解字』를 연구했기 때문에 송상봉은 어려서부터 한학漢學의 훈련을 받아서, "나는

---

1) 宋翔鳳, 「莊先生述祖行狀」(『樸學齋文錄』, 권3에 실려 있음).

어려서부터 훈고(故訓)를 알았다"[2]고 말했다. 성장해서는 또 단옥재段玉裁로부터 배워서 후한시대의 학문을 연구했다. 그의 금문학 연구는 사실상 장술조의 계몽을 받았다. 그러나 장술조가 비록 "경전 해석은 반드시 전한시대를 종주로 삼았지만", "글자 해석은 반드시 한자의 옛 글자체인 주문籒文을 종주로 삼았기" 때문에 또한 성음聲音과 훈고의 학문을 지극히 중시하였다.[3] 따라서 장술조가 소학小學을 중시한 것도 송상봉에게 매우 깊은 영향을 끼쳤다. 이처럼 송상봉의 경학은 본래 금문의 가법을 강조했지만, '훈고와 명물'을 지극히 중시하였기 때문에 항상 건가乾嘉 박학樸學의 학문 방법을 사용하여 '미언대의微言大義'를 증명하였다. 따라서 송상봉의 학문에 대해 말한다면, 건가乾嘉 한학漢學과 도함道咸 금문학今文學의 특징을 함께 갖추고 있기 때문에 성음과 훈고를 중시했을 뿐만 아니라 또한 미언대의도 중시하였다. 이러한 특징은 그의 만년의 대표작인『논어설의論語說義』·『과정록過庭錄』등의 책 속에 매우 분명하게 구현되어 있다. 예를 들어『논어설의』는『논어』를 빌어서 미언대의를 드러내 밝힌 것인데, 다만 책 전체가 대부분 고증·훈고와 관련되어 있다. 그리고『과정록』은 사실상 고증·훈고의 전문 저술이며, 그 속에 또한 미언대의와 관련된 논설이 간혹 들어 있다.

송상봉과 유봉록은 모두 청대 금문학의 개창자이다. 그러나 송상봉의 명성은 유봉록만큼 빛나지는 않는다. 유봉록과 송상봉이 모두 장술조에게 배웠지만, 유봉록은 스승인 장술조보다 오히려 더욱 뛰어나서, 한 시대 금문경학의 영수로서 우뚝하게 선 인물이 되었다. 그와 비교해서 말한다면, 송상봉은 스승 문하의 법도를 더욱 엄격하게 지켜서 스승의 학문을 계승하여 서술한 점은 남아돌 정도였지만, 새로운 것을 개척한 점에서는 부족하였다. 송상봉은 비록 유봉록보다 세 살이 많았지만, 학문과 식견에 있어서는 두 사람이 서로를 상당히 믿고 복종하였다. 따라서 금문경학이라는 측면에서 송상봉이 견지한 기본 입장에서 유봉록의 흔적을 어렴풋하게나마

---

2) 宋翔鳳,『樸學齋文錄』, 권2.
3) 馬宗霍,『中國經學史』, 149쪽.

볼 수 있다. 그가 경학에서 가장 깊이 힘을 쏟았던 『논어』 학문도 분명하게 유봉록의 저술인 『논어술하論語述何』의 영향을 받았기 때문에 어떤 학자들은 "송상봉 선생은 유봉록의 학문을 공부했다"[4]고 생각하기도 했다. 그러나 송상봉이 유봉록에 비해 더 오래 살았고, 또 상주 금문학을 널리 전수하는 데 온 힘을 쏟았기 때문에 당시에도 상당한 영향력이 있었다. 그리고 학자들은 항상 '유劉 · 송宋'으로 병칭함으로써 두 사람 모두를 상주 금문학파의 대표 인물로 여겼다.

1. 금고학변今古學辨

청대 금문경학의 부흥은 금고문 논쟁과 밀접한 관련이 있다. 장존여 · 장술조는 비록 금문학에 대한 의식의 맹아가 있기는 했지만, 금고문 경학의 진영은 여전히 분명하게 나누어지지 않았다. 그렇지만 장존여와 장술조는 그 방향을 뚜렷하게 제시해 주었고, 유봉록과 송상봉은 그로 말미암아 금고문 논쟁이라는 옛 사안을 다시 검토하고, 고문학의 배척과 금문학의 신장을 통해 정식으로 청대 금문경학의 기초를 마련했다.[5] 그와 동시에 또한 금고문 경학 논쟁을 만청시기 경학의 중대한 과제가 되도록 만들었다.

송상봉은 일찍이 「의태상박사답유흠서擬太常博士答劉歆書」를 지었는데, 그 내용 중에 금고문 경학을 다음과 같이 변별하였다.

옛날 효무황제孝武皇帝가 육경六經을 표장하고 박사博士를 설치하고, 각각 그들의 가법家法을 지켜서 서로 전수하도록 하였다. 진실로 성인과의 거리가 날로 멀어지자, 학문을 왜곡하고 날조하며 시비是非를 바꾸어 혼란스럽게 만듦으로써 보고 들었던 것을 의심하는 일이 생겨났다. 예를 들어 복생伏生의 『상서』 28편은 제왕의 일이

---

4) 莊棫, 『戴子高哀辭』(繆荃孫, 『續碑傳集』[臺北: 大化書局, 1984], 『淸朝碑傳全集』 3책, 권75, 8쪽에 실려 있음).

5) 周予同은 "宋翔鳳과 劉逢祿에 이르러 금문경학이 비로소 점진적으로 성립되었다"고 생각하였다.(朱維錚 編, 『周予同經學論著選集』, 19~20쪽)

이미 갖추어져 있고, 공자가 비록 『상서』 100편에 대한 「서序」를 지었지만,[6] 혹은 그 제목만 공허하게 남아 있고, 혹은 그 문장을 함께 합쳐 버렸다. 그러나 조목별로 나열한 것이 분명하니, "『서』에 칠관七觀이 있다"[7]고 자하子夏가 말한 것보다 더 분명한 말은 없다. 그런데 최근에 금문 『상서』보다 16편을 더 얻었다고 들었는데, 또한 자질구레한 문장이나 부스러기 글일 뿐이다. 『예경禮經』 17편은 오상五常의 도를 남김없이 포괄했으므로 사례士禮를 추론하여 천자天子에게까지 이를 필요가 없다. 『춘추』의 선사先師의 이론은 공자가 몰래 담아둔 의리를 얻었다. 그런데 좌씨左氏가 전한 책은 그 문장이 사관史官의 글인데, 어찌 『춘추』의 법도를 볼 수 있겠는가?[8]

고문가들은 금문 경전이 빠지고 없어진 내용이 있어서 완전하지 않다고 여겼는데, 송상봉은 금문 경전은 이미 완비되었다고 주장했다. 따라서 "『상서』 28편은 제왕의 일이 이미 갖추어져 있다"고 말하고, 또 "『예경』 17편은 오상五常의 도를 남김없이 포괄하였다"고 말했다. 설령 빠진 내용이 확실하게 있다고 하더라도, 그가 보기에는 단지 "자질구레한 문장이나 부스러기 글"에 지나지 않을 뿐이다. 그는 더 나아가

---

6) 역자 주: 今文本 『상서』는 한나라 文帝 때 伏生이 전한 『상서』 28편을 말한다. 복생이 진시황의 분서갱유 때 100편의 『상서』를 감추어 두었다가 한나라 때 남아 있던 28편을 전했다고 한다. 그리고 『한서』 「예문지」에 다음과 같은 기록이 보인다. "『서』에 기록된 것이 먼데, 공자에 이르러 모아서 지었다. 위로는 堯에서 시작하여 아래로는 秦나라에 이르렀다. 모두 100편인데, 공자가 거기에 「序」를 지어서 그 저작한 뜻을 말하였다."(書之所記遠矣, 至孔子纂焉. 上斷於堯, 下訖於秦. 凡百篇而爲之「序」, 言其作意) 이것은 모두 모두 금문 『상서』와 관련된 내용이다. 한편 고문본 『상서』는 한 武帝 말기에 魯恭王이 공자의 고택을 허물다가, 벽에서 蝌蚪文으로 된 고문 『상서』을 입수했는데, 금문 『상서』보다 16편이 더 많았으며, 孔安國의 집안에서 그것을 조정에 올렸다고 한다.

7) 역자 주: 劉勰의 『文心雕龍』 「宗經」에 "『서』는 七觀을 표방하였다"(『書』標七觀)는 말이 보인다. '七觀'은 『尙書大傳』 권3 「金縢傳」에서 다음과 같이 말했다. "「六誓」는 의리(義)를 볼 수 있고, 「五誥」는 어짊(仁)을 볼 수 있으며, 「甫刑」은 경계(戒)를 볼 수 있고, 「洪範」은 법도(度)를 볼 수 있으며, 「禹貢」은 일(事)을 볼 수 있고, 「皋陶謨」는 다스림(治)을 볼 수 있으며, 「堯典」은 아름다움(美)을 볼 수 있다."(「六誓」可以觀義, 「五誥」可以觀仁, 「甫刑」可以觀誠, 「洪範」可以觀度, 「禹貢」可以觀事, 「皋陶」可以觀治, 「堯典」可以觀美)

8) 宋翔鳳, 『樸學齋文錄』, 권1.

현재 남아 있는 고문 경전은 대부분 유흠이 제멋대로 조작한 결과물이라고 주장했다. 이에 대해서는 그의 「한학금고문고漢學今文古文考」에 다음과 같은 말이 있다.

애제哀帝·평제平帝 연간에 이르러, 유흠이 처음으로 고문古文에 대해 말하고, 『칠략 七略』을 지어서 고문을 높였다. 유독 왕망王莽이 집정하는 데 이르자, 마침내 그의 주장을 채용하였다. 고문의 여러 경전이 모두 궁중의 비관秘官에 소장되어 있었는데, 박사들은 대부분 보지 못했기 때문에 스승들이 고문을 전수한 것은 결코 없다. 유흠이 전교典校였기 때문에 제멋대로 고쳤다. 예를 들어『삼통술三統術』에서 인용한 「이훈伊訓」·「필명畢命」·「풍형豐刑」의 말, 그리고 『좌씨전』의 '일남지日南至'의 일은 모두 고쳐서 자기 학술을 이룬 것이다. 또 「노세가魯世家」의 연도를 고쳐서 『사기』와 부합되지 않으니, 또한 그가 스승으로부터 전수받은 것이 없었기 때문이다. 한나라 때 가짜로써 진짜를 혼란스럽게 한 것은 유흠보다 심한 경우는 없다. 또 왕망의 찬탈에 즈음하여, 사악한 이론으로 견강부회하고 사적인 억측으로 망령되게 행동했으니, 『주례周禮』·『좌씨전左氏傳』과 같은 책은 마땅히 추려서 읽어야 한다.[9]

이로써 알 수 있듯이, 송상봉의 고문에 대한 배척은 주로 『좌씨전』과 『주례』를 대상으로 삼았다.

『좌씨전』은 고문경학의 기본 경전이며, 동시에 금고문 논쟁의 초점 중의 하나이다. 송상봉 이전에 유봉록이 한대 금문학 박사의 설법을 계승하여, 『좌씨전』의 경전 지위에 대해 강렬한 질의를 제시하였다. 그는 "좌씨左氏가 성인보다 뒤에 태어난 사람으로서, 열국의 귀중한 책들을 다 보지 못했고, 또 입으로 전수한 은미한 대의大義를 듣지 못했다"[10]고 생각했다. 또 『좌씨전』의 원래 명칭은 『좌씨춘추』인데, 유흠이 "『좌씨춘추』를 꾸며서 가짜를 만들어 팔았다"고 주장했다. 따라서 『좌씨춘추』를 『춘추좌씨전』이라고 거짓으로 꾸며서 불렀으니, 사실은 "거짓을 가지고 거짓을

---

9) 宋翔鳳, 『樸學齋文錄』, 권3.
10) 劉逢祿, 『左氏春秋後證』.

전한" 결과이다. 이와 같은 유봉록의 관점은 송상봉에게 큰 영향을 끼쳤다. 유봉록이 한 말에 의하면, 그가 일찍이 송상봉에게 『좌씨전』에 관한 자신의 관점을 소개했는데, 당시 송상봉은 다음과 같이 질의하였다. "그대는 『공양전』을 믿고, 좌씨와 곡량씨는 경전의 뜻을 잃어버렸다고 여기는데, 어찌 두 사람의 책은 입만 열만 곧 틀리는가?" 유봉록은 마침내 은공 원년을 예로 들어서, 『곡량전』의 전문에 분명한 잘못이 있다고 지적하고, 또 『좌씨전』과 『사기』 「노세가」가 부합하지 않는다고 말했다. 이에 "송상봉이 크게 탄복하면서, '그대는 『공양전』을 잘 연구했을 뿐만 아니라, 좌씨의 공신이 될 수 있다. 하휴何休·허신許愼 이후로 이 의문을 밝힌 적이 없다'고 하였다."11)

송상봉은 가장 먼저 유봉록의 "『좌씨춘추』를 꾸며서 가짜를 만들어 팔았다"는 주장을 받아들여서, "유흠의 무리가 좌씨를 높이고자 했기 때문에 결국 그 문장을 고쳐서 『공양전』과 다른 의견을 내세웠다"고 주장했다. 그는 『사기』에서 『좌씨전』을 인용한 것을 가지고 『좌씨전』의 거짓을 다음과 같이 교정하였다.

> 『좌씨전』은 『춘추』에 전傳을 단 것이 아니다. 거기에서 '춘정월春正月'·'하사월夏四月'
> 이라고 말한 것은 『사기』에서 『좌씨전』을 인용한 것을 가지고 교정해 보면 종종
> '춘春'·'하夏'자가 없다. 이것은 유흠이 전문으로써 경문에 합치시켜서, 처음으로
> 경문에 의거하여 그것을 더한 것임을 알 수 있으니, 사실상 『춘추』의 뜻에 위배된다.12)

더 나아가 송상봉은 또한 "『좌씨전』은 『춘추』에 전傳을 단 것이 아니다"는 유봉록의 이론을 수용하였다.

> 『좌씨전』의 기록은 사관史官의 글을 보존한 것이지 『춘추』의 올바른 의리가 아니다.13)

『좌씨전』은 단지 사관의 글을 보존하고 있기 때문에 칭찬과 비난의 의리가 빠져

---

11) 劉逢祿, 『左氏春秋考證』, 卷上.
12) 宋翔鳳, 『論語說義』 8.
13) 宋翔鳳, 『過庭錄』, 권9.

있다. 대체로 의례義例를 논하려면, 당연히 『공양전』을 채용해야 한다.[14]

그런데 송상봉은 『좌씨전』이 비록 『춘추』의 올바른 의리가 아니지만, "사관의 글을 보존하고 있기" 때문에 여전히 매우 높은 가치가 있다고 생각했다. 따라서 유봉록이 좌씨는 "훌륭한 사관의 재능을 가지고 있고, 박학다식하다"[15]고 말했는데, 송상봉도 이 주장을 계승하였다. 그의 관점에서 보면, 한편으로 『좌씨전』은 『춘추』에 전傳을 달지 않았으며, 『춘추』의 미언대의를 발휘한 것은 사실상 『공양전』과 『곡량전』이다. 다른 한편으로 좌씨는 당연히 훌륭한 사관으로서 당시 제후와 경대부의 일을 고찰했으므로 일은 『좌씨전』보다 더 잘 갖추어진 것이 없다. 따라서 좌씨는 훌륭한 사관으로서 또한 믿을 만한 도가 있는 것이다. 송상봉이 말했다.

『좌씨전』에는 노나라 계문자季文子가 거莒나라 태자太子 복僕을 쫓아내면서, 태사太史 극克을 시켜 (노나라 宣公에게) 대답하도록 했다. 그때 순舜이 16명의 재상을 등용하고 4명을 흉족凶族을 제거한 것을 말함으로써(『좌씨전』, 문공 18년) 현자賢者를 등용하고 악인惡人을 제거하는 도리를 깊이 밝혔다. 또한 계문자季文子가 공실公室에 충성한 일을 말했다.(『좌씨전』, 양공 5년) 그 때문에 정현이 『논어』에 주를 달면서, 또한 "계문자는 충성스러우면서 어진 행실이 있다. 그가 일을 거행할 때는 허물이 적었으니, 굳이 세 번까지 생각할 필요가 없었을 것이다"라고 말했다.[16] 좌구명이 성인과 좋아하고 싫어하는 것이 같았기 때문에 그의 말을 취하여 증거로 삼으면, 자연히 믿을 만하다.[17]

『좌씨전』의 기사가 비록 믿을 만하지만, 이미 '역사'(史)로 그 자리가 정해진

---

14) 宋翔鳳, 『過庭錄』, 권9.
15) 劉逢祿, 『左氏申膏肓』, 「敘」.
16) 역자 주: 『논어』 「공야장」에 "季文子, 三思而後行. 子聞之, 曰再斯可矣"라는 문장이 보인다. 『논어주소』의 정현 주에서 "季文子, 魯大夫季孫行父. 文, 諡也. 文子忠而有賢行, 其擧事寡過, 不必及三思"라고 했다.
17) 宋翔鳳, 『論語說義』 3.

것은 『좌씨전』이 "경전을 해석한"(解經) 책이 아니라는 것을 의미한다. 그러나 송상봉의 입장에서는 결코 이와 같지 않다. 예를 들어 '삼세의 확장'(張三世) 의리를 논할 때, 『좌씨전』의 '옛것을 쓸어내고 새것을 편다'(除舊布新)라는 말을 인용하였다.[18]

단지 『좌씨전』만이 아니라, 『주례』도 또한 금고문 논쟁의 초점이다. 일찍이 한대에 『주례』에 대해 의심하는 자들이 많이 있었는데, 예를 들어 『주례주소周禮注疏』 「서문」에서 말했다. "그러므로 『주례』는 성제成帝 시기 유흠劉歆에서 일어나서 정현鄭玄에 의해 완성되었는데, 이것을 따르는 자들이 태반이었다. 그러나 임효존林孝存은 무제武帝가 『주관周官』을 말세의 혼란스럽고 검증되지 않은 책으로 알고 있다고 생각했기 때문에 「십론十論」과 「칠난七難」을 지어서 『주례』를 배격하였다. 하휴何休도 또한 이 책을 육국六國의 음모를 담은 책이라고 여겼다."[19] 송상봉도 이 주장을 인정하였다. 그의 관점에서 보면, 금문학은 70명의 제자들이 서로 번갈아가면서 전수했기 때문에 성인의 뜻을 얻은 것이다. 『주례』의 경우에는 이미 사승관계가 없고, 또 「왕제王制」·『맹자』 등과도 부합되지 않았기 때문에 "전국시대의 여러 사람이 주공周公이 제작한 것을 손질한 것"으로 간주되었다. 이러한 주장은 앞사람들과 전혀 차이가 없다. 그러나 송상봉의 특출한 곳은 다음에 있다. 즉 『주례』에 대한 비평을 통해, 이미 제도의 측면에서 금고문학 사이의 차이를 어느 정도 드러내 보임으로써 만청시기 공양학에 심원한 영향을 끼쳤다는 점이다.[20] 그러나 『주례』에 대한 그의 태도는 완전히 부정적인 것만은 아니다. 그의 관점에서 보면, 『주례』도 또한 "한 시대의 책"으로서의 가치가 있기 때문에 참고할 만하다. 예를 들어 그가 '주主'에 대해 논의할 때, 『공양전』 이론을 따르지 않고 『주례』의 이론을 따랐다.[21]

이상을 종합하면, 송상봉은 도함道咸 연간의 금문학을 창도한 사람이며, 그의

---

18) 『左氏傳』, 昭公 17년, "冬, 有星孛于大辰, 西及漢. 申須曰, '彗所以除舊布新也.…….'"
19) 역자 주: 『주례주소』의 賈公彦의 「序」 다음에 붙어 있는 「序周禮興廢」라는 글 속에 보인다.
20) 孫春在, 『淸末的公羊學』, 43쪽 및 汪暉, 『現代中國思想的興起』, 795쪽, 그리고 黃開國, 『淸代今文經學的興起』, 265쪽 참조.
21) 宋翔鳳, 『論語說義』 3.

학문은 금문학을 높이고 고문학을 비판하는 색채를 분명하게 갖추고 있다. 그러나 『좌씨전』·『주례』에 대한 그의 태도에서 보면, 그가 고문학을 완전히 부정한 것은 아니다. 『좌씨전』·『주례』를 제외하고, 『시』의 금문에는 제齊·노魯·한韓이 있고, 고문에는 모시毛詩가 있다. 그는 "『시』는 완전한 해석이 없기 때문에 자연스럽게 모두가 보존될 수 있었다"[22]고 하였다. 그는 「관저關雎」에 대해 논하면서 다음과 같이 말했다. "「관저」를 해석한 것은 두 가지 뜻이 있다. 즐겁되 지나치지 않는 것은 모시毛詩 학문에서 전하는 것이다. 슬프되 해치지 않는 것은 노시魯詩 학문에서 전하는 것이다. 두 학파는 모두 70제자가 남긴 학문에서 나왔으니, 모두 공자로부터 나온 것이다.[23] 또 『논어』는 제齊·노魯·고古 세 학파가 있는데, 그는 『고논어古論語』의 이론을 많이 채택하였다. 예를 들어 「안연顔淵」장의 "한마디 말에 옥사를 결단할 수 있다"(片言可以折獄)에서의 '절折'자를 고문가는 '철哲'로 해석하고, 『노논어魯論語』에서는 '절折'로 읽고 '제制'로 해석하였다. 그는 마땅히 "고문을 따라야 한다"고 생각하였다.[24] 금고문학의 몇몇 설법의 차이에 대해, 송상봉은 대부분 "책을 읽는 자의 입장에서 절충해야 한다"고 주장했다.[25] 그러나 일반적으로 말하면, 그가 금고문학을 논할 때, 경문의 미언대의와 관련된 것은 모두 "금문가 이외에는 따르지 않았다."[26] 그러나 미언대의와 무관한 경우에는 금고문을 함께 채용하거나, 고문의 이론으로 금문의 이론을 바로잡았다.

2. 미언微言과 대의大義

1) 미언微言과 대의大義의 구분

유흠의 「이양태상박사서移讓太常博士書」에서 말했다. "옛날에 공자가 죽자 미언微

---

22) 宋翔鳳, 『過庭錄』, 권7.
23) 宋翔鳳, 『論語說義』 2.
24) 宋翔鳳, 『論語說義』 6.
25) 宋翔鳳, 『過庭錄』, 권5.
26) 宋翔鳳, 『過庭錄』, 권9.

言이 끊어졌고, 70여 명의 제자가 죽자 대의大義가 어그러졌다."27) 이로써 유흠이
이미 '미언'과 '대의'를 구분했다는 것을 알 수 있다 그러나 후세의 학자들은 대부분
두 가지를 두리뭉실하게 말했다. 송상봉은 미언대의에 대해 논하면서 이전 학자들의
견해에 동의하지 않고, '미언'과 '대의'를 명확하게 구분하였다. 그러나 '미언'과
'대의'에 대한 그의 인식은 젊었을 때와 나이가 들었을 때가 큰 차이점이 있다.
26세 때 지은『경문經問』에서 그는 이미 '미언'과 '대의'를 구별했는데,「자서」에서
다음과 같이 말했다.

> 육경六經이 정해지자 이단異端이 단절되고, 전주傳注가 출현하자 성인의 학문이
> 밝혀졌다.…… 살펴보건대, 경經이라는 것은 상常의 의미이니, 항구적이어서 그치지
> 않고, 영원히 변치 않는 것을 상常라고 한다. 따라서 성인의 말을 미언微言이라
> 하고, 전기傳記의 기록을 대의大義라고 한다. 미微라는 것은 지극히 은미하여 들어가
> 지 않음이 없는 것이며, 대大라는 것은 지극히 커서 포괄하지 않는 것이 없는
> 것이다. 그 체제 부류의 근원을 따져 보면, 모두 경經이라고 부른다. 그것은 상象·수
> 數의 이론이『역』이 아님이 없고, 고문古文·금문今文이『서』가 아님이 없으며,
> 제齊·노魯·한韓·모毛가『시』가 아님이 없고,『공양전』·『곡량전』·『좌씨전』이
> 『춘추』가 아님이 없는 것이다.『의례儀禮』의 경전經傳이 비록 하나의 길에서 나왔지
> 만, 그 가리키는 뜻이 두루 미침으로써 법제法制의 변화를 다할 수 있고, 인사人事의
> 기강을 두루 미칠 수 있다. 요약해서 논하면, 미언은 하나의 일로 다 갖추어
> 보존할 수 없으며, 대의는 하나의 단서로 다 드러낼 수 없다.28)

이 말에 근거하면, 송상봉은 '성인의 말이 미언이며, 그것이 근본이자 근원'이라고
여겼다. '전기傳記의 기록'이 대의이며, 그것이 말단이자 말류라고 여겼다. 그러나
주의할 점은 그가 여기에서 금문·고문, 즉 여러 사설師說을 모두 대의라고 말하고,
비록 "다름을 합하여 같음으로 삼고, 말단을 통해서 근본으로 되돌아간다"고 주장했지

---

27)『漢書』,「楚元王傳」.
28) 宋翔鳳,『樸學齋文錄』, 권2.

만, 그와 동시에 "문호가 별도로 세워져서, 스승이 전하는 것이 서로 다르다"는 합법성을 승인함으로써 금문과 고문의 미언과 대의에 대한 이해가 보다 더 큰 완전성과 포용성을 갖추도록 하였다. 그러나 이러한 미언대의의 관점은 결코 송상봉의 정론이 아니다. 만년에 이르러서, 그의 이론은 비교적 커다란 수정이 이루어졌다. 그의 「한학금문고문고漢學今文古文考」에서 미언대의에 관한 두 번째 논설을 제시하였다.

> 미언微言이란 공자가 말한 것 중에 들을 수 없었던 성性과 천도天道이다. 예를 들어 "공자는 이로움(利)과 명命과 인仁을 드물게 말했다"(「자한」)거나, 공자가 "나는 말을 하지 않으려고 한다. 하늘이 무슨 말을 하겠는가?"(「양화」)라고 말한 것 것과 같은 것이다. 『역』·『춘추』는 모두 성과 천도의 근원을 갖추고 있고, 이익과 명과 인의 이치가 두 경전에 다 갖추어져 있다. 따라서 『논어설論語說』에서 말했다. "자하子夏 등 64명의 사람들이 중니의 미언을 글로 지어서 소왕素王에 해당시켰다." 예를 들어 『춘추』는 원元으로 시작해서 린麟으로 끝나며, 『역』의 육효六爻는 발휘되어 두루 통하고, 건도乾道는 각각 성명性命을 바르게 한다. 가의賈誼·동중서董仲舒·맹희孟喜·경방京房의 무리들이 그것을 전하여 끊어지지 않았다. 대의大義는 공자의 문장 중에 들을 수 있었던 것이다. 예를 들어 『시』·『서』·『예』·『악』이 그것이다. 따라서 공자가 평소에 늘 말한 것이 『시』·『서』와 예禮를 지키는 것이다.(「술이」) 이것은 공자가 말을 바르게 하여 제자에게 일러주었던 것이며, 당시에 모두 입으로 그 대의를 전수하였다. 이른바 미언대의는 모두 한대 박사들이 전한 것이다.[29]

이러한 해설에 의하면, '미언'과 '대의'의 구별은 결코 성인이 말한 것인가의 여부에서 결정되는 것이 아니다. 미언과 대의는 모두 성인으로부터 나왔으며, 단지 다음과 같은 차이가 있을 뿐이다. '미언'은 '들을 수 없었던' '성性과 천도天道'이며, 육경 중의 『역』과 『춘추』에 구현되어 있다. '대의'는 '들을 수 있었던' '공자의 문장'이니, 곧 『시』·『서』·『예』·『악』이 그것이다. 이른바 '들을 수 있었던 것'과 '들을 수 없었던 것'에 대해, 송상봉은 또 『이아爾雅』와 육경六經의 관계를 가지고

---

29) 宋翔鳳, 『樸學齋文錄』, 권3.

한 걸음 더 나아가 설명하였다. 그의 관점에서 보면, 『이아』는 주공과 공자가 지은 것이며, 『이아』는 『역』과 『춘추』를 해석하지 않았다. 그 이유는 『역』과 『춘추』의 미언은 "들을 수 없었기" 때문이다. 바로 『역』과 『춘추』는 "들을 수 없었기" 때문에 송상봉은 "70명의 제자들이 다만 육예를 몸으로 통하였고, 당세에 전한 성인의 가르침은 오로지 『시』·『서』와 예를 지키는 것에 있었다"고 주장하였다. 또한 바로 이와 같기 때문에 "맹자孟子·순경荀卿의 책은 모두 『시』·『서』·『예』·『악』을 말했지만, 『역』·『춘추』의 가르침을 말하지 않았다. 태사공이 「유림전」을 지으면서, 『시』·『서』·『예』 세 학문을 먼저 말하고, 그 이후에 『역』·『춘추』를 언급한 것은 두 책이 당시에는 들을 수 없는 항목에 속해 있었기 때문이다.30)

2) 『역』·『춘추』의 미언微言이 여러 경전을 통괄함

송상봉의 '미언'과 '대의'에 대한 이해는 비록 젊을 때와 나이가 들었을 때의 차이가 있지만, 그의 입장에서 '미언'과 '대의'는 결코 대립되지 않는다. 두 가지에 대해 말하면, 그는 분명히 '미언'을 더욱 중시하였고, 아울러 '미언'으로써 '대의'를 통괄하였으니, 곧 『역』과 『춘추』의 '미언'으로써 여러 경전을 통괄하였다.

먼저 『역』과 『춘추』는 모두 공자가 진술한 '성性과 천도天道'의 미언이 있는 곳이기 때문에 저절로 서로 통할 수 있다. 따라서 송상봉은 반복적으로 두 책의 내재적 일치성을 논설하였다.

> 『역』은 천도天道를 밝혀서 인사人事를 소통한다. 따라서 본래 숨겨진 것을 겉으로 드러낸다. 『춘추』는 인사를 기록하여 천도를 완성한다. 따라서 드러난 것을 추론하여 은미한 것에 이른다. 하늘과 사람의 관계는 성性으로써 소통시키기 때문에 '성과 천도'라고 말한 것이다.31)

---

30) 宋翔鳳, 『論語說義』 4.
31) 宋翔鳳, 『論語說義』 3.

또 말했다.

『춘추』의 오시五始는 『역』의 사덕四德과 같은 예例이다. 『역』에는 사덕이 있으므로 64괘가 발휘되어 두루 통하는 실정이 드러난다. 『춘추』에는 오시가 있으므로 242년의 선善을 칭찬하고 악惡을 비판하는 의리가 밝혀진다.[32]

'미언'을 분명하게 서술한 『역』과 『춘추』는 피차 상호간이 통괄될 뿐만 아니라, 또 그 '미언'은 육경에도 관통된다. 그가 말했다.

그 끝을 탐구해 보면, 『시』·『서』·『예』·『악』은 모두 『춘추』의 태평太平의 정치와 『역』의 기제既済의 안정으로 귀결된다.[33]

『시』·『서』·『예』·『악』이 비록 공자가 전한 '대의'이지만, 그 핵심은 『역』과 『춘추』의 '미언'으로 귀결된다. 따라서 송상봉의 관점에서 보면, 여러 경전은 모두 『역』·『춘추』의 '미언'을 드러내 밝힐 수 있다. 예를 들어 그는 『상서』에 대해 다음과 같이 논했다.

공자가 『서書』를 차례 매겨서 100편에 호칭을 두었는데, 그 중에 책을 손질한 요지를 밝힐 수 있는 21편을 기록했다고 말한다. 따라서 『상서대전尚書大傳』에서 공자를 인용하여 말했다. "「육서六誓」는 의리(義)를 볼 수 있고, 「오고五誥」는 어짊(仁) 을 볼 수 있으며, 「보형甫刑」은 경계(戒)를 볼 수 있고, 「홍범洪範」은 법도(度)를 볼 수 있으며, 「우공禹貢」은 일(事)을 볼 수 있고, 「고요모皐陶謨」는 다스림(治)을 볼 수 있으며, 「요전堯典」은 아름다움(美)을 볼 수 있다."[34]

---

32) 宋翔鳳, 『過庭錄』, 권9.
33) 宋翔鳳, 『論語說義』 3.
34) 宋翔鳳, 『樸學齋文錄』, 권1.

이로써 알 수 있듯이, 공자가 차례를 매긴 『서』가 비록 100편이 있지만, 단지 28편만 기록한 것은 대체로 그 손질한 요지를 둔 것이다. 송상봉은 또 공자가 『서』를 차례 매기면서, "주紂의 토벌에 대해서는 그 문장을 빼고, 주공周公의 섭정에 대해서는 그 말을 은미하게 함으로써 성인이 변화에 대처하는 비상하고 특이한 의리를 보여 주었다." 이것은 모두 성인이 변화에 대처하는 비상하고 특이한 의리로서의 '미언'이다.

단지 『상서』만이 아니라 『예기』도 또한 『역』·『춘추』의 '미언'을 드러내 밝힐 수 있다. 따라서 송상봉은 "『소대기小戴記』와 『춘추』·『논어』는 동일한 가법家法이니, 『주례』와는 같지 않다"고 말했다. 이른바 '동일한 가법'이란 '미언'을 드러내 밝힐 수 있다는 의미이다. 그의 관점에서 보면, 『예기』 중의 「예운禮運」·「대학大學」·「중용中庸」 등의 여러 편은 모두 『역』과 『춘추』의 '미언'과 관통되어 있다. 예를 들어 그는 「예운」에 대해 논하면서, 이 "한 편은 모두 『춘추』의 의리를 밝히는 데 뜻을 두고 있다"[35]라고 했다. 그의 관점에서 보면, 「예운」에서 기록한 공자의 말은 노나라의 체禘제사가 예법이 아님을 비평한 것인데, 사실은 『공양전』의 "노나라를 근거로 삼고, 주나라는 친한 나라로 여기며, 은나라를 옛 나라로 여기고, 하나라를 축출한다"(據魯, 親周, 故殷, 絀夏)는 이론이다. 이것은 한편으로는 대의이고 다른 한편으로는 미언이니, 두 가지는 서로 드러내 밝혀 준다. 또 「대학」의 '지어지선止於至善'을 논하면서 말했다. "지극한 선에 머문다(止於至善)는 것은 모두 하나의 성실함(誠)이 관통하는 것이니, 만사의 근본이 된다. 『역』과 『춘추』에서는 그것을 원元이라고 한다." 이것은 『대학』의 '지어지선'을 가지고 『역』과 『춘추』의 '원元'과 소통시킨 것이다. 바로 '미언'이 '대의'에서 그것을 드러낼 수 있기 때문에 송상봉은 유흠의 주장을 한결같이 반대하고, "공자가 죽어도 미언은 끊어지지 않았고, 70여 명의 제자가 죽어도 대의가 어그러지지 않았다"고 말했다.[36]

---

35) 宋翔鳳, 『論語說義』 2.
36) 宋翔鳳, 『論語說義』 10.

3) 미언은 『논어』보다 더 잘 갖추어진 것이 없음

『역』과 『춘추』의 '미언'은 비록 여러 경전과 전기傳記에서 드러낼 수 있지만, 결국은 산발적으로 드러날 뿐이다. 송상봉의 관점에서 보면, 『역』과 『춘추』의 '미언'을 가장 집중적으로 드러낼 수 있는 것은 『논어』보다 더한 것이 없다.

공자가 천명을 받아 『춘추』를 지으니, 그 미언은 『논어』에 갖추어져 있다.[37]

『논어』라는 책은 모두 성인의 미언이 담겨 있기 때문에 송상봉은 『논어』의 여러 편에서 미언을 드러낸 곳에 대해 대부분 논의를 전개하였다. 예를 들어 「학이學而」 편에 대해 다음과 같이 논했다.

선왕先王이 죽자 명당明堂(임금이 조회를 받던 正殿)의 정치가 사라지고, 태학太學의 가르침이 폐기되어, 효제충신孝弟忠信이 닦이지 않았다. 공자가 천명을 받아 『춘추』를 지으니, 그 미언이 『논어』에 갖추어짐으로써 마침내 가장 먼저 학문을 세우는 의리를 말하면서 "배우고 때에 맞추어 익히면 또한 기쁘지 않겠는가?"라고 했다.[38]

송상봉의 관점에서 보면, "인심이 상실되지 않고 기강이 무너지지 않는 것은 모두 학문과 관련이 있다." 따라서 『논어』의 처음에 학문을 세우는 의리를 말함으로써 이 편의 미언으로 삼은 것이다.

또 「위정爲政」편에 대해 다음과 같이 논했다.

『논어』는 「학이」편 뒤에 「위정」편을 두어서 명당明堂에서 하늘을 본받는 의리를 드러내 밝혔으니, 또한 미언이 끊어지지 않은 것이다.[39]

---

37) 宋翔鳳, 『論語說義』 1.
38) 宋翔鳳, 『論語說義』 1.
39) 宋翔鳳, 『論語說義』 1.

또 「팔일八佾」편에 대해 다음과 같이 논했다.

「학이」·「위정」 두 편에서 이미 태학太學과 명당明堂의 법도를 밝혔고, 「팔일」
한 편에서는 마침내 종묘宗廟의 예법을 밝혔다.…… 종묘의 법도는 효제孝弟의
지극함을 드러내고, 인仁을 실천하는 근본이다. 예를 들어 계씨季氏 등의 삼가三家가
군신君臣과 부자父子의 의리가 없는데, 어찌 경敬이 있고 어찌 효제孝弟가 있겠는가?
예의 근본이 이미 흩어지고 사라졌기 때문에 그것을 차마 그런 짓을 한다(忍)고
말하고 불인不仁하다고 말했으니, 미언의 존재를 또한 생각해 볼 수 있다.[40]

또 「옹야雍也」편에 대해 다음과 같이 논했다.

「옹야」라는 편은 가장 먼저 경敬에 거하면서 간략함을 행하는 것(居敬行簡)을 말함으
로써 충서忠恕를 밝히고 중용中庸으로써 그것을 탐구하니, 모두 일이관지一以貫之의
미언이다.[41]

또 「자한子罕」편에 대해 다음과 같이 논했다.

이 편의 문장 전체는 모두 성인이 말을 은미하게 한 까닭을 말했다.[42]

각 편마다 편의 요지를 서술한 것 이외에, 그는 또 『논어』 중의 많은 논술을
모두 '미언'이라고 바로 호칭했다. 예를 들어 「자한」편의 "공자는 이로움(利)과 명命과
인仁을 드물게 말했다"(子罕言利與命與仁)는 조목에서 송상봉은 다음과 같이 그 뜻을
풀이했다.

---

40) 宋翔鳳, 『論語說義』 2.
41) 宋翔鳳, 『論語說義』 3.
42) 宋翔鳳, 『論語說義』 5.

이 편의 문장 전체는 모두 성인이 말을 은미하게 한 까닭을 말했다. 한罕이란 드물다(希), 은미하다(微)는 뜻이다. 한언罕言은 미언微言과 같다. 자공이 말했다. "공자가 성性과 천도天道를 말한 것을 들을 수가 없었다." 매우 드문 사이에 존재하고, 끊어지고 이어지는 사이에서 통하기 때문에 들을 수 없다는 것은 미언을 말한다.[43]

또 「양화」편에서 말했다. "공자가 말했다. '나는 말을 하지 않으려고 한다.' 자공이 말했다. '선생님이 만약 말씀하지 않으면 저희들이 어떻게 도를 전하겠습니까?'"(子曰, 予欲無言. 子貢曰, 子如不言, 則小子何述焉?) 이에 대해 송상봉은 다음과 같이 풀이했다.

'말을 하지 않는다는 것'(無言)은 미언이다. 자공은 학자들이 '무언無言'을 '말을 하지 않는 것'(不言)으로 여길까 두려웠기 때문에 질문하여 그 뜻을 밝힌 것이다. "성性과 천도天道를 들을 수 없었다"는 것이 곧 '무언無言'을 말한다.[44]

또 「양화」편에서 말했다. "공자가 말했다. '하늘이 무슨 말을 하겠는가? 사시四時가 운행되고 온갖 사물이 생장하니, 하늘이 무슨 말을 하겠는가?'"(子曰, 天何言哉? 四時行焉, 百物生焉, 天何言哉?) 이에 대해 송상봉은 다음과 같이 풀이했다.

'하늘이 무슨 말을 하겠는가'라는 것은 곧 이로움(利)과 관련된 것을 말하지 않는 것이다. '사시四時가 운행된다'는 것은 본성이 따르는 바이다. '온갖 물건이 생장한다'는 것은 사람이 자라는 것이다. 아름다움(美)과 이로움(利)으로써 천하를 이롭게 할 수 있는 것이다. '하늘이 무슨 말을 하겠는가'를 두 번 말한 것은 나의 미언이 모두 성性과 천도天道이지만, 반드시 이로움(利)과 관련된 일을 탐구한 이후에 성性과 관련된 일을 이해해야 하고, 명命과 관련된 일과 인仁과 관련된 일을 탐구한 이후에 천도天道와 관련된 일을 이해해야 함을 보여 준 것이다. 공자가 미언의

---

43) 宋翔鳳, 『論語說義』 5.
44) 宋翔鳳, 『論語說義』 9.

가르침을 두어서 백세의 스승으로 삼은 것은 이로움(利)과 명命과 인仁에 갖추어져 있다.[45)]

이와 같이 이른바 '한언罕言' · '무언無言' · '천하언재天何言哉'가 모두 '미언'으로 해석되었다.

또 「자한子罕」편에서 말했다. "안연이 크게 탄식하면서 말했다. '우러러볼수록 더욱 높고, 뚫을수록 더욱 견고하며, 바라볼 때 앞에 있었는데 홀연히 뒤에 있다. 선생님께서는 차근차근하게 사람을 잘 이끌어서, 학문으로써 나의 지식을 넓혀주시고, 예의로써 나의 행실을 요약해 주었다. 그만두고자 해도 그만둘 수 없어서 이미 나의 재주를 다하니, 마치 내 앞에 우뚝 서 있는 듯하다. 비록 그것을 따르고자 하지만 말미암을 곳이 없도다.'" 송상봉은 다음과 같이 생각했다. 안연이 다른 사람들보다 뛰어난 점은 성인의 '미언'이 있는 곳을 잘 아는 데 있다. 따라서 이처럼 탄식하면서 찬미하였으니, '내 앞에 우뚝 서 있다'(所立卓爾)에서의 '탁이卓爾'라는 두 글자도 또한 그로 인해 "미언의 우뚝함"으로 해석된다.[46)] 안자顏子 이후 공자 문하의 네 분야(四科) 중에서, 송상봉은 특히 '언어言語' 분야를 중시하여, 그들이 "성인의 미언을 전하고, 그것을 진술하여 말함으로써 백세토록 미언을 드리워서 공자를 스승으로 만들어 주었다"고 했다.[47)] '언어' 분야에는 재아宰我 · 자공子貢이 있는데, 송상봉은 다음과 같이 말했다. "이른바 중니仲尼의 미언이란 곧 성性과 천도天道와 관련된 말이니, 『논어』에 있는 미언을 탐구해 보면, 재아宰我 · 자공子貢 계열의 언어 분야에서 모두 성인의 심정을 드러내고 일으켜서 성인과 서로 그림자와 메아리가 되니, 재아 · 자공 두 사람의 논의가 유독 많다."[48)] 즉 재아와 자공이 유독 성인의 미언을 이해했기 때문에 "성인의 심정을 드러낼" 수 있었다. 송상봉은

45) 宋翔鳳, 『論語說義』 5.
46) 宋翔鳳, 『論語說義』 5.
47) 宋翔鳳, 『論語說義』 6.
48) 宋翔鳳, 『論語說義』 6.

다음과 같이 그 예를 들었다. "『논어』의 20편 중에서, 재아의 경우에는 주침晝寢·문주問主·삼년지상三年之喪과 같은 부류가 있고, 자공의 경우에는 희양餼羊·문위군問衛君과 같은 부류가 있으니, 모두 성인의 미언을 밝힌 것이다."[49] 이로써 알 수 있듯이, 송상봉의 관점에서 보면, 재아의 '주침·문주·삼년지상과 같은 부류', 자공의 '희양·문위군과 같은 부류'처럼, 『논어』에서 주의하지 않던 많은 문장 속에 모두 매우 깊은 '미언'이 갖추어져 있기 때문에 "그 미언이 『논어』에 갖추어져 있다"고 말한 것이다.

3. 『논어』로써 『공양전』을 진술함

송상봉은 공양학 방면의 전문 저작을 전혀 저술하지 않았지만, 그가 말한 것처럼 "공자가 천명을 받아 『춘추』를 지으니, 그 미언이 『논어』에 갖추어져 있기"[50] 때문에 『논어』를 특별히 중시하여 『논어설의』 10권을 저술하였다. 이 때문에 송상봉의 『공양전』과 관련된 사상은 주로 『논어』에 대한 해석을 통해 발휘되었다. 보다 구체적으로 말하면, 다음과 같은 몇 가지 항목으로 표현될 수 있다.

1) 공자가 천명天命을 받아 소왕素王이 되어 제도를 만든 것이 『춘추』에 보임

송상봉의 '미언'에 대한 중시는 공자를 소왕素王으로 여기는 관점과 밀접한 관련이 있다. 그의 관점에서 보면, '미언' 이론과 '소왕' 이론은 동전의 양면이다. 공자가 천명을 받아 소왕이 되었기 때문에 『역』을 찬술하고 『춘추』를 지을 수 있었으며, 성性과 천도天道라는 '미언'을 천명할 수 있었다. 바로 공자가 성과 천도라는 '미언'을 천명할 수 있었기 때문에 천명을 받아서 소왕이 될 수 있었다. 따라서 송상봉은 '미언'과 '소왕'을 종종 함께 거론하면서 논했다. 『논어설의』「서문」의

---

49) 宋翔鳳, 『論語說義』 6.
50) 宋翔鳳, 『論語說義』 1.

첫머리에서 그 요지를 다음과 같이 제시하였다.

『논어설論語說』에서 말했다. "자하子夏 등 64명의 사람들이 중니의 미언微言을 글로
지어서 소왕素王에 해당시켰다." 미언微言이라는 것은 성性·천도天道와 관련된
말이다. 이 20편은 그 조리를 찾고 그 지향을 탐구했으니, 태평太平의 정치와
소왕素王의 사업이 갖추어져 있다.[51]

그의 관점에서 보면, 공자는 '소왕'으로서 사실상 천명이 있는 대상이다. 이에
하늘은 공자의 성스러움을 알아서 그에게 천명을 받아서 '소왕'이 되게 하였다.
따라서 송상봉은 '남이 알아주지 않더라도 화내지 않는다'(人不知而不慍)를 해석할
때 다음과 같이 말했다.

'남이 알아주지 않더라도 화내지 않는다'는 것은 당시의 군신이 모두 공자를 알아주
지 않고, 하늘이 스스로 공자를 알아주어서, 그로 하여금 천명을 받아 소왕을
담당하도록 했으니, 또한 어찌 남에게 화를 내겠는가?[52]

단지 하늘이 공자를 알아주어서 그에게 천명을 받도록 했을 뿐만 아니라, 공자
스스로도 장차 '소왕'의 천명을 받을 줄 알고 있었다. 공자가 "50세에 천명을 알았다"(五
十而知天命,「위정」)고 스스로 말하고, 또 "50세에 『역』을 배운다"(五十以學『易』,「술이」)고
스스로 말했는데, 이에 대해 송상봉은 다음과 같이 해석했다.

천명天命이란 하늘로부터 받은 명命이다. 덕德은 크고 작음이 있고, 명命은 존귀함과
비천함이 있다. 대부는 제후에게 명을 받고, 제후는 천자에게 명을 받으며, 천자는
하늘에게 명을 받는다. 이것이 모두 명이다. 공자는 장차 소왕素王이 될 명을
받을 줄 알고 있었기 때문에 『역』을 배운다고 가탁한 것이다. 따라서 "만약 나에게

---

51) 宋翔鳳, 『論語說義』, 「序」.
52) 宋翔鳳, 『論語說義』 1.

수명을 늘려 주어서 50세에 『역』을 배운다면 큰 허물이 없을 것이다"(「술이」)고 말했다. 대체로 천명을 아는 나이로서 천명에 이르는 책을 읽음으로써 이치를 탐구하고 본성을 다하여, 천명에 처음과 끝이 있음을 아는 것이다.[53)]

공자가 말한 '천명을 아는 것'(知命)은 곧 하늘이 '소왕'의 사명을 부여한 것을 알아서 깨닫는 것이다. 따라서 공자도 또한 그것으로 스스로 자임함으로써 "천명이 부여되는 것을 알고서 그것을 받아서, 소왕의 성공을 드러낸 것이다."[54)] 이 점에 관해서, 송상봉은 이것이 공자 제자들의 공통된 인식이라고 생각하였다.

공자는 소왕이니, 여러 제자들이 모두 앞뒤에서 인도하는 자가 있고, 덕을 일깨우고 명예를 선양하는 자가 있으며, 소원한 사람이 귀의한 자가 있었다.[55)]

공자가 '소왕'이라는 것은 단지 공자 문하의 제자들만의 공통된 인식이 아니라, 송상봉이 보기에는 당시 사람들의 공통된 인식이었다. 「자한」편에 달항당達巷黨 사람의 다음과 같은 말이 기록되어 있다. "위대하도다, 공자여! 박학하지만 한 가지로 이름을 이룬 것이 없구나." 이에 대해 송상봉은 다음과 같이 말했다.

---

53) 宋翔鳳, 『論語說義』 1.
54) 宋翔鳳, 『論語說義』 10.
55) 宋翔鳳, 『論語說義』 1.
    역자 주: 『시』 「大雅・緜」편에 다음과 같은 내용이 보인다. "우나라와 예나라가 그 송사의 공평함을 질정하자, 문장이 그 일어날 형세가 움직이니, 나는 소원한 이가 귀의한 사람이 있다고 하고, 앞뒤에서 인도하는 사람이 있다고 하며, 덕을 일깨우고 명예를 선양하는 사람이 있다고 하고, 적의 업신여김을 방어할 사람이 있다고 말하노라."(虞芮質厥成, 文王蹶厥生, 予曰有疏附, 予曰有先後, 予曰有奔奏, 予曰有禦侮) 이 시는 文王이 다스릴 때 주나라로 귀속해 오는 제후들이 많아져서, 문왕이 그 세력을 동원한 것을 읊은 것이다. 문왕의 덕이 비록 훌륭했지만, 주위의 네 종류의 신하들의 도움이 있었다는 것을 말한 것이다. 여기에서는 소왕으로서의 공자를 문왕에, 여러 제자들을 문왕 주위의 신하에 비유하여, 공자가 소왕의 역할을 수행하는 데 도움을 주었다고 풀이하였다.

공자는 소왕이니, 마치 요임금이 위대하여 백성들이 말로 형용하지 못했던 것과 같았다. 달항당 사람이 공자가 천명을 받을 것을 먼저 알았으니, 오직 이러한 말을 한 것은 한 사람뿐이다.[56]

「태백」편에서 공자가 요임금을 찬양하여 "백성들이 말로 형용하지 못했다"고 했는데, 달항당 사람이 공자를 찬미하여 "한 가지로 이름을 이룬 것이 없구나"라고 하였다. 송상봉은 마침내 이 두 가지를 함께 제시하여, 요임금이 왕자였으므로 공자도 또한 왕자인데, 다만 지위가 없는 왕자였기 때문에 '소왕'이라고 불렀다고 논했다. 「팔일八佾」편에 의儀땅의 국경 관원이 공자를 뵙고 나와서, "그대들은 어찌 공자가 벼슬을 잃어버린 것을 걱정할 것이 있겠는가?"라고 하였다. 이에 대해 송상봉은 다음과 같이 풀이하였다. "하늘에 호응하여 제도를 만들고, 백세를 호령할 것이니, 의땅의 국경 관원이 그것을 알았기 때문에 '공자가 벼슬을 잃어버린 것을 어찌 걱정하는가?'라는 말로 여러 제자들에게 말해준 것이다. 소왕素王·소신素臣이라는 것을 분명하게 알 수 있다."[57] 이것도 또한 의땅 국경 관원의 말을 가지고, 당시 사람들이 모두 공자가 천명을 받아서 '소왕'이 된 것을 알았다는 것을 증명하였다.

송상봉은 더 나아가 다음과 같이 생각했다. 고대에 제왕이 천명을 받을 때는 모두 상서로운 징조가 있었다. 따라서 공자가 천명을 받아 '소왕'이 될 때에도 또한 상서로운 징조가 있었다. 오덕종시五德終始 이론에 근거하면, 주나라는 화덕火德으로 적색을 숭상하니, 주나라를 계승한 자는 마땅히 수덕水德으로 흑색을 숭상한다. 공자가 이미 천명을 받아 '소왕'이 되었으므로 송상봉은 『춘추위春秋緯』를 인용하여 "공자의 모친이 흑제黑帝와 감응하여 태어났다"고 말하고, 공자를 '현성玄聖'이라고 불렀다. 심지어 「요왈堯曰」편의 "검은 희생을 사용하다"(用玄牡)는 말도 또한 "천명을 받은 징조"로 해석된다.[58] 이로써 공자가 소왕이 된 것은 천명이 가해졌기 때문임을

---

56) 宋翔鳳, 『論語說義』 5.
57) 宋翔鳳, 『論語說義』 1.
58) 宋翔鳳, 『論語說義』 10.

증명하였다.

공양가의 이론에 의하면, 왕자가 천명을 받으면 반드시 예법을 제정하고 음악을 짓는다. 공자는 천명을 받아서 '소왕'이 되었지만, '소왕'은 결국 실제의 왕이 아니다. 덕은 있지만 지위는 없기 때문에 예법을 제정하고 음악을 짓지 못한다. 따라서 양한시대의 공양가들은 공자가 '소왕'이 되어 예법을 제정하고 음악을 지은 것이 『춘추』를 지은 것을 통해 구현되었다고 생각하였다. 송상봉도 이 주장을 견지하였다. 공자가 하늘에 호응하여 제례작악制禮作樂을 했으며, 서수획린西狩獲麟을 통해 단문端門의 명을 얻었다. 이 때문에 『춘추』를 지어서 발란반정撥亂反正함으로써 "인사人事가 두루 미치고 왕도王道가 완비되어, 정치가 태평하기"를 기대했으니, 이것이 곧 소왕의 사업이다. 그리고 『춘추』의 '미언'은 곧 "오시五始 · 삼과三科 · 구지九旨 · 칠등七等 · 육보六輔 · 이류二類의 의리를 갖추고 있으며, 경중輕重과 상략詳略, 원근遠近과 친소親疎 등 인사가 두루 미치고 왕도가 완비되어 있으며, 난리를 바로잡아서 올바른 데로 되돌리며, 공적이 기린을 잡는 데서 이루어져서 천하가 태평하게 되는 것이다." 이것이 바로 공자의 제례작악制禮作樂이 구체적으로 체현된 것이다. 이러한 측면에서 말하면, '미언'과 '소왕' 이론은 사실상 동전의 양면이다.

2) 삼세의 확장(張三世)

송상봉은 『공양전』의 의리 중에서 '삼세의 확장'(張三世) 이론을 가장 중시하였다. 그는 다음과 같이 말했다.

삼세의 확장(張三世)이라는 법도를 탐구해 보면, 전해들은 세대에서는 다스림이 쇠란衰亂의 가운데에서 일어남을 보여 주니, 노나라의 일은 기록하고 외국의 일 간략하게 기록한다. 직접 들은 세대에서는 다스림이 승평升平임을 보여 주니, 제하를 안으로 여기고 이적을 밖으로 여긴다. 직접 본 세대에서는 다스림이 태평太平임을 보여 주니, 천하에서 멀거나 가까운 지역과 작거나 큰 나라가 모두 하나같다.[59]

만약 단지 이 내용만 가지고 말한다면, 송상봉은 전통적인 '삼세이사三世異辭'의 옛 이론을 답습했을 뿐이다. 그는 또 말했다.

『춘추』 문공 14년, "가을, 7월, 혜성이 북두칠성으로 들어갔다."(秋, 七月, 有星孛入于北斗) 소공 17년, "겨울, 혜성이 대진에 출현하였다."(冬, 有星孛于大辰) 애공 13년, "겨울, 11월, 혜성이 동쪽 하늘에 출현하였다."(冬, 十有一月, 有星孛于東方) 『공양전』의 이론에서 말했다. "패孛라는 것은 무엇인가? 혜성彗星이다."(『공양전』, 문공 14년) 고문 좌씨학 이론에서 말했다. "혜성은 옛것을 제거하고 새로운 것을 펴는 것이다."(『좌씨전』, 소공 17년) 이것은 문공文公은 전해들은 세대를 계승했기 때문에 마땅히 다스림이 쇠란임을 보여 준 것이다. 소공昭公은 직접 들은 세대를 계승했기 때문에 당연히 다스림이 승평임을 보여 준 것이다. 애공哀公은 직접 본 세대의 끝이기 때문에 마땅히 다스림이 태평임을 보여 준 것이다. 이때에 하늘은 반드시 옛것을 제거하고 새로운 것을 펴는 현상을 보여 주고, 그 이후에 『춘추』에 있는 삼세의 확장(張三世)이라는 법도를 알게 되니, 성인이 하는 일은 하늘의 뜻에 근본을 두고서 일에 종사한다.[60]

『춘추』 기록에 의하면, 문공 14년과 소공 17년, 그리고 애공 13년에 혜성이 출현했다. 송상봉은 여기에서 『좌씨전』의 뜻을 인용하여, 혜성은 옛것을 제거하고 새로운 것을 편다는 뜻이라고 말하고, 이것은 하늘이 옛것을 제거하고 새로운 것을 편다는 상징을 보여 줌으로써 "『춘추』의 삼세의 확장(張三世) 법도"를 "성인이 하는 일은 하늘의 뜻에 근본을 두고 일에 종사하는 것"이라고 말했다. 그의 이러한 해석에는 새로운 뜻이 두 가지가 있다. 첫째는 옛것을 제거하고 새로운 것을 편다는 주장인데, 거기에서 더 나아가 '삼세의 확장'(張三世) 사상 중의 변혁變革 의미를 강조하였다. 둘째는 하늘의 뜻으로써 삼세三世의 진화進化를 설명한 것인데, 그로부터 더 나아가 공자가 천명을 받아서 제례작악制禮作樂을 시행한 뜻을 증명하였다.

---

59) 宋翔鳳, 『論語說義』 3.
60) 宋翔鳳, 『論語說義』 3.

그러나 그의 '삼세의 확장'(張三世) 논설 중에 더욱 중요한 것은 '삼세설三世說'의 중심을 '태평세太平世'에 두었다는 점이다. 따라서 그의 논설에서 '태평太平'이라는 글자가 자주 출현한다.

『춘추』의 완성은 당연히 태평太平을 이루는 것임을 알 수 있다.[61]

공자는 『춘추』의 삼세의 확장(張三世)에서, 직접 본 세대에 이르러서 태평을 이룰 수 있었다. 이에 예禮의 근본을 밝혀서, 선왕先王의 예악禮樂이 지금에 행해질 수 있도록 하였다.[62]

마을의 인심이 어진 것이 아름다운 것(『논어』, 「里仁」)에서 보면, 태평을 이룬 것에 그 상징이 있다.[63]

군자와 소인을 변별한 이후에 인仁과 지知의 노력을 지극히 할 수 있으니, 인과 지를 사용하면 다스림이 태평한 도를 얻을 수 있다.[64]

공자는 '소왕素王'으로 자임했는데, 그 목적은 바로 태평의 다스림을 얻고자 한 것이다. 그가 『춘추』를 지은 것도 태평을 이루기 위해서이다. 따라서 "『춘추』의 완성은 당연히 태평을 이루는 것임을 알 수 있다"고 하였다. 이와 같은 설법 자체는 하휴의 옛 이론을 답습한 것에 지나지 않는다. 하휴는 더 나아가 '삼세이사三世異辭'라는 서법의 표현을 통해 쇠란세衰亂世·승평세升平世·태평세太平世라는 삼세三世의 다스림의 방법이 다르다는 것을 드러내 보였다. 그와 동시에 가장 먼저 경사京師를 다스린 다음 다시 제하諸夏에 이르고, 최종적으로 천하에서 멀거나 가까운 지역과 작거나 큰 나라가 모두 하나와 같이 되어 태평을 이룬다고 강조하였다. 이것은 '난리를

---

61) 宋翔鳳, 『論語說義』 3.
62) 宋翔鳳, 『論語說義』 2.
63) 宋翔鳳, 『論語說義』 2.
64) 宋翔鳳, 『論語說義』 4.

바로잡아서 다스림을 일으키는' 하나의 과정이다. 그러나 하휴의 입장에서 말하면, 태평세太平世는 단지 "문장으로 태평을 이루는 것"이며, "실제로는 태평하지 않는 것이다." 그런데 송상봉의 이해는 매우 분명한 차이가 있다. 그는 삼세의 중점을 태평세, 즉 공자가 직접 본 세대에 두었다. 직접 본 세대에 대해, 송상봉이 비록 "정치를 시행하여 태평을 이루는 것은 하루아침에 쌓아서 되는 것이 아니다"라고 말했지만, "마을의 인심이 어진 것이 아름다운 것에서 볼" 수 있고, "예禮의 근본을 밝힐" 수 있으며, "인仁과 지知의 공적을 지극히 할" 수 있고, "천하가 인仁으로 귀의할" 수 있다. 그리고 "요순堯舜의 도와 하나가 될" 수 있다. 이러한 것은 모두 실질적인 측면에서 말한 것이라고 할 수 있다. 다시 말하면, 공자라는 존재와 그의 수명受命, 인仁과 지知에 대한 공자의 지극한 노력으로 인해 태평세는 이미 실제적인 태평이라고 말할 수 있다.

송상봉은 일찍이 관중管仲에 대해 다음과 같이 논했다. "관자管子는 본래 도덕과 예의를 밝히려는 뜻을 가지고 있었다. 제나라 환공桓公의 춘추시대에 다스림이 쇠란衰亂에서 일어나자, 배회하면서 뜻을 행하지 못했다. 그리고 환공의 덕도 또한 여기에 미치기 부족하였다. 따라서 패자가 흥기한 것도 또한 세상 운세의 한계이다."[65] 송상봉의 관점에서 보면, 제나라 환공과 관중이 태평을 이루지 못한 이유는 첫째 덕이 여기에 미치기에 부족했고, 둘째 쇠란세衰亂世에 처해 있었기 때문이다. 따라서 "세상 운세의 한계"라고 말했다. 이 주장에 의하면, 『춘추』의 쇠란세도 또한 실제의 쇠란세이다. 분명히 이 주장은 이미 『공양전』 '삼세의 확장'(張三世)의 기본 함의와는 위배된다. 당연히 송상봉의 태평세에 대한 해석도 모종의 의미에서 말하면, 또한 후대 사람들에게 더욱더 많은 해석의 공간을 남겨둘 수 있는 것이다.

3) 삼통의 소통(通三統)

'삼세의 확장'(張三世) 이외에, 송상봉은 또 『논어』를 빌어서 『공양전』의 '삼통의

---

65) 宋翔鳳, 『論語說義』 8.

소통'(通三統) 의리를 드러내 밝혔다. 『논어』에서 말했다. "자장子張이 물었다. '10세대 뒤의 일을 미리 알 수 있습니까?' 공자가 말했다. '은殷나라는 하夏나라의 예법을 따랐으니, 덜어 내거나 더한 내용을 알 수 있고, 주周나라는 은나라의 예법을 따랐으니, 덜어 내거나 더한 내용을 알 수 있다. 혹시 주나라를 계승하는 나라가 있으면 비록 100세대가 지난 이후에도 알 수 있다.'"66) 송상봉이 말했다.

공자가 삼대三代의 예법을 덜어 내거나 더함을 말하여 『춘추』의 제도를 완성하니, 장차 100세대가 지나더라도 바뀌지 않을 것인데, 어찌 10세대에 그치겠는가? 예를 들어 동중서가 기록한 「삼대개제질문三代改制質文」에서 덜어 내거나 더한 일에 대해 대체적으로 알 수 있다. 공자가 『춘추』를 지어 새로운 왕에 해당시키고 삼통三統을 소통하게 했는데, 그것은 『논어』에서 나라를 다스리는 방법을 물은 안연에게 대답할 때 사대四代의 예법을 근거로 삼아 제례작악制禮作樂의 손익損益의 원칙을 완성한 것(『논어』, 「위령공」)과 그 도가 마찬가지이다. 자공子貢이 말했다. "그 예禮를 보면 그 나라의 정치를 알 수 있고, 그 음악을 들으면 그 군주의 덕을 알 수 있으니, 100세대 뒤에서 100세대 이후의 왕을 평가해 보아도 이 기준에서 벗어날 수 없다."(『맹자』, 「공손추상」) 대체로 『춘추』는 주나라를 계승했기 때문에 덜어 내거나 더하는 일이 결국 정해져 있다. 비록 100세대가 지나 멀리 가더라도, 누가 공자의 도에서 벗어나서 『춘추』의 법도를 바꿀 수 있겠는가?67)

『논어』의 이 장은 유봉록이 『논어술하』에서 이미 '삼통의 소통'(通三統) 의리로써 해석했다. 송상봉은 당연히 유봉록의 이론을 서술하였고, 더 이상의 새로운 뜻은 전혀 없다. 송상봉은 『논어』의 이 장에 근거하여 『공양전』 삼통三統 의리를 논했기 때문에 그의 '삼통의 소통'(通三統) 해석은 기본적으로 오로지 예제禮制의 손익損益이라는 측면에서 말한 것이다. 즉 공자가 삼대三代의 예禮를 덜어 내거나 더한 것을 근거로 삼아서 삼통三統의 의리를 논한 것이다.

---

66) 『論語』, 「爲政」.
67) 宋翔鳳, 『論語說義』 1.

양한시대 공양가의 '삼통의 소통'(通三統) 이론은 혹은 "노나라를 근거로 삼고, 주나라를 친한 나라로 여기며, 은나라를 옛 나라로 여긴다"(據魯, 親周, 故殷)고 진술했고, 혹은 "노나라를 왕으로 삼고, 주나라를 새로운 나라로 여기며, 송나라를 옛 나라로 여긴다"(王魯, 新周, 故宋)고 진술했으며, 또 "주나라를 새로운 나라로 여기고, 송나라를 옛 나라로 여기며, 『춘추』를 새로운 왕에 해당시킨다"(新周, 故宋, 以『春秋』當新王)고 진술했다. 그런데 여기에서의 핵심적인 의리는 '『춘추』를 새로운 왕에 해당시킨다'(以 『春秋』當新王)는 것이다. 송상봉은 비록 '『춘추』를 새로운 왕에 해당시킨다'는 것을 강론했지만, 그 함의는 결코 분명하지 않다. 따라서 그가 '노나라를 근거로 삼는다'(據魯)·'노나라에 왕을 가탁한다'(託王於魯)에 대해 논한 것을 통해 '삼통의 소통'(通三統) 이론을 고찰할 수 있다.

『예기』「예운禮運」편에서 말했다. "내가 주周나라의 도를 살펴보니, 유왕幽王과 여왕厲王이 그것을 무너뜨렸도다. 내가 노魯나라를 버려두고 어디로 가겠는가? 그러나 노나라가 교郊제사와 체禘제사를 거행하는 것은 예禮가 아니니, 주공周公의 법도가 쇠퇴해졌구나. 기杞나라가 교제사를 지내는 것은 우禹의 후손이기 때문이고, 송宋나라가 교제사를 지내는 것은 설契의 후손이기 때문이다. 이것은 이들에게 천자의 일을 지켜서 행하게 한 것이다. 따라서 천자는 천지天地에 제사를 지내고, 제후는 사직社稷에 제사를 지낸다." 이것은 노나라를 근거로 삼고 주나라를 친한 나라로 여기며, 은나라를 옛 나라로 삼고, 하나라를 축출한다는 이론이다.…… 『춘추』가 노나라에 왕을 가탁한 것은 천하가 주공周公을 사모하기 때문이다. 『춘추』의 세대에는 제후와 대부가 신분에 벗어난 짓을 서로 돌아가면서 하니, 그렇게 하지 않는 나라가 없었다. 주공周公의 예악禮樂이 여전히 노나라에 남아 있으니, 노나라를 버려두고 어디로 가겠는가?[68]

『춘추』는 비록 노나라를 근거로 삼고 주나라를 새로운 나라로 여기지만, 반드시 문왕文王에게 시작을 가탁하였다. 따라서 공자는 "문왕文王이 이미 죽었으니, 주나라

---

68) 宋翔鳳, 『論語說義』 2.

의 문화 제도가 여기 나에게 있지 않겠는가?"(『논어』, 「자한」)라고 말했다. 이로써 "주나라는 하나라와 은나라를 거울로 삼았으니, 찬란하게 빛난다"(『논어』, 「팔일」)는 것이 문왕의 법도를 말한 것임을 알 수 있다. 기杞나라와 송宋나라는 충분히 증명하지 못했기 때문에 노나라를 근거로 삼아서 『춘추』를 지었다. 노나라의 주공周公 이후에 주공이 문왕과 무왕의 덕을 이루어서 제례작악制禮作樂이 분명하게 갖추어졌고, 공자는 그것을 따라서 덜어 내거나 더했다. 따라서 나는 주나라를 따르겠다고 말한 것이다. 주나라를 따르겠다는 것은 곧 하나라와 은나라를 거울로 삼겠다는 뜻이니, 장차 주례周禮를 근거로 삼아서 두 나라의 예禮를 덜어 내거나 더하겠다는 말이다.[69]

송상봉은 비록 여기에서 "노나라를 근거로 삼고, 주나라를 친한 나라로 여기며, 은나라를 옛 나라로 여기고, 하나라를 축출한다"(據魯, 親周, 故殷, 絀夏)는 의리를 서술했지만, 그의 입장에서 말한다면 "노나라를 근거로 삼거나" 혹은 "노나라에 왕을 가탁한" 이유는 기나라와 송나라에서 하나라와 은나라의 예禮를 충분히 증명하지 못했고, 그와 동시에 주공周公의 예제禮制가 노나라에 분명하게 갖추어져 있고, 노나라가 주공이 후예이기 때문이다. 따라서 공자는 "노나라를 근거로 삼아서" 『춘추』를 지은 것이다. 그리고 "『춘추』가 노나라에 왕을 가탁한 것"은 "천하가 주공을 사모하기" 때문이다. 그는 심지어 "『춘추』가 노나라에 왕을 가탁했기 때문에 또한 노나라의 예禮라고 말할 수 있다"고까지 주장했다.[70] 이로써 알 수 있듯이, 송상봉은 완전히 예제禮制의 측면에서 '삼통의 소통'(通三統) 의리를 말했다. 이것은 곧 양한시대 공양가의 삼통의 소통 이론 중에서 "『춘추』를 새로운 왕에 해당시킨다"는 하나의 가장 핵심적인 관념을 완전히 없애 버린 것이다.

양한시대 공양가의 입장에서 '삼통의 소통'(通三統) 이론과 관련된 것은 또 『춘추』에서 "문식을 덜어 내고 질박함을 사용한다"(損文用質)는 이론이 있다. 송상봉도 이 주장을 그대로 따라서 다음과 같이 말했다.

---

69) 宋翔鳳, 『論語說義』 2.
70) 宋翔鳳, 『論語說義』 8.

공자가 천명을 받아서 『춘추』를 제작하고, 주나라의 문식을 버리고 상나라의 질박함을 따랐으니, 또한 인심人心과 풍속風俗으로써 그 기회를 탈 수 있었다.[71]

표면적으로 보면, 송상봉도 또한 옛 이론을 그대로 계승하고 있다. 곧 "공자가 천명을 받아서 『춘추』를 제작하고, 주나라의 문식을 버리고 상나라의 질박함을 따랐다"는 것이다. 그러나 그의 문文·질質에 대한 이해는 사실상 이전 사람들과는 매우 다르다. 그가 말했다.

『예기』 「예기禮器」에서 또 말했다 "삼대三代의 예禮가 같으니, 백성들이 함께 그것을 행하였다. 혹은 흰색을, 혹은 청색을 숭상하였다. 하나라가 시작하였고 은나라가 이어받았다. 주나라는 시동尸童을 앉히고, 조詔와 유侑가 모두 일정한 사람이 없었는데, 그 예禮가 또한 그러하니, 그 도道가 같은 것이다." 여기에서 같다는 것은 예禮를 바꿀 수 없다는 것이니, 근본이다. 문文·질質이라는 것은 시대에 따라서 변하는 것이니, 예禮의 말단이다.[72]

송상봉이 관점에서 보면, 문·질의 측면에서 이른바 "예禮를 바꿀 수 없는" '근본'이 있는데, 문·질은 모두 "예禮의 말단이다." 그는 또 말했다.

상商나라 왕조는 질박함(質)을 위주로 하니, 질박함이 지나치면 귀천에 등급이 없는 데로 흐르게 된다. 주周나라 왕조는 문식(文)을 위주로 하니, 문식이 지나치면 아랫사람으로서 윗사람을 침해하는 데로 흐르게 된다. 효제충신孝弟忠信이 밝혀지지 않아서 서로 근본을 버리고 말단을 숭상하게 됨으로써 노나라 군신君臣의 사례처럼 잘못된 곳으로 흐르거나 예법이 파괴되는 일이 초래되었다. 이것은 반드시 예禮의 근본을 알아야만 문文·질質의 변화를 이해하여 세상의 운세를 구제할 수 있는 것이다. 예禮를 추상적인 말로 연구해서는 안 된다.…… 예禮에서

---

71) 宋翔鳳, 『論語說義』 5.
72) 宋翔鳳, 『論語說義』 3.

사치를 없애고 검소함을 보게 되면 충신忠信의 도가 보존되며, 상喪에서 잘 치르는 것을 없애고 슬픔을 보게 되면 효제孝弟의 마음이 나온다. 이것을 예禮의 근본으로 삼은 이후에, 문식을 위주로 하거나 질박함을 위주로 해야만 변통하여 폐단이 없을 수 있다.[73]

송상봉의 관점에서 말하면, 이른바 '예의 본질'이라는 것은 곧 충신효제忠信孝弟이다. 오직 '예의 본질'을 전제로 삼아야만 비로소 "문文·질質의 변화를 이해하여 세상의 운세를 구제할 수 있다." 이것이 이른바 문文·질質이 서로 구제한다는 것이다. 그런데 문文·질質이 서로 구제하는 것은 송상봉이 보기에 또한 인정人情이 있는 지점일 뿐이다. 그가 말한 것처럼, "그 문식이 말류가 되면, 인심人心이 이미 그 폐단을 먼저 걱정하고, 그 선왕의 예禮를 생각하니, 문식 속에 질박함이 있는 것이다." 그리고 "그 질박함이 말류가 되면, 인심이 이미 그 폐단을 먼저 걱정하고, 그 선왕의 예를 생각하니, 질박함 중에 문식이 있는 것이다." 또 "춘추시대에 신분을 벗어난 짓이 계속되니, 학사學士들은 문식을 제거할 뜻이 있었고, 민심은 질박함을 따를 기미가 있었다." 그리고 "이러한 열국의 인심과 풍속이 장차 변역變易이 있을 것이라고 생각하니, 성인이 마침내 세상의 운세에 근거하여, 손익損益을 짐작하여 『춘추』를 완성하였다. 문식을 제거하고 질박함을 따르는 예禮는 그 형세를 근거로 삼아서 잘 이끌고, 교화를 다시 닦아서 높이 일으키는 것, 그것과 같을 뿐이다."[74] 따라서 공자가 『춘추』를 지은 것에 대해, 송상봉은 비록 그것이 "한 왕의 법도를 세우고, 한 세대의 예법을 이룬 것"이라고 말했지만, 또 "반드시 덜어 내거나 더하는 것으로써 인정人情을 따른 것이니, 곧 바뀌지 않는 것으로써 세상의 운세를 유지하는 것"이라고도 했다.[75] "덜어 내거나 더하는 것으로써 인정人情을 따른 것"이란 곧 공자가 세운 질박함을 숭상하는 왕조(質家)의 법도이고, "바뀌지 않는 것으로써

---

73) 宋翔鳳, 『論語說義』 2.
74) 宋翔鳳, 『論語說義』 2.
75) 宋翔鳳, 『論語說義』 5.

세상의 운세를 유지하는 것"이니, 곧 '예의 근본'이다.

바로 이와 같은 문文·질質에 대한 이해를 바탕으로 그는 또 말했다. "그런데 결국 『논어』 12편은 모두 인仁을 말하고 효제孝弟를 말하고 충신忠信을 말했지, 질박함을 따르는 이유를 말하지 않았다. 예禮의 근본은 본래 그 자체로 존재하는 것이지, 문文·질質이 관여할 수 있는 것이 아니기 때문이다."[76] 따라서 송상봉은 비록 그 이론을 그럴 듯하게 꾸밀 수는 있었지만, 실질적으로 『춘추』가 질박함을 숭상하는 왕조(質家)의 법도를 세워서 옛 제도를 개혁한다는 의미를 완전히 없애 버렸고, 그럼으로써 한 걸음 더 나아가 "『춘추』를 신왕에 해당시킨다"는 함의도 없애 버렸다.

마종곽馬宗霍이 송상봉의 경학에 대해 기술하면서, 그가 "『공양전』의 의리를 가지고 여러 경전을 해설하였다"[77]고 말했다. 대체로 송상봉은 성인의 '미언微言'을 중시하였고, 또한 '미언'이 육경을 관통한다고 여겼다. 그러나 송상봉이 "『공양전』의 의리를 가지고 여러 경전을 해설했다"고 한 것은 다소 과장된 말이다. 송상봉이 비록 장존여·장술조 가학家學의 영향을 받았지만, 육경 중에서 유독 『역』과 『춘추』를 중시하였다. 그는 『춘추』의 미언을 다음과 같이 서술하였다. "『춘추』의 제작은 오시五始·삼과三科·구지九旨·칠등七等·육보六輔·이류二類의 의리를 갖추고 있으며, 경중輕重과 상략詳略, 원근遠近과 친소親疎 등 인사가 두루 미치고 왕도가 갖추어져 있으며, 난리를 바로잡아서 올바른 데로 되돌리며, 공적이 기린을 잡는 데서 이루어져서 천하가 태평하게 되는 것이다."[78] 사실상 송상봉이 미언에 대해 밝힌 것은 결코 많지 않다. 또한 그가 비록 『논어』를 빌어서 '삼과구지'를 진술했지만, 모두가 『공양전』의 본의를 잃어버림으로써 자신이 논한 공자소왕孔子素王 이론의 의의도 그에 따라 실추되어 버렸다. 이 점에 대해서는 살피지 않을 수 없다. 따라서 양향규楊向奎는 그의 "미언대의는 그 명칭만 알고 그 의리는 모른 것"[79]이라고 했으니, 적절한

---

76) 宋翔鳳, 『論語說義』 2.
77) 馬宗霍, 『中國經學史』, 149쪽.
78) 宋翔鳳, 『論語說義』 1.

지적이라고 할 수 있다.

장태염은 그의 학문에 대해 다음과 같이 논했다. "장주長洲의 송상봉은 억지로 갖다 붙이고, 제멋대로 끌어다가 말을 꾸는 것을 가장 잘했다. 혹은 익봉翼奉 등 여러 사람의 이론을 채록하고, 참위讖緯와 신비神秘와 관련된 말을 섞어 놓았다."[80] "참위와 신비와 관련된 말을 섞어 놓았다"는 비평은 혹 검토가 필요한 사안이다. 그러나 송상봉이 '무언無言'·'한언罕言'을 가지고 '미언'을 해석한 부류의 설법은 '억지로 갖다 붙였다'는 비판이 당연하다. 보다 적극적으로 논한다면, 송상봉의 몇몇 논설, 예를 들어 '태평세太平世'에 대한 해석 및 「예운」편의 중시 등은 객관적으로 만청시기 공양 사상의 진일보한 발전을 추동하였다.

제2절 대망戴望─『공양전』을 진술하여 『논어』를 밝힘

대망戴望(1837~1873)은 자가 자고子高이고, 절강浙江 덕청德淸 사람이다. 그는 대대로 내려온 선비 집안에서 태어났는데, 조부인 대명금戴銘金은 시詩로 유명했으며, 부친인 대복렴戴福廉은 학문이 깊고 넓었고 유월俞樾의 사촌형이다. 유월의 『표형대금장선생전表兄戴琴莊先生傳』에 의하면, 유월이 10세 때 대복렴에게 전후로 5년 동안 학문을 배웠다. 모친 주씨周氏는 주중부周中孚의 여식이다.

도광道光 20년(1840), 당시 대망의 나이 4세 때 그의 부친이 죽었다. 함풍咸豐 10년(1860)에 태평천국군太平天國軍이 강남江南을 점령하자, 대망은 피신하여 성 남쪽의 동림산東林山에 거처했는데, 오랫동안 가난과 굶주림에 시달리면서 먹을 것을 얻을 수가 없었다. 당시 친척 중에 민중閩中(福建省)에서 지방관을 맡고 있던 사람이 있었는데, 마침내 모친의 명을 받들어 민중으로 들어갔다. 오래지 않아서 호주湖州가 점령되어

---

79) 楊向奎, 『淸儒學案新編』 제4책, 48쪽.
80) 章太炎, 『章太炎全集』 제3책, 476쪽.

모친이 재난을 만나자, 흉악한 자들의 무리 속을 출입하면서 모친의 시신을 찾았지만 끝내 찾지 못했다. 그 후에 대망은 "소주蘇州에서 타향살이를 하다가 돌고 돌아 강영江寧에 이르렀는데, 살던 집에 갑자기 불이 나서 담장이 무너졌지만 다행히 죽지는 않았다. 증문정공曾文正公 증국번曾國藩(1811~1872)이 그의 명성을 듣고서 안타깝게 여겨, 처음으로 그를 불러서 간행된 책을 교감하도록 했다."[81] 그는 마침내 증국번의 문하에서 공부하였고, 또한 금릉서국金陵書局에서 전후로 6년 동안 책을 교감하였다. 그러나 그의 정치 주장과 학문 취향이 증국번과 너무 맞지 않았기 때문에 증국번의 중용을 받지 못했다.

대망의 주요한 저작은 『대씨주논어戴氏注論語』 20권, 『안씨학기顏氏學記』 10권, 『관자교정管子校正』 24권이 있다. 또 『고문상서술古文尙書述』이 있는데, 애석하게도 책을 완성하지 못하고 병이 위독해졌다. 그의 저서 중에 『대씨주논어』라는 책은 동치同治 10년에 금릉서국金陵書局에서 간행되었는데, 만청시기 『공양전』의 의리로 『논어』를 해석한 중요한 저작이며, 후세에 끼친 영향도 지극히 깊고 넓다.

1. 유봉록劉逢祿 · 송상봉宋翔鳳 논어학의 전승

대망의 학문은 모두 3번의 변화가 있었는데, 처음에는 사장辭章의 학문을 좋아하였다. 14세 때, 집안에 보관되어 있던 안원顏元의 책을 우연히 보고서, 놀라서 탄식하면서 주공周公과 공자孔子의 도라고 여겼다. 그 후에 그는 안원顏元(1635~1704)과 이공李塨(1659~1733)의 영향을 깊이 받았고, 그의 학술은 마침내 통경치용通經致用이라는 깊은 인상을 남겼다. 그의 친구인 요심姚諶의 「증대자고서贈戴子高敍」에 다음과 같은 말이 있다. "대망은 어렸을 때 글을 짓는 데 힘을 쏟았다. 그의 논리의 큰 요지는 반드시 경전에 능통하여 실제에 적용하는 데 목적을 두었다. 그러나 얼마 후에는 훈고訓詁의 학문으로 조금 변화되었다. 그리고 얼마 후에는 또 송나라 유학자들의 말을 연구하였

---

81) 施補華의 「戴君墓表」에 의하면, 당시는 同治 6년(1867)이다.

다. 또 얼마 후에는 안원과 이공의 이론을 공부하였다. 학문을 처음 시작한 때로부터 지금에 이르기까지 여러 번 변화했는데, 큰 요지는 실용에 목적이 있었다." 이로써 대망 학술의 정신을 알 수 있다.

함풍咸豐 7년(1857), 대망은 소주蘇州에서 진환陳奐에게 『모시』를 배워서, 성운聲韻·훈고訓詁의 학문을 이해하였다. 또 송상봉宋翔鳳에게 『공양춘추』를 배워서, "처음으로 전한시대 유학자들의 이론을 연구했고, 그것을 통해 성인의 미언微言과 70제자의 대의大義를 엿보았다."(「顏氏學記序」) 그러나 그 스스로가 한 말에 의하면, 이때는 아직까지 송상봉의 학문을 완전히 받아들이지는 않았다. 함풍 10년 송상봉이 죽은 이후에, 대망은 비로소 상주常州 학술을 진정으로 수용하였다. 이에 대해 그는 다음과 같이 말했다.

> 나는 처음에 『좌씨전』을 탐독했는데, 오송선생吳宋先生 송상봉을 뵙고 난 이후부터 선생님(살펴보건대, 유봉록을 가리킴)의 유서遺書를 가지고 가르쳐 주셨는데, 기존의 습속에 빠져 있어서 믿을 수가 없었다. 그 후에 송상봉 선생이 돌아가시자, 나는 깊은 산중으로 피난하여 조금씩 그 책을 읽었는데, 어느 날 갑자기 깨달음이 있었다. 유봉록 선생과 송상봉 선생의 책에 마치 신비로운 가르침이 있는 듯하였다.[82]

이때부터 대망은 처음으로 유봉록과 송상봉의 학문을 마음속으로 철저하게 신봉하여, 마침내 고문학에서 금문학으로 입장을 바꾸었다. 그는 유봉록·송상봉의 학문에 대해, 『공양전』의 의리로써 『논어』를 해석한 방법을 매우 좋게 여겼다. 대망이 말했다.

> 유봉록의 『논어술하論語述何』 및 송상봉이 미언微言을 드러내 밝힌 것(『論語說義』)을 매우 좋게 여겨서, 소왕素王의 사업과 태평太平의 다스림을 탐구하려면 그들의 이론을 온힘을 다해 연구하지 않으면 안 된다고 생각했다.[83]

---

82) 戴望, 『謫麐堂遺集』, 「文一·故禮部儀制司主事劉先生行狀」.

그런데 대망은 유봉록·송상봉의 책이 여전히 갖추지 못한 것이 있다고 생각했다. "그 책을 살펴보면 모두 간략하게 거론하면서 대부분 장구章句를 나열하지 않았으며, 문득 다시 의리를 통해 근거로 삼고 있으니, 추론하여 넓히는 것이 제대로 갖추어져 있지 않다."[84] 대체로 『논어술하論語述何』와 『논어설의論語說義』는 경經을 해설한 체례體例에 얽매이기 때문에 대망은 두 책이 제대로 갖추어져 있지 않다고 생각한 것이다. 마침내 그는 『논어』의 목차에 의거하여 주注를 세우고, "『춘추』 및 오경의 의례義例를 바로잡았는데", 유봉록·송상봉의 뜻을 근본으로 삼아 『대씨주논어』를 완성하였다.

유봉록·송상봉의 『논어』 해석은 그 요지가 『논어』로부터 금문학의 미언대의微言大義를 드러내 밝히는 데 있다. 예를 들어 송상봉의 「논어사법표論語師法表」에서 다음과 같이 생각하였다. 『논어』의 전승은 본래 『고논어古論語』·『제논어齊論語』·『노논어魯論語』가 있으며, 그 중에서 『제논어』는 공자가 소왕素王이 된 일을 기록하고 있다. 더욱이 「문왕問王」·「지도知道」 두 편에는 미언대의微言大義가 많이 서술되어 있으며, 그것이 '비서秘書의 부류'로 여겨졌기 때문에 장우張禹에 의해 삭제되었다. 이런 점에서 대망은 그 뒤를 완전히 답습하였다.

> 『제논어』는 공양가의 말과 서로 비슷하니, 이 두 편(인용한 사람이 생각하건대, 「문주」·「지도」 편을 가리킴)은 당연히 소왕素王의 일과 주나라를 바꾸고 천명을 받아 제정한 제도를 말한 것이니, 『춘추』와 서로 표리가 된다. 그러나 장우張禹에 의해 삭제되어서 볼 수가 없으니, 안타까울 뿐이다. 후한시대의 하휴·정현은 모두 이 경전에 주를 달았는데, 정현이 남긴 이론은 지금까지도 여전히 남아 있는 것과 없어진 것이 반반이다. 하휴는 공양학의 대사大師로서 그 근본은 마땅히 『제논어』에 의거하였다. 70제자가 서로 전한 대의大義가 반드시 가장 많겠지만, 글이 흩어지고 사라져서 백 개 중에 하나가 남아 있지 않으니, 진실로 애통하도다.[85]

---

83) 戴望, 『戴氏注論語』, 「敍」.
84) 戴望, 『戴氏注論語』, 「敍」.
85) 戴望, 『戴氏注論語』, 「敍」.

따라서 대망이 『논어』에 주를 단 목적은 사실상 유봉록·송상봉의 뜻을 본받아서, "제학齊學에서 잃어버린 것과 하휴가 전한 것"의 '취지'를 드러내 밝히는 것이다. 또한 "소왕의 일과 주나라를 바꾸고 천명을 받아 제정한 제도"를 온 힘을 다해 널리 연구하는 것일 뿐이다.[86)]

2. 『대씨주논어戴氏注論語』에서 『공양전』의 미언대의를 밝힘

대망의 『대씨주논어戴氏注論語』는 『공양전』의 미언대의微言大義를 드러내 밝힌 것이다. 구체적으로 말하면, 대체로 다음과 같은 몇 가지 방면이다.

1) '오시五始' 이론

대망의 『대씨주논어』는 『공양전』의 의리를 드러내 밝혔으며, 가장 먼저 '오시五始' 이론에서 보인다.[87)] '오시' 이론은 공양학의 가장 기본적인 의리이다. 공양가의 입장에서 보면, '건오시建五始'의 뜻은 세 가지가 있다. 첫째, '하늘을 본받는다'(法天)는 뜻을 밝히고, 이를 통해 '천天'을 정치 합법성의 근거로 확립하는 것이다. 이것은 동중서와 하휴의 이론이다. 둘째, 문왕文王을 빌어서 왕법王法으로 삼는다. 이 이론은 하휴로부터 나왔다. 셋째, 대일통大一統이다. 이것은 『공양전』에 분명한 문장이 있고, 하휴·동중서도 진술한 내용이 많다. 대망은 『대씨주논어』에서, '하늘을 본받는 것'(法天)과 '문왕을 종주로 삼는 것'(宗文王)의 두 가지 요지를 드러내 밝힌 것이 많다. 예를 들어 『논어』 「자한子罕」편의 "문왕文王이 이미 죽었으니, 주나라의 문화 제도가 여기 나에게 있지 않겠는가?"(文王旣沒, 文不在玆乎?)라는 조목에서, 대망은 다음과 같이 주를 달았다.

86) 戴望, 『戴氏注論語』, 「敍」.
87) 『公羊傳』, 隱公 원년, 何休 注.

문왕文王이 처음으로 천명을 받아서 제도를 제정했으며, 『춘추』는 오시五始를 세우면서 문왕을 빌어서 왕법王法으로 삼았다. 『공양전』에서 말했다. "왕王은 누구를 말하는가? 문왕文王을 말한다."(은공 원년) 이것은 『춘추』가 주나라를 계승한 것이 문왕이 은나라를 계승한 것과 같음을 밝힌 것이다.[88]

대망이 여기에서 말한 "『춘추』가 주나라를 계승한 것이 문왕이 은나라를 계승한 것과 같음을 밝힌 것"이라는 것은 바로 "『춘추』가 새로운 왕에 해당된다"는 뜻이다. 그것은 바로 서언徐彦의 소疏에서 말한 것과 같다. 즉 "공자가 새로운 왕이 천명을 받아 정월을 제정한 일을 진술하였다. 따라서 문왕이 처음으로 천명을 받아 정삭正朔을 제정한 것을 빌어서 취한 것이다."[89]

그런데 공양가가 '건오시建五始'를 통해서 '대일통大一統'의 뜻을 밝힌 것이 사실상 '오시' 이론의 가장 중요한 함의인데, 대망의 『대씨주논어』 전체에서는 여기에 뜻을 두지 않은 듯하다. 이것은 『공양전』의 가법을 엄수했던 대망의 입장에서 말한다면 사실상 이해하기가 어렵다. 혹시 대망이 의도적으로 소홀히 다룬 것인지도 알 수가 없다. 대망은 본래 만청 정권을 인정하지 않았고, 일찍이 "자기 스스로를 지나간 시대 명나라의 유민遺民이라고 말했다."[90] 따라서 그 자신이 만청 치하에 있었기 때문에 '대일통'을 드러내 놓고 말하려고 하지 않았으니, 그의 마음씀이 혹 여기에 있었을지도 모른다.

2) '『춘추』를 새로운 왕에 해당시킨다'(以『春秋』當新王)는 이론

대망의 『대씨주논어』에서는 또 『공양전』의 '삼통의 소통'(通三統) 의리를 크게 드러내 밝혔다. 『논어』 「팔일八佾」편의 "주나라는 하나라와 은나라를 거울로 삼았으니, 찬란하게 빛나기 때문에 나는 주나라를 따르겠다"(周監於二世, 鬱鬱乎文哉, 吾從周)라는

---

88) 戴望, 『戴氏注論語』, 「子罕」.
89) 『公羊傳』, 隱公 원년, 徐彦 疏.
90) 譚獻, 『亡友傳』.

조목에서, 대망은 다음과 같이 주를 달았다.

> 왕자는 반드시 삼통三統을 소통하게 한다. 옛날에 주공周公이 태평太平을 이루어서
> 문왕과 무왕의 덕을 완성하였고, 예禮를 제정하면서 하나라와 은나라를 보고서
> 덜어 내거나 더하여, 질박함을 없애고 문식으로 나아가게 하였다. 공자는 문왕과
> 주공의 제도를 근거로 해서 『춘추』를 지었으니, 또한 하나라와 은나라를 함께
> 취하여 그 예禮를 덜어 내거나 더하여, 문식을 고쳐서 질박함을 따르도록 하였다.
> 따라서 "나는 주나라를 따르겠다"고 했으니, 하나라와 은나라를 거울로 삼았다는
> 것은 장차 주례周禮를 근거로 해서 덜어 내거나 더했다는 말이다.[91]

또 『논어』「위정爲政」편의 '자장이 10세대 뒤의 일을 알 수 있는지 질문하다'(子張問
十世可知)라는 장에서, 대망은 다음과 같이 주를 달았다.

> 이것은 삼통의 소통(通三統) 의리를 밝힌 것이다. 하·은·주를 거론하면서 우虞를
> 언급하지 않았으니, 『춘추』에서 삼정三正에 대해 모두 왕王이라고 기록한 것이
> 그것이다. 앞 세대의 예禮를 그대로 따른 것은 임금이 남면하고 신하가 북면하며,
> 흰 사슴 가죽으로 만든 관(皮弁)과 흰 비단으로 만든 하의(素績)와 같은 것이다.
> 드러내거나 더한 것은 정삭正朔이 세 번 순환하여 갖추어지고 질質과 문文이 두
> 번 순환하여 변하는 것과 같은 것이다. 동중서가 말했다. "왕자는 반드시 천명을
> 받은 뒤에야 왕이 된다. 왕자는 반드시 정삭正朔을 고치고 복색服色을 바꾸며
> 예악禮樂을 제정하여 천하를 하나로 통일하니, 이로써 역성易姓에 의한 왕조 교체이
> 지 전대의 왕위를 계승한 것이 아니며, 모두가 자신이 하늘에서 받은 것임을
> 밝힌다."(『春秋繁露』, 「三代改制質文」)[92]

이것은 모두 대망이 『논어』에 근거하여 '삼통의 소통'(通三統) 이론을 드러내
밝힌 것이다.

---

91) 戴望, 『戴氏注論語』, 「八佾」.
92) 戴望, 『戴氏注論語』, 「爲政」.

그러나 '삼통三統' 이론에 대해, 동중서와 하휴가 논한 것을 살펴보면, 이미 지극히 상세하고 분명하다. 따라서 어떤 학자들은 다음과 같이 생각했다. "대망의 해석을 살펴보면, 단지 앞선 사람들이 많이 이야기했던 '삼왕三王의 도는 마치 순환하는 것과 같으니, 한 바퀴가 돌면 다시 시작한다'거나 '주나라의 문식을 바꾸어서 은나라의 질박함을 따른다' 등의 말을 중복하고 있을 뿐이다. 또한 단지 앞선 시대의 예제禮制를 채용할 것만 말하고 있을 뿐이며, 당시의 이미 변화된 상황을 후대가 어떻게 근거로 삼아야 할지에 대해, 특히 청나라 조정과 같이 통치가 쇠퇴하고 외세의 침략이 날로 심해지는 엄준한 국면 하에서, 어떻게 긴박하게 개혁을 진행해야 할지에 대해서는 결국 아무런 견해가 없다."[93] 이러한 비판은 일리가 있는 것처럼 보인다. 왜냐하면 '삼통의 소통'(通三統) 이론은 확실히 앞선 왕을 본보기로 삼는다는 일종의 역사순환론으로 간주되기 쉽기 때문이다. 그러나 공양학에서 이처럼 이야기할 때 그 속에 담긴 정신은 오히려 '개제改制', 즉 새로운 왕의 일통一統을 확대함으로써 새로운 왕이 천명을 받은 합법성을 밝히는 것이다. 이처럼 '삼통의 소통'(通三統)은 일종의 정치 이론으로써, 그 적극적인 의의는 '『춘추』를 새로운 왕에 해당시킨다'(以『春秋』當新王)는 이론으로 표현된다. 대망의 입장에서도 사실은 '『춘추』를 새로운 왕에 해당시킨다'(以『春秋』當新王)는 이론을 드러내 밝히는 것을 지극히 중시했는데, 예를 들면 그는 다음과 같이 말했다.

공자가 『춘추』를 완성하여, 하나라를 축출하고 주나라를 보존했으며, 『춘추』를 새로운 왕에 해당시켰다. 주나라의 문식(文)을 덜어 내고 하나라의 충심(忠)을 더했다. 주나라의 문식(文)을 바꾸어서 은나라의 질박함(質)을 따르고, 삼왕三王의 예禮를 겸해서 백세를 다스렸다. 왕자가 일어나면 『춘추』에서 법도를 취하여, 난리를 바로잡아서 다스림을 이루니, 여기에서 드러나지 않는가?[94]

---

93) 陳其泰, 『淸代公羊學』, 267쪽.
94) 戴望, 『戴氏注論語』, 「爲政」.

'『춘추』를 새로운 왕에 해당시킨다'(以『春秋』當新王)는 이론은 사실 공양학에서 가장 비판성과 혁명성을 갖춘 이론이다. 이 이론은 단지 당시의 왕에 대한 불만을 의미하고 있을 뿐만 아니라, 더 나아가 당시 왕의 '천명天命'이 이미 다하여 마땅히 '새로운 왕'이 그것을 대신해야 함을 의미하고 있다. 따라서 대망 스스로가 만청 정치가 흔들리는 상황에 직면하여, '『춘추』를 새로운 왕에 해당시킨다'(以『春秋』當新王)는 이론을 널리 드러내어, "왕자가 일어나면『춘추』에서 법도를 취하여, 난리를 바로잡아서 다스림을 이루어야 한다"고 소리 높여 주장했으니, 또한 『춘추』를 빌어서 '새로운 왕'에 대한 그의 기대를 가탁한 것이다.[95]

이러한 이유로 대망의 경전 해석은 강렬한 정치적 성향을 띠고 있다. 그가 『논어』「위정」편의 "옛것을 익히고 새것을 안다"(溫故而知新)는 말을 해석한 조목에서, '신新'자를 '새로운 왕의 법'(新王之法)이라고 해석했다. 또『논어』「술이」편의 "써 주면 도를 행하고 버리면 은둔한다"(用之則行, 舍之則藏)는 말을 해석한 조목에서, '장藏'자를 '새로운 왕의 일을 함으로써 후성後聖을 기다린다'고 해석했다. 이러한 해석은 분명히 견강부회이지만, 그의 강렬한 시대적 색채 또한 가릴 수가 없다. 이로써 알 수 있듯이, 대망의『대씨주논어』에서 전통적인 공양학의 이론이 새로운 의의를 매우 많이 부여받았다.

3) 삼세설三世說 중의 '태평太平'의 의미

대망은 또『공양전』의 '삼세의 확장'(張三世) 학설을 매우 중시하였다.『논어』「위정」편에 다음과 같은 조목이 있다. "많이 듣고 의심스러운 부분은 빼 버리고 그 나머지를 삼가서 말하면 허물이 적으며, 많이 보고 위태로운 것을 빼 버리고 그 나머지를 삼가서 실행하면 후회하는 일이 적을 것이니, 말에 허물이 적으며

---

95) 張永平의「戴望述略」에 의하면, 대망의 후인이 일찍이 다음과 같이 언급한 적이 있다. 즉 대망은 曾國藩에게 희망을 걸었고, 또 증국번에게 上書를 올려서, 그의 권세를 타고서 만청 정권을 전복시키고자 했다는 것이다. 그러나 이 주장은 전혀 방증이 없다.(『上海交通大學學報』, 2002년 제3기, 47쪽에 실려 있음)

실행에 후회하는 일이 적으면 봉록이 그 가운데 있다." 대망의 『대씨주논어』에서는
'많이 듣고 의심스러운 부분을 빼 버린다'(多聞闕疑)는 말의 뜻을 해석하면서, "많이
듣는다는 것은 전해들은 세대(所傳聞世)・직접 들은 세대(所聞世)를 말한다"고 했다.
또 '많이 보고 위태로운 것을 빼 버린다'(多見闕殆)는 말의 뜻을 해석하면서, "많이
본다는 것은 직접 본 세대(所見世)를 말한다"고 했다.96) 『논어』「술이」편에 다음과
같은 조목이 있다. "알지 못하면서 함부로 행동하는 사람이 있느냐? 나는 그런
것이 없다. 많이 듣고서 그 중의 좋은 것을 가려서 따르며, 많이 보고서 기억하는
것이 아는 것의 다음이다." 대망은 다음과 같이 주를 달았다.

> 이것은 『춘추』를 지은 것을 말한다. 전해들은 세대와 직접 들은 세대에서는 열국의
> 역사서의 문장을 함께 채집하되, 법도를 펼칠 수 있는 것을 취하여 왕의 마음을
> 더했다. 직접 본 세대에서는 그 일을 알 뿐이다. 『공양전』에서 말했다. "『춘추』는
> 무엇 때문에 은공에서 시작하는가? 조부의 세대가 전해 들어서 알 수 있었던
> 일이기 때문이다. 직접 본 시대에 대해 말을 달리하고, 직접 들은 시대에 대해
> 말을 달리하며, 전해들은 시대에 대해 말을 달리한다."97) 동중서가 말했다. 『춘추』
> 는 12세대를 세 등급으로 나누었다. 직접 본 세대가 있고, 직접 들은 세대가 있으며,
> 전해들은 세대가 있다. 직접 본 세대가 3세대이고, 직접 들은 세대가 4세대이며,
> 전해들은 세대가 5세대이다. 따라서 애공・정공・소공은 공자가 직접 본 세대이다.
> 양공・성공・문공・선공은 공자가 직접 본 세대이다. 희공・민공・장공・환공・은
> 공은 공자가 전해들은 세대이다. 직접 본 세대는 61년이고, 직접 들은 세대는
> 85년이며, 전해들은 세대는 96년이다. 직접 본 세대에 대해서는 그 말을 은미하게
> 했고, 직접 들은 세대에 대해서는 그 일어난 재화(災禍)를 애통하게 여겼으며, 전해들은
> 세대에 대해서는 그 은혜와 인정을 모두 줄였다. 따라서 계씨(季氏)를 축출하려고
> 했을 때 '또 기우제를 지냈다'(又雩)고 말한 것(소공 25년)은 그 말을 은미하게 한
> 것이다. 자적(子赤)이 시해되었을 때 날짜를 차마 기록하지 않은 것(문공 18년)은

---

96) 戴望, 『戴氏注論語』, 「爲政」.
97) 『公羊傳』, 哀公 14년.

그 일어난 재화를 애통하게 여긴 것이다. 자반子般이 시해되었을 때 '을미乙未'라고 기록한 것(장공 32년)은 그 은혜를 줄인 것이다. 굽히거나 펼친 뜻과 자세하거나 간략한 문장은 모두 여기에 호응한 것이다."98) '아는 것의 다음'이라고 말한 것은 성인이 아는 것이 깊지 못함을 겸손하게 말한 것이다.99)

'삼세이사三世異辭'는 가장 먼저 동중서가 그 이론을 드러냈고, 하휴의 『춘추공양전해고』에서는 더욱더 잘 갖추어서 말했다. 그런데 『논어』의 '다문多聞'·'다견多見'을 『공양전』의 삼세三世에 비유한 것은 유봉록의 『논어술하』에서 먼저 이 뜻을 드러내 밝혔으며, 대망은 유봉록의 뜻을 추론하여 확대시킨 것이다. 또 은공 원년 하휴의 『춘추공양전해고』에 의하면, 소견所見·소문所聞·소전문所傳聞의 삼세三世는 그 치란治亂이 각각 차이가 있다. 따라서 삼세는 또한 태평세太平世·승평세升平世·쇠란세衰亂世가 된다. 하휴의 이 이론은 『춘추』의 발란반정撥亂反正의 뜻을 밝히고자 한 것이다. 대망도 이 이론을 채용하여 다음과 같이 말했다.

『춘추』에는 삼세의 확장(張三世)이라는 법도가 있는데, 전해들은 세대에는 다스림이 쇠란衰亂의 가운데에서 일어나니, 노나라의 일은 기록하고 외국의 일은 간략하게 기록한다. 직접 들은 세대에는 다스림이 승평升平이니, 제하를 안으로 여기고 이적을 밖으로 여긴다. 직접 본 세대에는 다스림이 태평太平이니, 천하에서 멀거나 가까운 지역과 작거나 큰 나라가 모두 하나같다. 모두 가까운 곳에서 비유를 취할 수 있고, 확충해 나갈 수 있다. 따라서 『공양전』에서 "군자가 요순의 도를 즐거워했기 때문이 아니겠는가? 아니면 요순과 같은 사람이 군자를 알아주는 것을 즐거워했기 때문이 아니겠는가?"100)라고 했다.101)

그러나 대망이 간단하게 한대 사람들의 『공양전』의 옛 이론을 중복한 것은

---

98) 『春秋繁露』, 「楚莊王」.
99) 戴望, 『戴氏注論語』, 「述而」.
100) 『公羊傳』, 哀公 14년.
101) 戴望, 『戴氏注論語』, 「雍也」.

결코 아니다. 사실상 다소 편중된 것은 '태평세太平世'이다. 그의 말에 의하면, 그가 『논어』에 주를 단 목적은 "소왕의 사업과 태평의 다스림"을 탐구하는 데 있다. 바로 이와 같기 때문에 '태평太平'이라는 두 글자가 『대씨주논어』에 자주 보이며, 전후 모두 26차례이다. 예를 들어 『논어』의 '예禮'를 해석하면서, '태평의 올바른 법도라고 여겼다. 그리고 「학이」편의 "효도와 공경은 인仁을 실천하는 근본이다"를 해석한 조목에서, "왕자는 태평을 이루고자 하니, 인도仁道를 완성하는 것은 효도와 공경으로부터 시작된다"고 말했다. 또 "써주면 도를 행한다"(用之則行)에서의 '행行'자를 해석하면서, "왕의 정치를 행하고 태평을 이루는 것, 그것을 행行이라고 한다"고 풀이했다. 이와 같은 사례는 한두 가지가 아니다.

그의 관점에서 보면, 공자가 『춘추』를 지은 것은 곧 "선왕의 도를 서술하여 『춘추』를 지어, 쇠란에서 시작하여 다스림이 승평升平에 이르고, 태평太平의 다스림을 지극히 하여, 인사가 두루 미치고 왕도王道가 갖추어지는 것이다.[102] 이와 마찬가지로 『논어』가 이미 "중궁仲弓·자유子游·자하子夏 등이 함께 지은 미언微言"이므로, 그 편차는 또한 "제례작악制禮作樂의 의리"로 구현된다. 즉 난리를 바로잡아서 태평을 이루는 것이다. 이에 대해 대망은 다음과 같이 말했다.

군자는 난리를 바로잡아 올바른 데로 되돌릴 때, 학문을 일으키는 것을 가장 먼저 한다. 따라서 가장 앞에 「학이學而」편을 두었으니, 『춘추』가 원元으로 시작하는 것이 근본을 바로잡아서 만사를 다스리는 것과 같다. 옛날 대학大學과 명당明堂은 같은 곳에 있었으니, 명당의 천법天法과 예의禮義 법도의 덕법德法을 배워서 정치를 하는 것이 명당의 정치이다. 따라서 「위정爲政」편을 그 다음으로 한다. 다스림이 쇠란에서 일어나는 것은 신분에 벗어난 짓을 하는 자에 대한 주살을 바로잡고, 예교禮敎의 근본을 밝히는 것보다 더 앞선 것이 없기 때문이다. 따라서 「팔일八佾」편을 그 다음으로 한다. 예禮의 실천은 마땅히 천하를 인仁으로 이끌어야 한다. 따라서 「이인里仁」편을 그 다음으로 한다. 인도仁道가 서지 않으면 형벌과 옥사가

---

102) 戴望, 『戴氏注論語』, 「憲問」.

많이 일어나서, 비록 어진 자가 있더라도 여전히 감옥에 투옥되는 모욕을 벗어나지 못한다. 따라서 「공야장公冶長」편을 그 다음으로 한다. 어진 자는 마땅히 높은 자리에 있어야 하고, 남면하면서 명당의 정치를 일으켜야 하니, 어진 자는 나아가고 불초한 자는 쫓겨난다. 따라서 「옹야雍也」편을 그 다음으로 한다. 명당의 법도는 삼대三代가 동일하니, 옛날을 전하여 서술하고, 선왕을 호칭하는 것은 요점이 모두 육위六位로 귀결되고, 때는 기제旣濟로 끝을 이루며, 『역』과 『시』·『서』·『예』·『악』·『춘추』를 바로잡으니, 모두 태평의 올바른 법도이다. 따라서 「술이述而」편을 그 다음으로 한다. 왕의 정치를 시행하고 태평을 이루며, 예양禮讓을 근본으로 삼으니, 옛날 사람들 중에 천하로써 봉록을 주더라도 나라를 양보하는 것과 바꾸지 않았으니, 태백泰伯이 그렇게 하였다. 따라서 「태백泰伯」편을 그 다음으로 한다. 선왕이 사술四術을 숭상하고 공자가 그로써 가르침을 베푸니, 성性과 천도天道는 그 사람을 알면 고해줄 필요가 없다. 따라서 「자한子罕」편을 그 다음으로 한다. 덕이 넓고 교화가 쌓여서, 점점 승평升平과 가까운 세대에 이르면, 조정에 있든 재야에 있든 모두가 예악禮樂으로써 꾸미고 인仁을 이룰 수 있다. 따라서 「향당鄕黨」편을 그 다음으로 한다. 그런데 「향당」편이 10장에 있는 것은 숫자가 1에서 시작되어 10에서 완성되기 때문이다. 당시의 폐단에 근거하여 예악을 시행하는데, 마땅히 질박함(質)으로써 문식(文)을 구제해야 한다. 따라서 「선진先進」편을 그 다음으로 한다. 예악禮樂의 형식을 알고 천하에서 왕 노릇할 수 있는 덕을 가진 것은 안연顔淵과 중궁仲弓이 그들이다. 따라서 「안연顔淵」편을 그 다음으로 한다. 문사文事가 있으면 반드시 무비武備가 있고, 삼군三軍의 임무를 행하는 것은 자로子路가 가능하다. 따라서 「자로子路」편을 그 다음으로 한다. 문무文武의 도가 갖추어지고, 위로 현명한 군주가 있으면, 아래에서 봉록을 받는 것을 부끄러워하지 않는다. 따라서 「헌문憲問」편을 그 다음으로 한다. 군대를 모아서 폭력을 금지하고 혼란을 제거하되, 무력을 좋아하지 않으며, 잘 만든 무기는 상서롭지 못한 기물이기 때문에 혹 그것을 미워한다. 따라서 「위령공衛靈公」편을 그 다음으로 한다. 제후가 천자의 예악禮樂과 정벌征伐의 권력을 훔치고, 재앙이 토지신에게 지내는 제사를 경계하는 데 미치고, 경사京師에서는 오吳나라와 초楚나라에서의 칭송의 소리가 다시는 일어나지 않았다. 따라서 「계씨季氏」편을 그 다음으로 한다. 권력을 훔친 것이 대부이고, 그것을 따라한 자가 배신陪臣이며, 이백夷伯의 사당에 벼락이 쳐서, 하늘이 미리 그것을

경계하였다. 따라서 「양화陽貨」편을 그 다음으로 한다. 천하가 무도하여 난신적자가
중국에서 번갈아 정치를 하니, 어진 자가 세상을 피하는 것도 또한 진실로 그들의
직책이다. 따라서 「미자微子」편을 그 다음으로 한다. 중니仲尼가 요순堯舜보다 현명
하고, 70제자는 모두 공후公侯와 경상卿相의 재질로서 천자를 보필할 수 있다.
그런데도 모두 때를 만나지 못하였다. 따라서 「자장子張」편을 그 다음으로 한다.
공자 스스로 소왕素王이 된 것을 안타깝게 여겨서, 그를 요·순·탕·무와 같이
천하의 임금이 되어, 순전한 태평을 이룰 수 있도록 하고자 했다. 따라서 「요왈堯曰」
편으로 책을 끝마쳤다. 그것은 『춘추』의 문장이 완성되자 기린을 불러드린 것과
같은 뜻이니, 중니의 도는 요순을 조술하는 것임을 밝힌 것이다. 『제논어齊論語』에
「문왕問王」과 「지도知道」 두 편이 있어서, 왕에 가탁한 일과 삼대三代가 질質·문文으
로 제도를 개혁하는 이유를 밝힘으로써 「요왈」의 뜻을 펼쳤다. 다만 그 편이
없어져서 기록할 수가 없다.[103]

이상에서 서술한 내용은 대체로 『논어』 각 편의 요지에 대한 대망의 개괄적인
서술로 볼 수 있고, 또한 『논어』에 대한 대망의 총체적인 시각으로도 볼 수 있다.
그는 『춘추』에서 원元으로 시작해서 기린(麟)으로 끝나는 것, 삼세三世가 점진적으로
태평太平을 이룬다는 뜻을 가지고 『논어』 제 편의 순서를 논했으니, 홀로 빛나고
앞에서 드러난다고 할 수 있다.[104] 객관적으로 논하면, 그 중에 견강부회한 곳이
많다는 것도 또한 피할 수 없다. 그러나 그의 논술로부터 알 수 있듯이, 난리를
바로잡아서 태평을 이루는 것은 사실상 『대씨주논어』의 기본 실마리이며, 미래의
이상 정치에 대한 그의 구상도 이로 말미암아서 분명해질 수 있다.

대망의 입장에서 말하면, 이러한 이상은 또한 그의 '신왕新王' 개념과 밀접한
관련이 있다. 난리를 바로잡아서 순수한 태평을 이루는 것은 곧 '혁명革命'의 '제례작악
制禮作樂'이며, '새로운 왕(新王)'의 공업이다. 따라서 「자로」편의 "만일 왕자가 있더라도

---

103) 戴望, 『戴氏注論語』, 「堯曰」.
104) 『논어』 諸篇의 큰 요지를 드러내 밝힌 것은 皇侃의 『論語義疏』가 사실상 이미 그
   선하를 열었다. 宋翔鳳에 이르러서 또한 부분적으로 篇章의 주요한 요지를 논했지만,
   대망의 완비됨만 같지 못했다.

반드시 한 세대가 지난 뒤에야 백성들이 어질게 된다"(如有王者, 必世而後仁)라는 말에 주석을 단 조목에서, 대망은 다음과 같이 말했다.

『춘추』에서는 전해들은 세대에 다스림이 처음으로 일어나는 것을 드러냈다. 직접 들은 세대에 다스림이 늠름하게 승평으로 나아간다. 직접 본 세대에 다스림이 태평임이 드러난다. 새로운 왕이 바른 데로 되돌리는 점진적 과정이다.[105]

『춘추』는 242년 역사의 일을 기록했는데, 공양가는 『춘추』를 '신왕新王'에 해당시 켰다. 따라서 그 다스림은 쇠란에서 시작되었지만 끝은 태평의 시대를 이루었으니, 이것은 "문장으로 태평을 이룬 것"이다. 그러나 현실 역사의 측면에서 말하면, "실제로는 태평이 아니다." 따라서 대망은 「자한」편의 "봉황이 오지 않으며, 황하에서 하도河圖가 나오지 않으니, 나는 끝났구나!"라는 말에 주를 단 조목에서 말했다.

이것은 공자가 세상에 밝은 왕이 없는 것을 안타깝게 여긴 것이다. 밝은 왕이 출현하여 태평을 이루면, 봉황이 오고 황하에서 하도가 나온다. 지금 이러한 상서로 운 징조가 없다. '끝났구나'라는 말은 예악禮樂을 제작하지 않은 것을 한탄한 것이다. 예악의 제작은 반드시 혁명의 시기에 해당되므로 드러내 놓고 말하고자 하지 않는다. 따라서 봉황과 황하의 하도로써 뜻을 드러낸 것이다.[106]

대망의 관점에서 보면, 세상에 밝은 왕이 없기 때문에 현실 속에서 정치의 태평을 이룰 수 없다. 따라서 대망은 "공자가 세상에 밝은 왕이 없는 것을 안타깝게 여겼다"고 말하고, 또 "공자 스스로가 소왕素王이 된 것을 안타깝게 여겨서, 그를 요·순·탕·무와 같이 천하의 임금이 되어, 순전한 태평을 이룰 수 있도록 하고자 했다"고 말했다. 이것은 사실상 공자가 『춘추』는 지은 것은 "문장으로 태평을

---

105) 戴望, 『戴氏注論語』, 「子路」.
106) 戴望, 『戴氏注論語』, 「子罕」.

이룬 것"일 뿐임을 가리키는 것이다. 그런데 현실 속에서 태평에 도달하고자 한다면, 다만 '신왕新王'이 세상에 나와서, '혁명革命'을 통해 '예악禮樂'을 제작하는 것에 희망을 걸 수 있을 뿐이다. 이 점에서 대망과 그 스승인 송상봉은 매우 다르다. 비록 두 사람이 모두 '태평'을 외쳤지만, 송상봉은 실제로 그러한 '태평'을 말한 반면, 대망의 '태평'은 신왕의 '제작'을 기대할 뿐이다. 분명한 점은 대망이 전통적인 공양학 이론에 대해, 새로운 뜻을 더욱 많이 부여했다는 점이다. 그가 『공양전』의 경의經義를 빌어서 『논어』를 해석함으로써 현실 정치에 대한 자신의 깊고 절실한 관심을 드러냈는데, 그다지 분명하지 않다고 말할 수 있다.

4) 이적과 중국의 경계를 엄격히 분별함

이적夷狄과 중국中國의 분별은 『춘추』에서 중시하는 것이며, 대망은 이 이론을 더욱 중시하였다. 『논어』 「팔일」에서 말했다. "이적에 군주가 있는 것이 중국에 없는 것만 못하다."(夷狄之有君, 不如諸夏之亡也) 대망의 주에서 말했다.

이적은 예의禮義가 없으니, 비록 임금이 있더라도 중국에 임금이 없는 것에 미치지 못한다. 이것은 중국을 버리고 이적으로 나아가는 것이 부당함을 밝힌 것이다. 『춘추』의 법도는 제후가 이적의 행위를 하면 주州의 명칭으로써 거론하고, 이적이 중국에 난폭한 짓을 하면 비판하고 단절하여 사람(人)이라고 부르지 않는다. 융戎이 초구楚丘에서 범백凡伯을 정벌하자, 천자의 사신을 크게 여겨서 붙잡혔다고 말하지 않았다.[107] 정나라 임금 곤원髡原이 진晉나라와 함께 회합하고자 했으나, 자기 대부에 의해 시해를 당하니, 회합에 갔다(如會)라고 기록하여 그 뜻을 이루어 주고, 시해당한 것을 숨겼으며, 죽었다(卒)고 기록함으로써 그 화를 애통하게 여겼다.[108] 황지黃池의 회합에서 오나라가 중국의 회합을 주재하니, '애공哀公이 진晉나라 임금 및 오吳나라 임금과 회합하다(公會晉侯及吳子)라고 기록하여, 마치 두 명의 패자와 그렇게 회합한 것처럼 했다.[109] 이것은 모두 중국을 안으로 여기고 이적을 밖으로

---

107) 『春秋』, 隱公 7년, "冬, 天王使凡伯來聘. 戎伐凡伯于楚丘, 以歸."
108) 『春秋』, 襄公 7년, "鄭伯髡原如會, 未見諸侯, 丙戌, 卒于操."

여겨서, 예의가 없는 이적이 예의가 있는 중국을 제어하고 다스리는 것을 용납하지 않기 때문이다.[110]

『논어』의 이 조목에 대해서는 역대 주석가들의 많은 이견이 있지만, 대망은 다음과 같이 생각했다. 이적이 비록 "임금이 있지만", 그들은 "예의가 없기" 때문에 중국에 임금이 없는 것만 못하며, 이적이 중국을 제어하는 것을 용납하지 않는다. 대망의 이 주장은 장존여·유봉록 등 상주常州의 이전 학자들과는 매우 다르다. 이 조목에 대한 장존여의 해석에 의하면, 이적은 중국의 예의禮義를 사모했기 때문에 그들을 높여서 "임금이 있을" 수 있다고 말했다. 제하가 중국의 예의를 시행하지 못하면 이적과 동일하게 간주하니, "임금이 없다"고 말할 수 있다.[111] 유봉록의 해석은 대체로 장존여를 근본으로 삼아 미루어 나간 것이다. 이로써 알 수 있듯이, 세 사람이 모두 똑같이 공양학자이지만, 그들의 해석은 이처럼 서로 다르다. 대망은 이적과 중국의 분별에 엄격하여, 중국을 안으로 여기고 이적을 밖으로 여겼다. 이적이 중국을 주재하는 것을 용납하지 않으며, 예의가 없는 자가 예의가 있는 자를 제어하고 다스리는 것을 용납하지 않는다. 이것은 본래 공양가의 입장이다. 그런데 장존여·유봉록은 이적과 중국의 지위를 올리고 낮추는 것을 중시하여, 이적이 중국의 예의를 사용할 수 있으면 중국으로 여긴다고 하였다. 이것도 또한 『공양전』의 옛 이론에 속한다. 두 이론은 결코 서로 위배되지 않기 때문에 피석서의 『경학통론·춘추통론』에서는 삼세三世 이론에 근거하여 이적과 중국의 내외內外의 분별을 논하고, 두 가지가 병존하여 어긋나지 않는다고 주장했는데, 그 소견이 매우 옳다.

공양가의 이적과 중국의 관계에 대한 논의는 두 가지의 명제를 담고 있다.

---

109) 『春秋』, 哀公 13년, "公會晉侯及吳子于黃池."
110) 戴望, 『戴氏注論語』, 「八佾」.
   역자 주: 『공양전』 애공 13년에서 다음과 같은 말이 보인다. "吳何以稱子? 吳主會也. 吳主會, 則曷爲先言晉侯? 不與夷狄之主中國也. 其言及吳子何? 會兩伯之辭也."
111) 莊存與, 『春秋正辭』, 권8.

첫째, 이적과 중화의 분별을 엄격히 하는 것. 둘째, 이적과 중화의 지위를 올리고 낮추는 것을 용인하는 것이다. 장존여·유봉록은 이적이 중국으로 나아갈 수 있다는 것을 용인하였다. 그것은 사실 하나의 근본적인 전제, 즉 제하와 이적 사이의 긴장과 대립이라는 전제가 깔려 있다. 장존여·유봉록은 이러한 긴장과 대립은 해소될 수 있으며, 이적과 중화가 결코 고정된 명칭이 아니라 피차 서로 전환될 수 있다고 주장하였다. 따라서 오나라와 초나라 등의 '이적'을 높여서 '자子'라고 호칭할 수 있고, 중국도 강등시켜서 이적, 즉 "중국도 새로운 이적"이 될 수 있다. 이러한 측면에서 말하면, '이적'은 "임금이 있는데", '새로운 이적'으로 전락한 중화는 도리어 "임금이 없으니", 이적이 도리어 제하를 걱정하였다.

대망은 이적과 제하 사이의 분별에 집착하여, 이적은 곧 "예의가 없는 자"로 규정하였다. 그런데 만약 일단 예의가 있게 되면 곧 제하에 속하게 되어 다시는 이적으로 볼 수 없으니, 이적과 제하는 엄격한 의미에서의 문화 개념이다. 『춘추』는 본래 초나라를 이적으로 여겼는데, 그 후에 '자子'로 높였으니, 그것은 초나라가 이미 제하의 일원이 되었다는 것을 의미한다. 이러한 측면에서 말하면, 『논어』에서 실제로 다음과 같이 여겼다. 즉 이적은 반드시 "예의가 없는" 자이기 때문에 그들에게 임금이 있더라도 '예의가 없는 것'에 속한다. 제하는 반드시 "예의가 있는" 자이기 때문에 그들에게 비록 임금이 없더라도 '예의가 있는 것'에 속한다. 이와 같이 해석했기 때문에 대망은 또한 이적과 제하의 지위를 올리고 낮추는 것을 주장하였다. 따라서 「자한」편의 "공자가 구이九夷에서 살고자 하였다"(子欲居九夷)는 장을 다음과 같이 해석하였다.

누추함(陋)이라는 것은 예의禮義가 없는 것이다. 예의는 어진 자로부터 나오는데, 기자箕子가 거기에 거처하면서 교화시켰으니, 이적이 제하로 변한 것이다.[112]

---

112) 戴望, 『戴氏注論語』, 「子罕」.

또 대망은 「술이」편의 "호향 사람과는 함께 말하기가 어렵다"(互鄕難以言)는 장을 다음과 같이 해석했다.

『춘추』의 열국 중에서 예의禮義로 나아간 자는 인정해 주고, 예의에서 벗어난 경우에는 그것을 이유로 비판하였다. 노潞나라 임금이 이적에서 벗어나 노나라로 붙자, 그 작위를 불러서 중국의 맹약과 회합에 배열시켰으니,[113) 그가 제하를 흠모한 것을 인정한 것이다.[114)

이로써 알 수 있듯이, 이적과 중화의 관계에 대한 대망의 이해는 장존여·유봉록과 실질적인 구별은 결코 없다. "이적에 임금이 있는 것이 제하에 임금이 없는 것만 못하다"는 조목에 대한 구체적인 해석에서, 대망이 장존여·유봉록의 해석을 취하지 않은 것은 서로의 시대가 다른 이유도 있고, 또 대망과 장존여·유봉록의 신분이 같지 않아서 그렇게 만든 이유도 있다. 장존여·유봉록의 시대는 만청이 극성한 시대였고, 또한 조상의 공덕으로 벼슬한 세도집안으로서 조정의 은총을 일찍부터 받았다. 따라서 만청의 합법성을 위해 변호하는 경우가 많았는데, 대체로 이 논의를 통해서 만청이 비록 이족異族이지만 자각하여 중국의 예의를 사용함으로써 이미 이적에서 중국으로 진입하였다는 것을 증명하고자 했다. 대망이 처한 시대에 이르러 서는 안팎으로 곤란을 걱정하던 시대였고, 또 대망은 처량하게 떠도는 고통을 겪으면서 항상 명나라의 유민으로 자처하였기 때문에 마침내 장존여와 유봉록의 이론을 취하지 않았다.

이적과 중국의 분별은 종족 개념이면서 또한 문화 개념이다. 그런데 대망의 이러한 태도는 다소간 둘을 똑같이 취급하였다 그 후에 만청시기 혁명의 풍조가 발흥하여 만주족을 배척하는 주장이 극도로 펼쳐지자, 대망은 마침내 학자들에 의해 중시되었다. 유사배는 그가 "중화와 이적의 경계를 밝히고", "학문을 왜곡하여

---

113) 『春秋』, 宣公 15년, "晉師滅赤狄潞氏, 以潞子嬰兒歸."
114) 戴望, 『戴氏注論語』, 「述而」.

입신출세하지" 않았다고 극찬하였다. 또 "어찌 최근의 학자들 중에 인경麟經, 즉
『춘추』를 해석한 자들이 대동大同의 이론을 좋게 꾸며서 곡학아세曲學阿世의 기술을
제멋대로 부린 것과 같겠는가?"115)라고 평가하였다. 분명히 유사배의 대망에 대한
평가는 장존여·유봉록 이후 상주학파常州學派 전체에 대한 비평을 포괄하고 있으니,
사실상 시대의 형세가 그렇게 만든 것이다.

3. 경술經術과 정사政事를 하나의 체계로 통합함

『대씨주논어』가 나온 이후로 학자들의 큰 주목을 받았다. 장태염은 이 책을
칭찬하면서 "덕청德淸 대망戴望이 『공양전』을 풀어서 『논어』를 밝힘으로써 사법師法이
있게 되었다"116)고 말했다. 유사배도 다음과 같이 말했다. "덕청 대망은 송상봉의
문하에서 배웠고, 유봉록·송상봉 두 사람을 뜻을 조술하였다. 『공양전』으로써
『논어』를 증명하여 『대씨주논어』 20권을 지었으니, 『논어』로써 여러 경전을 통괄하
고자 하였다. 정밀한 학문적 조예와 깊은 연구는 사법師法을 순수하게 따르지 않는
자들과 같지 않다."117) 그러나 장태염과 유사배 두 사람은 모두 고문학의 대사大師로
서, 본래부터 "『공양전』으로써 『논어』를 증명하는" 방법을 인정하지 않는다. 따라서
대망 이전의 유봉록·송상봉 및 대망 이후의 강유위에 대해 많은 비평을 했는데,
대망을 좋게 평가한 것은 진실로 괴이한 일이다. 혹시 『대씨주논어』에 가경乾嘉
한학漢學의 색채가 있기 때문에 대망이 '사법師法'을 얻었다고 장태염과 유사배가
인정한 것은 아닌지 모르겠다. 유사배는 또 말했다. "비록 『공양전』으로써 『논어』를
해석했지만, 학문이 미쳐 날뛰는 데로 흐르지 않았다."118) 이 말 속에 담긴 뜻은
『공양전』으로써 『논어』를 해석한 대부분의 학문이 "미쳐 날뛰는 데로 흘렀다"는

---

115) 劉師培, 「戴望傳」(『劉申叔遺書』, 1829쪽에 실려 있음).
116) 章太炎, 『訄書·淸儒』(『章太炎全集』 제3책, 158쪽에 실려 있음).
117) 劉師培, 「南北學派不同論」(『劉申叔遺書』, 558쪽 아래쪽에 실려 있음).
118) 劉師培, 「近儒學術統系論」(『劉申叔遺書』, 1534쪽 아래쪽에 실려 있음).

것이다.

비록 유사배가 대망의 "학문이 미쳐 날뛰는 데로 흐르지 않았다"고 말했더라도, 이 책의 견강부회를 비평한 사람도 많다. 『속사고전서총목제요續四庫全書總目提要』에는 『대씨주논어』에 대한 두 편의 제요提要를 수록하고 있다. 그 중의 한 사람인 강한江瀚은 이 책의 "폐단은 천착이다"라고 말했다. 다른 한 사람인 윤명倫明은 이 책이 "지리멸렬하고 견강부회하다"고 평가했다. 또 이자명李慈銘이라는 사람은 대망이 "문자나 훈고를 잘 몰랐기 때문에 망령되이 공양가의 가장 잘못된 이론으로써 억지로 옛사람들을 날조하였다"[119]고 하였다. 전빈사錢賓四의 경우에는 비록 그를 "여전히 건가乾嘉 한학漢學의 전통"이라고 인정했지만, 그래도 그가 "전한시대 박사의 장구章句의 가법을 존중하여 『논어』를 연구하려고 했지만, 단지 제학齊學 한 노선만을 묵수하였다. 이것이 그가 견강부회하여 『논어』의 원래 뜻에 다 합당하지 못한 이유이다"[120]라고 했다. 금문학의 입장에 선 양계초梁啓超도 "대망의 『대씨주논어』는 『공양전』을 끌어와서 해석했는데, 비록 새로운 견해는 많다고 하더라도, 아마도 진실된 뜻은 아닌 듯하다"[121]고 했다. 이로써 알 수 있듯이, 경전 자체의 해석이라는 측면에서 말하면, 대망의 『대씨주논어』는 혹은 견강부회한 곳이 있다는 것을 알 수 있다. 따라서 왕선겸王先謙이 『황청경해속편皇淸經解續編』을 편찬할 때, 이 책의 수록을 거절한 것이 아마도 전적으로 문호의 견해에서 나온 것만은 아닐 것이다.

이 책의 「자서自敍」에서 말했다. "만약 일상적이지 않은 이상한 의리와 괴이하게 여길 만한 논의(非常異義可怪之論)로 보이는 것이 있으면, 그것으로 나를 죄주면 되니, 본래 유봉록·송상봉에 대해 비난할 것은 없다."[122] 이로써 알 수 있듯이, 대망 본인도 사실 이러한 비평을 자각하고 있었다. 장태염·유사배의 대망에 대한 칭찬은 반드시 학술 그 자체에 입각한 것만이 아니며, 대부분 사상사의 의의라는 측면에서

---

119) 李慈銘, 『越縵堂讀書記』, 129쪽.
120) 錢穆, 『中國近三百年學術史』 下冊, 615쪽.
121) 梁啓超, 『中國近三百年學術史』(朱維錚 校注, 『梁啓超論淸學史二種』, 316쪽에 실려 있음).
122) 戴望, 『戴氏注論語』, 「敍」.

그를 긍정한 것이다. 『공양전』으로써 『논어』를 해석하는 것은 유봉록의 『논어술하論
語述何』 이래로, 송상봉을 거쳐서 대망에 이르러서 이 방법이 가장 철저하게 관철되었
다. 그 후에 왕개운王闓運이 『논어훈論語訓』을 지었고, 강유위가 『논어주論語注』를
지어서, 『논어』의 공양학적 해석은 더욱더 만청 금문학의 유행이 되었다. 장태염이
일찍이 말했다. "대망이 벼슬살이를 추구하지 않고, 자신의 학문을 호광湖廣과 영광嶺
廣 사이에 널리 전하니, 심지어 명예를 다투고 이익을 추구하는 선비들로 하여금
그의 말을 이어서 신학新學은 위조 경전(新學僞經)이라는 주장을 만들도록 했다."[123]
장태염의 관점에서는 강유위의 학문이 사실상 대망으로부터 나온 것이다. 장태염의
이 주장은 만청 금문학의 또 다른 발전 맥락을 파생했는데, 바로 대망의 학문이
왕개운王闓運에게 전해지고, 왕개운은 요평廖平에게 전하고, 요평은 또 강유위에게
전했다는 것이다. 대체로 이러한 주장에 영향을 받아서 어떤 학자는 다음과 같이
주장했다. "개량파의 '신학위경新學僞經'과 '공자개제孔子改制' 이론은 대망으로부터
계발된 것이다."[124] 그러나 이 주장은 한 단계 더 나아간 고증이 필요하며, 결국
대망과 왕개운·강유위 학문은 직접적인 전승관계는 없는 듯하다.[125] 어떻게 되었든
간에, 대망 학술의 특징이라는 측면에서 말하면, "청대 금문경학 운동으로부터
개량주의 운동으로 향하는 과도기적인 중간 인물"[126]이라는 사상사 측면에서의
가치는 진실로 타당한 것이다.

　　주의해야 할 점은 만청시기 혁명파도 대망의 이론에서 사상의 자원을 얻었다는
점이다. 장태염·유사배 등의 『대씨주논어』에 대한 특별한 중시는 아마도 경학적

---

123) 章太炎, 『太炎文錄初編·說林 上』(『章太炎全集』 제4책, 118쪽).
124) 張永平, 「戴望述略」(『上海交通大學學報』 2002년 제3기, 49쪽에 실려 있음).
125) 朱維錚은 이 주장을 견지하면서 말했다. "대망의 금문학 이론이 강유위의 『新學僞經
　　考』의 근원인지의 여부는 여전히 고증이 필요하다."(朱維錚, 『中國經學史十講』[2002],
　　176쪽). 劉大年은 『評近代經學』에서 이 주장에 반대하였다. 그는 강유위와 양계초의
　　학술이 그들보다 뒤에 일어났고 또 영향도 크지 않았던 대망으로부터 오지는 않았
　　을 것이라고 생각했다.(『明淸論叢』 제1집[北京: 紫禁城出版社, 1999], 11쪽에 실려 있
　　음) 그러나 유대년의 반대 의견은 설득력이 있어 보이지는 않는다.
126) 朱維錚, 『走出中世紀』(上海: 復旦大學出版社, 2007년 증보개정판), 61쪽.

의의라는 측면에서의 '사법師法'에서 나온 것이 아니라, 정치적 입장이라는 측면에서의 원인에서 나온 것이 더욱 클 것이다. 대망이 이적과 중국의 구별을 엄격하게한 것은 만청 정권과 협력하지 않는 태도를 견지하였고, 비록 중국번의 문하에머문 적이 있지만 끝내 나가서 벼슬하기를 원하지 않았다. 이것은 "만주에 알랑거리면서 아첨했던" 유봉록·송상봉·강유위 등의 인물과는 분명히 다른 점을 가지고있다. 유사배이든 장태염이든, 그들의 대망에 대한 긍정은 모두 이러한 방면에서의원인이 있는 듯하다.[127)]

그런데 단지 이와 같을 뿐만 아니라, 유사배는 나아가 대망의 『대씨주논어』속에서 군주전제君主專制를 비판하는 수많은 사상 자원을 찾아냈다. 유사배의 『중국민약정의中國民約精義』라는 책 속에 『대씨주논어』에서 주를 단 세 조목을 수록하고있다.

순임금과 우임금이 천하를 소유하니, 천하와 그것을 공유하고, 천하를 위해 사람을얻어서 천하를 다스리되 자기의 뜻으로 관여하지 않았다.[128)]

비난은 나쁜 일을 하는 데서 생기고, 칭찬은 좋은 일을 하는 데서 생긴다. 좋아하고싫어함이 공정함에서 나온다면, 누구에 대해 비난하고 누구에 대해 칭찬하겠는가?(공자가) 시험해 보았다는 것은 백성에게 시험해 본 것이다.[129)]

삼대三代에 사람을 쓰는 것이 모두 백성들이 좋아하고 싫어하는 것을 기준으로했으니, 편벽되거나 사사로운 바가 없다. 따라서 삼대가 정직한 도를 행했다고말한 것이다.[130)]

---

127) 朱維錚, 『走出中世紀』, 341쪽 참조.
128) 戴望, 『戴氏注論語』, 「泰伯」.
129) 戴望, 『戴氏注論語』, 「衛靈公」.
130) 戴望, 『戴氏注論語』, 「衛靈公」.

이 세 조목의 해석 문장은 『논어』「태백」편의 "(순임금의 임금 노릇함이) 높고 크다"(巍巍)는 장과 「위령공」편의 "내가 남에 대해서"(吾之於人也)라는 장에 대한 주석이다. 유사배는 이에 대해 안어案語를 두고서 다음과 같이 말했다.

대망의 이론은 전부 천하는 이미 천자의 개인적인 소유가 아니라는 『공양전』의 이론에서 나온 것이다. 따라서 국가의 이해利害는 모두 국민들의 공의公意에 의거해야 하고, 자기의 뜻으로 거기에 관여해서는 안 된다. 이것은 군주가 천하를 잊어버린 것이 아니라, 군주는 본래 천하를 다스리는 권한이 없기 때문이다. 루소(Rousseau)의 『사회계약론』(民約論)에 다음과 같은 말이 있다. 한 나라 안에서 수천만의 사람이 모여 있으니, 그 나라의 이해利害와 호오好惡는 마땅히 나라 사람들과 함께 공유해야 한다. 한 사람의 호오는 개인적인 사사로움에서 나오는 것이고, 나라 사람들의 호오는 지극한 공평함에 근본을 둔 것이다. 호오가 지극한 공평함에 근본을 둔 것이라면, 사람을 쓰는 권한은 모두 아랫사람에게 주어지고 군주는 장차 손을 놓고 아무것도 하지 않을 것이다. 이것이 바로 천하를 소유하되 관여하지 않는 까닭이다. 대망의 이 말은 공자가 말한 요지를 깊이 이해한 것이다.[131]

이러한 측면에서 말하면, 진실로 장영평張永平이 말한 것과 같이, "혁명파는 대망에게서 군민공주君民共主와 반만反滿의 주장을 보았다."[132]

결론적으로 말하면, 대망은 『공양전』의 의리를 가지고 『논어』를 해석했다. 비록 『춘추』의 미언대의를 드러내 밝히는 것을 위주로 했지만, 결국 그 자신이 3,000년의 중국 역사 기간 동안 없었던 큰 변화의 시국에 살면서, 중국과 서양 사조의 상호 격돌 및 내우외환의 핍박에 직면했기 때문에 이와 같은 그의 『논어』 해석은 이미 새로운 현실적 함의를 담고 있다. 장성감張星鑒의 생각에 의하면, 대망 본인도 이러한 상황에 대해 스스로 자각하고 있었는데, 대망은 일찍이 다음과 같이 말했다.

---

131) 劉師培, 『中國民約精義』, 권3.
132) 張永平, 「戴望述略」(『上海交通大學學報』, 2002년 제3기, 49쪽에 실려 있음).

세상일이 혼란스러워서 스승과 제자의 도가 사라지자, 원백로原伯魯133)의 무리들이 모두 정자程子와 주자朱子의 발자취를 좇음으로써 그 천박함을 스스로 꾸며서 가리려고 생각하였다. 한두 명의 대신이 앞에서 외치면 무지한 사람들이 뒤에서 화답하니, 그 형세는 서양인의 천주교로 흘러들어가는 데 이르지 않으면 그치지 않는다. 바라노니, 우리 무리들이 떨쳐 일어나 옛 뜻에서 증명하고 미언微言에서 탐구하여, 경술經術 · 정사政事 · 문장文章을 하나로 관통해야 하니, 세상의 폐단을 구제하고 성인의 가르침을 보호하는 것은 여기에 달려 있다.134)

이로써 알 수 있듯이, 대망의 학문은 확실히 현실에 대해 깊은 관심을 가지고 있다. 따라서 그가 『논어』에 주를 단 요지는 그의 「자서自敍」에서 "소왕의 사업과 태평의 다스림을 탐구하는 것"이라고 말했으니, 여전히 유봉록 · 송상봉 일파의 금문학자의 전통 사상에 가깝다. 그런데 대망은 여기에서 또 "세상의 폐단을 구제하고 성인의 가르침을 보호한다"고 스스로 말했으니, 전통 금문학의 관심 영역을 벗어나서 당시의 중국과 서양의 대립과 관련이 있다.

또한 대망은 본래 안원顏元과 이공李塨의 경세經世 학문을 연구했는데, 그 요지는 공양학과 같다. 따라서 그는 "경술經術 · 정사政事 · 문장文章을 하나로 관통"하고자 했으며, 사실상 경술과 문장을 가지고 자신의 경세사상을 드러내었다. 만청시기에 안팎으로 곤란한 국면에 직면한 상황에서, 대망은 세상이 변화하는데도 자신은 무능하여 아무 일도 못하는 것에 깊이 느끼는 바가 있었다. 그의 '신왕新王' · '개제改制' · '태평太平' 등의 여러 이론은 현상에 대한 불만 및 미래 변혁에 대한 그의 기대를 드러낸 것이다. 따라서 만청시기의 개량파이든 혁명파이든 상관없이, 모두 사법師法에 구속된 그의 경학사상 이면에 감추어져 있는 이러한 이론에 대해서는 이론상으로

---

133) 역자 주: 『좌씨전』 소공 18년의 기록에 의하면, 原伯魯는 周나라의 대부인데, 학문을 좋아하지 않았다. 이에 노나라의 閔子馬는 학문은 덕을 닦는 방법임에도 불구하고 원백로가 그것을 좋아하지 않기 때문에 장차 주나라는 혼란스러워지고, 原氏 집안은 멸망할 것이라고 말했다고 한다.

134) 張星鑒, 『戴子高傳』.

지지할 수 있었던 것이다.

이러한 측면에서 말하면 대망의 『논어』 주석의 방법은 비록 유봉록·송상봉에 근본을 두고 있지만, 그 경술의 배후에 숨겨져 있는 경세사상은 유봉록·송상봉이 포괄할 수 있는 범위를 멀리 벗어나 있다.

제15장 능서淩曙와 진립陳立
-청대 공양학의 별전別傳

제1절 능서淩曙

능서淩曙(1775~1829)는 자가 효루曉樓 또는 자승子升이고, 호는 비운각주蜚雲閣主이다. 강소江蘇 강도江都 사람이고, 국가감생國子監生이었다. 가경嘉慶 10년(1805), 양주揚州의 포세신包世臣(1775~1855)을 처음 알게 되어서 그에게 마땅히 무엇을 공부해야하는지 물었을 때, 포세신은 다음과 같이 말해 주었다. "경전 연구는 반드시 가법家法을 지키고, 한 분야의 경학을 전문적으로 연구하여 그 기초를 세우면, 여러 분야의 경학을 점차적으로 소통할 수 있다."[1] 또한 그가 예禮에 정통했기 때문에 포세신은 마침내 능서에게 정현의 삼례三禮의 학문을 공부하도록 권했다. 아울러 무진武進의 장혜언張惠言이 편집한 『사자서한설四子書漢說』 및 자신과 이조락李兆洛이 증보增補하면서 완성하지 못한 원고를 주면서, 예禮가 "경전을 연구하는 기준"이라고 하였다. 이에 능서는 전례典禮를 상고하고 고훈古訓을 고찰하여, 『사서전고핵四書典故覈』 6권을 지었다. 이 책의 「서문」에서 포세신이 일찍이 자신에게 『예』와 『춘추』 공부를 권했다고 말했다.

예禮는 인정人情을 근본으로 삼아서 편안함으로 나아간다. 따라서 예禮라는 것은 사람을 다스리는 규율이며, 『춘추』는 그 예例이다. 『춘추』의 요지는 다만 『공양전』에 남아 있으니, 하휴의 책을 얻어서 그 이론을 밝힌 이후에 예禮를 내 몸에서

---

1) 淩曙, 「淸故國子監生淩君墓表」(『藝舟雙楫』, 「論文 六」).

잠시라도 떨어지게 해서는 안 된다. 따라서 정현의 책에 능통하지 않는 자는 하휴의 공평하고 진실됨을 알지 못하고, 하휴의 책에 능통하지 않는 자는 정현의 정밀하고 합당함을 알지 못한다.[2]

능서의 『사서전고핵』이라는 책은 흡현歙縣의 홍오洪梧(1750~1817)로부터 높은 평가를 받았다. 홍오는 당시 양주揚州 매화서원梅花書院을 주관하고 있었으며, "『공양전』을 가지고 『예』를 소통하고, 『시』를 가지고 『예』를 소통했으며, 제자諸子를 수업하였다."[3] 그 후에 능서가 『예』를 가지고 『공양전』을 증명한 학풍은 포세신과 홍오의 영향을 깊이 받았다고 말할 수 있다. 홍오의 「능주춘추번로서凌注春秋繁露序」에 따르면, 바로 홍오의 인도 하에서 능서는 처음으로 『공양전』과 『춘추번로』를 공부했고, 그 후에 능서가 『춘추번로』에 주석을 단 것은 바로 홍오의 계발에 말미암은 것이다. 그리고 바로 홍오의 지도에 따라 능서는 이후에 또 상주常州로 가서 유봉록에게 3년 동안 『공양전』을 배움으로써 마침내 『공양전』의 학문을 깊이 좋아하게 되었다. 그 사이에 또 심흠한沈欽韓에게 배워서 "더욱 철저하게 이해하고 정밀하면서 빈틈이 없었다." 그러나 심흠한은 시종 그가 유봉록에게 『공양전』을 배운 것을 인정하지 않았다.[4]

가경嘉慶 14년, 능서는 서울로 들어가서, 명경明經으로 경조京兆에 과거를 보러 갔다. 다음 해에 능서는 완원阮元의 문하에서 공부했는데, 완원을 위해 『경부經郛』를 교정하고 편집하면서 위진시대 이후 제가의 『춘추』 이론을 모두 보았다. 가경 22년, 완원이 월粵의 총독總督이 되었고, 다음 해에 능서를 데리고 월로 들어가서

---

2) 凌曙, 『四書典故覈』, 「序」.
3) 洪梧, 「凌注春秋繁露序」.
   역자 주: 이 글은 현재 鍾肇鵬 주편, 『春秋繁露校釋』, 「附錄 六・校刻春秋繁露序跋選」(山東友誼出版社, 1994), 936~937쪽에 실려 있다.
4) 능서가 죽은 이후에 그의 생질 劉文洪가 沈欽韓에게 능서의 『公羊禮疏』에 「서문」을 지어 달라고 요청하였다. 그런데 심흠한에게 완곡하게 거절을 당했다. 그리고 심흠한의 「與劉孟瞻書」에도 또한 "능서가 유봉록의 무리들에 의해 잘못되어 『공양전』에 빠져들었다"는 말이 있다.

자기 아들인 완복阮福을 가르치게 했다. 만년에는 양주揚州로 돌아와서 제자인 진립陳立을 얻었다. 능서의 주요 저작은 젊었을 때의『사서전고핵』6권 이외에,『춘추번로주春秋繁露注』17권,『춘추공양예소春秋公羊禮疏』11권,『공양예설公羊禮說』1권,『춘추공양문답春秋公羊問答』2권이 있다. 또『의례예복통석儀禮禮服通釋』6권,『군서답문群書答問』2권,『예설禮說』4권이 세상에 전해진다.

1.『춘추번로』에 대한 교감과 주석

능서는『춘추』의 의리가『공양전』에 있고,『공양전』의 학문은 동중서로부터 전해졌다고 여겼다. 그래서 동중서의『춘추번로』에 대해 그 근원을 밝혔으며,『춘추번로』가 "예의禮義의 근본을 알고, 경도經道와 권도權道의 쓰임을 통달했으며, 인仁의 실천을 근본으로 삼고, 정명正名을 우선으로 삼으며, 음양오행陰陽五行의 변화를 헤아리고, 제례작악制禮作樂의 근원을 밝혔다. 체계가 크고 사고가 정밀하며, 드러난 사실을 추론하여 은미한 것에 이르니, 미언대의微言大義를 잘 드러내었다고 말할 수 있다"[5]고 하였다. 그런데 "지금 이 책이 전해진 지가 이미 오래되었는데, 어魚자와 노魯자와 같이 비슷한 글자가 뒤섞여서 오류가 있고,[6] 편의 차례가 떨어져 나가서 끝까지 읽기가 어렵다. 대충 연구한 자들의 비판이 끊임없이 이어져서, 성스러운 부절에만 마음을 두니, 가는 실이 끊어질 듯 위태로운 상태이다."[7] 능서는 "마음으로 몰래 그것을 근심하여, 마침내 선본善本을 구해서 다시 정리하고 바로잡았으며, 또한 여러 세대에 전해진 옛 이론을 채집하고 앞선 학자들의 통설을 모아서 거기에

---

5) 凌曙,『春秋繁露注』,「序」.
   역자 주: 이 글은 현재 鍾肇鵬 주편,『春秋繁露校釋』,「附錄 六・校刻春秋繁露序跋選」(山東友誼出版社, 1994), 934~935쪽에 실려 있다.
6) 역자 주:『抱朴子』「遐覽」편에 "글자를 세 번 베껴 쓰면 魚자가 魯자로 변하고, 帝자가 虎자로 변한다"는 말이 보인다. 형체가 비슷한 글자는 서로 뒤섞여서 많은 오류가 생긴다는 의미이다.
7) 凌曙,『春秋繁露注』,「序」.

주석을 달았다. 수당시대의 여러 책에서 『춘추번로』를 인용한 것은 그 차이점과 공통점을 고찰하고 그 상세함과 간략함을 비교하지 않은 것이 없다. 책의 제목과 성씨姓氏는 모두 아래쪽에 열거하였다."[8] 이와 같은 과정을 거쳐서 『춘추번로주春秋繁露注』 17권이 완성되었다.

능서가 『춘추번로』에 단 주는 다음과 같은 몇 가지 주요한 특색이 있다

1) 교감校勘에 정밀함

송대 이후로 『춘추번로』는 구양수歐陽修가 말한 것처럼, "어지럽게 뒤섞이거나 중복되고"[9] 오탈자와 없어지고 빠진 내용이 매우 많았다. 남송시대 사명四明 누약樓鑰 (1137~1213)이 교정하여 처음으로 정본이 생겼지만, 명대에 판각한 누약의 판본은 잘못된 부분이 많이 나왔다. 청대 노문초盧文弨가 교감校勘한 후에, 이 책은 비로소 기본적으로는 읽을 만할 정도는 되었다. 다만 노문초의 판본도 빠지거나 잘못된 내용이 매우 많았기 때문에 능서가 『춘추번로』에 주를 달 때, 가장 먼저 노문초의 판본을 기초로 삼아서, 부족한 부분을 보충하고 잘못된 부분을 바로잡았으며, 『춘추번로』의 글자를 다시 교정하였다. 예를 들어 『춘추번로』 「작국爵國」편의 "또 '처음으로 육우를 바쳤다'고 말했다"(又曰初獻六羽)는 구절에 대해, 능서의 주에서 다음과 같이 말했다.

> 노문초盧文弨의 주注에서 말했다. "이 여섯 글자는 아마도 연문衍文일 것이다."
> 살펴보건대, '천자삼공天子三公'이라고 말한 내용이 『춘추』의 '초헌육우初獻六羽에 대해 해석한 『공양전』 안에 있으니, 이것은 연문이 아니다.[10]

살펴보건대, 노문초는 "우왈초헌육우又曰初獻六羽" 6글자를 연문으로 여겼다.

---

8) 凌曙, 『春秋繁露注』, 「序」.
9) 歐陽修, 「書春秋繁露後」(『歐陽修文集』, 권73).
10) 凌曙, 『春秋繁露注』, 권8, 「爵國」.

그런데 『춘추번로』, 「작국」편의 "초헌육우初獻六羽"라는 문장 뒤에 이어서 "『공양전』에서 '천자天子의 삼공三公을 공公이라고 하고, 왕자의 후손을 공公이라고 한다. 그 나머지 중에 대국은 후侯라고 부르고, 소국은 백伯·자子·남男라고 부른다고 말했다"는 구절이 있다. 여기의 '전왈傳曰'은 곧 『춘추』 은공 5년 "초헌육우初獻六羽"에 대한 『공양전』의 해석에 보이는 문장이다. 따라서 능서는 이 전문에 근거하여 "우왈초헌육우又曰初獻六羽" 6글자가 연문이 아님을 증명했는데, 정확한 지적이다.

2) 『춘추』와 『공양전』으로써 『춘추번로』를 증명함

능서는 『춘추번로』의 문장을 근거로 삼아서, 『춘추』의 사건을 취사선택하여 『춘추』의 의리를 증명하였다. 그러나 동중서의 『춘추』 서술은 대부분 간략하게 진술한 말이기 때문에 『춘추』 경전經傳을 잘 알지 못하는 사람은 항상 그 내용을 쉽게 이해할 수가 없다. 따라서 능서의 『춘추번로』 주에서는 『춘추번로』에서 언급한 경문의 사건에 대해 대부분 『춘추』 경전을 소급하여 해석하였다. 예를 들어 『춘추번로』 「죽림竹林」편 첫 부분에 다음과 같은 내용이 보인다. "『춘추』의 일반적인 문장은 이적夷狄을 인정하지 않고, 예의禮義를 행한 중국中國을 인정하였다. 필邲의 전쟁에서 편향되게 반대로 쓴 것은 무엇 때문인가?' 동중서는 여기에서 다만 "필의 전쟁에서 편향되게 반대로 썼다"고만 말했는데, 능서는 다음과 같이 주를 달았다.

> 『춘추』 선공 12년 경문에서 말했다. "진나라 순림보가 군대를 거느리고 초나라 임금과 필에서 전쟁했다. 진나라 군대가 크게 패배하였다."(晉荀林父帥師, 及楚子戰于 邲, 晉師敗績) 『공양전』에서 말했다. "대부는 임금과 대적할 수 없는데, 여기에서 순림보荀林父의 이름과 성씨를 말하고 초나라 임금과 대적한 형식의 문장을 쓴 것은 어째서인가? 진晉나라를 인정하지 않고 예의禮義를 행한 초楚나라 임금을 인정한 것이다."[11]

---

11) 凌曙, 『春秋繁露注』, 권2, 「竹林」.

살펴보건대, 일반적인 서법의 측면에서 말하면, "『춘추』에서는 이적夷狄을 인정하지 않고, 예의禮義를 행한 중국中國을 인정한다." 단 필邲의 전쟁에서, 『공양전』이 진나라 대부의 이름과 성씨를 불러서 초나라 임금과 대적한 형식의 문장을 쓴 것은 곧 대부가 임금과 대적한 것이다. 이것은 "진晉나라를 인정하지 않고 예의禮義를 행한 초楚나라 임금을 인정한 것"이라고 여겼다. 이러한 사례와 같이, 능서는 『춘추』 경문을 조목별로 열거하여 『춘추번로』를 증명했기 때문에 독자들이 분명하게 이해할 수 있는 것이다.

3) 하휴로써 동중서를 해석함

능서는 『춘추번로주』에서 『춘추』와 『공양전』과 관련된 것에 대해서는 대부분 하휴何休의 이론을 인용하여 『춘추번로』를 해석했다. 이것이 『춘추번로주』가 『공양전』에 대한 전문 저서로서의 가장 큰 특색이다. 그리고 이로 인해 『춘추번로』의 미언대의도 많이 밝혀졌다. 예를 들어 『춘추번로』에서 말했다.

> 따라서 처음에는 임금을 시해하고 나라를 멸망시킨 큰 악을 말하고, 마지막에는 작은 잘못을 사면해 준 것을 말했으니, 이것은 또한 크고 거친 것에서 시작하여 정밀하고 세미한 것에서 마친 것이다. 교화가 두루 행해지고 덕의 은택이 크게 젖어들어, 천하 사람들이 사람마다 사군자士君子의 행실을 가지고 허물이 적어질 것이니, 또한 두 글자로 된 이름을 비난한 뜻이다.[12]

능서의 주에서 말했다.

> 『공양전』 은공 원년, 하휴何休의 주注에서 말했다. "전해들은 세대에서는 다스림이 쇠란衰亂의 가운데에서 일어나서, 마음을 쓰는 것이 여전히 거칠다는 것을 보여 준다. 따라서 자기 나라를 안으로 여기고 제하諸夏를 밖으로 여긴다. 먼저 노나라를

---

12) 『春秋繁露』,「俞序」.

상세하게 다스린 이후에 외국을 다스린다. 큰일을 기록하고 작은 일을 생략하며, 노나라의 작은 악은 기록하고 외국의 작은 악은 생략해서 기록하지 않는다. 대국에 대해서는 대부大夫를 기록하고 소국에 대해서는 인人이라고 간략하게 기록하며, 노나라가 다른 나라와 제삼국에서 회합한 것은 기록하고, 외국의 두 나라가 제삼국에서 회합한 것은 기록하지 않는 것이 그것이다. 직접 들은 세대에서는 다스림이 승평升平임을 보여 주니, 제하를 안으로 여기고 이적을 밖으로 여긴다. 외국의 두 나라가 제삼국에서 회합한 것을 기록하고, 소국에 대해서 대부를 기록하니, 선공 11년 '가을, 진나라 임금이 찬함에서 이적과 회합했다'(秋, 晉侯會狄於攢函)는 기록과 양공 23년, '주루나라의 비아가 노나라로 도망쳐 왔다'(邾婁鼻我來奔)는 기록이 그것이다. 직접 본 세대에서는 다스림이 태평太平임을 보여 주니, 이적이 나아가서 작위를 받는 데 이르고, 천하에서 멀거나 가까운 지역과 작거나 큰 나라가 모두 하나같다. 마음을 쓰는 것이 더욱 깊고 상세하기 때문에 인의仁義를 숭상하고, 두 글자로 된 이름을 비난했으니, 진晉나라 위만다魏曼多(애공 13년)와 중손하기仲孫何忌(정공 6년)가 그것이다."[13]

살펴보건대, 능서가 인용한 『춘추』 은공 원년의 주는 하휴가 『공양전』의 삼세三世 이론에 대해 설명한 것이다.

또 『춘추번로』「삼대개제질문三代改制質文」에서 말했다. "따라서 같은 시대에 제帝라고 부르는 자가 다섯이고, 왕王이라고 부르는 자가 셋인 것은 오단五端을 밝히고 삼통三統을 소통하게 하려는 것이다." 능서의 주에서 말했다.

『춘추』 은공 3년 경문의 "봄, 왕의 정월"(春, 王二月)에 대한 하휴何休의 주注에서 말했다. "2월과 3월에 모두 왕王자가 있는 것은 2월은 은殷나라의 정월이고, 3월은 하夏나라의 정월이기 때문이다. 왕자는 앞선 두 왕조의 후예를 보존하여, 그들이 자신들의 정삭正朔을 통일하고, 자신들의 복색服色을 입고, 자신들의 예악禮樂을 시행함으로써 선성先聖을 높이고 삼통三統을 소통하도록 하였다. 사법師法의 의리와

---

13) 凌曙, 『春秋繁露注』, 권6, 「兪序」.

공경·겸양의 예의를 여기에서 볼 수 있다."14)

「삼대개제질문」편에서 또 말했다. "『춘추』는 하늘에 호응하여 새로운 왕의 일을 제정하니, 시대는 흑통黑統으로 바로잡는다. 노나라를 왕으로 삼고, 흑색을 숭상하며, 하나라를 축출하고, 주나라를 친하게 대하며, 송나라를 옛 나라로 여긴다." 능서의 주에서 말했다.

『공양전』은공 원년의 하휴 주에서 말했다. "『춘추』는 노나라에 신왕新王을 가탁하여 천명을 받았다."15)

또 말했다.

『공양전』은공 원년 서언徐彦의 소疏에서 말했다. "하휴가『문시례文諡例』를 지어서 '삼과구지三科九旨는 주나라를 새로운 나라로 여기고, 송나라를 옛 나라로 여기고, 『춘추』를 신왕에 해당시킨다'(新周, 故宋, 以春秋當新王)고 했는데, 이것이 첫 번째 조목의 세 가지 뜻(一科三旨)이다."『공양전』장공 27년 하휴의 주에서 말했다. "기杞나라는 하夏나라의 후예인데도 공公이라고 말하지 않은 것은『춘추』가 기杞나라를 축출하고, 주周나라를 새로운 나라로 여기며, 송나라를 옛 나라로 여기고, 『춘추』를 새로운 왕에 해당시킨 것이다."16)

이것은 모두 하휴의 삼통의 소통(通三統) 의리로써 동중서를 해석한 것이며, 하휴가 '『춘추』를 새로운 왕에 해당시킨다'(『春秋』當新王)는 의리와 '노나라를 왕으로 삼는다'(王魯)는 의리를 서술한 것이 매우 분명하기 때문이다.

이상과 같이 하휴의 '삼과구지三科九旨'로써 동중서를 해석한 내용 이외에 기타

---

14) 凌曙, 『春秋繁露注』, 권7, 「三代改制質文」.
15) 凌曙, 『春秋繁露注』, 권7, 「三代改制質文」.
16) 凌曙, 『春秋繁露注』, 권7, 「三代改制質文」.

『춘추』경전經傳에 대해 다룬 곳에서, 능서는 또한 대부분 하휴의 뜻을 서술하여 동중서의 이론을 증명하였다. 예를 들어, 『춘추번로』 「옥영玉英」편에서 "환공桓公의 뜻이 왕을 무시하였기 때문에 '왕王'이라는 글자를 기록하지 않았다"고 했는데, 능서의 주에서 말했다. "『춘추』 환공 3년의 경문에서 '봄, 정월, 환공이 ~에서 제나라 임금과 회합하였다"(春, 正月, 公會齊侯於)라고 했고, 하휴의 주에서 '왕王'자가 없는 것은 이로써 환공이 왕을 무시하고 회합에 간 것을 드러낸 것이다'고 하였다."[17] 이러한 사례는 한두 가지가 아니다.

능서의 『춘추번로주』는 현존하는 『춘추번로』에 대한 첫 번째 주석이다. 양계초는 이 책을 매우 높이 평가하여 다음과 같이 말했다. "능서는 장존여·유봉록의 학문을 전수했으며, 『공양전』의 가법에 정통하였다. 따라서 그의 주석은 한 시대의 으뜸이니, 단옥재段玉裁의 『설문해자說文解字』와 공적이 같다."[18] 그러나 어떤 학자들은 그의 주석이 동중서의 미언대의를 드러내 밝히지 못했다고 비평한 경우도 많았다. 예를 들어 강유위는 다음과 같이 말했다. "최근에 오직 강도江都의 능서를 얻어 대단히 진귀한 인물이라고 여겨서 기뻐했다. 그러나 문장에 따라 뜻을 해석한 것이 마치 시골 사람이 제왕의 서책을 두는 책부冊府에 들어가거나 귀머거리가 천상의 음악을 듣는 것과 같아서, 다만 그 진귀하고 아름다움에 놀랄 뿐 한마디 말도 거들지 못하였다. 하물며 조목별로 들어서 사람들에게 말해 주는 것이 가능하겠는가!"[19] 소여蘇輿는 다음과 같이 말했다. "능서의 학문은 유봉록으로부터 나왔으며, 큰 체제가 바르고 진실되며, 견강부회가 결코 없다. 다만 동중서의 뜻을 드러내 밝힌 것이 적고, 빠뜨리거나 번쇄함을 때때로 면치 못한다."[20] 소여의 『춘추번로의증』과 비교해 보면, 능서의 『춘추번로주』는 다소 미치지 못하는 점이 있다.[21] 그런데 심지어

---

17) 凌曙, 『春秋繁露注』, 권2, 「玉英」.
18) 梁啓超, 『中國近三百年學術史』, 371쪽.
19) 康有爲, 『春秋董氏學』, 「自序」.
20) 蘇輿, 『春秋繁露義證』, 「例言」.
21) 梁啓超가 다음과 같이 말했다. "최근에 蘇輿가 『春秋繁露義證』 17권을 지었는데, 정밀하고 빈틈이 없고 분석적이어서 능서의 『춘추번로주』보다 뛰어나다."(梁啓超, 『中國

"이 책에서 공양학의 의리를 드러내 밝힌 것은 다소간 취할 만한 것이 전혀 없다"[22]고 말한 경우는 말이 너무 지나치다. 이 책은 『춘추번로』를 주석한 최초의 작품으로서, 장章과 구句를 정리하고, 자세하게 조사하여 전체를 꿰뚫어 이해했으므로 여전히 『춘추번로』의 공신이 되기에 손색이 없다. 더욱 중요한 것은 능서가 하휴·서언의 이론을 가지고 『춘추번로』를 해석함으로써 『춘추번로』에 담긴 『공양전』의 함의가 마침내 『춘추번로』를 통해 하휴와 소통될 수 있었다는 점이다. 그리고 하휴의 '삼과구지' 등 여러 이론도 『춘추번로』를 통해 인증될 수 있었다. 따라서 홍오洪梧는 "능서는 동중서에 대해 공적이 있고, 하휴와 서언에 대해 더욱 큰 공적이 있다"[23]고 평가했다. 홍오의 이 주장은 올바른 논의라고 할 수 있다.[24]

소여는 또 능서의 주석을 비평하면서, "다만 동중서의 뜻을 드러내 밝힌 것이 적다"고 했다. 이것은 하휴를 가지고 동중서를 해석한 것이 하휴에게서 동중서를 없애 버림으로써 『공양전』의 의리 측면에서 동중서와 하휴의 차이를 보지 못하게 되었다는 의미이다. 이러한 측면에서 말한다면, 이후의 위원·강유위 및 소여 등은 동중서와 하휴의 차이에 대해 한 단계 더 나아가 논의를 전개하여 드러내 밝혔다고 할 수 있다.

2. 예禮로써 『공양전』을 풀이함

능서는 일찍이 『춘추』와 『공양전』의 관계에 대해 논했는데, 그의 『춘추공양예소

近三百年學術史』, 371쪽). 段熙仲도 말했다. "소여의 책이 비록 이유가 있어서 말한 것이지만, 그 정밀하고 깊은 곳은 능서보다 뛰어난 점이 있다."(段熙仲, 『春秋公羊學講疏』, 37쪽)

22) 黃開國, 『公羊學發展史』, 560쪽.

23) 洪梧, 「凌注春秋繁露序」.

24) 이 외에도 張駒賢은 이 책이 "단지 하휴와 서언을 관통했을 뿐만 아니라, 의리를 바르게 하고 도를 밝혀서, 天人의 본원이 마음에 통하고 손에 잡히지 않음이 없다"고 했다. 또 "『춘추번로』가 있었던 이후로, 그 책에 공적이 있는 것은 능서의 책이 최고 이다"라고 했다.(「校春秋繁露凌注敘錄」)

『春秋公羊禮疏』「서문 2」(序 二)[25]에서 다음과 같이 말했다.

앞선 학자들이 일은 『좌씨전』보다 더 상세한 것이 없고, 의리는 『공양전』보다
더 정밀한 것이 없다고 여겼다. 『춘추』는 의리를 밝힌 책이지 일을 기록한 책이
아니다. 만약 일을 기록한 것이라고 말한다면, 한 명의 뛰어난 사관史官의 재능이면
이미 충분하니, 어찌 자하子夏와 자유子遊의 무리들이 한마디도 거들지 못하는
상황에 이르겠는가? 만약 『춘추』는 사실이 아니면 드러나지 않으며, 공자는 좌구명
이 『춘추』의 전傳을 지을 것을 미리 예견하지 못했다고 말한다면, 세상에 『좌씨전』이
없었다면 성인의 경전도 그로 인해서 감추어졌다는 것인가? 이것은 통론이 아닌
듯하다. 『춘추』는 본래 전傳이 없어도 분명하게 드러나는 것이다. 공자가 당일의
일을 빌어서 왕법을 거기에 붙여 두었을 뿐이다. 그 사실 기록은 있거나 없거나
별로 관계가 없기 때문에 『공양전』에서는 간략하게 기록한 것이다. 역사서는
일을 중시하고 경서는 의리를 중시한다. 공자가 손질하지 않은 『춘추』는 노나라의
역사서이며, 손질한 『춘추』는 공자의 경전이다. 옛날 임금들의 행동은 좌사左史가
기록하고, 말은 우사右史가 기록했는데, 『춘추』는 동작과 관련된 일이므로 좌사가
그 직책을 맡았다. 그것은 손질하지 않은 『춘추』를 가리켜서 말한 것이니, 이미
손질한 『춘추』의 경우에는 의리를 중시하지 일을 중시하지 않는다. 맹자가 말했다.
"거기에 기록된 일은 제나라 환공과 진나라 문공과 관련된 것이며, 그 글은 사관이
기록이다. 공자가 말하기를, '그 의리는 내가 잠시 취했다'고 했다."(『맹자』, 「이루하」)
일과 의리의 분별이 어찌 밝고 분명하게 드러나지 않겠는가![26]

능서의 논의는 모두 장존여·공광삼의 뒤를 계승하여, 『춘추』가 의리를 밝힌
책이지 일을 기록한 책이 아니라고 주장했다. 따라서 『춘추』 대의는 『좌씨전』의
상세한 기사를 기다린 이후에야 밝혀지는 것이 아니다. 그리고 『춘추』의 의리를

---

25) 살펴보건대, 능서의 『春秋公羊禮疏』에 두 개의 「序」가 있다. 첫 번째는 嘉慶 24년
(1819) 4월에 지어졌고, 두 번째는 가경 24년 8월에 지어졌다. 서술의 편의를 위해서
이하에서는 시간의 선후에 근거하여 4월의 「서」는 「서문 1」(序 一), 8월의 「서」는
「서문 2」(序 二)라고 했다.
26) 凌曙, 『春秋公羊禮疏』, 「序 二」.

밝힌 것은 『공양전』보다 정밀한 것이 없다고 여겼기 때문에 또한 다음과 같이
말했다.

> 만약 『공양전』을 버려두고 의리를 구한다면, 그것은 물길을 가면서 배와 노를
> 버리는 것이며, 육지의 진흙길을 가면서 덧신이나 썰매가 없는 것이다.…… 그러므
> 로 『공양전』은 경전을 연구하는 사다리이자 배인 것이다! 나는 이 『춘추』라는
> 경전을 연구하는 자는 성음聲音·훈고訓詁를 통해 제도制度와 전장典章을 밝히고,
> 그로써 더 나아가 미언대의微言大義를 탐구해야 한다고 생각한다.[27]

능서는 유봉록에게 『공양전』을 배웠는데, 『공양전』을 경전 연구의 사다리이자
배라고 생각했다. 또 "성음聲音·훈고訓詁를 통해 제도制度와 전장典章을 밝히고, 그로
써 더 나아가 미언대의微言大義를 탐구해야 한다"고 주장했다. 그것은 또한 유봉록과는
매우 다르며, 스스로 문호를 세운 것이다. 능서의 관점에서 보면, "대체로 추상적인
말(空言)은 보탬이 되지 않으니, 오직 실사구시實事求是해야만 거의 이치에 가까워질
수 있다. 일의 절실함은 예禮보다 더한 것이 없다."[28] 그는 예禮를 실사구시의
학문으로 보았을 뿐만 아니라, 또한 예禮를 치란治亂의 관문으로 간주하였다. 따라서
그의 학문은 특히 예禮를 중시하였다. 그가 비록 유봉록에게 『공양전』을 배웠지만,
그의 『춘추』에 대한 관심은 또한 유봉록의 미언대의의 중시로부터 예제禮制로의
중시로 전향하였다. 그의 관점에서 보면, 서언徐彦이 『공양전』에 단 소疏는 추상적인
말이면서 합당하지 않고, 공광삼·유봉록이 비록 하휴의 이론을 삼가 지켰지만,
서언과 마찬가지로 의례義例에는 상세하지만 전례典禮·훈고訓詁에는 소략하다. 따라
서 "그것을 깊이 걱정하여 분연히 발분하여, 『공양전』에 대해 별도로 의소義疏를
지어 장구章句를 정리함으로써 서언이 미치지 못한 부분을 보충하려고 생각했다."[29]

---

27) 凌曙, 『春秋公羊禮疏』, 「序 二」.
28) 凌曙, 『春秋公羊禮疏』, 「序 二」.
29) 劉文淇, 「句溪雜著序」(『靑谿舊屋文集』, 권6).

따라서 그는 『춘추공양예소春秋公羊禮疏』, 『공양예설公羊禮說』, 『춘추공양문답春秋公羊問答』 등의 여러 책을 지었으니, 바로 "서언이 예禮를 해석한 잘못을 바로잡고, 여러 학자들의 지론의 편벽됨을 논파하기" 위해서였다.30)

능서는 예禮를 가지고 『공양전』을 풀이했고, 또한 경전·역사서의 옛 이론과 하휴의 『춘추공양전해고』가 서로 통하는 것을 많이 인용하여, 그것을 소통시키고 증명하였다. 『춘추공양예소』「서문 1」(序 一)에서 다음가 같이 말했다.

지금 서언徐彦의 소疏를 취하여 그것을 보완하여 풀이하였다. 의리가 만약 숨겨지거나 생략되었으면 바로 드러내 밝혔다. 만약 다른 점이 있으면 바로 다른 의론을 곧바로 찾았다. 정현의 삼례주三禮注, 진晉·송宋시대의 여러 지志, 『통전通典』·『당서』「예문지」 등에서 만약 하휴의 뜻에 합치되는 것이 있으면, 종합적으로 분석하지 않은 것이 없다. 모두 그로써 소통시키고 증명하고, 그 이론을 상세하게 논하였다.31)

능서 스스로 말한 "정현의 삼례주三禮注, 진晉·송宋시대의 여러 지志, 『통전通典』·『당서』「예문지」"를 제외하고, 그는 관련된 여러 책 중에서는 또한 『백호통白虎通』과 허신許慎의 『오경이의五經異義』, 그리고 정현鄭玄의 『박오경이의駁五經異義』를 많이 인용하여 증명하였다. 『백호통』을 중시한 것은 그의 『공양전』 풀이에 보이는 큰 특색 중의 하나라고 할 수 있다. 구체적으로 말하면, 『춘추공양예소』의 주요한 내용은 다음과 같다.

1) 『춘추』 예제禮制는 사대四代를 손익損益하여 완성됨

능서는 『춘추공양예소』「예언例言」에서 스스로 "주석 중에 사대四代의 예禮를 다양하게 인용하였고, 주周나라의 제도만을 다 인용하지는 않다"32)고 말했다.

---

30) 凌曙, 『春秋公羊禮疏』, 「序 二」.
31) 凌曙, 『春秋公羊禮疏』, 「序 一」.
32) 凌曙, 『春秋公羊禮疏』, 「例言」.

또 『춘추공양문답春秋公羊問答』에서 말했다.

물었다. 『공양전』 양공 29년에서 "군자는 형벌을 받은 사람을 가까이 하지 않는다"
(君子不近刑人)고 했고, 『주례』에서 "묵형墨刑을 받은 자로 하여금 문을 지키게 하였
다"(「天官·閽人」)고 했는데, 무슨 뜻인가? 대답했다. 『예기』 「제통祭統」에서 "혼閽은
문을 지키는 관리 중에서 천한 자이다. 옛날에는 형벌을 받은 사람에게 문을
지키게 하지 않았다"고 하였다. 그 주석에서 "은나라와 하나라 때이다"라고 하였다.
그렇다면 『춘추』에서 사대四代의 예禮를 사용하여 덜어 내거나 더하였지, 오로지
주나라의 예禮만 사용한 것은 아니다. 따라서 같지 않은 것이다.[33]

　　살펴보건대, 『춘추』 양공 29년에 "궁문의 문지기가 오나라 임금 여제를 시해하였
다"(閽弑吳子餘祭)라고 기록하였다. 『공양전』에서는 '혼閽'을 문지기로 해석했으니,
곧 형벌을 받은 사람이다. 그런데 또 "군자는 형벌을 받은 사람을 가까이 하지
않는다"고 말했다. 한편 『주례周禮』에는 "묵형墨刑을 받은 자에게 문을 지키게 했다"(「天
官·閽人」)는 말이 있고, 『예기』 「제통祭統」에는 "혼은 문을 지키는 관리 중에서
천한 자이다"는 말이 있으니, 이것은 『공양전』과 서로 위배되는 것 같다. 「제통」에서
는 또한 "옛날에는 형벌을 받은 사람에게 문을 지키게 하지 않았다"고 말했고,
정현의 주에서는 "은나라와 하나라의 때"라고 말했다. 따라서 능서는 『춘추』에서는
오직 주나라의 예禮만을 사용하지 않았으며, 사대四代의 예禮를 덜어 내거나 더해서
완성한 것이라고 주장했다.

　　『춘추』 장공 22년, "장공이 제나라가 가서 납폐하였다"(公如齊納幣)는 기록에
대해, 하휴의 주에서 다음과 같이 말했다. "납폐納幣는 곧 납징納徵이다. 『예禮』에서
'주인은 폐백을 받고, 사士는 사슴 가죽을 받는다'는 것이 그것이다. 『예』에서는
납징納徵이라고 하고, 『춘추』에서는 납폐納幣라고 한 것은 『춘추』는 질박함(質)을
숭상하기 때문이다." 능서의 소에서는 『의례주소儀禮注疏』의 소疏를 인용하여, "납폐

---

　　33) 凌曙, 『春秋公羊問答』, 卷上.

는 곧 납징"이라는 하휴의 이론이 "공자가 『춘추』를 제작하여, 주나라의 문식(文)을 바꾸어서 은나라의 질박함(質)을 따랐기" 때문에 '납폐'라고 말하고 '납징'이라고 말하지 않은 것임을 증명하였다.

2) 서언徐彦의 예禮 해석의 잘못을 바로잡음

능서는 『춘추공양예소』를 가지고, 사실상 "서언徐彦이 예禮를 해석한 잘못을 바로잡으려는"[34] 목적이 있었다. 그의 관점에서 보면, 『춘추』는 사대四代의 예禮를 다양하게 사용했지만, "옛날 해석에서는 대체로 당시 왕의 예禮라고 여겼기 때문에 결국 그 잘못이 분명하였다."[35] 『공양전』 환공 3년의 하휴 주에서 말했다. "예禮에 시집가는 여식을 전송할 때, 부모는 당堂을 내려가지 않고, 고모와 자매는 문門을 나가지 않는다." 서언 소에서는 이것을 당시의 예禮라고 여겼다. 그러나 능서는 『춘추공양문답春秋公羊問答』에서 「사혼례士昏禮」의 주소注疏와 『곡량전』·『백호통』 등의 여러 책을 폭넓게 인용하여, 하휴가 서술한 것이 곧 주나라의 예禮이지 서언이 말한 '당시 왕의 예禮'가 아님을 증명하였다.[36]

능서는 서언의 소가 당시 왕의 제도로써 『공양전』에서 언급한 예禮를 해석한 것을 비평한 것 이외에, 서언의 소를 바로잡은 것도 많다. 예를 들어 『공양전』 정공 4년의 하휴 주에 다음과 같은 말이 있다. "예禮에, 천자는 아로새긴 활(雕弓)을 사용하고, 제후는 붉은 칠을 한 활(彤弓)을 사용하며, 대부는 영궁䎱弓을 사용하고, 사士는 검은 칠을 한 활(盧弓)을 사용한다." 다만 후대 학자들은 대부분 이 해석에 의심을 품었고, 서언의 소에는 "옛날의 예禮에는 이런 문장이 없다"고 하였다. 공영달의 『모시毛詩』 소疏에서도 "일이 경문에 보이지 않으니, 반드시 그러한 것은 아니다"라고 했다. 능서는 『순자』와 정현의 『시』 「동궁彤弓」편의 전箋, 「행위行葦」의 '아로새긴 활(敦弓)의 전傳 등을 인용하여 그것을 증명하고, "천자는 아로새긴 활을

---

34) 凌曙, 『春秋公羊禮疏』, 「序 二」.
35) 凌曙, 『春秋公羊禮疏』, 「例言」.
36) 凌曙, 『春秋公羊問答』, 卷上.

사용하고, 제후는 붉은 칠을 한 활을 사용했다"는 이론은 의심할 만한 것이 없다고 주장했다. 그리고 그것을 근거로 서언의 이론이 "거칠고 소홀한 폐단이 있다"고 비평하였다.[37]

3) 여러 학자들의 편파적인 지론持論을 논파함

능서는 서언의 잘못을 바로잡는 것 이외에 또 후세 학자들의 편벽된 『공양전』 해석에 대해서도 많이 반박하고 바로잡았다. 즉 "여러 학자들의 편파적인 지론持論을 논파하였다"[38]는 것이 그것이다. 능서가 반박하고 바로잡은 것을 살펴보면, 장흡張洽 · 왕극관汪克寬 · 진상도陳祥道 · 고동고顧棟高 · 혜동惠棟 등이 있으며, 그 내용은 대부분 『공양예설』에 보인다. 『공양전』 희공 31년에 "교郊제사를 지내지 않으면서 망望제사를 지냈다"(不郊而望祭)라는 문장이 있다. 교郊제사는 하늘에 제사를 지내는 것이고, 망望제사는 사방의 여러 신과 일日 · 월月 · 성星 · 신辰 · 오악五嶽 · 사독四瀆 등에 제사를 지내는 것이다. 따라서 하휴는 "교郊제사를 지내지 않으면서 망望제사를 지냈다"는 것은 "존귀한 자가 흠향하지 않고 비천한 자가 흠향하는 것을 비난한 것이다"라고 했다. 능서는 『춘추번로』 · 「왕제王制」 · 『정지鄭志』[39] 등을 인용하여 증명하였다. 그런데 장흡은 천왕이 죽은 지 이제 막 4개월이 되었는데, 예禮를 제멋대로 시행하던 중에, 천왕을 아직 장례지내지 않았는데 슬픔을 잊어버리고, 상복을 벗고 길복吉服을 입는 잘못을 저질렀다고 여겼다. 왕극관은 흉복凶服을 벗고 길복을 입었으므로 부모에게 불효한 것이라고 여겼다. 능서는 이러한 주장들이 사실상 "경전經傳의 옛 문장을 버려두고, 앞선 학자들의 통설을 폐기한 것이며", "수준이 낮은 말을 주워 모아서 새로운 뜻을 세운 것이다"라고 말했다. 따라서 당대의 담조 · 조광 이래로 "옛것을 없애고 경經을 버린" 결과라고 주장하였다.

---

37) 凌曙, 『公羊禮說』.
38) 凌曙, 『春秋公羊禮疏』, 「序 二」.
39) 역자 주: 중국 삼국시대에 鄭玄의 손자인 鄭小同이 정현과 그 문인들의 문답을 기록한 책이다.

능서의『춘추』연구는 청대 공양학의 주류와는 매우 다르다. 양향규楊向奎는 능서의 학문에 대해 다음과 같이 논했다.

현명한 자는 큰 것을 알고, 현명하지 못한 자는 작은 것을 아니, 큰 것을 버리고 작은 것을 아는 것이 능서의 학풍이다. 예제禮制를 밝히려면, 마땅히 예의禮儀 제도制度를 고증하고 바로잡는 과정에서, 그리고 예제禮制 중에서 국가의 흥망과 관련된 큰일에서, 드러내 밝히는 것이 있어야 한다. 그런데 능서는 훈고訓詁의 측면에서 장점을 드러내지 못했을 뿐만 아니라, 의리의 측면에서도 발휘하지 못했다. 그는 공양학파의 '일상적이지 않은 이상한 의리'(非常異義)를 흡수하여 자기의 역사歷史 학설을 형성하지도 못했고, 또 자기의 정치 관점이 없어서, 이것도 아니고 저것도 아니고, 전한시대의 학풍도 아니고 후한시대의 학풍도 아니기 때문에『공양전』을 이해하지 못하는 자들이 따를 만한 이론이 없도록 만들어 버렸다.[40]

『춘추공양예소』·『공양문답』등의 여러 책에 대해 논한다면, 확실히 양향규가 말한 것과 같다. 사실 능서 본인이 또한 말했다. "지엽적인 부분을 탐구하고 핵심적은 근원에는 미치지 못하니, 이것은 조그만 막대기를 가지고 커다란 종을 치고, 한 자루 횃불을 태워서 가마솥에 밥을 짓는 것으로, 그 무익함이 분명히 심하다는 것을 안다." 그러나 또한 자신을 길을 아는 늙은 말로 비유하고, 후세에『공양전』에 뜻을 둔 자들의 선구자가 되어서, 후학들이 "넓고 깊은 바다에 놀라거나 갈림길에서 슬퍼하지" 않도록 하고자 한다고 말했다.[41] 이러한 측면에서 말하면, 능서가 예禮로써 『공양전』을 풀이한 것은 또한 공양학의 중요한 지향이므로 학자들은 구분해서 보는 것이 좋을 것이다. "현명하지 못한 자는 작은 것을 안다"라고 말한 경우는 너무 지나치게 책망한 것 같다. 전기박錢基博은 능서가 만청시기 공양학의 '서자庶子의 시조'[42]라고 했는데, 실제적인 상황을 정확하게 이해한 평가라고 할 수 있다.

---

40) 『清儒學案新編』, 권4, 109쪽.
41) 凌曙, 『春秋公羊禮疏』, 「序 二」.

사실 능서도 『공양전』 의리를 강론하지 않은 것은 아니다. 『춘추번로주』에서 동중서가 말한 『춘추』를 결합함으로써 하휴의 '삼과구지' 등 여러 이론을 극력 밝혀서 드러낸 것을 자주 볼 수 있다. 비록 그가 하휴를 가지고 동중서를 해석한 것이 확실히 합당한지의 여부는 혹 별도로 치더라도, 능서가 『공양전』의 미언대의를 알지 못했다고 말하는 것은 진실로 옛 사람을 너무 지나치게 무고하는 것이다. 곧 그가 예禮를 토론의 중심으로 삼았던 『공양예설』에서도 다른 사람이 『춘추』의 미언微言을 알지 못한다고 비평한 경우도 있다.[43] 이로써 알 수 있듯이, 능서가

---

42) 錢基博의 『古籍舉要』에서 다음과 같이 평론하였다. "江都의 능서는 처음에 정현의 禮를 연구했고, 이어서 武進 劉逢祿이 하휴의 『춘추』를 논한 것을 듣고서 그것을 좋아하여, 방향을 바꾸어 『공양전』을 연구하여 『춘추공양예소』 10권과 『공양예설』 1권을 지었다. 句容 陳立은 가장 뛰어난 제자로 일컬어지는데, 능서의 뒤를 계승하여, 『公羊義疏』 76권, 『白虎通疏證』 12권을 지었다. 그의 학문은 『백호통』을 통해 『王制』를 소통시킴으로써 마침내 『공양전』으로 禮를 말하는 하나의 학파를 별도로 열었다. 근세의 湘潭 王闓運과 善化 皮錫瑞의 학문은 모두 이로부터 파생된 것이다. 『예』가 밝혀진 이후에 『춘추』를 연구한다고 말함으로써 湘學이라는 별도의 학파를 열었고, 또 따로 뻗어 나가서 蜀學이 되었는데, 井研 廖平이 집대성하여 별도 학파의 종주가 되었다. 그런데 이러한 학파의 연원을 따져 보면, 능서를 그러한 별도 학파의 庶子의 시조로 추천하지 않을 수 없다.

43) 『춘추』 장공 8년, "우리 군대가 제나라 군대와 성나라를 포위했다."(師及齊師圍成) 『공양예설』에서 말했다. "『공양전』에서 '成'은 무엇인가? 盛나라이다. 盛을 어째서 成이라고 했는가? 노나라가 同姓의 나라를 멸망시킨 것을 숨긴 것이다.' 惠棟의 『九經古義』에서 말했다. '成과 盛은 통용된다.' 혜동의 주장이 틀렸다. 만약 이곳이 통용자와 가차자를 의미한다면, 경전의 뜻은 이로부터 어두워질 것이다. 盛나라가 노나라와 본래 동성인데, 노나라가 동성을 멸망시켰으니, 『춘추』가 매우 미워한 것이다. 『공양전』에서 말했다. '衛나라 임금 燬는 무엇 때문에 이름을 말했는가? 지위를 박탈한 것이다. 어째서 지위를 박탈했는가? 동성의 나라를 멸망시켰기 때문이다.'(희공 25년) 하휴의 주에서 말했다. '선조의 사지와 몸이 더욱 중요하기 때문에 이름을 기록했으니, 심하게 여긴 것이다.' 이것은 바로 『예』에서 말한 '제후는 살았을 때에 이름을 부르지 않고, 封地를 잃으면 이름을 부르며, 동성의 나라를 멸망시키면 이름을 부른다'(『예기』, 「曲禮下」)는 것이다. 그렇다면 무엇 때문에 노나라 임금의 지위를 박탈하지 않았는가? 노나라의 큰 악은 숨겨서 기록하지 않기 때문이다. 숨겨서 기록하지 않는 것은 동성의 나라를 멸망시킨 것보다 더 깊은 것이 없다. 따라서 盛을 바꾸어서 成이라고 하였다. 노나라는 본래 成邑이 있는데, 마치 성읍을 포위한 것처럼 만든 것이다. 그러나 성읍은 노나라의 읍이므로 포위했을 리가 없으니, 사람들이 힘써 찾아서 그것을 이해하여, '이것은 成읍을 포위한 것이 아니라 단지 盛나라를 멸망시킨 것일 뿐이다. 盛을 成으로 바꾼 것은 노나라를 위해 숨긴 것일 뿐이다'라고

『춘추』의 미언대의를 논하지 않은 것은 아니다. 다만 그가 서술한 미언대의는 선배인 유봉록·송상봉과 다를 뿐만 아니라, 그의 동료인 공자진·위원과도 달랐으며, 후학인 강유위와의 차이는 더욱더 논할 필요도 없다. 대체로 그는 『공양전』의 미언대의를 당세에 이용하지 못하고, 단지 학술적 의의라는 측면에서만 논했을 뿐이기 때문에 지금의 연구자들이 비판한 것은 당연하다.

제2절 진립陳立

진립陳立(1809~1869)은 자가 탁인卓人 또는 묵재默齋이고, 강소江蘇 구용句容 사람이다. 도광道光 14년(1834), 강소성江蘇省 회시會試에 합격하여 거인擧人이 되었다. 21년 진사가 되었고, 한림원翰林院 서기사庶起士로 옮겼으며, 산관散館하여 형부주사刑部主事에 제수되었다. 여러 번 낭중郎中에 올랐고, 어사御史에 기명記名되었다. 함풍咸豊 10년(1860), 운남雲南 곡정지부曲靖知府에 제수되었고, 문종文宗의 소대召對를 받아서 "사람됨이 깨끗하고 신중하다"는 칭찬이 있었다. 당시에 홍수전洪秀全과 양수청楊秀淸의 군대가 흥기했기 때문에 가는 길이 막혀서 임지에 도착하지 못하고, 이리저리 떠돌다가 동쪽으로 돌아와서 마침내 산서山西 개휴介休의 면산서원綿山書院에서 교편을 잡았다. 동치同治 3년(1864), 관군이 금릉金陵을 이기고 동남쪽으로 평정하자, 마침내 남쪽으로 돌아와서 증국번曾國藩에 의해 권농국勸農局의 일을 맡았다. 7년(1868), 이한장李瀚章이 절강순무浙江巡撫에 임명되자 진립을 불러서 형사 사건을 주관하도록 했는데, 『청유학안淸儒學案』에서는 "앞뒤로 직무를 맡았으며, 모두 형명刑名을 지극히 중하게 여겼다"고 했다.

말해 주길 원한 것이다. 태사공이 '드러난 것을 추론하여 은미한 것에 이른다'고 했으니, 이러한 사례가 그것이다. 『춘추번로』에서 '盛을 바꾸어서 成이라고 한 것은 노나라의 큰 악을 숨긴 것이다'고 했다. 만약 成과 盛이 통용된다고 여긴다면 성인의 微言은 거의 사라질 것이다."

진립이 5세 때 부친을 따라 객지로 가서 양주揚州에 머물렀는데, 강도江都의 매식지梅植之를 스승으로 삼아 시문詩文을 짓는 방법을 배웠다. 또 강도江都의 능서凌曙와 의징儀徵의 유문기劉文淇에게서 공부하면서『공양춘추』와 허신許愼의『설문해자說文解字』, 정현鄭玄의 삼례三禮를 배웠으며,『공양전』에 대해 더욱 열심히 힘을 쏟았다. 그 중에서 능서에게 배운 시간이 가장 길었고, 영향을 받은 것도 가장 깊었다.[44]

도광道光 8년(1828), 유보남劉寶楠·유문기·매식지 등과 함께 금릉金陵에 가서 시험에 응시하여, 마침내 각각 하나의 경전을 연구하여 그 경전의 새로운 소疏를 짓자고 서로 약속했는데, 진립은『공양전』을 맡았다.[45] 그는 앞뒤로 40여 년의 시간을 거쳐서 그의 필생의 정력을 모아『공양의소公羊義疏』 76권, 합계 100만 여 마디의 말을 완성하였다.[46] 이 책은 서적을 널리 상고했는데, 단지 한당시대 이후『공양전』의 옛 뜻만을 널리 모은 것이 아니라, 또한 청대에『공양전』을 해설한 자들, 예를

---

44) 劉文淇의「句溪雜著序」에서 말했다. "嘉慶 庚辰 겨울, 돌아가신 외삼촌 凌曙선생이 粵로부터 고향으로 돌아와서, 집에 거처하면서 학생들을 가르쳤다. 진립은 나이가 겨우 13세어서 문 앞에서 수업을 받았다. 천부적인 자질이 총명하고 빼어나서, 이미 成人의 기풍을 갖추고 있었다." 살펴보건대, 진립은 도광 원년(1821)에 능서에게 학문을 배웠는데, 당시 나이 13세였다. 도광 4년에 능서가 객지로 가서 다른 곳에 거처하자, 진립은 梅植之에게 옮겨 가서 詩文을 짓는 방법을 익혔다. 또 다음 해에 능서가 다시 揚州로 돌아오자, "진립은 다시 그에게 경전을 배우면서 실마리가 되는 논의를 익숙하게 들었다." 따라서 능서의『예』와『공양전』의 학문을 "진립이 일찍부터 전수받았다."(「句溪雜著序」)

45) 진립이 劉寶楠의『論語正義』에 지은「序」에서 말했다. "道光 戊子 겨울, 내가 劉文淇·梅植之 두 스승에게 배웠고, 劉寶楠·包愼言 두 선생과 鄕試에 응시했다. 유문기 스승과 유보남 선생은 13경의 옛 疏가 뒤섞이고 어긋난 것이 많은 것을 병통으로 여겨서, 江氏·孫氏『상서』와 邵氏·郝氏『이아』, 焦氏『맹자』를 모방하여 義疏를 별도로 지으려고 하였다. 유문기 스승이『좌씨전』을 맡고, 유보남이『논어』를 맡았으며,『공양전』을 나에게 맡겼다."(「論語正義序」[『句溪雜著』, 권7에 실려 있음])

46) 진립의「論語正義序」에서 또 말했다. "내가『公羊義疏』에 40년을 부지런히 힘썼는데, 최근에 막 원고 70여 권을 편집하였다."(『구계잡저』, 권6) 劉恭冕의『劉君恭甫家傳』에서 말했다. "진립은『공양의소』가 완성되자마자 세상을 떠났다." 李慈銘의『越縵堂讀書記』에서 말했다. "이「서문」은 同治 己巳에 지어졌는데, 당시 진립은 浙撫 李瀚章의 관서에 머물고 있었다. 얼마 지나지 않아 그가 세상을 떠났다는 소식이 들렸다."(同治 壬申 11월 26일) 이상의 기록을 통해서, 이 책이 진립의 평생의 정력을 쏟아 부은 작품임을 알 수 있다.

들어 장존여莊存與·공광삼孔廣森·유봉록劉逢祿·송상봉宋翔鳳·능서凌曙·포신언包愼言 등의 이론도 있었다. 그것을 다양하게 채택하여 가지런하게 정돈하고 배열했으며, 나아가 그것을 융합하여 관통시켰으니, 청대 중기 이후 공양학을 집대성한 저작이라고 할 만하다. 또한 진립이 처음에『공양전』을 연구하면서,『백호통』이 한대 학자들이 경전을 해설한 사법師法을 가장 잘 갖추고 있다고 여겼다. 결국 그 책의 소증疏證을 지어서『백호통소증白虎通疏證』12권을 완성하였다. 이 외에 또『이아구주爾雅舊注』2권,『설문해성자생술說文諧聲孶生述』3권,『구계잡저句溪雜著』6권 등의 저술이 있다.

1. 하휴何休 가법家法의 엄수

진립이 말했다. "경전 해석은 가법家法을 지켜야 한다."[47] 하휴 가법의 엄수가 진립『공양의소公羊義疏』의 가장 큰 특색이라고 할 수 있다. 그는 이 책에서『좌씨전』·『곡량전』을 가지고『공양전』을 해석하는 것을 모두 비평하였다. 그리고 하휴와 의론이 다른 것에 대해서도 반박하여 바로잡았다.

『춘추』양공 25년, "6월, 임자일, 정나라 공손 사지가 군대를 이끌고 진나라를 침입하였다."(六月, 壬子, 鄭公孫舍之帥師入陳) 하휴 주에서 말했다. "날짜를 기록한 것은 진陳나라와 정鄭나라가 모두 초楚나라의 동맹국인데, 지금 정나라가 초나라를 배반하고 진나라를 침입했으니, 중국은 정나라를 도움으로써 초나라와 이반하고 진나라를 약하게 하는 상황을 걱정해야 함을 밝힌 것이다. 따라서 중국을 위해 걱정하여 기록한 것이다."[48] 그런데 공광삼孔廣森은『좌씨전』을 인용하여, "정나라 사람들의 군대는 곧음으로써 원한을 보복하였고, 결국은 예禮로써 평정하고 폭력을 가하지 않았으니, 대국大國 중에서 좋은 나라이다. 따라서『춘추』의 예例에서 침입한 일에 대해 날짜를 기록한 것은 좋게 여긴 것이다."[49] 이에 대해 진립은 다음과 같이 말했다.

---

47) 陳立,『公羊義疏』, 권49.
48)『公羊傳』, 襄公 25년, 何休 注.
49) 孔廣森,『春秋公羊經傳通義』, 襄公 25년.

공광삼孔廣森이『좌씨전』을 끌어와서 하휴를 논박하였다. 살펴보건대,『춘추』에서 "침입한 일에 대해 날짜를 기록하는 것"은 하휴의 해석이 각각 다르다.『춘추』 은공 10년 "겨울, 10월, 임오일, 제나라 사람과 정나라 사람이 성나라를 침입하였다" (冬, 十月, 壬午, 齊人·鄭人入盛)의 하휴 주에서 말했다. "날짜를 기록한 것은 당연히 걱정하여 기록한 것이다." 11년 "가을, 7월, 임오일, 은공이 제나라 사람과 허나라를 침입했다"(秋, 七月, 壬午, 公及齊人入許)의 하휴 주에서 말했다. "날짜를 기록한 것은 은공을 위태롭게 여겨서 기록한 것이다." 희공 27년 "기사일, 공자 수가 마침내 기나라를 침입하였다"(己巳, 公子遂入杞)의 하휴 주에서 말했다. "날짜를 기록한 것은 기나라가 예禮를 닦아서 노나라에 조회했는데, 부당한 짓이면 침입하였다고 기록한다. 따라서 기록하여 책망한 것이다." 희공 28년, "병오일, 진나라 임금이 조나라를 침입하였다"(丙午, 晉侯入曹)에서 '병오丙午'라고 날짜를 기록했는데, 하휴 주에서 말했다. "날짜를 기록한 것은 의로운 군대가 때에 맞게 침입한 것을 좋게 여긴 것이다." 만약 침입한 일에 대해 날짜를 기록한 것을 일괄적으로 좋게 여긴 것이라고 한다면, 성나라를 침입한 것이나 허나라를 침입한 것과 같은 부류는 무엇을 좋게 여긴 것이 있는가? 대체로 침입한 일에 대해 날짜를 말한 것은 침입했을 때 계절을 기록하는 예例와 상해傷害가 많을 경우 달(月)을 기록하는 예例와는 다르기 때문에 분별하여 해석해야 한다.[50]

살펴보건대, 공광삼은『좌씨전』에 기록된 본래 사건에 근거하여, "『춘추』의 예例에서 침입한 일에 대해 날짜를 기록한 것은 좋게 여긴 것이다"라고 주장했다. 그리고 그것을 근거로, 침입한 일에 대해 날짜를 기록한 것을 "중국이 근심하여 기록한 것"이라고 한 하휴의 해석을 반박하였다. 이에 대해 진립은 다음과 같이 지적하였다.『춘추』에서 "침입한 일에 대해 날짜를 기록한 것"에 대해, 하휴는 각각의 문장에 따라 해석을 달리했다. 따라서 "침입한 일에 대해 날짜를 기록한

---

50) 陳立,『公羊義疏』, 권59.
　　역자 주: 이 조목에서 진립이 다음과 같은 옛 소(舊疏)를 인용하였다. "『공양전』의 의리에 의하면, 침입했을 때는 계절을 기록하는 것이 禮이고, 傷害가 많을 경우 처음에는 달(月)을 기록하는 것이 例이다."

것"을 일괄적으로 좋게 여긴 것이라고 해석해서는 안 된다. 그는 이것을 통해 공광삼이 "『좌씨전』을 끌어와서 하휴를 논박한" 잘못을 비평하였다.

『춘추』 은공 2년, 부인 자씨가 죽었다.(夫人子氏薨) 『공양전』에서는 부인 자씨가 은공隱公의 모친이라고 해석하였다. 하휴의 주에서 말했다. "당시 은공은 자신의 어머니를 낮추어서, 부인夫人의 예禮로써 장례지내지 않고 첩妾의 예禮로써 장례를 지냄으로써 환공의 어머니보다 낮추었으니, 끝까지 임금이 되려는 마음이 없었기 때문이다. 일의 마땅함을 얻었기 때문에 좋게 여겨서 장례를 기록하지 않았으니, 이로써 은공의 뜻을 일으키고 은공의 어짊을 이루어 준 것이다."51) 그런데 유봉록劉逢祿은 이 사건을 다음과 같이 해석했다.

> 곡량자穀梁子가 말했다. "부인이 죽으면 죽은 장소를 기록하지 않는다. 부인은 은공隱公의 부인이다. 죽었는데 장례를 기록하지 않은 것은 부인의 의리는 임금을 따르는 것이기 때문이다."(『곡량전』, 은공 2년) 이것이 사건을 제대로 이해한 것이다. 장례는 살아 있는 자의 일이다. 『춘추』에서 장례를 기록하지 않은 것은 세 가지 예例가 있다. 임금이 시해되었는데 도적이 토벌되지 않으면 장례를 기록하지 않는다. 신자臣子를 죄주어서 그들을 모두 필주한 것이다. 밝지 못한 임금의 자리를 찬탈하거나 죄가 없는 사람을 죽였을 경우에 모두 장례를 기록하지 않으니, 임금을 죄준 것이다. 만약 (『공양전』의 해석처럼) 은공의 모친에 대해 장례를 기록하지 않은 것이라면, 죄가 은공에게 있는 것인데, 어찌 은공의 뜻을 이루어 주었다고 말할 수 있겠는가? 또한 환공의 모친에 대해 부인夫人이라고 부르지 않았는데, 은공의 모친은 더더욱 부인이라고 부를 수 없다.52)

진립은 유봉록의 주장을 인용하고, 다음과 같이 안어案語를 기록하였다.

유봉록의 해석은 옳지 않다. 임금에 대해 장례를 기록하지 않는 것은 한편으로는

---

51) 『公羊傳』, 隱公 2년, 何休 注.
52) 劉逢祿, 『公羊解詁箋』.

신자臣子를 책망하고 한편으로는 임금을 책망한 것이니, 그것을 부인夫人에게 적용해서는 안 된다. 이것이 이른바 『춘추』에는 어디에나 '통용되는 예'(達例)가 없다는 것이다. 은공은 자기 스스로 임금이 되고자 하지 않았기 때문에 자기 모친을 부인으로 삼지 않았다. 다만 스스로 자리를 양보하려고 했을 뿐이므로 또한 그에게 죄를 연좌시키는 데에 이르지 않았다. 그런데 환공은 아직 임금이 되지 않았기 때문에 은공의 시대에 그의 모친을 부인이라고 미리 부를 수는 없다. (은공의 모친과) 동일하게 첩모妾母이기 때문에 부인이라고 부를 수 없었을 뿐이다. 어찌 환공의 모친을 부인이라고 부르지 않았기 때문에 은공의 모친도 부인이라고 부를 수 없는 것이겠는가? 또한 『곡량전』을 가지고 『공양전』을 반박한 것은 스스로 자신의 가법家法을 어지럽힌 것이다.[53]

하휴의 기본적인 뜻을 이해할 때는 진립이 비록 유봉록을 끌어와서 동조했지만, 유봉록이 『곡량전』의 의리를 끌어와서 『공양전』을 해석한 것에 대해서는 "스스로 자신의 가법을 어지럽힌 것"이라고 비평하였다. 그는 이처럼 유봉록에게 구차하게 처신하지 않았다.

그 외에 하휴를 함부로 비평한 자들에 대해서도 진립은 하나하나 논박하여 바로잡았다. 비록 그렇기는 하지만, 지극히 개별적인 예외의 경우도 있었다. 『춘추』 민공 원년, "봄, 왕의 정월"(春, 王正月)의 『공양전』에서 말했다. "민공에 대해 무엇 때문에 즉위했다고 말하지 않았는가? 시해된 임금의 뒤를 이은 경우에는 즉위했다고 말하지 않는다. 누구의 뒤를 이었는가? 자반子般의 뒤를 이었다. 누가 자반을 시해했는가? 경보慶父이다. 공자公子 아牙를 죽인 것은 장차 임금을 죽이려고 했을 뿐인데도 계자季子는 용서하지 않고 주살하였다. 경보가 임금을 시해했는데 무엇 때문에 주살하지 않는가? 장차 임금을 죽이려고 하면 용서하지 않고 주살하는 것은 악惡을 사전에 막는 것이다. 이미 임금을 죽이고 나서 미칠 수 없는 경우에는 옥사獄事를 통해서 죄를 전가시킬 대상이 있으면 경보가 임금을 시해한 진상을 캐서 주살하지는

---

53) 陳立, 『公羊義疏』, 권4.

않으니, 친친親親의 도이다." 하휴의 주에서 말했다. "계자는 마땅히 친족의 형벌을 심의하는 법을 따라야 하니, 법률 중에 친족의 범죄에 대해서는 서로 숨겨줄 수 있다는 법률과 같음을 논한 것이다. 이것은 당연히 숙손득신叔孫得臣의 사례(선공 5년)와는 차이가 있다."[54] 그런데 진립은 다음과 같이 풀이했다.

『춘추』 선공 5년, "숙손득신이 죽었다"(叔孫得臣卒)의 하휴 주에서 말했다. "날짜를 기록하지 않은 것은 공자公子 수遂가 임금을 시해하고자 한 사실을 알고 있었고, 신하가 되어 임금을 시해한 도적을 알고도 말하지 않았으니, 마땅히 주살되어야 함을 밝힌 것이다." 즉 숙손득신叔孫得臣은 공자 수가 반역을 도모한 것을 숨겨 주어서는 안 된다는 것을 알았는데도 그의 임금 시해가 이루어지도록 초래하였다. 따라서 비판하여 날짜를 없앤 것이다. 계자의 경우는 이미 벌어진 일이었기 때문에 또한 옥사에서 죄를 전가시킬 대상이 있으면 경보慶父가 임금을 시해한 진상을 캐서 주살하지는 않는다. 따라서 숙손득신과는 차이가 있다. 살펴보건대, 하휴의 주에서 "차이가 있다"고 말했으니, 단지 숙손득신과의 차이를 말했을 뿐이다. 임금을 시해한 도적에 대해, 비록 친친親親이라고 말했지만 끝내 내버려 두기는 어렵다. 계자가 그 진상을 캐지 않은 것은 또한 잘못이 없다고는 결코 말할 수 없을 것 같다. 따라서 유봉록劉逢祿의 『공양해고전公羊解詁箋』에서 말했다. "숙손득 신의 무리들이 마침내 자적子赤을 시해했는데도 계우季友는 도적을 알고도 주살하지 않았으니, 자반子般·민공閔公의 시해를 좌시함으로써 그들이 희공僖公을 임금으로 세우는 공적을 이루어 주었다. 임금을 시해한 도적에 대해, 어찌 친족의 범죄에 대해서는 서로 숨겨줄 수 있다는 법률을 끌어올 수 있는가?" 유봉록의 이 논의는 매우 올바르다.[55]

살펴보건대, 숙손득신은 공자 수가 자적子赤을 시해하고자 한 사실을 알고 있었으니, 도적을 알고도 말하지 않고 그들의 시해가 이루어지도록 하였다. 따라서 『춘추』에서는 그가 죽었을 때 날짜를 기록하지 않음으로써 그를 필주하였다. 노나라 장공莊公이

---

54) 『公羊傳』, 閔公 원년, 何休 注.
55) 陳立, 『公羊義疏』, 권27.

세상을 떠난 후에 자반子般이 즉위했는데, 공자 경보慶父가 자반을 시해하였다. 옥사를 통해서 죄를 전가시킬 대상이 있었기 때문에 계자季子는 그 진상을 캐지 않고 경보를 놓아주었다. 이에 대해 하휴는 다음과 같이 생각했다. 계자는 마땅히 『주례周禮』「소사구小司寇」에서 친족의 형벌을 심의하는 법을 따라야 한다. 따라서 친족 사이에는 서로 숨겨줄 수 있으므로 숙손득신의 사례와는 "차이가 있다." 즉 숙손득신과 공자 수의 관계에서는 숙손득신이 공자 수를 숨겨 주어서는 안 되지만, 계우와 경보의 관계에서는 계우가 친족 사이인 경보를 당연히 숨겨 주어야 한다는 것이다. 그러나 진립은 다음과 같이 생각했다. 임금을 시해한 도적은 비록 친친親親이라는 명분이 있더라도, 끝내 놓아주어서는 안 된다. 따라서 "계자가 그 진상을 캐지 않은 것은 또한 잘못이 없다고는 결코 말할 수 없을 것 같다"고 하였다. '또한~같다'(似亦)는 두 글자는 이미 그와 하휴의 불일치를 대략적으로 드러내고 있다. 진립은 또한 유봉록의 『공양해고전』을 인용하여, "임금을 시해한 도적에 대해, 어찌 친족의 범죄에 대해서는 서로 숨겨줄 수 있다는 법률을 끌어올 수 있는가?"라고 하고, "유봉록의 이 논의는 매우 올바르다"고 말했다. 이것은 또한 『공양전』의 전문과 하휴 주에 대한 은미한 비판을 완곡하게 표명한 것이다.

양계초는 진립의 책에 대해 다음과 같이 논했다. "이 책은 소疏는 주注를 논파하지 않는다(疏不破注)는 예例를 엄수하여, 하휴에 대해 단지 인용하여 진술했을 뿐 결코 배반하지 않았다."[56] '결코 배반하지 않았다'는 주장은 너무 단정적인 것 같다. 그러나 전체 공양학사의 측면에서 논한다면, 하휴의 가법을 엄수한 것은 사실상 진립보다 더한 사람이 없다.

2. 하휴何休 삼과구지三科九旨의 옹호와 발휘

진립이 엄격하게 지킨 하휴의 가법 중에서 하휴의 『공양전』 삼과구지三科九旨를

---

56) 梁啓超, 『中國近三百年學術史』(朱維錚, 『梁啓超論淸學史二種』, 322쪽에 실려 있음).

수호하고 밝힌 것보다 더한 것이 없다. 따라서 『공양의소』 권1에서, 서언徐彦의 옛 소疏에 기록된 오시五始·삼과三科·구지九旨·칠등七等·육보六輔·이류二類 등과 관련된 하휴의 논술 전체를 기록하였고, 『춘추공양전해고』의 의소義疏에 대해서도 해석하고 밝힌 것이 많다. 그 중에서 특히 삼통의 소통(通三統)과 삼세의 확장(張三世) 등의 여러 이론을 드러내 밝힌 것이 더욱 많다.

1) '『춘추』를 새로운 왕에 해당시킨다'(以『春秋』當新王) 및 '노나라를 왕으로 삼는다'(王魯)는 이론에 관하여

진립은 하휴의 '삼과구지三科九旨'에서 '삼통의 소통(通三統) 이론을 가장 중시하였고, 그 중에서도 특히 '『춘추』를 새로운 왕에 해당시킨다'(以『春秋』當新王) 및 '노나라를 왕으로 삼는다'(王魯)는 이론을 더욱 중시하였다.

『춘추』 선공 16년, "주나라 수도의 동쪽에 있는 성주의 선사에 화재가 발생했다." (成周宣謝災) 하휴의 주에서 말했다. "주周나라를 새로운 나라로 여겼기 때문에 화재가 있었다고 구별하여 기록했으니, 송宋나라와는 같지 않다. 공자는 『춘추』를 새로운 왕에 해당시키고, 위로는 기杞나라를 축출하며, 아래로는 주周나라를 새로운 나라로 여기고 송宋나라를 옛 나라로 여겼다." 이에 대해 진립은 다음과 같이 풀이했다.

이것은 『춘추』의 삼통의 소통(通三統) 의리이니, 하휴의 주에서는 책 전체에서 그 예例를 드러내었다. 유봉록劉逢祿의 『춘추공양경하씨석례春秋公羊經何氏釋例』에 서 다음과 같이 말했다. "안연顏淵이 나라를 다스리는 것에 대하여 묻자, 공자가 말했다. '하夏나라의 역법을 시행하고, 은殷나라의 수레를 타며, 주周나라의 면류관을 착용한다.' 그리고 마지막에 '음악은 순임금의 소무韶舞를 사용한다'(『논어』, 「위령공」)고 끝을 맺었다. 왕자는 반드시 삼통三統을 소통하게 해야만 정치의 도리가 한쪽으로 치우쳐서 보편적으로 적용할 수 없는 경우가 없게 된다. 후대 학자들의 입장에서 말하면 후왕後王을 본받는다고 말하고, 성인의 입장에서 말하면 '삼왕三王의 도가 마치 빙빙 도는 동그라미와 같다고 말한다. 끝나면 다시 시작하고, 끝까지 가면 근본으로 되돌아오니, 천명이 부여되는 대상이 매우 넓어서 단지 하나의 성姓을 가진 왕조만이 아님을 밝힌 것만이 아니다. 정삭正朔은 반드시 세 번을 지나서 바뀌기 때문에 『춘추』에서는 문식(文)을 덜어 내고 충심(忠)을 사용하였다. 문식(文)과 질박함(質)은 반드시 다시 반복되기 때문에 『춘추』에서는 문식을 바꾸어서 질박함을 따랐다. 천명天命을 받아서 천지天地를 받들기 때문에 가장 먼저 오시五始를 세웠다. 정치가 안정되어 공적이 이루어지는 데 이르면, 봉황이 와서 춤을 추고, 온갖 짐승이 다 같이 춤을 추며, 소韶 음악이 지어지니, 원元을 시작으로 해서 기린(麟)으로 끝나는 도를 들어서 시행하면 만세토록 어려움이 없을 것이다."[57] 유봉록이 '『춘추』를 새로운 왕에 해당시킨다'(以『春秋』當新王)의 뜻을 말한 것이 지극히 분명하다. 공자가 말했다. "내가 추상적인 말로 기재하고자 했지만, 실제 일을 통해 드러내는 것이 깊고 절실하고 분명하고 밝은 것만 못하였다."(『사기』, 「태사공자서」) 따라서 노나라를 빌어서 왕법을 세웠으니, 이른바 『춘추』의 노나라이다. 노나라를 새로운 왕에 해당시켰기 때문에 주나라를 새로운 나라로 여긴 것이다. 주나라를 새로운 나라로 여긴다는 것은 주나라 등의 왕자의 후예를 새롭게 대우하거나 축출하는 것이다. 주나라를 새로운 나라로 여기면 송나라를 옛 나라로 여기게 되니, 송나라와 주나라, 그리고 『춘추』를 합쳐서 삼통三統이 된다. 따라서 기나라 등의 소국을 축출하였다.[58]

『공양전』 선공 16년, 하휴 주에서 "공자는 『춘추』를 새로운 왕에 해당시키고, 위로는 기杞나라를 축출하며, 아래로는 주周나라를 새로운 나라로 여기고 송宋나라를 옛 나라로 여겼다"고 말했다. 이것은 『공양전』의 '삼통의 소통'(通三統) 이론에 대한 하휴의 가장 명확한 표현이다. 진립도 또한 이에 대해 글의 첫머리에 요지를 밝히면서, "이것은 『춘추』의 삼통의 소통(通三統) 의리이니, 하휴의 주에서는 책 전체에서 그 예例를 드러내었다"고 지적했다. 즉 그가 '삼통의 소통'(通三統) 이론을 『공양전』 및 하휴 『춘추공양전해고』의 핵심적인 의리로 여겼다는 것을 분명하게 보여 준 것이다. 이를 통해 진립이 하휴를 잘 독해한 사람이라고 볼 수 있다. 그는 또

---

57) 劉逢祿, 『春秋公羊經何氏釋例』, 권1, 「通三統例」.
58) 陳立, 『公羊義疏』, 권49.

유봉록의 『춘추공양경하씨석례』의 문장을 인용하여 자기의 주장을 증명하였고, 또 「안어案語」를 두어서 "유봉록이 '『춘추』를 새로운 왕에 해당시킨다'(以『春秋』當新王)의 뜻을 말한 것이 지극히 분명하다"고 했으니, 확실히 유봉록의 하휴에 대한 해독에 동의하고, 또 그것을 인용하여 동조하였다. 또한 공자가 "노나라를 빌어서 왕법을 세웠으니, 이른바 『춘추』의 노나라이다"라고 하였고, 또 "노나라를 새로운 왕에 해당시켰기 때문에 주나라를 새로운 나라로 여긴 것이다. 주나라를 새로운 나라로 여긴다는 것은 주나라 등의 왕자의 후예를 새롭게 대우하거나 축출하는 것이다"라고 함으로써 마침내 "송나라와 주나라, 그리고 『춘추』를 합쳐서 삼통三統이 된다"고 분명하게 말했다. 이와 같이 진립이 『공양전』의 '삼통의 소통'(通三統) 의리를 설명한 것은 매우 잘 갖추어져 있다.

경전에 대한 진립의 구체적인 해석 중에도 문장을 따라서 『공양전』의 '삼통의 소통'(通三統) 의리를 밝혔다. 예를 들어 『춘추』 희공 16년, "봄, 왕의 정월, 무신일 초하루, 운석이 송나라에 다섯 개 떨어졌다. 이달에 여섯 마리 물새가 뒤로 날아서 송나라 수도를 지나갔다."(春, 王正月, 戊申朔, 隕石於宋五. 是月, 六鷁退飛過宋都) 『공양전』에서 말했다. "왕자의 후예인 宋나라를 위해 재이災異를 기록한 것이다." 고동고顧棟高의 『춘추대사표春秋大事表』에서 말했다. "『공양전』에서는 '왕자의 후예를 위해 재이災異를 기록하였다'는 전傳을 자주 드러냈는데, 앞선 학자들은 그것을 깊이 배척하였다. 즉 기나라도 또한 왕자의 후예인데, 무엇 때문에 기나라의 재이는 기록하지 않았는지 의문을 제기한 것이다. 잘은 모르겠지만, 『공양전』의 주장은 크게 비난할 만한 것이 없다. 기나라는 옛 도읍을 버리고, 스스로 동이東夷로 나아갔기 때문에 천하의 일과는 무관하다. 그러나 송나라는 천하의 중심지에 거처하면서, 진晉나라·초楚나라와 국력의 강약이 비교되는 나라였기 때문에 『춘추』에서는 항상 중시하였다. 애초부터 왕자의 후예였기 때문에 기록한 것은 아니다." 고동고는 송나라가 천하의 안위安危와 관련되어 있는 나라라고 말했는데, 진립은 이 주장을 인정하고 "당시의 형세로 보면 일리가 없는 것은 아니다"라고 여겼다. 그러나 또 "고동고는 『공양전』에서 송나라를 기록하고 기나라를 생략한 요지를 이해하지 못했기 때문에 이러한 주장을 하였다"고 말했다. 이른바 "『공양전』에서 송나라를 기록하고 기나라를 생략한 요지"는 진립이 밝힌 『춘추』의 '삼통의 소통'(通三統) 의리이다.

『춘추』의 '삼통의 소통'(通三統) 이론에서, 후대 사람들은 대부분 '노나라를 왕으로 삼는다'(王魯) 이론에 대해 질의하면서, 주나라 천자가 존재하는데도 노나라를 왕으로 삼는 것은 사실상 윗사람을 침범하고 난을 일으키는 혐의가 있다고 여겼다.[59] 그러나 진립은 이것은 천박한 학자들이 "『춘추』를 새로운 왕에 해당시킨다"는 의리를 살피지 않고, 마침내 "왕노王魯 이론을 가지고 함부로 『공양전』에 비판의 화살을 집중하였다"고 주장하였다. 따라서 진립은 다음과 같이 말했다.

> 『춘추』를 새로운 왕에 해당시킨다는 것은 추상적인 말로 드러낼 수 없기 때문에 노나라에 가탁함으로써 실제 일에 드러낸 것이니, 이른바 "노나라에 신왕新王이 천명을 받은 것을 가탁하였다"는 것이다. 노나라에 가탁한 것이지 노나라를 왕으로 삼은 것이 아니다. 공자가 필부로서 포폄褒貶의 권한을 시행했으니, 권한을 시행할 자리를 빌리지 않을 수 없었다. 따라서 노나라를 가탁하여 왕으로 삼아서, 당세 사대부를 높이거나 강등했으니, 그것은 바로 "추상적인 말로 기재하고자 했지만, 실제 일을 통해 드러내는 것이 깊고 절실하고 분명하고 밝은 것만 못했기" 때문이다.…… 천박한 학자들은 이것을 살피지 않고, 왕노王魯 이론을 가지고 함부로 『공양전』에 비판의 화살을 집중했으니, 그것은 『춘추』를 알지 못하는 자들이다.[60]

진립은 또 『춘추왕노설春秋王魯說』을 지어서, 한 단계 더 나아가 '왕노王魯'의

---

59) 예를 들어 다음과 같은 사례가 있다. 당대 陸淳은 자신의 스승이 '王魯' 이론을 비평한 것을 인용하여 다음과 같이 진술했다. "예법을 어기고 성인을 모함하며, 經을 위배하고 傳을 훼손하여, 사람들에게 이치에 거스르는 것을 가르치니, 죄가 이보다 더 큰 것이 없다."(『春秋集傳纂例』, 권1, 「春秋宗指議」) 또한 송대 葉夢得은 다음과 같이 말했다. "만약 주나라가 아직 망하지 않았는데 쫓아내고, 魯나라가 제후인데도 추천하여 왕으로 삼는다면, 천하의 난신적자를 연 것은 『춘추』로부터 시작되는 것이니, 王魯가 경을 위배한 것이 감히 이러한 지경에 이르렀다고 누가 말했던가!"(『春秋公羊傳讞』, 권1)
60) 陳立, 『公羊義疏』, 권1.

의리를 밝혔다. 그의 관점에서 보면, 공자는 『춘추』를 새로운 왕에 해당시켰지만, 『춘추』는 결국 단지 한 권의 책에 지나지 않는다. 그러나 공자는 『춘추』를 가지고 천자의 권한을 시행하고자 했으므로 의탁하는 대상이 없이 추상적인 말로 드러내서는 안 된다. 그런데 노나라는 공자의 부모의 나라로서 노나라의 역사서는 소견所見·소문所聞·소전문所傳聞 세대의 일을 갖추어 기재하고 있기 때문에 공자는 그것을 근본적인 근거로 삼을 수 있었다. 즉 노나라의 옛 역사를 근거로 삼아서 거기에 왕의 마음을 가했으니, 그것이 바로 "노나라에 왕을 가탁한 것"이다. 따라서 '왕노'라는 것은 "노나라를 왕으로 삼는 것이 아니다." 진립은 나아가 『춘추』가 이미 노나라에 가탁하여 왕으로 삼았기 때문에 『춘추』의 노나라'는 '쇠퇴한 주나라 시대의 노나라'와는 같지 않다고 지적하였다.[61] '『춘추』의 노나라'라는 표현법은 또한 『공양의소』 권49에도 보인다. 이 주장은 진립이 '왕노' 이론을 지극히 크게 드러내 밝힌 것이며, 더욱이 통찰력이 있는 것이다. 후대 사람들이 '왕노' 이론을 의심하는 까닭은 단지 공자가 "왕을 가탁했던" '『춘추』의 노나라'를 역사상에 있었던 열국으로서의 노나라와 혼동함으로써 마침내 "왕노의 이론을 가지고 함부로 『공양전』에 비판의 화살을 집중했으니, 그것은 『춘추』를 알지 못하는 자들이다."[62]

『좌씨전』 공영달孔穎達의 소疏에서 유현劉炫이 하휴를 비판한 것을 다음과 같이 인용하였다. "새로운 왕이 천명을 받으면 정삭正朔을 반드시 고치니, 이것은 노나라가 원元이라고 호칭할 수 있는 것이다. 그런데 마땅히 그 정삭을 고쳐야 하는데도 주나라의 정삭을 그대로 사용한 것은 무엇 때문인가? 이미 노나라에 왕을 가탁했다면 그것은 문왕을 섬기지 않는 것인데도 여전히 문왕을 받드는 것은 무엇 때문인가? 제후의 개원改元은 그 나라 자체의 일상적인 법도이니, 왕을 가탁하여 개원한다고 말하는 것은 망령된 주장이다."[63] 이에 대해 진립은 다음과 같이 비평하였다. "이것은 노나라에 왕을 가탁한다는 것이 노나라를 빌어서 왕의 의리를 밝힌다는

---

61) 陳立, 『句溪雜著』, 권2.
62) 陳立, 『句溪雜著』, 권2.
63) 『左氏傳』, 隱公 원년, 孔穎達 疏.

것을 몰랐기 때문에 천박한 견해로 억지 주장을 한 것이다."[64] 살펴보건대, 유현의 뜻은 노나라가 이미 왕이 되었으므로 마땅히 주나라 정삭을 사용하지 않고 당시의 왕을 받들지 않아야 한다는 것이다. 진립은 그가 "노나라에 왕을 가탁한다는 것이 노나라를 빌어서 왕의 의리를 밝힌다는 것을 몰랐기 때문"이라고 하였다. 즉 『춘추』의 노나라'와 '쇠퇴한 주나라 시대의 노나라'를 분별하지 못한 것이다. 『춘추』의 노나라'는 공자가 옛 역사를 빌어서 왕의 마음을 가한 결과이며, 또한 『춘추』를 새로운 왕에 해당시킨 것의 구체적인 체현이다. 따라서 진립은 "은나라는 하나라를 계승했고, 주나라는 은나라를 계승했으며, 『춘추』는 주나라를 계승했다. 따라서 은공을 천명을 받은 왕으로 삼은 것이다"라고 했다. 은공을 천명을 받은 왕으로 삼은 것은 곧 "『춘추』가 주나라를 계승한 것"의 체현이다. 따라서 진립은 더 나아가 다음과 같은 유봉록의 주장을 인용하였다. "『춘추』라는 것은 불(火)이니, 노나라와 천왕·제후의 일은 모두 불을 때는 땔나무와 같은 것이다." 또 포신언包愼言의 말을 인용하여 "12명의 임금은 모두 통발이나 덫이다"라고 하였다.[65] 이를 통해 진립은 왕노王魯 이론이 노나라를 빌어서 왕의 의리를 밝힌다는 뜻임을 드러내고자 하였다.

2) '삼세의 확장'(張三世) 이론에 관해서

『공양전』의 '삼세의 확장'(張三世) 이론에 대해, 진립은 또한 하휴의 이론을 준수하였다. 삼세三世의 시간 경계에 관해서는 앞뒤로 안안락顏安樂·정현鄭玄·공광삼孔廣森 등의 서로 다른 이론이 있는데, 이에 대해 진립은 다음과 같이 반박하였다.

살펴보건대, 『춘추』양공 13년은 공자가 아직 태어나지 않았기 때문에 직접 본 세대(所見世)가 될 수 없으니 『효경설孝經說』을 따를 수 없다. 안안락은 태어난 이후부터는 이치상 그것을 들은 세대(所聞世)라고 할 수 없다고 하였다. 그러나 공자가 양공 말년에 막 태어나서 아직 식견이 없었기 때문에 그때를 갑자기 직접

---

64) 陳立, 『公羊義疏』, 권1.
65) 陳立, 『句溪雜著』, 권2.

본 세대(所見世)라고도 할 수 없다. 주루邾婁나라의 비아鼻我(양공 23년)와 주루나라의 쾌快(소공 27년)에 대해, 비록 『공양전』에서 똑같이 "가까운 시대이기 때문에 기록했다"고 했지만, 옛 소疏에서는 "하나는 다스림이 승평升平의 시대에 가깝기 때문에 기록한 것이고, 하나는 다스림이 태평太平의 시대에 가깝기 때문에 기록했으니, 서로 상관이 없다"[66]고 한 것이 옳다.[67]

진립은 양공襄公을 직접 본 세대로 확정하는 것을 반대하였다. 비록 공자가 태어나기 이전을 직접 본 세대라고 부를 수 없다고 하더라도, 공자가 양공 말기에 태어나서, 막 태어난 초기에는 여전히 식견이 없었기 때문에 양공의 세대도 또한 직접 본 세대로 규정할 수 없다. 안안락·공광삼은 『춘추』 양공 23년의 "주루나라의 비아가 노나라로 도망쳤다"(邾婁鼻我來奔)와 소공 27년의 "주루나라의 쾌가 노나라로 도망쳤다"(邾婁快來奔)에 대한 『공양전』에서 모두 "가까운 시대이기 때문에 기록했다"고 말한 것을 근거로 삼았다. 그런데 서언 소에서 이미 말했듯이, "주루나라의 비아가 노나라로 도망쳤다"(邾婁鼻我來奔)는 것은 다스림이 승평의 시대에 가깝기 때문에 기록한 것이고, "주루나라의 쾌가 노나라로 도망쳤다"(邾婁快來奔)는 것은 다스림이 태평의 시대에 가깝기 때문에 기록한 것이기 때문에 의미가 서로 관련이 없다. 따라서 진립은 "하휴 스스로 『춘추설春秋說』을 올바른 것으로 삼았다"고 단언했으며, 은공·환공·장공·민공·희공을 전해들은 세대, 문공·선공·성공·양공을 직접 들은 세대, 소공·정공·애공을 직접 본 세대로 삼았다.

『춘추』에서 세 세대에 대해 말을 달리한 까닭에 대해, 하휴는 두 가지 의미로 해석했다. 하나는 공자가 『춘추』를 지을 때 서로 다른 시대의 군부君父에 대해 "은혜에 두터움과 박함이 있고, 의리에 얕음과 깊음이 있었기" 때문에 세 세대의 서법이 그로 인해서 다름이 있었다는 것이다. 하휴의 "은혜에 두터움과 박함이 있고, 의리에 얕음과 깊음이 있다"는 이론에 관해, 진립은 동중서의 이론을 인용하여

---

66) 『公羊傳』, 隱公 원년, 徐彦 疏.
67) 陳立, 『公羊義疏』, 권1.

다음과 같이 증명하였다.

『춘추번로』「초장왕楚莊王」편에서 말했다. "직접 본 세대에 대해서는 그 말을 은미하게 했고, 직접 들은 세대에 대해서는 그 일어난 재화災禍를 애통하게 여겼으며, 전해들은 세대에 대해서는 그 은혜와 인정을 모두 줄였다. 따라서 계씨季氏를 축출하려고 했을 때 '또 기우제를 지냈다'(又雩)고 말한 것(소공 25년)은 그 말을 은미하게 한 것이다. 자적子赤이 시해되었을 때 날짜를 차마 기록하지 않은 것(문공 18년)은 그 일어난 재화를 애통하게 여긴 것이다. 자반子般이 시해되었을 때 '을미乙未' 라고 기록한 것(장공 32년)은 그 은혜를 줄인 것이다. 굽히거나 펼친 뜻과 자세하거나 간략한 문장은 모두 여기에 호응한 것이다. 나는 『춘추』에서 가까운 사람에게는 가깝게 대하고, 먼 사람에게는 멀게 대하며, 친근한 사람에게는 친근하게 대하고, 소원한 사람에게는 소원히 대하는 것을 보았다. 또한 존귀한 사람을 존귀하게 대하고 미천한 사람을 천시하며, 중후한 사람을 중시하고 경박한 사람을 경시했음을 알게 되었다. 또한 중후한 사람을 중후하게 쓰고 경박한 사람을 경박하게 썼으며, 선한 사람을 선하게 대하고 악한 사람을 미워한 것을 알게 되었다. 그리고 양陽을 양으로 대하고 음陰을 음으로 대하며, 흰 것을 흰 것으로 여기고 검은 것을 검은 것으로 여김을 알게 되었다. 온갖 사물은 모두 적합한 짝이 있으니, 상대되고 짝이 되며 한패가 되고 짝이 되어야 훌륭한 것이다." 이것이 곧 "은혜에 두터움과 박함이 있고, 의리에 얕음과 깊음이 있다"는 말의 의미이다.[68]

또 동중서의 말을 다시 인용하여 다음과 같이 드러내 밝혔다.

친근한 사람에게는 친하게 대하고, 소원한 사람에게는 소원하게 대하니, 친근한 사람은 은혜가 깊고, 소원한 사람은 은혜가 줄어든다. 두터움과 엷음의 이유, 가벼움과 무거움의 의리, 선과 악의 드러남, 칭찬과 비판의 가해짐, 은미함과 드러남의 문장이 모두 여기에서 생겨난다.[69]

---

68) 陳立, 『公羊義疏』, 권3.
69) 陳立, 『公羊義疏』, 권11.

진립이 동중서를 근거로 삼아서 하휴를 논증한 것은 확실히 성립될 수 있다. 또한 더욱 중요한 점은 하휴는 단지 인정人情이라는 측면에서 서법을 논한 것 같은데, 진립은 동중서의 이론을 근거로 삼아서, "가까운 사람에게는 가깝게 대하고 먼 사람에게는 멀게 대하며, 친근한 사람에게는 친근하게 대하고, 소원한 사람에게는 소원하게 대한다"고 말했을 뿐만 아니라, 또 "중후한 사람은 중후하게 쓰고 경박한 사람은 경박하게 썼으며, 선한 사람은 선하게 대하고 악한 사람은 미워하였다"고 말했다. 다시 말해서, "친근한 사람은 은혜가 깊고, 소원한 사람은 은혜가 줄어든다"고 말한 동시에, 또 "선과 악의 드러남, 칭찬과 비판의 가해짐, 은미함과 드러남의 문장"이 모두 이로부터 생겨나기 때문에 "은혜에 두터움과 박함이 있고, 의리에 얕음과 깊음이 있다"고 말했다. 이것은 곧 하휴가 말한 "인륜人倫을 다스리고 인류人類를 질서 매김으로써 치란治亂의 법도를 제정한다"70)는 뜻을 더욱더 체현한 것이다.

그런데 하휴의 "인륜人倫을 다스리고 인류人類를 질서 매김으로써 치란治亂의 법도를 제정한다"는 것은 단지 세 세대에 "은혜에 두터움과 박함이 있고, 의리에 얕음과 깊음이 있다"는 측면에서만 말한 것이 결코 아니며, 삼세三世를 쇠란세衰亂世·승평세升平世·태평세太平世로 확대하여, 왕자가 일어나면 당연히 쇠란을 다스리고, 승평을 거쳐서 태평에 이른다고 생각하였다. 진립은 이 이론을 거의 전면적으로 수용하여, 오직 『춘추』를 새로운 왕에 해당시켜서 노나라에 왕을 가탁함이 있어야만 비로소 삼세의 의법義法이 있을 수 있다고 주장하였다. 따라서 그의 『춘추왕노설』에서 다음과 같이 말했다.

은나라는 하나라를 계승했고, 주나라는 은나라를 계승했으며, 『춘추』는 주나라를 계승했다. 따라서 은공을 천명을 받은 왕으로 삼았다. 『춘추』의 은공은 주나라의 문왕이다. 따라서 의보儀父가 의리를 사모하자 자字를 기록했고(은공 원년), 숙宿나라 임금이 노나라와 맹약을 맺자 그의 죽음을 기록했다.(은공 8년) 등滕나라와 설薛나라 가 노나라에 와서 조회하자 그들을 칭찬했다.(은공 11년) 전해들은 세대에서는 다스림

---

70) 『公羊傳』, 隱公 원년, 何休 注.

이 쇠란의 가운데에서 일어남을 드러낸다. 직접 들은 세대에서는 다스림이 승평임을 드러낸다. 직접 본 세대에 대해서는 다스림이 태평임을 드러내고, 단지 두 글자로 된 이름을 비판했으니(정공 6년·애공 13년), 인도人道가 두루 미치고 왕도王道가 갖추어져서, 공적이 기린을 잡는 데 이른 것이다.

다시 말해서, 진립의 입장에서 말하면 이른바 삼세三世는 곧 『춘추』가 '새로운 왕'으로서 난리를 바로잡아서 올바른 데로 되돌리려고 하기 때문에 서로 다른 역사의 단계에서 사용하는 정치의 방법도 또한 같지 않다. 이것은 곧 새로운 왕이 쇠란을 다스려서 승평으로 달려가고, 승평을 거쳐서 태평으로 달려가는 역사의 진행 과정이다. 진립은 '삼통의 소통'(通三統) 이론을 전제로 삼아서 '삼세의 확장'(張三世) 의리를 펼쳐서 진술했으니, 이것은 하휴에 대해 매우 깊이 이해한 것이다. 그리고 '『춘추』의 의리'는 바로 여기에 있다. 진립이 말했다.

> 『공양전』 애공 14년에서 "난리를 바로잡아서 올바른 데로 되돌리는 것은 『춘추』보다 더 가까운 것이 없다"고 했다. 은공과 환공은 『춘추』의 초기 시대로, 쇠란을 거쳐서 승평으로 나아가고 태평으로 나아감을 말한다. 이른바 올바른 데로 되돌리는 것, 이것이 『춘추』의 의리이다.[71]

그러나 또 다른 방면에서 말하면, 하휴는 소공·정공·애공을 태평세太平世로 삼았는데, 사실상 태평은 아니다. 따라서 하휴는 "문장으로 태평을 이루었다"고 말했다. 진립도 이러한 뜻을 다음과 같이 밝혔다.

> 『공양전』 양공 23년, 하휴의 주에서 말했다. "단지 (邾婁나라) 한 나라만을 거론한 것은 당시의 난리가 사실상 대부에게 책임이 있지 않았고, 치란治亂이 그 실질을 잃지 않았기 때문에 삼세의 확장(張三世)의 법을 취하기에 충분하기 때문이다."[72]

---

71) 陳立, 『公羊義疏』, 권3.
72) 『公羊傳』, 襄公 23년, 何休 注.

그렇다면 직접 본 소공·정공·애공의 시대도 태평이 아니다. 다만 『춘추』에서는 이 시대에 다스림이 태평임을 드러낸 것이다. 따라서 문공·선공·성공·양공의 시대도 실제로 승평의 시대가 아니니, 『춘추』의 의리에서 다스림이 승평일 뿐이 다.[73]

진립의 이 주장은 하휴 삼세三世 이론의 정밀한 뜻을 대체로 잘 이해한 것이다.

3. 서언徐彦의 『공양전』 옛 소疏를 논함

진립 이전에는 하휴의 『춘추공양전해고』에 소疏를 지은 것은 오직 서언徐彦이라고 이름이 기록된 『공양전』 소疏만이 세상에 전해졌다. 그런데 진립이 『공양의소公羊義疏』 를 지은 이유는 사실상 서언에 대한 불만에서 나온 것이다. 그의 「상유맹첨선생서上劉 孟瞻先生書」에서 말했다. "서언徐彦이 지은 소疏를 생각해 보면, 단지 글자의 뜻만 해석할 줄 알았지, 『공양전』의 가법家法에 대해서는 듣지 못하여 어두웠다."[74] 따라서 진립의 『공양의소』는 혹은 옛 소疏를 이어서 하휴의 뜻을 진술했고, 혹은 옛 소疏에서 간략하거나 갖추어지지 않은 것을 완전하게 했으며, 혹은 옛 소疏에서 당연히 해석해야 하는데도 하지 않은 것을 보완해서 해석했고, 혹은 옛 소疏에

역자 주: 『춘추』 양공 23년, "주루나라의 비아가 노나라로 도망쳐 왔다"(邾婁鼻我來 奔)는 사건에 대해, 『공양전』에서 다음과 같이 해석했다. "邾婁나라는 대부가 없는 데, 여기에서 무엇 때문에 기록했는가? 가까운 시대의 일이기 때문에 기록하였다." 그리고 하휴가 말했다. "전해들은 세대에서는 다스림이 처음으로 일어난 것을 드러 내니, 제하를 밖으로 여겨서, 큰일을 기록하고 작은 일을 생략해서 기록하지 않으며, 대국에 대해서는 大夫를 기록하고 소국에 대해서는 人이라고 간략하게 기록한다. 직 접 들은 세대에서는 제하를 안으로 여겨서, 작은 일을 다스리기를 큰일과 같이 하니, 늠름하게 승평에 가깝기 때문에 소국에 대해서도 대부를 기록하니, 다스림이 점진적 으로 나아가는 것이다. 주루나라를 드러낸 것은 노나라와 가까운 곳으로부터 시작 한 것이다. 단지 한 나라만을 거론한 것은 당시의 난리가 사실상 대부에게 책임이 있지 않았고, 治亂이 그 실질을 잃지 않았기 때문에 삼세의 확장(張三世)이라는 법을 취하기에 충분하기 때문이다."
73) 陳立, 『公羊義疏』, 권3.
74) 『淸史稿』, 권482.

오류가 있는 것을 바로잡았다. 아래에서는 하나하나를 나누어서 각각 몇 가지 사례를 들어서 밝혀 보도록 하겠다.

1) 옛 소를 이어서 하휴의 뜻을 확장함

진립은 『공양의소』에서 대부분 옛 소의 이론을 바로 취해서 하휴의 의례義例를 진술하였다. 『공양전』 은공 원년에서 말했다. "왕은 누구를 말하는가? 문왕文王을 말한다." 이에 대해 진립은 다음과 같이 말했다.

> 옛 소疏에서 말했다. "공자가 새로운 왕이 천명을 받아 정월을 제정한 일을 진술하였다. 따라서 문왕이 처음으로 천명을 받아 정삭正朔을 제정한 것을 빌어서 취한 것이다. 장래에 이것을 법도로 삼았으니, 사실상 한漢나라이다."[75] 옳은 말이다.[76]

살펴보건대, 이것은 옛 소를 바로 인용하여, 하휴의 '『춘추』를 새로운 왕에 해당시킨다'(『春秋』當新王)는 뜻을 진술한 것이다.

또 『춘추』 희공 28년, "희공이 왕이 있는 곳에서 조회했다."(公朝于王所) 진립이 말했다.

> 옛 소에서 말했다. "제후가 왕을 조회하는데 서울에서 하지 않았으니, 이 또한 희공의 잘못이지만 큰 악은 아니다. 전해들은 세대에 대해서는 기록하지 않는 한도 내에서 드러내야 하기 때문에 희공이 조회했다(公朝)고 특별히 기록한 것이다. 따라서 은공 원년 주에서 '전해들은 세대에서는 다스림이 쇠란衰亂의 가운데에서 일어나서, 마음을 쓰는 것이 여전히 거칠다는 것을 보여 준다. 따라서 자기 나라를 안으로 여기고 제하諸夏를 밖으로 여긴다. 먼저 노나라를 상세하게 다스린 이후에 외국을 다스린다. 큰일을 기록하고 작은 일을 생략하며, 노나라의 작은 악은 기록하고 외국의 작은 악은 생략해서 기록하지 않는다고 한 것이 그것이다."[77] 이것은

---

75) 『公羊傳』, 隱公 원년, 徐彦 疏.
76) 陳立, 『公羊義疏』, 권1.

왕이 있는 곳에서 조회한 것이 특별한 시대 상황이 그렇게 하지 않을 수 없었다는 것을 바로잡은 것이 아니다. 따라서 여전히 인정할 수 있는 정도에 포함된다.[78]

이것도 또한 옛 소를 바로 인용하여 '삼세이사三世異辭'의 의리를 드러내 밝힌 것이다.

2) 옛 소에 대한 인용과 확장 및 발휘

옛 소에서 간략하거나 갖추어지지 않은 내용, 혹은 뜻이 분명하지 않는 것에 대해, 『공양의소』에서는 인용하여 진술하거나 밝혀서 완전하게 만들었다. 『춘추』 은공 원년, "채백이 왔다."(祭伯來) 진립이 말했다.

옛 소에서 말했다. "한편으로는 채백祭伯이 주인인 천자를 버린 것을 죄주었고, 한편으로는 노나라가 반란한 사람을 받은 것을 죄주었다. 따라서 하휴의 주에서 '죄로써 드러낸 것이다'고 말했다."[79] 살펴보건대, 이것은 모든 출분出奔에 대해 의리를 드러낸 것이다.[80]

살펴보건대, 옛 소에는 단지 일에 나아가 일을 논했는데, 진립은 이것을 "모든 출분出奔에 대해 의리를 드러낸 것"으로 주장했다. 이로써 『춘추』에서 출분出奔을 기록하는 의리가 분명해졌다.

『춘추』 장공 원년, "부인이 제나라로 달아났다."(夫人孫於齊) 하휴 주에서 말했다. "'제나라로'(於齊)라고 말한 것은 최대한 숨겨서 기록한 문장이다." 진립이 말했다.

옛 소에서 말했다. "120국의 소중한 책을 근거로 삼아서 『춘추』를 지었으니, 단지

---

77) 『公羊傳』, 僖公 28년, 徐彦 疏.
78) 陳立, 『公羊義疏』, 권35.
79) 『公羊傳』, 隱公 원년, 徐彦 疏.
80) 陳立, 『公羊義疏』, 권3.

노나라의 역사서만이 아니다. 그런데 (『공양전』에서) 안(內)이라고 말한 것은 노나라에 왕을 가탁했기 때문에 안(內)이라고 말한 것이니, 자기 나라를 안으로 여기고 제하를 밖으로 여긴다고 말한 뜻과 같다. 그렇다면 노나라를 안으로 여겨서 왕으로 삼았는데, 왕자에게는 출분出奔의 의리가 없기 때문에 그것을 달아났다(孫)라고 말한 것이다. 희공 24년, '겨울, 천왕이 밖으로 나가 정나라에 머물렀다(冬, 天王出居於鄭)에서 '나갔다'(出)고 말한 것은 그 『공양전』에서 '왕자는 밖이 없는데, 여기에서 나갔다고 말한 것은 무엇 때문인가? 어머니와 화목하지 못했기 때문이다'고 했다. 그리고 하휴의 주에서 말했다. '어머니와 화목하지 못했다는 것은 죄가 불효보다 더 큰 것이 없기 때문에 그의 지위를 박탈하여 나갔다고 말한 것이다.'"[81] 그렇다면 저 천왕도 지위 박탈이 합당하기 때문에 나갔다고 기록했으니, 그를 천자로 여기지 않은 것이다.[82]

살펴보건대, 문강文姜은 제나라 임금과 사통하여, 환공桓公이 시해를 당하는 일을 초래하였기 때문에 장공 원년에 제나라로 도망갔다. 경문에서 '도망쳤다'(奔)고 기록하지 않고 '달아났다'(孫)고 기록한 것에 대해, 하휴는 "최대한 숨겨서 기록한 문장이다"라고 했고, 옛 소에서는 '왕노王魯' 의리로써 해설하여, "왕자는 밖이 없기" 때문에 출분出奔의 의리가 없다고 여겼다. 또 희공 24년에 "천왕이 밖으로 나가서 정나라에 머물렀다"에 대한 『공양전』에서도 "왕자는 밖이 없다"고 말했고, 옛 소에서는 하휴를 인용하여, 주나라 천자가 어머니를 잘 섬기지 못했기 때문에 지위를 박탈한 것이라고 말했다. 그런데 옛 소에서는 '왕노' 의리에서의 "왕자는 밖이 없다"는 것과 주나라 천자의 "왕자는 밖이 없다"는 것의 구별을 분명하게 진술하지 않았다. 그런데 진립은 "천자로 여기지 않았다"고 곧바로 말했다. 그 의미는 주나라의 죄가 지위 박탈이 합당하기 때문에 나갔다고 기록한 것이니, 그것은 "천자로 여기지 않았다"는 말이다. 그런데 문강의 죄도 마땅히 지위를 박탈해야 하는데, '노나라를 안으로 여긴다'(內魯)의 뜻을 내놓고서, "왕자는 밖이 없기" 때문에 그것을 숨겨서

---

81) 『公羊傳』, 莊公 원년, 徐彦 疏.
82) 陳立, 『公羊義疏』, 권17.

'손孫'이라고 말했다. 그렇지만 천자는 죄가 있으면 마땅히 지위를 박탈해야 한다고 해서, 진립은 "천자로 여기지 않았다"고 곧바로 말했다. 그렇다면 진립이 말한 "천자로 여기지 않았다"(不天子之)는 네 글자는 한 걸음 더 나아가 또 다른 일면에서 '왕노'의 의리를 설명한 것이다. 즉 『춘추』는 노나라를 왕으로 삼기 때문에 주나라 천자는 왕이 되기에 부당하다는 것이다. 옛 소의 뜻은 이로 인해 더욱 명백하게 풀이되었다.

3) 옛 소에서 해석하지 않은 것을 보완해서 해석한 것

옛 소는 당연히 해석해야 하는데 해석하지 않고 간략하게 처리한 것이 많다. 진립은 그것을 하나하나 상세하게 해석하였다. 『춘추』 은공 원년, "은공이 주루나라 의보와 멸에서 맹약을 맺었다."(公及邾婁儀父盟于眜) 『공양전』에서는 "급及은 내가 원했다는 의미이다"라고 했다. 하휴는 "마음을 따져서 죄를 정한다"(原心定罪)는 논리를 가지고 논의했는데, 옛 소에서는 이에 대한 글이 없다. 진립은 그것을 보완하여 풀이하였다. 그는 능서凌曙 및 양한시대의 옛 이론을 널리 인용했는데, 특히 동중서의 이론을 인용하여 해석했다.[83] 이른바 "반드시 그 일을 근본으로 삼아서 그 뜻을 따졌다." 또한 "뜻이 사악한 자는 죄가 이루어지기를 기다리지 않고, 주모자는 죄를 특별히 무겁게 하였고, 본래 정직한 자는 죄를 가볍게 따졌다"(『춘추번로』, 「精華」)는 내용이다. 이로써 원심정죄原心定罪의 뜻이 분명해졌다.

『춘추』 은공 원년, "송나라 사람과 숙에서 맹약을 맺었다."(及宋人盟於宿) 『공양전』에서 말했다. "누가 송나라 사람과 맹약을 맺었는가? 노나라(內)의 지위가 낮은 자이다." 하휴 주에서 말했다. "내內라는 것은 노나라를 말한다." 서언 소에서는 해석을 내지 않았는데, 진립은 다음과 같이 해석했다.

이것은 책 전체에 통용되는 예例이니, 『공양전』 성공 15년에서 말했다. "『춘추』는

---

83) 陳立, 『公羊義疏』, 권2.

그 나라를 안으로 여기고, 제하諸夏를 밖으로 여긴다." 따라서 내內라고 말한 것은 모두 노나라이다.[84]

살펴보건대, 하휴의 "내內라는 것은 노나라를 말한다"는 것은 사실상 『춘추』의 큰 예例이다. '왕노王魯' 이론은 말할 것도 없고, '내외의 구별'(異內外) 이론도 모두 그것과 밀접한 관련이 있다. 그런데 옛 소에서 그것을 해석하지 않은 것은 실수이다. 진립은 "이것은 책 전체에 통용되는 예例이다"라고 말했으니, 『공양전』을 잘 독해한 자라고 말할 수 있다.

『춘추』 환공 11년, "정나라 홀이 위나라로 도망쳤다."(鄭忽出奔衛) 정나라 홀은 전대 임금이 죽은 지 아직 1년을 넘지 않은 상황에서의 임금이다. 『춘추』의 서법에 의하면, "임금이 살아 있을 때는 세자世子라고 부르고, 임금이 죽었을 때는 아들 아무개(子某)라고 부르며, 장례를 치르고 나서는 아들(子)이라고 부르고, 1년이 지나면 공公이라고 부른다."[85] 따라서 정나라 홀은 마땅히 '정자鄭子'라고 불러야 한다. 이에 대해 하휴는 다음과 같이 생각했다. 『춘추』의 제도에서 백伯·자子·남男을 합쳐서 하나의 등급으로 삼기 때문에 만약 '정자鄭子'라고 부르면 '정백鄭伯'이라고 부르는 것과 같게 된다. 그렇게 되면 부친을 잃어서 한 등급을 낮추기 때문에 강등하여 이름을 부르는 예例를 드러낼 방법이 없다. 그런데 하휴는 여기에서 정나라 홀에 대해 무엇 때문에 이름을 불렀는지 해석하지 않았다. 그리고 더욱 중요한 것은 이것을 근거로 삼아서 "『춘추』가 주나라의 문식(文)을 바꾸어서 은나라의 질박함(質)을 따랐다"는 의리를 천명하는 것이다. 이것은 사실상 하휴가 '삼통의 소통'(通三統)을 설명하는 중요한 자료인데, 옛 소에서는 일에 나아가 일을 논하므로 정나라 홀의 이름을 부른 이유만 해석했고, 또 하휴 주의 '천도본하天道本下' 이하의 글이 『악설樂說』에 나온다고 지적했을 뿐[86] 『춘추공양전해고』의 "『춘추』가 주나라의

---

84) 陳立, 『公羊義疏』, 권2.
85) 『公羊傳』, 莊公 32년.
86) 역자 주: 『공양전』 환공 11년의 하휴 주에서 "天道本下, 親親而質省. 地道敬上, 尊尊而

문식(文)을 바꾸어서 은나라의 질박함(質)을 따랐다"에 대해서는 전혀 해석하지 않았다. 따라서 진립은 다음과 같이 보완하여 해석하였다.

이것은 『춘추』의 제도를 말한 것이다. 『춘추번로』「삼대개제질문三代改制質文」에서 말했다. "『춘추』에서 정나라 홀에 대해 무엇 때문에 이름을 말했는가? 『춘추』에서 말했다. '백伯·자子·남男을 동일하게 사용하기 때문에 경문의 말에는 비난하는 의미가 없다.' 무엇 때문에 동일하게 사용한다고 여겼는가? 주나라의 작위는 5등급이고, 『춘추』는 3등급이기 때문이다. 『춘추』에서는 무엇 때문에 3등급으로 만들었는가? 왕자의 제도는 한 번은 상商을 숭상하고 한 번은 하夏를 숭상하며, 한 번은 질質을 숭상하고 한 번은 문文을 숭상한다. 상商과 질質을 숭상하는 것은 하늘을 위주로 하고, 하夏와 문文을 숭상하는 것은 땅을 위주로 하며, 『춘추』는 사람을 위주로 한다. 따라서 3등급을 만든 것이다." 또 말했다. "따라서 하늘의 명은 일정한 것이 없기 때문에 천명天命은 덕이 있는 사람에게 경사慶事를 주는 것일 뿐이다. 따라서 『춘추』에서 천명에 호응하여 신왕新王의 일을 제정했는데, 제도는 상나라의 제도를 따라서 주나라의 백伯·자子·남男을 통합하여 하나의 등급으로 삼았다." 『사기』「삼왕세가三王世家」에서 말했다. "옛날 오제五帝는 제도를 달리했는데, 주나라의 작위는 5등급이고, 『춘추』는 3등급이니, 모두 시대에 따라서 존귀함의 서열을 배열한 것이다." 『설원說苑』「수문修文」에서 말했다. "상商이라는 것은 상常이다. 상常이라는 것은 질質이다. 질質은 하늘을 위주로 한다. 하夏라는 것은 대大이며, 대大라는 것은 문文이다. 문文은 땅을 위주로 한다. 따라서 왕자는 한 번은 상商을 위주로 하고 한 번은 하夏를 위주로 하니, 다시 반복하는 것이다. 따라서 『춘추』는 새로운 왕이 되었기 때문에 은나라를 가지고 주나라를 바꾸었다." 또 「군도君道」에서 말했다. "공자가 말했다. 하나라의 도가 없어지지 않으니, 상나라의 덕이 일어나지 않고 주나라의 덕이 일어나지 않았다. 주나라의 덕이 없어지지 않으니, 『춘추』가 일어나지 않았다. 『춘추』가 지어지자 군자는 주나라가 망한 것을 알았다." 살펴보건대, 『춘추』는 주나라를 계승하여, 한 번은 질박함을 숭상하

文煩,……故復反之於質也"라고 했는데, 서언의 소에서 "注'天道本下, 親親而質省'者已下 至'反之於質', 皆出於『樂說』文"이라고 풀이하였다.

고, 한 번은 문식을 숭상하였다. 따라서 주나라의 문식을 고쳐서 은나라의 질박함을 따른 것이다. 『논어』「위정」편에서 "혹시 주나라를 계승하는 나라"라고 말한 것이 그것이다. 『춘추』의 3등급은 공公이 한 등급이고, 후侯가 한 등급이며, 백伯·자子·남男이 한 등급이다. 정나라는 본래 백伯의 작위인데, 자子라고 부른 것은 백伯과 다른 말이 아니다. 폄하한 것이 없기 때문에 이름을 불러서 다름을 드러내었다.[87]

『공양의소』에서는 첫 머리에 그 요지를 밝히면서, "이것은 『춘추』의 제도를 말한 것이다"라고 제시했으니, 바로 『춘추』가 새로운 왕의 제도를 담당한다는 의미이다. 진립은 『춘추번로』·『사기』 및 『설원』 등을 폭넓게 인용하였고, 모두 이것을 빌어서 '삼통의 소통'(通三統) 의리를 천명하였다. 하휴가 말한 "주나라의 문식을 고쳐서 은나라의 질박함을 따른다"는 것은 곧 "『춘추』를 새로운 왕에 해당시킨다"는 것이며, 은나라를 가지고 주나라를 바꾸는 것이다. 『공양전』에서 "『춘추』의 백伯·자子·남男은 동일한 것이다"[88]는 것은 바로 '새로운 왕'(新王)이 고친 제도이다.

4) 옛 소를 바로잡은 것

진립의 관점에서 보면, 옛 소 중에는 하휴의 의리와 서로 어긋나는 곳이 많이 있다. 그는 『공양의소』에서 그것을 하나하나 바로잡았다.

『춘추』은공 3년, "윤씨가 죽었다."(尹氏卒) 하휴의 『춘추공양전해고』에서 말했다. "당시 천왕이 죽자, 노나라 은공이 가서 상례喪禮에 참여했다. 윤씨尹氏는 손님을 안내하는 역할을 맡아서 제후들을 도우면서 은공과 만난 이후에 죽었다. 왕자에 대한 은혜가 융성한 자이므로 예禮를 더해서 기록하였다. 따라서 은공을 위해 은혜롭게 여겨 기록함으로써 애통하게 여긴 것이다. 날짜를 기록한 것은 은혜롭게 여겨서 기록한 것이니, 마땅히 은례恩禮가 있어야 함을 밝힌 것이다." 옛 소에서 말했다.

---

87) 陳立, 『公羊義疏』, 권15.
88) 『公羊傳』, 桓公 11년.

"은공이 왕자에 대한 은혜를 융숭하게 했으니, 예禮를 더하여 그 상례에서 손님을 안내하고 돕던 자를 기록했음을 말한 것이다."[89] 진립은 이 해석에 만족하지 못했기 때문에 다음과 같이 해설하였다.

살펴보건대, 윤씨는 은공을 안내하고 도왔으니, 곧 왕자에게 은혜가 융숭한 자가 된다. 옛 소는 틀렸다.[90]

또 말했다.

앞의 은공 원년, "공자 익사가 죽었다"(公子益師卒)는 기록에 대해, 하휴의 주에서 말했다. "따라서 직접 본 세대에는 은혜가 자신과 부친 시대의 신하에게 더욱 깊으니, 대부가 죽었을 때는 죄가 있든 없든 모두 날짜를 기록한다." 또 말했다. "대부의 죽음을 기록한 이유를 위주로 삼은 것은 임금은 당연히 그 일을 괴로워하고 애통하게 여겨야 함을 밝힌 것이다." 윤씨는 새롭게 노나라와 만났는데, 왕자에게 은혜가 융숭한 자이므로 마땅히 은혜롭게 여겨 기록해야 한다. 따라서 날짜를 기록하여 노나라의 대부와 나란하게 함으로써 왕자는 마땅히 은례恩禮가 있어야 함을 밝힌 것이다. 즉 부의 물품이나 부의금 등의 부류는 이른바 왕자에게 은혜를 융숭하게 베푸는 것이 아니다. 예禮를 더하되 천자의 상례喪禮를 안내하고 도운 자에게 더한 것은 『춘추』가 노나라에 왕을 가탁했기 때문이다.[91]

살펴보건대, 서언의 옛 소의 뜻은, 윤씨가 "왕자에 대한 은혜가 융숭한 자이다"에서의 '왕자'라는 것은 주나라 천자를 말한다. 따라서 "예를 더하여 그 상례에서 손님을 안내하고 돕던 자를 기록한 것이다." 그런데 진립은 다음과 같이 생각했다. 하휴가 말한 '왕자'는 실제로 노나라 은공을 말하는데, "『춘추』는 노나라에 왕을

89) 『公羊傳』, 隱公 3년, 徐彦 疏.
90) 陳立, 『公羊義疏』, 권5.
91) 陳立, 『公羊義疏』, 권5.

가탁했으니", 윤씨가 은공을 안내하고 도운 것이 곧 윤씨는 "왕자에 대한 은혜가 융숭한 자이다." 따라서 윤씨가 비록 외국의 대부로서 죽음을 기록하지 않는 것이 예例이지만, 은공에 대한 그의 은혜가 융숭했기 때문에 마땅히 날짜를 기록하고 죽음을 기록하였다. 즉 노나라 대부를 기록하는 예例를 따름으로써 왕자는 마땅히 은례恩禮가 있어야 함을 밝힌 것이다. 따라서 진립은 "윤씨가 죽었다"라는 경문에서 하휴가 『춘추』의 '왕노王魯' 의리를 드러내 밝혔는데, 옛 소는 이 뜻을 제대로 파악가지 못했다고 주장하였다.

『춘추』 은공 3년, "송나라 목공을 장례지냈다"(葬宋繆公)의 『공양전』에서 "장공莊公 빙馮이 여이與夷를 시해했다"고 했는데, 하휴 주에서 말했다. "빙馮과 독督이 함께 상공殤公을 시해한 것은 환공 2년인데, 여기 3년에서 위태롭게 여긴 것은 목공이 죽어서야 여이與夷에게 나라를 되돌려 주었기 때문이니, 지극히 현명한 군주가 아니면 자리를 다투지 않을 수 없다." 옛 소에서 말했다. "지극히 현명한 군주는 나라를 받은 자를 말하니, 바로 여이가 현명하지 못했기 때문에 끝내 찬탈을 당한 것이다."92) 진립은 옛 소에서 '나라를 받은 자'는 마땅히 '지극히 현명한 군주'이어야 한다고 한 것은 옳지 않다고 여기고, 다음과 같이 풀이했다.

살펴보건대, 주의해야 할 점은 '지극히 현명한 군주가 아니면'이라고 말한 것은 빙馮이 현명하지 않음을 말했을 뿐이다. 말하자면, 목공穆公이 만약 이른 시기에 여이與夷에게 자리를 주어서 임금 자리를 바로잡았다면, 화를 당하는 데 이르지 않았을 것이다. 지금 죽어서야 여이에게 나라를 되돌려 주어서 후계자가 분명하지 않았고, 빙도 또한 현명하지 않았기 때문에 자리를 다투지 않을 수 없었다. 옛 소는 옳지 않다.93)

살펴보건대, 송나라 선공宣公이 죽기 전에 임금 자리를 자식에게 물려주지 않고

---

92) 『公羊傳』, 隱公 3년, 徐彦 疏.
93) 陳立, 『公羊義疏』, 권5.

아우인 목공에게 물려주었다. 목공은 그 덕에 감동하여, 죽음에 임박하자 송나라 선공의 아들인 여이에게 나라를 되돌려 주었으니, 그가 바로 상공이다. 목공의 아들인 빙이 여이와 나라를 다투다가 마침내 빙이 상공을 시해하였다. 옛 소에서 '나라를 받은 자'는 마땅히 '지극히 현명한 군주'라고 말했으니, 여이를 현명하지 못하다고 여긴 것이다. 그러나 진립은 다음과 같이 생각했다. 하휴가 말한 '지극히 현명한 군주가 아니다'에서의 군주는 공자 빙을 가리키며, '나라를 받은 자'를 '지극히 현명한 군주'로 여긴 것이 아니다. 그의 관점에서 보면, 만약 목공이 이른 시기에 여이에게 임금 자리를 전해 주었다면, 군신의 자리가 안정되어 후계자의 현명함 여부는 물론이고 찬탈과 시해의 화도 당연히 초래하지 않았을 것이다. 그러나 목공은 죽음에 임박해서야 여이에게 나라를 되돌려 주었기 때문에 후계자가 분명하지 않아서 쟁란의 단서를 열었고, 빙도 또한 현명하지 않았기 때문에 자리를 다투지 않을 수 없었다. 진립의 주장은 옛 소에 비해 사리에 더욱 맞는 듯하다.

『춘추』 희공 28년, "조나라 임금 양이 조나라로 다시 돌아가서, 마침내 제후들과 회합하고 허나라를 포위했다."(曹伯襄復歸於曹, 遂會諸侯圍許) 진립이 다음과 같이 풀이했다.

옛 소에서 말했다. "(하휴의 주에서) 천자가 (조나라 임금을) 돌려보냈다는 것은 천자의 명을 얻었기 때문에 그 죄를 면제받을 수 있다는 것이다. 다시 돌아갔다(復歸)고 말한 것은 들어갈 때 악惡이 없었다는 형식의 문장을 만든 것이다. 앞 문장(희공 28년, "六月, 衛侯鄭自楚復歸于衛")의 '위후衛侯' 아래의 주에서 '복귀復歸'라고 말한 것은 천자가 명을 내려 돌아오게 한 것이다'(言復歸者, 天子有命歸之)고 하면서 '위후'라고 말하지 않았다. 그런데 이곳에서 하휴가 조백曹伯이라고 드러내 놓고 말한 것(曹伯言復歸者, 天子歸之也)은 바로 이 문장이 앞에 있는 '원훤의 복귀'(衛元咺自晉復歸于衛)라는 문장의 뒤를 이어서 기록되어 있기 때문에 혐의를 변별한 것이다."[94] 살펴보건대, 하휴의 주에서 '조백曹伯'을 다시 말한 것은 하휴의 주가 '위허圍許'(遂會諸侯圍許) 밑에 달려 있기 때문이니, 원훤元咺과는 무관하고, 또 (원훤과 위후의 일) 중간에

---

94) 『公羊傳』, 僖公 28년, 徐彦 疏.

'제후가 마침내 허나라를 포위했다'(諸侯遂圍許)는 일이 끼여 있다. 옛 소에도 또 말했다. "앞의 21년에 송나라 임금이 붙잡혀서 돌아왔는데(秋, 宋公·楚子·陳侯·蔡侯·鄭伯·許男·曹伯會于霍, 執宋公以伐宋), 경문에는 기록하지 않았다. 따라서 붙잡혀서 돌아올 때는 기록하지 않는다는 것을 알 수 있다. 그런데 지금 기록한 것은 그 이름이 악하기 때문에 마땅히 그를 드러내야 하기 때문이다."95) 살펴보건대, 이 사건에서 위나라 임금 정(衛侯鄭)과 마찬가지로 '조나라 임금 양'(曹伯襄)이라고 이름을 기록한 것은 앞의 위나라 임금 정(衛侯鄭)에 대한 하휴의 주에서 "천자가 죄 있는 자를 돌려보낸 것을 비판한 것이다"(名者, 刺天子歸有罪也)고 말했는데, 조나라 임금은 하나의 죄로 말할 수 없기 때문에 이름을 기록하여 지위를 박탈한 것이다. 조나라 임금의 지위를 박탈한 것은 바로 그것으로써 천자를 비판한 것이다.96)

살펴보건대, 하휴는 "조나라 임금 양이 조나라로 다시 돌아왔다"(曹伯襄復歸於曹)에 대한 주에서, "조나라 임금에 대해 다시 돌아왔다고 말한 것은 천자가 그를 돌려보냈기 때문이다"라고 했다. 같은 해 6월, 경문에서 "위나라 임금 정이 초나라에서 위나라로 다시 돌아왔다"(衛侯鄭自楚復歸於衛)고 기록했고, 하휴의 주에서 "복귀(復歸)라고 말한 것은 천자가 명을 내려 돌아오게 한 것이다"라고 하였다. 옛 소에서는 다음과 같이 여겼다. 하휴가 "조나라 임금 양이 조나라로 다시 돌아왔다"에 주를 달면서 "조나라 임금에 대해 다시 돌아왔다고 말한 것은"이라고 말하고, "위나라 임금 정이 초나라에서 위나라로 다시 돌아왔다"에 주를 달면서는 '위후(衛侯)'라고 쓰지 않고 곧바로 "다시 돌아왔다고 말한 것은"이라고 했다. 이것은 곧 "조나라 임금 양이 조나라로 다시 돌아왔다"의 앞에 "위나라 원훤이 진나라에서 위나라로 다시 돌아왔다"라는 문장이 있기 때문에 "위나라 임금 정이 초나라에서 위나라로 돌아왔다"에 대해 주를 달 때는 '위후(衛侯)'라고 쓰지 않았는데 "조나라 임금 양이 조나라로 다시 돌아왔다"에 주를 달 때는 '조백(曹伯)'이라고 기록했으니, 이것은 "위나라 원훤이 진나라에서 위나라로 다시 돌아왔다"는 것과 서로 구별하고자 한 것이다. 그 의도는

---

95) 『公羊傳』, 僖公 28년, 徐彦 疏.
96) 陳立, 『公羊義疏』, 권35.

"혐의를 변별하는 것"에 있는 것이다. 진립은 다음과 같이 생각했다. 옛 소의 주장은 옳지 않다. 대체로 하휴의 주에서 '조백'을 다시 말한 것은 하휴의 주가 "조나라 임금 양이 조나라로 돌아왔다"라는 문장 아래에 바로 이어져 있지 않고, "마침내 제후들과 회합하여 허나라를 포위했다"라는 문장 아래에 달려 있었기 때문이다. 진립은 이곳과 "위나라 원훤이 진나라에서 위나라로 다시 돌아왔다"라는 문장은 아무런 관계가 없고, 중간에 또 "제후들이 마침내 허나라를 포위했다"라는 문장이 끼어 있기 때문에 옛 소에서 말한 "혐의를 변별함"은 없다는 것이다. 옛 소에서는 또『춘추』의 상례常例는 붙잡혀서 돌아올 경우에는 기록하지 않는데, 여기에서는 기록한 것은 이로써 조나라 임금의 악을 드러내기 위해서라고 하였다. 그러나 진립은 다음과 같이 생각했다. 하휴의 주에서 "이름을 기록한 것은 위나라 임금 정(衛侯鄭)과 그 의리가 같다"고 말하고, "위나라 임금 정이 초나라에서 위나라로 다시 돌아왔다"에 대한 주에서 "이름을 기록한 것은 천자가 죄 있는 자를 돌아오게 한 것을 비난한 것이다"라고 하였다. 따라서 진립은 하휴의 뜻에 의거하여, 이곳에서 '조나라 임금 양'이라고 쓴 것은 단지 옛 소에서 말한 것처럼 조나라 임금의 악을 드러낸 것일 뿐만 아니라, 또한 앞에서 '정나라 임금 정'을 쓴 것과 마찬가지로 조나라 임금의 지위를 박탈함으로써 천자가 죄 있는 자를 돌려보낸 것을 비난하기 위해서라고 주장하였다.

4. 한학漢學의 본령本領으로서『공양전』을 연구함

진립은 능서凌曙·유문기劉文淇에게 학문을 배웠다. 능서·유문기 두 사람은 모두 한학漢學에 조예가 깊었으며, 진립은 그들의 영향을 많이 받았다. 따라서 그의 『공양전』연구는 공광삼·유봉록 이후의 "의례義例에 상세하고 전례典禮·훈고訓詁에 간략한" 폐단을 보완하고자 하는 의도가 있었다. 그것은 또한 "성음聲音·훈고訓詁를 통해서 전장제도를 밝힘으로써 미언대의를 탐구하는 데로 나아가는 것이다."『청사淸 史』에서는 진립이 "심원하고 고상하며 바르고 크며, 헛된 말을 숭상하지 않았다.

대체로 복제服制 · 전례典禮 및 성음聲音 · 훈고를 고증하고 바로잡은 것이 많다"[97])고 하였다. 이것은 건륭 이후 한학漢學의 학문 방법이다.

1) 예제禮制의 고증

능서는 예禮로써 『공양전』을 증명했으며, 진립도 스승을 본받아서 『공양전』의 예제禮制에 더욱 관심을 집중시켰고, 상세하게 해석하고 증명하였다. 그의 「상유맹첨선생서上劉孟瞻先生書」에서 말했다.

대체로 『공양전』이라는 경전은 예제禮制를 말한 것이 많으며, 예제 중에는 주나라 예禮도 있고 은나라 예禮도 있다. 그런데 공자는 문식을 버리고 질박함을 따랐다는 이론이 있었기 때문에 『공양전』에서 예禮를 말한 것은 대부분 주나라의 예를 버리고 은나라의 예를 사용하였다. 은나라와 주나라의 전제典制는 크게 다르기 때문에 『공양전』을 연구하고자 한다면 반드시 먼저 삼례三禮를 연구해야 한다. 『백호통덕론白虎通德論』이라는 책은 예제禮制를 집대성한 것이고, 또한 그 책 속에 나열된 것은 대체로 모두 공양가의 말이다. 한대 금문학과 고문학의 원류와 파별도 또한 이 책에 보인다. 옛날 사람들은 말하기를, 모든 경전을 통달하지 않으면 하나의 경전을 연구할 수 없다고 했는데, 『백호통덕론』은 진실로 모든 경전을 통달하는 근원이라고 할 수 있다. 내가 『공양전』을 연구하고자 할 때, 먼저 이 책을 연구하여 고대 전장제도를 해설하고 증명한 이후에 『공양전』을 공부하려고 계획했으니, 노력에 비해 성과가 매우 클 것이다.[98])

진립의 관점에서 보면, 『공양전』에서 예제禮制를 말한 것이 많고, 공자가 지은 『춘추』에 새로운 왕의 제도개혁과 관련된 일이 있는데, 그것은 곧 주나라 예를 버리고 은나라 예를 사용한 것이다. 이 때문에 『춘추』의 미언대의를 밝히고자 한다면, 은나라와 주나라의 예제의 차이를 밝히지 않을 수 없다. 따라서 그는 "『공양전』을

---

97) 『淸史』, 「儒林傳下」.
98) 『淸史稿』, 권482.

연구하고자 한다면 반드시 먼저 삼례三禮를 연구해야 한다"고 했다. 또『백호통』이라는 책을 학문 방법으로 삼았으니, 진립에게 끼친 능서의 영향을 볼 수 있다. 따라서 그는『백호통소증白虎通疏證』을 짓자마자 바로『공양의소』를 지었는데, 이와 같이 하면 "노력에 비해 성과가 매우 클 것"이라고 여겼다. 이로써 알 수 있듯이,『백호통』으로써『공양전』예제를 설명하는 것도 진립의『공양전』연구의 큰 특색 중의 하나이다.

진립은 예禮로써『공양전』을 연구했으며, 삼례三禮 주소注疏와『춘추』삼전三傳 주소注疏 및 허신許愼의『오경이의五經異義』·『백호통』등의 각종 이설異說을 거의 다 망라하지 않은 것이 없었다. 또한 대부분 스승인 능서의 이론을 따랐는데, 특히 은나라와 주나라 제도의 차이점에 더욱 주목하였다. 예를 들어『춘추』문공 2년, "정축일, 희공의 신주를 만들었다"(丁丑, 作僖公主)에 대해, 진립은 고금의 경사들의 이론을 폭넓게 인용하여 신주 제도를 증명하였고, 또 대부大夫와 사士는 마땅히 신주가 있다는 것을 증명하였다. 사당에 신주를 합사하는 시간에 대해 논할 것을 보면, 주나라 제도에서는 졸곡卒哭 이후에 신주를 사당에 합사했는데,『공양전』·『곡량전』에서는 소상小祥 이후에 신주의 합사 제사를 행한다고 하였다. 그는 능서의『공양예설公羊禮說』을 인용하여 다음과 같이 말했다. "『춘추』는 주나라의 문식을 바꾸어서 은나라의 질박함을 따른다.『공양전』·『곡량전』의 이론은 모두 은나라의 예이다." 또 더 나아가 말했다. "살펴보건대, 능서선생이 은나라와 주나라 제도의 차이점을 분석했는데, 은나라는 소상小祥 이후에 신주를 합사하니, 가장 올바름을 얻었다. 주나라 사람은 상주가 합사를 먼저하고, 다시 정침正寢으로 돌아오니, 진실로 상사喪事는 나아감은 있으나 물러남은 없다는 의리와 괴리된다. 따라서 공자는 은나라 제도를 좋다고 여겼다." 능서와 진립은 모두 "『춘추』는 주나라의 문식을 바꾸어서 은나라의 질박함을 따른다"는 의리를 중시하였다. 따라서 진립은 은나라와 주나라 제도의 차이를 논한 스승의 이론이 "가장 올바름을 얻었다"고 칭찬하였다.

『춘추』양공 29년, 궁문의 문지기가 오나라 임금 여제를 시해하였다.(閽弑吳子餘祭)『공양전』에서 말했다. "군자는 형벌을 받은 자를 가까이 하지 않는다." 진립은 능서의『춘추공양문답春秋公羊問答』을 인용하여 다음과 같이 말했다.

군자는 형벌을 받는 자를 가까이 하지 않는데, 『주례周禮』에 "묵형墨刑을 받은 자에게 궁문을 지키게 하였다"(「天官 · 閣人」)는 것은 어째서인가? 대답했다. 『예기』 「제통祭統」에서 말했다. "혼閣은 문을 지키는 관리 중에서 천한 자이다. 옛날에는 형벌을 받은 사람으로 하여금 문을 지키게 하지 않았다." 정현의 주에서 "하나라와 은나라 때이다"고 했다. 그렇다면 『춘추』에서는 사대四代의 예를 사용하였지, 단지 주나라의 예만을 사용하지는 않는다. 따라서 그 예禮가 서로 같지 않다.[99]

또 공광삼의 『춘추공양경전통의春秋公羊經傳通義』를 인용하여 말했다.

『예기』「제통祭統」의 정현의 주에서 하나라와 은나라 때라고 하였다. 만약 그렇다면 묵형墨刑을 받은 자에게 궁문을 지키게 한 것은 주공周公이 그와 같이 예를 제정한 것이다. 다만 왕정王政은 세상과 더불어 성하거나 쇠하고, 세상의 실정은 교활하고 거짓되게 변하니, 간사함을 막고 근심을 멀리하는 방법이 더욱더 치밀해졌다. 따라서 『춘추』는 이 일을 통해서 형벌을 받은 자를 가까이 하지 않는 경계를 드러내었으니, 또한 주나라를 바꾸어서 은나라를 따른 하나의 단서이다.[100]

살펴보건대, 진립은 능서와 공광삼의 이론을 인용하여, "군자는 형벌을 받은 사람을 가까이 하지 않는다"는 것을 『춘추』에서 주나라를 바꾸어서 은나라를 따른 하나의 사례로 삼았을 뿐이다. 따라서 또 "『주례』의 이론과 『춘추』, 금문가의 예禮는 다르다"[101]고 했다. 이러한 논의는 예제禮制 자체의 절목에 대해 상세할 뿐만 아니라, 또한 『공양전』에서 논한 예禮의 정밀한 뜻도 깊이 소통하고 있다.

2) 문자文字의 훈고訓詁

진립은 "성음聲音 · 훈고訓詁를 통해서 전장제도를 밝힘으로써 미언대의를 탐구하

---

99) 陳立, 『公羊義疏』, 권60.
100) 陳立, 『公羊義疏』, 권60.
101) 陳立, 『公羊義疏』, 권60.

는 데로 나아간다"는 능서의 가르침을 전수받았기 때문에 그의 『공양의소』에서도 문자文字의 성음과 훈고에 지극히 힘을 쏟았다.

『춘추』 은공 원년, "은공이 주루나라 의보와 멸에서 맹약을 맺었다"(公及邾婁儀父盟於眛)에 대해, 『공양전』에서 "기曁는 어쩔 수 없이 하는 것(曁曁)과 같다"(曁猶曁曁也)고 하고, 또 "기는 부득이해서 그렇게 했다는 의미이다"(曁, 不得已也)고 했다. 그러나 하휴와 서언은 '기'자에 대해 모두 해설을 하지 않았다. 『이아爾雅』에서는 '기'를 '미치지 못한다'(不及也)로 해석했다. 왕인지王引之는 경전經傳을 널리 인용하여, '기'는 곧 '급及'의 의미인데, 『이아』에서 '불不'자가 연문으로 들어갔다고 여겼다. 곽박郭璞의 주에서 『공양전』을 인용했는데, 왕인지는 그것을 올바르지 못한 주장이라고 여겼다. 진립은 왕인지의 주장을 옳지 않다고 여기고, "급及과 기曁는 산문散文에서는 통하지만 대문對文에서는 다르다"[102]고 했다. 또 『설문해자』를 인용하여 '기曁'가 '불급不及'이 되는 것이 파생의派生義임을 증명하였다. 그는 더 나아가 여러 문헌을 폭넓게 인용하여, '기曁'의 정자正字는 '기㬢'이고, 또 '계洎' · '기塈'자와 서로 통용된다고 하였다. 이와 같이 진립은 '기曁'자와 관련된 정자正字 · 차자借字 · 본의本義 · 파생의派生義를 하나하나 드러내 밝혔다.[103]

또 『공양전』 성공 15년에서 말했다. "노나라 사람들은 모두 귀보의 후손이 없어지게 된 것을 상심하였다."(魯人徐傷歸父之無後也) 하휴의 주에서 말했다. "서徐라는 것은 '모두 함께'(皆共)라는 말이다. 관동어關東語이다." 『설문해자說文解字』 · 『광아廣雅』 등 여러 책에는 모두 이러한 뜻이 없다. 진립은 『광아』에서 '여餘'자를 '개皆'로 해석한 것에 근거하여, "여餘 · 개皆는 모두 여餘가 발음 성분"이기 때문에 하휴가 '모두 함께'(皆共)라는 말로 '서徐'를 해석한 것은 사실상 '여餘'의 가차假借가 된다고 주장하였다.[104]

---

102) 역자 주: 散文은 글자 수나 韻律에 구애받지 않고 자유롭게 의사를 드러내는 문장을 말한다. 對文은 뜻이 서로 상반되거나 연관되어 있는 구절을 대치시켜서 구성한 문장을 말한다. 『論語注疏』 「解經序 · 序解」에서 "對文에서는 직접 말하는 것을 '言'이라 하고, 대답하는 것을 '語'라 하지만, 散文에서는 '言'과 '語'를 통용할 수 있다"고 했다.

103) 陳立, 『公羊義疏』, 권2.

이상 두 가지 사례와 같이, 『공양전』의 고어체古語體의 심오한 문장과 하휴의 간략한 주석이 진립의 훈석訓釋을 거침으로써 그 뜻이 환하게 밝혀질 수 있었다.

3) 이자異字의 교감

삼전三傳의 경문은 서로 다른 글자가 많은데, 진립은 그 차이점과 공통점을 교감하는 데 힘을 쏟았다. 혹은 다른 글자가 서로 통할 수 있다는 것을 증명하였고, 혹은 서로 다른 두 가지 이론의 옳고 그름을 판별하였다.

『춘추』성공 16년, "9월, 진나라 사람이 계손행보를 붙잡았다가, 초구에서 풀어 주었다."(晉人執季孫行父, 舍之於招丘) '초구招丘'는 『좌씨전』과 『곡량전』에는 '초구苕丘'로 되어 있다. 진립은 『사기』 및 『사기색은史記索隱』를 인용하여, '소招'는 또한 '소苕'로 쓸 수 있다. 두 글자는 모두 '소召'를 발음 성분으로 하고 있기 때문에 성음聲音으로써 서로 통할 수 있다는 것을 밝혔다. 또 『시』 「소지화苕之華」의 '소苕'에 대해, 『석문釋文』에 서 "소苕는 음이 소韶이고", '소韶'는 또한 '소招'와 통용해서 쓰기 때문에 『공양전』의 '소구招丘'는 『좌씨전』·『곡량전』의 '소구苕丘'와 서로 통용될 수 있음을 증명하였 다.105)

또 『춘추』선공 10년, "공손 의보가 군대를 이끌고 주루나라를 정벌하고, 류를 탈취하였다."(公孫歸父師師伐邾婁, 取類) '류類'자는 『좌씨전』·『곡량전』에는 '역繹'으로 되어 있다. 진립은 『광운廣韻』에서 두 글자의 성부聲部가 서로 다른 것에 의거하여, '류類'와 '역繹' 두 글자가 서로 통용될 수 없음을 밝히고, 『공양전』과 『좌씨전』·『곡량 전』 중에서 반드시 한쪽은 오류가 있다고 주장하였다. 또한 『좌씨전』에서 '역繹'을 주루나라의 도읍으로 여긴 것에 의거하여, 두 전에 '역繹'으로 되어 있는 것이 오류라고 판정하였다.106)

진립은 성음과 훈고에 능통했기 때문에 그가 삼전의 서로 다른 문장을 교감한

---

104) 陳立, 『公羊義疏』, 권54.
105) 陳立, 『公羊義疏』, 권54.
106) 陳立, 『公羊義疏』, 권47.

것은 더욱더 설득력을 갖추고 있다.

4) 지명地名의 고증과 실증

『춘추』에는 지명地名을 많이 언급했는데, 고금의 지명은 대부분 변천의 과정을 겪었기 때문에 『춘추』의 지명도 고증학자들의 전문적인 학문 분야이다. 진립은 『공양의소』에서 『춘추』의 지명을 더욱 상세하게 고증하고 실증하였다.

『춘추』 양공 21년, "주루나라 서기가 칠과 여구를 가지고 도망쳐 왔다."(邾婁庶其以漆·閭丘來奔) 진립은 이 조목의 해설에서 두예杜預·역도원酈道元·마종련馬宗璉 등 여러 이론을 상세하게 인용하였고, 또 『한서漢書』·『속한서續漢書』·『속한지續漢志』 등을 인용하여 그것을 증명하였다. 이에 칠漆·여구閭丘는 평창현平陽縣의 칠향漆鄉과 여구향閭丘鄉이라고 확정하였다. 또 더 나아가 여정閭亭이 여구정閭丘亭의 잘못임을 두예와 역도원이 드러내 밝힘으로써 『춘추』의 "주루나라 서기가 칠과 여구를 가지고 도망쳐 왔다"에서의 칠漆과 여구閭丘 두 지명이 드디어 밝혀졌다고 지적하였다.

요컨대, 진립의 해설은 옛 문장을 발췌하고, 떨어지거나 빠진 것을 찾아서 모은 것에 지나지 않는 것처럼 보인다. 그러나 원류를 갖추고, 진짜와 가짜를 구분하였으니, 『춘추』에서 언급한 지명을 고증하고 실증하지 않은 것이 없었다.

양계초梁啓超는 진립의 『공양의소』를 다음과 같이 지극히 높이 평가하였다.

> 진립은 『공양전』의 삼세三世와 구지九旨 등 여러 이론에 대해, 하휴가 말한 '일상적이지 않은 이상한 의리와 괴이하게 여길 만한 논의'(非常異義可怪之論)를 남김없이 드러내 밝혔다. 그것은 단지 공광삼이 꿈에서도 보지 못한 것일 뿐만 아니라, 장존여·유봉록도 정밀함과 예리함에서 그보다 못하다. 공양학 내부에서 대체로 최고 수준에 이른 저작이라고 생각된다.[107]

양계초는 진립이 『공양전』의 미언대의를 해석한 것이 "최고 수준에 이르렀다"고

---

107) 梁啓超, 『中國近三百年學術史』(朱維錚, 『梁啓超論淸學史二種』, 322쪽에 실려 있음).

평가하고, 유봉록 등도 "정밀함과 예리함에서 그보다 못하다"고 했으니, 너무 지나친 찬미라는 혐의가 있다. 그러나 "최고 수준에 이르렀다"고 말한 것은 관련된 문헌의 수집이나 전장제도의 고증 및 문자 성음의 훈고 등의 측면에서는 고금의 『공양전』 연구자들 중에 사실상 그보다 더 뛰어난 사람이 없다. 따라서 "『공양전』을 해석한 가장 완비된 저술"[108]이라고 말할 수 있다. 피석서의 『경학통론·춘추통론』에서도 "진립의 『공양의소』를 보고서 크게 완비됨을 추구하였다"고 말했다. 설령 진립의 학문을 그렇게 생각하지 않는 사람들도 "만약 우리가 『공양전』과 관련된 학술 자료를 찾아서 검토하려면, 진립의 『공양의소』는 많은 편의를 제공할 수 있다"[109]고 인정하였다. 그러나 진립의 책이 비록 많은 내용을 갖추고는 있지만, 너무 번쇄한 폐단이 있기 때문에 피석서의 『경학통론·춘추통론』에서도 "진립의 책은 또한 너무 번잡하다"고 여겼다. 따라서 입문하기에는 다소 불편하다.

그런데 후대 사람들은 대부분 진립이 『공양전』 의례義例를 제대로 발휘하지 못했다고 비평하였다. 이에 대해 양향규楊向奎는 다음과 같이 말했다.

진립의 『공양전』과 관련된 저작은 그 체례가 '집해集解'와 같고, '의소義疏'의 체례는 아니다. '의소義疏'라고 책의 이름을 말했다면, 당연히 『공양전』의 대의大義를 해석하고 증명하는 내용이 있어야 한다. 그런데 진립이 그것을 말한 것은 부족하다.[110]

또 말했다.

그의 『공양의소』 속에는 첫째, 드러내 밝힌 것이 없고, 둘째, 판단하여 결단한 것이 없다.[111]

---

108) 戴維, 『春秋學史』, 479쪽.
109) 楊向奎, 『淸儒學案新編』 제4권, 115쪽.
110) 楊向奎, 『淸儒學案新編』 제4권, 115쪽.
111) 楊向奎, 『淸儒學案新編』 제4권, 115쪽.

양향규의 이 말은 그 영향력이 매우 컸기 때문에 당대 학자들도 대부분 이것을 정론으로 삼았다.[112] 서로 비교해서 말하면, 진립의 장점이 고증과 훈고에 있다는 것은 반박할 수 없는 당연한 말이다. 그런데 그가 "첫째, 드러내 밝힌 것이 없고, 둘째, 판단하여 결단한 것이 없다"고만 전적으로 말한 것은 진립을 모함한 것이다. 그의 『공양의소』를 살펴보면, 결단하고 취사선택한 안어案語가 많지만, 그가 드러내 밝히거나 판단한 것은 대부분 번잡하고 복잡한 자료 속에 가려져 버렸다. 결국 "책의 체례가 '집해集解'와 같고, '의소義疏'의 체례는 아닌 것"처럼 보인다. 만약 모래를 헤쳐서 금을 가려낼 수 있다면, 진립이 『춘추』의 미언대의를 해석하고 밝힌 것은 어렵지 않게 볼 수 있다. 설령 그가 해석하고 밝힌 것이 혹 유봉록·송상봉·공자진·위원·요평·강유위 등 여러 사람들보다 다소 못한 부분이 있다고 하더라도.

아울러 상술한 비평은 대부분 상주학파常州學派를 표준으로 삼아서, 능서와 진립의 학술을 평가한 것이다. 그 배후에는 대부분 모종의 '진보進步' 사관이 깔려 있다. 그러나 사실의 측면에서 논하면, 유봉록·송상봉 이후로 공자진·위원·요평·강유위에 이르는 일파는 확실히 만청시기 공양학의 큰 종주에 속하며, 그 특색은 『공양전』을 빌어서 세상을 논하는 데 있다. 그러나 만약 『공양전』 자체에 대한 경학 연구라는 측면에서 말한다면, 또한 그 내재적인 학술 요구가 있다. 진립이 한학漢學이라는 수단으로써 『공양전』을 연구한 것은 확실히 경생經生이 경전을 연구하는 하나의 길이다. 따라서 조백웅趙伯雄은 그것을 "만청시기 경생파經生派의 춘추학 연구"[113]라고 했다. 이러한 경생을 표준으로 삼는다는 측면에서 보면, 주일신朱一新의 『무사당문답無邪堂問答』에서 말한 것과 같이, "근세 유학자 중에 오직 진립이 가법家法을 깊이 밝혔지만, 그것은 또한 천착한 것에 지나지 않는다."

---

112) 다음의 책을 참조 바람. 趙伯雄, 『春秋學史』, 731쪽 및 黃開國, 『公羊學發展史』, 567쪽. 그리고 陳其泰, 『淸代公羊學』, 133~143쪽.
113) 趙伯雄, 『春秋學史』, 729쪽.

제16장 공자진龔自珍과 위원魏源
―공양학의 전향과 확장

제1절 공자진龔自珍

공자진龔自珍(1792~1841)은 초명初名이 자섬自暹이고, 후명後名이 자진自珍이다. 처음의 자는 애오愛吾이고, 또 다른 자는 이옥爾玉이며, 곧바로 슬인瑟人으로 고쳤다. 호는 정암定庵이며, 정공定公·정암도인定庵道人으로 부르기도 한다. 또 이름을 공조鞏祚로 바꾸었고, 다시 이름을 이간易簡, 자를 백정伯定으로 바꾸었다. 가경嘉慶 말기에 거인擧人으로 내각중서內閣中書를 역임했다. 도광道光 9년(1829), 진사에 합격했는데, 그대로 내각중서內閣中書의 원래 반열로 돌아갔다. 뒤에 종인부주사宗人府主事로 발탁되었고, 관직은 예부주객사주사禮部主客司主事 겸 사제사행주祠祭司行走에 이르렀다. 19년, 사직하고 고향으로 돌아가서, 항주杭州 자양서원紫陽書院 강석講席 겸 단양丹陽 운양서원雲陽書院 강석講席을 맡았다. 21년, 단양에서 급사했다.

「연보」에 의하면, 공자진의 외조부인 단옥재段玉裁는 건가乾嘉 한학漢學의 대표 인물이다. 부친인 공려정龔麗正은 단옥재의 최고 제자로서, "단옥재의 학문을 잘 전수하였다." 공자진은 어려서부터 가학의 전통을 전수받아서, 서적을 대조하고 교정하거나 사실史實이나 전고典故를 밝히는 학문을 하였다. 이로써 공자진의 학술이 본래 건가 고증학에서 나온 것임을 알 수 있다. 그의 학술은 또 다른 연원이 있는데, 바로 상주常州 금문학今文學이다. 가경 24년(1819), 그의 나이 28세 때 은과恩科 회시會試에 응시했다가 불합격하고, 서울에 남아서 머물다가 처음으로 유봉록에게 『공양춘추』를 배웠다. 그러나 그 전에 이미 『공양전』에 대해 아는 바가 매우 많았다. 가경 20년과

21년 사이에 그는 「을병지제저의제구乙丙之際箸議第九」를 지었는데, 그 속에서 『공양전』의 삼세설三世說을 언급했다. 가경 23년, 장수갑莊綬甲이 공씨龔氏의 사숙私塾에 교수를 지원했는데, 자기 조부인 장존여의 행적을 찬미하는 말을 하였다. 바로 이 일을 계기로 공자진은 처음으로 유봉록을 알게 되어서 마침내 그 학문을 배웠다.

공자진이 유봉록에게 배울 때, 송상봉宋翔鳳도 서로 알게 되었다. 3년 후에 공자진은 「투송어정投宋於庭」이라는 시를 지었는데, 그 시에서 "많은 사람들 속에서 한 번 손을 잡았는데, 나의 옷소매에서 3년 동안 향기가 나네"라고 하였다. 만년의 「기해잡시己亥雜詩」에서도 송상봉과의 교제를 기록한 다음과 같은 시가 있다. "고상하고 훤칠한 송상봉, 장주長洲에 다시 오니 홀연히 그대 생각이 나네. 굴원屈原·가의賈誼 등 걸출한 인재들의 땅을 멀리서 그리워했는데, 박실한 학문과 뛰어난 재주로 새로운 영역을 열었네."[1] 자주自注에서 말했다. "송상봉을 그리워하여 글을 지었다. 송상봉은 나이가 들어 초남楚南의 일령一令이 되었다. '뛰어난 재주와 박실한 학문'은 20년 전 그대를 지목한 말인데, 지금도 바꿀 수가 없다." 또한 송상봉에 대한 공자진의 흠모를 엿볼 수 있다. 유봉록·송상봉에 대한 공자진의 태도를 살펴보면, 그의 젊은 시절에는 비록 단옥재의 학문이 몸에 배어 있었지만, 학문의 큰 대강은 상주常州 금문학에 있었다는 것을 알 수 있다.

공자진이 죽은 이후, 위원魏源은 그의 아들 공등龔橙의 요청에 응하여, 『정암문록定庵文錄』 12권을 편집했다. 그 「서敍」에서 다음과 같이 말했다.

(공자진은) 경학 분야에서 『공양춘추』에 능통했으며, 사학 분야에서 서북여지西北輿地에 뛰어났다. 그의 글은 육서六書 소학小學을 입문으로 삼고, 주진周秦시대의 제자諸子와 금석학金石學을 가장자리로 삼았으며, 국가의 전장제도나 사실史實과 전고典故, 그리고 세상의 실정과 백성의 고통을 근간으로 삼았다. 만년에는 오히려 서방의 책을 좋아하여, 깊고 은미한 경지에 나아갔다고 스스로 말했다.

---

1) 역자 주: '長洲重到忽思君'이 원문에는 '常州重到忽思君'으로 되어 있다.

여기에서 공자진 학술의 대체적인 모습을 볼 수 있다. 그런데 그의 학술의 근본은 사실『춘추』에 있다. 도광道光 13년(1833),『좌씨춘추복두보의左氏春秋服杜補義』·『좌씨결우左氏決疣』·『서한군신칭춘추지의고西漢君臣稱春秋之義考』각 1권을 지었는데, 모두 없어졌다. 18년에『춘추결사비春秋決事比』6권을 지었다. 이 책은 경전經傳의 120가지 일을 인용했으며, 동중서의『춘추결옥春秋決獄』및 유봉록의『춘추상벌격春秋賞罰格』·『의례결옥議禮決獄』을 계승하여 지은 것이다. 큰 요지는 "『춘추』의 법률을 가지고 당세의 법률을 바로잡으려고 한 것"이다. 책은 이미 없어지고, 단지「자서自序」한 편만 남아 있다. 또『춘추결사비답문春秋決事比答問』5편이 있는데,『춘추결사비』의 관련된 편목篇目에서 의심나는 것을 문답한 책이다. 이 외에 금문학의 핵심 의리를 관통하는 경사經史 분야의 잡저가 있다. 예를 들어『오경대의종시론五經大義終始論』및『오경대의종시답문五經大義終始答問』,『태서답문泰誓答問』,『육경정명론六經正名論』및『육경정명답문六經正名答問』등이다.

공자진의 경학 저술은 많지 않고 또 대부분 없어졌다. 그러나 그의 장점은 오히려 정론政論과 관련된 문장에 있으니, "종종『공양전』의 의리를 인용하여 당시의 정치를 비판하고 전제專制를 비난하였다."[2] 여기에 대해 전목錢穆은 다음과 같이 말했다.

상주학常州學의 정신은 반드시 공자진을 얼굴로 삼는다. 어째서인가? 상주常州에서 학문을 말할 때, 미언대의微言大義를 위주로 하여 천도天道·인사人事에 통하게 하니, 그 귀결은 반드시 돌아서 정치를 논하는 데로 향한다. 그렇지 않다면 무엇 때문에『춘추』를 연구하고, 무엇 때문에『공양전』을 귀하게 여기며, 또한 장구章句와 훈고訓詁에서 고증하고 탐색하는 것과 무엇이 다르겠는가? 따라서 상주학의 정신을 말할 때, 그 극에 이르러서는 반드시 옛 경전을 가볍게 여기고 정치로 나아가는 것을 중요하게 여기는 데로 향하기 때문에 공자진이 그 얼굴이 되는 것이다.[3]

---

2) 梁啓超,『淸代學術槪論』22(朱維錚 校注,『梁啓超論淸學史二種』, 61쪽에 실려 있음).
3) 錢穆,『中國近三百年學術史』下冊, 590~591쪽.

전목의 시각에서 보면, 단지 공자진뿐만 아니라 상주학파 전체에 이르러서도 모두 정치를 논하는 것을 귀결처로 삼는다. "따라서 이후의 금문학 연구자들은 즐겨 경술經術로써 정론政論을 지었으니, 공자진·위원의 유풍이다."[4]

공자진은 또 『설중고문說中古文』 1편이 있는데, 12가지 일을 들어서 중고문中古文의 거짓을 증명하였다. 그는 중고문을 믿지 않았기 때문에 결국 고문古文 『서』·『역』이 거짓이라고 의심하였다. 또 「육경정명六經正名」이라는 문장이 있는데, 『주관周官』의 거짓을 공격하였다. 유봉록은 단지 유흠이 『좌씨전』의 서법書法과 조례條例을 증설했다고 말했을 뿐이다. 따라서 유봉록의 시각에서 보면, 고문경학 중에서 성립하지 않는 것은 단지 위서僞書인 『좌씨전』뿐이다. 공자진은 여기에서 더 나아가 모든 고문 경전이 위서라고 공격하고, 또 그 위서의 조작을 왕망시대의 유흠으로 거슬러 올라갔다.

양계초는 공자진의 공적을 매우 높이 추앙하여, "금문학파의 개척은 실로 공자진으로부터 시작된다"[5]고 하였다. 이러한 개척은 "금문학 이론이 성립할 수 있는 관건을 찾아서 금문학의 구조를 확립한" 데 있다.[6] 공자진은 『좌씨결우左氏決尤』에서 유봉록을 따라서 유흠이 『좌씨전』을 몰래 덧붙였다고 공격하였다. 또 『설중고문說中古文』에서는 더 나아가 중고문의 존재를 부정하고, 그것도 또한 유흠의 위작에서 나왔다고 주장하였다. 이러한 주장은 "금문학 이론의 건립이라는 측면에서, 앞으로 큰 발걸음을 내디딘 것이다. 공자진의 이 글이 열어 놓은 것이 아니라고 말할 수 없다."[7] 그러나 공자진이 공양학을 취사선택하고 운용한 것은 유봉록·위원과는 매우 다르다. "공양학에 대해, 공자진은 단지 조례條例를 분명하게 분별하지 않았을 뿐만 아니라, 심지어 『춘추』는 역사이고 삼전이 모두 『춘추』에 전傳을 달았다고 인식하였다."[8] 이러한 입장에서 말하면, 동시대의 위원이 더욱더 청대 공양학의

4) 梁啓超, 『淸代學術槪論』 22(朱維錚 校注, 『梁啓超論淸學史二種』, 63쪽에 실려 있음).
5) 梁啓超, 『淸代學術槪論』 22(朱維錚 校注, 『梁啓超論淸學史二種』, 61쪽에 실려 있음).
6) 蔡長林, 『論崔適與晩淸今文學』, 81쪽.
7) 蔡長林, 『論崔適與晩淸今文學』, 83쪽.
8) 張壽安, 『龔自珍學術思想硏究』, 79쪽.

주류를 대표한다고 말할 수 있다.

1. 육경六經의 정명正名

도광道光 13년(1833), 공자진은『육경정명六經正名』및『육경정명답문六經正名答問』
5편을 지었다. 그는 '육경六經'의 범위에 대해 다시 그 범주를 확정했으며, 그 입장은
고문가의 관점으로 더욱 많이 기운 것 같았다.

양한시대 이후 박사의 학문이 흥성함에 따라, 금고문이 서로 논쟁함으로써
유가 경전의 범위는 끊임없이 확장되었다. 예로부터 있던 '육경六經' 혹은 '육예六藝'는
점점 하나의 추상적인 호칭이 되었고, 더 이상 공자 시대의 여섯 종류의 경전을
가리키지 않았다. 그것은 양한시대의 사법師法·가법家法의 범위 하에서 경전을
해석한 저작을 가리킨다. 공자진은 "공자가 아직 태어나지 않았을 때, 천하에 육경이
있은 지 오래되었고", 그 후에 육경에 대한 해석인 전傳·기記와 여러 책들의 구별이
생겼지만, 그것은 모두 경經이 아니라고 생각했다. 그래서 후세에 이른바 '육경'이라는
명칭은 오히려 늘 경經·전傳·기記, 그리고 여러 책을 혼합함으로써 결국 7경·9경·10
경·13경·14경이라는 말이 생겨나게 되었다. 따라서 공자진은 "전傳을 경經으로
삼은 것"(『공양전』·『곡량전』·『좌씨전』 등의 三傳 같은 경우), "기記를 경經으로 삼은 것"(大
戴·小戴『예기』와 같은 경우), "여러 책을 경經으로 삼은 것"(『주관』·『논어』·『효경』과
같은 경우), "제자(子)를 경經으로 삼은 것"(『맹자』와 같은 경우)을 모두 제거함으로써
'육경'의 본래 면목을 회복해야 한다고 주장하였다.

이와 같이 "경經을 경經으로 되돌리고, 기記를 기記로 되돌리며, 여러 책을 여러
책으로 되돌리고, 제자를 제자로 되돌려서", 육경의 원시적인 모습 및 다른 서적과의
관계를 다시 정립하였다.

① 『상서尚書』: 『주서周書』18편, 『목천자전穆天子傳』6편, 『서서書序』100편, 『삼대종
　　이지명三代宗彝之銘』19편, 『진음秦陰』1편, 상흠桑欽의『수경水經』1편을 배열함.

② 『춘추春秋』: 『좌씨춘추左氏春秋』, 『춘추공양전春秋公羊傳』, 『정어鄭語』 1편, 『사기史記』를 배열함.

③ 『예고경禮古經』: 『대대기大戴記』, 『소대기小戴記』, 『주비산경周髀算經』, 『구장산경九章算經』, 『고공기考工記』, 『제자직弟子職』, 『한관구의漢官舊儀』를 배열함.

④ 『시詩』: 굴원부屈原賦 25편, 한漢 『방중가房中歌』, 『교사가郊祀歌』, 『요가鐃歌』를 배열함.

⑤ 소학小學: 허신許愼의 『설문說文』을 배열함.

'육경六經'에 대한 공자진의 정명正名에 관해 몇 가지 주목할 만한 점은 다음과 같다.

첫째, 『곡량전』을 『춘추』에 배열하지 않았다. 공자진은 "곡량씨穀梁氏는 『춘추』가 지어진 대의大義를 전수받지 않았기 때문에 『춘추』에 배열될 수 없다"고 하였다. 이러한 태도는 유봉록과는 크게 다르다. 만청시기 금문학에서는 모두 『공양전』·『곡량전』이 "도道가 하나이고 학풍學風이 동일함"을 강조하고, 『좌씨전』을 강하게 공격하였다.

둘째 '육경'의 정명正名은 곧 공자 이전의 '육경'으로 돌아가는 것을 강조하였다. 이것은 양한시대 이후의 금고문 논쟁을 사라지게 한다는 의미가 있다.

셋째, 공자가 '육경'을 짓지 않았다고 여겼고, 심지어 공자가 "『춘추』를 짓지 않았다"고까지 말했다. "공자가 말한 『춘추』는 주나라 왕실의 120개국의 귀중한 책이 그것이다."[9] 이 주장은 틀림없이 공자를 높이는 금문가의 입장을 뒤집는 것이며, 도리어 고문가의 주장으로 기운 것이다. 피석서 등이 공자진은 "오히려 유흠·두예의 이론에 미혹되어 공자 이전에 경전이 있을 수 없다는 뜻을 알지 못했다"[10]고 비판한 것도 당연하다. 공자진의 경전 연구는 순수하게 금문가의

---

9) 龔自珍, 『六經正名』.
10) 皮錫瑞, 『經學歷史』, 17쪽.

이론만을 사용하지는 않았고, 때때로 고문학의 뜻을 섞어서 사용하였다.

그런데 청대 오창수吳昌綬의 「정암선생연보定庵先生年譜」에서 『육경정명』 및 『육경정명답문』이 도광 13년에 지어졌다고 확정했는데, 그 당시 공자진의 학술 경향과는 서로 맞지 않는 듯하다.

공자진은 공자의 육경 저술을 부정했고, 심지어 '육경은 모두 역사'(六經皆史)라는 주장도 하였다. 그는 다음과 같이 말했다.

> 육경六經이란 주나라 역사의 적장자(宗子)이다. 『역』이라는 것은 복서卜筮의 역사이다. 『서』라는 것은 왕의 말을 기록한 역사이다. 『춘추』라는 것은 왕의 행동을 기록한 역사이다. 「풍風」이라는 것은 사관이 민간에서 채취하여 죽백竹帛에 편집하여 음악을 관장하는 자에게 준 것이다. 「아雅」·「송頌」이라는 것은 사관이 사대부에게서 채취한 것이다. 『예禮』라는 것은 일대一代의 율령律令을 사직史職이 고부故府에 보관해 두었다가 때때로 왕에게 고한 것이다. 소학小學이라는 것은 외사外史가 사방으로 퍼지게 하는 것으로, 악사樂師와 태사太史(瞽史)[11]가 빈객이 할 일을 인도해 주는 것이다.…… 따라서 오경五經은 주나라 역사의 적장자라고 한다.[12]

당·송시대 이후로, 학자들은 대부분 『춘추』를 경전으로 여겼고, 『좌씨전』은 역사로 여겼다. 유봉록을 대표로 한 상주학파常州學派에서는 이 주장을 더욱 견지하였다. 지금 공자진은 『춘추』를 역사로 간주했을 뿐만 아니라, 심지어 육경六經을 깎아내려서 모두 역사로 여겼다. 이와 같다면 육경은 공자로부터 나온 것이 아니다. 공자진의 육경六經 정명正名은 그 관건이 바로 여기에 있다. 따라서 그는 말했다.

> 공자가 아직 태어나기 전 그에 앞서 육경이 있었다. 공자가 태어난 이후에는 책을 짓지 않았다고 스스로 밝혔다. 공자가 어찌 제자들을 이끌고 그 말을 함께

---

11) 역자 주: 瞽史는 주나라 시대의 관명으로, 樂師와 太史를 말한다. 瞽는 풍악을 맡았고, 史는 陰陽과 天文, 禮法과 관련된 글을 맡았다.
12) 龔自珍, 『古史鉤沈論二』.

기록하여 하나의 경전을 스스로 만들었겠는가?[13]

이 주장은 공자의 육경 저작을 부정한 것이며, 이후의 요평·강유위의 육경에 대한 태도와는 크게 다르다. 따라서 공자진은 공자의 공적은 '서술한 것'(述)에 있지 '지은 것'(作)에 있지 않다고 인정하였다. 즉 '역사를 보존한 것'(存史)에 있다는 것이다. 그는 말했다.

> 공죄功罪의 사이는 존망存亡이 만나고 단절과 연속이 만난다. 하늘이 공자를 낳을 때 주나라보다 뒤로 하지도 않고 주나라보다 먼저 하지도 않았으니, 없어진 것을 보존하고 끊어진 것을 이어서, 그에게 중추가 되도록 한 것이다. 사관史官은 그 관직은 있지만 그 사람이 없어졌고, 그 서적은 있지만 그 법도가 없어졌다. 사관의 법도(史統)가 쇠퇴하고 미미해지자 공자의 법도(孔統)가 수행되었다. 사관은 공자가 없으면 비록 아름답더라도 어찌 대우받을 수 있으며, 공자는 사관이 없으면 비록 성인이라고 하더라도 어찌 쓰일 수 있겠는가?[14]

이로써 알 수 있듯이, 공자의 공적은 '역사를 보존한 것'에 있지, '경전을 제작한 것'이 아니다. 『춘추』도 그 안에 본래 미언대의가 있지만, 공자진은 그것이 공자로부터 나온 것이 아니라 사관으로부터 나왔다고 여겼다. 이러한 여러 주장은 모두 청대 금문학의 주류가 아니며, 대체로 장학성章學誠의 주장에 근본을 두고 있다.

공자진은 또 주나라 말기의 제자諸子도 또한 사관으로부터 나왔으며, 단지 "주나라 사관의 방계"(小宗)에 지나지 않는다고 여겼다. 그가 말했다.

> 공자가 죽자 70명의 제자들은 등용되지 못했고, 쇠퇴한 시대에 책을 짓는 무리들이 벌떼처럼 나와서 널리 퍼져나갔다. 한대 (유흠이) 교정하여 기록한 것은 제자諸子를 모은 것이니, 제자諸子라는 것은 주나라 사관의 방계(小宗)이다. 따라서 도가자류道家

---

13) 龔自珍, 『六經正名』.
14) 龔自珍, 『古史鉤沈論二』.

者流는 신갑辛甲·노담老聃을 일컬었고, 묵가자류墨家者流는 윤일尹佚을 일컬었다. 신갑·노담·윤일은 모두 사관史官이며, 노담은 실제로 주하사柱下史였다.[15] 도가道家·농가農家·잡가雜家·음양가陰陽家·병가兵家·술수가術數家·방기가方技家의 경우에는 그 말에서 모두 신농神農·황제黃帝를 일컫는다. 신농·황제의 책은 또한 주나라 사관이 맡아서 보관한 것이며, 이른바 삼황三皇·오제五帝의 책이 그것이다.…… 따라서 제자諸子라는 것은 주나라 사관의 방계인 소종小宗이라고 한다.[16]

육경六經·제자諸子가 모두 사관으로부터 나왔고, 단지 대종大宗·소종小宗의 구별이 있을 뿐이다. 이 때문에 후세에 유학을 존숭한 것은 단지 유가가 육경에 뛰어나고, 없어진 것을 보존하고 끊어진 것을 이어서, 중국 문명의 정통파이자 대종이 되었기 때문이다. 진실로 이와 같다면, 중국의 축의 중심시대의 학술과 사상은 사실상 상고上古 문명의 나머지에서 나온 것이며, 강유위가 말한 것처럼 "불확실하여 고증할 수 없는 것"(茫昧無稽)[17]이 아니다.

2. '빈賓·사師'와 삼과지지三科之旨

도광道光 3년(1823), 공자진은 『오경대의종시론五經大義終始論』 및 『오경대의종시답문五經大義終始答問』 9편을 지었다. 유봉록·송상봉이 처음으로 『공양전』의 뜻으로써 『논어』를 해석했는데, 공자진은 그것을 근거로 삼아서 오경五經을 두루 해석하고, 또한 '삼세의 확장'(張三世) 이론을 더욱 중시하였다. 하휴의 '삼과구지三科九旨'의 입장에서 말하면, '삼통의 소통'(通三統)을 가장 중요하게 여겼다. 유봉록은 비록 '삼세의 확장'(張三世)을 돌출시킨 경향이 있지만, 대략적으로 말하면 여전히 삼과三科가 함께 중시되었다. 공자진은 오경 해석에서 삼세三世의 요지를 전문적으로 밝혔으며,

---

15) 역자 주: 柱下史는 주나라 때의 史官을 말한다. 『사기』 「老子韓非列傳」에 공자가 주나라의 사관으로 있던 노자를 찾아가 禮를 물었다는 기록이 보인다.

16) 龔自珍, 『古史鉤沈論二』.

17) 康有爲, 『孔子改制考』, 권1, 「上古茫昧無稽考」.

그의 '자개혁自改革' 주장은 사실상 이러한 삼세의 요지를 근거로 드러내 밝힌 것이다.

공자진은 『공양전』의 삼세 이론을 가지고 『상서』 「홍범洪範」을 해석했다. 살펴보건대, 「홍범」의 구주九疇는 옛날 천자가 세상을 다스리던 대법大法이다. 그 세 번째를 '팔정八政'이라고 하니, 곧 식량(食)과 재물(貨)과 제사(祀), 토지를 맡은 사공司空, 교육을 맡은 사도司徒, 법을 맡은 사구司寇, 외교관(賓)과 군사(師) 등 8가지 일을 가리킨다. 그런데 공자진은 팔정八政을 삼세三世에 배속하고, 또 팔정 각각에 삼세三世를 두었다. 『오경대의종시답문五經大義終始答問』에서 말했다.

물었다. 「공유公劉」라는 시는 삼세三世 중에 어디에 속하는가? 대답했다. 거란據亂에도 속하고 승평升平에도 속한다. 처음 빈豳에 국가를 세우자, "이에 곡식이 수북이 쌓이고 이에 창고가 꽉 찼다"는 것은 「홍범」의 먹는 것(食)에 해당된다. "자리를 깔고 안석을 설치하도록 했다"는 것은 「홍범」의 제사(祀)에 해당된다. 5장·6장은 사도司徒·사공司空의 일이다. "그 군대가 세 겹으로 배치되었다"는 것은 사구司寇의 일이다. 사도·사구·사공은 모두 승평의 일이다. 옛 사람들은 형법刑法이 병법兵法을 통괄했고, 반고班固는 그것을 알았기 때문에 본래 형법을 기록하고 병법을 기록하지 않았다.[18]

이것은 또한 삼세三世를 근거로 『시』를 해석한 것이다.

공자진은 또 『춘추』 삼세 이론과 『예기』의 「예운禮運」을 결합하였다. 『오경대의종시답문』에서 말했다.

물었다. 「예운」의 문장은 상고上古시대를 거란據亂으로 여겨서 지어졌고, 중고中古시대를 승평升平으로 여긴다. 『춘추』의 경우는 흥왕興王에 해당되고, 처음과 끝이 모두 242년인데, 어떻게 삼세三世를 갖출 수 있는가? 대답했다. 고금을 통하면 삼세가 될 수 있으니, 『춘추』의 처음과 끝도 또한 삼세가 된다. 대요大橈가 갑자甲子를

---

18) 龔自珍, 『五經大義終始答問』 四.
   역자 주: 반고의 『한서』에는 「刑法志」가 있고, 「兵法志」는 없다.

만들었는데, 하루에도 그것을 사용하고, 1년에도 그것을 사용하며, 1장章과 1부蔀에
도 그것을 사용한다.19)

『춘추』의 삼세三世는 본래 242년 사이에 베풀어질 뿐이지만, 공자진은 그것을
미루어 나가 인류의 전체 역사를 개관하였다. 그 후에 강유위는 「예운」의 소강小康·대
동大同에 근거하여 삼세三世의 이론을 펼쳤는데, 그것은 애초에 공자진으로부터
나온 것이다.

또 『오경대의종시답문』에서 말했다.

> 물었다. 무엇이 순수한 태평太平의 책인가? 대답했다. 『예고경禮古經』이 절문節文에
> 대해 상세한데, 외교관(賓)에 대해 더욱 상세하다. 외교관(賓)과 군사(師)는 팔정八政
> 에서 최후의 것이다. 『의례』의 「사례士禮」 17편은 순수한 태평太平의 말이다.20)

『상서』·「예운」·『시』 등은 모두 『춘추』 삼세의 뜻을 갖추고 있으며, 『의례』의
경우에는 순수한 태평의 제도이다.

공자진은 또 「홍범」의 외교관(賓)과 군사(師)를 통해서 『춘추』의 태평 이론을
밝혔다. 살펴보건대, 정현의 주에서 말했다. "외교관(賓)은 빈객을 예우하여 공경하지
않음이 없는 것이다. 군사는 장수를 가려서 임용함에 있어서는 반드시 어진 장수를
임용해야 하고, 사졸들은 반드시 훈련시켜야 한다는 것이다." 공영달의 소에서
말했다. "외교관(賓)은 백성들에게 예로써 빈객을 대하여 서로 왕래하는 일을 가르치
는 것이다. 군사(師)는 군사를 세워 도적을 방어하고 백성을 편안하게 보호하는
것이다." 또 말했다. "백성들이 오고가지 않으면 서로 친해질 수 있는 좋은 계기가
없기 때문에 외교관이 일곱 번째가 된 것이다. 도적이 피해를 주면 백성들이 편안하게

---

19) 龔自珍, 『五經大義終始答問』 八.
　　역자 주: 曆家에 의하면, 1章은 19년이다. 4장을 1蔀, 20부를 1紀라고 한다.
20) 龔自珍, 『五經大義終始答問』 九.

거주하지 못하지 때문에 군사가 여덟 번째가 된 것이다." 또 말했다. "외교관(賓)은 제후의 조근朝覲을 관장하는 벼슬이니, 『주례』「추관秋官」의 대행인大行人이 그것이다. 군사(師)는 군대를 관장하는 벼슬이니, 사마司馬와 같은 것이다." 이로써 외교관은 백성들이 서로 왕래하는 일을 가르치고, 군사는 군대를 관장하고 도적을 방어하는 것이니, 모두 유사有司의 일이다.

또 『춘추』 은공 3년, "봄, 왕의 3월"(春, 王二月)에 대해 하휴가 말했다. "왕자는 앞선 두 왕조의 후예를 보존하여, 그들이 자신들의 정삭正朔을 통일하고, 자신들의 복색服色을 입고, 자신들의 예악禮樂을 시행함으로써 선성先聖을 높이고 삼통三統을 소통하도록 하였다. 사법師法의 의리와 공경·겸양의 예의를 여기에서 볼 수 있다."[21] 앞선 두 왕조의 후예는 모두 성인을 우러러 받드니, 왕자는 그들을 공손하게 예우하고 손님으로 삼아서 조회를 받지 않으니, 그들을 빈객으로 대우하는 것이다. 자신들의 예악을 시행하도록 하여 후왕後王이 그 법도를 취하도록 대비하였으니, 그들을 스승으로 삼은 것이다. 이것은 그 뜻이 한 가지이다. 이에 근거하면 공자진이 빈賓과 사師의 뜻을 말한 것은 거의 '삼통의 소통'(通三統) 이론에서 옮겨서 나온 것이다.

역성易姓하여 새로운 왕이 되면 가장 급선무는 삼통의 소통(通三統)에 있다. 공자진은 "진秦나라와 한漢나라의 군주들이 삼대三代에 무례한 것"[22]을 비난했다. 단지 폭진暴秦만이 앞선 왕조에서 남겨진 어진 사람을 손님과 스승으로 대접하지 못한 것이 아니라, 염유炎劉의 한나라에 이르러서도 또한 그러하였다. 그는 또 빈사賓師는 곧 "글로 태평의 일을 이룬 것"[23]이라고 했는데, 이 주장은 하휴와 매우 다르다. 공자의 『춘추』에서는 빈사賓師를 기약하고 있기 때문이다. 따라서 공자진은 다음과 같이 말했다.

---

21) 『公羊傳』, 隱公 3년, 何休 注.
22) 龔自珍, 『古史鉤沉論四』.
23) 龔自珍, 『五經大義終始答問』 一.

『춘추』에서 탐색해 보면, 이것은 삼통을 보존하고(存三統), 이적을 안으로 여기며(內夷狄), 두 글자로 된 이름을 비난하는(譏二名) 시대인가? 삼통三統이 이미 보존되고, 사방의 이적이 이미 중화로 나아가고, 두 글자로 된 이름을 비난할 뿐이다. 큰 상서로움이 장차 이르려고 하니, 화락함을 일으킬 수 있어서 태평의 축제가 일어난다.[24]

공자진이 말한 '삼통의 보존'(存三統)은 태평의 일이니, 왕자가 앞선 왕조에서 남겨진 어진 이를 손님과 스승으로 대접할 수 있는 것을 말한다. 이 주장은 존삼통存三統・내이적內夷狄을 태평세太平世의 현상으로 여긴 것이다. 사실상 삼과三科를 하나로 섞은 것으로, 하휴의 옛 이론과는 매우 다르다.

공자진은 '빈賓'을 이성異姓 중에서 성스럽고 지혜로우며 매우 뛰어나고 장수한 인물로 여겼다. 청나라 시대에 한인漢人이 비록 만주滿洲에 대해서는 이성異姓이지만, 인재가 여기에 모두 모여 있다. 그는 "형식에 얽매이지 않는 인재를 하늘에서 내려 보내신다"(「己亥雜詩」)라는 시를 읊었다. 비록 만주가 이성異姓을 의심하고 꺼리는 것을 유감으로 생각했지만, 기자箕子가 스스로를 팔아 무왕에게 등용되었듯이, 당시 왕에 의해 빈사賓師가 되기를 기대한 것인가? 따라서 빈賓이 비록 이성이지만, 사실은 옛날의 남겨진 어진 사람이다. "앞선 옛 왕조의 예악禮樂과 도예道藝의 존재를 믿고서", 그 뜻을 굽히지 않고 그 몸을 욕되게 하지 않는다. 이것은 또한 스승(師)으로서 자처하여 본 왕조에서 벼슬하지 않지만, 본 왕조의 군주가 무례하게 대할 수 있는 대상이 아니다. 공자의 경우에는 본래 은나라 사람의 후손이었기 때문에 주나라에서는 빈賓이 된다. 그가 『춘추』를 지은 것은 "이성異姓 중의 명성이 높은 사람으로서" 사관의 직책을 수행한 것이다.

이를 통해 공자진은 또 태평太平 대일통大一統의 뜻을 드러내어, "송나라와 명나라의 산림에 묻혀 있던 선비들이 대부분 이적夷狄과 화하華夏의 경계를 말하면서 『춘추』를 견강부회했는데, 그것은 『춘추』를 모르는 자이다"[25]라고 비난하였다. 공자진은

---

24) 龔自珍, 『五經大義終始論』.

만한滿漢의 대동大同을 태평세太平世의 상징으로 여겼다. 왕자는 마땅히 어진 선비를 빈사賓師로 대접해야 하고, 어진 선비도 또한 나아가 등용될 것을 생각해야 한다. 그 후에 강유위는 유신維新을 공언했는데, 혹 공자진의 '빈사賓師'의 논리에서 취한 것이 있지 않겠는가? 이와 같기 때문에 공자진이 "오랑캐에게 아부한다"고 했던 장태염의 비난도 지나친 모함의 말이라고 할 수는 없다.

전목錢穆의 지론이 비교적 치우치지 않고 올바른데, 그도 또한 다음과 같이 말했다.

> 상향湘鄕의 증국번曾國藩이 태평천국太平天國의 큰 난리를 평정하고, 충성忠誠으로 한 시대에 외치고자 했지만, 만년에 비난과 모함을 두려워하여 벌벌 떨면서 하루도 지탱하기 힘들었다. 이성異姓의 빈賓은 비록 충성을 다하여 그 주인에게 헌신하더라도, 그 주인은 의심하고 꺼려서 감히 받아들이려고 하지 않는다. 따라서 상향의 증국번이 충성을 외친 것도 또한 자신에서 그쳤을 뿐, 한 성姓의 왕조가 반드시 멸망하는 것을 구제하지는 못했다. 이로부터 『공양전』의 학문은 변법變法을 견강부회했는데, 남해南海 강유위康有爲가 있다. 그러나 또한 그의 무리들은 도끼에 피를 묻히는 참형을 당하고 자신은 해외로 망명하여, 겨우 허리와 목을 온전히 했을 뿐이다. 그래도 또 보황保皇을 외쳤으니, 그 식견이 공자진의 '손님을 손님으로 대우한다'(賓賓)는 이론과는 너무 멀리 벗어나 있다. 그렇지만 공자진의 『춘추』 연구는 변법變法이 있다는 것만 알고 이하夷夏가 있다는 것은 몰랐다.[26]

만청시기 금문가들이 이적과 중국의 경계에는 어둡고, 단지 '만한대동滿漢大同' 이론만을 펼쳐서, 이성異姓의 군주를 신하로서 섬기는 데에만 급급했을 뿐이다. 따라서 전목은 공자진의 '손님을 손님으로 대우한다'(賓賓)는 이론과 비교하면 또한 그들이 공자진보다 못하다고 비난하였다.

---

25) 龔自珍, 『五經大義終始答問』 七.
26) 錢穆, 『中國近三百年學術史』 下冊, 613~614쪽.

3. 『춘추』와 법률

도광道光 18년(1838), 공자진은 『춘추결사비春秋決事比』 6권, 모두 11편을 지었다. 경전經傳의 120가지 일을 인용하여 "유봉록의 도리를 진술하였다." 원래 책은 아쉽게도 이미 없어져서 남아 있지 않고, 지금은 단지 『춘추결사비답문春秋決事比答問』 5편만 남아 있다.

이 책의 저작에 대해 공자진은 다음과 같이 말했다.

> 오시를 세우고(建五始), 삼세를 확장하며(張三世), 삼통을 보존하고(存三統), 내외를 구별하며(異內外), 흥기한 왕에 해당시키고(當興王), 월일月日을 구별하고, 명名 · 자字 · 씨氏를 구분하는 것은 공양씨公羊氏만을 순수하게 사용하였다. 사실事實을 찾는 것은 간간히 좌씨左氏를 채용하였다. 잡다한 논단을 찾는 것은 간간히 곡량씨穀梁氏를 채용하였고, 아래로 한대漢代 스승의 이론을 채용하였다.[27]

여기에서 공자진의 이 책이 순전히 『공양전』의 의리만을 사용하지 않았고, 심지어 유봉록에게 불만이 있었다는 것을 알 수 있다.

이 책의 형식은 동중서의 『춘추결옥春秋決獄』과 하휴의 『춘추한의春秋漢議』의 뜻을 미루어 서술한 것이 많이 있다. 곧 청대의 현행 법률 중 여러 조문을 인용하여 증명하면서, 하나하나 『춘추』의 의리로써 그 근원을 거슬러 올라갔다. 따라서 공자진의 「자서」에서는 또한 "유독 동중서의 사례를 본받아서, 후세의 일을 펼쳐놓고 문제를 제기하기를 좋아하였다"고 말했다. 동중서 이후로 학자들은 『춘추』를 예의禮義의 대종大宗이라고 여겼고, 또한 만세萬世의 형서刑書라고 여겼다. 따라서 공자진은 말했다.

> 형서刑書라는 것은 그것이 예의禮義가 되는 이유이다. 예禮에서 나와서 형刑으로 들어가니, 중간에 설 수는 없다. 아니면 또한 들어 보니, 『춘추』의 재판은 서둘러

---

27) 龔自珍, 『春秋決事比』, 「自序」.

법제法制를 제정하여, 주인主人, 즉 당사자를 죄주며, 남면하여 수많은 왕들을 기다리니, 만세萬世의 형서刑書이다.[28]

이것이 『춘추결사비』라는 책의 큰 요지이다. 지금 『춘추결사비답문』에 근거하여 『춘추결사비』라는 책에 대해 잠시 논해 보자.

1) 정해지지 않은 법률(不定律)

이른바 부정률不定律이라는 것은 "상황에 맞추어 빌어서 법조문을 세우는 것이다." 권력은 왕王에게 모여 있지만 관리에게 빌려주어 법을 집행하니, 이것은 관리의 말이다. 관리가 먼저 주문奏文을 올리면 왕이 나중에 성지聖旨를 내리니, 이것은 왕자의 말이다. 권력은 혹은 아래에 빌려주고 혹은 위로 되돌아오니, "두 가지가 갖추어진 이후에 재판이 갖추어진다." 이것이 부정률不定律이다. 공자진은 『춘추』를 왕법王法에 해당시키고, 관리를 법률 조문律條에 해당시켰다. 왕과 관리는 같지 않은데, 지금의 법률에서는 "의거할 만한 법이 있어야 하고, 법 집행은 반드시 엄격하게 해야 한다"고 하니, 이것은 관리의 직책이며, 왕에게서 성지聖旨를 취하는 것과 같다. 지금의 법률에서는 또 "솔직하게 고백하면 관대하게 처리하고, 저항하면 엄하게 처벌한다"고 하니, 이것은 왕의 일이며, 동중서의 "마음을 따져서 죄를 정한다"(原心定罪)는 것과 같다. 이로써 알 수 있듯이, 지금의 법률도 또한 부정률不定律이다. 애석하게도 근래에 법제를 외치는 자들 중에 마음이 음흉하여 본심을 헤아리기 어렵고, 권력을 관리에게 빌려주었는데 위로 되돌아오지 않는다. 큰 권력이 다른 사람에게 넘어가니, 백성들은 비록 아래에서 먹고살 수는 있지만, 어떻게 정부의 어진 은혜를 볼 수 있겠는가?[29]

---

28) 龔自珍, 『春秋決事比』, 「自序」.
29) 옛날 사람들에게는 "임금은 상황에 맞추어 결단한다"(人主權斷)는 말이 있다. 그 의미는 왕자는 법률을 뛰어넘는 최후의 權衡이 있다는 것이다. 『商君書』 「修權篇」에서 말했다. "權이란 임금이 혼자서 처리하는 것이다.…… 임금에 의해 상황에 맞추어 결단되면 위엄이 있다"(權者, 君之所獨制也.……權制斷於君則威) 그 후에 西晉시대의

공자진은 『춘추』 경전經傳의 7가지 일을 인용하여, "상황에 맞추어 빌어서 법조문을 세우는 것"의 뜻을 밝혔다. 지금 몇 가지 사례를 들어서 논해 보자.

『춘추』 소공 19년, "여름, 5월, 무신일, 허나라 세자 지가 그 임금 매를 시해했다. 겨울, 허나라 도공을 장례지냈다."(夏, 五月, 戊辰, 許世子止弒其君買. 冬, 葬許悼公) 공자진이 말했다.

> 허許나라 세자世子 지止가 그 임금 매買를 시해했다고 기록한 것은 죽음을 헤아려서 단정한 것이다. 허許나라 도공悼公을 장례지냈다고 기록한 것은 은혜로써 그 마음을 따진 것이다. 『춘추』의 관리는 아버지가 자식이 올린 약을 마시고 죽은 일이 있다는 것을 듣고서, 급하게 자식의 의도를 만들어서 그 죽음을 헤아려서 단정하려고 했다. 그런데 잠시 후 『춘추』가 그 사건을 들었는데, 그 자식이 우둔하고 효성스러워서 시해하려는 뜻이 없었다는 것을 듣고서 그 마음을 헤아려 본 것이다.

『춘추』는 왕이 있고, 또 관리가 있다. "허나라 세자 지가 그 임금 매를 시해하였다"고 기록한 것은 관리가 법에 의거하여 그 죽음을 헤아려서 단정한 것이다. 그런데 "허나라 도공을 장례지냈다"고 기록한 것은 왕이 세자의 본심을 탐색하여, 은혜로써 그 마음을 따져서 용서한 것이다. 이 때문에 『춘추』의 사건 판결은 법망의 조밀함을 펼쳤을 뿐만 아니라, 또한 군신의 은혜를 이루었다. 관리의 권력은 법을 받드는 데 있고, 왕의 권력은 은혜를 베푸는 데 있다. 이것이 옛날의 법치이며, 잘 갖추어졌다고 말할 수 있다.

또 『춘추』 선공 2년, "가을, 9월, 을축일, 진나라 조순이 그 임금 이호를 시해하였다."(秋, 九月, 乙丑, 晉趙盾弒其君夷皐) 6년, "봄, 진나라 조순·위나라 손면이 진나라를

劉頌議가 말했다. "일에는 時宜가 있기 때문에 임금은 상황에 맞추어 결단한다." 『唐律疏議』는 대체로 여기에 근본을 두고서, "일상적이지 않은 판결은 임금이 그것을 오로지 주관한다"(「名例律」 총18조)고 했다. 또 말했다. "일에는 時宜가 있기 때문에 임금은 상황에 맞추어 결단하여 조칙을 제정하고, 상황을 헤아려서 처분한다."(「斷獄律」 총486조) 이로써 알 수 있듯이, 왕자는 반드시 법률에 근거하여 재판을 판결할 필요가 없으니, 법을 집행하는 관리와는 같지 않다.

침략했다."(春, 晉趙盾·衛孫免侵陳) 공자진이 말했다.

진나라 조순이 그 임금 이호를 시해했다고 기록한 것은 죽음을 헤아려서 단정한 것이다. 조순이 다시 보이는 것은 은혜로써 그 마음을 따진 것이다. 『춘추』의 관리는 임금이 시해되었는데도 대신大臣이 도적을 토벌하지 않은 일이 있다는 것을 듣고서, 그 죽음을 헤아려서 단정하였다. 그런데 잠시 후 『춘추』는 그 사건을 들었는데, 조순이 자주 간언하여, 시해하려는 뜻이 없었다는 것을 듣고서 그 마음을 헤아려 본 것이다.

살펴보건대, 임금이 시해되었는데 신하가 도적을 토벌하지 않으면 그 법은 마땅히 그 신하를 죽여야 한다. 따라서 『춘추』에서 "조순이 그 임금을 시해했다"고 기록하여 그를 죄준 것이다. 그런데 예를 들어 송나라 독督, 정나라 귀생歸生, 제나라 최저崔杼의 사례와 같이, 임금을 시해한 도적이 다시 보이지 않는 경우는 『춘추』에서 결국 그들을 필주한 것이다. 그런데 지금 조순이 다시 보이는 것은 왕이 조순은 본래 시해할 뜻이 없었다고 여겨서 그 마음을 따져서 용서한 것이다.

2) 스스로 반성하도록 가르치는 법률(不屑教律)

공자는 가장 어리석은 자(下愚)는 변화되지 않는다고 여겼다.[30] 그러나 또한 유비孺悲를 만나지 않고 노래를 불렀으니, 유가 문하에는 스스로 반성하도록 가르치는 (不屑教) 의리가 있다.[31] 공자진은 『춘추』의 두 가지 일을 인용하여 그 의리를 밝혔다.

---

30) 역자 주: 『논어』 「양화」편에 다음과 같은 말이 보인다. "지극히 지혜로운 자와 가장 어리석은 자는 변화되지 않는다."(唯上知與下愚, 不移)

31) 역자 주: 『논어』 「양화」편에 다음과 같은 말이 보인다. "유비가 공자를 만나고자 했는데, 공자는 병이 있다고 사양하고, 명을 전달하는 자가 문밖으로 나가자, 비파를 가져다가 연주하면서 노래를 불러서 그에게 듣도록 하였다."(孺悲欲見孔子, 孔子辭以疾, 將命者出戶, 取瑟而歌, 使之聞之) 공자가 그를 만나지 않은 이유가 병 때문이 아니라, 그에게 잘못이 있음을 깨닫도록 하기 위해서 비파를 연주했다는 것이다. 이것은 『맹자』 「告子下」편의 "가르침이 방법이 많으니, 내가 좋게 여기지 않고서 거절하는 방법으로써 가르치는 것, 이것도 또한 그를 가르치는 방법일 뿐이다"(教亦多術矣, 予

『춘추』 소공 16년, "초나라 임금이 융만의 임금을 유인하여 죽였다."(楚子誘戎蠻子殺
之) 문공 원년, "겨울, 10월, 정미일, 초나라 세자 상신이 그 임금 곤을 시해하였다."(冬,
十月, 丁未, 楚世子商臣弑其君髡) 공자진이 말했다.

『춘추』 소공 16년, "초나라 임금이 융만戎蠻의 임금을 유인하여 죽였다." 공양자公羊
子가 말했다. "초나라 임금에 대해 무엇 때문에 이름을 기록하지 않았는가? 이적夷狄이
서로 유인한 것이니, 군자가 미워하지 않은 것이다. 어째서 미워하지 않았는가?
마치 미워하지 않은 것 같지만, 미워한 것이다." 하휴가 말했다. "채蔡나라 임금을
유인했을 때 이름을 기록한 것(소공 11년, "楚子虔誘蔡侯般, 殺之于申")에 근거하여 질문한
것이다." 이것이 그 하나의 일이다. 문공 원년, "겨울, 10월, 정미일, 초나라 세자
상신이 그 임금 곤을 시해했다." 하휴가 말했다. "날짜를 기록한 것은 이적의 자식이
아버지를 시해했을 때는 그 날짜를 차마 기록한다." 그리고 양공 34년, "여름,
4월, 채나라 세자 반이 그 임금 고를 시해하였다"(夏, 四月, 蔡世子般弑其君固)는 사건에
대해 하휴가 말했다. "(날짜를 기록하지 않은 것은 중국을 위해 자식이 아버지를
시해하는 재앙이 있는 것을 깊이 애통하게 여겼기 때문에) 차마 그 날짜를 말하지
못한 것이다." 이것이 또한 하나의 일이다. 이와 같은 까닭은 『춘추』에서 초나라를
빌어서 이적夷狄으로 세워 놓고, 다음과 같이 말하는 것과 같다. 이후에 있을
왕자는 사방의 경계 밖의 반역과 난리는 중원의 땅을 지키는 신하가 고할 일이
아니므로 마땅히 불문에 부쳐야 하니, 이 문장을 보면 될 것이다. 어째서 마땅히
불문에 부쳐야 하는가? 그것을 문책하면 반드시 군대를 가해야 하기 때문이다.
중국이 흥성하고 병력이 흥성하여, 군대를 보내서 복종시키면, 반드시 변방을
개척할 수 있을 것이다. 그러나 그것은 이적의 난리를 틈타 그 토지를 거두어들이는
것이기 때문에 어진 자는 그런 짓을 하지 않는다. 중국이 미약하고 병력이 미약하여,
군대를 보내서 복종시키지 못하면, 반드시 변방을 빼앗길 것이다. 그러나 그것은
군대를 잃고 군량미를 낭비하며 변방의 땅을 빼앗겨서 이적의 비웃음을 사는

不屑之敎誨也者, 是亦敎誨之而已矣)라는 말과 같은 의미이다. 즉 '不屑之敎'는 상대를
좋게 여기지 않고서 거절하는 가르침으로, 상대가 스스로 반성하도록 하는 가르침이
라는 의미로 풀이할 수 있다.

것이기 때문에 지혜로운 자는 그런 짓을 않는다. 따라서 불문에 부치는 것은 『춘추』의 가법家法이니, 내외內外를 구별하는(異內外) 큰 조목(科)이다.

공자진이 여기에서 토론한 두 가지 일은 모두 이적夷狄과 관련이 있다. 첫째, 이적 사이에 서로 유인한 것에 관해서, 비록 예의禮義에 합치되지 않더라도 내버려 두고 논의하지 않으며, 비록 스스로 반성하도록 가르친 것이라고 하더라도, 사실은 미워한 것이다. 둘째, 이적의 자식이 아버지를 시해한 서법에 관해서, 공자진은 하휴의 주에 근거하여, 제하諸夏에 대해 날짜를 기록하지 않은 것은 사실상 차마 말하지 못한 것이고, 이적의 경우에 날짜를 기록한 것은 차마 말한 것이라고 여겼다.

이적을 다스리지 않는 공자진의 이러한 태도가 모두 『공양전』의 '내외의 구별'(異內外) 학설로부터 나온 것은 결코 아니며, 실제 정치의 고려에서 나온 것이 더욱 많다. 그 후에 공자진은 도광 연간 청해靑海의 몽고족蒙古族과 장족藏族 사이의 분쟁 이후에 「여인론청해사의서與人論靑海事宜書」를 지었는데, 여기에서 이와 같은 불간섭의 태도를 주장하였다.

다음으로 『춘추』 양공 29년, "궁문의 문지기가 오나라 임금 여제를 시해하였다." (闇弒吳子餘祭) 애공 4년, "봄, 왕의 2월, 경술일, 도적이 채나라 임금 신을 죽였다."(春, 王二月, 庚戌, 盜殺蔡侯申) 공자진이 말했다.

『춘추』 양공 19년, "궁문의 문지기가 오나라 임금 여제를 시해했다." 애공 4년, "도적이 채나라 임금 신을 죽였다." 하휴는 두 사건에 대해 모두 다음과 같이 말했다. "'그 임금'(其君)이라고 말하지 않았다." 공자진이 말했다. "그렇게 한 까닭은 예禮가 아래로 서인에게까지 미치지 않기 때문이다. 예禮가 아래로 서인에게까지 미치지 않는 것은 예禮가 서인에 이르러서 극에 이르기 때문이다. 형벌을 받은 사람이나 죄인은 또한 서인의 대열에 끼이지 않는다. 천승千乘의 임금이면서 궁문의 문지기와 도적에게 살해되었으니, 오나라 임금·채나라 임금과 궁궐의 문지기·도적을 모두 스스로 반성하도록 가르친 것이다. 이후에 지위에 있는 자 중에 올바른 죽음을 맞이하지 못한 경우에는 이 문장을 보아야 한다."

『예기』「곡례曲禮」편에서 "예禮는 아래로 서인에게 미치지 않는다"고 했으니, 군자는 서인과 함께 예禮를 행하지 않음을 말한다. 또 "형벌을 받은 사람은 임금의 옆에 있지 않는다"고 했으니, 형벌을 받은 사람이나 죄인은 또한 서인보다 더 아래로 내려가는 자이다. 이들은 모두 예禮에서 스스로 반성하도록 가르치는 대상이다. 그런데도 군주가 그들을 친애한다면 올바른 죽음을 맞이하지 못하는 것은 진실로 마땅한 것이다! 오나라 임금과 채나라 임금이 올바른 죽음을 맞이하지 못한 것은 스스로 반성하도록 가르쳐야 하는 사람을 가까이 했기 때문이다. 후세의 군왕 중에 문지기나 환관의 손에 죽임을 당하는 경우가 항상 있었으니, 마땅히 경계해야 한다.

3) 법률의 일상과 변형

『논어』에서 "아버지는 자식을 위해 숨겨 주고, 자식은 아버지를 위해 숨겨 준다"[32]는 것을 제시한 이후로, 이것은 마침내 유가의 중요한 윤리신조가 되었으며, 한대 이후 법률에서도 끊임없이 강조되었다. 따라서 공자진은 『춘추』에서 이와 관련된 역사적 사실에 대해, '친족 간에는 서로 잘못을 숨겨 준다'(親親相隱)는 문제를 다시 토론하였다.

지금 사람들은 대부분 『좌씨전』의 "대의는 친족까지 죽인다"(大義滅親)는 문장에 의혹을 품는다. 사실 『춘추』의 입장에서 말하면 '친친상은親親相隱'은 경經이지 권權이 아니다. 이것을 법률에 대비해 보면, 일상적인 법률이다. 이에 대해 공자진은 다음과 같이 말했다.

> 공자가 말했다. "아버지는 자식을 위해 숨겨 주고, 자식은 아버지를 위해 숨겨 준다." 부자父子라고 말하면 형제가 그 속에 포함된다. 『춘추』의 "천대를 헐었다"(毀泉台, 문공 16년)에 대해, 『공양전』에서 말했다. "아버지(莊公)가 그것을 세웠고, 아들(文

---

32) 『論語』, 「子路」.

公)이 그것을 헐어서 비난한 것이다." 자식이 비록 올바르다고 하더라도, 아버지의 악惡을 모질게 다루어서는 안 된다. 『춘추』의 "제나라 사람이 와서 자숙희를 돌려보냈다"(齊人來歸子叔姬, 문공 15년)에 대해, 『공양전』에서 말했다. "부모는 자식에 대해서, 비록 자식이 죄가 있더라도 그 죄에 맞는 벌을 받기를 원하지 않는다." 자식이 비록 바르지 않더라도, 부모는 자식의 악惡을 모질게 다루어서는 안 된다. 이 두 가지는 『춘추』의 일상적인 법칙이다. 지금의 법률은 자제子弟가 부모의 죄를 들추어내어 고발하면, 비록 잘 살펴서 실상이 그렇다고 하더라도, 그래도 들추어내어 고발한 자를 먼저 죄주니, 이것이 또한 내가 생각하는 『춘추』이다.

찬탈과 시해와 같은 대죄라고 하더라도, 부자 사이에는 또한 마땅히 서로 숨겨 준다. 공자진은 다음과 같이 말했다.

아버지나 형은 간언할 수 없으면 남들보다 먼저 그들을 죽인다. 자식이나 동생은 가르칠 수 없으면 가법家法으로써 그들을 죽인다. 그들을 죽이고서 담당 관리에게 그들의 죄를 밝히지 않고, 마을 사람들에게 드러내지 않는다. 국가를 다스리는 자는 조사하여 그들이 가르치거나 간언한 확실한 자취를 확보했다면 그들을 표창해 준다. 조사하여 그들이 가르치거나 간언한 확실한 자취를 확보하지 못했더라도 또한 연좌하지 않는다. 이것이 문왕文王의 법도이다.

아버지와 형이 찬탈과 시해의 악행을 저질렀으면 마땅히 간언해야 하며, 간언했는데도 따르지 않으면 자기가 남들보다 앞서 그들을 죽일 뿐이다. 자식과 동생에게 악이 있으면 마땅히 가르쳐야 하며, 가르쳤는데도 따르지 않으면 가법으로써 그들을 죽인다. 따라서 『논어』에서 말했다. "부모를 섬김에는 은미하게 간언해야 하니, 부모의 뜻이 나의 간언을 따르려 하지 않는 것을 보면, 더욱 공경하여 부모의 뜻을 어기지 말고, 수고로워도 원망하지 말아야 한다."[33] 『예기』에서 말했다. "신하된 자의 예禮는 군주의 잘못을 드러내 놓고 간언하지 않는 것이니, 세 번 간언했는데도

---

33) 『論語』, 「八佾」.

듣지 않으면 떠나간다. 자식이 부모를 섬길 때는 세 번 간언했는데도 듣지 않으면 목 놓아 울면서 따른다."34) 이것이 모두 그러한 뜻이다.

친속은 서로 숨겨 주는 것은 일상적인 법률이니, 대의멸친大義滅親은 변형된 법률이다. 따라서 『좌씨전』(은공 4년)에서는 석작石碏이 자식인 석후石厚를 주살한 것이 '대의멸친'이라고 인정했는데, 이것은 사실상 올바른 법도는 아니다. 『공양전』(민공 2년)에서 계우季友가 천천히 추격해서 도적을 놓아준 것을 친친親親의 도라고 인정했는데, 이것이 바로 일상적인 법률이다. 그런데 공자진은 이와는 다른 별도의 이론을 주장하고, 마땅히 변례變例로써 그 일을 처리해야 한다고 주장하였다.

『춘추』 민공 2년: 가을, 8월, 신축일, 민공이 죽었다. 9월, 공자 경보가 거나라로 도망쳤다.(秋, 八月, 辛丑, 公薨. 九月, 公子慶父出奔莒)

『공양전』: 민공閔公이 죽었는데, 무엇 때문에 장소를 기록하지 않았는가? 그 일을 숨긴 것이다. 무엇 때문에 숨겼는가? 시해되었기 때문이다. 누가 시해했는가? 경보慶父이다. 공자公子 아牙를 죽였을 때는 장차 임금을 시해하려고 했을 뿐인데도 계자季子가 용서하지 않았다. 경보는 두 명의 임금을 시해했는데, 무엇 때문에 주살하지 않았는가? 장차 임금을 시해하려고만 해도 용서하지 않는 것은 악惡을 사전에 막는 것이다. 이미 사건이 벌어져서 미칠 수 없는 경우에는 천천히 추격해서 도적을 놓아주는 것이 친친親親의 도이다.

『춘추공양전해고』: 경보는 두 임금을 시해했으니, 『춘추』에 다시 보여서는 안 된다. 그런데 여기에 다시 보인 것은 계자가 천천히 추격해서 도적을 놓아준 것을 부각시킨 것이다.

『공양전』 장공 32년을 살펴보면, 장공莊公이 장차 죽으려고 할 때, 계우季友는 형인 공자公子 아牙가 난리를 일으킬까 두려워서 짐독鴆毒으로 죽였다. 『공양전』에서는

---

34) 『禮記』, 「曲禮下」.

그것을 좋게 여겨서 말했다. "계우가 형을 죽였는데, 무엇 때문에 좋게 여겼는가? 역적을 주살하는 데는 형이라도 피할 수가 없는 것이 군신君臣의 의리이다. 그렇다면 어째서 바로 주살하지 않고 짐독으로 죽였는가? 형에게 주살을 행할 때는 숨겨서 그의 죄를 벗어나게 해야 한다. 마치 병으로 죽은 것처럼 하는 것이 친친親親의 도리이다."『공양전』에서는 계우가 공자 아를 주살한 것이 군신의 의리를 얻었고, 공자 아를 짐독으로 죽임으로써 그의 죄를 벗어나게 한 것이 친친親親의 도리를 얻었다고 여겼다. 그런데 경보의 경우에는 자반子般과 민공閔公 두 임금을 번갈아 시해하여, 죄가 공자 아보다 더 무겁다. 그런데 계우는 천천히 추격하여 그 도적을 놓아주었는데,『공양전』에서는 그가 친친의 도리를 얻었다고 인정하였다. 한편 경보가 도망갔다가 받아주는 곳이 없자 노나라로 돌아오려고 했지만, 계우가 그것을 거절하였다. 하휴는 그것을 옳다고 여기고, "의리상 도적을 보면 죽이지 않을 수 없다"고 하였다. 그런데 공자진은『공양전』에서 말한 것과 하휴가 말한 것은 앞뒤가 서로 모순된다고 주장했다. 따라서 "공양씨가 말을 잘못한 것이 두 가지이고, 사실을 잘못 기록한 것이 두 가지이며, 하휴가 크게 말을 잘못한 것이 한 가지이다"라고 했다.

공자진의 관점에 의하면, 계우가 경보의 일을 처리한 일의 진실은 사실상『공양전』에서 말한 것과는 같지 않다. 공자진은 계우가 사실상 경보를 놓아준 적이 없으며, 경보가 임금을 시해하여 결국은 계우의 손에서 죽었기 때문에 계우가 공자 아를 짐독으로 죽인 것과 마찬가지이다. 따라서 계우가 공자 아와 경보를 번갈아 죽인 것은 주공이 형제인 관숙管叔과 채숙蔡叔을 주살한 것과 같으며, 모두 '친친상은親親相隱'의 변례變例이다.

4) 현재의 법률과『춘추』

상고시대에 예법과 형벌은 본래 나누어지지 않았다. 춘추시대 이후 예제禮制가 붕괴됨에 따라, 새롭게 생긴 법률이 국가 권력과 결합되었다. 이후 형벌은 오직 법률에 의해 시행되었고, 예제禮制를 통한 징계는 오직 사람의 마음에 의지할 뿐이었다. 따라서 후세에는 마음을 따져 벌을 준다(誅心)거나 뜻을 따져 벌을 준다(誅意)는 말이 생기게 되었다. 공자는 『춘추』를 지어서 만세를 위한 법도를 세웠다. 『춘추』는 예의禮義의 대종大宗이기 때문에 한대 이후로 『춘추』의 결옥決獄은 마침내 중국 고대 법률의 기본 원칙이 되었다. 법률과 예법이 합일되었기 때문에 예법으로부터 나와서 형벌로 들어가는 것은 옛날의 도를 다소 회복한 것이다. 그러나 역대 법률의 제정과 그 실천은 『춘추』의 정신과 완전히 부합되는 것은 결코 아니다. 따라서 공자진은 『율세목편律細目篇』을 지었는데, 청대 법률 중에 종종 『춘추』와 부합되지 않는 조목을 바로잡은 것이다. 따라서 『춘추결사비답문春秋決事比答問』에서 다음과 같이 말했다.

> 지금 법률은 『춘추』와 다소 어긋나므로 그것을 바로잡으려고 생각했다. 또한 그것이 내가 이 책을 지은 이유이다.[35]

따라서 『춘추결사비답문』에서는 청대 법률 중에서 8가지 일을 열거하여, 『춘추』 와 서로 참조하고 검증함으로써 예형합일禮刑一의 요지를 밝혔다.

청대 법률에 의하면, 한 사람이 여러 범죄를 저지르면 무거운 죄로 처벌한다. 공자진은 이러한 법률은 사실상 『춘추』와 서로 부합한다고 여겼다. 『춘추』 장공 10년, "장공이 송나라를 침략했다."(公侵宋) 『공양전』에서 말했다.

> 어째서 혹은 침략했다(侵)고 말하고 혹은 정벌했다(伐)고 말하는가? 전쟁의 거친 형태를 침략(侵)이라고 하고, 전쟁의 정밀한 형태를 정벌(伐)이라고 한다. 전쟁(戰)을 기록할 경우에는 정벌(伐)을 말하지 않고, 포위(圍)를 기록할 경우에는 전쟁(戰)을 말하지 않으며, 진입(入)을 기록할 경우에는 포위(圍)를 말하지 않고, 멸망(滅)을 기록할 경우 침입(入)을 말하지 않으니, 그 중의 무거운 것을 기록한다.[36]

---

35) 龔自珍, 『春秋決事比答問』, 제4.
36) 『公羊傳』, 莊公 10년.

『춘추』에 의하면, 두 나라가 서로 전쟁할 때, 침략(侵)·정벌(伐)·전쟁(戰)·포위(圍)·침입(入)·멸망(滅)의 차이가 있다. 하휴의 주에서는 "군대가 국경에 이르러, 상대의 잘못에 대해 책임을 추궁하고, 복종하면 군대를 철수하여 떠나니, 전쟁의 의도가 다소 거친 형태이다." 이것이 침략(侵)이다. "책임을 추궁했는데도 복종하지 않으면 군대를 출동하여 국경으로 들어가니, 정벌하여 공격하는 것이 더욱 깊고, 전쟁의 의도가 다소 정밀한 형태이다." 이것이 정벌(伐)이다. "군대가 맞붙어서 칼에 피를 묻히는 것", 이것이 전쟁(戰)이다. "군대로써 성을 둘러싸고 지키는 것", 이것이 포위(圍)이다. "땅을 얻었지만 거기에 머무르지 않는 것", 이것이 침입(入)이다. "그 나라를 취하는 것", 이것이 멸망(滅)이다. 이로써 알 수 있듯이, 침략(侵)으로부터 멸망(滅)에 이르기까지, 전쟁이 더욱 격렬해질수록 교전하는 쌍방이 책임져야 할 죄책도 더욱 무거워진다.

따라서 이곳에서 노나라가 송나라를 침략한 것은 전쟁 중에서 가벼운 것이다. 나라를 멸망시키는 엄중한 경우는 그 중에 비록 침략·정벌·전쟁이라는 절목이 있더라도 모두 기록하지 않고, 오직 멸망만을 거론한다. 무거운 죄로 책임을 추궁하니, 이것은 청대 법률에서 여러 가지 죄 중에서 무거운 죄를 처벌하는 것과 같다. 그런데 지금의 법률은 다르다. 여러 죄를 모두 처벌해야 한다고 주장하니, 불인(不仁)이 너무 심하다고 할 수 있다.

또한 청대 법률에 의하면, 남편이나 자식이 아니면 간음한 자를 체포할 수 없다. 공자진은 이 법률이 『춘추』와 합치된다고 여겼다. 『춘추』 문공 14년, "제나라 사람이 선백을 붙잡았다. 제나라 사람이 자숙희를 붙잡았다."(齊人執單伯, 齊人執子叔姬) 『공양전』에서 말했다.

선백의 죄는 무엇인가? (子叔姬가 제나라로 시집갈 때 선백이 호송을 맡았는데) 가는 도중에 음란한 짓을 했다. 어떻게 음란한 짓을 했는가? 자숙희와 음란한 짓을 했다. 그렇다면 어째서 제나라 사람이 선백과 자숙희를 붙잡았다고 말하지 않는가? 노나라를 위해서 숨겨서 기록한 것이다. 마치 두 사람의 죄가 다른 것처럼

만든 것이다.[37]

선백은 사신으로서 제나라로 시집가서 부인이 되는 자숙희를 호송했는데, 가는 도중에 서로 음란한 짓을 했다. 따라서 제나라 사람이 그들을 붙잡았다. 선백과 자숙희는 서로 간음했기 때문에 그 죄가 동일하다. 그러나 『춘추』에서는 서로 구별하여 기록함으로써 두 사람이 다른 죄를 저질러서 따로 붙잡힌 것처럼 만들었다. 또 제나라 사람(齊人)이라고 기록했으므로 패자가 죄를 토벌했다는 의미의 말이 아니다. 이것은 그 죄를 정확하게 말하고자 하지 않은 것이다. 또한 자숙희가 제나라로 시집갔다고 기록하지도 않았다. 이것들은 모두 사실을 깊이 숨긴 말이다.

이에 대해 공자진은 다음과 같이 말했다.

노나라의 작은 악은 숨기지 않는데, 오직 음란한 짓은 숨긴다. 숨긴 것이 아니니, 『춘추』는 음란한 짓을 토벌하는 책이 아니기 때문이다. 외국의 작은 악은 본래 기록하지 않는다. 『춘추』의 삼세三世 이론에서, 또한 외국끼리 서로 음란한 짓을 한 것을 비난한 경우는 없다. 예禮에 천자는 문 밖에 가로막는 담을 설치하고, 제후는 문 안에 가로막는 담을 설치하니, 남의 집안을 보지 못하도록 한 것이다.

공자진은 『춘추』가 음란함을 토벌하는 책이 아니라고 여겼다. 그것은 마치 후세에 음란하고 방탕한 짓을 한 자가 비록 청의淸議를 어겼더라도 그 남편이나 그 자식이 아니면, 간음한 자를 체포할 수 없는 것과 같다. 법률 조문이 이와 같기 때문에 사람들의 정서도 또한 이와 같지 않음이 없는 것이다.

5) 인륜人倫의 변고

임금은 어질고 신하는 충성하며, 부모는 자애롭고 자식은 효도하는 것, 이것이 인륜人倫의 불변의 법도이다. 임금이 임금답지 않고, 신하가 신하답지 않으며, 부모가

---

37) 『公羊傳』, 文公 14년.

부모답지 않고, 자식이 자식답지 않은 것, 이것이 인륜의 변고이다. 그리고 법률이 시행되는 것은 바로 이것 때문이다. 따라서 공자진은 다음과 같이 말했다.

『춘추』는 무엇 때문에 지어졌는가? 십중팔구가 인륜의 변고 때문에 지어졌다. 크구나, 변고여! 부자父子가 변하지 않으면 자애와 효도로써 숨겨줌을 따질 필요가 없고, 군신이 변하지 않으면 충성과 효도와 같은 부류를 궁구할 필요가 없으며, 부부가 변하지 않으면 집안의 덕을 드러낼 필요가 없다.

따라서 공자진은 『인륜지변편人倫之變篇』이라는 문답을 지어서, 6가지 일을 두고서 인륜의 불변의 도리와 변고의 이치를 밝혔다.

부자父子가 서로 어길 경우, 존비尊卑가 동등하지 않기 때문에 형량도 같지 않다. 이것은 한대 이후 중국 법률의 기본 특징이다. 일반적으로 말하면, 자식이 아버지를 죽이면 죄가 일반인보다 무겁다. 아버지가 자식을 죽이는 경우는 죄가 일반인보다 가볍다. 그런데 공자진은 유봉록의 주장을 근본으로 삼아서, "세자나 친동생을 죽이면 죄가 천자가 직접 임명한 경卿을 죽인 것보다 한 등급이 더해진다"고 하여, 그 죄가 일반인을 죽인 것보다 무겁다. 이것은 『춘추』와 후세의 법률이 크게 다른 점이다.

『춘추』 희공 5년, "진나라 임금이 그 세자 신생을 죽였다."(晉侯殺其世子申生) 『공양전』에서 말했다.

어째서 곧바로 진나라 임금이라고 부르고서 죽였다고 기록했는가? 세자와 친동생을 죽였을 때 곧바로 임금이라고 부른 것은 심하게 여긴 것이다.[38]

살펴보건대, 『춘추』에서 임금이 대부를 죽인 것을 기록할 때는 나라 이름을 호칭한다. 예를 들어 희공 7년, "여름, 정나라가 그 대부인 신후를 죽였다"(夏, 鄭殺其大夫

---

38) 『公羊傳』, 僖公 5년.

申侯)는 것이 그 예이다. 그런데 이곳에서는 진나라 임금이라고 부르고서 세자를 죽였다고 말했으니, 사실은 일반인을 죽인 것보다 더 엄중하게 여긴 것이다. 하휴는 그 이유를 다음과 같이 해석했다.

심하게 여겼다는 것은 친친親親을 없애 버린 것을 매우 심하게 미워한 것이다. 『춘추』에서 공자公子는 선군先君과 이어져 있다. 오직 세자와 동생은 현재의 임금으로 기록하는 것은 친족을 친애하기 때문이다. 지금 국체國體를 버려두고 곧바로 임금이라고 호칭했으니, 친친親親을 가지고 책망했다는 것을 알 수 있다.

『춘추』는 문식(文)을 덜어 내고 질박함(質)을 사용하니, 친친親親을 귀하게 여긴다. 임금이 세자나 동생을 죽인 것은 친친親親의 도리에 더욱 해가 된다. 따라서 『춘추』에서 그것을 책망한 것이 더욱 엄중하다. 후세에 존비尊卑가 다르다는 이유로 부자父子가 서로 어길 경우에 형량을 구별한 것은 여전히 주나라의 문식(文)을 숭상한 것일 뿐이며, 『춘추』의 법도는 아니다.

『공양전』에서 "자식은 어머니 때문에 귀해지고, 어머니는 자식 때문에 귀해진 다"(子以母貴, 母以子貴)[39]고 했다. 유봉록은 곡량가의 이론을 위주로 하여, 『공양전』의 잘못을 강력하게 반박하였다. 그 이후에 『공양전』·『곡량전』의 장단점은 마침내 만청시기 학술에서 하나의 큰 쟁점 안건이 되었다. 공자진은 비록 유봉록의 학문을 깊이 좋아했지만, 여기에서는 동중서의 문질文質 이론을 인용하여 유봉록을 반박하고, 『공양전』을 지키는 방패와 성이 되었으니, 논의가 지극히 명쾌하고 타당하다.

『춘추』의 문장에 근거하면, 은공의 어머니에 대해서는 "부인 자씨가 죽었다"(夫人 子氏薨, 은공 2년)고 기록하고, 희공의 어머니에 대해 부인夫人 성풍成風이라고 기록하고, "소군 성풍을 장례지냈다"(葬小君成風, 문공 5년)고 기록했으니, 『춘추』에서는 첩모妾母가 부인이 될 수 있다고 여긴 것이다. 공자진은 동중서의 말을 인용하여 다음과 같이 말했다.

---

39) 『公羊傳』, 隱公 원년.

땅을 위주로 하여 하夏를 본받아서 왕이 되면, 어머니는 자식 때문에 귀해지지 않는다. 하늘을 위주로 하여 상商을 본받아서 왕이 되면, 어머니는 자식 때문에 귀해진다. 하늘을 위주로 하여 질質을 본받아서 왕이 되면, 어머니는 자식 때문에 귀해진다. 땅을 위주로 하여 문文을 본받아서 왕이 되면, 어머니는 자식 때문에 귀해지지 않는다.

어머니가 자식 때문에 귀해지지 않는 것은 문식을 중시하는 왕가(文家)의 법도이다. 『춘추』는 제도를 개혁하여, 주나라의 문식(文)을 덜어 내고 은나라의 질박함(質)을 사용하였다. 여기에서는 실제로 질박함을 중시하는 왕가(質家)의 법도를 사용했기 때문에 어머니는 자식 때문에 귀해질 수 있다. 공자진은 『곡량전』에서 순전히 주나라의 법도만을 사용한 것을 비판하였고, 또 정현이 『춘추』에 능통하지 못하여 마침내 주나라의 법도에 근거하여 한나라 질가質家의 법도를 비난했다고 비판하였다. 즉 『곡량전』과 정현 모두가 『춘추』의 제도개혁의 요지를 제대로 알지 못했다는 것이다.

공자진은 동중서의 말을 인용하여 근거로 삼았지만, 유봉록의 『공양해고전公羊解詁箋』에서는 "지금 동중서의 책에서는 여전히 문식(文)과 질박함(質)이라는 서로 다른 법도를 가지고 해석하였다. 그것은 세속의 스승들이 제멋대로 고쳤다는 것에 의심의 여지가 없다"고 말했다. 유봉록은 동중서의 책을 믿을 수 없다고 여긴 것이다. 공자진은 또 자기 스스로 "내가 이 일을 말한 것은 유봉록과는 다르다"고 말했다. 이를 통해 공자진과 유봉록의 차이점을 알 수 있다.

제2절 위원魏源

위원魏源(1794~1857)은 원래 이름이 원달遠達이고, 자는 양원良圖이며, 호는 묵심默深이다. 또 다른 자는 묵생墨生 또는 한사漢士이다. 위원은 독서를 좋아하여, 매번 깊은 생각에 빠져서 혹 가족을 알아보지 못할 때도 있었다. 10세 때 집안 형편이 중간에 기울었지만 그래도 공부를 멈추지 않았다. 15세에 현학縣學 제자원弟子員에 임명되어, 처음으로 양명학에 마음을 기울였고, 또한 역사서 읽기를 좋아하였다. 가경嘉慶 연간에 호승공胡承珙(1776~1832)에게 한유漢儒의 가법家法에 대해 물었고, 또 요학상姚學塽(1766~1826)에게 송유宋儒의 학문에 대해 물었으며, 유봉록에게『공양전』을 배워서 마침내 서울에서 이름이 알려졌다. 도광道光 6년(1826), 위원은 공자진과 함께 예부禮部 회시會試에 응시했다가 불합격했다. 유봉록은 당시 과거 시험관同考官으로서「양생행兩生行」이라는 시를 지어서 애석하게 여겼고, 위원을 "둘도 없는 나라의 선비 장사長沙의 아들, 한위漢魏를 품어 기른 진정한 경학의 산"이라고 했고, 공자진을 "지강之江(浙江)의 인문人文, 천하의 으뜸"이라고 했다. 이때부터 위원과 공자진은 함께 유명해져서 세상에서 '공위龔魏'이고 불렀다. 공자진과 위원의 학문은 비록 그 근원을 같이하고, 모두 상주常州의 장존여와 유봉록을 종주로 삼았지만, 경학에서의 성취는 위원이 공자진에 비해 뛰어나다.

위원의 저술은 매우 풍부하다. 그의 경학 저술은『서고미書古微』12권,『시고미詩古微』20권,『동자춘추발미董子春秋發微』7권[40],『양한경사금고문가법고兩漢經師今古文家法考』4권[41],『춘추번로주春秋繁露注』12권[42]이 있다. 문집 중에 또『공양춘추론公羊春秋論』이 있는데, 이것은 아마도 유봉록의 작품인 듯하다.

『청사고淸史稿』「문원전文苑傳」에 의하면, 위원은 세속을 떠나 고상하면서도 큰 계책을 가지고 있었으며, 국조國朝의 전장典章과 전고典故를 잘 알고 있었다. 그는 고금의 성공·패배와 이익·병폐, 학술의 원류와 파별을 논할 때, 이리저리 거침없이 고금을 왔다 갔다 하여, 주위 사람들이 모두 굴복하였다. 경제經濟에 대해 말하기를 좋아했으며, 만년에 오랑캐의 변고를 만나서 오랑캐의 일을 상세하게 잘 알고 있었다. 또『호남통지湖南通志』에 의하면, 위원은 체모가 훌륭하고 뛰어났으며,

---

40) 전해지는 판본이 보이지 않는다. 이 책의「序」가『古微堂外集』권1에 보인다. 이 책은『董子春秋述例』를 근거로 내용을 가감하고 수정한 것이다.
41) 간행본이 보이지 않는다. 단지「序」가『古微堂外集』권1에 보인다.
42) 판각본이 없다.

글을 짓는 것이 매우 빨랐다. 위풍당당하면서도 정밀하고 심오하여, 마치 선진시대의 제자諸子와 같았다. 가경·도광 연간 이후로 초남楚南에서 시고문詩古文을 논할 때는 위원을 대종大宗으로 삼았다. 『청사열전淸史列傳』에서 그의 학문에 대해 다음과 같이 논했다.

위원의 경술經術은 매우 깊고, 독서는 정밀하고 넓다. 처음에는 송대 학자들의 리학理學을 숭상했고, 나중에는 전한시대 학자들의 논의를 드러내 밝혔다. 『서』에 대해서는, 『사기』와 복생伏生의 『상서대전尙書大傳』 및 『한서』에 기재된 구양생歐陽生·하후씨夏侯氏·유향劉向이 남긴 이론을 전문적으로 진술함으로써 마융馬融·정현鄭玄을 비판했으며, 『서고미書古微』 12권을 지었다. 『시』에 대해서는, 『모시』가 늦게 출현했고, 고염무顧炎武·염약거閻若璩·호위胡渭·대진戴震이 모두 모학毛學에 의심을 가졌다. 그래도 그는 삼가三家의 옛 뜻에 근거하여 그 근원을 증명하고, 그것을 통해 쇠퇴한 노魯·한韓의 계통을 드러내어 알림으로써 전傳·전箋을 바로잡았다고 말했으며, 『시고미詩古微』 22권을 지었다. 『춘추』에 대해서는, 『한서』 「유림전」에서 동중서와 호무생이 함께 『춘추』를 연구했고, 하휴는 단지 호무생의 『조례』에 의거했다고 말했으며, 동중서에 대해서는 한마디도 언급하지 않았다. 최근 곡부曲阜의 공광삼孔廣森과 무진武進의 유봉록劉逢祿이 모두 『공양전』의 전문 학자들인데, 그들도 또한 단지 하휴의 이론에서 없어진 것을 모으거나 빠진 것을 보충할 뿐, 동중서의 책은 자세하게 다루지 않았다. 만약 동중서가 대의를 해설하여 소통했지만, 그 책 속에 경문을 배열하지 않아서 하휴와 대적하기에 부족하다고 말한다면, 그가 삼과구지三科九旨를 기록한 것은 환하게 크게 갖추어져 있으며, 또한 크게 통하고 정밀하고 미세하며, 내성內聖하면서 외왕外王하며, 위로 하늘에 이르고 아래로 땅에 닿아서 미치지 않는 곳이 없으니, 호무생·하휴의 장구章句보다 훨씬 위에 있다고 하고, 『동자춘추발미董子春秋發微』 7권을 지었다.

양계초梁啓超는 다음과 같이 논했다.

위원이 『시고미詩古微』를 저술하여, 처음으로 『모전毛傳』 및 대서大序·소서小序를 크게 공격하고, 그것이 뒤에 나온 위작僞作이라고 말했다. 널리 변론한 그 말은 염약거의『서소증書疏證』에 비긴다.…… 또『서고미書古微』를 저술하여, 단지 동진東晉시대에 뒤늦게 나온 고문『상서』만 위서僞書가 아니라, 후한시대 마융·정현의 고문 이론도 또한 공안국의 옛것이 아니라고 주장했다.[43]

이로써 알 수 있듯이, 위원은 사실상 만청시기 금문학 전환의 핵심 인물이며, 단지 춘추학 연구를 후한시대 하휴로부터 전한시대 동중서로 돌렸을 뿐만 아니라, 또한 금문학을『춘추』로부터『시』·『서』의 연구로 한층 더 확장시켰다. 이를 통해 만청시기의 금고문 논쟁에 끼친 영향이 매우 크다. 따라서 전기박錢基博은 다음과 같이 말했다. "이에 앞서 경전을 연구하면서 금문학을 확장한 것은 그 대상이 『춘추』뿐이었는데, 위원에 이르러 그것을 더욱 확대하여『시』·『서』에까지 미치고, 나아가 여러 경전에 두루 퍼졌다."[44]

만청시기 학술의 분열은 사실상 위원에서 생긴 것이다. 장태염은 평소에 금고문학 의 문호에 엄격했기 때문에 위원에 대해 다음과 같이 크게 비평하였다.

도광道光 말기에 소양邵陽의 위원魏源이 경세經世를 과장되게 말하기 좋아하였고, 술수와 간사함으로 귀인貴人들에게 아첨했는데, 좋은 기회를 만나지 못했다. 만년에 고우지주高郵知州를 역임하면서 더욱 적적하고 쓸쓸해지자, 금문학 연구로 이름을 높이려고 생각하였다. 그래서 평소에 사법師法의 약례略例도 모르고 글자도 알지 못하면서『시고미』와『서고미』를 지었다. 대체로『시』의 금문에는 제齊·노魯·한 韓이 있고,『서』의 금문에는 구양생歐陽生과 대·소하후大·小夏侯가 있기 때문에 서로 일치하지 않고, 제齊·노魯와 대·소하후大·小夏侯는 더더욱 서로 원수처럼 공격하였다. 위원은 그것을 모두 혼합하였고, 통하지 않는 것을 고문으로 돌려 버렸으니, 더욱더 혼란스러워져서 조리가 없는 지경에까지 이르렀다.[45]

---

43) 梁啓超,『清代學術槪論』22(朱維錚 校注,『梁啓超論清學史二種』, 62쪽에 실려 있음).
44) 錢基博,『近百年湖南學風·魏源』.
45) 章太炎,『檢論·清儒』(『章太炎全集』제3책, 476쪽).

장태염은 또 위원이 "요망함으로 백성들을 속이고, 과장됨으로 오랑캐에게 아부하여, 크게는 매국노이자 큰 도둑이고, 작게는 사문私門에서나 수용될 식객食客이 다"46)고 하였다. 그리고 "위원은 본래 제대로 배우지 못했기 때문에 오직 만주의 옛 일을 잘 말했을 뿐이며, 만년에는 『시』·『서』에 전도되어 그로써 명예를 낚았지만 어지럽게 뒤섞여 질서가 없었으며, 소학小學은 더욱 성글고 잘못되었으며, 큰소리치며 스스로를 높다고 여기면서 미언대의가 여기 자기에게 있다고 생각했다. 그 지론은 혹 시대의 폐단에 들어맞기도 하지만, 항상 괴이하고 고리타분한 것에 가깝다."47) "위원과 공자진이 서로 이어서 모두 공명功名을 좋아하고 벼슬길에 나아기를 추구했으며, 학문은 본래 정밀하지 못하고 거칠며, 더욱이 남에게 의지하여 달라붙기를 좋아하여, 그들이 진술한 모든 것이 아부와 아첨으로 가득 차 있다."48) 장태염은 가혹한 비판을 좋아했기 때문에 위원의 품격을 이처럼 심하게 무고하였다. 그 외의 금문학자에 대해서는 예를 들어 공자진은 외조부라는 이유로 그가 "어느 정도 학식과 교양이 있다"고 인정하였다. 대망戴望은 이적과 중국의 구별에 엄격했다는 이유로 그가 "사법師法이 있다"고 칭찬하였다. 또 요평廖平의 경우는 혹 강유위의 작은 결점이 된다는 이유로 "때때로 새로운 뜻이 있다"고 칭찬하였다. 이 사람들은 "그래도 조리가 전혀 없는 위원의 무리들보다는 낫다."49)

섭덕휘葉德輝의 「공정암연보외기서龔定庵年譜外紀序」에서 말했다.

인화仁和의 공자진龔自珍 선생은 당대에 견줄 자가 없는 탁월한 재주를 가지고 세상을 경영하는 지략을 갖추었지만, 불행히도 낭서郎署로 부침하면서 유림儒林 문원文苑의 중인中人이 되었다. 이것은 그가 평생토록 품었던 희망의 결과가 아니었다. 광서光緒 중엽에 온 천하가 공양학의 풍조가 되자, 후생 후진들 중에 선생의 글 한 편을 손에 쥐고 있지 않은 자가 없었다. 그것은 처음에 호상湖湘에서 발단이

---

46) 章太炎, 『檢論·學隱』(『章太炎全集』 제3책, 481쪽).
47) 章太炎, 『說林 下』(『章太炎全集』 제4책, 121쪽).
48) 章太炎, 「與劉揆一書」(『章太炎全集』 제4책, 187쪽).
49) 章太炎, 「與劉揆一書」(『章太炎全集』 제4책, 187쪽).

되어서, 점점 서촉西蜀과 동월東粵에 이르렀고, 그의 일상적이지 않은 이상한 의리와 괴이하게 여길 만한 의론을 가지고, 큰 파란을 일으켜 신구新舊의 당쟁黨爭을 극에 이르게 함으로써 청나라가 마침내 망하게 되었다. 비판하는 자들이 재앙이 시작된 근원을 따져서, 공자진龔自珍 선생과 소양邵陽의 위원魏源 두 사람을 책망하였다.[50]

섭덕휘는 청나라의 멸망을 공자진·위원에게 그 죄를 돌렸고, 심지어 위원이 "늙고 병들고 미쳐서 죽었으니, 고문학을 공격한 응보이다"[51]고 저주했으니, 그 원망이 매우 심했다.

최근 사람인 제사화齊思和는 그 지론이 비교적 공평하고 타당하다.

만청시기 학술계의 풍조는 경세經世를 외침으로써 부강富強을 도모하고, 장고掌故를 강론함으로써 국시國是를 밝혔으며, 금문今文을 숭상함으로써 변법變法을 담론하고, 여지輿地를 탐구함으로써 국경의 방어를 계획하였다. 이러한 여러 학문은 위원이 혹은 창도하고 혹은 성대하게 만든 것이다. 강하江河로 여러 물길을 모으고, 군망群望이 귀의하는 대상이 되었으니, 어찌 한 시대의 큰 학자이자 새로운 학문의 시조가 아니겠는가? 다만 세상에서는 여전히 그에 대해 체계적으로 논의한 적이 없다.······ 위원의 학술적 지위가 밝혀지지 않았으니, 어찌 근 백 년 이래 학술의 원류를 체계적으로 논의할 수 있겠는가?[52]

또 말했다.

위원은 많은 장점을 두루 끌어 모아서 각각 그 지극한 경지로 나아갔다. 또한 그것을 실제의 행동으로 실천하였고, 단지 추상적인 말에만 가탁하지 않았다. 만청시기 학술 운동을 계몽한 대사大師가 되기에 손색이 없다.[53]

---

50) 李柏榮, 『日疇雜著』 제3집에서 재인용.
51) 李肖聃, 『湘學略·邵陽學略』 참조.
52) 齊思和, 『魏源與晚清學風』(원래는 『燕京學報』 제39기[1950.12]에 실려 있음). 『魏源全集』 제20책, 706~707에서 재인용.

그 당시 위원의 학술은 이미 금고문의 문호의 견해를 완전히 벗어나 있었다.

1. 동중서를 종주로 삼고 전한시대의 옛것으로 돌아감

건가乾嘉의 학문은 후한시대를 숭상하였고, 성음聲音과 훈고訓詁의 학문이었다.
그런데 도광道光·함풍咸豐 이후로 학술은 다시 변천하여, 전한시대로 거슬러 올라갔
으며, 그것은 미언대의微言大義의 학문이다. 청대 사람들 중에 전한시대의 학문을
한 학자는 장존여와 공광삼에서 시작되었고, 공자진과 위원에서 유명해졌다.
위원의 「유예부유서서劉禮部遺書序」에서 말했다.

> 지금 세상에서 학문에 대해 말하면, 반드시 후한시대의 학문이 전한시대보다
> 낫고, 정현鄭玄과 허신許愼의 학문이 육경六經을 종합했다고 말한다. 아! 두 사람은
> 오직 한자의 여섯 가지 서체인 육서六書와 삼례三禮를 여러 경전에 비해 넓고
> 깊이 연구하였다. 따라서 금문학의 가법家法을 많이 사용하였다. 그리고 『역』·『시』
> ·『춘추』를 별도로 해석한 것은 모두 또 다른 문호를 만들었는데, 금문학을 소홀히
> 하고 고문학을 가까이 했다. 그 후에 정현의 학문이 크게 유행하여 점점 심해지자,
> 마침내 『역』에서는 시수施讎·맹희孟喜·양구하梁丘賀가 없어졌고, 『서』에서는 하
> 후씨夏侯氏·구양생歐陽生이 없어졌으며, 『시』에서는 제시齊詩·노시魯詩·한시韓詩
> 가 없어졌고, 『춘추』에서는 추씨鄒氏·협씨夾氏·공양씨公羊氏·곡량씨穀梁氏 중에
> 반은 없어지고 반만 남았으니, 또한 절학絶學이 되었다. 참위讖緯가 성행하자,
> 경술經術은 비천해지고 유학은 축출되었다. 하안何晏·왕필王弼·왕숙王肅·두예杜
> 預·황보밀黃甫謐·매색梅賾의 무리들이 처음으로 노장老莊의 청담淸談과 명리名理로
> 써 함께 일어나서 그 뒤를 장악하였다.[54]

정현·허신이 금고문경학을 함께 종합하였지만, 전한시대의 금문경학은 마침내

---

53) 齊思和, 『魏源與晚淸學風』(『魏源全集』 제20책, 750쪽에 실려 있음).
54) 『魏源集』 上冊, 242쪽.

거의 학문이 끊어져 버렸으니, 그것은 정현·허신의 죄이다. 또 말했다.

청나라가 일어난 지 2백 년 동안 통유通儒가 배출되었다. 마치 『춘추』의 직접 본 세대, 직접 들은 세대, 전해들은 세대와 같으니, 고염무顧炎武·강영江永·대진戴 震·정정조程廷祚·단옥재段玉裁·장존여莊存與는 삼례三禮와 육서六書에 밝았고, 염 약거閻若璩·진립陳立·혜동惠棟·장혜언張惠言·손성연孫星衍·공광삼孔廣森은 여 러 경전의 가법을 진술하여 후한시대의 학문에 온 마음을 다했다. 전한시대의 가의賈誼·동중서董仲舒·광형匡衡·유향劉向이 서술한 것과 70명의 제자들이 남긴 것을 탐구해 보면, 원류의 본말이 여전히 모두 합치되는가, 합치되지 않는가? 대업大業을 깊이 생각하는 선비가 성실하고 독실하게 동중서의 『춘추』를 통해 육예六藝의 조리를 살펴보고, 육예를 통해 성인의 통기統紀를 탐구하며, 두루 찾아서 먼 전대 학자들의 뒤를 이어서 온고지신溫故知新하니, 임무는 무겁고 길은 멀어서 죽은 이후에야 그만둘 수 있다. 비록 성대한 학문을 깊이 연구하지는 않았지만, 밝고 진실하며 뜻이 독실한 군자라고 말하지 않을 수 있겠는가?[55]

건륭시기의 학자들이 이전부터 내려오던 학문 중에서 계승한 것은 단지 후한시대의 학문뿐이며, 전한시대의 가의·동중서·광형·유향이 서술한 것을 마음을 다해 연구하는 사람이 없었다. 따라서 위원은 자기의 뜻을 스스로 말하면서, "동중서를 통해 육예의 조리를 살펴보고, 육예를 통해 성인의 통기統紀를 탐구한다"고 여겼으니, 한 발 더 나아가 전한시대의 옛것을 회복하였다.

위원의 『춘추』 연구는 또한 유봉록·송상봉이 하휴를 확장한 것으로부터, 더 나아가 위로 동중서의 『춘추번로』까지 거슬러 올라갔다. 제사화齊思和는 이에 대해 다음과 같은 견해를 제시했다. "오직 공광삼·장존여·유봉록·송상봉의 『공양전』 연구만이 하휴를 전문적으로 해석하였다. 위원의 경우는 동중서의 『춘추번로』로 더욱 거슬러 올라갔다."[56]

---

55) 『魏源集』 上冊, 242~243쪽.
56) 齊思和, 『魏源與晚淸學風』(『魏源全集』 제20책, 737쪽).

위원은 상주常州의 제현諸賢 중에서 장존여를 더욱 존숭하였다. 그가 말했다.

무진武進의 장존여莊存與는…… 동중서董仲舒의 천인天人에 관한 대책大策보다 우뚝
하고, 광형匡衡의 도덕에 대한 서술보다 순후하며, 유향劉向의 금고문에 대한 진술보
다 진지하되, 뒤섞여 조리가 없거나 쪼개져서 나누어져 있지 않다.…… 아! 그가
진정한 한학자漢學者가 된 것은 거의 여기에 있으며, 세상의 한학자들과 다른
것도 거의 여기에 있다.57)

위원은 건가乾嘉의 훈고장구訓詁章句의 학문을 비천하게 여기고, 장존여가 "진정한
한학漢學"을 했다고 칭송하였다.

1) 『양한경사가법고兩漢經師家法考』

위원과 공자진은 모두 『공양전』으로 유명한 학자이지만, 한학漢學에 대한 태도는
매우 다르다. 공자진은 외조부인 단옥재段玉裁에게 배워서, 비록 유흠劉歆의 위중고문
僞中古文을 믿지 않지만, 시종일관 한학漢學으로 자부하였다. 위원은 젊은 나이에
양명학을 공부하여 본래 송학의 공소함에 불만이 있었지만, 그가 건가乾嘉의 한학漢學
을 공박한 것은 매우 날카롭고 뛰어나서, 필적할 만한 사람이 드물었다. 따라서
장태염이 그가 "글자도 모른다"고 미워한 것도 이상할 것이 없다.

위원은 「무진장소종백유서서武進莊少宗伯遺書序」를 지어서, 장존여의 학술을 칭송
하면서, "그가 진정한 한학자가 된 것은 거의 여기에 있으며, 세상의 한학자들과
다른 것도 거의 여기에 있다"고 하였다. 그리고 『후한서』 「유림전」에서 위굉衛宏·두
림杜林·마융馬融·가규賈逵의 무리가 전한시대 14박사의 금문학을 매우 천시하여
속유俗儒라고 불렀다고 했다. 따라서 위원도 또한 건가의 한학을 비판하고 상주
금문학이 "진정한 한학漢學"이라고 받들었으니, 후한시대 학자들에게 보복한 것이다.

전목錢穆은 『한서』 「유림전」과 「예문지」를 인용하여, 한대 초기에 노魯 신공申公이

---

57) 魏源, 「武進莊少宗伯遺書序」(『魏源全集』 제12책, 244쪽).

훈고訓故의 학문을 했는데, "고자故字와 고언故言을 통하게 했고, 통하지 않는 것은 빼두었기" 때문에 대의大義를 소통할 수 있었다고 말했다. 그 후 전수 과정에서 사실事實을 억지로 끌어다 비교하고 견강부회했으니, 이것이 박사들의 장구章句의 학문이다.[58] 전목은 금문학은 지리멸렬하고 고문학은 널리 통하여 대의를 알 수 있기 때문에 전한시대 문제文帝·경제景帝 시기의 학문을 회복할 수 있다고 여겼다. 이것은 금문학에서 회복하고자 했던 박사의 학문과 비교하면, 옛날과 더욱 가깝다.

그런데 위원이 말한 것처럼 고학古學의 무리들은 "사물의 명칭을 밝히는 데 힘써서 기계器械를 상세하게 다루며, 훈고訓詁를 자랑하여 그 장구章句를 지적하였다." 비록 박학博學하지만 대의大義를 통할 수는 없다. 위원이 장존여莊存與·이조락李兆洛을 밝게 드러내 밝혔는데, 그들이 "풀이하고 통하게 하여 멀리 볼 줄 알고, 작고 비근한 것에 구애되지 않으며", "경전의 큰 의리에 능통하고", "배워서 살펴보지 않는 것이 없으며, 하나의 학문으로 스스로를 명명하지 않았다"고 말한 것을 보면, 위원은 사실상 금문학으로 대의大義를 소통하였다.

위원은 또 전한시대의 학문이 후한시대보다 나은 것은 단지 대의를 소통하는 것에 있을 뿐만 아니라, 또한 경세치용經世致用을 할 수 있기 때문이다. 위원은 『묵고默觚』라는 저서에서 그 뜻을 다음과 같이 진술하였다.

선비들 중에 9년 만에 경전에 능통한 자는 그것으로써 그 몸가짐을 잘 삼가고, 그것으로써 사업事業에 드러낸다. 『주역』으로 의혹을 해결할 수 있고, 「홍범」으로 변화를 점칠 수 있으며, 『춘추』로 일을 결단할 수 있고, 『예』·『악』의 복제服制로 교화를 일으킬 수 있으며, 『주관』으로 태평을 이룰 수 있고, 「우공」으로 황하를 다닐 수 있다. 305편으로 간언하는 글을 맡을 수 있고, 사신으로 나가서 혼자서 대응할 수 있다. 이것을 일러 경술經術로써 치술治術에 해당시킨다고 하니, 일찍이 통경치용通經致用을 비난하는 자가 있었던가?[59]

---

58) 錢穆, 『兩漢博士家法考』, 123~131쪽.
59) 魏源, 『默觚 上·學篇 第九』(『魏源集』 上冊, 24쪽).

또 명물훈고名物訓詁의 학문을 다음과 같이 비난했다.

고훈詁訓과 음성音聲으로써 소학小學을 가려 버리고, 명물名物과 기복器服로써 삼례三
禮를 가려 버리며, 상수象數로써 『역』을 가려 버리고 조수초목鳥獸草木으로써 『시』를
가려 버린다. 평생토록 경전을 연구해도 자기를 이롭게 하는 말이 한마디도 없고,
정치에서 검증할 수 있는 일이 하나도 없지 않는가?[60]

따라서 위원은 당세 건가의 한학을 모두 축출하면서 다음과 같이 말했다.

건륭 중기 이후로, 천하의 사대부들이 한학漢學을 흥기시켜서, 양자강 남북에서
더욱 성행하였다. 소주蘇州의 혜동惠棟과 강영江永 상주常州의 장용臧庸과 손성연孫星
衍, 가정嘉定의 전대흔錢大昕, 금단金壇의 단옥재段玉裁, 고우高郵의 왕염손王念孫,
휘주徽州의 대진戴震과 정정조程廷祚가 앞다투어 고훈詁訓과 음성音聲을 연구하여
자세하게 분석하였다. 국초의 곤산昆山과 상숙常熟의 이고二顧, 즉 고염무顧炎武와
고동고顧棟高, 그리고 사명四明 황종희黃宗羲, 만사동萬斯同, 전조망全祖望 등의 여러
인물들이 모두 사학史學은 경학經學이 아니라고 배척하고, 혹은 송학宋學은 한학漢學
이 아니라고 말한 것과 비교해 보면, 천하의 총명하고 지혜로운 자들을 가두어놓고
서, 그들에게 모두 무용無用이라는 하나의 길로 나가게 하였다.[61]

이상의 내용을 통해 위원 학술의 큰 요지를 볼 수 있다.
청말민초에 장태염은 혁명에 몸을 맡기고서 유신維新이 사그라진 재가 되는
것을 깊이 두려워하였다. 그는 스스로 문호를 내걸고, 위원이 "경세經世를 과장하게
말하기 좋아한다"[62]고 배척하였다. 그는 또 위원의 한학에 보이는 무용한 말에
깊은 유감을 가지고 있었다.

---

60) 魏源, 『默觚 上・學篇 第九』(『魏源集』 上冊, 24쪽).
61) 魏源, 『武進李申耆先生傳』(『魏源全集』 제12책, 283쪽).
62) 章太炎, 『檢論・淸儒』(『章太炎全集』 제3책).

대진戴震은 여지輿地에 정밀했고, 전대흔錢大昕은 사사史事에 익숙했으며, 손성연孫
星衍은 법률法律에 밝았으니, 단지 한학만을 연구한 것이 아니다. 비록 쓰임이
있고자 하더라도 어찌 이 세 가지 대상을 폐기할 수 있겠는가?…… 대진은 젊어서는
소규모의 상인을 하면서 여기저기 두루 돌아다녔고, 마을의 간사한 사람이나
자질구레하고 작은 일까지 모두 알고 있었다. 따라서 유독 그의 정치 참여를
허용한 것은 또한 허구로 지어낸 것이 아니기 때문이다.[63]

이 내용을 보면, 장태염은 사실상 위원을 잘 알지 못했고, 결국은 대진이 젊은
시절에 장사를 한 일을 들어서 변론했으니, 이것은 대진에게는 단지 수치가 될
뿐이다. 위원이 말한 용用은 경전에 능통하여 실제에 응용하는 것이다. 경술經術을
치술治術로 삼는 것이지 어떤 사람이 생계를 잘 유지하는 것을 말하는 것이 아니다.
장태염의 투덜거리는 변론은 단지 그의 말의 궁색함만을 드러낼 뿐이다.

장태염은 또 고의로 의문을 제기하고서, "나는 단지 위원이 말한 용用이라는
것을 잘 모르겠는데, 무엇 때문에 용用을 주장했는가?"라고 했다. 장태염이 생각하기
에, 만청시기 이족異族의 세상에서 사대부는 경세치용을 할 수 없기 때문에 당연히
백성들의 슬픔과 즐거움을 경시할 수밖에 없다. 그렇지 않다면 단지 도적을 도와주는
자원이 될 뿐이다. 따라서 위원은 배워서 몰래 선정善政을 베풀어야 한다고 외치지만,
모든 것이 자기 몸 하나만 선하게 하는 일일 뿐 천하 백성을 두루 구제하는 뜻은
거의 보이지 않는다. 따라서 장태염은 위원을 다음과 같이 통렬하게 비난하였다.

위원은 다시 상주常州 한학漢學과 동류가 되어서, 요망함으로 백성들을 속이고,
과장됨으로 오랑캐에게 아부하여, 크게는 매국노이자 큰 도둑이고, 작게는 사문私門
에서나 수용될 식객食客이다.[64]

장태염은 진실로 "경학經學을 혁명한" 사람답다. 만약 저들이 영국 오랑캐의

63) 章太炎, 『檢論·學隱』(『章太炎全集』 제3책).
64) 章太炎, 『檢論·學隱』(『章太炎全集』 제3책, 481쪽).

아편전쟁 시대에 살았다면, 홍수전洪秀全이나 양수청楊秀淸과 같은 큰 도둑이 되지 않았으면, 반드시 오랑캐에게 아부하는 매국노가 되었을 것이니, 오랑캐에게 충성하고 몸을 바칠 뜻이 있었다는 점에 대해서는 논할 필요가 없을 것이다. 장태염의 학문은 그 말이 항상 이처럼 대부분 어긋나고 잘못되었다.

따라서 위원이 복고復古를 외친 것은 전한시대의 미언대의微言大義의 학문으로 돌아가고자 한 것이다. 「양한경사금고문가법고서兩漢經師今古文家法考敍」에서 말했다.

> 전한시대의 미언대의微言大義의 학문은 후한시대에 무너졌고, 후한시대의 전장제도
> 典章制度의 학문은 수당시대에 끊어져 버렸다. 양한시대의 훈고訓詁와 성음聲音의
> 학문은 위진시대에 사라졌으니, 그 도는 과연 누가 흥성하게 하고 쇠퇴하게 하는가?
> 또한 문질文質은 두 세대를 지나서 반드시 되돌아오고, 천도天道는 세 번 은미하고
> 한 번 드러남을 이룬다. 오늘날 복고復古의 요지는 훈고와 성음으로부터 후한시대의
> 전장제도로 나아가는 것, 이것은 제齊나라가 한번 변화하여 노魯나라의 경지에
> 이르는 것이다. 전장제도로부터 전한시대의 미언대의로 나아가서, 경술經術 · 정사
> 政事 · 문장文章을 하나로 관통하는 것, 이것은 노나라가 한번 변화하여 지극한
> 도에 이르는 것이다.[65]

건가乾嘉의 학문은 복고復古를 외치면서 송학宋學을 공격하고자 하였다. 그런데 위원은 전한시대의 미언대의를 그 기치로 내걸었으니, 건가의 학자들을 공격하고자 한 것이다.

2) 『동자춘추발미董子春秋發微』

한대 초기에 호무생胡毋生과 동중서董仲舒는 함께 『공양춘추』를 연구했는데, 동중서는 대의大義를 진술하고, 호무생은 장구章句와 조례條例를 밝혔다. 두 사람이 각각 위주로 삼은 것이 있었지만, 『공양전』 박사들은 모두 동중서를 종주로 삼았다.

---

65) 『論語』, 「雍也」, "齊一變, 至於魯, 魯一變, 至於道."

후한시대 말기에 하휴何休는 박사 무리들의 "기존의 이론을 묵수하고, 기존의 이론만을 강하게 주장하며, 논쟁에서 크게 패배하고, 주장의 근거를 상실한 잘못"[66]을 경계하고, 호무생의 『조례條例』에 의거하여 『춘추공양전해고』를 지으면서 『조례』의 올바름을 많이 얻었다. 그런데 그는 동중서의 책에 대해서는 한마디도 언급하지 않았다. 청대 가경嘉慶 · 도광道光 연간에 공양학이 부흥하였다. 공광삼 · 유봉록이 비록 『공양전』의 전문가이지만, "또한 단지 하휴가 남긴 것을 모으고 빠뜨린 것을 보완했을 뿐이며, 동중서의 책은 자세하게 알지 못했다." 따라서 위원은 『동자춘추발미董子春秋發微』를 지었으며, 그 뜻을 다음과 같이 스스로 서술하였다.

> 『동자춘추발미』 7권은 무엇 때문에 지었는가? 대답했다. 『공양전』의 미언대의를 드러내 밝히고, 호무생의 『조례』와 하휴의 『춘추공양전해고』에서 완비되지 못한 것을 보완하기 위해서이다.[67]

청대 공양학이 위원에 이르러서 하나의 근본적인 전환, 즉 하휴로부터 동중서로 향하는 전환이 있었다고 말할 수 있다. 위원이 복고復古를 강하게 외쳤는데, 단지 후한시대의 고문학으로부터 전한시대의 금문학으로 되돌아가는 것뿐만 아니라, 또한 『공양전』의 하휴로부터 전한시대의 동중서로 복귀하는 것이다. 그 후에 강유위가 위원의 뒤를 계승하여, 동중서를 서술하고 동중서를 높이는 것을 목표로 삼았다.

『동자춘추발미』는 모두 7권인데, 애석하게도 완성되지 못했다. 지금은 단지 『고미당외집古微堂外集』에서 그 「서문」과 목차만을 볼 수 있다. 그 「서문」에서는 동중서의 책을 깊이 찬미하였다. 위원의 시각에서 보면, 하휴는 오직 호무생만을 종주로 삼았고 동중서를 언급하지 않았으며, 공광삼 · 유봉록이 공양학을 부흥시켰을 때도 또한 "단지 하휴가 남긴 것을 모으고 빠뜨린 것을 보완했을 뿐이며, 동중서의 책은 자세하게 알지 못했다." 이 때문에 위원의 뜻은 동중서의 학문을 드러내

---

66) 『公羊傳』, 「序」(何休).
67) 魏源, 『董子春秋發微』, 「序」(『魏源全集』 제12책, 119쪽).

밝히고, 또 동중서를 하휴보다 위로 추존하는 데 있었다. 만청시기의 공양학을 살펴보면, 위원에 이르러서 실로 한 번의 전환이 있었으니, 위원 이전의 전기 공양학은 하휴를 중심에 두었고, 그 후에는 동중서를 중심에 두었다.

또한 동중서와 하휴의『공양전』연구는 그 체례가 크게 다르다. 소여蘇興의 『춘추번로의증春秋繁露義證』「예언例言」에서 말했다. 전한시대의 책은 경전에 주석을 다는 체례와 경전을 해설하는 체례가 있었는데, 동중서의『춘추번로』는 경전을 해설하는 체례이고, 하휴의『춘추공양전해고』는 경전에 주석을 다는 체례이다. 위원은 동중서 책의 체례가 의리를 밝히는 데 있어서 더욱 뛰어나고, 문장에 얽매이거나 예例를 나누는 것에 구애받지 않고, "경전에 담긴 마음을 찾아내고, 성인의 권도를 포착하며, 천하의 도를 완비할" 수 있다고 말했다.

유봉록은 위원이 "경전을 연구하여 미언대의를 탐구하기를 좋아한다"[68]고 말했는데, 이 책에서는 유봉록의『공양춘추하씨석례公羊春秋何氏釋例』에서 "대의大義를 통론한 것 중에서 동중서와 가까운 것만을 취하여 뒤에 붙여 두었으니",[69] 또한 청대 사람들이 동중서를 종주로 삼는 원류가 위로 유봉록까지 거슬러 올라간다. 그러나 위원은 또한 동중서의 책이 본래 의리를 밝히는 데 뛰어나고, 전문적으로 조례를 만들지 않았지만 조례가 그 안에 다 갖추어져 있다고 생각했다. 따라서 그는 동중서의『춘추번로』25편의 문장을 들어서, 하휴가 총괄한 조례와 서로 비교하고 대조하였다. 이로써 알 수 있듯이, 동중서의 책은 단지 의리를 밝히는 데만 뛰어난 것이 아니라, 예例를 말한 것도 전혀 손색이 없다.

위원은『춘추번로』에서「삼대개제질문三代改制質文」을 더욱 중시하여, 다음과 같이 말했다. "상하上下와 고금古今에 오덕五德과 오행五行을 삼통三統에서 관통하니, 천인天人 관계의 끊어진 학문을 궁구했다고 말할 수 있다. 호무생의『조례』와 비교하면 그 수준 차이가 너무 커서 탄식이 나온다."[70] 이후 강유위에 이르러서 공자의

---

68) 劉逢祿,『詩古微』,「序」(『劉禮部集』, 권9).
69) 魏源,『董子春秋發微』,「序」(『魏源全集』제12책, 119쪽).
70) 魏源,『董子春秋發微』,「序」(『魏源全集』제12책, 119쪽).

개제改制를 드러내 밝히는 것을 요지로 삼았으니, 모두 위원이 마음으로 전한 것을 이해한 것이다.

유봉록의 『공양전』 연구는 대체로 하휴를 확장하는 것을 큰 요지로 삼는다. 그러나 또한 『공양전』만을 전문적으로 위주로 하지 않았으며, 그 중의 대부분이 하나의 이론으로 단정하지 않았다. 예를 들어 하휴를 확장하면서 정현을 비판하는 것을 위주로 했지만, '모이자귀母以子貴'를 논할 때는 정현을 확장하면서 하휴를 비판하였다. 비록 『공양전』의 가법을 위주로 했지만, 부인자씨夫人子氏와 혜공중자惠公仲子 두 가지 일을 논할 때는 『곡량전』을 인용하여 『공양전』을 반박하였다. 비록 동중서와 하휴가 마치 부절이 합치되는 것과 같음을 좋게 여겼지만, 오히려 문질文質에 관해 서로 다른 법칙을 제시한 동중서의 책은 근거로 삼을 수가 없다고 비난하였다. 그 후에 공자진은 동중서의 책을 약간의 근거로 삼아서 유봉록을 반박했으며, 위원의 경우는 동중서와 하휴의 차이점을 명백하게 지적하였다. 이로써 알 수 있듯이, 위원은 동중서를 진술하는 것을 지향으로 삼았기 때문에 유봉록이 하휴를 확장한 것과 비교해 보면 사실 서로 일치하지 않는 하나의 새로운 방향이다. 그것은 만청시기의 금문학에 직접적으로 영향을 끼쳤다.

위원의 이 책은 하휴의 『춘추공양전해고』에서 갖추지 못한 것을 많이 논의했는데, 지금은 상세하게 알 수가 없다. 오직 「서문」에서 그가 하휴가 논한 '숙술이 형수를 부인으로 삼았다'(叔術妻嫂)에 대해 공격한 한 가지 일을 살펴볼 수 있다.

하물며 하휴의 집착은 심지어 숙술叔術이 형수를 부인으로 삼은 것을 임기응변으로 여겼다. 또한 이상하고 가소로운 논의를 스스로 말하여, 경전을 더럽히고 가르침을 해치며, 백세의 구설수를 남기는가?[71]

살펴보건대, '숙술이 형수를 부인으로 삼았다'(叔術妻嫂)는 일은 경문에는 분명한

---

71) 魏源, 『董子春秋發微』, 「序」(『魏源全集』 제12책, 119쪽).

문장이 없다. 『춘추』 소공 31년, "흑궁이 남읍을 가지고 노나라로 도망쳐 왔다"(黑弓以濫來奔)의 『공양전』에서 그 일을 갖추어 기록하고, 숙술이 나라를 양보한 것을 현명하게 여겼다. 그런데 숙술은 안공顔公을 죽게 만든 노나라의 두 대부를 죽이고, 또 형수를 부인으로 삼았으니, 그 죄가 매우 크다. 그런데 나라를 양보한 것과 비교하면 악행이 작고 공적이 크다. 따라서 공적으로 악행을 없앨 수 있기 때문에 『공양전』에서는 그를 현명하다고 여겨서, 그가 대대로 대부가 되는 것을 용인하였다.

그런데 『공양전』에서는 숙술이 나라를 양보한 덕을 칭찬했지만, 하휴는 반드시 그런 것은 아니다. 『춘추』 소공 20년, "조나라 공손회가 몽에서 송나라로 도망쳤다."(曹公孫會自鄸出奔宋) 하휴의 주에서 말했다. "숙술은 공적과 악행이 서로 없앨 수 있지만, 그는 단지 남濫읍을 하나의 나라로 간주하여 얻을 수 있을 뿐이다." 서언의 소에서 말했다.

> 숙술이 나라를 양보한 공적은 그가 형수를 부인으로 맞이하고 안공顔公을 죽게
> 만든 노나라의 두 대부를 죽인 악행을 없애준다. 그러나 그는 단지 남읍을 하나의
> 나라로 간주하여 소국으로 삼아서 얻을 수 있을 뿐이지, 주루邾婁나라를 얻을
> 수는 없다.[72]

서언의 해석에 의하면, 하휴의 입장은 『공양전』의 문장과 비교하면 다소 후퇴한 것이다. 따라서 숙술의 공적은 단지 소국을 얻을 수 있을 뿐이다. 또한 하휴는 『공양전』 「서문」에서 『공양전』에서 괴이하게 여길 만한 논의가 있다고 했는데, 그러한 이야기를 그가 반드시 깊이 용인하는 것은 아니다. 따라서 위원의 비판은 반드시 하휴의 잘못만은 아니므로 마땅히 『공양전』이 그 허물을 맡아야 하지 않겠는가?

---

72) 魏源, 『董子春秋發微』, 「序」(『魏源全集』 제12책, 119쪽).

2. 『시고미詩古微』

유봉록의 『시고미詩古微』 「서문」에 의하면, 청대 금문학의 맹아는 무진武進 장혜언張惠言의 우씨虞氏 『역』 연구와 곡부曲阜 공광삼孔廣森의 『공양전』 연구에서 시작된다. 그 후에 유봉록·송상봉이 그 뒤를 이어서, 하휴의 가법으로 『공양전』을 전문적으로 연구했는데, 이것이 금문학의 확장이다. 그와 동시에 경전을 연구했던 건가乾嘉 학자들 중에서 『서書』는 강영江永·단옥재段玉裁·손성연孫星衍·왕염손王念孫이 있다. 모두 마융馬融·정현鄭玄·왕숙王肅·공안국孔安國을 잡다하게 취하여 특별히 선택한 이론이 없었다. 『시詩』는 고염무顧炎武·염약거閻若璩·호위胡渭·대진戴震이 있다. 비록 모학毛學에 의심을 가졌지만, 여전히 삼가三家의 옛 뜻에 근거하여 그 원류를 바로잡을 줄 몰랐다. 그런데 유봉록의 관점에서 보면, 전한시대 14박사의 학문은 실제로 하나의 총체이고, 학문의 방법이나 풍격이 동일하다. 따라서 금문학의 관점에서 여러 경전을 두루 해석하되, 『역』·『춘추』를 통해 『서』·『시』·『예』, 내지는 『논어』·『효경』으로 한 걸음 더 확장되는 것은 이치에 맞고 조리가 서는 일이다.

유봉록은 자신이 "지난번에 『춘추』의 금문학을 연구하여, 그 뜻을 드러내 밝혀서 일가의 말을 이루는 데 뜻을 두었다. 그런데 하다 말다 꾸물대다가 오래되었는데도 일을 마치지 못했다"[73]고 스스로 말했다. 유봉록의 『상서금고문집해尙書今古文集解』와 『논어술하論語述何』는 본래 금문학 관점을 드러내 밝히는 저술이었지만, 모두 끝을 맺지 못한 작품이다. 따라서 위원의 『시고미詩古微』와 『서고미書古微』는 사실상 유봉록이 끝내지 못한 일을 이은 것이니, 청대 금문학 운동의 중요한 성취라고 말할 수 있다.

『시고미』는 첫 번째 판각본과 두 번째 판각본 두 종류가 있다. 첫 번째 판각본은 수길당본修吉堂本이다. 단지 상·하 2권으로 구성되어 있으며, 「정시편正始篇」, 「시악편詩樂篇」, 「삼가발범三家發凡」, 「모시명의毛詩明義」, 「삼가발미三家發微」, 「제노시발미합

---

73) 劉逢祿, 「詩古微序」(『劉禮部集』, 권9).

편齊魯詩發微合篇」, 「노시발미魯詩發微」, 「한시발미韓詩發微」, 「삼가통의三家通義」, 「삼가이의三家異義」, 「집전초의集傳初義」 등 10여 편이 있다. 앞에는 이조락李兆洛의 「서문」이 있고, 도광道光 초기에 완성되었다. 도광 20년, 위원은 첫 번째 판각본에 "젊은 시절에 확정하지 못했던 논의"가 많음을 후회하고, 마침내 수정과 증보를 가하여 20권을 지었는데, 이것이 고미당본古微堂本이다. 두 번째 판각본은 3편編으로 나누어져 있으며, 상편 6권은 권수卷首 1권과 함께 모든 경전의 대의大義를 통론하였다. 중편 10권은 장별로 의심스러운 내용을 문답하였다. 하편 3권은 하나는 고서古序를 모아 두었고, 다른 하나는 외전外傳을 연역하였다. 또 위원의 「자서」가 있지만, 이조락의 「서문」은 싣지 않았다. 그리고 유봉록이 일찍이 첫 번째 판각본에 「서문」을 지었는데, 두 판각본에 모두 싣지 않았다. 두 번째 판각본은 이후에 『황청경해속편皇淸經解續編』에 수록되었다.

위원의 「자서」에서 말했다.

> 『시고미』는 어떻게 이름을 지은 것인가? 제齊·노魯·한韓 삼가三家 『시』의 미언대의를 밝히고, 거기에서 빠진 내용을 보완하며, 오묘한 이치를 확대하여 밝힘으로써 『모시毛詩』의 찬미와 풍자의 예例, 정례正例와 변례變例에서 막힌 것을 뚫어서 풀어 주고, 주공周公·공자孔子가 예禮를 제정하고 음악을 바로잡은 마음 씀을 후세에 드러내 보여 주기 위해서이다.[74]

이로써 알 수 잇듯이, 『시고미』라는 책의 요지는 사실상 모형毛亨과 정현鄭玄의 이론을 공격하는 데 있었다.

또한 유봉록이 지은 「서문」에서 말했다.

소양邵陽의 위원魏源은 경전 연구에서 미언대의의 탐구를 좋아하였고, 동중서의 책을 통해 『공양춘추』를 믿었으며, 『춘추』를 통해 전한시대 금문학의 가법家法을

---

74) 魏源, 『詩古微』, 「自序」.

신뢰하였다.……『시』에 있어서는 노魯·한韓의 쇠퇴하여 남아 있는 것을 드러냄으로써 『모시전毛詩傳』·『모시전毛詩箋』을 바로잡았다. 이미 나의 이론과 모두 들어맞으며, 그가 난제를 해결하고 하나하나 풀어서 설명하고, 깊이 숨겨진 이치를 탐색하고 폐기된 이론을 다시 회복시킨 것은 또한 모두가 충분히 큰 도를 지키고 오묘한 이치를 확대하여 밝혔다.[75]

유봉록은 위원이 금문학의 가법으로 『시』를 잘 연구한 것을 크게 인정하였다. 상주常州 금문학이 처음 흥기할 때는 단지 하휴의 가법에 근거하여 『공양전』의 뜻을 진술하는 것에 지나지 않았고, 기껏해야 또 『좌씨전』의 잘못을 공박하는 데 그쳤다. 표면상으로 보면, 이 당시 상주 학술은 단지 청나라 초기 이후 『좌씨전』을 바로잡는 학풍을 답습했을 뿐이다. 따라서 금문학이 『시』·『서』 연구로 확장됨에 따라, 그것과 건가 한학과의 차이는 그 윤곽이 차츰차츰 분명해졌고, 상호간의 충돌도 물과 불처럼 용납하지 못하는 상황이 되었다. 예를 들어, 유봉록은 전대흔錢大昕의 『춘추』에 관한 견해를 비평했는데, 『춘추』는 전대흔이 잘하는 분야가 전혀 아니었다. 위원의 『시』·『서』 연구는 건가의 여러 학자들의 옛 이론을 끝까지 전복시키려고 했는데, 대진戴震이 조일청趙一淸의 『수경주水經注』를 표절했다고 공격한 것은 그 예이다.

유봉록과 위원의 이론에 근거하면, 한나라 초기에 제·노·위 삼가의 『시』가 성행했으며, 『모시毛詩』는 가장 늦게 나와서 박사에 세워지지 못했다. 그 후에 고문이 점점 흥성하자, 박사의 금문학을 없애려고 힘썼다. 그러나 가규賈逵의 『제노한모시이동齊魯韓毛詩異同』과 최영은崔靈恩의 『모시집주毛詩集注』에서는 여전히 삼가를 겸해서 사용하였다. 한나라 말기 정현은 여러 경전에 두루 주석을 달았는데, 『시』는 모씨毛氏를 위주로 하였고, 타당하지 않은 곳이 있을 경우에는 삼가三家의 뜻을 가지고 주석을 달고 바로잡았다. 이때부터 학자들은 정현의 전箋을 위주로 삼았고, 삼가는 점점 쇠퇴하였다. 『제시齊詩』는 위魏나라 시대에 없어졌고, 『노시魯詩』는

75) 劉逢祿, 「詩古微序」(『劉禮部集』, 권9).

서진西晉시대에 없어졌으며, 『한시韓詩』는 당나라와 송나라 때까지 여전히 남아 있었다. 『신당서』「예문지」와 『숭문총목崇文總目』에는 그 책을 수록하였고, 『어람御覽』과 『집운集韻』에서는 그 문장을 많이 인용하였다. 그러나 북송시대에 결국 없어졌고, 지금은 단지 그 중의 『한시외전韓詩外傳』만 남아 있을 뿐이다.

삼가가 없어지자 『모시毛詩』만이 통행되었다. 그런데 『모시』를 공격하는 자들도 곧바로 홍기하였다. 예를 들어 구양수歐陽修는 『시본의詩本義』를 지어서 모씨와 정현의 잘못을 공격하였다. 소철蘇轍은 『시전詩傳』을 지었는데, 「모서毛序」를 다 믿을 수 없다고 여겨서, 단지 그 첫 구절만 남겨 두고 그 나머지는 모두 삭제하였다. 정초鄭樵의 『시변망詩辨妄』에서는 모씨와 정현을 전문적으로 공격하고, 「소서小序」를 강력하게 비난하였다. 주자는 『시집전詩集傳』을 지었는데, 오직 경문만을 음미하고, 「모서」를 믿지 않았으며, 간간히 삼가의 이론을 채택하였다. 그 이후에 왕응린王應麟은 삼가의 시를 모았고, 명대 하해何楷와 청대 범가상范家相·서오徐璈 등은 수집하여 모은 것이 더욱 많다. 범가상·서오의 집본輯本은 거의 위원의 『시고미』가 근거로 삼은 것이다.

이에 앞서 고문가가 삼가의 『시』를 공격한 것은 대체로 세 가지 이유가 있다. 첫째, 제·노·한 삼가에는 모두 옛 서序가 보이지 않는다. 둘째, 『모시』는 경전經傳의 제자諸子의 이론과 합치되지만, 삼가는 증거가 없다. 셋째, 「모서毛序」는 자하·맹자·순자로부터 나왔지만, 삼가는 고증할 수가 없다.[76] 이에 대해, 위원은 "삼가에 대한 의문을 하나하나 논파하고, 삼가의 폐기된 이론을 다시 회복시켰다." 그 내용은 다음과 같다.

첫째, 삼가의 옛 서序에 대해. 정대창程大昌은 삼가에 옛 서序가 없다고 하면서 다음과 같이 말했다. "삼가에는 옛 서序가 보이지 않기 때문에 각 편의 뜻을 종합적으로 알 수 있는 방법이 없다. 『모시』만이 옛 서序가 있어서 각 장의 요지를 포괄하고 있기 때문에 훈고訓詁가 미칠 수 있고, 시詩 전체를 모아서 일관된 뜻으로 귀결할 수 있다."[77] 위원은 『신당서』「예문지」에 근거하여, 『한시』에는 복상卜商의 서序와

---

76) 魏源, 『詩古微』, 「齊魯韓毛異同論上」(『魏源全集』 제1책, 123~124쪽).

한영韓嬰의 주注가 있고, 많은 사람들이『한시』서序의 뜻을 많이 인용했으므로 『한시』는 서序가 있는 것이 분명하다고 했다.『제시』는 비록 가장 많이 사라졌지만, 장읍張揖의『상림부주上林賦注』에서 인용한 것이 바로『제시』의 서序이다. 유향이 『노시』를 전했는데, 그의『열녀전列女傳』에서 서序의 문장을 많이 인용했으므로 『노시』도 또한 서序가 있다.

두 번째, 삼가와 경전經傳의 제자諸子. 정초鄭樵가 말했다. "모공毛公 때에『좌씨전』 ·『맹자』·『국어』·『의례』가 아직 성행하지 않았지만, 그보다 앞서『모시』는 그 책들과 내용상 서로 합치되었다. 세상 사람들은『모시』의 정밀함을 알지 못했기 때문에 모두 삼가를 따랐다. 여러 책들이 나와서『모시』의 정밀함을 증명하자, 학자들은 그 이동異同과 득실得失을 고찰할 수 있었다. 뛰어난 것은 드러나고 열등한 것은 저절로 폐기되기 때문에 모두가 삼가를 버리고 모씨를 종주로 삼았다."[78] 위원은 이 주장을 바로잡았는데, 삼가가 사실은 경전의 제자와 그 내용이 합치되지만, 『모시』는 걸핏하면 어긋났다고 주장하였다. 또한 전한시대의 학자들, 예를 들어 태사공의『사기』는『노시』를 종주로 삼았고, 가의賈誼와 유향劉向의『신서新書』·『설 원說苑』·『열녀전』도『노시』를 종주로 삼았다. 후한시대의 학자들은 비록『모시』를 익숙하게 보았지만, 반고는 사가四家의『시』중에서『노시』가 가장 본래 모습에 가깝다고 인정하였고, 가규의『제노한모시이동齊魯韓毛詩異同』과 복건의『좌씨전』 주석, 그리고 정현의『예』주석에서는 모두『한시』를 눈에 띄게 사용하였다. 그리고 정현이『모시』에 전箋을 달면서도『한시』의 뜻을 몰래 사용했으며, 허신의『설문해자』 에서 인용한『시』의 십중팔구는 모두 삼가였고,『오경이의五經異義』도 대부분 삼가의 이론을 따랐다. 이상을 통해 정초의 주장이 잘못임을 알 수 있다.

셋째, 사가四家의 사설師說에 대해. 강병장姜炳璋이 말했다. "한대 사가四家의 『시』중에 오직 모공毛公만이 자하로부터 나와서, 그 연원이 가장 오래되었다.

77) 魏源,『詩古微』,「齊魯韓毛異同論上」에서 인용(『魏源全集』제1책, 124쪽).
78) 魏源,『詩古微』,「齊魯韓毛異同論上」에서 인용(『魏源全集』제1책, 125쪽).

또한 「노송전魯頌傳」에서 맹중자孟仲子의 말을 인용하였고, 「사의서絲衣序」는 고자高子의 말을 구별하였으며, 「북산서北山序」는 맹자의 말과 같으므로 또한 맹자로부터 나온 것이다. 그런데 대모공大毛公은 스스로가 순경荀卿의 제자였기 때문에 『모전毛傳』에서 순자의 말을 많이 인용했으니, 삼가가 미칠 바가 아니다."79) 위원은 다음과 같이 생각했다. 『한서』 「초원왕전楚元王傳」에서 부구백浮丘伯이 순경에게 『노시』를 전했다고 했으니, 『노시』는 순자로부터 나왔다. 『당서唐書』에서 "『한시』는 복상卜商의 서序"라고 했으니, 『한시』는 자하로부터 나왔다. 『한시외전』에서는 『맹자』의 문장을 자주 인용하였고, 또 고자高子가 맹자에게 「재치載馳」라는 시에 대해 물은 것을 기록하고 있으니, 『한시』는 또한 맹자로부터 나온 것이다. 위원은 또 『모시』의 전수관계는 서로 다른 주장이 많기 때문에 결코 근거로 삼을 만한 것은 아니라고 주장했다. 유봉록의 「서문」에서는 『공양전』의 뜻을 인용하여 삼가의 『시』를 증명함으로써 마침내 "금문학이 스승으로부터 전수받은 것이 고문학의 이러한 근거 없는 공리공담보다 훨씬 낫다"고 하였다.

위원은 삼가의 『시』에 대한 비판에 이미 응답했을 뿐만 아니라, 또한 금문학의 입장에 서서, 아울러 송대 사람들의 의견을 섞어서, 『모시』에 대해 다방면으로 비판하고 반박하였다.

위원의 「자서」에서 『시고미』의 요지는 『모시』의 찬미와 풍자의 예例에서 막힌 것을 뚫어서 풀어주는 데 있다고 하였다. 『시』에는 『시』를 짓는 것과 『시』를 채집하는 것, 『시』를 편찬하는 것의 차이가 있다. 이에 대해 위원은 다음과 같이 말했다.

『시』를 짓는 자는 자신의 감정을 스스로 말하고, 감정이 도달하면 그치니, 듣는 사람이 어떠할지는 따지지 않는다. 일에 나아가서 읊고, 그것이 어디로부터 이르렀는지는 구하지 않는다. 윗사람을 풍간하여 지었으면, 단지 윗사람의 깨달음만 구할 뿐 다른 사람에게 권면하고 징계하지 않는다. 태사太師가 『시』를 채집하여 천자에게 바치면, 『시』를 지은 자의 말로써 듣는 자의 뜻을 깨우친다. 작자가

---

79) 魏源, 『詩古微』, 「齊魯韓毛異同論上」(『魏源全集』 제1책, 127쪽).

일에 나아가 옳은 것으로써 거기에 이른 이유를 추론하니, 한때의 상벌賞罰과 출척黜陟이 일어난다. 국사國史는 『시』를 편찬하여, 눈동자 있는 소경(矇)이 외우거나 국자國子를 가르치는 데 대비한다. 특정한 사람을 풍간하는 시를 가지고 사람들을 풍간하는 시로 남겨 두고, 또 그 지경에 처하여 자신에 대해 읊조리고 남에 대해 읊조리는 방법으로 남겨 둠으로써 백세토록 권면하고 징계하거나 보고서 감흥하고 분발하도록 하였다.[80]

삼가와 『모시』의 차이는 바로 여기에 있다. "삼가는 특히 『시』를 지은 의미를 위주로 하지만, 「모서毛序」는 『시』를 채집하고 『시』를 편찬한 의도를 위주로 한다. 다른 것 같지만 사실은 같지 않음이 없다." 이로써 위원이 사가四家의 시에 대해 어느 한쪽을 폐기하려는 뜻은 없었다는 것을 알 수 있다.

따라서 『모시』는 대부분 찬미와 비판의 이론을 위주로 하였고, "삼가는 비록 『시』를 지은 의도를 위주로 하고, 또한 간간히 『시』를 편찬하고 『시』를 상주한 의도를 언급하니", 삼가도 또한 찬미와 비판을 폐기하지 않았다. 아울러 『모시』에 대해 말하면, 또한 『시』를 지은 의도를 보존하고 있다. 위원은 사가四家의 『시』가 각각 장단점이 있기 때문에 마땅히 그 회통하는 지점을 잘 살펴보아야 한다고 생각하였다. 이와 같이 사가四家는 "길을 달리하지만 귀결은 동일하지 않음이 없다." 위원이 말했다.

삼가三家의 장점은 시인의 본래 뜻에 근원하고 있다는 데 있고, 단점은 찬미와 비판을 부가적인 의미로 겸하고 있다는 데 있다. 『모시』의 장점은 『모전毛傳』과 「모서毛序」가 서로 맞지 않다는 데 있다. 단점은 「위서衛序」・『정전鄭箋』이 오로지 「서序」에 구애되어 그것을 『모시전毛詩傳』으로 삼는 것에 있다. 이 때문에 『시』를 채집한 자의 의도에 집착하여, 그것을 『시』를 지은 자의 의도로 여긴다. 즉 그 시를 채집한 이유를 윗사람에게로 돌린 태사太史의 추론을 모두 시인의 입에서 나온 것이라고 말한다.[81]

---

80) 魏源, 『詩古微』, 「齊魯韓毛異同論 中」(『魏源全集』 제1책, 129쪽).

이로써 알 수 있듯이, 『모시』의 단점은 찬미와 비판으로써 『시』를 해설한 것에 있지 않고, 찬미와 비판의 예例에 구애되어, 심지어 그것을 『시』의 본래 뜻이라고 간주한 것에 있다. 위원은 『시』의 본래 뜻은 『춘추』와 같다고 여겼다. 공자가 『춘추』를 지어서 문식(文)을 덜어 내고 질박함(質)을 사용했는데, 『시』가 "사특함이 없는 것"(無邪)을 본래 뜻으로 삼는 것이 『춘추』가 질박함(質)을 숭상하는 것과 같은 의미라는 것이다.

또한 「모시서毛詩序」에 '사시四始'의 이론이 있다. 그것이 무엇을 가리키는 지는 명하지 않지만, 위원은 『춘추』의 처음을 바로잡는다는 의미의 '정시正始' 의리를 들어서 『시』의 '사시'에 대해 논했다. 살펴보건대, 정현이 장일張逸에게 대답하면서 "「풍風」이고, 「소아小雅」이고, 「대아大雅」이고, 「송頌」이다" 하였다. 사四라는 것은 임금의 흥폐興廢의 시작이기 때문에 그것을 '사시四始'라고 한다. 청대 진계원陳啓源도 이 이론을 사용하였다. 위원은 그것이 단지 글자만 보고 뜻을 만들어 내어 대충 짐작한 것이라고 여기고, '정시正始'의 의리에 근거하여, 「풍」·「아」·「송」 각각이 그 자체로 시작이 있다고 주장하였다. 이에 앞서 성백여成伯璵의 『모시지설毛詩指說』에서 다음과 같이 말했다.

> 『시』에는 사시四始가 있다. 시始라는 것은 『시』를 바로잡는 의미이니, 시작을 바로잡는 것(正始)을 말한다. 「주남周南」과 「소남召南」은 국풍國風의 정시正始이고, 「녹명鹿鳴」에서 「청아菁莪」까지는 소아小雅의 정시正始이며, 「문왕文王」에서 「권아卷阿」까지는 대아大雅의 정시正始이며, 「청묘淸廟」에서 「반般」까지는 송頌의 정시正始이다. 이 이론은 또한 『노시』·『한시』와도 서로 비슷하다.[82]

『정전鄭箋』·『공소孔疏』이래로, 성백여는 종래에는 드러나지 않았던 이론을 말했는데, 그것은 사실상 『노시』·『한시』의 이론과 서로 비슷하다고 위원은 파악했

---

81) 魏源, 『詩古微』, 「齊魯韓毛異同論 中」(『魏源全集』 제1책, 132쪽).
82) 魏源, 『詩古微』, 「四始義例篇二」(『魏源全集』 제1책, 181쪽).

다. 또한 그는 사마천의 말을 들어서, "「관저關雎」의 마지막 장은 국풍의 시작이 되고, 「녹명鹿鳴」은 소아의 시작이 되며, 「문왕文王」은 대아의 시작이 되고, 「청묘清廟」는 송의 시작이 된다"고 했으니, 그것을 『노시』의 이론으로 여긴 것이다.

위원은 또 주자의 이론을 근본으로 삼아서, 「모시서毛詩序」는 모공毛公의 옛것이 아니고, 위굉衛宏이 지은 가짜가 섞여서 들어간 것이라고 했다. 또한 정현의 『모시전毛詩箋』은 위굉의 「속서續序」에 의거했기 때문에 모공의 것과는 다를 뿐만 아니라, 『시』의 핵심 의미를 잃어버린 것이라고 주장했다. 예를 들어 『모시』에서는 「관저」를 후비后妃가 현명한 남자를 구하는 시라고 했는데, 그것은 위굉이 『논어』의 '애락哀樂'이라는 말[83]을 견강부회한 데서 시작하여, 「대서大序」 속에 "「관저」는 후비가 숙녀를 얻어 군자의 배필로 삼아주는 것을 즐거워하여, 근심한 것이 어진 여인을 추천하는 데 있었고, 자신만이 남편의 사랑을 지나치게 독차지하기를 구하지 않았다. 그윽하고 한적한 곳에 있는 여인이 추천되지 못할까 가슴 아파하고, 어진 자질의 여인을 얻을 것을 생각하였지 착한 사람을 해치는 마음이 없었다"는 한 단락을 더해 넣었다. 따라서 『정전鄭箋』에서는 마침내 후비가 여러 첩들의 원망을 조화시킬 수 있는 어진 여인을 얻어서, 자기를 도와서 제사祭祀의 일을 받들도록 하고자 한 것이라고 말했다. 따라서 위원은 다음과 같이 말했다. "『모전毛傳』이 부자夫子의 뜻을 이해하지 못했을 뿐만 아니라, 「속서續序」는 또한 『모전』의 뜻을 이해하지 못했으며, 공영달은 또한 「속서」의 뜻을 이해하지 못했다. 여러 번 기록하는 과정에서 자주 변하여 종지와 멀어졌다."[84]

위원은 또 『시』로써 『춘추』의 뜻을 많이 증명했는데, 이것은 유봉록의 경전 연구의 뒤를 계승한 것이다. 그는 「위풍衛風·모과木瓜」에 대해 다음과 같이 말했다.

제齊나라 환공桓公의 패자로서의 공적은 적狄을 물리친 것보다 더 큰 것이 없으며, 융戎을 물리치고 초楚를 물리친 것은 그 다음이다. 「위풍衛風」은 「모과木瓜」로

---

83) 역자 주: 『논어』「八佾」편에 "子曰, 「關雎」, 樂而不淫, 哀而不傷"이라는 말이 보인다.
84) 魏源, 『詩古微』, 「毛詩義例篇上」(『魏源全集』 제1책, 158쪽).

끝나니, 제나라 환공이 적狄을 물리친 공적을 드러내기 위해서이다.…… "나에게 모과를 던져 줌에 그에게 아름다운 옥과 패옥으로 보답하였다." 이것은 제하諸夏의 마음이지 단지 위나라 사람의 마음만이 아니다. 이 시를 「위풍」의 가장 뒤에 둔 것은 제하를 위해 기록한 것이지 단지 위나라만을 위해 기록한 것이 아니다.[85]

이것은 위원이 『시』로써 『춘추』의 오랑캐를 물리치는 양이攘夷의 요지를 드러낸 것이다.

또 『시』로써 『춘추』의 '삼통의 소통'(通三統) 의리를 다음과 같이 증명하였다.

공자가 위衛나라로부터 노魯나라로 돌아와서, 예악禮樂을 바로잡고 『춘추』를 손질했는데, 노나라를 근거로 삼고, 주나라를 새로운 나라로 여기며, 송나라를 옛 나라로 여겨서, 삼대三代에 그것을 운용하였다. 따라서 송頌을 노나라에 배열하여, 동쪽의 주나라를 만들 수 있다는 뜻을 보여 주었다. 「노송魯頌」 다음에 「상송商頌」을 배치하여, 기杞나라를 축출하고 송宋나라를 보존하는 은미한 권력을 보여 주었다. 「주송周頌」에 「노송」과 「상송」을 합쳐서, 삼통三統이 순환하는 뜻을 보여 주었다. 따라서 말했다 "내가 주周나라의 도를 살펴보니, 유왕幽王과 여왕厲王이 그것을 무너뜨렸도다. 내가 노魯나라를 버려두고 어디로 가겠는가?" 또 말했다. "(내가 夏나라의 禮를 말할 수 있지만) 기杞나라에서 충분히 증명하지 못했다. 내가 은殷나라의 예를 배웠는데 송宋나라가 존재하고 있다." 성인의 감정이 잘 드러나지 않으니, 동중서와 태사공의 책이 아니었다면 누가 그것을 밝힐 수 있었겠는가?[86]

살펴보건대, 유봉록의 『공양석례公羊釋例』 「통삼통례通三統例」에서 처음으로 『시』로써 '삼통三統' 이론을 증명했다. 예를 들어 "『시』에서 삼정三正을 말한 것이 많은데, 특히 『시』의 세 가지 송頌보다 더 잘 드러나는 것이 없다"고 했다. 이것은 위원의 주장이 근본으로 삼은 것이다.

---

85) 魏源, 『詩古微』, 「邶鄘衛義例篇下」(『魏源全集』 제1책, 221쪽).
86) 魏源, 『詩古微』, 「商頌魯韓發微」(『魏源全集』 제1책, 330쪽).

그런데 이 시대의 금문과 고문의 영역은 이후의 엄격한 구분에는 여전히 크게 미치지 못했다. 따라서 위원은 『공양전』 이론을 사용하여 『시』를 해설한 이외에도, 또한 『주례』와 『좌씨전』의 이론도 많이 사용하였다. 이와 같았기 때문에 가법을 바꾸어서 혼란스럽게 했다는 비난이 있을 수밖에 없었다. 따라서 피석서는 비록 금문학을 고수하는 입장이지만, 그래도 삼가三家는 구별이 있다고 생각했다. 그는 다음과 같이 말했다.

> 『사기』의 이론으로 추론해 보면, 노·제·한 삼가三家의 『시』가 대동소이하다는 것을 알 수 있다. 오직 작은 부분에서 다른 점이 있기 때문에 나누어서 삼가를 세울 수 있으니, 만약 다른 점이 전혀 없다면 합쳐서 일가一家를 세워도 이미 충분하며, 굳이 나누어서 세울 필요가 없다. 오직 큰 부분에서 같기 때문에 합쳐서 삼가를 세울 수 있으니, 만약 전혀 같지 않다면 크게 다른 『모시』처럼 함께 세울 수 없다.87)

고문가의 경우, 예를 들어 장태염은 더욱더 이에 근거하여 위원을 비난하였다.

> 도광道光 말기에 소양邵陽의 위원魏源이 경세經世를 과장되게 말하기 좋아하였다. …… 대체로 『시』의 금문에는 제齊·노魯·한韓이 있고, 『서』의 금문에는 구양생歐陽生과 대·소하후大·小夏侯가 있기 때문에 서로 일치하지 않고, 제齊·노魯와 대·소하후大·小夏侯는 더욱 서로 원수처럼 공격하였다. 위원은 그것을 모두 혼합하였고, 통하지 않는 것을 고문으로 돌려 버렸으니, 더욱더 혼란스러워져서 조리가 없는 지경에까지 이르렀다.88)

바로 이와 같기 때문에 위원이 사가四家의 『시』가 서로 장단점이 있음을 논하면서, 여전히 『모시』를 엄격하게 거절하지 못한 것이다. 첫 번째 판각본은 물론이고 두

---

87) 皮錫瑞, 『經學通論』.
88) 章太炎, 『檢論·淸儒』(『章太炎全集』 제3책, 476쪽).

번째 판각본에서도 위원은 『모시』를 많이 긍정하였다. 그가 불만스러워한 것은 사실 위굉의 「서序」와 정현의 『모시전毛詩箋』이며, 위굉과 정현이 모공毛公의 원래 뜻을 거짓으로 말함으로써 그 진상이 천년 동안 드러나지 않도록 만들었다고 생각하였다.89)

이에 앞서, 유봉록은 단지 『좌씨전』에 근거하여 유흠이 제멋대로 고치고 혼란스럽게 만든 것을 공격했는데, 위원은 더 나아가 『노시魯詩』에 근거하여 유흠의 위작을 공격하였다. 위원은 『좌씨전』의 원본과 『노시』가 동일한 네 가지 일을 들어서, 유흠이 『좌씨전』을 제멋대로 고치고 혼란스럽게 만듦으로써 마침내 '천고의 해결되지 않는 안건(千古之疑獄)'이 되었음을 밝혔다. 유봉록은 일찍이 유흠의 『노시』 비난에 대해 언급하지 않았지만, 유흠의 위작에 대한 위원의 공격은 더 나아가 『시』로까지 확장된 것이다.

그 후에 남해南海 강유위는 위원의 주장을 더욱 부연하여, 『모시』도 유흠이 거짓으로 조작한 것이라고 말했다. 이에 대해 전현동錢玄同은 다음과 같이 논했다.

> 강유위가 『모시毛詩』를 변론한 것은 의론이 가장 밝고 확실하기 때문에 내가 흠잡을 것이 전혀 없다. 그는 서정徐整과 육기陸璣가 말한 두 종류의 전수 원류를 믿지 않았고, 「남해南陔」·「백화白華」·「화서華黍」·「유경由庚」·「숭구崇丘」·「유의由儀」라는 6편의 '생시笙詩'가 있다는 것을 믿지 않았으며, 「상송商頌」이 상商나라 시대의 시라는 것을 믿지 않았고, 모형毛亨과 모장毛萇이라는 두 명의 '모공毛公'이 있다는 것을 믿지 않았다. 아울러 그는 그것을 근거로 삼아 '모공毛公'이라는 사람이 있는지 없는지를 의심하였고, 하간헌왕河間獻王이 『모시』를 얻어서 박사를 세운 일이 있었는지 믿지 않았으며, 「모시서」가 위굉의 작품임을 확실하게 인정하였다. 이것은 모두 지극히 정밀하고 합당한 견해이다. 나는 그가 여러 경전이 위고문僞古文임을 변증한 것 중에 『모시』를 변증한 것이 가장 좋다고 생각한다. 그에 앞서 위원은 비록 『모시』를 믿지는 않았지만, 그 견해가 강유위에게는 크게 미치지 못한다. 송대의 정초鄭樵·주희朱熹와 청대의 모정牟庭·최술崔述이 『모시』를 공격한 것이 강유위와 비슷하다고 할 만하다.90)

---

89) 賀廣如, 『魏默深思想探究』, 156쪽 참고.

이로써 알 수 있듯이, 강유위는 사실상 위원의 뜻을 계승하였고, 또한 위원의 주장을 끝까지 밀고 나갔다. 전현동이 위원과 강유위를 긍정한 것은 또한 단지 사상사의 측면에서 나온 것이다. 즉 의고疑古 풍조라는 각도에서 평가한 것이다.

3. 『서고미書古微』

위원 이전에 장존여莊存與·장술조莊述祖 및 유봉록劉逢祿 등의 상주 학자들이 모두 『상서』를 연구하였다. 위원은 "「금등金縢」·「대고大誥」편은 대부분 무진武進의 장존여가 남긴 말에서 취했고, 「서서書序」는 무진武進 장술조·유봉록이 남긴 논의를 함께 채택하였다"[91]고 스스로 말했다. 이로써 알 수 있듯이, 상주의 금문학은 본래 『상서』 연구를 중시했고, 위원은 그러한 유풍을 계승했을 뿐이다.

위원이 『서고미書古微』를 지은 시기는 매우 이르다. 이호李瑚·하검흠夏劍欽의 『위원대사연표魏源大事年表』에서 이 책은 대략 도광 2년(1822)에 완성되었지만, 함풍 5년(1855)에 이르러 처음으로 글로 기록되었다고 한다. 제사화齊思和는 이 책이 "2~30년 동안 심혈을 기울이고 고심하는 과정을 거쳤기 때문에 『시고미』에 비해 간략하고 개괄적이면서 매우 신중을 기한 것이 크게 차이가 난다"[92]고 하였다. 책 전체는 모두 12권이다.

『서고미』의 요지에 관해서는 「서문」에서 다음과 같이 말했다.

『서고미』는 무엇 때문에 지었는가? 전한시대 『상서』 금고문의 미언대의를 드러내 밝히고, 후한시대에 견강부회하고 스승으로부터 전수받은 것이 없었던 마융馬融과 정현을 물리치기 위해서이다.[93]

---

90) 錢玄同, 「左氏春秋考證書後」(『古史辨』 제5책[臺北: 藍燈文化事業公司, 1987], 35쪽).
91) 魏源, 『書古微』, 「例言下」.
92) 齊思和, 『魏源與晚清學風』(『魏源全集』 제20책, 741쪽).
93) 魏源, 『書古微』, 「序」.

이로써 알 수 있듯이, 『서고미』를 지은 것은 마융과 정현의 『고문상서』 이론을 공격하기 위해서이다.

공자가 주나라 왕실에 있는 『서』를 보았는데, 우虞·하夏·은殷·주周 4대의 책 100편을 얻어서 그것을 차례대로 편집하였다. 진나라는 『시』·『서』를 불태워서 백성들을 우둔하게 만들었다. 한나라가 흥기한 후에 진나라의 패망을 경계하여 크게 책을 수집하고 책을 바치는 길을 넓게 열자 경적들이 차례차례로 세상에 드러났다. 복생伏生은 진秦의 박사였는데, 진나라 때 책을 불태우자 복생은 그것을 벽 속에 숨겼다. 한나라 때 겨우 『상서』 29편만을 집안의 벽 속에서 얻어서, 그것을 가지고 제나라와 노나라 사이에서 가르쳤다. 또한 『상서전尙書傳』 41편을 지었는데, 구양생歐陽生·하후씨夏侯氏가 그것을 전수했으니, 이것이 『금문상서』이다. 노공왕魯恭王이 공자의 옛집을 헐고 궁실을 넓히려다가 벽 속에서 『고문상서』 45편을 얻었으며, 공안국孔安國이 금문으로 그것을 해독함으로써 평민으로서 그 학파를 일으켰다. 이에 대해 『서고미』의 「서문」에서 다음과 같이 말했다.

복생伏生이 『상서』 29편을 집안의 벽에서 얻은 이후로, 구양생歐陽生과 하후씨夏侯氏가 그것을 전했으며, 후대 사람들이 그것을 『금문상서』라고 했다. 공안국孔安國이 다시 『고문상서』 45편을 공자 집의 벽에서 얻었는데, 복생의 판본과 비교했을 때 일서佚書 16편이 더 많았다. 그리고 공안국은 구양생歐陽生에게 배웠고, 일찍이 금문으로 고문을 해독했고, 또한 고문으로 금문을 고찰했다. 사마천도 일찍이 공안국에게 뜻을 물었으니, 전한시대 금문과 고문은 곧 일가一家였으며, 대부분 동일하고 조금 다른 것이 단지 열 중의 하나에 불과했기 때문에 애초에는 분명히 두 가家로 나누어지지 않았다. 복생이 전수한 책을 명명할 때 단지 구양생·하후씨의 『상서』라고 말했기 때문에 금문 『상서』라고 불리는 것은 애초부터 없었다.[94]

이에 근거하면, 위원은 단지 전한시대 『시』의 삼가三家를 하나로 여길 뿐만

---

94) 魏源, 『書古微』, 「序」.

아니라, 『서』의 금고문今古文도 일가一家로 여겼다.

위원의 관점에서 보면, 후세에서 말하는 『고문상서』는 앞뒤로 사실상 세 종류가 있다. 바로 공안국孔安國의 판본, 두림杜林의 판본과 매색梅賾의 판본이다. 그 중에서 공안국의 판본은 진짜 고문이며, 비록 복생의 금문 판본에 비해 16편이 많지만, 공안국이 일찍이 구양생에게 배웠기 때문에 본문의 차이는 크지 않고, "대부분 동일하고 조금 다른 것이 단지 열 중의 하나에 불과하여", 금문과 고문의 불일치를 초래한 적이 결코 없다. 그 다음은 후한시대 두림이 얻은 칠서漆書, 즉 대쪽에 칠로 글자를 쓴 『고문상서』인데, 마융과 정현의 고학古學이 근본으로 삼은 것이다. 그런데 위원은 두림의 고문이 가짜이기 때문에 마융과 정현의 고학도 믿을 수 없다고 여겼다. 그러나 이 위고문僞古文은 이후에 또한 없어졌고, 동진東晉시대에 이르러 매색의 위고문이 출현하여 마침내 학관에 세워졌다. 이것이 후세에 보이는 『고문상서』로, 또한 청대 사람들이 공격한 위서僞書 『고문상서』이다.

『서고미』의 「서문」에 의하면, 위원은 모두 다섯 가지 사례를 들어서 후한시대 『고문상서』의 거짓을 증명하였다.

첫째, 『후한서』 「두림전杜林傳」에 의하면, 두림은 단지 "칠서漆書 『고문상서』 1권을 얻었을" 뿐인데, 마융과 정현이 종주로 삼은 『고문상서』는 45권이며, 그것이 만약 죽간에 기록되었다면 반드시 수레에 가득 찰 정도이므로 "손에 쥐고서 몸에서 놓지 않을" 수가 없다. 이것이 『고문상서』를 믿을 수 없는 한 가지 이유이다.

둘째, 『고문상서』는 『금문상서』에 비해 16편이 더 많은데, 『한서』 「유림전」에서 공안국이 금문으로 『고문상서』를 해독했다고 말했고, 일찍이 별도로 일가를 이룬 적이 없으므로 이 16편은 사설師說이 없었다. 후한시대의 고문 스승들이 전한 29편의 사설師說은 실제로 금문가로부터 나온 것이다. 이것이 믿을 수 없는 두 번째 이유이다.

셋째, 『한서』 「유림전」에서 사마천이 "공안국에게 뜻을 물었다"고 하여, 진짜 고문을 전수했는데, 마융과 정현의 「요전堯典」・「고요모皐陶謨」・「미자微子」・「금등金縢」・「무일無逸」 등의 여러 편은 그 내용이 모두 사마천과 같지 않다. 이로써 마융과 정현이 전한 『고문상서』가 거짓임을 알 수 있다.

넷째, 전한시대 금고문은 모두 복생으로부터 나왔으므로 구양생과 대·소하후씨는 대동소이하니, 그것은 이들이 스승으로부터 전수받은 것이 있었기 때문이다. 후한시대 고문의 경우는 그것과는 다르다. 마융은 가규와 같지 않고, 가규는 유흠과 같지 않으며, 정현은 마융과 같지 않다. 고학은 터무니없이 날조하여 스승의 마음을 제멋대로 억측했기 때문이다. 이것이 믿을 수 없는 네 번째 이유이다.

다섯째, 『한서』「유림전」에서 공안국 이후 『고문상서』의 전수관계를 말했는데, 두림·위굉은 전혀 계승하지 않았으므로 두림이 얻은 칠서가 공안국이 전한 것인지의 여부를 알 수 없다. 아니면 혹 별도의 전수관계가 있는 것인가? 그것을 알 수 없으니, 이것이 믿을 수 없는 다섯 번째 이유이다.

송대 주자 이후로 매색의 『고문상서』의 진위眞僞가 마침내 하나의 문제가 되었다. 청대의 염약거閻若璩·혜동惠棟·강성江聲·손성연孫星衍·왕명성王鳴盛·단옥재段玉裁 등이 그것을 계승하여, 매색의 판본이 가짜임을 강력하게 변론하였고, 후한의 마융과 정현의 옛것으로 돌아가고자 했다. 그런데 위원은 매색의 판본을 가짜로 여겼을 뿐만 아니라, 이어서 후한시대의 『고문상서』도 믿을 수 없음을 논했다. 그는 다음과 같이 말했다.

동진시대 매색의 책이 위서僞書임을 앎으로써 마융과 정현의 고문 판본으로 되돌아오니, 이것이 제齊나라가 한 번 변해서 노魯나라에 이른 것이다. 마융과 정현의 고문 이론이 억측으로 지어졌고 스승으로부터 전수받은 것이 없음을 앎으로써 복생·구양생·하후씨 및 공안국의 문고問故의 학문으로 되돌아오니, 이것이 노나라가 한 번 변해서 도道에 이르는 것이다.[95]

이로써 알 수 있듯이, 위원은 건가 학자들이 위서를 변론한 것에 만족하지 못하고, 앞으로 한 걸음 더 나아가고자 했다. 곧 마융과 정현이 종주로 받들던 『고문상서』가 위서임을 증명함으로써 전한시대 공안국의 진짜 『고문상서』로 돌아가

---

95) 魏源, 『書古微』, 「例言下」.

고자 했다. 따라서 위원의 복고復古는 『시』와 『서』는 물론이고, 모든 것을 후한시대로 부터 전한시대로 되돌리고자 하는 것이다.

또한 위원이 돌아가고자 했던 공안국의 『고문상서』는 그 문자가 본래 복생의 『금문상서』와 같지 않고, 편목篇目도 크게 다르다. 그런데 금고문 논쟁은 사실상 이로부터 일어난 것이 아니다. 이러한 견해는 이후 요평廖平이 금문과 고문을 나누는 주장에 다소간 영향을 주었다. 그것은 바로 제도의 측면에서 금문과 고문을 나누고, 문자의 측면에 금문과 고문을 나누지 않는 것이다.

유봉록의 『좌씨전』에 대한 비평이 고학의 주춧돌을 흔들었고, 위원은 『고문상서』에 대한 비평을 통해 고학의 또 다른 주춧돌을 흔들려고 시도하였다고 말할 수 있다.

이에 앞서 장존여는 비록 동진의 『고문상서』를 위서로 여겼지만, 교화와 관련이 있기 때문에 그것을 폐기하고자 하지 않았다. 지금 위원은 『고문상서』 및 마융과 정현의 이론을 학궁에서 전부 축출하고자 하였다. 염약거는 동진의 『고문상서』가 위서라는 것을 증명했는데, 그것은 사실상 건가 한학의 시작을 연 것이다. 그런데 위원이 후한 『고문상서』가 위서임을 변론한 것은 건가 한학을 공격하고자 한 것이며, 만청 금문학의 기초를 닦은 것이다.

위원의 학술은 만청시기의 사상에 매우 깊은 영향을 끼쳤다. 제사화齊思和는 다음과 같이 논했다.

도광道光·함풍咸豊 연간에 이르러 세상이 날마다 변화하자, 나라를 걱정하는 선비들은 국사가 날로 잘못됨을 개탄하고, 배운 것이 쓸모없음에 격분하여, 마침내 경세經世의 학문을 제창하고 학술계의 풍기를 바꾸고자 하였다. 그래서 어쩔 수 없이 당시의 정통 학파를 맹렬하게 공격하지 않을 수 없었고, 또 전한시대 유학을 치켜 세움으로써 거기에서 말한 근본이 있는 학문을 밝히지 않을 수 없었다.……
위원 이후로 금문 학자들은 또 두 학파로 나누어졌다. 하나는 경생파經生派로서 진교종陳喬樅이 삼가三家의 시를 모은 것은 정밀하고 빈틈이 없는 것이 위원보다 훨씬 뛰어났다. 진립陳立이 『공양전』의 예禮를 해설한 것과 『백호통』을 해설한 것은 순전히 건가乾嘉의 제노諸老의 방법으로써 전한시대 제유諸儒의 미언微言을 밝힌 것이다. 그리고 피석서皮錫瑞는 실사구시實事求是를 통해서 제멋대로 독단하는 것을 숭상하지 않았으며, 특히 청대의 금문학을 집대성하였다. 이 학파의 학자들은 작업이 세밀하고 태도가 삼가고 신중하여, 결코 건가 제노諸老에 뒤지지 않았으며, 확실히 끊어진 학문을 발양시키고 오묘한 이치를 확대하여 밝혔다. 이것이 하나의 학파이다. 또 다른 하나는 정론파政論派로서, 강유위康有爲·요평廖平·양계초梁啓超·담사동譚嗣同과 같은 인물이다. 이들이 금문을 제창한 종지는 유신변법維新變法을 선도하는 데 있었다. 함풍咸豐·동치同治 연간 이후로, 계속된 패배의 여파로 국세가 더욱 위태로워지자, 식견이 있는 선비들은 변법變法이 아니면 국가의 패망을 구제할 수 없고, 유신維新이 아니면 국가의 보존을 도모할 수 없다는 것을 알았다. 완고하고 우매한 무리들은 그래도 여전히 '조상의 법도'와 '성인의 도'를 끼고서 변법과 유신을 배척하였다. 『공양전』의 삼세三世와 삼통三統 이론과 질문개제質文改制의 논리는 변법의 논리적 근거가 되기에 딱 들어맞았기 때문에 마침내 공자를 교주敎主이자 변법의 대가로 삼았다. 공자 이전의 역사는 모두 우언寓言으로 치부해 버리고, 공자 경전의 종지는 모두 개제改制에 있다고 주장하였다. 그 주장은 화려하고 시원스러워서 끝이 없었고, 넓고 커서 한계가 없었으며, 아득하고 멀어서 근원을 찾을 수가 없었다. 이러한 사상이 당시의 한 시대를 풍미했으며, 정치의 측면에서 지극히 큰 작용을 했지만, 학술적 측면에서의 가치는 미미하였다. 대체로 그들의 경술經術은 실제로는 정론政論이다. 지금에 이르러 그들의 정치 운동은 이미 그 사명을 다했으며, 그들의 경학 저작도 또한 그들의 정치 운동이 역사상의 옛 자취가 된 것과 마찬가지로, 지나간 과거의 사료일 뿐이다.[96]

이로써 알 수 있듯이, 제사화는 단지 사상사의 시각에서 『서고미』의 의의를 긍정했을 뿐이다. 이 책의 학술 가치는 말할 만한 가치가 없다고 생각하였다.

---

96) 齊思和, 『魏源與晚淸學風』(『魏源全集』 제20책, 743~744쪽에 실려 있음).

제17장 요평廖平

—예禮로써 경經을 해석하고 금문학과 고문학을 판별함

요평廖平(1852~1932)은 사천四川 정연井研 사람이다. 초명은 등정登廷이고, 자는 욱해旭陔 또는 욱재勖齋이다. 뒤에 평平으로 개명하였고, 자는 계평季平이다. 그의 경학은 네 번 변하고 다섯 번 변했으며, 심지어 여섯 번 변하는 데 이르렀기 때문에 또 호를 사익四益(혹은 四譯)·오역五譯·육역六譯이라고 했다.[1] 사천용안四川龍安·수정 부교수綏定府敎授 및 가정嘉定 구봉서원九峰書院, 자주資州 예봉서원藝風書院, 안악安嶽 봉산서원鳳山書院의 산장山長을 역임하였다. 민국民國 이후에는 성도成都 국학전문학교 國學顓門學校 교장校長을 담당하였다.

동치同治 말년에 장지동張之洞이 사천四川의 학교 관련 일을 감독하고 있을 때, 기균紀昀과 완원阮元의 학문이 서로를 요청했기 때문에 학문 풍토가 그것 때문에 한 번 변화되었다. 요평은 장지동의 눈에 들었고, 또한 그의 발탁으로 인해서 23세에 국자감의 학생에 합격하였다. 광서光緒 원년(1875), 장지동이 성도成都에 존경서원尊經書 院을 창립하고, 한학漢學을 종지로 삼았다. 다음 해, 요평은 고재생高才生으로서 존경서 원에 들어갔다. 처음에 요평은 "송대 오자서五子書와 당송唐宋시대 팔가문八家文을 독실하게 좋아하였다." 그런데 장지동의 영향으로 인해 마침내 "훈고문자訓詁文字의 학문에 종사하여, 매우 열심히 노력하고 여러 책들을 폭넓게 읽고 고증하였다." 이것이 첫 번째 변화이다.[2] 광서光緒 5년에 왕개운王闓運이 사천총독四川總督 정보정丁寶

---

1) 譯이라는 것은 變易의 의미이다. 제자였던 黃鎔은 요평의 『經學五變記』에 箋을 달았 는데, 다음과 같이 말했다. "선생의 본명은 四益인데, 지금 다섯 변화했기 때문에 五譯이라고 이름을 고쳤다." 요평은 만년에 스스로를 六譯이라고 불렀으니, 그의 학 문이 이미 여섯 번 변화한 것이다.

樹의 부름을 받고서 존경서원을 주관하여 금문학을 창도하였다. 왕개운의 경전 연구는 예禮로부터 들어가서 삼대三代의 제도를 고찰하고, 『춘추』의 미언微言에 도달해야 한다고 생각하였다. 요평의 전체 학술의 취향을 살펴보면, 왕개운의 영향을 매우 깊이 받았다. 그 후에 요평은 『공양전』에 뜻을 두고서 항상 왕개운에게 나아가 학업을 청했는데, 매번 늦은 밤까지 공부하였다. 그의 『경학초정經學初程』에서 다음과 같이 말했다. "경진庚辰(1880) 이후, 자질구레한 것은 싫증나서 버리고, 오로지 대의大義를 탐구하는 데 집중하였다. 그런데 그러한 공부를 많은 책들을 고증하는 공부와 비교해 보니, 그 또한 쓸데없는 찌꺼기일 뿐 정수가 없고, 지엽적인 것일 뿐 근본이 아니었다. 『장자』・『관자』・『열자』・『묵자』를 가져다가 읽어 보고, 그 뜻의 실체를 좋아하게 되었다. 심사心思의 총명함이 여기에 이르러 또 한 번 변화하였다." 이로써 알 수 있듯이, 요평은 이른 시기에 학문을 연구하여, 한학漢學으로부터 금문학今文學으로 향해 갔으므로 또 한 번의 변화라고 말할 수 있다.

그 후에 요평의 경학은 모두 여섯 차례의 변화를 겪었는데, 특히 앞의 세 차례 변화는 학자들에게 크게 중시되었다. 양계초는 요평이 "금문 가법을 지킬 줄 알았다"고 했고, 또 그의 이론이 "엄연히 천고千古를 개척하여, 한 시대를 뒤집고 압도하는 기개가 있었다"[3]고 하였다. 장태염은 비록 요평의 학술을 달갑게 여기지 않았지만, 그의 『정사菿師』에서 도리어 요평이 "금고문을 잘 분별했으니, 혜동・대진・능서・유봉록이 도달할 수 없다"고 하였다. 또 "요평의 학문은 나와는 매우 상반되지만, 그가 금문과 고문을 분별한 것은 확실히 변하지 않는 사실이다"라고 했다. 그리고 "요평의 학문을 살펴보면, 정현이 가규・마융과 다르고, 가규・마융이 유흠과 구별되며, 유흠이 동중서・복생・소대小戴・대대大戴와 다르다는 것을 알 수 있기 때문에 한대 학자들의 경전 해설이 나누어지거나 합쳐지는 이유를 말할 수 있게 된다." 유사배는 대대로 『좌씨전』을 연구하여 한 시대에 명성이 높았는데,

---

2) 廖平, 『經學初程』.
3) 梁啓超, 「論中國學術思想變遷之大勢」(『淸代學術槪論』에 실려 있음).

요평을 높이 존경하여 그가 "『춘추』에 뛰어나고, 예제禮制를 잘 말했으며, 한대 경사經師의 경례經例를 분명하게 이해하여, 위진시대 이후로 그와 같은 사람이 없었다"[4]고 말했다. 이로써 당시 학술에 끼친 요평의 영향을 알 수 있다.

요평은 "일생의 학설은 오로지 경전을 높이고 공자를 높이는 것을 위주로 삼았다"[5]고 스스로 말했다. 그러나 그 학설이 네 번 변화한 이후로, 변하면 변할수록 더욱 기이해졌다. 학자들 중에 그것을 이해할 수 있는 자가 거의 없었다. 이에 대해 전목은 다음과 같이 말했다. "요평은 반드시 공자를 높이는 이유를 찾았지만 그 이론을 얻을 수가 없었다. 그러자 자신의 책을 자주 바꾸어서 한 번이라도 합당하기를 추구하였다. 그의 학문은 고증도 아니고 의리도 아니며, 한학도 아니고 송학도 아니다. 억측에 가까우며, 괴이한 것을 말하는 데서 끝이 났으니, 독자들에게 갈피를 잡지 못하여 그 요점을 이해하지 못하도록 만들었다."[6]

요평의 저술은 매우 많다. 합쳐서 118종이나 되며, 판각한 것이 97종, 판각하지 않은 것이 21종이다. 그 중에 경학 저술이 가장 풍부하고, 의학이 그 다음이다. 그러나 그의 저술은 세상에 널리 유행되지는 못했다. 『금고학고今古學考』와 『곡량춘추고의소穀梁春秋古義疏』 등 몇 종류의 판각본이 있는 것을 제외하고, 그 외의 나머지는 모두 한 번 간행되었을 뿐이다.

제1절 경학經學의 여섯 번의 변화

요평의 경학經學은 전후로 모두 여섯 번의 변화가 있었다. 그는 『사익관경학사변기四益館經學四變記』를 지었는데, 자신의 경학의 변화를 다음과 같이 스스로 서술하였다.

---

4) 蒙文通, 「井研廖季平師與近代今文學」(『蒙文通文集』, 권3, 105쪽).
5) 廖平, 「孔經哲學發微 · 尊孔總論」(李耀仙 編, 『廖平選集』 상책, 303쪽에 실려 있음).
6) 錢穆, 『中國近三百年學術史』 下冊, 724쪽.

계미癸未(1883)부터 지금까지 24년이다. 처음에「왕제王制」·『주례周禮』로써 똑같이 중국을 다스렸고, 주공周公·공자孔子의 차이를 나누었으며, 후한시대의 법도를 그대로 답습하였다. 이어서『주례』와「왕제」가 함께 서지 못하는 것을 유흠과 왕망에게 그 죄를 돌렸다. 그런데 금문학은「왕제」에 사로잡혀 있었기 때문에 육예六藝가 비록 폭넓기는 하지만, 단지 중국 한 모퉁이의 책일 뿐이다. 무술戊戌(1898) 이후에 처음으로 대동大同을 말하고, 『주례』는 황제皇帝의 책으로서「왕제」와는 크기가 같지 않으며, 하나는 안의 중국이고 하나는 밖의 세계라고 바로잡으니, 두 가지가 모두 제 자리를 얻었다. "혈기를 가지고 있는 모든 것들은 존경하고 친애하지 않음이 없다."(『중용』 31장) 추연鄒衍의 이론이 크게 밝아지자, 공자는 외딴 곳에 혼자 외롭게 사는 것을 면했다. 임인壬寅(1902) 이후에 범종梵宗을 통해 크게 깨달음이 있었다. 『서』가 인학人學을 다했고, 『시』·『역』이 육합六合의 밖에서 노닌다는 것을 비로소 알게 되었다. 따라서 『시』·『역』에 관한 옛 원고를 고쳐서 바로잡았다. 여기에 이르러 위로는 하늘과 아래로는 땅과 통하지 않음이 없으니, 도교와 불교의 학문도 경학經學 박사의 대종大宗이 된다. 몰래 성인聖人을 통해서 지극한 신(至神)을 탐구하니, 그 크기와 깊이가 또한 도덕道德과 인의仁義의 관계와 같았다. 반드시 소리도 없고 냄새도 없는 상태에 이른 이후에야 변화를 뛰어넘어 귀신鬼神을 부릴 수 있다.[7]

이에 근거하면, 1906년 이전에 요평의 경학은 모두 네 번의 변화가 있었는데, 대략 다음과 같다.

첫 번째 변화기. 광서光緒 9년 계미癸未(1883)에 시작하여, 『연보』에서는 12년 병술丙戌(1886)에 끝났다고 했는데, 모두 4년이다. 저서는 1886년의『금고학고今古學考』를 대표로 하며, 큰 요지는 "금문과 고문을 공평하게 나누는 것"이다. 그의 주장은 금문학은 공자의「왕제」를 종주로 삼고, 고문학은 주공의『주례』를 종주로 삼는다고 여겼다. 또한 공자가 이미 제도를 개혁했으니, 젊을 때에는『주례』를 따랐고, 「왕제」는 공자 만년에 제도를 개혁한 작품이다. 이 변화는 예제禮制로써 금문과 고문을 분별하여

---

7) 廖平, 『四益館經學四變記』(丙午本), 「自序」(李耀仙 編, 『廖平選集』 상책, 545쪽에 실려 있음).

양한시대 경사經師의 가법家法을 밝힌 것이다. 식견이 탁월하여 당시 사람들의 높은 평가를 받았다. 이 외에『공양해고삼십론公羊解詁三十論』·『곡량고의소穀梁古義疏』·『기기곡량폐질起起穀梁廢疾』·『석범釋范』등도 이 시기의 저술에 속한다.

두 번째 변화기. 『연보』에 의하면, 광서光緒 13년 정해丁亥(1887)에 시작하여, 23년 정유丁酉(1897)에 이르기까지 약 10년의 기간이다. 저서는 1888년의『지성편知聖篇』과『벽유편闢劉篇』을 대표로 하며, 그 요지는 "금문을 높이고 고문을 억누르는 것"이다. 이 시기에 요평은『주례』를 유흠의 위작으로 여겼다.『주례』는 왕망을 찬양하기 위해 지은 것이기 때문에 다시는 고문학의 대종大宗이라는 지위가 되지 못하며, 「왕제」와도 함께 서지 못한다. 강유위의『신학위경고新學僞經考』와『공자개제고孔子改制考』는 사실상 이 시기 요평의 영향을 받은 것이다. 이 외에『군경범례群經凡例』·『왕제집설王制集說』·『경설갑·을편經話甲·乙篇』도 이 시기의 저술이다.

세 번째 변화기. 병오본丙午本『사변기四變記』의 「자서」와『연보』에 의하면, 광서光緒 24년 무술戊戌(1898)에 시작하여, 27년 신축辛丑(1901)에 이르기까지 모두 4년이다. 저서는 1898년의『지구신의地球新義』를 대표로 하며, 큰 요지는 공자의 학설을 대통大統과 소통小統으로 나누는 데 있다. 요평은 이 시기에 또한『주례』를 공자의 이론으로 보았는데, 황제皇帝가 3만 리의 전 지구를 통일했기 때문에 '대통大統'이다. 금문학이 종주로 삼는 「왕제」의 경우는 왕백王伯이 3천 리의 중국을 통일했는데, 그 강역이 작기 때문에 '소통小統'이다. 강역의 크기가 다르므로 공자는 「왕제」로 중국을 다스리고,『주례』로 전 지구를 다스렸다. 진실로 이 주장과 같다면, 공자는 중국의 성인에서 전 지구의 성인으로 나아간다. 이 시기의 저술은『지성속편知聖續編』·『주례신의周禮新義』·『주례정주상각周禮鄭注商榷』등이 있다.

네 번째 변화기. 『사변기四變記』에 의하면 광서光緒 28년 임인壬寅(1902)에 시작되었다. 그러나『연보』에 의하면, 31년 을사乙巳(1904)에 시작하여, 민국民國 6년 정사丁巳(1917)에 이르기까지 모두 13년이다. 저서는『공경철학발휘孔經哲學發微』를 핵심으로 삼는다. 공자의 경전에는 천天·인人 두 종류의 제도가 있는데, 소통小統·대통大統은 여전히 인학人學이며, 인학보다 더 높은 천학天學도 있다고 여겼다. 여러 경전에 대해 말하면, 『춘추』·『주례』·『상서』는 인학人學이고, 『예』·『시』·『역』은 천학天學이다. 이 시기에 『주례』와 「왕제」는 비록 크기의 차이는 있지만, 모두 인학이다. 이와 같이 도교와 불교의 책도 또한 경학經學 박사의 책으로 간주될 수 있다. 이 시기의 저술로는 다음과 같은 책이 있다. 『공양보증公羊補證』, 『대통춘추례大統春秋例』, 『대동백목大同百目』, 『군경대의群經大義』, 『주례금증周禮今證』, 『장자신해莊子新解』, 『초사신해楚辭新解』, 『좌씨고경설左氏古經說』, 『영소오해편靈素五解編』, 『세계철학전석世界哲學箋釋』, 『황제내경명당黃帝內經明堂』, 『황제강역도皇帝彊域圖』, 『대학중용연의大學中庸衍義』, 『춘추삼전절중春秋三傳折中』, 『상한고금고傷寒古今考』 등이다.

이 이후에, 요평과 그 문하의 제자가 또한 『오변기五變記』와 『육변기六變記』를 지었다.

다섯 번째 변화기. 『연보』에 의하면, 다섯 번째 변화는 1918년에 시작되었다. 저서는 요평이 짓고 황용黃鎔이 전箋을 단 『오변기五變記』를 대표로 한다. 이 책은 상·하 두 권으로 나누어져 있다. 상권은 인학人學 삼경三經, 즉 『예경』·『춘추』와 『상서』를 강론했고, 하권은 천학天學 삼경, 즉 『악』·『시』와 『역』을 강론했다. 『주례』와 「왕제」는 이 책들의 전傳이다. 천학의 신유神游·형유形遊와 인학의 소통·대통을 관통시켰다. 또한 후한 고문가의 원류는 전혀 진짜가 없다고 여겼다. 공자가 육경을 지었고, 육서六書의 문자는 모두 공자의 창작에서 나왔다고 주장했다. 요평의 네 번째 변화기에도 천학과 인학을 강론했는데, 다섯 번째 시기는 점점 불교의 경전은 버려두고 『내경內經』으로 나아갈 뿐이었다.

여섯 번째 변화기. 『연보』에 의하면, 민국 8년 기미己未(1919)에 시작하여, 21년 임신壬申(1932)에 이르기까지 모두 14년이다. 1914년부터 요평은 중의中醫 저작을 연구하였고, 1919년에 중풍中風으로 반신불수가 된 이후로 중의를 더욱 좋아하였다. 따라서 『영추靈樞』·『소문素問』을 지극히 존숭하여, 마침내 '오운육기五運六氣' 이론을 가지고 『시』·『역』을 해석하였다. 이 시기에 요평은 단지 천학만을 강론하고 인학을 강론하지 않았다. 그리고 『주례』·「왕제」도 그의 경학 시야에서 조용히 떠났다. 1932년, 요평은 『경학육변기經學六變記』를 지었는데, 애석하게도 완성하지 못하고 세상을 떠났다. 이 외에『시경경석詩經經釋』·『역경경석易經經釋』및 황용黃鎔의「정연선생칠수서井研先生七十壽序」, 그리고 문인인 백육동柏毓東이 지은『육변기六變記』가 있는데, 그의 여섯 번째 변화기의 사상을 볼 수 있다.

제2절 금문今文과 고문古文을 공평하게 나눔

광서光緒 11년(1886), 요평이『금고학고今古學考』라는 책을 지었고, 다음 해에 판각하였다. 이 책은 그의 경학이 처음 변화했던 시기의 대표작이다. 전한시대 애제哀帝·평제平帝 시기에 유흠이『좌씨전』등을 학관에 세우고자 하여, 태상박사太常博士에게 편지를 보내 비판한 이후로 마침내 금고문경학의 논쟁이 시작되었다. 그러나 그 후 2천여 년 동안 금고문에 대해 논의하는 자들은 "겨우 문자에 근거하여 금고문의 겉모습만을 위주로 할 뿐, 금고문의 근원의 소재를 알지 못했다."[8] 요평은 문자에 얽매어 금고문을 구별해서는 안 된다고 여겨서 다음과 같이 말했다.

다만 문자를 가지고 논하면, 금문과 금문이 같지 않고, 고문과 고문이 같지 않다. 즉 예를 들어『공양전』·『곡량전』, 제齊·노魯·한韓 삼가三家는 똑같이 금문학이지만 피차간에 일치하지 않는다. 또 예를 들어 안안락顔安樂·엄팽조嚴彭祖의『공양전』은 똑같이 한 명의 스승에게서 나왔지만, 경문은 본래부터 각자 같지 않다. 따라서 비록 금문과 고문을 나누더라도 여전히 귀착점이 없다.[9]

금문과 고문의 구분은 모두 제도制度에 달려 있는 것이지 의리義理에 달려 있지 않다. 의리는 금문과 고문이 같기 때문이다.[10]

---

8) 廖平,『四益館經學四變記』(丙午本)(李耀仙 編,『廖平選集』상책, 547쪽에 실려 있음).
9) 廖平,『四益館經學四變記』(丙午本)(李耀仙 編,『廖平選集』상책, 547쪽에 실려 있음).
10) 廖平,『今古學考』, 卷下(李耀仙 編,『廖平選集』상책, 73쪽에 실려 있음).

그런데 예제禮制에 근거하여 금문과 고문의 차이를 말한 것은 사실상 한대 말기의 정현으로부터 시작된다. 정현은 「왕제王制」와 『주례周禮』를 함께 거론하면서, "『주례』는 주공의 제도이고, 「왕제」는 공자 이후의 대현大賢이 선왕의 일을 기록한 것이다"[11]라고 했다. 또 허신許愼과의 변론에서, 금문과 고문의 차이를 언급한 것이 있다. "오로지 예제禮制에 달려 있지 문자文字에 달려 있지 않다."[12] 이것이 요평이 정현을 깊이 인정한 부분이다.

그런데 정현의 경전 주석은 대부분 『주례』를 위주로 한다. 즉 『주례』와 동일한 것을 주나라 제도로 여기고, 다른 것, 예를 들어 「왕제」에서 말한 '선왕의 일'은 하나라와 은나라의 옛 제도로 확정하였다. 정현의 잘못은 사실상 공양가의 '소왕개제素王改制' 이론을 제대로 알지 못했기 때문에 생긴 것이다. 이에 대해 요평은 다음과 같이 말했다.

공자가 『춘추』를 지어서 왕의 제도를 보존하니, 『예기』 「왕제」는 『춘추』의 옛 전傳이다. 공자가 『춘추』를 짓고 나서 다시 이 편을 지어 예제禮制를 밝힌 것이다. 따라서 이 편에서 말한 것이 『춘추』와 부합되지 않는 것이 없다. 앞선 학자들은 그 해석을 이해하지 못하고, 『주례』와 합치되지 않는다는 이유로 그것을 은나라의 제도라고 의심하였다. 『춘추』의 제도가 그 속에 사대四代의 예禮를 갖추고 있고, 단지 은나라 예법만이 아닌 것을 모른 것이다.[13]

정현이 「왕제」에 주를 달았는데, 『주례』를 진짜 주나라의 예禮로 여기고, 「왕제」를 은나라의 예禮로 여겼다. 그가 「곡례曲禮」에 주를 달면서, 또한 「왕제」와 마찬가지로 육대六大·오관五官·육부六府·육공六工을 은나라 예로 여겼다. 그가 은나라 예라고 지목한 것은 유흠이 제멋대로 만든 말에 근거했을 뿐이다.[14]

---

11) 鄭玄, 『駁五經異義』(『續修四庫全書』本).
12) 廖平, 『四益館經學四變記』(丙午本)(李耀仙 編, 『廖平選集』 상책, 547쪽에 실려 있음).
13) 廖平, 『何氏公羊春秋三十論』(李耀仙 編, 『廖平選集』 하책, 135쪽에 실려 있음).
14) 廖平, 『古學考』(李耀仙 編, 『廖平選集』 상책, 150쪽에 실려 있음).

요평은 다음과 같이 생각했다. 「왕제」의 기록은 곧 공자가 바로잡은 제도이다. 양한시대 공양가의 이론에서 고찰해 보면, 공자가 『춘추』를 지을 때 주나라의 문식을 덜어 내고 은나라의 질박함을 더했다. 심지어 우虞·하夏·은殷·주周 사대四代의 제도를 절충함으로써 마침내 한 세대의 새로운 법도를 완성하였다. 따라서 「왕제」에 대해 말하면, 그 자체로 『주례』와 같지 않다. 비록 하夏·은殷의 옛 예禮에서 취한 것이 있지만, 사실은 공자가 옛것을 덜어 내거나 더함으로써 바로잡아서 세운 새로운 법도이기 때문에 순수하게 옛날의 예禮로 간주해서는 안 된다. 그런데 정현은 단지 『주례』와 다른 것을 하·은의 옛 예禮로 여겼으니, 『공양전』의 문질文質 개제改制의 이론을 제대로 알지 못한 것이다.

정현은 단지 지금의 예와 옛날의 예가 다른 근본적인 이유를 통찰하지 못했을 뿐만 아니라, 또한 옛날과 지금을 혼합하는 데 뜻을 두었기 때문에 마침내 양한시대 경학의 집대성자가 되기는 했지만, 그 폐단도 또한 이로 말미암아 야기되었다. 요평의 시각에서 보면, 정현은 "모호하여 감출 수 있는 것은 모호하게 이야기했고, 글의 뜻이 분명한 것은 금문학 이론을 제멋대로 판단하여 은나라의 예로 삼았다. 심지어 「곡례」는 고문학의 다른 유파인데도 또한 은나라의 예라고 여겼다." 정현이 한나라 말기에 살았고, 금고문의 조화는 이미 당시의 대세였기 때문에 이와 같은 모호한 주장을 할 수밖에 없었다. 요평의 경우는 그와는 다르다. 금문학이 다시 진작되는 때에 살면서, 다른 이론을 세워서 문호를 확장할 수밖에 없었다. 이것이 바로 그가 금문과 고문을 구별한 이유이다. 그는 말했다.

정현의 학문은 주요한 뜻이 금문과 고문을 혼합하는 데 있다. 나의 경전 연구는 정현과 반대로 하려고 힘쓰니, 그 뜻이 잘못 혼합된 것을 다 떼어내는 데 있다. 경학은 정현에 이르러서 한 번 크게 변했고, 지금에 이르러서 또 한 번 크게 변했다. 정현의 때에 변하여 고문과 떨어졌고, 지금 변하여 고문과 합쳐졌다. 떨어지는 상황에서는 양쪽이 아름답게 되고, 합쳐지는 상황에서는 양쪽이 다치게 되니, 그 요령을 터득해서 복잡하고 어려운 것을 막으면, 식견이 있는 자들은

스스로 그것을 구별할 수 있을 것이다.15)

이로써 요평의 뜻이 실제로 정현과 같지 않음을 알 수 있다.

요평은 금문학의 문호를 수립하고자 했다. 금문학은 「왕제」를 위주로 했기 때문에 『주례』에서 나온 고문학과는 서로 부딪칠 수밖에 없다. 그가 말했다.

> 금문학 박사의 예제禮制는 「왕제」에서 나왔고, 고문학은 오로지 『주례』를 사용하였다. 따라서 금문학이 「왕제」와 공자를 위주로 하고, 고문학이 『주례』와 주공을 위주로 하는 것으로 정해졌다. 그런 이후에 두 학파가 서로 차이나는 이유가 분명하게 일목요연해졌다. 수많은 개울과 골짜기가 귀착점을 얻게 된 것이다.16)

동중서는 『춘추』를 '예의禮義의 대종大宗'으로 여겼는데, 요평은 「왕제」를 높여서 『춘추』의 전傳으로 삼고, 심지어 공자의 손에서 나온 것으로 여겼다. 14박사의 "도가 하나이고 풍격이 같은 것"이 모두 「왕제」라는 책에 있다고까지 했다. 그는 말했다.

> 공자가 『춘추』를 지어서 왕의 제도를 보존하니, 『예기』 「왕제」는 『춘추』의 옛 전傳이다. 공자가 『춘추』를 짓고 나서 다시 이 편을 지어 예제禮制를 밝힌 것이다. 따라서 이 편에서 말한 것이 『춘추』와 부합되지 않는 것이 없다.17)

> 후한시대 이전의 14박사는 모두 금문학이다. 똑같이 「왕제」를 받들어서 도가 하나이고 풍격이 같으니, 경經의 신형神形이 모두 닮았다.18)

진실로 이 주장과 같다면, 요평은 또한 「왕제」를 가지고 육경六經을 통합한

---

15) 廖平, 『今古學考』, 卷下(李耀仙 編, 『廖平選集』 상책, 89쪽에 실려 있음).
16) 廖平, 『四益館經學四變記』(丙午本)(李耀仙 編, 『廖平選集』 상책, 547쪽에 실려 있음).
17) 廖平, 『何氏公羊春秋三十論』(李耀仙 編, 『廖平選集』 하책, 135쪽에 실려 있음).
18) 廖平, 『經話甲編』, 권1(李耀仙 編, 『廖平選集』 상책, 399쪽에 실려 있음).

것이다. 그는 이 시기에 「왕제」를 매우 존숭하였고, 그것을 근거로 삼아서 금문과 고문을 공평하게 나누었다. 즉 「왕제」는 공자로부터 나왔고, 『춘추』에 전傳을 달기 위해 지어진 것이라고 여겼다. 그런데 두 번째 변화기에 이르러, 그의 『고학고古學考』에 서는 「왕제」가 제자弟子의 손에서 나왔다고 그 지위를 강등하였다. 그런데 여전히 '여러 경전의 대전'(群經大傳) 또는 '육예의 강령'(六藝之綱領)이라고 여겼다.

그는 또 지역을 가지고 금문학과 고문학을 나누었는데, 다음과 같이 말했다.

> 노魯·제齊·고古 삼학三學의 길이 나누어진 것은 지역(鄕土) 때문에 달라졌다. 추鄒와 노魯는 가까워서, 맹자가 "성인의 거처와 가까운 것이 이처럼 매우 가깝다"(「진심하」) 고 했으니, 노학魯學으로 자부하였다. 순자는 조趙나라 사람인데, 제齊나라에서 활동했으니, 제학齊學이다. 『한시韓詩』의 연燕나라 사람은 금문학을 전수받으면서 옛 뜻을 함께 사용했으며, 대체로 제나라에서 공부하면서 전수받은 것이다. 「유림전」 에서는 그 이론이 매우 다르지만 그 귀결처는 같다고 말했다. 대체로 같은 마을에서 모두 고학古學을 강론하더라도, 주변에서 다른 학문을 떠들어 대면 스스로 그 학문을 굳게 지키지 못하고, 때로는 고치거나 달라지는 경우가 있다. 이것이 한韓이 제齊로 변한 이유이다. 제齊가 노魯로 변한 것도 바로 이와 같다. 내가 학파는 지역(鄕土)의 풍기風氣에 의해 변한다고 말했는데, 바로 이것을 말한 것이다.[19]

살펴보건대, 『한서』 「유림전」에서 말했다. "선제宣帝가 즉위한 후 (祖父인) 위태자 衛太子, 즉 여태자戾太子가 『곡량춘추』를 좋아했다는 말을 듣고서, 승상丞相 위현韋賢과 장신소부長信少府 하후승夏侯勝 및 시중侍中 낙릉후樂陵侯 사고史高에게 물었는데, 그들은 모두 노나라 사람들이었다. 그들은 말하기를, 곡량자穀梁子는 본래 노나라 학문이고, 공양씨公羊氏는 제나라 학문이니, 마땅히 『곡량전』을 일으켜야 한다고 했다." 이로써 알 수 있듯이, 한대 사람들도 『공양전』·『곡량전』이 제나라 학문과 노나라 학문이라 는 차이가 있을 뿐이라고 여겼고, 공자가 노나라 사람이라는 것이 선제가 『곡량전』을

---

19) 廖平, 『今古學考』, 卷下(李耀仙 編, 『廖平選集』 상책, 69~70쪽에 실려 있음).

홍기시킨 이유이다. 요평은 더 나아가서 「왕제」에 근거하여 『공양전』·『곡량전』의 우열을 논했다. "『곡량전』은 순수하게 「왕제」와 서로 합치되고, 『공양전』은 고학古學을 함께 채용했지만 「왕제」와 다른 것이 적다. 그 옛것이 금문학의 제자弟子에서 나온 것이기 때문이다."20) 『공양전』·『곡량전』의 순수함과 잡박함의 차이, 이것이 요평이 『곡량전』을 종주로 삼은 이유이다.

그런데 요평은 두 번째 변화기에 이 주장을 전부 반대하였다. 그가 말했다.

> 옛날에 노학魯學·제학齊學·고학古學은 지역(鄕土)에서 학문을 달리한 것이고, 금
> 문·고문은 공자의 초년·말년에 의리를 달리한 것이라고 여겼다.…… 전한시대
> 이전에는 도가 하나이고 풍격이 같아서 갈림길이 결코 없었으니, 경사經師의 확정되
> 지 않은 이론은 모두 삭제해도 된다.21)

요평은 비록 『곡량전』을 종주로 삼았지만, 또한 금문학이 공통적으로 「왕제」를 종주로 삼았고, 14박사는 "근원을 같이하고 계통을 같이하여 서로 다르지 않다"고 여겼다. 그는 공양가의 '소왕개제素王改制'의 논의에 대해 깊이 만족스럽게 생각하면서 다음과 같이 말했다.

> 소왕素王의 제도개혁은 공자에게 '나를 죄주는 것'이라는 말이 있다. 그러나 이
> 의리를 분명하게 설명할 수 없기 때문에 그것을 미언微言이라고 한다. 따라서
> 맹자와 순자는 모두 「왕제」를 주나라의 예禮로 여겼으니, 그것을 공자의 예禮라고
> 말할 수도 없고, 또한 하나라와 은나라의 예라고 말할 수도 없다. 맹자와 순자는
> 모두 소왕素王이 천자天子라는 주장을 했는데, 「왕제」를 주나라의 예로 여긴 것은
> 마음으로는 그 뜻을 알았지만 입으로 말할 수 없는 것이었기 때문이다.22)

---

20) 廖平, 『公羊解詁十論』(李耀仙 編, 『廖平選集』 하책, 136쪽에 실려 있음).
21) 廖平, 『古學考』(李耀仙 編, 『廖平選集』 상책, 119쪽에 실려 있음).
22) 廖平, 『王制集說凡例』(李耀仙 編, 『廖平選集』 하책, 23쪽에 실려 있음).

청대 공양가들은 '소왕개제素王改制'는 미언微言으로서, 오직 『공양전』이 전한 것이며, 『곡량전』은 대의大義를 전했지 미언微言은 전하지 않았다고 여겼다. 요평에 이르러 처음으로 『곡량전』과 『공양전』이 똑같이 '소왕개제'의 이론을 위주로 하였다고 주장하였다. 만약 이러한 이론이 없었다면, 정현의 금고문 이론은 단지 「왕제」를 하나라와 은나라의 옛 제도라고 여길 뿐, 그것을 『춘추』의 전傳이라고 여길 가능성은 결코 없었을 것이다.

공자가 주나라 말기의 쇠퇴한 때에, 옛 제도를 고치려고 한 것은 실로 자연스러운 것이다. 금문과 고문은 사실상 여기에서 일어난 것이다. 요평은 이러한 점을 보고서 그 뜻을 다음과 같이 진술하였다.

> 공자는 초년에 예禮에 대해 물었을 때, '주나라를 따르겠다'는 말이 있었다. 이것은 왕명王命을 존중하고 대인大人을 두려워한다는 뜻이다. 만년에 이르러, 도가 행해지지 않는 것을 슬퍼했는데, 남의 손을 빌어서 자신의 뜻을 시행함으로써 폐단을 회복하고 치우친 것을 보완할 수는 없었다. 이에 마음에서 하고자 했던 것을 「왕제」에 기록하고 『춘추』에 담아 두었다. 당시의 이름난 사람들 중에 이 의론에 동의하지 않는 사람이 없었으니, 이른바 개혁을 통해 주나라를 계승하는 일이다. …… 주나라를 따르는 것은 공자의 젊었을 때의 학문이고, 개혁을 통해 주나라를 계승하는 것은 공자의 만년의 뜻이라고 내가 말한 것이 바로 이것이다.[23]

따라서 후대의 학자들은 큰 변란의 시대에 처하면, 항상 공자의 개제改制를 본받고자 했다. 그것은 단지 세상의 침묵에 발분한 것에 지나지 않는데, 또한 놀라고 괴이하게 여길 것이 무엇이 있겠는가! 오직 강유위가 서방의 법을 접하고서 마침내 혼란스러운 수천 년의 옛 제도를 바꾸고자 했으니, 조금 뒤의 서태후西太后의 신정新政 (1902~1908)을 보면 진짜 왕의 개제라고 할 수 있다.

공자의 개제改制 이론은 이미 분명하며, 공자의 학문은 젊은 시절과 만년의

---

23) 廖平, 『今古學考』, 卷下(李耀仙 編, 『廖平選集』 상책, 68~69쪽에 실려 있음).

차이가 있다. 「왕제」는 공자가 고친 제도이므로 반드시 만년의 정론이며, 『주례』의 경우는 만약 그것이 주나라의 제도라는 것이 의심의 여지가 없다면 반드시 공자가 젊었을 때 따르던 것이다.

이상과 같은 요평의 다양한 관점은 모두 정현의 금고문 이론과 공양가의 '소왕개제'로부터 나와서, 순조롭게 내려가서 사실상 막힘이 없다. 그러나 그 중에 하나의 큰 관건이 있으니, 바로 정현이 『주례』를 주나라 제도라고 높이고 믿었다는 점이다. 이 논의가 만약 성립되지 않으면, 요평의 '금문과 고문을 공평하게 나누는' 이론도 또한 흔들릴 수밖에 없다. 그 후에 요평은 '금문을 높이고 고문을 억누르는' 변화가 있었는데, 사실상 정현의 이론을 믿을 수 없다고 여겼기 때문이다.

공양가의 '소왕개제' 이론은 지금 요평의 분명한 변별을 통해 '일상적이지 않은 이상한 의리와 괴이하게 여길 만한 논의'(非常異義可怪之論)라는 무고를 씻을 수 있으니, 매우 평탄하면서도 이치에 가깝다고 할 수 있다. 그리고 그가 『공양전』을 지킨 것은 그 공로가 지극히 훌륭하다고 할 수 있다.

그 후에 요평은 비록 자신의 옛 이론을 스스로 의심했지만, 당시 사람들에게 가장 중시되었던 것은 오히려 그의 첫 번째 변화기의 학술이었다. 그가 일찍이 "천하에서 나의 졸작을 대충 본 자들 중에, 『금고학고今古學考』를 주장하는 자들이 여전히 다수를 차지하고, 그 나머지 저서는 아는 자들이 드물다"[24]고 한 것이 바로 이것을 말한다.

몽문통蒙文通은 『금고학고』를 매우 존숭하여 다음과 같이 말했다. "요평이 『오경이의五經異義』를 근본으로 삼아 양한兩漢의 사설師說을 고찰하고, 금문과 고문의 가법을 나눈 것이 무수한 별들처럼 밝으니, 이것이 유독 허신·정현의 학문이 아니란 말인가?"[25] "요평이 예禮를 말한 것은 진실로 위진시대 이후로 없었던 것이다. 그가 『춘추』를 고찰하여 논한 것은 진한시대 이후로 대적할 짝이 없다."[26] 심지어 요평의 춘추학이

---

24) 廖平, 『四益館經學四變記』(丙午本)(李耀仙 編, 『廖平選集』 상책, 549쪽 실려 있음).
25) 蒙文通, 『經學抉原』(『蒙文通文集』, 권3, 102쪽).
26) 蒙文通, 『經學抉原』(『蒙文通文集』, 권3, 103쪽).

"한대와 송대를 뛰어넘어, 곧바로 공자를 계승했다는 것은 과장이 아니다"[27]라고 말했다. 몽문통의 말이 비록 찬미하려는 의도가 없지는 않지만, 또한 대략적으로 사실에 가깝다.

제3절 금문今文을 높이고 고문古文을 억누름

광서光緒 13년(1887), 요평은 『왕제·주관범례王制·周官凡例』를 저술하고, 『주관』이 유흠의 위작이라고 주장하였다. 또 유흠이 『좌씨전』에 대해 논한 것도 또한 위작이라고 여겼다. 그리고 『속금고학고續今古學考』를 지어서, "자신의 이전 이론을 스스로 반박한" 것이 많다. 그의 경설經說의 변화는 대체로 여기에서 시작된다. 다음 해에 그는 『지성편知聖篇』을 완성하고 『공자작육예고孔子作六藝考』를 부록하였다. 또 『벽유편闢劉篇』을 완성하고 『주례산유周禮刪劉』를 부록하였다. 『지성편』과 『벽유편』 두 책은 사실상 그의 두 번째 변화기의 대표작이다.

요평이 금문과 고문을 공평하게 나눈 것은 사실상 정현의 『주례』에 대한 존경과 믿음에 근거한 것이다. 그런데 『주례』가 주공의 작품이라는 것은 사실상 믿기에는 부족하다. 이것은 그의 경학의 두 번째 변화기의 관건이다. 고문학은 경전이 주공으로부터 나왔다고 여기지만, 요평은 단지 『주례』를 믿기에 부족할 뿐만 아니라, 그 나머지 여러 경전들도 후대 학자들이 억지로 끌어다대고 제멋대로 고친 것에서 나왔다고 여겼다. 그는 오직 공자로부터 나온 것이 경經이기 때문에 고문학은 사실상 경經이 없다고 주장하였다. 고문학은 경이 없기 때문에 고문학 자체가 성립할 수 없는 것이다.

요평은 또 고문학의 다양한 연원과 사설師說, 예를 들어 『한서』·『경전석문』과 『수서』 「경적지」에서 말한 것이 모두 후대 학자들의 위작과 부연에서 나온 것이기

---

27) 蒙文通, 『廖季平先生傳』(『蒙文通文集』, 권3, 140쪽).

때문에 모두 믿을 수 없다고 주장했다. 금문학은 모두 공자를 종주로 삼는다. 또 소왕개제의 이론에서 말하면, 육경은 공자로부터 나오지 않은 것이 없다. 그 후에 고문학이 문호를 수립하려고 했기 때문에 주공에 거짓으로 가탁하여 그 학문을 높이지 않을 수 없었던 것이다. 그는 또 말했다.

> 전한시대 이전을 고찰해 보면, 경학經學을 말한 자들은 모두 공자를 위주로 하였고, 주공은 결코 없었다. 육경은 모두 새로운 경전이지 옛 역사가 결코 아니다.[28]

그 이후에 장태염은 이 주장을 힘써 바로잡았다. 육경은 모두 역사이고, 상고시대 제왕이 세상을 다스리던 옛 자취이며, 공자 이전에 나왔다고 주장했다. 그것은 공자가 제도를 만든 공적을 경시하고자 한 것이다.

고문학은 사설師說이 없기 때문에 그들의 경전 연구는 훈고訓詁를 중시하지 않을 수 없었다. 요평이 말했다.

> 박사가 경전을 설명하는 것은 모두 전수받은 것이 있었기 때문에 사설師說을 위주로 한다. 전한시대에 예를 들어 복생伏生·한영韓嬰·동중서董仲舒·광형匡衡·유향劉向 등의 여러 책들은 모두 경의經義를 위주로 했고, 단지 훈고訓詁만을 떠들지는 않았다. 훈고를 전문적으로 말하는 것은 고문학파이며, 그 학문은 본래의 연원이 없을 뿐만 아니라 대부분 경전과 상반된다.[29]

요평의 이 주장은 정확한 논의라고 할 수 있다. 지금 사람들의 경전 연구는 소학小學을 전문적으로 숭상하는 경우가 많은데, 사실은 금고문의 구별을 제대로 이해하지 못하기 때문이다.

양한시대 이후, 공양학자들은 대부분 『춘추』에 근거하여 금고문의 차이를 논했는

---

28) 廖平, 『四益館經學四變記』(丙午本)(李耀仙 編, 『廖平選集』 상책, 549쪽 실려 있음).
29) 廖平, 『古學考』(李耀仙 編, 『廖平選集』 상책, 147쪽에 실려 있음).

데, 요평은 오로지 예제禮制를 근거로 삼았고, 심지어 『좌씨전』이 『공양전』과 부합되므로 금문학의 경전이라고 말했다.

> 『공양전』을 연구하는 자는 『좌씨전』을 공격하지 않는 자가 없고, 나날이 깊이 미워하고 통렬하게 끊어 버려서 마치 원한이 깊이 쌓여 있는 것과 같다. 그런데 『좌씨전』이라는 책을 가만히 생각해 보면, 어찌 이와 같이 이치를 어기고 가르침을 해치는 지경에 이르렀겠는가? 『공양전』의 폐단은 허황되고 황당한 경우가 많다는 점이다. 『좌씨전』은 사적이 명백하여 『사기』와 서로 같은데도 마음속으로 그 명백함을 시기하기 때문에 깊이 원한을 품는 것이다. 유봉록·공자진 같은 경우, 사실은 『좌씨전』에 대해 마음을 쓴 적이 없고, 그 복잡한 체계를 두려워하여 종합적으로 연구하지 못했다. 오직 반박해야만 이 거대한 책을 완전히 얽어맬 수 있으며, 또한 그 해를 제거해야만 자유로울 수 있다. 『좌씨전』을 공격하는 것은 전부가 그 문장이 많거나 그 일이 분명하기 때문일 뿐이다. 『좌씨전』에 있는 여러 조목이 『공양전』과 부합하지 않는 경우에는 두예의 잘못된 이론이며, 『좌씨전』에는 애초에 그것이 없었다. 깊이 따져 보면, 『좌씨전』에서 말한 것이 『공양전』과 부합되지 않는 것이 하나도 없다. 『공양전』에서 말하는 미언대의微言大義라는 것도 『좌씨전』에 갖추어져 있지 않은 것이 없다.[30]

요평의 이러한 주장은 근본적으로 청대 금문학의 주류 이론과는 위배되니, 비범한 사람이라고 할 수 있다. 그 후에 강유위는 『신학위경고新學僞經考』를 지었는데, 논자들은 대부분 이 책이 요평의 『벽유편闢劉篇』의 영향을 받았다고 말한다. 그러나 책의 내용 중에는 근본적으로 다른 한 가지가 있다. 그것은 바로 요평은 유흠이 『주례』를 위조했다고 여겼지만, 강유위는 위로 유봉록의 이론을 계승하여 오히려 『좌씨전』을 유흠의 위조로 여겼다는 점이다. 요평의 「여강유위서與康有爲書」에서 "귀하께서 『좌씨전』을 왕망 시기의 위작僞作 대열에 나열해 넣었는데, 저의 의견과는 너무나 어긋납니다"라고 하였다.

---

30) 廖平, 『經話甲篇』, 권1(李耀仙 編, 『廖平選集』 상책, 461쪽에 실려 있음).

요평은 고문 경전의 거짓을 밝혔을 뿐만 아니라, 또한 옛 제도는 간략하면서 비루하고, 옛 역사는 대부분 황당무계하고 일상적인 법도에서 벗어난다고 말했다. 이 주장은 사실 강유위로부터 나왔다. 강유위의『공자개제고孔子改制考』에「상고망매무계고上古茫昧無稽考」라는 편이 있는데, 공자의 개제改制는 그 관건이 바로 여기에 있다. 이것이 바로 공자가 소왕素王이 된 이유이다. 따라서 요평은 공자를 제왕帝王에 견주어서 다음과 같이 말했다.

> 육경六經은 공자 한 사람의 책이다. 학교學校는 소왕素王이 특별히 세운 정치이다. 이른바 "도道는 백왕百王의 으뜸이며, 만세 스승의 모범이다"는 것이다. 유흠 이전에는 모두 이 주장을 위주로 하였다. 따라서「이양태상박사서移讓太常博士書」에서 육경은 모두 공자로부터 나왔다고 하였다. 이후에 박사를 공격하고자 했기 때문에 주공周公을 끌어와서 공자에 대적시킴으로써 마침내『예』·『악』을 주공의 작품으로 귀결시키고,『시』·『서』를 제왕의 작품으로 귀결시켰으며,『춘추』는 역사서의 문장에서 유래했고『역전』은 단지 앞선 성인의 글에 주석을 단 것이라고 하였다. 공자 한 사람의 작품을 가지고 제왕帝王과 주공周公에 나누어 예속시켰다. 이와 같이 하여 육예六藝는 단지 문장을 선별하거나 시를 선별한 것과 같은 것에 지나지 않게 되었다. 혹은 경전을 손질하여 바로잡았다는 말을 병행하여 또한 반박하고자 했으니, 공자는 평범하고 하잘 것 없어 경전을 세운 것이 없게 되었다. 사설師說이 점점 사라지자 학자들은 자신을 기준으로 남을 평가했으니, 또한 공자를 한 명의 교수敎授나 노유老儒로서 단지 선본選本이 많고 문도門徒가 많을 뿐이라고 간주하려고 하였다. 그리고 공자가 한 사업의 공적은 헛되고 텅 비어서 전혀 실적이 없다고 말한다. 어찌 소왕素王의 사업이 제왕帝王과 같고, 지위와 명호名號는 천자天子와 같다는 것을 알겠는가?[31]

유흠과 두예가 주공을 높인 것은 사실 공자가 제도를 만든 공적을 깎아내리고자 했기 때문이다. 요평은 "소왕의 사적事跡은 제왕과 같고, 지위와 명호는 천자와

---

31) 廖平,『知聖篇』(李耀仙 編,『廖平選集』 상책, 189쪽에 실려 있음).

같다"고 분명하게 말했으니, 공자를 높이고자 한 것이다. 그 후에 장태염이 "공자를 한 명의 교수教授나 노유老儒로 간주하려고 했는데", 바로 요평이 비판한 것과 꼭 맞아떨어지며, 공자를 깎아내린 것이다.

따라서 요평은 공자진龔自珍을 다음과 같이 비난하였다

공자진은 여전히 육경을 옛 역사로 여기니, 진정으로 맹인盲人이 깊은 곳에 임하여 위험한 상황에 처한 것과 같다. 학인들은 그래도 그의 주장을 추종하니, 너무하구 나![32]

이로써 알 수 있듯이, 요평의 관점에서 보면, 만약 공자를 높이려면 반드시 공자를 소왕으로 높여야 한다. 만약 주공을 높이려면 공자를 역사가로 깎아내려야 한다. 이로 인해 요평은 "소왕이라는 하나의 의리는 육경의 근본 강령이다"[33]고 하였다. 그의 『지성편知聖篇』이라는 책은 공자가 소왕이라는 요지를 논한 것이며, 그 책에서 다음과 같이 말했다.

공자는 여러 성인을 집대성하여 육예六藝의 제도를 제정하였다. 육경은 한 사람이 만든 것이며, 제왕의 책과는 다르다. 따라서 제자들이 이에 근거하여 공자가 요순堯舜보다 크게 현명하다고 여겼으니, 실로 육예의 아름답고 좋음이 옛날에는 있을 수 없다는 것을 본 것이다. 육경을 한 왕王의 대전大典으로 여겼으므로 소왕의 이론을 두어 공자를 성인으로 삼고 왕으로 삼지 않을 수 없었다. 이것은 사실을 근거로 추론한 것이니, 현실적 이치도 이와 같다.[34]

그런데 요평의 이러한 주장은 공양가의 옛 이론과는 크게 부합하지 않는다. 공양가는 본래 공자가 노나라의 역사서에 근거하여 『춘추』를 지었고, 『시』·『서』에

---

32) 廖平, 『孔經哲學發微·尊孔總論』(李耀仙 編, 『廖平選集』 상책, 303쪽에 실려 있음).
33) 廖平, 『知聖篇』(李耀仙 編, 『廖平選集』 상책, 175쪽에 실려 있음).
34) 廖平, 『知聖篇』(李耀仙 編, 『廖平選集』 상책, 178쪽에 실려 있음).

대해서는 손질하여 바로잡은 것이 있으며, 『예』에 대해서는 교정하여 바로잡은 것이 있다고 여겼다. 그렇지만 공자가 혹은 기록하고 혹은 삭제하였다고 하여, 육경이 상고시대의 남겨진 경전이라는 것을 부정한 적이 없다. 지금 요평은 이처럼 공자를 높였고, 그 후에 강유위도 또한 이 주장을 종주로 삼아서 「육경개공자개작고六經皆孔子改作考」를 지었다. 이로써 알 수 있듯이, 강유위의 탁고개제託古改制 이론은 본래 요평으로부터 나온 것이다. 근세에 의고疑古의 풍조가 끝없는 화를 끼쳐서, 마침내 중국의 수천 년의 전통도 또한 그에 따라 동요되었다. 요평은 사실상 그 허물을 변명할 수가 없을 것이다. 이와는 반대로, 장태염은 초기에는 공자를 바로잡았고, 만년에는 역사를 높여서 국가의 정수를 보존하려고 했는데, 그것은 의고의 화를 바로잡으려고 한 것이다.

1899년 11월, 장태염은 『금고문변의今古文辨義』를 지었는데, 요평의 두 번째 변화기의 학문을 다음과 같이 분석하였다.

> 요평의 여러 가지 주장을 종합하면, 첫째, 경전은 모두 완전무결하다. 그런데 빠진 내용이 있다고 여긴 것은 유흠이다. 둘째, 육경은 모두 공자가 지었다. 당시의 말도 아니고 또한 당시의 일도 아니며, 공자가 그 일을 모아 만들어서 왕의 마음을 더한 것이다. 셋째, 사대四代는 모두 난세亂世이며, 요·순·탕·무의 치세에는 모두 그러한 혼란한 일이 없었다. 넷째, 『좌씨전』도 또한 금문학이다. 『좌씨전』의 경전 해석은 또한 사적을 스스로 만들고 공자의 말을 빌어서 왕의 마음을 더했다. 따라서 큰 요지는 『공양전』·『곡량전』과 같으며, 50가지 범례 중에서 『공양전』·『곡량전』과 위배되는 것이 하나도 없다. 다섯째, 제자諸子나 아홉 개의 학파는 모두 공자를 종주로 삼는다.[35]

이 논의는 요평의 두 번째 변화기의 주장을 잘 개괄하였다. 대략적으로 말하면, 『지성편知聖篇』은 공양가의 '소왕개제' 이론을 신뢰하고, 심지어 육경은 모두 공자로부

---

35) 章太炎, 『今古文辨義』.

터 나왔다고 주장하였다. 『벽유편闢劉篇』은 정현이 『주례』에 대해 말한 것을 신뢰하지 않고, 심지어 일체의 모든 고경古經은 모두 유흠 등의 고문가의 위작에서 나온 것이라고 주장하였다. 이러한 측면에서 말하면, 요평의 두 번째 변화기의 학술은 대체로 모두 공양가의 말이기 때문에 강유위가 그 주장을 많이 채용한 것은 전혀 이상할 것이 없다.

제4절 대통大統과 소통小統

광서光緒 24년(1898), 요평은 자중資中에서 처음으로 대통大統과 소통小統의 의리를 깨닫고서 『지구신의地球新義』를 지었다. 그러나 이 주장이 나오자마자 세상 사람들에게 비웃음을 샀다.[36] 그 후에 그는 문을 걸어 잠그고 깊이 숙고하여, 몇 년 후에 이 학문이 크게 완성되었다.[37] 그는 이 주장에 대해 다음과 같이 스스로 말했다.

> 무술戊戌 이후 '황제皇帝의 학문'을 강론하면서, 처음으로 「왕제」는 오로지 중국에 대해 상세하며, 『주례』는 전 지구의 정치 방법, 즉 외사外史가 주관한 삼황오제三皇五帝의 전장典章 제도라는 것을 알게 되었다.…… 따라서 '금고今古'를 '대소大小'로 고쳤다. 이른바 「왕제」의 금문학은 왕패王霸의 소일통小一統이고, 『주례』의 고문학은 황제皇帝의 대일통大一統이다.[38]

> 광서光緒 24년 무술戊戌, 천구하도天球河圖·소구대구小球大球·소공대공小共大共에 근거하여,[39] 점점 이 주장으로 변화되었다. 「왕제」·『주례』가 모두 진짜 옛 서적으

---

36) 그런데 장태염은 평소에 異論을 주장하는 것을 좋아하였다. 따라서 그가 지은 「廖君墓誌銘」에서 "세 번째 변화가 가장 불만하다"고 말했다.
37) 廖平, 『四益館經學四變記』(丙午本)(李耀仙 編, 『廖平選集』 상책, 550쪽에 실려 있음).
38) 廖平, 『知聖續篇』, 「自序」(李耀仙 編, 『廖平選集』 상책, 224쪽에 실려 있음).
39) 역자 주: 小球大球와 小共大共은 『시』 「長發」편에 보인다. "작은 나라의 구슬과 큰 나라의 구슬을 받아서, 제후국의 깃대가 되어, 하늘의 아름다움을 받았도다.…… 작

로, 「왕제」는 『춘추』의 전傳으로서 내사內史가 주관한 왕자와 패자(王伯)의 학문이며, 『주례』는 『상서』의 전傳으로서 외사外史가 주관한 황제皇帝의 학문이라고 여겼다. 육경은 삼소三小와 삼대三大로 구분되며, 왕백王伯은 중국을 다스리고, 『주례』는 전 지구를 다스린다. 이에 경학經學은 세계의 책이지 중국 한 모퉁이의 말이 아니다.[40)

두 번째 변화기에 요평은 금문을 높이고 고문을 억눌렀으며, 「왕제」를 위주로 하고 『주례』를 위서僞書로 축출했다. 그런데 여기에 이르러, 그는 금문학이 종주로 삼는 「왕제」는 공자의 소통小統 이론으로, 3천 리의 소구주小九州에 적합하며, 단지 중외中外가 개통되기 이전의 소강시대小康時代의 중국을 다스릴 뿐이다. 고문학에서 종주로 삼는 『주례』의 경우는 공자의 대통大統 이론으로, 3만 리의 대구주大九州에 적합하며, 중외가 개통된 이후의 대동시대大同時代의 전 지구(全球)를 다스린다. 이로써 알 수 있듯이, 공자의 대통과 소통의 이론은 사실상 중국과 전 지구라는 다스리는 대상의 차이가 있으며, 그 학문은 결국 대·소의 차이가 있다.

몽문통蒙文通은 요평 경학의 세 번의 변화기에 대해 다음과 같이 논한 적이 있다.

세 번의 변화기의 이론은 비록 다르지만, 모두 「왕제」·『주관』을 통합적인 귀결처로 삼아서, 혹은 주인이 되고 혹은 노예가 된다. 유봉록·강유위의 다른 주장과 비교하면, 세 번의 변화기의 이론은 변하지 않았다고 말해도 괜찮을 것이다.[41)

이로써 알 수 있듯이, 세 번의 변화기의 이론이 비록 각각 다르지만, 그 중의

은 나라에서 바친 공물과 큰 나라에서 바친 공물을 받아서, 제후국의 준려駿厖이 되어, 하늘의 은총을 받았도다."(受小球大球, 爲下國綴旒, 何天之休.……受小共大共, 爲下國駿厖, 何天之龍) 이 시는 천자는 德의 정치를 베풀어 제후들에게 어짊을 보여 주고, 제후들은 천자에게 충성으로 보답한다는 뜻이다.
40) 廖平, 『四益館經學四變記』(己酉本)(李耀仙 編, 『廖平選集』 상책, 315쪽에 실려 있음).
41) 蒙文通, 『廖季平先生傳』(『蒙文通文集』, 권3, 142쪽).

관건이 되는 곳은 모두 「왕제」와 『주례』의 관계를 어떻게 처리하는가에 달려 있다. 「왕제」와 『주례』에 실려 있는 제도는, 첫 번째 변화기에는 금문과 고문의 차이로 여겼고, 두 번째 변화기에는 진짜와 가짜의 차이로 여겼으며, 세 번째 변화기에는 강역疆域, 즉 대상 영토의 차이로 여겼다.

또한 두 번째 변화기에 요평은 금문을 높이고 고문을 억눌렀는데, 「왕제」와 『주례』는 마침내 물과 불처럼 용납하지 못하는 관계가 되어 버렸다. 이에 대해 그는 다음과 같이 말했다.

> 「왕제」와 『주례』는 한 숲속의 두 마리 호랑이이니, 그치지 않고 서로 싸운다. 우리나라의 이천 년의 학술과 정치는 실로 그 해를 깊이 받았다. 두 마리 호랑이가 만나면 양쪽 모두 상해를 입으니, 홍수나 맹수보다 더 심하다. 지금 「왕제」로써 중국을 다스리고, 홀로 일존一尊을 세우더라도 결코 견제를 받지 않는다. 그리고 해외의 전 지구는 이른바 삼황오제三皇五帝의 『삼분三墳』·『오전五典』이라는 것을 전부 『주례』에 배속시킨다. 「왕제」와 『주례』는 마치 규염공虯髯公과 태원공자太原公子가 길을 나누어 말을 달려간 것과 같다.[42]

그 후에 의고疑古의 화는 금문을 높이고 고문을 억누르는 주장을 일으켰다. 요평이 혹 이미 이러한 화를 사전에 예측하여, 이처럼 조정하는 논의를 미리 만든 것인가? 이 논의는 여전히 하나의 좋은 점이 있다. 공자가 전 지구를 다스릴 수 있으면 육예도 또한 금세기에 존중을 받을 수 있다는 것이다. "공자가 전 지구의

---

42) 廖平, 『四益館經學四變記』(丙午本)(李耀仙 編, 『廖平選集』 상책, 551쪽 실려 있음).
역자 주: 太原公子는 당나라 太宗 李世民을 말하고, 虯髯公은 당 태종 때 扶餘의 왕이 되었다는 전설상의 인물이다. 당나라 張說(또는 杜光庭)이 지은 『虯髯客傳』이라는 소설에 의하면, 隋나라 말기에 張仲堅이라는 사람이 있었는데, 그는 용처럼 붉고 구불구불한 수염을 가졌다고 해서 虯髯客이라고 불렀다고 한다. 그는 웅대한 포부와 지략을 가지고 천하의 패권을 차지하고자 했다. 그러나 李世民을 만나보고는 그가 英主가 될 비범함이 있다는 것을 알고, 李靖이라는 사람에게 자신의 전 재산을 주고 이세민의 천하 평정을 도우라고 부탁한 뒤 그곳을 떠났다. 그리고 10년 뒤에 그는 扶餘에서 왕을 죽이고 스스로 왕이 되었다고 한다.(『說郛』, 「虯髯客傳」 및 『唐書』, 「突厥上」 참조)

신성神聖이 될 수 있으면, 육예는 우주宇宙의 공언公言이 될 수 있다."43)

그는 또 다음과 같이 말했다.

「왕제」로써 여러 경전을 두루 설명하지만, 강역疆域, 즉 대상 영토는 5천 리에
그칠 뿐이다. 『중용』에서 말한 "중국에서 넘치고 만맥蠻貊에 미치며", "모든 혈기를
가지고 있는 것들이 존경하고 친애하지 않음이 없는" 것이다.44)「예운禮運」에서
말한 '대동大同'의 이론은 사실상 결점이 된다. 엄복嚴復의 상서上書에서 "지구에
대해 주공과 공자는 일찍이 꿈에서도 본 적이 없다. 해외에 대해 주공과 공자는
일찍이 경영해 본 적이 없다"고 말한 것도 또한 사실은 그 폐단을 답습한 것이다.45)

이로써 알 수 있듯이, 첫 번째와 두 번째 변화기의 이론은 요평 스스로가
공자의 경전을 협소하고 하찮게 만든 것일 뿐이다. 만청시기에 나라 사람들의
눈으로 본 세계는 이미 옛날 중국의 강역에 한정되는 것이 아니었다. 따라서 요평은
공자를 높이고자 했으므로 반드시 그 이론을 미루어서 지구를 다스려야 했다.
그렇지 않으면 공자의 학설은 결국 지금의 세상에 행해지기에는 부족하게 된다.
이러한 노력은 강유위의 만년에 공자를 논한 것과 대략 같다. 이러한 측면에서
말하면, 요평의 세 번의 변화는 그의 학술 자체에서 말하면 사실상 필연의 결과라고
할 수 있다.

광서光緖 28년(1902), 요평은 또 『지성속편知聖續編』이라는 책을 지었다. 이 책에서
소대小大의 뜻을 다음과 같이 논했다.

---

43) 廖平, 『四益館經學四變記』(丙午本)(李耀仙 編, 『廖平選集』 상책, 551쪽).
44) 역자 주: 『중용』 31장에 다음과 같은 말이 보인다. "따라서 聲名이 중국에서 넘치고
蠻貊에 미쳐서, 배와 수레가 이르는 곳, 인력이 통하는 곳, 하늘이 덮어 주는 곳,
땅이 실어 주는 곳, 해와 달이 비추는 곳, 서리와 이슬이 내리는 곳에서, 모든 혈기를
가지고 있는 것들이 존경하고 친애하지 않음이 없다. 그러므로 하늘을 짝한다고 말
한 것이다."(是以洋溢中國, 施及蠻貊, 舟車所至, 人力所通, 天之所覆, 地之所載, 日月所照,
霜露所隊, 凡有血氣者, 莫不尊親. 故曰配天)
45) 廖平, 『四益館經學四變記·三變記』(李耀仙 編, 『廖平選集』 상책, 549쪽에 실려 있음).

처음에 후한시대의 옛 법을 사용하여 『금고학고今古學考』를 지었는데, 지금은 「왕제」를 위주로 하고, 옛날은 『주례』를 위주로 하였다. 한 숲에 두 마리의 호랑이가 만나면 양쪽 모두 상해를 입고, 들쭉날쭉 엉키고 얽혀서 아마도 제대로 밝힐 수 없을 것이다. 무술戊戌(1898) 이후 '황제皇帝의 학문'을 강론하면서, 처음으로 「왕제」는 오로지 중국에 대해 상세하며, 『주례』는 전 지구의 정치 방법, 즉 외사外史가 주관한 삼황오제三皇五帝의 전장典章 제도라는 것을 알게 되었다.[46]

처음에 『주례』를 살펴보고서 「왕제」와 같지 않다고 여겼다. 『춘추』·『상서』·『좌씨전』·『국어』의 제자諸子에게서 증명해 보니, 모두 어긋남이 있었다. 그래서 그것을 왕망과 유흠이 뒤섞어서 고친 것이 있다고 생각하여, 『산유刪劉』 1권을 지었다. 정유丁酉(1897) 이후에야 『주례』가 대통大統의 책으로서, 황제의 치법治法을 전문적으로 기록한 것이라고 확정하였다.[47]

살펴보건대, 이 책에서는 세 번째 변화기가 무술戊戌(1898)에 시작되었다고 했는데, 「자서」에서는 정유丁酉(1897)라고 했으니, 약간 차이가 난다.

또 그의 『중정곡량춘추고경전고의소重訂穀梁春秋古經傳古義疏』에서 다음과 같이 말했다.

『춘추』는 노나라 역사서의 옛 명칭이고, 공자는 덕은 있지만 지위가 없었다. 경전을 펴서 읽고서 가르침을 세우고, 위로 귀신에게 질정하여도 의심이 없고, 아래로 백세 성인의 육예六藝의 도를 기다려서 인천人天에서 법도를 취하였다. 『시』·『서』·『예』·『악』의 가르침을 사시四時로 나누고, 『역』으로써 하늘을 위주로 하고, 『춘추』로써 땅을 위주로 하였다. 강역彊域으로 말하면, 『춘추』는 구주九州에 나아가 중외中外를 나누고, 『상서』 및 『예』의 교화는 천하에 미치며, 『시』·『악』은 천하 밖에 베풀어지니, 이른바 육합六合의 안이다. 『역』은 천도天道를 전문적으로 밝히고, 아울러 육합六合 이외에까지 미치니, 큰 것은 『역』보다 더 큰 것이 없고,

46) 廖平, 『知聖續篇』, 「自序」(李耀仙 編, 『廖平選集』 상책, 224쪽에 실려 있음).
47) 廖平, 『知聖續篇』(李耀仙 編, 『廖平選集』 상책, 229쪽에 실려 있음).

작은 것은 『춘추』보다 더 작은 것이 없다. 세대世代로써 논하면, 『역』은 방소方所와 형체가 없는데, 대지는 심히 협소하므로 하나의 경전을 전문적으로 지어서 전제典制를 표장하였다. 따라서 『춘추』는 육예의 개종開宗이고 치법治法의 시작이다. 작은 것으로부터 큰 것으로 미루어 가고, 지금으로부터 옛날로 미루어 가니, 이른바 추상적인 말에 가탁하는 것이 실제 일을 통해 드러내는 것이 깊고 절실하고 분명하고 밝은 것만 못한 것이다.[48]

살펴보건대, 『중정곡량춘추고경전고의소』의 초고는 1884년에 완성되었는데, 1887년에 원고를 탈고하였고, 1893년에 이르러 간행하였다. 이 시기는 여전히 요평의 두 번째 변화기에 속한다. 그러나 여기에서 말한 것에 의하면, 이 시기에 이미 소대小大 사상이 있었고, 심지어 네 번째 변화기의 천인天人사상도 그 단서를 드러내고 있다.

또한 그의 『공양험추보증범례公羊驗推補證凡例』에서 말했다.

따라서 『춘추』는 안(內, 州)을 중국中國으로 삼고, 밖의 사주四州를 이적夷狄으로 삼으며, 땅(疆宇)은 3천 리를 벗어나지 않는다. 그것을 『상서』로 추론해 보면 삼왕三王의 5천 리이며, 모두 소학小學이다. 황제皇帝의 사표四表의 경우는 『시』・『역』은 토규土圭[49]로 측정한 땅의 넓이는 3만 리이고, 『대학』에서 천하를 평안하게 하는 일이다. 여러 경전은 연대가 매우 오래되었는데, 오직 『춘추』만은 단지 200여 년이다. 따라서 고학당古學堂에서는 왕자와 패자(王伯)를 소학小學・몽학蒙學으로 삼고, 수신修身・국가國家・치인治人의 법도는 모두 소학小學에 배속하며, 황제는 대학大學으로 삼는다.…… 지금 「왕제」・『춘추』를 소학小學으로 삼고, 『시』・『역』・『주례』를 대학大學으로 삼으니, 반드시 소학이 밝혀진 이후에 대학을 읽을 수 있다. 먼저 작고 가까운 것을 상세하게 안 이후에 그것을 크고 먼 것으로 미루어간다.

---

48) 廖平, 『重訂穀梁春秋古經傳古義疏』, 권1.
49) 역자 주: 土圭는 주나라 때 해의 그림자나 토지를 측정하는 기구를 말한다. 『周禮』 「大司徒」에 "土圭의 법으로 토질의 깊이를 재고, 해그림자를 바로잡아서 땅의 중앙을 구한다"는 말이 보인다.

따라서 공자의 경설經說은 오직 『춘추』가 가장 상세하고, 한대 유학자들의 경학도
오직 『공양전』만이 유독 성행하였다.[50)]

살펴보건대, 요평이 『공양험추보증범례』를 지은 것은 1888년에 시작되었다.
그 후에 많은 증보가 있었고, 1903년에 처음으로 정식 간행하였다. 이것도 또한
그의 세 번째 변화기의 저작이다.

이로써 알 수 있듯이, 요평은 공자의 육경을 왕백王伯의 소통小統으로 여기고,
대통大統의 여러 책, 예를 들어 『대학大學』·『대대례기大戴禮記』·『일주서逸周書』·『산
해경山海經』·『노자老子』·『열자列子』·『장자莊子』·『윤자尹子』·『윤문尹文』·『여람
呂覽』·『회남淮南』·『관자管子』·『안자晏子』·『신자申子』·『한비자韓非子』·『하도河
圖』 등의 여러 위서緯書·『칠경위七經緯』·『사기史記』·『한서漢書』·사부詞賦 및 석전釋
典 등을 확정하였다.[51)]

요평의 세 번 변화된 학술은 세상 사람들의 이해를 받지 못했다. 요종택廖宗澤의
「행술行述」에서 다음과 같이 말했다.

국내의 학자들은 선조인 요평의 학문을 대략 살펴보고, 모두가 첫 번째와 두
번째의 변화에 이르러서 그쳐 버린다. 세 번째 변화 이후에는 깊이 생각하여
홀로 이치에 도달하고, 헛된 논의를 논파하면서 나아갔으니, 아는 자가 매우 드물다.
다섯 번째 변화·여섯 번째 변화라는 말은 더욱 이상하니, 이치가 더욱 깊어질수록
온 세상이 비난하고, 이치를 아는 사람을 찾을 수가 없다. 비록 마음으로 따르는
자들은 한마디 말도 거들지 못하지만, 호적胡適은 심지어 방사方士라고 지목하였다.

지금 사람인 이요선李耀仙은 그렇게 생각하지 않았다. 그는 다음과 같이 생각했다.
세 번의 변화는 "고문과 금문의 이치와 백가百家의 말을 섞었으니, 주장하는 견해가

---

50) 廖平, 『公羊驗推補證凡例』.
51) 廖平, 『知聖續篇』(李耀仙 編, 『廖平選集』 상책, 277쪽에 실려 있음).

제17장 요평廖平─예禮로써 경經을 해석하고 금문학과 고문학을 판별함   467

이미 경례經例를 혼란스럽게 만들었다. 또한 스스로 놀라고 겁을 먹은 이후로, 남은 여생을 아깝게 여겨, 개제改制를 말하는 것을 꺼리고, 바꾸어서 강역疆域을 말했다. 당시의 정치적 기준으로 헤아려 보면, 현저하게 뒤로 물러난 것이다."[52]

제5절 천학天學과 인학人學

앞의 세 번의 변화에서 언급된 경전은 『예』·『서』·『춘추』 등 단지 육예六藝의 절반에 지나지 않으며, 『시』·『역』·『악』은 여전히 그 수에 포함되지 않았다. 따라서 요평은 또한 『대학』·『중용』 두 편에 근거하여, 『대학』은 '성誠'·'도道'·'덕德'·'성聖'을 말하여 실제로는 '인학人學'일 뿐이며, 『중용』은 '지성至誠'·'지도至道'·'지덕至德'·'지성至聖'의 이론이 있어서 도가道家의 '천인天人'·'지인至人'·'신인神人'·'화인化人'과 서로 같으며, 『맹자』·『순자』·『역』도 또한 '신인神人'·'지인至人'·'지성至聖'·'지신至神'의 이론이 있다고 주장하였다. 이로써 알 수 있듯이, 옛날 책 속에는 실제로 천학天學과 인학人學의 구분이 있다.[53]

요평은 또 인학은 단지 육합六合 이내의 일과 관련될 뿐이며, 육합 이외의 일은 전부 천학에 속한다고 했다. 그 중에 『상서』와 『춘추』는 하나는 크고 하나는 작은데, 둘 모두 인학의 두 경전이다. 『주례』와 「왕제」는 『상서』와 『춘추』 두 경전의 전傳과 같다. 따라서 요평은 말했다.

> 육합六合 이내는 인학人學이 되며, 황제皇帝와 왕백王伯은 전부 인사人事에 나아가 상象을 세우고, 제도도 또한 네 등급으로 나눈다. 『시』·『역』은 육합六合 이외에 있다.[54]

---

52) 李耀仙, 『廖平選集』 상책, 「序」, 27쪽.
53) 廖平, 『四益館經學四變記』(丙午本)(李耀仙 編, 『廖平選集』 상책, 552~553쪽에 실려 있음).
54) 廖平, 『四益館經學四變記』(己酉本)(李耀仙 編, 『廖平選集』 상책, 317쪽에 실려 있음).

요평의 천학과 인학의 구분은 사실 당시 과학의 진보에 대한 기대와 관련이 있다. 그는 옛 사람들의 '하늘과 땅의 통함을 끊어서'(絶地天通)[55] '상하에 이르렀다'(格於上下)[56]는 이론은 단지 인학人學에 한정하여 말한 것에 지나지 않는다고 여겼다. 육합 이외의 일, 예를 들어 경전에서 "우주를 주유하면서 정신은 꿈꾸듯 훨훨 날아오르네"라고 말한 것이 지금과 과거에서 고찰해 보면 진실로 허망한 말처럼 보이지만, 과학의 진보라는 관점에서 보면 반드시 현실이 될 수 있다. 이에 대해 그는 다음과 같이 말했다.

"우주를 주유하면서 정신은 꿈꾸듯 훨훨 날아오르네." 지금의 시대 상황으로 말한다면 진실로 힘이 미치지 못하는 바이다. 그러나 지금의 백성은 이 세상이 시작된 어두운 세상에 비하면 단지 수천 년밖에 지나지 않았는데도 도덕과 풍속, 영혼과 육체의 혼백이 이미 옛날과 비할 바가 아니다. 만약 다시 수천 년이 지나가면, 더욱 정진하고 개량될 것이며, 각종 과학이 계속해서 눈부시게 발전함으로써 이른바 장수長壽하고 신체를 단련하여, 옷을 입지도 않고 음식을 먹지도 않게 될 것이니, 그 진보는 본래 절차에 따라 헤아릴 수 있다.[57]

이 주장은 지금 사람들의 미래에 대한 환상과 실제로 차이가 없다. 당시 사람들은

---

55) 역자 주: 絶地天通은 하늘과 땅이 통하는 것을 끊는다는 말이다. 하늘과 땅의 신이 혼란스럽게 뒤섞이지 않도록 끊어 버림으로써 각자가 제자리를 잡도록 한다는 것이다. 요순시대에 이미 하늘과 땅이 각각 제자리를 잡았고, 인간 사회도 예법을 제정하여 기강과 질서가 자리 잡았다는 의미이다. 『서』 「呂刑」편에 다음과 같은 말이 보인다. "이에 重과 黎에게 명하여, 땅과 하늘이 혼란스럽게 뒤섞이지 않도록 끊어 버림으로써 잡신이 강림할 수 없도록 하니, 여러 제후와 아래에 있는 이들이 떳떳한 도를 도움으로써 홀아비와 홀어미가 가려지지 않게 되었다."(乃命重黎, 絶地天通, 罔有降格, 羣后之逮在下, 明明棐常, 鰥寡無蓋)

56) 역자 주: 格於上下는 임금의 덕이 상하에 모두 이른 것을 칭송한 말이다. 『서』 「堯典」에 다음과 같은 말이 보인다. "옛날 요임금을 상고하건대, 방훈이시니, 공경하고 밝고 문채 나고 생각함이 편안하고 편안하시며, 진실로 공손하고 겸양하시어, 광채가 四表에 입혀지며, 상하에 이르렀다."(曰若稽古帝堯, 曰放勳, 欽明文思安安, 允恭克讓, 光被四表, 格于上下)

57) 廖平, 『四益館經學四變記』(丙午本)(李耀仙 編, 『廖平選集』 상책, 554쪽에 실려 있음).

이 주장이 일상적인 법도에서 벗어난다고 여겼다. 그러나 요평은 당시의 풍조를 앞서갔기 때문에 과학에 거는 기대가 이처럼 컸다. 그는 심지어 유가儒家에서 황당무계하고 일상적인 법도에서 벗어난 책으로 간주하는 책들에 대해서도, 또한 과학이 눈부시게 발전한 이후의 현실로 간주하였다. 예를 들어 『영추靈樞』·『소문素問』·『초사楚辭』·『산해경山海經』·『열자列子』·『장자莊子』·『시자尸子』·불전佛典 등은 모두 천학天學으로서, 과학과 서로 증명할 수 있다고 주장하였다.

그는 또 『고금학고古今學考』 2권을 지었는데, 네 번째 변화기의 작품이다. 이 책은 첫 번째 변화기의 『금고학고今古學考』와 같지 않다. 그 이론은 옛날 상고시대의 황제皇帝와 왕백王伯을 서술한 것이 이른바 위로 고찰하는 것(上考)이고, 지금 전 지구에 법도를 드리우는 것이 이른바 아래로 기다리는 것(下俟)이라고 여겼으니, 『금고학고』에서 말한 금今·고古와는 같지 않다.[58]

이후에 또 다섯 번째 변화와 여섯 번째 변화가 있었는데, 모두 천학天學과 인학人學 분야에서 벗어나지 않는다. 비록 그렇기는 하지만, 그는 여전히 「왕제」·『주례』를 종주로 삼아서, 『주례』를 『상서』의 전傳으로 삼고, 「왕제」를 『춘추』의 전傳으로 삼았다. 이로써 알 수 있듯이, 요평의 경전 연구는 비록 여섯 번의 서로 다른 변화가 있었지만, 「왕제」·『주례』를 종주로 삼아 예제禮制로써 경전을 해석하니, 변화 중에서 변화하지 않는 것이다. 그 차이점은 바로 장태염이 말한 것과 같으니, "그 후 세 번의 변화에서는 범종梵宗·의경醫經·형법刑法 등의 제가諸家를 뒤섞음으로써 종종 유술儒術의 범위에서 벗어났다."

상초向楚는 그 뒤의 세 번의 변화를 다음과 같이 말했다.

네 번째 변화 이후에는 오로지 육경六經을 천인天人과 소대小大로 나누었다. 10여 년이 지나서 다시 더 나아가서 천인天人 안에 소대小大를 융합하였다. 『예』·『춘추』·『상서』를 인학人學의 삼경三經으로 삼고, 「왕제」·『주례』를 그 전傳으로 삼았다.

---

58) 廖師政, 『家學樹坊』(李耀仙 編, 『廖平選集』 하책, 639~640쪽에 실려 있음).

그리고 『시』·『역』·『악』을 천학天學의 삼경三經으로 삼고, 『영추』·『소문』·『산해경』·『열자』·『장자』·『초사』를 그 전傳으로 삼아서, 각각 황제와 왕백의 4등급을 두었다. 처음 변화할 때에는 금고문 양학파가 근거로 삼는 것이 똑같이 공자로부터 나왔다고 여겨서 법고개제法古改制의 이론을 만들었다. 다시 조금 더 나아가서 육경을 모두 공자의 작품이라고 여기고, 또 『사기』에 공씨孔氏의 고문古文을 여덟 번 인용한 것을 근거로, 육서六書의 문자는 모두 공씨孔氏로부터 나왔다고 했다. 육경六經을 모두 공씨孔氏로 반드시 귀결한 이후에야 소대小大와 천인天人의 이론이 탐색할 수 있는 계통을 가지게 된다.[59]

금문학은 본래 육경이 공자로부터 나왔다고 주장했으며, 고문학은 주공周公을 높였기 때문에 그 형세상 반드시 육경을 역사로 깎아내려야 한다. 요평은 금문학의 이론을 끝까지 밀고나가면서, '육경은 모두 역사'(六經皆史)라는 이론이 "허황되고 허무한 유언비어로써 모두를 방향을 알 수 없는 안개 속으로 끌고 들어갔다"[60]고 비난하였다. 그리고 금고문 학자들이 모두 공자로부터 나왔다고 주장했고, 심지어 육서六書 문자도 모두 공자가 지은 것이라고 말했다.

제6절 춘추학 연구

1. 『곡량고의소穀梁古義疏』 및 『곡량전』 연구

요평의 『춘추』 연구는 먼저 『곡량전』을 연구하고, 이어서 『공양전』, 최후에는 『좌씨전』을 연구하였다. 광서光緖 5년(1879), 왕개운王闓運이 존경서원尊經書院을 주관하자, 요평은 그 영향을 받아서 처음으로 『춘추』에 뜻을 두었다. 다음 해에 『곡량전』을 전문적으로 연구하여, 『곡량선사유설고穀梁先師遺說考』 4권을 지었다. 이 책은 아마도

---

59) 向楚, 『廖平』(廖幼平, 『廖季平年譜』, 116~117쪽에 실려 있음).
60) 黃鎔, 『五變記箋述』(李耀仙 編, 『廖平選集』 상책, 569쪽에 실려 있음).

그의 가장 빠른 『춘추』 관련 저술이다. 광서 7년에 처음으로 『곡량전』에 주석을 달았고, 10년에 『곡량춘추경전고의소穀梁春秋經傳古義疏』 11권을 지었다. 같은 해에 또 『기기곡량폐질起起穀梁廢疾』 1권, 『석범釋范』 1권, 『곡량집해규류穀梁集解糾謬』 2권을 지었다. 11년에 『곡량경전장구소穀梁經傳章句疏』 「범례凡例」 41조목을 지었다. 8월에 자신의 『곡량전』 관련 저술을 『곡량춘추내외편목록穀梁春秋內外編目錄』이라는 책으로 편찬했는데, 모두 37종에 50권이었다. 『연보』에 의하면, 내편內編 1종은 『곡량춘추고 의소穀梁春秋古義疏』이고, 외편外編 11종은 『기기폐질起起廢疾』 1권, 『석범釋范』 1권, 『곡량집해규류穀梁集解糾謬』 2권, 『곡량노사유설고穀梁老師遺說考』 4권, 『곡량대의상증 穀梁大義詳證』 4권, 『곡량전례소증穀梁傳例疏證』 2권, 『곡량외전穀梁外傳』 2권, 『곡량결사 穀梁決事』 1권, 『곡량속사穀梁屬辭』 2권, 부록 『본말本末』 1권, 『곡량비사穀梁比事』 2권, 『곡량쇄어穀梁鎖語』 4권이며, 표표 25개가 있다. 그런데 『기기곡량폐질』과 『석범』을 제외한 나머지는 모두 없어졌다.

이 중에서 『곡량춘추경전고의소』는 가장 주요한 『곡량전』 관련 저작이다. 살펴보 건대, 요평은 처음에 『곡량춘추경전고의소』 8권을 완성하였다. 그런데 광서 9년 계미癸未(1883)에 이르러, 소왕素王·이백二伯 등의 여러 대의를 이해하고, 다음 해 갑술甲戌(1884)에 「왕제」를 읽고서 깨달음이 있었기 때문에 마침내 옛 원고를 고쳐서 『곡량춘추경전고의소』 11권을 완성하였다. 그 후에 여러 차례 증감하였고, 19년에 다시 수정했는데, "그 원고를 10번 고쳐서 정본이 없다"고 하였다. 이로써 요평이 이 책을 얼마나 중시했는지 알 수 있다. 이 시기가 바로 요평 경학의 첫 번째 변화기에 해당된다. 그는 「왕제」를 읽고 깨달음이 있었고, 소왕·이백 등의 여러 대의를 이해한 이후에 이 책을 지었기 때문에 그의 첫 번째 변화의 큰 요지도 또한 이 책에 보인다. 따라서 「범례」에서 다음과 같이 말했다.

> 「왕제」는 『춘추』의 대전大傳으로서, 수천 년 동안 깊이 가려 있어서 이해할 수가 없었는데, 『곡량전』을 가지고 증명하니 부합되지 않는 것이 없었다.[61]

「왕제」와 『곡량전』이 서로 통한다는 것이 바로 『금고학고今古學考』의 근본이다. 그는 제도를 근거로 삼아서 금문과 고문을 공평하게 나누었는데, 「왕제」와 『곡량전』에서 말한 예제禮制가 동일하지 않는 것이 하나도 없다고 주장했다. 그가 말했다.

『춘추』는 오로지 사람을 다스리기 때문에 제도로써 요점을 삼으니, 이것은 외왕外王의 학문이다. 「왕제」는 오로지 『춘추』 때문에 지어졌으므로 전체가 『춘추』의 명물제도名物制度와 서로 합치된다.[62]

「왕제」는 『곡량춘추』와 서로 같지 않은 조목이 한 조목도 없다.…… "봉분封墳을 만들지 않고, 묘역에 나무도 심지 않으며, 상중喪中에는 두 가지 일을 하지 않는다"에 대해, 정현은 서인庶人의 예禮라고 했는데, 『곡량춘추』에 이미 분명한 문장이 있다는 것을 모른 것이다.[63]

요평은 또 『곡량전』에서 말한 예禮가 『공양전』·『좌씨전』에 비해 더욱 전반적인 내용을 담고 있다고 여겼다. 『중정곡량춘추경전고의소重訂穀梁春秋經傳古義疏』에서 말했다.

『공양전』·『좌씨전』은 각각 하나의 예절을 말했는데, 『곡량전』은 그것을 전부 말했다. 삼전三傳에서 말한 예禮가 다른 경우, 대부분 이와 같은 사례이다.[64]

---

61) 廖平, 『重訂穀梁春秋經傳古義疏』, 「凡例」.
62) 廖平, 『王制集說凡例』(李耀仙 編, 『廖平選集』 하책, 20쪽에 실려 있음).
63) 廖平, 『今古學考』(李耀仙 編, 『廖平選集』 상책, 91쪽에 실려 있음).
    역자 주: 『예기』 「왕제」편에 다음과 같은 말이 보인다. "서인은 관에 줄을 매달아 하관하며, 장례를 비 때문에 중지하지 않으며, 봉분을 만들지 않고 묘역에 나무도 심지 않으며, 상중에는 두 가지 일을 하지 않는다."(庶人縣封, 葬不爲雨止, 不封不樹, 喪不貳事) 정현의 주에서 "土 이상은 마침내 봉분을 하고 나무를 심는다"고 했다. 한편 『곡량전』 문공 16년에 "상중에는 두 가지 일을 하지 않는다. 두 가지 일을 하면 상을 치르는 것이 태만해지기 때문이다"(喪不貳事. 貳事, 緩喪也)라는 말이 보인다.
64) 廖平, 『重訂穀梁春秋經傳古義疏』, 莊公 원년, 疏.

『춘추경전회해제요春秋經傳匯解提要』에서 말했다.

예제禮制로 말하면, 왕희王姬를 맞이하기 위한 처소를 궁 밖에 지은 일(『춘추』, 장공 원년, "築王姬之館於外")에 대해, 『좌씨전』은 예禮가 아니라고 말하고, 『공양전』은 예禮에 맞다고 말하여, 각각 절반씩만 말했다. 오직 『곡량전』만이 예에 맞지 않은 것으로부터 예에 맞는 것까지 말했으니, 완전한 문장이 된다.[65]

이로써 알 수 있듯이, 요평은 『곡량전』을 노학魯學의 정종正宗으로 여겼다. 청대 사람들 중 금문학을 말하는 자들이 모두 『공양전』을 위주로 삼았는데, 그것은 "결국 지자支子와 서자庶子로서 대통大統을 잇는 것"에 지나지 않는다.[66]

『곡량춘추경전고의소』「자서自敍」에 의하면, 이 책이 지어진 것은 범녕范甯의 『춘추곡량전집해春秋穀梁傳集解』의 잘못을 징계하기 위해서이다. 후한시대 이후로 『곡량전』 연구에서 가장 두드러진 것은 범녕의 『춘추곡량전집해』보다 더한 것이 없다. 이 책은 여러 이론을 널리 채집했지만, 『공양전』과 『좌씨전』을 잡다하게 취했기 때문에 사실상 가법家法을 밝히지 못했다. 당나라 때 양사훈楊士勛은 범녕의 주에 소疏를 지어서, 범녕의 주가 "상하가 서로 벗어나고 어긋나며, 설령 양쪽이 다 선명하다고 하더라도 여전히 치우치고 그릇됨이 있다"고 하였다. 그 후에 육순陸淳‧담조啖助 및 손각孫覺‧섭몽득葉夢得‧채원정蔡元定 등이 모두 주소注疏를 달았는데, "비록 절충折中할 줄 알았지만, 모두 완성된 형태의 책은 없었다."[67] 이로써 알 수 있듯이, 요평은 『곡량전』에 주를 달아서, "한학漢學을 다시 밝히는 것"이 저술의 의도였으며, "전한시대 경사先師의 옛 이론"을 위주로 삼았다. 그 속에 또한 동중서‧유향‧『사기』‧『한서』의 여러 이론을 많이 인용하였고, 「왕제」를 이 책의 대강으로 삼았다.

---

65) 『光緒井研縣誌‧藝文志』2(『中國地方誌集成‧四川府縣誌輯』제40집[巴蜀書社, 1992]에 실려 있음).
66) 蒙文通, 『井研廖季平師與近代今文學』(『蒙文通文集』, 권3, 106쪽).
67) 張預, 「重訂穀梁春秋經傳古義疏序」.

이요선李耀仙은 이 책을 크게 존숭하여, "『곡량춘추경전고의소』는 가법家法을 알았으며, 유향劉向 · 윤민尹敏 등 양한시대 경사가 남긴 이론을 찾아서 기록한 것이 매우 부지런하다. 옛날의 뜻이 후세에 전해지도록 하였으므로 이 책의 가치는 종문증鍾文烝의 『곡량보정穀梁補正』보다 위에 있다."[68]

『기기곡량폐질起起穀梁廢疾』 1권은 모두 37조목이다. 한대 말기 하휴와 정현의 논쟁을 근거로 지었다. 이 책의 「자서」에 의하면, 책의 이름이 '기기폐질起起廢疾'인 것은 사실 "정현의 『석폐질釋廢疾』에 간간히 잘못된 약藥이 있어서 질병이 될까 두려웠기 때문에 그가 경계하고 비판한 것을 바로잡음으로써 살짝 곁눈질로 보기를 기대한" 것이다. 요평은 하휴와 정현의 논쟁을 비난하지 않고, 단지 무의미한 감정의 논쟁에 지나지 않는다고 주장하였다. 하휴는 "자신이 익힌 것을 스스로 높여서, 같은 방에서 창을 쥐었고", 정현은 "좌씨학을 조금 섭렵하고, 『곡량전』을 익히지 않았다.…… 이에 주인을 잘못 가탁하여 날마다 보복을 생각하였다." 이로써 알 수 있듯이, 쌍방이 이기기를 힘쓰고, 두 사람 모두 잘못이 있기 때문에 이 책은 "두 사람의 잘못된 이론"을 바로잡고자 하였다.[69]

이 책은 먼저 하휴와 정현의 이론을 나열하고, 다시 안어案語을 더하여 두 이론의 시비를 논했다. 그 중에 하휴와 정현이 모두 잘못된 것이 있는데, 예를 들어 부인 풍씨風氏의 죽음(『춘추』, 문공 4년, "夫人風氏薨")을 논한 것이 그것이다. 하휴와 정현 양쪽이 모두 옳은 것이 있는데, 예를 들어 송나라 임금 자보慈父의 죽음(『춘추』, 희공 23년, "宋公慈父卒")을 논한 것이 그것이다. 정현이 옳은 것이 있는데, 예를 들어 연릉緣陵에 성을 증축한 것(『춘추』, 희공 14년, "諸侯城緣陵")을 논한 것이 그것이다. 「자서」에서 또 말했다.

『공양전』과 『곡량전』은 똑같이 금문학이고, 문장의 성기聲氣가 서로 호응하고, 신형神形이 많이 닮았다. 하휴와 정현의 기록은 본래의 요지를 항상 놓친다. 지금

---

68) 李耀仙, 『廖平選集』 상책, 「序」, 4쪽.
69) 廖平, 『起起廢疾』(『李耀仙 編, 『廖平選集』 하책, 90~91쪽에 실려 있음).

각각의 조목 아래에 『곡량전』의 뜻을 힘써 진술함으로써 두 사람의 잘못된 이론을 간혹 바로잡았다. 그러나 오직 『곡량전』 본전本傳을 밝히기를 추구하지, 감히 『공양전』을 이기려고 바라지 않으니, 공격의 습관과는 관련이 적다.70)

이로써 알 수 있듯이, 『기기곡량폐질』의 요지는 사실상 『곡량전』을 진술하는 데 있다.

『석범釋范』과 『곡량집해규류穀梁集解糾謬』 두 책은 모두 범녕范甯을 공격한 것이다. 『곡량집해규류』 2권은 지금 없어졌는데, 『연보』에서 다음과 같이 말했다.

곡량학의 전문 대사大師, 예를 들어 유향劉向과 윤민尹敏 등 여러 사람들이 남긴 이론이 진대晉代까지는 여전히 전문적인 책이 있었다. 그런데 범녕范甯이 옛 뜻을 사용하지 않고 억측으로 경전을 해석했으며, 또 전傳을 반박하기를 좋아하여, 당송시대의 전傳을 버리고 경經을 따르는 폐단을 열었다. 학문에 사법師法이 없고, 또 자子라는 성姓을 가진 사위가 주워 모아서 완성했다. 남북조시대의 제齊나라와 양梁나라 이후로, 범녕의 문장이 멋지고 또 문장에 따라 해석을 세운 것을 좋아했는데, 그것이 하휴와 가규의 주석이 너무 간결하고 심오하여 읽기 어려운 것과는 같지 않았기 때문에 그 책을 존중했지만, 옛 주석은 마침내 사라져 버렸다. 이에 이 책을 지어서 범녕의 잘못을 바로잡았다. 선생이 『공양전』의 하휴 주에 대해서는 『공양해고상각公羊解詁商榷』이라는 책이 있고, 『좌씨전』의 두예 주에 대해서는 『좌씨집해변정左氏集解辨正』이라는 책이 있는데, 범녕의 학문은 두 사람에 비해 열등하기 때문에 『곡량집해규류穀梁集解糾謬』라고 책이름을 지었다.

『곡량춘추경전고의소』는 한대 스승의 옛 이론을 모아서 분류하는 것을 위주로 하였고, 이 책은 그것을 근거로 삼아서 범녕의 『춘추곡량전집해』의 잘못을 바로잡은 것이다.

또한 『석범釋范』 1권이 있으며, 모두 20조목이다. 범녕이 전傳을 의심하거나

---

70) 廖平, 『重訂穀梁春秋經傳古義疏』, 「自序」.

전傳을 비난한 것을 공격하였다. 옛 사람들이 경전에 주석을 달 때는 "소疏가 주注를 논파하지 않는다"(疏不破注)·"예例가 전傳을 논파하지 않는다"(例不破傳)는 것을 주장하였다. 그런데 범녕은 다음과 같이 생각했다. "대체로 전傳은 경經을 소통시키는 것을 위주로 하고, 경經은 절대 합당함을 이치로 삼는다. 대체로 지극한 합당함은 두 가지가 없는데도 삼전三傳은 해설을 달리하니, 어찌 그 막힌 것을 버리고 좋은 것을 선택하여 따르지 않을 수 있겠는가? 이미 모두가 합당하지 않다면 본래부터 모두가 잘못되었을 가능성이 있다. 만약 지극히 합당한 말이 어두워져 끊어져서 좋은 것을 선택할 근거가 없다면, 어찌 모두 버리고 핵심을 탐구하고, 이치에 근거하여 경經을 소통시키지 않을 수 있겠는가?"[71] 이로써 알 수 있듯이, 범녕은 경經의 절대 당연함을 탐색하고자 했기 때문에 삼전을 회통하지 않을 수 없었고, 심지어 전傳을 버림으로써 경經을 따랐다. 그런데 요평은 그렇지 않았다. "예例가 전傳을 논파하지 않는 것"(例不破傳)은 원칙을 삼가 지키고, 그의 『변언弁言』에서는 범녕이 "『곡량전』을 공격했다고 숨김없이 말했다"고 곧바로 지적했다. 범녕의 죄는 "고인들이 주고받은 전수의 문을 끊어 버리고, 미쳐 날뛰고 도리에 어긋난 후학들의 습속을 창도한 것"에 있다고 주장했다. 따라서 이 책은 범녕에 대한 의문과 비난을 조목별로 열거하고, 그것을 차례대로 설명하고 대답했는데, 모두 20조목이다.

2. 『공양해고삼십론公羊解詁三十論』 및 『공양전』 연구

대체로 조금 늦은 시기에 요평은 『공양전』 연구를 시작했다. "『곡량전』 주소注疏의 찬술이 처음 이루어지자, 곧 『공양전』에 다시 주를 달고자 했다."[72] 광서光緖 10년(1884), 『하씨공양해고십론何氏公羊解詁十論』을 지었다. 이 책의 「자서」에 의하면, 『공양전』에 다시 주를 달고자 했는데, "시간적 여유가 없고, 작업의 일정도 정해지지 않았기 때문에 대강을 총괄하여 이 십론十論을 지었다." 이로써 알 수 있듯이,

---

71) 范甯, 『春秋穀梁傳集解』, 「序」.
72) 廖平, 『何氏公羊解詁十論』, 「自敍」(李耀仙 編, 『廖平選集』 하책, 135쪽에 실려 있음).

이 책은 『공양전』 주소注疏의 대강大綱이다. 「자서」에 의하면, 그는 홍량길洪亮吉의 『춘추십론春秋十論』을 본떠서 이 책을 지었다. 또 유봉록의 『하씨해고전何氏解詁箋』은 "말한 것이 대부분 사소한 의리이고, 간혹 별도의 다른 전傳에 근거하여 하휴의 이론을 고쳤다"고 생각하였다. 이로써 알 수 있듯이, 요평은 "하휴를 바로잡는다"는 유봉록의 뜻을 이어서 서술하였다. 차이점은 "대부분 대례大例를 위주로 한 것"뿐이다.

따라서 요평은 삼세례三世例를 논하면서, "삼세三世는 핵심적인 예例이며, 『춘추공양전해고』에서 말한 것은 대부분 그 뜻을 얻지 못했다. 지리멸렬하고 제멋대로 말을 부연하여 사람을 헷갈리게 만드니, 이것이 그 잘못이다"라고 했다. 또 "삼세의 정미한 뜻은 원근遠近 두 글자를 벗어나지 않는다. 만약 그 핵심을 이해하면 번거로운 말을 기다릴 필요가 없다. 지금 『춘추공양전해고』에서 삼세에 대해 말한 것을 모두 삭제하고, 별도로 예例를 세워서 설명하였다"[73]고 했는데, 유봉록의 『공양춘추 하씨석례公羊春秋何氏釋例』에서 취한 것이 있는 것 같다. 또 시월일례時月日例를 논하면서 다음과 같이 말했다. "하휴는 잘못하여 월月을 정례正例로 삼았으므로 정례에 있는 세 가지 등급은 진퇴進退할 방법이 없다. 그리고 시時와 일日 두 개의 정례 사이에 월月이라는 하나의 정례를 더했기 때문에 정례와 변례가 분명하지 않아서, 그 시말이 흐려지고 엉킨 실을 풀다가 더욱 엉켜 버렸다. 따라서 사람들로 하여금 어리석게도 사복射覆[74] 놀이에 끌려가도록 만든다. 이것이 그의 커다란 잘못이다."[75] 요평은 시時·일日을 정례正例로 삼고, 월月은 그 속에서 소식消息하므로 변례變例로 삼았다. 또 '소왕은 노나라를 왕으로 삼지 않았다'(素王不王魯)는 논의를 전개하였다. 그는 『공양전』이 '소왕素王' 이론을 위주로 하지만, '왕노王魯' 이론은 동중서로부터 시작되어 하휴에 의해 완성되었다고 하였다. 또 동중서는 '왕노'를 말했지만, 그 뜻은 여전히 '소왕'을 위주로 한다고 말함으로써 하휴에게 모든 죄를 돌렸다. 이와

---

73) 廖平, 『何氏公羊解詁十論』, 「三世論」(李耀仙 編, 『廖平選集』 하책, 147쪽에 실려 있음).
74) 역자 주: 射覆은 『한서』 「東方朔傳」에 의하면, 그릇 속에 물건을 숨겨 두고, 그것이 무엇인지 알아맞히는 놀이이다. 종종 점을 치는 데 이용하기도 하였다.
75) 廖平, 『何氏公羊春秋三十論』(李耀仙 編, 『廖平選集』 하책, 142~143쪽에 실려 있음).

같은 부류를 통해 이 책이 대부분 하휴의 잘못을 바로잡은 것임을 알 수 있다.

광서光緒 11년, 또 "나의 뜻이 다 드러나지 않았기 때문에 새로운 해석을 엮어서"
『공양해고속십론公羊解詁續十論』을 지었다. 『연보』에서 다음과 같이 말했다. "선생은
이 책에서 금문학과 고문학이 혼란해진 이유 및 학자가 마땅히 가법을 지켜야
함을 말했다. 또한 금문학과 고문학의 구분은 예제禮制에 있지 문자文字 의리義理에
있지 않다고 말했다. 또 금문학과 고문학의 종지는 고문학은 법고法古를 위주로
하고 금문학은 개제改制를 위주로 한다. 고문학은 『주례』를 위주로 하고, 금문학은
「왕제」를 위주로 한다. 고문학은 공자의 초년의 이론이고, 금문학은 공자의 만년의
이론이다." 광서 12년, 『공양해고상각公羊解詁商榷』 2권을 완성하였다. 이 책은 이미
보이지 않지만, 『광서정연지光緒井研志 · 예문지藝文志』에 이 책의 제요가 실려 있다.
"요평은 『공양의증公羊義證』을 아직 저술하지 않았을 때, 이 책을 먼저 편찬하여
하휴 주석의 큰 요지를 전문적으로 반박하였다. 『공양해고삼십론公羊解詁三十論』처럼
특히 총강總綱을 상세하게 논했다. 이 책에서는 조목별로 나누어, 글에 따라 반박하고
바로잡았는데, 논의가 비교적 분명하다. 살펴보건대, 하휴의 『춘추공양전해고』는
비록 옛 이론을 근본으로 삼았지만, 말한 것이 정신이 없어서 이해하기가 어렵다.
예를 들어 왕노王魯 · 삼세이사三世異辭 · 일월시日月時 · 진퇴進退 · 명호名號 · 문질文質
등의 여러 조목이 그것이다. 이 책은 가짜를 제거하고 진짜를 남겨 두었으니, 『공양보
증公羊補證』을 읽는 자들이 먼저 읽어야 할 책이다." 『연보』에서도 이 책이 "하휴의
주석을 전문적으로 반박하였고, 큰 요지는 『공양해고삼십론』처럼 특히 총강總綱을
상세하게 논했다. 이 책에서는 조목별로 나누어, 글에 따라 반박하고 바로잡았는데,
논의가 비교적 분명하다.……『공양보증』을 읽는 자들이 먼저 읽어야 할 책이다"라고
했다. 같은 해에 또 『공양해고재독십론公羊解詁再讀十論』을 지었다. 이 책도 하휴를
많이 반박했는데, "하휴는 풍기風氣에 구애되고 세속의 더러움에 빠져서, 당시의
임금에게 아첨했을 뿐만 아니라, 당시의 풍조에 영합하고자 했다. 그 때문에 묘당廟堂
에서 축출되었으니, 불행한 것이 아니다."[76] 이것은 하휴가 도참圖讖을 끌어들여
경전을 해석한 것을 비난한 것이다. 또 말했다. "하휴는 원류源流를 알지 못하고

전수의 선후先後에 어두웠으며, '공양公羊'을 두 글자의 성姓으로 여겼고, 『공양전』을 모두 호무생의 작품으로 여겼다. 또한 공자가 죄를 지을까 두려워하고 해를 멀리하기 위해서 책으로 제작하지 않았다고 여겼다. 『공양전』의 이론에서 이른 시기와 늦은 시기를 구분하지 않았으며, 순수하고 잡박한 것을 따지지 않고 일률적으로 해석했으니, 이것이 큰 잘못이다."[77] 요평은 『공양전』을 앞뒤로 여러 대를 거쳐서 완성된 선사先師의 작품으로 여겼다.

광서光緖 13년, 처음으로 『공양전』에 주를 달았다. 『연보』에 의하면, 이 책은 "한결같이 『춘추번로』를 근본으로 삼았다." 또 『백호통』에서 인용한 『공양전』을 근거로 삼아서 지금 판본에 없는 것을 100여 조목 보충하였다. 다음 해에 『공양춘추경전험추보증公羊春秋經傳驗推補證』 11권을 완성했는데, 삼전을 회통하는 데 뜻을 둔 것이다. 16년, 『군경범례群經凡例』 중의 『공양보증범례公羊補證凡例』 24조목을 개정하였다. 17년, 『공양보증범례』 10조목을 증보하였다. 25년, 『공양보증범례』 10조목을 다시 증보하였다. 29년, 『공양춘추경전험추보증』을 간행하였다. 민국 12년(1923), 둘째 손자인 요종택廖宗澤에게 『공양춘추경전험추보증』 중에서 혁명과 관련된 문자를 편집해서 외편外編으로 만들도록 했다.

『공양춘추경전험추보증』이라는 책은 「소왕제작종지사십문제素王制作宗旨四十問題」, 「공양험추보증범례公羊驗推補證凡例」, 「공양춘추경전험추보증公羊春秋經傳驗推補證」 및 「십오도표十五圖表」 네 부분으로 구성되어 있다. 이것은 요평 공양학의 가장 주요한 내용이다. 이 책은 그의 두 번째와 세 번째 변화기를 거쳐서, '금문을 높이고 고문을 억누르는 것'에서 '대통大統과 소통小統' 이론에 이르는 내용을 포함하고 있다. 이 책의 종지에 관해서는 반조음潘祖蔭의 「서문」에 의하면, 하휴의 『춘추공양전해고』에 완비되지 않은 부분이 있기 때문에 그 보주補注를 만든 것이다.

---

76) 廖平, 『公羊解詁再續十論』(李耀仙 編, 『廖平選集』 하책, 166쪽에 실려 있음).
77) 廖平, 『公羊解詁再續十論』(李耀仙 編, 『廖平選集』 하책, 169쪽에 실려 있음).

3. 『좌씨전』 연구

요평은 가장 나중에 『좌씨전』을 연구하였다. 광서光緒 12년(1886), 『춘추좌전고의범례春秋左傳古義凡例』 1권을 판각하였다. 이 책은 『좌씨전』을 오로지 고문학으로 여겼지만, 다음 해에 "『좌씨전』이 위작이라는 자취를 매우 자세하게 논하였다." 15년에 『춘추고경좌씨설한의보증春秋古經左氏說漢義補證』 12권과 『좌전한의보증左傳漢義補證』 12권을 지었다. 다음 해에 두 책을 장지동張之洞에게 올렸다. 18년, 『두씨좌전석례변정杜氏左傳釋例辨正』 4권, 『좌씨집해변정左氏集解辨正』 2권, 『오십범박증五十凡駁證』 1권, 『오십범보증五十凡補證』 2권, 『좌씨보례左氏補例』 1권을 지었다. 23년, 『좌씨삼십론左氏三十論』과 『속삼십론續三十論』 2권을 지었다. 34년, 『좌씨고경설左氏古經說』 11권을 지었다. 선통宣統 원년(1909), 『좌씨명고左丘明考』를 지어서 간행 반포하였다.

『춘추좌전고의범례』라는 책은 그의 첫 번째 변화기의 작품이다. 이 책에서 다음과 같이 말했다. 『공양전』·『곡량전』 두 전은 금문학이고 『좌씨전』은 고문학이며, 두 전은 경학이고 『좌씨전』은 사학이다. 두 전은 질박함을 중시하는 학파이고, 『좌씨전』은 문식을 숭상하는 학파이다. 두 전은 학문을 전수했고, 『좌씨전』은 학문을 전수하지 않았다. 두 전은 공자를 위주로 하고, 『좌씨전』은 주공을 위주로 한다. 두 전은 「왕제」를 위주로 하고, 『좌씨전』은 『주례』를 위주로 한다. 두 전은 위후緯候, 즉 위서緯書를 위주로 하고, 『좌씨전』은 사책史策을 위주로 한다. 두 전은 제齊와 노魯의 사람이고, 『좌씨전』은 연燕과 조趙의 사람이다. 또한 유봉록의 『좌씨춘추고증左氏春秋考證』이라는 책을 반박했다. 유봉록은 『좌씨전』에서 경문을 해석한 문자는 유흠이 조작해서 넣은 것이라고 여겼는데, 요평은 『좌씨전』에서 경문을 해석하지 않은 곳이 없으며, 단지 '서왈書曰'이라는 문장만이 아니라고 말했다.

또한 책을 지어 두예의 '50개 범례'를 반박하였다. 요평은 다음과 같이 말했다. "『좌씨전』에서 범례를 말했거나 범례를 말하지 않았거나 모두 의례義例가 있다. 따라서 가규賈逵·영용潁容의 옛 이론에서는 새로운 예例와 옛 예例의 구분이 없다고 여겼다. 50개의 범례 중에는 중복해서 보이는 것이 많은데, 중복된 것을 제거하면 단지 30여 조목에 지나지 않는다. 또 『좌씨전』에 있는 두 개의 범례는 수록하지 않았다. 즉 50개 조목 중에 사법史法·전례典禮에 해당되는 10여 조목은 경經과는 전혀 아무런 상관이 없는데, 어떻게 그것을 근거로 이론을 세울 수가 있는가?"[78] '50개 범례'는 두예가 『좌씨전』이 『춘추』의 전傳이 되는 핵심적인 이유를 세운 것이다. 그런데 요평은 이와 같이 반박했으며, 심지어 '50개 범례'가 송대 왕백王柏의 경전 해석과 서로 유사하다고 생각했다. 이로써 알 수 있듯이, 요평은 두예가 『좌씨전』의 예例를 총결한 것을 못마땅하게 여겼다. 그는 "별도로 예例를 해석한 새로운 책을 편찬하여, 경문을 먼저 열거하여 거기에 대해 논설하고, 힘써 서로 관통되도록 하고 하나 같이 절충시키되, 두 전을 함부로 인용하지 않는다. 『좌씨전』 본전本傳·사전事傳 및 경설經說을 해석한 것에서 수십에서 백여 조목의 정의正義를 제시하고, 옛 오류를 걸러내고 심오한 이치를 드러내며, 확실하고 새롭게 일신함으로써 문장은 간략하지만 이치는 드러나니, 밝게 갖추어졌다고 말할 수 있다."[79] 이로써 알 수 있듯이, 요평은 두예의 『춘추석례』의 잘못을 변증하여, 『좌씨전』의 새로운 예例를 담은 책을 지으려고 했다. 그러나 『춘추좌전석례변증春秋左傳釋例辨證』이라는 책은 보이지 않으며, 그가 총결한 수십에서 백여 조목의 조례도 상세하게 알 수가 없다.

또 『좌씨두주집해변정左氏杜注集解辨正』 2권이 있다. 모두 12편인데, 각 공公마다 1편이다. 『광서정연현지光緒井硏縣志』에는 요평이 지은 제요가 편의 가장 앞에 배열되어 있으며, 자신의 「자서」를 대신한 것이다. 이 책의 큰 요지는 두예가 예例를 가지고 경문을 해설한 잘못을 경계하는 데 있다. 두예의 경전經傳 해석에서 마음에 들지 않는 것이 있으면, 모두 나누어서 조목별로 기록하고 변증하였다.

요평의 『춘추』 연구는 비록 선후의 차이는 있지만, 공통적인 부분도 있다. 그의 삼전 연구는 모두 전傳의 예例에 의거하여 주注의 잘못을 반박한 것이다.

---

78) 廖平, 「『五十凡駁證』提要」(『光緒井硏縣志』[『中國地方誌集成·四川府縣誌輯』제40집]에 실려 있음).
79) 廖平, 「『杜氏左傳釋例辨證』提要」(『光緒井硏縣志』[『中國地方誌集成·四川府縣誌輯』제40집] 에 실려 있음).

따라서 『곡량전』에 대해서는 범녕 주의 오류를 바로잡았고, 『공양전』에 대해서는 하휴 주와 상호 검토하였다. 『좌씨전』에 대해서는 두예의 잘못을 변증하여 바로잡았다. 마지막에는 또 경經에 의거하여 전傳을 바로잡고 삼전을 절충하였다. 요평의 『춘추』 연구는 "처음에는 주注를 통해 전傳을 밝히고 전傳을 통해 경經을 밝히며, 마지막에는 경經에 의거하여 전傳을 바로잡고 전傳에 의거하여 주注를 바로잡는 것"이다.

요평은 삼전의 회통을 위주로 했기 때문에 삼전의 문호의 견해를 만족스럽게 생각하지 않았다. 그는 "『좌씨전』을 익힌 자들은 『공양전』·『곡량전』을 반박하고, 『공양전』·『곡량전』을 익힌 자들은 『좌씨전』을 반박하였다. 들어갈 때는 노예였다가 나올 때는 주인이 되어, 쉴 새 없이 지껄인다"고 했다. 『중정곡량춘추경전고의범례重訂穀梁春秋經傳古義凡例』에서 다음과 같이 말했다.

> 『좌씨전』·『공양전』 및 『(곡량)전』은 똑같이 하나의 경전을 설명했으므로 다른 것을 구해서는 안 된다. 오직 한대 이후에 오랫동안 별도로 통행되었고, 지금은 『공양전』·『좌씨전』을 별도로 해석하면서, 삼전이 각각 문호를 세워서 각각의 전傳의 입장에서 이론을 세우기에 힘쓴다. 그러나 그 뜻은 본래 같았는데 나중에 잘못 해석함으로써 서로 일치하지 않은 결과가 초래된 것이니, 반드시 그 경계를 변화시켜서 크게 소통되기를 기약해야 한다.

이로써 알 수 있듯이, 요평은 "삼전三傳은 근원이 같다"고 여겼고, 그가 경經에 의거하여 전傳을 바로잡은 것은 바로 이 때문이다. 1917년, 요평은 『춘추삼전절중春秋三傳折中』을 간행했는데, 그의 춘추학의 총결이라고 할 수 있다. 이방준李邦俊은 그 「서문敍文」에서 다음과 같이 말했다.

> 예로부터 문호의 구분은 삼전三傳보다 더 심한 것이 없다. 『좌씨전』을 익힌 자들은 『공양전』·『곡량전』을 반박하고, 『공양전』·『곡량전』을 익힌 자들은 『좌씨전』을 반박하였다. 들어갈 때는 노예였다가 나올 때는 주인이 되어, 쉴 새 없이 지껄인다.

…… 하휴의 『공양묵수』·『좌씨고황』·『곡량폐질』이라는 여러 저작의 경우는 가문의 혈족까지도 큰 원수와 마찬가지였다. 허신이 『오경이의五經異義』라고 드러내 놓고 부른 경우는 너무 지나치게 구별했는데, 책의 명칭은 오경五經과 관련되어 있지만, 사실은 삼전三傳에 지나지 않는다. 미언대의는 드러내 밝히지 않고, 지엽적인 것과 작은 혐의를 가지고 날마다 서로 공격하였다. 한대부터 지금까지 삼전을 말하는 자들은 그 차이를 말하기를 좋아하고, 같은 점을 말하지 않는다.…… 삼전은 똑같이 하나의 근원이니, 반드시 같지 않은 가운데에서 같음을 구해야 한다. 이것이 귀하게 여길 만한 것이다.[80)

당송시대 이후 '삼전三傳의 절충'을 위주로 한 사람들은 대부분 『좌씨전』은 일을 상세하게 기록했고, 『공양전』은 예例를 중시한다고 여겼다. 요평은 『곡량전』을 연구하여 『곡량전』은 예禮를 잘 기록했다고 주장했다. 따라서 삼전은 각각 장점이 있지만, "조금의 차이가 있는 것은 모두 중요하지 않은 것이다." 이것이 요평과 옛 이론의 차이점이다.

요평은 삼전을 두루 연구했지만, 그 근저에는 사실상 『곡량전』이 있다. 그리고 그의 『곡량전』 연구는 그 근저에 「왕제」가 있다. 그의 「왕제집설범례王制集說凡例」에서 말했다.

예전에 「왕제」에 대해 말할 때는 이 책이 『춘추』만의 전문적인 증거라고 생각하였다. 지금은 「왕제」가 육경을 통괄한다고 생각하니, 오로지 『춘추』만을 위주로 한 책이 아니다.[81)

이에 대해 이요선李耀仙은 상주常州 금문학에서는 『공양전』을 가지고 여러 경전에 두루 주석을 다는 것을 좋아했지만, 요평은 「왕제」를 가지고 육경을 통괄하고, 여러 경전 내지는 제자諸子의 책을 모두 「왕제」의 주소注疏로 여겼다고 분석했다.

---

80) 李耀仙 編, 『廖平選集』 하책, 506쪽에 실려 있음.
81) 廖平, 「王制集說凡例」(李耀仙 編, 『廖平選集』 하책, 24쪽에 실려 있음).

이요선은 매우 주도면밀하게 그 주장을 제시했는데, 요평 춘추학과 상주 일파의 근본적인 차이점을 볼 수 있다.[82]

상주학파의 학자들은 『좌씨전』이 위작이라고 극론했지만, 요평은 유흠이 『주례』를 위조한 것을 논의의 중심으로 삼고, 『좌씨전』은 그다지 비난하지 않았다. 다만 『좌씨전』이 『국어』로부터 나왔다고 여겼을 뿐이며, 또한 "가자賈子, 즉 가규賈逵가 『좌씨전』을 매우 많이 이용하였으니, 그것은 『좌씨전』이 통행되었다는 증거이다"[83]고 했다. 따라서 요평은 『좌씨전』이 그나마 믿을 만하지만, 다만 역사적인 일을 상세하게 기록한 것에 지나지 않기 때문에 『춘추』의 전傳으로 삼기에는 부족하다고 여겼다. 그가 말했다.

> 지금 『좌씨전』이 『춘추』에 전傳을 달지 않았다고 말한 것은 『좌씨전』을 지극히 존중한 것이지 『좌씨전』을 반박한 것이 아니다. 만약 진짜 역사 문장이 오로지 『춘추』를 위해 지어졌다고 여긴다면, 그것은 도리어 『좌씨전』을 작게 보는 것이다.[84]

이로써 알 수 있듯이, 요평은 비록 『좌씨전』이 『춘추』에 전傳을 단 것이 아니라고 여겼지만, 청대 금문학의 주류의 측면에서 살펴보면, 결국은 그 취지를 달리한다.

---

82) 李耀仙, 「廖平選集(下冊)內容平介—代序」(李耀仙 編, 『廖平選集』 하책, 4쪽).
83) 廖平, 『知聖篇』(李耀仙 編, 『廖平選集』 상책, 200쪽에 실려 있음).
84) 廖平, 『知聖篇』(李耀仙 編, 『廖平選集』 상책, 201쪽에 실려 있음).

왕개운王闓運(1832~1916)은 처음 이름이 개운開運이고, 처음 자는 인추紉秋이다. 그의 친구들은 임추王秋라고 불렀고, 50세 이후에는 임보王甫로 고쳤으며, 또 임보王父로 부르기도 했다. 자기가 사는 곳을 '상기루湘綺樓'라고 불렀기 때문에 자호를 상기노인湘綺老人이라고 했고, 학자들은 상기선생湘綺先生이라고 불렀다. 숙순肅順의 눈에 들어서 상객上賓으로 초빙되었다. 회시會試에 여러 번 낙방하였다. 앞뒤로 성도成都 존경서원尊經書院, 장사長沙 사현서원思賢書院, 형양衡陽 선산서원船山書院 원장 및 강서대학당江西大學堂 강석講席을 지냈다. 선통宣統 연간에 한림원검토翰林院檢討를 하사받았고, 시독侍讀으로 승진하였다. 민국 시기에는 국사관國史館 관장館長을 역임하였다.

동치同治 8년(1869), 왕개운은 『곡량신의穀梁申義』1권을 지었다. 이 책은 아마도 그의 가장 이른 『춘추』 저술이다. 그의 「자서」에 의하면, 『곡량신의』의 요지는 범녕范甯의 『춘추곡량전집해春秋穀梁傳集解』에서 "전傳을 손상시킨 말"을 공격하는 데 있다. 그는 생각하기를, "전傳을 해설하면서 전傳을 의심하니, 후생이 어떻게 서술해야 하는가? 다만 사법師法을 없애고 성인의 말을 모독하여, 그로 인해서 육경이 모두 거짓이 되도록 만들었다. 조송趙宋으로부터 명대明代에 이르기까지 폐해가 강렬하였다." 왕개운은 또 『춘추예표春秋例表』라는 책을 지었다. 이 책의 체례는 고동고顧棟高의 『춘추대사표春秋大事表』와 비슷한데, 모두 송대 정공열程公說의 『춘추분기春秋分紀』를 벗어나지 못한다. 장수림張壽林의 『속사고제요續四庫提要』에서 이 책이 하휴의 주를 근본으로 삼고, 자기의 뜻을 거기에 덧붙였다고 말했다. "경문을 순서에 따라 배열하고, 그 내막을 드러냈으니, 『공양전』을 연구하는 학자들에게도 도움이 되지 않은 적이 없다." 그러나 또 이 책은 사실상 불필요하며, "번잡하고

자잘하게 나누어서 더욱더 찾아서 검토하기 어려우니, 특히 식견이 있는 자들이 취하지 않는 책이 되었다"고 말했다.

『춘추공양전전春秋公羊傳箋』11권은 왕개운의 가장 중요한 춘추학 저작이다. 이 책은 동치 12년(1873)에 시작하여, 30여 년이 지나서도 여전히 교정하면서 완성되지 않았으니, 그가 이 책에 얼마나 많은 심혈을 기울였는지 알 수 있다. 이 책의 저술이 매우 오랜 시간을 거치면서, 그 사이에 제자들과 서로 토론하고 연구하였다. 매번 새로운 견해가 있을 때마다 곧바로 이전의 이론을 고치고, 해결이 곤란한 문제를 만나면 곧바로 제자들에게 서로 토론하도록 하였다. 따라서 책 속에 제자들의 의견을 많이 채택하였다. 예를 들어 사영삼史榮森·요병문廖昺文·양진중梁鎭中·구양 속歐陽屬 등이다. 그런데 이 책은 옛 스승들을 인용한 것이 매우 적고, 오직 하휴의 『춘추공양전해고』만을 인용했으며, 이후의 여러 학자들은 모두 논의하지 않았다. 그리고 『춘추공양전해고』를 반박하고 바로잡은 것이 많으며, 『공양전』의 문장도 바로잡은 것이 있다. 몇 가지 사례를 살펴보면 다음과 같다.

'원년元年'에 대해 말했다. "앞선 두 왕조의 후예는 개원改元하여 스스로 정삭正朔을 사용할 수 있다. 성왕成王이 기杞나라를 축출하고 노魯나라를 넓혔는데, 노나라와 송宋나라는 모두 원년元年을 두었다. 따라서 왕자의 법도에 가탁할 수 있다. 제후는 원년元年이 없기 때문에 '공의 첫 해'(公之始年)라고 말하지 않았다."[85] 이 주장은 『공양전』의 삼통三統으로부터 연역해서 나온 것인데, 그 뜻이 매우 정밀하다.

'삼정三正'에 대해 말했다. "노魯나라와 주周나라는 정삭正朔이 다르니, 『춘추』가 왕에 가탁한 것이 분명하다. 노나라가 주나라의 정삭을 사용하지 않은 것은 앞선 두 왕조의 후예는 반드시 현재의 천자와 정삭을 달리하기 때문에 이에 삼통三統이 된다. 노나라가 하나라의 정삭을 사용한 것은 문왕文王이 처음에는 은나라의 정삭을 사용했고, 주공周公이 왕의 자리를 섭정할 때 정삭을 고친 적이 없기 때문에 그것을 빌어서 사용한 것이다."[86] 『춘추』는 삼정三正을 보존하니, 주나라의 입장에서 말하면

---

85) 王闓運, 『春秋公羊傳箋』, 隱公 원년.

주周나라는 기杞나라·송宋나라와 정삭을 달리한다. 그런데 『춘추』는 노나라를 왕으로 삼으니, 노나라는 주나라의 정삭을 결코 사용하지 않는다. 만약 그렇지 않으면 삼통三統이 될 수가 없다. 이 주장은 비록 호안국의 '하시관주월夏時冠周月'과 이론은 같지만 이치는 다르니, 분석한 논의가 더욱 정밀하다.

'양국讓國'에 대해 말했다. "송나라의 재앙이 선공宣公에게 책임이 있다는 것에 근거하면, 『춘추』는 나라를 양보하는 것을 귀하게 여기지 않는다." 또 노나라 은공은 환공에게 나라를 양보할 필요가 없다고 하고, "『춘추』는 백왕百王의 법도를 겸하고 어진 자의 뜻을 이루어 주니, 은공이 사양하지 않았더라도 또한 나라를 양보한 것으로 인정한다"고 했다.87) 이 주장은 『공양전』과 같지 않다.

'중자仲子'에 대해 말했다. "은공이 (환공의 어머니) 중자를 군모君母로 삼고, 또 자기 어머니를 (아버지 惠公의 정식) 부인夫人으로 삼음으로써 참소하는 도적에게 빌미를 열어주었으니, 그 의도는 좋지만 일이 좋지 않았다. 따라서 그 의도를 함께 드러냄으로써 그의 나라 양보를 이루어 주었다." 군모君母라고 한 것은 환공을 세자로 삼았으므로 중자는 세자의 어머니라는 의미이다. 또 말했다. "어머니를 (아버지 혜공의 정식) 부인夫人으로 삼고서 자신은 섭정하고 있다고 말하면, 이미 신뢰를 얻지 못할 뿐만 아니라, 더욱이 분수에 넘치는 욕심을 부리는 것이다."88) 그리고 『춘추』 은공 2년, "부인 자씨가 죽었다"(夫人子氏薨)에 대한 『공양전』과 하휴의 주에서는 장례를 기록하지 않은 것은 은공의 나라 양보를 이루어 준 것이라고 해석하였다. 그런데 왕개운의 해석에 의하면, 은공이 "의지는 좋지만 행동이 혼란스러웠으며, 혐의를 피하는 것에 대해 살피지 않았다"고 비판했을 뿐만 아니라, 또 자씨子氏의 장례를 기록하지 않은 것은 다음과 같은 의미라고 말했다. 즉 "자식이 수명대로 죽지 못하면 어머니도 또한 수명대로 죽지 못한다. 가령 실제로 그 어머니를 낮추었다면 무엇 때문에 부인이 죽었다고 말했는가? 하휴의 뜻이 크게 잘못되었다."89)

---

86) 王闓運, 『春秋公羊傳箋』, 隱公 원년.
87) 王闓運, 『春秋公羊傳箋』, 隱公 원년.
88) 王闓運, 『春秋公羊傳箋』, 隱公 원년.

따라서 은공은 사실 자기 어머니를 존중했지만, 은공이 피살되었기 때문에 그 어머니도 또한 '장례지냈다'(葬)는 말을 제거한 것이다. 이것은 『공양전』과 하휴 주의 잘못을 논한 것이다.

'송宋나라 선공宣公'에 대해 말했다. "이로써 서로 비교하면, 송공宋公도 또한 섭정했고, 은공도 또한 위험했다는 것을 알 수 있다." 단지 목공繆公만이 위험해서 장례를 지내지 못한 것이 아니다. 또 말했다. "은공은 즉위하지 않음으로써 부정함을 밝혔으니, 이것은 대거정大居正의 예例이다." 또 말했다. "선공宣公을 책망한 것은 은공을 책망한 것이다.…… 선공이 은공과 서로 지극한 밝음을 일으켜서, 군자는 나라를 양보하는 것을 귀하게 여기지 않는다는 것을 밝힘으로써 혐의를 받는 상황에 처하여 간사한 사람들의 마음이 생기지 않도록 해야 한다. 은공이 정상적인 즉위를 했다면 환공이 혹 죽이지 않았을지도 모른다. 선공이 목공에게 임금 자리를 주지 않았다면 여이與夷는 살해되지 않았을 것이다. 한 번 양보해서 피차가 모두 상해를 입었으니, 화가 이보다 더 큰 것이 없다."[90] 『공양전』에서는 은공의 양보를 칭찬했고, 선공이 적자嫡子에게 자리를 전해 주지 않았다고 책망하였다. 서로 모순처럼 보이기 때문에 왕개운은 선공과 은공의 일이 같으므로 그 의리도 마땅히 서로 견주어서 구해야 한다고 주장하였다. 이 논의도 또한 매우 일리가 있다.

'공보孔父'에 대해 말했다. 하휴는 『춘추』에서 공보의 자字를 호칭한 것은 그를 현명하게 여겼기 때문이라고 풀이하였다. 그러나 왕개운은 그 해석을 의심하였다. 공보와 구목仇牧·순식荀息은 그 일이 서로 유사한데, 유독 공보만 자字를 호칭한 것은 의심스러울 만하다고 하였다. 또한 자字를 호칭한 것이 선군을 위해 죽었기 때문이라는 해석은 『곡량전』의 이론에서 나온 것이다.[91]

'문강文姜'에 대해 말했다. 『공양전』은 문강을 제나라 희공僖公의 여식이자 양공襄公의 동생이라고 했다. 그런데 왕개운은 양공의 여식이라고 했다. 『춘추』 환공

---

89) 王闓運, 『春秋公羊傳箋』, 隱公 2년.
90) 王闓運, 『春秋公羊傳箋』, 隱公 3년.
91) 王闓運, 『春秋公羊傳箋』, 桓公 2년.

3년, "제나라 임금이 강씨를 환에서 전송했다."(齊侯送姜氏於讙) 왕개운이 말했다. "강씨는 제나라 임금의 손녀이자 세자世子 제아諸兒의 자식이다. 제후는 세자의 혼인에 참여하지 않는데, 제나라 임금은 스스로 환송함으로써 그 일을 중시했으니, 사실은 임금들의 회합이었을 뿐이다."[92] 왕개운은 문강을 환송한 제나라 임금을 희공僖公이라고 여겼다. 『춘추』 환공 18년에 "환공이 제나라 임금과 낙에서 회합했다."(公會齊侯於濼) 하휴는 문강이 제나라 임금과 간음하였기 때문에 노나라 환공을 참소했다고 해석했다. 그러나 왕개운은 다음과 같이 말했다. "문강文姜은 양공의 여식인데, 노나라 환공이 제나라와의 전쟁을 그치지 않았기 때문에 두 나라를 화해시키고자 했다. 따라서 낙濼 땅의 회합을 만들었다. 그런데 노나라 환공이 도리어 문강에게 노여움을 옮겨서, 그녀에게 비열하고 모멸적인 말로 욕을 했다. 문강은 참을 수가 없어서 아버지에게 하소연했고, 뜻밖에 아버지가 갑자기 노나라 환공을 죽인 것이다."[93] 왕개운이 말한 사실은 『공양전』과 크게 서로 위배된다. 환공이 문강에게 화를 내면서 "동同은 나의 아들이 아니라, 제나라 임금의 아들이다"라고 말한 것에 대해, 왕개운은 다음과 같이 말했다. "이것은 환공이 부인에게 화를 내면서 거칠고 모멸적인 말을 한 것이다. 그녀가 제나라를 안으로 여기고 자기를 밖으로 여긴 것을 미워한 것이다. 양공과 문강은 부녀 사이인데, '동同은 그의 자식이다'고 하니, 양공이 화를 내는 것이 마땅하다. 만약 실제로 간통하다가 일이 발각되었다면, 부인은 마땅히 두려워하여 몰래 그 일을 도모해야 하니, 환공을 참소했다고 말할 수 없다. 만약 본래 간음한 일이 없는데, 환공이 그 일로 문강을 무고했다면, 환공도 또한 야박한 것이다. 『예기』 「단궁」에서 '제나라의 왕희王姬는 노나라 장공莊公의 외조모이다'고 한 것이 이것의 분명한 근거이다."[94] 또 말했다. "제나라와 노나라는 화목하지 않는데, 문강이 억지로 화합시키고자 했다. 이에 또 그 여식을 욕보였기 때문에 양공이 화를 낸 것이다. 환공이 문강에게 장가들었을

---

92) 王闓運, 『春秋公羊傳箋』, 桓公 3년.
93) 王闓運, 『春秋公羊傳箋』, 桓公 18년.
94) 王闓運, 『春秋公羊傳箋』, 桓公 18년.

때 양공은 아직 즉위하지 않았으니, 당시에 그녀가 세자의 여식이었기 때문에 그녀를 비천하게 여긴 것이다."[95] 노나라 장공이 어머니인 문강을 그리워한 것에 대해, 왕개운은 다음과 같이 말했다. "군자는 장공의 효도가 금수에 가깝다고 애처롭게 여겼기 때문에 그가 즉위하자 '문강이 제나라로 달아났다'(孫齊, 장공 3년)라고 소급하여 기록하였다. 그러나 그것을 통해 부인을 비판하고, 장공으로 하여금 마침내 서자庶子가 되도록 만들었다."[96] 이것은 모두 『공양전』의 주장을 인정하지 않는 것이다.

'자숙희子叔姬'에 대해 말했다. "자숙희는 제나라 상인商人에게 시집을 갔는데, 임금을 죽이고 반역한 사람에게 시집가는 것을 싫어하여 가지 않으려고 했기 때문에 결국 선백單伯과 모의하였다. 만약 호송하는 도중에 선백과 자숙희가 음란한 짓을 한 것으로 제나라에 고했기 때문에 제나라가 화가 나서 그를 붙잡았다면, 그것은 부정으로써 부정을 막아서 국가적인 치욕을 초래하는 것이다."[97] 이 해석은 너무 터무니없는 주장이다. 두 나라가 서로 교류하는 과정에서 결국 시집가는 도중에 음란한 짓을 한 것에 가탁하여 혼인을 피하는 일을 도모했다는 것인가? 이것은 나라의 일을 마치 어린애의 장난으로 여긴 것이니, 숙희는 무지하고 선백도 또한 어린애란 말인가? 이것은 억설이고, 또한 사리에도 맞지 않는다.

이로써 알 수 있듯이, 왕개운의 『공양전』 연구는 혹은 『공양전』의 이론을 펼쳐서 의리가 지극히 정밀한 것도 있고, 하휴의 주를 반박한 것과 『공양전』을 반박한 것도 있다. 그는 문사文士의 재능을 가지고 경전을 연구하여, 식견이 탁월하고 늘 보통 사람들을 뛰어넘는 특출함이 있었는데, 대체로 공자진의 『춘추』 해석을 답습한 것이다. 따라서 후세 사람들이 왕개운의 학문을 논할 때, 혹은 칭찬하고 혹은 비난하는 것이 모두 이러한 이유로부터 나온 것이다. 따라서 피석서는 다음과 같이 말했다.

---

95) 王闓運, 『春秋公羊傳箋』, 桓公 18년.
96) 王闓運, 『春秋公羊傳箋』, 莊公 3년.
97) 王闓運, 『春秋公羊傳箋』, 文公 14년.

왕개운의 『역』해설은 먼저 문리文理를 통하고, 상수학象數學의 효진爻辰을 사용하지 않았다. 그 요지는 또한 초순焦循(1763~1820)을 근본으로 삼아서 미루어 밝히는 것이다. 『시』는 모씨毛氏를 위주로 하지 않았고, 또한 삼가三家를 모두 사용한 것도 아니다. 『춘추』는 『공양전』·『곡량전』을 함께 사용했는데, 새로운 뜻이 간간히 앞선 학자들을 뛰어넘었다. 예경禮經은 더욱 정밀하니, 『역』을 해설하고 『시』를 해설한 것이 모두 예禮를 가지고 증명한 것이다. 따라서 그 주장은 비록 새로우면서도 근거가 있어서, 송명대의 학자들과 다르고, 나의 요지와는 서로 같다. 오직 나는 감히 그와 같이 새로운 다른 뜻을 지나치게 탐구하지 못할 뿐이다.[98]

왕개운은 단지 『춘추』연구뿐만 아니라, 『역』·『시』연구에서도 새로운 뜻이 많으며, 앞선 학자들보다 뛰어난 점이 있었다. 또한 그는 예禮에 정밀했기 때문에 그가 『역』과 『시』를 말할 때는 모두 예禮로써 그것을 증명하였다. 혹 요평이 예禮로써 경전을 증명한 것이 왕개운으로부터 나온 것이 아닐까?

그런데 왕개운의 학문은 결국 상주학파의 일맥이다. 섭덕휘葉德輝가 말했다.

유봉록劉逢祿은 『공양전』에 대해, 진수기陳壽祺는 『상서대전』에 대해, 능서凌曙는 『춘추번로』에 대해, 송상봉宋翔鳳은 『논어』에 대해, 점점 전한시대의 학문이 되었다. 위원魏源·공자진龔自珍·대망戴望이 그것을 계승했으며, 의연히 건가乾嘉의 외형을 부수고, 스스로 일군一軍을 이루었다. 지금 유봉록·송상봉의 계통을 넓힌 사람은 상기루湘綺樓, 즉 왕개운이다.[99]

섭덕휘는 왕개운이 유봉록·송상봉의 계통을 이었고, 또한 그것을 더욱 확대하여 발전시킨 공적이 있다고 여겼다. 또 말했다.

최근 무지한 사람들이 강유위의 문하에 붙어서 다른 학문을 표방했는데, 이것은

---

98) 皮名振, 『淸皮鹿門先生錫瑞年譜』(臺北: 臺灣商務印書館, 1978), 26~27쪽.
99) 葉德輝, 「與戴宣翹校官書」(蘇輿 編, 『翼敎叢編』에 실려 있음).

무부무군無父無君의 학문 같아서 천하 사람들이 모두 공격하였다.…… 살펴보건대, 강유위의 학문은 촉인蜀人 요평으로부터 나왔고, 요평은 상기루, 즉 왕개운의 제자이다. 그 학문적 연원은 모두가 들어서 알고 있는데, 혹 상주학파가 해독을 끼친 것 때문에 그 허물을 상인, 즉 왕개운에게 전가한다면, 이것은 이사李斯가 학문을 없애 버렸는데 그 죄가 순경荀卿에게 떨어진 것이고, 장생莊生이 경전을 훼손했는데 그 죄가 자하子夏에게 돌아간 것이니, 어찌 그러하겠는가! 삼전은 서로 장단점이 있으니, 앞선 사람들이 상세하게 논했다. 심지어 전문적인 경학의 측면에서 논한다면, 왕개운은 사실 호무생·동중서의 진수를 전수받았다. 그리고 그가 전전傳箋을 단 것을 보면, 결코 하휴의 예例를 고수하지 않고, 남겨진 경전을 홀로 끌어안고 연구했으니, 그 자체로 장점이 있다. 이것은 나의 지극히 공평하고 지극히 진실된 평론이니, 후세에 그의 책을 읽고서 그를 알아보는 자가 반드시 있을 것이다.[100]

섭덕휘는 강유위를 매우 싫어했지만, 또한 왕개운을 위해 변호하고자 했기 때문에 왕개운의 학문적 연원을 호무생·동중서까지 거슬러 올라갔다. 또한 왕개운이 하휴의 예例 고수하지 않고, 남겨진 경전을 홀로 끌어안고 연구했다고 말했으니, 피석서가 왕개운은 "새로운 다른 뜻을 지나치게 탐구했다"고 말한 것과 같다.

장태염의 주장은 같지 않다. "왕개운도 또한 상주학파가 아니다. 그의 경전 해설은 비록 간단하지만, 고문과 금문을 함께 채용하였고, 또한 「주관」에 주석을 달았다. 이것은 단지 혜동·대진 두 학파 이외에 홀로 하나의 기치를 세운 것일 뿐만 아니라, 또한 상주학파에 복종하려고 하지도 않았다." "왕개운은 사장詞章으로부터 경학經學으로 들어가서, 옛것을 독실하게 연구하는 것에 한결같은 뜻을 두었으며, 문체는 모씨毛氏와 정현을 모범으로 삼았다. 드러내 밝힌 것은 비록 적지만, 고문과 금문을 잡다하게 채록했으니, 동중서董仲舒와 익봉翼奉과 같은 요망한 견해는 없다."[101] 양수달楊樹達은 「제왕상기선생수서시책후題王湘綺先生手書詩冊後」에서 다음과 같이 말

100) 葉德輝, 「答友人書」(蘇輿 編, 『翼敎叢編』에 실려 있음).
101) 支偉成, 『淸代樸學大師列傳』, 4~6쪽에서 인용.

했다. "선생의 문장은 천하를 덮는다. 근세의 박학다식한 사람인 여항余杭 장태염은 소학에 능통하고 문장을 잘했다. 그는 문장에 대해 논하면서 유독 선생을 추천하면서, 선생은 우아함의 극치이고, 증국번은 비속함의 극치라고 말했다." 장태염은 왕개운의 학술이 상주의 일맥에 들어가지 않는다고 여겨서 마침내 그를 칭찬하고 인정한 것이다.

그러나 왕개운의 학술을 달갑게 여기지 않는 자들도 적지 않다. 양계초가 말했다. "왕개운은 『공양전』 연구로 당시에 명성이 있었다. 그러나 옛날의 문인文人일 뿐이며, 경학의 조예는 매우 얕다. 그가 지은 『춘추공양전전春秋公羊傳箋』은 여전히 공광삼孔廣森에 미치지 못한다."102) 또 말했다. "왕개운이 『춘추공양전전』을 지었지만, 예例에 구애되었고 잘 드러내 밝힌 것은 없다. 그의 제자인 요평은 『공양전』에 관한 저술이 매우 많지만, 천착이 너무 심하여 거의 다 이상하다."103) 최근 사람인 주여동周予同도 말했다. "상담湘潭 왕개운은 금문을 사용하여 여러 경전에 두루 주를 달았다. 다만 왕개운은 문장으로 유명하며, 경학의 조예는 사실상 말할 만한 가치가 없다."104)

102) 梁啓超, 『淸代學術槪論』 23(朱維錚 校注, 『梁啓超論淸學史二種』, 63쪽에 실려 있음).
103) 梁啓超, 『中國近三百年學術史』(朱維錚 校注, 『梁啓超論淸學史二種』, 315쪽에 실려 있음).
104) 周予同, 『經今古文學』(朱維錚 編, 『周予同經學史論著選集』, 21쪽에 실려 있음).

제18장 강유위康有爲
—여러 경전에 대한 의심과 탁고개제託古改制

제1절 일생과 학술

강유위康有爲(1858~1927)는 이름이 조이祖詒이고, 자는 광하廣夏이며, 호는 장소長素이다. 무술정변戊戌政變 때 호를 경생更生으로 고쳤다. 민국民國 6년(1917)에 환난을 당하자 다시 호를 경신更甡으로 고쳤다. 그의 선대는 광동廣東 명문가로, 대대로 리학理學을 집안에서 전했다. 젊은 시절 성현이 되는 데 뜻을 두었는데, 마을에서는 그를 '성인위聖人爲'라고 놀렸다. 이로써 강유위의 젊은 시절의 패기를 엿볼 수 있다. 강유위는 살아가면서 자신만만했고, 그의 생이 끝날 때까지 그 자신감을 바꾸지 않았다. 광서光緖 2년(1876), 그의 나이 19세에 향시에 낙방하고, 처음으로 구강九江 주차기朱次琦에게 수학했다. 전후 6년 동안, "성현聖賢 대도大道의 실마리를 들을 수 있었고"[1], "그의 리학理學과 정학政學의 기초는 모두 구강九江에게서 얻은 것이다."[2] 그 후에 홀로 서초西樵에 거처하면서 정좌와 정신 수양을 일로 삼고자 했다. 또 중국의 책을 많이 읽고서 역대 장고掌故를 깊이 연구하여 아래로는 고거考據와 사장詞章의 학문에까지 미쳤다. 다시 불전佛典에 마음을 쏟아서 깊이 깨달은 바가 있었다. 이에 "넓고 크게 출세出世에서 벗어나 입세入世로 들어가서, 종횡무진 사방을 둘러보고서 천하를 맑게 깨끗하게 하려는 뜻을 가졌다."[3] 일찍이 홍콩과 상해를

---

1) 康有爲, 『自編年譜』.
2) 梁啓超, 『南海康先生傳』(『康有爲全集』 제12집, 「附錄 一」, 423쪽에 실려 있음).
3) 梁啓超, 『南海康先生傳』(『康有爲全集』 제12집, 「附錄 一」, 424쪽에 실려 있음).

유람하면서 서양 사람들의 식민정치의 완전무결함을 보았으며, "가옥의 웅장하고 아름다움과 도로의 단정하고 깨끗함, 경찰관의 엄숙하고 근엄함을 자주 보았다."[4] 그래서 그것을 성취한 이유를 생각하다가 마침내 서방의 번역서를 많이 읽고서, "서양 사람들이 나라를 다스리는 데는 법도가 있어서, 옛날의 이적夷狄처럼 간주하여 서는 안 된다는 것을 알게 됨으로써 마침내 정치 개혁에 관한 생각을 싹틔웠다."[5] 이로부터 서양의 학문을 크게 강론하고 옛날의 견해를 다 버리니, 그로 인해 그의 학술은 하나의 경계를 별도로 열었다. 강유위는 일찍이 스스로 다음과 같이 말했다. "을유乙酉(1885)에 이르러, 학문이 크게 확정되어 다시는 진보가 없었다."[6] 그 후에 중국을 두루 유람하면서 학문이 더욱 진보하자, "천하의 일을 맡아서 중국의 신세계를 열고자 하는데, 교육보다 더 빠른 것이 없다"[7]고 생각하였다. 광서 17년(1891), 마침내 장흥리長興里에서 강학했으며, 공학孔學·불학佛學·송명학宋明學을 본체로 삼고, 사학史學·서학西學을 작용으로 삼았다. 그 후에 또 계림桂林에서 강학했으며, 그 종지와 방법이 장흥리에서 강학할 때와 똑같았다.

광서 20년(1894), 중국이 갑오甲午전쟁(청일전쟁)에서 패배하자, 강유위는 서울로 들어가서 과거에 응시하고, 강학회强學會를 열었다. 이때부터 학회의 풍조가 천하에 두루 퍼졌다. 21년, 그는 다시 서울로 가서 과거에 응시했는데, 청나라 조정이 요동遼東 반도와 대만臺灣을 할양하여 화친을 구하고자 하자, 강유위는 공거公車 천여 명과 연합하여, 상소문을 올려 변법變法을 통해 부국강병을 도모할 것을 요청하였다. 전후로 모두 7번의 상소문을 올려서, 마침내 황제에게 알려져서 변법이 시행되었다. 애석하게도 100일 만에 변법이 실패했지만, 중국의 혁신의 기틀은 이미 대세를 이루었다. 무술변법戊戌變法이 실패하자 강유위는 일본으로 도피했고, 얼마 있다가 캐나다에 있으면서 해외에서 보황회保皇會를 창립했다. 그 당시 손중산孫中山이 혁명을

---

4) 陸乃翔·陸敦騤, 『南海先生傳』(『康有爲全集』 제12집, 「附錄 二」, 442쪽에 실려 있음).
5) 張伯楨, 『南海康先生傳』(『康有爲全集』 제12집, 「附錄 三」, 473쪽에 실려 있음).
6) 康有爲, 「與沈刑部子培書」(『康有爲全集』 제1집, 237쪽에 실려 있음).
7) 梁啓超, 『南海康先生傳』(『康有爲全集』 제12집, 「附錄 一」, 424쪽에 실려 있음).

외쳤는데, 두 집단이 점점 물과 불처럼 용납하지 못하는 형세가 되어 버렸다.

선통宣統 3년(1911), 무창武昌에서 봉기가 일어나서 당금黨禁이 해제되자, 강유위는 처음으로 귀국을 도모하였다. 당시 혁명군은 공화제共和制를 결행했는데, 강유위는 『중화구국론中華救國論』의 초안을 작성하여, 명목적 군주를 가진 공화제, 즉 허군공화虛君共和 이론을 주장하고, 군주제를 보존하여 난리를 평정하고자 하였다. 그 후에 그가 지은 정론政論 관련 글들은 대부분 이러한 뜻을 위주로 하였다. 또『공교회서孔敎會序』를 지어서, 연공演孔을 종주로 삼고, 익교翼敎를 일로 삼고자 하였다. 즉 공자를 높여서 교주로 삼고, 공교孔敎를 국교國敎로 정하자고 주장하였다. 당시 원세개袁世凱가 국정을 맡고 있었는데, 전보를 보내 강유위의 귀국을 재촉하였다. 민국 2년(1913), 『중화민국헌법초안中華民國憲法草案』을 기초하여, 영국을 본받아서 입헌군주제를 시행할 것을 주장하였다. 또『불인不忍』 잡지를 편찬하여, 민국 초기의 정치에 대해 대부분 비평하였다. 3년, 강유위가 귀국하였다. 4년, 원세개가 군주제를 스스로 시행하려고 하자, 강유위는 문인인 서근徐·반약해潘若海 등을 파견하여 원세개에 대한 모반을 도모하였다. 5년, 곡부曲阜에서 공자 제사를 지내고, 아울러 여원홍黎元洪에게 전보를 보내, "공자를 대교大敎로 삼아서 헌법에 편입시키고, 공자에 대해 양 무릎을 꿇고 땅에 머리를 대면서 인사하는 배궤拜跪의 제사를 다시 지내고, 명문화한 법령으로 각각의 분야에 봉사관奉祀官을 설치할 것"을 요청하였다. 예전에 민국이 처음 세워질 때 채원배蔡元培의 건의에 의해, 결국 공자를 존숭하고 경전을 읽는 것을 폐지했었다. 강유위는 공교孔敎를 주창함으로써 공자의 학설을 보존하여 세상의 도리와 사람의 마음을 구제하고자 하였다. 6년, 장훈張勳이 군대를 이끌고 서울로 들어가서, 선통제宣統帝를 옹립하여 다시 복위시켰다. 강유위도 서울로 초빙되어 필덕원弼德院 부원장副院長을 제수받았다. 그는 조서詔書를 대신 기초하여, 군주 독재는 이미 지금에 적합하지 않고, 프랑스와 미국의 제도도 또한 갑자기 이룰 수가 없다고 생각하였다. 따라서 '허군공화虛君共和'의 뜻을 힘써 주장하고, '중화제국中華帝國'이라는 국가의 명칭을 정했는데, 그 의도는 중국을 보호하고 아울러 청나라 황실을 보호하는 데 있었다. 그러나 그 주장은 채용되지 못하고 복벽復辟은 결국 실패로 끝나 버렸다. 강유위도 미국 대사관으로 피신하였고, 민국 정부에 의해 지명 수배되었다. 그 다음 해에 강유위는『공화평의共和平議』라는 책을 지었는데, 모두 15편이며, 큰 요지는 공화제가 중국에 적합하지 않음을 논한 것이다. 만년에 상해에 거처하면서 천유학원天遊學院을 창립하고,『제천강諸天講』을 지었다. 16년, 북벌군北伐軍이 상해로 진격하자 강유위는 그곳을 피해서 청도靑島에 거처하였다. 오래지 않아 죽게 되자, 문인들이 시호를 '인충仁忠'이라고 했다.

강유위의『자편연보自編年譜』및 그의 딸 강동벽康同璧이 지은『연보속편年譜續編』에 의하면, 광서 6년(1880), 강유위는 처음으로 공양학을 연구하여『하씨규류何氏糾謬』를 지어서 하휴를 전문적으로 공격했다. 그런데 얼마 지나지 않아서 그것이 잘못되었다는 것을 스스로 깨닫고서 그 원고를 불태워 버렸다. 광서 16년(1890), 요평과 광주廣州에서 만났는데, 요평이『지성편知聖篇』을 보여 주었다. 이 해에『왕제의증王制義證』·『왕제위증王制僞證』·『모시위증毛詩僞證』·『주례위증周禮僞證』·『설문위증說文僞證』·『이아위증爾雅僞證』 등을 지었다. 17년, 제자들의 힘을 모아서『신학위경고新學僞經考』를 판각했다. 19년,『맹자위공양학고孟子爲公羊學考』·『논어위공양학고論語爲公羊學考』를 지었다. 20년,『춘추동씨학春秋董氏學』과『공자개제고孔子改制考』를 지었다. 22년,『공자개제고』·『춘추동씨학』·『춘추학』 등을 이어서 완성했다. 23년, 계림桂林을 유람하면서 성학회聖學會를 발기하고, 광인학당廣仁學堂을 창립했다. 매일 학자들과 학문에 대해 논하면서『춘추고의春秋考義』·『춘추고문春秋考文』을 편찬했다. 27년, 싱가포르 페낭(Penang, 檳榔嶼) 섬에 피신하여,『중용주中庸注』·『춘추필삭대의미언고春秋筆削大義微言考』·『맹자미孟子微』를 지었다. 28년, 인도 다르질링(Darjeeling, 大吉嶺)에 있으면서『대동서大同書』·『논어주論語注』·『대학주大學注』·『맹자미孟子微』·『예운주禮運注』 등을 지었다.

강유위의『공양전』연구는 조례條例를 숭상하지 않는다. 따라서 양계초는 그가 "서법書法 의례義例의 사소한 일에 전일하지 않고, 그 미언대의를 전문적으로 탐구했으니, 곧 하휴가 말한 '일상적이지 않은 이상한 의리와 괴이하게 여길 만한 논의(非常異義可怪之論)이다."[8] 그의 저술은 매우 많은데, 그 중에 경부經部는 18종, 사부史部는

62종, 자부子部는 18종, 집부集部는 26종, 모두 126종이다. 그의 제자 장백정張伯楨이 『만목초당총서萬木草堂叢書』를 편찬했다. 경부에는 『대학주』 1권, 『중용주』 1권, 『논어주』 20권, 『맹자주』 8권, 『예운주』 1권, 『신학위경고』 14권, 『공자개제고』 21권, 『춘추동씨학』 8권, 『춘추필삭대의미언고』 11권, 『대동서』 10권, 『춘추우春秋郵』 10권이 있으며, 대부분 『공양전』의 의리를 밝힌 것이다.

　강유위의 일생은 학술을 빌어서 정치로 들어간 것이다. 그러나 사람들로부터 가장 많이 비난받은 것은 오히려 변법의 시행 그 자체에 있지 않고, 변법의 근거로 삼았던 금문학에 있었다. 양계초는 강유위를 금문학의 집대성자라고 말했는데, 사실 허언이 아니다.[9] 강유위는 유흠이 여러 책을 조작했다고 여겼지만, 만약 그 논리에 근거하면 "공자의 말과 관련된 일들이 맹자·순자·한대 학자들의 조작이 아니라는 것을 어찌 아는가?" "저 고문이 이미 유흠에 의해 조작되었다면, 금문도 또한 유흠이 조작하여 자신이 등석鄧析이 죽형竹刑[10]을 만든 것처럼 많은 일을 했다고 스스로 자만하지 않았다는 것을 어찌 아는가? 그리고 유흠劉歆의 「이양태상박사서移讓太常博士書」가 우언寓言이 아니라는 것을 어찌 아는가?" 결국 "난대蘭臺, 즉 한나라의 역사는 증명하여 믿을 수 있는 말이 한마디도 없다"[11]는 결론이 필연적으로 초래될 수밖에 없게 된다.

　이 이후에 의고疑古의 풍조가 마침내 큰 사조가 되었는데, 그 단서는 또한 여기로 그 근원이 거슬러 올라간다. 이에 전현동錢玄同은 "고문경을 타도한 이후에

---

8) 梁啓超, 『淸代學術槪論』 23(朱維錚 校注, 『梁啓超論淸學史二種』, 64쪽에 실려 있음).

9) 梁啓超, 『淸代學術槪論』 23(朱維錚 校注, 『梁啓超論淸學史二種』, 63쪽에 실려 있음).

10) 역자 주: 『좌씨전』 정공 9년에 의하면, 당시 정나라의 재상이던 駟歂이 鄧析을 죽이면서, 등석이 만든 竹刑을 거기에 적용하였다. 이에 대해 『좌씨전』의 작자는 사천이 이 사건을 잘못 처리했다고 비판하였다. 나라에 이로운 자가 있으면 그의 잘못을 그냥 지나칠 수도 있다는 것이다. 그러면서 "하물며 어떤 사람의 견해를 채택하면서 그를 돌보지 않을 수 있겠는가? 사천은 현능한 인재를 권면할 줄 모르는 사람이다"라고 하여, 등석의 죽음을 안타까워했다고 한다. 竹刑은 죽간에 새긴 형법 관련 책인데, 등석이 왕명을 받지 않고 자기 마음대로 형법을 만들어 竹簡에 적어 둔 책이라고 한다.

11) 章太炎, 『今古文辨義』(湯志鈞 編, 『章太炎政論選集』, 114~115쪽에 실려 있음).

다시 한 번 금문경을 심사해야 한다"[12]고 했다. 고힐강顧頡剛의 『고사변古史辨』「서문」에서도 『신학위경고新學僞經考』의 영향이 매우 컸다는 것을 분명하게 말했다. 강유위의 위서僞書를 변별한 이론은 후인들의 의고疑古를 열었을 뿐만 아니라, 탁고託古 이론도 또한 의고의 또 다른 하나의 이론 출처였다. 공자가 옛것에 가탁하여 제도를 개혁했으므로 일체의 옛 서적은 모두 믿을 수가 없고, 경서에 기록된 상고上古의 사사史事는 그러한 일이 실제로 있을 필요가 없으며 모두 공자가 가탁했을 뿐이다. 따라서 강유위의 『신학위경고』라는 책은 한대 이전의 옛 서적은 모두 유흠이 제멋대로 고친 것이라고 말한 것에 지나지 않는다. 그런데 『공자개제고孔子改制考』라는 책은 중국의 상고上古 역사를 모두 허망한 것으로 만들어 버렸다. 민국民國 이후의 의고疑古 풍조는 그 이론의 연원이 대체로 이 두 가지 단서에 있다.

제2절 『신학위경고新學僞經考』

강유위는 『신학위경고新學僞經考』를 지을 때 제자들의 도움을 많이 받았다. "편집과 검토를 도와준 사람은 남해南海의 진천추陳千秋와 신회新會의 양계초梁啓超이고, 오탈자를 교감한 것은 번우番禺의 한문거韓文擧와 신회新會의 임규林奎이다."[13] 이 책은 광서光緖 17년(1891)에 처음으로 판각되었고, 20년에 금서禁書로 지정되어 소각되기도 하였다. 무술戊戌 연간에 다시 이 책을 판각함과 동시에 광서제光緖帝에게 바쳤는데, 오래가지 않아서 다시 금서로 지정되어 소각되었다. 민국民國 이후에 비로소 여러 종류의 간행본이 세상에 통행되었다.

이 책의 요지는 강유위의 「서敍」에서 다음과 같이 말했다.

---

12) 錢玄同, 「重論今古文學問題─重印『新學僞經考』序」(『新學僞經考附』, 390쪽).
13) 康有爲, 『新學僞經考』, 「例」(『康有爲全集』 제1집, 356쪽에 실려 있음).

위조 경전을 처음으로 만들어서 성인의 제도를 어지럽힌 것은 유흠劉歆으로부터 시작되며, 위조 경전을 세상에 유포하여 공자의 지위를 빼앗은 것은 정현鄭玄에 의해 이루어졌다. 2천여 년의 오랜 세월을 살펴보니,…… 모두가 위조 경전을 성인의 법도로 받들면서, 와우고 읽으면서 존중하고 신뢰했으며, 그 법도를 받들어 지키면서 시행하였다. 그것을 어기는 사람은 성인을 비난하고 법도를 무시한다고 비판했으니, 또한 감히 어기는 자가 한 사람도 없었고, 또한 감히 의심하는 자가 한 사람도 없었다. 이에 공자孔子의 경전을 빼앗아서 주공周公에게 넘겨주고, 공자를 강등하여 전승한 사람으로 만들었다. 이에 공자의 개제改制라는 성인의 법도를 쓸어 없애 버리고, 『춘추』를 끊어지고 해어진 온전하지 못한 조정의 기록(斷爛朝報)이라고 지목하였다.…… 또 후세의 큰 재앙은 "권력을 환관에게 맡기고, 여색을 널리 밝히며, 군주는 사치하고 방탕하며, 권력을 가진 신하는 자리를 찬탈하거나 훔치는 것"이니, 이것은 자주 백성을 해치고 종묘와 사직을 전복시키는 일이다. 옛날에는 이러한 일이 없었는데, 모두 유흠이 그 시작을 열었다.…… 유흠의 위조 경전이 퇴출되지 않으면 공자의 도가 드러나지 않는다.[14]

이에 앞서 공자진龔自珍은 『설중고문說中古文』이라는 책을 지어서 고문경의 위조를 증명하고, 또 그 근원을 유흠이 위조하고 고친 것으로 거슬러 올라갔다. 강유위는 공자진의 뒤를 이어받았고, 또한 고문경의 존재 자체를 부정하였다. 그리고 공벽孔壁의 주장은 단지 유흠이 가탁한 것일 뿐이기 때문에 고문경은 실제로 '위조된 경전'이라고 주장하였다. 또 유흠은 일찍이 신新 왕망王莽의 신하였기 때문에 그의 학문은 '신학新學'이라고 명명할 수 있다고 했다.

양계초梁啓超는 이 책의 요점을 다음과 같이 여섯 가지로 총결하였다.

첫째, 전한시대의 경학은 결코 고문이라고 할 수 없다. 고문은 모두 유흠의 위작이다. 둘째, 진나라의 분서焚書는 육경六經에는 피해를 끼치지 않았다. 한대 14박사가 전한 것은 모두 공자 가문의 완전한 경전이며, 결코 훼손되거나 잔결된 것이

---

14) 康有爲, 『新學僞經考』, 「敍」(『康有爲全集』 제1집, 355쪽에 실려 있음).

아니다. 셋째, 공자 시대에 사용한 문자는 진한시대의 전서篆書이므로 문자의 측면에서 본다면 금문과 고문으로 결코 분류되지 않는다. 넷째, 유흠은 위작의 흔적을 감추기 위해 교중비서校中秘書로 있을 때 옛 문헌 전체를 혼란스럽게 뒤섞어 놓았다. 다섯째, 유흠이 위조된 경전을 만든 것은 왕망의 한나라 찬탈을 돕기 위해서였으며, 가장 먼저 공자의 미언대의微言大義를 없애거나 혼란스럽게 하려고 도모하였다.[15]

양계초는 이 당시에 『신학위경고』의 제작에 참여하였다. 비록 "때때로 스승의 독단을 비판하기도 했지만", 만년에 『청대학술개론』을 지을 때까지 그는 여전히 "사실 이 책의 큰 체계는 모두 정확하고 적절하니, 따져 볼 만한 곳은 소소한 항목에 있다"[16]고 하였다.

1. 요평廖平과 강유위康有爲

강유위의 『신학위경고』와 『공자개제고』두 책은 혹 요평廖平의 『벽유편辟劉篇』과 『지성편知聖篇』에서 나왔을 가능성이 있다. 요평 본인이 그것을 힘써 증명했을 뿐만 아니라, 강유위를 도와서 책을 지었던 양계초도 스승을 위해 숨기지 않았으며, 그 이후에 논자들도 이렇게 주장하는 사람들이 많았다. 강유위가 요평의 책을 표절한 것은 뒤집을 수 없는 사안이 된 듯하다.

『자편연보自編年譜』에 의하면, 광서光緖 6년(1880), 강유위의 경전 연구는 공양학으로 확대되어, 『하씨규류何氏糾謬』를 지어서 하휴를 전문적으로 공격했다. 그러나 얼마 지나지 않아서 그것이 잘못되었다는 것을 스스로 깨닫고서 그 원고를 불태워 버렸다. 이로써 알 수 있듯이, 강유위의 금문학 연구는 매우 이른 시기에 이루어졌고, 그 후에도 또한 항상 깊이 생각하고 있던 것이었다. 그렇지 않다면 갑자기 요평을

---

15) 梁啓超, 『淸代學術槪論』 23(朱維錚 校注, 『梁啓超論淸學史二種』, 64쪽에 실려 있음).
16) 梁啓超, 『淸代學術槪論』 23(朱維錚 校注, 『梁啓超論淸學史二種』, 64쪽에 실려 있음).

끌어와서 절친한 사이로 삼고, 또한 "매우 빠르게 책을 완성할" 수는 없었을 것이다. 그러나 그 후에 강유위의 금문학 연구는 『자편연보』에서 분명하게 말한 적이 없기 때문에 사람들의 의혹을 불러일으킬 수밖에 없었다. 12년, 『교학통의敎學通義』을 지었는데, 이 책에서 이미 '공자개제孔子改制'의 이론을 드러냈다. 14년, 강유위는 스스로 다음과 같이 말했다. "이미 정사政事를 담론하지 않고 다시 경설經說을 일삼아서, 고문경의 위조를 드러내고 금문학의 올바름을 밝혔다." 이 해에 『광예주쌍즙廣藝舟雙楫』을 지었는데, 책 속에 유흠의 위조를 공격한 말이 많이 보인다. 예를 들어 "유흠이 고문을 위조하여 금문학을 축출하려고 했다"거나 "고문은 유흠이 위조한 것이니, 종鍾이나 솥에 새겨 놓은 명문銘文을 잡다하게 채집하여 그것을 만들었다"고 말했다. 『신학위경고』가 이 시점에 이미 형식이 갖추어진 듯하다. 그러나 『광예주쌍즙』은 17년에 이르러서야 간행되었고, 강유위는 옛 문장을 증보하기를 좋아했기 때문에 이 책에 그 이후의 생각을 더해 넣었을 가능성도 매우 크다. 따라서 이 책이 강유위가 요평의 책을 표절했다는 무고를 변론하기에는 부족한 듯하다.

광서 16년(1890), 요평은 장지동張之洞의 부름에 응하여, 광주廣州에 가서 광아서원廣雅書院에 머물렀다. 당시 강유위는 광주廣州 장흥학사長興學舍에서 강학하면서 안휘회관安徽會館에 머물고 있었다. 강유위가 광아서원에 먼저 왔고, 요평은 "『지성편知聖篇』과 『벽유편闢劉篇』을 강유위에게 보여 주었다. 헤어진 이후에 서신을 보내서 서로 경계한 것이 거의 만여 마디에 가깝다. 강유위가 명예를 좋아하고 외형을 추구하며, 이전의 주장을 가볍게 바꾸며, 성급하여 분서焚書를 당했다고 지적하였다."[17] 이 시기에 강유위는 여전히 요평의 "금문과 고문을 공평하게 나눈다"는 이론을 옳다고 여겼다. 그 후에 요평은 안휘회관에 답방하여, "두 사람의 마음이 서로 맞아서, 이야기를 나눈 지 얼마 되지 않아 강유위는 자기의 학문을 모두 버리고 그에게 배웠다."[18]

---

17) 廖宗澤, 『六譯先生年譜』.
18) 廖宗澤, 『六譯先生年譜』.

또 『자편연보』에 의하면, 이 해 3월에 진천추陳千秋가 와서 강유위를 만났는데, 강유위는 "그에게 공자개제孔子改制의 뜻을 말했고", "얼마 있다가 요순堯舜과 삼대三代의 문명文明이 모두 공자가 가탁한 것임을 말했다." 또 『왕제의증王制義證』·『왕제위증王制僞證』·『모시위증毛詩僞證』·『주례위증周禮僞證』·『설문위증說文僞證』·『이아위증爾雅僞證』 등을 지었는데, 이 몇 가지 책들은 지금 모두 보이지 않는다. 17년 7월에 이르러, 『신학위경고』가 마침내 간행되었다.

양계초는 일찍이 『신학위경고』와 『공자개제고』의 편찬에 참여했으며, 그 이후에 강유위가 요평의 영향을 받았다고 말했다. 그는 "강유위 선생의 『공양전』 연구에서 금문 연구의 연원이 요평으로부터 나왔다는 것은 속일 수 없다"[19]고 했다. 또 말했다. "요평은 『공양전』에 관한 연구가 매우 많지만, 천착이 너무 심하여 거의 다 이상하다. 강유위 선생은 요평의 손을 한 번 거쳐서 순수하고 올바른 데로 돌아왔다. 저서로는 『춘추동씨학』·『공자개제고』 등의 책이 있으며, 신사상新思想의 발생이라는 점에 있어서 간접적으로 요평의 힘이 작용하였다."[20] 또 말했다. "강유위는 젊은 시절에 『주례』를 매우 좋아하여, 『교학통의敎學通義』에 그것을 관철시켰다. 그러나 이후 요평의 저작을 보고서 자신의 옛 이론을 모두 버렸다.…… 그러나 강유위의 사상이 요평의 영향을 받았다는 것은 속일 수 없다."[21] 제자가 스승을 위해 무고를 변명해 주지 않았기 때문에 그것은 강유위가 요평을 표절했다는 더욱 분명한 증거가 된다.

사실 당시 학자들 중에 이러한 주장을 하는 사람이 많았다. 요종택廖宗澤의 『연보』에 의하면, 요평은 16년 가을에 사천四川으로 돌아왔고, 11월 29일에 집으로 왔다. 도중에 강한江瀚이 입수한 유월俞樾의 책에 "강유위의 『신학위경고』가 이미 완성되었는데, 바로 선생의 『벽유편』을 근본으로 삼았지만, 그 종지를 잃어버렸다"라고 되어 있다는 것을 들었다. 그러나 만약 강유위가 요평의 책을 정말로 표절했다면,

---

19) 梁啓超, 『論中國學術思想變遷之大勢』(『梁啓超全集』 冊二, 616쪽).
20) 梁啓超, 『中國近三百年學術史』(天津古籍出版社, 2003), 218쪽.
21) 梁啓超, 『淸代學術槪論』 23(朱維錚 校注, 『梁啓超論淸學史二種』, 69쪽에 실려 있음).

그가 비록 제자의 도움을 받았다고 하더라도 1년도 되지 않아서 곧바로 책을 완성한 것인데, 어찌 그처럼 빠를 수가 있겠는가! 유월의 제자인 장태염도 그 주장을 견지했다. 그가 지은 요평의 「묘지명墓誌銘」에서 "요평의 학문은 모두 여섯 가지의 학문인데,…… 강유위가 요평으로부터 받은 것은 단지 그 두 번째 변화기의 학문이다." 피석서의 『사복당미간일기師伏堂未刊日記』 1897년 12월에서도 또한 말했다. "양계초가 『신학위경고』를 보내왔고, 또 황녹천黃麓泉에게 요평의 『고학고古學考』·『왕제정王制訂』·『군경범례群經凡例』·『경화갑편經話甲編』을 빌렸다. 강유위의 학문은 요평으로부터 나왔는데, 지금 그의 책을 보니 그 원류를 고찰할 수 있다." 당시에 호광총독湖廣總督이던 장지동張之洞이 호남학정湖南學政 강표江標에게 보낸 전보에서 다음과 같이 말했다. "『상학湘學』 권수卷首에 소왕개제素王改制를 말한 내용이 있는데, 이후로 두 차례 보인다. 이 이론은 최근 공양가의 새로운 이론이며, 사천의 요평에 의해 창시되었고, 광동의 강유위에 의해 크게 성행하였다."[22] 그 후에 전목錢穆도 "강유위의 책은 요평으로부터 나왔는데, 강유위 스스로가 그것을 숨겼다"[23]고 했다. 또 "강유위의 책 중에 『신학위경고』를 이어서 지은 『공자개제고』가 있는데, 또한 요평이 남긴 논의이다. 요평은 『신학위경고』는 『벽유』를 근본으로 삼았고, 『공자개제고』는 『지성』을 근본으로 삼았다고 말했다."[24] 전목은 평소 금문학을 좋게 여기지 않았기 때문에 이렇게 말하는 것이 당연할 것이다.

당시 사람들은 이처럼 강유위를 의심했지만, 강유위 스스로는 유봉록·위원의 일을 계승한 것이라고 주장했다. 『신학위경고』에서 다음과 같이 말했다.

내가 『사기』 「하간헌왕세가河間獻王世家」·「노공왕세가魯恭王世家」를 읽어 보니, 헌왕獻王이 책을 입수한 일과 공왕恭王이 공자 집안의 벽을 허문 일은 결코 없었으며, 『한서』와는 매우 다른 것을 이상하게 여겼다. 은근히 놀란 점은 육예六藝의 대전大典

---

22) 許同莘 編, 『張文襄公年譜』, 권6(商務印書館, 1946), 116쪽.
23) 錢穆, 『中國近三百年學術史』 하책, 722쪽.
24) 錢穆, 『中國近三百年學術史』 하책, 723쪽.

과 관련된 이러한 일이 만약 정말로 있었다면, 사마천이 어떻게 기록하지 않을 수 있겠는가? 「유림전」을 읽고 나서, 또 『모시』 · 『주관』 · 『좌씨전』과 관련된 내용이 없어서 처음으로 크게 의심하였다. 또 위원의 『시고미詩古微』와 유봉록의 『좌씨춘추고증左氏春秋考證』을 입수하여, 반복해서 증명하고 교감하여, 그 책이 유흠의 위작임을 크게 깨달았다.[25]

1917년에 이르러, 강유위는 「중각위경고후서重刻僞經考後序」에서 다시 한 번 이 주장을 펼쳤다. 유흠의 위작을 공격한 것은 본래 유봉록 · 위원 · 공자진의 무리로부터 시작되었는데, 강유위는 마침내 그 책을 여기까지 위로 거슬러 올라갔으니, 요평과는 관계가 없다. 강유위의 이 주장은 또한 온전히 위원이나 유봉록에게 듣기 좋게 꾸며서 한 말로 치부할 수는 없다. 사실 청대 금문학의 위조에 대한 변증은 모두 유봉록의 『좌씨춘추고증』이라는 책으로부터 그 계통을 따라 내려온 것이다. 그는 또 요평의 주장의 잘못을 다음과 같이 은근히 지적하였다.

지금 세상에는 또한 학문을 좋아하고 깊이 사고하는 선비들이 있어서, 금문과 고문의 변별을 이야기하는데, 혹 은연중에 서로 합치되는 것이 있다. 그러나 애석하게도 그들은 한편으로는 금문을 높이고 고문을 공격하며, 다른 한편으로는 위조 『주관』을 높여서 믿고서 황제皇帝 · 왕패王霸의 시대라고 여기니, 스스로 모순에 빠지고 스스로 경계를 혼란스럽게 하였다. 그 외에 그들이 가진 주장도 대부분 맥락이 분명하지 못하고 조리가 명백하지 못하여, 반쯤 밝고 반쯤 어두운 그들의 지식은 금문과 고문을 뒤섞었던 앞선 학자들과 다름이 없다. 어떻게 진정한 가르침을 밝혀서 후대의 선비를 이끌 수 있겠는가? 미혹된 자들은 제대로 살피지 않고, 그들이 하는 말을 그대로 따르니, 그들이 위조 『주관』을 높여서 믿는 한 가지 일만 보더라도, 그 도를 함께 도모할 수 없고, 반대로 뒤집혀 있다는 것을 알 수 있다.[26]

---

25) 康有爲, 『新學僞經考』 제4(『康有爲全集』 제1집, 416~417쪽).
26) 역자 주: 이 책의 저자 주에는 康有爲, 『孔子改制考』(中華書局, 1988), 380~381쪽으로 되어 있다. 그런데 이 글의 정확한 출전은 康有爲, 『新學僞經考』, 「附: 重刻『僞經考』后

강유위는 스스로를 상주학파와 동일한 계통으로 보고, 요평을 금문학의 이단이라고 지적하였다.

2. 육경六經은 없어지거나 잔결된 적이 없음

한대 금고문 논쟁은 사실 진나라의 분서焚書와 관련이 있다. 혜제惠帝 때 협서율挾書律이 폐지되자, 선진시대의 옛 책들이 차례대로 세상에 나타났다. 그러나 박사들이 장악하고 있던 책들과 비교하면 매우 많은 차이가 있었다. 금고문의 이론은 마침내 이로 말미암아 발생하였다. 유흠은 고문 경전을 일으키려고 했기 때문에 그것을 빌어 주장으로 삼아서, "성제成帝는 (한대 박사들의) 학문이 불완전하고 문장도 손상되어 그 진실된 모습과는 다소 멀어지는 것을 걱정하였다"(『한서』, 「楚元王傳」)고 지적했다. 이로 인해 강유위는 고문학을 근본에서 뒤흔들려고 했기 때문에 진나라가 육경을 불태웠다는 주장을 부인하였으니, 문제를 근본적으로 해결하려는 행동이라고 말할 수 있다.

강유위가 자신의 주장을 증명하기 위해 거론한 것은 대체로 다음과 같은 여덟 가지 조목이다.

첫째, 박사들이 관장했던 감본監本 육경이 빠짐없이 남아 있다. 강유위는 『사기』 「진시황본기秦始皇本紀」에 근거하여, "분서焚書의 명령은 단지 민간의 책을 불태운 것이며, 박사들이 관장했던 책, 즉 『시』·『서』와 제자백가는 그 자체로 남아 있었다. 진시황秦始皇과 이사李斯가 책을 불태운 의도는 다만 백성들을 멍청하게 만들고 스스로를 지혜롭게 만들고자 한 것이지, 스스로를 멍청하게 만들고자 한 것이 아니다. 만약 비부秘府에서 소장했던 책과 박사들이 관장했던 책까지 모두 불태우고, 단지 의약醫藥·복서卜筮·종수種樹의 책만 남겼다면 그것은 스스로까지 멍청하게 만드는 것인데, 어떻게 나라를 다스리겠는가?' 또 말했다. "『시』·『서』·육예를 배우고자

序」(朱維錚·廖梅編 校, 『新學僞經考』, 401~402쪽)이다.

하는 자들은 박사에게 가서 수업을 받으면 된다. 사실상 서울을 중시하고 군국郡國을 억누르며, 줄기를 강하게 하고 가지를 약하게 하고자 하는 계책일 뿐이다."27) 강유위는 진나라에서 태운 책은 단지 민간의 책에 지나지 않으며, 박사들의 책은 그 대열에 있지 않았다고 주장하였다.

강유위는 또한 후세에 갱유坑儒라고 지적한 것은 사실은 대부분 방사方士이지 진짜 유학자가 아니며, 더욱이 박사와는 관련이 없다고 주장하였다. 한나라 초기에 복생伏生·숙손통叔孫通 등은 모두 진나라의 박사였다. 숙손통을 따라서 예禮를 의론했던 30여 명의 노나라 유생들은 모두 "육예를 가슴속에 간직하고, 『시』·『서』를 배워서 능통한" 자들이다.28) 이를 통해 진시황의 갱유는 박사를 연루시키지 않았을 뿐만 아니라, 유술儒術을 끊지도 않았다는 것을 알 수 있다.

둘째, 소하蕭何가 승상부丞相府의 도서圖書를 거두어들였으므로 육경의 관본官本은 잔결되지 않았다. 강유위는『사기』「소상국세가蕭相國世家」에 근거하여, "갱유坑儒· 분서焚書로부터 한나라의 홍기에 이르기까지 그 세월이 지극히 가깝고, 박사들은 관직을 갖추고 있었으며, 유생들도 매우 많았다. 즉 책은 불태우지 않았고, 죄는 단지 성을 쌓는 형벌인 성단형城旦刑에 불과했다. 또한 천하에 보관된 책도 적지 않았는데, 하물며 소하가 승상부丞相府와 어사부御史府의 도서를 거두어들였으니, 책이 얼마나 많았겠는가! 승상부의 도서는 이사李斯가 관리했던 도서이다."29) 강유위는 다음과 같이 생각했다. 진시황의 분서에 이사가 관리했던 승상부의 도서는 포함되지 않았다. 따라서 유방劉邦이 관중關中으로 들어갔을 때, 소하는 그 도서를 거두어들였으며, 육경의 관본官本이 당연히 그 속에 포함되어 있었다.

셋째, 어사御史가 관장했던 중비본中秘本은 잔결되지 않았다. 『사기』「장승상전張丞相傳」에 의하면, 장창張蒼은 책과 율력律曆을 좋아했고, 또 진나라에서 주하사柱下史, 즉 어사御史를 역임하여, 천하의 도서圖書와 회계 문서(計籍)를 잘 알고 있었다. 육경도

---

27) 康有爲, 『新學僞經考』 제1(『康有爲全集』 제1집, 357쪽).
28) 康有爲, 『新學僞經考』 제1(『康有爲全集』 제1집, 358쪽).
29) 康有爲, 『新學僞經考』 제1(『康有爲全集』 제1집, 359쪽).

중비본中秘本이 있었으며, 그것은 장창에 의해 한나라에 전해진 것이다.

넷째, 공씨孔氏 집안에서 대대로 전한 육경의 판본이 있었다. 강유위는 『사기』 「공자세가孔子世家」에 근거하여, "공자의 책이 사당에 보관되어, 자사子思로부터 한나라에 이르기까지 200여 년 동안 끊어지지 않았고", 공자의 후손, 예를 들어 공양孔襄은 한나라 혜제惠帝 때의 박사였고, 공충孔忠·공무孔武·공연년孔延年·공안국孔安國·공패孔霸·공광孔光은 모두 『상서』를 전수하여 박사가 되었다. 따라서 사마천 때, 육경이 모자라거나 빠지지 않았을 뿐만 아니라, 옛 서적을 다시 얻는 기쁘고 다행스러운 일은 있지 않았다. 그 후에 유흠이 고문을 학관에 세우고자 했는데, 공광孔光이 도와주지 않은 것은 바로 이 때문이다. 이로써 공씨 집안의 판본은 빠지지 않고 갖추어져 있었다.

다섯째, 제齊·노魯의 유생들에게 육경의 독본讀本이 있었다. 『사기』 「유림전」에 근거하여, 강유위는 다음과 같이 생각했다. 제·노의 유생들은 자신들의 학업을 폐기하지 않았고, "예기禮器를 껴안고 진왕陳王에게 갔던 공갑孔甲, 포위를 당했던 제유諸儒, 예禮를 제정했던 제생諸生, 관직을 갖추고 있었던 박사들은 모두 분서 이전에 태어나서 활동했기 때문에 갱유의 대상에서 벗어나 있었다.…… 거기에 더해 경전을 입으로 암송하고 있었기 때문에 성단형城旦刑을 받던 수년 사이에 없어질 수 있는 것이 아니다. 그렇다면 분서갱유가 비록 학정虐政이었지만, 육경의 존망과는 무관하다." 진나라의 분서와 협서율이 그처럼 가혹하지 않았고, 한진漢秦 사이의 제·노 지역 제생諸生의 도리에 맞는 행실을 보면 반드시 육경 독본을 간직하고 있던 자가 많았을 것이다.

여섯째, 가거賈祛·오공吳公이 전한 육경 독본이 있었다. 『한서』 「가산전賈山傳」에서 가산의 조부인 가거賈祛가 위왕魏王 때의 박사博士 제자弟子라고 했으니, 가산에게 전수한 육경 독본이 반드시 있었을 것이다. 하남수河南守 오공吳公은 이사李斯와 같은 읍邑 출신이면서 항상 그를 섬기면서 배웠다. 이사에게 육경 관본官本이 있었으므로 오공에게 반드시 전수했을 것이다.

일곱째, 육경의 소장본이 매우 많아서 다 불타서 없어진 것이 아니다. 장서藏書를 금지한 것은 겨우 4년이고, 불태우지 않았을 때의 형벌은 단지 성단형에 지나지 않았으므로 천하의 육경 소장본은 반드시 매우 많았을 것이다.

여덟째, 육경은 대부분 입으로 전수되었기 때문에 분서의 영향을 받지 않았다. 강유위가 말했다. "경문은 간략하기 때문에 옛날에 경전을 전문적으로 공부하는 것은 암송하는 데 있었지 단지 죽백竹帛에만 있지는 않았다. 입으로 전수한 판본은 사라지지 않았다."30) 지금 『시』 · 『역』과 『춘추』를 보면, 분명히 완전한 판본이므로 분서와 협서율의 영향을 받지 않았다는 것을 알 수 있다.

유흠의 "학문이 불완전하고 문장도 손상되었다"는 주장은 고문가의 입론의 근본이다. 그러나 청대 소진함邵晉涵의 『예경통론禮經通論』에서 경經은 본래 완전하다고 주장하였다. 요평은 이 주장을 이어받아서, 소진함의 이 논의는 "천하를 깜짝 놀라게 하였으니, 이천 년 동안 있었던 적이 없었던 기이한 책이며", "앞선 사람들을 뛰어넘고 후세에도 비견할 사람이 없으며, 후한시대 이후의 어두운 방에 밝은 등불이 되었다"고 했다. 또 "고찰하건대, 후한시대 이후로 경전이 진나라의 분서에 의해 잔결되었다는 하나의 주장이 학교에 엄청난 재난이 되었고, 남긴 해악이 끝이 없었다. 유흠의 「이양태상박사서移讓太常博士書」에서는 다만 삼사三事를 세우고 이문異聞을 넓힐 것을 요청했을 뿐, 육경이 진나라의 분서에 소실되었다고 공공연히 말한 적이 없다. 고문가들이 박사들에게 보복하기 위해 박사의 육경이 완전하지 않다는 주장을 제멋대로 날조한 것이다. 편장篇章을 함부로 보완하고, 서목序目을 공연히 의심하여, 갖가지 악영향을 끼친 것이 여기에 근원하여 일어난 것이다."31) 그런데 무술戊戌 연간에, 요평은 『벽유편』을 증보하고 수정하여 『고학고古學考』를 지었는데, 이 책에서 그러한 주장을 강유위로부터 얻었다고 말했다.

예전에는 고문가의 이론을 사용하여, 오경이 모두 분서를 당하여 없어진 것이

---

30) 康有爲, 『新學僞經考』 제1(『康有爲全集』 제1집, 361쪽).
31) 廖平, 「『知聖篇』撮要」(『家學樹坊』, 卷上李耀仙 編, 『廖平選集』 하책, 619~620쪽에 실려 있음).

있다고 생각하였다. 그런데 강유위가 그것을 비난하였다. 지금 살펴보면, 강유위의 주장이 옳다. 태상박사太常博士는 『상서』가 완비되었다고 여겼는데, 유흠은 그 말에 분노하여 마침내 오경이 모두 없어지거나 잔결된 것이 있다고 주장했으니, 그 이후로 고문古文은 귀해질 수 있었다.…… 무리들이 그 잘못을 그대로 따라서 경전에 잔결이 있다고 여겼고, 천년 동안 어기지 않았다. 근래에 학자들이 전한시대 의 학문을 강술했는데, 모윤손牟潤孫·소진함邵晉涵 등 경전의 완전함을 증명한 여러 학자들의 주장은 믿을 만하면서도 증거가 있다.[32]

강유위는 본래 요평으로부터 취한 것이 있으며, 요평도 강유위의 주장을 채택한 것이 있다. 이 당시에 강유위는 변법變法을 제창하여 명성이 천하에 진동했던 반면, 요평은 단지 시골의 비천한 유학자일 뿐이었다. 서로 이론을 인용하여 증명하기를 기대했기 때문에 결국 이처럼 강유위를 받들어 존중하였다. 강유위의 변법이 실패하 여 해외로 도망치자, 요평은 강유위가 표절한 일을 힘써 증명하였고, 강유위에게 취했던 것도 또한 위로 소진함에게 의탁하였다. 바로 강유위가 만년에 자신의 변위辨僞가 상주常州 일파에서 나온 것이라고 말한 것과 같으니, 그 방법이 정확하게 서로 같다.

그 당시 주일신朱一新은 이 주장을 크게 비난하면서, "진시황의 분서는 천년 동안 욕을 먹었는데, 현명한 사제師弟들이 유독 힘써 설욕해 주니, 진시황이 이러한 지기知己를 만난 것이 얼마나 다행인가!"[33]라고 했다. 그러나 주일신도 진시황이 박사의 책을 불태우지 않았다는 것을 주장했는데, 강유위가 그것을 근거로 민간에서 『시』·『서』를 많이 보관했다고 말한 것에 대해서는 "진나라 법의 관대함을 의심하지" 않을 수 없다고 주장하였다.[34]

그러나 이 주장에 찬동하는 사람들도 적지 않았다. 유사배는 진시황이 비록 육경을 불태웠지만, 단지 민간의 사학私學을 금지했을 뿐이며, 육경을 관학官學으로

---

32) 廖平, 『古學考』(李耀仙 編, 『廖平選集』 상책, 125~126쪽에 실려 있음).
33) 朱一新, 「答長孺第三書」(張榮華 編, 『康有爲往來書信集』, 101쪽에 실려 있음).
34) 朱一新, 「答康長孺書」(張榮華 編, 『康有爲往來書信集』, 98쪽에 실려 있음).

삼지 않은 적이 없었다고 말했다. 또 백성들에게 명하여 관리를 스승으로 삼도록 했는데, 관리는 곧 박사이고, 배운 것은 바로 육경의 부류라고 했다.[35] 그 이후에 몽문통蒙文通은 이 주장을 크게 펼쳐서 다음과 같이 말했다. 진시황이 묻어서 죽인 사람은 단지 붓을 함부로 놀려 법을 농락한 책사策士일 뿐이며 진정한 유학자는 아니었다. 박사의 관직은 시종 정해진 인원을 다 갖추고 있었고, 그 학문은 폐지되지 않았다. "박사가 전한 것이 끊어지지 않았으므로 박사의 경전이 잔결되지 않았다는 것을 알 수 있다." 유향과 유흠 부자가 사용하여 육경을 교감한 '중고문中古文'은 사실상 소하蕭何가 거두어들인 선진시대의 옛 서적이다. 한나라 때 박사의 책은 잔결된 적이 없으며, 박사가 전한 육경六經은 곧 고문古文이다.[36]

3. 『사기』·『한서』 및 여러 책의 변위辨僞

이에 앞서 유봉록은 『좌씨전』이 위작이라는 것을 증명하고자 했다. 오직 『사기』만을 근거로 삼았고, 『한서』 이후의 고서는 유흠의 조작으로 인해 그 진면목을 잃어버렸다고 생각하였다. 강유위의 위서에 대한 변별은 사실상 이러한 실마리를 이어서 나온 것이다.

그러나 강유위의 『사기』에 대한 태도는 유봉록과 매우 다른 점이 있다. 강유위는 유흠이 여러 경전을 두루 조작했으며, 『사기』도 또한 "유흠에 의해 제멋대로 고쳐진 것이 많다"고 주장했다. 그런데 또 『사기』는 "더욱더 근거로 삼을 만한다"고 말하니, 두 가지 주장이 사실상 서로 모순된다. 그는 『사기』를 근거로 삼아 여러 책들의 거짓을 변증하려고 했지만, 『사기』가 진짜라는 것은 또한 무엇을 근거로 삼는가? 강유위가 『사기』를 근거로 삼아 인용한 것은 대체로 『사기』에 고문 경전을 언급하지 않았기 때문이다. "사마천이 육예六藝의 요지를 서술하면서 자신이 전수한 육예의 학문, 책을 지은 이유, 책을 본 이유를 함께 언급하였다. 젊을 때는 제齊·노魯의

---

35) 劉師培, 『經學敎科書』, 26쪽.
36) 蒙文通, 「孔氏古文說」(『蒙文通文集』, 권3, 1~2쪽) 참조.

도읍에서 수업했고, 장성해서는 태사太史의 직무를 이어서 책을 편찬하였다. 천하에 남아 있는 글과 옛 일들을 다 모았는데도 공씨孔氏 집안에 고문古文으로 된 일경逸經이 있다는 것을 말하지 않았으니, 경전을 위조했다는 증거는 거의 따질 필요도 없다."[37] 따라서 고문경은 결코 믿을 수 없고 유흠의 조작에서 나온 것이다. 비록 그렇지만, 『사기』에서 '고문古文'을 언급한 것이 여전히 8조목이 있는데, 강유위는 그것이 전부 유흠이 고쳐서 어지럽혀 놓은 것이라고 지적했다.

유봉록은 유흠이 『좌씨전』을 조작한 것에 대해 논했지만, 단지 유흠이 서법書法과 범례凡例의 말을 더해 넣었다고 여겼을 뿐이다. 『좌씨전』의 기사紀事는 그래도 그 "문사文辭가 풍부하고 빼어나며, 사필史筆이 정밀하고 엄중하여", 사마천과 반고가 미칠 수 있는 수준이 아니라고 인정하였다. 요평의 경우에는 『좌씨전』이 『국어』를 채록하여 편집되었으며, 구명丘明도 전국시대 사람이라고 주장했다. 강유위는 요평의 주장을 거듭 진술했는데, 그것은 거의 유봉록으로부터 시작된다. 강유위는 『좌씨전』의 기사를 진짜로 여겼을 뿐만 아니라, 또 유흠이 『좌씨전』에 서법을 더해 넣었다고도 말했다. 그런데 옛 책 중에 『좌씨전』의 존재를 입증해 주는 자료가 매우 많은데, 강유위는 그것이 모두 유흠이 "여러 경전을 두루 조작한" 결과라고 여겼다. 이에 대해 강유위는 다음과 같이 논했다.

유흠이 고문 경전을 거짓으로 지은 것은 교서校書의 임무를 총괄했으므로 궁궐에 소장된 책에 이름을 가탁하여 제멋대로 고칠 수 있었기 때문이다.…… 살펴보건대, 예부터 지금까지 교서의 임무를 총괄하는 자는 모두 큰 권력이 있었으니, 학술을 주장하고, 옳고 그름을 바꾸며, 고서를 제멋대로 고칠 수 있었다. 지금의 상황에서 그것을 먼저 징험해 보면, 청대의 『사고전서총목제요四庫全書總目提要』에서 여러 책들은 기균紀昀이 주관하였고, 산법算法은 대진戴震이 주관하였다.…… 대진은 그 책을 반드시 보았더라도 수록하지는 않았으니, 그 학술을 독단하고자 했기 때문이다. 기균은 주자를 강력하게 공격하였다.…… 따라서 송대 학자 중에서

---

37) 康有爲, 『新學僞經考』 제2(『康有爲全集』 제1집, 368쪽).

기균의 공격을 받지 않은 사람이 없었으니, 후생들은 대부분 거기에 현혹되었다. 근세에 기개가 무너지고 학술이 어지러워진 것은 대체로 기균의 죄이다. 교서校書하는 자가 심술心術이 만약 망가진다면, 무슨 짓인들 못하겠는가!…… 유흠과 같은 경우는 명성이 있던 부친이 물려준 자리를 차지하였고, 신新나라 왕망王莽의 변고의 시대에 이전에는 교서校書의 임무를 맡았고, 이후에는 국사國師의 권력을 총괄하였다. 거기에 더해 한나라 시대의 서적은 모두 죽백竹帛에 기재되어 있어서 책의 분량이 많고 무거웠기 때문에 학자들은 만약 대사大師를 따르지 않으면 받아서 읽을 수가 없었다. 그것은 후세에 판각본이 통행된 것과는 같지 않았다.…… 따라서 유흠이 그 일을 총괄하여 자기 뜻대로 어디든지 고쳐서 넣을 수 있었다.…… 공자의 육경이 진시황의 분서에서 없어지지 않았는데, 신나라 유흠의 교서校書에 의해 혼란스러워졌으니, 어찌 애통하지 않겠는가!38)

옛날에는 서적의 유통이 폭넓지 않았기 때문에 교서校書를 하는 자가 허위로 조작하는 데 정말 편리함이 있었다. 그러나 강유위의 이 주장은 단지 실제 실상과는 상관없이 그 악한 마음을 책망한 의론일 뿐이다.

요평과 강유위는 『좌씨전』이 『국어』로부터 분리되어 나왔다고 말했는데, 그것은 또한 유봉록의 주장에 비해 한 단계 더 나간 것이다. 따라서 강유위는 유봉록에 대해 여전힌 불만스러운 말이 있었던 것이다. 만약 이 말과 같으면, 『좌씨전』은 결코 『춘추』에 전傳을 단 것이 아니다. 그런데 『사기』에 다음과 같은 문장이 있다. "노나라의 군자 좌구명이 공자의 제자들마다 다른 이론을 제기하고, 제각기 자신의 생각에 안주하여 진실을 잃어버릴까 염려하였다. 따라서 공자의 역사 기록을 근거로 삼아서, 그 말을 갖추어 기록하여 『좌씨춘추』를 지었다."39) 이 말은 공자의 제자들을 낮추고 좌구명을 높인 것이다. 강유위는 이 말이 확실한 근거로 삼기에 부족하며, 사실 유흠이 제멋대로 고친 말이라고 주장하였다.

더 나아가 강유위는 모든 고문 경전을 부정하였다.

---

38) 康有爲, 『新學僞經考』 제3상(『康有爲全集』 제1집, 378~379쪽).
39) 『史記』, 「十二諸侯年表序」.

『시』 305편은…… 전해진 것이 노魯·제齊·한韓 삼가三家가 있고, 이른바『모시毛詩』라는 것은 없다.『서』는…… 다만 복생伏生의 금문今文 28편이 있고,…… 이른바 공벽孔壁 속의『고문상서』라는 것은 없다.『예』는 오직 고당생高堂生이 전한 17편이 있고,『일례逸禮』30편·『주관周官』5편 및『명당음양明堂陰陽』·『왕사씨기王史氏記』는 없다.『역』은…… 이른바 고문古文 비씨費氏는 없다.『춘추』는 오직『공양전』·『곡량전』만 있고, 이른바『좌씨전』은 없다.…… 지금 여기에 근거하여 고학古學을 공격하는 것은 마치 몽매함을 깨치는 것과 같다.『모시』·『고문상서』·『일례』·『주관』·『비씨역』·『좌씨춘추』는 모두 위조 경전임을 알 수 있다. 나는 2천 년 동안의 유흠과 왕망의 거짓 기운을 씻어 내고, 공성孔聖이 전수한 미언微言을 회복하는 것은 모두 여기에 의뢰해야 한다고 생각한다.[40]

강유위는 또『사기』속의 수십 곳의 글을 거론하면서, 그것이 모두 유흠이 제멋대로 고친 것이라고 주장했다. 이에 대해 주일신朱一新은 강하게 부정하였다. "한나라 때『사기』를 이어서 지은 자들이 매우 많은데, 후대 사람들은 그것을 제대로 살피지 않고, 그 내용들을 종종 사마천의 작품 속에 뒤섞어 버렸다. 전대흔錢大昕과 조익趙翼 등의 학자들이 그것을 모두 변별하였다. 변별한 것은 옳았지만, 이로 인해 마침내『사기』전체를 분리하여, 유흠에게 제멋대로 고친 죄를 억지로 뒤집어 씌었다. 유흠이 만약 제멋대로 고쳤다면, 당연히 완벽하게 고쳐서 후인들의 공격을 면하려고 했을 것이다. 그런데 어째서 피차가 불일치하고 전후가 모순되어, 허점이 백출하는 이러한 지경에 이르렀겠는가? 당신이 증거도 없는 이러한 믿을 수 없는 말을 하고, 억지로 맞추어서 제멋대로 해석하여 유흠의 죄를 만든 것이다. 유흠에 대해서는 애석하게 여길 것이 없지만, 육경은 어찌하는가? 이것이 어찌 다만 송대 사람의 삼자옥三字獄과 주나라 왕실의『나직경羅織經』일 뿐이겠는가?[41] 현명한 자와

---

40) 康有爲,『新學僞經考』제2(『康有爲全集』제1집, 368쪽).
41) 역자 주: 三字獄과 羅織經은 무고한 사람을 모함하여 죄에 얽어 넣는 것을 의미한다. 『宋史』「岳飛列傳」에 의하면, 秦檜가 岳飛를 '莫須有', 즉 죽을 만한 죄가 '혹시 있을지도 모른다'는 죄목으로 무고하여 죽였다고 한다. 그리고『通鑑節要』권39에 의하면, 당나라 武后 때 來俊臣 등이 『羅織經』이라는 책을 지었는데, 죄수를 고문하고 유도

지혜로운 자의 지나침[42]이 아니라고 말하겠는가?"[43] 이후에 최적崔適이 『사기』를 공격한 것은 또한 강유위의 뒤를 이은 것이다.

강유위는 또 유흠이 고서를 두루 조작한 것은 그 의도가 『주관周官』을 증명하는 데 있었다고 주장했다. "유흠의 정신은 모두 『주관周官』에 있으니, 그가 『고문상서』·『모시』·『일례』·『이아』를 거짓으로 지은 것은 모두 『주관周官』을 보좌하기 위한 것이다."[44] 『주관周官』을 지은 것은 "왕망의 일을 따르고자 한 것이다."[45] 또 유흠의 때에 금문학과 승패를 다투면서, 『주관周官』을 주공周公에게 가탁한 것은 "겉으로는 주공이 섭정한 것을 가지고 왕망의 찬탈을 도운 것이고, 속으로는 주공을 가지고 공자의 학문을 억누른 것이다"[46]고 말했다. 이러한 주장들은 모두 요평과 마찬가지이다.

강유위는 또 갈홍葛洪의 『서경잡기西京雜記』에 근거하여, 『한서』도 유흠의 작품이라고 주장했다. "반고班固는 실속 없고 겉만 화려한 선비로서, 경술經術은 본래 얕았다. 그가 『한서』를 손질하면서 유흠의 책을 전부 사용하고, 취하지 않은 것은 단지 2만여 정도의 말뿐이니, 그가 유흠의 학문에 빠진 것이 오래되었다."[47] 진실로 이 주장과 같다면, 유흠의 다양한 위작은 모두 『한서』에 가탁하여 그 진실을 증명할 수 있다. 이 주장은 사실 매우 해괴하여 믿고 따르기 어렵다.

강유위의 이 책은 당시 학자들에게 큰 비평을 받았다. 주일신은 일찍이 강유위에게 편지를 보내서, 유흠이 『주관周官』·『좌씨전』을 위조했다는 주장은 그나마 믿을

심문하여 죄를 만드는 방법을 기술한 책이다.

42) 역자 주: 『논어』 「先進」편에 자공이 공자에게 師와 商의 현명함을 질문한 대목이 있는데, 주자의 『논어집주』에서 다음과 같이 풀이하였다. "도는 中庸을 극치로 삼는다. 현명한 자와 지혜로운 자의 지나침은 비록 어리석은 자와 불초한 자의 미치지 못함보다 나을 것 같지만, 그 도를 잃은 것은 마찬가지이다." 그리고 『중용』 4장에도 "도가 밝혀지지 못함은 내 잘 아노라. 현명한 자는 지나치고, 불초한 자는 미치지 못한다"는 말이 보인다.

43) 朱一新, 「復長孺第四書」(張榮華 編, 『康有爲往來書信集』, 107쪽에 실려 있음).

44) 康有爲, 『新學僞經考』 제3上(『康有爲全集』 제1집, 395쪽).

45) 康有爲, 『新學僞經考』 제3上(『康有爲全集』 제1집, 393쪽).

46) 康有爲, 『新學僞經考』 제3上(『康有爲全集』 제1집, 394쪽).

47) 康有爲, 『新學僞經考』 제6(『康有爲全集』 제1집, 430쪽).

만하지만, 다른 경전을 두루 위조한 것은 그럴 가능성이 전혀 없다고 하였다. 사실 강유위가 『좌씨전』이 『국어』에서 나왔다고 여긴 것은 그 뜻이 한대 학자들과 같으니, 『좌씨전』이 『춘추』에 전을 단 것이 아니라고 주장한 것이다. 그런데 유봉록과 강유위 이후로, 진실을 찾는 데 너무 지나치고, 악을 제거하는 데 온 힘을 다함으로써 결국 청대 말기에 『좌씨전』이 오히려 다시 일어나는 계기를 열었다.

그러나 강유위의 위경僞經 공격은 사실 의도가 있어서 한 말인데, 주일신은 그 요지를 명확하게 파악하지 못한 듯하다. 강유위의 말을 살펴보면, 그가 위경을 공격한 것은 군주 전제專制에 대한 마음속의 불만을 은연중에 드러낸 것이다. 따라서 강유위는 고문을 배척함으로써 수천 년 군주 전제의 재앙을 고문의 탓으로 돌렸으니, 공자는 여전히 금문을 보존한 일파로서, 서방의 이교異教와 맞설 수 있다. 주일신은 단지 시골구석의 식견이 좁은 선비에 지나지 않는다. 설령 이후의 장태염·유사배 등이 비록 혁명으로써 스스로를 자부하지만, 또한 어찌 강유위의 진심을 알 수 있겠는가!

그러나 주일신이 비록 강유위에 의해 위서 관련 내용을 보기 시작했지만, 끝내 강유위의 주장을 찬동할 수 없었다. 그는 도리어 "이적을 사용하여 중국을 변화시켰다"고 강유위를 비난했다. 이것을 보면, 강유위와 주일신의 입장 차이를 알 수 있다. 비록 그렇지만, 이후에 육경이 강유위로 인해 폐기됨으로써 진실로 주일신이 생각한 것과 같이 되었으니, 불행이지만 그의 말이 들어맞은 것이다. 그러나 주일신은 서학西學에 능통하지 않았고, 세계의 큰 흐름에 어두웠기 때문에 단지 당시 일반 선비의 태도를 대표할 뿐이다.

그 당시에 강유위의 『공자개제고』가 아직 완성되지 않았지만, 그의 개제改制 변법의 생각이 이미 대강 완비되었다. 그것도 또한 주일신에 의해 분명하게 드러났다. 이 책은 강유위의 선견지명을 볼 수 있지만, 실패도 그 정황 속에 깔려 있었으니, 그것이 너무 빨리 드러났을 뿐이다. 양계초는 이 점에 대해 다음과 같이 논했다.

시대를 앞서가는 인물도 있고, 시대에 대응하는 인물도 있다.…… 그들이 대단한 인물이라는 점은 동일하지만, 시대에 대응하면서 사는 자는 그 몸도 또한 존귀하고 영화로우며 편안하고 부유하며, 명예가 크게 휘날린다. 시대에 앞서가면서 사는 자는 그가 뜻한 바가 어그러지지 않은 것이 하나도 없고, 그가 하는 일은 좌절되지 않은 것이 하나도 없으며, 그의 몸도 또한 곤궁하여 고생하며, 큰 위험과 치욕을 당하며, 온 나라 사람들이 죽이려고 하며, 수많은 사람들이 욕을 하니, 이것은 또한 호걸에게는 행운도 있고 불행도 있는 것이다. 우리 스승인 강유위와 같은 경우는 중국에서 시대를 앞서간 인물일 것이다![48]

진실로 이 논의와 같다면, 강유위는 "시대를 앞서가면서 살았던" 인물이며, 시종일관 나라 사람들에게 양해를 받지 못하여 마침내 변법을 성공하지 못했다. 비록 그렇지만, 양계초는 마음으로 스승의 뜻을 알았다고 말할 수 있다. 그러나 그는 『신학위경고』라는 책을 전적으로 찬동하지는 않았다.

> 강유위의 제자 중에 진천추陳千秋와 양계초梁啓超가 있는데, 이들은 일찍부터 고증학을 연구하였다.…… 『신학위경고』의 저술에 이 두 사람이 많은 부분 참여했는데, 때때로 그 스승의 독단을 병통으로 여겼지만 끝내 그 뜻을 빼앗을 수는 없었다.…… 사실 이 책의 큰 체계는 모두 정밀하고 풍부하며, 논란이 될 만한 곳은 작은 절목뿐이다. 그런데 심지어 『사기史記』·『초사楚辭』에 유흠을 거쳐서 뒤섞여 들어간 것이 수십 조목이라고 말하고, 출토된 고대 종정이기鍾鼎彝器가 모두 유흠이 사사로이 주조하여 매장함으로써 후세를 기만했다고 말한다. 이것은 사실 사리의 측면에서 전혀 통할 수 없는 것이지만, 강유위는 기어코 그것을 강력하게 견지하였다.…… 강유위는 널리 보고 듣는 것을 좋아하고 기이한 것을 좋아했기 때문에 종종 거리낌 없이 증거를 말살하거나 혹은 증거를 왜곡함으로써 과학자의 절대 금기를 어겼다. 이것이 강유위의 단점이다.[49]

강유위는 위서를 증명하는 철저한 논리를 찾았지만, 끝내 독단의 폐단을 면치

---

48) 康同璧, 『南海康先生年譜續編』, 「敍」.
49) 梁啓超, 『淸代學術槪論』 23(朱維錚 校注, 『梁啓超論淸學史二種』, 69쪽에 실려 있음).

못했다.

그 후에 장태염은 스스로 배만혁명排滿革命의 입장에 근거하여, 강유위의 학술이 사실상 대망戴望으로부터 나왔다고 말하고, 그의 "공양학 연구는 대망에 크게 미치지 못하고, 대망이 남긴 이론을 늘려서 신학新學 위경僞經의 논의를 완성하였다"[50]고 주장했다. 대체로 "대망은 출사出仕를 추구하지 않았으며, 그의 학문은 호남湖南·영광 嶺廣 사이에서 유전되어, 심지어 천박하고 이익을 다투는 선비들로 하여금 그가 남긴 말을 확대하고 장식하여, 신학新學 위경僞經을 주장하도록 만들었다."[51] 강유위 가 유흠을 신新나라의 신하라고 비난한 것에 대해, 장태염은 다음과 같이 비판했다. "저 사람이 처사處士로서 유흠을 꾸짖는 것은 괜찮지만, 오랑캐의 국사國師가 된 자가 왕망의 국사를 비난할 수 있는가?"[52]

그러나 당시 사람들의『신학위경고』에 대한 불만은 대부분 정치적 고려에서 나온 것이다. 광서 24년에 무술戊戌의 화가 일어나자, 섭창치葉昌熾가 자신의 일기에서 마침내 "강유위가 지은『신학위경고』는 내가 한 번 보고 그 간계를 간파하였다. 울약蔚若 오욱생吳郁生이 광동廣東에 사신으로 왔을 때, 나와 호은蒿隱 왕송울王頌蔚이 그가 떠날 때 말을 전했는데, 그러한 재주로는 결코 급제할 수 없다고 알려주었다. 우욱생이 우리 두 사람의 말을 조기에 따랐다면 혹 이와 같은 화를 초래하지 않았을 수도 있었을 것이다."[53]

신해辛亥 이후, 경학과 정치는 점점 서로 분리되었고, 강유위 학술에 대한 논자들의 비판도 다소 객관적으로 이루어졌다. 장서당張西堂은『신학위경고』의 두 가지 성과를 다음과 같이 긍정하였다.

첫째,『좌씨춘추左氏春秋』의 명칭에 관한 문제. 강유위는『춘추좌씨전春秋左氏傳』이

---

50) 章太炎,『誅政黨』(姚奠中·董國炎,『章太炎學術年譜』, 184쪽에서 재인용).
51) 章太炎,『說林 上』(『章太炎全集』 제4책, 118쪽).
52) 章太炎,『說林 上』(『章太炎全集』 제4책, 118쪽).
53) 葉昌熾,『緣督廬日記』(江蘇古籍出版社, 2002).

라고 부르는 것은 명의를 사칭하는 것일 뿐만 아니라, 『좌씨춘추』라는 명칭도 가짜라고 주장하였다.

둘째, 『좌씨춘추左氏春秋』와 『국어國語』에 관한 문제. 강유위는 또한 이러한 속임수의 본원을 드러내 밝혔는데, 유봉록의 『좌씨춘추고증左氏春秋考證』에 비해 훨씬 더 철저했다.[54)]

전현동錢玄同이 말했다.

다만 유봉록은 여전히 『좌씨전』의 원본이 도대체 무슨 책인지 분명하게 보지 못하였다. 그는 비록 "『좌씨전』의 체례가 『국어』와 비슷하지만, 『춘추』의 연월年月과 반드시 맞아떨어지지 않는다"는 것을 깨달았지만, 그는 또 "『좌씨전』은······ 오직 직접 본 서적, 예를 들어 진晉나라의 『승乘』과 초楚나라의 『도올檮杌』 등을 취하여, 서로 섞어서 연대를 엮어서 만들었기 때문에 본래부터 공자의 경문과는 반드시 맞아떨어지지는 않았다. 따라서 종종 매년 일을 빠뜨리고 기록하지 않았다"고 말했다. 그렇다면 그는 『좌씨전』의 원본의 체례에 대해, 결국 『국어』처럼 그렇게 나라를 나누었다는 것인가? 아니면 『춘추』처럼 그렇게 연대를 엮었다는 것인가? 그 자신도 단정하지 못했다. 그는 이미 이 책이 본래 『춘추』의 전傳이 아니라고 고증하여 밝혔기 때문에 자연스럽게 이 책의 원래 이름을 『춘추좌씨전』이라고 불렀다는 것을 믿지 않았다. 그는 어쩔 수 없이 현행본 『사기』 「십이제후연표」에 근거하여, 원래 이름은 『좌씨춘추』로 불렸다고 말하고, 또 "『안자춘추』·『여씨춘추』와 같다"고 풀이하였다. 사실 『좌씨춘추』라는 이름은 바로 『공양춘추公羊春秋』·『노시魯詩』·『모시毛詩』와 마찬가지의 의미이다. 따라서 『춘추좌씨전』의 원래 이름이 『좌씨춘추』라고 말하는 것은 여전히 유흠의 속임수에 걸려든 것이다.[55)]

전현동은 이와 같이 유봉록과 강유위의 학문을 긍정했다. 그런데 경학사의 내부 증거는 언급하지 않고, 완전히 사상사의 측면에서 서서, 강유위가 말한 것과

---

54) 張西堂, 「左氏春秋考證序」(『古史辨』 제5책, 279~280쪽에 수록되어 있음).
55) 錢玄同, 「左氏春秋考評書後」(『古史辨』 제5책, 1~2쪽에 수록되어 있음).

마찬가지로『신학위경고』는 유봉록의『좌씨춘추고증』이래의 변위辨僞 작업을 밀고
나간 책이라고 주장하였다.

제3절 『공자개제고孔子改制考』

　　『공자개제고孔子改制考』의 편찬은 제자들의 도움을 많이 받았다. "같은 고향의
예길禮吉 진천추陳千秋와 저위箸偉 조태曹泰는 재능이 뛰어나면서 매우 박학다식하고,
학문을 좋아하면서 사고가 깊은 인물들인데, 편집과 교열에 특히 고생이 많았다."[56]
『자편연보自編年譜』에 의하면, 광서光緖 12년(1886), 강유위는 처음으로『공자개제고』
를 짓기 시작하였다. 15년, "서울에서 국사國事에서 물러나자 또 그 책을 저술하였다.
이 해에는 책의 분량이 매우 많아서 동학同學과 제자諸子를 선발하여 나누어서 손질하
였다." 18년, "『공자개제고』의 체재가 너무 넓고 방대하여, 동학과 고재高才를 선발하
여 편찬을 돕게 했다." 광서 23년(1897) 겨울, 상해上海 대동역서국大同譯書局에서
이 책을 처음으로 간행하였다. 무술戊戌・경자庚子 사이에 두 번 책을 불태우고
간행을 금지하는 일을 당했다. 1913년,『불인不忍』잡지에 분기별로 이 책을 등재하였
다. 1920년과 1923년, 북경과 상해에서 나누어서 다시 간행하였다.
　　이 책의 요지는 책의「서문」에 의하면,『공양전』에서 거란據亂・승평升平・태평太
平의 삼세三世의 법도를 세웠는데, 이것은 공자의 도가 넓게 확대되는 것이다. 그러나
2천여 년 동안, 한대부터 송대에 이르기까지 조정과 유생들은 단지 공자의 발란撥亂의
법을 익혔을 뿐이며, "거란據亂의 이론에 매몰되어 태평太平과 대동大同의 의미를
알지 못했다." 결국 우리 국가와 우리 백성들이 "일찍부터 태평의 다스림을 보지
못하고 대동의 즐거움을 만나지 못하도록" 만들어 버렸다.[57] 이로써 이 책의 큰

---

56)　康有爲,『孔子改制考』,「序」(『康有爲全集』제3집, 3쪽).
57)　康有爲,『孔子改制考』,「序」(『康有爲全集』제3집, 3쪽).

요지는 사실상 공자의 태평과 대동의 제도를 드러내 밝히는 데 있다는 것을 알수 있다. 이 책은 강유위 변법의 이론적 근거였으며, "강유위의 정치상 변법유신變法維新의 주장은 사실상 이 책에 근본을 둔 것이다." 그 영향력은『신학위경고』에 비해훨씬 더 컸기 때문에 양계초는『신학위경고』를 '태풍'(颶風),『공자개제고』를 '화산대폭발'(火山大噴火)에 비유하였다.58)

1. 상고시대는 불확실하여 고증할 수 없음(上古茫昧無稽)

춘추시대, 주나라의 문식(文)이 피폐해지자, 공자는 옛 제도를 고쳐서 한 세대의새로운 법도를 완성하였다. 그러나 그가 고친 것은 혹은 은나라 제도에서 취한것이 있고, 심지어 우虞·하夏·은殷·주周 사대四代의 제도를 절충하기도 했다. 그러므로 공자의 새로운 법도는 사실상 옛 제도를 가지고 여전히 고찰할 만한 것이 있다.따라서『예기禮記』「중용中庸」에서 말했다. "내가 하夏나라의 예禮를 말할 수 있지만,기杞나라에서 충분히 증명하지 못했다. 내가 은殷나라의 예를 배웠는데 송宋나라가존재하고 있다. 내가 주나라의 예를 배웠는데, 지금 그것을 사용하고 있으니 나는주나라를 따르겠다."「예운禮運」에서 말했다. "내가 하夏나라의 도道를 보고자 했기때문에 기杞나라로 갔으나 증거가 부족했는데, 나는『하시夏時』를 입수했다. 내가은殷나라의 도道를 보고자 했기 때문에 송宋나라로 갔으나 증거가 부족했는데, 나는『곤건坤乾』을 입수했다.59)『곤건坤乾』의 의리(義)와『하시夏時』의 등급(等)을 가지고나는 (은나라와 하나라의 도를) 보았다."

심지어 한대 사람이『공양전』을 해석하면서 '삼통의 소통'(通三統) 의리를 밝혔는

---

58) 梁啓超,『淸代學術槪論』23(朱維錚 校注,『梁啓超論淸學史二種』, 64~65쪽에 실려 있음).
59) 역자 주『夏時』는 하나라의 曆法을 기록한 책으로,『夏小正』이라고도 한다.『禮記正義』에서 鄭玄은 "하나라의 四時에 관한 책을 입수했는데, 그 책이 남아 있는 것 중에『小正』이 있다"라고 했다.『坤乾』은 은나라의 역법을 기록한 책이다.『예기정의』에서정현은 "은나라의 陰陽에 관한 책을 입수했는데, 그 책이 남아 있는 것 중에『歸藏』이있다"라고 했다. 정현은『坤乾』이 곧『歸藏』이라고 했다.

데, 그것도 또한 옛 제도로써 충분히 후세에 법도로 삼을 수 있다. 예를 들어 하휴가 말했다. "왕자는 앞선 두 왕조의 후예를 보존하여, 그들이 자신들의 정삭正朔을 통일하고, 자신들의 복색服色을 입고, 자신들의 예악禮樂을 시행함으로써 선성先聖을 높이고 삼통三統을 소통하도록 하였다. 사법師法의 의리와 공경·겸양의 예의를 여기에서 볼 수 있다."[60] 동중서는 이에 대해 더욱 상세하게 말했다. "왕자의 제도는 한 번은 상商을 숭상하고 한 번은 하夏를 숭상하며, 한 번은 질質을 숭상하고 한 번은 문文을 숭상한다. 상商과 질質을 숭상하는 것은 하늘을 위주로 하고, 하夏와 문文을 숭상하는 것은 땅을 위주로 하며, 『춘추』는 사람을 위주로 한다. 따라서 3등급을 만든 것이다. 하늘을 위주로 하고 상商을 본받아 왕 노릇을 하면 그 도는 양기陽氣가 강성해서, 친한 이를 친하게 대하며, 어질고 질박한 이를 숭상하게 된다. 그러므로 내 자식을 후사로 삼고, 내 동생을 돈독히 하며, 첩이 자기 자식 때문에 귀하게 된다. 혼례와 관례를 치르는데, 관례에서는 아버지가 자식에게 자字를 주어서 자字를 받지 않은 어린 자식과 구별하고, 부부는 마주 앉아서 밥을 먹으며, 상례喪禮에는 따로 장례를 지내며, 제례祭禮에는 생고기를 먼저 쓰며, 부부는 소목昭穆에 따라 자리를 구별한다. 작위는 세 등급으로 만들고, 선비의 녹봉은 두 등급으로 한다. 교郊제사를 모시는 교궁郊宮과 태묘太廟의 명당明堂은 지붕을 둥글게 하고, 그 집은 높고 넓고 크고 둥글게 만들며, 제기祭器는 둥글게 하고 옥의 두께는 아홉 푼으로 하되 흰 바탕에 다섯 가지 채색의 선을 두르며, 의복은 윗도리를 크게 하며 머리에 쓰는 관은 높고 둥글게 하며, 수레는 지붕을 높게 하여 하늘에 펼쳐져 있는 형상을 본받아 네 개의 방울을 드리운다. 음악을 연주할 때는 앉혀 놓은 북과 석무錫舞를 쓰되 팔일무八佾舞로 둥글게 원형을 만들어 춤춘다. 제사 때에는 털과 피를 먼저 바친 뒤에 음악을 쓰며, 형벌을 집행할 때에는 드러나지 않은 장소에서 집행하며, 친척일 경우 대체로 알지 못하는 곳에서 처벌하여 백성들이 알지 못하게 숨겨 준다. 태산太山에서 봉선제封禪祭를 지낼 때에는 제일 꼭대기에서 한다."[61] 이에

---

60) 『公羊傳』, 隱公 3년, 何休 注.

근거하면, 공자가 제도를 개혁할 때 사실상 옛 제도에서 법도를 취한 바가 있는 듯하다.

또 『논어』에 의하면, 애공哀公이 사社에 대해 묻자 재아宰我가 주나라의 사社는 밤나무를 사용했다고 했으니, "백성들로 하여금 두렵게 한 것"이다.(「팔일」) 자공子貢은 "주왕紂王의 불선不善이 그처럼 심하지는 않았을 것이다"(「자장」)고 했다. 맹자의 경우, "『서書』의 내용을 다 믿을 바에야 『서』가 없는 것이 나을 것이다. 나는 「무성武成」 편에서 두세 가지 내용만을 취할 뿐이다. 어진 사람은 천하에 대적할 자가 없으니, 지극한 인仁으로써 지극한 불인不仁을 정벌했는데, 어찌 방앗공이가 떠다닐 정도로 그 피가 낭자할 수 있겠는가?"(「진심하」) 이로써 알 수 있듯이, 공자는 옛 역사에 대해 또한 반드시 다 믿어서 근거로 삼은 것은 아니다. 따라서 『시』·『서』를 손질하여 삭제한 것도 이 때문이다.

요평이 논한 공자개제孔子改制도 또한 이러한 주장을 위주로 하였다. "춘추시대에는 삼황오제三皇五帝의 전책典策이 여전히 고찰할 만한 것이 많았다. 그 말은 대부분 황당무계하고 이치에 맞지 않아서 경經과 어긋나지만, 사실事實을 기록한 것이다. 공자가 경經을 반복해서 말할 때 제도를 더하거나 빼고, 사실을 바꾸거나 고쳐서, 좋지 않은 것을 감추고 좋은 것을 드러냈다."[62] 강유위는 그 주장을 최대한 확대하여 다음과 같이 말했다.

인생에서 예닐곱 살 이전의 일은 그 자취가 불확실하기 때문에 기억할 수가 없다. 국가를 세운 초기에는 국가 정책이 잘 갖추어지지 않았기 때문에 (당시의 사정을) 상세하게 파악할 수가 없다. 하물며 태고太古에 천지가 처음 열려서 문명이 막 싹트기 시작했을 때에는 긴 암흑이 지속되었으며, 배나 수레도 통행되지 못했고 문자로 기록하기도 어려웠던 시대인데, 누가 제대로 상고할 수 있겠는가? 대지 위에서의 인간의 문명은 모두 대홍수 이후에야 번성했는데, 인도印度의 브라만교

---

61) 『春秋繁露』, 「三代改制質文」.
62) 廖平, 『知聖篇』(李耀仙 編, 『廖平選集』 상책, 182쪽에 실려 있음).

(Brahmanism) 이전 시기와 서구의 희랍希臘 이전 시기도 또한 이미 아득하여 분명하지가 않다. 어찌 페루(Peru, 잉카[Inca] 제국)의 아주 오래된 옛 시간이나 멕시코(Mexico, 아즈텍[Aztec] 왕조)의 오래된 일만이 유독 까마득하고 아득하여 파악할 수 없는 것이겠는가? 우리 중국은 고대의 유명한 국가로 일컬어지면서 문명이 가장 앞섰지만, 육경六經 이전에는 결코 문자로 기록된 서적이 없었다. 하夏나라와 은殷나라는 관련 증거가 없고, 주周나라의 서적은 이미 없어졌으며, 공화共和 이전의 시대는 연도조차 알 수 없고, 진秦나라와 한漢나라 이후에야 상세하게 기록할 수 있었다. 그런데도 초주譙周·소철蘇轍·호굉胡宏·라비羅泌 등과 같은 부류들은 대담하게 옛것을 고증하여 허황된 내용을 사실화했고, 최술崔述은 『고신록考信錄』을 지어서 그러한 내용을 전하여 믿게 했으니, 어찌 잘못되지 않았겠는가?[63]

정말 강유위의 말과 같다면, 적지 않은 민족이 모두 차축시대의 문명(Axial-Age Civilization)이 있었지만, 그 형성은 사실상 공허하게 현실과 벗어나 있었다. 따라서 그 상고上古시대는 모두 불확실하여 고증할 수가 없다.

강유위는 또 옛 서적을 많이 인용하여 자신의 주장을 증명하였다. 설령 옛 사람들의 입장에서 말하더라도, 옛날과의 시간적 거리가 지금처럼 멀지는 않지만, 그들도 또한 상고시대가 불확실하여 고증할 수가 없었기 때문에 "그에 대한 상세한 상황은 기록할 수 없었다." 『중용』에서 말했다. "천하에 왕 노릇할 때 세 가지 중요한 점이 있다. (이것을 실천하면) 허물이 적을 것이다. 앞의 하나라와 상나라의 것은 비록 좋지만 징험할 수 없다. 징험할 수 없기 때문에 믿지 않으며, 믿지 않기 때문에 백성들이 따르지 않는다." 이것은 인정상 자연스러운 것이기 때문에 정교政敎의 시행은 반드시 옛 일을 빌어서 서로 징험해야 한다. 그런데 옛 일이 이미 불확실하여 고증할 수 없으므로 공자가 『시』·『서』를 정리하면서 삭제하였고, 맹자가 단지 "두세 가지 내용만을 취할 뿐"이었다. 성인이 정사를 시행하고 가르침을 베풀 때에는 또한 옛것에 가탁하지 않을 수 없으니, 이것도 또한 사리에 맞는

63) 康有爲, 『孔子改制考』, 권1(『康有爲全集』 제3집, 4쪽).

것이다. 강유위가 말했다.

> 오직 그 상세한 상황을 알 수 없기 때문에 제자백가들은 서로 분분하게 가탁하여,
> 혹은 신농씨神農氏의 말이라고 하고, 혹은 대부분 황제黃帝를 거론했으며, 혹은
> 하夏나라를 본받았다고 하고, 혹은 주周나라를 본받았다고 하며, 혹은 삼대三代를
> 거론하니, 이 모두가 서적이 없어서 애매모호하고 불확실했기 때문에 제자백가들이
> 제멋대로 가탁할 수 있었던 것이다.[64]

이에 근거하면, 선진시대의 제자들이 말한 옛 일은 단지 "제멋대로 가탁한
것"에 지나지 않으니, 사실상 믿을 수가 없다. 제자들은 자신들이 주장하는 일을
시행하고자 할 때 옛것에 가탁할 수밖에 없다. 이것은 사리에 맞는 것이기 때문에
공자와 묵자가 모두 요·순을 말한 것도 바로 이 때문이다. 그런데 이러한 논의를
끝까지 미루어 가면, 일체의 옛 일을 모두 의심할 수밖에 없기 때문에 그 폐단은
이루 다 말할 수가 없다. 민국 이래로 의고疑古의 사조가 크게 일어났는데, 사실상
그 근원은 강유위의 편파적인 시각으로 거슬러 올라간다.

2. 제자백가가 함께 일어나 교설을 창립하여 제도를 개혁함(諸子並起創敎改制)

차축시대에 여러 가지 교설이 함께 나와서, 각각이 무리를 모아 강학하고,
"제도를 개혁하고 법도를 세워서 천하를 변혁하려고 생각했다." 단지 중국의 선진시
대에만 백가쟁명의 융성함이 있었던 것이 아니라, 다른 나라의 경우도 또한 마찬가지
이다. 강유위가 말했다.

> 이 시기에 인도에서는 불교佛敎와 브라만교(Brahmanism) 및 96종류의 불교 이외의
> 종교가 함께 교설을 만들었고, 페르시아(Persia)에서는 조로아스터교(Zoroastrianism)가

---

64) 康有爲, 『孔子改制考』, 권1(『康有爲全集』 제3집, 6쪽).

새로운 교설을 열었으며, 서구에서는 그리스 문교文敎가 지극히 흥성했고, 그 나라에서는 같은 시기의 칠현七賢으로 불렸던 사람들이 함께 출현하여, 소크라테스 (Socrates)가 그것을 집대성했다. 따라서 대지의 여러 교설의 출현은 춘추전국시대가 가장 흥성했을 것이다. 제자백가의 흥성함을 축적한 가운데, 그 중에서 더욱더 신성한 존재는 많은 사람들이 그에게 귀의했으며, 그는 천하의 사상을 하나로 모아서 통일함으로써 마침내 만세의 모범이 되었다.[65]

인류는 춘추전국시대에 각각 문명이 있던 옛 나라들이 모두 교설을 창립하여 제도를 개혁하는 일이 있었다. 그러나 일단 최고의 존중 대상을 정하여 문명의 기본 성격이 마침내 정해지면, 다시는 제자의 흥성이 없고, 또 다시는 교설을 창립하여 제도를 개혁하는 일이 없다. 따라서 중국에서 한나라 무제武帝 이후로 공자를 최고의 존중 대상으로 정한 것은 서양에서 소크라테스(Socrates)와 플라톤(Platon)의 이성주의를 존중한 것과 같다. 나머지 여러 가지 다른 교설은 마침내 점점 사라졌다. 중국이 이와 같으니, 서양도 어찌 이와 같지 않겠는가!

당시 선진의 제자백가는 각각 스스로 제도를 개혁했으니, 단지 공자만이 아니다. 예를 들어 묵자는 3개월의 상喪을 정하면서, "관의 두께는 세 치면 안치한 시체가 충분히 썩을 수 있고, 수의는 세 벌이면 안치한 유골이 충분히 썩을 수 있다"[66]고 했다. 여러 가지 장례를 간소화하는 법이 모두 유가의 상제喪制와는 상반된다. 그 상반됨이 이와 같기 때문에 유가와 묵가가 각각 제도를 개혁하는 일을 했다는 것을 알 수 있다. 관자管子·법가法家·명가名家·농가農家의 부류들도 서로 다른 제도를 서책에 기재하였다. 따라서 "제자백가들이 제도를 개혁한 것이 분명한데, 하물며 위대한 성인으로서 문물제도를 만든 공자가 혼란한 세상을 가만히 좌시한 채, 어찌 제도를 개혁하여, 난리를 바로잡아서 올바른 상태로 되돌리려고 하지 않을 수 있었겠는가?"[67]

---

65) 康有爲, 『孔子改制考』, 권2(『康有爲全集』 제3집, 8쪽).
66) 『墨子』, 「節葬」.
67) 康有爲, 『孔子改制考』, 권3(『康有爲全集』 제3집, 21쪽).

그런데 제자백가의 제도개혁은 옛것을 가탁하지 않은 경우가 없었다. 『회남자淮南子』에서 말했다. "세속의 사람들은 대부분 옛날의 것을 존중하고 지금의 것을 천하게 여긴다. 따라서 도술을 행하는 자들은 반드시 신농神農이나 황제黃帝에게 그 도술을 가탁한 이후에야 그 주장을 다른 사람에게 설득시킬 수 있다."[68] 이로써 옛날 사람들은 본래 옛것에 가탁하는 이론이 있었다는 것을 알 수 있다. 강유위는 그것을 다음과 같이 진술하였다.

> 옛날의 것을 찬양하고 지금의 것을 경시하며, 가까운 것을 천시하고 먼 것을 귀하게 여기는 것이 인지상정이란 말인가! 귀와 눈으로 듣거나 본 것은 버려두고서 소홀히 대하고, 귀와 눈으로 듣거나 보지 않은 것은 존중하면서 신비스럽게 여기는 것이 인지상정이란 말인가! 혜능慧能의 '바로 자기의 마음을 가리킨다'는 교리를 자신에게 드러내어 실천한 것은 염도인捻道人(Mahākāśyapa)과 서준명徐遵明뿐이다. 마하가섭摩訶迦葉의 가르침을 다섯 번째로 전한 달마達磨에게 그러한 교리를 가탁하니, 사람들이 존중하면서 신비롭게 여겼다. 존중하면서 신비롭게 여기면 후대에 전해진다. 원황袁黃이 공과격功過格을 만들었는데, 그것을 자신에게 드러내어 실천한 것은 석분石奮·등훈鄧訓·유빈柳玭뿐이다. 노자老子와 문창제군文昌帝君에게 그 것을 가탁하니, 사람들이 존중하면서 신비롭게 여겼다. 존중하면서 신비롭게 여기면 후대에 전해진다. 한나라 고조高祖의 신총神叢과 호명狐鳴, 마호메트(摩訶末, Mahomet)와 시나이(西奈, Sinai)의 천사天使 등도 그렇지 않은 경우가 없었다.[69]

강유위는 사람의 마음을 살피는 술법을 좋아하였기 때문에 그가 고서를 해석할 때 '학문의 경계를 허물고 소통시킨다'는 말을 많이 하였다. 그의 탁고託古 논의도 또한 여기에서 나온 것이다.

강유위는 유가와 묵가의 차이를 거론함으로써 탁고의 이론을 밝히는 경우가 많다. 『묵자』에서 말했다. "옛날의 성왕인 우왕禹王·탕왕湯王·문왕文王·무왕武王은

---

68) 『淮南子』, 「修務訓」.
69) 康有爲, 『孔子改制考』, 권4(『康有爲全集』 제3집, 29쪽).

천하의 백성들을 모두 사랑했고, 그들을 이끌고서 하늘을 높이고 귀신을 섬겼으니, 그들이 사람들을 이롭게 한 것이 많았다."[70] 이것은 우왕·탕왕·문왕·무왕에 가탁하여 겸애兼愛·존천尊天·사귀事鬼의 요지를 밝힌 것이다. 또 말했다. "『서』 「하서夏書」에는 '우禹임금 때는 7년 동안 홍수가 났다'라고 했고, 「은서殷書」에는 '탕湯임금 때는 5년 동안 가뭄이 들었다'라고 했으니, 이처럼 그들이 겪은 흉년과 기근이 심했는데도 백성들이 얼어 죽거나 굶어 죽지 않은 것은 무엇 때문인가? 그들이 재용의 생산을 철저하게 하고, 그것의 사용을 절약했기 때문이다."[71] 이것은 탕왕·우왕에 가탁하여 절용用의 요지를 밝힌 것이다. 또 말했다. "주나라 성왕成王이 천하를 다스린 것은 무왕武王보다 못했고, 무왕이 천하를 다스린 것은 탕왕湯王보다 못했으며, 탕왕이 천하를 다스린 것은 요임금과 순임금보다 못했다. 따라서 그 음악이 번잡해질수록 그 정치의 수준은 더욱더 줄어들었다. 이로써 본다면 음악은 천하를 다스리는 방법이 아니다."[72] 이것은 요임금·순임금·탕왕·무왕에 가탁하여 비악非樂의 요지를 밝힌 것이다. 또 말했다. "옛날의 성왕들은 오직 잘 살펴서 현명한 사람을 존중하고 능력 있는 사람을 부리는 것으로써 정치를 했지, 거기에 다른 사항은 뒤섞지 않았기 때문에 천하 사람들이 모두 자신들의 이익을 얻을 수 있었다. 옛날에 순임금은 역산歷山에서 농사를 짓고, 황하 근처에서 질그릇을 구웠으며, 뇌택雷澤에서 고기를 잡았다. 요임금은 그를 복택服澤의 북쪽에서 찾아 등용하여 천자로 삼고, 천하의 정치를 맡겨서 천하의 백성들을 다스리게 했다. 이윤伊尹은 유신씨有莘氏의 딸의 개인 신하이며, 직접 주방장 노릇을 했는데, 탕임금이 그를 찾아 등용하여 자신의 재상으로 삼고, 천하의 정치를 맡겨서 천하의 백성들을 다스리게 했다. 부열傅說은 누더기 옷을 입고 새끼줄을 허리에 두르고서 부암傅巖에서 건축 노역을 하고 있었는데, 무정武丁이 그를 찾아 등용하여 삼공三公으로 삼고, 천하의 정치를 맡겨서 천하의 백성들을 다스리게 했다."[73] 이것은 요임금과 순임금,

70) 『墨子』, 「法儀」.
71) 『墨子』, 「七患」.
72) 『墨子』, 「三辯」.

탕왕과 이윤·무정, 부열의 일에 가탁하여 상현(尙賢)의 요지를 밝힌 것이다.

이러한 사례를 통해, 묵가가 유가와 가탁한 대상은 비록 같지만, 그 요지는 유가와 크게 다르다는 것을 알 수 있다. 진실로 이와 같다면, 강유위의 탁고託古 이론을 모조리 거짓이라고 비판할 수는 없다. 선진시대의 제자백가는 개제改制를 시행하고자 하여, 옛것에 가탁하여 자기 이론을 신비화하지 않는 경우가 없었으니, 단지 유가만이 그런 것이 아니다.

3. 소왕素王과 공자의 탁고개제託古改制

공자개제孔子改制의 이론은 본래 공양가가 드러낸 것이지만, 강유위는 그것을 확대하여 정당한 이치로 만들었다. 대체로 주나라 말기의 제자백가 중에 개제改制를 하지 않은 학파가 없었다. 그러므로 공자는 제자백가 중에서 가장 탁월한 인물인데, 옛 제도를 덜어 내거나 더해서 유교를 창립하고, 난세를 바로잡아서 올바른 데로 되돌리지 않을 수 있었겠는가?

강유위 사상의 정신은 개제改制에 있으니, "내가 드러내 밝힌 것은 공자의 개제"74)라고 말했다. 그가 『춘추』를 존중한 이유도 또한 『춘추』에서 개제를 말했기 때문이다. "『춘추』가 특별히 존중받아야 하는 이유는 공자개제의 자취가 있기 때문이다. 『공양전』과 『춘추번로』가 신뢰받는 이유는 오직 공자개제의 이론이 있기 때문이다."75) 그 당시 주나라의 문식이 피폐해지자, 공자는 비록 그것을 진작시키고자 했지만, 이미 그 시기를 놓쳤을 뿐만 아니라 주나라 문식의 폐단이 극에 이르렀기 때문에 덜어 내거나 다하지 않으면 안 되는 상황이었다. 이에 『춘추』에 그 제도를 드러내어서 후세에 남기고자 하였다. 지금 학자들이 항상 정부의 전장제도를 비평하는 경우가 있는데, 비록 추상적인 말로 소용이 없다고 하더라도, 자신의 개인 창고에 보관했다가

---

73) 『墨子』, 「尙賢」.
74) 康有爲, 「祭朱蓉生侍御文」(『康有爲全集』 제2집, 9쪽).
75) 張伯楨, 『南海師承記』(『康有爲全集』 제2집, 212쪽).

식견 있는 자를 기다리려고 하니, 이것이 바로 공자가 개제를 하려고 했던 뜻이다. 강유위는 중국이 장차 붕괴하려는 시대에 살았고, 또한 서양의 오랑캐가 발흥하는 시기를 만났기 때문에 그가 서양의 법도를 참고하고 사용하여, 중국의 옛 제도를 덜어 내거나 더하고자 한 것은 사실상 자연스러운 것이다. 애석하게도 당시의 지식인들은 보수적이어서 그의 뜻을 깊이 알지 못했고, 도리어 그것을 가지고 그에게 죄를 뒤집어씌웠다.

공양가가 말한 개제改制는 원래 두 가지 뜻이 있다. 삼정三正과 삼교三敎이다. 두 가지의 뜻은 모두 동중서로부터 나왔는데, 후인들이 여기에 대해 의견이 분분하였다. 개제가 이 두 가지 뜻을 겸하고 있음을 알지 못했기 때문이다. 전자는 당대 왕의 제도이다. 역대 왕조가 건국할 때 모두 정삭正朔을 고치고 복색服色을 바꾸는 일을 시행하니, 백성들의 마음을 바꾸고자 하는 것이다. 후자는 오직 성인만이 그것을 담당할 수 있으니, 주공이나 공자가 아니면 시행할 수 없다. 『중용』에서 공자는 "요임금과 순임금을 근본으로 삼아 전했고, 문왕과 무왕을 본받았다. 위로는 하늘의 때를 본받고, 아래로는 대지를 따랐다"고 했다. 이와 같이 사대四代를 덜어 내거나 더하는 것은 진실로 당대의 왕이 할 수 있는 일이 아니다. 강유위가 비록 관직이 없는 신분으로서 소왕素王인 공자가 했던 일을 본받고자 한 것이 광자狂者의 뜻에 지나지 않을 뿐이기는 하지만, 누가 그것이 마땅하지 않다고 하겠는가? 그러나 신왕新王의 개제改制라는 명의를 도용하여 선대의 기존 법도를 함부로 비난하니, 분수를 넘어선 행동이 이보다 심할 수 없기 때문에 사람들의 비방을 받은 것이다.

공자가 천명을 받아서 『춘추』를 지었다고 동중서가 말한 것이 바로 개제改制의 의미가 담겨 있다. 왕자가 시행하는 개제는 단지 삼정三正의 순환에 지나지 않지만, 개제는 별도의 또 다른 뜻이 있다. 즉 삼교三敎의 순환이다. 소여蘇輿는 이 두 가지 뜻을 구별하지 못한 듯하다. 신왕新王의 수명개제受命改制는 단지 그 표면적인 측면에서 말한 것에 불과하며, 그 내면적인 내용은 삼대三代의 순환은 단지 문질文質이 반복되어 서로 덜어 내거나 더하는 것일 뿐이다. 이것이 개제의 또 다른 하나의 뜻이다.

하夏나라는 흑색을 숭상하고, 은殷나라는 백색을 숭상하고, 주周나라는 적색을 숭상했으니, 삼통三統의 순환이 이와 같다. 삼대의 제도는 실제로 구별이 있으니, 이것이 삼교三敎의 차이이다. 동중서는 공자의 개제가 단지 주나라를 따르지 않는 것뿐만 아니라 실제로 사대四代를 덜어 내거나 더하여 새로운 제도를 만드는 것이라고 분명하게 말했다. 후대의 학자들은 하휴가 동중서를 잘못 해석했다고 공격했는데, 그 실정을 제대로 이해하지 못한 것이다. 강유위는 『춘추번로』의 「삼대개제질문三代改制質文」편을 지극히 존중했다. 동중서의 개제 이론이 공자가 입으로 전수한 것에서 나왔고, 한대에 이르러서야 죽백竹帛에 기록되었다고 여긴 것이다.

개제 이론은 비록 공양가의 말에서 나왔지만, 『공양전』에서는 공자를 소왕으로 추존했기 때문에 공자가 지은 『춘추』는 개제의 실제적인 내용을 시행하는 한 세대의 신왕에 해당된다. 한대 사람들은 이 이론을 익숙하게 알고 있었기 때문에 마침내 공자가 한나라를 위해 법도를 제정했다고 말했다. 그런데 공자가 바꾼 제도는 주나라의 문식(文)을 덜어 내고 은나라의 질박함(質)을 더한 것일 뿐이다. 한대 말기의 정현은 금고문을 절충했는데, 그가 예禮와 관련된 책에 주를 달 때 특히 이 이론을 채용하였다. 즉 『주례』와 합치되는 것은 주나라의 제도이고, 합치되지 않는 것은 은나라의 제도라는 것이다.

강유위의 논의를 살펴보면, 상고시대는 불확실하여 고증할 없으며, 공자의 시대에 이르러 제자백가가 함께 모두 교설을 창립하여 제도를 개혁했다고 주장하였다. 그러나 "그 이론은 대부분 편벽되고 꽉 막혔으며, 각자가 서로 다른 하나의 의리만을 밝혔으며", 공자는 그 중에서 가장 탁월했을 뿐이다. 이때 이후로 "천하가 모두 공자에게 귀의하여 큰 도가 마침내 합쳐졌기 때문에 한나라 이후로는 제자백가가 없었다."[76] 공자가 비록 제왕帝王의 존귀함은 없었지만, 그렇다고 해서 그 개제를 제왕이 시행할 수 있는 것도 아니다. 따라서 후대의 유가들은 백성이 생긴 이래로 공자와 같은 사람은 없었다고 크게 칭찬하였다. 상고시대의 성신聖神은 요·순·우·탕·문·무·주공이 있는데, 공자가 저들보다 현명한 것은 바로 제도를 만들어

---

76) 康有爲, 『孔子改制考』, 권2(『康有爲全集』 제3집, 8쪽).

만세에 법도를 남겼기 때문이다. 소여蘇輿는 왕자개제王者改制라는 문장에 구속되어, "천자가 아니면 예禮를 논의하여 확정하지 않고, 제도를 제정하지 않으며, 문자를 고찰하여 정하지 않는다"(『중용』 28장)고 하고, 마침내 공자는 도를 행할 권한이 없어서 스스로 제도를 개혁할 수 없다고 말했다. 그러나 공자는 대성大聖으로서 제도를 개혁할 수 있고, 또한 "정삭을 고치고 복색을 바꾸는" 부류들과 비교할 수 있는 대상이 아니다.

따라서 강유위는 다음과 같이 말했다.

> 제자백가들이 어찌 한 학파라도 제도개혁을 하지 않았겠는가? 후세의 풍속은 법이 마치 그물망처럼 조밀하여, 천하 사람들이 모두 자세를 낮추어서 법을 받들고, 감히 제멋대로 행동하는 자가 없었다.…… 제자백가들이 제도를 개혁한 것이 분명한데, 하물며 위대한 성인으로 문물제도를 만든 공자가 혼란한 세상을 가만히 좌시한 채, 어찌 제도를 개혁하여 난리를 바로잡아서 올바른 상태로 되돌리려고 하지 않을 수 있었겠는가? 나를 알아주거나 나를 벌주는 것은 오직 의리에 달려 있다고 했으니, 결코 천박한 선비나 견문과 지식이 좁은 사람이 알 수 있는 것이 아니다.[77]

맹자 이후 2천 년 사이에 강유위는 공자의 뜻과 사업을 진정으로 이해한 이후에 의연히 개제의 실질을 시행하였다. 문장이나 고수하는 천박한 선비가 할 수 있는 일은 더더욱 아니다.

만청시대에 이르자 중국은 쇠미한 시기를 맞이했기 때문에 서양의 법을 사용하지 않을 수 없었다. 서양의 법을 사용했기 때문에 옛 제도를 고치지 않을 수 없었으니, 이것이 개제의 이론이 발생한 이유이다. 강유위가 "공자가 성인이 된 것은 개제를 했기 때문이다"[78]라고 말한 것이 진정으로 성인의 마음을 이해한 것이다. 비록

---

77) 康有爲, 『孔子改制考』, 권3(『康有爲全集』 제3집, 21쪽).
78) 康有爲, 『桂學答問』(1894, 『康有爲全集』 제2집, 18쪽).

그렇지만, 중국은 옛날부터 또한 이하夷夏와 외내外內의 이론이 있었다. 중국은 평소에 제하諸夏로서 자처했는데, 만약 이적의 도를 사용하여 변화하는 경우, 즉 지금 서양의 법을 사용하는 것과 같은 경우가 있으면, 이적으로써 제하를 변화시켰다는 비난을 면치 못하였다. 따라서 강유위는 삼세三世 이론과 내외內外 이론을 참고하고 비교하여 논의하였다. 즉 중국은 거란세據亂世에 처하여 이적이 되었고, 서방은 승평세升平世와 태평세太平世에 처하여 제하가 되었다는 것이다. 그는 또 『춘추』 삼세三世의 이론을 연역하여, 공자에게 본래 대동大同의 이론이 있었기 때문에 서양의 법도 또한 중국 유학의 범위를 벗어나지 못한다고 주장하였다. 따라서 변법의 실질은 단지 공자의 대동 이론을 사용하는 것일 뿐이다.

그러므로 양계초는 강유위의 개제에 대해 다음과 같이 논했다.

> 최근 사람들 중에 하휴를 본받아서 『공양전』을 연구한 자들, 예를 들어 유봉록劉逢祿·공자진龔自珍·진립陳立 등과 같은 학자들이 모두 개제改制를 말했다. 그러나 강유위의 이론은 사실상 그들과는 다르다. 강유위가 말한 개제는 일종의 정치 혁명, 사회 개조라는 의미이다. 따라서 삼통의 소통(通三統)을 즐겨 말했는데, 삼통三統이라는 것은 하夏·상商·주周 삼대가 같지 않으므로 당연히 시대에 맞추어 개혁해야 한다는 것이다. 삼세의 확장(張三世)을 즐겨 말했는데, 삼세三世라는 것은 거란세據亂世·승평세升平世·태평세太平世를 말하니, 개혁하면 할수록 더욱 진보하는 것이다. 강유위가 정치에서 변법유신變法維新을 주장한 것은 실로 여기에 근본을 둔 것이다.79)

양계초는 강유위의 개제 이론이 사실 『공양전』의 삼통의 소통(通三統)·삼세의 확장(張三世)이라는 옛 이론에서 나온 것이며, 그것은 그의 변법 주장이 근거로 삼은 것이라고 여겼다. 삼통의 소통(通三統)은 시대에 맞추어 마땅히 제도를 개혁해야 함을 밝힌 이론이고, 삼세의 확장(張三世)은 개제를 통해 진화한다는 것을 밝힌

---

79) 梁啓超, 『清代學術概論』 22(朱維錚 編, 『梁啓超論淸學史二種』, 65쪽에 실려 있음).

이론이다.

강유위가 바꾸고자 했던 옛 제도는 두 가지이다. 첫째, 청대에 있었던 선대의 기존 법도. 둘째, 수천 년 동안 이어져 온 일통一統의 법도이다. 그 중에 선대의 기존 법도는 특히 나라의 근본과 관계되기 때문에 조금이라도 신중하지 않으면 국가의 전복을 야기할 수도 있다. 그는 육조·당·송·원·명의 폐정弊政에 가탁하여 그것을 바꾸고, "지금의 법률 규정은 비록 성인의 옛것을 계승했다고 말하지만, 사실은 모두 육조·당·송·원·명의 폐정이다"라고 말했다. 그리고 "지금 다만 육조·당·송·원·명의 폐정을 바꾸면서 주나라와 한나라 법률의 근본적인 뜻을 채용했으니, 그것은 여러 성인들의 통치 이론을 깊이 이해했기 때문이다."[80] 또 강희·건륭 연간에 팔왕의정八王議政에서 옛 제도의 선례를 바꾼 것을 빌어서, 선대의 기존 법도도 바꿀 수 없는 것은 아니라고 주장했다. 심지어 선대의 땅을 이미 지킬 수 없는 상황에서, 선대의 법도를 바꾸어서 시대의 어려움을 구제하는 것이 더 낫다고 말했다.

> 장차 선대의 기존 법도를 충실하게 지킬 것인가? 지구가 갑자기 소통되어 수십의 강대국들이 중국을 둘러싸고 압박하니, 모두 선대에는 경험해 보지 못한 상황이다. 따라서 옛 처방을 고집한다면 변화된 병의 증세를 결코 치료할 수 없다. 장차 가까이에서 한·당·송·명의 법도를 채택할 것인가? 이웃 여러 나라들의 학문이 극성한데, 그것은 멀리 흉노·돌궐·거란의 사납고 거친 풍속도 아니고, 한·당·송·명에 있었던 것도 아니다. 장차 위로 당·우·삼대의 정치를 본받으면 도덕이 온전히 갖추어지겠지만, 세상의 형편이 다소 달라졌기 때문에 혹 한 두 가지 현실에 맞지 않거나 실정과 거리가 먼 일이 있을까 걱정된다.[81]

강유위는 그의 변법이 '주나라와 한나라 법률의 근본적인 뜻'을 채용했다고

---

80) 康有爲, 「上淸帝第一書」(1888, 『康有爲全集』 제1집, 183쪽).
81) 康有爲, 「上淸帝第七書」(『康有爲全集』 제4집, 29쪽).

제18장 강유위康有爲─여러 경전에 대한 의심과 탁고개제託古改制　535

말했다. 그것은 왕안석王安石이 '선왕의 뜻'을 빌어서 자기주장을 이룬 것과 같으니, 사실은 모두 옛 제도를 전부 바꾸고자 한 것이다.

이 시기에 옛것을 지키는 자들도 대부분 성인의 법도에 가탁하여 변법을 저지하였다. 강유위는 수천 년 동안 이어져 온 일통一統의 법도는 열강이 경쟁하는 이 세계에서는 마땅하지 않다고 극단적으로 말했다. "지금은 수천 년의 역사가 변화하는 시국에 수십 개의 국가가 중국을 둘러싸고 노리고 있는 상황이다. 이것은 옛 역사에서 들어본 적이 없으며, 옛 법도를 가지고 다스릴 수 있는 것이 아니다."[82] 그리고 "지금의 병통은 옛 법도를 충실하게 지키고 변화할 줄 모르며, 열국이 경쟁하는 세상에서 일통一統의 무위無爲의 법도를 시행하는 데 있다."[83] 변법가들이 비록 수천 년의 법도를 바꾸고자 했지만, 그래도 그것이 옛 성인의 도에 위배되지는 않는다고 생각하였다. 예를 들어 풍계분馮桂芬은 다음과 같이 생각했다. 후세의 폐정敝政은 삼대 성인의 법도를 모두 버렸기 때문이다. 따라서 지금의 변법은 비록 서양의 법도를 간간이 채용하더라도, 여전히 옛 성인의 도에 위배되지 않아야 한다는 것이다. 그 당시 강유위는 『춘추』의 삼세三世 이론을 빌어 왔는데, 또한 서양의 법도와 성인의 도가 마치 부절처럼 딱 들어맞는다고 여겼기 때문이다. 풍계분과 강유위는 모두 성인의 이름을 빌어서 변법의 실질을 시행하고자 했을 뿐이다.

이로써 알 수 있듯이, 강유위는 중국의 수천 년이 모두 거란세據亂世에 처해 있다고 생각하였다. 따라서 그가 바꾸고자 했던 것은 단지 청대 한 시대의 법도가 아니라, 사실상 수천 년의 법도 전체를 바꾸고자 하였다.

비록 그렇지만, 수구파守舊派인 주일신朱一新은 오히려 강유위를 공격하면서, 그것이 사실은 이적夷狄을 가지고 제하諸夏를 바꾸고자 하는 것이라고 비판하였다. "겉으로는 공자를 존중하고, 속으로는 예수(耶穌)를 우러러 받들며",[84] "신법新法이라

---

82) 康有爲, 「殿試策」(1895, 『康有爲全集』 제2집, 66쪽).
83) 康有爲, 「上淸帝第六書」(『康有爲全集』 제4집, 17쪽).
84) 康有爲, 「答朱蓉生書」(1891, 『康有爲全集』 제1집, 323쪽).

는 실질을 시행하기 위해 소왕素王의 개제改制라는 형식에 가탁하였다."[85] 그러나 강유위는 다음과 같이 말했다.

그 땅의 큼, 사람의 많음, 군대의 많음, 기계의 기이함, 자연과학(格致)의 정밀함, 농상農商의 세밀함, 도로와 우편의 신속함, 병사와 병기의 정련됨. 수십 년 이래로 모두 옛 법도를 이미 다 바꾸어서, 날마다 더욱 정미함을 추구하고, 하루도 변하지 않는 날이 없는데, 우리 중국은 여전히 천년의 오래되고 낡은 법도를 삼가 지키고 있다.[86]

강유위는 서양 오랑캐가 이미 승평세升平世와 태평세太平世로 진입하였기 때문에 지금의 오랑캐는 이미 옛날의 오랑캐와 같지 않다고 생각하였다. 따라서 오로지 '이적으로써 제하를 변화시킨다'는 옛 논리만으로 서양 오랑캐를 보아서는 안 된다고 주장하였다.

주일신은 또 이하夷夏의 윤리 강상이 같지 않다고 여겼는데, 강유위는 독일의 형법刑法과 민법民法의 조목을 열거함으로써 오랑캐 사람들도 또한 예의염치禮義廉恥를 중시하는 것이 중국과 다르지 않음을 증명하였다. "삼강오륜三綱五倫의 경우 중국의 큰 가르침으로 여겨서, 당신은 서양 오랑캐는 그것이 없다고 말하지만, 그것을 고찰해 보면 그렇지 않다." "인심人心에서의 풍속의 마땅함과 예의염치의 마땅함은 『관자管子』에서 말한 '사유四維가 펼쳐지지 않으면 나라는 멸망한다'는 의미로, 어떤 국가든 그와 같지 않음이 없으니, 중국과 외국의 차이가 없다."[87] 또 말했다. "지금 서양의 법도는 실로 여러 나라가 함께 세운 공리公理를 얻었다. 그것은 또한 우리 성경聖經의 정미한 의리와 암암리에 합치하기 때문에 그것을 서양의 법도라고 말해서는 안 된다."[88] 강유위는 또 자신의 뜻을 스스로 서술하여 말하기를, 변법에 반대하는

---

85) 朱一新, 「朱侍御復康長孺第四書」(『康有爲全集』 제1집, 327쪽).

86) 康有爲, 「答朱蓉生書」(1891, 『康有爲全集』 제1집, 323쪽).

87) 康有爲, 「答朱蓉生書」(1891, 『康有爲全集』 제1집, 324쪽).

88) 康有爲, 「進呈『日本變政考』等書乞採鑒變法以禦侮圖存摺」(1898.4.10., 『康有爲全集』 제4집,

자들은 이적夷狄이라는 명칭을 싫어하기 때문에 중국과 외국의 형세를 깊이 탐구하지 않는다. 따라서 서양의 학문은 피해야 할 것으로 여긴다."89) 이로써 알 수 있듯이, 강유위는 『춘추』와 마찬가지로 문화보편주의의 입장을 가지고 있었기 때문에 이적夷狄과 제하諸夏에 구별이 있다고 생각하지 않았다.

그의 제자인 서근徐勤도 『춘추』를 빌어서 이적과 제하의 큰 경계를 무너뜨렸다.

> 『춘추』에는 모든 일에 통용되는 말(通辭)이라는 의리가 없으니,90) 『공양전』·『곡량전』 두 전은 분명한 문장이 없고, 오직 동중서만 그것을 드러내 밝혔다. 후대의 학자인 손복孫復·호안국胡安國 등의 부류는 이 의리를 알지 못했기 때문에 『춘추』의 요지 중에 화이華夷의 경계가 가장 엄격하다고 여겼다. 따라서 자신을 높여서 신명神明의 풍속이라고 하고, 남을 업신여겨서 금수禽獸의 부류라고 한다. 묘苗·요瑤·동侗·동僮의 백성들은 배척하고, 변방의 아득히 먼 땅은 모질게 떼어 버렸다. 아! 『춘추』의 의리를 저버리고, 스스로 그 도를 축소시켜 버렸다. 공자의 가르침이 넓게 퍼지지 않고 백성들이 도탄에 빠진 것이 어찌 학자들의 죄가 아니겠는가! 만약 동중서가 없었다면, 화이華夷의 경계는 끝내 무너뜨릴 수 없을 것이며, 대동大同의 정치는 끝내 이르지 못할 것이다.91)

한대 공양가의 외내外內 이론은 본래 두 가지 뜻이 있다. 첫째, 이적과 제하의 경계를 엄격하는 것이니, 이적을 물리치기 위해 앞장서는 것이다. 둘째, 지역의 원근遠近과 국가의 대소大小는 하나같기 때문에 이적과 제하를 높이거나 강등시키는 법도가 있으니, 대동大同을 위해 길을 닦는 것이다. 송대 학자인 손복과 호안국은 이적의 세력이 중국을 능멸하고 핍박했다고 여겼기 때문에 오로지 이적과 제하의 큰 경계만을 취하여 논의의 대상으로 삼았다. 청대 공양가들은 이와는 반대되는데,

---

48쪽).
89) 康有爲, 「進呈『日本變政考』等書乞採鑒變法以禦侮圖存摺」(1898.4.10., 『康有爲全集』 제4집, 326쪽).
90) 『春秋繁露』, 「精華」.
91) 康有爲, 『春秋董氏學』, 권6 下(『康有爲全集』 제2집, 414쪽).

또한 각자가 하나의 주장만 편벽되게 취하였다. 즉 처음에는 만한滿漢의 대동大同을 말했고, 강유위는 중외中外의 대동大同을 제창했다.

동중서는 "『춘추』에는 모든 일에 통용되는 말이 없다"(『春秋』無達辭)고 말했으니, 예例 중에 변례變例가 있다는 것을 종합적으로 논의한 것이다. 강유위는 이적과 제하의 변별을 들어서 그것을 논했는데, 이적과 제하와 관련된 『춘추』의 말은 모두 그 일에 따라 한 말이지, 전문적으로 가리키는 바가 있는 것이 아니라고 주장하였다. 따라서 이적에 예의禮義가 있으면 제하에 대한 서법으로 기록하여 인정해 주고, 제하에 예의가 없으면 이적에 대한 서법으로 기록하여 강등해 버린다. 『춘추』 소공 12년에서 "진나라가 선우를 정벌했다"(晉伐鮮虞)고 기록했는데, 진나라가 동성同姓의 나라를 정벌했기 때문에 강등하여 이적으로 여긴 것이다. 송대 학자들은 이적에 의한 상처로 인해서 아픔이 매우 깊었기 때문에 이적과 제하의 경계를 엄격히 분별하였고, 마침내 이하夷夏라는 말 자체를 하나의 명칭으로 정했다.

그 당시 섭덕휘葉德輝는 강유위를 공격하면서, "강유위는 은밀하게 공자의 원래 가르침을 고치는 노선을 스스로의 임무로 삼았다. 육경을 산정刪定하고자 했기 때문에 먼저 『신학위경고』를 지었고, 조정을 교란시키고자 했기 때문에 또 『공자개제고』를 지었다. 그 얼굴은 공자이지만, 그 마음은 오랑캐이다"[92]라고 하였다. 전목錢穆도 이와 유사한 평가를 내렸다. "강유위가 공자를 높인 것은 결코 공자의 참된 모습을 높인 것이 아니다. 서양의 풍속을 두려워하고 놀란 자로서 공자를 존중한 것이니, 단지 서양의 풍속에 있는 것을 공자도 가지고 있다고 말한 것일 뿐이다. 이것은 강유위가 공자를 존중한 것이 단지 그 외형뿐이며, 그 내면은 또한 저들과 같다."[93] 강유위는 이적으로써 제하를 변화시키고자 했는데, 그 자취는 매우 분명하다.

육경六經은 본래 상고시대의 남겨진 서적이며, 이후 공자의 수정을 거쳐서 마침내 후세의 '경經'이 되었다. 그런데 고문가들은 박사를 억누르고자 했기 때문에 위로

---

92) 葉德輝, 「與劉先端・黃郁文兩生書」(『翼敎叢編』, 권6).
93) 錢穆, 『中國近三百年學術史』 하책, 780쪽.

주공에게 육경을 가탁하였고, 공자는 단지 '술이불작述而不作'한 선사先師에 지나지 않았다. 이와 같이 "공자는 단지 후세의 현명한 사대부가 됨으로써 그를 정현鄭玄·주자朱子에 비교하더라도 여전히 미치지 못하니, 어찌 백성이 생긴 이래로 있지 않았던 만세의 지성至聖이 될 수 있겠는가?"[94] 고문가는 문호의 견해를 제시하는 과정에서 마침내 공자를 이처럼 폄하하였다. 한편 금문가의 경우도 문호의 입장에 의거하여, 공자를 반드시 교주敎主로 높이고자 했기 때문에 "백성이 생긴 이래로 있지 않았던 대성지성大成至聖"으로 삼았다. 따라서 반드시 육경은 공자로부터 나왔다고 주장한 것이다. 진실로 금문가의 주장과 같다면, 주공은 단지 불확실하여 고증할 수 없는 상고시대의 신왕神王에 지나지 않으며, 순전히 후세의 가탁에 의해 나온 인물이다. 그렇다면 어찌 육경을 만들어서 후세에 베풀어 교화할 수 있었겠는가?

이에 앞서 요평이 이미 공자가 육경을 지었다고 말했다. 그는 "육경은 공자 한 사람의 책이다"[95]라고 말했다. 또 "공자가 육경을 반복해서 말한 이후, 진정한 주나라의 제도는 사실 고찰할 만한 것이 없었으므로 후세에 전해져서 익힌 것은 모두 공자의 말이다"[96]라고 하였다. 강유위는 공자가 육경을 지었다는 것은 선진시대 부터 있었던 오래된 말이라고 주장하였다.

> 육경은 모두 공자가 지은 것이며, 한나라 이전의 학설 중에서 그렇지 않은 것이 없었다. 학자들은 육경이 공자의 저작이라는 것을 알고 난 이후에, 공자가 위대한 성인聖人이자 교주敎主로서 인류의 전 역사를 통틀어서 유일하게 존귀한 자로 불렸다는 것이 분명해질 수 있었다. 공자가 교주이고 육경이 공자의 저작이라는 것을 알고 난 이후에, 공자가 어지러운 세상을 바로잡아 태평을 이룬 공적이 있어서, 혈기가 있는 모든 생명체가 날마다 그 특별한 공적과 위대한 덕의 은혜를 입은 것을 잊어버릴 수 없다는 것을 알게 되었다.[97]

---

94) 康有爲, 『孔子改制考』, 권10(『康有爲全集』 제3집, 127쪽).
95) 廖平, 『知聖篇』(李耀仙 編, 『廖平選集』 상책, 189쪽에 실려 있음).
96) 廖平, 『知聖篇』(李耀仙 編, 『廖平選集』 상책, 184쪽에 실려 있음).
97) 康有爲, 『孔子改制考』, 권10(『康有爲全集』 제3집, 128쪽).

강유위의 관점에서 보면, 상고시대는 불확실하여 고증할 수 없고, 주나라 말기에 제자백가가 분분히 교설敎說을 창립하고 각각 개제改制의 일을 하였으니, 단지 공자만 그런 것이 아니다. 그리고 공자의 개제의 자취는 육경에 보인다. 공자는 본래 제자백가였지만, 그 부류에서 특별히 뛰어나고 출중했기 때문에 그가 지은 육경도 유일하게 후세를 포괄할 수 있었다.

강유위는 『시詩』에 대해 다음과 같이 논했다.

『춘추』가 공자의 저작이라는 것은 사람들이 모두 알고 있는데, 『시詩』 또한 공자의 저작이라는 것은 사람들이 알지 못한다. 유학자들은 대부분 이 두 가지 학문을 교설敎說로 삼았으니, 『시』와 『춘추』는 특히나 불가분의 관계이기 때문이다. 유학자들은 그 책들을 따라서 세상을 가르치고 인도했으니, 노자와 묵자 등의 제자백가들은 그 책들을 따라서 가르치지 않았다는 것을 알 수 있다. 『시』의 내용이 문왕文王과 무왕武王, 주공周公과 성왕成王, 강왕康王의 융성한 시대로 되어 있고, 또 상商나라의 탕湯임금과 이윤伊尹, 고종高宗과 관련된 내용이 있는데도, 쇠퇴한 시대에 만들어진 것으로 융성한 삼대三代와는 같지 않다고 여겼다. 따라서 옛날의 것이 아니라고 여겼으니, 공자가 지은 것이 아니면 무엇이겠는가?[98]

『회남자』에서 말했다. "『시』와 『춘추』는 학문 중에서 아름다운 것이지만, 모두 쇠퇴한 시대에 만들어진 것이다. 유학자가 이 책들에 따라서 세상을 가르치고 인도하였다."[99] 강유위는 여기에 근본을 두고, 공자가 『시』를 지었다고 말했다. 또 옛날의 시는 본래 3천여 편이 있었는데, 공자가 지은 『시』의 경우 "공자가 간간히 거기에서 발췌한 시도 있다. 그러나 「청묘淸廟」편과 「생민生民」편은 모두 공자의 수정을 거친 공자의 작품이니, 『서』의 「요전堯典」과 「순전舜典」이 단지 공자의 수정을 거쳤을 뿐인데도 이미 공자 학문의 손질 과정을 거쳤기 때문에 또한 공자의 작품인 것과 같다."[100] 이것은 공자가 『시』를 지은 것에 대해 강유위가 논한 것이다.

---

98) 康有爲, 『孔子改制考』, 권10(『康有爲全集』 제3집, 129쪽).
99) 『淮南子』, 「泛論訓」.

그는 또 말했다.

> 『서書』의 「요전堯典」・「고요모皐陶謨」・「기직모棄稷謨」・「우공禹貢」・「홍범洪範」
> 편은 모두 공자의 대경대법大經大法이 보존된 글들이다.…… 그 중에 은나라 「상서商
> 書」의 「반경盤庚」과 주나라 「주서周書」의 「대고大誥」・「강고康誥」・「주고酒誥」・「소
> 고召誥」・「낙고洛誥」와 「여형呂刑」편의 읽기 어려운 글자나 구절도 분명히 옛 문장에
> 근거하여 초고를 만들었는데, 큰 도가 모두 같고 공자의 수정을 완전하게 거쳤기
> 때문에 또한 공자의 작품이다.[101]

이에 앞서 왕충王充은 이미 『상서尙書』가 공자의 작품이라고 말했으며, 강유위는
그 주장이 "매우 큰 공적이 있다"고 칭찬하였다. 단지 공자만 『서書』를 지은 것이
아니라, 묵자墨子의 경우에는 『서書』를 지은 일이 있다고 강유위는 말했다.

> 묵자墨子는 종종 삼대三代의 성왕聖王이나 문왕文王과 무왕武王을 말하고, 종종 『서書』
> 를 인용하니, 「강고康誥」도 묵자가 공유하던 것이다.…… 이로써 추론해 보면,
> 28편은 모두 유학자의 책이며, 모두 공자가 지은 것이 지극히 분명하다. 묵자가
> 인용한 『서』의 경우는 곧 묵자가 정리하여 정한 것으로, 공자의 『서』와 비록
> 명칭은 같지만 선택한 책이 각각 다르다. 곧 편장篇章, 말이나 구절, 자료 선택이
> 우연히 같았지만, 각각 자신들의 도를 밝혔으니, 또한 크게 서로 상반된다.……
> 결국 공자와 묵자가 각각 옛 문장을 토대로 손질하여 『서』를 만들었다는 것을
> 알 수 있다.…… 공자와 묵자가 『서』를 인용한 것은 비록 같지만, 각자가 자료를
> 선택하여 책을 만들었기 때문에 결코 서로 같지 않다는 것을 알 수 있다. 묵자
> 스스로 하나의 『서』를 지었다는 것을 안다면, 공자 스스로도 하나의 『서』를 지었다
> 는 것을 알 수 있으니, 서로 대조하여 교감해 보면 분명해질 것이다.[102]

---

100) 康有爲, 『孔子改制考』, 권10(『康有爲全集』 제3집, 128쪽).
101) 康有爲, 『孔子改制考』, 권10(『康有爲全集』 제3집, 129쪽).
102) 康有爲, 『孔子改制考』, 권10(『康有爲全集』 제3집, 129쪽 및 130쪽).

『서書』는 본래 상고시대 성왕聖王이 세상을 다스린 것을 기록한 남겨진 유적이니, 지금의 관방官方 정전政典과 같은 것이지 공자 한 사람만이 소중하게 여기는 것이 아니다. 공자가 손질하여 『서』를 지었으므로 다른 제자백가들도 본래 손질할 수 있는 책이었다. 강유위의 논의는 매우 이치에 가깝다

강유위는 또 『의례儀禮』 17편도 공자의 작품이라고 말했다. 『예기』 「잡기雜記」에서 "애공哀公이 유비孺悲로 하여금 공자에게 가서 사士의 상례喪禮를 배우도록 하니, 『사상례士喪禮』가 이에 기록되었다"고 하였다. 이에 근거하면, 『사상례』는 본래 주나라에 통용되던 예禮가 아니라, 공자의 제작을 기다린 이후에 애공이 유비로 하여금 공자에게 가서 배우도록 함으로써 마침내 사상士喪의 예禮가 된 것이다. 또 『묵자』라는 책을 살펴보면, 우·탕·문·무를 자주 말했을 뿐만 아니라, 또 자의적으로 상례喪禮를 공격하였다. 이를 통해 상례가 본래 우·탕·문·무의 제도가 아니라 공자가 개인적으로 지은 것임을 알 수 있다.

단지 『예禮』만이 아니라 『악樂』도, 묵자가 제멋대로 "경박하게 비난하여", 유가의 병통이라고 여겼으니, 이로써 『악』도 공자의 작품임을 알 수 있다.

『역易』의 경우, 강유위는 복희씨伏羲氏가 8괘를 지었고, 문왕文王이 64괘를 연역했으며, 괘사卦辭·단사彖辭·효사爻辭·상사象辭는 전부 공자로부터 나왔으므로 공자가 『역』의 경經을 지었다고 주장했다. 그런데 유흠이 '십익十翼'이라는 명칭을 만들어서 공자에게 가탁했기 때문에 공자는 단지 『역』의 전傳을 지은 것에 지나지 않게 되어 버렸다. 이것은 또한 공자를 억누르려는 유흠의 술수일 뿐이다.

공자가 『춘추』를 지었다는 것은 평소에 별다른 의문이 없었다. 강유위가 말했다.

『춘추』는 공자가 지은 것이라는 점에 대해서는 옛날이나 지금이나 전혀 별다른 논의가 없다. 다만 위고문학僞古文學이 출현하여 금문학의 개제改制 이론을 강력하게 공격하고, 아울러 공자가 필삭한 뜻을 깎아내려서, 『춘추』는 외교문서나 사령장으로, 공자가 그것을 근거로 삼아서 기록하여 선악이 자연스럽게 드러났다고 했다. 두예杜預가 그것을 외치고, 주자朱子가 더욱더 그것을 주장했다. 만약 이와 같다면

성인이 한 명의 필사 기록원에 지나지 않는데, 어떻게 그것을 지었다고 할 수 있겠는가?[103]

지금 사람들 중에 『춘추』를 역사서로 깎아 내리지 않는 사람이 없는데, 사실은 멀리 두예와 주희에게 이어받은 것이다.

이로써 알 수 있듯이, 공자가 육경을 지었다고 강유위가 말한 것은 그 요지가 공자를 높이는 데 있었다. 그가 말했다.

옛날부터 공자를 높이고 공자에 대해 논의한 사람 중에 장자莊子만한 사람은 없었다. …… 후세에 『논어』를 가지고 공자를 볼 때 단지 그의 평소의 행실만을 보고, 『춘추』를 가지고 공자를 볼 때 단지 그의 혼란한 시대의 제도만을 본다. 그리고 심학가心學家의 입장에서 공자를 논할 때는 단지 도道의 근본 원리의 끝부분만을 보고, 고증학자의 입장에서 공자를 논할 때는 단지 구체적인 법도의 한두 가지만 본다. 장자의 주장이 있기 때문에 공자의 도의 근본 원리와 구체적인 법도, 작고 크거나 정미하고 거친 모든 사물에 존재하지 않는 곳이 없는 도의 운행을 알 수 있다. …… 육경六經의 큰 뜻과 육경의 순서는 모두 장자에 힘입어 전해졌다. …… 옛날 사람이 『시』·『서』·『예』·『악』을 만들었으니, 공자가 아니면 누구겠는가? 장자의 이 편을 잘 살펴보면, 당시에 제자백가들이 분분하게 교설을 창립했음을 알 수 있고, 더욱이 공자가 유교를 창립하여 그 도가 가장 위대했음을 알 수 있으며, 육경이 공자의 작품이라는 확실한 증거로 삼을 수 있다.[104]

---

103) 康有爲, 『孔子改制考』, 권10(『康有爲全集』 제3집, 137쪽).
104) 康有爲, 『孔子改制考』, 권10(『康有爲全集』 제3집, 140쪽).
　　역자 주: 『莊子』 「天下」편은 당시 제자백가의 道術을 논평한 글인데, 당시의 학술 중에서 鄒魯之士와 搢紳先生, 墨翟과 禽滑釐, 宋鈃과尹文, 彭蒙과 田駢·愼到, 關尹과 老聃, 惠施 등을 소개하고 있다. 그 중에서 鄒魯之士와 搢紳先生에 대해 다음과 같이 말했다. "옛날 사람은 도술을 완전하게 갖추고 있었다. 천지의 신묘하고 밝은 이치와 합치되며, 천지를 본받아서 만물을 기르고 천하를 조화시켜서, 그 은택이 모든 백성에게 미쳤다. 도의 근본 원리를 밝히고, 구체적인 법도를 연계시켰으며, 상하 사방의 공간과 사계절의 시간까지 두루 통하며, 작고 크거나 정밀하고 거친 모든 사물에 그 도의 운행이 존재하지 않는 곳이 없었다. 옛날의 도술이 분명하게 구체적

강유위는 장자를 자하子夏의 재전再傳 제자로 여겼으니, 공자의 후학이다. 그가 종종 우언寓言, 즉 터무니없이 사물에 가탁하는 말을 하기는 했지만, 그것도 또한 공자를 미루어 밝힌 말이다.

공자가 육경을 지은 것은 개제改制를 하고자 한 것이다. 그런데 공자는 덕은 있지만 지위가 없기 때문에 그 제도를 시행하고자 한다면 반드시 옛것에 가탁해야 한다. 강유위가 말했다.

자사子思가 "증거가 없으면 믿지 않고, 믿지 않기 때문에 백성들이 따르지 않는다" (『중용』 29장)라고 했다. 증거가 있어서 따르고 싶은 대상은 선왕先王만한 사람이 없다.…… 겸양한 말로 선왕에게 가탁하여, 백성들에게 믿고 따르도록 함으로써 권도權道를 실행하여 환란을 구제한다.…… 지위가 없는 일반인이 제도를 개혁하는 것은 사태가 중대하여 사람들을 놀라게 하기 때문에 그 권도를 선왕에게 주는 것만 못하니, 사람들을 놀라게 하지 않을 뿐만 아니라, 스스로 화를 피할 수도 있다.105)

강유위의 이 주장은 본래 『중용』과 『춘추위春秋緯』에서 나온 것으로, 이치에 가깝다. 옛날 사람들은 일을 말할 때 옛것에 가탁하기를 좋아했으니, "반드시 옛것을 본받고, 선왕先王을 말한다.(『예기』, 「곡례상」) 공자가 "선왕先王에게 권도權道를 주어 가탁한 것"(『孝經緯‧鉤命訣』)은 말할 필요도 없고, 맹자도 "성선性善을 말하면서, 말마다 반드시 요순堯舜을 언급하지"(『맹자』, 「등문공상」) 않았던가? 중국에서 개혁을 말하는 자들 중에 외부의 세력을 등에 업고 힘을 키우지 않은 자가 없으니, 그 기술이

인 법도에 나타난 것은 옛날의 법으로서 세상에 전하는 역사서에 여전히 많이 기록되어 있고, 그 중에서 『詩』‧『書』‧『禮』‧『樂』 속에 기록되어 있는 것은 鄒魯 지역의 선비들과 홀을 띠에 꽂은 선생들 중에서 그 도술을 아는 사람이 많다. 이 도술을 가지고 『詩』는 사람의 뜻을 말하고, 『書』는 정치의 일을 말하며, 『禮』는 실천을 말하고, 『樂』은 조화를 말하며, 『易』은 陰陽을 말하고, 『春秋』는 名分을 말했다." 강유위는 장자가 거론한 鄒魯之士와 搢紳先生이 바로 공자로 대표되는 유교를 가리킨 것이라고 파악하였다.

105) 康有爲, 『孔子改制考』, 권10(『康有爲全集』 제3집, 141쪽).

꼭 같은 것이다.

공자는 주나라 시대에 살았고, 천명天命이 아직 바뀌지 않았으므로 이것이 공자가 "주나라를 따른" 이유이다. 그런데 주나라 사람은 문식(文)으로 세상을 다스렸는데, 주나라의 화려하고 번잡함은 그 문식 때문이었다. 따라서 공자는 마땅히 "주나라의 극성한 문식을 조금 줄이고"(『춘추번로』, 「삼대개제질문」), 하나라와 은나라의 법도를 더해야 한다고 생각하였다. 『춘추』에는 삼통三統의 이론이 있고 문질文質의 이론이 있는데, 강유위는 그것을 모두 탁고託古라고 생각하였다.

강유위가 공자 개제의 이론을 제창한 것은 본래 공자를 높이고자 한 것이다. 그러나 그 여파는 공자를 제자백가로 깎아내리는 데까지 미쳤다. 따라서 양계초는 다음과 같이 논했다. "『공자개제고』는 진짜 경전 전체가 모두 공자가 옛것에 가탁하여 지은 것이라고 주장했다. 이는 결국 수천 년 이래 변함없이 신성불가침으로 여겨지던 경전에 대해 근본적인 의심을 불러일으켰고, 학자들에게 회의적이고 비평적인 태도를 갖도록 만들었다." 또 말했다. "비록 공자를 강력하게 추존하긴 했지만, 이미 공자의 학파 창시와 제자백가의 학파 창시가 그 동기와 목적, 수단에서 모두 동일하다고 말했기 때문에 그것은 이미 공자를 제자백가의 대열로 깎아내린 것이다."[106] 강유위는 개척하는 데는 용감했지만, 그것이 초래할 나쁜 결과에 대해서는 항상 생각이 미치지 못했다.

민국시기에 장태염의 「치류익모서致柳翼謀書」에서 말했다. "(胡適은) 육적六籍이 모두 유가가 옛것에 가탁한 것이라고 주장했는데, 그것은 다만 강유위의 보잘것없는 견해를 훔친 것일 뿐이다. 이러한 의론은 단지 세상을 시끄럽게 할 뿐, 본래 실증적인 증거는 없다.…… 강유위가 이러한 주장을 한 것은 본래 공교孔敎를 세우기 위해서였다. 호적이 이러한 주장을 한 것은 역사를 말살하는 데 그 의도가 있다.…… 호적의 폐단은 아마도 강유위보다 더 심할 것이다."[107] 호적의 논의가 또한 강유위보다

---

106) 梁啓超, 『淸代學術槪論』 23(朱維錚 校注, 『梁啓超論淸學史二種』, 65쪽에 실려 있음).
107) 傅杰編, 『章太炎學術史論集』, 108쪽.

못하다는 것이다.

4. 공자가 태평太平의 법도를 제정함

공자의 탁고개제託古改制는 가탁한 것이 어떤 사람인지는 말할 것도 없고, 개제의 실질도 분명한 것 같다. 그러나 강유위의 주장을 살펴보면, 가탁한 요·순과 하·은· 주 삼대는 그 의미가 매우 다르다. 종합적으로 말하면, 공자의 개제에서 항상 요·순· 문·무를 가탁하였다. 그러나 강유위는 『공양전』의 삼세三世 이론을 근본으로 삼아서, 공자가 요堯·순舜을 가탁한 것은 태평민주太平民主의 제도를 밝힌 것이고, 문文·무武 를 가탁한 것은 승평군주升平君主의 제도를 밝힌 것이고 주장하였다.

강유위가 또 말했다.

> 『춘추』는 문왕文王에서 시작하여 요堯임금과 순舜임금에서 끝이 난다. 난세를 바로잡
> 는 정치는 문왕이고, 태평의 정치는 요임금과 순임금이니, 공자의 성스러운 뜻과
> 제도개혁의 대의大義는 『공양전』에서 전하는 은미한 말의 첫 번째 의리이다.[108]

> 『춘추』와 『시』는 모두 군주에 대해 말했는데, 오직 『서』 「요전堯典」에서만 유독
> 민주民主의 뜻을 드러내 밝혔다.…… 따라서 「요전」은 공자의 은미한 말이다.
> 소왕素王의 큰 제도가 이보다 더 나은 것은 없다.[109]

강유위가 그 당시 삼세三世의 뜻을 말한 것은 순수하지 않은 듯하다. 오직 군주君主·민주民主가 같지 않다는 것을 말했다. 그것은 바로 문왕의 군주제를 발란撥亂 의 법도로 여긴 것이며, 서양의 입헌立憲 이론에 대해서는 아직까지 주시하지 않았다. 강유위는 또 묵자墨子의 제도를 다음과 같이 공격하였다.

---

108) 康有爲, 『孔子改制考』, 권10(『康有爲全集』 제3집, 150쪽).
109) 康有爲, 『孔子改制考』, 권10(『康有爲全集』 제3집, 152쪽).

묵가의 도는 재용을 절약하고, 음악을 비판하며, 부자 사이의 은혜를 경시하고, 살아 있는 사람의 본성을 잃어 버렸다. 그 도는 몸이 고목처럼 말라 죽을 정도로 너무 각박하며, 천하 사람들의 마음으로부터 이반되며, 천하 사람들이 감당하지 못하여 모두가 공자에게 귀의하니, 어찌 성인의 도가 중화中和를 얻은 것이 아니겠는가?[110]

이것은 강유위가 묵가의 도의 폐단을 논한 것이다. 그 후에 강유위는 마침내 그러한 이유로 유가의 발란撥亂의 법도를 비난하면서 2천 년 중국도 또한 단지 이와 같을 뿐이라고 여겼다.

비록 그렇지만, 강유위가 공자를 높인 큰 요지는 이 책에 모두 보인다. 공자는 주나라 말기 문식의 폐단이 드러난 시대에 『춘추』로써 신왕에 해당시키고, 난리를 바로잡아서 올바른 데로 되돌림으로써 제자백가보다 뛰어났기 때문에 2천여 년 동안 독존의 지위를 누렸다. 이것이 그 첫 번째 요지이다. 또 공자는 삼세의 법도를 세우면서 특히 태평太平에 주의하였다. 공자가 장래를 위한 법도를 만들어 지구가 일통一統하는 시대에 반드시 행해질 것이다. 이것이 그 두 번째 요지이다.

제4절 『춘추동씨학春秋董氏學』

청대 가경嘉慶·도광道光 연간 이후로, 금문학이 다시 부흥했지만, 그 시작은

---

110) 康有爲, 『孔子改制考』, 권10(『康有爲全集』 제3집, 216쪽).
    역자 주: 『장자』 「天下」편에서 묵자에 대해 다음과 같이 논평하였다. "살아 있을 때는 힘들게 노동하고, 죽었을 때는 각박하게 장례지내니, 그 도가 너무 각박하다. 사람들을 우울하게 하고 사람들을 슬프게 하니, 그 도의 실천은 실행되기 어려울 것이며, 아마도 성인의 도가 될 수 없을 것이다. 그리고 천하의 인심과 위배되니, 천하의 사람들이 감당하지 못할 것이다. 묵자가 비록 혼자서는 감당할 수 있다고 하더라도 천하 사람들을 강제로 실천하도록 할 수 있겠는가? 천하 사람들로부터 이반되어 있으니, 王道와는 거리가 멀다."

단지『공양전』연구에 지나지 않았다. 유봉록에 이르러서, 처음으로 한대 스승의 가법家法을 가지고『공양전』을 연구하는 것을 표방하였다. 공자진·위원 이후로는 후한시대로부터 전한시대로 향해 갔고, 하휴로부터 동중서로 거슬러 올라갔다.

강유위가 처음『공양전』을 연구할 때는 동중서를 위주로 삼았다.『자편연보自編年譜』에 의하면, 광서光緒 20년(1894)에 처음으로『춘추동씨학春秋董氏學』을 짓기 시작하였고, 22년에『춘추동씨학』을 이어서 완성했다. 23년 겨울, 상해 대동역서국大同譯書局에서 이 책을 간행하였다. 24년, 광주廣州 연공서국演孔書局에서 다시 간행하였다. 무술戊戌·경자庚子년 사이에, 두 차례 황제의 명으로 책이 불태워지는 화를 만났다. 1917년,『만목초당총서萬木草堂叢書』로 다시 간행되었다.

1. 동중서가 '순자와 맹자를 뛰어넘음'(軼荀超孟)

강유위는 '소왕개제素王改制'를『춘추』의 의리라고 여겼는데, 오직『공양전』만이 그것을 상세하게 설명했다. 그러나『공양전』은 '일상적이지 않은 이상한 의리와 괴이하게 여길 만한 논의'(非常異義可怪之論)가 많기 때문에 평소 후대 사람들에게 의심을 받았다. 동중서의 경우에는 그렇지 않다.『공양전』에서 드러낸 "공자가 제도를 개혁하여 주나라를 바꾸고,『춘추』로써 새로운 왕에 해당시키고, 노나라를 왕으로 삼고, 기杞나라를 축출하고, 하·은·주로 삼통三統을 삼았다" 등의 여러 이론에 대해, 동중서는 "마치 집안사람의 문서 상자를 뒤지듯이, 태양이 쉬지 않고 운행하는 것처럼 탐색하였다." "내가 동중서의 학문을 가지고 금문가의 이론에서 추론해 보았는데 같지 않은 것이 없었다. 동중서의 이론을 가지고 주나라와 진나라 시대의 책에서 추론해 보았는데 같지 않음이 없었다."[111] 동중서는 한대 유가의 종주이므로 그 지위는 진실로 하휴가 비할 바가 아니다. 강유위가 동중서를 통해『춘추』를 연구한 것은 그 이유가 바로 여기에 있다.

---

111) 康有爲,『春秋董氏學』,「自序」(『康有爲全集』제2집, 307쪽).

공자 이후, 강유위는 대체로 맹자와 순자를 함께 추존하였다. 공자의 도를 전수한 측면에서 논한다면, 맹자가 여전히 순자보다 위에 있다. 그가 말했다.

맹자는 공자의 대도大道의 근본을 진정으로 터득한 자이다!…… 공자의 성性과 도道의 근원, 태평한 세상의 대동大同의 의리를 이해하고자 한다면, 맹자를 버려두고 그것을 구할 수가 없다.…… 맹자는 진정으로 공자 문하의 용수龍樹이자 바울(保羅, Paul)일 것이다!…… 맹자를 통하게 되면, 공자의 도로 들어가는 문을 찾아 들어가서, 차례대로 당堂에 오르고(升堂) 방으로 들어갈(入室) 수 있다.[112]

공자의 도는 『춘추』에 있다. 따라서 맹자가 공자의 도를 잘 전할 수 있었던 것은 그가 『공양전』에 정통하고 『춘추』를 높였기 때문이다. 강유위는 맹자가 "위로는 우·탕·문·무·주공을 조술하여 공자에게까지 미쳤고, 다른 책은 언급하지 않고 오직 『춘추』를 존중했다"고 말했다. 그리고 『공양전』은 소왕개제素王改制의 의리를 상세하게 기록하였기 때문에 오직 『공양전』만이 『춘추』를 잘 전했다고 말했다.[113] 따라서 맹자는 "『공양전』의 정통 전수자"[114]라고 말할 수 있고, "『공양전』과 맹자만 이 『춘추』를 밝힘으로써 양주楊朱·묵적墨翟을 강력하게 거부했으므로 진정한 『공양전』의 직계 전수자일 것이다!"[115] 송대 학자들은 맹자가 성선性善을 말하여 공자를 높였다고 여겼는데, 강유위는 맹자가 『공양전』에 정통하여 공자를 높였다고 여겼다.

순자는 예禮에 정통했으므로 그 이론은 오로지 거란세據亂世에 시행될 뿐이다. 그래서 강유위는 순자가 공자의 거칠고 말단적인 것을 이해하여, 단지 소강小康·거란據亂의 도를 전했을 뿐이라고 여겼다. 맹자는 공자 춘추학을 깊이 이해하여, 태평시대의 대동大同의 인도仁道를 전했으므로 공자의 정밀하고 은미한 것을 이해했다고 할 수 있다.

---

112) 康有爲, 『孟子微』, 「序」(1901, 『康有爲全集』 제5집, 412쪽).
113) 康有爲, 『春秋董氏學』, 「自序」(『康有爲全集』 제2집, 307쪽).
114) 康有爲, 『桂學答問』(『康有爲全集』 제2집, 19쪽).
115) 康有爲, 「孟子公羊同義證傳序」(『康有爲全集』 제2집, 129쪽).

강유위와 송대 학자들은 모두 맹자를 존중하였다. 모두 공자의 도를 전한 공적이 있다고 여겼지만, 그들이 취한 것은 같지 않다. 강유위는 맹자가 『춘추』개제改制의 미언微言을 밝힌 것을 취했고, 송대 학자들은 맹자가 성선性善을 밝혀서 도통道統의 진수를 얻었다고 여겼다. 순자에 대해서는 비록 도를 전한 공적은 인정하지 않았지만, 경經을 전한 학통學統의 측면에서 강유위는 맹자와 순자를 함께 거론하였다. 맹자는 『공양전』의 정통 전수자이고, 순자는 『곡량전』의 태조太祖라고 말했다. 그러나 설령 경을 전한 측면에서 말하더라도, 강유위는 순자의 구애됨을 공격하였고, 이후의 유흠·주자에 대해서는 모두가 태평시대 대동大同의 도를 밝히지 못하고, 단지 육경의 한 단면만을 들어서 이론을 만들었을 뿐이라고 비판하였다.

강유위는 또 주자의 학문이 사실은 유흠으로부터 나왔다고 말했다.

주자의 오경五經은 공자의 오경을 모두 잃어버리고, 매일 유흠의 처마 밑에 배회하면서 돌아다니고, 유흠에게 복종하여 뒤를 따랐을 뿐이다.…… 지금 천하에서 공자를 말하는 자들은 모두 공자의 학문이 아니라 사실은 주자의 학문을 말할 뿐이다. 그리고 주자의 학문을 말하는 자들은 또한 주자의 학문이 아니라 태반이 사실은 유흠의 학문을 말할 뿐이다. 유흠의 학문은 단지 거란據亂·소강小康의 학문일 뿐이며, 태평太平시대의 대동大同의 학문을 모른다.…… 주자는 유흠의 거란의 세상에 유혹되어, 「예운禮運」의 대동大同 이론을 노자老子의 학문이라고 주장한다. 이것은 주자가 공자의 태평의 대동 이론을 버린 것이며, 지금의 민주 사회의 뜻을 포괄할 방법이 없도록 만든 것이니, 공자의 도가 다 끝나 버린 것이다. 천하가 이미 잘못하여 주자를 공자로 삼고, 주자는 유흠의 거란의 이론을 준수하여 백성들의 뜻을 포괄하지 못하고 사회를 포괄하지 못한다.…… 주자는 사서四書는 알았지만 오경五經을 알지 못했고, 거란은 알았지만 태평의 대동은 알지 못했다. 이것은 중원中原을 떼어 내어 버리고, 한쪽 구석에서 편안함을 얻는 것이 아니면 무엇인가?[116]

---

116) 康有爲, 「答樸君大提學書」(1924, 『康有爲全集』 제11집, 346쪽).

강유위는 서양의 법도를 참고해서 사용함으로써 중국의 수천 년의 쇠란衰亂의 제도를 바꾸려고 했기 때문에 『공양전』의 개제改制 이론을 존중하지 않을 수 없었다. 또 평소에 이적夷狄이 제하諸夏를 변화시키는 것을 원하지 않았기 때문에 『공양전』을 높여서 공자와 맹자에게까지 확대시킴으로써 서양의 법도도 또한 우리의 옛 성인과 앞선 현인의 범위에서 벗어나지 않는다고 주장하였다. 강유위가 유흠과 주자를 억누른 것은 사실상 그들이 지금의 사회와 합치될 수 없기 때문이다.

따라서 맹자 이후로 강유위는 동중서를 가장 먼저 높여서 존중하였다. 그는 동중서에 대해 다음과 같이 말했다. "그가 스승을 전수한 것이 가장 상세하고, 선진시대와의 거리가 멀지 않다. 그러므로 『공양전』을 배우고자 하는 자는 동중서를 버리고 어디로 돌아갈 것인가?"[117] 또 말했다. "한대는 공자와의 거리가 멀지 않고, 『춘추』의 의리를 사용하여 난리를 바로잡고 제도도 개혁했는데, 동중서가 그것을 열었다."[118] 강유위는 심지어 동중서가 맹자·순자보다 뛰어난 점이 있다고 생각하였다. 그가 말했다.

> 대현大賢 중에서 맹자·순자와 같은 경우는 공자 문하의 용상龍象, 즉 아라한阿羅漢이다. 공자가 제도를 세운 근본을 탐구하여 얻었지만, 『춘추번로』처럼 은미한 말과 깊은 뜻은 얻지 못했다. 동중서의 도는 맹자·순자보다 높지 않은데, 어떻게 그것을 얻었는가? 그렇다면 그것은 모두 공자가 입으로 말한 것을 전수한 것이지 동중서가 만든 것이 아니다. 왕충王充이 "문왕의 학문은 공자에게 전수되었고, 공자의 학문은 동중서에게 전수되었다"(『論衡』, 「超奇」)고 말한 것이 좋다. 따라서 『춘추번로』에서 한 말은 순자를 넘어서고 맹자를 뛰어넘으니, 실로 유학의 여러 책 중에는 없는 내용이다. 만약 동중서가 아니었으면 어디로부터 공자의 큰 도를 다시 볼 수 있겠는가![119]

---

117) 康有爲, 『春秋董氏學』, 「自序」(『康有爲全集』 제2집, 307쪽).
118) 康有爲, 『春秋筆削大義微言考』, 「自序」(『康有爲全集』 제6집, 3쪽).
119) 康有爲, 『春秋董氏學』, 「自序」(『康有爲全集』 제2집, 307쪽).

동중서는 이와 같이 맹자·순자보다 현명하기 때문에 "동중서를 통해 『공양전』을 이해하고, 『공양전』을 통해 『춘추』를 이해하며, 『춘추』를 통해 육경을 이해함으로써 공자의 도의 근본을 살펴본다."[120] 그리고 "공자의 진짜 경전의 학문을 살펴보려면 반드시 동중서로부터 입문해야 한다."[121] 또한 "동중서는 『춘추』의 종주이다. 그가 밝힌 신왕新王 개제改制라는 일상적이지 않은 이상한 의리(非常異義)와 여러 미언대의微言大義는 모두 경문經文을 벗어나 있고, 또 『공양전』을 벗어나 있다. 그래서 맹자·순자는 세상에 이름난 아성亞聖이지만 여전히 그것을 전수하지 못했고, 동중서는 그것을 알고 있었다."[122] 강유위는 이처럼 동중서를 칭송했기 때문에 그 지위는 진실로 하휴가 미칠 수 있는 수준이 아니다. 동중서가 없었다면 하휴는 사실상 고문학의 여러 스승들에게 맞설 수가 없었을 것이다.

공자 이후에 세상의 학자들은 주자를 중시했기 때문에 강유위는 또한 주자와 동중서를 함께 거론하여 논의하였다. 공자 이후로 동중서의 정치와 학술에 대한 영향은 주자와 비견할 만하다. 만약 공자의 도를 전한 측면에서 논한다면, 양한시대의 경사經師는 옛날과의 거리가 멀지 않기 때문에 그 전수 관계에는 모두 연원이 있다. 따라서 동중서가 주자보다 오히려 위에 있다. 강유위는 동중서가 성인의 전체 학문을 얻었고, 주자의 학문은 단지 한쪽 구석에서 편안함을 얻는 것일 뿐이라고 여겼다.

2. 『춘추번로』와 『춘추』의 범례(例)·의리(義)·예법(禮)

종래에 『공양전』을 연구하는 자들은 혹은 의리(義)로, 혹은 범례(例), 혹은 예의禮義를 가지고 연구했다. 예例를 가지고 『공양전』을 연구한 자들 중에 하휴의 『춘추공양전해고』 '삼과구지三科九旨'의 예例보다 더 좋은 것이 없다. 청대의 『춘추』 연구자

---

120) 康有爲, 『春秋董氏學』, 「自序」(『康有爲全集』 제2집, 307쪽).
121) 康有爲, 『新學僞經考』(『康有爲全集』 제1집, 545쪽).
122) 康有爲, 『春秋董氏學』, 권3(『康有爲全集』 제2집, 357쪽).

중에 장존여莊存與를 가장 먼저 거론하지만, 그는 단지 『춘추』의 의리를 밝혔을 뿐이다. 동시대에 또 공광삼孔廣森이 있는데, 처음으로 『춘추』에 예例가 있다는 것을 알았다. 그러나 '삼과구지'를 알지 못했기 때문에 학문이 지름길로 가지 않았다고 말할 수 있다. 유봉록劉逢祿에 이르러서 비로소 하휴의 예例로부터 시작하여 마침내 『공양전』을 이해하였다. 그 후에 위원魏源도 하휴의 예例가 위로 동중서로 거슬러 올라간다고 말했는데, 강유위는 그의 주장을 받들어서 다음과 같이 말했다.

> 국가의 법률에는 예例가 있고 산법算法에도 예例가 있으며, 예禮에도 승강례升降例가 있다. 악樂에는 궁상보宮商譜가 있고, 시詩에는 성조보聲調譜가 있으니, 그것도 또한 예例이다. 저서의 경우에는 그 예例가 더욱 복잡하다. 그런데 다른 책의 예例는 단지 책의 체제와 관련되어 있고, 책의 종지와는 여전히 서로 관계가 없다. 오직 『춘추』는 체재가 은미하여 알기 어렵기 때문에 예例를 버려두고서는 이해할 수가 없다.……『춘추』를 배우는 자들은 탁왕개제託王改制, 오시五始, 삼세三世, 내외內外, 상략詳略, 이미 분명하지만 드러나지 않는 것, 단서를 얻어 관통하는 것, 모든 일에 통용되는 말(通辭)이 없어서 변례變例를 따르는 것, 명실名實을 위배하여 문장을 기록하지 않는 것 등을 모르면, 『춘추』는 '끊어지고 해어진 온전하지 못한 조정의 기록'(斷爛朝報)과 같아서 읽을 수가 없다. 말하자면 『춘추』는 동중서를 종주로 삼으니, 『춘추』의 예例를 배우는 것도 또한 동중서를 종주로 삼는다. 동중서와 『춘추』의 예例의 관계는 또한 유클리드(Euclid)와 기하幾何의 관계와 같다.[123]

강유위는 마침내 동중서가 밝힌 『춘추』의 예例를 갖추어 나열함으로써 하휴가 그것을 근본으로 삼았다는 것을 보여 주었다. 그는 또 유봉록이 『춘추번로』를 가지고 『춘추』를 해석함으로써 비로소 학문을 알게 되었다고 말했다.[124] 이로써 강유위가 동중서를 존중한 것이 또한 동중서의 예例를 숭상한 것임을 알 수 있다.

그런데 양계초는 "옛날에 『공양전』을 연구하던 자들은 모두 예例를 말했는데,

---

123) 康有爲, 『春秋董氏學』, 권2(『康有爲全集』 제2집, 323쪽).
124) 康有爲, 「致朱蓉生書」(1891, 『康有爲全集』 제1집, 316쪽).

강유위는 의리를 말했다"[125]고 주장했다. 그는 또 말했다. "강유위의 『공양전』 연구는 끊임없이 그 서법書法과 의례義例와 같은 지엽적인 부분은 논의하지 않고, 오로지 미언대의微言大義를 탐구하니, 바로 하휴가 말한 '일상적이지 않은 이상한 의리와 괴이하게 여길 만한 논의'(非常異義可怪之論)이다."[126] 또한 왕개운王闓運의 『춘추공양전전春秋公羊傳箋』이 "예例에 얽매여서 그다지 드러내 밝힌 것이 없다"[127]고 공격하였다. 이로써 강유위 일파는 모두 예例를 숭상하지 않음을 알 수 있다. 동중서가 비록 『춘추』에 예例가 있다고 여겼지만, 또한 "『춘추』에는 모든 일에 통용되는 말이 없다"[128]고 했으니, 동중서가 말한 예는 오히려 거칠고 소략하여 하휴의 정밀함과는 크게 거리가 멀다. 강유위가 동중서를 존중한 것은 사실상 자신의 학술 방법이 동중서와 가깝기 때문이다.

『춘추』는 "그 문장은 수만 글자로 이루어져 있고, 그 요지는 수천 가지"[129]이며, 그 의리(義)는 더욱 크기 때문에 은미하게 말하지 않을 수 없으니, 이것이 소왕개제素王改制의 이론이다. 진실로 당세의 대인들이 두려워하도록 했기 때문에 구설口說에 의지하여 후대에 전했으며, 동중서에 이르러서 그것을 분명하게 말했다. "동중서는 『춘추』의 종주이다. 그가 밝힌 신왕新王 개제改制라는 일상적이지 않은 이상한 의리(非常異義)와 여러 미언대의微言大義는 모두 경문經文을 벗어나 있고, 또 『공양전』을 벗어나 있다. 그래서 맹자·순자는 세상에 이름난 아성亞聖이지만 여전히 그것을 전수하지 못했고, 동중서는 그것을 알고 있었다."[130] "공양公羊이 『춘추』에 전傳을 달면서 노나라에 왕을 가탁했고, 하휴의 주에서는 이 의리를 자주 드러내 밝혔다. 사람들 중에서 혹 그것을 의심했는데, 동중서도 그것을 크게 드러내 밝혔다는 것을 모른 것이다."[131] 동중서는 개제改制와 왕노王魯의 이론을 이와 같이 드러내 밝혔으며,

---

125) 梁啓超, 『論中國學術思想變遷之大勢』, 129쪽.

126) 梁啓超, 『淸代學術槪論』 23(朱維錚 校注, 『梁啓超論淸學史二種』, 64쪽에 실려 있음).

127) 梁啓超, 『中國近三年學術史』(朱維錚 校注, 『梁啓超論淸學史二種』, 315쪽에 실려 있음).

128) 『春秋繁露』, 「精華」.

129) 『史記』, 「太史公自序」.

130) 康有爲, 『春秋董氏學』, 권3(『康有爲全集』 제2집, 357쪽).

삼통三統 이론의 경우에는 "오직 동중서만이 삼통三統을 모두 들었으니, 이른바 공자의 학문이 동중서에게 전해진 것이다."[132] 강유위는 또한 한대 사람들이 말한 『춘추』의 의리를 갖추어 기록하였다. 그것은 모두 『공양전』의 범위를 벗어나 있으니, 모두 동중서의 구설口說에 힘입어 전해진 것이다.

『춘추』에서 말한 예禮는 공자의 개제改制와 더욱더 밀접한 관계가 있다. 공자의 개제改制에서 가장 드러나는 것은 예禮이다. 그러나 이 예禮를 비록 70명의 제자와 후학들이라고 하더라도 오히려 다 알지 못했고, 오직 동중서의 책에서만 그것을 절충하였다. 그러므로 『춘추』는 예禮의 대종大宗이고, 『춘추번로』는 또한 『춘추』의 대종大宗이다. 따라서 강유위는 『춘추번로』에서 말한 예禮를 갖추어 나열함으로써 후인들이 공자 개제改制의 큰 단서를 참고하여 볼 수 있도록 갖추어 두었다.

이러한 이유로 강유위는 동중서의 책을 극도로 칭송하였다.

> 『춘추』의 미언微言이 어두워져서 끊어진 것이 이미 오래되었다. 지금 갑자기 공자가 교설敎說을 창립한 대의大義를 중천에 떠 있는 해처럼 환하게 만들고자 한다면, 모두 동중서의 책에 의지하여 추론해야 한다. 따라서 이 책은 여러 책 중에서 진귀한 보물이니, 천구天球나 하도河圖보다 헤아릴 수 없을 정도로 더 뛰어나다.[133]

동중서의 책은 이처럼 존중할 만하니, 공자의 도를 밝히고자 한다면 동중서를 버려두고는 경유할 방법이 없다.

3. 동중서와 하휴의 차이

강유위는 이처럼 동중서를 존중했지만, 그가 하휴를 종주로 삼지 않은 것은

---

131) 康有爲, 『春秋董氏學』, 권5(『康有爲全集』 제2집, 367쪽).
132) 康有爲, 『春秋董氏學』, 권5(『康有爲全集』 제2집, 370쪽).
133) 康有爲, 『春秋董氏學』, 권5(『康有爲全集』 제2집, 365쪽).

그 이유가 여러 가지이다. 동중서가 『춘추』의 의리를 드러내 밝힌 것은 대체로 군주의 권력을 제약하려는 뜻이 있는데, 이것은 하휴와 모두 같은 것은 아니다. 동중서가 말했다.

『춘추』의 법은 사람으로서 군주를 따르고 군주로서 하늘을 따른다. 따라서 "신민臣民의 마음을 따른다면 하루라도 임금이 없어서는 안 된다."[134] 하루라도 임금이 없어서는 안 되는데, 그래도 삼년상을 치르는 동안 뒤를 이은 임금을 '자삭(子)이라고 부르는 것은 뒤를 이은 임금의 마음에서 보면 자리에 오르는 것이 마땅하지 않기 때문이다. 이것이 사람으로서 군주를 따르는 것이 아니겠는가? 효자의 마음으로는 삼년상을 치르는 동안 자리에 오르는 것이 마땅하지 않다. 삼년상을 치르는 동안 자리에 오르는 것이 마땅하지 않는데도 1년이 지나서 즉위하는 것은 하늘의 도道와 시작과 끝을 함께하기 때문이다. 이것이 임금으로서 하늘을 따르는 것이 아니겠는가? 따라서 백성을 굽혀서 임금을 펴고, 임금을 굽혀서 하늘을 펴는 것이 『춘추』의 큰 의리이다.[135]

동중서는 임금이 삼년상의 예법을 거행하는 것을 빌어서, 군왕이 비록 존엄하지만 그래도 마땅히 하늘을 따라야 함을 밝혔다. 즉 "하늘의 도道와 시작과 끝을 함께하기 때문이다." 청대의 보수파들이 비록 유신파의 군헌君憲 주장을 싫어했지만, 또한 이러한 의리를 숨길 수는 없었다. 동중서는 「거현량대책舉賢良對策」에서 다음과 같이 재이災異의 이론을 극단적으로 말했다.

신이 삼가 『춘추』의 내용을 검토하여, 이전 세상에서 이미 행해진 일을 살펴서 하늘과 인간의 관계를 관찰했는데, 매우 두려워할 만한 것이었습니다. 국가가 장차 도리를 잃어 패망하려고 하면 하늘은 먼저 재해를 내보내어 꾸짖고 경고합니다. 스스로 반성할 줄 모르면 또 괴이함을 내보내어 놀라고 두렵게 합니다. 그래도

---

134) 『公羊傳』, 文公 9년.
135) 『春秋繁露』, 「玉杯」.

여전히 바뀔 줄 모르면 피해와 패망이 이릅니다. 이로써 하늘의 마음은 군주를 사랑하여 그 혼란을 그치게 하고 싶어 한다는 것을 볼 수가 있습니다. 스스로 크게 도리를 잃은 세상이 아니라면, 하늘은 지탱시켜서 온전히 안정시켜 주려고 진정으로 원하니, 군주가 할 일은 열심히 노력하는 데 있을 뿐입니다. 열심히 학습하면 견문이 넓어져서 지식이 더욱 밝아지며, 열심히 도를 행하면 덕이 날마다 일어나서 크게 공적이 있게 됩니다.[136]

따라서 하늘이 혹은 재해를 내리고 혹은 이변을 내리는 것은 모두 임금이 도를 잘 행하고 있는지의 여부를 볼 따름이다. 한대 학자들이 재이를 즐겨 말한 것은 그 은미한 뜻이 여기에 다 보인다.

동중서의 책을 보면, 그 속에 천도天道를 빌어서 군주의 권력을 제약하는 말이 매우 많다. 『춘추번로』「위인자천爲人者天」에서 말했다. "한 나라는 임금에게서 명을 받는데, 임금의 명이 천명天命을 따른 것이면 백성들이 그 명에 순종하고, 임금의 명이 천명天命을 거스른 것이면 백성들이 그 명을 거스른다." 「왕도王道」에서 말했다. "오제五帝와 삼황三皇이 천하를 다스릴 때, 감히 백성에게 군림하는 마음을 가지지 않았다." 「인의법仁義法」에서 말했다. "사랑이 자기 한 몸에만 미치는 자는 비록 천자나 제후의 지위에 서더라도 한 명의 사내일 뿐이니, 신하나 백성을 사용할 수 없다. 이와 같은 자는 망하지 않으려고 해도 저절로 망한다. 『춘추』에서 '양梁나라를 정벌했다'(伐梁)고 말하지 않고, '양나라가 멸망했다'(梁亡, 희공 19년)고 말한 것은 양梁나라 임금이 사랑을 자기 한 몸에만 미쳤기 때문이다." 「요순불천이탕무불전살堯舜不擅移湯武不專殺」에서 말했다. "또한 하늘이 백성을 낳은 것은 왕을 위해서가 아니며, 하늘이 왕을 세운 것은 백성을 위해서이다. 따라서 그 덕이 충분히 백성들을 안락하게 해줄 수 있는 자는 하늘이 그에게 천명을 주며, 그 악이 충분히 백성들을 해칠 수 있는 자는 하늘이 그에게서 천명을 빼앗는다." 옛날 사람들이 '하늘의 법'(天憲)이라고 말한 것은 사실 하늘이 천명을 줄 수도 있고 빼앗을 수도 있기 때문이니, 단지

---

136)『漢書』,「董仲舒傳」.

왕법王法을 존중하여 하늘의 법(天憲)으로 여긴 것이 아니다.

강유위가 제창한 변법의 경우, 중국의 수천 년의 정치를 군주전제君主專制로 여기고, 서방의 군주입헌君主立憲을 승평升平의 제도로, 민주공화民主共和를 태평太平의 법도로 여겼다. 이로써 강유위가 사실상 민주공화를 가장 높은 정치 이상으로 여겼다는 것을 알 수 있다. 그런데 강유위는 또한 만청 정부의 총애를 받아서 특별한 대우를 받은 은혜를 품고 있었기 때문에 평소에 혁명의 일을 실행하고자 하지 않았다. 따라서 오직 군주입헌의 이론을 펼쳤는데, 즉 군주의 권력을 제한하는 것을 변법의 일로 삼았을 뿐이다. 강유위가 동중서의 정치 의도를 존중한 것은 거의 여기에 있다. 그는 동중서의 이론에 근거하여 다음과 같이 말했다. 군왕이 본래부터 크게 존경을 받지 못하는 것은 또한 백성 때문이다. 백성을 위해 환란을 제거해 주기 때문에 백성의 마음이 그에게 귀의하게 되고, 이에 왕이 되는 것이다. 그런데 임금도 또한 임금의 직책이 있는데, 그 직책을 잃으면 백성이 귀의할 대상이 되지 못하므로 이에 한 명의 사내가 된다. 이로써 알 수 있듯이, 강유위가 민권民權 이론을 펼친 것은 사실상 그것을 빌어서 군권君權을 제약하고자 한 것이다. 그는 또 말했다.

> 송대 손복係復의 부류들은 『춘추대의春秋大義』라는 책을 터무니없이 날조했는데, 다만 왕을 존중할 줄만 알 뿐이다. 이것은 가축을 도살하는 백정의 우두머리나 용맹스러운 사내가 요행히 무력으로 천하를 안정시키는 것이다. 진시황秦始皇과 수양제隋煬帝의 부류들이 백성을 학대하고 억압하는 것과 같으니, 또한 그를 존경하여 지키는 것이 마땅한가? 성인을 거스르고 도를 해친 것이 너무 심하다![137)

손복은 오로지 존왕尊王을 이론을 삼아서, 『춘추』의 요지를 잃어버렸다.

강유위는 또 '왕자에게로의 귀의'(王者歸往)라는 뜻에 근거하여, 공자가 '소왕素王'이 된 것은 왕자의 실질을 얻었기 때문임을 논하였다.

---

137) 康有爲, 『春秋筆削大義微言考』, 권1(『康有爲全集』 제6집, 13쪽).

공자는 백성들이 귀의하는 실질, 즉 왕의 실질이 있다. 왕의 실질이 있으면 왕의 명분이 있는 것은 본래 그러한 것이다. 그런데 대성大聖이 어쩔 수 없이 권력을 행사하면서도 여전히 겸손하게 다음과 같이 말한다. 그 지위와 명호名號를 빌어서 선왕先王에게 가탁하고 노나라 임금에게 가탁하며, 왕의 자리를 빌린 우왕寓王이 되었고 소왕素王이 되었다고 말한다.······ 제도를 개혁하는 교주敎主의 존귀한 호칭과 위엄 있는 힘이 날마다 빛나고 다시 밝아져서, 가르침도 다시 밝아지기를 바란다고 말한다.138)

후세에 소왕素王 이론이 괴이하면서 잘못되었고 분수에 넘치는 지위라고 공격하였다. 그런데 공자는 비록 왕의 실질은 얻었지만 여전히 왕이라고 부를 수 없는데, 진시황 영정嬴政과 수양제 양광楊廣의 무리들은 천하가 그들을 등져서 한 명의 사내와 같은데도 도리어 왕으로 존중하니, 명분과 실질이 부합하지 않아서는 안 될 것이다!

강유위는 또한 유흠劉歆이 소왕素王의 요지를 거슬렀다고 공격하였다.

소왕素王이 괴이하면서 잘못되었다고 비난하고, 혹은 또 분수에 넘치는 지위라고 여기니, 이것은 모두 그 권력을 임금에게 귀속시켰기 때문이다. 이에 천하에서 일을 논의하는 자들이 법률을 끌어오지 경전을 끌어오지 않으며, 권세를 존중하지 도를 따르지 않는다. 그 도를 따르지 않고 그 권위를 중시하지 않아서 교주敎主가 미약해졌다. 교주가 미약해지자, 백성들을 엄중하게 되지도 못하고 교화하지도 못하여, 더욱 사나워지고 더욱 우둔해지니, 모두가 공자孔子 소왕素王을 없애 버렸기 때문이다.139)

이로써 공양가들이 공자를 소왕으로 여긴 것이 군권君權을 제약하려는 의도가 매우 분명하다는 것을 알 수 있다.

그런데 하휴는 그렇지 않으니, 그 의도는 군권君權을 존중하는 데 있다.140)

---

138) 康有爲, 『孔子改制考』, 권8(『康有爲全集』 제3집, 101쪽).
139) 康有爲, 『孔子改制考』, 권8(『康有爲全集』 제3집, 101쪽).
140) 蕭公權, 『康有爲思想硏究』, 51쪽.

『춘추』 대의大義는 난신적자를 주살하고 토벌할 뿐이니, 맹자와 사마천이 모두 그것을 갖추어 말했다. 장제章帝 시기에 이르러, 가규賈逵가 『좌씨장의左氏長義』를 지어서 『공양전』을 공격했으며, 『좌씨전』은 군권君權에 대해 의리가 깊다고 여겼다. 그런데 박사 이육李育이 "『공양전』의 의리로써 가규를 비판했고, 서로 오고간 토론이 모두 합리적인 증거가 있었다." 애석하게도 이육의 논의는 상세하게 알 수 없지만, 이육의 뜻을 추론해 보면 마땅히 임금을 존중하는 의리로 대응하였고, 하휴는 이육에게 올바른 증거가 있다고 여겼으니, 마땅히 군권君權을 보호하는 것으로 자임한 것이다.

이 때문에 강유위는 동중서를 다음과 같이 추존하였다.

> 원·명시대 이래로, 5백 년의 정치술과 언어는 모두 주자朱子로부터 나왔으니, 주자는 교주敎主이다. 무제武帝와 장제章帝로부터 후한시대가 끝날 때까지 4백 년의 정치술과 의론이 모두 동중서董仲舒로부터 나왔으니, 동중서는 교주敎主이다. 두 사람의 흥성함은 비록 맹자와 순자라고 하더라도 여기에 비교할 수 없다.141)

한유韓愈로부터 송대 사람들에 이르기까지 모두 맹자가 공자의 도통道統을 계승했으며, 맹자가 죽자 그것이 전수되지 못했다고 생각하였다. 그런데 강유위는 다음과 같이 생각하였다. 양한시대 이후 수당시대에 이르기까지 공자의 큰 도는 『춘추』에 있었고, 『춘추』의 의리는 조정과 재야의 정치·법률·논의 등에 보이지 않는 곳이 없었으니, 그것은 모두 동중서의 공적에 힘입은 것이다. 송대 학자들은 오로지 의리와 이익의 분별을 가지고 한당시대 사람들이 도를 전수하지 못했다고 모함하니, 좁은 식견이라고 할 수 있다! 강유위는 또 말했다. 주자의 학문은 서촉西蜀이라는 모퉁이에 거처하면서 만족하는 것에 지나지 않으니, 동중서가 "선진시대 스승이 남긴 것을 계승하여 구설口說을 모두 얻었고", "공자의 큰 가르침의 근본"을 얻어서 진정으로 "공자 이후의 한 사람"인 것과는 같지 않다. 따라서 송대 학문의 시각에서

---

141) 康有爲, 『春秋董氏學』, 권7(『康有爲全集』 제2집, 416쪽).

보면, 공자 이후에 오직 주자朱子 한 사람뿐이지만, 강유위의 시각에서 보면 공자 이후에 오직 동중서董仲舒 한 사람뿐이다. 강유위가 동중서를 존중한 것이 이처럼 최고조에 이르렀다.

또한 엄팽조嚴彭祖·안안락顔安樂이 박사에 세워진 이후에, 동중서의 학문은 하나로 통일되었다고 말할 수 있다. 하휴는 자신이 『좌씨전』에 대항하기에 부족하다고 근심하여, 별도로 그 학문의 연원을 호무생胡毋生에게로 거슬러 올라갔다. 그런데 강유위는 동중서를 『공양전』의 대종大宗으로 여겼으므로 호무생과 하휴 일파를 억누르지 않을 수 없었다. 또 『춘추』의 소왕개제素王改制 의리는 하휴가 선사先師가 남긴 것을 계승하여 그 말이 비록 막힘이 없지만, 후한시대 말기에 살았기 때문에 사실상 고문학에 대항하기에는 부족하였다. 어찌 양한시대 학자들의 종주가 될 수 있는 한초 동중서를 존숭하는 것과 같겠는가?

양한시대에 경전을 연구한 자들은 문호를 중시하여 스스로 사법師法이 있었고, 또 가법家法의 차이도 있었다. 각각 하나의 경전을 전문적으로 연구하는 것을 숭상했으며, 여러 경전을 함께 연구하는 학문을 위주로 하지 않았다. 그런데 유봉록 이후 모두는 금문今文 14가家가 "그 이치가 서로 통한다"고 믿었다. 즉 『공양전』과 『곡량전』이 서로 차이는 나지만, 모두 성인의 요지를 전한 것이라고 믿은 것이다.

제5절 『공양전』 삼세三世 이론 및 그 새로운 해석

『춘추』의 의리 중에 삼과구지三科九旨가 있는데, 강유위는 오직 삼세三世 이론만을 중시하여, "그 삼과구지가 밝힌 것은 삼세의 확장(張三世)에 있다"[142]고 말했다. 『예운주禮運注』「서문」에 의하면, 강유위는 『역』의 음양陰陽의 변화와 『춘추』의 삼세三世의 의리를 통해서 공자의 도를 살펴보았다. 그 후에 또 「예운」의 대동大同과

---

142) 康有爲, 『春秋筆削大義微言考』, 「自序」(『康有爲全集』 제6집, 3쪽).

소강小康의 도를 결합하여 삼세진화三世進化의 이론을 드러내 밝혔다. 그것이 서방의 진화론과 통하는 점이 있다는 것을 알 수 있다. 광서光緖 28년(1902)에 『예운주禮運注』와 『대동서大同書』의 저술은 강유위 삼세 학설의 최종 완성을 상징한다.

또 강유위의 『자편연보』에 의하면, 광서 6년(1880), 강유위의 나이 23세 때 처음으로 『공양전』을 연구하여 『하씨규류何氏糾謬』를 지었다. 14년(1888), "고문 경전이 위조임을 드러내고 금문학의 올바름을 밝혔다." 그 이후에 강유위는 점점 "『역』의 음양의 변화와 『춘추』의 삼세의 의리를 이해했다." 만약 『춘추』 삼세 이론의 측면에서 논하면, 그의 대동사상은 광서 14년에 시작되었고, 삼세 이론은 그보다 더욱 빨랐다. 그 후에 강유위가 장흥長興에서 강학할 때, 이미 『논어』를 그다지 존중하지 않았다. 대체로 "『논어』는 후세의 어록語錄과 같은 종류로, 모두 다 근거로 삼을 수는 없기" 때문이다. 그런데 "『역』은 공자가 스스로 지은 책이기 때문에 더욱더 종주로 삼았고", "오직 『역』에서 궁窮·변變·통通·구久의 이치를 밝혀서 공자의 경세經世의 학문을 탐구했으니, 또한 『역』을 귀착지로 삼았다." 그가 『계학답문桂學答問』(1894)을 지었을 때, 오로지 『춘추』를 위주로 하였고, "공자가 비록 육경을 지었지만, 큰 도는 『춘추』에 모여 있다. 만약 공자를 배우면서 『춘추』를 배우지 않는다면, 이것은 그 안으로 들어가고자 하면서 그 문을 닫는 것이다." "공자가 성인이 된 이유는 제도를 개혁했기 때문이다.……『춘추』가 마땅히 홀로 존중받는 이유는 공자 개제의 자취가 담겨 있기 때문이다. 『공양전』·『춘추번로』가 오로지 신뢰받는 것은 공자 개제의 이론이 실려 있기 때문이다. 『춘추』의 제도에 능통하면, 육경의 이론 중에 서로 통하지 않는 것이 없어서, 공자의 큰 도를 밝힐 수 있다."[143] 무술戊戌 이후에 강유위는 『춘추필삭대의미언고春秋筆削大義微言考』와 『맹자미孟子微』 등의 여러 책을 완성하였고, 「예운」을 처음으로 존중했다. 그 이후에 『논어주論語注』·『대학주大學注』 및 『예운주禮運注』 등을 지었다. 이때에는 「예운」을 더욱더 귀착점으로 삼았으니, 그것이 대동사상을 드러내 밝힐 수 있기 때문이다.

---

143) 康有爲, 『桂學答問』(『康有爲全集』 제2집, 18쪽).

그러나 강유위의 대동사상은 별도로 연원이 있는 듯하다. 『자편연보』에 의하면, 광서 10년(1884), 처음으로 "대동의 뜻을 연역하였다." 11년, "직접 대동의 제도를 정하고, 『인류공리人類公理』라고 명명하였다." 12년, 『공리서公理書』를 지었는데, 기하학에 의거하여 지은 것이다." 확실히 여기에서 거론한 『인류공리』 혹은 『공리서』, 즉 『실리공법전서實理公法全書』는 단지 그 형식만 서양의 책에서 온 것이 아니라, 그 내용도 또한 서양 책의 영향을 받지 않을 수 없었다. 『실리공법實理公法』과 『대동서』의 관계에 대해 소공권蕭公權은 다음과 같이 생각했다. 『실리공법』은 『대동서』를 예고한 것이다. 다만 전자는 개인주의 관점을 채택하였다. 즉 개인의 욕망과 위반되는 일체의 제도를 견책한 것이다. 그리고 후자는 사회주의 혹은 공산주의 사상이라고 부를 수 있다.[144] 그 후에 양계초는 『대동서』 제사題辭의 주석에서 "신축辛丑·임인壬寅 (1901~1902)에 인도印度로 피신하여 책을 완성하였다"고 했다. 이것이 『대동서』가 거의 가장 뒤에 책으로 완성된 시기이다.

그런데 『대동서』의 제사題辭와 『대동서』 갑부甲部 「입세계관중고入世界觀衆苦·서언緒言」에서, 강유위는 모두 1884년에 『대동서』를 지었다고 분명하게 말했다. 그의 제자인 육내상陸乃翔과 육돈규陸敦騤도 "27세에 도를 깨달은 이후로부터 곧 『대동서』를 짓기 시작했으며, 기하학의 법칙에 의거하여 『인류공리』를 지었다"[145]고 했다.

이 외에 강유위보다 빠른 개량파의 인물, 호례원胡禮垣과 같은 사람도 대동사상을 가지고 있었다. 그러나 그 근원이 너무 복잡하고, 회교·불교와 기독교를 포괄하고 있으며, 또 시대적 영향을 깊이 받았다. 예를 들어 서방의 열강에 대한 불만이다. 바로 이와 같기 때문에 호례원은 강유위와 마찬가지로, 모두 다윈(Darwin)의 '적자생존'(優勝劣汰) 이론에 대해 비평을 진행하였다.[146]

144) 蕭公權, 『近代中國與新世界: 康有爲變法與大同思想硏究』, 386쪽.
145) 陸乃翔·陸敦騤, 『南海先生傳』(『康有爲全集』 제12집, 「附錄 二」, 444쪽).
146) 汪榮祖, 『晚淸變法思想論叢』, 171~188쪽.

1. 『춘추春秋』·「예운禮運」과 삼세三世 이론의 형성

강유위는 젊은 시절 공양학의 영향을 많이 받았다. 1885년, 강유위는 『교학통의教學通義』라는 책을 지었는데, 나중에 그가 『만목초당총서목록萬木草堂叢書目錄』을 정할 때 비록 이 책을 '젊을 때의 작품'이라고 했지만, 그 책에서 "여러 경전은 모두 주공으로부터 나왔고, 오직 『춘추春秋』만이 공자가 지은 것이다. 공자의 학문을 살펴보고자 하는 자는 반드시 『춘추春秋』에서 살펴보아야 할 것이다"라고 말했다. 또 공자가 춘추시대 말기를 만났는데, 그가 『춘추春秋』를 지은 것은 사실 그 시대를 빌어서 제도를 개혁하고자 한 것이라고 말했다. 또한 송대 학자들이 단지 공자의 도덕을 존중했던 것과는 구별하여, 자신이 공자를 존중하는 것은 오히려 공자의 제도를 존중한다는 뜻이 있다고 말했다.[147] 이러한 관점은 공양가의 말을 깊이 이해한 것이며, 사실상 강유위 학술을 관통하는 시종일관된 관점이다.

강유위는 『교학통의教學通義』의 『춘추春秋』편에서 공양가의 '삼세三世 이론'을 빌어서, 중국 진晉나라 이후의 역사를 다음과 같이 삼세로 끊었다. 즉 진晉나라에서 육조六朝시대까지를 1세, 당나라에서 송나라까지를 1세, 명·청시대를 1세로 삼았다. 이 시기 그의 삼세 이론은 대체로 "명분名分을 말하고 상하上下를 분별하는 것"을 대의로 삼았다. 그것은 그가 여전히 군주전제君主專制를 위주로 했다는 것을 의미한다. 따라서 그는 다음과 같이 생각했다. 청나라 시대 300년이 끝날 때까지, 군신의 본분이 정해지고 반역의 일이 매우 적어져서 태평太平이라고 부를 수 있으며, "천하의 변방이 화평해졌다." 장태염이 강유위가 만주에 아부했다고 비판한 것이 마땅하다고 할 수 있다. 그는 또 "한대 이후로 『춘추春秋』는 날마다 밝아져서, 임금은 날마다 존귀해졌고 신하는 날마다 비천해졌다"고 하였다. 이것은 『춘추春秋』가 "공자의 공적을 드러낸" 이유이니, 마침내 명·청 두 왕조에 이르러 임금은 더욱 존귀해지고, 신하는 더욱 비천해졌다.[148] 지금의 학자들도 이러한 관점을 가지고 있지 않는 자가 없다.

---

147) 康有爲, 『敎學通義』(『康有爲全集』 제1집, 39쪽).
148) 康有爲, 『敎學通義』(『康有爲全集』 제1집, 40쪽).

그러나 그 차이점은 강유위는 군주전제가 태평을 이룰 수 있다고 여긴 반면, 지금 학자들은 그것이 쇠란衰亂을 발생시키기에 충분하다고 여긴 점이다.

그 후에 강유위는 『춘추』를 근거로 삼아 다음과 같이 삼세의 뜻을 논했다.

세상은 삼중三重이 있다. 난세亂世 중의 승평升平 · 태평太平이 있고, 태평太平 중의 승평升平 · 거란據亂이 있다.…… 『춘추』의 의리는 거란세據亂世, 승평세升平世, 태평세太平世가 있다.[149]

강유위는 『춘추』가 헌법憲法이 되고, 또한 거란 · 승평 · 태평 삼세에 통한다고 여겼다. 또 『공양전』 · 『곡량전』이 거란세의 헌법이며, 동중서 · 하휴가 구설口說을 전하고 성인의 미언을 얻었으므로 여전히 성문 헌법이 되지는 못하지만, 승평세와 태평세에 시행될 수는 있다고 여겼다.

그는 또 『춘추』의 삼세三世 이론과 「예운禮運」의 대동大同 · 소강小康 이론을 결합하였다.

『춘추』 삼세三世의 법칙은 「예운禮運」 소강小康 · 대동大同의 뜻과 같으며, 공자 학문의 진짜 정수이다. 공자는 난세의 시대에 살았기 때문에 거란據亂 · 소강小康의 제도가 많았고, 대동大同 태평太平에 대해서는 "내가 미치지 못하지만 뜻을 두고 있다"고 하였다. 이로써 공자의 뜻이 사실은 대동태평에 있으며, 거란 · 소강의 제도는 부득이하게 제정했을 뿐이라는 것을 알 수 있다.[150]

공자는 난세에 살았기 때문에 그가 『춘추』를 지은 것은 거란세據亂世에 난세를 바로잡기 위해서이다. 따라서 『춘추』에는 거란 · 소강의 제도가 많다. 그리고 태평 대동의 도는 은미하게 말했으며, 항상 요 · 순에 가탁할 뿐이었다.

---

149) 康有爲, 『論語注』, 권2(『康有爲全集』 제6집, 393쪽).
150) 康有爲, 『春秋筆削大義微言考』, 권1(『康有爲全集』 제6집, 18쪽).

그는 또 삼세三世와 삼통三統을 혼합한 이론을 만들었다.

공자가 의리를 만들었는데, 모두 삼三이라는 숫자가 있어서 변통變通을 기다린다. 의사가 처방을 제조할 때도 오히려 여러 가지 처방을 미리 제조하여 병의 변화를 기다리는데, 성인은 만병통치의 의사(大醫王)인데 그것을 하지 못하겠는가? 삼통三統과 삼세三世는 모두 공자의 절대적인 의리이니, 매 한 세대마다 모두 삼통三統이 있다. 이 삼통三統이라는 것은 소강小康의 시대이자 승평升平의 세대이다. 태평太平의 세계는 별도로 삼통三統이 있다. 이 책에서는 간략하게 설명했으므로 그 상세한 내용은 들을 수가 없었다.…… 오직 동중서만 삼통三統에 대해 전부 들었으니, 이른바 공자의 학문이 동중서에게 전해진 것이다.151)

『춘추』는 본래 노나라를 근거로 삼아서 삼세三世를 말했고, 하·은·주를 통합하여 삼통三統을 말했다. 통統은 크고 세世는 작은데, 지금 강유위는 한 세대 속에 삼통이 있다고 여겼으므로 오히려 세世가 크고 통統이 작다. 그의 이 논의는 사실상 『공양전』의 옛 이론과는 같지 않다.

『춘추』는 애공哀公에 근거하여 은공隱公을 기록하고, 242년을 삼세三世로 나누었다. 또한 고조·증조·조부·부친이 다르기 때문에 삼세마다 서로 다른 말을 기록하였다. 이것을 통해 의리의 법칙(義法)을 만든 것이다. 강유위는 거기에 「예운」의 이론을 섞었는데, 인류의 모든 역사를 삼세三世로 배당하고, 심지어 서방을 소강·대동의 세대에 배당하였다. 이것은 실로 강유위의 절대적인 새로운 발견이지, 『공양전』의 옛 의리가 포괄할 수 있는 내용이 아니다. 섭덕휘葉德輝는 이러한 방법을 극도로 비판하였다. 즉 『춘추』와 「예운」은 억지로 서로 비교할 수 없으며, "「예운」이라는 편은 세상의 운행이 대동의 세대로 전환되면 도적이 일어나지 않기 때문에 집의 바깥문을 닫지 않는 것을 말한 것이다. 『춘추』를 언급한 말이 하나도 없고, 더욱이 이하夷夏를 언급한 말도 하나도 없다. 성인이 다스림을 바라는 뜻은 육경에서 모두

---

151) 康有爲, 『春秋董氏學』, 권5(『康有爲全集』 제2집, 370쪽).

회통할 수 있으니, 소강小康이 승평升平이고 대동大同이 태평太平이라고 결코 함부로 단정할 수 없다"[152]고 했다. 그런데 전목錢穆은 강유위가 『춘추』와 「예운」을 함께 존중한 것에 대해 다음과 같이 논했다. "분명하게 말하면, 만약 「예운」이 아니면 공교孔教는 전제專制를 한다는 혐의가 있게 되고, 만약 『춘추』가 아니면 공교孔教는 공화共和가 없다는 혐의가 있게 된다."[153] 이 주장은 강유위의 이론을 매우 정확하게 판단한 말이라고 할 수 있다.

이로 인해 강유위의 삼세 이론은 강렬한 진화론進化論의 색채를 띠고 있다. 그가 말했다.

> 다스림의 방법이 진화하는 것은 군주君主로 말미암아서 민주民主로 이르는 것이다. 문왕文王은 군주君主의 성인聖人이고, 요堯·순舜은 민주民主의 성인聖人이다. 『춘추』는 발란세撥亂世에 군주를 세우는 것을 시작으로, 중간에 승평세升平世의 입헌군민공주立憲君民共主를 거쳐서, 태평세太平世의 민주民主로 끝이 난다. 따라서 『춘추』는 처음에 문왕을 말하고, 요·순을 마지막에 말했다.[154]

공양가는 전해들은 세대(所傳聞)와 직접 들은 세대(所聞), 그리고 직접 본 세대(所見)를 삼세를 삼고, 또 쇠란衰亂·승평升平과 태평太平으로써 거기에 배분하고서, "세대가 혼란하면 할수록 문식(文)은 더욱더 잘 다스려진다"고 하였다. 그러므로 삼세 이론은 본래 진화론의 색채를 띠고 있다. 장태염이 "세상의 학자들 중에 혹 삼세를 말함으로써 진화를 밝히기를 좋아하는 자들이 있다"[155]고 한 것은 바로 이 때문이다. 따라서 양계초는 강유위의 학술을 '진화파철학進化派哲學'이라고 부르고, 『춘추』를 통해 진화進化의 이론을 말한 것은 실로 강유위의 새로운 발견이라고 생각하였다. 후인들 중에 진화를 말하는 자들이 비록 강유위를 그 효시로 삼았지만, 고서古書에서는 그 내용을

---

152) 葉德輝, 「葉吏部與段伯猷茂才書」(『翼教叢編』, 권6).
153) 錢穆, 『中國近三百年學術史』 하책, 779쪽.
154) 康有爲, 『春秋筆削大義微言考』, 권11(『康有爲全集』 제6집, 310쪽).
155) 章太炎, 『檢論·尊史』.

살펴볼 수 없기 때문에 모두 서양 사람들의 학문을 근거로 삼아서 논의하였다.

사실 강유위가 『춘추』 삼세 이론을 통해 진화의 요지를 밝은 것은 또한 서양 학문의 영향과도 관계가 있다. 특히 엄복嚴復이 번역한 『천연론天演論』의 영향을 받은 것이다. 광서 22년, 엄복이 토마스 헉슬리(Thomas Huxley, 1825~1895)의 『진화와 윤리』(Evolution and Ethics)를 번역하고, 24년에 이 책을 『천연론』이라는 이름으로 출판했으며, 『대동서』는 28년에 이르러 처음으로 완성되었다. 양계초는 일찍이 출판하기 전의 『천연론』 번역 원고를 읽어볼 기회가 있었는데, 강유위가 남들보다 먼저 볼 수 있도록 양보하였다.[156]

그런데 강유위는 비록 진화론에 찬성하지만, 다윈(Darwin)주의에 대해서는 비평하였다. 그는 균평均平을 삼세의 소통(通三統) 법칙으로 삼고, 생존경쟁과 자연선택을 자연의 상태, 곧 난세亂世의 법칙으로 삼았다. 성인에 이르러서는 당연히 법도를 세워서 그것을 균평하게 하여, 인류로 하여금 태평세太平世에 이르게 한다.[157]

공양가는 고금古今으로 삼세三世의 뜻을 논했지만, 강유위는 또 다른 하나의 이론을 가지고 있었다.

고금古今의 세대를 가지고 말하면, 거란據亂·승평升平·태평太平의 차이가 있어서 조금이라도 바꿀 수가 없다. 그리고 지구大地의 세대를 가지고 말하면, 또한 거란·승평·태평의 차이가 있어서 하나라도 제거해서는 안 된다. 지금의 세대로 미루어 보면, 중국中國의 묘苗·요瑤·동侗·동僮, 남양南洋의 말레이(Malay) 켈랑(Kelang) 사람, 아프리카의 흑인, 아메리카의 멕시코인은 지금 거란세의 거란據亂이다. 인도·터키·페르시아는 정교政敎 정치가 있어서, 거란세의 승평升平이라고 할 수 있다. 미국이 사람마다 자주自主하는 경우는 거란세의 태평太平이라고 할 수 있다.[158]

예를 들어 중국 안에 묘苗·요瑤·번番·여黎가 있는 것은 거란세의 거란에 해당된다.

156) 梁啓超, 「與嚴又陵先生書」(『飮冰室文集』 1).
157) 康有爲, 『孟子微』, 권1(『康有爲全集』 제5집, 420쪽) 참조.
158) 康有爲, 『中庸注』(1901, 『康有爲全集』 제5집, 389쪽).

몽고蒙古 · 서장西藏 · 청해靑海는 거란세의 승평이다. 내지內地에 설치된 행성行省은 거란세의 태평이다.159)

세계의 여러 문명은 진화의 정도가 다르기 때문에 한 시기 지구에서 삼세를 함께 볼 수 있다. 따라서 만청의 시대에 중국은 여전히 거란세에 처해 있지만, 서방은 이미 승평세와 태평세로 진입하였다. 이러한 삼세 이론은 사실상 강유위의 새로운 발견이며, 그의 변법變法과 관련된 여러 주장들은 바로 이러한 삼세 이론을 근거로 삼은 것이다.

2. 삼세三世 이론과 서방의 물질문명

강유위는 서방이 승평세와 태평세에 위치해 있다고 인식하였다. 이러한 판단은 최초에는 서방의 정치제도에 대한 그의 기대와 그다지 큰 관계가 없으며, 주로 물질문명에 대한 그의 동경에서 나온 것이다.160) 그는 일찍이 1879년에 홍콩에 갔고, 1882년에 상해에 갔다. 두 지역의 번화함이 마침내 서양 학문에 대한 그의 지극한 흥미를 불러일으켰다. "홍콩을 이리저리 여행하면서 가옥의 웅장하고 아름다움과 도로의 단정하고 깨끗함, 경찰관의 엄숙하고 근엄함을 보고서, 서양 사람들이 나라를 다스리는 데 법도가 있어서, 옛날의 이적처럼 간주하여서는 안 된다는 것을 처음으로 알았다." "도중에 상해를 거치면서 그 번성함을 보고서 서양 사람들의 정치술에 근본이 있다는 것을 더욱더 알게 되었다. 여행을 하면서 서양 책을 많이 구입하여 돌아와서 연구하였다. 11월에 집으로 돌아왔고, 이때부터 서양 학문을 크게 강론하였고, 처음으로 옛 견해를 다 버렸다."161) 당시에 강유위는 아직까지 공양학을 받아들이지 않고 있었고, 또한 개제改制의 의리를 밝히지도 않았으며,

---

159) 康有爲, 『春秋筆削大義微言考』, 권11(『康有爲全集』 제6집, 310쪽).
160) 蕭公權, 『康有爲思想硏究』, 19쪽.
161) 康有爲, 『自編年譜』(『康有爲全集』 제5집, 63쪽).

서방의 민주제도를 가지고 중국의 전제專制 제도를 대신해야 한다고까지 말하지는 않았다. 이러한 측면에서 말하면, 강유위는 오늘날의 대다수의 중국인들과 마찬가지로, 문명의 우월과 물질의 번화함을 함께 연계하였다.

1904년 이후, 강유위는 여러 나라를 두루 돌아다녔는데, 비록 서방 문명의 폐단을 많이 보긴 했지만, 그래도 서방의 문명을 부러워하였다. 1907년, 강유위는 지중해의 몬테카를로(Monte Carlo)에 이르러, 거기에 매료되어 '대지의 황홀한 경치'(大地異境)라고 불렀다. 그리스를 유람하면서 강유위는 다음과 같이 개탄하였다. "산은 모두 초목이 시들어 수풀이 극히 적고, 초목의 색깔은 모두 생기가 없어서, 혹은 마치 껍질을 벗긴 듯하여, 볼 것이 없어서 흥취가 전혀 없었다.162) 강유위의 시각에서 보면, 문명이 흥성하면 물질도 흥성해진다. 그는 마침내 중국 사회가 낡고 문명화되지 못한 것을 가슴 아파하면서 다음과 같이 말했다.

> 당나라 이후로 도시는 낡고 문명화되지 못했고, 궁실은 먼지가 쌓여 처량했으며, 도로는 손질되지 않아서 더러운 모습을 쉽게 볼 수 있다. 전염병이 연이어 발생하니, 백성들은 자신의 생명을 편안하게 유지하면서 장수할 수가 없었다. 어찌 다만 초라한 나라의 변방의 풍속일 뿐이겠는가? 또한 백성을 기르고 보호하는 의리가 아니다.163)

강유위는 심지어 물질적 풍요를 인류의 문명과 진보의 지표로 간주하였다. 따라서 검소함을 숭상하는 유가의 덕에 대해 다음과 같이 비평하였다.

> 재물은 샘물이니, 유통되는 것을 도道로 삼는다. 만약 검소함을 숭상하면 재물의 샘물은 막혀서 흐르지 않고, 기용器用은 조악하여 정밀하지 않으며, 지혜는 막혀서 열리지 않고, 인생은 힘들어서 즐겁지 않으며, 관청은 무너져서 수리되지 않고,

---

162) 康有爲, 『希臘遊記』(『康有爲全集』 제8집, 458쪽).
163) 康有爲, 『日本書目志』, 권1(『康有爲全集』 제3집, 269쪽).

민중의 의기는 경박하여 진작되지 않으며, 국가는 곪아터져서 부강하지 않다. 공자는 문식을 중시했지 검소함을 중시하지 않았다. 검소함을 중시하면 묵자墨子의 학문이 된다. 후대의 학자들은 『논어』의 이 장을 제대로 읽지 못하여, 공자가 사치를 싫어한 것을 문식을 싫어한 것으로 잘못 이해하였다. 따라서 꾸미거나 아름다운 물건은 모두 싫어하였다. 역사에서 아름다운 것에 대해 모두 검소함의 덕목을 귀하게 여기니, 중국의 문물이 마침내 야만과 같아져 버렸다.164)

또 송대 학자들을 다음과 같이 공격하였다.

문명이 진화하면 난세亂世의 사치를 문명에서는 지극히 검소한 것으로 여긴다. 세상이 문명화되면 될수록 사치를 숭상하는 것이 더욱 심해진다.……『공양전』에서는 공자를 문왕文王이라고 부르니,165) 공자는 문명 진화의 왕이지 질박함을 중시하여 퇴화한 자가 아니다. 송대 학자들은 이 뜻을 이해하지 못하니, 사실상 인도人道를 퇴화하게 만든 것이다. 지금 중국의 문명이 진화하지 못한 것은 크게 손상된 것과 관계된 것이니, 어찌 작은 일 때문이겠는가!166)

또 묵가墨家를 다음과 같이 공격하였다.

묵자는 지극히 어질지만, 검소함을 숭상한 것이 너무 심하다. 장자莊子는 묵자의

---

164) 康有爲, 『論語注』, 권7(『康有爲全集』 제6집, 434쪽).
　　역자 주: 이것은 『논어』 「述而」편의 다음과 같은 내용을 해석한 것이다. "공자가 말했다. 사치하면 공손하지 못하고, 검소하면 고리타분하니, 공손하지 못하기보다는 차라리 고리타분한 것이 낫다."(子曰, 奢則不孫, 儉則固, 與其不孫也, 寧固)

165) 역자 주: 『공양전』 은공 원년에 "王이란 누구를 말하는가? 文王을 말한다"고 했는데, 하휴의 주에 다음과 같이 풀이하였다. "문왕은 주나라에서 처음으로 천명을 받은 왕이다. 하늘이 명했기 때문에 위로 하늘의 시작(春)과 연결해 놓았다. 공자가 새로운 왕이 천명을 받아서 정월을 제정한 일을 진술했기 때문에 문왕에게 가탁하여 왕자의 법으로 삼았다." 여기에서 알 수 있듯이, 강유위가 공자를 문왕이라고 말한 것은 공자를 문왕에 가탁하여 改制를 시행한 왕으로 삼았다는 의미이다.

166) 康有爲, 『論語注』, 권3(『康有爲全集』 제6집, 395쪽).

도가 너무 각박하여, 천하의 인심을 잃어버려서 천하의 사람들이 감당하지 못한다고 여겼다.[167] 따라서 왕王과는 거리가 멀다. 공자는 사람을 도道로 삼았기 때문에 문식을 숭상의 대상으로 삼았다. 따라서 그 도가 행해질 수 있었다.[168]

공자는 문왕文王으로서 문식을 숭상했으며, 강유위는 그것을 직접적으로 물질문명에 대한 숭상과 동일시하였다. 만약 이와 같다면, 수천 년 문명의 중국은 단지 야만과 동일시될 뿐이며, 서양의 풍요로움과 비교할 수가 없기 때문에 문명이라는 이름에 해당시킬 수가 없다. 강유위는 물질을 문명의 상징으로 여겼으며, 마르크스주의와 마찬가지로 미래 사회는 반드시 물질적 부가 넘쳐흐를 것이라고 상상하였다. 강유위와 마르크스주의가 서로 통하는 것은 이것이 본래 그 하나의 단서이다.

비록 그렇기는 하지만, 강유위의 이 주장은 사실 『공양전』의 문질文質 의리를 잘못 해석한 것에서 나온 것이다. 공양가는 대부분 공자가 질박함(質)을 숭상했지만, 그래도 주나라의 문식(文)을 취한 것은 그 예악禮樂의 흥성함과 존비尊卑의 등급 때문이라는 것이다. 지금 강유위는 물질을 문식(文)으로 여겼기 때문에 『공양전』의 옛 논의와는 부합되지 않는다. 비록 그렇기는 하지만, 여기에서 그의 특별한 식견을 엿볼 수 있다.

강유위는 심지어 "사람의 욕망은 무궁하고, 다스림의 진화도 무궁하다"[169]고 주장했다. 서양 사람들이 악惡을 역사의 동력으로 간주하는 것도 거의 이러한 부류이다. 이에 그는 송대 학자들이 검소함을 숭상한 것은 사실 묵자로부터 나왔지 공자의 도가 아니라고 공격하고, 또 송대 학문이 불교로부터 나와서 인정人情에 가깝지 않다고 논평했다.

---

167) 역자 주: 『장자』「天下」편에서 묵자에 대해 다음과 같이 논평하였다. "살아 있을 때는 힘들게 노동하고, 죽었을 때는 간략하게 장례지내니, 그 도가 너무 각박하다. 사람들을 우울하게 하고 사람들을 슬프게 하니, 그 도의 실천은 실행되기 어려울 것이며, 아마도 성인의 도가 될 수 없을 것이다. 그리고 천하의 인심과 위배되니, 천하의 사람들이 감당하지 못할 것이다."
168) 康有爲, 『希臘遊記』(『康有爲全集』 제8집, 460쪽).
169) 康有爲, 「請厲工藝獎創新折」(1898.6.26., 『康有爲全集』 제4집, 301쪽).

경자국난庚子國難 이후, 강유위는 처음으로 여러 나라를 두루 여행하였고, 그의 사상도 또한 이로 인해 중요한 변화가 발생하였다. 소공권蕭公權은 다음과 같이 생각했다. "그는 다시는 사회의 완전함과 인간의 쾌락을 중시하지 않았고, 어떻게 중국을 20세기 열강의 압력으로부터 구해낼 것인가를 중시하였다." "강유위의 서구 여행은 근대 공업문명에 대한 그의 경모敬慕를 더욱 깊게 했고, 또한 열강이 중국을 멸망시킬 것이라는 두려움을 더욱 깊게 하였다. 그의 결론은 중국은 서구와 동일한 수준의 공업화를 이루어야 하며, 그렇지 않으면 멸망의 위기를 구제할 수 없다는 것이다."[170]

이 당시에 강유위는 더욱 현실적인 태도로 서구 물질문명을 대했고, 중국은 오직 물질문명의 발전을 통해서만 비로소 연약하고 무력한 국제 환경에서 벗어날 수 있다고 생각하였다. 이러한 뚜렷한 인식은 이후 중국 현대화 노선의 주류를 형성하였다. 1904년, 강유위는 미국의 로스앤젤레스(Los Angeles)에서 『물질구국론物質救國論』을 지었으며, 그 「서문」에서 다음과 같이 말했다.

나는 아시아 11개국과 유럽 11개국을 두루 여행한 다음 미국에 이르렀다. 무술戊戌로부터 지금에 이르기까지, 외국에 나가서 여행한 것이 8년이다. 유럽과 미국의 정치와 풍속 속으로 점점 빠져들어서, 유럽과 아시아의 장단점을 비교하고, 중국과 서양의 차이를 탐구하되, 새로운 세계의 유래를 근원으로 삼아서, 큰 변화의 도래를 거듭 탐구하였다. 그 본원은 넓고 크며 원인은 매우 많기 때문에 진실로 하나의 이론으로 다 말할 수는 없다. 다만 한 나라의 강약強弱으로 논해 보면, 중국의 현 상황은 위급한 병을 구제하는 처방이 필요하다. 중국의 병약함은 다른 원인이 있는 것이 아니라, 물질에 대해 강론하는 학문을 모르는 데 있을 뿐이다. 중국의 수천 년의 문명은 사실상 크기로는 가장 으뜸이지만, 도덕과 철학에 편중되어 있고, 물질에 대해서는 가장 취약하다.…… 우리나라 사람들이 하늘에 대해 공리공담하면서 하늘의 큰 은택에 정신이 팔려 있는 것이 슬프다.…… 먼저 『물질구국론』

170) 蕭公權, 『康有爲思想硏究』, 348쪽.

을 지어서 그것을 드러내 밝혔다.[171]

강유위의 관점에서 보면, 물질문명의 의의는 이상사회의 설계와 결코 연계되지 않으며, 민족국가의 이익에 복무하는 것이다. 즉 먼저 중국으로 하여금 눈앞의 허약한 국면을 벗어나도록 한 이후에 서양 열강과 대항하도록 하고, 마지막에 옛날 중국의 영광을 회복하도록 하는 것이다. 그러나 그의 제자 양계초 및 조금 뒤의 5·4 계몽사상의 경우, 여전히 서양 사람들의 자유自由·민주民主에 깊이 빠져서, 도리어 그들의 선배처럼 멀리 내다보지 못했다. 1919년, 강유위는 『물질구국론』을 다시 인쇄했으며, 「서문」에서 이러한 사조에 대해 다음과 같이 말했다.

지금 1차 세계대전의 효과를 거쳐서 물질의 발명은 더욱 흥성하였다. 56미리의 거대한 대포는 200여 리를 포격할 수 있고, 비행선은 16시간에 대서양을 건널 수 있다. 독일이 강성하여 전 유럽을 병탄하고자 한 것은 물질 때문이다. 영국과 프랑스가 4년 동안 강하게 저항할 수 있었던 것도 물질 때문이다. 미국이 전 세계에서 가장 부유한 것은 물질 때문이다. 수많은 진화는 모두 물질 때문이다.…… 그런데 내가 옛날에 이 책을 발표하려고 했을 때, 나의 문인 양계초는 자유自由·혁명革命·입헌立憲으로 충분히 나라를 다스릴 수 있다고 생각하고, 이 책을 전혀 인정하지 않고서 오랫동안 버려두고 간행하지 않았으니, 나라 사람들이 어리석은 것도 당연하다.…… 최근에 우리나라의 위아래에서 다양하게 실업實業에 대해 말할 줄은 알지만, 그 방법이 무엇인지는 모른다.…… 혹 사회의 지극한 공평함이라는 의론으로 진전되는데, 어찌 주장에 일리가 있지 않겠는가? 아직 그 때에 이르지 않았는데도 잘못 시행하여, 단지 혼란만을 초래하는 경우는 없어야 한다.

이로 인해 강유위는 심지어 '오랑캐의 좋은 기술을 배우자'는 위원魏源의 주장을 받들어 칭찬하면서, "100년 이래로 서양인이 강력하게 지구를 점거한 것은 그들의 철학이 그렇게 만든 것이 아니며, 또한 그들의 민권民權과 자유自由가 그것을 이룬

---

171) 『康有爲全集』 제8집, 63~64쪽.

것도 아니다. 물질의 힘으로 그것을 한 것이다.…… 위원은 '오랑캐의 좋은 기술을 배워서 그들을 제압하자'고 말했다.…… 그러므로 위원의 논의는 지금에 이르러서 여전히 지당한 의론이다. 증문정曾文正 · 이문충李文忠 · 곽균선郭筠仙은 모두 위원의 주장을 따랐고, 또 모두가 요지要地에 거처하고 있다. 그러나 애석하게도 그들은 그것을 깊이 있게 강론하고 힘써 실행하지 못하였다."[172]

또한 양무파洋務派가 단지 오랑캐의 좋은 기술을 배울 줄만 안 것과 비교하면, 강유위는 오랑캐의 학문을 배우고자 했다. 그는 양무파가 이해한 것이 여전히 얕은 것은 바로 이러한 이유 때문이라고 했다. 따라서 중국의 현대화에 있어서 과학의 근본적인 의의는 백성들의 지혜를 개발하는 측면에 있지 않고 부국강병에 있다. 그런데 당시의 혁명파는 과학에 지나치게 많은 의미를 부여하였다. 혁명 우파도 이와 같았고, 혁명 좌파도 이와 같아서, 모두 수천 년 문화 중국의 운명을 바꾸고자 했을 뿐이다. 그래서 마침내 전통의 도덕에 대해 막대한 파괴를 조성하고, 또 자유 · 민주로써 나라를 세울 것을 외쳤으니, 단지 국가와 백성에게 재앙을 가져올 뿐이었다. 이로 인해서, "유럽과 미국이 아름다운 것은 그 물질의 정교하고 기이함에 있는 것이지, 그 정치와 풍속이 모두 좋은 것은 아니다."[173] 그런데 지금의 학자들은 여전히 중국이 현재 개혁이 정체된 것이 서방의 정치와 풍속을 본받지 못한 데 있다고 여김으로써 마침내 한뜻으로 유럽과 미국의 민주 · 자유 · 평등을 본받는 것을 목표로 삼고 있다. 본보기로 삼아 경계해야 할 일이 결코 멀리 있는 것이 아니다. 만청시대 이래 수년 동안의 혼란은 진실로 지금 사람들이 경계로 삼기에 충분하다.

이로 인해 강유위는 뒤로 갈수록 더욱더 물질문명의 각도에서 서방 문명을 이해하였고, "물질문명이 있는 것이 새로운 세계이고 강대국이며, 더 없이 날로 새로워진다. 물질문명이 없는 것은 옛 세계이고 약소국이며, 나날이 도태된다."[174]

---

172) 康有爲, 『物質救國論』(『康有爲全集』 제8집, 71~72쪽).

173) 康有爲, 『中國還魂論』(1913.11, 『康有爲全集』 제10집, 159쪽).

174) 康有爲, 『論效法歐美之道』(『康有爲全集』 제10집, 345쪽).

"각국을 두루 살펴보면, 물질학物質學이 있는 나라는 흥성하고 강해지며, 물질학이 없는 나라는 쇠퇴하고 약해진다."[175] "내가 취한 것은 나라를 구제할 긴급한 약이니, 오직 공예工藝·기전汽電·군함軍艦과 군대가 있을 뿐이며, 오직 공예工藝·기전汽電·군함軍艦과 군대가 있을 뿐이다! …… 100년 이래로 서양인이 강력하게 지구를 점거한 것은 그들의 철학이 그렇게 만든 것이 아니며, 또한 그들의 민권과 자유가 그것을 이룬 것도 아니다. 물질의 힘으로 그것을 한 것이다."[176] 강유위는 과학의 의의가 단지 여기에 그칠 뿐이라고 주장하였다.

강유위는 심지어 '증기력蒸汽力'의 많고 적음을 가지고 국가의 강약强弱을 판단하여, "국가의 강약은 증기력을 보면 된다"고 말했다. 그런데 당시의 5·4 '신학新學의 무리들'은 "유럽과 미국의 학술·군비·물질·도덕에 대해, 배울 줄도 몰랐고 배울 수도 없었으며, 오직 그들의 풍속만을 배웠다."[177] 그런데 서방의 자유·민주·평등은 사실 국가의 부강과는 관계가 없다. 따라서 강유위는 다음과 같이 주장하였다.

오늘날 자유와 평등을 적게 말하고, 우리나라가 부강해진 이후에 그것을 말하더라도, 수천 년 된 중화中華의 나라는 유럽·미국과 함께 자유와 평등을 누릴 수 있고, 우리 국민은 진정으로 민권民權과 민의民意를 가질 수 있다. 만약 지금 자유와 평등을 일삼으면서 날마다 민의와 민권을 말한다면, 우리나라는 분열되고 혼란스러워져서 장차 멸망할 것이다. 수천 년 된 중국과 유럽·미국은 영원히 자유와 평등을 잃게 되고, 우리 국민은 영원히 민의와 민권이 없을 것이다.[178]

민국民國 초에 이르러, 정부는 오히려 정삭을 고치고 복색을 바꾸는 데 급급하였다. 비록 민심을 바꾸는 효과를 거두기는 했지만, 부국강병의 큰 정치는 모두 빼놓고 강론하지 않았다.

---

175) 康有爲, 『物質救國論』(『康有爲全集』 제8집, 65쪽).
176) 康有爲, 『物質救國論』(『康有爲全集』 제8집, 71쪽).
177) 康有爲, 『論效法歐美之道』(『康有爲全集』 제10집, 345쪽).
178) 康有爲, 『論效法歐美之道』(『康有爲全集』 제10집, 346쪽).

이로써 알 수 있듯이, 물질에 관한 강유위의 사상은 전후로 중요한 전환이 있었다. 대체로 1886년 서양 학문을 접촉한 것을 시작으로, 강유위는 비록 서방의 재부財富를 흠모하여 대동大同의 도道가 거기에 있다고 여겼지만, 여전히 기술과 관련된 '서양의 책'을 '적합하지 않는' 학문으로 여겼으며, 서양의 정치와 관련된 책을 중시하여, 그것을 통해 중국을 승평·태평에 도달하도록 만들고자 하였다. 이것은 무술변법을 추동한 그의 근본 사상을 형성하였다. 그런데 1904년 이후로, 강유위는 처음으로 중국이 서방의 학문에서 배워야 하는 것은 단지 과학기술뿐이며, 정치 제도는 중국의 현실에 적합하지 않다고 의식하였다. 이후의 '5·4' 급진파가 창도한 신문화新文化·신도덕新道德과 같은 경우는 반드시 배울 필요는 없으며, 또한 배울 만한 것이 못된다고 생각하였다.

그 후에 신문화운동은 '새선생賽先生'(science)을 제시했고, 그리고 '과현논쟁科玄論戰' 중의 정문강丁文江·오치휘吳稚暉 등은 과학에 대한 다양한 요구를 제기하였다. 그 사상의 줄기는 본래 강유위까지 거슬러 올라갈 수 있다. 그러나 이 후배들은 확실히 더욱 멀리 달려가 버려서, 강유위가 초기에 서방 정치에 미련을 둔 것과 마찬가지로 과학에 대한 미신에 빠져 있었다. 그들은 심지어 물질문명의 진보는 인류의 모든 문제를 해결할 수 있다고 주장하였다. 예를 들면 오치휘는 "물질문명이 진보하면 할수록, 물질이 많으면 많을수록, 인류도 더욱더 통일로 달려갈 것이며, 복잡한 문제도 더욱더 쉽게 해결될 것이다"[179]고 주장했다. 그리고 진독수陳獨秀는 과학으로 종교를 대체함으로써 인류의 정신 신앙 문제를 해결하려고 시도하였다.

민국 이후 당시의 사회 정치 현실을 감안하여, 강유위는 한층 더 나아가 자신의 이전의 관점을 수정하고, 서방 물질문명에 대해 더욱더 뚜렷한 인식을 견지하였다.

> 파리(Paris)를 지나는 사람은 그 패업霸業에 놀라고 그 번화함을 동경한다. 뉴욕(New York)·시카고(Chicago)·샌프란시스코(San Francisco)를 지나는 사람은 2~30층의 건물

---

179) 吳稚暉, 『一個新信仰的宇宙觀及人生觀』(『吳稚暉先生文粹』 제2책).

을 두려워한다. 비행기를 보면 그 제조의 놀랍고 기이함, 그리고 위대함에 놀라게 된다. 이에 그것을 정치의 아름다움이라고 잘못 인식하게 된다.…… 미국의 나쁜 풍속 같은 것은 모르는 것이다.[180]

강유위의 관점에서 보면, 물질문명의 발달은 결코 미국의 '나쁜 풍속' 문제를 해결할 수 없다.

강유위는 이전에 여전히 서양 사람들이 승평세와 태평세에 도달했다고 생각하였다. 그런데 여기에 이르러서는 중국과 서방이 모두 거란세를 넘지 못했다고 인식하였다.[181] 아울러 중국이 도덕의 측면에서는 서방보다 낫다고 주장하였다. 이로 인해 서방은 '과학과 기예'를 제외하고는 무엇으로도 중국을 교도할 수 없다. 기타 민주·자유와 같은 가치는 모두 논할 만한 것이 없다. 이처럼 강유위의 만년에는 또한 양무파의 입장으로 돌아갔다고 말할 수 있다. 그 이후에 신유학新儒學이 부흥하자, 그 이론 근거는 혹 여기로 거슬러 올라갈 수 있다. 즉 중국 문화의 도덕 방면에서의 우월성을 강조한 것이다. 그런데 강유위의 관점에서 보면, 민주와 자유를 공리공담하는 것은 오히려 옛 사람들의 팔고문八股文이 그나마 세도世道와 인심人心에 도움이 될 수 있었던 것만도 못한 것이다.

애석하게도 그 후에 신문화운동에 반동하는 조류가 생겨났다. 1차 세계대전이라는 현실을 보지 않고, 서방문명을 극도로 미화함으로써 물질문명이 곧 인류 행복의 기초라고 생각하였다. "물질문명은 인류의 행복과 서로 추동하면서 함께 나아간다. 이에 행복 중에 물질문명이라는 거대한 요소를 포함하지 않을 수 없다."[182] 심지어 서방은 단지 물명문명이 중국보다 나은 것만이 아니라, 정신문명도 중국이 미칠 바가 아니라고 주장하였다. "원래 문화 자체에는 정신과 물질의 구분이 없기 때문에 이른바 모종 문화의 물질 방면은 정신 방면을 나타내는 것일 뿐이며, 또한 반드시

180) 康有爲, 『中國善後議』(『康有爲全集』 제10집, 269쪽).
181) 康有爲, 『義大利遊記』(『康有爲全集』 제7집, 374쪽).
182) 吳稚暉, 『靑年與工具』(1916.6.11., 『吳稚暉先生文粹』 제2책, 239쪽).

물질에 의지하여 그것을 도구로 삼는다. 유럽의 물질문화가 이처럼 발달한 것은 완전히 유럽의 정신문화에 힘입은 것이다."[183]

3. 혼인婚姻·가정家庭과 대동이상大同理想의 사회적 함의

강유위의 물질문명에 관한 견해는 초기에는 그 사회적 함의, 즉 인류 욕망의 속박을 제거하는 것을 더욱 많이 강조하였다. 이것도 또한 그의 대동사상의 중요한 내용을 형성하였다. 마르크스의 공산주의에 관한 구상은 항상 물질적 부富의 최대 창출과 '인간의 자유로우면서도 전면적인 발전을 함께 연계하였다. 이것은 강유위와 근본적인 차이가 전혀 없다. 그 구별은 다음과 같은 점에 있다. 자본주의가 고도로 발전한 시대에 활동했던 마르크스는 물질적 부가 충분히 창출될 수 있도록 하는 길을 찾았다고 공언하였다. 그러나 수천 년 농업 문명 속에 물들어 있던 강유위는 자연히 생각이 여기에 미치지 못할 수밖에 없다.

인류 욕망의 대강은 단지 두 가지에 지나지 않는다. 첫째는 물질적 욕망이고, 다른 하나는 정욕情欲이다. 그와 상응해서, 마르크스주의는 마찬가지로 인류의 생산을 두 가지 방면으로 나누었다. 즉 인류 자체의 생산과 물질의 생산이다. 이로 인해 물질문명의 발전은 곧 물질 생산의 변혁이며, 그것은 물질적 욕망의 속박을 제거하는 것이다. 다른 방면에서는 마르크스뿐만 아니라 강유위도 인류 자체의 생산에 대한 변혁, 즉 문명시대의 혼인과 가정 구성을 철저하게 뒤집는 변혁을 통해 욕정에 대한 제약을 제거하려고 시도하였다. 이 외에 마르크스와 강유위는 똑같이 유물주의 일원론의 입장을 취했다. 곧 물질문명의 발전이 장차 여성 해방과 남녀평등을 이룸으로써 가정이 사라지기 때문에 전제 조건을 준비해야 한다고 인식하였다. 그러나 그들은 모두 다음과 같은 사실을 회피하는 것 같다. 즉 욕정과 물질적 욕망의 방종 혹은 충분한 발전은 인류의 생활에 반드시 모두 유익한 것은 아니며,

---

183) 陳序經, 『中國文化的出路』, 53쪽.

또한 종종 해가 되는 것도 있다는 점이다.

강유위는 마르크스주의와 마찬가지로 가장 먼저 정욕情欲의 필연성을 긍정하였다.

사람은 태어나면서 생식 기관을 가지고 있으므로 남녀가 색욕色欲으로 교합하는 일이 없을 수 없는 것이 천성天性이다. 천성적인 욕망이기 때문에 결코 끊을 수 없으며, 결코 끊을 수 없기 때문에 간음하는 일이 반드시 생기게 된다.…… 비록 무수한 바라문교·불교·기독교 등의 종교에서 인간을 구제하고자 그 욕망을 끊으려고 했지만, 결코 전 세계의 인류로 하여금 교합하는 욕망을 끊도록 만들지 못했다.…… 따라서 대동大同의 세상에서 남녀가 교합하는 일은 사람 개개인이 자신의 욕망대로 자신의 요구를 채운다.…… 본래 또한 어린 남자를 좋아하는 경우도 있는데, 비록 소크라테스라고 하더라도 이미 그런 적이 있다. 비록 음양陰陽의 올바름은 아니어서 혹 사람의 신체에 해가 되는 경우가 있고, 색을 좋아하는 것도 또한 해가 되지 않은 적이 없었던 것도 사실이다. 그러나 인정상 이미 자유로운 교합을 인정한 이상, 만약 억지로 교합하는 것이 아니라면 그것을 금지할 이유는 없다.[184]

강유위의 남녀 교합에 대한 찬양은 프리드리히 엥겔스(Friedrich Engels)의 『가족, 사적소유 및 국가의 기원』에서 성애性愛의 자유에 대한 찬양과 사실상 차이가 없다.

이로 인해 강유위는 혼인도 또한 양성兩性의 애정에 기초한 결합으로 간주하였기 때문에 혼인은 자유로운 것이라고 생각하였다. 그는 말했다.

가령 영원히 기쁨을 함께할 사람이 있다면, 그 요청에 따라 자주 계약을 계속 갱신하고, 서로 종신토록 그 계약을 지킬 수 있다. 다만 반드시 인간의 일반적인 감정에 따라야 하고, 그들의 자유도 보장되어야 한다. 따라서 계약 기한을 정하여 그들로 하여금 준수하기 쉽도록 해야 하며, 고통과 어려움을 강요하거나 계약을 위배하는 일을 초래하지 않도록 해야 한다. 계약 기한을 지나치게 길게 하는

---

184) 康有爲, 『大同書』 제7(『康有爲全集』 제7집, 179~181쪽).

것을 허락하지 않으니, 지키기가 쉬우면서 곧 새로운 기쁨이 있고, 조금 기다리는 것은 어렵지 않기 때문이다. 계약 기한을 지나치게 짧게 해서는 안 되니, 인종人種이 제멋대로 섞이지 않으며, 욕정이 많은 사람이 또한 몸을 해치지 않도록 할 수 있다. 두 사람이 영원히 좋아하면 본래 평생토록 살 수 있다. 그러나 만약 새로운 교제 대상이 생기면 상대를 바꾸는 것을 허락한다. 옛날에 좋아하던 사람과 다시 이어지더라도 또한 계약을 맺을 수 있다. 모든 것이 자유롭기 때문에 사람의 본성을 따르면서 하늘의 이치에 합치되는 것이다.[185]

남녀는 이미 애정愛情을 통해 결합되었다. 그렇다면 일단 애정이 사라지면 곧 이혼하는 것이 당연하다. 그가 말했다.

대체로 남녀가 만약 양쪽이 서로 사랑하고 좋아하는 경우라면, 자기들이 편리한 대로 하도록 들어주되, 계약하는 일을 허용하지 않는다. 만약 조금이라도 서로 사랑하지 않거나 좋아하지 않는다면 서로 만날 필요가 없다.[186]

그렇지 않으면, 두 사람의 감정에 무익할 뿐만 아니라, 피차간의 고통만 더할 뿐이다. "부부가 죽을 때까지 좋은 관계를 유지하는 방법은 지극히 어렵다. 서로 맞지 않는데도 죽을 때까지 한을 품는 경우도 가끔 있는데, 후회해도 어쩔 수 없다." "옛날에는 부부가 서로 맞지 않으면 곧바로 헤어졌다. 남편은 사나운 아내를 걱정할 필요가 없었고, 아내는 뜰 안에서 울 걱정이 없었다. 각자 자립하는 인도人道의 마땅함을 얻어서, 종신토록 서로 억압하는 고통이 없었다."[187] 강유위는 『대동서』에서 남녀가 혼인하여 백년가약을 맺는 잘못을 강력하게 외쳤는데, 여러 가지 논조가 모두 지금 사람들이 익숙하게 듣는 내용이다. 이로 인해 강유위는 송대 학자들의 '수절守節' 관념을 비평하면서 다음과 같이 말했다. "송대 학자들은 고상한 의리를

---

185) 康有爲, 『大同書』 제2(『康有爲全集』 제7집, 76쪽).
186) 康有爲, 『實理公法全書』, 「夫婦門」, '公法'(『康有爲全集』 제1집, 149쪽).
187) 康有爲, 『大同書』 제2(『康有爲全集』 제7집, 59~60쪽).

행하는 것을 좋아하여, 그것을 성인에게서 구함으로써 수많은 과부로 하여금 외진 곳에서 참혹하고 쓸쓸하게 지내면서, 굶주림과 추위가 한꺼번에 닥쳐와서 마음속 깊이 사무친 원망이 하늘에까지 이르도록 만들면서도 그것을 아름다운 풍속이라고 여긴다."188)

강유위는 남녀가 감정에 기초하여 만나는 것이 곧 '공법公法'이며, 혹 만나고 혹 헤어지는 것은 완전히 자유라고 주장하였다. 그 다음이 '사람이 자립하는 법'(人立之法)이며, 비록 혼인 계약을 통해 굳게 결합하는 것을 인정하지만, 그래도 감정이 그 기초가 된다는 것을 강조하였다. 따라서 반드시 기한이 정해져 있으며, 그렇지 않으면 감정이 제약을 받을 수밖에 없다. 그가 말했다.

> 남녀가 서로 좋아할 경우는 계약을 하되 3개월을 기한으로 삼으며, 계약 기간이
> 찬 이후에는 다른 사람과 다시 계약해도 된다. 만약 원래 그 사람이 다시 계약하기를
> 원하면 3개월을 잠시 중지해야만 다시 계약하는 것을 허용한다. 또한 여러 번
> 계약하여 죽을 때까지 가는 것도 허용한다.189)

후세 서양 사람들의 혼인은 '종신 계약'이다. 비록 이혼을 허용하더라도, 남녀의 자주권에 제약이 있기 때문에 항상 남녀가 서로 원망하는 지경에 이른 이후에야 그만둔다. 강유위는 "실리實理에 부합되지 않으면 인도人道에 도움이 되지 않는다"190) 고 생각하였다. 중국 고대의 혼인은 그 다음이니, "남녀의 계약은 자유에 의해 이루어지는 것이 아니라 부모에 의해 이루어진다. 계약은 그 기한을 종신토록 하며, 큰일이 있지 않으면 헤어지지 않는다. 남자는 여자의 벼리가 되며, 부인은 자기 남편에게 통제를 받는다. 또한 한 명의 사내는 여러 부인에게 장가들 수 있지만, 한 명의 부인은 여러 사내와 짝할 수가 없다." 강유위는 "기하학의 법칙과

188) 康有爲, 『大同書』(上海: 中華書局, 1935), 241쪽.
189) 康有爲, 『實理公法全書』, 「夫婦門」, '比例'(『康有爲全集』 제1집, 149쪽).
190) 康有爲, 『實理公法全書』, 「夫婦門」, '比例'(『康有爲全集』 제1집, 150쪽).

더더욱 합치되지 않으며, 인도人道에 도움이 되지 않는다"191)고 주장하였다.

강유위는 심지어 공처공부共妻共夫 제도를 주장했다.

여러 사람이 동시에 함께 하나의 계약을 맺으려고 할 경우, 확실히 각각 서로 사랑하고 좋아하는지를 분명하게 물어서 허락해 주거나, 혹은 그대로 허락하지 않는다.192)

만약 이와 같다면, 인류의 태고시대의 집단혼集團婚의 풍속과 차이가 없다. 사실 마르크스주의도 이러한 이론이 있지만, 그것은 계급투쟁의 현실 수요에서 나온 것이며, 단지 그것을 심하게 꺼릴 뿐이다.

이러한 혼인 관념에 기초해서, 강유위는 전통적인 일부일처제(專偶制) 가정에 대해 비판하면서 다음과 같이 말했다. "지금의 의학醫學 전문가가 이미 고찰하여 밝혔으니, 죽을 때까지 한 명의 남편과 한 명의 부인, 그리고 한 명의 남편이 여러 부인을 자주 바꾸는 것, 한 명의 부인이 여러 남편을 자주 바꾸는 것은 사실상 분별되지 않는다."193) 따라서 강유위는 혼인을 자기 뜻대로 할 것을 주장하여, "양쪽이 서로 사랑한다면, 이치상 그들이 자주권을 가지는 것이 마땅하다"194)고 했다. 또 부모의 명에 의한 종신혼인 제도 및 첩을 두는 제도는 "기하학 법칙과 합치되지 않고, 인도人道에 도움이 되지 않는다"195)고 비평하였다. 그리고 남존여비男尊女卑는 거란세의 법도라고 여겨서, "따라서 공리公理로써 말하면 여자는 마땅히 남자와 모든 것이 동등하고, 실효實效로써 징험하면 여자는 마땅히 남자와 모든 것이 평등하다. 이것이 천리天理의 지극한 공평함이자 인도人道의 지극한 공평함이다. 우주에 펼쳐서도 바뀌지 않으며, 귀신에게 물어보아도 의심할 바가 없으며, 억만

---

191) 康有爲, 『實理公法全書』, 「夫婦門」, '比例'(『康有爲全集』 제1집, 150쪽).
192) 康有爲, 『實理公法全書』, 「夫婦門」, '比例'(『康有爲全集』 제1집, 149쪽).
193) 康有爲, 『實理公法全書』, 「夫婦門」, '實理'(『康有爲全集』 제1집, 149쪽).
194) 康有爲, 『實理公法全書』, 「夫婦門」, '公法'(『康有爲全集』 제1집, 150쪽).
195) 康有爲, 『實理公法全書』, 「夫婦門」, '比例'(『康有爲全集』 제1집, 150쪽).

세월 뒤에 성인을 기다려도 의혹되지 않으며, 억만 기간 뒤에 많은 사람의 의견을 기다려도 한쪽으로 치우치기 어렵다."[196]

이와 같은 견해는 모든 자유주의자 및 그 변형 형식의 여성주의자와 그다지 구별이 되지 않는다. 이로 인해 강유위는 '남녀유별男女有別'의 규정을 공자의 거란세의 법도로 간주하고 다음과 같이 말했다.

> 난세亂世에는 남녀의 구별이 없기 때문에 부자父子의 관계가 올바르지 않다. 부자의 관계가 올바르지 않으니, 종種이 혼란스럽고 약해진다. 지금 아프리카가 여전히 그렇기 때문에 종족種族을 전할 수 없다. 대체로 지구에서 부부가 혼인하여 자식을 낳는 경우는 그 종種이 강하고 분명하다. 공자는 난세에 활동하면서 특히 이 의리를 중시하여, 난세를 바로잡는 법도로 삼았다. 승평세로 미루어 보면, 사람들은 모두 가르침이 있고, 여자도 또한 권리가 있다. 또한 혼인을 맺어서 풍속이 정해지는 과정을 지난 이후에야 여인의 길은 그 출입이나 연회에 참석하는 것이 관대해졌으니, 유럽이 그러하다. 태평세에 이르면, 교화가 깨끗하고 아름다우며, 사람마다 독립하여 굳이 남녀를 크게 구별할 필요가 없다. 다만 남녀 전체를 통틀어서 인류人類라고 할 뿐이며, 그 출입과 연회 참여도 동일한 인도人道에 따라 남녀가 동등하다.[197]

상고시대의 여자는 혼전 성관계를 극히 자기 마음대로 하기 때문에 남자는 항상 자기 자식을 뜻대로 식별할 수가 없다. 심지어 '첫 번째 낳은 아기를 죽이는' 풍속이 있었으니, 이와 같은데 부자父子가 어찌 서로 친해질 수 있겠는가? 그 후에 여자의 바깥 교제를 엄격하게 규제한 것은 부자父子의 도리가 지극히 엄중하여, 그것을 막지 않으면 안 되었기 때문이지 순전히 남자가 여자를 사유하고자 하는 심리에서만 나온 것이 아니다. 그런데 여전히 남자를 금지하지 않는 것은 남자가 제멋대로 정자를 뿌려서 비록 자기 자식을 알지 못하더라도, 여자는 반드시 누구의 자식인지 알기 때문이다. 따라서 여전히 부자의 도리를 온전히 할 수 있었다.

---

196) 康有爲, 『大同書』 제2(『康有爲全集』 제7집, 53쪽).
197) 康有爲, 『春秋筆削大義微言考』, 권3(『康有爲全集』 제6집, 59쪽).

승평세와 태평세에 이르러, 강유위는 굳이 남녀의 큰 경계를 다시 만들 필요가 없다고 주장하였다. 그런데 지금의 상황을 살펴보면, 혼전 성관계는 사실상 가정에 큰 해가 되기 때문에 서양의 국가에서도 혹 그렇게 하지 않으니, 부자의 도리가 느슨해지기 때문이다.

강유위는 또 말했다.

> 승평세升平世에는 반드시 한 명의 남편과 한 명의 부인이 서로 평등하다. 그런데 지금 유럽과 미국의 제도와 같은 경우에는 여전히 부인이 남편의 성姓을 따르고, 부인이 남편의 집에 거처하여 남편을 집으로 여기니, 여전히 평등하지 않다. 태평의 시대에는 모든 인류를 단지 사람이라고 말할 수 있을 뿐 남녀를 구별하지 않으며, 사람마다 독립되고 사람마다 평등하다. 부부가 되는 것은 마치 친구를 사귀는 것과 같아서, 본래 서로 종속되지 않고 단지 화합하여 좋아하는 것만 있을 뿐이다. 큰 도는 순환하기 때문에 태평세의 제도는 거란세와는 그 거리가 가장 멀지만, 원시인 시대와는 가장 가깝다. 그런데 그 제도는 비록 서로 가깝지만, 그 이치는 사실상 가장 멀다.[198]

강유위는 태평세의 제도가 "원시인 시대와 가장 가깝다"고 여겼으니, 마르크스가 태고泰古시대를 '원시공산주의原始共産主義'라고 불렀던 것과 같다. 그는 또 말했다.

> 태평太平의 대동세大同世에서는 남녀 모두가 독립권을 갖게 되어, 교제는 있지만 혼인은 아니다. 또한 계약 기한은 있지만 부부는 아니다. 계약 기한이 정해지면 길게는 계속하여 종신토록 살 수도 있고, 짧게는 왕래하면서 다른 사람으로 바꿀 수 있다. 색욕色欲으로 교합하는 일에 있어서, 양쪽이 좋아하면 서로 합치고, 양쪽이 싫어하면 헤어진다. 친속의 관계가 없기 때문에 개개인이 모두 평등하다.……대동의 세상에서 남녀가 교합하는 일은 사람 개개인이 자신의 욕망대로 자신의 요구를 채운다. 자유롭게 명분도 없고 본분도 없으며, 한계도 없고 제약도 없다.

---

198) 康有爲, 『春秋筆削大義微言考』, 권3(『康有爲全集』 제6집, 78쪽).

오직 두 사람의 애정에 맡겨진 것이다.199)

태평太平의 대동세大同世에서 남녀는 오직 자신의 욕정을 따르며, 개개인이 각각
자신의 욕망대로 해서, 혹은 합치고 혹은 헤어지는 것이 모두 책임이 없다. 또
말했다.

거란세據亂世에는 남녀를 구별했기 때문에 남자는 자기가 직접 여자를 구하지
않고, 여자는 자기가 직접 허락하지 않는 의리를 세웠다. 주나라 때의 옛 풍속에는
남녀를 그다지 구별하지 않고, 혼인이 자유로웠기 때문에 자신이 직접 혼인을
결정하여 직접 상대를 구했으니, 지금의 유럽이나 미국의 풍속과 같다. 대체로
정치의 도리는 순환하기 때문에 태고太古의 미개한 풍속이 태평세太平世와 가깝다.
거란세와 태평세는 마치 동서의 끝과 같이 서로 상반되니, 사리와 형세가 그러한
것이다. 만약 승평세와 태평세에 이르면, 여자의 학문이 점차 창성하고, 여성의
권리가 점차 두드러진다. 사람마다 자립하여 다시는 다른 사람에게 기대지 않으니,
각자가 직접 혼인을 결정한다.200)

거란세에는 남녀가 서로 물건을 직접 주고받는 것도 안 되는데, 직접 혼인
상대를 구하고 직접 허락하는 것은 논할 필요가 있겠는가! 따라서 부모의 명령이나
중매쟁이의 말을 통해 중개했으니, 남녀의 구별을 멀리하고자 한 것이다. 지금은
연애를 자유롭게 하니, 직접 혼인을 결정한다.

강유위는 또 『논어』의 '공자가 남자南子를 만나본 일'(「옹야」)을 빌어서, 소강小康
세계의 남녀는 당연히 구별이 있기 때문에 자로가 그것을 괴이하게 여겼으며,
소강 시대에 '남녀가 직접 물건을 주고받지 않는 것'을 독실하게 지킨 것이라고
말했다. 공자의 경우에는 대동大同의 도를 행했는데, 그가 남자南子를 만나본 것은
오늘날 서양의 풍속에서 남녀의 사교를 문명이라고 여기는 것과 같을 뿐이다.201)

---

199) 康有爲, 『大同書』 제7(『康有爲全集』 제7집, 180~181쪽).
200) 康有爲, 『春秋筆削大義微言考』, 권4(『康有爲全集』 제6집, 114쪽).

그 후에 강유위는 "미국의 여권女權이 가장 창성하고, 음란한 풍속이 가장 심하여 전체 소송 사건의 90%를 차지하며, 낙태가 80%를 차지하니, 인류의 인구가 장차 나날이 적어지면 이보다 더 두려워할 만한 일은 없을 것이다."[202] 대동의 이상理想을 만약 거란세라는 현실에서 시행한다면, 재앙이 되지 않는 것이 드물 것이다.

비록 그렇다고 하더라도, 거란세의 시대에는 마땅히 남녀를 구별해야 한다. 심지어 아내를 내쫓을 수 있는 일곱 가지 허물(七去之惡), 부인으로 삼지 않는 다섯 가지 경우(五不娶), 칠거지악七去之惡을 범한 아내라도 버리지 못하는 세 가지 경우(三不去)라는 법도가 있는 것은 부부의 도를 엄격하게 지키기 위해서이다. 남녀의 도가 엄격하지 않으면 부부의 도도 어그러진다. 피차가 비록 자기 의지대로 합쳤다고 하더라도, 항상 상대를 경시하거나 내쫓는 일이 본래부터 많이 발생한다. 오직 남편만 부인을 쫓아낼 수 있는 것이 아니라 부인도 남편을 쫓아낼 수 있다.『한비자』에서 강태공姜太公이 늙은 부인에게 쫓겨난 사내라고 한 것이 그것이다. 강유위가 말했다. "송대 이후로 부인을 쫓아내는 일이 점점 적었으니, 부부의 도가 엄중하면 할수록 상대를 쫓아내는 것을 편하게 행하지 못했다. 이것이 난세를 바로잡는 법도이다. 승평세의 남녀는 점점 평등해져서 각자 자주권自主權이 있고 스스로 떠나는 일이 있다. 처음에는 부인을 쫓아냈지만 점점 남편을 쫓아내니, 지금 프랑스에서는 한 해에 이러한 일이 수많이 발생한다. 도는 순환하기 때문에 태평세에 이르면 난세와는 거리가 멀어지므로 남녀의 일은 더욱더 자유롭게 행해진다."[203]

담사동譚嗣同은 심지어 더욱 급진적인 논조를 가지고 있었다. 남녀의 음탕함은 단지 명분에 지나지 않을 뿐 실질은 아니며, 이른바 선악善惡이라는 것은 없다고 주장하였다. 그의 『인학仁學』에 다음과 같은 말이 있다.

악惡 중에서 음탕함(淫)과 살인(殺)보다 더 큰 것이 없다.…… 남녀가 정을 통하는

201) 康有爲, 『論語注』, 권6(『康有爲全集』 제6집, 423쪽).
202) 康有爲, 『歐美學校圖記・英惡士弗大學校圖記』(『康有爲全集』 제8집, 124쪽).
203) 康有爲, 『春秋筆削大義微言考』, 권3(『康有爲全集』 제6집, 88쪽).

것을 음탕함이라고 하는데, 이 음탕함이라는 것도 명분이다. 음탕함이라는 명분은
또한 인류가 생긴 이래 관습이 된 것이 이미 오래되었고, 그 명분을 고치지 않았기
때문에 습관적으로 악이라고 말한다. 예전에 만일 인류가 생겼던 처음에, 음탕함을
조회나 빙문, 연회의 큰 예법으로 삼아서, 서로 습관적으로 조정과 종묘에서 시행하
고, 도시나 시장에서 시행하고, 많은 대중 앞에서 시행하는 것을 마치 중국에서
두 손을 맞잡고 위아래로 흔들며 절하는 장읍長揖이나 무릎을 꿇고 엎드려 절하는
궤배跪拜, 그리고 서양의 포옹이나 입맞춤처럼 시행했다면, 누가 그것이 악이라는
것을 알겠는가?[204]

담사동의 궤변이 이와 같고 무모함 또한 이와 같은 것은 상고시대 습속이
그 유래가 점진적으로 형성된 것이지, 단지 사회적인 약속에 의해 형성된 상징적인
부호만은 아니라는 것을 전혀 고찰하지 않았기 때문이다.

남녀의 결합이 단지 인정상 즐겁고 좋은 것만을 따른다면, 가정은 끝내 반드시
없어질 것이다. 강유위는 가정의 해로움에 대해 다음과 같이 논했다.

비록 그렇다고 하더라도, 마을 사람들이 주고받는 말, 마을의 부녀자들의 응대,
아이들의 장난, 종가 친척들의 친밀함, 그 속에서 귀로 들리는 것은 서로 싸우는
소리이고, 눈에 보이는 것은 모두 힘들고 괴로운 모습이다. 혹 과부가 남편을
그리워하여 밤새 울고, 혹 고아가 가난하고 배고파서 길게 울부짖는다. 혹 노인이
헐벗은 채 나무 밑에서 지팡이를 짚고 서 있고, 혹 병든 노파가 이불도 없이
아궁이 끝에 누워 있다. 혹 질병에 걸린 자가 구부정하게 병이 심한 상태로 사발을
들고 구걸하면서 크게 외쳐도 의지할 곳이 없다. 존귀하거나 부유한 경우에는
형제와 자손들이 담을 쌓고 지내고, 며느리와 시어머니, 손아래동서와 손위동서,
시동생과 형수가 서로 반목하여 싸우고, 만날 때마다 분쟁을 일으켜서, 근심하고
고통스러워하여 처참한 지경이다. 태평하다고 외치지만, 사실 세상의 집들 모두
원망하는 기운이 가득 차고, 다투려는 마음이 맞부딪쳐서, 누른 안개보다 더 해롭고,

204) 梁啓超, 『淸代學術槪論』 27(朱維錚 校注, 『梁啓超論淸學史二種』, 76쪽에 실려 있음)에서
　　　재인용.

티끌 같은 세속보다 더 막혀 있다. 아! 사람들은 집이 없는 것을 걱정하는데, 집이 있어서 생기는 화가 이와 같구나!²⁰⁵⁾

강유위는 또 가정을 자유의 최대 억압이라고 여기고, 번뇌의 뿌리자 고난의 근원이라고 생각했다. 장래에 가정이 사라지면, "사람마다 모두 세상에서 독립하여, 다른 사람의 구속을 받지 않고 가장 큰 자유를 얻을 수 있다."[206] 그렇지 않으면, 가정은 인류가 태평세에 진입하는 데 가장 큰 방해가 된다. "따라서 가족제도란 거난세와 승평세에서는 필요한 제도이지만, 태평세에서는 단지 큰 방해물일 뿐이다. 가족제도를 그대로 두고서 태평세에 도달하려는 것은 물도 없는 곳에 배를 띄우고서 항구에 도달하기를 바라는 것과 다를 것이 없다. 단지 이와 같을 뿐만 아니라, 태평세에 이르고 나서도 가족제도를 그대로 둔다면, 이것은 마치 흙을 지고서 샘을 파고, 장작을 때면서 불을 끄는 것과 같아서, 가면 갈수록 더욱 막히게 될 것이다. 따라서 독립하여 본성이 선한 태평의 아름다움에 도달하려고 한다면, 오직 국가를 없애고 가족을 없애는 방법이 있을 뿐이다."[207]

가정의 해로움이 이와 같기 때문에 대동사회에서는 결국 가정을 없앨 것이다. 설령 모종의 가정과 같은 형식이 여전히 있다고 하더라도, 그것은 단지 동거하는 남녀 두 사람이 사는 가정에 지나지 않는다. 기타 윤리관계, 특히 부자 사이의 천륜관계는 자녀에 대한 사회의 부양을 통해 해소될 수 있다. 고대 가정의 관건은 부부관계에 있지 않고 부자 사이의 자연적 정감 및 이로 말미암아 부여된 책임에 있었다. 이로 인해 가정을 없애고자 한다면 반드시 이러한 자연 정감을 말살해야 한다. 현재는 볼 수 없지만, 우리의 생활 방식과 생활 리듬이 변화하고, 사회화 수단이 고도로 발전함에 따라 이러한 자연 정감은 이미 점점 희박해지고 있다.

강유위는 또 이론적인 측면에서 부자관계가 사실은 우연에서 나온 것임을

---

205) 康有爲, 『大同書』 제1(『康有爲全集』 제7집, 3쪽).
206) 梁啓超, 『南海康先生傳』(『康有爲全集』 제12집, 「附錄 一」, 432~433쪽).
207) 康有爲, 『大同書』 제3(『康有爲全集』 제7집, 91쪽).

590   춘추공양학사 하

논증하였다. 이로 인해 그는 전통 윤리에서의 자녀에 대한 책임 요구를 단연히 부정하였다. "공법公法에서는 부모의 입장에서 자녀에게 효도를 책임지울 수 없고, 자녀의 입장에서 부모에게 자애를 책임지울 수 없으니, 사람은 자주自主의 권한이 있기 때문이다."208) "부자父子 관계는 천성天性이기 때문에 부모가 자식을 힘들게 기르지만, 사람은 사람이 어떻게 할 수 있는 존재가 아니며, 사람은 하늘이 낳은 존재이다. 부모를 빌어서 육체를 만들어 사람이 되지만, 부모가 마음대로 할 수 있는 존재가 아니다. 사람은 모두 하늘에 직접 예속되어 있기 때문에 그를 간섭하거나 제재할 수 있는 사람은 없다. 한 사람에게는 한 사람의 자립自立이 있으며, 누구에게도 사사로이 예속되지 않는다."209)

사람은 부모에 의해 태어나서 양육되니, 부모에게 있는 자애의 정과 자녀에게 있는 사모의 마음은 모두 자연스러움에서 나온 것이다. 만약 하루아침에 그것을 버린다면, 도덕에 어긋날 뿐만 아니라 인정상 원하는 것이 아니다. 이로 인해 강유위는 사회적 역량의 도움을 빌어서 점차적으로 가정을 없앰으로써 "사람들이 출가하는 괴로움이 없고 가정을 떠난 즐거움이 있도록 해야 한다"고 주장했다. 정부는 마땅히 공공 양육과 공공 교육, 공공 구휼의 책임을 맡아야 한다. 이와 같이 "살아 있을 때 잘 기르고 죽었을 때 장례를 잘 치르는 것을 모두 정부에서 담당하며, 한 사람의 부모와 자식에 대해 누구도 간여할 필요가 없다. 부모는 자식에 대해, 키우고 보살피는 노고가 없고, 가르치고 키우면서 돈을 낭비할 일이 없다. 자녀는 부모와 항상 떨어져 살면서 자주 보지 못하고, 또한 이리저리 옮겨 다니면서 서로 알지도 못하게 된다. 이것은 출가를 기다리지 않더라도 자연히 가정이 없어지고, 은혜를 베풀거나 은혜를 입은 적도 없기 때문에 자연히 은혜를 배반하지 않게 되고, 그 행동은 매우 순리에 맞고, 그 생활은 매우 편안하게 된다."210) 아울러 부모가 낳아서 길러준 노고를 보상하기 위해 마땅히 적당한 보답을 주어서, 자녀가 부모에게 진 빚을 청산해

---

208) 康有爲, 『實理公法』, 「父母子女門」, '公法'(『康有爲全集』 제1집, 151쪽).
209) 康有爲, 『大同書』 제1(『康有爲全集』 제7집, 36쪽).
210) 康有爲, 『大同書』 제3(『康有爲全集』 제7집, 92~93쪽).

줌으로써 "나이든 사람과 젊은 사람이 평등한" 공법公法을 달성하게 된다.

비록 그렇기는 하지만, 강유위는 『대동서』에서 부자 사이의 혈육의 정이 귀중하다는 것을 여전히 긍정하였다. 서양 사람들의 경우는 그렇지 않으니, 자녀는 부모에 대해, "같이 살면서 봉양하는 일이 절대 없고, 잠자리 문안 인사나 음식을 시중드는 일도 없으며, 부모가 병들고 가려운 것을 돌봐 주는 의리도 없다."[211] 그런데 부모는 미성년인 자식에 대해, 낳아서 기르는 노고가 있고, 또한 아이가 뛰어노는 것을 보는 즐거움이 있어서 중국인과 차이가 없다. 그러나 자식을 낳기를 원하지 않고, 죽을 때도 항상 자신의 재산을 공공기관에 기부하지 자녀에게 주지 않는다.

강유위의 관점에 보면, 서양 사람들은 가정을 그다지 중시하지 않기 때문에 인류의 이상과 그 거리가 더욱 가깝다. 그러나 이미 가정이 있으면 여전히 사유私有 관념이 남아 있기 때문에 서방도 단지 승평세에 진입했을 뿐이다. 태평세의 경우는 일체의 사유를 모두 타파해야 하고, 가정도 반드시 없어져야 한다.

가정을 없애려고 하는 것은 단지 인류의 자연스러운 정감을 해소하려는 것일 뿐만 아니라, 반드시 남녀 사이의 평등을 실현하고자 하는 것이다. 강유위는 심지어 사회·정치·인생 등의 모든 방면을 포함한 인류의 일체의 문제가 모두 남녀평등의 실현과 관계되어 있다고 주장하였다. 오늘날의 정부와 학자들은 남녀평등을 정치적 올바름(政治正確, political correctness)으로 간주하고, 따질 필요가 없는 진리로 여긴다. 가정을 없애는 이상理想의 경우에는 수천 년의 전통에 어긋나기 때문에 마치 범죄인 것처럼 깊이 회피한다. 이와 같이 내외가 괴리되기 때문에 마침내 가정은 무궁한 분쟁의 실마리를 열게 된다.

강유위는 심지어 태평세에 이르러서는 동성연애도 허용한다고 주장하였다. 동성연애의 성격은 이성연애와 다를 것이 없으며, 모두 남녀의 자유와 평등, 독립을 구현하는 것이다. 그가 말했다.

---

211) 康有爲, 『大同書』 제3(『康有爲全集』 제7집, 83쪽).

태평세太平世에는 남녀가 평등하고 사람마다 독립하고 사람마다 자유로우며, 의복에 차이가 없고 직업을 갖는 것도 모두 같기 때문에 다시는 남녀의 차이가 없다. 성행위를 가지고 논한다면, 여자가 남자와 교합하는 것, 남자가 남자와 교합하는 것이 마찬가지이다.…… 서로 좋아하여 성적인 관계를 가지는 경우, 남녀의 교합이든 남자들 사이의 교합이든 상관없이 모두 관청에서 계약을 함으로써 다른 분쟁이 생기지 않도록 한다. 오직 사람이 짐승과 교합하는 것은 신령스럽고 밝은 인간 종족을 크게 어지럽혀 퇴화에 이르게 하기 때문에 엄격히 금지하지 않을 수 없다.[212]

지금 학자들 중에 이러한 논조를 떠들어 대는 자들이 많지만, 강유위는 백년 전에 이러한 주장을 드러냈으니, 진짜 특이한 사람이다.

강유위의 입장에서 남녀평등은 또한 삼세三世 진화進化의 중요한 표준이다. 그가 말했다.

우리나라는 종전에 공자의 거란據亂의 법도를 숭상하면서 지키고, 중국을 거란의 시대로 여겼다. 그런데 옛것을 지킨 것이 너무 오래되었고, 오랜 세월 누적되어 폐단이 생겼으며, 쌓아서 묵혀 둔 것이 너무 심하여, 백성들의 피곤이 극에 달했다. 지금 승평으로 나아가는 즈음에, 임금과 신하가 계급으로 단절되지 않고 점점 평등해지며, 귀한 사람과 천한 사람이 계층으로 단절되지 않고 점점 평등해지며, 남자와 여자가 억압하지 않고 점점 평등해지며, 양민과 노예가 신분으로 구별되지 않고 점점 평등해지며, 사람들이 자주自主를 추구하여 점점 평등해진다. 세상이 이와 같은 추세로 진화되기를 추구하는 기타 모든 진화의 법칙을 지금 당연히 일삼아야 한다.[213]

인류는 거란세를 거쳐서 승평세 · 태평세에 이른다. 단지 군신君臣 · 귀천貴賤이 점점 평등해질 뿐만 아니라, 남녀 사이도 또한 그렇게 된다. 남녀의 구별은 본래

---

212) 康有爲, 『大同書』 제7(『康有爲全集』 제7집, 181쪽).
213) 康有爲, 『春秋筆削大義微言考』, 권1(『康有爲全集』 제6집, 17쪽).

거란세의 제도이다. 여자는 안에서 억압을 받고, 밖에서 교제할 수 없는 것은 부자父子의 친함을 돈독하게 하기 위해서였다. 승평세·태평세에 이르면, 남녀가 점점 평등해져서 여자는 안팎의 단절이 없기 때문에 비록 밖에서 교제하더라도 반드시 음탕한 짓이 되지는 않는다.

따라서 인류는 가정으로부터 국가에 이르기까지 모두 당연히 점차적으로 평등에 이른다. "거란세의 법도는 왕이 일에 관한 모든 권한을 통틀어 관할하고, 승평세에는 군주가 옷소매를 늘어뜨리고 팔짱을 낀 채 아무 일도 하지 않으며, 태평세에는 모든 것이 평등하여, 천자에게 비판이 미치더라도 무엇이라고 말할 수 있는 왕은 없다."214) 또 말했다. "매번 한 번 세상이 변하면 더욱더 인仁으로 나아간다. 인仁은 반드시 그 억압하는 힘을 제거하고, 사람들에게 자립하여 평등하도록 만들어 준다. 따라서 승평이라고 말한다. 태평에 이르면, 사람마다 평등하고 사람마다 자립하여, 먼 지역과 가까운 지역, 큰 나라와 작은 나라가 하나 같으니, 인仁의 지극함이다."215)

옛날 사람들은 안과 밖을 단절시켰는데, 그것이 비록 음탕한 짓을 막기 위해서라고 하더라도, 또한 여자가 사실상 남자만 못하다고 여겼기 때문이다. 따라서 거란세에는 여자로 하여금 국사國事에 참여하도록 해서는 안 된다. 강유위는 승평세와 태평세이 이르면 그렇지 않다고 여겼다.

승평의 시대에는 여자의 학문이 크게 열리고, 여자의 지혜가 크게 드러나며, 국가가 입헌立憲의 체제이기 때문에 군주는 책임이 없다. 후비나 환관이 권력을 훔치는 것을 걱정하지 않고, 절대로 사사로운 정에 얽매이거나 욕심을 부려서 나라를 어지럽힐 수 없다.…… 이것은 세상을 바꾸고 풍속을 바꾸는 의리이니, 거란據亂으로 써 논할 수 없다. 만약 태평세에 이르면, 남녀가 모두 지극히 평등하여 차별이 없고, 학식도 또한 동등하여, 여자가 우두머리가 되거나 스승이 되거나 나랏일을 의론하는 일원이 되니, 거란세와는 반대의 방향으로 극단에 이르는 것이 자연스러운

214) 康有爲, 『春秋筆削大義微言考』, 권1(『康有爲全集』 제6집, 15쪽).
215) 康有爲, 『春秋筆削大義微言考』, 권1(『康有爲全集』 제6집, 17쪽).

이치이다.216)

　이 주장은 마르크스주의와 똑같다. 마르크스주의에서는 자본주의 대공업大工業의 발전이 신체나 지식 측면에서의 남녀의 분별을 없앰으로써 남녀의 평등이 진정으로 실현되는 것을 전제조건으로 제시하였다.

　그러나 강유위는 다음과 같이 생각했다. 남녀평등은 대동大同의 법도이기 때문에 만약 지금 세상에 시행하면 지극히 해가 될 것이다. "지금은 여성의 학문이 아직 이루어지지 않았고, 인격도 아직 갖추어지지 않았다. 그런데 여성 독립의 사례를 함부로 거론함으로써 여성이 남편을 배반하고 음란한 짓을 하는 감정을 제멋대로 부리도록 하는 것은 큰 혼란을 초래하는 방법이다. 여름에는 갈포옷을 입고 겨울에는 가죽옷을 입으니, 모든 일에는 각각 시기에 맞는 것이 있다. 아직 그 시기에 이르지 않았다면 그 시기의 사례를 잘못 끌어와서는 안 된다. 나는 풍속을 어지럽게 만들기를 원하지 않으며, 그 허물을 내가 떠안고 싶지 않다."217) 마르크스주의는 이와는 같지 않으니, 공산주의의 이상화를 현실에서의 혁명운동으로 삼고, 또 그것이 과학적이라고 허풍을 떤다. 그래서 일단 공산주의 운동이 좌절되면, 결국은 그 이상理想도 또한 사람들에게 욕을 먹는 결과를 초래하게 된다. 강유위의 신중함에 비교하면, 너무 지나치게 급진적이지는 말아야 한다!

　강유위는 또 생각했다. 인류가 승평세·태평세에 이르면, "남녀의 의복이 같아지고, 수염과 머리를 함께 깎고, 차별이 없어진다."218) 진짜 원대한 식견이다! 지금은 단지 남자가 수염이 없는 것만이 아니라 여자의 머리도 짧아졌으니, 중성中性을 아름다움으로 여긴다.

　바로 전통사회의 이러한 특징 때문에 강유위는 『대동서』를 지은 이후에, 줄곧 출판하지 않았다. 그의 학생으로부터 여러 차례 요청을 받자 민국 2년에 그 중의

---

216) 康有爲, 『春秋筆削大義微言考』, 권4(『康有爲全集』 제6집, 110쪽).
217) 康有爲, 『大同書』 제3(『康有爲全集』 제7집, 78쪽).
218) 陸乃翔·陸敦骙, 『南海先生傳』(『康有爲全集』 제12집, 468쪽).

한 부분을 발표하였다. 단지 일반적인 원칙과 정치이상과 관련된 갑·을 두 부분에 지나지 않았다. 가장 급진적인 사회이상 부분은 민국 24년, 즉 그가 죽은 지 8년이 지나서야 비로소 출판될 수 있었다. 그런데 이 시기에 강유위와 유사한 주장을 했던 마르크스주의가 이미 중국사상의 주도적인 지위를 차지하고 있었기 때문에 강유위의 이 부분의 논술은 결국 사람들의 중시를 받지 못했다.

강유위는 또 공유제公有制를 주장하면서 다음과 같이 말했다. "지금 대동을 이루려고 한다면, 반드시 사유재산을 없앤 이후에 가능하다. 농업·공업·상업은 반드시 공공公共에 귀속시켜야 한다. 천하의 토지를 모두 공유화하여, 어떤 사람도 사유화하여 사적으로 매매해서는 안 된다."[219] 또 자본주의의 경제 착취를 비평하면서 다음과 같이 말했다. "공업과 관련된 분쟁은 최근에 더욱 심각하다. 기계가 만들어짐으로써 노동자들의 일자리를 모두 빼앗아 버렸다.…… 큰 공장의 기계를 작동할 수 있는 사람은 반드시 대자본가를 갖춘 이후에야 그것을 할 수가 있다. 따라서 오늘날 대규모 제조공장, 대규모 철도와 조선소, 대규모 시장, 대규모 농장은 모두 대자본가들이 소유하고 있다. 공장과 시장에서 수많은 노동자들이 그들을 우러러보면서 먹고 산다. 자본가들은 노동자들의 식량을 조정하고 헤아려서 그들을 통제하거나 혹은 억압할 수 있게 되었다. 이에 부유한 자는 더욱 부유해지고, 가난한 자는 더욱 가난해진다."[220] 강유위는 또한 자신의 주장이 마르크스주의와 같다고 말했지만, 이러한 대동의 이상은 당시에는 여전히 시행될 수 없었다. 러시아는 무력 내지 공포를 동원하여 그것을 밀고 나갔는데, 어느 것 하나 취할 것이 없는데도 중국이 그것을 본받으니, 중국을 멸망시키기에 딱 맞는 것이다.[221]

강유위는 또 계급을 없애야 한다고 주장하면서 다음과 같이 말했다. "계급 제도는 평등한 세상의 의리와는 지극히 서로 정반대가 되고, 지극히 서로 장애가 된다. 수많은 의리의 잘못 중에서 계급만큼 그 해가 심한 것은 없다. 계급 제도를

---

219) 康有爲, 『大同書』 제6(『康有爲全集』 제7집, 156~157쪽).
220) 康有爲, 『大同書』 제6(『康有爲全集』 제7집, 154쪽).
221) 康有爲, 「致吳佩孚等書」(1926.2), 417쪽 참조.

완전히 없애지 않으면, 낮은 계급 사람들의 고통이 끝이 없기 때문에 인도人道는 끝내 최상의 즐거움에 도달할 방법이 없다."222) 이것은 마르크스주의가 추구하는 무산계급의 자아혁명의 요지와 더더욱 같다.

국가를 없애는 것에 대해, 강유위는 또한 마르크스주의와 같다. 그는 고금의 중국과 외국의 전쟁의 참극을 열거하면서 다음과 같이 말했다. "국가는 인도人道의 측면에서 만든 단체의 시초이며, 어쩔 수 없어서 만든 것이지만, 사람에게 주는 피해가 국가처럼 거대하고 큰 것은 없다."223) 따라서 "지금 백성들의 참화를 구제하여, 태평의 즐거운 이익을 이루고 대동의 공익公益을 추구하고자 한다면, 반드시 먼저 국가의 경계를 부수고 국가라는 의미를 제거하는 것으로부터 시작해야 한다."224) "대동세에는 전 세계가 대동이기 때문에 국토의 구분이 없고, 종족의 차별이 없으며, 군대가 다투는 일이 없다."225) 이에 대해, 강유위는 세계정부의 가능성을 구상했는데, 나라는 미국의 연방과 같을 것일 뿐이다. 인민은 모두 '세계공민世界公民'이 되어, "거란세는 종족을 사랑하는 시대이고, 승평세는 종족끼리 다투어 종족을 합치는 시대이며, 태평세는 일체가 대동이어서 종족이 나누어지지 않고, 종족이라고 말할 만한 것이 없어서 종족이라는 뜻을 굳이 세울 필요가 없다."226) 이에 대해, 양계초는 "소강小康은 국별주의國別主義이고 대동大同은 세계주의世界主義이다"라고 하였다.227)

강유위는 또 가정을 없애는 것이 국가가 없어지기 위한 가장 중요한 단계라고 여겼다.

가정을 없애려고 한다면, 다만 천부인권天賦人權이라는 뜻을 크게 밝힘으로써 남녀
가 모두 평등하고 독립할 수 있도록 만들면 된다. 혼인의 일에서 다시는 부부夫婦라는

---

222) 康有爲, 『大同書』 제6(『康有爲全集』 제7집, 38쪽).
223) 康有爲, 『大同書』 제5(『康有爲全集』 제7집, 127쪽).
224) 康有爲, 『大同書』 제5(『康有爲全集』 제7집, 128쪽).
225) 康有爲, 『大同書』 제7(『康有爲全集』 제7집, 164쪽).
226) 康有爲, 『春秋筆削大義微言考』, 권3(『康有爲全集』 제6집, 68쪽).
227) 梁啓超, 『南海康先生傳』(『康有爲全集』 제12집, 「附錄 一」, 428쪽).

명칭을 쓰지 않고, 다만 교제하는 날짜를 정하는 계약을 허락할 뿐이다. 그것을 60년 동안 시행하면, 전 세계 인류가 모두 가정이 없어지고, 부부夫婦·부자父子와 같은 사적인 관계가 없어진다. 유산이 있어도 물려줄 사람이 없고, 금은과 기계는 모두 다른 사람에게 증여된다. 농토와 공장, 상품은 모두 공공으로 귀속되니, 곧 대동의 세상에 이를 수 있다. 전 세계의 인류가 가정이 없으면, 나라를 없애고 대동에 이르는 것이 매우 쉬워질 것이다.[228]

인류가 가정이 갖게 되자 결국 사유제의 형성을 초래하였다. 최종적으로 씨족을 와해시켜야 하니, 씨족이 폐허가 된 기초 위에서 국가가 건립될 수 있었기 때문이다. 따라서 국가를 없애고자 한다면 반드시 가장 먼저 가정을 없애야 한다.

이에 대해서는 다음과 같이 말할 수 있다. 마르크스주의의 사회이상과 그 정치이상의 공통점은 다음과 같은 데 있다. 즉 개체로 하여금 진정한 자유인이 되도록 하여, 국가생활에서도 이와 같고 가정생활에서도 이와 같도록 만드는 것이다. 그런 이후에 이 기초 위에서 자유인의 자유연합을 실현하니, 국가와 가정이 모두 이러한 종류의 연합체이다. 인간의 자유가 이와 같으니, 그 연합도 또한 지극히 느슨하다. 따라서 국가는 결국 없어지고, 가정도 결국 해체된다. 미래의 인류 생활이라는 것은 어떤 개체들이 혹 성별이 다른 인간 사이에 제거할 수 없는 자연욕구로 인해 우연히 모이는 것을 의미한다. 국가라는 존재는 우연적으로 모일 가능성이 있는 연합이니, 그것이 어떤 연유에서 생겼는지 거의 알 수가 없을 것이다.

따라서 양계초는 강유위가 '사회주의파社會主義派 철학哲學'이라고 생각했다. 이에 대해 양계초는 다음과 같이 말했다.

이상적인 국가는 사실상 국가가 없는 것이다. 이상적인 가족은 사실상 가족이 없는 것이다. 국가가 없고 가족이 없는 것은 어째서인가? 국가와 가족이 모두 사회社會 속으로 융합되었기 때문이다 따라서 사회주의파 철학이라고 한다. 따라서

---

228) 康有爲, 『大同書』 제6(『康有爲全集』 제7집, 163쪽).

그 철학의 일체의 이치는 모두 사회개량社會改良에 있다.229)

사실 양계초 본인도 또한 사회주의社會主義에 경도되어 있어서, 일찍이 「간섭干涉과 방임放任」이라는 글을 발표한 적이 있다. 그 글은 사회주의의 전망에 대해, 기대로 가득 차 있다. "사회주의라는 것은 그 외형은 순전히 방임放任을 위주로 하는 것 같지만, 그 내실은 사실상 간섭干涉을 위주로 하는 것이다. 군중을 마치 하나의 기계처럼 합치려고 한다면, 총괄하는 대표 기계가 있어서 각각을 연결하거나 통제해야 하니, 불평등 속에서 평등을 추구하는 것이다. 사회주의가 20세기에 널리 퍼질 것이 매우 분명하기 때문에 20세기는 간섭주의干涉主義의 전승시대全勝時代라고 한다."230) 양계초는 '간섭干涉'을 가지고 사회주의의 실질을 논했는데, 그 본질을 제대로 파악했다고 말할 수 있다. 그러나 애석하게도 지금의 마르크스주의 이론가들은 서방의 자유·민주 이론에 현혹되어, 계획경제計劃經濟가 백에 하나도 옳은 것이 없고, 이처럼 스스로 자기 무덤을 파는 데 이르렀다고 악랄하게 헐뜯으니, 깊이 탄식하지 않을 수 있겠는가!

그러나 소공권蕭公權은 이러한 시각에 결코 동의하지 않는다. 그는 다음과 같이 생각했다. 강유위는 단지 사회주의자일 뿐이다. 다만 손중산孫中山의 '삼민주의三民主義'와 진독수陳獨秀의 『신청년新靑年』에 보이는 공상空想 사회주의 경향, 그리고 호적胡適의 '자유사회주의自由社會主義' 등과 비교해 보면, 확실히 더욱 급진적이기 때문에 대체로 '민주공산주의民主共産主義'라고 부를 수는 있지만, 마르크스주의와는 같지 않다. 그러나 어찌 되었든 20세기 전후의 중국사상은 모두 공통적인 경향을 띠고 있다. 즉 모택동毛澤東이 말한 '서방에게서 진리를 구하자'231)는 것이다. 그러나 소공권은 여전히 강유위도 "공산 사상과 체제의 홍기를 위해 길을 마련했을 가능성이 있다"232)고 주장하였다.

---

229) 梁啓超, 『南海康先生傳』(『康有爲全集』 제12집, 「附錄 一」, 433쪽).
230) 『新民叢報』 제17호(1902.10.2)에 실려 있음.
231) 蕭公權, 『康有爲思想硏究』, 331쪽~336쪽.

4. 거란據亂시대의 유학 및 그 현대적 운명

서방의 물질문명과 정치문명에 대한 추앙에 기초하여, 강유위는 2천 년의 중국이 여전히 거란세에 처해 있다고 단언하였다. 서방의 경우, 이미 승평세 내지는 태평세에 진입하였다. 따라서 중국은 마땅히 서방을 본받아서, 승평과 태평의 법도를 사용해야 만 비로소 중국을 승평과 태평의 시대로 진입하도록 할 수 있다. 따라서 강유위는 한편으로는 유학을 공자가 난리에 근거하여 지은 것으로서 난리를 바로잡는 법도라고 주장하였다. 또 다른 한편으로는 공자가 만든 제도에 오히려 승평과 태평의 법도가 포함되어 있다고 주장하였다. 그가 말했다.

> 공자가 삼세三世를 세웠으며, 발란撥亂이 있고 승평升平이 있고 태평太平이 있다. 천하를 집안으로 삼은 것은 문왕文王같은 경우가 없었으며, 문명으로써 야만을 이겼으므로 발란승평撥亂升平의 군주君主이다. 천하를 공공으로 삼은 것은 요堯·순舜같은 경우가 없었으며, 어질고 능력 있는 사람을 선발하여 선양禪讓하였으므로 태평대동太平大同의 민주民主이다. 공자는 『시』를 손질하면서 문왕을 가장 앞에 두었고, 『서』를 손질하면서 요·순을 가장 앞에 두었으며, 『춘추』를 지어서 문왕을 시작으로 삼고 요·순을 끝으로 삼았다.233)

강유위는 서양의 법도가 승평세와 태평세에 해당된다고 여겼고, 또한 공자의 법도가 삼세三世를 함께 통하고 있기 때문에 서양의 법도를 포용할 수 있다고 주장하였다. 이러한 주장은 당연히 전술적인 고려가 있었으니, 그 의도는 수구파의 과도한 반항이 야기되는 것을 피하는 데 있다. 그러나 강유위의 만년의 사상 경향으로부터 본다면, 그는 중국이 승평·태평을 향해 나아가는 데 있어서 유학이 여전히 가치가 있다는 것을 진정으로 믿은 것 같다.

---

232) 汪榮祖, 『康章合論』, 63쪽에서 재인용.
233) 康有爲, 『孟子微』, 권1(『康有爲全集』 제5집, 413~414쪽).

강유위는 공자의 사상이 삼세를 함께 통하고 있다는 주장을 많이 하였다.

공자는 난세의 시대에 살았기 때문에 거란據亂·소강小康의 제도가 많았고, 대동大同 태평太平에 대해서는 "내가 미치지 못하지만 뜻을 두고 있다"고 하였다. 이로써 공자의 뜻이 사실은 대동태평에 있으며, 거란·소강의 제도는 부득이하게 제정했을 뿐이라는 것을 알 수 있다.[234]

공자는 삼세의 법도를 세웠다. 거란세據亂世에는 인仁을 멀리할 수 없었기 때문에 다만 친한 이를 친하게 대했다. 승평세升平世에는 인仁이 동류同類에게 미치기 때문에 백성을 어질게 대할 수 있다. 태평세太平世에는 중생이 하나같기 때문에 사물을 두루 사랑한다.[235]

2천 년 유학의 성선性善 주장도 또한 태평의 법도이니, "모든 사람의 본성이 착하므로 요·순도 또한 본성이 착한 것에 지나지 않는다. 따라서 요·순과 모든 사람은 서로 똑같이 평등하다. 이것은 맹자가 사람들은 마땅히 모두 자립해야 하고, 사람들은 모두 평등하다는 것을 밝힌 것이니, 태평太平 대동大同의 극치이다."[236] 순자荀子가 성악性惡을 주장한 것은 단지 거란據亂의 법도이니, 유학 전체를 이해하지 못한 것이다.

강유위는 또 균평均平의 법도가 삼세에 통용된다고 말했다. 서방이 비록 이미 승평세·태평세에 진입했지만, 그 경제 관계에서는 불평등이 더욱 심하다. 이에 대해, 단지 강유위만이 아니라 서방을 배워야 한다고 주장했던 동시대의 많은 지식인들도 모두 깊은 불만을 드러냈다. 이후에 손중산孫中山은 '민생주의民生主義'를 제시했는데, 서방의 이러한 폐단에 대응하여 '평균平均'을 요지로 삼았다. 당시의 중국사상은 『춘추』의 '평세平世' 이론에 많은 영향을 받았는데, 그가 서방의 정치·사

---

234) 康有爲, 『春秋筆削大義微言考』, 권1(『康有爲全集』 제6집, 18쪽).
235) 康有爲, 『孟子微』, 권1(『康有爲全集』 제5집, 415쪽).
236) 康有爲, 『孟子微』, 권1(『康有爲全集』 제5집, 417~418쪽).

회 학설에서 취한 것이 있었지만, 경제 학설에서는 취하지 않은 것은 모두 평등平等 때문이었다. 사실 서방의 정치·사회에서의 평등과 경제에서의 불평등은 그 배후에 실제로 공통의 기초가 있다. 그것은 바로 추상적인 평등이다. 마르크스주의는 그것이 허위 평등이라고 비판했으며, 그렇게 비판할 만한 이유가 있는 것이다. 애석하게도 오늘날 학자들은 이러한 추상적 평등에 현혹되어, 정치·사회의 평등에만 급급할 뿐 경제의 평등에 대해서는 내버려 두고 돌아보지 않는다.

유학 가치에 대한 강유위의 판정은 전후로 한 번의 변화가 있었다. 처음에 강유위는 중국이 당연히 서방을 본받아서 승평·태평의 제도를 사용해야 한다고 주장하였다. 그런데 만년에는 처음으로 중국이 "난세亂世에 해당하는데, 대동大同 태평세太平世의 도를 시행하면 또한 단지 혼란을 초래할 뿐이다"237)고 주장하였다. 이에 대해 강유위는 다음과 같이 말했다.

공자가 어찌 바로 태평한 세상으로 이르기를 바라지 않았겠는가? 그런데 때가 아직 가능하지 않았으니, 다스림은 단계를 뛰어넘기가 어렵기 때문이다.…… 따라서 독립과 자유의 기풍, 평등과 자주의 의리, 입헌 민주의 법도를 공자는 마음에 품고서 태평한 시대를 기다렸으며, 갑자가 난세에 그것을 드러낼 수는 없었다. 혼란한 세상에서는 백성들의 지혜가 아직 열리지 않았기 때문에 반드시 당대의 군주가 그들을 다스리고 가장이 그들을 길러야 한다. 그렇지 않으면, 단체가 견고해지지 않고 민생이 이루어지기 어렵다. 아직 태평한 세상에 이르지 않았을 때에 갑자기 군주를 없애려고 한다면, 그것은 분쟁과 혼란이 잇달아 발생하여, 국가의 근본이 사라져서 없어지는 데 이를 뿐이다. 마치 간난아이가 어머니가 없으면 버려져서 어른이 되기 힘든 것과 같다. 따라서 군주의 권한, 국가의 기강과 관련된 일, 남녀의 구별, 명분의 규정은 모두 난세의 법도라는 측면에서 말한 것이다.238)

삼대三代 이후, 중국이 쇠란의 시대로 진입했는데, 역대 유가들은 모두 이러한

237) 康有爲, 『孟子微』, 「序」(『康有爲全集』 제5집, 411쪽).
238) 康有爲, 『孟子微』, 권1(『康有爲全集』 제5집, 421~422쪽).

이론을 주장하였다. 그런데 전통 유가는 평소 "난세를 다스릴 때는 무거운 법을 사용한다"[239]는 이론이 있다. 순자는 성악性惡을 주장했고, 한비자는 법률法律을 숭상했으며, 송대 학자들은 분노를 징계하고 욕심을 막았다. 이것은 모두 난세를 바로잡는 법도이며, 이로써 승평과 태평을 기약하고자 한 것이다. 강유위는 서방이 태평한 세상으로 진입한 것을 흠모하여, 마침내 태평한 세상의 법도를 사용하여 난세를 다스릴 것을 주장하였다. 2천 년 중국의 정치 학설은 여기에 이르러서 일대 대전환이 발생하였다. 그 후에 고상한 것을 좋아하고 기이함을 뽐내는 다양한 주장들이 마침내 하나하나 정치 무대 위로 올라왔다.

그 후에 강유위는 더욱더 유학이 서방의 폐단을 구제할 수 있다고 생각하였다. 그는 처음에는 서방이 이미 승평·태평으로 나아갔다고 여겼지만, 유럽과 미국을 스스로 여행한 이후에 비로소 그렇지 않다는 것을 깨달았다. 서방은 아직 승평세에 이르지 않았기 때문에 중국과의 거리도 또한 그다지 멀지 않다. 따라서 자기의 본분을 잊고 함부로 남의 흉내를 내다가 자신의 재간까지 다 잃어버리는 것보다는 차라리 공자의 방법을 사용하는 것이 더 낫다고 생각하였다. "공자야말로 진정으로 지금의 세상에 적합한 사람"[240]이기 때문이다.

1차 세계대전 이후, 강유위는 서양의 학문에 대해 더욱 만족하지 못했다. 그가 말했다.

저 유럽 사람들은 벤담(Bentham, 1748~1832)의 공리주의 이론과 헉슬리(Huxley, 1825~1895)의 사회진화론적 우승열패優勝劣敗의 의리에 빠져 있다. 이에 독일과의 전쟁에서 죽은 사람이 수천만 명이고, 사방이 온통 참상으로 가득 찬 이후에야, 구미의 학설이 부족하다는 것을 알게 되었다. 그래서 수많은 나라에서 찾았지만, 오직 공자의 어짊과 겸양(仁讓)의 이론만이 그것을 충분히 구제할 수 있다.[241]

---

239) 역자 주: 『周禮』「秋官·司寇」에 다음과 같은 말이 보인다. "태평한 나라의 형벌은 중간의 법을 사용하고, 어지러운 나라의 형벌은 무거운 법을 사용한다."(刑平國用中典, 刑亂國用重典)
240) 康有爲, 『義大利遊記』(『康有爲全集』 제7집, 375쪽).

그 당시 구미에서의 전쟁의 참혹함은 전대미문이었으니, 서방 문명에 연연해하는 중국인을 각성시키게 충분하였다. 바로 이와 같았기 때문에 강유위는 공자 학설의 가치를 다시 긍정하였고, 또 그것을 빌어서 서방의 폐단을 구제하고자 하였다.

강유위는 심지어 유학이 서양 학문보다 위에 있다고 받들어 칭찬하고, 공자의 도는 단지 소강小康·대동大同의 이론에만 그치지 않는다고 주장하였다. "성인의 다스림은 마치 의술이 뛰어난 의사가 병을 치료하는 것과 같다. 단지 병에 따라 약을 처방할 뿐인데, 병이 무궁하면 처방도 또한 무궁하다. 대동과 소강은 단지 신인神人의 한두 가지 처방에 지나지 않을 것이다!"242) "태평太平 대동大同 이후에 그 진화는 여전히 많고, 그 나누어진 등급도 많으니, 어찌 백세에만 그치겠는가?"243) 공자의 삼세 이론은 석가모니가 설법하여 중생을 구제하는 것과 같을 뿐이니, 일정하게 정해진 논의도 아니며, 또한 최종의 논의도 아니다.

강유위는 거란·승평·태평을 삼세로 삼고, 삼세에 각각 세상을 다스리는 법도가 있다고 주장하였다. 따라서 강유위의 제자들은 그의 학설에 대해 다음과 같이 말했다.

> 시기마다 각각 가능한 것이 있고, 장소마다 각각 마땅한 것이 있으며, 지위마다 각각 합당한 것이 있다. 의리는 정해진 것이 없으니, 그 시기나 장소에 따라서 변통한다. 여기에서는 옳지만 저기에서는 그르고, 옛날에는 마땅하지만 지금은 그렇지 않다. 후대의 입장에서 지금을 보는 것은 또한 지금의 입장에서 옛날을 보는 것과 같다. 스스로는 옳다고 여기고 상대는 그르다고 여긴다. 이것은 모두 잘못된 것이다. 따라서 선생은 수많은 법도를 갖추어 두고서 시기와 장소를 살펴서 시행하였다.244)

---

241) 康有爲, 「答培山儒會書」(1923.9.6., 『康有爲全集』 제11집, 263쪽).

242) 康有爲, 『禮運注』, 「序」(『康有爲全集』 제5집, 554쪽).

243) 康有爲, 『論語注』, 권2(『康有爲全集』 제6집, 393쪽).

244) 陸乃翔·陸敦騤, 『南海先生傳』(『康有爲全集』 제12집, 470쪽).

강유위의 학설이 이와 같았으며, 그것을 실천하는 경우에도 삼세의 의리를 갖추고 있었다.

선생은 날마다 살생殺生에 대한 경계를 찬미했지만, 날마다 고기를 먹었다. 또한 일부일처의 공평함을 말했지만, 자식이 없다는 이유로 첩을 세웠다. 날마다 남녀평등을 말했지만, 집안사람들이 독립을 행한 적은 없다. 날마다 인류 평등을 말했지만, 종복 부리기를 좋아했다. 서양의 학문과 서양의 기계를 지극히 좋아했지만, 예속禮俗·기물器物·언어語言·의문儀文은 모두 중국의 것을 굳게 지켰다. 민주정치체제를 지극히 찬미했지만, 군주君主 정치만을 오로지 시행했다. 세계의 대동大同에 주목했지만, 오로지 중국만을 섬겼다. 이것은 모두 서로 상반되는 것처럼 보이지만, 선생이 이원二元 삼세三世의 학문을 깊이 이해했기 때문에 물에서는 배를 타고 길에서는 수레를 타며, 겨울에는 가죽옷을 입고 여름에는 갈포옷을 입는 마땅함을 갖춘 것이다.245)

강유위 본인도 또한 스스로 "어른이 되어 도道를 배운 이후로, 현재의 위치에 따라 실천한다는 뜻을 터득하였기 때문에 그것으로 스스로를 명명하였다"246)고 말했다. 강유위의 자호인 '장소長素'는 이러한 삼세三世 이론에 근본을 두고 있는데, 『중용』의 "현재의 위치에 따라 행한다"(素其位而行)는 뜻과 같다. 따라서 강유위의 학문은 그것을 잘 모르는 자들은 복잡하여 정해지지 않았다고 여기지만, 잘 아는 자들은 『춘추』 삼세의 정밀한 의리를 깊이 이해했다고 여긴다. 그가 성인聖人을 이해한 때가 혹 여기로부터 말미암은 것인가?

강유위의 삼세 이론은 무술戊戌 전후 그의 정치 입장의 전환에 직접적인 영향을 끼쳤다. 그가 민권民權을 외친 것이 매우 이른 시기였는데, "내가 중국에 사실상 처음으로 공리公理를 외치고, 처음으로 민권民權을 외친 사람이다. 민권은 여기에서 반드시 시행해야 하지만, 공리는 현재는 결코 다 시행할 수 없다."247) 그의 삼세

---

245) 陸乃翔·陸敦騤, 『南海先生傳』(『康有爲全集』 제12집, 470쪽).
246) 康有爲, 「與梁啓超書」(1910.1.27., 『康有爲全集』 제9집, 118쪽).

이론에 의하면, 민권은 대동大同의 제도에 속하는데, "거란세에는 대부를 주살하고, 승평세에는 제후를 물리치며, 태평세에는 천자를 폄하한다."248) 이러한 민권에 관한 입장은 사실상 그의 학술의 처음과 끝을 관통한다. 그런데 혁명을 할 경우에 그것을 단지 수단으로 삼을 뿐이다. 따라서 강유위의 무리들이 호남湖南에서 신정新政을 시행할 때 자립 혁명에 뜻을 두고서, "중국을 보호하고, 대청大淸을 보호하지 않으려고" 하였다.

그런데 무술戊戌 4월 28일에 이르러, 강유위는 광서제光緒帝의 부름을 받자 철저히 계획을 바꾸었으며, 물러나자 차선책을 구하여, 중국이 여전히 대동의 시대로 갑자기 이르러서는 안 되며, 마땅히 군주입헌을 목표로 삼아야 한다고 주장하였다. "군권君權을 가지고 맹렬하고 신속하게" 변법變法의 실질을 시행하였다. 그 당시 광서제가 강유위를 불러서 만난 이후에, 담사동譚嗣同이 호남湖南에서 북쪽으로 올라오면서 무창武昌을 경유하고 있었다. 그때 장지동張之洞이 담사동에게 "그대는 민권民權을 자립하자고 외치지 않았는가? 지금 어째서 황제의 부름에 응했는가?"라고 물었다. 담사동이 대답했다. "민권은 나라를 구제할 뿐이다. 만약 황제가 권력이 있어서 변법할 수 있다면, 어찌 더욱더 낫지 않겠는가?"249)

비록 그렇지만, 강유위는 여전히 광서제의 극진한 대우에 감동했기 때문에 항상 일의 실행 과정에서 반복해서 망설이는 마음을 가지고 있었다. 그의 삼세 학설에서 살펴보면, 그의 정치적 태도의 전환은 사실상 자연스러운 것이다. 무술 연간에 그가 군권君權을 존중한 것이 혹 본의가 아니라고 하더라도, 그가 여러 나라를 두루 돌아다닐 때 진지하게 군권을 염두에 두고 있었다. 그는 일찍이 프로이센(Prussia)과 오스트리아(Austria) 양국의 우열을 비교하면서, 프로이센의 강함은 곧 군권의 힘을 빌린 것이며, "오스트리아는 본래 군권이 있어서 적게 사용한 것은 아니지만, (민권이 너무 강했다.) 이것이 오스트리아가 독일과 크게 차이가 났기 때문에 효과는

247) 康有爲,「答南北美洲諸華商論中國只可行立憲不能行革命書」(『康有爲全集』 제6집, 314쪽).
248) 康有爲, 『中庸注』(『康有爲全集』 제5집, 386쪽).
249) 黃彰健, 『戊戌變法史硏究』, 877쪽에서 재인용.

매우 달랐다. 그 적절한 때를 모르고 갑자기 군권을 빼앗아서, 나라의 정치가 진작되지 못하는 결과를 초래했으니, 또한 잘못된 것이다!"[250] "독일 정치의 강함은 지구에서 제일이니, 사실은 임금이 권력을 많이 가지고 있기 때문이다.…… 독일 정치의 아름다움은 군권과 민권의 지당함을 수합하여 시행할 수 있었던 것에 있고, 다른 나라는 대부분 그것을 견제하여 시행하지 못하였다."[251] 오늘날 후발 국가들을 살펴보면, 현대화를 도모하고자 하여, 중앙집권이라는 실질을 시행하지 않는 나라가 없으니, 강유위가 군권을 존중한 것은 진실로 탁월한 식견이다.

5. 삼세三世와 삼통三統: 군주君主·군헌君憲과 민주民主

강유위의 삼세 이론에서는 거란·승평·태평의 차이를 논했는데, 대부분 정치제도의 측면에서 말한 것이다. 무술戊戌 전후로 강유위의 변법은 중국 수천 년의 군주전제君主專制를 서방의 민주공화民主共和로 바꾸려고 하였다. 그는 거란세에는 군주전제君主專制를 시행하고, 승평세에는 군주입헌君主立憲을 시행하며, 태평세에는 민주공화民主共和를 시행한다고 주장했다. 이러한 삼세에 대한 이해를 기초로 삼아, 그는 『논어』의 "천하에 도道가 있으면 예악禮樂과 정벌征伐이 천자로부터 나온다"[252]는 말에 대해 완전히 다른 해석을 내놓았다.[253] 즉 공자가 비평한 '정치가 대부에

---

250) 康有爲, 『日爾曼沿革考』(1906, 『康有爲全集』 제8집, 257쪽).

251) 康有爲, 『示留東諸子』(1907, 『康有爲全集』 제8집, 273쪽).

252) 『論語』, 「季氏」.

253) 역자 주: 강유위는 『논어』 「계씨」편의 "천하에 도가 있으면 예악과 정벌이 천자로부터 나온다.…… 천하에 도가 있으면 정치가 대부에게 있지 않으며, 천하에 도가 있으면 일반 백성들이 의론하지 않는다"(天下有道, 則禮樂征伐, 自天子出.……天下有道, 則政不在大夫, 天下有道, 則庶人不議)라는 구절에 대해, 삼세 이론을 적용하여, 각각 거란·승평·태평의 시대로 파악하였다. 즉 '예악과 형벌이 천자로부터 나오는 것'은 거란의 시대, '정치가 대부에게 있는 것'은 승평의 시대, '일반 백성들이 의론하는 것'은 태평의 시대라는 것이다. 따라서 『논어』 원문의 '政不在大夫'와 '庶人不議'에서 '不'자가 없어야만 각각 승평과 태평의 시대 상황과 맞기 때문에 두 개의 '不'자는 모두 연문이라고 주장하였다.

있다'(政在大夫는 것을 승평의 시대로 인정함으로써 삼세 이론에 대한 독특한 해석으로 옮겨갔다.

지금 판본에는 '불不'자가 있는데, 잘못 들어간 연문衍文이다. 옛 판본에 근거하여 고쳐서 바로잡았다. 정치가 대부에게 있다(政在大夫는 것은 군주입헌君主立憲이다. 도道가 있다는 것은 승평升平을 말한다. 군주는 책임을 지지 않기 때문에 대부가 그 정치를 맡는다.254)

"예악과 정벌이 천자로부터 나온다"는 것은 단지 거란세의 제도에 지나지 않는다. 또 "천하에 도가 있으면 일반 백성들이 의론하지 않는다"는 말을 다음과 같이 해석했다.

지금 판본에는 '불不'자가 있는데, 잘못 들어간 연문이다. 옛 판본에 근거하여 고쳐서 바로잡았다. 대동大同은 천하를 공공으로 삼으니, 정치가 국민의 공의公議로 말미암는다. 태평의 제도는 도가 있음의 지극함이다.…… 만약 지금 판본처럼 "일반 백성들이 의론하지 않는다"와 같다면, 그것은 전제專制를 통해 백성들의 입을 막은 여왕厲王이 '천하에 도가 있는 것'이 된다는 것인가? 여러 경전의 뜻과 상반되기 때문에 연문의 오류가 있음을 알 수 있으니, 혹 후인이 제멋대로 더해 넣었을 것이다.255)

또 맹자의 "백성은 귀하고 군주는 가볍다"(民貴君輕)256)는 말에 대해, 극단적으로 다음과 같이 말했다.

백성은 군주의 근본이니, 사람들로 하여금 군주와 함께 죽도록 하는 것은 올바르지

---

254) 康有爲, 『論語注』, 권16(『康有爲全集』 제6집, 512쪽).
255) 康有爲, 『論語注』, 권16(『康有爲全集』 제6집, 512쪽).
256) 『孟子』, 「盡心下」.

않다. 이것은 오로지 백성이 귀하다는 뜻을 드러낸 것이며, 백성의 생명을 가볍게 사용하는 것을 미워한 것이다. 국가의 성립은 백성을 위한 것이다. 국사國事는 그것을 처리할 사람이 없어서는 안 되기 때문에 군주를 세운 것이다. 따라서 백성은 근본이 되고 군주는 말단이 된다. 이것이 공자의 첫 번째 큰 의리이며, 『춘추』라는 책은 모두 이 의리로부터 드러내 밝힌 것이다.[257]

따라서 강유위는 『춘추』 삼세 이론의 입장에 서서, 프랑스와 미국의 제도가 대동의 세계라고 받들어 칭찬하였다.

맹자가 세운 이러한 민주民主의 제도는 태평太平의 법도이다.…… 백성들이 귀의할 대상을 선출하여 백성의 주인으로 삼으니, 미국과 프랑스의 대통령이 그러하다. 지금 프랑스·미국·스위스 및 남미의 각국이 모두 그 제도를 시행하여, 대동의 시대와 가까우니, 천하를 공공으로 삼아서 현명한 이를 선발하고 능력 있는 이를 참여시킨다.[258]

바로 서방 가치에 대한 인정에 기초하여, 강유위는 역으로 공자의 공헌을 긍정하면서 다음과 같이 말했다. "공자가 평등의 의리를 만들어서, 일통一統을 밝힘으로써 봉건 제도를 폐지했으며, 경대부卿大夫의 자리를 세습하는 세경世卿을 비판함으로써 대대로 세습하는 관직을 없앴으며, 농지를 주어 생산을 제정함으로써 노예를 없앴으며, 『춘추』를 지어 헌법을 세움으로써 군권君權을 제한했으며, 자기 무리와 권속을 스스로 높이지 못하게 함으로써 대승大僧을 없앴다. 이에 중국의 풍속에는 계급이 모두 없어져서 사람마다 모두 평등한 백성이 되었다.…… 이것이야말로 진정으로 공자의 뛰어난 큰 공적이다. 대체로 이것은 유럽보다도 2천 년이나 앞서서 시행되었으니, 중국의 강성함이 인도를 뛰어넘었던 것도 모두 이러한 이유 때문이다."[259]

---

257) 康有爲, 『春秋筆削大義微言考』, 권2(『康有爲全集』 제6집, 50~51쪽).
258) 康有爲, 『孟子微』, 권1(『康有爲全集』 제5집, 421쪽).
259) 康有爲, 『大同書』 제2(『康有爲全集』 제7집, 40쪽).

유학이 춘추전국시대 쇠란의 시기에 일어났고, 그 후에 중국은 2천여 년을 경과하면서도 여전히 승평·태평에 이르지 못했다. 따라서 강유위는 유학이 단지 쇠란의 법도에 지나지 않아서 승평·태평을 이루기에는 부족하기 때문에 마땅히 서양의 법도를 별도로 사용해야 한다고 생각했다. 그가 말했다.

한대漢代에는 공자의 학문을 시행하였다.…… 만약 널리 시행되어 수당시대까지 이르렀다면 당연히 진화하여 승평의 시대에 이르고, 지금 천년에 이르러 중국은 지구에서 가장 앞서서 태평이 될 수 있었을 것이다. 불행히도 진한시대에 밖으로는 노자·한비자가 전한 형명법술刑名法術과 군존신비君尊臣卑의 이론이 역대 왕조에 크게 유행하였다. 백성을 해치는 도적이 그 술수를 몰래 쥐고서 우리 백성들을 우둔하게 만들고 통제하였다. 안으로는 신新나라 왕망王莽 때의 유흠劉歆이 위조 경전을 만들고, 『국어』를 고쳐서 『좌씨전』을 만들어서 『공양전』·『곡량전』을 크게 공격하였다.…… 이에 삼세三世 이론이 사람들 사이에서 읽히지 않고, 태평太平의 근본이 중국에서 영원히 끊어져 버렸다.…… 어둡고 어두운 2천 년 동안 어리석게도 거란세의 법도만을 독실하게 지키면서 천하를 다스렸다.…… 우리 지구에서 가장 먼저 개화한 중국, 5억의 신명한 종족으로 하여금, 어리석고 무기력한 채 쇠락할 대로 쇠락하고, 옛것을 지키면서 나아가지 못하여, 야만인들과 똑같이 비난을 받도록 만들었으니, 어찌 슬프지 않겠는가![260]

강유위는 이 당시에 군존신비君尊臣卑를 난리를 초래하는 근원으로 여겼는데, 서양 사람들의 민주·평등의 법도에서 취한 것이 많았기 때문이다. 그러나 그는 때때로 또한 유학이 '소강小康의 도道'라고 주장하였다.

우리 중국이 2천 년 동안, 한·당·송·명이 그 치란治亂과 흥쇠興衰에 상관없이 전체가 모두 소강小康의 시대였다. 중국의 2천 년 동안 앞선 학자들이 말한 것, 즉 순경荀卿·유흠劉歆·주자朱子의 주장은 그 말한 것이 진짜와 가짜, 정밀함과

---

260) 康有爲, 『春秋筆削大義微言考』, 「自序」(『康有爲全集』 제6집, 4쪽).

조잡함, 좋고 나쁨에 상관없이 전체가 모두 소강小康의 도道였다. 그 까닭은 여러 경經과 전傳에서 드러내 밝힌 것이 모두 삼대三代의 도道로서, 또한 소강에서 벗어나지 않기 때문이다.[261]

변법變法 전후의 강유위는 서양 사람들의 가치 관념을 완전히 받아들여서, "사람은 하늘이 낳았으니, 사람은 모두 하늘에 직접 예속되어 있고, 사람은 모두 자립하고 자유롭다"[262]고 하였다. 또한 군주가 절대적인 권위를 가지는 것을 부인하였고, 전제 독재의 필수성도 부인했으며, 정부 관원은 단지 인민이 추천하여 "자신들의 보호자로 삼는 자"에 지나지 않는다.[263] 따라서 강유위는 전통적인 '삼강三綱' 윤리에 대해 다음과 같이 비평하였다.

중국의 풍속은 임금을 높이고 신하는 낮추며, 남자를 중시하고 여자를 경시하며, 양민을 숭상하고 천민을 억압하니, 이것을 의리라고 한다.…… 습속이 이미 정해져서 의리로 여기니, 오늘날에 이르러서도 신하는 무릎을 꿇고 복종하면서 임금의 권위를 두려워하고, 부인은 비천하게 억눌리고 배우지 못해서 학식이 없다. 신하와 부인의 도리는 억압의 극치이다. 이것은 아마도 의리의 지극함은 아닐 것이며, 또한 풍기가 그렇게 만든 것일 뿐이다. 만물의 이치는 누르는 것이 심해지면 반드시 펴지니, 나는 백 년 후에는 반드시 세 가지가 변할 것이라고 말한다. 임금은 존귀하지 않고 신하는 비천하지 않으며, 남녀의 경중敬重은 동일해지며, 양민과 천민은 똑같아질 것이다.[264]

강유위는 백 년 이후의 풍속이 반드시 변할 것이라고 예언했는데, 잔짜 신인神人이다. 그러나 십수 년 후에 강유위는 그가 젊을 때 자유·평등 등의 여러 가지 주장을 경솔하게 제창함으로써 풍속과 인심이 이처럼 크게 망쳐진 것을 후회하였다. 그러므

261) 康有爲, 『禮運注』(『康有爲全集』 제5집, 553쪽).
262) 康有爲, 『論語注』, 권5(『康有爲全集』 제6집, 411쪽).
263) 康有爲, 『實理公法』, 「君臣門」, '實理'(『康有爲全集』 제1집, 152쪽).
264) 康有爲, 『康子內外篇』, 「人我篇」(『康有爲全集』 제1집, 108쪽).

로 오늘날의 자유주의자들은 마땅히 강유위의 사례를 경계로 삼아야 할 것이다.

이로써 다음과 같이 말할 수 있다. 강유위는 단지 군주 전제專制를 중국이 근대에 여러 차례 좌절을 겪은 근본 원인으로 보았을 뿐만 아니라, 또한 중국의 2천여 년이 모두 거란세에 정체된 것도 또한 군주전제에 의해 초래된 것이라고 주장하였다. 이로 인해 중국이 자강자립自强自立하고자 한다면, 반드시 전제專制정부를 민주民主정부로 개조해야 한다. 이러한 논조는 결국 이후 중국 백여 년의 사상 조류를 주도하였다.

무술戊戌 전후로, 강유위가 변법을 시행하고자 했던 것은 주로 정치 방면이었다. 그 후에 위원魏源의 '오랑캐의 좋은 기술을 배우자師夷長技'는 주장을 미루어 서술하여, 서양 사람들의 물질문명을 본받자고 주장하였다. 강유위는 『물질구국론物質救國論』(1904)에서 서방 문명의 강점은 온전히 물질에 있고, 중국의 약점은 과학 기술의 결핍에 있기 때문에 중국이 생존을 구하고 강대함을 추구하는 유일한 길은 서방의 기술을 채용하는 데 있다고 생각했다. 이러한 입장은 양무파洋務派의 입장과 더욱 가깝고, 또한 당시 보수파의 입장과도 서로 가깝지만, 이후의 서화론西化論과는 사실상 근본적인 구별이 있다. 이러한 의미에서 말하면, 강유위는 '세계주의자'라고 말할 수 있다.265) 그러나 '세계주의'의 함의는 강유위의 입장에서 앞뒤로 근본적인 변화가 있었다.

『춘추』에서는 태평세가 "먼 지역과 가까운 지역, 큰 나라와 작은 나라가 하나같다"266)고 말한다. 이 주장은 강유위에게 매우 깊은 영향을 끼침으로써 그가 시종일관 '세계주의' 입장을 가지고 인류가 모종의 보편 가치를 가지고 있다고 주장하도록 만들었다. 1891년, 그는 양계초에게 보낸 시에서 다음과 같이 말했다. "가지각색의 지구, 어찌 서양과 동양만 있으리오. 먼저 같은 부류를 사랑하여, 종족의 나라를 잊지 말아야 한다."267) 그런데 『대동서』에서 다시 다음과 같이 말했다. "(인간은

---

265) 蕭公權, 『康有爲思想硏究』, 283~285쪽 참조.
266) 『公羊傳』, 隱公 2년, 何休 注.
267) 康有爲, 『南海先生詩集』, 권3.

같은) 지구에서 태어났으니, 지구 모든 나라의 인류는 모습만 다른 나의 동포이다. 그들과 알게 된다면 그들과 친해질 수 있다." 또한 바로 이와 같기 때문에 강유위는 중국 2천 년을 거란세라고 폄하하고, 서방을 승평세·태평세로 밀어 올렸으니, 그것은 바로 이러한 '세계주의'의 가치관에서 나온 것이다.

강유위는 오랑캐로써 제하를 변화시켜야 한다고 주장했을 뿐만 아니라, 또 인류가 이미 "먼 지역과 가까운 지역, 큰 나라와 작은 나라가 하나같은" 세계에 진입했다고 생각함으로써 마침내 대외 개방의 주장을 펼쳤다. 그러나 강유위의 개방은 반드시 공리주의적인 목적에서 나온 것은 아니다. 아편전쟁 이후 여러 차례에 걸친 중국의 개방은 모두 강요에 의한 것인데, 강유위는 주동적인 개방을 주장하였다. 무술 이후 강유위는 세상의 변화를 많이 겪으면서, 자신의 이러한 주장이 중국의 현실과 부합하지 않는다는 것을 점차 깨달았다. 비록 '세계주의' 입장을 그대로 유지했지만, 서방이 아직 이상적인 단계로 접근하지 않았고, 중국의 구체적인 실제는 더더욱 승평·태평의 법도에 다 적합하지는 않다고 하더라도 중국의 고유한 전통은 그래도 현실적 가치가 있다고 말했다. 이 시기에 강유위는 실용주의적 태도를 더욱 많이 채택하였다. 외래 문명에서 중국을 부강하게 만들 수 있는 요소를 흡수하였고, 아울러 외래 문명의 많은 결점을 더욱 분명하게 마주보게 되었다. 강유위는 이탈리아를 여행할 때 다음과 같이 감회를 밝혔다.

> 유럽을 여행하지 못한 사람은 그 지역이 마치 달나라의 궁전과 같을 것이라고 상상하고, 그 사람들은 마치 모두 신선이나 재주가 뛰어나고 현명한 사람일 것이라고 생각할 것이다. 그곳이 더러워서 정비되지 않고, 사기꾼과 도둑이 가득한 것이 이와 같다는 것을 어찌 알겠는가! 따라서 백 번 듣는 것이 한 번 보는 것만 못하다고 하는 것이다. 내가 옛날에 구미를 여행하다가 영국에 갔을 때, 내가 본 것이 평소 독서할 때 상상으로 여행하던 것과는 매우 다르다는 것을 깨닫고서 실망하였다. 지금 이탈리아에 와서 막 육지로 올라왔는데, 더욱 멍해지는 느낌이다.[268]

---

268) 康有爲, 『義大利遊記』(『康有爲全集』 제7집, 351쪽).

강유위는 또 그리스·로마의 문명을 크게 비난했으며, 그 지역이 작고 협소하여 실제로 우리의 한漢나라 시대가 매우 원대했던 것만 못하고, 단지 북위北魏·요遼·금金·원元과 비교될 뿐이라고 여겼다.269) 그러나 오늘날 서양에 머물렀던 자들을 보면, 여전히 서방문명의 수많은 폐단을 똑바로 직시하지 못하고 있다.

이로써 이 당시 강유위의 개제改制는 단지 서양 사람들의 물질문명을 본받는 것에 지나지 않음을 알 수 있다. 풍속과 도덕의 경우는 중국과 서양이 차이가 없기 때문에 고칠 필요가 없으며, 또한 개제를 통해 우리나라 수천 년의 풍속과 인심을 뒤집어엎는 데까지 이르지 않는다. 그러나 몇 년이 지나지 않아서 혁명당 사람들이 권력을 빌어 국정을 장악하자, 봉건윤리를 극도로 비난함으로써 마침내 중국의 도덕이 이처럼 모두 몰락하게 되었다.

보다 더 이후에 강유위는 공자의 도가 서방보다 높고, 단지 중국의 현실에서 가치가 있을 뿐만 아니라 인류에 대해서도 또한 보편적인 가치가 있다고 주장하였다. 이것도 또한 '세계주의'의 입장이지만, 그 목적은 국가의 정수를 보존하는 데 있으며, 오로지 서방과 연결하려는 입장과는 같지 않다. 이로 인해 강유위는 당시 사람들이 국가의 정수를 포기하는 태도를 크게 비난하였다. 이로써 알 수 있듯이, 강유위는 당시의 전반서화파全盤西化派와 공통의 이론 기반, 즉 '세계주의'를 가지고 있었지만, 그만의 다른 의견을 가졌던 것은 중국과 서방의 역사 현상에 대한 이해 및 공자의 도에 대한 재평가에 기인한 것이다. 오늘날의 사람들은 인류가 동질화로 향해 가는 것을 대세로 여겨서, 마침내 전반서화全盤西化를 시대적 조류로 생각한다. 민족民族이라는 물건은 단지 서양 박물관의 옛 물건으로 진열하여 보존하는 것일 뿐이며, 그 당시 강유위처럼 공자사상으로써 세계를 포용했던 포부는 전혀 없다. 이로써 알 수 있듯이, 강유위 만년의 보수는 사실상 매우 적극적인 태도를 가지고 있었으며, 이후 신유학 등 보수주의의 소극적인 태도와는 크게 같지 않았다.

이 당시에 강유위는 자유自由로 대표되는 서방의 가치를 더욱 많이 비판하였다.

---

269) 康有爲, 『義大利遊記』(『康有爲全集』 제7집, 401~403쪽).

지금 중국은 자유라는 풍파가 모든 것을 무너뜨리고 있다. 심한 경우는 자식이 자유를 이유로 자기 아버지를 거역하고, 부인이 자유를 이유로 자기 남편을 버리며, 제자가 자유를 이유로 자기 스승에게 달려들고, 공업과 상업에 종사하는 직원이 자유를 이유로 자기 주인에게 달려들며, 군대의 사졸이 자유를 이유로 자기 상사의 명령을 위반한다. 우매한 백성들은 살펴보지도 않고, 다만 자유라는 이름만 듣고서 곧 편하게 자기 자신을 위하고, 풍속이 그것을 따라간다. 마침내 중국 수천 년의 법도와 도리를 남김없이 모조리 없어지도록 한 것은 자유라는 두 글자가 그렇게 한 것이다.[270]

그런데 서방은 또한 법치法治를 숭상했는데, 법치는 인민의 부자유를 초래할 수밖에 없다. 이에 대해 강유위는 다음과 같이 말했다.

법률法律의 범위는 날로 엄격해지니, 자유에 대한 억압이 더욱 심해진다. 따라서 각 국가에서 인민들은 가혹하고 제멋대로 날뛰는 법률에 고통을 받아서 크게 자유롭지 못하다.…… 우리의 선성先聖이 인간의 자유를 알지 못한 것이 아니다. 따라서 인성人性을 따르는 것을 도道로 삼았고, 인도人道를 닦는 것을 가르침(敎)으로 삼았으며, 인정人情을 따르는 것을 밭으로 삼았다.[271] 따라서 궁실·의복·음식·남녀·친구가 모두 사람들이 원하는 것을 따랐으니, 이른바 자유가 이미 심한 것이다. 다만 그 절문節文을 만들고 그 예법을 만들되, 방지하고 바로잡는 것을 더하여 법으로 삼았으며, 단지 지나침을 없애고 심함을 없앤 것에 지나지 않아서, 사람들이 모두 행할 수 있는 데로 귀결되었다. 이미 자유가 있었기 때문에 자유라는 이름을 세우지 않은 것이다.[272]

---

270) 康有爲, 『擬中華民國憲法草案』(『康有爲全集』 제10집, 81쪽).
271) 역자 주: 『中庸』 1장에 "하늘이 명한 것을 性이라고 하고, 性을 따르는 것을 道라고 하며, 道를 닦는 것을 敎라고 한다"(天命之謂性, 率性之謂道, 修道之謂敎)라는 말과 『禮記』 「禮運」편에 "聖人이 법칙을 만들되,…… 禮義를 그릇으로 삼고, 人情을 밭으로 삼으며, 네 영물을 가축으로 삼았다"(聖人作則,……禮義以爲器, 人情以爲田, 四靈以爲畜)라는 말이 보인다.
272) 康有爲, 『擬中華民國憲法草案』(『康有爲全集』 제10집, 81쪽).

고대 중국은 풍속이 자율적이었기 때문에 집을 넓히거나 직업을 만드는 것에 대해, 정부는 모두 간섭하지 않았다. 비록 자유를 말하지는 않았지만, 사실상 진정한 자유이다. 이와 같이 서방은 비록 자유를 숭상했지만 사실상 진정으로 자유롭지 않다. 지금 서양 사람들의 자유를 본받자는 주장은 중국의 풍속이 완전히 사라지게 만들었고, 그 해가 또한 말하기 어려울 정도로 심하니, "단지 난폭한 백성들로 하여금 미친 듯이 떠들고 제멋대로 행동하도록 함으로써 국가에서는 날마다 혼란의 근원을 조장하고, 민간에서는 난리의 화를 크게 입는 것이다."[273]

강유위는 또 자유自由가 부자父子의 도에 해가 된다는 것에 대해 다음과 같이 논했다.

들자하니, 자식 중에 자유를 주장으로 삼아 자기 아버지를 배반하는 자가 있다고 하니, 구미의 풍속에 내가 20세가 되어 자립하면 아버지는 나를 구속할 수 없다고 한다. 이에 칼을 들고 아버지를 협박하여 돈을 취하는 경우가 있고, 외부에서 일을 할 때 아버지가 수천 리 떨어진 곳에서 와서 보려고 했지만 거부하고 보지 않는 경우가 있다. 나는 나라 일을 하고 있고, 아버지는 집안사람이니, 내가 가정 때문에 국가를 포기할 없다고 말한다. 그 아버지는 눈물을 삼키며 떠나니, 이에 부자父子의 도가 다 끝나 버렸다.[274]

또 자유自由가 부부夫婦의 도를 어지럽힌 것에 대해 다음과 같이 논했다.

들자하니, 부녀婦女가 자유를 주장으로 삼아 자기 남편을 배반하는 자가 있다고 하니, 말 한마디도 서로 맞지 않아서 침실에서 반목하고, 외간 남자에게 정을 두고 따로 끌어안고 있다. 남편은 눈물을 삼키며 개탄하지만, 자세히 눈여겨보더라 도 어찌할 수가 없다. 혹 재산을 강제로 빼앗거나 혹은 신문에 게재하여 밝히더라도, 몸과 명예가 이미 욕보였고 가산이 탕진되었다. 시험 삼아 최근의 이혼 소송을

---

273) 康有爲, 『擬中華民國憲法草案』(『康有爲全集』 제10집, 82쪽).
274) 康有爲, 『中國顚危誤在全法歐美而盡棄國粹說』(1913.7., 『康有爲全集』 제10집, 137쪽).

살펴보면, 나날이 증가하고 있고, 정절情節은 무질서하며, 수많은 일들이 끝없이 벌어지니, 이에 부부夫婦의 도가 흥해졌다.275)

또 자유自由가 스승과 제자의 도를 무너뜨린 것에 대해 다음과 같이 논했다.

자유라고 말하는 순간 학교에서는 스승이 굳이 모범을 보이지 않아도 된다. 학생은 제멋대로 굴고, 끼리끼리 모여 떠들며, 하는 일마다 억지로 요청하고, 조금이라도 자기 뜻을 어기면 자기 스승이나 어른을 비난하고 욕하니, 교실을 시끄럽게 하고 학교에서 정식으로 배우지 않는다.…… 10년 이래로 학생들은 학교에서 정식으로 배우지 않거나 자기 스승을 욕하는 것을 풍조로 삼고, 심한 경우에는 스승이나 어른을 구타한다. 입만 열면 걸핏하면 "스승이 위세를 믿고 나를 억압하고, 나의 자유를 방해한다"고 말한다.276)

새로운 풍조가 열리고 나면 다시 통제할 수 없으니, 마치 종양이 몸을 삼키는 것과 같이 나날이 확장되어, 우리의 양심조차도 끼어들 틈이 없다. 이러한 관념이 천리天理를 해치는 것을 강유위 이후로 이 정도 지경까지 이른 것을 본 적이 없다. 문화대혁명에 이르러서 이러한 풍기는 최고조에 달했다. 그 후에 비록 혼란을 바로잡는 움직임이 있었지만, 여기에서 나열한 것을 바로잡았던 경우는 없었다. 따라서 지금에 이르러 이 풍조는 더욱 강렬해져서 "자유를 함부로 동경하는 자들이여! 그 화가 이 지경에 이르렀다."277)

서방의 가치가 이처럼 중국에 해를 끼쳤는데, 그 나라 본토에서 시행되었을 때도 많은 폐단이 있었다. 강유위가 일찍이 말했다. "예전에 미국 사람 듀이(Dewey)는 신교新敎를 만든 대사大師인데, 이맛살을 찌푸리고 상심하면서 나에게 말했다. '우리 미국은 국國은 있는데 가家가 없다.' 그리고 우리 중국인을 크게 흠모하였다."278)

---

275) 康有爲, 『中國顚危誤在全法歐美而盡棄國粹說』(『康有爲全集』 제10집, 137쪽).
276) 康有爲, 『中國顚危誤在全法歐美而盡棄國粹說』(『康有爲全集』 제10집, 135쪽).
277) 康有爲, 『中國顚危誤在全法歐美而盡棄國粹說』(『康有爲全集』 제10집, 137쪽).

이로써 알 수 있듯이, 서양 사람들은 자기 나라의 풍속이 병든 것에 대해 그래도 스스로 반성할 줄 안다. 그런데 유독 우리나라 사람들은 알지도 못하고, 또한 알려고 하지도 않는다. 따라서 강유위는 그것을 깊이 미워하여, "자유를 함부로 동경하는 자들이여! 그 화가 이 지경에 이르렀다"[279]고 말한 것이다.

이 당시에 강유위는 중국의 물질문명이 비록 서방보다는 못하지만, 도덕 풍속의 경우에는 진실로 중국이 뛰어나다고 말했다. "유럽과 미국을 중국과 비교해 보면,…… 예를 들어 물질을 가지고 문명을 논해 보면, 유럽과 미국이 진실로 중국보다 낫다. 그런데 만약 도덕을 가지고 논해 보면, 중국인은 수천 년 이래로 성경聖經의 가르침을 받았고, 송학宋學의 풍속을 계승하여 어짊과 양보를 귀하게 여기고, 효도와 공경을 숭상하며, 충심과 공경을 아름다움으로 여긴다. 절기氣節와 명의名義를 연마하며, 사치와 낭비, 음란과 방탕, 경쟁을 숭상하지 않으니, 중국이 유럽과 미국보다 낫다고 말해도 괜찮을 것이다."[280]

그러나 경자국난庚子國難 이후, 혁명의 논조는 이미 대세가 되었다. 혁명 당원들은 배만광복排滿光復의 기치를 내걸었는데, 그들이 혁명하고자 한 것은 만주인 조정을 전복시키는 것에 그치지 않고, 사실상 위로 명조明祖가 했던 것을 본받아 만주인을 관외關外의 옛 땅으로 모두 쫓아내고자 하였다. 강유위는 공양가의 이하夷夏 이론을 빌어서, 종족 간 차별의 가장 중요한 점은 문화에 있다고 강조하였다. 그 의도는 배만排滿 혁명의 잘못을 지적하는 데 있었다.

6. 보수와 급진

경자국난庚子國難 이후, 청나라 조정도 점점 개혁을 밀고 나가 다양한 정책을 실시했는데, 모두 무술戊戌 신법新法의 범위를 벗어나지 않았다. 갑오지역甲午之役,

---

278) 康有爲, 『中國顚危誤在全法歐美而盡棄國粹說』(『康有爲全集』 제10집, 137쪽).
279) 康有爲, 『中國顚危誤在全法歐美而盡棄國粹說』(『康有爲全集』 제10집, 137쪽).
280) 康有爲, 『物質救國論』(『康有爲全集』 제8집, 67쪽).

즉 청일전쟁 때, 온 나라가 놀라고 두려워한 나머지 상하가 모두 변법을 기대했는데, 조정은 여전히 인심이 기대는 대상이었다. 청나라 조정이 만약 스스로 개혁할 수 있었다면, 비록 오래된 나라라고 하더라도 여전히 새롭게 천명을 받는 것을 기대할 수 있었다. 그러나 경자국난이 발생하자 광서제光緖帝와 서태후西太后는 수도를 버리고 밖으로 도망쳤으며, 경기지역은 완전히 유린되어 치욕이 막심하였다. 만인滿人 조정이 결국 천하의 기대에 부응하지 못함으로써 혁명은 마침내 점점 밀물처럼 세차게 밀려들어오는 형세가 되었다. 강유위는 무술 연간에 개량을 제창했는데, 그 당시에 비록 옛 나라에 천명을 의탁했지만, 보수파는 그래도 강유위가 급진적이라고 생각하였다. 경자년 이후, 강유위는 보황保皇을 위주로 삼았으며, 당시는 혁명 풍조가 극성한 시기였기 때문에 결국 그는 온 나라 사람들로부터 보수로 지목되었다. 청나라 조정이 신정新政을 빌어 인심을 수습했지만, 이미 그 시기를 놓쳐 버렸다.

경자국난 이후로 서태후는 여전히 피난 상태에 있었고, 천자의 명령을 내려 신정新政을 실시함으로써 "치욕에 피눈물을 흘리면서 스스로 강해질 것"을 도모하였다. 신정의 정신은 곧 "외국의 장점을 취하여 중국의 단점을 보완할 수 있고", "신구新舊는 명칭을 엄격하게 금지하고, 중외中外의 자취를 섞어서 완전히 융합하는 것"이다.[281] 이에 대해 장지동張之洞도 서양의 법도를 사용할 것을 주장하면서 다음과 같이 말했다. "나의 뜻이 이후에 한 가닥 실현될 희망이 있다면, 혹은 자강自强을 생각하거나 혹은 서로 사이좋게 지낼 것을 도모하니, 옛 제도를 많이 고치거나 서양의 법도를 많이 본받지 않으면 안 된다. 만약 서양의 법도를 말하지 않으면, 여전히 이전에 정돈해 두었던 옛날의 관례와 유명무실한 규정뿐이니, 무슨 도움이 되는 것이 있겠는가?"[282] 장지동은 또 각 성省의 순무督撫에게 전보를 보내서 다음과 같이 주장하였다. "반드시 서양의 법도로 바꾸어야 인재를 배출할 수 있고, 군비를 손질할 수 있으며, 외교 사건을 멈출 수 있고, 통상 조약을 공평하게 할 수 있으며,

---

281) 『光緖宣統兩朝上諭檔』 제26책, 460~462쪽 참조.
282) 張之洞, 「致西安鹿尙書」(『張文襄公全集』, 권171, 3쪽).

광업을 개척할 수 있다. 그리고 국내의 서양 사람들이 제멋대로 행동하지 않도록 할 수 있고, 반란의 무리들을 없앨 수 있으며, 성인의 가르침을 오랫동안 보존할 수 있다.…… 만약 단지 중국의 법도만을 정돈한다면, 여러 차례 패배한 국가의 위세, 장기간에 걸쳐 허약해진 인재를 가지고, 어찌 이천여 년 동안 양성된 적폐를 없앨 수 있겠는가? 이것을 가지고 자강自强이 오래 지속되기를 바란다면, 그런 일은 결코 없을 것이다."283) 이 당시는 강유위의 변법과의 거리가 단지 3년에 지나지 않는다. 강유위의 제자인 왕각임王覺任은 다음과 같이 생각하였다. "선생이 옛날에 논했던 변법은 백 가지 중에 한 가지도 드러내지 않았다. 그런데 가짜 조정에서 비록 강력하게 선생을 내쫓고 벌주었지만, 지금 다시 차례대로 선생의 말을 시행하고 있다. 두 명의 총독總督, 즉 유곤일劉坤—과 장지동張之洞이 비록 선생이 서양의 학문에 능통하지 못했다고 지적하고 자신들은 선생과 분명하게 같지 않다고 말했지만, 선생의 견해를 표절하여 답습하지 않은 것이 하나도 없다."284)

그 후에 손중산孫中山이 혁명을 주장하였다. 단지 하나의 성씨를 가진 왕조를 전복시키는 것뿐만 아니라, 또한 서방의 민주공화를 가지고 중국 2천여 년의 군주제도를 대체하려고 했다. 이것은 진실로 수천 년 동안 없었던 비상사태였다. 강유위의 개량과 비교해 보면, 비록 군헌君憲과 공화共和의 차이는 있지만, 오랑캐로써 제하를 변화시키는 것에 있어서는 차이가 없다. 이러한 측면에서 말하면, 강유위와 손중산의 사상은 모두 급진적이며, 보수의 형태는 결코 없다.

또 강유위의 개량은 하나의 성씨를 가진 왕조의 '스스로의 개혁'이 결코 아니며, 사실상 공자개제孔子改制의 정신을 본받아서 만세에 법도를 남길 수 있는 새로운 제도를 건립하고자 한 것이다. 공자의 개제는 사대四代를 절충하여 새로운 제도를 만들어서, 옛 전통 중에서 하나의 새로운 전통을 열어내는 것이다. 강유위가 공자를 본받은 것은 단지 만청을 옛 나라에 해당시켜서 새로운 천명을 두는 것뿐만 아니라,

---

283) 『張文襄公全集』, 권171, 30~31쪽.
284) 康有爲, 『官制議』, 「序」(『康有爲全集』 제7집, 232쪽).

수천 년의 중국에 새로운 천명을 맡겨 두는 것이다. 따라서 중국이 열강과 경쟁하는 시대에, 그래도 자립自立과 자강自强을 할 수 있고, 또한 승평세·태평세로 나아갈 수 있다. 이후의 혁명당은 국민당이든 공산당이든 상관없이, 모두 5천 년의 전통을 모두 없애려고 했다. 당연히 텅 비고 하얀 백지 위에서만 가장 아름다운 그림을 그릴 수 있다고 생각하였다. 따라서 강유위의 개량은 이러한 급진적인 주장과 비교하면, 자연히 보수가 된다.

강유위는 일찍이 공자를 자기 스스로에 비유하여, 개제改制의 어려움을 다음과 같이 서술하였다.

> 공자는 일반 백성의 신분으로서 주나라의 제도를 개혁하였다. 천륜天倫에 근본하고, 인정人情에 따르며, 시대의 변화에 순응하여 성인의 마음으로 결단하니, 비록 자유子游와 자하子夏라고 하더라도 한마디 말도 거들 수가 없었다. 그러나 인정人情은 대부분 옛날의 습관에 안주하여 함께 새로운 시작을 도모하기가 어렵고, 갑자기 변혁을 주면 놀라거나 의심하지 않는 경우가 드물다. 비록 제왕의 힘을 가지고 있더라도 변법變法을 시행하는 시초에는 본래부터 입을 함구한 채 놀라서 위축되지 않는 사람이 없는데, 하물며 선비 한 사람의 힘으로 옛날 선왕에 의탁하여 신법新法을 새롭게 세우는 사람은 어떻겠는가? 후세에는 공자의 제도를 높여 사용하면서 본래부터 그러하다고 생각하였다. 그런데 내가 그 당시를 고찰해 보니, 비록 뛰어난 제자라고 하더라도 여전히 혼란스러워 하면서 의심의 말을 했는데, 하물며 당시 사람들은 어떻겠는가? 이제 당시의 관련 사실들을 대략적으로 고찰하여 제도개혁의 어려움을 드러내었다.[285]

공자는 주나라의 문식이 피폐해진 시대에, 『춘추』를 지어 주나라 제도를 바꾸려고 하였다. 그러나 일반 백성의 신분이었기 때문에 부득이하게 후세에 법도를 남길 수밖에 없었다. 강유위는 청나라 말기의 쇠퇴한 시대에, 또한 때마침 강력한 외국 오랑캐를 만난 상황에서, 수천 년의 문물제도를 바꾸고자 했으니, 그 어려움을

---

285) 康有爲, 『孔子改制考』, 권13(『康有爲全集』 제3집, 159쪽).

자연스럽게 알 수 있다. 또 강유위는 성주聖主가 재위에 있는 때를 직접 만나서 유신維新을 외쳤고, 이러한 천재일우의 기회를 빌어서 당대의 조정에서 제도를 개혁하고자 했으니, 그 어려움이 공자보다 더욱 심했을 것이다. 그의 대응 조치는 대부분 경솔하고 성급했으며, 그가 도모한 것은 또한 공자보다 지나쳤기 때문에 그 실패는 본래부터 마땅한 것이다!

개제가 이처럼 어렵기 때문에 강유위는 항상 소왕素王의 뜻으로 스스로를 자부했고, 또 옛날 책 속에 역대 성현이 제도를 개혁한 일이 많이 실려 있다고 말했다. 이것은 '뒤에 있는 벽을 때려 부순다'는 말이라고 할 수 있다. 주일신朱一新은 일찍이 개제改制의 폐단에 대해 다음과 같이 말한 적이 있다.

> 건륭乾隆·가경嘉慶 연간의 여러 학자들은 의리를 중요한 금제禁制로 삼았다. 그런데 지금 그 상실된 것을 만회하고자 하면서, 의리의 일반적인 이치를 회복하고자 하지 않고, 다만 의리의 변형된 형태만을 큰소리로 말한다. 저 융적戎狄은 군신君臣이 없고 부자父子가 없고 형제兄弟가 없으니, 이것이 의리의 변형된 형태이다. 장차 우리 성현의 경전을 평범해서 본보기로 삼기에 부족하다고 여기고, 기어코 그 변형된 형태를 새롭고 기이한 것으로 여길 것인가? 의리가 있은 이후에 제도가 있으니, 융적의 제도에는 융적의 의리가 깃들여 있다. 의리가 다르면 이에 풍속이 다르다. 풍속이 다르면 이에 제도가 다르다. 지금 그 근본을 헤아리지 않고 제멋대로 개제改制를 말하니, 제도는 고쳤는데 장차 의리는 제도와 함께 고치지 말라는 것인가?…… 인심人心이 공리功利에 빠져서, 법도를 행하는 자들이 모두 나의 법도를 빌어서 자기의 사사로운 욕심을 제멋대로 부리니, 하나의 법도를 세우면 바로 하나의 폐단이 더해진다. 따라서 나라를 다스리는 도는 반드시 인심을 바로잡고 풍속을 두텁게 하는 것을 우선으로 삼는다. 법제法制를 분명하게 갖추는 것은 또한 그 다음이다.[286]

개제改制는 항상 공리功利에 급급하고, 의리義理의 측면에서 폐단이 생긴다. 따라서

---

286) 朱一新, 「復康長孺第四書」(『康有爲全集』 제1집, 328쪽).

개제는 오히려 공적이 드러나지 않고, 풍속은 또한 크게 무너진다. 전목錢穆은 주일신의 말을 깊이 칭찬하면서 다음과 같이 말했다. "제도를 정할 때는 반드시 먼저 의리를 정밀하게 해야 하고, 법도를 시행할 때는 더욱이 풍속을 아름답게 하는 것을 기다려야 한다. 의리가 정밀하지 않으면 제도가 세워지지 않고, 풍속을 아름답게 하지 않으면 법도가 시행해지지 않는다. 당시 『공양전』을 연구하여 개제를 말한 자들이 여기에 어두웠기 때문이니, 그 폐단이 지금에까지 이르렀다."287)

공양가의 삼세三世 이론에 의하면, 강유위는 본래 점진주의자에 속한다. 군주제도를 보존한다는 전제 하에서 서양의 헌정憲政을 받아들이기 때문이다. 이로써 알 수 있듯이, 강유위의 개제는 이미 한 번 정해지면 고치지 않는다는 보수파의 입장도 아니며, 또한 단번에 일을 다 해치운다는 혁명파의 입장도 아니다. 그것은 입헌立憲을 경유하여 점차적으로 대동大同으로 도달하는 점진개량파漸進改良派이며, "유럽은 당연히 입헌군주立憲君主를 경유하여 점차적으로 입헌민주立憲民主를 이룰 수 있었으며, 중국은 군주전제君主專制를 경유하고, 반드시 입헌군주立憲君主를 거쳐야만 혁명민주革命民主에 이를 수 있다."288) 바로 이와 같기 때문에 보수파든 혁명파든 상관없이 모두 강유위를 좋아하지 않았다. 강유위는 자신의 심경을 다음과 같이 서술하였다. "무술戊戌 이후로, 구세력은 내가 너무 새롭다고 공격했고, 신세력은 내가 너무 보수적이라고 공격했다. 혁명당에서는 또 내가 황제를 보위한다고 공격했다."289) 이로써 세상 사람들 대부분이 강유위를 이해하지 못했다는 것을 알 수 있다.

그의 제자인 양계초는 『남해강선생전南海康先生傳』・『청대학술개론淸代學術槪論』에서부터 공제문公祭文에 이르기까지, 여러 차례 세상 사람들에게 자기 스승의 모습을 표현했다. 그러나 대부분이 『신학위경고』・『공자개제고』・『대동서』 세 책에 근거한 것일 뿐이었다. 또 "나의 학문은 30세에 이미 완성되었고, 그 이후에는 더 이상 나아지지 않았으니, 또한 군이 나아지려고 할 필요가 없었다"라는 강유위 본인의

---

287) 錢穆, 『中國近三百年學術史』 하책, 732쪽.
288) 康有爲, 「答南北美洲諸華商論中國只可行立憲不能行革命書」(『康有爲全集』 제6집, 325쪽).
289) 康有爲, 「告國人書」(1925, 『康有爲全集』 제12집, 405쪽).

말을 인용했는데, 강유위의 후기 사상을 옳다고 여기지 않았다. 강유위가 양계초에게 다음과 같은 말을 한 적 있다. "너를 나의 초상화라고 하면 사람들은 반드시 믿을 것이다. 그러나 너는 나를 너무 닮지 않았으니, 나도 또한 네가 나의 모습과 닮아서 나의 모습으로 여겨진다고 감히 말하지 않는다."[290] 강유위와 양계초의 사제 관계는 사소하고 하찮은 일 때문에 큰 의심을 초래하여, 그 관계가 거의 적대 국가처럼 되었으니, 사상의 사이는 오히려 부차적인 문제였다. 그렇지만 양계초는 끝내 자기 스승의 마음을 절실하게 살피지 못했으니, 정말 애석하다.

강유위의 만년의 사상에 대해, 소공권蕭公權이 선의의 마음으로 강유위를 더욱 많이 이해하였다.

강유위 변법變法 정치의 큰 계획 중에는, 중국을 근대화하여 수많은 국가들 사이에서 하나의 강대국이 되도록 만드는 것뿐만 아니라, 낙후된 국가를 세계 화목과 인류 행복이라는 큰 도에 참여하여 나아가도록 만드는 것이 있다.…… 강유위가 생각하기에, 군주입헌과 같은 경우는 당연히 전제專制로부터 민주民主로 나아가는 과도기이며, 애국주의 혹은 민족주의, 내지는 세계주의의 전조이다. 과연 진실로 이와 같다면, 중국의 개혁은 군주입헌의 완성에서 그칠 리가 없으며, 인류가 완전한 상태로 향하는 길도 또한 중국의 근대화에만 그치지 않는다.[291]

따라서 소공권은 다음과 같이 생각했다. 가장 중요하고 절박한 임무는 당연히 중국을 부강하게 만드는 데 있고, 부강의 관건은 "한결같이 민권民權에 기초한 정부 및 근대 생활의 수요에 적합한 효과적인 행정 계통이 있어야 한다"[292]는 데 있다. 이것이 바로 강유위 만년 사상이 주목한 핵심이며, 그의 무술 연간의 입장과 비교하면 이미 후퇴한 것이다.

그러나 당시에 많은 사람들이 지적했듯이, 강유위는 무술변법戊戌變法에서 상당히

---

290) 康有爲, 「與梁啓超書」(1912.2.4., 『康有爲全集』 제9집, 278쪽).
291) 蕭公權, 『康有爲思想硏究』, 132쪽.
292) 蕭公權, 『康有爲思想硏究』, 134쪽.

급진적인 조치를 채택하고 있는 듯하다. 1898년, 영국의 외교관 로버트 하트(Robert Hart, 1835~1911)는 한 통의 편지에서 다음과 같이 지적했다. "광서光緒 황제가 달려간 길은 옳지만, 그의 고문인 강유위 등의 사람들은 경험이 없었으며, 그들은 솔직히 선의로 인해서 오히려 진보進步를 말살하였다. 그들은 탐욕스럽게 급히 먹다가 죽는데도 소화시킬 줄 모르고, 3개월 안에 3년 치의 식량을 먹으려고 했다."293) 윌리엄스(E. T. Williams)는 다음과 같이 생각했다. "무술년 그 해에 하나하나의 개혁이 모두 시행 가능했으며, 국가의 현대화를 위해 멀리 내다보는 계획을 세웠지만, 실행의 단계에서 속도가 너무 빨랐고, 기교는 너무 모자랐다."294) 양계초가 강유위는 "겉모습은 급진파急進派 같지만, 그 정신은 사실 점진파漸進派였다"고 한 것이 바로 이것을 말한 것이다.295)

강유위는 대정大政에 갑자기 참여하여 급하게 일을 처리하려고 했고, 또 수구 대신들의 방해에 분개하여, 여러 차례 상소를 올려 새로운 것과 옛것이 양립할 수 없다고 말했다. 심지어 상주문을 올려 "황제 가까이에 있는 대신들을 주살해야 한다"고까지 말했다. 또 영록榮祿(1836~1903)의 면전에서 "2품 이상 신법新法을 방해하는 대신 한 두 사람을 죽이면 신법이 시행된다"고까지 큰소리를 쳤다.296) 그의 다양한 주장을 살펴보면, 사방에 적을 만들지 않는 것이 없었다. 예를 들어 문을 막고서 무리들에게 맹세한 것(御門誓衆)이나 국시國是를 명확하게 정한 것(明定國是) 등과 같은 그의 행동은 한 사람이 정한 시비의 기준을 대중에게 강요한 것이다. 팔고문八股文을 폐지한 것은 천하의 사인士人에게 죄를 지은 것이다. 또 관직을 바꾸어서 차등을 두고자 하여 관제官制 개혁을 제창했는데, 그것은 사실 옛 신하들의 권력을 박탈하고자 한 것이다. 예로부터 지금까지 개혁이 이처럼 직설적이고 격렬한 경우는 없었다. 따라서 그 실패도 가장 빨랐으며, 겨우 100일 만에 해외로 도망치는

---

293) 蕭公權, 『康有爲思想硏究』, 270쪽에서 재인용.
294) E. T. Willams, *China Yesterday and Today*, p.1415(蕭公權, 『近代中國與新世界: 康有爲 變法與大同思想硏究』, 356쪽에서 재인용).
295) 梁啓超, 『南海康先生傳』(『康有爲全集』 제12집, 「附錄 一」, 438쪽).
296) 梁啓超, 『變法通議』(1896, 『飮冰室文集』 1권).

결과를 초래하였다. 강유위가 끝까지 목숨을 온전히 할 수 있었던 것은 진실로 천운이었다. 그의 동생 강광인康廣仁은 이 일에 앞서 이미 변법의 패인을 통찰하고서, 다음과 같이 말했다. "큰형님은 규모가 너무 넓고, 패기가 너무 강하며, 책임진 일이 너무 많고, 동지同志가 너무 외로우며, 실행이 너무 크다. 변법에 대해 배척하는 자, 시기하는 자, 압박하는 자, 비방하는 자들이 거리에 가득 차 있다."[297] 그리고 양계초가 말했다.

무술戊戌 유신維新을 귀하게 여길 만한 것은 그 정신에 있을 뿐이다. 그 형식은 너무 결점이 많다.…… 당시 온 나라의 인사들 중에 구미 정치의 큰 근원을 아는 자는 몇 사람 되지 않는 데다가, 또 온갖 방법으로 방해했기 때문에 두루 다 대처할 수가 없었다. 그런데 그 주동자들은 또한 서양 지역을 여행하거나 서양의 책을 읽지 못했다. 따라서 그 조치가 합당함을 모두 다 얻지 못한 것이 당시의 형세가 그렇게 만든 것이라는 점은 숨길 필요가 없다. 그 정신은 순순하게 국민의 공리공익公利公益을 위주로 하였다. 한 나라의 인재를 양성하고, 한 나라의 정치를 고치고, 한 나라의 뜻을 모으고, 한 나라의 일을 처리하는 하는 데 힘쓰는 것이다. 나라를 세우는 큰 원칙은 여기에 있다. 정신이 서게 되면 형식은 그에 따라 나아간다. 비록 미비한 점이 있다고 하더라도, 나중에 개량되지 않을 것이라고 걱정하지 않는다.[298]

오늘날 서양지역을 여행하고 서양 책을 읽은 사람이 많지만, 그들이 제시하는 다양한 조치들은 항상 그 마땅함을 잃어버린다. 일본 명치유신明治維新의 여러 관련자들의 경우, 송명宋明 리학理學에 대한 깊은 조예가 있었기 때문에 결국 큰 공적을 이룰 수가 있었다.

---

297) 康廣仁, 『康幼博茂才遺文』(沈云龍, 『近代中國史料叢刊』 제2집, 601~602쪽에 실려 있음).
298) 梁啓超, 『南海康先生傳』(『康有爲全集』 제12집, 「附錄 一」, 425쪽).

소여蘇輿(1872~1914)는 자가 가서嘉瑞이고, 호는 후암厚庵이며, 만년의 호는 한재閑齋
이다. 호남湖南 평강平江 사람이다. 어렸을 때 부친을 따라서 책을 읽었고, 현학생원縣學
生員에 임명되었다. 조금 장성하여 장사長沙 상수교경당湘水校經堂에 들어가서 공부했
고, 또 왕선겸王先謙에게 수학하여 왕선겸이 인정한 문하생이 되었다. 광서光緒 30년
(1904), 소여는 진사에 합격하여 한림翰林이 되었다. 러일전쟁 이후, 청나라 조정에서
다섯 명의 대신大臣을 유럽과 미국, 일본에 파견하여 헌정憲政을 살펴보도록 했는데,
소여는 자비로 따라가서 일본 여행을 할 수 있도록 요청하여 수개월 만에 돌아왔다.
32년, 우부랑중郵部郎中에 임명되었다. 청나라 황제가 재위를 내려놓자, 소여는 울분이
치밀어 스스로를 억제하지 못하고 결국 관직을 떠났다. 그 후에 병으로 향년 42세에
죽었다.

그의 주요 저작은 『춘추번로의증春秋繁露義證』 17권, 『안자춘추교본晏子春秋校本』
7권, 『익교총편翼敎叢編』 6권, 『신해천루집辛亥賤淚集』 4권이 있다. 그 외에 『자이실시존
自怡室詩存』 4권이 있고, 미완성작인 『사기교주史記校注』와 『고정림시집주顧亭林詩集注』
원고가 집안에 보완되어 있다. 그 중에 『춘추번로의증』이 그의 대표작이다.

1. 학문을 바로잡아(正學) 가르침을 도움(翼敎)

『춘추번로의증』이라는 책은 『춘추번로』를 교정하고 해석하는 것을 목적으로
했으며, 단지 건가乾嘉 학술의 일부분일 뿐이다. 이 책의 사상적 함의는 학자들에게
크게 주목받지 못한 듯하다. 대체로 일반 연구자들이 생각한 소여는 대부분 『익교총편
翼敎叢編』의 편찬자로서의 소여이다. 즉 만청시기 유신維新운동의 반대자로서, 혹은

호남湖南 보수파保守派 혹은 완고파頑固派의 대표 인물이다. 사실상 당시에 '진보사관進步史觀'이 주도했기 때문에 청대 말기 보수파에 대한 연구는 기본적으로 '개량改良－혁명革命'이라는 하나의 노선을 둘러싸고 전개되었다. 따라서 당시의 수많은 중요 사상과 인물은 모두 잊혀 버렸으며, 소여는 바로 이러한 현대 사상에 의해 등한시되었던 인물이다.

소여가 편집한 『익교총편』이라는 책의 요지는 공자의 가르침을 도와서, 강유위 등 유신파가 추동했던 변법 및 변법의 사상적 기초였던 강유위의 공양학을 반대하는 데 있다. 소여는 다음과 같이 생각했다. 신오甲午 이후, "사악한 이론이 넘쳐흐르고 인심은 요동을 쳤으니, 그 화는 사실상 강유위에 의해 야기된 것이다."[299] 그리고 강유위의 주요한 죄과는 다섯 가지이다. "육적六籍, 즉 육경六經을 가짜로 만들어서 성경聖經 없애 버렸다. 개제改制에 가탁하여 기존의 법도(成憲)를 어지럽혔다. 평등平等을 제창하여 강상綱常을 무너뜨렸다. 민권民權을 펼쳐서 군상君上을 없애 버렸다. 공자를 기년紀年으로 삼아서, 사람들이 본 왕조가 있다는 것을 알지 못하게 하고자 했다."[300] 따라서 소여는 "앞장서서 제공諸公의 논설 및 조신朝臣이 임금에게 올린 글, 교학敎學과 관련된 글을 모아서 총편叢編을 만들고 『익교총편』이라고 명명하였다." "오로지 가르침을 밝히고 학문을 바로잡는 것을 뜻으로 삼았다."[301] 그가 생각하기에, 학술은 경세經世의 근본이며, 이른바 "학술이 바르지 않는데도 경세를 말할 수 있는 자가 세상에 어찌 있을 수 있겠는가?"[302] 소여가 『익교총편』을 편찬한 목적은 '학문을 바로잡는 것'(正學)을 통해 '가르침을 돕는 것'(翼敎)을 하고자 한 듯하다.

그러나 『익교총편』에 수록된 '익교翼敎' 관련 내용은 논쟁이라는 의미가 지극히 강렬했기 때문에 '정치적 올바름'(Political correctness)을 강조하는 것을 위주로 한 것 같고, 논증의 학술성이라는 측면은 오히려 부차적인 문제였다. 따라서 『익교총편』은

---

299) 蘇輿, 『翼敎叢編』, 「序」.
300) 蘇輿, 『翼敎叢編』, 「序」.
301) 蘇輿, 『翼敎叢編』, 「序」.
302) 蘇輿, 『翼敎叢編』, 「序」.

진정으로 '학문'(學)이라는 측면에서 근본을 바로잡아 고치지 못했기 때문에 결코 '정학正學'이라는 방식으로 '익교翼敎'라는 목적을 달성하지는 못했다고 말할 수 있다. 이로 인해 소여가 『춘추번로의증』을 지었을 때 여전히 강렬한 '익교'의 색채를 띠고 있었는데, 그것은 『익교총편』에서 이루지 못한 뜻을 계승하고자 한 것이다.

강유위는 유신변법을 주장했고, 그 이론 기초는 사실상 공양학에 있다. 그런데 강유위는 『공양전』의 선사先師 중에서도 동중서를 가장 존숭하여, 그를 『춘추』의 대종大宗으로 여겼다. 동중서를 통해 공자의 도를 엿보려고 한 것이다. 강유위가 말했다.

> 동중서를 통해 『공양전』을 소통하고, 『공양전』을 통해 『춘추』를 소통하며, 『춘추』를 통해 육경을 소통하여, 공자의 도의 근본을 엿본다.303)

이로 인해 강유위는 문인들과 함께 『춘추동씨학春秋董氏學』을 지어서, '소왕개제素王改制' 등 『춘추』의 미언微言을 드러내 밝혔다. 소여가 『춘추번로의증』를 지은 직접적인 원인은 바로 강유위의 『춘추동씨학』에 대한 불만에서 나온 것이다. 『춘추번로의증』「자서自序」에서 다음과 같이 말했다.

> 나는 젊어서 동중서의 책을 읽는 것을 좋아하였다. 처음에 능서凌曙의 주석본을 입수했는데, 거기에서 인용하고 증명한 것은 풍부하고 광범위하지만, 『춘추번로』 속에 내포된 깊은 뜻이 연구되지 않은 것을 애석하게 여겼다. 얼마 후에 강유위의 동씨학董氏學에 대해 듣고서 그 의례義例를 살펴보았는데, 너무 기이하여 사람을 놀라게 만들었다.304)

『춘추번로의증』「예언例言」에서 말했다.

---

303) 康有爲, 『春秋董氏學』, 「序」(『康有爲全集』 제2집, 307쪽).
304) 蘇輿, 『春秋繁露義證』, 「自序」, 1쪽.

광서光緖 정축丁丑(1877)과 무인戊寅(1878) 사이에, 강유위康有爲의 『춘추동씨학春秋董氏學』은 『춘추번로』를 이리저리 찢고 마구 흩어놓아서 갈피를 잡을 수 없게 만듦으로써 후학들을 잘못되게 할까 의심되었다. 예를 들어 동중서는 『공양전』에 보이지 않는 것을 '미언微言'으로 삼았는데, 강유위는 음양陰陽·성명性命·기화氣化의 등속에서 취하고, 외부의 가르침을 모아 합쳐서, '미언'으로 나열해 놓았다. 이것은 그림자가 붙어서 실제 모습을 잃어버린 것이다. 삼통三統 개제改制에 대해, 공자가 이미 『춘추』를 새로운 왕에 해당시키고, 삼통三統은 위로 상商·주周에서 그친다고 했다. 그런데 강유위는 공자개제孔子改制를 말하면서 위로 하夏·상商·주周에 가탁하여 삼통으로 삼는다고 걸핏하면 말하니, 이것은 맥락을 제대로 이해하지 못한 것이다. 증鄫나라가 거莒나라 사람을 후계자로 삼은 일(『공양전』, 양공 5년)과 노나라가 팔일무八佾舞를 사용한 일(『공양전』, 은공 5년)은 모두 『공양전』에 보인다. 그런데 강유위는 그것이 '구설口說'이며 『공양전』 밖에서 나온 것이라고 여겼다. 이것은 『공양전』의 독해가 주도면밀하지 못한 것이다. 그 나머지는 더욱 따질 필요가 없다.305)

확실히 『춘추번로의증』이라는 작품은 바로 강유위를 겨냥한 책이다.

만청시기 공양가들은 모두 동중서를 중시했고, 소여도 또한 마찬가지이다. 그는 『춘추번로』가 "전한시대 대사大師들이 경전을 설명한 것 중에 최고의 책"이라고 하였다.306) 이러한 태도는 만청시대 보수파에 함께 속했던 섭덕휘葉德輝와는 매우 다르다. 섭덕휘는 강유위의 정치와 학술에 반대했고, 동중서에 대해서도 큰 편견을 가지고 있었다. 그는 『춘추번로』는 "한대 사람이 잡다하게 지은 책"이라고 말했다.307) 소여는 청대 공양학의 잘못을 모두 강유위 등에게 그 죄를 돌렸고, 혹 하휴에게까지 거슬러 올라갔다. 소여의 관점에서, 『춘추동씨학』이라는 책은 '미언微言'·'개제改制' 등의 여러 이론에서 많은 결함이 있다. "거짓과 오류를 거듭하여, 숨겨져 있고 괴상한 것을 캐내는 폐단을 만듦으로써 순수한 학자인 동중서가 세상 사람들에게

305) 蘇輿, 『春秋繁露義證』, 「例言」, 3쪽.
306) 蘇輿, 『春秋繁露義證』, 「例言」.
307) 葉德輝, 「葉吏部與段伯猷茂才書」(『翼敎叢篇』에 실려 있음).

욕을 먹게 만들었다."308) 따라서 『춘추번로의증』을 지은 의도는 왜곡된 동중서 학설을 바로잡음으로써 강유위의 '거짓 학문'(僞學)을 타파하고, '학문을 바로잡아서' (正學) '가르침을 돕는'(翼敎) 목적을 달성하는 데 있었다.

2. '미언微言' 이론과 『춘추』의 대의 증명(義證)

상주학파常州學派가 일어난 이후, 만청시대 금문학은 원래 『춘추』의 '미언대의微言 大義'를 중시하였다. 강유위는 상주학파의 입장을 더욱더 최고조로 발휘하였다. 그는 『춘추』가 사실상 세 종류가 있다고 생각하였다.

> 하나는 손질하지 않은 『춘추』이다. 단지 역사 문장 및 제나라 환공·진나라 문공의
> 일만 있지 의리는 없으니, 이것은 노나라 역사서의 원래 문장이다. 하나는 공자가
> 손질한 『춘추』이다. 원래 역사서의 문장에 근거하여 필삭하고, 원래 역사서의
> 문장에 근거하여 의리를 드러냈으니, 이것은 대의大義의 『춘추』이며, 『공양전』·
> 『곡량전』이 그 내용을 대부분 전했다. 하나는 대수代數의 『춘추』이다. 다만 그
> 문장을 미언대의微言大義의 기호로 삼고, 당시의 일과는 전혀 무관하니, 이것은
> 미언微言의 『춘추』이며, 공양가인 동중서와 하휴가 전한 것이 많지만 없어진 것이
> 얼마나 되는지 알 수 없다.309)

이른바 '손질하지 않은 『춘추』'는 곧 노나라 역사서의 옛 문장으로, 사건 기록을 위주로 하므로 '경經'이 아니다. 이것은 공양가의 공통된 인식이다. 강유위는 또 별도의 구상을 내놓고, 더 나아가 '대의大義의 『춘추』'와 '미언微言의 『춘추』'를 구분하 였다. 이른바 '대의大義의 『춘추』'는 공자가 필삭한 경문經文 및 『공양전』·『곡량전』의 전문傳文을 포함한다. 그래서 강유위의 관점에서 보면, 이것으로부터 구체적으로 드러난 '대의大義'는 결국 본문本文의 제약을 받기 때문에 공자 『춘추』의 전체 대지大旨

---

308) 蘇輿, 『春秋繁露義證』, 「自序」.
309) 康有爲, 『春秋筆削大義微言考』, 권1(『康有爲全集』 제6집, 13쪽).

를 포괄하기에는 부족하다. 그는 말했다.

> 『춘추』는 문장이 수만 자로 되어 있고, 그 요지는 수천이며, 대의大義는 빛나고
> 밝다. 그러나 겨우 200여 년의 기록이고, 빠지거나 생략된 것이 심하니, 공자의
> 수천 년의 큰 요지를 어떻게 볼 수 있겠는가?[310]

강유위의 관점에서 보면, 경문·전문이 구체적으로 드러난 '대의大義'도 물론
공자의 도이기는 하지만, 당시 정치의 금기禁忌였거나 혹은 진술한 의리가 너무
높았기 때문에 당시 사람들이 받아들일 수가 없었다. 따라서 공자의 도는 또한
통상 '구설口說'의 형식을 통해 전승되었으니, 이것이 '미언微言'이다. 강유위가 말했다.

> 『춘추』는 말이 은미하여 다른 경전과는 매우 다르니, 스승들 사이에 입으로 전수한
> 것이 있지 않았으면 알 수가 없을 것이다.[311]

> 『춘추』의 의리는 경문經文에 있지 않고 구설口說에 있다.[312]

'구설口說'을 통해 전해져 온 이러한 『춘추』가 곧 '미언微言의 『춘추』'이다. 강유위
는 "『춘추』가 존중받을 수 있는 이유는 미언에 있다"[313]고 주장하였다. 이로써
'미언의 『춘추』'는 『춘추』의 가장 중요한 부분임을 알 수 있다. 그리고 '구설'을
통해 서로 전한 이러한 『춘추』는 동중서에 의해 『춘추번로』 본문에 드러난다.
이로써 알 수 있듯이, 동중서의 중요성은 바로 그가 '미언의 『춘추』'를 전한 데
있다. 이에 대해 강유위는 다음과 같이 말했다.

---

310) 康有爲, 『春秋董氏學』, 권1, 「序」(『康有爲全集』 제2집, 307쪽).
311) 康有爲, 『春秋董氏學』, 권1(『康有爲全集』 제2집, 309쪽).
312) 康有爲, 『春秋董氏學』, 권4(『康有爲全集』 제2집, 356쪽).
313) 康有爲, 『春秋筆削大義微言考』, 권1(『康有爲全集』 제6집, 13쪽).

동중서는 더욱이 공자가 신왕新王이 되어, 주나라의 제도를 고치고, 은殷·주周를 왕자의 후예로 삼았다고 여겼다. 큰 말이 힘이 있고, 종지를 곧바로 드러내고 있다. 공자 문하의 미언구설微言口說이 이에 크게 드러났다. 공자가 개제改制의 교주敎主가 된 것은 동중서가 크게 밝힌 것에 힘입은 것이다.314)

확실히 '소왕개제素王改制' 및 『춘추』를 신왕에 해당시킨다'(『春秋』當新王) 등의 여러 가지 이론은 강유위가 보기에 동중서가 전한 『춘추』의 미언이다. 강유위의 이러한 견해는 당시 금문가의 기본적인 공통 인식이라고 할 수 있다. 이후에 피석서가 미언과 대의의 이러한 구분을 더욱더 명확하게 밝혔다. 피석서는 다음과 같이 말했다.

『춘추』에는 미언微言이 있고 대의大義가 있다. 이른바 대의라는 것은 난신적자를 토벌하여 후세를 경계하는 것이 그것이다. 이른바 미언이라는 것은 제도를 다시 세워서 태평하게 다스리는 것이 그것이다.…… 공자는 임금을 시해하고 아버지를 시해하는 것을 두려워하여 『춘추』를 지었고, 『춘추』가 완성되자 난신적자가 두려워 하였다. 이것이 『춘추』의 대의이다. 천자의 일이라거나 나를 알아주거나 나를 죄주는 것이라거나 그 의리는 내가 잠시 취했다고 한 것이 『춘추』의 미언이다. 대의는 드러나서 보기 쉽고, 미언은 은미하여 알기 어렵다.315)

그렇지만 '구설口說'과 '미언微言'이라는 구호 아래에서 경전은 사실상 상당히 자유로운 해석 공간을 부여받았고, 심지어 이러한 해석은 항상 견강부회로 흘렀다. 그러므로 강유위의 변법에 도움이 되는 어떠한 주장도 거의 다 '미언'이라는 명의名義로 『춘추』 경전經傳에서 그 경전의 합리적 근거를 찾을 수 있다. 이로 인해 강유위의 정치 주장을 반박하기 위해서, '익교翼敎'를 주장하는 학자들도 당연히 강유위와 동일한 학술적 근원으로부터 비평을 진행하였다. 섭덕휘는 '구설口說'이 믿을 수

---

314) 康有爲, 『孔子改制考』, 권8(『康有爲全集』 제3집, 103쪽).
315) 皮錫瑞, 『經學通論·春秋通論』.

있는 전기傳記만 못하다고 명확하게 지적하면서 다음과 같이 말했다.

> 구설口說과 전기傳記는 모두 경經을 전한 것이다. 구설은 전해들은 데 의탁하므로 잃은 것이 많고 얻은 것이 적다. 전기는 기록에 의탁하므로 얻은 것이 많고 잃은 것이 적다.316)

주일신朱一新도 금문가가 오로지 '미언微言'만 강론하는 것을 불만스럽게 여기면서 다음과 같이 말했다.

> 도광道光·함풍咸豊 연간 이후로, 경전을 말할 때 오로지 미언微言만을 중시하고, 대의大義는 제쳐 두고 강론하지 않았다. 이른바 미언微言이라는 것은 또한 대부분 육경을 억지로 끌어다가 나의 입장에서 강론하는 것이니, 폐단이 끝도 없다.317)

그러나 상대적으로 기타 보수파 학자들에 비해, 소여는 『춘추』의 '미언'을 결코 간단하게 부인하지는 않았다. 엄격하게 말하면, 한대 학자들도 '미언'과 관련된 주장을 자주 하였다. 따라서 소여의 입장에서 말하면, 관건은 '미언'의 함의가 바로 강유위 등의 금문학자들이 이해한 그 '미언'인가의 여부이다.

『춘추번로』에 의하면, 동중서는 『춘추』가 "그 말을 은미하게 했다"(「楚莊王」)고 말했다. "살펴보면 경문에 기록이 없으니, 어찌 은미하지 않겠는가?"(「玉英」) 확실히 문자의 표면상의 뜻에 입각하여 말한다면, 『춘추』의 '미微'는 바로 '경문에는 없는' 곳에서 드러난다. 그렇다면 '경문에는 없는' 것은 도대체 무엇을 가리키는가? 동중서는 『춘추』를 연구하는 방법을 다음과 같이 논했다. "그렇기 때문에 『춘추』를 논하는 자는 종합해서 도리를 소통하고, 의례義例에 비추어 의리義理를 구하며, 서로 비교하고 참고하여 동일한 일을 종류별로 취합하며, 그 단서를 끌어다 살피고, 밝히지 않고

---

316) 葉德輝, 『葉吏部「輶軒今語」評』(『翼教叢編』에 실려 있음).
317) 朱一新, 『無邪堂問答』, 권1, 21쪽.

남긴 이야기들을 분석해야 한다."(「玉杯」) 그 중에서 '밝히지 않고 남긴 이야기들을 분석해야 한다'는 말은 매우 이해하기가 어렵다. 이에 대해 유월俞樾이 말했다.

경문에 본래 있는 뜻이 아닌 것을 모두 '밝히지 않고 남긴 이야기들'이라고 한다. 『춘추』를 연구할 때는 마땅히 그것을 차단해야 하니, 그래야만 성인의 대의大義가 여러 말들에 의해 혼란스럽게 되지 않는다.[318]

유월은 '경문에 본래 있는 뜻이 아닌 것'의 합법성을 부정하였다. 이로 인해 강유위의 '미언'과 관련된 모든 이론은 유월이 보기에는 바로 '마땅히 차단해야 하는' '경문에 본래 있는 뜻이 아닌 것'이다.

그러나 소여는 오히려 유월의 주장을 부정하고, '경문에 본래 있는 뜻이 아닌 것'을 마땅히 '나머지'(餘), 즉 "경문에 보이지 않지만 진술되기를 기다리는 나머지 뜻"[319]으로 해석해야 한다고 주장하였다. 이로써 알 수 있듯이, 소여의 관점에서 보면 '밝히지 않고 남긴 이야기들이 곧 '미微'가 있는 곳이니, 그것이 바로 『춘추』에서 중요하게 여기는 것이다. 따라서 소여는 다음과 같이 말했다.

하늘이 말을 하지 않아도 사시四時는 운행되며, 성인은 하늘을 본받아서 훌륭한 말을 후세에 남기지만 그 뜻을 다 표현할 수는 없다. 이른바 마음의 정미하고 은미함을 입으로 다 말할 수 없고, 말의 미묘함을 책에 글로 다 쓸 수가 없다. 『춘추』를 읽는 자는 그 은미한 것을 기록함으로써 그 드러난 것을 징험하니, 거의 비슷하게 이해할 수 있을 뿐이다. 따라서 『춘추』는 '밝히지 않고 남긴 이야기들'을 중시한다.[320]

또 말했다.

---

318) 蘇輿, 『春秋繁露義證』, 33쪽에서 인용.
319) 蘇輿, 『春秋繁露義證』, 33쪽.
320) 蘇輿, 『春秋繁露義證』, 96쪽.

천지만물의 일은 분명하지만, 성인이 그것을 하나하나 다 분별할 수는 없다. 성인을 대신하여 그것을 분별하여 성인의 마음을 볼 수 있는 경우가 있다면, 그것은 정경正經과 동일하게 간주될 것이다. 그렇다면 경문에 있는 '밝히지 않고 남긴 이야기들'에 대해 아쉬움을 가질 필요가 없을 것이다.[321]

이러한 측면에서 말하면, 소여와 강유위의 입장이 서로 가까운 것처럼 보인다. 즉 성인이 경문에서 분명하게 말하지 않은 것이 있는데, 이후에 공부해서 "성인을 대신하여 그것을 분별하여 성인의 마음을 볼 수 있는 경우"가 있다면, 그것도 또한 '정경正經'과 동일하게 간주될 수 있을 것이다. 이것은 강유위가 '미언微言'을 '정경'으로 여겼던 주장과 결코 다르지 않다. 그러나 소여는 동시에 또한 다음과 같이 강조하였다. "경솔하게 보지 못했으면서도 억지로 이야기해서는 안 된다." "있는 그대로의 예법禮法 기록을 가지고 미묘한 것을 끝까지 추론해야 하니, 중요한 것은 성인의 뜻을 잃지 않는 것에 달려 있다."[322] 확실히 이것은 소여가 금문가들처럼 경전 해석을 임의대로 견강부회하는 것을 피하기 위한 방법이다.

그렇다면 어떻게 해야만 "성인의 뜻을 잃지 않을" 수 있는가? 『춘추』의 '은미함(微)'에 대해, 소여는 한 단계 더 나아가 다음과 같이 분석하였다.

『춘추』의 은미함(微)은 두 가지 의미가 있다. 하나는 미언微言이다. 예를 들어 계씨季氏를 쫓아냈을 때 '또 기우제를 지냈다'(又雩)고 말한 것(소공 25년), 봉축보逢丑父는 마땅히 주살되어야 한다는 것(성공 2년), 기계紀季는 현명하게 여길 만하다는 것(장공 3년), 그리고 사실을 감춘 말(諱詞)과 문장을 바꾸어서 쓴 말(移詞)과 같은 부류가 그것이다. 이것은 경문에 보이지 않는 것으로, 이른바 70명의 제자들이 그 요지를 입으로 전수한 것이다. 다른 하나는 일마다 미세한 선악善惡을 구별하고, 행위마다 아주 작은 맹아를 막는 것으로, 그 속에 담긴 뜻이 미묘하여 사람들에게 생각을 깊이하고 도를 돌이켜 보도록 하며, 비교하여 관통하고 종류별로 연결하여

321) 蘇輿, 『春秋繁露義證』, 33쪽.
322) 蘇輿, 『春秋繁露義證』, 33쪽.

그 뜻을 이해함으로써 사람을 다스리도록 하는 것이다. 예를 들어 충성을 권면할 경우에는 조순趙盾을 죄주고, 효도를 권면할 경우에는 세자世子 지止를 죄준 것이 그것이다.『순자』「권학편勸學篇」에서 "『춘추』의 은미함"이라고 했고,「유효편儒效篇」에서 "『춘추』에서 말한 것은 은미한 뜻"이라고 했다. 양경楊倞의 주注에서 말했다. "은미함(微)은 유학자의 은미한 뜻을 말한다. 한 글자가 칭찬과 비난이 되므로 그 문장을 미묘하게 쓰고, 그 뜻은 감춘다." 바로 이 문장에서의 '은미함'(微)의 뜻은 사실상 모두 대의大義이다.323)

소여의 관점에서 보면, 동중서가 말한『춘추』의 '은미함'(微)은 사실 두 가지의 함의가 있다. 그것은 바로 '은미한 말'(微言)과 '은미한 뜻'(微旨)이다. '은미한 말'(微言)에 대해 소여는 다음과 같이 말했다.

동중서는『공양전』에서 드러내지 않는 것을 은미한 말(微言)이라고 여겼다.324)

경문에 드러나지 않는 것으로, 사실을 감춘 말이 있다. 그것은 모두 은미한 말(微言)이다.325)

소여는 이른바 '미언微言'은 곧『춘추번로』에서 말한 '문장을 바꾸어서 쓴 말'(移詞)·'사실을 감춘 말'(諱詞)이다. 그것은 경전에 분명하게 드러나지 않고, 오직『공양전』의 역대 선사先師들의 구설口說에 힘입어서 전해졌다고 주장하였다. 이 점에서 소여는 섭덕휘 등 기타 '익교翼敎' 학자들과 같지 않다. 그는 '구설'의 합법성을 결코 간단히 부정하지 않고, 경전 밖에 있는 '미언微言'을 인정하였다.『춘추번로』「옥영玉英」편을 살펴보면, 동중서는 기나라 임금(紀侯)의 말을 인용하여, 기나라 임금이 나라를 떠난 것을 어질게 여겼는데, 소여는 다음과 같이 주를 달았다.

---

323) 蘇輿,『春秋繁露義證』, 38~39쪽.
324) 蘇輿,『春秋繁露義證』,「例言」.
325) 蘇輿,『春秋繁露義證』, 77쪽.

『춘추번로』에서 기나라 임금(紀侯)의 말을 언급한 것은 『공양전』에서 인용한 노자魯子의 말에 비해 상세하다. 그것을 사설師說에서 얻었으니, 스승을 통해 전해진 뜻과 전해진 일임을 알 수 있다. 『설원說苑』 등의 여러 책에서 기록한 『춘추』의 일 중에도 삼전三傳에서 벗어난 기록이 있으니, 사설이 전해져서 한대에도 없어지지 않았다는 것을 증명하기에 충분하다.326)

동중서는 또 "『춘추』에는 사실을 감춘 말(詭辭)이 있다"고 주장했는데, 이에 대해 소여는 다음과 같이 해석하였다.

『춘추』에는 사실을 감춘 말(詭辭)이 있는데, 당연히 공자 문하의 제자들에게 구설口說로 전수한 것이 있었다.327)

또 말했다.

『춘추』에는 말이 바뀐 것이 있고 일이 바뀐 것이 있다. 여이與夷의 시해를 송독宋督에게 옮겨서 선공宣公을 좋게 여겼고, 휴酅땅을 가지고 제齊나라로 들어간 것을 기계紀季에게 옮김으로써 기후紀侯를 현명하게 여겼다. 이것은 그 일을 바꾼 것이다. 필鄑땅의 전쟁에서 초楚나라에 대해 말을 바꾸어서 자子라고 불렀고, 이극里克이 해제奚齊를 죽인 일에 대해 말을 바꾸어서, 임금의 아들(君之子)이라고 불렀다.

---

326) 蘇輿, 『春秋繁露義證』, 84쪽.
　　역자 주: 『춘추』 장공 3년, "기계가 휴 땅을 가지고 제나라로 들어갔다"(紀季以酅入於齊)에 대해, 『공양전』에서 말했다. "기계는 누구인가? 紀나라 임금의 동생이다. 무엇 때문에 이름을 기록하지 않았는가? 어질게 여긴 것이다. 무엇 때문에 기계를 어질게 여겼는가? 기나라를 위해 죄를 받았기 때문이다. 그가 기나라를 위해 죄를 받았다는 것은 무슨 의미인가? 魯子가 말했다. '기계가 기나라 시조와 임금 네 명의 후손들이 제사를 지낼 수 있도록 고모와 자매를 살려줄 것을 요청했다.'" 한편 『춘추번로』 「玉英」편에서는 기계와 관련된 일을 기록하면서, 기계가 동생에게 한 다음과 같은 말을 인용하였다. "나는 종묘의 주인이니, 죽지 않으면 안 된다. 너는 酅 땅을 가지고 제나라에 가서 죄를 자백하고, 다섯 사당을 세워서 우리 선조들이 때마다 귀의할 수 있도록 요청하라."

327) 蘇輿, 『春秋繁露義證』, 84쪽.

이것은 그 말을 바꾼 것이다. 그 말을 바꾼 것은 곧 문장을 위주로 하여 추론할
수 있지만, 그 일을 바꾼 것은 구설口說이 아니면 밝히기가 어렵다.[328]

이로써 알 수 있듯이, 소여의 관점에서 보면 『춘추』에는 사실을 감춘 말(詭詞)이
있고, 문장을 바꾸어서 쓴 말(移詞)이 있다. 따라서 단지 『공양전』의 역대 선사先師의
'구설'을 통해서 살펴야만 비로소 공자가 『춘추』를 필삭한 독특한 생각을 이해할
수 있다. 이러한 측면에서 말한다면, 소여와 강유위의 '구설'에 대한 태도는 사실상
매우 가깝다. 그러나 소여가 강유위와 다른 점은 그와 동시에 또한 '구설'의 한계성을
강조한 것에 있다. 소여가 말했다.

진한시대와 춘추시대의 관계는 지금과 명나라 말기와 같다. 연대가 멀지 않고,
원류가 서로 이어져 있으므로 『춘추』를 설명하는 자가 여전히 사실을 감춘 말(詭詞)
을 통해서 그 자세한 내용이나 사정을 이해할 수 있다. 그렇지만 또한 그것이
반드시 꼭 들어맞아서 잘못된 것이 없을 수는 없다.[329]

소여의 입장에서 보면, 경전의 "연대가 멀지 않으면" '구설'의 '사실을 감춘
말(詭詞)을 빌어서 "그 자세한 내용이나 사정을 이해할 수 있다." 그렇지만 반드시
"꼭 들어맞아서 잘못된 것이 없을 수는 없다." 이로 인해 진한시대로부터 만청시기에
이르기까지 2천여 년을 거치면서, '구설'로 표현되어 전달된 '자세한 내용이나 사정'은
시간의 흐름으로 인해 진실을 잃어버릴 수밖에 없다. 이러한 측면에서 말하면,
만청시기에 강유위가 여전히 '구설'을 크게 떠들면서 『춘추』를 해석한 것은 사실상
반드시 시의時宜에 부합하는 것은 아니다.

이 외에 '은미함(微)은 또한 '은미한 뜻'(微旨)이라는 의미도 있다. 이른바 '은미한
뜻'(微旨)은 양경의 『순자』 주석에 나온다. "한 글자가 칭찬과 비난이 되므로 그

---

328) 蘇輿, 『春秋繁露義證』, 78쪽.
329) 蘇輿, 『春秋繁露義證』, 83쪽.

문장을 미묘하게 쓰고, 그 뜻은 감춘다"는 것이다. 소여는 다음과 같이 생각했다. 『춘추』에는 실제로 '일자포폄一字貶褒'이 있다. 예를 들어 허許나라 세자世子 지止가 약을 맛보지 않아서 부친이 죽은 일에 대해, 『춘추』에서는 "허나라 세자 지가 그 임금 매를 시해했다"(許世子止弑其君買)고 기록했다. 허나라 지는 사실 임금을 시해하지 않았는데, 『춘추』에서는 시해했다고 기록한 것은 그 뜻이 후세에 효도를 권면하는 데 있다. 따라서 소여는 다음과 같이 생각했다. "일마다 미세한 선악善惡을 구별하고, 행위마다 아주 작은 맹아를 막는 것으로, 그 속에 담긴 뜻이 미묘하여 사람들에게 생각을 깊이하고 도를 돌이켜 보도록 하며, 비교하여 관통하고 종류별로 연결하여 그 뜻을 이해하도록 하였다."[330] 여기에서의 관건은 "비교하여 관통하고 종류별로 연결한다"(比貫連類)는 말에 있다. 이에 대해, 동중서는 "『춘추』를 연구하는 자가 하나의 단서를 파악하여 다른 여러 일에 연결하고, 하나의 경로를 알아서 널리 관통한다"(『春秋繁露』, 「精華」)고 하였다. 소여는 다음과 같이 주를 달았다.

> 한 사람을 말미암아서 다른 나라로 미루어 나가고, 천하天下를 말미암아서 만세萬世로 미루어 나가니, 이것을 일러 '연결하여 관통한다'고 한다. 따라서 『춘추』에서 보면 성패成敗의 자취가 뚜렷하게 매우 분명하다.[331]

따라서 소여가 '은미한 뜻'(微旨)을 말한 것은 곧 '예例'를 추론하여 "선善을 진작시키고 악惡을 막음"으로써 『춘추』의 대의를 드러내는 것이다.

『춘추』에는 의리(義)가 있고, 또 예例가 있다. 동중서는 의리(義)를 중시했고, 하휴는 예例를 중시했다. 하휴가 예를 중시한 전통은 서언의 『공양전』 소疏를 거쳐서 더욱 빛나고 광대해졌으며, 나아가 유봉록의 『공양하씨석례公羊何氏釋例』에서 최고조로 밀어붙였다. 이러한 측면에서 말하면, 강유위는 위로 유봉록의 계통을 계승한 것 같다. 그러나 소여의 입장에서 보면, '예例'도 물론 중요하지만, 결국은 '의리'(義)에

---

330) 蘇輿, 『春秋繁露義證』, 38쪽.
331) 蘇輿, 『春秋繁露義證』, 97쪽.

종속된다. 그가 말했다.

동중서가 『춘추』를 말한 것은 법法을 앞세우고 예例를 뒤로 했으며, 의리(義)를
앞세우고 비比를 뒤로 했다. 의법義法이라는 것은 비례比例의 근본이다.[332]

이로써 알 수 있듯이, 『춘추』의 '비례比例'의 목적은 '의리'(義)를 밝히는 데 있을
뿐이다. 따라서 소여는 '은미한 뜻'(微旨)을 논하면서 "사실은 모두 대의大義이다"라고
주장하였다. 그가 또 말했다.

선사先師는 혹 입으로 전수한 것에서 그것을 얻었고, 혹 예例를 통해 추론했으니,
모두 의리(義)를 밝힌 것이다.[333]

소여의 이 말에 의하면, '입으로 전수한 것'이 곧 '은미한 말'(微言)이고, '예例를
통해 추론하여' 얻은 것은 '은미한 뜻'(微旨)이다. '은미한 말'(微言)이든 '은미한 뜻'(微旨)
이든 상관없이 모두 '의리'(義)를 밝히는 수단에 지나지 않는다. 따라서 소여는
말했다.

『춘추』는 의리를 세우는 것(立義)을 종지로 삼는다.[334]

경전을 연구하는 방법은 대의大義를 가장 우선한다.[335]

이로 말미암아 소여는 상당히 엄밀한 논증을 통해 '미언微言'이라는 명칭을
바로잡았을 뿐만 아니라, 또한 '대의大義'라는 깃발을 높이 치켜들었다.

---

332) 蘇輿, 『春秋繁露義證』, 40쪽.
333) 蘇輿, 『春秋繁露義證』, 33쪽.
334) 蘇輿, 『春秋繁露義證』, 12쪽.
335) 蘇輿, 『春秋繁露義證』, 148쪽.

소여의 입장에서 보면, '미언微言'은 단지 『춘추』 속의 '문장을 바꾸어서 쓴 말(移詞) 혹은 '사실을 감춘 말(詭詞)에 지나지 않으며, 단지 '구설口說'을 통해 살펴야만 분명해질 수 있다. 더욱이 그것은 특정한 시대에 있어서만 합리성과 필요성이 있다. 강유위에 의해 '미언微言'으로 여겨졌던 '삼과구지三科九旨'와 '비위도참祕緯圖讖' 의 경우는 모두 '미언微言'에 속하지 않는다. 따라서 '미언'을 말하기를 좋아하는 금문학자에 대해, 소여는 매우 불만을 가졌다. 성인이 사라짐에 따라 '미언'도 이미 들을 수 없고, 특히 성인과의 거리가 매우 먼 만청시대에 이르러서는 더더욱 '미언'을 크게 말해서는 안 된다고 주장하였다. '은미한 뜻'(微旨)도 단지 "선善을 진작시키고 악惡을 막는" 목적에서 나온 것이기 때문에 또한 "아득하고 어두운 것을 장황하게 과장하거나, 궁벽한 것을 캐내고 괴상한 일을 행해서"는 안 된다. 이로 인해 소여는 강유위가 '미언'을 신성화하고 신비화한 방법을 반대하였다. 바로 이러한 의미에서 그는 강유위를 "그림자가 붙어서 실제 모습을 잃어버린 것"336)이라고 비평하였다.

이상 서술한 것과 같이, '미언微言'이라는 명칭을 바로잡는 것, 즉 '미언'의 함의에 대한 제한을 통해서, 소여는 강유위의 『춘추』 '미언微言' 이론에 깔려 있는 학문적 원리의 기초를 뽑아내 버렸다. 그리고 또 근본적인 측면에서 강유위의 전체 학술 체계와 정치 주장의 합리적 기초를 뒤흔들어 버렸다. 나아가 소여는 또한 '대의大義' 이론으로써 '미언微言' 이론을 대체하였고, '대의'를 경전 연구의 근본 종지로 다시 확립하였다. 소여가 '대의大義 증명'(義證)으로 자신의 저작을 명명한 것은 그 이유가 바로 여기에 있다.

3. '개제改制'에 대한 고찰과 변론

강유위는 『춘추』의 여러 미언微言 중에서 '소왕개제素王改制' 이론이 가장 먼저라고 생각하여, 다음과 같이 말했다. "공자가 천명을 받아서 제도를 만드니, 쇠퇴한

---

336) 蘇輿, 『春秋繁露義證』, 「例言」.

주나라의 폐단을 바꾸어서 새로운 왕의 제도를 개정함으로써 후세에 남겼다. 추상적인 말은 징험할 수 없기 때문에 『춘추』에 가탁하였다. 따라서 『춘추』라는 책은 오로지 개제改制를 밝힌 것이다."[337] 그런데 '개제改制'의 의리는 동중서에 의해 밝혀진 것이다. "따라서 『춘추』는 오로지 개제를 위해 지어졌다. 하휴가 비록 이 이론을 보존해 두었지만 또한 증명하여 신뢰를 받기가 어려웠다. 다행히 동중서의 이론이 있어서 이 의리를 드러내 밝혔다."[338]

'개제改制'에 관한 동중서의 이론은 『춘추번로』라는 책에 보인다.

왕자王者는 반드시 제도를 개혁한다.(「楚莊王」)

새로운 왕은 반드시 제도를 개혁한다.(「楚莊王」)

사실 동중서 이외에 한대 학자들에게도 '개제' 이론이 있었다. 따라서 소여는 섭덕휘 등의 여러 사람들이 '개제' 이론을 간단하게 '잘못된 의론'으로 본 것에 동의하지 않고, 동중서의 '개제' 이론과 강유위의 구분을 시도하였다.

소여는 '왕자는 반드시 제도를 개혁한다'(王者必改制)는 말에 주를 달 때, 양한시대의 많은 '개제' 이론을 갖추어 인용하고, "옛 이론을 서로 전했다"고 말했다.[339] 양한시대 여러 학자들이 이러한 주장을 한 이상, 강유위 본인도 그 이론의 근원을 동중서까지 거슬러 올라갔다. 따라서 만약 강유위의 학문을 논파하고자 한다면 동중서로부터 시작하지 않으면 안 된다. 『춘추번로』에 기록된 '개제'의 본의를 분명하게 밝힘으로써 강유위의 '개제' 이론을 반박하고 바로잡아야 한다.

가장 먼저 소여는 『춘추』는 '의리를 세운'(立義) 책이지 '제도를 개혁한'(改制) 책이 아니라고 주장하였다. 그는 다음과 같이 말했다.

---

337) 康有爲, 『春秋董氏學』, 권5(『康有爲全集』 제2집, 365쪽).
338) 康有爲, 『春秋董氏學』, 권5(『康有爲全集』 제2집, 365쪽).
339) 蘇輿, 『春秋繁露義證』, 15~16쪽 참조.

『춘추』는 의리를 세운 책이지 제도를 개혁한 책이 아니다. 따라서 공자가 "그 의리는 내가 잠시 취했다"고 말한 것이다. 정현鄭玄의 『석폐질釋廢疾』에서 말했다. "공자가 비록 성덕聖德이 있었지만, 감히 드러내 놓고 선왕의 법도를 고칠 수는 없었다. 제도는 마땅히 주나라를 따라야 하니, 폐단을 구제하는 것으로 의리를 삼았다. 제도는 왕자가 아니면 의론하지 않지만, 의리는 유생儒生이 세울 수도 있다. 따라서 주나라를 버리고 은나라를 따르는 경우도 있고, 주나라가 동천한 이후에 예禮를 잃었기 때문에 그것을 바로잡는 경우도 있으며, 사대四代를 참조하여 사용한 경우도 있다. 이것은 그 의리를 보존하여 왕자가 법도를 취하여 제도를 제정할 것을 기다린 것이다. 『공양전』에서 '『춘추』의 의리를 제정하여 후세의 성인을 기다린다'(애공 14년)고 말한 것이 그것이다. 공자의 뜻은 『춘추』에 있었으니, 단지 의리에 뜻을 둔 것일 뿐이다." 정현의 책에서 거론한 것은 확실히 『춘추』가 특별히 세운 의리이다. 하휴가 『공양전』에 주를 달면서 문득 『춘추』의 제도라고 말했는데, 그것은 사실 모두 의리일 뿐이다.[340]

소여는 여기에서 정현의 주장을 인용하여, '의리'(義)와 '제도'(制)의 차이를 증명하였다. 소여의 입장에서 보면, '의리'는 일종의 사상 혹은 학설로써 유생이 세울 수 있는 것이다. 그러나 국가의 제도로서의 '제도'는 '왕자王者'가 아니면 함부로 의론할 수 없다. 따라서 "개제改制는 왕자王者의 일에 속한다."[341] 소여의 입장에서 보면, 단지 강유위만이 제멋대로 개제를 시행할 수 없을 뿐만 아니라, 설령 공자와 같은 성인이라고 하더라도 덕은 있지만 지위가 없기 때문에 또한 개제를 할 수가 없다.

소여는 더 나아가 다음과 같이 생각했다. 동중서가 말한 '개제改制'에서의 '제도'(制)는 국가의 근본적인 제도가 결코 아니며, 그것은 단지 '정삭正朔과 복색服色'과 같은 종류일 뿐이다. 그가 말했다.

---

340) 蘇輿, 『春秋繁露義證』, 112~113쪽.
341) 蘇輿, 『春秋繁露義證』, 15쪽.

개제改制는 왕자의 일에 속한다. 그 문장이 매우 분명하고, 그 일은 정삭正朔과 복색服色의 부류이다.[342)

그런데 왕자의 개제는 오직 신왕新王이 천명을 받을 때, '정삭과 복색' 등과 같은 종류의 제도를 개혁하여, 백성들의 이목을 새롭게 함으로써 하늘로부터 천명을 받은 자기 정치의 합법성을 표명하는 것이다. 이에 대해, 소여는 『백호통白虎通』 등의 문헌을 널리 인용하여 그 주장을 증명하고, 아울러 다음과 같이 안어案語를 제시하였다.

정삭正朔과 복색服色의 도리는 천자의 큰 예법이다. 새롭게 천명을 받으면 반드시 한두 가지를 세상에 드러내어 백성들의 이목을 새롭게 한다. 만약 대대로 수성守成했던 것을 변경하는 것에 대해 의론한다면, 정치의 근본을 모르는 것이다.[343)

소여의 이해에 의하면, 이른바 '개제'는 단지 의식儀式의 상징적인 의의가 있을 뿐이며, 실질적인 정치적 함의는 없다. 이와 같이 소여는 강유위가 강력하게 고취했던 '개제' 이론의 실제 함의를 뽑아내 버렸다. 아울러 소여의 입장에서 보면, 이미 '개제'가 '신왕新王'의 일에 속하는 이상, 대대로 수성했던 것에 대해 가볍게 개제를 말할 수는 없다. 따라서 강유위가 창도했던 변법變法 개제改制는 "정치의 근본을 모른 것"이 된다.

이미 '개제'가 단지 '정삭과 복색'과 관련된 것인 이상, 이것은 실질적인 대상을 고치는 것은 더욱더 용납되지 않는다는 것을 의미한다. 『춘추번로』「초장왕」편에서 말했다.

천하를 다스리는 큰 강령인 인륜人倫·도리道理·정치政治·교화敎化·습속習俗·문

---

342) 蘇輿, 『春秋繁露義證』, 15~16쪽.
343) 蘇輿, 『春秋繁露義證』, 18쪽.

의文義와 같은 것은 옛것과 똑같이 해야 하니, 또 무엇을 고치겠는가? 그러므로
왕자는 명분상으로는 제도를 고치지만, 실제로는 도를 바꾸지 않는다.[344]

소여는 한 단계 더 나아가 다음과 같이 확대 해석하였다.

제도를 고칠 수 있다는 것을 진술함으로써 도리를 결코 고쳐서는 안 된다는 것을
밝힌 것이다.[345]

소여는 또 양한시대의 문헌을 널리 인용하여, 왕자는 "명분상으로는 제도를
고치지만, 실제로는 도를 바꾸지 않는다"는 것을 밝혔다. 결코 바꿀 수 없는 것은
바로 '수많은 왕들의 바뀌지 않는 도'(百王不易之道)이고, 또한 유가가 숭상하는 '인의예
악仁義禮樂'과 같은 부류이다. 따라서 소여는 말했다.

인의仁義와 예악禮樂은 개제改制의 대상 속에 포함되지 않는다.[346]

이와 같이 소여는 적극적인 측면과 소극적인 측면 두 방면에서 '개제改制'의
본의를 밝히려고 시도하였다. 적극적인 측면에서 말하면, 소여는 '제도'를 고칠
수 있다는 것을 인정한다. 그러나 고치는 것은 단지 '정삭과 복색'과 같은 종류의
전례典禮뿐이다. 소극적인 측면에서 말하면, '인의仁義와 예악禮樂'의 '도道'는 결코
고칠 수 없다. 어찌 되었든 관계없이, 강유위가 주장한 '개제' 이론은 모두 동중서의
뜻과 부합되지 않는다고 할 수 있다.

소여의 입장에서 보면, 강유위가 강론한 변법 개제는 틀림없이 기존의 법도를
어지럽히고 강상綱常을 무너뜨림으로써 '수많은 왕들의 바뀌지 않는 법'을 바꾸어서

---

344) 蘇輿, 『春秋繁露義證』, 18~19쪽.
345) 蘇輿, 『春秋繁露義證』, 18쪽.
346) 蘇輿, 『春秋繁露義證』, 19쪽.

어지럽히는 지경에 이를 것이며, 그것은 단지 '정삭과 복색'에서의 개혁만이 아니다. 이로써 알 수 있듯이, 강유위의 주장은 단지 동중서의 본지와 어긋날 뿐만 아니라, 또한 학문적인 이치에서도 성립할 수 없으며, 실천의 측면에서는 더더욱 용인할 수 없다. 이에 대해 소여는 다음과 같이 말했다.

> 도道를 바꾼다는 말을 사악한 말로 여기니, 동중서의 걱정은 깊었을 것이다. 그런데 후세에는 오히려 동중서의 말을 빌어서 난리를 일으킨 자가 있었다.[347]

확실히 소여가 지적한 "동중서의 말을 빌어서 난리를 일으킨 자"는 바로 강유위 및 그의 신도들이다.

당연히 강유위는 이러한 비평을 전적으로 반박할 수 있다. 동중서의 입장, 예를 들어 「삼대개제질문」편이든, 아니면 기타 한대 학자들의 입장이든 상관없이, 모두가 "『춘추』로써 새로운 왕에 해당시킨다"는 이론과 소왕개제素王改制의 이론이 있고, 이러한 개제는 통상 실질적으로 '도道를 바꾸는 것'을 가리키기 때문이다. 따라서 소여는 자신의 주장을 증명하기 위해, 그리고 또 "『춘추』로써 새로운 왕에 해당시킨다"와 같이 핵심 관건이 되는 문제에 대해 합리적인 해석을 내놓아야만 한다.

먼저 소여는 개제改制와 공자의 『춘추』를 연계시킨 것은 한대의 위서緯書에 최초로 나온다고 지적하였다.

> 『춘추위春秋緯』에서 말했다. "『춘추』를 지어서 혼란한 제도를 고쳤다." 이로부터 마침내 개제改制를 공자의 『춘추』와 연결하는 자들이 있게 되었다. 그러나 "혼란한 제도를 고쳤다"고 말한 것은 말단적인 폐단을 고쳤다는 의미이지 왕자王者의 개제改制를 말한 것이 아니니, 동중서가 말한 "의리를 세운 것"(立義)일 뿐이다.[348]

---

347) 蘇輿, 『春秋繁露義證』, 17쪽.
348) 蘇輿, 『春秋繁露義證』, 16쪽.

소여의 입장에서 보면, 바로 『춘추위』 속에 본래 "『춘추』를 지어서 혼란한 제도를 고쳤다"는 주장이 있기 때문에 한대 사람들이 개제와 『춘추』를 연계시키기 시작한 것이다. 다만 그는 동시에 『춘추위』에서 말한 "혼란한 제도를 고쳤다"는 것은 결코 '왕자王者'의 개제가 아니며, 그것은 단지 말단적인 폐단을 대상으로 한 손질이었으며, 여전히 동중서가 말한 '의리를 세운 것'(立義)의 범위에 속하는 것이라고 주장하였다. 따라서 위서緯書의 이 주장은 사실상 강유위 '개제' 이론의 길잡이가 되기에는 부족하다. 『춘추』는 "한나라를 위해 법도를 제정한 것"(爲漢制法)이라는 한대 학자들의 주장에 대해, 소여는 또한 경전의 뜻과는 무관하며, 순수하게 '시대를 높이는'(尊時) 수요에서 나온 것이라고 말했다.

> 『춘추』는 의리를 세워서 후대의 성인을 기다린다. 후대의 성인은 반드시 천자天子의 자리에 있으면서 제도를 만드는 권한을 가진 자이다. 한대의 신자臣子들은 『춘추』가 한나라를 위해 제도를 제정했다고 높였는데, 그것은 마치 우리 조정의 신자들이 우리 조정을 위해 제도를 만들었다고 말하는 것과 같을 뿐이다. 대체로 시대를 높이는 뜻에서 나온 것이지 경전의 뜻과는 관계가 없다.[349)]

그렇지만 동중서의 「삼대개제질문」편에 "『춘추』로써 새로운 왕에 해당시킨다"는 이론이 실제로 있다. 소여도 이 문제의 중요성을 인식했기 때문에 다음과 같이 스스로 질문하였다.

> 질문자가 말했다. "『춘추번로』의 「삼대개제질문」에서는 확실히 『춘추』를 주나라를 바꾼 한 시대의 제도로 삼았는데, 어떠한가?"[350)]

이에 대해 소여는 다음과 같이 대답했다.

---

349) 蘇興, 『春秋繁露義證』, 29쪽.
350) 蘇興, 『春秋繁露義證』, 16쪽.

이것은 한나라 초기의 사설師說이니, 혹통黑統을 바로잡는다거나 앞 왕조의 두 왕王을 보존한다는 등을 말한 것은 모두 왕자가 즉위하여 제도를 바꾸어 하늘에 호응하는 일이니, 『춘추』에 가탁하여 당시의 군주를 깨우친 것이다.351)

소여의 관점에서 보면, 「삼대개제질문」편에서 말한 것은 단지 한대 학자들의 일반적인 통설에 지나지 않는다. '개제改制' 운운한 것은 사실 현실 정치에 대한 고려에서 나온 것이다. 소여는 다음과 같이 생각했다. 한나라가 진나라의 옛것을 계승하여, "진나라의 정삭正朔을 계속하여 사용하였고, 복색服色과 예악禮樂의 경우도 모두 소홀히 한 채 되는대로 내버려 두었다."352) 그러나 한대 학자들은 그것을 매우 부끄럽게 여겼기 때문에 정삭正朔을 고치는 것에 대해 자주 이야기했다. 문제文帝 때의 가의賈誼와 공손신公孫臣 등의 학자들이 정삭을 고쳐야 한다고 건의했지만 실행되지 못했다. 동중서는 『춘추』의 명의를 빌어서 개제를 제창했는데, 그 목적은 바로 여기, 즉 무제武帝를 설득하여 정삭을 고치고 복색을 바꾸고 관제官制를 정하는 등의 방면에서 개혁을 진행하는 데 있었다. 소여가 말한 "당시의 군주를 깨우친 것"이라는 것은 아마도 이것을 말한 것이다. 그 후에 태초太初 원년(B.C.104)에 이르러, 무제는 처음으로 학자들의 주장을 받아들여서 정월正月로 세수歲首를 삼고, 색은 황색을 숭상했으며, 숫자는 오五를 사용하였다. 소여는 여기에 근거하여, 동중서가 『춘추번로』를 지은 것은 당연히 태초 원년 이전이고, 그가 죽은 것도 반드시 태초 원년 이전이었다고 주장하면서 다음과 같이 말했다.

따라서 나는 동중서가 만약 태초太初 연간 이후에 태어났다면, 혹 개제改制에 한결같이 몰두하지는 않았을 것이라고 생각한다.353)

---

351) 蘇輿, 『春秋繁露義證』, 16쪽.
352) 蘇輿, 『春秋繁露義證』, 16쪽.
353) 蘇輿, 『春秋繁露義證』, 16쪽.

소여는 더 나아가 동중서가 말한 '개제'는 단지 '시무時務'의 말이지 성인의
도를 드러내 밝힌 '수준 높은 논의'(高論)는 아니라고 말했다.

> 동중서가 성인의 도를 드러내 밝힌 것이 지극히 많은데, 정삭正朔을 고친다고
> 말한 것은 단지 그 중의 한 부분일 뿐이다. 그런데 그 논의가 태초 연간에 정삭을
> 바꾸기 전에 나왔으니, 당시의 시무時務이지 수준 높은 논의는 아니다.[354]

소여의 입장에서 보면, 『춘추』로써 새로운 왕에 해당시킨다'는 이론은 마땅히
이와 같이 보아야 한다. 곧 당시의 왕이 정삭을 고치도록 권유하기 위해 지은
'준비된 말'(設詞)에 지나지 않는다. 그가 말했다.

> '『춘추』로써 새로운 왕에 해당시킨다' 등의 여러 가지 말은 한대 경사經師의 준비된
> 말(設詞)이다.[355]

'『춘추』로써 새로운 왕에 해당시킨다'는 이론은 『춘추』의 경문과 전문에는
분명하게 보이지 않는다. 그러나 『춘추번로』 「삼대개제질문」편에 그와 관련된
문장이 많이 보인다. 예를 들어 "따라서 『춘추』가 하늘에 호응하여 신왕新王의
일을 만드니, 책력은 흑통黑統으로 바로잡는다. 노나라를 왕으로 삼고, 검은 색을
숭상하며, 하나라를 축출하고, 주나라를 새로운 나라로 여기며, 송나라를 옛 나라로
여긴다."[356] 또 말했다. "『춘추』는 새로운 왕의 일을 만들었으니, 주나라의 제도를
바꾸며, 마땅히 흑통黑統으로 바로잡는다."[357] 이에 대해 주일신朱一新은 다음과
같이 논했다.

---

354) 蘇輿, 『春秋繁露考證』(『春秋繁露義證』, 511쪽에 실려 있음).
355) 蘇輿, 『春秋繁露考證』(『春秋繁露義證』, 510쪽에 실려 있음).
356) 蘇輿, 『春秋繁露義證』, 187~189쪽.
357) 蘇輿, 『春秋繁露義證』, 199쪽.

한대 학자들은 진나라를 미워한 것이 특히 심했기 때문에 한나라가 진나라의 뒤를 계승하는 것을 원하지 않았다. 왕에 가탁하는 의리가 『춘추』에 있었기 때문에 마침내 진秦나라의 흑통黑統을 빼앗아서 소왕素王에게 귀속시켰다. 소왕素王의 흑통黑統을 근거로 삼아서 결국 다양한 개제改制의 이론이 생겨났다.[358]

소여는 또 말했다.

한나라가 진나라의 정통을 계승한 것을 학자들은 말하기를 부끄러워했다. 따라서 흑통黑統을 빼앗아서 『춘추』로 귀결시킴으로써 한나라가 『춘추』를 계승한 것이지 진나라를 계승한 것이 아니라고 여겼다.…… 진나라를 천명을 받은 왕으로 삼지 않았으니, 이에 『춘추』로 귀결시켜 한 시대에 해당시키지 않을 수 없었다. 『춘추』를 높인 것은 한나라를 높인 것이다.[359]

오덕종시설五德終始說에 의하면, 주周나라는 화덕火德으로서 적색赤色을 숭상하고, 진秦나라는 주나라를 대신했으므로 수덕水德으로서 흑색黑色을 숭상한다. 그런데 한나라 초기의 학자들은 한나라가 진나라의 뒤가 되는 것을 부끄러워하여, 진나라의 합법성을 인정하려고 하지 않았다. 따라서 한나라는 마땅히 진나라를 계승해서는 안 된다고 여겼기 때문에 『춘추』를 하나의 정통으로 세웠으니, 진나라의 흑통黑統을 빼앗아서 『춘추』에게 준 것이다. 그런데 『춘추』는 본래 공자가 노나라의 역사를 근거로 삼아서 고쳐서 편찬한 책이며, 또한 노나라는 본래 제후국에 지나지 않는다. 그런데 한나라가 계승한 것은 제통帝統이기 때문에 소여는 "제후諸侯로서 제왕帝王에 비견되어 공손하지 못하다는 혐의가 있기 때문에 왕에 가탁하는 이론이 두었다"[360]고 하였다. 따라서 동중서 및 한대 학자들이 말한 『춘추』로써 새로운 왕에 해당시킨다는 이론은 단지 상술한 이유에서 나와서 '왕을 가탁한 것'일 뿐이며, 사실상 진정으로

---

358) 朱一新, 『無邪堂問答』, 26쪽.
359) 蘇輿, 『春秋繁露義證』, 187~188쪽.
360) 蘇輿, 『春秋繁露義證』, 187쪽.

『춘추』로써 한 시대의 '새로운 왕'(新王)에 해당시킨 것은 아니다. 동중서의 이 이론에 대한 후세의 오해는, 소여가 보기에 사실은 하휴로부터 나온 것이다. 하휴는 『공양전』 은공 2년 주에서 "『춘추』에는 주나라의 제도를 고쳐서 천명을 받은 제도가 있다"고 했는데, 소여는 이 말이 '『춘추』로써 새로운 왕에 해당시킨다'는 "황당한 주장이 근본으로 삼는 것"361)이라고 주장하였다. 따라서 그는 다음과 같이 말했다.

> 『춘추』로써 새로운 왕에 해당시킨다는 등의 여러 가지 의리는 『공양전』에 보이지 않는다. 이것은 정삭을 바꾸는 일을 위해 준비된 말로써, 『춘추』의 의리와 반드시 서로 연결되는 것은 아니다. 하휴가 그것을 취하여 『공양전』에 주를 달았는데, 오히려 경의經義를 지리멸렬하게 만듦으로써 세상에서 욕을 먹고 책망을 들었다.362)

이로 인해 소여는 다음과 같이 주장하였다. '『춘추』로써 새로운 왕에 해당시킨다'는 이론은 본래 '정삭正朔의 개정'을 위해 준비된 것이다. 이 이론은 이미 경전經傳에 보이지 않을 뿐만 아니라, 경의經義와도 반드시 서로 연관된 것은 아니다. 따라서 소여는 강유위가 '『춘추』로써 새로운 왕에 해당시킨다'는 것을 『춘추』의 미언微言으로 여긴 것을 철저하게 부정하였다. 또 소여는 후세 학자들에게 중시되었던 「삼대개제질문」편도 『춘추』 경의와 상관이 없으며, 단지 한대에 전해지던 많은 '사설師說' 중의 하나일 뿐이라고 주장하였다.363)

이 외에, '『춘추』로써 새로운 왕에 해당시킨다'는 이론과 서로 관련된 것으로는 또 '노나라를 왕으로 삼는다'(王魯)는 이론이 있다. '왕노王魯' 이론은 하휴의 『춘추공양 전해고』에서 여러 차례 말했으며, 강유위는 이것을 '개제改制' 이론의 중요한 근거로 삼았다. 즉 "노나라를 빌어서 천하에 법도를 시행한다"364)는 것이다. 동중서에게 "『춘추』는 노나라에 의거하여 왕의 의리를 말했다"는 말이 있지만, 소여는 이것이

---

361) 蘇輿, 『春秋繁露義證』, 16쪽.
362) 蘇輿, 『春秋繁露義證』, 184쪽.
363) 蘇輿, 『春秋繁露義證』, 187쪽 참조.
364) 康有爲, 『春秋董氏學』, 권5(『康有爲全集』 제2집, 367쪽).

결코 노나라를 높여서 왕으로 삼는다는 것을 의미하지 않으며, 단지 "노나라에 가탁하여 의리를 밝힌 것이며, 역사를 논하는 자가 지나간 일을 빌어서 의리를 세우는 것과 같을 뿐"365)이라고 주장하였다. '왕노' 이론에 대해 소여는 다음과 같이 생각했다. "성인이 밝은 왕의 정치로써 발란撥反을 기약한 것이다. 따라서 그 의리를 왕王의 의리라고 하고, 그 마음을 왕王의 마음이라고 했으며, 그 교화를 왕王의 교화라고 하고, 그 말을 왕王의 말이라고 했으며, 그 뜻을 왕王의 뜻이라고 하고, 그 도道를 왕의 도라고 했으며, 그 일을 왕王의 일이라고 하고, 그 제도를 왕王의 제도라고 했으며, 그 법도를 왕王의 법도라고 했다."366) 따라서 "동중서가 말한 것은 『춘추』가 노나라에 가탁하여 왕의 뜻을 말한 것이지, 노나라를 높여서 왕으로 삼거나 주나라를 축출하여 공후公侯로 삼은 적이 없다. 그런데 하휴는 곧바로 '노나라를 왕으로 삼는다'(王魯)고 말함으로써 마침내 쟁란과 의심을 열었다."367) 다시 말해서, '왕노' 이론은 단지 하휴가 동중서를 오독한 데에서 나온 것일 뿐이다.

이것과 서로 관련된 것 중에 '소왕素王' 이론이 있다. '소왕' 이론은 한대에 많이 보인다. 왕충王充의 『논형論衡』 「초기超奇」에서 말했다. "공자가 『춘추』를 지어서 왕의 뜻을 보여 주었다. 그렇다면 공자의 『춘추』는 소왕素王의 사업이다." 정현鄭玄의 『육예론六藝論』에서는 직접적으로 "공자는 스스로를 소왕素王이라고 불렀다"368)고 말했다. 이로써 알 수 있듯이, '소왕' 이론은 사실상 공양가에 한정되지 않는다. 그러나 강유위는 이것을 가지고 '개제改制'의 합법성을 다음과 같이 증명하였다.

공자의 개제改制는 『춘추』로써 주나라를 계승했기 때문에 소왕素王의 제도를 세운 것이다.369)

365) 蘇輿, 『春秋繁露義證』, 280쪽.
366) 蘇輿, 『春秋繁露義證』, 280쪽.
367) 蘇輿, 『春秋繁露義證』, 280쪽.
368) 蘇輿, 『春秋繁露義證』, 29쪽에서 재인용.
369) 康有爲, 『孔子改制考』, 권8(『康有爲全集』 제3집, 231쪽).

공자가 제도를 개혁했기 때문에 소왕이 된다는 논리이다. 이에 대해 소여는 다음과 같이 반박했다.

소素는 텅 비다(空)라는 의미이다. 공자는 스스로 소왕의 법도를 세웠을 뿐이며, 감히 스스로를 소왕이라고 말하지 않았다. 이 말이 가장 분명하다.370)

사실 강유위도 "소왕은 텅 빈 왕(空王)이다"371)고 했다. 그러나 강유위의 '공왕空王'은 그 의미가 '왕王'자에서 구체화되며, 소여는 '공空'자에 중점을 두었다. 강유위는 공자가 '법도를 제정한 왕인 이상, 이미 '왕'의 지위가 있는 것이기 때문에 '소왕'이라고 불렸다고 주장하였다. 그러나 소여의 관점은 정반대이다. 즉 '소왕'이 이미 '공왕'이므로 '왕'이 아니며, 그가 법도를 세운 것은 단지 '의리를 세운 것'에 지나지 않는다.

이상을 종합하면, 소여의 강유위에 대한 비평은 한편으로는 동중서 '개제改制'의 본의를 천명함으로써 동중서에 있어서 '개제'의 중요성을 약화시키는 것이다. 이것은 주일신이 개제는 "『춘추』의 중요한 의리가 아니다"라고 말한 것과 같은 부류가 그것이다.372) 그와 동시에 동중서가 말한 '개제'가 강유위의 주장과 다르다는 것을 분명하게 보여 줌으로써 강유위의 '개제' 이론을 학술적인 원리의 측면에서 그 근거를 뒤흔드는 것이다. 다른 한편으로 '개제' 이론과 관련된 기타 이론, 예를 들어 '『춘추』로써 새로운 왕에 해당시킨다'는 이론과 '왕노王魯'·'소왕素王' 등의 여러 이론에 대해, 소여는 '가설假設' 혹은 '의리를 세운 것'(立義), 혹은 '시대를 높인 것'(尊時), 혹은 '공자를 높인 것'(尊孔) 등으로 간주하였다. 즉 강유위가 주장한 여러 부류의 말들은 모두 실증적인 말이 될 수는 없다는 것이다. 만약 소여의 주장과 같다면, 공자를 "법도를 제정한 왕"(制法之王)으로 삼은 강유위의 결론도 또한 성립할 수 없는 것이다.

---

370) 蘇輿, 『春秋繁露義證』, 29쪽.
371) 康有爲, 『孔子改制考』, 권8(『康有爲全集』 제3집, 104쪽)
372) 朱一新, 『無邪堂問答』, 권1, 25쪽.

4. 군주를 높이고 백성을 귀하게 여김(尊君貴民)

소여의 입장에서 말하면, '미언微言'이든 '개제改制'든 상관없이, 모두 그 자체로 유래가 있지만, 강유위의 해석은 대부분 동중서에 대한 오독에서 나온 것이다. 강유위의 이러한 경학 견해는 본래 '학문'(學)의 범위에 속하지만, 도리어 유가 정통의 '가르침'(教)을 뒤흔들어 놓았다. 따라서 소여의 목적은 강유위의 '학문'에 대한 반박을 통해 정통의 가르침을 지키는 것일 뿐이다.

대표적인 익교파翼教派인 소여의 입장에서 보면, 강유위는 명교名教의 가장 큰 것을 파괴하였다. "평등平等을 제창하여 강상綱常을 무너뜨리고, 민권民權을 펼쳐서 군상君上을 없애 버렸다."373) 따라서 군민君民 상하의 관계를 어떻게 확정하는가가 결국 소여의 '익교翼教'가 해결해야 할 중요한 임무가 되었다. 동중서는 『춘추』를 예의禮義의 대종大宗으로 여겼으며, 소여도 그 주장을 다음과 같이 진술하였다.

『춘추』는 예禮에 근원한다.374)

유학의 입장에서 말하면, 예禮의 공능은 일종의 질서를 건립함으로써 사회의 각 등급 간의 관계를 적절하게 배치하는 데 있다. 따라서 『춘추』는 '예의의 대종'으로서, 가장 중요한 것은 상하의 등급을 분명하게 분별하는 데 있다. 이것은 『춘추』의 근본적인 대의大義라고 할 수 있다. 이에 대해 소여는 다음과 같이 말했다.

『춘추』는 의리를 세운 것이 매우 많은데, 특히 상하의 분별을 가장 시급하게 여겼다.375)

---

373) 蘇輿, 『翼教叢編』, 「序」.
374) 蘇輿, 『春秋繁露義證』, 3쪽.
375) 蘇輿, 『春秋繁露義證』, 143쪽.

또 말했다.

귀천貴賤의 차이가 분명하면 얻고, 그렇지 않으면 잃는다. 따라서 득실이 생기는 근원을 통해서 천지天地의 존비尊卑의 의리를 안다.376)

소여는 이와 같이 상하上下 존비의 의리를 강조하였다. 그 뜻은 강유위와 양계초가 고취했던 '평등平等'·'민권民權' 등의 여러 관념을 겨냥하는 것이다. 무술변법 이전에 양계초와 담사동 등이 호남湖南에서 신정新政을 창도할 때, 어떤 사람이 다음과 같이 질의하였다.

지금 강유위와 양계초가 사용하여 세상을 어지럽히는 것은 민권民權일 뿐이며 평등平等일 뿐이다. 시험 삼아 묻건대, 권리가 아래로 내려가면, 나라는 누가 다스리는가? 백성이 자기 뜻대로 할 수 있다면, 임금은 또한 무엇을 하는가? 이것은 온 천하를 혼란스럽게 하는 것이다.377)

소여의 『춘추번로의증』에서도 다음과 같이 말했다.

귀천貴賤의 평등은 큰 혼란이 생기는 원인이다.378)

소여의 관점에서 보면, 강유위의 평등·민권 등의 여러 개념은 실행할 수 없을 뿐만 아니라, 실제로 국가 혼란의 단서를 여는 것이다. 『춘추』에서 예禮를 제정한 목적은 바로 이러한 혼란의 맹아를 막는 데 있다. 따라서 소여는 말했다.

신하가 임금을 핍박하고 제멋대로 행동하는 조짐을 막고, 세세한 악행을 주살하여

---

376) 蘇輿, 『春秋繁露義證』, 143쪽.
377) 賓鳳陽, 「上王益吾院長書」(『翼敎叢編』, 권5에 실려 있음).
378) 蘇輿, 『春秋繁露義證』, 132쪽.

난리를 방지하는 것이 『춘추』의 의리이니, 바로 예禮를 제정한 뜻이다.379)

따라서 소여는 다음과 같이 주장하였다.

존비尊卑가 그 능력과 같고, 대소大小가 그 본분에 합당하면, 사람들은 요행을
바라는 생각을 끊고, 선비는 지지 않으려고 싸우는 습속을 그칠 것이다. 일은
거행되지 않는 것이 없게 되고, 재능은 이루어지지 않는 것이 없게 된다.380)

이와 같이 옛 예법에서 말한 '존군尊君'의 뜻은 단지 학문적 이치의 측면에서만
정당한 것이 아니라, 현실 속에서도 꼭 필요한 것이다.

사실 '존군'은 전통 중국의 보편적인 가치이고, 소수의 극단적인 '무군無君' 사상을
제외하면 2천여 년 동안 의심하는 사람이 드물었다.381) 그러나 만청시기에 이르러서,
강유위와 양계초가 서양의 이론을 등에 업고 진행한 군주전제에 대한 반성과 비판은
틀림없이 더 큰 설득력과 영향력을 지니고 있었고, 전통 정치에 끼친 충격도 매우
컸다. 따라서 소여는 강유위와 양계초의 문제를 정면에서 대응하지 않을 수 없었다.
강유위와 양계초가 주장하는 이치의 측면에서 말하면, 군주 권력이 제한을 받지
않으면 전제專制로 인해 초래되는 다양한 폐단을 면할 수 없다. 소여는 결코 이러한
주장을 완전하게 부인하지는 않았다. 따라서 그는 존군尊君을 주장함과 동시에,
또한 무한한 군권君權이 초래하는 소극적인 나쁜 결과를 고려했는데, 이러한 상황은
전통사회에는 결코 보기 드문 것이 아니다.

소여는 『춘추』와 동중서의 사상 속에 이와 관련된 적지 않은 이론 자원이

---

379) 蘇輿, 『春秋繁露義證』, 117쪽.
380) 蘇輿, 『春秋繁露義證』, 238쪽.
381) 道家는 줄곧 君主制를 비판했고, 특히 삼국시대 魏나라의 阮籍 이후에는 더욱더 이와
   같았다. 예를 들어 그의 『大人先生傳』에서 다음과 같이 말했다. "임금이 세워져서
   포악한 정치가 일어났고, 신하가 설치되어 역적이 생겨났다." 그 후에 鮑敬言은 완
   적의 주장에 근본을 두고서 '無君'의 논의를 크게 담론하였다.(葛洪, 『抱樸子外篇』,
   「詰鮑」 참조).

있으며, 그것은 세 가지 방면으로 나눌 수 있다고 생각했다.

첫째, 군주를 굽혀서 하늘을 편다. 이 주장은 동중서로부터 나오는데, 소여는 한 걸음 더 나아가 논의를 전개하였다.

군권君權이 무한하기 때문에 성인이 하늘을 폄으로써 군주를 굽혔다.[382]

살펴보건대, 『춘추번로』에서 말했다. "『춘추』의 법은 사람으로서 군주를 따르고 군주로서 하늘을 따른다. 따라서 '신민臣民의 마음을 따른다면 하루라도 임금이 없어서는 안 된다.'(『공양전』, 문공 9년) 하루라도 임금이 없어서는 안 되는데, 그래도 삼년상을 치르는 동안 뒤를 이은 임금을 '자식'(子)라고 부르는 것은 뒤를 이은 임금의 마음에서 보면 자리에 오르는 것이 마땅하지 않기 때문이다. 이것이 사람으로서 군주를 따르는 것이 아니겠는가? 효자의 마음으로는 삼년상을 치르는 동안 자리에 오르는 것이 마땅하지 않다. 삼년상을 치르는 동안 자리에 오르는 것이 마땅하지 않은데도 1년이 지나서 즉위하는 것은 하늘의 도道와 시작과 끝을 함께하기 때문이다. 이것이 임금으로서 하늘을 따르는 것이 아니겠는가? 따라서 백성을 굽혀서 임금을 펴고, 임금을 굽혀서 하늘을 펴는 것이 『춘추』의 큰 의리이다."[383] 이 말에 의하면, 『춘추번로』 본문에서는 군권君權을 제한하는 뜻이 결코 없다. 따라서 소여가 이것을 빌어서 "군권의 무한함"을 비판한 것은 사실상 과도한 해석이라고 할 수 있다. 그러나 소여의 이 주장은 확실히 강유위 문제에 대응하기 위한 고려에서 나온 것이다.

소여는 또 『공양전』의 재이災異 이론을 빌어서 '임금을 굽히는'(屈君) 뜻을 다음과 같이 드러내 밝혔다.

백성을 굽혀서 아랫사람의 배반을 막고, 임금을 굽혀서 윗사람의 경거망동을

---

382) 蘇輿, 『春秋繁露考證』(『春秋繁露義證』, 498쪽 실려 있음).
383) 『春秋繁露』, 「玉杯」.

경계하였다.…… 성인은 백성들이 임금을 높이도록 가르친 것이 지극하다. 그러면서도 경계와 간언을 활발하게 하여 임금을 바로잡고, 재이를 설치하여 임금을 경계하였다. 상을 주는 것을 하늘의 명령(天命)이라고 하고, 형벌을 주는 것을 하늘의 토벌(天討)이라고 하여, 임금으로 하여금 감히 제멋대로 하지 못하도록 하였다. 보는 것은 백성의 입장에서 보고, 듣는 것은 백성의 입장에서 듣게 하여, 임금에게 두려워할 바를 알도록 했다.…… 따라서 『춘추』 대의大義라고 한다.384)

사실 하휴가 『공양전』에 주를 달 때, 본래부터 재이를 말하기를 좋아하였다. 소여는 비록 "하휴가 『공양전』에 주를 달 때, 재이를 즐겨 말한 것이 비록 가법家法에 근본을 둔 것이지만, 견강부회하여 비판할 만한 것이 많다"385)고 주장하였다. 그렇지만 "시대를 경계하는" 재이災異의 정치적 효과는 소여도 또한 인정하였다. 따라서 다음과 같이 말했다.

(전한시대) 장우張禹가 성제成帝에게 재이의 이론을 믿지 말라고 말하자, 이에 성제는 조심하고 두려워하는 마음이 느슨해져서, 마침내 왕망王莽 집안의 세력이 확장되었다.(『한서』, 「張禹傳」) 왕안석王安石이 『춘추』를 비난하고, 하늘의 변고는 두려워할 것이 못 된다는 주장을 외치자, 희녕熙寧 연간 왕안석의 신정新政이 세상들의 비판과 책망을 받았다.386)

소여의 입장에서 말하면, 재이는 천인天人 사이의 필연적인 관계를 일정하게 표현한 것이 결코 아니며, 그것은 단지 "신하가 그것을 빌어서 시대를 경계하는 재료이며, 본래 일정한 형상이 없으니", "거기에 얽매여서는 안 된다."387) 그런데 재이와 같은 견해는 마치 성인이 하늘의 신묘한 도리로 가르침을 베푸는 것388)과

---

384) 蘇輿, 『春秋繁露義證』, 32쪽.
385) 蘇輿, 『春秋繁露義證』, 374쪽.
386) 蘇輿, 『春秋繁露義證』, 261쪽.
387) 蘇輿, 『春秋繁露義證』, 374쪽.
388) 역자 주: 『역』 「觀卦·象傳」에 "성인이 하늘의 신묘한 도리로 가르침을 베푸니, 천하

같으니, 사실은 현실 정치에 대한 유가의 고려에서 나온 것이다. 일찍이 한대 사람들은 이 점에 대해 매우 분명하게 말했다. 『백호통白虎通』 「재변災變」에서 말했다. "하늘이 재변災變을 내리는 것은 무엇 때문인가? 그로써 임금에게 경고하기 위해서이다. 자신의 행동을 각성하여, 잘못을 후회하고 덕을 닦으면서 깊이 생각하도록 한 것이다." 『설원說苑』 「경신敬愼」에서도 말했다. "요사스러운 재앙은 하늘이 천자와 제후를 경계한 것이다." 소여는 더욱 현실적인 고려를 가지고서, 이러한 학설의 배후에 있는 군권君權 제한의 효과를 강조하였다.

둘째, 백성을 중시한다. 현대 사상은 임금과 백성을 서로 대립하는 양극단으로 보기 때문에 '임금을 높이는 것'(尊君)은 반드시 '백성을 천시하는 것'(賤民)을 그 대가로 삼는다. 그러나 이러한 시각은 법가法家에 대해서는 어느 정도 일리가 있겠지만, 유가는 사실상 이러한 경향이 없다. 유가는 아주 일찍부터 '백성을 근본으로 삼는' 사상이 있었고, 『춘추』 경전 속에 체현된 것도 또한 이와 같다. 『춘추』는 '존왕尊王'의 의리가 있는 것과 동시에 또 '백성을 중시하는'(重民) 이론도 있다. 이에 대해 소여는 다음과 같이 말했다.

현명한 사람을 공경하고 백성을 중시하는 것은 『춘추』의 대의大義이다.[389]

소여는 또한 문헌을 널리 인용하여, '백성이 귀하다'(民貴)는 이론은 곧 "고대 사람들이 세운 가르침"[390]이라고 하였다. 그리고 '백성을 중시하는'(重民) 이론은 동중서가 말한 "전쟁을 신중하게 하고 백성을 보호하며, 백성에게 이익을 준다"는 의미 이외에, 가장 주요한 것은 곧 '백성을 따르는 것'(順民)이다. 소여는 '백성을 따른다'(順民)는 이론도 또한 '하늘을 편다'(伸天)는 이론에서 나왔다고 생각했다. 그의 관점에서 보면, 동중서의 '하늘을 편다'(伸天)는 이론의 요지는 재이災異를 통해

가 복종하였다"(聖人以神道設教, 而天下服矣)는 말이 보인다.
389) 蘇輿, 『春秋繁露義證』, 47쪽.
390) 蘇輿, 『春秋繁露義證』, 101쪽.

임금이 덕을 닦도록 경계시키는 것 이외에, 상당히 중요한 점이 여전히 존재한다. 그것은 곧 '하늘의 뜻'(天意)을 세심하게 살피는 것이다. 소여가 말했다.

하늘이 원하는 것은 백성을 따르는 것일 뿐이다. 재이를 두려워하여 행동을 수양하면 백성이 그 복을 받으니, 이것이 하늘의 뜻이 행해진 것이다.[391]

여기에서 '백성을 따르는 것'은 '하늘이 원하는 것'으로 간주되며, '하늘의 뜻'이 행해지는가의 여부도 백성들이 복을 받는가의 여부에 달려 있다. 이것은 모종의 의미에서 보면, 바로 서주시대 이래의 "하늘은 우리 백성이 보는 것을 통해서 보고, 하늘은 우리 백성이 듣는 것을 통해서 듣는다"(『서』, 「太甲中」)는 것과 같은 의미이다. 따라서 '백성을 따른다'는 것은 백성의 감정을 본체로 삼고 백성의 욕망을 따르는 것에서 벗어나지 않는다. 동중서는 본래 '감정을 본체로 삼는다'(體情)는 주장을 했는데, 소여는 그것을 바탕으로 다음과 같이 더욱 드러내 밝혔다.

'감정을 본체로 삼는다'(體情)는 두 글자는 예禮를 만든 뜻을 가장 잘 이해한 것이다. 학자들은 그 뜻을 알지 못해서, 마침내 예법이 속박束縛이자 성명性命의 감정을 핍박하는 것이라고 여기는 자가 있었다.[392]

따라서 '감정을 본체로 삼는다'는 것은 '성명性命의 감정'을 속박하지 않는 것을 의미한다. 그리고 동중서는 또 '그 감정을 편안하게 여긴다'(安其情)는 주장도 했는데, 이에 대해 소여는 다음과 같이 해석했다.

색色·소리(聲)·맛(味)은 모두 감정(情)이다. 올바름으로써 그것을 인도하기 때문에 편안하게 여긴다.[393]

---

391) 蘇輿, 『春秋繁露義證』, 147쪽.
392) 蘇輿, 『春秋繁露義證』, 469쪽.
393) 蘇輿, 『春秋繁露義證』, 470쪽.

소여는 또 '백성의 욕구를 따른다'(順民欲)는 주장에 대해 다음과 같이 말했다.

천지天地에는 자연스러운 존비尊卑가 있으니, 성인은 그것을 근거로 예禮를 제정하였다. 사람 몸의 코·귀·눈·입 등의 구멍이 이롭게 여기는 것을 백성의 욕구를 따른다고 말한다.394)

또 말했다.

욕구(欲)라는 것은 성인도 없을 수는 없는데, 다만 그것을 조절하여 절제함이 있을 뿐이다. 이를 통해서 자기가 원하는 것을 미루어서 남을 도달시켜 주고 남을 세워 주며, 자기가 원하지 않은 것을 미루어서 다른 사람에게 하도록 하지 않는다.395)

그러므로 백성의 감정을 본체로 삼고, 백성의 욕구를 따르는 것은 또한 백성의 감정과 욕구를 방임함으로써 마침내 넘치게 하여 돌아갈 바가 없도록 하는 것이 아니다. 따라서 소여는 또 말했다.

호오好惡를 감정에 맡기면, 다투고 절제를 잃는 폐단이 있게 된다. 따라서 인도人道를 밝히고 예의禮義를 제정하여 그것을 제한한다.396)

이와 같이 백성의 감정과 욕구를 모두 '따르고', 그것이 '펼쳐질' 수 있도록 하는 동시에, 또한 예의禮義 절문節文으로써 그것을 성인의 표준에 합치하도록 하면, 백성들을 다스릴 수 있다. 이것이야말로 소여의 마음속에 있는 '백성을 따르는

---

394) 蘇輿, 『春秋繁露義證』, 174쪽.
395) 蘇輿, 『春秋繁露義證』, 174쪽. 여기에서 소여가 말한 '욕구'(欲)는 '嗜欲'의 '欲'이 아니다. 또한 戴震이 말한 "본연의 中正이며, 動靜을 모두 얻은" '欲'과도 같지 않다.
396) 蘇輿, 『春秋繁露義證』, 472쪽.

것'(順民)의 의미이다.

그러므로 임금을 높여야 할 뿐만 아니라 백성을 중시해야 하는데, 양자 사이는 조화를 이룰 수 없는 것처럼 보인다. 이에 대해 소여는 다음과 같이 생각했다.

> (임금이) 백성과 함께하면 임금이 높다(君尊)고 하고, (백성이) 임금과 함께하면 백성이 귀하다(民貴)고 한다. 각각 그 도리를 다하면, 서로 그 다스림을 이룰 수 있다. 만약 반대로 (백성이) 임금과 함께하는 것을 임금이 높다고 하고, (임금이) 백성과 함께하는 것을 백성이 귀하다고 하면, 그 뜻이 손상된다.397)

소여의 관점에서 보면, '존군尊君'과 '귀민貴民'이라는 두 가지 주장은 각각의 목적이 있다. 신민臣民의 측면에서 말하면, 임금을 존귀한 대상으로 삼으면 상하 본분의 도리를 지킬 수 있다. 군주君主의 측면에서 말하면, 백성을 귀한 대상으로 삼으면 임금은 백성을 얻을 수 있다. "백성들이 향해 가지 않는데도 왕 노릇을 할 수 있는 자는 없기"398) 때문이다. 따라서 군왕의 입장에서 말하면, 비록 천하를 소유했다고 하더라도, 오히려 여전히 "스스로 백성의 임금 노릇을 한다고 말해서"는 안 된다.399) 역으로 만약 임금의 입장에서 임금이 높다고 말하면, 임금의 권세가 무한히 팽창하여 그 백성을 학대할 가능성이 있다. 또한 백성의 입장에서 백성이 귀하다고 말하면, 다투고 빼앗거나 본분을 뛰어넘는 짓을 하는 환란을 열 가능성이 있다. 따라서 "그 뜻이 손상된다."

셋째, 현명한 사람을 높인다. 현명한 사람을 높이는 것도 또한 『춘추』 대의에 속한다. 동중서는 "왕王은 백성들이 향해 가는 대상이라는 뜻이고, 군君은 그 무리를 잃지 않는다는 뜻이다"라고 했다. 또한 궁지기宮之奇를 예로 들어서, 우공虞公이 그를 등용하자 진晉나라 헌공獻公이 걱정했는데, 그를 등용하지 않자 마침내 우虞나라

---

397) 蘇輿, 『春秋繁露義證』, 101~102쪽.
398) 蘇輿, 『春秋繁露義證』, 133쪽.
399) 蘇輿, 『春秋繁露義證』, 101쪽.

는 진나라 헌공에 의해 멸망되었다.[400] 이에 대해 소여는 다음과 같이 논했다.

> 이 편에서는 가장 먼저 왕王은 백성들이 향해 간다는 뜻이고, 군君은 그 무리를
> 잃지 않는다는 뜻임을 말했다. 아래에서는 현명한 사람의 등용을 삼가고 성실하게
> 하는 것이다. 임금이 백성을 얻는 것은 오직 현명한 사람을 임용하여 정치를
> 돕도록 하는 데 있지, 무리를 좇아서 명예를 구하는 데 있지 않음을 알 수 있다.
> 현명한 사람은 백성의 표준이다.[401]

이로써 알 수 있듯이, 군왕이 백성을 얻을 수 있는지의 여부는 그 관건이
현명한 사람을 등용할 수 있는가의 여부에 달려 있다. 소여의 입장에서 말하면,
현명한 사람을 등용하여 정치를 돕는 것은 사실상 군왕 독단의 전제專制를 방지하는
중요한 수단이다. 동중서는 『상서』「홍범洪範」의 "총聰은 모謀이다"를 논할 때,
"모謀란 일을 도모함이니, 임금이 총명하면 일을 들을 때 신하들과 함께 그 일을
의논한다"[402]고 했다. 청대 학자인 왕인지王引之는 '모謀'는 당연히 '민敏'자로 해석해야
한다고 했다. 소여는 한편으로는 훈고학적 각도에서 "왕인지의 주장이 당연히
옳다"고 하였다. 다른 한편으로는 또 만약 '민敏'으로 '모謀'를 해석하면 혹 "왕자는
자신의 민첩함을 과신하여 독단하는 실수를 저지를" 혐의가 있을 수 있다.[403]
따라서 소여는 왕인지의 주장을 취하고자 하지 않고 다음과 같이 말했다.

> 따라서 동중서가 일을 도모하는 것이라고 해석하여, 왕자로 하여금 이미 총명함이
> 있더라도 여전히 토론에 힘쓰고, 천하의 지려志慮를 모아서 도모하도록 했다.
> 모아서 받고 펴서 베풂으로써 사람들이 그 혜택을 받도록 하니, 이것이 총명함의
> 지극함이다.[404]

---

400) 『春秋繁露』,「滅國」.
401) 蘇輿, 『春秋繁露義證』, 135쪽.
402) 『春秋繁露』,「五行五事」.
403) 蘇輿, 『春秋繁露義證』, 391쪽.
404) 蘇輿, 『春秋繁露義證』, 391쪽.

이로써 알 수 있듯이, 소여는 차라리 학술상의 정확성을 희생할지언정, 군주전제專制를 방지하는 정치적 고려를 위해 자세하게 말하지 않을 수 없었다. 소여가 얼마나 깊이 마음을 쓰고 있는지를 볼 수 있는 부분이다.

이상을 종합하면, 소여의 다양한 사고는 최종적으로 모두 임금과 백성의 관계라는 유학 전통의 오래된 하나의 문제로 귀결된다. 소여의 입장에서 말하면, 한편으로 '가르침'(敎)이 동요되지 않도록 지키고자 했기 때문에 강유위가 평등을 제창하고 민권을 신장한 부류의 정치 주장을 극력 반대하였고, 군주제의 합법성과 필요성을 견지하였다. 다른 한편으로 또한 군주전제에 대한 강유위의 비평에 다소간 정면으로 대응했기 때문에 군민君民 관계에 대한 그의 이해는 과거와는 어느 정도 다른 시대적 특색을 구체적으로 드러냈다.

소여의 『춘추번로의증』이라는 책은 우선 경전에 주소注疏를 단 저작으로서 상당한 학술적 가치를 가진다. 왕선겸王先謙의 『춘추번로의증』「서문」에서 이 책은 "전할 만한 책"[405]이라고 칭찬하였다. 양수달楊樹達은 더욱 크게 칭찬하여, "그 진위眞僞를 변별하고, 그 거짓 이론을 바로잡았으며, 한·당·송·청대 학자들의 말과 역대 조정의 전장 제도와 형법을 모두 취하여 소통하고 증명함으로써 그 깊은 뜻을 연구하고 그 차이점을 구별하였다. 이에 동중서가 『춘추』를 말한 요지가 사람들의 이목에 환하게 드러났다."[406] 양계초梁啓超는 비록 정치적인 측면에서 소여의 반대자였지만, 또한 이 책을 크게 칭찬하여, "정밀하고 빈틈이 없으며, 또 분석적이어서 능서의 주석보다 위이다"[407]고 하였다.

그러나 학자들 중에는 또한 이 책을 비판한 사람도 있었다. 부사년傅斯年은

역자 주: 『서』「皐陶謨」에 "모아서 받고 펴서 베풀면 아홉 가지 덕을 가진 사람들이 모두 일을 하여, 준걸들이 관직에 있게 될 것이다"(翕受敷施, 九德咸事, 俊乂在位)라는 말이 보인다.

405) 蘇輿, 『春秋繁露義證』, 525쪽.
406) 楊樹達, 「平江蘇厚庵先生墓志銘」(『積微居詩文鈔』[上海: 上海古籍出版社, 1986], 86쪽에 실려 있음).
407) 梁啓超, 『中國近三百年學術史』(『飲冰室合集』 10책, 238쪽에 실려 있음).

"견식이 변변치 못하고 저열하며, 또한 두서없는 난잡한 말이 많아서, 주대와 한대의 여러 서적을 꿰뚫기에는 부족할 뿐만 아니라, 『춘추』 경전經傳도 능숙하게 알지 못하는 자 같다. 그러나 근거로 삼아서 교정한 책이 대부분 앞사람들의 작품이기 때문에 그나마 보기에는 편리하다."408) 지금 사람인 주유쟁朱維錚은 이 책의 교감은 "독단이 더욱 많다"409)고 하였다.

그러나 소여 본인의 입장에서 말하면, 『춘추번로의증』은 사실 '특별한 이유가 있어서 지어진' 작품에 속한다. 다시 말해서, 소여는 단지 경전 주석이라는 형식을 통해 유가사상과 현실정치에 대한 그의 기본 견해를 표현하려고 시도하였다. 쉽게 볼 수 있듯이, 이 책은 보기에는 냉정하고 객관적인 듯한 문자의 배후에 명확한 목적성과 강렬한 현실감을 가지고 있다. 이러한 특징이 이 책을 청대 학자들의 기타 경전 주소류注疏類의 저술과 크게 차별화시켰다.

소여의 이 책은 그 목적이 매우 분명하다. 그것은 바로 '학문을 바로잡아서'(正學) '가르침을 돕는'(翼敎) 것이다. 그러나 소여는 기타 '익교翼敎' 학자들과는 다르다. 그는 강유위가 의지하여 변법을 진행했던 공양학을 결코 간단하게 부정하지 않았다. 공약학의 내부로부터 시작하여, 즉 근본을 바로잡는 방식으로 강유위의 오류를 증명하려고 시도하였다. "다른 사람의 학설을 역으로 이용하여 그 사람을 공격한" 행동이라고 할 수 있다. 이러한 측면에서 말하면, 이 책은 사실상 만청시기 강유위를 반박했던 책 중에서 가장 학술성을 갖춘 저작 중의 하나이다.

그러나 소여의 "다른 사람의 학설을 역으로 이용하여 그 사람을 공격한 것"은 또한 의심스러운 점이 있다. 그의 논의는 항상 삼전三傳을 혼동하고, 금고문을 절충했으며, 심지어 한대와 송대를 잡다하게 뒤섞고, 제자諸子를 지나치게 많이 인용하였다. 그로 인해 하나의 경전을 전문적으로 연구한 엄격한 학문의 입장, 특히 하휴의 『춘추공양전해고』를 『공양전』의 척도로 삼는 입장에서 말하면, 확실히 억지로

---

408) 淸代 宣統 庚戌年에 간행된 『春秋繁露義證』에 傅斯年이 손으로 쓴 책의 머리말(傅氏手書題記) 참조(楊菁撰, 『蘇輿詩文集』, 「導言」, 6쪽에서 재인용)
409) 朱維錚, 『中國經學史十講』, 262쪽.

끌어다 붙인 내용이 많이 보인다. 그가 『공양전』의 선사인 동중서의 책에 주석을 달았지만, 사실 이 책을 공양가의 학문이라고 부르기는 어렵다.[410] 이러한 측면에서 말하면, 소여는 비록 '학문을 바로잡는 것'(正學)을 목적으로 삼았지만, 강유위가 반드시 진심으로 복종하도록 만들지는 못했다. 따라서 이 책의 의의는 어쩌면 그 학술 자체에 있는 것이 결코 아니며, 근본적으로는 또한 '익교翼教'를 위한 것이므로 '특별한 이유가 있어서 지어진' 작품에 속한다. 이러한 경전 연구 방식은 역으로 강유위의 책과 서로 다르면서도 비슷한 오묘함이 있다. 사실 경학의 측면에서 말하면, '배움'(學)과 '가르침'(教)은 본래 나눌 수 없다. 이 '배움'이 있으면 곧 이 '가르침'이 있고, 이 '가르침'을 펼치고자 한다면 이 '배움'이 반드시 있어야 한다. 이러한 측면에서 말하면, 소여와 강유위의 저술이 비록 같지 않지만, 두 책은 모두 '배움'을 통해서 그 '가르침'을 세운 것이다.

---

410) 예를 들어, 段熙仲은 소여의 이 책이 "그 정밀하고 깊은 곳은 凌曙를 뛰어넘는 것이 있다"고 하였다.(段熙仲, 『春秋公羊傳講疏』, 37쪽) 그러나 또한 능서의 『春秋繁露注』와 康有爲의 『春秋董氏學』이야말로 진정한 '公羊家 학문'이라고 인정한 반면, 『春秋繁露義證』은 단지 "旁通, 輯佚, 異義, 攻錯, 存參"의 부류로 제쳐 두었다.(같은 책, 51 · 53쪽) 이로써 알 수 있듯이, 공양학파, 특히 하휴로부터 유봉록에 이르는 하나의 노선을 가지고 건립된 공양학 계보로서의 公羊家라는 측면에서 말하면, 소여의 이 책은 확실히 공양학을 전문적으로 연구한 학문으로 볼 수 없다. 당연히 소여 본인도 종래에 공양학자로 자처한 적이 없으며, 도리어 하휴 · 유봉록에 대한 비평자로서의 면모를 드러냈다. 따라서 소여는 사실상 하휴 · 유봉록 계열을 주축으로 건립된 가법 혹은 사법을 반드시 이해한 것은 아니며, 청대의 모든 공양학에 대해서도 또한 대부분 그렇게 여기지 않는다.

피석서皮錫瑞(1850~1908)는 자가 녹문鹿門 또는 녹운麓雲이다. 그는 금문학을 위주로 삼았으며, 전한시대의 복생伏生을 가장 깊이 존경하여, 거처하는 곳을 '사복당師伏堂'이라고 이름을 지었다. 그로 인해 학자들은 그를 '사복선생師伏先生'이라고 불렀다. 강학과 저서에 몰두했으며, 앞뒤로 호남湖南 용담서원龍潭書院과 강서江西 경훈서원經訓書院을 주관하였다. 무술변법 때, 남학회南學會에 참여하여 학장學長으로 초빙되었고, 변법개제變法改制를 제창하였다. 이후에 거인擧人에서 파면을 당해 지방관의 통제를 받게 하자, 마침내 두문불출하고 책을 저술하였다. 그 후에 호남 고등학당高等學堂, 사범관師範館, 중로사범中路師範, 장사부長沙府 중학당中學堂의 강습 및 학무공소學務公所의 도서과장圖書課長, 장사長沙 정왕대도서관定王臺圖書館 찬수纂修를 역임하였다. 그의 아들인 피명거皮名擧는 그가 "널리 배우고 깊이 생각했으며, 남을 가르치는 데 게으르지 않았으며, 삼상三湘(長沙府에 있는 瀟湘·蒸湘·沅湘의 세 江)의 석학들은 모두 그의 문하에서 배출되었다"고 말했다.[411]

피석서는 본래 사장詞章을 좋아하였고, 광서光緒 5년(1879)에 당시 30세의 나이에 처음으로 육경을 연구하였다. 그의 경전 연구는 처음에는 김악金鍔(1770~1819)의 영향을 받았는데, 『연보』에서 그가 "처음으로 경전을 연구할 때, 항주杭州에서 임해臨海 김성재金誠齋, 즉 김악金鍔의 『구고록예설求古錄禮說』을 입수했는데, 그 결단과 제어, 정밀함과 견고함을 좋아하였다. 따라서 피석서는 예제禮制의 측면에서 가장 정밀하고 널리 통했다."[412] 피석서는 또 스스로 다음과 같이 말했다. "나는 교감과 수정에 뛰어나지 않고, 오직 명물제도名物制度를 고증하여 바로잡는 것은 자신할 수 있다."[413]

---

411) 皮名擧, 『皮鹿門先生傳略』(『經學歷史』, 「附錄 一」, 257쪽에 실려 있음).
412) 皮名振, 『皮鹿門年譜』, 16쪽.

만청시기 금문가들은 제도를 중시하지 않는 사람이 없었는데, 피석서의 『상서』 연구는 대부분 예제禮制를 상세하게 다루었으니, 이러한 학풍을 계승했기 때문이다. 그의 저술인 『효경정주소孝經鄭注疏』의 경우에는 정현이 예禮에 조예가 깊었던 점을 깊이 추앙하였다. 따라서 그는 특히 정현의 학문을 정밀하게 연구하여, 『효경정주소孝經鄭注疏』 2권과 『정지소증鄭志疏證』 8권 등을 지었다. 무술戊戌 이후에 두문불출하고 책을 지었는데, 또한 『성증론보평聖證論補評』 2권, 『상서중후소증尙書中候疏證』 1권, 『육예론소증六藝論疏證』 1권, 『박오경이의소증駁五經異義疏證』 10권, 『발묵수 · 잠고 황 · 석폐질소증發墨守 · 箴膏肓 · 釋廢疾疏證』 3권, 『노례체협의소증魯禮禘祫義疏證』 1권, 『한비인경고漢碑引經考』 및 『왕제전王制箋』 등을 지었다. 이 중의 대부분은 정현의 책을 연구한 것이다. 따라서 섭덕휘葉德輝는 그가 "정현이 남긴 이론에 대해, 종류별로 모두 드러내 밝힌 것이 있다"고 했다.[414] 만년에 강학할 때, 또 『경학역사經學歷史』와 『경학통론經學通論』 두 책을 지어서, 경학 교과서로 삼았으며, 지금에 이르기까지 여전히 경전을 처음으로 연구하는 자들의 필독서가 되었다. 왕선겸王先謙은 이 두 책을 칭찬하면서, "가슴에는 많은 학자들을 벌여놓고, 손바닥에서 천고千古를 운용한 다"[415]고 했고, "노형老兄의 경학은 맑고 깊으며, 하나의 의리를 책임지고 거론했는데, 모두 접촉하는 곳마다 막힘없이 통하는 묘미가 있다"[416]고 했다.

피석서는 비록 금문학의 입장을 견지했지만, 『춘추』 분야의 저술은 결코 많지 않다. 일찍이 유정섭兪正燮의 『공양론公羊論』을 반박했는데, 왕선겸과 섭덕휘가 그것을 크게 칭찬하면서, "경학이 독보적이어서 호남성湖南省 상수湘水 일대 지역에서 경학의 최고 자리에 올랐다"[417]고 했다. 광서 25년 9월, 『발묵수 · 잠고황 · 석폐질소

---

413) 皮名振, 『皮鹿門年譜』, 70쪽.
414) 葉德輝, 『六藝論疏證』, 「序」.
415) 皮錫瑞, 『師伏堂日記』, '丙午年 九月 十六日'.
416) 李肖聃, 『星廬筆記』(岳麓書社, 1983), 48쪽.
417) 皮名振, 『皮鹿門年譜』, 38쪽.
    역자 주: 奪席은 깔고 앉았던 자리를 빼앗는다는 말로, 최고의 자리에 올랐다는 의미로 풀이된다. 『후한서』「戴憑列傳」에 의하면, 후한 光武帝 때, 戴憑이라는 인물이 경학에 밝아서 박사에 임명되었다. 당시 공경 대신들이 모인 자리에서 대부분의 신하

중』 각각 1권을 지었는데, 이 책의 요지는 정현과 하휴의 득실을 변별하는 데 있었다. 피석서는 다음과 같이 생각했다. "삼전三傳의 뜻 중에 통할 수 있는 것이 있으면 소통시켰고, 통할 수 없는 것은 각각 본래의 전傳에 의거하여 해석하였다. 『춘추』 삼가三家의 경계를 바로잡고, 정현 · 하휴 두 사람의 글을 소통시킴으로써 후학들의 쟁란을 평정하고, 앞선 학자들의 서로 다른 뜻을 넓힐 수 있기를 바란다."[418] 또 『경학통론 · 춘추통론』을 지었는데, 거의 순수하게 금문경학의 입장에 의거하여 『춘추』 및 삼전의 관련 문제를 토론하고, 한 조목 한 조목 세밀하면서도 조리 있게 분석했으며, 분명하게 변별하여 널리 막힘이 없게 하였다. 『사복당경설師伏堂經說』과 『사복당춘추강의師伏堂春秋講義』의 경우, 전자는 그의 독서차기讀書劄記이며, 대부분의 내용이 하휴의 주注 및 서언의 소疏를 반박한 것이다. 후자는 그의 학당강의學堂講義인 데, 특히 『좌씨전』에 대해 앞사람들이 밝히지 못한 것을 드러냈지만, 책을 완성하지 못한 채 죽었다.

　『사복당경설』이라는 책은 『상서』 · 『시경』 · 『예기』 · 『좌씨전』 · 『곡량전』 · 『논어』 · 『맹자』 · 『국어』 등 모두 9종이 있다. 그 중에서 오직 『예기천설禮記淺說』과 『좌전천설左傳淺說』 2종만 간행되었으며, 『공양전』 부분은 현재 93조목의 찰기劄記가 남아 있고, 그 중에서 62조목이 하휴 주와 서언 소의 결함을 드러낸 것이다. 그 논의를 살펴보면, 피석서는 『공양전』 이론을 다 따르지는 않았으니, 그의 경전 연구의 공평하고 타당함을 볼 수 있다.

　만청시기 금문학은 본래 예禮로써 경전을 설명한 일파가 있었다. 그 후에 요평廖平

들은 모두 자신의 방석을 깔고 앉아 있었는데, 대빙만 홀로 서 있었다. 광무제가 그 까닭을 물으니, 대빙은 "모두가 저보다 경학의 조예가 깊지 못한데도 저보다 높은 자리를 차지하고 있기 때문에, 저는 방석에 앉지 않고 있습니다"라고 대답하였다. 그 후에 광무제가 새해 元旦에 신하들에게 경전의 뜻을 해설하도록 하면서, 경전의 의리를 제대로 통달하지 못한 자는 그의 방석을 빼앗아서 이긴 자에게 주도록 하였다. 그때 侍中 戴憑이 50여 개의 방석을 빼앗아서 깔고 앉았다고 한다. 그 이후에 도성에서 '경전 해설에 막힘이 없는 대시중'(解經不窮戴侍中)이라는 말이 유행했다고 한다.

418) 皮錫瑞, 『發墨守 · 箴膏肓 · 釋廢疾疏證』, 「自序」(『皮鹿門年譜』, 제73쪽에서 인용).

이 「왕제王制」로써 '한 왕의 큰 법도'(一王大法)로 삼았는데, 「왕제」를 근거로 삼아서 금고문을 고르게 나눔으로써 「왕제」가 마침내 금문학의 대전大傳이 되었다. 요평은 『왕제집설王制集說』을 지었는데, 강유위도 그것을 본떠서 『왕제의증王制義證』과 『왕제위증王制僞證』을 지었고, 또 송대 학자들이 『대학』·『중용』을 존숭한 것을 본받아서 「왕제」를 『예기』에서 뽑아내야 한다고 주장하였다. 피석서도 요평과 강유위의 뒤를 계승하여, 광서 33년에 『왕제전王制箋』을 지었다. 이 책은 피석서의 만년의 책이다. 이 당시에 피석서는 거의 요평의 첫 번째 변화기의 이론을 채용하여, 『주례』· 「왕제」는 모두 전국시대의 책으로서 그 진위眞僞를 가지고 우열을 가릴 것이 없으며, 단지 각각 금문학과 고문학이 위주로 삼는 책일 뿐이라고 주장하였다. 이로써 알 수 있듯이, 피석서의 이 책은 이미 "금문학을 존숭하고 고문학을 억누르는" 요평의 두 번째 변화기의 이론을 취하지 않았으며, 또한 유흠이 여러 경전을 두루 조작했다는 강유위의 논의를 취하지 않았다는 것은 더더욱 논할 필요가 없다. 이처럼 만년의 피석서는 이미 금문학의 입장을 그다지 견지하지 않은 것 같다.

피석서가 남학회南學會에서 강론을 주관할 때, 『남학회강의南學會講義』12편을 지었는데, 지금 그 내용을 두루 살펴보면 대체로 학술과 정치가 각각 반반을 차지한다. 그는 평소에 경세經世의 큰 계획을 즐겨 말했고, 당시는 이전에는 없었던 세상의 변화를 맞이했기 때문에 변법을 위주로 해야 한다고 생각했다. "천고에 바뀌지 않는 것은 도道이다. 오랜 세월이 지나서 반드시 변하는 것은 법法이다. 도道와 법法은 분명하게 두 가지이니, 합쳐서 하나가 될 수 있는 것이 아니다."419) "지금의 의론은 모두 변법자강變法自强을 말한다. 현재의 정세는 마치 병이 중태에 빠져 완치될 가망이 없는 것과 같다. 의학을 배워서 그 병을 치료하고자 하더라도 또한 너무 늦어서 치료하지 못할까 두려운데, 하물며 그것을 저지하는 자가 여전히 있단 말인가?"420) 이로써 알 수 있듯이, 『공양전』이 한 시대를 뒤흔들 수 있는

---

419) 皮錫瑞, 『南學會講義』, 「論不變者道必變者法」(『分類纂輯湘報』, 「乙集下」, 21쪽).
420) 皮錫瑞, 「與黃鹿泉先生書」(皮名振, 『年譜』, 37쪽의 인용 참조).

것도 바로 여기에 있다. 그런데 섭덕휘와 같이 식견이 짧은 사람은 다음과 같이 황당무계한 말을 제멋대로 지껄였다.

대체로 『공양전』의 학문은 학식이 텅 비고 허술한 자에게 편리하다. 문장이 짧아서 익히기 쉽고 의리가 비천하여 추론하기 쉽다고 심문기沈文起가 말한 것이 그것이다. 양한시대의 『공양전』 대사大師는 모두 이러한 평론의 대상에서 벗어날 수 없다.…… 총명하고 뛰어난 선비는 그 이론의 신기함을 좋아하고, 특히 그 이론이 간단하고 쉬운 것을 더욱 좋아하니, 온 나라가 마치 미친듯하여 수습할 수 없는 지경에 이르렀다.[421]

강유위와 피석서 등 여러 사람의 입장에서 말하면, 『공양전』은 사실상 변법變法의 이론 근거이다. 이에 대해 피석서는 다음과 같이 말했다.

학자는 공자가 어째서 교조教祖가 되었는지를 알아야 하며, 마땅히 먼저 공자가 육경六經을 손질하여 바로잡은 뜻을 고찰하여 탐구해야 한다. 『춘추』라는 경전은 성인이 세상을 경영한 책이니, 더욱더 대의미언大義微言을 먼저 통달해야만 비로소 공자가 만든 교설教說에 사실상 소왕개제素王改制의 일이 있다는 것을 알 수 있다.[422]

이 주장은 대체로 강유위와 같다. 비록 그렇지만, 피석서가 강유위를 전적으로 따른 것은 아니다. 광서 20년(1894), 피석서는 『신학위경고新學僞經考』라는 책을 입수했는데, 『연보』에 의하면 다음과 같이 말했다.

강유위는 자신의 이론을 모두 금문을 따름으로써 고문을 물리쳤다고 여겼는데, 나의 소견과 서로 합치한다. 다만 독단이 너무 심하여 『주례』 등의 책이 모두 유흠의 작품이라고 하니, 아마도 유흠은 이러한 큰 능력이 없었을 것이다. 『사기』를

---

421) 葉德輝, 『葉吏部與石醉六書』(『翼教叢編』, 권6).
422) 皮錫瑞, 『南學會講義』, 「論孔子創教有改制之事」(『分類纂輯湘報』, 「乙集下」, 20쪽).

믿으면서도 또한 『사기』를 유흠이 개인적으로 고쳤다고 여기니, 더욱 근거로 삼을 수 없다.

이로써 알 수 있듯이, 피석서와 강유위는 비록 똑같이 『공양전』을 위주로 했지만, 그 다른 점도 또한 숨길 수가 없다.

요평과 강유위는 모두 육경六經이 공자의 작품이라고 주장했으며, 피석서도 어느 정도 그 주장을 사용하였다. 강유위는 상고시대의 역사는 불확실하여 고증할 수 없으며, 육경은 모두 공자가 옛것에 가탁하여 제도를 개혁한 작품이라고 주장하였다. 그러나 피석서의 논의를 살펴보면, 오히려 육경은 본래 상고시대의 남겨진 책이며, 단지 공자의 손질을 거쳐서 경經이 되었을 뿐이라고 주장하였다. 이로써 알 수 있듯이, 피석서와 강유위는 비록 모두 '공자개제孔子改制'의 이론을 주장하지만, 피석서의 지론이 치우치지 않고 옳아서 금고문의 이론을 절충할 수 있다.

피석서와 강유위가 근본적으로 서로 같은 점은 공자를 높인다는 데 있다. 강유위는 공자가 제도를 개혁했다고 여겨서, 공자를 높여 소왕素王으로 삼았고, 심지어 교주敎主로 삼았다. 피석서의 주장은 비록 강유위처럼 직설적이고 격렬하지는 않지만, 그래도 다음과 같이 말했다. 공자는 "만년에 육경을 정리하여 만세를 가르쳤다. 공자를 존경하는 자들은 그를 만세사표萬世師表라고 여겼다. 천자로부터 선비, 일반 백성에 이르기까지 공자의 책을 읽고 공자의 가르침을 받들지 않는 사람이 없었다."423) 공자를 교주로 여겼기 때문에 주공을 높이고 공자를 억누른 고문가의 학술을 매우 미워하였다.

광서 25년(1899), 피석서는 "강유위와 양계초를 칭찬하고, 충심으로 기쁘게 심복하였다"고 무고를 받았는데, 그의 일기에서 다음과 같이 스스로를 변호하였다.

강유위와 양계초의 학문은 나와 다른 점이 많은데, 무엇 때문에 내가 충심으로

---

423) 皮錫瑞, 『經學通論』, 「自序」.

기쁘게 심복했다고 여기는가? 진실로 '혹시 (죄가) 있을지도 모른다'(莫須有)는 세 글자의 문자옥文字獄424)을 가지고 어떻게 천하를 설복시킬 수 있겠는가?425)

피석서는 자신이 강유위와 양계초의 학문과 다른 점이 많다고 스스로 말했다. 그런데 이것을 모두 피석서가 자신의 죄를 벗어나려는 변명이라고 지목해서는 안 된다. 이에 앞서, 피석서는 상주常州 일파에 대해 많은 비평을 했다.

유봉록劉逢祿의 『상서집해尙書集解』를 보면, 양호陽湖의 장존여莊存與의 주장을 많이 실어서, 경문의 글자를 바꾸거나 경문의 문장을 옮기거나 고쳤다. 청대의 유명한 학자들이 한학漢學을 숭상하고 송학宋學을 배척한 이유는 한학이 독실하여 그 말에 반드시 증거가 있기 때문이다. 지금 경전을 고쳐서 자기주장을 완성한 것은 (경전을 의심한) 송대 왕백王柏(1197~1274)의 허물을 본받으면서 또한 그보다 더 심한 것이다. 이런 방법으로 경전을 해설한다면 성인의 책은 온전한 부분이 없을 것이다. 억설을 미언微言으로 여기고 천착을 대의大義로 여기니, 이것은 진정으로 경학의 반역자이다. 유봉록과 위원이 모두 장존여를 높이고 믿어서 함께 말한 것을 나는 이해하지 못하겠는데, 왕개운王闓運도 간간이 그들을 답습하였다.426)

경전 해설은 마땅히 경전에 따라 해석해야 한다. 장존여·유봉록·위원은 모두 의론이 너무 막힘이 없는데, 이것은 송대 학자들이 경전을 해설하던 형식의 글이지 한대 학자들이 경전을 해설하던 형식의 글이 아니다. 경전에 분명한 문장이 없는 것에 대해서 경전을 해설하는 경우에는 반드시 의심스러운 것을 보류한 채 남겨 두어야 하는데, 장존여·유봉록·위원은 모두 입론한 것이 너무 과감하다. 이것은 송대 학자들이 제멋대로 독단하던 습속이지 한대 학자들이 조심하고 신중하던 뜻이 아니다.427)

---

424) 역자 주: 三字獄은 무고한 사람을 모함하여 죄에 얽어 넣는 것을 의미한다. 『宋史』 「岳飛列傳」에 의하면, 秦檜가 岳飛를 '莫須有', 즉 죽을 만한 죄가 '혹시 있을지도 모른다'는 죄목으로 무고하여 죽였다고 한다.

425) 皮名振, 『皮鹿門年譜』, 68쪽.

426) 皮錫瑞, 『師伏堂日記』, '癸巳年 六月 十二日'.

피석서는 비록 금문학의 입장을 견지했지만, 그의 경전 연구는 건가乾嘉의 뛰어난 학자들을 뒤따라서, "의리는 반드시 고증을 겸해야 한다"고 주장하였다. 따라서 상주 학자들의 독단과 억설의 학풍을 좋아하지 않았다.

그 후에 혁명당의 사람들이 배만排滿의 기치를 내걸고, 강유위의 보황保皇을 원수로 간주하였다. 피석서는 오히려 양쪽을 분리해서 보았다. 혁명당과 유신당의 편파성과 비교하면, 피석서의 논의는 좌우 어느 쪽에도 편들지 않았으므로 공평하고 타당하다고 평가할 수 있다. 그 당시에 피석서는 순수하게 학자로 자처했기 때문에 『춘추』에 근거하여 유신당과 혁명당의 주장을 공평하게 논의할 수 있었다.

장태염章太炎은 피석서의 학문을 좋아하지 않은 듯하다. 그는 "내가 피석서의 책을 보고 나서, 그 난잡하고 어지러움이 또한 장차 후생을 헷갈리게 하고 잘못되게 할까 안타까워서 그의 의론에 반박하였다"고 했다. 1910년, 당시 피석서는 이미 세상을 떠났는데, 장태염은 『박피석서삼서駁皮錫瑞三書』를 지어서 금문경학을 공격하였다. 그런데 장태염의 『설림說林』에서는 피석서를 매우 중시하였다. 경사經師를 5등급으로 나누어서 피석서를 제2등급에 배열하고 다음과 같이 말했다. "일가一家의 학문을 지켜서, 그 학문을 소통하고 증명했으며, 문장이 감추어져 없어졌더라도 깊은 것을 탐색하여 그것이 드러나도록 했다. 위로는 삼국시대 위魏나라의 백연伯淵 최호崔浩에 비견되고, 아래로는 청대의 봉개鳳喈 왕명성王鳴盛(1722~1797)의 자리를 엿보니, 선화善化의 피석서皮錫瑞와 같은 경우는 그 다음 자리이다." 그런데 왕개운과 요평은 단지 제4등급과 제5등급에 배열하였을 뿐이다. 비록 금문학을 함께 연구했지만, 피석서가 더 뛰어나다는 평가이다.

양계초의 『근대학풍지지리분포近代學風之地理分布』에서는 다음과 같이 말했다. "상담湘潭의 왕개운王闓運(1832~1916)은 본래 문사文士로서 금문경학을 연구하여, 동치·광서 연간에 명성을 떨쳤다. 그러나 만년에게 방자하게 제멋대로 행동하여, 거의 전겸익錢謙益(1582~1664)과 같았다. 그의 저술도 또한 가볍고 경박하여 마음으로

---

427) 皮錫瑞, 『書經通論』.

이해한 것이 드물다. 선화善化의 피석서도 또한 금문학을 연구하여, 그 이론이 널리 두루 미치고 자세하고 확실하여, 왕개운이 감히 바라볼 수 있는 대상이 아니다."[428] 소서팽邵瑞彭은 다음과 같이 말했다. 피석서는 "멀리 쇠퇴하여 명맥만 남아 있던 전한시대 금문학의 뒤를 잇고, 북해北海 정현鄭玄의 학문을 함께 종합하였다. 박학하고 고상하며 막힘없이 넓게 통하며, 상세하게 생각하고 분명하게 변별하였다. 정연井研 요평廖平과는 원류는 같지만 갈래가 달랐다. 비록 넓고 광대함에는 요평에 미치지 못하지만, 질박하고 자세함은 그를 뛰어넘는다."[429]

---

428) 梁啓超, 『飮冰室文集』 41.
429) 邵瑞彭, 「重刊『駁五經異義疏證』序」.

장태염章太炎(1869~1936)은 이름이 학승學乘이고, 자는 매숙枚叔 또는 매숙梅叔이다. 고염무顧炎武(1613~1682, 원래 이름은 絳이고, 명나라가 멸망한 이후에 炎武로 개명하였음)를 존경하고 사모했기 때문에 이름을 '강絳'으로 고쳤다. 뒤에 '환하게 빛난다'(炳炳麟麟)[430]는 말에서 뜻을 취하여, 이름을 '병린炳麟'이라고 했다. 태염太炎은 그의 별호이다. 광서光緒 16년(1890), 항주杭州 고경정사詁經精舍에 들어가 책을 읽었고, 유월俞樾의 제자가 되었다. 뒤에 또 담헌譚獻(1832~1901), 고학치高學治(1891~1945), 황이주黃以周(1828~1899), 손이양孫詒讓(1848~1908) 등에게 학문을 배웠다.

광서 21년(1895), 강유위가 강학회强學會를 열자 장태염은 입회였다. 23년, 고경정사詁經精舍를 떠나서, 『시무보時務報』에서 글을 지었고, 변법變法에 투신하였다. 변법이 실패하자, 앞뒤로 대만과 일본으로 망명하였다. 26년, 변발을 자르고 혁명에 뜻을 두었다. 29년, 『소보蘇報』 사건으로 감옥에 투옥되었다. 감옥에서 불교에 관한 서적을 정밀하게 연구하여, "석가모니의 심오한 말 중에 동주東周시대 제자백가를 넘어서는 것이 이루 헤아릴 수가 없으니, 정주程朱 이후는 더욱 논할 필요가 없을 것이다."[431] 30년, 광복회光復會가 성립되자, 장태염은 비록 감옥에 있었지만 그 일에 많이 참여하였다. 32년, 감옥에서 나오자 일본으로 가서 동맹회同盟會에 들어가서 『민보民報』 주편主編이 되었다. 그 사이에 일본에서 강학 활동을 계속하였다.

1911년, 상해上海가 광복되자 장태염은 마침내 귀국하여, "혁명군이 홍기하자

---

430) 역자 주: '炳炳麟麟'은 환하게 빛난다는 뜻이다. 『文選』 권48에 실려 있는 揚雄의 「진나라를 배척하고 신나라를 아름답게 여기다」(劇秦美新)라는 글에 "제왕의 전장제도 중에 빠진 것이 이미 채워졌고, 왕의 기강 중에 느슨했던 것이 이미 펼쳐져서, 환하게 빛나고 빛나니, 어찌 아름답지 않겠는가!"(帝典闕者已補, 王綱弛者已張, 炳炳麟麟, 豈不懿哉!)라는 말이 보인다.
431) 章太炎, 『訄漢微言』(『訄漢三言』, 71쪽).

혁명당이 사라졌다"고 주장함으로써 손중산孫中山이 크게 만족스럽지 못하게 여겼다. 1913년, 송교인宋教仁이 암살을 당하자, 장태염은 마침내 원세개袁世凱의 토벌을 주장하였다. 그러나 가택 연금을 당하여, 원세개가 죽고 나서야 비로소 석방될 수 있었다. 1917년, 장태염은 손중산을 따라서 남하하여 호법護法 운동을 전개하였고, 또 진천滇川과 악상鄂湘 사이를 뛰어다니면서 각지의 군벌들을 연결하였다. 1920년 이후에 장태염은 연방 정부 형식의 통일국가를 설립하자는 '연성자치聯省自治' 운동을 전개하여 중앙정부를 비워 두자고 주장하여, 손중산이 북벌을 핑계로 전국 통일을 도모한 목표에 방해되는 일을 많이 하였다. 1924년 이후, 손중산은 러시아와의 연합 및 공산당과의 연합을 도모했는데, 장태염은 '적화赤化'를 깊이 우려하면서, 이민족이 재차 중국을 통제할 것이라고 생각했다. 1926년 8월, 전보를 쳐서 북벌에 반대하고, 장개석蔣介石이 "소련을 위해서 중국 땅을 열었다"고 하고, 다음과 같이 비난했다. "적화赤禍가 세차게 일어나서, 러시아에 정성을 다하면서도 스스로를 국민國民이라고 말한다. 외환外患을 불러서 이르게 하고서 스스로를 혁명革命이라고 말한다."[432] 그 사이에 장태염은 「호당구국선언護黨救國宣言」을 발표하고, 또 '반적구국대연합反赤救國大聯合'을 조직하여 공개적으로 공산당에 반대하고, 다음과 같이 소리 높여 주장하였다. "무릇 외국 사람들의 세력을 빌어서 중화민족을 압박하는 자들, 우리는 응당 그들을 반대하니, 이것이 곧 우리의 최후의 책임이다."[433] 그는 일생이 끝날 때까지 민족주의 입장을 견지했는데, 앞서는 그것을 빌어서 혁명을 선도했고, 지금은 그것을 근거로 혁명을 반대했다.

1927년, 국민당의 북벌이 성공하자, 장태염은 '중화민국유민中華民國遺民'으로 자처하였다. 남경南京 국민정부國民政府가 제멋대로 공격한 것에 대해, '삼민주의三民主義'는 곧 '외국과 연합하는 주의'(聯外主義) · '당이 다스리는 주의'(黨治主義), 그리고 '백성이 안심하고 살 수 없는 주의'(民不聊生主義)라고 비판하여, 국민당國民黨 상해당부上

---

432) 湯志鈞, 『章太炎年譜長編補編』, 826쪽.
433) 『醒獅周報』 제58호, 1925년 11월(湯志鈞, 『章太炎年譜長編』[증보수정본], 478쪽 참조).

海黨部가 지명 수배하고 장태염을 '학벌學閥'로 지탄하는 일을 당했다. 1928년, 다시 국민당 상해당부의 지명 수배를 받았는데, 거기에서 상부에 올린 문서에서 다음과 같이 기록하였다. "반역자 장태염은 진보하지 못한 채 제자리걸음을 하면서, 자신의 사상이 낙후되었다는 것을 깨닫지 못하고, 자기가 옳다고 여기고 날마다 총리總理를 비난하는 것을 일로 삼는다. 민국 10년 상악湘鄂 변락汴洛으로 도망가서, 마침내 자진하여 반역자 오패부吳佩孚의 앞잡이가 되었다. 반역자 오패부가 세력을 잃게 되자, 반역자 손전방孫傳芳의 문하에서 걸식하면서 본당本黨 세력의 발전을 제지하려고 도모하였다. 본당이 동남쪽을 통일하고, 오패부·손전방이 붕괴하자, 이 반역자들은 호빈滬濱으로 자취를 감추었다. 당시 중앙에서는 이들을 지명 수배해야 한다는 주장이 있었지만, 이후에 이 반역자들이 죽을 날이 얼마 남지 않았다는 이유로 죽이지 않고, 그들이 은거하면서 잘못을 뉘우쳐서 다시는 군벌의 괴뢰가 되지 않기를 희망하였다.…… 삼가 이 반역자들은 총리가 평생 동안 전력했던 혁명 사업의 최대 목적을 이해하지 못할 뿐만 아니라, 삼민주의도 결코 인식하지 못하면서 거짓된 말로 총리를 중상모략 하였다. 이 반역자들은 본당이 국민을 대신하여 정권을 집행하고, 훈정訓政[434] 이후에 정권을 인민에게 돌려준다는 깊은 뜻을 결코 이해하지 못했다. 본당이 반역자 원세개와 유사하다고 크게 모함하고, 또한 공공연히 국민정부國民政府를 제멋대로 판단하니, 그 속마음을 분명하게 알 수 있다."[435] 이후에 장태염은 정사政事에 대해 따지지 않았다. 1931년, 일본인들이 중국을 침략하자, 장태염은 "우리의 종족이 아니면 그 마음이 반드시 다르다"(『좌씨전』, 성공 4년)는 『춘추』의 의리에 근거하여, 항전을 강력하게 주장하였다. 그리고 국민당에 대해 "개인적인 싸움에는 용감하고, 공개적인 전쟁에는 비겁하다"고 비평했으며, 심지어 공산당과 연합하여 항전할 것을 주장하였다.

---

434) 역자 주: 訓政은 중국 국민당이 목표로 삼았던 국민 혁명의 완성기 중의 한 단계이다. 가장 먼저 한 省을 무력 통일하는 軍政, 한 省의 자치를 완성하는 訓政, 헌법을 제정하여 議會정치를 확립하는 憲政 등 세 가지로 혁명 완성을 구분하였다.
435) 湯志鈞, 『章太炎年譜長編』(증보수정본), 517~518쪽.

장태염 일생의 학술 종지는 젊은 시절에는 "격렬하게 공자를 비난하였고", 만년에는 "공자를 비난하는 것에 대해서는 입을 다물고 말하지 않았다." 비록 그렇지만, 국수國粹를 주장하는 종지는 시종 변하지 않았다. 그는 "국수를 이용하여 종족을 격동시키고, 애국의 열정을 증진시키는" 일을 하였다. 최근 사람인 지위성支偉成은 그의 학문에 대해 다음과 같이 논했다.

여항餘杭의 병린炳麟 장태염章太炎 선생은 젊을 때 경전을 연구하면서 박학樸學, 즉 고증학을 엄격하게 지켰다. 소통하고 증명한 것은 문자文字와 기수器數의 사이였고, 자사子史 분야까지도 널리 확대하여 드러내 밝힌 것이 많으며, 소학小學에 특히 정밀하였다.…… 중년 이후에는 불전佛典에 마음을 다하였다.…… 일본을 유람하면서 서양 서적을 함께 섭렵하여, 더욱더 새로운 지식을 융회融會하고, 옛 학문을 관통貫通할 수 있게 됨으로써 얻는 것이 날로 넓고 커졌다.…… 이러한 선생의 학문은 본래 청대 학자들을 뛰어넘었다. 절동浙東에 살면서 명청시대의 전고典故에 마음을 다했고, 중국 민족의 혁명을 강하게 외쳤으니, 그가 근세 학술사상에 미친 영향은 지극히 크다. 이미 민국民國에서 서훈敍勳을 받았고, 당대의 대사大師로 추대되었다.[436)

이것은 장태염 학술의 대략을 논한 것이다. 전목錢穆은 그의 학술을 다음과 같이 네 가지로 총결하였다.

장태염의 학술은 네 가지의 기둥으로 나눌 수 있다. 하나는 서호西湖 고경정사詁經精舍의 음보蔭甫 유월俞樾이 전수한 소학小學. 하나는 상해의 감옥에서 암송한 불학佛學. 하나는 혁명革命과 배만排滿 등의 정치 활동에 종사하면서, 그와 관련되거나 연루되었던 역대의 치란治亂, 인물의 현명함과 간악함 등에 관한 사학史學 이론. 하나는 강유위의 보황변법保皇變法을 반대하고, 동시에 고문경학이 강유위의 금문경학과 서로 대항해야 한다고 주장한 것이다.[437)

---

436) 支偉成, 『章太炎先生論訂書』(『淸代樸學大師列傳』, 1쪽에 실려 있음).

이 중에서 장태염의 고문경학은 바로 그의 좌씨학이다. 이 학문의 형성이 가장 빠른데, 그가 고경정사誌經精舍에서 학업을 할 때가 사실은 그의 학술 전체의 근저가 되었다. 그와 관련된 저술은 『춘추좌전독春秋左傳讀』 9권, 『춘추좌전독서록春秋左傳讀敍錄』 1권, 『유자정좌씨설劉子政左氏說』 1권, 『춘추좌씨의의답문春秋左氏疑義答問』 5권, 『박잠고황평駁箴膏肓評』 1책이 있다.

1. 공자孔子를 바로잡음(訂孔)

장태염의 춘추학은 순수하게 『좌씨전』을 종주로 삼는 것을 위주로 하였고, 『공양전』과 『곡량전』을 극도로 비판하였다. 두 전 중에는 또한 『곡량전』을 약간 들어올리고 『공양전』을 억눌렀다. 그는 반드시 이와 관련된 논의를 진행하고자 했으며, 그것은 대체로 두 가지 노선을 선택했다. 첫째, 『춘추』를 역사로 보고, 심지어 공자를 역사가로 폄하한 이후에 그만두었다. 둘째, 『좌씨전』이 『춘추』에 전傳을 달았다는 것을 밝히면서 대부분 유봉록의 주장을 반박하였다.

금문가는 공자를 교주敎主와 소왕素王으로 여겼지만, 장태염은 공자를 역사가로 낮추고, "공자는 역사가의 종주宗主"[438]라고 주장하였다. 그리고 "중니仲尼는 훌륭한 사관史官이며"[439], "공자는 육경六經을 손질하여 바로잡았으니, 애초에 사마천司馬遷·반고班固 등의 무리와는 우열이 있다. 그 책이 역사를 기록한 책이기 때문에 그 학문은 객관적인 학문이다."[440] 이에 앞서 유봉록은 『좌씨전』을 억눌러서 좌구명을 뛰어난 사관으로 여겼다. 그런데 지금 장태염도 그러한 기법을 사용하여, 공자를 뛰어난 사관으로 억눌러서 굽히고, 항상 공자와 좌구명을 함께 거론하여 논의하였다.

그런데 단지 이와 같이 할 뿐만 아니라, 그는 심지어 공자를 스승이 될 만한

---

437) 錢穆, 『太炎論學述』(『中國學術思想史論叢』 제8[臺北: 聯經出版事業公司, 1995], 539쪽에 실려 있음).
438) 章太炎, 「自述學術次第」(『訄漢三言』, 「附錄」, 192쪽).
439) 章太炎, 「訂孔上」(『檢論』, 권3, 『章太炎全集』 제3, 424쪽).
440) 章太炎, 『諸子學略說』(『姚奠中·董國炎, 『章太炎學術年譜』, 100쪽에서 재인용).

홀륭한 장인(匠師), 예를 들어 중국 공예의 시조인 노반魯班, 즉 공수반公輸般과 같은
부류로 낮추었다.

> 이 공자孔子라는 사람은 학교의 학생들이 존경하고 예우하는 대상이니, 마치 장인(匠
> 師)이 노반魯班을 받들고, 재봉사(縫人)가 헌원軒轅을 받들며, 관리들(胥吏)이 소하蕭何
> 를 받드는 것과 같다. 각각 자기들의 스승을 존경하고 사모하여, 그 시초를 잊지
> 않으니, 본래 하늘과 땅의 신이나 신령스러운 귀신으로 그를 섬긴 것이 아니다.441)

진실로 이 주장과 같다면, 공자가 성인이 되는 것은 단지 후세 학자들의 추존에
의한 것일 뿐이다.

장태염은 공자의 공적이 네 가지가 있다고 논했다. "공자가 중국의 북두칠성
자루斗杓가 된 것은 역사歷史를 제정하고, 문적文籍을 반포하고, 학술學術을 진흥하고,
계급階級을 평등하게 한 것에 있을 뿐이다." "공자는 중국에서 백성을 보호하고
교화를 연 종주宗主이지 교주敎主가 아니다."442) 장태염은 세속의 눈으로 공자를
보았는데, 그 요지는 강유위의 공교孔敎 주장을 공격하는 데 있었다. 장태염은 혹
진실된 공자가 마땅히 이와 같을 것이라고 생각했지만, 그 주장의 폐단이 미친
영향은 "공자로 하여금 마침내 그 가치를 크게 잃게 만들었고, 한때의 수많은
말들이 대부분 공자를 공격하도록 만들었다."443)

장태염은 공자를 역사가라고 폄하했기 때문에 공자가 지은 『춘추』도 또한
역사에 지나지 않을 뿐 경전이 될 수는 없다. 그는 다음과 같이 말했다.

> 경經이라는 명칭은 광범위하다. 중니仲尼가 『효경孝經』을 지었으며, 한대漢代 『칠략
> 七略』에서 처음으로 육예六藝로 전했다. 그 시작은 사우師友가 서로 대답하는 말이며,
> 국가의 전적에는 있지 않았다. 묵자墨子는 『경經 상上·하下』가 있고, 가의賈誼는

---

441) 章太炎, 『駁建立孔敎議』(『章太炎全集』 제4, 195~196쪽).
442) 章太炎, 『駁建立孔敎議』(『章太炎全集』 제4, 196~197쪽).
443) 許之衡, 「讀『國粹學報』感言」(『國粹學報』 제6호, 1905.6.20.).

『용경容經』이라는 책이 있으며, 한비韓非는 『내저內儲』·『외저外儲』가 있는데, 가장 앞에 둔 범목凡目에 또한 경經이라는 명칭을 명기하여 게시하였다. 노자老子의 책은 한대에 이르러, 인씨鄰氏가 다시 경經으로 엮었고(『老子鄰氏經傳』), 손경孫卿에게 전해졌을 때 『도경道經』을 인용하여 "인심人心은 위태롭고, 도심道心은 은미하다"고 했다. 『도경道』도 육적六籍에 포함되어 있지 않다. 이것은 (經이라는) 명칭과 실질이 본래 세상에 퍼져 있었는데, 세상이 바뀌고 변화하고 사람들도 다르게 변해서, 단지 관청의 책만 경經이라고 부른 것이 아닌가?[444]

장태염은 『춘추』를 신격화하는 것에 반대할 뿐만 아니라, 경經 자체도 본래 신성한 함의는 없다고 주장하였다. 당시의 기타 고서들 중에서도 경經이라고 부른 책들이 많이 있었다. 예를 들어 『묵경墨經』·『도경道經』·『용경容經』과 같은 부류가 그것이다. 이에 대해 왕영조汪榮祖는 다음과 같이 주장하였다. 장태염의 금문가 비평, 특히 강유위의 공교孔敎 주장을 온힘을 다해 공격한 것은 바로 '경經'에 대한 세속화된 이해에 기초하여 '경'을 신성화하는 어떠한 견해도 모두 반대한 것이다.[445] 이러한 측면에서 말하면, 장태염은 '육경은 모두 역사'(六經皆史)라는 장학성章學誠의 주장을 전면적으로 찬성하였다. "내가 어려서부터 『좌씨춘추』를 전문적으로 연구했는데, '육경은 모두 역사'라는 장학성의 말이 일리가 있다."[446]

장태염은 심지어 공자의 『춘추』를 『노춘추魯春秋』의 전傳으로 여기고, 경經이 될 수 없다고 주장하였다. 비록 그렇지만, 공자의 『춘추』는 결국 통상적인 역사서와는 같지 않다. 이에 대해 그는 다음과 같이 말했다.

맹가孟軻가 "그 문장은 사관史官의 글이다"라고 했다. 『사기』「십이제후연표」에서도 말했다. "역사기록과 전해들은 옛 이야기를 논술했는데, 노나라에서 떨치고 일어나서 『춘추』를 편찬하였다." 그렇다면 『춘추』는 그 의리는 경經이고 그 체제는

---

444) 章太炎, 『國故論衡』, 「原經」.
445) 汪榮祖, 『章太炎散論』(中華書局, 2008), 126~127쪽 참고.
446) 諸祖耿, 『記本師章公自述治學之功夫及志向』.

사史이다. 만약 『춘추』가 역사歷史가 아니라고 말한다면, 『시』도 악장樂章이 아니고, 『역』도 서사筮辭가 아니라는 것인가?……『춘추』는 『사기』·『한서』에 비하면, 마치 화산華山과 웅이熊耳가 산이라는 점에서는 같지만 단지 고하高下의 차이가 있는 것과 같을 뿐이다.……『춘추』를 역사라고 부르더라도 인필麟筆의 존엄함에는 해가 되지 않는다. 바로 사마천·반고 두 사람의 역사서가 『송사宋史』·『원사元史』와 나란히 나열되지만, 그 체례體例의 높고 낮음은 산꼭대기와 우물 바닥과 같아서 비유할 것이 못되는 것과 같다.[447]

『춘추』는 "그 의리는 경經이고 그 체제는 사史이다." 즉 그 의리는 경전經典이고 그 체제는 역사歷史이다. 따라서 의리의 측면에서 말하면 『춘추』는 여전히 경經이라고 부를 수 있다. 장태염은 또한 다음과 같이 생각했다. "『춘추』를 역사라고 여기는가? 그렇다면 남조南朝시대 심약沈約(441~513)과 북조北朝시대 위수魏收(506~572)는 역사서를 짓지 않은 것이다.[448] 한결같이 경經이라고 여기는가? 그렇다면 『춘추』는 오광吳廣의 백서帛書와 장각張角의 오두미도五斗米道이다."[449] 장태염은 『춘추』가 경經·사史의 사이에 있다고 보았다.

따라서 공양가가 『춘추』를 경經으로 여김으로써 종종 『춘추』를 신비화하는 이론에 대해, 장태염은 일괄적으로 모두 배척하였다. 그는 심지어 『공양전』을 의화단義和團의 요망함에 비유하여 다음과 같이 말했다.

『명당대도록明堂大道錄』과 같은 부류는 장기張琦(1764~1833)의 『풍후악기경風後握奇經』이고, 『공양전』·『제시齊詩』와 같은 부류는 강유위康有爲의 『공자개제고孔子改制考』이다. 장기는 의화단義和團의 선사先師이고, 강유위는 비록 그와는 상반되지만 요망함은 그와 같다. 만약 그 근원을 탐구해 보면 동중서董仲舒와 익봉翼奉도 또한 의화단의 먼 조상이다.[450]

447) 章太炎, 『春秋左傳讀敘錄』, 「後序」(『章太炎全集』 제2책, 845쪽).
448) 역자 주: 沈約은 『宋書』를 지었고, 魏收는 北魏 때 國史를 편수하였다.
449) 章太炎, 「漢學論上」(『太炎文錄敘編』, 『章太炎全集』 제5책, 20쪽).
450) 章太炎, 『劼漢微言』.

장태염이 동중서를 '굼뜨고 어리석다'(蠢愚)고 비난한 것을 통해, 그의 문호의 견해가 지극히 깊다는 것을 알 수 있다. 따라서 공양가의 수천 년의 옛 이론과 익숙한 논의를 하나하나 논파하지 않은 것이 없다. 예를 들어 후한시대의 범승范升이 『좌씨전』은 스승과 제자의 전수관계가 분명하지 않다고 주장했는데, 이에 대해 장태염은 다음과 같이 말했다.

> 경사經師가 전수한 자취는 『사기史記』·『별록別錄』·『칠략七略』·『한서漢書』에서 징험해 보면, 일마다 다 갖추어져 있지 않기 때문에 그 중의 하나를 들어서 증거로 삼는다. 『좌씨전』의 전수관계는 이처럼 상세하고 확실하며, 대굉戴宏이 (『공양전』 의 전수관계를) 제멋대로 말한 것은 저처럼 증거가 없으니, 참과 거짓을 조사하여 가려보면 바로 알 수 있다.451)

장태염은 『좌씨전』의 스승과 제자의 전수관계가 확실하다는 것을 강력하게 주장했을 뿐만 아니라, 또한 도리어 『공양전』의 전수관계가 증거가 없는 망언이라고 무고하였다. 너무나 사납고 흉악하다고 할 수 있다.

당·송시대 이후로 또한 경經·사史로써 『공양전』과 『좌씨전』을 구별하는 경우가 있었는데, 이에 대해 장태염은 다음과 비난하였다.

> 옛날에 경經과 사史는 본래 다른 일이 아니며, 순욱荀勖(?~299)이 사부四部로 분류한 것452)은 학식도 없고 재주도 없는 사람이 한 것으로, 명철들이 비난한 바이다.(내가 살펴보건대, 당·송시대 이후로 『춘추』는 經이고 『좌씨전』은 史라는 주장에 의해 經과 史를 억지로 나누었으니, 순욱 이전에는 이러한 구별이 없었다는 것을 몰랐기 때문이다.) 공자의 『춘추』는 구명丘明이 전傳을 지었고, 다시 『국어國語』와 『세본世本』을 지었다.…… 한대 초기

---

451) 章太炎, 『春秋左傳讀敍錄』, 「後序」(『章太炎全集』 제2책, 864쪽).
452) 역자 주: 荀勖은 삼국시대 晉나라의 학자로서 秘書監을 담당하면서 劉向의 『別錄』에 의거하여 궁궐의 藏書를 정리하였다. 이때 經·史·子·集의 四部 분류법을 사용하였 다. 이러한 문헌 분류법은 기존 『七略』의 분류법과는 구별되며, 이후 문헌 분류법의 전형이 되었다고 한다.

에 진나라가 학문을 없애 버려서 서적이 흩어지고 없었다. 거기에 더해 다시 동중서의 독단과 완고함으로 제자백가를 폐기하여 배척했으며, 학관이 세워지자 보이는 것은 오직 육예六藝밖에 없었다. 내용이 평이하여 쉽게 이해되는 죽간의 글을 천제天帝의 소리와 말에 비견했으니, 진실로 당연한 처사였다. 그러나 경經과 전기傳記도 결국은 두 가지로 나누어지지 않는다. 성제成帝와 애제哀帝 시대에 이르러서, 긴 밤이 지나고 여명이 밝아 왔으니, 『춘추』라는 책이 오히려 역사서라는 것을 진정으로 알게 되었을 뿐이다.[453]

『춘추』가 경經이라는 것은 본래 의심할 여지가 없었다. 경經과 사史를 구분한 공양가의 주장은 『좌씨전』을 역사로 폄하하고자 한 것일 뿐이다. 그런데 유흠劉歆·가규賈逵·영용穎容·두림杜林 등의 무리가 『좌씨전』을 가지고 경經을 해석하여, 『좌씨전』을 『춘추』의 전傳으로 세웠다. 장태염의 경우에는 『춘추』를 곧바로 역사로 여겼다. 만약 이와 같다면, 『좌씨전』은 역사로서 본래부터 『춘추』의 전傳이라는 위치를 잃지 않고, 또한 기사가 짧은 『공양전』·『곡량전』에 비해 더욱더 훌륭한 역사가 될 수 있는 것이다.

공양가는 본래 '일자포폄一字褒貶'의 법도로써 『춘추』를 보았지만, 장태염은 『논어』도 포폄褒貶의 법도를 드러냈기 때문에 포폄을 반드시 『춘추』에만 의뢰할 것은 아니라고 주장하였다. 살펴보건대, 『춘추』에서 말한 포폄은 칭찬하거나 비판하는 말에만 그치는 것이 아니라, 사실상 노나라를 빌어서 왕법을 행하는 것이다. 『춘추』에서의 칭찬은 혹은 자字를 부르고 혹은 작위를 높여주고 혹은 대국大國이라고 칭찬하니, 왕자가 선한 이에게 상을 주는 것과 같다. 『춘추』에서의 비판은 혹은 작위를 강등하고 혹은 그 몸을 주살하고 혹은 그 나라의 지위를 박탈하니, 왕자가 악한 이를 벌주는 것과 같다. 이것이 『춘추』의 포폄이며, 처사處士가 제멋대로 떠드는 의론과는 비할 수 있는 것이 아니다. 즉 왕자가 권력을 행사한다는 의미의 말이다. 이로써 알 수 있듯이, 장태염은 사실상 『공양전』을 잘 이해하지 못했다. 또한 그가 『논어』를

---

453) 章太炎, 『春秋左傳讀敍錄』, 「後序」(『章太炎全集』 제2책, 845쪽).

높인 것은 지금 세속에서 『논어』를 높이는 논조의 기원일 뿐이다. 따라서 지금 공자를 연구하는 자들이 『논어』를 통하지 않는 자가 없으니, 『논어』를 버려두고는 다른 길이 없다고 여기기 때문이다.

또 『춘추』는 역사로서는 그 내용이 지나치게 간략하고, 심지어 '단란조보斷爛朝報'라는 비난도 있었다. 따라서 장태염은 『좌씨전』이 기사가 상세하기 때문에 『춘추』의 전傳이 된다고 주장하였다. 만약 이와 같다면 『좌씨전』의 가치는 『춘추』보다 높을 수밖에 없으며, 공자는 결국 구명丘明보다 낮아지고, 심지어 구명과는 대등한 위치에 설 수 없는 지경에 이르게 된다.

후한시대의 환담桓譚이 말했다. "제齊나라 사람 공양고公羊高가 『춘추』 경문을 근거로 삼아서 전傳을 지었는데, 『춘추』에 기록된 본래의 역사를 더욱 잃어버렸다. 『좌씨전』과 경經의 관계는 마치 옷의 겉과 속이 서로 기다린 이후에 완성되는 것과 같다. 경문만 있고 전문이 없으면, 성인으로 하여금 문을 걸어 잠그고 10년 동안 생각하도록 하더라도 경문의 의미를 알 수 없을 것이다." 『춘추』와 『좌씨전』에 대해 논한 장태염의 주장은 모두 환담의 이 주장을 근본으로 삼은 것이다. 그가 말했다.

> 따라서 경經에 옛 문장을 남겨 두었고, 구명丘明은 거기에 사실事實을 붙여서 전傳을 만들었다. 경經과 전傳이 서로 교차로 유행되고 밝혀져서, 국가의 법도와 일의 실상이 서로 모순되지 않도록 하였다. 경經과 전傳이 표리가 된다는 것은 이것을 말한 것이다.[454]

진실로 이 주장과 같다면, 『좌씨전』은 분명히 『춘추』의 전傳이 되기에 충분하다. 『춘추』가 역사라면, 『공양전』·『곡량전』의 가치도 당연히 이를 통해 판단해야 한다. 이러한 측면에서 논한다면, 『공양전』·『곡량전』이 『좌씨전』보다 못하다는 것은 지극히 분명한 사실이다.

---

454) 章太炎, 『春秋左氏疑義答問』, 권1(『章太炎全集』 제6책, 261쪽).

여기에 이르러, 단지 『춘추』만 역사가 아니라, 삼전三傳도 또한 역사가 된다. 그런데 역사라는 측면에서 논하면, 장태염은 삼전이 형성된 차례가 『좌씨전』이 가장 빠르고, 『곡량전』이 그 다음이며, 『공양전』이 가장 늦다고 했다. 그런데 대체로 『공양전』이라는 책이 본래 먼저 나왔고, 또한 박사에 세워졌으며, 『곡량전』은 조금 늦게 나와서 비록 박사에 세워졌지만 길지가 않았다. 『좌씨전』은 사실상 가장 늦게 나왔고, 비록 두 차례 박사에 세워졌지만 곧바로 폐지되었으며, 또한 그 진위가 본래부터 의심되었다. 이것은 본래 통용되는 이론이지만, 장태염은 오히려 그것을 뒤집으려고 하였다. 그는 선진시대의 고서와 『좌씨전』의 공통점을 찾아서 『좌씨전』이 진짜라는 것을 증명하려고 했을 뿐만 아니라, 또 삼전의 문자의 차이를 근거로 『좌씨전』이 먼저 나왔다는 것을 밝히려고 하였다.

장태염은 『좌씨전』이 『신서新書』에 모두 8가지 사례가 보이고, 『사기』에 모두 16가지 사례가 보이기 때문에 『좌씨전』이 진짜라는 것을 충분히 알 수 있다고 주장하였다.455) 이 주장은 대부분 오늘날 일본 학자들의 주장이고, 또한 관련된 논의가 많다. 『신서』와 『사기』에 보이는 것이 비록 틀리지는 않지만, 만약 이것을 통해 『좌씨전』이 유흠의 위작이 아니라는 것을 증명한다면, 반드시 그렇지는 않을 것이다. 심지어 이것을 가지고 『좌씨전』이 두 전보다 먼저 나왔다는 것을 증명하고자 한다면, 더더욱 성립되기 어려울 것이다.

장태염은 또 『공양전』의 "임금과 부모에 대해서는 장차 죽이려고 해서는 안 되니, 장차 죽이려고만 해도 주살한다"(君親無將, 將而誅焉)는 말이 진秦나라 박사와 한대 신하들에 의해 많이 인용되는 것을 근거로 삼고, 또 『공양전』의 '백우양伯于陽'이 고문인 '공자양생公子陽生'이 예서隸書로 변한 글자라고 말함으로써 마침내 『공양전』이 진秦나라 말기에 완성되었다고 확정하였다. 그러나 『공양전』는 대부분 공양씨公羊氏 라는 한 학파의 전수를 통해 나왔고, 경제景帝 시기에 죽백竹帛에 기록되었다. 만약 대대로 구설口說로 전해졌다면 이러한 예서隸書로 변한 글자가 있을 수 없다. 오직

---

455) 章太炎, 『春秋左氏疑義答問』, 권5(『章太炎全集』 제6책, 335~340쪽) 참조.

죽백에 기록되었기 때문에 이와 같은 문자의 오류가 있었을 뿐이다. 이를 통해 『공양전』이 책으로 만들어진 것이 혹 진나라 말기보다 늦을 수 있다는 것은 증명할 수 있지만, 그 구설口說이 형성된 시기를 따진다면 당연히 이 시기보다 빠를 것이다.

장태염은 또 말했다.

> 곡량은 좌씨보다 백여 년 뒤이고, 공양은 또 그보다 더 뒤에 있다. 곡량과 공양이 지은 전傳은 큰일 중에 『좌씨전』과 같은 것이 10개 중의 1, 2개이고, 나머지는 다르다. 의례義例는 모두 다르니, 바로 탁초鐸椒가 『좌씨전』을 가려 뽑을 때 다 기록하지 않았기 때문이다.456) 따라서 공양과 곡량의 전傳은 구설口說로 전해진 것이다.457)

장태염은 『공양전』·『곡량전』이 구설口說을 숭상한 것은 그들이 『좌씨전』의 문장을 모두 볼 수 없었기 때문이라고 주장하였다. 그는 『공양전』·『곡량전』의 내용이 『좌씨전』과 같은 것을 가지고, 『공양전』·『곡량전』이 『좌씨전』보다 뒤에 책으로 만들어졌다고 말한다. 그리고 『공양전』·『곡량전』이 『좌씨전』과 다른 내용이 있는 것은 『공양전』·『곡량전』이 제멋대로 고쳤기 때문이다. 이것은 모두 장태염의 문호에서 좋아하는 당파적인 견해로부터 나온 주장이다.

이와 같은 부류들은 모두 장태염의 논의가 문호의 주관적인 감정 다툼에서 나왔고, 또한 대부분 억측에서 나온 말이라는 것을 보여 주니, 강유위의 독단과 비교해도 조금도 뒤지지 않는다.

장태염의 문호의 견해에 관해서는 양계초가 일찍이 다음과 같이 논한 적이 있다.

---

456) 역자 주: 춘추시대 楚나라의 鐸椒가 초나라 威王의 太傅로 있을 때, 위왕을 위해 『춘추』에서 역대 임금들의 成敗와 관련된 일을 모아서 편찬했는데, 그 책을 『鐸氏微』라고 한다.

457) 章太炎, 『春秋左氏疑義答問』, 권1(『章太炎全集』 제6책, 256쪽).

비록 그렇기는 하지만, 장병린章炳麟은 가법家法을 고수하려는 고착된 관습이 너무 심했기 때문에 문호의 견해를 언제나 벗어날 수가 없었다. 예를 들어 소학小學 연구에서 종정鐘鼎의 금석문과 귀갑龜甲의 갑골문을 배척하고, 경학經學 연구에서 금문학파를 배척했으니, 그의 말이 항상 정도가 지나칠 수밖에 없었다. 그리고 사상 해방을 위한 용기와 결단에서도 장병린은 간혹 금문학가에 미치지 못하였다.[458]

비록 그렇지만, 최근 사람인 전목錢穆은 그래도 그를 다음과 같이 이해하였다.

장태염이 경학에 대해 논한 것은 단지 육경六經은 모두 역사歷史라고 말하고, 경經은 옛것을 보존한 것이지 지금에 적용할 수 있는 것이 아니라고 말한 것뿐이다. 앞선 성인을 지나치게 숭상하여 만능萬能이라고 찬양하면 바로 질곡에 빠지게 된다. 또한 동시대 금문가의 말이 막 신장되고 있는 상황에서 과격하게 고문을 주장했으니, 당시에는 문호를 따른다는 혐의를 면치 못하겠지만, 후세에는 당연히 그 뜻을 이해할 것이다. 지금 장태염의 정신을 따져 보면, 그 정신은 사학史學에 있을 것이다.[459]

장태염의 학문은 경학經學의 측면에서 논한다면 사실상 문호의 견해에서 나왔다. 만약 사학史學의 측면에서 말하면, 바로 그를 통해서 현대 사학으로 옮겨갔다.

장태염이 공자를 바로잡은 것은 또한 그의 현실적 관심에 의한 고려가 있었다. 그것은 바로 공자를 중국이 쇠약해진 재앙의 근본적인 원인으로 간주한 것이다. 공자를 너무 지나치게 위대하게 여겼기 때문에 결국 중국에서 수구守舊의 풍조가 만들어져서 진취進取를 생각하지 않게 되었고, 이것이 근대 중국이 서방보다 낙후된 원인이다.

장태염은 『정공편訂孔篇』에서 또 일본인 시라카와 지로(白河次郎)의 다음과 같은

---

458) 梁啓超, 『淸代學術槪論』 8(朱維錚 校注, 『梁啓超論淸學史二種』, 78~79쪽에 실려 있음).
459) 錢穆, 『余杭章氏學別記』(章念馳, 『章太炎生平與學術』, 25쪽에 수록되어 있음).

말을 인용하였다.

> 종횡가從橫家는 군주정치체제(君主政體)를 견지했는데, 그것은 이른바 압제주의壓制
> 主義이다. 노장파老莊派는 민주정치체제(民主政體)를 견지했는데, 그것은 이른바 자유
> 주의自由主義이다. 공자는 두 가지 사이에서 배회하면서, 합의合意 관계를 명분으로
> 삼고, 권력權力 관계를 실질로 삼았다. 이것이 바로 유술儒術이 간웅奸雄의 예리한
> 무기가 되어, 백성들이 매일 사용하면서도 알지 못하도록 만든 이유이니, 또한
> 종횡가가 압제壓制를 분명하게 말한 것만 못하다.

장태염은 유가의 해악이 종횡가의 군주전제君主專制 학설보다 더 심하다고 주장하였다.

이러한 논의처럼, 중국 근세의 계몽사상은 모두 후대에 큰 파도를 일으켰는데, 그 근본을 거슬러 올라가 보면 사실 장태염의 편집증이 그것을 연 것이다.

장태염의 정공訂孔에 관해, 왕범삼王汎森은 여전히 두 가지의 실제적인 고려가 있었다고 주장하였다.

첫째, 강유위康有爲가 공교孔敎를 세우려고 했기 때문에 마침내 격렬하게 공자를 비난하였다. 이에 대해, 장태염은 만년에 다음과 같이 말한 적이 있다. "장자莊子가 공자마저도 비난했던 이유는 전국시대 학자들 중에 공자에게 가탁한 자들이 많았는데, 차라리 공자를 반박하고 배척함으로써 그들이 공자를 빌어서 부적을 만들지 않도록 하는 것이 나았기 때문이다.[460] 따라서 장태염 당시에 공자를 부적으로 삼은 자들이 바로 강유위 및 그의 공교孔敎 지지자들이었기 때문에 장태염의 정공訂孔이 어디에 마음을 집중했는지 알 수 있다. 1922년, 장태염의 「답유익모서答柳翼謀書」에서 "강유위의 공교孔敎 주장을 매우 싫어하여, 마침내 격렬하게 공자를 공격하는 데 이르렀다"[461]고 스스로 말한 것은 모두 특별한 목적을 두고서 제시한 주장이다.

---

460) 章太炎, 『國學槪論』, 50쪽.
461) 傅杰編, 『章太炎學術史論集』, 109쪽.

둘째, 만청시기 제자학諸子學이 흥기하자, 장태염은 그 풍조에 영향을 받아서, 제자서諸子書에 실려 있는 공자의 사적이 '진짜 공자'라고 믿었다. 그런데 제자서에 기록된 공자의 형상은 대부분 경박한 말이지 유가가 말한 위대한 공자는 결코 아니다. 장태염은 선진 제자의 주장을 믿고, 그것을 빌어서 정통파에서 내세운 공자의 면모를 부정하였다. 그가 지은『제자학약설諸子學略說』을 보면, 그 내용 중에 공자를 조롱하는 데 사용한 자료들은 거의 모두 제자서에서 취한 것이다.[462]

2. 강유위康有爲를 비판함(非康)

갑오甲午, 즉 청일전쟁 이후, 장태염은 적극적으로 정치에 참여하여, 한 차례 강유위가 발기했던 상해上海 '강학회強學會'에 가입하여 유신운동維新運動에 투신하였다. 1897년, 장태염은『시무보時務報』의 찬술撰述로 초빙되어 글을 지었는데, 「논아주의자위순치論亞洲宜自爲脣齒」・「논학회유대익어황인극의보호論學會有大益於黃人亟宜保護」 등의 글을 발표하여 변법을 선양하였다. 비록 그렇기는 하지만, 장태염은 당시에 강유위 문하의 사람들과 정치적 견해와 학술이 같지 않았기 때문에 항상 서로 의견이 맞지 않았다. 강유위 문하에서는 상하 모두가 강유위를 매우 존중하였고, 심지어 그를 성인聖人으로 여겼다. 장태염은 그것을 특히 참을 수가 없었고, 심지어 강유위의 문하를 교비敎匪, 즉 백련교白蓮敎 난비亂匪라고 비방하여 결국 서로 치고 박고 싸웠다. 그로 인해 장태염은『시무보』와 고별하고, 문호의 당파성이 더욱 깊어졌다. 심지어『신학위경고박의新學僞經考駁議』를 지어서 강유위를 공격하려고 하였다. 비록 그렇기는 하지만, 이 당시의 장태염은 정치적인 측면에서는 여전히 유신당維新黨과 결별하지는 않았다

무술戊戌 연간에 장태염은『창언보昌言報』의 주필로 초빙되었으며, 글을 지어서 변법을 지지하였다. 변법이 실패하자, 장태염은 대만과 일본으로 망명하였다. 그러나

---

462) 王汎森,『章太炎思想』, 177~179쪽 참조.

강유위 문하와는 여전히 왕래하였고, "청나라를 존중하는 자들과 교유하였다." 이 시기에 지은 글, 예를 들어 「제유신육현문祭維新六賢文」과 「답학안答學案」 등에서는 여전히 이전과 같이 유신당維新黨을 두둔하였다. 그 후에 장태염은 양계초를 통해 손중산과 친분을 맺음으로써 마침내 혁명의 깃발 아래 몸을 의탁하고, 강유위의 무리들과는 가면 갈수록 멀어졌다. 경자庚子 연간에 당재상唐才常이 '자립군自立軍'를 조직하여 왕실을 위해 충성하고, 광서제를 추대하여 복위를 도모하였다. 그때 장태염은 배만排滿을 강력하게 주장하였고, 또 변발을 끊어서 혁명의 의지를 밝혔다. 이때부터 장태염은 강유위의 문하와는 마침내 결별하였고, 또 항상 글을 지어서 강유위 및 그 문인들을 비난하였다.

1903년, 장태염은 『소보蘇報』 사건으로 감옥에 투옥되었다. 감옥을 나온 이후에 결국 일본으로 가서 동맹회에 참가하였고, 『민보民報』 주필의 직무를 이어받아서 『민보』와 양계초의 『신민총보新民叢報』 사이의 논쟁을 주관하였다. 이 당시에 장태염은 학술상에서만 강유위의 금문학을 공격했을 뿐만 아니라, 정치상에서도 그의 개량보황改良保皇 사상을 비난하였다.

장태염의 『춘추』 연구는 한마디로 말하면 자신의 배만排滿사상을 선양하는 것에 지나지 않는다. 그가 나중에 혁명에 참가하고 광복회를 조직한 것도 이러한 사상이 불러온 결과이다. 그가 강유위 내지는 상주常州 금문학 전체를 공격한 것도 단지 그들이 '만한대동滿漢大同'을 주장하여 자신의 배만의 요지와 어긋나기 때문일 뿐이다.

1903년, 장태염은 「박강유위논혁명서駁康有爲論革命書」를 지었는데, 그 글에서 다음과 같이 말했다.

장소長素 강유위康有爲 귀하, 「여남북미주제화상서與南北美洲諸華商書」를 읽어 보니, 중국은 단지 입헌立憲만을 할 수 있고 혁명革命을 할 수 없다고 말하고, 금고문을 인용하여 방대한 글을 지었습니다. 아! 강유위여, 무엇이 즐거워 그 일을 했습니까! 복벽復辟 이후의 관직 복귀를 간절히 바라서, 먼저 그것과 모순되어서는 안 되는 이러한 말을 하여, 동쪽 오랑캐 짐승들이 귀를 쫑긋하고 듣게 함으로써 만의 하나라도 죄에서 벗어날 수 있기를 바랐으니, 화상華商에게 편지를 보낸 것이 아니라 만인滿人에게 편지를 보낸 것인가! 한때의 부귀를 가지고 수많은 잘못을 무릅쓰기를 마다하지 않고, 붓을 함부로 놀려 글이나 상소문을 써서 천하를 현혹하니, 만약 천박한 유자儒者의 원흉이 그 짓을 했다면 그만이지만, 제자들이 성인聖人이라고 존칭하고 스스로는 교주教主라고 부르는 사람이 오히려 이러한 망언을 한단 말인가! 자기의 입장에서는 부드럽고 모나지 않게 하여 만인滿人에게 아부하는 것일 뿐이겠지만, 천하가 그 꼬임에 빠지게 하는 것은 천박한 유자儒者의 원흉의 입에서 나온 것에 비해 더욱 심하구나!(463)

또 말했다.

여러 가지 잘못은 높은 관직과 많은 봉록을 좋아하는 당신의 성격 때문에 평소에 이미 양성되었다. 이로 말미암아 개나 양과 같은 하찮을 종족을 끌어와서 같은 종족으로 여기고, 돼지 꼬리를 받들고서 큰 보물로 여긴다. 이전에는 『공양전』을 숭배하고 『춘추번로』를 외우고 본받아서, 한 글자 한 구절이 모두 신성불가침한 것이라고 여겼다. 그런데 지금은 거기에서 말한 9세대의 원수를 갚는다는 이론을 싸잡아서 비난한다.…… 기어코 만주滿洲를 위해 제왕이 만세토록 오래오래 살기를 하늘에 비는 계책을 도모하니, 어찌 장소長素 강유위가 사람의 마음이 없는 것이 이러한 지경에 이르렀는가!(464)

경자庚子 이후에, 강유위는 여전히 보황保皇을 주장했고, 또 「여동학제자양계초등론인도망국유어각성자립서與同學諸子梁啓超等論印度亡國由於各省自立書」와 「답남북미주화교론중국지가행입헌불가행혁명서答南北美洲諸華僑論中國只可行立憲不可行革命書」 등을 지어서, "중국은 단지 입헌立憲만을 할 수 있을 뿐, 혁명革命을 할 수 없다"고 말했다. 살펴보면, 강유위의 주장은 사실 그 이유와 근거가 있고, 혁명 이후 중국의 현실이

---

463) 『章太炎全集』 제4책, 173쪽.
464) 『章太炎全集』 제4책, 175쪽.

또한 그의 주장을 증명해 준다. 그러나 장태염의 이 글을 보면, 단지 말주변을 과시하고 글을 현란하게 구사하며, 강유위의 인품을 심하게 모함함으로써 강유위가 보황保皇의 주장을 외친 것이 단지 '높은 관직과 많은 봉록을 좋아하는 성격'에서 나온 것일 뿐이라고 치부하였다. 그 당시의 혁명당 사람들은 항상 도덕을 가지고 서로를 높였기 때문에 그것으로 강유위를 공격한 것이다. 몇 년 후에 장태염은 손중산과 다투고서 서로 알력이 생겨 배척하였다. 집단 간의 투쟁이 발생하자, 모두가 상대방을 악랄하게 헐뜯는 것만을 능사로 여겼고, 도덕이라는 가면은 더 이상 존재하지 않았다.

또한 『공양전』은 본래 '복수復讎'의 이론이 있어서, 9세대·100세대의 원수라도 모두 복수할 수 있다고 주장하였다. 장태염은 여기에서 그것을 인용하여 강유위를 공격하고, "사람의 마음이 없다"고 비판하였다. 그것은 "남의 주장을 반대로 이용하여 그 사람을 공격한" 논의라고 할 수 있다.

그런데 장태염이 말한 혁명은 결국 손중산과 같지 않았으며, 그 내용은 사실상 배만排滿 두 글자를 벗어나지 않는다. 1901년, 장태염은 「정수만론正讎滿論」를 지어 양계초의 「중국적약소원론中國積弱溯源論」을 공격하였다. 즉 혁명은 곧 만인滿人을 물리쳐서 몰아내는 것을 말한다고 주장하였다. 살펴보건대, 유가는 본래 이하夷夏의 변별을 주장하였고, 그 중에서도 공양가가 가장 심하다고 여겨진다. 그런데 공양가가 논한 이하夷夏의 관계는 본래 두 가지 뜻이 있다. 첫째, 이적夷狄과 제하諸夏의 종족種族이 같지 않다. "우리의 종족이 아니면 그 마음이 반드시 다르다."(『좌씨전』, 성공 4년) 따라서 제하가 뭉쳐서 이적에 항거해야 한다. 둘째, 제하는 문명文明의 측면에서 이적보다 뛰어나다. 따라서 이적은 제하로 나아갈 수 있고, 제하도 또한 퇴보하여 이적이 될 수 있는데, 그것은 오로지 예악禮樂 문명을 표준으로 삼는다. 따라서 인류의 이상理想이라는 측면에서 말하면, 결국 지역과 종족의 구분이 없어져서 대동大同의 세상이 될 것이다. 후세의 유가는 정치 현실의 핍박으로 인해 항상 하나의 뜻만을 치우쳐서 취할 뿐이었다. 양송시대에 요·금·원이 이어서 발흥하자, 중원은 위태롭고 약해졌다. 따라서 이적과 제하를 엄격하게 분별하지 않을 수 없었다. 만주족滿洲族이 중국의 주재자가 되어 소수민족으로서 한인漢人을 능멸하고 제압하니, 만한대동滿漢大同의 주장을 펼쳤다. 도함道咸 연간 이후로 서양 오랑캐가 침략하여 핍박하는 상황을 맞이하자, 만한滿漢은 당연히 서로 손을 잡고 외세를 물리쳤으니, 이것을 누가 마땅하지 않다고 말하겠는가? 따라서 상주학파의 여러 학자들, 그 중에서 강유위는 '만한대동'이라는 주장을 위주로 삼은 것이다.

경자庚子 이후, 만주족 조정이 이미 천하의 신망을 받지 못하게 되자, 2백 년 동안 민족의 원수에게 품었던 원한이 배만排滿의 거대한 파도를 일으켰다. 따라서 만청시기 혁명사상은 마침내 민족주의를 호소하지 않는 경우가 없었다. 시대 상황이 이와 같기 때문에 학설도 또한 그것에 따라 변하지 않을 수 없었으며, 그것은 또한 자연스러운 결과이다. 따라서 장태염은 민족주의의 정당성을 극론하여, "민족주의는 태고의 원시적 인류의 시대부터 그 근성이 이미 본래부터 잠재되어 있었다. 멀리 지금에 이르러서 비로소 발달되었으니, 이것은 백성들의 양지良知 본능本能이다"라고 하였다. 민족주의가 인간의 본성에서 나왔다고 여긴 것이다. 또한 만주인滿洲人은 역사상의 제월諸越·오호五胡와는 다르니, 그들이 결국 한인漢人으로 귀화하여 한인과 동족으로 여겨질 수 있다. 그러나 만주의 2백 년의 통치는 시종일관 한인을 능멸하고 제압했으니, 어찌 하나의 종족으로 여겨질 수 있겠는가? 아울러 "오늘날은 진실로 민족주의의 시대이다. 만주족과 한족을 뒤섞어서, 향기 나는 풀과 악취 나는 풀을 한 그릇에 함께 담을 수 있겠는가?"[465] 장태염은 민족주의가 현대 사상에 합치된다고 여겼는데, 오늘날 민족국가의 현상을 보면 탁월한 식견이라고 할 수 있다.

공양가는 문명文明을 이적과 제하를 구별하는 표준으로 삼았는데, 그 목적은 다음에 있다. 즉 중국을 왕자가 세상을 다스리는 중심으로 삼고, 안으로부터 밖으로 확대시켜서 차츰차츰 이적을 자기의 교화 범위로 받아들이는 것이다. 이와 같은 과정을 통해 천하의 대동大同에 도달하는 것이다. 그런데 만청시기에, 나라 사람들이 날마다 점점 서양 문명의 발달을 의식했고, 수천 년 예악禮樂의 나라인 중국은

---

465) 章太炎, 「駁康有爲論革命書」(『章太炎全集』 제4책, 173~174쪽) 참조.

도리어 이적이 되어 버렸다. 이러한 때에 강유위는 변법을 주장했으니, 그 목적은 서양의 법도를 도입하는 데 있다. 보수파의 입장에서 보면, 이것은 "이적으로써 제하를 변화시키는 것"이다. 그런데 강유위의 공양학 이론에서 보면, 오히려 "제하로 써 이적을 변화시키는 것"이다. 아울러 서양 사람들의 다양한 사상과 제도도 또한 반드시 공자 학설의 범위에서 벗어나는 것이 아니므로 중국이 서양의 법도를 그대로 좇아서 사용하는 것도 또한 공자의 도에서 벗어나지 않는다.

혁명당 사람들은 대부분 서양 문명에 익숙했는데, 그들이 배만排滿을 주장하고 강유위의 대동大同 이론을 받아들이지 않은 것은 혁명革命을 급선무로 여겼기 때문이 다. 따라서 무창수의武昌首義, 즉 신해혁명辛亥革命이 멀지 않았을 때, 장태염은 일본에 체류하던 만주족 학생들에게 편지를 보냈는데, 그 속에 다음과 같은 내용이 있다.

> 당신들 정부가 일시적으로 전복되었는데, 당신들 만주족도 또한 중국의 인민이니,
> 농업과 상업과 같은 직업은 하고 싶은 대로 하시오. 선거 권리는 일체가 평등하니,
> 공화共和정치 체제 안에서 편안하고 한가하게 지낸다면, 그 즐거움이 무엇과 같겠는
> 가? 우리 한인漢人은 천성이 화평하고 인도人道를 옹호하기 때문에 다른 종족을
> 학살할 마음이 없을 뿐만 아니라, 계급을 제멋대로 나누는 제도도 없다. 중국의
> 경계 안에 여전히 몽고蒙古·회교도(回部)·서장西藏 등의 여러 종족의 사람이 있어서,
> 그들이 이미 모두 동일시되고 있는데, 어찌 유독 만주인만을 박대하겠는가?[466]

혁명 이전에 장태염은 배만排滿이 극렬하여, 그의 모든 전력을 기울였다고 말할 수 있다. 그런데 혁명이 성공한 즉시, 곧바로 옛날의 배만 주장을 버렸다. 이로써 장태염의 입장에서 말한다면 '배만'은 단지 수단에 지나지 않는다는 것을 알 수 있다. 다만 장태염뿐만 아니라, 당시 혁명당 사람들 대부분이 이러한 의식을 가지고 있었다. 따라서 혁명 이후에 마침내 '오족공화五族共和'를 주장했으니, 바로 이러한 의식에서 나온 것이다.

---

466) 章太炎, 「致滿洲留學生書」(『章太炎政論選集』 상책, 519쪽~520쪽).

장태염이 강유위를 비판한 것은 여전히 중요한 하나의 일면이 있으니, 그것은 바로 강유위의 공교孔敎 주장이다. 1897년, 장태염은 양계초에 의해 『시무보時務報』의 찬술撰述로 초빙되었다. 그때 이미 강유위 문하의 공교 주장을 그다지 좋아하지 않았다. 1913년, 강유위가 귀국하자 곧바로 공교 운동을 발기했는데, 장태염은 「박건립공교의駁建立孔敎議」를 지어서 그 주장을 반박하였다. 그 글 속에 다음과 같은 내용이 보인다.

근세에 공교회孔敎會를 외치는 자들이 있는데, 나는 몰래 그들의 괴상하고 망령됨을 비난한다. 종교宗敎는 지극히 천박하여, 태고시대의 멍청한 백성들이 그것을 행한 경우가 있다.…… 쇠퇴한 주나라에 이르자, 공자와 노자는 한 시대를 바로잡아 구원할 만한 뛰어난 사람이었다. 노자는 "도道로써 천하를 다스리면 그 귀신조차 신령하지 않게 된다"(『도덕경』 60장)고 했다. 공자도 또한 귀신과 괴이한 것을 말하지 않았고, 귀신을 섬기지 않았다.…… 중국에는 확실히 종교가 있지 않았다.…… 지금 예수와 마틴 루터(Martin Luther)의 법도가 점점 중국으로 들어오는 것을 쉽게 보고서 공교孔敎를 세워서 맞서려고 한다. 이것은 마치 본래 상처가 없었는데도 이유 없이 지져서 상처를 만드는 것과 같으니, 다만 그 비열함을 본받을 뿐 임금을 도운 적은 없다.…… 이 공자孔子라는 사람은 학교의 학생들이 존경하고 예우하는 대상이니, 마치 장인(匠師)이 노반魯班을 받들고, 재봉사(縫人)가 헌원軒轅을 받들며, 관리들(胥吏)이 소하蕭何를 받드는 것과 같다. 각각 자기들의 스승을 존경하고 사모하여, 그 시초를 잊지 않으니, 본래 하늘과 땅의 신이나 신령스러운 귀신으로 그를 섬긴 것이 아니다.…… 지금 사인士人들이 공자를 배알하고, 공자를 교주敎主라고 하니, 이것은 헌원·노반·소하도 또한 뜻밖에도 각자가 교주가 되는 것이다.…… 내가 일찍이 논했으니, 공자는 주나라 말기에 있어서 백이伯夷·유하혜柳下惠와 동류일 뿐이다.…… 어두운 군주기 제대로 이해하지 못하여, 공자가 정말로 현제玄帝의 자식이고, 죽은 후에도 시신屍身으로서 군주에게 간언한 진인眞人의 부류라고 여긴다.…… 공교孔敎는 본래 앞 시대에 있었던 것이 아니기 때문에 지금 폐기할 것도 본래부터 없다. 그것을 폐기하지 않았으므로 또한 부흥시킬 것도 없다.467)

장태염의 이 논의는 매우 편파적이다. 이 당시 공교의 기세가 하늘을 찌를 듯했기 때문에 장태염은 당연히 강유위를 질시하는 감정이 없을 수는 없었을 것이다. 그러나 그의 공교 공격은 결국 공자를 헌원·노반·소하와 같다고 깎아내리는 데 여념이 없었을 뿐이다.

3. 유봉록劉逢祿을 반박함(駁劉)

장태염은 본래 상주常州 금문학을 좋아하지 않아서, 상주 금문학은 단지 위로 동성파桐城派 문사文士의 유습을 계승한 것일 뿐이라고 여겼다. 장태염은 고문학을 연구하는 자들을 경유經儒라고 여겼고, 동성桐城·양호陽湖에서 상주 금문학에 이르는 학문을 하나의 계통으로 이어진 문사文士의 학문이라고 여겼다. 진실로 이 주장과 같다면, 청대 금고문 논쟁은 단지 경유經儒와 문사文士의 습속의 차이에 지나지 않는다. 이에 대해 그는 다음과 같이 말했다.

> 강영江永과 대진戴震이 휘주徽州에서 흥기하였고, 휘주는 강남江南에서 고원高原 지대였기 때문에 백성들은 근면하여 생계유지에 뛰어났다. 따라서 학문 탐구가 매우 깊고 심오했으며, 말이 직설적이어서 너그럽게 포용함이 없었으며, 문사文士를 불편하게 여겼다. 대진이 처음으로 사고관四庫館에 들어가자, 학자들이 모두 놀라고 두려워했고, 경의를 표하면서 제자가 되기를 원했다. 천하에서 문사文士를 점점 경시하자, 문사文士와 경유經儒는 비로소 서로 미워하게 되었다.

> 경설經說은 질박함을 숭상하고, 문사文辭는 넉넉하고 넘쳐나는 것을 귀하게 여기니, 그 길이 갈리는 것은 자연스러운 결과이다. 문사文士는 화려하고 평탄하다고 스스로 뽐내지만, 또한 경전을 익히지 않은 것을 부끄러워한다. 이에 상주常州 금문학今文學에 서는 위대한 뜻과 고상한 말에 힘을 쏟음으로써 문사文士들을 편안하게 해 주었다.[468]

---

467) 章太炎, 『駁建立孔敎議』(『章太炎全集』 제4, 192~197쪽).
468) 章太炎, 『檢論·淸儒』(『章太炎全集』 제3책, 475쪽).

이로써 장태염이 상주 금문학을 매우 경시했다는 것을 알 수 있다. 진실로 이 말과 같다면, 공자진과 위원이 당시의 정치를 강하게 비판한 것도 또한 문사文士의 습속에서 벗어나지 못했기 때문이다.

1891~1896년, 장태염은 고경정사詁經精舍의 생도生徒가 되자, 곧바로 『춘추좌전독春秋左傳讀』이라는 책을 지었는데, 9권, 800여 조목으로 모두 합쳐서 50여 만 자였다. 그 의도는 유봉록의 잘못을 바로잡는 것이다. 『자정연보自訂年譜』에 의하면, 이때 장태염은 이미 고문과 금문의 사설師說을 분별하고, "오로지 유흠만을 사모하여, 그를 마음속에 깊이 새기고 그를 사숙했다고 스스로 말했다." 1896년, 강유위가 항주杭州에 가서 『신학위경고新學僞經考』를 유월俞樾에게 보여 주었다. 그 후에 유월은 웃으면서 장태염에게 말했다. "자네는 유흠을 사숙했다고 스스로 말했는데, 이 사람은 오로지 유흠을 적으로 삼고 있으니, 마치 물과 불 같네."[469] 유봉록은 청대 공양학의 종주이다. 만청 시기 금고문 논쟁이 더욱 치열해지자 쌍방이 다양하게 분쟁하였다. 그런데 그 분쟁의 이유 중에 태반은 유봉록의 이론에서 기인한다. 장태염은 혁명파의 이론가로서, 강유위를 공격하고자 한다면 반드시 먼저 그 소굴을 공격해야 한다는 것을 잘 알고 있었다. 이것이 바로 장태염이 유봉록을 공격한 이유이다.

『춘추좌전독』이라는 책은 단지 유봉록을 반박했을 뿐만 아니라, 두예를 보완한다는 뜻도 있다. "나는 평소에 두예의 『춘추좌씨경전집해』가 옛 문장을 많이 버렸다고 생각하였다. 그래서 『춘추좌전독』을 지어서, 증자曾子의 아들 증신曾申 이래의 가규賈逵·복건服虔의 옛 주석을 인용하였다. 맡은 바 책임은 무겁고 갈 길은 아직도 먼데, 대충 실마리는 잡았지만 여전히 책을 완성하지 못했다."[470] 이에 앞서 건가학乾嘉學은 대부분 두예의 잘못을 비판했는데, 장태염은 거의 그 뒤를 계승했을 뿐이다.

유봉록이 『좌씨전』을 공격한 책은 세 종류인데, 『잠고황평箴膏肓評』·『좌씨춘추

---

469) 章太炎, 『自訂年譜』.
470) 『章太炎全集』 제2책, 899~900쪽.

고증左氏春秋考證』및『좌씨춘추후증左氏春秋後證』이다. 그 중에서『좌씨춘추후증』이라
는 책은 고서에서『좌씨전』의 문장을 말한 것을 갖추어 나열한 것이다. 예를 들면
『사기』·『한서』·『후한서』,『설문해자』「서序」와『경전석문經典釋文』등이다. 그
의도는『좌씨전』이『춘추』의 전傳이라는 것을 부정하는 데 있다. 1902년, 장태염은
『후증편後證砭』 1권을 지었는데, 그 책을 또한『춘추좌전독서록春秋左傳讀敍錄』이라고
명명하였다. 이 책의 요지는『좌씨전』이 확실히『춘추』의 전傳이지 유흠의 위작에서
나온 것이 아님을 논하는 데 있다. 즉 "『좌씨전』을 전傳이라고 부른 것에 근거가
있고, 전수관계가 터무니없지 않다는 것을 말했다."

　이 외에 장태염은 또『좌씨춘추고증편左氏春秋考證砭』·『박잠고황평駁箴膏肓評』이
라는 저술이 있다. 그 중에서『박잠고황평』은 1902년에 지어졌고,『좌씨춘추고증편』
은 간행되지 않았는데, 지금까지도 여전히 그의 수필 원고가 보이지 않는다.

　세 책의「총서總敍」에서 다음과 같이 말했다.

　이에 유봉록의 세 책을 근거로 삼아서,『박잠고황평』은 정현의 이론을 진술했고,
　『좌씨춘추고증편』은『좌씨전』의 뜻을 밝혔으며,『후증편後證砭』은『좌씨전』을
　전傳이라고 부른 것에 근거가 있고 전수관계가 터무니없지 않다는 것을 밝혔다.[471]

　또『춘추좌전독서록』「서문」에서 말했다.

　아!『좌씨전』과『공양전』의 불화는 하휴何休로부터 시작되었다. 그가『좌씨고황左氏
　膏肓』을 지은 것은 마치 머리카락의 길고 짧음을 재는 것을 목표로 삼은 것 같다.
　유봉록劉逢祿은『좌씨전』이『춘추』에 전傳을 달지 않았다는 주장을 근본으로 삼아
　서, 조례條例는 모두 유흠이 몰래 집어넣었고 전수관계는 모두 유흠이 만든 것이라고
　말했다.『좌씨춘추고증』및『잠고황평』을 지어서 그 주장을 스스로 진술하였다.
　유봉록이 동이同異를 지적한 것은 도둑이 주인을 증오하는 것이다. 반박한 내용은

─────────────

471)『章太炎全集』제2책, 900쪽.

『춘추좌전독서록』에 산재해 있다. 옛날 단도丹徒의 유빈숙柳賓叔이 『곡량폐질신하穀梁廢疾申何』를 반박하자 유봉록의 주장이 와해되었다. 그러나 『곡량전』이 공격을 당한 것은 문의文義의 사이에 그쳤지만, 『좌씨전』은 책 자체와 사법師法의 진위眞僞에 대해 공격을 당했다.…… 먼저 유봉록의 『좌씨춘추고증』을 대상으로 삼아 그 득실을 바로잡아서 『춘추좌전독서록春秋左傳讀敍錄』을 지었다.

확실히 장태염의 세 책은 모두 유봉록의 세 책을 겨냥한 것이며, 『좌씨전』을 종주로 삼는 것을 위주로 하였다.

이 외에 1908년에 『유자정좌씨설劉子政左氏說』 1권이 발표되었다. 이 책은 『설원說苑』・『신서新序』・『열녀전列女傳』에서 거론한 『좌씨전』의 사의事義 6개, 70조목을 모아서 기록하였다. 이것이 유향劉向이 『곡량전』과 『좌씨전』을 함께 연구했다는 증거라고 주장했는데, 드러내 밝힌 것이 많이 있다. 또 기타의 문장과 서찰, 예를 들어 「여유사배서與劉師培書」・「박피석서삼서駁皮錫瑞三書」 등이 있는데, 그 속에 『춘추』를 논한 내용이 많이 보인다.

장태염의 유봉록 공격은 그의 경학의 잘못을 들추어내었을 뿐만 아니라, 또한 대부분 정치적 입장에서 기인한 것이다. "유봉록의 무리들이 만주滿洲 정권에서 대대로 벼슬하면서, 오랑캐 두목을 떠받들어 모시는 뜻을 가졌는데, 『공양전』을 과장하여 부명符命을 진술하였다."[472] 살펴보건대, 유봉록이 『춘추공양하씨석례春秋公羊何氏釋例』라는 책에서 오吳나라와 초楚나라를 높여서 중국으로 삼았다. 이에 대해 장태염은 『좌씨전』에 근거하여 다음과 같이 반박하였다. "『춘추』에 제하諸夏를 폄하하여 이적夷狄과 동일시하는 경우는 있지만, 이적을 높여서 제하와 동일시한 경우는 없다. 기杞나라가 이적의 예법을 사용하자 작위를 강등하는 형식의 문장을 보여 주었다. 만약 이러한 의리와 같다면, 만주滿洲에 대해 어찌 높여서 중국으로 나아가게 하는 법도가 있겠는가?"[473] 공양가에게는 본래 이적과 제하를 높이고

---

472) 章太炎, 『中華民國解』(『章太炎全集』 제4책, 254쪽).
473) 章太炎, 『中華民國解』(『章太炎全集』 제4책, 255쪽).

강등하는 요지가 있다. 따라서 유봉록의 주장이 비록 만주 사람들에게 아첨한다는 혐의가 있기는 하지만, 경전의 뜻에 입각하여 논한다면 또한 경전과 위배되지는 않는다.

4. 만년에 두예杜預를 종주로 삼음(晩年宗杜)

1930년, 장태염은 『춘추좌씨의의답문春秋左氏疑義答問』을 지었다. 스스로 "30년 열정을 쏟아 부은 책으로, 지난번의 번잡하고 자질구레한 말을 일체 삭제하고, 오직 이 4만 마디 말만 남겨 두었을 뿐이다"[474]고 말했다. 1933년, 제자 오승사吳承仕와 전현동錢玄同이 북평北平에서 이 책을 처음으로 판각했는데, 바로 『장씨총서속편章氏叢書續編』 판본이다. 10년이 지나서 설씨숭례당薛氏崇禮堂에서 성도成都에서 다시 판각하였다. 그의 제자 황간黃侃이 이 책에 대해 다음과 같이 말했다. "위로는 증신曾申·오기吳起·손경孫卿·가의賈誼·태사공太史公의 은미한 의리를 밝혔고, 아래로는 가규賈逵·복건服虔·두예杜預의 장점을 취했다. 역사를 통해서 경전을 손질한 요지와 사건을 논의하여 전傳을 지은 요지가 이 책을 통해 밝게 드러나도록 하고자 했다." 황간은 심지어 이 저술을 정현이 『주례』를 밝힌 것과 서로 견주었다.[475] 황간이 자기 스승의 책을 받드는 것이 이 정도였단 말인가?

청대 학자들의 『좌씨전』 연구는 대부분 가규와 복건을 종주로 삼는다. 장태염도 처음에는 그랬지만 말년에는 두예를 종주로 삼았다. 그는 일찍이 다음과 같이 말했다.

내가 젊은 시절 『좌씨춘추』를 연구할 때는 유흠劉歆·가규賈逵·허신許愼·영용穎容을 위주로 하여 두예杜預를 배척하였다. 그러나 결과적으로 두예를 자주 공격했는데도 두예의 수비는 오히려 완벽했으며, 유흠·가규·허신·영용이 스스로 무너졌다.

---

474) 章太炎, 「與吳承仕書」(晁嶽佩 編, 『春秋學研究』 상책, 355쪽에 실려 있음).
475) 『章太炎全集』 제6책, 342쪽.

만년에 『춘추좌씨의의답문春秋左氏疑義答問』을 지어서 두예를 높였는데, 경전의 뜻에 있어서 처음으로 조리정연하게 되었다.[476]

이로써 장태염이 만년에 『좌씨전』을 연구한 종지를 알 수 있다. 한대 학자들이 『좌씨전』을 연구할 때는 『공양전』의 이론을 많이 취했다. 그런데 두예는 "오로지 구명丘明의 전傳만을 연구하여" 『춘추』를 해석했고, 『좌씨전』의 문호가 여기에 이르러 완비되었다. 장태염은 일생이 끝날 때까지 『공양전』을 마치 원수처럼 미워했는데, 그가 만년에 두예를 높인 것이 혹 그러한 상황에서 나온 것이 아닌가?

살펴보건대, 두예가 『좌씨전』을 『춘추』의 전傳으로 세울 때 가장 중요한 관건은 『좌씨전』의 범례를 세우는 것이었다. 이것이 그가 『춘추석례春秋釋例』를 지은 이유이다. 따라서 『좌씨전』의 옛 글자와 옛말에 대한 해석은 "한대漢代 선사先師들이 뛰어나니", 진실로 두예가 비칠 바가 아니다. 그런데 조례條例의 경우에는 "반드시 두예에 의거해야 한다"고 장태염은 주장하였다. 장태염의 관점에서 보면, 한대 사람들이 말한 예例는 지리멸렬한 병통이 많지만, 두예의 『춘추석례』는 "유흠·가규·허신·영용에 비해 매우 분명하고 빈틈이 없다." 이것이 두예를 종주로 삼은 이유이다.

또한 두예 이전의 좌씨학자들은 대부분 『공양전』·『곡량전』을 본받아서 『좌씨전』의 조례를 증설하였고, 시월일례時月日例의 경우에도 두 전을 따라서 꾸몄다. 그렇지만 일월日月의 예例를 『좌씨전』에서는 취하지 않았고, 오직 경卿의 상례(卿喪)와 일식日食 두 가지 일에서만 여전히 일월日月의 예例가 남아 있다고 여겼다. 그런데 유흠·가규의 무리는 "『공양전』·『곡량전』의 이론에 매몰되어, 제멋대로 『좌씨전』의 일월포폄日月褒貶의 예例를 만들었다." 이것이 또한 장태염이 두예를 종주로 삼은 단서 중의 하나이다.

장태염은 비록 『좌씨전』을 종주로 삼았지만, 또한 『좌씨전』을 비난한 곳도 있다. 예를 들어 『공양전』과 『좌씨전』 모두 "어머니는 자식 때문에 귀해진다"(母以子貴,

---

476) 章太炎, 『漢學論』(『章太炎全集』 제5책, 23쪽).

은공 원년)는 이론을 주장했고, 오직 『곡량전』만이 그것이 예禮가 아니라고 해석하였다. 앞서 유봉록도 또한 『곡량전』의 이론을 주장했다. 장태염도 여기에서 『좌씨전』을 취하지 않고, 『곡량전』을 올바르다고 여겼다. 장태염은 또 유흠·가규의 이론을 취하고 두예를 비판한 경우도 있다. 살펴보건대, 『춘추』 장공 3년, "기계가 휴 땅을 가지고 제나라로 들어갔다"(紀季以酅入於齊)에 대해, 『공양전』에서는 기계가 종묘 사직을 보존한 것을 현명하다고 여겼다. 그런데 두예의 주에서는 도리어 『공양전』의 뜻을 취하여 다음과 같이 해석했다. "제齊나라가 기紀나라를 멸망시키고자 했기 때문에 기계가 휴酅 땅을 가지고 제나라로 들어가서 부용국附庸國이 되어, 선조의 제사를 폐지하지 않고 사직을 받들었다. 따라서 자字를 기록하여 그를 귀하게 여긴 것이다."[477] 이것은 진실로 괴이한 것이다. 아마도 두예는 위진魏晉 왕조가 교체되는 때를 만나서, 조씨曹氏가 나라를 양보하여 진류陳留를 식읍으로 받았기 때문에 기계가 제나라로 들어간 일을 거기에 비유한 듯하다. 유흠·가규 등의 학자들은 이러한 정치적 고려가 없었기 때문에 바로 기계가 반역했다고 지적하였다. 장태염은 『공양전』이 제멋대로 해석하여 본래 근거가 없는 것이라고 생각했는데, 두예는 도리어 『공양전』을 따랐으니, 사실상 일의 실정과는 위배된다.

---

477) 『左氏傳』, 莊公 3년, 杜預 注.

　　유사배劉師培(1884~1919)는 자가 신숙申叔이고, 별호는 좌암左盦이다. 타고난 자질
이 특별하여 나이 12세 때 사서오경四書五經을 다 읽었다. 광서光緒 29년(1903), 개봉開封에
가서 과거시험을 쳤지만 합격하지 못하여, 마침내 반청反淸의 뜻을 가지게 되었다.
같은 해, 상해에서 장태염章太炎·몽배원蔡元培 등과 교류하여, 마침내 혁명에 찬성하였
다. 또한 이름을 '광한光漢'으로 고치고, 『양서攘書』를 지어서 만주족滿洲族의 청淸나라
를 물리치고 명明나라를 부흥시키자는 배만복한排滿復漢을 제창하였다. 다음 해에
광복회光復會에 가입하여 『경종일보警鍾日報』를 주관하고, 혁명과 관련된 글을 짓고
혁명을 선양하였다. 또 『국학학보國粹學報』에 여러 번 기고함으로써 국수파國粹派의
중요 인물이 되었다. 『민보民報』와 『신민총보新民叢報』의 논쟁에 참여하여, 「변만인비
중국신민辨滿人非中國臣民」이라는 글을 지어서 배만排滿의 합리성을 힘써 증명함으로써
입헌파立憲派의 기세를 크게 꺾었다. 당시에 장태염章太炎과 함께 '이숙二叔'이라고
불렸다. 또 무정부주의와 사회주의 사조를 받아들이고, 아울러 장태염과 함께 사회주
의 강습소를 열었다. "권력을 소탕하고 정부를 두지 않으며, 토지를 공공의 물건으로
삼고, 자본을 사회의 공공재산으로 삼으며, 사람마다 모두 일하도록 하고, 사람마다
모두 노동하도록 해야 한다"는 등의 무정부 주장을 제시하였다. 선통宣統 원년(1909),
양강총독兩江總督 단방端方(1861~1911)의 막사로 들어가서, 양강사범학당교습兩江師範學
堂敎習을 겸임하였다. 3년(1911), 단방端方을 따라 사천四川에 들어가 반란을 평정하다가,
단방이 피살된 사건으로 인해 사천에 임시로 머물렀다. 그 후에 사천국학원四川國學院
에서 교편을 잡았고, 그 당시에 요평廖平·오우상吳虞相과 왕래하였다. 1913년, 유사배
는 태원太原에 이르러서 염석산閻錫山의 막료幕僚가 되었다. 이후 1915년 원세개袁世凱의
복벽復辟을 위해 조직된 '주안회籌安會 육군자六君子'가 되어, 원세개의 복벽을 위해

바쁘게 뛰어다니면서 진력하였다. 원세개가 황제가 되려고 했던 제제帝制 운동(1915~1916)이 실패하자 유사배는 천진天津으로 피신해 있었는데, 생활이 곤궁하여 매우 고생하였다. 1917년, 채원배蔡元培가 북대교장北大校長을 맡자 유사배는 문과교수文科教授로 초빙되었고, 학생들로부터 큰 환영을 받았다. 1919년, 국고월간사國故月刊社를 세워서, 중국이 예로부터 가지고 있던 학술을 발전시키는 것을 종지로 삼아서 신문화운동新文化運動과 서로 대항하였다. 이 해에 병으로 세상을 떠났는데, 그의 나이 겨우 36세였다.

그의 증조부인 유문기劉文淇는 『좌씨전』을 연구하였고, 조부인 유육숭劉毓崧과 백부인 유수증劉壽曾은 모두 그 학업을 계승하였다. 부친인 유귀증劉貴曾도 경술經術로 이름을 날렸다. 유사배는 일찍부터 가법을 계승하여, 젊은 시절에 이미 세상에서 유명하였다. 저술은 매우 풍부한데, 그의 『춘추』 관련 저술은 『독좌차기讀左劄記』, 『춘추좌씨전시월일고례고春秋左氏傳時月日古例考』, 『춘추좌씨전답문春秋左氏傳答問』, 『춘추좌씨전고례전미春秋左氏傳古例詮微』, 『춘추좌씨전전례해략春秋左氏傳傳例解略』, 『춘추좌씨전례략春秋左氏傳例略』, 『춘추고경전春秋古經箋』(「宣公」・「成公」・「襄公」 3권만 남아 있음), 『춘추좌씨전전주례략春秋左氏傳傳注例略』 등이 있다. 1909년, 자기 스스로 『좌암집左盦集』을 편찬했는데, 그 속에도 『좌씨전』과 관련된 몇 편의 문장이 있다. 그는 부친과 조부의 학업을 계승하지 못했지만, 『좌씨전』의 범례에 대해서는 많은 연구를 하였다.

『독좌차기讀左劄記』 1권은 1905년에 지었고, 『국수학보國粹學報』에 처음으로 간행되었다. 이 책은 『좌씨전』에 대해 드러내 밝힌 것이 매우 많다. 예를 들어 『좌씨전』이 경전에 전傳을 단 책이라는 것을 변론하면서, 제자諸子 및 한대 학자들이 말하거나 인용한 것을 일일이 드러내 보여 주었다. 『좌씨전』의 "임금의 시해를 기록할 때 임금의 이름을 말한 것은 임금이 무도했기 때문이다"(弑君稱君, 君無道也)[478]라는 말을 해석하면서, "임금을 책망하는 것은 무겁고 신하를 책망하는 것은 가볍다"고 했다.

---

478) 『左氏傳』, 宣公 4년.

그리고 좌구명은 직접 공자에게 수업을 받았고, 공양씨와 곡량씨는 후세에 전해 들었다고 주장하였다. 또『여람呂覽』이라는 책에서『좌씨전』의 문장을 많이 인용한 것은 진나라의 분서焚書 이전에『좌씨전』이 세상에 오랫동안 통행되었다는 것을 충분히 증명한다고 주장하였다. 이와 같은 여러 주장은『좌씨전』을 지키는 방패와 성이 되기에 충분하다.『춘추좌씨전전주례략春秋左氏傳傳注例略』1권은 그가 손으로 쓴 원고이다. 이 책은 두예의 이론을 힘써 물리쳤으며, 두예 이론의 잘못을 조사한 것이 모두 21항목이다. 그는 또 두예가 예例를 설명한 것 중에 한대 학자들과 다른 논의를 제시한 20개의 항목을 거론하였다. 이로써 알 수 있듯이, 유사배는 사실상 한대 선사先師들의 옛 주석을 위주로 하였다. 또『춘추좌씨전례략春秋左氏傳例略』이라는 책은 내용이 비교적 상세하며,『춘추좌씨전전주례략』의 초고이다.『춘추좌씨답문春秋左氏傳答問』1권은 민국民國 원년 유사배가 성도成都 국학원國學院을 주관하면서 국학학교강습國學學校講習을 겸임하고 있을 때, 제생 중에『좌씨전』을 가지고 질문하는 학생이 있었다. 그는 매우 빠르게 답을 알아서 대답했는데, 모두 27조목이다. 대부분 한대 선사先師들이 남긴 이론을 근거로 두예의 잘못을 반박한 것이다.『속사고전서총목제요續四庫全書總目提要』에서는 이 책이 "시비를 판별하여 분석하고, 매우 치밀하게 깊은 경지에 들어가서, 앞사람들이 드러내지 못한 것을 많이 드러내 밝혔으니, 진실로『좌씨전』경전經傳에 공적이 있다"고 평가하였다.『춘추좌씨전시월일고례고春秋左氏傳時月日古例考』1권은 1910년에 지어졌고,『국수학보』에 처음으로 간행되었다. 원래 제목은『춘추좌씨전시월일고례전미春秋左氏傳時月日古例詮微』였는데, 이후에 내용을 약간 수정하여 이 이름으로 고쳐 사용하였다. 이 책은『좌씨전』의 시월일례時月日例를 전문적으로 해석한 것으로, 모두 25조목이다.『춘추좌씨전전례해략春秋左氏傳傳例解略』1권은 1913년에 지어졌고, 사천四川『국학잡지國學雜誌』에 처음으로 간행되었다. 이 책은『좌씨전』에서 종류별로 내용을 합쳐서 전례傳例를 구한 것으로, 모두 11조목이다.『춘추좌씨전고례전미春秋左氏傳古例詮微』1권은 1912년에 지어졌고, 원래는『국학잡지』에 간행되었으며, 제목은『춘추좌씨전고례고서략春秋左氏傳古例考序略』이었다. 나중에『국고구침國故鉤沈』에서 간행되었고, 제목을『춘추좌씨전고례전미서례春秋左

氏傳古例詮微序例』로 고쳤다. 유사배는 두예의 범례가 대부분 양한시대 이래의 사설師說과 서로 위배된다고 생각하였다. 그래서 한대 학자들이 설명한 『좌씨전』의 옛 뜻을 서술하여 서로 소통시키고 관통시켜 범례 20가지를 만들었다.

유사배의 『춘추』 연구는 그 입장이 대체로 장태염과 같다. 곧 『좌씨전』을 종주로 삼고 고문古文을 위주로 하였다. 그러나 근본적으로 다른 점은 장태염이 두예를 종주로 삼은 반면, 유사배는 그 집안에서 대대로 연구한 『좌씨전』의 옛 주석에서 남긴 뜻을 근본으로 삼아서, 한결같이 한대 선사先師를 종주로 삼았다.

장태염은 강유위의 공교孔敎 주장을 반박하고자 했기 때문에 『춘추』를 역사로 깎아내리는 것을 서슴지 않았지만, 유사배는 『좌씨전』의 옛 선사들의 입장을 삼가 지켜서 『춘추』를 경전으로 여겼다. 그런데 그는 또 『춘추』는 역사교과서이고, 공자는 그것을 사용하여 노나라 사람들을 가르쳤는데, 마치 양설힐羊舌肸이 『춘추』로 태자를 가르친 것[479]과 같다고 말했다. 이 주장은 다소 애매한 느낌이 들지만, 『춘추』를 역사로 여긴 것이다. 그가 말했다.

나는 '춘추春秋'라는 명칭이 고대古代 사서史書의 총칭이며, 또한 편년사編年史의 총칭이라고 주장한다. 양설힐羊舌肸이 『춘추』를 익혔는데, 도공悼公이 그에게 태자太子의 스승이 되게 하였으니, 동주시대에 『춘추』는 또한 교과목의 하나로 나열되어 있었으며, 대체로 본국의 역사를 본국의 백성들에게 가르친 것이다. 공자는 노나라 사람이므로 가르침을 베푼 곳도 또한 노나라 땅 안에 있었다. 따라서 그가 편찬한 『춘추』도 노나라의 일을 위주로 하였으니, 『춘추』는 본국 역사의 교과서이다.…… 『춘추』는 또한 본국의 근세사近世史이다. 비록 그렇지만, 역사로써 백성을 가르칠 때 교과서에서 거론한 내용은 단지 큰 줄거리만 언급할 뿐이다. 그런데 강연할 때는 혹 사실을 널리 징험하여 견문을 넓히고, 혹 시비를 판단하여 평론의 자료로 삼는다.[480]

---

479) 『國語』, 「晉語 七」.
480) 劉師培, 『讀左劄記』(『劉申叔遺書』, 295쪽).

또한 좌구명은 공자의 제자이므로 삼전三傳은 모두 공자의 미언微言을 전했다고 주장하였다. 그는 공자가 『춘추』를 가지고 제자들을 가르쳤는데, 그 중에는 미언微言도 있고 고사故事도 있다. 그런데 그것은 본래 모두 입으로 진술한 말일 뿐이라고 주장하였다. 그리고 제자들은 각각 자신이 들은 것을 근거로 삼기 때문에 각자가 상세함과 간략함의 차이가 있을 수밖에 없다. 따라서 『공양전』·『곡량전』과 『좌씨전』이라는 차이가 있을 뿐이며, 모두가 결국은 성인으로부터 나온 것이라고 했다. 그런데 이 주장은 매우 괴이하다. 대체로 『좌씨전』도 제자의 책이고, 『공양전』·『곡량전』은 모두 입으로 전수한 것이라고 여겼기 때문이다. 유사배의 이 주장은 비록 삼전을 조정한 말이지만, 좌구명을 공자의 제자로 나열하고, 또한 국사國史를 널리 채취하여 『좌씨전』을 지었다고 주장했기 때문에 그가 『공양전』·『곡량전』보다 『좌씨전』을 더 존중했다는 것도 또한 매우 분명하다.

그는 유봉록의 주장을 다음과 같이 반박하였다.

최근 유학자들은 대부분 『좌씨춘추』를 위서僞書로 여겼는데, 유봉록은 『좌씨춘추』가 『안자춘추晏子春秋』·『탁씨춘추鐸氏春秋』와 마찬가지로 별도의 하나의 책이며, 『춘추』 경문과는 관계가 없다고 주장하였다. 그런데 『사기』 「오태백세가吳泰伯世家」에서 "내가 옛날의 『춘추』를 읽었다"고 말했다. 즉 이것은 『좌씨전』을 가리켜서 말한 것이니, 태사공이 분명히 『좌씨전』을 옛날의 『춘추』로 여긴 것이다. 대체로 『공양전』은 『춘추』의 금문今文이기 때문에 『좌씨전』은 『춘추』의 고문古文이다. 또 『한서』 「적방진전翟方進傳」에서 적방진이 『춘추좌씨전』을 전수했다고 말했다. 만약 『안자춘추』·『탁씨춘추』를 『춘추좌씨전』과 같은 사례로 여긴다면, 어찌 『안자춘추』를 '춘추안자전春秋晏子傳'이라고 부르고, 『탁씨춘추』를 '춘추탁씨전春秋鐸氏傳'이라고 부를 수 있겠는가? 이로써 『좌씨전』이라는 책이 『춘추』 경문과 상보적이라는 것을 알 수 있다. 다만 전한시대 초기에 그 학문이 창성하지 않아서 『공양전』의 성대함에 미치지 못했을 뿐이다. 유봉록이 말한 것은 믿기에는 부족하다.[481]

---

481) 劉師培, 『讀左劄記』(『劉申叔遺書』, 294쪽).

장태염도 이와 유사한 말이 있는데, 누가 먼저 이러한 주장을 했는지는 알수 없다.

후한시대 이후로 『좌씨전』을 공격한 자들은 그 의도가 모두 『좌씨전』이 『춘추』에 전傳을 달았다는 것을 부정하는 데 있다. 유사배는 다음과 같이 『좌씨전』을 변호하였다.

살펴보건대, 한대 『엄씨춘추嚴氏春秋』에서 「관주편觀周篇」을 인용하여 다음과 같이 말했다. "공자가 『춘추』를 손질하려고 할 때, 좌구명과 함께 수레를 타고 주나라로 가서, 주나라 사관에게서 책을 보았다. 돌아와서 『춘추』의 경經을 손질했고, 좌구명은 그 전傳을 지었으니, 두 가지가 서로 표리가 된다."[482] 「관주편」은 『공자가어孔子家語』의 편명으로, 한대 사람들에게 인용되었고, 또 『공양전』 경사經師에게 인용되었으니, 『좌씨전』이 경을 해석한 책이라는 것은 본래 공양가가 승인한 것이다. 유향劉向의 『별록別錄』에서 "좌구명이 증신曾申에게 전수했다"고 했다. 유향은 본래 『곡량전』의 의리로써 『좌씨전』을 비판했는데, 『좌씨전』의 전수 과정을 말한 것이 매우 상세하니, 『좌씨전』이 경을 해석한 책이라는 것은 또한 곡량가가 승인한 것이다. 『사기』 「십이제후연표서十二諸侯年表序」에서 말했다. "공자가 서쪽으로 가서 주나라 왕실의 전적을 살펴보고, 역사기록과 전해들은 옛 이야기를 논술했는데, 노나라에서 떨치고 일어나서 『춘추』를 편찬하였다.…… 70명의 제자들이 공자가 전한 요지를 입으로 전수받았는데, 풍자하거나 비난한 글, 칭찬하거나 숨기는 글, 비판하거나 폄하하는 글이 있어서 기록해서 드러낼 수 없었기 때문이다. 노나라의 군자 좌구명이 공자의 제자들마다 다른 이론을 제기하고, 제각기 자신의 생각에 안주하여 진실을 잃어버릴까 염려하였다. 따라서 공자의 역사 기록을 근거로 삼아서, 그 말을 갖추어 기록하여 『좌씨춘추』를 지었다." 그렇다면 좌구명이 『춘추』의 전傳을 지었다는 것을 태사공이 이미 분명하게 말했고, 장창張蒼과 가의賈誼도 『좌씨전』을 전했으니, 한나라 초기의 학자들 중에 『좌씨전』을 경을 해석한 책으로 여기지 않는 사람이 없었다는 것을 증명하기에 충분하다. 그것은 단지 유흠이 "좌구명이 좋아하고 싫어하는 것이 성인과 같았다"고 말한 것만 증명할 수 있는 것이 아니다. 그런데 한대 박사들이 앞 시대에 이와는 다른 주장을 외쳤고, 범승范

---

482) 『左氏傳』, 「序」, 孔穎達 疏.

升·왕접王接은 마침내 근거도 없는 말을 만들었다. 당대唐代의 담조啖助·조광趙匡·육순陸淳은 마침내 『좌씨전』을 지은 구명丘明과 『논어』에 보이는 구명丘明이 서로 다른 사람이라고 의심하였다. 그리고 송대 사람들은 그것을 근본으로 삼아서, 결국 『춘추』를 '단란조보斷爛朝報'로 여겼다. (실정이 이와 같으니) 최근 학자들이 『좌씨전』을 배척하는 것이 어찌 괴이한 일이겠는가!(483)

『좌씨전』이 『춘추』에 전傳을 달았다는 것은 본래 유흠의 주장이 아니며, 『공양전』과 『곡량전』의 선사先師와 한나라 초기 학자들도 본래 이러한 논의가 있었다.

유사배는 또한 『한비자』·『회남자』·『여람』의 문장을 상세하게 고찰하여, 그 중의 많은 문장이 『좌씨전』과 서로 합치되는 것이 있다고 주장하였다. 『좌씨전』이 전국시기에 이미 세상에 통행되었고, 그 기사가 상세하고 확실하기 때문에 제자백가가 그것을 존중하고 믿었으며, 또 그 문장을 잡다하게 인용하여 자신들의 책을 만들었다는 것을 알 수 있다.(484)

그는 또 『좌씨전』에서 이적과 제하를 변별하는 문장을 발굴하여, 그것이 『공양전』·『곡량전』의 요지와 동일하다고 주장하였다. 그는 당시 혁명파의 배만排滿이라는 정치 수요에 영합하고자 했기 때문에 『좌씨전』 및 가규·복건의 주에서 이적을 물리친다(攘夷는 뜻을 발굴한 것이다. 그러나 양이攘夷라는 뜻은 사실 '공자 문하의 미언微言'이 아니며, 단지 유가 문하의 통론일 뿐이다. 여기에서 『좌씨전』 속에 이러한 뜻이 있다는 것이 또한 어찌 경탄하고 남다르게 여길 만한 일이겠는가!

유사배는 또한 『좌씨전』에서 서방의 민권民權 이론을 발굴하여 다음과 같이 말했다.

최근 몇 년 동안, 백인들의 정치와 법률 관련 학술이 중국에 전파되어 들어왔다. 루소(Rousseau)의 『사회계약론』(民約論)과 몽테스키외(Montesquieu)의 『법의 정신』(法

---

483) 劉師培, 『讀左劄記』(『劉申叔遺書』, 295쪽).
484) 劉師培, 『讀左劄記』(『劉申叔遺書』, 296~299쪽) 참조.

意) 등의 책은 모두 지언知言하는 군자가 즐겨 말하는 책이다. 거기에 다시 옛 전적을 인용하여 그들의 책과 상호 드러내 밝힘으로써 백인들이 말한 군민君民의 이치가 모두 앞서 유학자들이 이미 드러내 밝힌 것임을 증명하였다. 이로 말미암아 경학을 연구하는 자들이 모두 『공양전』·『곡량전』을 즐겨 인용하는데, 거기에서 말한 민권民權을 대부분 서양 서적에 끌어다 붙일 수 있기 때문이다. 그런데 『춘추좌 씨전』에 대한 인용이 빠져 있다. 내가 살펴보니, 『춘추』 은공 4년 경문에서 "겨울, 12월, 위나라 사람이 진을 임금으로 세웠다"(冬, 十有二月, 衛人立晉)고 했고, 『좌씨전』 에서 "위나라 사람이 진晉을 임금으로 세웠다고 기록한 것은 대중의 뜻임을 말한 것이다"라고 했다. 이로써 임금은 백성으로 말미암아서 임금으로 세워진다는 것을 증명했으니, 『공양전』·『곡량전』 두 전과 마찬가지이다. 또 선공 4년 경문에서 "정나라 공자 귀생이 자기 임금 이를 시해하였다"(鄭公子歸生弑其君夷)고 했고, 『좌씨 전』에서 "범례에 의하면, 임금의 시해를 기록할 때 임금의 이름을 말한 것은 임금이 무도했기 때문이며, 신하의 이름을 말한 것은 신하의 죄이다"라고 했다. 이로써 임금이 백성을 학대하는 것을 경계했으니, 『공양전』에서 거莒나라 임금이 시해당한 일을 해석한 것과 마치 부절처럼 부합된다. 어찌 융통성 없는 학자가 좁은 식견으로 임금을 지고무상한 존귀한 존재로 여기는 논의를 한 것과 같겠는가! 또한 『좌씨전』에 기재된 순수한 말은 민권民權의 이론과 부합되는 것이 많다. 『좌씨전』 양공 14년에 진晉나라 사광師曠의 다음과 같은 말이 기록되어 있다. "하늘이 백성을 사랑하는 것이 지극하니, 어찌 한 사람의 임금으로 하여금 백성의 위에서 방자하게 사악한 짓을 제멋대로 하여, 천지天地의 본성을 버리도록 놓아두겠 습니까? 절대로 그렇지 않을 것입니다." 성공 15년의 "잔나라 임금이 조나라 임금을 사로잡았다"(晉侯執曹伯)에 대해, 『좌씨전』에서 말했다. "조曹나라 성공成公을 사로 잡아서 경사京師로 보냈는데, 경문에서 '잔나라 임금이 조나라 임금을 사로잡았다' 고 기록한 것은 조나라 임금의 죄악이 그 백성에게 미치지 않았기 때문이다. 범례에 의하면, 임금이 그 백성에게 무도한 짓을 하여 제후가 토벌해서 그를 사로잡을 경우에는 '어떤 사람(某人)이 어떤 임금(某侯)을 사로잡았다'고 기록한다. 그렇지 않은 경우에는 그렇게 기록하지 않는다." 어찌 이 중의 하나라도 임금에게 경계하는 말이 아닌 것이 있는가? 또 『좌씨전』 정공 8년에서 말했다. "위衛나라 임금이 진晉나라를 배반하고자 하여, 나라 사람들을 조정으로 불러놓고서, 왕손가王

孫賈를 보내 나라 사람들에게 물어보도록 했다." 『좌씨전』 애공 원년에서 말했다. "진陳나라 회공懷公이 나라 사람들을 조정으로 불러놓고, '초나라와 함께하고자 하는 자는 오른쪽에 서고, 오나라와 함께하고자 하는 자는 왼쪽에 서라'고 물었다." 이것은 모두 춘추시대에 각국에서 정치가 백성들에 의해 의론된 것임을 증명하기에 충분하다. 『주례』에서 나라의 위급함을 자문하고 나라의 천도遷都를 자문한다「秋官·司寇」고 말한 요지와 부합한다. 그리고 없어진 문장이나 일들이 모두 『좌씨전』에 힘입어 비로소 전해졌으니, 좌씨의 공적이 매우 크다. 세상에서 좌씨를 비난하는 자들이 어찌 좌씨의 정밀하고 깊음을 볼 수 있겠는가!485)

강유위 이래로 서양의 민권民權과 평등平等이 『공양전』과 서로 통한다고 극론하였다. 그런데 지금 유사배의 이 논의를 보면, 단지 강유위의 지혜로운 술수를 본떠서 금문가와 승리를 다투려는 것에 지나지 않는다.

유사배는 또 공자는 개제改制를 한 일이 없다고 극론하였다.

중국은 옛날부터 지금까지 제도가 같지 않았으니, 조정의 이름이 바뀌면 제도도 또한 고쳤다. 그런데 제도를 개혁하는 권한은 모두 임금에 의해 장악되었기 때문에 서민으로서 개제改制의 권한을 쥔 자는 없었다. 서민으로서 개제의 권한을 쥔 것은 한대 유학자가 말한 공자孔子의 개제改制로부터 시작된다. 그런데 공자의 개제라는 주장은 한대 이후 정론定論으로 받드는 자가 없었다. 한대 학자들의 말을 정론으로 받드는 것은 최근 사람들로부터 시작된다.486)

유사배는 또 『중용中庸』의 "천자가 아니면 예禮를 논의하여 확정하지 않고, 제도를 제정하지 않으며, 문자를 고찰하여 정하지 않는다"(28장)는 말을 인용하여, 공자는 서민으로서 덕은 있지만 지위가 없었으니, 개제를 할 수가 없었다고 주장하였다. 그렇지 않으면 "말을 분석하여 법률을 파괴하며, 명물名物을 어지럽히고 제도를

---

485) 劉師培, 『讀左劄記』(『劉申叔遺書』, 293쪽).
486) 劉師培, 「論孔子無改制之事」(『左盦外集』, 권5, 『劉申叔遺書』, 1394쪽).

고치며, 이단異端의 도를 견지하여 정사를 혼란시키면 죽인다"는 「왕제」의 말처럼, 먼저 주살을 당할 수밖에 없을 것이다. 그런데 한대 사람들이 공자가 소왕素王으로서 개제할 수 있다고 말한 것은 사실 공자가 한나라를 위해 법도를 제정했거나 심지어 만세를 위해 법도를 제정했다고 여긴 것이다. 이것이 공자가 가졌던 개제의 실질이다. 공자는 주나라 말기에 자신의 도가 행해지지 않았기 때문에 자신의 개제를 은미하게 말했고, 또 노나라의 일을 빌어서 제도를 만드는 월권을 피했다. 이처럼 공자는 개제의 명분이 없었을 뿐이다. 유사배의 변론은 사실상 공양가를 설득시키기에는 부족하다.

공자는 소왕개제素王改制의 월권을 피하고자 했기 때문에 노나라를 왕으로 삼지 않을 수 없었다. 그런데 유사배는 그 주장을 다음과 같이 반박하였다.

노나라를 근거로 삼았다(據魯)는 것은 노나라를 위주로 했다는 의미이다. 즉 『사기』 「십이제후연표서」에서 "노나라에서 떨치고 일어나서 『춘추』를 편찬하였다"고 말한 것은 기록한 일이 노나라를 위주로 삼았다는 것을 말한다. '거據'자의 음의音義 는 '주主'에 가깝다. 전한시대 초기에 문서를 기록하던 관리가 '주主'자를 '왕王'자로 잘못 적었는데, 유생들이 잘못된 것을 계속 잘못 전함으로써 마침내 왕노王魯라는 잘못된 이론이 있게 되었다.[487]

유사배는 또 이 주장을 통해서 강유위의 개제 이론을 다음과 같이 공격하였다.

또한 최근 사람들이 공자개제孔子改制 이론을 만들고, 다시 두 가지 주장을 가지고 그 이론을 보완하였다. 첫째, 육경六經은 공자가 지었다. 둘째, 유교儒敎는 공자가 창립하였다. 따라서 지금 그것을 변론하고자 하는 자는 한결같이 유교는 공자가 창립한 것이 아님을 밝혀야 한다. 공자는 종교가가 아니니, 그 증거는 세 가지가 있다. 첫째, 공자 이전에 중국에는 오랫동안 종교가 있었다.…… 둘째, 공자는

---

487) 劉師培, 「論孔子無改制之事」(『左盦外集』, 권5, 『劉申叔遺書』, 1397쪽).

종교라는 명칭을 세운 적이 없다. 공자의 저서에 교敎자를 우연히 언급한 경우는 있는데, 모두 교화敎化나 교육敎育을 가리킨 말이다.…… 셋째, 당송시대 이전에는 '공교孔敎'라는 명칭이 세워지지 않았다. 따라서 공자를 호칭할 경우에 혹은 유학儒學이라고 했고, 혹은 유술儒術이라고 했다.…… 육조시대에 불교와 도교가 점점 성행하여, 남조南朝 제齊나라의 장융張融의 무리들이 처음으로 유학을 노자·불교와 함께 견주어서 '유교儒敎'라는 이름을 창립하고, 노자·불교 두 종교와 함께 세 가지로 대립시켰다. 이때 이후로 '유교'라는 명칭이 처음으로 나타났다. 이것은 '유교'라는 명칭이 노자·불교와 서로 비교되어 세워진 것이다. 한유韓愈가 유교를 믿고 노자·불교를 물리쳤으며, 명대의 이지李贄가 또한 삼교三敎는 근원이 같다고 말한 데 이르러서, 공자는 엄연히 교주敎主의 한 명으로 자리잡았다. 잘은 모르겠지만, 공자가 학사들의 존숭과 믿음을 받은 것은 단지 저술이 풍부하고 제자가 많았으며, 또 제왕帝王으로 표장되었기 때문일 뿐이지, 종교를 전한 것과는 무관하다.…… 이와 같이 공자를 받드는 자들은 본래 맹목적인 숭배의 마음을 가지고 사람들로 하여금 맹세하고서 배반하지 않도록 하지 않았다. 그것은 사람들을 강요하여 반드시 따르도록 하는 서양 종교의 의미와는 크게 배치되니, 어찌 공자를 종교가로 부를 수 있겠는가! 후세에 공자의 학문을 존숭하여 받드는 경우도 단지 국가의 법령과 사회의 습관이 그렇게 하도록 만든 것이지, 공자를 진정으로 성신聖神으로 여긴 것이 아니다. 따라서 공자가 교주敎主가 아니라는 것은 확실하게 증명할 수 있다.[488]

여기에서 유사배는 공자는 교주敎主가 아니라고 주장하였다. 그러나 강유위는 공자를 교주로 여겨서 성신聖神으로 지극히 존중하였다. 유사배의 논의는 공자를 낮추어서 단지 "저술이 풍부하고 제자가 많았으며, 또 제왕帝王으로 표장되었기 때문일 뿐"이라고 하였다. 그리고 장태염의 '공자를 바로잡음'(訂孔)이라는 논의에서 는 공자를 역사가로 낮추었다.

강유위는 또 주나라 말기의 제자백가들이 모두 교설敎說을 창립했다고 말했다. 그런데 유사배는 또 그것을 반박하여, 단지 "학술의 과목이 달랐던 것이지 종교의

---

488) 劉師培, 「論孔子無改制之事」(『左盦外集』, 권5, 『劉申叔遺書』, 1400쪽).

차이와는 관계가 없다"489)고 하였다. 그는 주나라 말기 제자백가는 모두 교설을 창립한 것이 아니므로 유가가 종교가 아닌 것은 매우 분명하다고 주장하였다.

요평과 강유위는 또한 육경이 공자의 작품이라고 주장했는데, 유사배는 다음과 같이 반박하였다.

> 육경六經은 전문적인 관직에서 관장했으며, 그 내용은 모두 『주례』·『좌씨전』에 보인다. 공자의 육경의 학문도 또한 사관史官에게서 얻은 것이다. 예를 들어 『역』과 『춘추』는 노나라 사관에게 얻었고, 『예』는 노담老聃에게 물었으며, 『악』은 장홍萇弘에게 물었고, 『시』는 먼 조상인 정고보正考父에게 전수했으며, 120개국의 귀중한 책을 주나라 사관에게 얻었으니, 옛 서적에 분명한 증거가 갖추어져 있었다. 그런데 최근 사람들은 오히려 옛 서적도 또한 공자 문하에서 거짓으로 가탁한 것이므로 묵자墨子·관자管子는 모두 공자의 학문과는 과목을 달리했다고 말한다. 그런데 묵자墨子의 책에서 "『시』·『서』·『춘추』는 대부분 태사太史가 관장했던 궁중 도서관의 책"이라고 했고, 관자의 책에서도 "이 네 가지 경(四經)을 저버리고 (입으로만 외우는 공부를 한다)"고 했으니,490) 공자 이전 오래 전에 육경六經이 있다는 것을 충분히 증명할 수 있다.491)

따라서 유사배는 다음과 같이 주장하였다. "교설教說은 공자가 창립한 것이 아니며, 경經은 공자가 지은 것이 아니니, 공자가 개제改制를 한 적이 없다는 것을 더욱더 잘 알 수 있다."492) 한대 사람들이 공자의 개제를 말한 것은 대부분 문질文質·삼교三教 이론에 근거하여 드러낸 것이다. 강유위의 경우는 공자가 교설을 창립하고 경전을 지었다는 새로운 뜻을 별도로 만든 것이다. 유사배는 그 실정을 다 통찰할 수 있었기 때문에 오로지 이 두 가지 조목에 대해 강유위를 반박한 것이다.

---

489) 劉師培, 「論孔子無改制之事」(『左盦外集』, 권5, 『劉申叔遺書』, 1401쪽).

490) 역자 주: 묵자의 말은 현행본 『墨子』에는 보이지 않는다. 그리고 관자의 말은 『管子』 「戒」편에 보인다. 당나라 房玄齡의 注에서 "四經은 詩·書·禮·樂을 말한다"고 했다.

491) 劉師培, 「論孔子無改制之事」(『左盦外集』, 권5, 『劉申叔遺書』, 1402쪽).

492) 劉師培, 「論孔子無改制之事」(『左盦外集』, 권5, 『劉申叔遺書』, 1405쪽).

　　최적崔適(1852~1924)은 자가 회근懷瑾 또는 치보觶甫이고, 별호는 치려觶廬이다.
일찍이 유월俞樾에게 공부를 배웠고, 교감과 훈고를 열심히 연구하였다. 그의 학술도
또한 끝내는 건가학파乾嘉學派의 색채를 벗어나지 않는다. 유월俞樾은 평의平議를
숭상한다고 외쳤으며, 그 학문이 건가학乾嘉學이라는 경로를 선택했지만 "『춘추』
연구는 공양씨를 숭상하였다." 따라서 그의 문하도 각각 지향을 달리하였다. 예를
들어 장태염은 "그의 문하 고문파古文派 중의 실력자이고, 최적은 그의 문하 금문파今文
派의 전문가이다."[493] 그 후에 최적은 또 강유위의 『신학위경고新學僞經考』에 영향을
받아서 금문학을 전문적으로 강론하였다. 민국民國 이후에 북경대학北京大學에서
교편을 잡았다. 저술은 『춘추복시春秋復始』와 『사기탐원史記探源』 등이 있다. 이 책들은
모두 금문학의 큰 요지를 근거로 삼아서, 금문학을 미루어 연역하고 드러내 밝히는
데 최선을 다했다. 따라서 양계초는 최적이 "강유위의 이론을 모두 끌어와 확대시켜서
더욱더 정밀하게 만들었으니, 금문학파의 최후의 버팀목"[494]이라고 했고, 여금희黎錦
熙는 그를 공양학파의 최후의 군대라고 했다.[495]

　　최적의 학문은 『신학위경고』라는 책을 계승하여 나온 것이며, 유흠이 위작하거나
고친 것을 전문적으로 변론하는 것을 주요 연구로 삼았다. 1911년, 그는 자신의
제자인 전현동錢玄同에게 편지를 써서, "『신학위경고』는 글자마다 정밀하고 정확하니,
한대 이래로 여기에 미칠 수 있는 책이 없다"[496]고 말했다. 조금 후에 또 다음과

---

493) 顧頡剛, 『秦漢的方士與儒生』, 「序」(臺北: 里仁書局, 1985), 3쪽.
494) 梁啓超, 『淸代學術槪論』 23(朱維錚 校注, 『梁啓超論淸學史二種』, 64쪽에 실려 있음).
495) 黎錦熙, 『錢玄同先生傳』(曹述敬 編, 『錢玄同年譜』[濟南: 齊魯書社, 1986], 184~185쪽에
　　수록되어 있음).
496) 錢玄同, 「重論經今古文學問題」(『古史辨』 제5책[臺北: 藍燈文化事業公司, 1987], 24쪽에 수
　　록되어 있음).

같이 편지를 썼다.

강유위康有爲의 『신학위경고新學僞經考』는 20년 전에 지어졌는데, 오로지 경학經學의
진위眞僞를 논한 책이다. 내가 지난 번 기균紀昀·완원阮元·단옥재段玉裁·유월俞樾
등 여러 사람들의 책이 근거가 확실하여, 국초國初의 여러 학자들보다 뛰어나다고
마음속으로 늘 생각하고 있었다. 그런데 나의 좁은 소견으로도 그들에게도 또한
반박할 만한 것이 있었다. 그런데 강유위의 책은 반박할 것이 없기 때문에 고금에
비할 바가 없이 아주 뛰어나다. 만약 이 책이 없었다면, 나도 또한 금문과 고문을
함께 종주로 삼고, 지금까지도 여전히 꿈속에 있었을 것이다.[497]

최적은 강유위보다 나이가 조금 연배이지만, 결국 강유위의 책을 이처럼 마음속에
항상 품고 있었다.
전현동도 다음과 같이 논했다.

30년 전에 『신학위경고』에 대해, 그 연구 결과가 자세하다는 이유로 극단적으로
존중하면서 믿고, 또 더 나아가 그 이론을 크게 드러내 밝힌 것은 내가 알기로는
오직 선사先師 최적崔適 한 사람뿐이다. 최적은 유월의 문하에서 공부하여, 경전
연구는 본래 정현의 학문을 종주로 삼고, 금문과 고문을 구분하지 않았다. 뒤에
유월의 집에서 강유위의 이 책을 읽고서 크게 감탄하여, "글자마다 정밀하고
정확하며", "비할 바가 없이 아주 뛰어나다"고 칭찬하였다. 이에 위고문僞古文을
강력하게 배척하고 오로지 금문今文만을 종주로 삼았다.[498]

이로써 최적의 학문은 강유위를 근본으로 삼아 그 이론을 미루어 펼친 것이라고
할 수 있다. 이에 대해 고힐강顧頡剛은 다음과 같이 말했다.

---

497) 錢玄同, 「重論經今古文學問題」(『古史辨』 제5책, 24쪽에 수록되어 있음).
498) 錢玄同, 「重論經今古文學問題」(『古史辨』 제5책, 24쪽).

강유위康有爲 선생이 정치에 뛰어다니면서, '신학위경新學僞經'에 대한 연구 작업이 계속되지 못했다. 이에 다른 한 명의 최선생崔先生, 즉 최적崔適 선생이 나와서, 강유위의 학설을 근거로 삼아 정밀한 연구를 진행하고, 『춘추복시春秋復始』와 『사기탐원史記探源』을 저술하였다.[499]

선통宣統 2년(1910), 최적은 『사기탐원』을 지었다. 이 책의 요지는 유흠이 『사기』를 보충하여 지음으로써 여러 경전을 어지럽게 만든 것을 극론한 것이다.

『사기史記』는 오경五經의 풀무이고, 여러 사서史書의 영수領袖이다. 『한서』에서 그 빈틈을 말하자 그것을 보충하여 짓는 자가 분분히 일어났다. 『사기』 본서에 보이는 사람은 저선생褚先生이고, 『칠략七略』에 보이는 사람은 풍상馮商이며, 『후한서』「반표전班彪傳」의 주석 및 『사통史通』에 보이는 사람은 유흠劉歆 등 16인이다. 살펴보건대, 『한서』에는 또한 유흠으로부터 나왔다고 스스로 말한 것도 있는데, 「예문지」에서는 (유흠이) "『칠략七略』을 기록했다"고 했고, 「율력지」에서는 (유흠이) "『삼통력三統曆』을 기록했다"고 한 것이 그것이다. 이에 『유림전』에서 말한 경사經師의 전수관계는 『칠략』과 서로 표리가 되고, 「율력지」에서 말한 육력오덕六歷五德은 「교사지郊祀志」·「장창전張蒼傳」과 서로 연계가 되며, 「천문지」·「지리지」에서 말한 분야分野는 오덕五德과 서로 인증이 되니, 모두 유흠에 의해 지어진 것임을 알 수 있다. 『사기』의 문장 중에 책 전체의 내용과 괴리되거나, 앞의 내용과 합치되는 것은 또한 유흠이 보충하여 지은 것이다. 연대가 크게 차이가 나거나 장구章句가 분리되어 있는 경우도 당연히 후세의 망령된 사람이 더해 넣은 것이거나, 옮겨 적은 관원이 빠뜨린 것이다. 다행히 이러한 사례는 아니지만, 또한 잘못 부연된 것, 내용이 잘못 뒤집힌 것, 잘못 고친 것, 잘못 풀이된 것 등의 여러 폐단도 있다. 그러나 이것들은 제멋대로 고쳐서 어지럽힌 화만큼 심하지는 않다.[500]

499) 顧頡剛, 「中國上古史硏究第二學期講義序目」(『古史辨』 제5책, 255쪽).
500) 崔適, 『史記探源』, 권1, 1쪽.

이것은 모두 『사기』를 신뢰하여 근거로 삼기에 부족함을 논한 것이다.

후한시대 금고문이 서로 논쟁할 때부터, 당시에 이미 『사기』를 의심하는 사람이 있었다. 『후한서』「범승전范升傳」에 의하면, 범승이 『좌씨전』을 학관에 세워서는 안 된다고 상소를 올렸는데, 반대하는 자가 『사기』에서 『좌씨전』을 많이 인용했다고 주장하면서 범승을 비난하였다. 그러자 범승이 마침내 "태사공太史公이 오경五經과 어긋나게 기록하였고 공자의 말을 잘못 기록하였다고 상소하였다"는 등의 일이 있었다. 청대에 금고문 논쟁이 다시 일어나자, 유봉록은 유흠이 『좌씨전』을 고치고 어지럽게 한 것을 증명하고자 했다. 그런데 유봉록은 『사기』를 인용하여 자기주장의 보조 자료로 삼았으므로 이 당시에는 여전히 『사기』를 믿을 만한 증거로 삼을 수 있다고 생각한 것이다. 그 후에 강유위는 더 나아가 『사기』에도 유흠이 거짓으로 고친 것이 있다고 의심했지만, 『사기』가 유흠에 의해 고쳐져서 어지럽게 되었다고 반박하지는 않았다.

따라서 최적은 자신의 주장이 강유위에 근본을 두고 있다고 스스로 말했을 뿐만 아니라, 또한 강유위가 드러내지 못한 것이 있다고 분명히 말했다.

> 한대漢代의 고문(古)이 또한 위서僞書임을 안 것은 강유위로부터 시작된다. 나와 강유위의 관계는 동진東晉의 『고문상서古文尙書』를 공격한 염약거閻若璩와 혜동惠棟의 관계에 대충 비유할 수 있다. 비록 내가 말한 '오덕종시五德終始'의 이론과 『곡량전』이 모두 고문학古文學이라고 한 것, '문왕文王을 왕王이라고 호칭한 것', '주공周公의 섭정攝政' 등의 뜻은 모두 금문학의 이론이지만, 모두 강유위가 말한 적이 없다. 비유하자면, 진秦나라에서 연燕나라로 가는데, 강유위康有爲라는 배나 수레를 타고서 조趙나라를 거쳐서 가지 않으면, 또한 걸어서 연나라로 갈 수 없는 것과 같다.[501]

지금 『사기탐원』이라는 책을 살펴보면, 강유위가 드러내 밝히지 못했다고 그가

---

501) 錢玄同,「重論經今古文學問題」(『古史辨』제5책).

말한 것은 대체로 다음과 같은 몇 가지 조목이 있다.

첫째, 오덕종시설五德終始說과 관련된 것. 최적이 말했다. "유흠劉歆은 신新나라가 한나라를 대신하는 것은 황천皇天의 위엄 있는 천명에 의해 어쩔 수 없이 하는 것이지 사람의 힘으로 사양할 수 있는 것이 아님을 밝히고자 하였다. 따라서 '종시오덕終始五德'의 이론을 만들어서 그 시초를 추연鄒衍에게 가탁하였다."502) 살펴보건대, 한대 사람들은 본래 '삼정三正' 이론이 있다. 예를 들어 하夏나라는 흑색黑色을 숭상하고, 은殷나라는 백색白色을 숭상하며, 주周나라는 적색赤色을 숭상한다는 것과 같은 부류이다. 금문가는 모두 이 뜻을 사용하였다. 그런데 유흠은 왕망王莽의 신나라가 한나라의 선양禪讓을 받은 것이 순임금이 요임금의 선양을 받은 것과 같이, 토土가 화火를 이긴 것임을 밝히고자 했기 때문에 '오덕종시'의 이론을 만든 것이다.

둘째, 십삼분야설十二分野說과 관련된 것. 한대 사람들은 본래 재이災異 이론이 있어서, 천인天人이 서로 감응하는 것을 볼 수 있다. 그런데 『한서』「율력지」·「지리지」·「오행지」에서는 유흠의 이론을 사용하여, 하늘을 12차次로 나누어서 땅의 12개의 나라를 거기에 연결시켰으니, 오직 12개의 나라만이 위로 천상天象에 호응할 수 있다. 최적은 이 이론이 유흠으로부터 나왔다는 것을 증명하고, 또 그 자체로 서로 모순이 됨을 논했다. 주조모朱祖謀의 「서문」에서도 분야설分野說의 오류를 다음과 같이 논했다. "분야分野 이론은 오성五星·이십팔수二十八宿를 『서』「우공禹貢」의 구주九州와 주나라에서 세운 12개의 제후국이 나누어서 차지한 땅으로 여겼다. 그런데 어찌 대구주大九州의 여러 나라가 하늘을 함께 이고 있지 않겠는가? 즉 주나라가 제후국을 세운 것으로 말하면, 춘추시대 초기에는 여전히 100여 개의 나라가 있었는데, 무엇 때문에 12개의 나라 이외에는 모두 성상星象에 호응하지 않는가? 성상星象에 호응하는 나라는 재앙을 만나면 마땅히 덕을 닦아서 재앙을 물리쳐야 한다. 그렇다면 성상에 호응하지 않는 나라는 마침내 하늘을 두려워하지 않고 백성을 학대해도 되는가! 또한 대량大梁은 조趙나라의 분야分野이고, 동정東井은 진秦나라의 분야分野인

---

502) 崔適, 『史記探源』, 권1, 3쪽.

데, 그것은 진나라와 조나라가 주나라에게 봉토를 받은 해의 세성歲星이 임한 것을 들어서 말한 것이다. 그렇다면 석조石趙 · 요진姚秦에 대해서는 어떻게 해야 하는가? 륵勒에서의 흥기, 홍泓에서의 멸망도 또한 그 성상星象에 호응한 것인가? 이것이 또한 그 폐단이다. 분야설分野說은 모두 고문가의 이론이 열어 놓은 것이며, 금문에는 이러한 이론이 없다." 이로써 고문가의 이론이 사리事理에 어긋난다는 것을 알 수 있다.

셋째, 문왕文王을 왕王이라고 호칭하는 것과 주공周公이 섭정攝政했다는 주장과 관련된 것. 문왕이 왕이 된 것은 본래 두 가지 이론이 있다. 첫째는 무왕武王이 문왕을 추급하여 왕으로 삼았다는 것이다. 다른 하나는 문왕이 직접 스스로를 왕이라고 호칭했다는 것이다. 최적은『역』·『시』·『춘추』·『맹자』등 여러 서적으로 증명하여, 문왕이 사실은 스스로 왕이라고 호칭했다고 주장하였다. 또 이 뜻은 "위魏나라 이전부터 모든 사람들이 아는 사실인데, 송대 이후로는 아는 자는 극히 적었다"[503)고 말했다. 또『열자』「양주편楊朱篇」과『사기』「연세가燕世家」에 주공이 섭정하여 왕위에 올랐다(周公攝政踐阼)라는 말이 있으므로 주공이 일찍이 왕이 되었다고 주장하였다. 그런데 유흠의 위작인「서서書序」에서는 주공이 끝내 신하의 자리에 배열되었다고 했고, 마융馬融도 또한 이 주장을 따랐다.[504) 주조모朱祖謀의「서문」에서는 고문 이론의 잘못을 극론하면서, "옛날에 하늘이 백성을 낳을 때 그들의 임금을 세우니, 그로써 백성을 보호하기 위해서이다. 임금을 위해서 백성을 낳고, 백성을 빌어서 임금을 지키는 것이 아니다. 따라서 요임금이 천하를 양보할 때는 마치 무거운 짐을 벗어 버린 듯하였고, 순임금은 천하에서 조회하거나 송사하는 자들이 자기에게 올 것이라고 보았으므로 천자의 자리에 올라서 사양하지 않은 것이다. 문왕을 왕이라고 호칭하고, 주공이 왕을 섭정한 것은 그 도리가 또한 이로 말미암은 것이다. 고문 학자들은 전제專制 정치가 이루어지는 세상을 주장하여, 임금을 마치

---

503) 崔適,『史記探源』, 권1, 41~43쪽 참조.
504) 崔適,『史記探源』, 권1, 13쪽 참조.

하늘처럼 높이기 때문에 문왕을 왕이라고 호칭하는 것을 인정하지 않았지만, 『예기』「대전大傳」에 왕을 추급하는 이론이 있다. 그리고 주공이 왕을 섭정한 것을 인정하지 않아서, 『상서』「금등金縢」에서는 주공이 왕위에 올랐다는 문장을 삭제하였다. 후세에는 신하들 중에서 계급이 가장 높은 친왕親王과 재상宰相도 그 지위가 임금에 비해 비천하기가 마치 하인과 같았으니, 백성들의 호소는 결코 임금에게 들리지 않았다. 그리고 제방이 한 번 무너지면 걸핏하면 백만의 시체가 땅에 널려 있고, 유혈이 천리에 낭자한 거대한 재앙이 발생하였다. 이것이 그 폐단이다." 청나라 말기에 장태염은 고문에 의지하여 혁명의 기치를 내걸었는데, 지금 주조모는 고문이 경학을 어지럽힌다고 배척하고, 전제專制에 아첨을 바친다고 비판하였다.

민국民國 3년(1914), 최적은 북경대학에서 교편을 잡고 '춘추공양학'을 가르쳤는데, 『춘추복시春秋復始』를 가지고 강의하였다. 이 책은 『공양전』이라는 보루를 엄중하게 지키고, 『좌씨전』과 『곡량전』을 낮추어 비판하였다. 이에 앞서 유봉록은 『좌씨전』이 『춘추』의 전이 될 수 없고, 단지 『여씨춘추』의 사례처럼 『좌씨춘추』라고 명명할 수 있을 뿐이라고 주장하였다. 그런데 최적은 오히려 그 주장을 뛰어넘어서, 『좌씨전』이 위서僞書이고, 심지어 『좌씨춘추』라고 명명할 수 없다고까지 주장하였다. 그가 말했다.

전한시대 초기에 이른바 『춘추』라는 것은 경經과 전傳을 합쳐서 명명한 것이다. 전傳이라는 것은 후세에서 말하는 『공양전』이다. 처음에는 '공양전公羊傳'이라는 명칭이 없었을 뿐만 아니라, '전傳'이라는 명칭도 없었으며, 경經과 합쳐서 '춘추春秋'라고 말했을 뿐이다.…… 요약하면, '공양전'이라는 명칭은 유흠으로부터 시작되었다.…… 지금 그 명칭을 바로잡아서 단지 『춘추전春秋傳』이라고 해야 한다.505)

한대 사람들이 말한 『춘추』는 사실 『춘추경春秋經』과 『공양전公羊傳』을 합쳐서 말한 것이다. 경經은 공자가 손질한 『춘추』이고, 전傳은 70제자의 무리가 공자가

---

505) 崔適, 『春秋復始』, 권1.

전한 요지를 입으로 전수한 것이다. 따라서 『춘추』는 사실상 경經과 전傳을 겸하고 있고, 『공양전』은 마침내 유일하게 『춘추』에 전傳을 단 책이 되었다. 또한 최적은 『공양전』이 『춘추』에 합쳐졌기 때문에 『공양전』은 의리를 밝혔을 뿐만 아니라, 그 기사도 믿을 만한 역사가 되기에 충분하다고 주장하였다. 따라서 다음과 같이 말했다.

대체로 전傳이 있는 것은 모두 확실히 근거가 있다. 이것은 진실로 『춘추』가 믿을 만한 역사임을 의미하며, 이것은 『공양전』이 구설口說로 유행했다는 무고를 썼을 수 있다. 좌구명은 진晉나라의 삼가三家가 진晉나라를 분리한 이후의 사람이다. 신기하고 재밌는 소문을 널리 채집하여, 믿을 수 있는 일과 믿을 수 없는 일을 가리지 않고 잡다하게 기록했으니, 이것이 진실로 구설口說로 유행한 것이다. 『좌씨전』은 본래 『춘추』의 일과 서로 연관되지 않으며, 서로 연관된 것도 대부분 옛 역사 기록과는 서로 모순되고 어긋난다.…… 좌씨의 『국어國語』는 이와는 반대된다. 이것은 본래 주나라 말기의 신기하고 재밌는 소문이지 『춘추』와 같이 믿을 만한 역사가 아니다. 유흠이 그것을 입수하여, 기록된 사실이 서로 다르기 때문에 의리를 다르게 다시 세울 수 있다고 생각하였다. 그래서 다시 전기傳記에서 잡다하게 취하고, 자기의 억설을 덧붙여서 『좌씨전』·『곡량전』 두 전을 위조하였다. 그것을 빌어서 『춘추』를 파괴하고, 왕망을 위해 잘못을 교묘하게 꾸몄으며, 자기의 잘못을 합리화하는 모략으로 삼았다. 『공양전』의 의리와 대략 같은 것은 『공양전』의 일상적인 의리를 그대로 따랐다. 그러나 『공양전』의 정미한 의리는 『곡량전』에서 삭제함으로써 『공양전』에 도움이 되는 근거를 고립시키고, 『좌씨전』에서는 그 의리를 반대함으로써 『춘추』를 총괄하는 『공양전』의 지위를 빼앗아 버렸다.[506]

이 주장은 단지 『공양전』을 지극히 높인 것일 뿐만 아니라, 『좌씨전』의 기사를 신뢰하여 근거로 삼을 수 없다고 주장함으로써 『좌씨전』을 지극히 배척하였다. 이에 앞서 장태염은 강유위를 깊이 미워했기 때문에 결국 『좌씨전』을 존중하고

---

506) 崔適, 『春秋復始』, 권1.

『공양전』을 지극히 낮게 폄하하였다. 그런데 지금 최적은 강유위를 높여서 장태염의 주장을 전부 반대하였다. 쌍방이 각각 문호에 기대어 시골 부녀자들이 길거리에서 욕지거리하는 것을 본받고 있으니, 그 편파성이 또한 매우 분명하다. 장태염은 고문 이론을 추론하여 그 최고점에 이르렀는데, 최적은 또한 금문 이론을 깊이 탐구하여 곳곳에서 그와 대적하려고 힘썼다. 그렇지만 대부분이 실증적인 증거가 없고, 단지 논리적 연역을 했을 뿐이다.

최적은 또 『곡량전』이 고문이며, 이것도 유흠의 위작에서 나온 것이라고 주장하면서 다음과 같이 말했다. "유흠이 『좌씨전』을 조작하여 『춘추』를 총괄하는 지위로 만들었다. 또한 『곡량전』을 조작하여 『좌씨전』을 위해 장애가 되는 『공양전』을 몰아냈다. 따라서 삼전三傳을 함께 논할 때는 『좌씨전』을 진술하였고, 『공양전』과 『곡량전』을 함께 논할 때는 『곡량전』을 존중하였다."[507] 또 『좌씨전』은 『춘추』에 전傳을 달지 않았다고 말하고, "그렇다면 좌구명의 저서는 『국어』가 있고 『춘추』가 없다는 것이 분명하다. 유흠이 『국어』를 분석하고, 아울러 황당무계한 말과 경전을 해석한 말을 스스로 만들어서 편년編年의 아래에 흩어 넣었으며, 그것을 옛 글자로 기록하여 『고문춘추좌씨전古文春秋左氏傳』이라고 명명하였다"[508]고 주장하였다. 『좌씨전』이 『국어』에서 나왔다고 말한 것은 요평과 강유위의 주장을 미루어 연역한 것이다.

청대 금문학의 위서僞書 변별은 유흠이 『좌씨전』을 제멋대로 고쳐서 혼란스럽게 했다고 유봉록劉逢祿이 공격한 것에서 시작하여, 공자진龔自珍과 위원魏源이 그 뒤를 이었으며, 요평廖平과 강유위康有爲에 이르러 여러 사람의 주장을 집대성함으로써 마침내 유흠이 여러 책을 두루 조작했다고 지적하였다. 그런데 그것의 최후 완성자는 사실상 최적이다. 전현동은 최적의 위서 변별을 매우 높이 긍정하면서 다음과 같이 말했다.

---

507) 崔適, 『春秋復始』, 권1.
508) 崔適, 『春秋復始』, 권1.

최적은 강유위를 계승하여 이 문제를 고찰하고 변증한 것이 더욱 정밀하다.……
이에 『좌씨춘추左氏春秋』라는 명칭은 당연히 타도되어야 할 뿐만 아니라, 그것을
가져다가 『여씨춘추』와 함께 놓고 논하더라도 서로 비교할 수 있는 대상이 아니라는
것을 알 수 있다. 지금 「십이제후연표」를 근거로 삼기에 부족하다는 것을 안다면,
『좌씨전』의 원본이 『국어』라는 것은 더욱 확실하게 단정할 수 있다. 최적은 더욱더
나아가, 지금 『좌씨전』에 기록된 '분야分野' · '소호少昊' · '유루劉累' · '유씨劉氏' 등등
은 모두 유흠이 더하거나 고친 것이지 원본 『국어』에 있던 내용이 아니라는 것을
고찰하여 밝혔다. 지금 만약 유봉록劉逢祿 · 강유위康有爲 · 최적崔適 세 사람의 글을
한 책으로 합친다면, 백여 년 이래로 『좌씨전』의 위서僞書 변별에 대한 성과를
남김없이 일람할 수 있을 것이다.[509]

그러나 최적을 비판한 사람도 많았다. 모윤손牟潤孫은 다음과 같이 말했다.
"최적은 강유위의 논의를 증명하고자 하여, 『사기』에서 『좌씨전』을 언급한 것은
모두 유흠이 제멋대로 고쳐서 집어넣은 것이라고 해서, 그것을 삭제하려고 하였다.
만약 그의 주장이 실행된다면, 『사기』는 흠집투성이의 책이 되어서 끝까지 다
읽을 수가 없을 것이다."[510] 강유위의 병통이 최적에게도 보이니, 이에 대해서는
앞서서 주일신朱一新이 이미 논한 것이 있다.

---

509) 錢玄同, 「左氏春秋考證書後」(『古史辨』 제5책, 1~2쪽에 수록되어 있음).
510) 牟潤孫, 『春秋左傳辨疑』(『注史齋叢稿』, 130쪽).

후기

　나와 곽효동郭曉東 선생은 10년 동안 동학이었고, 또 사하령謝遐齡 선생에게 수업을 받으면서 늘 함께 공부하고 연구하여 학문에 많은 진보가 있었다. 배운 것도 서로 같고 성취한 것도 비슷하였다. 졸업 후에는 모두 복단復旦에 남아서 교편을 잡았는데, 『공양전』을 함께 연구하자고 약속하였다.

　도광道光·함풍咸豐 연간 이후로, 중국은 여러 차례 위기를 만났다. 『공양전』을 연구한 스승들이 떨치고 일어나서 그 곤란을 구제하였기 때문에 『공양전』이 한때 매우 성행하였다. 그러나 민국民國 이후로 모두가 공화共和에 참여하자 『공양전』도 그러한 추세에 따라 쇠퇴하였다. 살펴보건대, 『공양전』의 주소注疏 및 역대의 사설師說은 지금까지 여전히 남아 있지만, 단지 전해지기만 했을 뿐 전문적인 스승이 없었다. 그렇지만 다행히도 과거와의 시간적 거리가 멀지 않은 덕분에 우리들은 여러 명의 동문들을 초청하여, 지금까지 함께 공부하면서 이미 18년의 시간이 지났다. 그런데 이러한 독서 모임을 통한 공부는 누구나 다 가질 수 있는 인연이 아니다. 수년 후에 우리들은 어느 정도 지식이 축적되었다는 판단 하에 마침내 이 책의 공동 저술에 뜻을 함께하였다.

　나는 종래에 비록 인물 한 명이나 책 한 권을 연구하더라도 학술사의 관점에서 학술사 전체를 관통하는 이해가 있어야 한다고 생각하였다. 따라서 우리들이 통사通史의 관점에서 『공양전』을 연구한 것도 바로 그러한 생각이 근저에 깔려 있었다. 그렇지만 이 방법은 항상 폐단이 있을 수밖에 없다. 공양학과 관련된 인물과 저술이 매우 많은데다가 연구를 위한 노력에도 어느 정도의 한계가 있기 때문이다. 따라서 한 인물이나 저서를 전문적으로 연구하는 것과 비교하면, 그 넓이가 지나치게 광범위하고 그 정밀함과 깊이가 미치지 못하는 한계가 있다. 우리는 이번의 공양학에 대한 전반적인 이해력을 바탕으로, 향후에 한 걸음 더 나아가 주요 인물이나 저서를 전문적인 연구할 수 있기를 기대한다.

이 책은 상·하 두 편으로 나누어져 있으며, 모두 18장으로 구성되어 있다. 대부분이 나와 곽효동郭曉東 선생의 공동 작업을 통해 완성되었다. 그 중에 곽효동 선생은 중책中冊의 5·6·11·12장과 하책下冊의 14·15장 및 18장 부록의 소여蘇輿 부분을 저술하였다. 나는 상책上冊의 1·2·4장과 중책中冊의 7·8·9·10장, 그리고 하책下冊의 13·16·17·18장을 저술하였다. 이 외에 황명黃銘 선생이 원래 동중서董仲舒를 연구하여 그 분야에 조예가 깊기 때문에 그에게 상책上冊의 3장을 부탁하였다.

이 책은 처음 집필을 시작할 때, 화동사범대학華東師範大學 출판사의 예위국倪衛國 선생의 감식안鑑識眼으로 큰 지지를 받았다. 또한 진정엽陳廷燁·팽문만彭文曼 선생이 책의 편집에 많은 노력을 기울였다. 지금 이 자리를 빌려 모두에게 감사드린다.

증역曾亦이 사루제四漏齋에서 삼가 쓰다

찾아보기

지은이 **증역曾亦**

湖南省 新化縣 사람이다. 同濟大學 철학과 교수·박사지도교수이며, 中國思想文化研究院 및 經學研究院 원장이다. 학술 연구의 주요 방향은 先秦儒學, 宋明理學, 淸代 經學과 社會理論 분야이다. 저술로는『本體與工夫─湖湘學派研究』,『共和與君主─康有爲晚期政治思想硏究』,『春秋公羊學史』,『儒家倫理與中國社會』,『拜禮硏究』등 다수가 있다. 그 외에 학술 논문 100여 편을 발표하였다.

곽효동郭曉東

福建省 霞浦縣 사람이다. 철학박사이고, 復旦大學 철학학원 교수·박사지도교수이며, 中國哲學敎硏室 주임교수이다. 학술 연구의 주요 방향은 宋明理學, 儒家經學, 先秦儒學 분야이다. 저술로는『識仁與定性: 工夫論視域下的程明道哲學硏究』,『經學·道學與經典詮釋』,『戴氏注論語小疏』등 다수가 있다. 그 외에 학술 논문 수십 편을 발표하였다.

옮긴이 **김동민金東敏**

성균관대학교 유학대학에서 학부, 석사, 박사를 졸업했다. 성균관대학교 대우전임교수 및 국립한밭대학교 교수를 역임했고, 현재는 성균관대학교 유학대학 교수로 있다. 저서로는『춘추논쟁』이 있고, 번역서로는『孔子改制考』(전5권),『국가와 백성 사이의 漢』,『동양의 고전과 역사, 비판적 독법』,『중국고전명언사전』(공역),『王夫之,『大學』을 논하다』(공역),『王夫之,『中庸』을 논하다』(공역) 등이 있다. 그 외에 중국 및 조선조 춘추학 관련 다수의 논문이 있다.